NADANDO
o mais rápido possível

NADANDO
o mais rápido possível

Ernest W. Maglischo

3ª edição

Manole

Título do original em inglês: *Swimming fastest.*
Copyright © 2003 by Ernest W. Maglischo. Todos os direitos reservados.

Este livro contempla as regras do Acordo Ortográfico da Língua Portuguesa de 1990, que entrou em vigor no Brasil.

Tradução   Fernando Gomes
Revisão científica   Prof. Dr. Antonio Carlos Mansoldo
       Prof. Dr. da Escola de Educação Física e Esporte da USP
       Prof. Titular: UNIBAN, UNG, Centro Universitário Ítalo Brasileiro
Capa   Depto. de arte da Editora Manole
Projeto gráfico e editoração eletrônica   Depto. editorial da Editora Manole

Dados Internacionais de Catalogação na Publicação (CIP)
(Câmara Brasileira do Livro, SP, Brasil)

Maglischo, Ernest W.
Nadando o mais rápido possível/Ernest W. Maglischo; [tradução Fernando Gomes]. – 3ª ed. – Barueri, SP: Manole, 2010.

Título original: Swimming fastest
Bibliografia
ISBN 978-85-204-2249-7

1. Natação – Aspectos fisiológicos 2. Natação – Treinamento
I. Título.

10-07231   CDD-797.2107

Índices para catálogo sistemático:
1. Natação: Treinamento: Esporte   797.2107

Nenhuma parte deste livro poderá ser reproduzida, por qualquer processo, sem a permissão expressa dos editores. É proibida a reprodução por xerox.

A Editora Manole é filiada à ABDR – Associação Brasileira de Direitos Reprográficos.

Edição brasileira – 2010

Editora Manole Ltda.
Av. Ceci, 672 – Tamboré
06460-120 – Barueri – SP – Brasil
Tel.: (11) 4196-6000 – Fax: (11) 4196-6021
www.manole.com.br
info@manole.com.br

Impresso no Brasil
Printed in Brazil

*Este livro é dedicado à minha esposa, Cheryl.
Ela foi o amor da minha vida,
mas foi levada daqui muito cedo.
Cheryl me deu todo o amor e apoio
que me inspiraram a escrever este livro
e todas as demais conquistas que tive na vida.*

Sobre o autor

Ernest W. Maglischo treinou nadadores durante 38 anos e trabalhou em quatro universidades e dois clubes de Natação. Ganhou treze campeonatos nacionais da Divisão II da NCAA e dezenove campeonatos de conferências. Em 1996 foi homenageado como treinador do ano pela Pacific 10 Conference Swimming e nomeado oito vezes treinador do ano pela Divisão II da NCAA, algo inédito na associação. Ele também recebeu o prêmio mais importante para treinadores, o trofeu da National Collegiate and Scholastic Swimming.

Maglischo é Ph.D. em fisiologia do exercício pela Ohio State University e membro da College Swimming Coaches Association, da American Swimming Coaches Association e da USA Swimming, onde ajuda o Sports Medicine Committee. Atualmente, trabalha como assistente de treinador de Natação voluntário na Oakland University e vive em Rochester, Michigan.

Sumário

Prefácio XI

PARTE I   Técnica 1

1 Aumentando a propulsão 4

2 Reduzindo a resistência 36

3 Orientações para aumentar a propulsão
e reduzir a resistência 54

4 Nado Crawl 81

5 Nado Borboleta 124

6 Nado de Costas 156

7 Nado de Peito 189

8 Saídas, viradas e chegadas 229

PARTE II   Treinamento 275

9 Respostas fisiológicas ao exercício 277

10 Metabolismo energético e desempenho
na Natação 304

11 Benefícios do treinamento no desempenho 326

12 Princípios do treinamento 346

13 Treinamento de resistência 365

14 Tiro de velocidade, ritmo de prova
e treinamento de recuperação 396

15 Treinamento para eventos diferentes 426

16 Monitoração do treinamento 473

17 Planejamento da temporada 520

18 Polimento 576

19 Supertreinamento 590

PARTE III   Participação em provas 613

20 Frequências e comprimentos das braçadas 614

21 Ritmo e estratégia 631

22 Aquecimento e relaxamento 660

Referências bibliográficas 667

Índice remissivo 693

Prefácio

Quando a primeira edição deste livro, *Nadando mais rápido*, foi publicada em 1982, recebi com um misto de alegria e humildade sua aceitação na comunidade da Natação. Experimentei as mesmas sensações quando a segunda edição, *Nadando ainda mais rápido*, lançada em 1993, foi escolhida como o melhor manual de natação competitiva pelos membros do US Swimming (conhecida hoje como USA Swimming). Hoje em dia, as pesquisas continuam em ritmo intenso e frenético, e há novidades suficientes para garantir uma nova edição.

Embora as informações tenham sido revisadas e atualizadas, o objetivo continua o mesmo: aplicar informações científicas ao processo de treinamento para que técnicos possam treinar nadadores de forma mais eficiente e para que nadadores sérios possam melhorar seus desempenhos. Esforços foram feitos em demonstrar não apenas como, mas por que treinar. Minha esperança é que tanto técnicos quanto atletas utilizem *Nadando o mais rápido possível* com o objetivo de se educarem nas áreas de hidrodinâmica e fisiologia do exercício para, assim, poderem avaliar conceitos atuais e futuros de treinamento e da mecânica do nado*. Meu objetivo é fornecer uma referência para todos os elementos da Natação competitiva. Este livro não foi feito com a intenção de ser lido de capa a capa. Ao contrário, o que se pretende é que ele sirva como uma fonte a qual técnicos e atletas possam puxar de suas prateleiras para pesquisar um assunto que lhes seja de interesse em um determinado momento.

Assim como as edições anteriores, *Nadando o mais rápido possível* está dividido em três partes. A Parte I aborda as técnicas da Natação competitiva, e a II o treinamento. Já a Parte III diz respeito aos tópicos especificamente relacionados à competição e a suas variáveis. Considero a Parte I a mais importante desta nova edição por conter grande quantidade de novas informações.

Consideráveis avanços ocorreram desde a publicação da edição anterior em 1993. O mais importante deles foi a reavaliação do papel das forças de sustentação na propulsão do nado. Pesquisas recentes sugerem que os nadadores não estão usando seus membros como aerofólios ou lâminas de hélice para aplicar força propulsiva, e sim como pás de remos a fim de empurrar a água para trás em um percurso diagonal. Os resultados dessas pesquisas fizeram com que eu reavaliasse minhas próprias crenças no que se refere tanto às bases físicas da propulsão do nado quanto às técnicas usadas pelos nadadores para aplicar força propulsiva. Hoje acredito que algumas das informações sobre a mecânica dos nados que apresentei em edições anteriores estavam incorretas. Meu objetivo primordial agora é corrigir tais incorreções.

Para ajudar na demonstração da técnica correta, a Parte I inclui grande quantidade de sequências de fotografias dos nados competitivos, de saídas e viradas. Na maioria dos casos, as fotos utilizadas são novas e apresentam nadadores mundialmente famosos. Novas ilustrações também foram incluídas a fim de demonstrar componentes importantes dessas habilidades. Assim como nas edições anteriores, porém, cada capítulo sobre os nados competitivos e também o capítulo que trata de saídas e viradas contêm seções abordando erros comuns de cada nado e exercícios educativos para corrigi-los.

A Parte II aborda o processo de treinamento detalhadamente. Ao contrário da mecânica dos nados, as teorias sobre treinamento não sofreram mudanças significativas desde a última edição. O limiar anaeróbico continua

---

* N.R.T.: Nado: técnica utilizada para nadar os quatro nados, descrevendo a mecânica padrão dos movimentos. Estilo: é a individualização do nado, em que o nadador cria sua própria adaptação em relação à mecânica padrão.

sendo o conceito crucial sobre o qual o treinamento é planejado. No entanto, alguns aspectos desse conceito precisam ser revisados. Por exemplo, o limiar anaeróbico não representa a velocidade de treinamento mais eficiente para se melhorar a resistência aeróbica. Ele é apenas uma das velocidades que devem ser usadas. Há razões convincentes para que os nadadores treinem em velocidades tanto abaixo quanto acima desse limiar. Outra novidade desta edição é a explicação dos efeitos que as várias velocidades de treinamento exercem sobre as fibras musculares de contração rápida e lenta.

Um outro aspecto que requer maior aprofundamento é a relação entre treinamentos de velocidade e de resistência. Esses dois tipos de treinamento produzem efeitos antagônicos, pois o de resistência tende a reduzir a velocidade enquanto o de tiros de velocidade reduz a resistência. Os efeitos devem ser cuidadosamente balanceados para que os nadadores usem a melhor combinação de ambos de modo a obter o melhor desempenho possível. A possibilidade de uma relação antagônica entre treinamento de velocidade e treinamento de resistência foi discutida na edição anterior deste livro, mas as pesquisas so-

bre esse tema eram escassas naquela época. Hoje, novos e importantes estudos definem essa relação de forma mais precisa. Uma característica importante desta edição será apresentar esses estudos e sugerir suas implicações no treinamento. A Parte II também contém diversos gráficos novos e figuras que ilustram e resumem as informações mais importantes.

Assim como nas edições anteriores, cuidadosamente evitei apresentar as informações sobre treinamento em um formato de "livro de receitas". Há ainda diversas áreas onde prevalecem perguntas, e não respostas. Tentei, então, indicar as perguntas e apresentar os dois lados da questão para que os leitores tirem suas próprias conclusões e desenvolvam seus próprios programas inovadores.

Os tópicos apresentados na Parte III tratam da competição e suas variáveis. Informações sobre ritmo, estratégia, frequência de braçadas e aquecimento não sofreram mudanças, porém foram atualizadas.

Espero que este livro seja recebido tão bem quanto as edições anteriores. Também espero que as informações aqui apresentadas ajudem os nadadores a obter uma melhora contínua daqui para frente.

Parte I
Técnica

A Natação competitiva é um esporte único. Os atletas competem flutuando em um fluido e devem deslocar-se fazendo força contra substâncias líquidas, e não sólidas. Isso cria duas grandes desvantagens quando ela é comparada aos esportes terrestres. A primeira é que a água oferece menos resistência às forças propulsivas aplicadas pelos nadadores para se deslocarem para frente do que, por exemplo, o solo impõe aos corredores que aplicam forças contra ele. A outra é que a água, devido à sua maior densidade, oferece uma resistência consideravelmente maior ao deslocamento frontal dos nadadores do que o ar oferece à progressão dos atletas de esportes terrestres. Por essas e outras razões, as leis do movimento nem sempre se aplicam à Natação da mesma maneira que podem ser aplicadas aos esportes terrestres, o que dificulta a identificação das leis da física que podem ser aplicadas pelos nadadores a fim de se deslocarem na água de forma mais eficiente.

Como consequência, foram formuladas diversas teorias sobre a propulsão do nado. O Capítulo 1 traz uma avaliação dessas teorias. Embora nossa compreensão da propulsão do nado ainda esteja longe de ser completa, acredito que as informações apresentadas nesse primeiro capítulo nos aproximam mais do que nunca da compreensão dos mecanismos da propulsão natatória humana e, ao mesmo tempo, da correção de algumas de minhas interpretações anteriores sobre esses mecanismos.

O Capítulo 2 é dedicado à resistência da água e seu efeito negativo no deslocamento frontal. Nele é descrito o tipo de resistência da água enfrentado pelos nadadores, juntamente com as técnicas que eles podem usar para reduzi-la.

No Capítulo 3, tentei aplicar informações dos dois capítulos anteriores para descrever as técnicas de nado comuns a todos os tipos de competição. As informações apresentadas neles foram usadas para desenvolver diretrizes para uma técnica de nado eficiente em todos os tipos de nado.

As técnicas dos nados competitivos são descritas nos quatro capítulos seguintes. O Crawl, comumente chamado de nado Livre, é o tópico do Capítulo 4, seguido de uma descrição do nado Borboleta no Capítulo 5, Costas no Capítulo 6 e Peito no 7. Saídas, viradas e chegadas são descritas no Capítulo 8, o último desta Parte I.

Muitas das pesquisas revisadas nos Capítulos 1, 2 e 3 envolvem o conceito de movimento relativo. Uma explicação desse conceito pode facilitar a compreensão das implicações dessa pesquisa.

MOVIMENTO RELATIVO

É difícil mensurar a força exercida pelos nadadores contra a água ao se deslocarem através dela. Portanto, a maioria das pesquisas que lidam com a propulsão natatória humana foi realizada com o auxílio de modelos de gesso das mãos e dos braços em túneis de vento e canais de água. Nessas pesquisas, os modelos são mantidos estáticos enquanto o ar e a água se deslocam por meio do uso de equipamentos motorizados. Diversos motivos comprovam a validade desse método:

O ar e a água são ambos classificados como fluido. Consequentemente, as leis da física que se aplicam a um também se aplicam ao outro, embora a água seja consideravelmente mais densa que o ar. Além disso, como a diferença de velocidade entre os objetos e a água permanece igual, seja com os objetos se movendo através do fluido ou o fluido passando por entre os objetos, as forças exercidas pelos fluidos em movimento em objetos estacionários são iguais àquelas que os objetos, movendo-se na mesma velocidade, exercem contra fluidos estacionários. Assim, eles estão relacionados uns aos outros.

Importantes descobertas têm sido feitas pelos cientistas com o estudo de modelos de escala de objetos em túneis de vento ou canais de água. Na realidade, esse foi o método usado pelos irmãos Wright para estudar o potencial dos formatos de asa para o vôo.

PADRÕES DE VELOCIDADE DE BRAÇADA

Usarei múltiplos gráficos para ilustrar os diversos aspectos da propulsão do nado. Os dois gráficos que uso com maior frequência são os de padrões de braçada e de padrões de velocidade.

Os padrões de braçada foram tradicionalmente construídos por meio do traçado dos dedos médios durante os movimentos subaquáticos da braçada. Esses padrões podem ser demonstrados através de dois pontos de vista. O primeiro é relativo a um ponto fixo na piscina. Esse método representa a direção real e as distâncias relativas do movimento das mãos durante a braçada. A Figura I.1 mostra as visões frontal e lateral dos padrões de braçada do nado Crawl.

As direções são padrões circulares complexos e tridimensionais. Infelizmente, eles só podem ser ilustrados em duas dimensões em uma página impressa. Por isso, cada um deles deve ser mostrado por pelo menos duas visões diferentes para que todos os componentes direcionais possam ser visualizados. Na Figura I.1, por exemplo, os componentes de movimento vertical (ascendente/descendente) e horizontal (para frente/para trás) podem ser discernidos na vista lateral do padrão de braçada e os componentes laterais (para dentro/para fora) na vista frontal. É preciso apenas juntar essas duas visões em sua mente para conseguir visualizar a natureza tridimensional real do movimento das mãos durante as diversas fases da braçada subaquática.

O segundo método de representação de padrões de braçada é pelos movimentos das mãos e dos braços em relação ao corpo. Ilustrações desse tipo representam o movimento dos braços como se eles estivessem se movendo por um corpo estacionário. Na realidade, claro, o corpo também está se movendo para frente, após a mão, quando as mãos e os braços estão se movendo para trás na diagonal através do corpo. A vantagem de se representar um padrão de braçada em relação ao corpo é seu uso educacional. A melhor maneira de fazer com que os nadadores aprendam os movimentos corretos das mãos e dos braços é movendo mãos e braços de um ponto a outro em relação ao corpo durante as várias fases de cada braçada subaquática (p. ex., trazer a mão abaixo do peito, empurrá-la para fora e para cima até a coxa etc.).

Os padrões de velocidades frontais mostrados nos capítulos a seguir representam a velocidade frontal de mudança do centro de massa dos nadadores durante um ciclo de braçada completo. Gráficos desse tipo ilustram especificamente a natureza propulsiva de cada fase do ciclo, independentemente de os nadadores estarem acelerando ou desacelerando e da intensidade com que isso esteja acontecendo. Esse gráfico é unidimensional, pois mostra apenas a velocidade frontal. O corpo também estará se movendo para cima e para baixo e de um lado para o outro durante cada ciclo de braçada, porém essas velocidades não são apresentadas. Um exemplo de gráfico de velocidade das mãos e dos braços para o nado Crawl é mostrado na Figura I.2.

Também estão incluídos nos gráficos de velocidade os padrões de velocidade da mão, montados de acordo

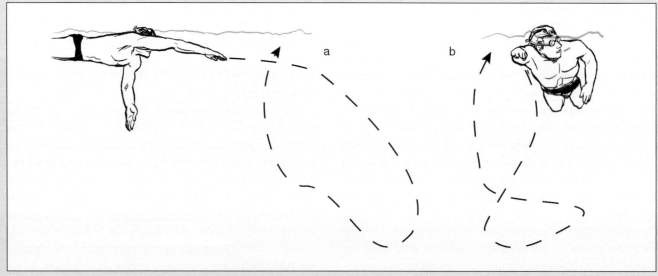

Figura I.1 Vistas (a) lateral e (b) frontal do padrão de braçada do nado Crawl desenhada em relação a um ponto fixo na piscina.

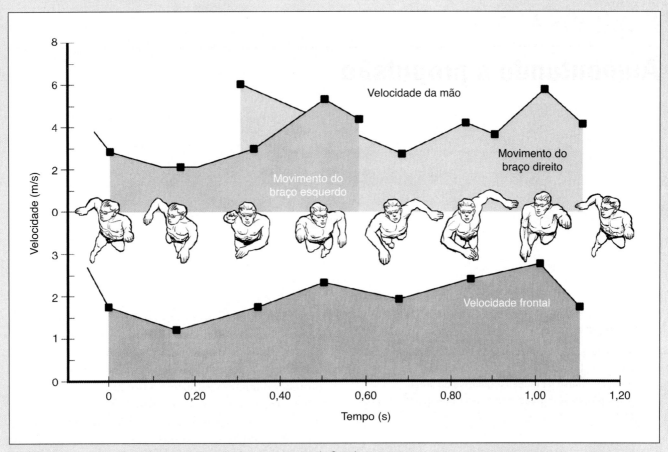

Figura I.2 Padrões de velocidade das mãos e dos braços para o nado Crawl.

com a velocidade do dedo médio durante a braçada subaquática. Esses gráficos ilustram as mudanças na velocidade das mãos e sua relação com a velocidade frontal durante a braçada subaquática. Diferentemente dos padrões de velocidade do corpo, os padrões de velocidade da mão são de natureza tridimensional. Eles não retratam a velocidade em uma direção particular (p. ex., para frente ou para trás). Ao contrário, essas velocidades são somatórios dos movimentos da mão em todas as direções durante uma determinada fase da braçada. Por exemplo, o valor da velocidade da mão durante a fase final da varredura para dentro é uma combinação das velocidades da mão para dentro, para cima e para trás.

Espero que essas informações tornem o conteúdo dos capítulos da Parte I mais significativo. Com isso, quero passar para o Capítulo 1 e discutir as várias teorias da propulsão do nado.

Capítulo 1

Aumentando a propulsão

Novo nesta edição:

- Reavaliação dos princípios da propulsão natatória humana.
- Maior ênfase na função propulsiva do braço.
- Respostas às dúvidas frequentes sobre a teoria da propulsão.

Quando a primeira edição deste livro, *Nadando mais rápido*, foi publicada no início dos anos 1980, eu acreditava que o efeito Bernoulli – que será explicado mais adiante – produzia as forças de sustentação principalmente responsáveis pela propulsão do nado. Nessa ocasião, eu sugeria uma mecânica para os quatro nados competitivos que envolvia movimentos de palmateios tridimensionais, nos quais os nadadores usavam os braços como hidrofólios a fim de maximizar a produção de forças de sustentação.

Eu ainda acreditava que as forças de sustentação eram um importante mecanismo propulsivo quando a segunda edição deste livro, *Nadando ainda mais rápido*, foi publicada no início dos anos 1990. Nessa época, entretanto, passei a ter dúvidas de que o efeito Bernoulli era de fato o responsável por essas forças. Sugeri, então, que a terceira lei do movimento de Newton, o princípio da ação e reação, era a principal lei da física responsável pela propulsão do nado. Passei a acreditar, inequivocamente, que os nadadores tinham que empurrar a água para trás para se deslocarem para frente. Ainda assim, continuei crendo que eles usavam os braços como hidrofólios durante o palmateio na água para impulsionar o corpo para frente. A diferença era que eu pensava que esses movimentos de palmateio deslocavam a água para trás em vez de acreditar que os nadadores utilizavam o princípio de Bernoulli para criar forças de sustentação.

Atualmente, estou mais convencido do que nunca de que a terceira lei do movimento de Newton é o principal mecanismo da propulsão natatória humana. Mas já não acredito que os nadadores usam os braços como hidrofólios durante o palmateio a fim de produzir essa propulsão. Hoje acho que eles utilizam os braços como remos, para empurrar um grande volume de água para trás em curtas distâncias. E ainda creio que a propulsão do nado seja produzida por uma combinação de forças de arrasto e de sustentação, mas acredito agora que os nadadores produzem tais forças usando os braços como remos, e não como hidrofólios.

ENTENDENDO O ARRASTO E A SUSTENTAÇÃO

Embora os termos *arrasto* e *sustentação* sejam comuns aos nadadores, suas implicações podem não ser totalmente compreendidas por alguns leitores. Por isso, é melhor defini-los antes de prosseguir.

Arrasto

Arrasto é o termo usado para identificar a resistência da água aos movimentos dos nadadores quando eles se deslocam através dela. A densidade da água é decorrente da sua composição – bilhões de moléculas de hidrogênio e oxigênio. Assim, como o ar, ela é classificada como meio semissólido. Entretanto, por ser mil vezes mais densa que o ar, a água proporciona uma resistência consideravelmente maior aos movimentos dos nadadores. Essa resistência é causada pela diferença de pressão entre a água à frente e atrás dos nadadores. Os objetos tendem a ser empurrados de áreas de alta pressão para as de baixa pressão. Consequentemente, se a pressão da água à frente dos nadadores é maior do que a pressão atrás, a velocidade frontal deles será reduzida, a menos que eles consigam sobrepor essa pressão adicional com uma braçada mais forte. A redução na velocidade será diretamente proporcional à magnitude da diferença entre a pressão à frente e atrás do corpo.

A força de arrasto é sempre exercida em uma direção oposta à do movimento. Em outras palavras, ela é uma força que se opõe ao movimento de um objeto. Geralmente, pensa-se no arrasto como algo negativo, uma força que impede o deslocamento para frente. É verdade que as forças de arrasto podem reduzir a velocidade do nado quando a resistência da água impede o deslocamento para frente. No entanto, o arrasto também pode ser propulsivo. Os nadadores podem acelerar o corpo para frente empurrando seus membros para trás contra a resistência da água, assim como os corredores propulsionam o corpo para frente empurrando o chão para trás. A grande diferença é que a água, sendo um fluido, dá passagem aos membros ao ser empurrada, ao passo que isso não acontece com o solo. Consequentemente, a propulsão do nado não é nem de longe tão eficiente quanto a propulsão no solo. Ao empurrar a água para trás, o corpo do nadador não irá acelerar para frente tão rápido ou tão longe quanto o corpo de um corredor ao empurrar o chão.

Para facilitar a comunicação, o conceito único de força de arrasto será dividido em dois tipos. As forças de arrasto que prendem os nadadores serão denominadas *arrasto resistivo* e as que aceleram os nadadores para frente, *arrasto propulsivo*.

Sustentação

A força de sustentação é exercida em uma direção perpendicular à força de arrasto, a qual deve estar presente antes que a força de sustentação seja produzida. Assim como o arrasto, a sustentação é causada pelas diferenças de pressão em dois lados de um objeto. No entanto, em vez de opor-se ao movimento de um objeto, a força de sustentação o empurra na direção em que ela está sendo exercida. A Figura 1.1a ilustra como o aumento na pressão abaixo de um fólio pode produzir sustentação. Nessa ilustração, um objeto em forma de fólio se move através da água da direita para a esquerda, na direção da seta. A diferença de pressão entre a parte à frente do fólio, onde a pressão é maior, e a parte atrás do fólio, onde ela é menor, cria uma força de arrasto oposta ao sentido em que o fólio está se movendo. A direção dessa força é indicada pelos vetores de arrasto.

O fólio divide o fluxo de moléculas de água enquanto se move, empurrando algumas moléculas para baixo e outras para cima. (Fluxos de moléculas de água também são deslocados para ambas as laterais do fólio, embora isso não seja evidente nessa ilustração bidimensional.) Devido a uma certa redução na velocidade da taxa de fluido que passa sob o fólio, as moléculas de água tornam-se bastante comprimidas, o que aumenta a pressão embaixo do fólio. Ao mesmo tempo, a taxa de fluxo sobre ele aumenta. As moléculas de água tornam-se menos comprimidas, causando uma redução na pressão sobre o fólio. Como resultado dessa diferença entre pressões, o fólio é empurrado de baixo, onde a pressão é maior (+), para cima, onde a pressão é menor (-). *Sustentação* é o termo usado para designar essa força de empuxo.

É infeliz o uso do termo *sustentação* para identificar essa força de empuxo, uma vez que as forças de sustentação não atuam, em todos os casos, em uma direção ascendente. *As forças de sustentação podem atuar em qualquer direção desde que perpendicular às forças de arrasto.* A Figura 1.1b demonstra como seria possível produzir sustentação na frente se o mesmo fólio estivesse se deslocando para bai-

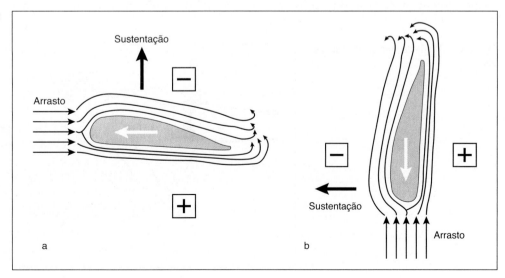

Figura 1.1 Força de sustentação: (a) para cima e (b) para frente.

xo e não para frente. Esse assunto será explorado melhor mais adiante neste capítulo.

TEORIAS DA PROPULSÃO DO NADO

Ninguém conseguiu ainda identificar ao certo a maneira como os nadadores se deslocam na água. Tudo o que se tem são teorias, e elas variam consideravelmente ao longo dos anos. Após um breve resumo das diversas teorias da propulsão do nado que já foram propostas nesses anos todos, descreverei a teoria adotada neste livro.

No início do século XX, as tentativas de descrever a propulsão natatória humana comparavam os movimentos dos braços dos nadadores aos de remos e rodas de pás. Acreditava-se que os braços, mantidos em uma posição completamente estendida, se deslocavam em um padrão semicircular que lembrava a varredura de um remo ou rodas de pás, como ilustrado na Figura 1.2. Essa descrição não era baseada em aplicações de leis físicas ou em observações subaquáticas dos movimentos reais de braçada dos nadadores, mas simplesmente nas formas de propulsão aquática que eram conhecidas na época. Essa teoria sobreviveu durante várias décadas sem qualquer exame aprofundado.

Teorias do arrasto propulsivo

No final dos anos 1960, alguns cientistas e técnicos de Natação passaram a tentar definir as leis da física que influenciavam a propulsão natatória humana. De todos os técnicos, os de maior destaque foram dr. James E. Counsilman, da Indiana University, e Charles Silvia, do Springfield College. Como resultado de suas observações subaquáticas, ambos reportaram que os nadadores não efetuavam as braçadas com os braços retos, à maneira de uma roda de pás, mas sim inclinando-os e estendendo-os alternadamente durante as fases subaquáticas dos diversos nados competitivos. Em publicações distintas, ambos sugeriram que os nadadores realizavam as braçadas dessa maneira a fim de utilizar a terceira lei do movimento de Newton como um mecanismo propulsivo (Counsilman 1968; Silvia 1970).

A terceira lei do movimento de Newton estabelece que toda ação (*força*) de um objeto produzirá uma reação (*força oposta*) de igual magnitude na direção contrária. Quando aplicada à propulsão do nado, essa lei implica que, quando os nadadores usam a força muscular para empurrar a água para trás, essa ação cria uma força na direção contrária com a mesma intensidade, a qual irá deslocá-los para frente. Assim, esses pesquisadores acreditavam que os nadadores aceleravam o corpo para frente ao empurrarem a água para trás. Mais tarde, eles passaram a acreditar que a quantidade resultante de propulsão frontal estava diretamente relacionada tanto à quantidade quanto à distância da água empurrada para trás.

A puxada horizontal para trás

Como resultado desse raciocínio, os nadadores da época foram aconselhados a usar as mãos e os braços como remos para puxar e depois empurrar a água para trás horizontalmente ao longo da maior distância possível. Além disso, quando possível, deveriam manter as mãos diretamente abaixo da linha média do corpo o maior tempo possível. Para isso lhes foi ensinado a fazer uma flexão dos braços na altura dos cotovelos na primeira metade da braçada subaquática e então a estender os braços na segunda metade. A Figura 1.3 mostra um exemplo de como a puxada horizontal para trás era utilizada na braçada do nado Crawl.

O movimento em "S"

Nos primórdios da teoria da propulsão do remo, os especialistas alertaram que empurrar a água em qualquer direção que não fosse para trás faria com que o corpo se

Figura 1.2 Teoria da roda de pá da propulsão.

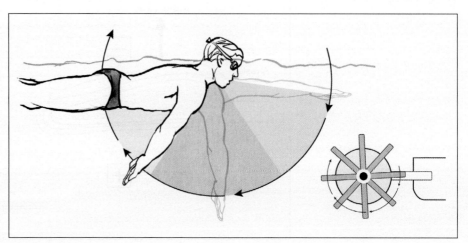

Figura 1.3 Exemplo da teoria do arrasto propulsivo: empurrando para trás, cria-se propulsão para frente.

desviasse da sua rota para frente, o que aumentaria a resistência e reduziria a velocidade do deslocamento. Muitos especialistas, inclusive Counsilman e Silvia, reviram essa opinião quando filmagens subaquáticas de nadadores de competição de renome mundial revelaram que as mãos deles não faziam um percurso reto para trás abaixo da linha média do corpo durante a fase propulsiva da braçada subaquática. Ao contrário, nas braçadas do Crawl e do Borboleta, as mãos moviam-se em um percurso na forma de um "S" tridimensional, para baixo e para dentro, durante a primeira metade da braçada subaquática, e então para fora e para cima na segunda metade. A Figura 1.4 mostra o percurso em forma de "S" da braçada do Crawl visto por baixo. As mãos também traçavam um "S" durante a braçada do nado de Costas, mas nesse caso se deslocavam para baixo, para cima e então de volta para o lado. Na braçada do nado de Peito, as mãos traçavam a primeira metade do padrão em "S" e então faziam a recuperação para frente antes de completar o restante do movimento em "S". As mãos moviam-se em um duplo padrão em "S" no nado Borboleta.

Counsilman ponderou que os nadadores moviam as mãos nesse padrão em "S" porque empurrar várias quantidades de água em direções predominantemente para trás por curtas distâncias produziria mais propulsão do que empurrar uma única quantidade de água diretamente para trás por um período maior. Isso porque a água adquire momento uma vez que esteja em movimento. Assim, a única maneira que os nadadores teriam de continuar acelerando a água para trás e o corpo para frente seria aumentando a velocidade dos membros para trás, superando a velocidade com que a água já estava se movendo nesse sentido. Eles teriam de empurrar os braços para trás em ritmos progressivamente maiores do começo ao fim da fase subaquática da braçada caso quisessem continuar acelerando o corpo para frente. Obviamente, isso demandaria um esforço considerável, além de predispor os nadadores a uma rápida fadiga.

Figura 1.4 Nadadora de Crawl vista de baixo movimentando o braço em um padrão propulsivo de "S" durante a fase subaquática da braçada.

Por outro lado, esse grande aumento na velocidade dos membros não seria necessário para acelerar o corpo para frente caso os nadadores mudassem a direção das mãos periodicamente durante a fase subaquática da braçada. Mudar a direção da mão permitiria aos nadadores tirá-la da água previamente acelerada para trás e colocá-la em água parada ou movendo-se lentamente, possibilitando acelerá-la em uma direção primordialmente para trás com menos esforço muscular. Assim, eles poderiam obter mais propulsão com menos força muscular usando uma braçada subaquática em forma de "S".

Os críticos dessa teoria argumentaram que os componentes para o lado, para baixo e para cima desses padrões em "S" aumentariam o arrasto e, portanto, reduziriam a propulsão. Os proponentes, por sua vez, se opuseram afirmando que a somatória da força propulsiva seria maior durante cada braçada apesar dos movimentos laterais e verticais dos braços. Essa ideia de que movimentos que contenham componentes laterais e verticais podem produzir mais força propulsiva do que movimentos diretamente para trás é importante. Mais adiante será mostrado que os nadadores não podem e não devem dar a braçada diretamente para trás mesmo quando se aplica a lei da ação e reação de Newton para deslocar o corpo para frente.

Teorias de sustentação da propulsão

Os padrões de braçada descritos nas Figuras 1.2, 1.3 e 1.4 são traçados hipotéticos do movimento das mãos dos nadadores embaixo da água e, assim sendo, apresentam falhas, uma vez que mostram as mãos se movendo para trás em relação ao corpo. Como foi mencionado na introdução a este capítulo, a falácia em apresentar padrões de braçadas dessa maneira é que os nadadores parecem permanecer parados em um mesmo lugar enquanto os braços se deslocam para trás passando pelo corpo. Na realidade, o corpo está sempre se movendo para frente durante o nado, por isso os braços se deslocam para trás consideravelmente menos do que o indicado por essas figuras.

Brown e Counsilman (1971) foram os primeiros a mostrar a real direção das mãos dos nadadores durante as braçadas subaquáticas. Em seu revolucionário estudo, eles filmaram nadadores com uma luz presa às pontas dos dedos em uma piscina escurecida. Quando os filmes foram revelados, os padrões de braçadas apresentados ali eram bem diferentes de tudo o que já se tinha visto. Os filmes mostravam os nadadores fazendo movimentos de braçadas diagonais, com as mãos movendo-se mais em sentido lateral e vertical do que para trás. Esses resultados foram mais tarde confirmados por diversos estudos que mostravam os nadadores usando um padrão de braçadas circulares com componentes de movimento verticais e laterais que excediam os movimentos das mãos para trás (Plagenhoff 1971; Barthels e Adrian 1974; Belokovsky e Ivanchenko 1975; Schleihauf 1978; Czabanski e Koszyczyc 1979; Reischle 1979; Schleihauf et al. 1984; Hinrichs 1986; Luedtke 1986; Maglischo et al. 1986). Ao contrário dos padrões de braçada desenhados em relação a corpos estacionários, os padrões registrados em filme por Brown e Counsilman mostravam o real movimento das mãos dos nadadores durante as braçadas subaquáticas. Os padrões típicos de braçada para os quatro nados competitivos desenhados em relação a um ponto fixo na piscina estão ilustrados na Figura 1.5.

Figura 1.5 Padrões para os quatro nados competitivos desenhados em relação a um ponto fixo: (a) vista lateral e (b) vista frontal do nado Crawl, (c) vista lateral do nado de Costas, (d) vista inferior do nado Borboleta e (e) vista frontal do nado de Peito.

Brown e Counsilman acreditavam que os componentes verticais e laterais do movimento das mãos dos nadadores, dada a sua magnitude, deveriam ser propulsivos e, assim, duvidaram que o princípio da ação e reação de Newton pudesse ser o principal mecanismo para a propulsão natatória humana. Buscando outra lei da física que pudesse explicar como os movimentos laterais e verticais dos braços podiam gerar propulsão, eles se fixaram ao teorema de Bernoulli, que será descrito a seguir.

O teorema de Bernoulli

Daniel Bernoulli foi um cientista suíço e o primeiro a identificar a relação inversa entre a velocidade do fluxo do fluido e a pressão. Ele descobriu que, para um fluido ideal, a pressão era mais baixa quando ele se movimentava em um fluxo rápido e mais alta em um fluxo com velocidades mais lentas. O teorema de Bernoulli fornece uma explicação para a maneira como as forças de sustentação são produzidas quando objetos em forma de fólio se movem através dos fluidos, ou quando o fluido se move sobre os objetos. Esse teorema pode ser mais bem explicado no que diz respeito à aerodinâmica. No entanto, o exemplo também pode ser aplicado à hidrodinâmica, já que ambos são fluidos.

Quando um avião se desloca para frente, o movimento relativo das correntes de ar imediatamente à frente da asa será para trás, exercendo uma força de arrasto que age em direção oposta ao movimento do avião. A asa terá que dividir as correntes de ar para atravessá-las. Consequentemente, algumas das correntes passam por cima da asa, enquanto outras passam por baixo. A Figura 1.6 demonstra esse movimento das correntes de ar por meio de pequenas setas que representam o fluxo relativo de ar.

As asas possuem um formato que faz com que a velocidade do ar acima da parte superior seja mais rápida do que a velocidade do ar que passa por baixo. Como a superfície superior da asa é arredondada e, portanto, mais longa que a superfície inferior, a velocidade do fluxo de ar acima da parte superior deve acelerar, de modo a alcançar a parte de trás da asa ao mesmo tempo que o fluxo que vem de baixo. Segundo o teorema de Bernoulli, esse aumento da velocidade faz com que as moléculas de ar que passam por cima da asa se espalhem mais, reduzindo assim a pressão em relação à pressão do ar que passa por baixo da asa. Objetos tendem a se mover de áreas de maior pressão para outras de menor pressão, por isso, uma vez que o diferencial de pressão entre a parte de baixo e a de cima da asa seja grande o suficiente, ele irá empurrar o avião para cima, mantendo-o em suspensão. Como indicado anteriormente e ilustrado na Figura 1.6, a força exercida para cima por esse diferencial de pressão é chamada de *sustentação*, sendo exercida perpendicularmente à direção da força de arrasto.

Counsilman e Brown sugeriram ainda que, pelo fato de o formato da mão humana se assemelhar ao de uma asa, ela poderia ser usada para produzir sustentação de maneira similar àquela produzida pelos aerofólios. Um exemplo de como o teorema de Bernoulli pode ser aplicado à propulsão do nado está descrito na Figura 1.7, que mostra a vista inferior de um nadador de Borboleta varrendo as mãos para trás e para baixo do corpo. Ao fazer isso, as forças de arrasto, indicadas pelo vetor de arrasto acima da mão esquerda do nadador, serão exercidas na direção oposta ao movimento das mãos, ou seja, para fora e para frente. De acordo com o teorema de Bernoulli, o fluxo de água acima das superfícies superiores mais longas das mãos do nadador (pequenas setas acima da mão esquerda) será acelerado de forma a chegar ao dedo mínimo juntamente com a água que passa por baixo das mãos (seta maior abaixo

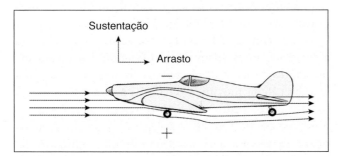

Figura 1.6 Exemplo da função desempenhada pelo teorema de Bernoulli em um avião.

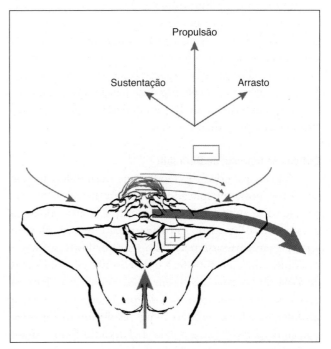

Figura 1.7 Aplicação do teorema de Bernoulli na propulsão do nado.

da mão esquerda do nadador). Consequentemente, a pressão da água será mais baixa acima das mãos do nadador – onde a água se desloca mais rapidamente – do que abaixo delas – onde a água se desloca mais devagar. Essa diferença de pressão é indicada pelos sinais de + e – abaixo e acima da mão esquerda do nadador. Esses diferenciais de pressão produzem forças de sustentação, que, como se sabe, atuam perpendicularmente à direção das forças de arrasto. A direção da força de sustentação é indicada pelo vetor de sustentação acima da mão esquerda do nadador.

A questão relativa à propulsão natatória humana é de certa forma mais complexa do que foi indicado pelo exemplo simplificado do avião na Figura 1.6. O movimento frontal de um nadador, chamado *propulsão* ou *força resultante* na Figura 1.7, é, na realidade, causado por uma combinação de forças de arrasto e de sustentação produzidas pelo corpo do nadador. As mãos se movem diagonalmente para trás, fazendo com que essas forças sejam exercidas diagonalmente – e não diretamente – para trás. A combinação de porções dessas duas forças produz um componente de força que é direcionado diretamente para frente. Esta é a força que acelera o nadador para frente. (Lembre-se de que, como essa ilustração é uma vista inferior, o vetor apontando para cima representa na verdade uma força direcionada para frente.) Para ser mais exato, a força propulsiva é, na verdade, exercida contra a mão e o braço do nadador. Entretanto, quando ele resiste a essa força ao continuar pressionando as mãos para dentro e para trás, a força propulsiva é transferida para o seu corpo em suspensão, que é então acelerado para frente, passando pelas mãos.

O teorema de Bernoulli vem ganhando ampla aceitação nas últimas duas décadas porque fornece fundamentos científicos para os movimentos diagonais de braçada usados pelos nadadores. Recentemente, no entanto, alguns especialistas duvidaram da aplicação desse teorema na propulsão natatória humana. Algumas pesquisas recentes sugerem que o teorema de Bernoulli não tem nenhuma relação com a propulsão do nado.

Críticas ao teorema de Bernoulli

A principal crítica ao teorema de Bernoulli é que ele talvez não possa ser aplicado à propulsão natatória humana. Ele só se aplicaria aos casos em que o fluxo de água permanecesse "grudado" à parte superior de um fólio, ou seja, se a água passasse pelo fólio sem que houvesse separação da camada limítrofe, a qual consiste em moléculas de água que permanecem em contato com o objeto ao passar por ele. Uma camada limítrofe intacta indica baixa turbulência e baixa pressão, o que resulta em maior diferencial de pressão entre o lado de baixo do fólio – onde a pressão é mais alta – e o lado de cima – onde ela é mais baixa. Quando a turbulência aumenta, as moléculas de água

se soltam da parte de cima do fólio e diz-se então que a camada limítrofe foi separada. Assim, uma camada limítrofe separada indica turbulência e aumento na pressão acima do fólio, o que, por sua vez, reduz a diferença de pressão entre a parte de baixo e a de cima do fólio e diminui a força de sustentação. *Consequentemente, uma camada limítrofe intacta, ou "grudada", é essencial para que sejam produzidas forças de sustentação pelo mecanismo de Bernoulli.* Quando a camada limítrofe se separa, essas condições necessárias para que o mecanismo de Bernoulli produza sustentação não estão mais presentes.

Há fortes evidências, hoje em dia, de que os membros humanos não são e nunca foram suficientemente lisos e em forma de fólio para permitir que o fluxo de água permanecesse "grudado" à parte de cima das mãos de um nadador quando passa por elas. Por isso, não é possível ter certeza de que o mecanismo de Bernoulli seja responsável pela propulsão do nado. Por ora, serão descritos os resultados de algumas pesquisas que tendem a desacreditar o teorema de Bernoulli como um mecanismo propulsivo. Antes disso, porém, é preciso descrever como os *ângulos de ataque* da mão são medidos, porque iremos nos referir a eles regularmente durante todo este capítulo e nos demais.

Ângulos de ataque Os ângulos de ataque das mãos e sua relação com o teorema de Bernoulli foram alvo de grande atenção por causa da crença de que tais ângulos desempenhavam um papel importante na criação do diferencial de pressão entre os lados de cima e de baixo da mão, o que resultava na produção da força de sustentação. O ângulo de ataque é aquele ângulo formado pela inclinação da palma da mão em relação à direção em que ela está se movendo. Por exemplo, a 90º, a palma da mão estaria virada em uma direção oposta àquela em que a mão está se movendo. Mas a 0º, a ponta da mão – tanto faz se a ponta do polegar ou a ponta do dedo mínimo – estaria apontando para a mesma direção em que a mão está se movendo.

A Figura 1.8 fornece um exemplo de como o ângulo de ataque é medido. É importante saber como a mão se movimenta através da água a fim de entender essa medição. Saber qual parte da mão é o bordo de ataque (a parte que entra primeiro na água) e qual é o bordo de fuga (a parte que passa por último por esse mesmo lugar na água) determina a direção da força de arrasto e, portanto, a direção da força de sustentação. Como mencionado antes, a força de arrasto será exercida em uma direção oposta à direção do movimento da mão na água. Para movimentos direcionados para dentro, a ponta do polegar é o bordo de ataque. Ou seja, o polegar é a primeira parte da mão a atravessar a água; e o dedo mínimo, a última. A direção da força de arrasto, nesse caso, é exercida através da mão, do polegar até o lado do dedo mínimo. Em contra-

Figura 1.8 Vistas lateral e inferior de um nadador de Crawl executando a finalização da fase propulsiva subaquática da braçada. Em (a) está ilustrado o ângulo de varredura para trás e em (b) o ângulo de ataque.

partida, nos movimentos para fora, o dedo mínimo é o bordo de ataque e a força de arrasto é exercida a partir desse dedo em direção ao polegar. De modo similar, as pontas dos dedos são o bordo de ataque no movimento inicial descendente do braço no começo da braçada subaquática nos nados Crawl e de Costas. Em outras palavras, as pontas dos dedos atravessam a água primeiro; e a parte posterior da mão passa por último, fazendo com que a força de arrasto seja direcionada das pontas dos dedos para o punho. Durante os movimentos do braço para cima, a parte posterior da mão atravessa a água primeiro e a mão e os dedos passam em seguida, de modo que a força de arrasto atua em uma direção que vai do punho para as pontas dos dedos.

O fluxo de água nem sempre corre diretamente por baixo do meio da palma da mão, em sentido do bordo de ataque para o bordo de fuga. Ele em geral segue um ângulo. A direção desse fluxo de água é chamada *ângulo de varredura para trás*. Na Figura 1.8a, esse ângulo é indicado pela linha traçada na parte de trás do antebraço do nadador e ao longo de sua mão, a qual, por sua vez, se move para fora, para cima e para trás e está angulada para fora e para cima. Assim, o fluxo relativo de água passa pela palma da mão do nadador, da ponta do punho no lado do dedo mínimo em direção às pontas dos dedos, no lado do polegar.

O ângulo de ataque da mão indica sua inclinação em relação à direção do fluxo relativo de água que passa pela palma da mão do nadador. A Figura 1.8a e b indica que o atleta está usando um ângulo de ataque de 50°. O ângulo de ataque é uma medida tridimensional e, portanto, não pode ser representado de maneira exata em duas dimensões. Por esse motivo, a posição da mão é mostrada tanto de lado quanto por baixo.

Depois dessa explicação, é possível retomar a descrição de alguns estudos que refutam o princípio de Bernoulli como mecanismo propulsivo. Quatro estudos merecem destaque: o primeiro é a tese de mestrado apresentada por Ferrell na Cortland State University; o segundo é de Bixler, cientista de foguetes e pai de nadador; o terceiro foi conduzido por Holt e Holt na Dalhousie University; e o quarto e mais recente foi realizado por Toussaint et al. no Institute for Fundamental and Clinical Human Movement Science, em Amsterdã.

A pesquisa de Ferrell Ferrell (1991) usou três modelos em fibra de vidro das mãos de nadadores a fim de estudar seus potenciais para a produção de sustentação por meio do princípio de Bernoulli. Ele posicionou *tufos* (pequenas tiras de látex com aproximadamente 2,5 cm de comprimento) nos modelos de mãos e então os moveu através da água em vários ângulos de ataque. A Figura 1.9 ilustra a mão de fibra de vidro de Ferrell com os tufos afixados a ela, cada um preso por uma única ponta para que assim a outra pudesse ondular livremente pela água. Usando um equipamento apropriado, a mão foi movida através da água em velocidades de 0,3 a 3 m/s, em ângulos de ataque de 0° a 40°, a partir de duas orientações diferentes. Todos os testes simulavam uma varredura para dentro iniciada a partir do polegar. No total foram realizados 45 testes, os quais foram filmados para que se pudesse observar como os movimentos da mão afetavam os tufos presos a ela.

A ideia por trás desse procedimento era usar os tufos como um meio de visualizar o padrão do fluxo de água ao redor da mão. Se a camada limítrofe estivesse unida, todos os tufos seriam empurrados contra a superfície da parte de cima da mão, em direção ao dedo mínimo, ou seja, na direção oposta ao movimento da mão através da água. Contrariamente, se a camada limítrofe se separasse com a passagem da água pela parte de cima da mão, os tufos ondulariam em direções aleatórias.

Ferrell não encontrou nenhuma evidência de que a camada limítrofe permanecesse unida, e os movimentos

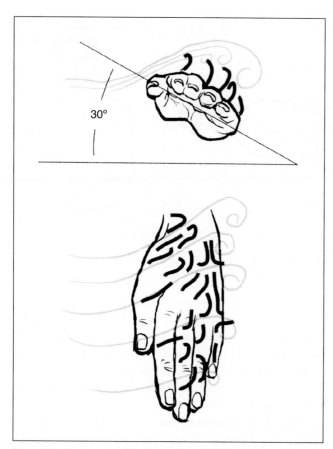

Figura 1.9 Imagens de vídeo do estudo de Ferrell reproduzindo os modelos de mão em resina com os tufos afixados a eles. (Adaptado de Ferrell 1991.)

totalmente aleatórios dos tufos indicaram que a água era tão turbulenta que a camada limítrofe não poderia permanecer intacta, mesmo quando a mão se movia lentamente e em ângulos de ataque agudos. A Figura 1.9 mostra o movimento dos tufos enquanto a mão de fibra de vidro realiza uma varredura para dentro em alta velocidade e em um ângulo de ataque de 30°. É possível notar que os tufos ondulam aleatoriamente.

Ferrell concluiu que a turbulência demonstrada pelos tufos indicava uma separação da camada limítrofe acima da parte superior da mão, o que, por sua vez, negava qualquer possibilidade de que forças de sustentação fossem produzidas segundo o modelo de Bernoulli nos ângulos de ataque e velocidades da mão utilizados por nadadores de competição.

A pesquisa de Bixler Bixler (1999) utilizou um novo enfoque no estudo do fluxo de água ao redor das mãos dos nadadores. Engenheiro de profissão, ele criou no computador um modelo da superfície das mãos e dos braços de um nadador e então aplicou um programa de análise para calcular, entre outros fatores, a direção e a velocidade de fluxo do fluido, as mudanças de pressão dentro dos fluidos e seu efeito nas forças de arrasto e de sustentação.

Esse procedimento, conhecido como *dinâmica do fluido computacional*, é uma metodologia reconhecida na comunidade de engenharia por resolver problemas complexos de fluxo com o auxílio do computador. De acordo com Bixler, esse método pode ser equiparado a um túnel de vento no computador.

Utilizando o computador para simular um fluxo de água ao redor de seu modelo, Bixler demonstrou que a água se afastava antes que pudesse passar ao redor do modelo. Isso o levou a concluir que "o fato de as camadas limítrofes se separarem é importante por mostrar que a equação de Bernoulli não deveria ser usada para explicar a sustentação gerada pelas mãos dos nadadores". Ele declarou mais tarde que "uma das suposições feitas por Bernoulli ao derivar sua equação era que o fluxo de água era isento de fricção, o que significa que a camada limítrofe permanecia intacta".

É importante esclarecer que os resultados de Ferrell e Bixler não querem fazer supor que os nadadores não produzem forças de sustentação. Eles indicam apenas que o efeito Bernoulli não pode ser o responsável por essas forças.

Bixler também comparou seu modelo de mão a um modelo combinado de mão e braço para testar a habilidade de ambos de produzir sustentação em vários ângulos de ataque e orientações em relação à água. O modelo combinado era ainda menos semelhante a um fólio e produziu um grande arrasto e coeficientes mínimos de sustentação em todos os ângulos de ataque. De fato, quando os coeficientes para o modelo combinado de mão e braço foram calculados, os coeficientes de arrasto produzidos excederam os de sustentação por uma margem considerável em todos os ângulos de ataque. É duvidoso, portanto, que as mãos e os braços dos nadadores possam produzir sustentação através do mecanismo do princípio de Bernoulli, uma vez que não apresentam muitas das características de um aerofólio.

A pesquisa de Holt e Holt Estudos usando canais de água e modelos de gesso de membros humanos certamente trouxeram acréscimos para o conhecimento sobre a propulsão do nado. No entanto, o que todos gostariam de ver são resultados gerados por estudos com humanos. Nesse sentido, os resultados de dois outros estudos também lançam dúvida sobre a aplicação do princípio de Bernoulli à propulsão natatória humana. O primeiro deles foi conduzido por Holt e Holt (1989).

Esses pesquisadores pediram a um grupo de nadadores que realizassem testes idênticos de distância de 100 jd com e sem placas em forma de nadadeiras presas às costas das mãos. A função dessas placas era interromper o fluxo de água para que a camada limítrofe se separasse e não fosse possível produzir sustentação por meio do efeito

Bernoulli. Os tempos dos nadadores ao usarem as placas foram, em média, apenas 2% mais lentos, o que levou os autores a concluírem que, na melhor das hipóteses, o princípio de Bernoulli tinha apenas um papel menor na propulsão do nado.

A pesquisa de Toussaint, van den Berg e Beek Toussaint, van den Berg e Beek (2000) empregaram a técnica dos tufos para examinar a direção do fluxo de água ao redor dos braços durante o nado propriamente dito. Eles prenderam tufos na parte da frente das mãos e dos antebraços dos nadadores e em seguida filmaram esses atletas nadando pela piscina em velocidades lentas, moderadas e rápidas. Os pesquisadores ficaram surpresos ao descobrir que um pouco de água estava escorrendo pela frente das mãos e dos antebraços dos nadadores durante as fases propulsivas da braçada subaquática e presumiram que a direção do fluxo de água era oposta à direção das mãos e dos braços dos nadadores. Essa direção descendente do fluxo de água, que eles denominaram força *axial*, causaria turbulência sobre a parte de cima da mão e tornaria impossível manter a camada limítrofe intacta. Consequentemente, eles concluíram que as mãos dos nadadores não poderiam funcionar como hidrofólios, que gerariam forças de sustentação de acordo com o princípio de Bernoulli.

A teoria do vórtice

A teoria do vórtice foi usada para explicar como forças de sustentação poderiam desempenhar um papel importante na propulsão do nado, mesmo quando a camada limítrofe se separa durante o movimento dos membros do nadador através da água. Cecil Colwin (1992) tem sido o principal defensor do papel da formação do vórtice na propulsão do nado. Ele acredita que a formação de vórtices pode manter um diferencial de pressão entre as partes de baixo e de cima das mãos dos nadadores, mesmo quando a água está turbulenta.

Um vórtice é uma massa de fluido em rotação. A Figura 1.10 mostra como a formação de um vórtice pode aumentar a força de sustentação em um fólio. O processo começa com a formação de um vórtice inicial; algumas moléculas de água que passam por cima e outras que passam por baixo do bordo de fuga do fólio irão se deslocar de forma ascendente, em direção ao lado de cima do fólio, por causa da menor pressão da água em cima do que embaixo dele. Essas moléculas de água se deslocam não apenas para cima, mas também para frente, acima da parte superior do fólio, formando o vórtice inicial. De acordo com a lei da ação e reação de Newton, um vórtice movimentando-se em uma determinada direção irá criar um contravórtice de igual magnitude em sentido contrário. Esse contravórtice é denominado *vórtice recorrente*.

Um vórtice recorrente age como uma camada de fluido circulando ao redor do fólio em direção oposta à do vórtice inicial. Ou seja, ele gira em sentido horário da parte da frente para a de trás, por cima do fólio, e da parte de trás para a da frente, por baixo. Por esse motivo, a força do contravórtice acima do fólio agirá na mesma direção que o fluxo relativo de água acima da parte superior do fólio, da parte da frente para a de trás. Ao fazer isso, ele aumenta a velocidade do fluxo de água acima da superfície superior do fólio, o que, por sua vez, provoca uma diminuição mais intensa na pressão acima dessa superfície. Ao mesmo tempo, a força do contravórtice abaixo do fólio é exercida em sentido oposto ao fluxo de água, o que diminui a velocidade desse fluido e provoca um aumento maior da pressão abaixo do fólio. O resultado de tais ações é que o diferencial de pressão necessário para a produção de forças de sustentação sofrerá um aumento entre as partes de baixo (+) e de cima (-) do fólio, mesmo quando o fluxo de água ao redor do fólio for instável.

Uma vez explicado isso, é preciso esclarecer que um vórtice recorrente não é uma realidade física, isto é, não existe uma camada de água circulando de fato ao redor do fólio da maneira descrita. Contudo, a força associada à formação de um vórtice inicial deve resultar na produção de uma contraforça de igual magnitude, a qual agirá

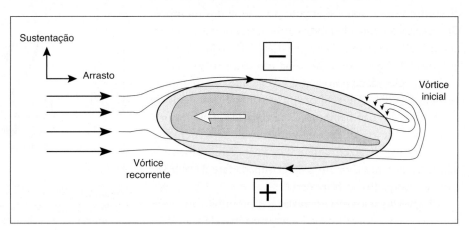

Figura 1.10 Formação de um vórtice recorrente ao redor de um aerofólio.

como um vórtice recorrente e aumentará o diferencial de pressão entre as partes de baixo e de cima de um fólio, como se houvesse uma camada de água circulando na direção oposta à do vórtice inicial. Essa contraforça continuará aumentando o diferencial de pressão entre as partes de baixo (+) e de cima (-) do fólio até que o vórtice inicial seja dissipado, geralmente na forma de uma massa de moléculas de água girando quando há uma mudança repentina na direção, na velocidade e/ou no ângulo de ataque do fólio.

Colwin acredita que os nadadores se deslocam na água com movimentos rotacionais dos membros, o que provoca a formação e a dissipação de vórtices a cada mudança de direção durante as braçadas subaquáticas. Segundo ele, nadadores eficientes manipulam de modo inteligente a formação e a dissipação de vórtices controlando o formato e o movimento de seus membros de modo a criar propulsão de dois tipos: *fólio* e *anéis concorrentes*. Em geral, assim acredita Colwin, a propulsão por fólio ocorre na primeira metade da braçada subaquática, e o mecanismo de anéis concorrentes é usado, na maioria das vezes, durante a segunda metade da braçada. Ele também sugeriu que o mecanismo de anéis concorrentes criaria propulsão quando as pernas mudassem de direção, de baixo para cima, ou vice-versa, durante a pernada. Esses dois mecanismos propostos, a propulsão por fólio e por anéis concorrentes, serão agora abordados mais detalhadamente.

Propulsão por fólio É o resultado das forças de sustentação produzidas quando um vórtice inicial é formado, mas antes que ele seja dissipado ou interrompido. O fluxo do fluido sobre as mãos deve ser estável a fim de prevenir a dissipação do vórtice inicial. Acredita-se que nadadores habilidosos estabeleçam esse fluxo estável com a cuidadosa orientação das mãos no início da braçada subaquática e depois o mantenham por meio da cuidadosa aceleração e orientação dos membros para que o fluido não se separe deles. No entanto, os nadadores só conseguem manter estável o fluxo de fluido ao redor das mãos por um breve período a cada braçada subaquática, pois a direção, a velocidade e o ângulo de ataque dos membros são constantemente alterados. Como consequência, o vórtice inicial é interrompido e um novo é formado toda vez que os nadadores executam uma mudança maior na direção, na velocidade e no ângulo de ataque dos membros. Colwin acredita que o fator que distingue os nadadores habilidosos dos não habilidosos é a capacidade que os primeiros têm de controlar o movimento de seus membros com o intuito de fazer com que os vórtices iniciais sejam mantidos durante toda uma determinada fase da braçada e então dissipados na hora certa.

Propulsão por anéis concorrentes A propulsão por anéis concorrentes ocorre nos principais pontos de transição da braçada subaquática, quando os vórtices iniciais são dissipados. A água, arremessada para trás pelos membros após uma mudança repentina na velocidade, na direção ou no ângulo de ataque, causa uma contraforça de igual magnitude que acelera os nadadores para frente. Um exemplo de como esse fenômeno supostamente pode causar o aumento da propulsão do nado está ilustrado na Figura 1.11.

Nela, o nadador é mostrado executando a fase propulsiva final da braçada subaquática; quando muda a direção da mão de dentro para fora no início do movimento, ele cria um vórtice inicial que é carregado com a mão até que ela desacelere antes de atingir a superfície. Nesse ponto, o vórtice inicial é dissipado para trás, acelerando então o nadador para frente.

A teoria do vórtice de propulsão do nado é baseada nos princípios do som da aerodinâmica. Se ela de fato atua no nado humano, significa que as forças de sustentação contribuem consideravelmente para a propulsão, mesmo quando a camada limítrofe se separa. Infelizmente, é muito difícil provar ou refutar essa teoria.

O maior problema para prová-la é determinar se os nadadores podem de fato estabelecer um vórtice recor-

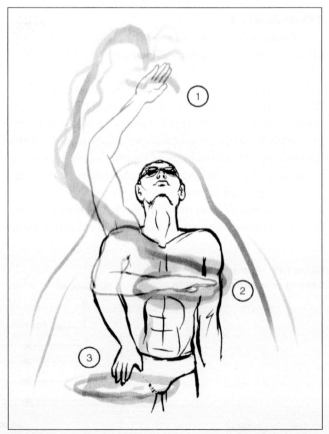

Figura 1.11 Exemplo do mecanismo de anéis concorrentes de um nadador de Crawl completando a fase propulsiva da braçada subaquática. (Adaptado de Colwin 1984.)

rente ao redor das mãos e dos pés durante os movimentos propulsivos subaquáticos. Se um vórtice recorrente não pode ser mantido, ainda que por curtas distâncias, seu efeito em aumentar a força de sustentação e dissipar o vórtice não estará disponível nas propulsões por fólio e por anéis recorrentes.

Os vórtices podem ser vistos nos rastros deixados pelas mãos, braços e pés dos nadadores. Contudo, não há prova de que essas massas de água turbulenta sejam o resultado da criação e da dissipação de vórtices recorrentes. Na verdade, as evidências disponíveis indicam que vórtices recorrentes não se desenvolvem ao redor de objetos tão pequenos e com hidrodinâmica tão insuficiente quanto as mãos e os braços de um nadador. Vórtices desse tipo levam tempo para se formar, e o fato de as camadas limítrofes se separarem tão rapidamente ao passarem pelas mãos dos nadadores torna duvidosa a ideia de que haja tempo suficiente para que um vórtice inicial se forme e se desenvolva até se transformar em um vórtice recorrente.

Padrões de velocidade frontal no centro de massa dos nadadores também deixam dúvidas quanto à eficiência dos mecanismos de propulsão por fólio e por anéis concorrentes. Se esses mecanismos estivessem atuando, seria de se esperar que o corpo dos nadadores fosse acelerado para frente quando eles realizam maiores mudanças na direção e na velocidade dos membros durante as braçadas subaquáticas. Mas os traçados desses centros de massa indicam que os nadadores na realidade desaceleram nesses momentos. O padrão normal é que o corpo acelere até atingir a velocidade de pico durante a metade de cada fase propulsiva da braçada subaquática e desacelere perto do final. A única exceção a essa observação geral ocorre no final da braçada subaquática dos nados Borboleta, Crawl e de Costas.

A TERCEIRA LEI DO MOVIMENTO DE NEWTON

Considero bastante convincente a evidência de que o princípio de Bernoulli não está envolvido na propulsão do nado e também acredito que as evidências atualmente disponíveis não respaldam a ideia de que a propulsão seja o resultado da formação e dissipação de vórtices. Na minha opinião, a terceira lei do movimento de Newton, a lei da ação e reação, oferece a explicação mais provável para a propulsão natatória humana.

A contraforça produzida pelos nadadores ao empurrar a água diagonalmente para trás com os membros produz a força que desloca seu corpo para frente. Essa contraforça é a combinação das forças de sustentação e de arrasto produzidas por seus membros, pois, por motivos que serão discutidos mais adiante, os nadadores não empurram a água diretamente para trás. Contudo, é provável que o ato de empurrar a água em uma direção predomi-

nantemente para trás crie essa força propulsiva que acelera o corpo do nadador para frente. Embora essa seja a teoria da propulsão que passei a aceitar após vários anos de estudo, não posso garantir que ela seja, em todos os aspectos, a explicação mais exata para os mecanismos propulsivos humanos. Atualmente, porém, ela parece ser a explicação mais lógica baseada nas evidências disponíveis.

Questões relacionadas à propulsão newtoniana

Muitas perguntas tiveram que ser respondidas antes que as leis do movimento de Newton passassem a ser consideradas as responsáveis pela propulsão no nado competitivo. A primeira questão a ser esclarecida era por que as mãos dos nadadores se deslocam lateral e verticalmente durante boa parte das braçadas subaquáticas.

P Por que os nadadores usam padrões diagonais de braçada se o objetivo é empurrar a água para trás?

Qualquer um poderia muito bem se fazer essa pergunta e ela foi talvez a questão mais importante que tive que responder antes de aceitar que a propulsão natatória humana resultava do ato de empurrar a água para trás com os membros. Movimentá-los diretamente para trás parecia ser o método mais eficiente para produzir a maior contraforça propulsiva, embora os padrões de braçada mostrassem que, universalmente, os nadadores moviam seus membros lateral e verticalmente tanto quanto ou mais do que os moviam para trás durante as braçadas subaquáticas. Depois de muita reflexão, acredito que eu possa fornecer explicações plausíveis para esses padrões de braçadas diagonais, os quais descreverei nas próximas seções.

R Os movimentos diagonais de braçada provavelmente aumentam a distância por braçada e a força propulsiva total por ciclo de braçada.

Talvez a razão mais convincente para a braçada diagonalmente para trás tenha sido apresentada por Counsilman (1977) quando ele concluiu que os nadadores moviam os braços para trás em padrões sinuosos com o objetivo de afastar os membros da água que haviam previamente acelerado e posicioná-los em correntes adjacentes de águas mais tranquilas, que poderiam ser então aceleradas com menos esforço. Assim, os nadadores seriam capazes de obter maior distância por braçada com taxas mais lentas de passagem e menor esforço muscular ao fazer força contra vários segmentos de água mais tranquila.

É possível questionar se os componentes verticais e laterais dos movimentos de braçada dos nadadores não reduziriam a quantidade de força propulsiva que eles poderiam produzir em comparação com o movimento de simplesmente empurrar a água para trás. Na realidade, movimentos diagonais de braçada resultam em uma quantidade maior de água sendo deslocada para trás e menor esforço muscular durante toda a braçada subaquática, causando, ao mesmo tempo, apenas uma pequena redução na força propulsiva em cada fase da braçada. Bixler (1999) demonstrou isso com seu modelo de mão e braço gerado em computador. Ele calculou que a força propulsiva produzida pelos nadadores ao movimentar os braços diagonalmente era apenas um pouco menor do que a força que eles produziam ao empurrar a água diretamente para trás. Essas diferenças calculadas por ele entre a força propulsiva do movimento diretamente para trás e a de dois movimentos diagonalmente para trás são apresentadas na Figura 1.12. Os padrões de braçadas e das mãos ao final de cada barra permitem visualizar os ângulos de braçada e os ângulos de ataque da mão representados por cada uma delas. A vista inferior do braço direito de um nadador de Crawl executando a metade da braçada abaixo do corpo mostra as mãos em imagens espelhadas, o que possibilita a qualquer um realizar o mesmo padrão com sua própria mão direita.

Em comparação com o movimento de empurrar a mão diretamente para trás (ângulo da braçada 0° e ângulo de ataque da mão 90°), a força propulsiva foi reduzida em apenas 2 N (65 N *vs* 63 N), quando o ângulo da braçada foi modificado para 30° e o ângulo de ataque da mão era 75°, e em apenas 8 N (65 N *vs* 57 N), quando o ângulo da braçada era 45° e o ângulo de ataque da mão 60°.

O percurso da braçada seria bem mais curto se os nadadores empurrassem diretamente para trás do começo ao fim da braçada subaquática. No entanto, eles também teriam que usar uma grande quantidade de força muscular para acelerar rapidamente os braços e as mãos para trás e assim manter igual a pressão contra a água que colocaram em movimento. Como a distância é curta e os membros devem ser acelerados depressa, o tempo necessário para que os braços se desloquem por essa distância é igualmente curto. Por isso, os nadadores só se deslocariam para frente por uma curta distância a cada braçada e seria necessário uma alta frequência de braçadas para que elas fossem competitivas. Consequentemente, parece sensato pensar que, em comparação com empurrar a água diretamente para trás, realizar uma braçada por um percurso mais longo mas com menos esforço muscular compensa a pequena quantidade de força propulsiva que pode ser perdida. Se, como sugere Bixler (1999), os nadadores são capazes de gerar quase a mesma quantidade de força propulsiva empurrando diagonalmente para trás, então faz sentido usá-la. Os nadadores também podem economizar uma quantidade significativa de energia aumentando a distância por braçada e reduzindo as taxas de passagem, mesmo que esses ajustes se deem às custas de uma pequena queda na força propulsiva. No entanto, suspeito que a quantidade de força propulsiva gerada com uma braçada subaquática completa seja maior com um padrão de braçada mais longo, no qual os membros se movimentam diagonalmente para trás, do que seria empurrando diretamente para trás por uma distância menor.

Outro ponto controverso é se os movimentos verticais e laterais de braçada podem aumentar o arrasto por fazerem com que o corpo perca o alinhamento. Mesmo que isso seja verdade, qualquer movimento lateral ou vertical do corpo que pudesse aumentar potencialmente o arrasto resistivo poderia ser reduzido ou eliminado pela rotação do corpo nos nados Crawl e de Costas e pela ondulação no nado Borboleta, e talvez no nado de Peito. Certas ações de contrabalanço das pernas e dos braços tam-

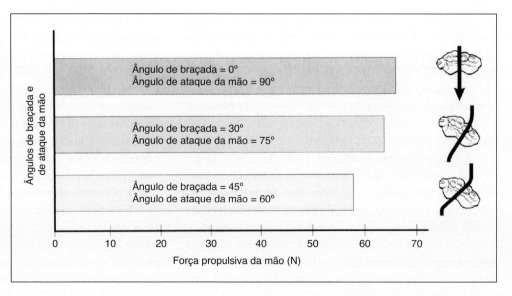

Figura 1.12 Diferenças na força propulsiva calculada entre movimentos de braçada diretamente para trás e dois movimentos de braçada diagonalmente para trás. (Adaptado de Bixler 1999.)

bém podem ajudar a estabelecer um percurso retilíneo para que o impulso propulsivo total obtido a cada ciclo de braçada seja maior do que ele seria empurrando-se diretamente para trás.

R São necessários movimentos laterais e verticais de braçada para se aplicar força de maneira mais eficiente.

Existem outras razões convincentes para que os nadadores incluam movimentos laterais e verticais em seus padrões de braçada. Os braços se movem para cima e para baixo, dentre outras razões, porque, após a entrada, os nadadores de Crawl e de Costas precisam movê-los para baixo até uma distância considerável da superfície (aproximadamente 50 a 70 cm) a fim de direcioná-los para trás no agarre. Uma vez atingida a profundidade necessária, os nadadores devem levar outra vez os braços para cima e para fora da água com o objetivo de se preparar para outra braçada subaquática. Consequentemente, os braços devem ser deslocados para cima e para baixo durante várias fases das braçadas subaquáticas.

Os nadadores não devem fazer força contra a água ao deslocar as mãos e os braços para baixo para a posição de agarre; mas devem aplicar (e aplicam) força contra a água ao deslocarem os braços para cima. Ao que parece, os nadadores preferem realizar a braçada diagonalmente para cima e para trás, em vez de diretamente para trás, assim as mãos já estão prontas para sair da água quando sua capacidade de produzir força propulsiva chega ao fim. Caso empurrassem os braços diretamente para trás a partir da posição de agarre, a fase propulsiva de cada braçada terminaria com os braços entre 50 e 70 cm abaixo da água, produzindo uma considerável quantidade de arrasto resistivo no percurso até a superfície. Em comparação com a braçada efetuada diagonalmente para cima e de volta à superfície, parece provável que arrastar os braços para cima através da água reduza a velocidade frontal média por braçada.

Quais são então as razões mais prováveis para os movimentos laterais dos braços dos nadadores? Os atletas devem mover seus braços para fora e para dentro para posicioná-los melhor para a aplicação de força propulsiva durante as diferentes fases da braçada. Eles podem, por exemplo, mover os braços para a posição de agarre com maior rapidez e menos arrasto resistivo se os movimentarem para o lado, para longe do corpo, em vez de diretamente abaixo da linha média, na primeira metade da braçada subaquática. Nas braçadas em que isso seja possível, os nadadores precisam então trazer as mãos para baixo da linha média, onde podem aplicar força propulsiva de maneira mais eficiente na fase intermediária da braçada. E, finalmente, nos nados Borboleta e Crawl, os nada-

dores devem afastar as mãos da parte de baixo do corpo a fim de levá-las até a superfície para outra braçada.

R Movimentos diagonais de braçada são necessários para vencer a inércia.

Uma última razão para os padrões diagonais de braçada é o fato de que os nadadores podem reduzir o esforço muscular ao vencer a inércia dos membros com mudanças graduais na direção. *Inércia* é uma expressão da primeira lei do movimento de Newton, a lei da inércia, e pode ser definida da seguinte maneira: uma parte de um corpo que esteja se movimentando em uma direção específica continuará a se movimentar nessa direção até que seja forçado a mudar de direção pela aplicação de força muscular (Hay e Reid 1988).

A força necessária para mudar essa direção pode ser reduzida consideravelmente se realizada de forma gradual por uma distância maior e não rapidamente por uma distância mais curta. Mudanças repentinas de direção exigem dos nadadores um esforço muscular adicional tanto para mover-se quanto para acelerar-se nessa outra direção. Além disso, mudanças repentinas na direção dos membros também exercem um torque em um corpo suspenso, o que prejudica o alinhamento e aumenta a resistência da água à progressão frontal. Por outro lado, é necessário menos esforço para vencer a inércia se a mudança na direção dos membros for completada gradualmente ao longo de uma distância maior. Para isso, deve-se iniciar a mudança de direção antes que o movimento na direção anterior tenha sido completado. A isso se denomina *mudança adequada de direção*. Não é preciso frear quando a direção do movimento é alterada adequadamente, e também não é necessária nenhuma grande alteração repentina em uma nova direção. A mudança pode ser realizada reduzindo-se de maneira gradual a velocidade em uma determinada direção, mas sem parar, e acelerando-se em seguida também gradualmente em uma nova direção.

P Os nadadores usam as mãos para palmateio ou para remada?

Assim que compreendi por que os nadadores usavam padrões diagonais de braçadas em vez de movimentos diretos para trás, a pergunta seguinte a ser respondida era como eles usavam seus membros para mover a água para trás. Essa questão vai à essência de como os nadadores exercem força propulsiva: eles deslocam a água para trás por meio de palmateios com as extremidades das mãos lateral e verticalmente através da água como lâminas propulsoras, ou as empurram diagonalmente para trás através da água como remos? A resposta depende de como os termos *palmateio* e *remada* são entendidos. O palmateio puro envolve movimentos de braçada semelhantes a hélices, os quais são feitos lateral e verticalmente sem o componente para trás, enquanto a remada pura usa braçadas diretamente para trás sem os componentes laterais e verticais. Obviamente, as varreduras diagonais usadas durante as fases propulsivas da braçada contêm elementos de movimentos que poderiam ser descritos tanto como palmateio quanto como remada. Consequentemente, se o *palmateio* for definido como qualquer padrão de movimento de membros que não seja diretamente para trás, então as braçadas dos nadadores podem ser classificadas como palmateio. Entretanto, se os movimentos dos braços dos nadadores forem definidos como remada, ainda que contenham alguns componentes laterais e verticais, é possível dizer que os nadadores estão remando.

O termo escolhido pelos treinadores deve transmitir a essência do esforço propulsivo. Acredito que caracterizar os movimentos de braçada como remada é melhor do que descrevê-los como palmateio, e existem três razões fundamentais para isso, as quais serão descritas nas próximas seções.

R Há boas evidências de que o arrasto contribui mais para as forças propulsivas produzidas pelos nadadores do que a sustentação.

Os nadadores se deslocam com uma combinação de forças de arrasto e de sustentação. Então por que é importante saber qual das duas forças – arrasto ou sustentação – tem maior contribuição? A importância disso está no fato de que a força predominante determina a ênfase do movimento propulsivo. Se as forças de sustentação tiverem maior contribuição, os nadadores executarão com os membros extensas varreduras verticais e laterais em forma de hélice e essas varreduras deverão ter um mínimo componente para trás. Em outras palavras, os nadadores usariam movimentos de palmateio para a propulsão. Por outro lado, se a contribuição da força de arrasto for maior – como eu acredito que seja –, os atletas se esforçarão para empurrar seus membros, forçando-os contra a água, durante as fases propulsivas das braçadas. Em outras palavras, eles usariam os membros como se fossem remos a fim de forçá-los contra a água para trás, ainda que seus padrões de braçadas tivessem, por necessidade, alguns componentes verticais e laterais. Com isso em mente, será abordada agora a pesquisa que fundamenta a tese de que os nadadores usam os braços como remos para exercer força contra a água.

sub R Estudos sobre arrasto e sustentação com modelos de mão em gesso.

Forças de arrasto e de sustentação são quantidades vetoriais porque possuem tanto direção quanto magnitude e ambas devem ser corretamente descritas para que se possa entender melhor sua relação na produção de forças pro-

pulsivas. Não há nenhuma dificuldade em se determinar as direções das forças de arrasto e de sustentação produzidas pelos nadadores durante as várias fases das braçadas subaquáticas. As forças de arrasto são exercidas na direção oposta ao movimento das mãos; e as de sustentação, em uma direção perpendicular à força de arrasto. A dificuldade está em determinar a magnitude dessas duas forças.

A magnitude de cada uma delas é indicada pelo comprimento de seus respectivos vetores. Se a força de sustentação for a maior, seu vetor será desenhado proporcionalmente maior, com um tamanho que represente a diferença entre ele e o comprimento do vetor da força de arrasto. Se a propulsão for predominantemente de arrasto, o vetor dessa força é que será o maior. A Figura 1.13 mostra os diagramas de vetores de (a) propulsão predominantemente de sustentação e (b) propulsão predominantemente de arrasto. Acredito que esta última seja a predominante e que nadadores habilidosos escolham intuitivamente as direções da braçada e os ângulos de ataque das mãos que maximizem a quantidade de força de arrasto produzida e, ao fazerem isso, usam as mãos e os braços como remos para exercer força contra a água.

Há várias razões para se acreditar que os nadadores optam por combinações de padrões de braçada e ângulos de ataque que maximizam a contribuição das forças de arrasto na produção de força propulsiva. Uma dessas razões são os grandes ângulos de ataque das mãos usados durante as fases propulsivas das braçadas, pois tais ângulos produzem mais forças de arrasto do que de sustentação. Isso tem sido demonstrado em diversos estudos em que mãos de gesso foram suspensas em canais de água ou movidas através da água em diversos ângulos de ataque. Os resultados de um desses estudos (Schleihauf 1979) estão representados pelos gráficos de barra da Figura 1.14.

Schleihauf suspendeu um modelo em gesso da mão de um nadador em um canal de água e fez a água passar pela mão a uma velocidade constante de 2,13 m/s. Ele repetiu isso em dez incrementos com a mão fixada em vários ângulos de ataque entre 0° e 90°; além disso, posicionou a mão em diversas direções – para que a água fluísse do lado do polegar até o lado do dedo mínimo, e vice-versa, e das pontas dos dedos até o punho, e vice-versa – na tentativa de simular os vários movimentos da mão na braçada. Essas diferentes direções do fluxo de água são chamadas *ângulos de varredura*. O gráfico de barras na Figura 1.14 mostra, para cada ângulo de ataque, a sustentação média e os coeficientes de arrasto que foram produzidos nos diversos ângulos de varredura.

Note que os coeficientes de sustentação para a mão de gesso foram maiores do que os coeficientes de arrasto nos ângulos de ataque entre 10° e 30°. Contudo, foram quase iguais em ângulos de ataque de 40°; e os coeficien-

Figura 1.13 Exemplos de propulsão predominantemente de sustentação e predominantemente de arrasto durante a varredura para cima no nado Crawl. A propulsão predominantemente de sustentação é demonstrada pelo vetor em (a) e a predominantemente de arrasto pelo vetor em (b).

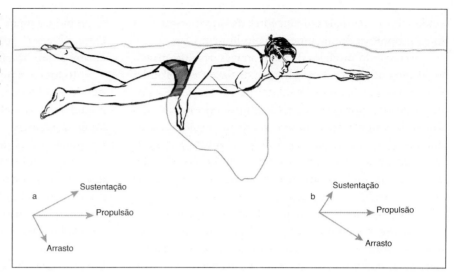

Figura 1.14 Coeficientes de arrasto e de sustentação medidos em um modelo de mão em gesso suspenso em um canal de água. Os coeficientes apresentados são médias computadas para um raio completo de ângulos de varredura, com ângulos de ataque da mão variando entre 0° e 90°. (Adaptado de Schleihauf 1979.)

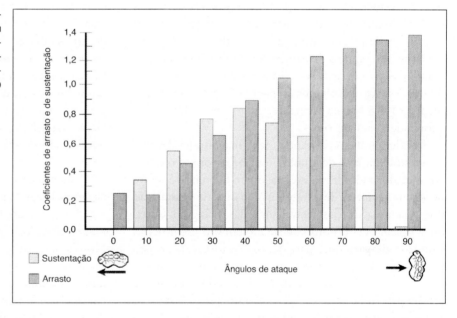

tes de arrasto predominaram em ângulos maiores. Existem evidências – que serão demonstradas posteriormente – de que a maioria dos nadadores habilidosos, a quem essas informações são disponibilizadas, usa ângulos de ataque da mão entre 50° e 70° durante as fases propulsivas das braçadas subaquáticas em pelo menos três dos quatro nados competitivos. O nado de Peito é a única exceção possível, embora eu acredite que, quando houver mais medições disponíveis, descobriremos que a maioria dos nadadores de Peito também usa grandes ângulos de ataque da mão. Consequentemente, os nadadores parecem escolher ângulos de ataque que irão maximizar a produção de forças de arrasto e não de sustentação.

R Medindo valores absolutos para forças de arrasto e de sustentação.

Outra razão para acreditar que os nadadores intuitivamente maximizam as contribuições da força de arrasto tem a ver com o fato de que os coeficientes podem não ser a melhor maneira de calcular as contribuições relativas das forças de arrasto e de sustentação à propulsão. "Um coeficiente grande não significa necessariamente que uma grande força é aplicada" (Bixler 1999). Afinal, coeficientes são apenas índices que expressam quão alinhado um objeto está para produzir sustentação ou minimizar o arrasto. Por essa razão, um exame das reais magnitudes das forças de arrasto e de sustentação produzidas em cada ângulo de ataque deve fornecer uma representação mais exata da função de cada um desses ângulos na propulsão do nado. Cappaert (1992), Berger et al. (1995) e Bixler (1999) relataram as magnitudes das forças de arrasto e de sustentação em três estudos separados. Seus resultados fornecem evidências ainda mais convincentes de que o arrasto é a força propulsiva dominante no nado humano.

Arrastando modelos de mãos através da água em velocidades entre 0,3 e 3 m/s, Berger, de Groot e Hollander mostraram que os valores absolutos para as forças de arrasto produzidas por esses modelos eram superiores aos das forças de sustentação, com uma margem considerável de diferença *em todos os ângulos de ataque*. Os valores para as forças de arrasto eram um pouco maiores que o dobro dos valores para a força de sustentação, mesmo em ângulos de ataque entre 20° e 40°, e as forças de arrasto eram mais de três vezes superiores em ângulos de ataque maiores.

No segundo estudo, Cappaert deixou suspenso o modelo da mão em um canal condutor de água em uma variedade de ângulos de ataque e fez a água passar pelo modelo em velocidades de 1, 1,5 e 2 m/s. Em vez de relatar os absolutos das forças de arrasto e de sustentação em cada ângulo de ataque, ela apresentou a média de cada força em todos os ângulos de ataque. Seus resultados mostraram que a força de arrasto média era quase seis vezes maior do que a força de sustentação para os ângulos de ataque medidos (17,5 N para a força de arrasto contra 3,2 N para a força de sustentação).

Bixler também calculou as reais magnitudes das forças de sustentação e de arrasto produzidas por seu modelo computadorizado de mãos e braços em diferentes ângulos de ataque. As forças de arrasto superaram as de sustentação por uma margem considerável em todos os ângulos quando o polegar era o bordo de ataque em um movimento simulado de varredura para dentro. As forças de arrasto para mãos e braços combinados aumentaram de aproximadamente 30 N para mais de 60 N quando o ângulo de ataque passou de 0° para 75°, enquanto as forças de sustentação ficaram entre 20 e 30 N nesse mesmo raio de angulação. As forças de arrasto e de sustentação produzidas quando o dedo mínimo era o bordo de ataque tiveram valores similares, embora as primeiras tendessem a ser ligeiramente maiores. As forças de arrasto ficaram entre 35 a 50 N em ângulos de ataque de 45° a 75°; já as de sustentação entre 25 a 34 N para os mesmos ângulos de ataque.

Finalmente, Bixler calculou as forças propulsivas que poderiam ser produzidas por seu modelo de mão e braço em vários ângulos de ataque e concluiu que as forças de arrasto contribuíam com aproximadamente 70% da força propulsiva nos ângulos de ataque mais comumente usados pelos nadadores quando o polegar era o bordo de ataque em uma varredura simulada para dentro. No entanto, seus cálculos mostraram que tanto as forças de sustentação quanto as de arrasto tendiam a contribuir em proporções iguais quando o dedo mínimo era o bordo de ataque em um movimento simulado de varredura para fora. Seus resultados também apontaram que as maiores quantidades de força propulsiva foram produzidas a ângulos de ataque da mão entre 60° e 90°, quando as mãos estavam quase perpendiculares à direção em que se moviam.

Todos esses três estudos indicam que, quando a magnitude absoluta das forças de arrasto e de sustentação são medidas em modelos de mãos, as forças de arrasto são, de longe, as maiores. O estudo de Bixler foi o único a sugerir que as forças de sustentação poderiam ter um papel mais importante no nado humano, mas apenas quando a mão estivesse varrendo para fora e com o lado do dedo mínimo como bordo de ataque. No entanto, a única situação em que os nadadores de competição de fato realizam a varredura usando o dedo mínimo como bordo de ataque é no nado de Costas, quando eles varrem para baixo próximo da conclusão das braçadas subaquáticas. Quando os nadadores de Crawl e Borboleta realizam a varredura para fora a partir da parte de baixo do corpo, já próximo do fim das braçadas subaquáticas, eles também varrem para cima, mas de um modo que as palmas das mãos são muito mais usadas como bordo de ataque do que o dedo mínimo. Nos nados de Peito e Borboleta, os nadadores tendem a usar as pontas dos dedos como bordo de ataque ao fazer a varredura para fora na primeira parte das braçadas, em vez do lado do dedo mínimo.

sub R Medindo as forças de arrasto e de sustentação sob condições de fluxos de água instáveis.

É importante lembrar que esses estudos descritos foram conduzidos sob condições de fluxos de água estáveis. Nos estudos de Schleihauf e Cappaert, os modelos de mãos estavam em posições estacionárias a ângulos de ataque fixos enquanto a água fluía por eles a velocidades constantes. Quando Berger et al. realizaram as medições, os modelos de mãos também foram movidos através da água a velocidades constantes, sem mudança no ângulo de ataque ou de braçada. E, finalmente, no estudo de Bixler, o modelo de mão e braço gerado por computador permaneceu estacionário em diferentes ângulos de ataque e varredura para trás enquanto o fluxo de água simulado passava por ele.

Existem duas grandes armadilhas na medição de forças sob condições constantes de velocidade e movimento dos membros. A mais grave delas é que o fluxo de água ao redor do braço e da mão é instável durante o nado humano real. Nem os membros nem a água se deslocam em velocidade constante, mas estão sempre acelerando ou desacelerando. Além disso, as diferentes partes dos membros se deslocam a velocidades variadas pela água dependendo da distância a que estão da articulação do ombro, o centro de rotação do braço. Essas várias velocidades em constante alteração também fazem com que a água flue ao redor do braço a diferentes velocidades.

A segunda armadilha diz respeito à complicada relação tridimensional da braçada de um nadador. Os braços não se deslocam pela água em uma direção constante e com um ângulo de ataque fixo. Eles mudam de direção e de ângulo de ataque diversas vezes durante cada braçada subaquática. As combinações sempre variadas de direções de braçadas – no que se refere a quanto os braços se movem para fora, para baixo, para dentro e para cima em um determinado ponto –, somadas às quase infinitas combinações de ângulos de braçada e ângulos de ataque dos membros e às mudanças nas velocidades dos membros usadas durante uma braçada subaquática, tornam extremamente difícil a simulação dos movimentos reais dos membros na braçada de um nadador por meio de um modelo em um canal de água.

Percebendo essas armadilhas, Thayer (1990) tentou aproximar uma braçada real de um modelo de mão e braço movido a motor, a fim de medir as forças de arrasto e de sustentação sob condições de fluxo instável. Assim, ela fixou 127 sensores de pressão ao seu modelo de mão e braço e o moveu pela água de modo a simular a mudança nos ângulos de ataque e de braçada usados pelos nadadores durante as várias fases subaquáticas da braçada do Crawl. O modelo alterava constantemente sua direção em relação à água e seus ângulos de ataque enquanto era deslocado, exatamente como as mãos e os braços fariam durante o nado em uma situação real. Isso provocou mudanças contínuas nas taxas de fluxo e turbulência da água ao redor do modelo de mão e braço, resultando em condições de fluxo instável.

Depois de coletar os dados sobre o movimento do modelo, Thayer também mediu as forças de arrasto e de sustentação produzidas nesse mesmo modelo sob condições de fluxo de água estável, utilizando para isso o método de Schleihauf e Cappaert, e então comparou os resultados obtidos com cada um desses experimentos. Os resultados obtidos por ela podem ser vistos nos gráficos de linha na Figura 1.15.

Uma comparação entre essas duas séries de medições revelou que as forças de arrasto produzidas pelo modelo de mão e braço em movimento foram 10 a 20 N maiores do que as medidas obtidas quando era a água que passava pelo mesmo modelo a uma velocidade constante. Diferentemente, as forças de sustentação produzidas com o modelo em movimento foram mais baixas durante a metade da braçada subaquática do que aquelas obtidas a ângulos de varredura e ângulos de ataque similares, quando o modelo de mão e braço estava estacionário. Perto do final da braçada, as forças de sustentação do modelo em movimento foram ligeiramente mais altas do que os valores tomados a fluxo estável. Dito de forma mais simples, o modelo realizando uma braçada simulada, quando comparado ao modelo de mão e braço suspenso em um tanque de água corrente, cria consideravelmente mais força de arrasto em todas as fases da braçada subaquática e forças de sustentação consideravelmente mais baixas durante a metade da braçada. Esses resultados sugerem que as forças de arrasto criadas quando os nadadores estão realmente se movimentando pela água são maiores do que aquelas criadas quando modelos de mão e braço estacio-

Figura 1.15 Comparação entre as forças de arrasto e de sustentação produzidas por um modelo de mão movido através da água e um modelo de mão suspenso e empurrado através da água em velocidade constante. (Adaptado de Thayer 1990.)

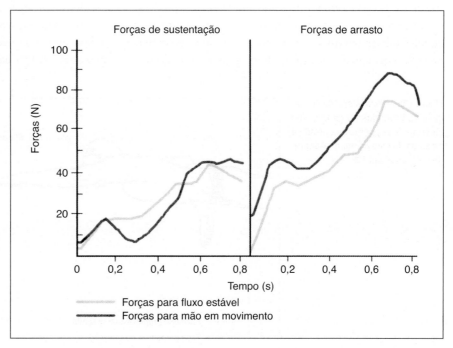

nários são deslocados em posição estática pela água a uma velocidade constante, ou quando a água passa por esses modelos a uma velocidade uniforme. Em outras palavras, os nadadores provavelmente produzem duas ou três vezes mais arrasto do que sustentação em uma situação real de nado do que indicam os estudos com modelos em gesso de mão e braço.

As forças de arrasto produzidas pelo modelo de mão e braço no estudo de Thayer foram duas ou três vezes maiores do que as forças de sustentação produzidas durante todas as fases da braçada subaquática simulada. Dessa maneira, os atletas podem produzir duas ou três vezes mais arrasto do que sustentação com seus braços durante o nado.

R Os padrões de velocidade demonstram que os nadadores aceleram o corpo para frente apenas quando seus braços estão se movimentando para trás.

Em geral, acredita-se que as mãos e os braços dos nadadores não se deslocam para trás, ou pelo menos não muito, durante as braçadas subaquáticas. Sendo assim, como os nadadores conseguem empurrar a água para trás se não movem os braços nessa direção? A resposta é que, na verdade, os braços se movem para trás, pelo menos durante as fases propulsivas das braçadas subaquáticas.

A ideia de que as mãos dos nadadores não se deslocavam para trás durante as braçadas subaquáticas surgiu de padrões de braçada como o representado na Figura 1.16, uma vista lateral de um padrão de braçada subaquática de um nadador de Crawl desenhado em relação a um ponto fixo na piscina. É possível notar que a mão do nadador sai da água à frente do ponto onde ela entrou. Ilustrações como essa influenciaram de maneira significativa aqueles que passaram a aceitar a ideia de que a sustentação era o principal mecanismo de propulsão do nado humano. Esses padrões eram novos, por isso muitos não sabiam quais partes do padrão eram propulsivas e quais não eram. Consequentemente, vários estudiosos aceitaram o fato de que, como as mãos saíam da água à frente do ponto onde haviam entrado, isso era prova de que os nadadores não empurravam as mãos para trás durante as braçadas subaquáticas.

Na realidade, o braço é estendido para frente após a entrada, enquanto o outro finaliza a braçada subaquática. O braço estendido se desloca então para baixo e para frente em direção ao ponto de agarre, onde os nadadores começam a acelerar o corpo para frente. Esses dois eventos fazem com que as mãos terminem a uma certa distância à frente de seus pontos de entrada, antes que os nadadores de fato comecem a acelerar o corpo para frente. Ao fazerem isso, os padrões de braçadas mostram que a mão realmente se desloca diagonalmente para trás por um tempo considerável, antes de sair da água.

Quando padrões de braçada, como os apresentados na Figura 1.16, são combinados a um padrão de velocidade frontal do centro de massa para o mesmo nadador, fica claro que os nadadores somente aceleram o corpo para frente nas braçadas subaquáticas no momento em que as mãos se movimentam para trás. A Figura 1.17 mostra um padrão em vista lateral, desenhado em relação a um ponto fixo na piscina, da fase subaquática da braçada esquerda de Kieren Perkins. O gráfico abaixo da ilustração mostra a velocidade frontal do nadador durante essa braçada, como ficou registrada ao ser estabelecido o recorde dos 1.500 m nos Jogos Olímpicos de 1992.

Após completar a fase propulsiva da braçada direita, a velocidade frontal de Perkins desacelera enquanto ele varre a mão esquerda para baixo e para frente e continua a desacelerar até que a mão comece a se deslocar para trás próximo ao fim da varredura para baixo, ponto em que

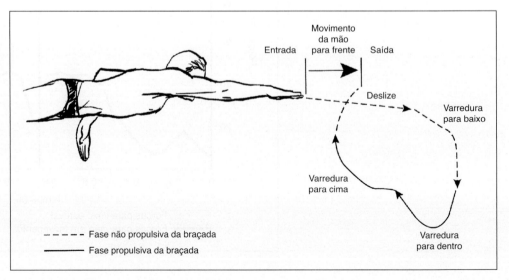

Figura 1.16 Vista lateral de um padrão de braçadas do nado Crawl mostrando os pontos de entrada e de saída da mão na água. (Adaptado de Schleihauf 1997.)

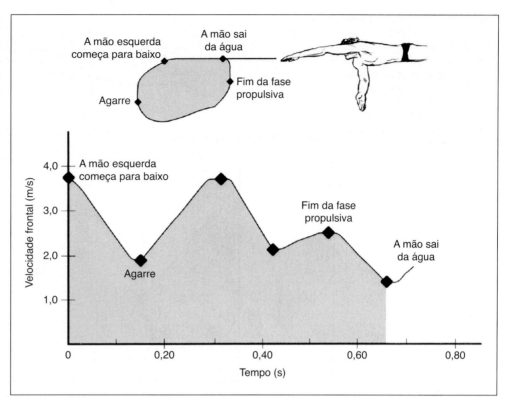

Figura 1.17 Gráfico da vista lateral do padrão de braçada e da velocidade frontal da braçada esquerda de Kieren Perkins. Os números acima dos picos propulsivos das varreduras para dentro e para cima indicam o ângulo de ataque médio da mão em determinada fase propulsiva. (Adaptado de Cappaert 1993.)

o nadador realiza o agarre. Sua velocidade frontal então aumenta em dois tempos durante a metade da braçada subaquática, até a mão começar a se mover novamente para frente ao se aproximar da superfície da água.

O gráfico da Figura 1.17 demonstra claramente que os nadadores não aceleram todo o tempo o corpo para frente com os braços, desde o instante em que as mãos entram na água à sua frente até o momento em que saem dela atrás, próximo ao quadril (exceto no nado de Peito). Ele também revela o que tenho testemunhado em todos os nados competitivos: que o corpo só é acelerado para frente quando as mãos estão se deslocando para trás na braçada subaquática.

Os padrões de velocidade apresentados nas Figuras 1.18, 1.19, 1.20 e 1.21 ilustram esse ponto para os outros três nados competitivos, mostrando claramente que os nadadores aceleram o corpo para frente apenas quando as mãos se deslocam diagonalmente para trás. Ao contrário, porém, a velocidade frontal diminui toda vez que as mãos se deslocam para frente, como acontece na fase inicial das braçadas subaquáticas, quando as mãos e os braços se deslocam para a posição de agarre, e na fase final das braçadas subaquáticas, quando as mãos e os braços começam a se deslocar para frente, antes de sair da água.

Esses padrões de velocidade frontal são parte de uma análise biomecânica de medalhistas dos Jogos Olímpicos de 1992. Cappaert (1993) mediu os ângulos de ataque e as velocidades frontais desses medalhistas a fim de fazer uma análise biomecânica mais extensa de suas braçadas e também produziu padrões de braçadas para esses nadadores. Os cálculos foram feitos com a ajuda de fitas de vídeo obtidas durante as competições olímpicas.

O padrão de velocidade frontal de Perkins foi mostrado na Figura 1.17. Os padrões de braçadas de outros quatro nadadores, um de cada nado competitivo, ilustram a relação entre as direções de braçada e a velocidade frontal. Os nadadores escolhidos são: Alexander Popov – nado Crawl; Pablo Morales – nado Borboleta; Martin Lopez-Zubero – nado de Costas; e Mike Barrowman – nado de Peito.

A Figura 1.18 traz a vista lateral da braçada direita de Alexander Popov, além de um gráfico da velocidade frontal e do seu padrão de braçada. Tanto o padrão de braçada quanto o traçado da velocidade do centro de massa foram calculados com o auxílio de vídeos feitos durante os 100 m nado Crawl. O ponto no padrão de braçada em que Popov começa a acelerar para frente é indicado pela letra A; e o final das fases propulsivas das braçadas subaquáticas, pela letra B. Essas mesmas letras foram utilizadas no traçado da velocidade para mostrar o efeito do movimento dos braços na velocidade frontal.

Como fica evidente, Popov começa a acelerar o corpo para frente quando a mão direita se aproxima do ponto mais profundo e, mais importante, quando começa a se deslocar para trás no ponto A. A propulsão frontal continua, porém com alguns pequenos períodos de desaceleração, até quando a mão se aproxima da superfície e para

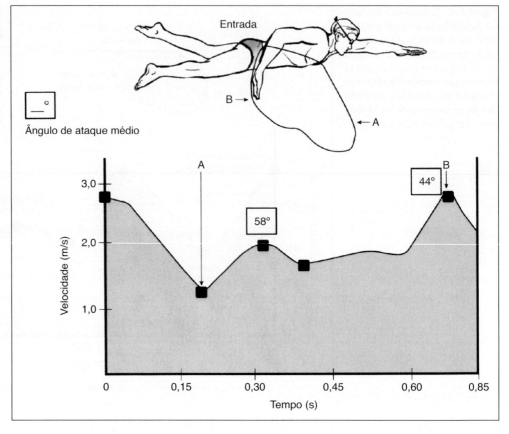

Figura 1.18 Gráfico da vista lateral do padrão de braçada e da velocidade frontal da braçada direita de Alexander Popov. Os números acima dos picos propulsivos das varreduras para dentro e para cima indicam o ângulo de ataque médio da mão em determinada fase propulsiva da braçada. (Adaptado de Cappaert 1993.)

de se deslocar para trás, no ponto B, em preparação para sair da água.

A Figura 1.19 mostra um gráfico e padrões de braçada similares ao da figura anterior, mas agora para o nadador de Borboleta Pablo Morales. Esses dados foram coletados de vídeos feitos durante os 100 m nado Borboleta nos Jogos Olímpicos de 1992. Mais uma vez, as fases propulsivas da braçada subaquática começam no ponto A e terminam no ponto B. As mãos do nadador se deslocam para frente e para fora por um breve período após entrarem na água. A propulsão se inicia no ponto A, quando as mãos se deslocam para baixo e para trás, e acaba antes que elas tenham terminado de empurrar a água para trás no ponto B, onde também efetuam acentuada mudança de direção rumo à superfície.

A Figura 1.20 ilustra o padrão de braçada da mão esquerda e o gráfico de velocidade do centro de massa do nadador de Costas Martin Lopez-Zubero. Esses dados foram coletados durante as séries eliminatórias dos 200 m nado de Costas na Olimpíada de 1992.

A propulsão de Lopez-Zubero tem início no ponto A, logo após a mão entrar na água e quando ela começa a se deslocar para trás e para baixo. O nadador continua a acelerar o corpo para frente por três picos propulsivos, enquanto as mãos se deslocam diagonalmente para trás. A propulsão termina no ponto B, quando a mão começa então a se deslocar para cima em seu percurso ascendente rumo à superfície.

O gráfico da velocidade do centro de massa e o padrão de braçadas mostrados na Figura 1.21 são do nadador de Peito Mike Barrowman. Esse padrão de braçada foi desenhado em vista lateral para que os movimentos das mãos para frente e para trás pudessem ser observados. Os dados foram coletados de vídeos feitos durante as séries eliminatórias dos 200 m nado de Peito na Olimpíada de 1992.

Os nadadores de Peito, em comparação com os de outros nados, utilizam padrões de braçada quase perpendiculares ao movimento frontal. Ainda assim, é possível observar que Barrowman não começa a acelerar o corpo para frente até que tenha chegado ao ponto A, no qual as mãos mudam de direção e passam a se mover para trás e para fora. A partir do ponto A, Barrowman realiza a braçada para fora e para trás e então para dentro e para trás, até o ponto B, onde começa a desacelerar. Sua velocidade frontal continua em ritmo acelerado, até que as mãos estejam se deslocando para trás. É importante perceber, no entanto, que ele desacelera enquanto as mãos se deslocam para frente durante a última fase da braçada, antes da recuperação.

Baseado nesses gráficos de velocidade frontal e padrões de braçadas e em centenas de outros gráficos que já estudei, parece-me evidente que as mãos dos nadado-

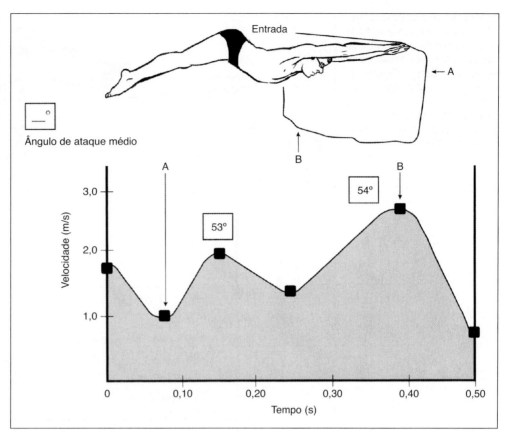

Figura 1.19 Gráfico da vista lateral do padrão de braçada e do traçado da velocidade do centro de massa de Pablo Morales. Os números acima dos picos propulsivos indicam o ângulo de ataque médio da mão em determinada fase propulsiva da braçada. (Adaptado de Cappaert 1993.)

res precisam se movimentar diagonalmente para trás para que o corpo possa ser acelerado para frente. A velocidade frontal do corpo desacelera durante a primeira fase da braçada subaquática e no final, quando as mãos se movem diagonalmente para frente, e só acelera para frente nas fases da braçada subaquática em que as mãos se deslocam para trás, mesmo que não diretamente. As várias desacelerações entre as fases propulsivas das braçadas subaquáticas (entre os pontos A e B nas Figuras 1.18 a 1.21) são, em sua maioria, períodos em que os nadadores fizeram grandes mudanças de direção com as mãos e os braços. Embora as mãos estivessem em geral se movimentando para trás durante essas mudanças de direção, a velocidade delas diminuiu, provocando, assim, uma redução momentânea na velocidade frontal do corpo dos nadadores, redução esta que continuou até que as mãos estivessem novamente acelerando em nova direção.

Alguém poderia argumentar que os nadadores executam de fato movimentos de palmateio e não de remada, uma vez que realizam suas braçadas diagonalmente para trás e as forças de sustentação contribuem para a força propulsiva quando eles aceleram para frente. No entanto, o fato de os nadadores só acelerarem para frente quando seus membros estão se deslocando para trás indica que eles tentam maximizar a contribuição das forças de arrasto em seus esforços propulsivos. Isso pode ser melhor obtido utilizando-se as áreas mais largas possíveis da superfície para exercer força contrária à água, ou, em outras palavras, quando os nadadores usam seus membros como remos, mesmo que para realizar varreduras circulares pela água.

Mais um argumento em favor do movimento de remada é o fato de que esses padrões de velocidade também sugerem que movimentos de palmateio *puro*, aqueles que são de natureza inteiramente lateral e vertical, sem um componente reverso (para trás), não aceleram os nadadores para frente, o que demonstra ainda que os nadadores somente aceleram para frente quando as mãos se deslocam para trás.

R Os ângulos de ataque da mão parecem ser uma tentativa de manter as palmas das mãos direcionadas para trás enquanto a braçada é realizada diagonalmente através da água.

Outra indicação de que nadadores habilidosos usam as mãos e os braços como remos e não como hidrofólios vem da observação de que suas mãos e antebraços estão sempre virados para trás, quase que perpendiculares ao movimento frontal, mesmo que sejam movidos através da água em percursos diagonais. Um exemplo desse direcionamento dos membros é ilustrado na Figura 1.22a e b, vistas lateral e inferior de um nadador de Crawl completando a varredura para cima da braçada subaquática. Note

Figura 1.20 Gráfico da vista lateral do padrão de braçada e do traçado da velocidade do centro de massa da braçada esquerda de Martin Lopez-Zubero. Os números acima dos picos propulsivos indicam o ângulo de ataque médio da mão esquerda em determinada fase propulsiva da braçada. (Adaptado de Cappaert 1993.)

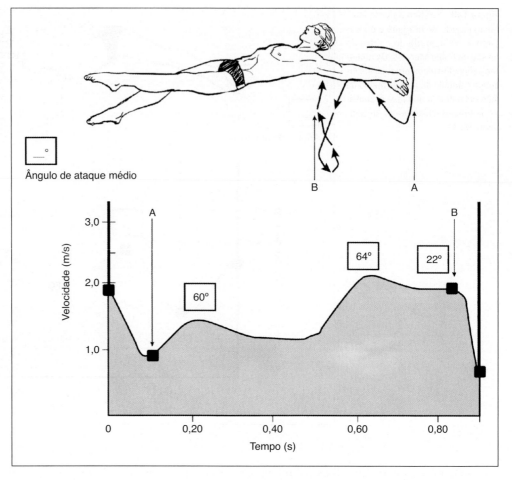

que nos dois desenhos a mão e o braço do nadador estão virados quase diretamente para trás. Esse direcionamento provavelmente possui importante relação com a força propulsiva que o nadador pode produzir, mesmo que seus braços estejam na verdade se deslocando em um percurso circular. O atleta parece tentar empurrar a água diretamente para trás com as mãos e os braços, enquanto eles se movem diagonalmente para cima, para fora e para trás. Em outras palavras, os nadadores não empurram os braços diretamente para trás através da água; eles apenas parecem empurrar a água para trás, quando na verdade realizam a braçada diagonalmente através da água.

Infelizmente, nenhum especialista em hidrodinâmica tentou explicar o mecanismo que possivelmente está em funcionamento aqui. Suspeito que correntes sucessivas de moléculas de água paradas ou movendo-se lentamente sejam deslocadas para trás pelas varreduras diagonais dos nadadores apenas se o movimento da varredura tiver um componente reverso (para trás) e na medida em que as superfícies mais extensas possíveis da palma da mão e do braço estejam direcionadas para trás. Esse método de deslocamento da água é ilustrado pelas setas atrás do braço do nadador na Figura 1.22. É interessante notar que Bixler (1999) chegou a uma conclusão semelhante por meio dos resultados de seu modelo computacional de forças do fluido, declarando que, ao longo de um extenso raio de ângulos de braçada, o denominador comum para a propulsão máxima da mão era que "a palma deveria estar virada diretamente para baixo". Os ângulos de ataque das mãos medidos durante o nado podem não resultar das tentativas dos nadadores de realizar movimentos de braçada propulsivos similares a fólios, que maximizam a força de sustentação. Ao contrário, esses ângulos podem ser uma tentativa dos nadadores de manter as mãos e os braços voltados para trás enquanto os deslocam diagonalmente durante a braçada subaquática, para maximizar as forças de arrasto. Acredito agora que os procedimentos apresentados por mim e por tantos outros para combinar o ângulo correto de ataque da mão com o ângulo certo de braçada tornaram o ensino da mecânica das braçadas muito mais complexo do que o necessário. Tudo o que os nadadores precisam fazer é manter as mãos e os braços voltados sobretudo para trás ao realizarem a braçada diagonalmente através da água e assim usarão naturalmente os ângulos de ataque adequados.

A maneira mais fácil de os nadadores encontrarem e manterem o ângulo de ataque correto para uma determinada fase da braçada subaquática é sentir que estão exe-

Figura 1.21 Gráfico da velocidade do centro de massa e do padrão de braçada de Mike Barrowman, mostrada em vista inferior. Os números acima de cada fase propulsiva indicam o ângulo de ataque médio das mãos em determinada fase da braçada. (Adaptado de Cappaert 1993.)

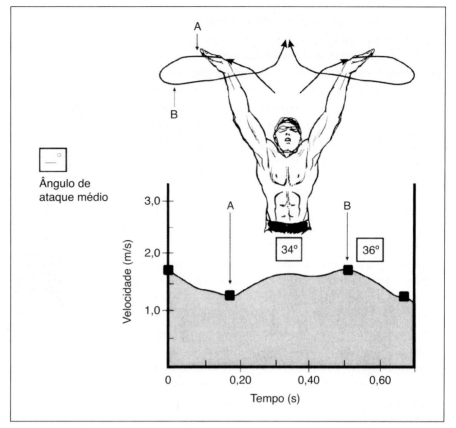

Figura 1.22 Varredura para cima na braçada do nado Crawl em vistas lateral (a) e inferior (b). Essas ilustrações mostram a maneira como os nadadores parecem empurrar para trás contra a água quando, na verdade, estão varrendo as mãos e os braços para cima e para fora em direção à superfície. Note que a mão e o antebraço do nadador, embora se desloquem diagonalmente para cima (a) e para fora (b), estão virados para trás.

cutando as braçadas no padrão tradicional em "S" (sinuoso) em relação ao corpo. Eles também devem sentir que os braços e as mãos são mantidos quase perpendiculares à direção em que os membros estão se movendo em relação ao corpo. As ilustrações nas Figuras 1.23 e 1.24 podem ajudar a esclarecer esse ponto.

Os dois padrões de braçada na Figura 1.23 mostram uma vista inferior da braçada direita de um nadador de Crawl. O padrão em (a) é desenhado em relação ao corpo do nadador e em (b) em relação a um ponto fixo na piscina. Padrões como (a) representam a percepção que os nadadores têm do que estão fazendo. Na realidade, porém, as mãos se deslocam para dentro e para fora por baixo do corpo em um percurso mais parecido com o apresentado em (b). As mãos se deslocam mais para dentro e para fora do que para trás porque o corpo também está se deslocando para frente ao mesmo tempo em que os braços se deslocam diagonalmente para trás.

É claro, portanto, que os padrões reais de braçada utilizados pelos nadadores são de natureza consideravelmente mais diagonal do que eles acreditam estar usando. Como consequência, se as palmas das mãos forem mantidas perpendiculares à direção em que os nadadores pensam que os braços estão se movendo, os ângulos de ataque terão, na verdade, menos que 90° em relação à sua real direção de movimento, ficando de fato entre 40° e 70°. Como resultado, os nadadores não empurrarão tanta água para cima ou para o lado como se poderia pensar, mas sim para trás por uma extensão considerável.

Os desenhos na Figura 1.24 ajudam a esclarecer esse ponto complicado. Neles são mostrados os mesmos dois padrões de braçada direita ilustrados na Figura 1.23, mas agora as mãos estão sobrepostas aos padrões. As mãos na Figura 1.24a representam os ângulos de ataque que os nadadores pensam utilizar quando visualizam seus padrões de braçada em relação ao corpo. Esses padrões são sempre perpendiculares à direção em que os nadadores acreditam que as mãos estejam se movendo. As inclinações da mão na Figura 1.24b e c são idênticas às da Figura 1.24a, porém, foram desenhadas em relação a um ponto fixo na piscina e representam padrões reais de braçada. Em (b) é mostrada a parte da braçada que corresponde à varredu-

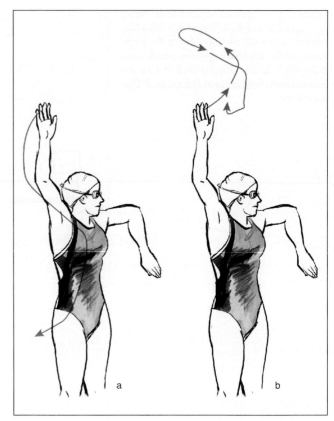

Figura 1.23 Dois padrões de braçada de Crawl desenhados (a) em relação ao corpo do nadador e (b) em relação a um ponto fixo na piscina.

Figura 1.24 Padrões de braçadas com a mão direita. A ilustração (a) mostra um padrão de braçada desenhado em relação ao corpo do nadador, com as mãos sobrepostas aos pontos ao longo das varreduras para dentro e para fora. As mãos estão inclinadas e perpendiculares à direção em que se movem. Os padrões de braçada em (b) e (c) são desenhados em relação a um ponto fixo na piscina. Em (b) está ilustrada a varredura para dentro e em (c) a varredura para cima. Note que, quando as mãos da ilustração (a) são sobrepostas aos padrões em (b) e (c), o ângulo de ataque diminui porque o padrão real do movimento é consideravelmente mais diagonal.

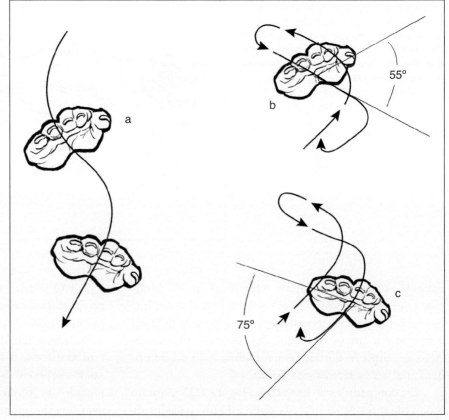

ra para dentro e em (c) a que corresponde à varredura para cima. Note que os ângulos de ataque da mão se tornam menos perpendiculares à real direção do movimento das mãos quando os padrões de braçada são desenhados em relação a um ponto fixo na piscina.

O fato é que os nadadores têm a sensação de que empurram as mãos e os braços para trás contra a água, como remos, quando os membros se deslocam para dentro e para fora por baixo do corpo. As mãos, no entanto, nunca estão perpendiculares à real direção do movimento; na verdade, seus ângulos de ataque são menores do que 90°, o que eu acredito ser uma tentativa de empurrar a água para trás com as mãos e os braços, mesmo quando os nadadores realizam as braçadas diagonalmente. Os nadadores não podem e não devem manter os membros voltados diretamente para trás; devem direcioná-los ligeiramente para fora, para dentro, para baixo ou para cima, mantendo-os na mesma direção em que estão se deslocando, a fim de realizar uma remada eficiente. Isso porque a área de superfície da palma da mão e da parte inferior do braço que poderia ser utilizada para empurrar a água caso os membros estivessem virados diretamente para trás em vez de ligeiramente oblíquos à direção em que estão se movendo seria assim consideravelmente reduzida. Mover os membros diretamente para trás faria com que as extremidades das mãos cortassem a água lateral ou verticalmente, ou, ainda pior, poderia fazer com que o topo das mãos empurrasse uma grande quantidade de água em uma direção que não fosse para trás. Qualquer uma dessas situações reduziria consideravelmente a velocidade frontal.

Por uma questão de exatidão, é importante destacar que as Figuras 1.23b e 1.24b e c são apenas exemplos e não representações reais dos ângulos de ataque e percursos de braçada utilizados pelos nadadores de Crawl. Esses percursos são tridimensionais e incluem ainda movimentos verticais da mão e do braço que não podem ser ilustrados em uma vista inferior. Mesmo assim, acredito que esses desenhos mostrem de maneira precisa as relações entre os ângulos de ataque da mão, bem como as diferenças entre os padrões de braçada que os nadadores de fato usam e aqueles que eles pensam estar usando.

Todas as respostas às perguntas relativas à propulsão de Newton reforçam minha crença de que o princípio da ação e reação é o principal responsável pela propulsão no nado competitivo.

CONTRIBUIÇÃO DO ANTEBRAÇO PARA A PROPULSÃO DO NADO

Até agora, tratamos exclusivamente das forças propulsivas produzidas pela mão. Mas acredito que o antebraço – e talvez o braço – seja uma eficiente superfície

de deslocamento que vem sendo em grande parte ignorada. Alguns pesquisadores investigaram a eficiência do antebraço na propulsão. Um deles foi Cappaert (1992), que relatou que a média da força de arrasto produzida pelo conjunto antebraço e mão, em todos os ângulos de ataque estudados, foi aproximadamente 50% maior do que aquelas produzidas somente pela mão. Embora menores do que as forças de arrasto, as forças de sustentação foram, ainda assim, 100% maiores para o conjunto antebraço e mão do que para as mãos somente. A Figura 1.25 apresenta esses resultados em um gráfico de barras.

Os dados nessa figura resultaram das medições que Cappaert realizou com seu modelo de mão em água movendo-se a 2 m/s e com o modelo de antebraço em água a 1,5 m/s. Seu objetivo era que a força combinada do modelo de antebraço e mão fosse mais semelhante ao nado real. Conforme mencionado antes, essas duas partes dos membros se deslocam com velocidades diferentes durante o nado real; as mãos movem-se mais rápido que o antebraço. Como a articulação do ombro é a responsável por girar tanto a mão quanto o antebraço, a velocidade linear da mão será maior do que a do antebraço pelo simples fato de ela estar mais distante do centro de rotação.

Quando a força de arrasto produzida pelo modelo do antebraço em água a uma velocidade de 1,5 m/s foi somada à força de arrasto produzida pelo modelo da mão em água a uma velocidade de 2 m/s, a força de arrasto combinada aumentou em quase 50%, passando de 17,5 N, para a mão sozinha, para um total de 26,2 N, para o modelo de antebraço e mão. As forças de sustentação aumentaram em mais de 100%, indo de 3,1 N, para a mão sozinha, para 6,3 N para o modelo combinado. Cappaert concluiu, assim, que "a mão e o antebraço trabalhando juntos durante o padrão de puxada possuem maior potencial para gerar força do que a mão sozinha".

Bixler (1999) comparou coeficientes de arrasto e de sustentação para seu modelo de mão e braço gerado em computador. Os resultados também sugerem que o antebraço contribui significativamente para a força propulsiva total durante a braçada. Usando uma velocidade de 2 m/s para a mão e de 1,5 m/s para o braço, a força propulsiva produzida pelo modelo foi em torno de 50 a 60 N, com os ângulos de braçada e os ângulos de ataque da mão mais utilizados por nadadores habilidosos; já as forças propulsivas da mão ficaram entre 35 e 43 N nesses mesmos ângulos. Dessa maneira, a adição do antebraço ao modelo pareceu aumentar a força propulsiva em aproximadamente 27%, em comparação com a quantidade produzida apenas pela mão. Ele calculou essas forças para ângulos de braçada entre 45° a 60° e ângulos de ataque da mão entre 60° e 75°, tanto durante os movimentos de braçada para dentro quanto para fora.

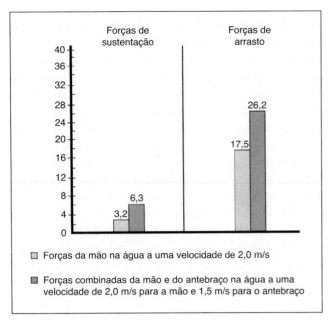

Figura 1.25 Comparação das forças de arrasto e de sustentação produzidas pelo modelo em gesso da mão e do modelo em gesso de mão e antebraço do nadador. (Adaptado de Cappaert 1992.)

Schleihauf (1984) também relatou a contribuição do antebraço na propulsão do nado Crawl. Seus resultados foram obtidos através de cálculos matemáticos da força propulsiva produzida pelas mãos e pelos antebraços dos nadadores e mostraram que na braçada do nado Crawl os antebraços produziam uma quantidade significativa de força propulsiva durante a metade da braçada subaquática, quando os nadadores traziam as mãos para dentro abaixo do corpo e em seguida começavam a deslocá-las para fora e para cima. A força propulsiva efetiva produzida pelos antebraços foi de mais ou menos 15 N em boa parte desse período. As mãos produziam aproximadamente 50 N de força propulsiva efetiva durante a mesma fase da braçada; portanto, os antebraços contribuíam com cerca de 23% da força propulsiva total.

Na realidade, os resultados obtidos por esses pesquisadores são acadêmicos, ou seja, não refletem as diferenças reais entre as velocidades da mão e do antebraço no nado propriamente dito. Quando a água passa pelos modelos de mãos e braços suspensos nos canais ou simulados no computador, sua velocidade é a mesma em todos os pontos dos modelos. E o mesmo acontecerá se o modelo de mão e braço for empurrado pela água a uma velocidade constante. No nado real, entretanto, a velocidade do antebraço e, em menor medida, a velocidade da mão variam ao longo de toda a sua extensão, dependendo da distância que cada segmento está do ombro. Em outras palavras, no nado propriamente dito, a parte inferior do antebraço se deslocaria um pouco mais lentamente do que a mão, porém mais rápido do que as partes superior e mediana do antebraço. Consequentemente, os cálculos que envolvem o uso de uma velocidade para todas as partes da mão e de uma outra velocidade arbitrariamente mais lenta para todas as partes do antebraço obviamente não são de todo precisos. Não é de admirar, portanto, que os cálculos obtidos por esses três pesquisadores acerca da contribuição do antebraço apresentem resultados bastante diferentes.

Apesar desse fato, os resultados desses três estudos indicam que o antebraço pode contribuir significativamente para a força propulsiva total criada pelos nadadores durante as braçadas. Supondo que a diferença entre a velocidade da parte da mão que se move mais rápido (as pontas dos dedos) e a parte do antebraço que se move mais devagar (próxima ao cotovelo) seja da ordem de 0,5 m/s, o antebraço contribuiria de 27 (de acordo com os cálculos de Bixler) a 38% ou mais (de acordo com os cálculos de Cappaert) para a força propulsiva total da braçada.

Infelizmente, não é possível calcular a real contribuição do antebraço na propulsão do nado até que haja um estudo que meça a força propulsiva da mão e do antebraço de acordo com a complexa relação existente entre suas velocidades. Como tal pesquisa ainda não existe, os resultados desses três estudos sugerem fortemente que o antebraço pode ter uma participação significativa na força propulsiva total produzida pelas braçadas dos nadadores, embora o valor exato dessa contribuição não seja conhecido até o momento.

PROPULSÃO DAS PERNAS

Nos anos 1960 e 1970, a opinião prevalente entre os especialistas da Natação era que as pernas não contribuíam para a propulsão em três dos quatro nados competitivos por se deslocarem para cima e para baixo, e não para trás. A exceção era o nado de Peito, no qual as pernas de fato empurram para trás. Mas essa opinião mudou no final dos anos 1970. A função das pernas foi reavaliada quando a propulsão por sustentação se tornou alvo das atenções e se começou a pensar que a contribuição da pernada para a propulsão poderia ser muito maior do que se imaginava. Desde essa época, houve um ressurgimento, justificado, do interesse na importância da pernada para a velocidade frontal.

Acredito que as pernadas de adejamento utilizadas nos nados Crawl e de Costas e a golfinhada do nado Borboleta desempenham um papel importante na propulsão. Dois estudos apoiam a ideia da pernada como agente deslocador.

Watkins e Gordon (1983) pediram a um grupo de 33 nadadores de competição de ambos os sexos que realizassem tiros curtos em velocidade máxima nadando Crawl completo (braçadas e pernadas) e depois realizando apenas braçadas. Durante as séries só de braçadas, as pernas dos nadadores eram apoiadas em uma boia de tração. Os pesquisadores descobriram que, usando somente os braços, os nadadores conseguiam se mover com apenas 90% da velocidade atingida quando utilizavam braços e pernas. Consequentemente, a pernada aumentou a velocidade, em média, em 10%.

Todavia, o estudo mais convincente sobre a propulsão da pernada foi conduzido por Hollander et al. (1988), que usaram um sistema MAD (mensuração de arrasto ativo) – ilustrado na Figura 1.26 – para medir a força propulsiva durante o nado completo e durante o nado apenas com braçadas.

O sistema MAD consiste em uma série de blocos ajustáveis montados em varas submersas. Esses blocos são submersos e uniformemente posicionados por toda a extensão da piscina, de forma que os nadadores possam estender-se para frente, agarrar um bloco e então empurrar para trás contra ele usando um braço após o outro enquanto nadam pela piscina. O posicionamento dos blocos é estabelecido por meio de tentativas com os nadadores, de modo que seus ritmos de braçadas permaneçam bastante próximos do normal durante o teste. Cada bloco é conectado a um transdutor de força ligado a um computador, para que se possa medir a força aplicada pelos nadadores contra o bloco. Como não há deslize quando os nadadores aplicam força contra o bloco, toda a força aplicada será propulsiva; além disso, nenhuma força é utilizada para outros fins, como, por exemplo, para a estabilização. Consequentemente, o efeito de qualquer experimento específico sobre força propulsiva pode ser diretamente medido pela quantidade de força que os nadadores conseguem aplicar contra os blocos.

Hollander et al. testaram dezoito nadadores holandeses de nível olímpico de ambos os sexos em cada uma das seguintes condições:

1. nadando Crawl completo (braçadas e pernadas) em velocidade máxima; e

2. realizando apenas braçadas de Crawl, com as pernas apoiadas em uma boia de tração.

A força média produzida pelos indivíduos durante o nado completo foi cerca de 12% maior do que quando realizavam apenas as braçadas. Hollander et al. concluíram, portanto, que a pernada contribuía com aproximadamente 12% da propulsão durante o nado completo.

Curiosamente, esses pesquisadores descobriram que alguns atletas ganhavam uma quantidade considerável de força propulsiva quando executavam o nado completo, enquanto outros na realidade perdiam força propulsiva. Isso significa que a pernada pode tanto aumentar quanto diminuir a força propulsiva, dependendo do quão bem ela é executada. Alguns nadadores chegaram a obter até 27% mais força propulsiva ao realizar o nado completo, ao passo que outros conseguiram até 6% mais propulsão usando apenas os braços.

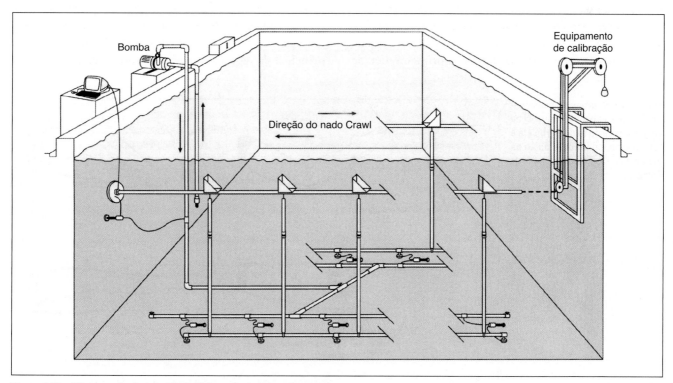

Figura 1.26 Esquema do sistema MAD. (Adaptado de Toussaint 1988.)

Poucas pesquisas estão disponíveis a respeito da contribuição da golfinhada no nado Borboleta. No entanto, é provável que ela seja ainda maior que a da pernada de adejamento para a propulsão do nado Crawl e do nado de Costas, para os quais sua contribuição é mais ou menos semelhante.

A pernada é hoje aceita pela maioria dos especialistas como um importante agente propulsivo; porém, ainda não se conhece o mecanismo responsável por essa propulsão. Acredito que o princípio da ação e reação de Newton também seja o responsável pela maneira como a pernada gera propulsão. É relativamente fácil entender de que forma os nadadores de Peito podem usar a sola dos pés para empurrar a água para trás durante a pernada. No entanto, não é tão fácil compreender como eles conseguem fazer isso durante a pernada de adejamento e a golfinhada, uma vez que as pernas se deslocam mais para cima e para baixo do que para trás.

Examinando o percurso realizado pelos pés dos nadadores através da água é possível notar que existe uma pequena quantidade de movimento para trás no início do movimento para baixo na pernada de adejamento do Crawl e na golfinhada e também no movimento para cima na pernada de adejamento do nado de Costas. Provavelmente, é durante esses curtos períodos em que os pés se deslocam para trás que os nadadores aceleram para frente. A Figura 1.27 apresenta padrões de pernadas para baixo e para cima na golfinhada do nado Borboleta e na pernada de adejamento do nado de Costas. O padrão de pernadas do Crawl é semelhante ao do nado Borboleta.

As linhas que representam o percurso dos pés na Figura 1.27a e c mostram que eles de fato se deslocam tanto para baixo como para trás durante a primeira metade da pernada para baixo no nado Borboleta e na primeira metade da pernada para cima no nado de Costas. Os diagramas de vetores indicam como a força propulsiva poderia ser produzida a partir de uma combinação de forças de arrasto e de sustentação geradas pelos nadadores ao moverem as pernas para baixo e para trás. Note que é bastante curto o espaço de tempo durante o qual os nadadores de fato empurram a água para trás. Os pés se deslocam muito mais para cima e para baixo; mas também se movem para o lado no nado de Costas, embora esse movimento não seja visível na vista lateral apresentada nessa figura. Assim, os nadadores provavelmente aceleram o corpo para frente apenas durante a primeira parte do movimento para baixo na pernada do Crawl e do movimento para cima na pernada do nado de Costas, mas o custo disso é alto, uma vez que apenas uma pequena quantidade da força total produzida é usada para esse fim. Essa observação corrobora dois fatos já conhecidos sobre a pernada de adejamento:

1. O deslocamento com as pernas não é tão rápido quanto o deslocamento com os braços.

2. A produção de força propulsiva com a pernada demanda muito mais energia do que a gasta para produzir a mesma quantidade de força propulsiva somente com a braçada.

Tomando por base os diagramas de vetores da segunda metade do movimento para baixo na golfinhada na Figura 1.27a e do movimento para cima na pernada do nado de Costas na Figura 1.27c, é possível concluir que essas partes da pernada de adejamento não são propulsivas. Isso porque toda a combinação de forças de arrasto e de sustentação será direcionada para cima. Assim, o objetivo principal da segunda metade do movimento para baixo

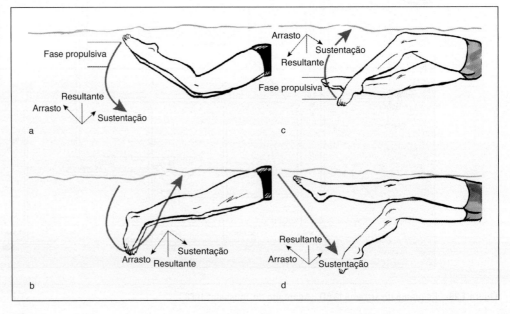

Figura 1.27 Padrões de movimentos (a) para baixo e (b) para cima na golfinhada do nado Borboleta e (c) para cima e (d) para baixo na pernada de adejamento do nado de Costas.

na pernada do Crawl e a fase correspondente do movimento para cima na pernada do nado de Costas provavelmente é estabilizar os quadris na superfície para manter um bom alinhamento horizontal e lateral. Acredito, no entanto, que os nadadores de Borboleta realmente ganham propulsão na segunda metade do movimento para baixo na golfinhada, por conta do mecanismo que denominei *ondulação reversa do corpo*, a ser descrito no Capítulo 3.

Os movimentos para cima na pernada de adejamento do Crawl e na golfinhada e os movimentos para baixo na pernada do nado de Costas provavelmente só servem para manter o alinhamento do corpo e não têm qualquer função propulsiva. Essa suposição baseia-se no fato de que os pés nunca se movem para trás durante tais fases desses nados. Como revelado pelo padrão de pernadas da Figura 1.27, os pés dos nadadores se deslocam para cima e para frente na pernada do nado Crawl e para baixo e para frente na do nado de Costas. Os diagramas de vetores mostram que, durante os movimentos para cima na golfinhada e na pernada do Crawl, toda a combinação de forças de arrasto e de sustentação seria direcionada para baixo. Porém, durante o movimento para cima na pernada do nado de Costas, essa combinação de forças também seria para cima.

A real magnitude das forças de arrasto e de sustentação produzidas pelos pés dos nadadores não é conhecida, no entanto suspeito que eles produzam mais arrasto do que sustentação. Isso porque os diagramas de vetores indicam que os quadris seriam puxados para baixo caso os nadadores produzissem mais sustentação do que arrasto durante o movimento para baixo na golfinhada e na pernada de adejamento do Crawl e para cima durante o movimento para cima na pernada do nado de Costas. Os diagramas de vetores mostrados na Figura 1.28a e b, nos quais as forças de sustentação são maiores do que as de arrasto, foram construídos respectivamente para o movimento para baixo na golfinhada e para o movimento para cima na pernada de adejamento do nado de Costas.

Como se pode ver, se as forças de sustentação produzidas pelos pés fossem iguais ou maiores do que as forças de arrasto que eles produzem, a força dominante (sustentação) seria direcionada para baixo e para frente durante o movimento para baixo na golfinhada e na pernada de adejamento do nado Crawl, puxando os quadris para baixo. Isso, claro, é exatamente o contrário do efeito real, em que os quadris tendem a ser empurrados para cima quando os nadadores chutam para baixo. De maneira semelhante, uma grande força de sustentação tenderia a empurrar os quadris para cima durante o movimento para cima na pernada do nado de Costas, o que também é o oposto do efeito produzido no nado propriamente dito, no qual os quadris tendem a ser puxados para baixo. Isso, consequentemente, lança dúvidas sobre a afirmação de que as forças de sustentação predominam durante os movimentos de pernada.

Colwin (1992) propôs que o mecanismo de anéis concorrentes poderia ser o responsável pela propulsão da pernada, funcionando da seguinte maneira para o movimento para baixo na golfinhada ilustrado na Figura 1.29: no movimento para baixo, o nadador carrega com os pés a água para baixo; essa água é rapidamente impelida para trás quando os pés atingem o fim desse movimento e mudam de direção para o arranque. O movimento da água para trás gera propulsão frontal porque cria uma contraforça que empurra o corpo para frente. No entanto, tenho dúvidas de que o mecanismo de anéis concorrentes de fato desloque os nadadores para frente dessa maneira. Conforme explicado antes, a propulsão desse mecanismo depende da habilidade dos nadadores de manter com os pés o efeito de vórtice recorrente enquanto os deslocam para baixo através da água. Esse mecanismo, embora viável com aerofólios e hidrofólios, é improvável com humanos por causa das pobres características de fólio dos pés, que se assemelham ainda menos a um fólio que as mãos, as quais também não possuem muitas características de fólio. É duvidoso, porém, que um fluxo constante de água

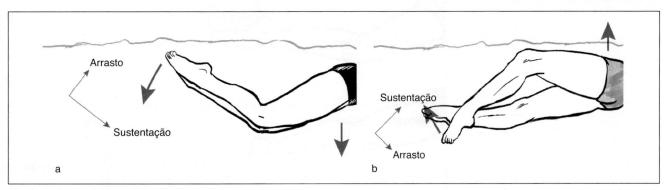

Figura 1.28 Propulsão predominantemente de sustentação durante a pernada. O diagrama de vetores no desenho (a) mostra o efeito da propulsão predominantemente de sustentação durante o movimento para baixo na golfinhada e, no desenho (b), o mesmo efeito para o movimento para cima na pernada de adejamento do nado de Costas.

pudesse ser mantido ao redor dos pés enquanto os nadadores estão chutando para baixo.

Outra razão que me faz duvidar de que o mecanismo de anéis concorrentes seja propulsivo durante a pernada é o fato de a coordenação da ação propulsiva da pernada não coincidir com o momento em que a água é impelida para trás pelos pés. Se esse mecanismo estivesse em ação, a velocidade frontal deveria aumentar ao final do movimento para baixo na golfinhada e na pernada de adejamento do Crawl e ao final do movimento para cima na pernada do nado de Costas. Contudo, minhas observações dos traçados do centro de massa de nadadores que estavam executando tiros de pernadas com prancha mostraram que a maior aceleração na velocidade frontal ocorria durante a primeira metade dos movimentos para baixo nos nados Borboleta e Crawl e na primeira metade do movimento para cima na pernada do nado de Costas. Os nadadores desaceleravam durante a segunda metade desses movimentos e também ao mudarem de direção, momento em que a água supostamente seria impelida para trás pelo mecanismo de anéis concorrentes.

Portanto, se a pernada é tão ineficiente para produzir força propulsiva, por que alguns nadadores conseguem movimentar-se mais rápido embaixo da água do que quando nadam na superfície dela? Como será explicado no Capítulo 3, a ondulação do corpo provavelmente explica um pouco a velocidade na golfinhada. No entanto, não se deve a ela o fato de alguns nadadores conseguirem realizar golfinhadas mais rápido embaixo da água do que em nados completos na superfície. Essa maior velocidade talvez possa ser explicada pelo menor arrasto embaixo da água e pelo grande número de movimentos propulsivos aplicados pelos nadadores a cada segundo de pernada. Lyttle et al. (1999) relataram que, em comparação com o que acontece na superfície, o arrasto resistivo é reduzido em até 18% a uma profundidade de 0,40 m. Consequentemente, os nadadores não precisam gerar tanta força propulsiva para alcançar a mesma velocidade nadando embaixo da água do que necessitam quando nadam na superfície. Somado a isso, eles ainda movem as pernas a uma taxa superior a 150 chutes/min ao realizarem golfinhadas embaixo da água, em comparação com a taxa máxima de aproximadamente 60 ciclos de braçadas/min para o nado completo. Esses movimentos de perna extremamente rápidos provavelmente permitem a alguns nadadores, pelo menos durante um breve período, alcançar velocidades maiores embaixo da água do que conseguiriam na superfície.

PONTOS-CHAVE QUE CORROBORAM A PROPULSÃO NEWTONIANA

Conforme mencionado antes, ninguém ainda foi capaz de explicar os mecanismos envolvidos na propulsão do nado. Tudo o que se tem são teorias relacionadas às leis da física envolvidas e à maneira como elas são aplicadas. Neste capítulo, foram apresentadas e criticadas as teorias mais populares e foi proposto que a terceira lei do movimento de Newton, o princípio da ação e reação, seria o mecanismo mais provável. A seguir estão resumidos os principais pontos apresentados para respaldar esse ponto de vista:

- *Empurrar a água para trás é a provável causa da propulsão natatória humana.* O princípio da ação e reação de Newton é aplicado da seguinte maneira: quando os nadadores empurram a água para trás, recebem uma contraforça que acelera o corpo para frente. Porém, eles não empurram a água diretamente para trás – nem deveriam –, porque a estrutura e a função da articulação do ombro e os requisitos de uma braçada eficiente tornam esse méto-

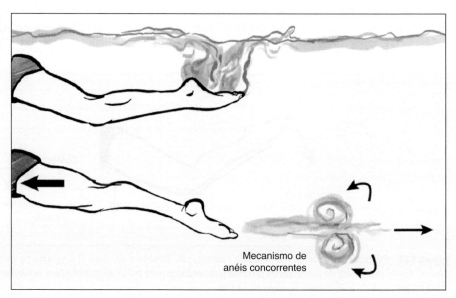

Figura 1.29 Exemplo de como o mecanismo de anéis concorrentes pode deslocar o nadador para frente durante o movimento para baixo na golfinhada ou na pernada de adejamento.

do menos eficaz do que realizar a braçada diagonalmente através da água.

- *Os nadadores usam as mãos como remos e não como hélices,* empurrando-as para trás, em vez de utilizá-las para cortar a água. Eles empurram os membros para trás a fim de maximizar a contribuição das forças de arrasto à propulsão, porque o arrasto é uma força propulsiva mais eficaz do que a sustentação. Essa conclusão parece óbvia quando se observam os ângulos de ataque da mão medidos em nadadores habilidosos durante as fases propulsivas de suas braçadas subaquáticas. Na maioria dos casos, os nadadores intuitivamente preferem usar ângulos de ataque maiores, que maximizem a contribuição das forças de arrasto, em vez de ângulos menores, em que a contribuição das forças de sustentação seria maior.

- *Nadadores de nível mundial estão sempre movendo as mãos diagonalmente para trás durante as fases propulsivas das braçadas subaquáticas.* Inversamente, sua velocidade frontal desacelera quando os nadadores fazem varreduras verticais e laterais em forma de palmateio que não contenham um componente para trás. A velocidade frontal desacelera ainda mais nitidamente quando as mãos se deslocam diagonalmente para frente.

- *Nadadores habilidosos tentam manter as mãos quase perpendiculares à direção frontal em que o corpo está se deslocando durante as fases propulsivas das braçadas subaquáticas.* Nos nados de Costas, Crawl e Borboleta, os nadadores preferem usar ângulos de ataque da mão entre 50° e 70° nessas fases propulsivas. Isso parece ser uma tentativa de manter a maior área possível de superfície das mãos e dos braços virada para trás enquanto realizam braçadas diagonalmente através da água. Essa amplitude de ângulos favorece a produção de forças de arrasto sobre as forças de sustentação.

Acredito que os nadadores de Peito também devam manter as mãos voltadas quase perpendicularmente à sua direção frontal, embora os dados disponíveis mostrem que alguns preferem usar ângulos de ataque menores.

- *Os nadadores não precisam se preocupar com os ângulos de ataque das mãos durante as fases propulsivas da braçada subaquática;* precisam apenas mover os braços através da água no tradicional padrão em "S" em relação ao corpo. Ao fazerem isso, estarão usando ângulos de ataque muito próximos do ideal para as reais direções em que os membros estão se movendo em relação a um ponto fixo na piscina.

- *Embora menor, o papel da sustentação na propulsão do nado deve ser levado em conta.* Os movimentos de braçada dos nadadores produzem forças tanto de sustentação quanto de arrasto. Embora seja ainda controverso o montante com que as forças de sustentação contribuem para a força propulsiva total, qualquer contribuição feita deve ser considerada significativa.

- *O antebraço e talvez o braço desempenham um papel significativo na propulsão do nado.* Os resultados obtidos por Cappaert, Bixler e Schleihauf sugerem que o antebraço contribui com 15 a 38% da força propulsiva total produzida pelas braçadas dos nadadores. Parece sensato, portanto, concluir que o braço contribui de maneira significativa para a propulsão, especialmente quando se considera a área de superfície adicional fornecida pelo antebraço.

- *A propulsão da pernada é provavelmente obtida empurrando-se a água para trás.* Os padrões de movimento dos pés revelam que as pernas se deslocam para trás durante a primeira parte do movimento para baixo na pernada do Crawl e na golfinhada e durante a primeira parte do movimento para cima na pernada do nado de Costas. Os percursos do centro de massa indicam que os nadadores deslocam o corpo para frente com maior rapidez nessas fases. Eles também parecem empurrar para trás contra a água com as solas dos pés durante a maior parte da fase propulsiva da pernada do nado de Peito, o que corrobora ainda mais a ideia de que a propulsão da pernada é resultante da aplicação da lei da ação e reação de Newton.

Capítulo 2

Reduzindo a resistência

Novo nesta edição:

- Discussão sobre arrasto ativo *vs.* arrasto passivo e sobre os métodos para mensuração de ambos.
- Discussão acerca dos efeitos da flutuabilidade na velocidade do nado.
- Discussão sobre o conceito de arrasto de interferência.

A água é mil vezes mais densa que o ar; portanto, quando o corpo se movimenta para frente, ela se opõe a seu movimento com uma força substancialmente maior do que a resistência do ar. Essa força, conforme explicado no Capítulo 1, é o arrasto resistivo. Os nadadores só irão acelerar para frente se as forças propulsivas aplicadas forem maiores do que as forças de arrasto resistivo que os mantêm retidos e, seguindo esse mesmo raciocínio, irão desacelerar quando as forças de arrasto resistivo excederem as forças de propulsão. Mudanças nas quantidades relativas das forças propulsivas e de arrasto resistivo são a razão pela qual a velocidade frontal dos nadadores aumenta e diminui diversas vezes ao longo de cada ciclo de braçadas.

Os nadadores se deparam com o arrasto resistivo ao se movimentarem para frente porque, na verdade, precisam empurrar fluxos de moléculas de água para fora de seu caminho, de modo a abrir um "buraco" na água para seu corpo passar. Eles devem tentar reduzir o arrasto resistivo enfrentado ao nadar para que seja mantida uma velocidade frontal média mais rápida, com menos esforço. A única exceção a isso são os braços e as pernas, mas apenas quando os nadadores realizam movimentos propulsivos com esses membros. Os movimentos de recuperação dos braços e das pernas devem ser executados de forma a reduzir o arrasto resistivo.

O arrasto resistivo enfrentado pelos nadadores é diretamente proporcional à turbulência gerada por eles ao nadar. Infelizmente, tendo em vista que a hidrodinâmica do corpo humano não se assemelha nem um pouco à dos peixes e mamíferos aquáticos, os nadadores irão se deparar com uma quantidade considerável de arrasto resistivo, mesmo quando mantêm uma hidrodinâmica "perfeita". Um fator que aumenta ainda mais esse arrasto é a constante e drástica mudança na orientação do corpo dentro da água (Clarys 1979). A consequência disso é que os nadadores criarão turbulência ao se movimentarem através da água. Eles não têm como eliminar essa turbulência, mas podem reduzi-la com o uso de algumas técnicas que serão descritas neste capítulo e nos capítulos a seguir, que abordam cada um dos nados competitivos.

A IMPORTÂNCIA DE REDUZIR O ARRASTO RESISTIVO

No passado, as técnicas para redução do arrasto resistivo eram eclipsadas pelos métodos que visavam a melhoria da força propulsiva. Mas, recentemente, vem ressurgindo o interesse no papel que a redução do arrasto desempenha para um nado mais veloz. Hoje em dia, muitos especialistas acreditam – com razão – que a redução do arrasto resistivo pode melhorar a velocidade do nado de maneira mais significativa do que as habilidades que aumentam as forças propulsivas. De fato, em um estudo envolvendo competidores dos Jogos Olímpicos de 1992, os pesquisadores relataram que

> ... os atletas de elite não utilizam forças propulsivas significativamente maiores com seus braços e pernas. Em vez disso, exibem melhor forma hidrodinâmica, o que reduz as forças de arrasto provocadas pela água. Portanto, esses atletas podem alcançar velocidades de nado mais rápidas com uma propulsão similar à usada por atletas que não pertencem às equipes de elite (Cappaert, Pease e Troup 1996).

A razão da grande importância da redução da resistência da água para a Natação pode ser ilustrada pelos gráficos na Figura 2.1.

O gráfico na Figura 2.1a mostra um típico padrão de velocidade do centro de massa para uma braçada de Crawl subaquática durante dois importantes períodos de aceleração (varredura para dentro e varredura para cima) e três importantes períodos de desaceleração (varredura para baixo, transição entre a varredura para dentro e a varredura para cima e recuperação do braço). A velocidade média da braçada pode ser determinada pelo cálculo da altura desses picos (acelerações) e vales (desacelerações) e o tempo gasto em cada fase da braçada. Na Figura 2.1a, a velocidade média foi de 1,98 m/s.

O gráfico na Figura 2.1b mostra o efeito hipotético que uma hidrodinâmica melhor teria na velocidade média do nadador para uma braçada. Uma hidrodinâmica melhor reduziu a desaceleração durante os períodos de desaceleração do ciclo de braçadas. Nesse caso, a hidrodinâmica aumentou para 2,04 m/s a velocidade média por braçada. Mas o exemplo na Figura 2.1b não avança suficientemente. Quando esse nadador melhorar a hidrodinâmica do corpo, ele também irá acelerar mais para frente durante as fases propulsivas do ciclo de braçadas, pois haverá menos resistência a seus esforços propulsivos. O efeito real da hidrodinâmica está mais bem representado no gráfico da Figura 2.1c.

Nesse caso, o nadador desacelera menos e acelera mais, de modo que sua velocidade média passa a ser de 2,07 m/s para essa braçada. Para que fique mais clara a importância de uma boa hidrodinâmica, a velocidade média na Figura 2.1a resultaria em um tempo de 50"50 para os 100 m, enquanto na Figura 2.1c seria de 48"31 para a mesma distância. Obviamente, a redução do arrasto resistivo pode melhorar de forma considerável o desempenho.

É evidente que o exemplo na Figura 2.1 é hipotético e não se detém nas influências de circunstâncias como a dominância lateral, a fadiga, a saída e a virada. No entanto, é válido o aspecto abordado por ele. Nadadores que reduzem o arrasto resistivo podem aumentar sua velocidade média por ciclo de braçadas. O melhor de tudo é que isso pode ser feito sem a necessidade de aumentar o esforço muscular. Ainda neste capítulo, serão apresentadas técnicas para redução do arrasto resistivo. Mas, em primeiro lugar, gostaria de discutir as causas desse arrasto.

CARACTERÍSTICAS LAMINARES E TURBULENTAS DO MOVIMENTO DA ÁGUA

A água é formada por moléculas de hidrogênio e oxigênio que, ao se movimentarem uniformemente de maneira não turbulenta, tendem a se amontoar umas sobre as outras, como folhas laminadas. Por essa razão, o fluxo de água não perturbado foi chamado de *fluxo laminar*. Os nadadores perturbam o estado laminar de certos fluxos de moléculas de água ao se moverem através dela, fazendo com que fiquem turbulentos. Como mencionado antes, as lâminas de moléculas de água devem se separar para cima, para baixo e também para os lados, a fim de que sejam criados "buracos" pelos quais as partes do corpo do nadador possam passar. Quando isso ocorre, o fluxo laminar das moléculas de água é perturbado e elas começam a se movimentar desenfreadamente, ricocheteando umas contra as outras em direções aleatórias. Nessas circunstâncias, diz-se que o fluxo de água ficou turbulento. Portanto, *fluxo turbulento* refere-se a um movimento desenfreado e aleatório

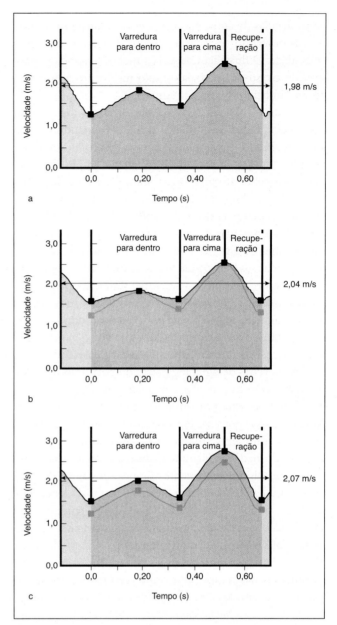

Figura 2.1 Efeito da redução do arrasto na velocidade do nado.

de moléculas de água, enquanto *fluxo laminar* são as moléculas movendo-se todas na mesma direção e com igual velocidade. O fluxo laminar cria a menor quantidade possível de arrasto resistivo, já o fluxo turbulento aumenta a pressão hídrica e o arrasto resistivo.

As moléculas de água que se tornaram turbulentas irão se intrometer em folhetos laminares distantes do objeto, colocando-os também em movimento e provocando um padrão de turbulência ainda mais amplo. Esse padrão é visível como uma "água branca" na superfície, mas não pode ser observado nas partes submersas. A turbulência, em decorrência do movimento freneticamente aleatório das moléculas de água, aumenta a pressão da água imediatamente à frente e nos lados do nadador, tendendo a retardar sua velocidade frontal, a menos que seja exercida uma força propulsiva adicional suficiente para superar essa pressão. Algumas moléculas de água, em vez de serem afastadas, acabarão aderindo ao corpo do nadador e serão transportadas com ele como massa adicional, causando fricção, o que também diminui a velocidade.

As porções de água logo atrás do corpo do nadador permanecerão turbulentas e parcialmente ocupadas com moléculas de água por um curto período depois que o nadador passar por elas. Por essa razão, a pressão nessa região será consideravelmente mais baixa do que a pressão à frente do nadador, porque os buracos criados na água não se enchem imediatamente durante a passagem do corpo, e as moléculas nessa área permanecem turbulentas por um breve período. Essa área de baixa pressão tenderá a sugar o nadador para trás, a menos que (novamente) ele aumente suficientemente a força propulsiva, de modo a suplantar essa tendência. As moléculas de água que ficam turbulentas nas regiões por onde o nadador acabou de passar são chamadas *correntes turbilhonantes*, ou *redemoinhos*. *Cavitação* e *sucção caudal* são termos também utilizados para identificar a redução na pressão, que tende a empurrar o nadador para trás.

Dentro de pouco tempo, a água turbulenta irá ocupar a área atrás do nadador, que acabou de avançar, e as condições laminares serão restabelecidas. O tempo necessário para que a água volte a ocupar os "buracos" dependerá do tamanho desses buracos e das dimensões do padrão de turbulência por eles criado. Se os buracos e o padrão de turbulência forem grandes, mais tempo será necessário para que eles sejam preenchidos, criando maior efeito de sucção, o qual se prolonga por mais tempo. Buracos menores geram padrões de turbulência menores e irão se encher mais rapidamente após a passagem do nadador. Assim, o efeito de sucção será menor e durará menos.

A Figura 2.2 traz exemplos das características laminares e turbulentas da água. Na ilustração, os fluxos laminares estão representados por linhas retas; e a turbulência, por linhas sinuosas. Como descrito antes, a água colocada em movimento imediatamente à frente e nos lados do nadador fica turbulenta e aumenta a pressão à frente dele. Essa área de alta pressão é indicada pelo sinal de "+" à frente do nadador. Já o sinal de "-" logo atrás de seu corpo indica o buraco ainda não ocupado pelas moléculas de água. Correntes turbilhonantes, ou turbulência, também estão ilustradas nessa região (atrás das pernas do nadador).

A combinação de aumento da pressão à frente do nadador, onde ele criou uma parede virtual de água turbilhonante, e de redução da pressão atrás dele, no espaço ainda não ocupado pela água turbulenta, aumentará o diferencial de pressão entre a parte da frente e a de trás do nadador. O efeito disso é que ele será empurrado para trás pela alta pressão à sua frente e será tracionado, ou succionado, para trás pela baixa pressão atrás do seu corpo. Esse grande diferencial de pressão certamente reduzirá a velocidade frontal do nadador, a menos que ele aumente a força propulsiva para suplantá-lo.

Os nadadores causam arrasto entre si nos treinamentos e nas competições ao se seguirem muito de perto ou ao nadarem lado a lado, de modo que podem assim dar braçadas no bolsão de correntes turbilhonantes, onde existe cavitação. Tendo em vista que a pressão imediatamente à frente do nadador que está atrás é mais alta do que a pressão no bolsão atrás do nadador que está na frente, o nadador que está atrás será tracionado em direção à área de baixa pressão. A vantagem desse arrasto é que o dife-

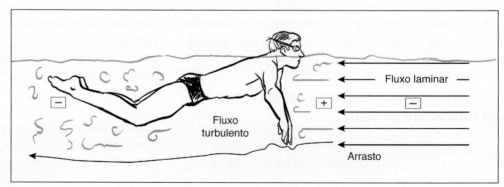

Figura 2.2 Turbulência causada pelo corpo do nadador ao se movimentar em fluxos laminares.

rencial de pressão fará parte do trabalho para os nadadores que vêm atrás. Assim, eles podem manter uma velocidade elevada com menos esforço. Chatard et al. (1998) calcularam que essa ação de arrasto que ocorre atrás de um nadador pode melhorar o desempenho do outro em cerca de 9,5 s em uma prova de 400 m.

Ondas

O movimento dos nadadores na água cria ondas encurvadas que se elevam e fazem pressão contra o corpo. O movimento retrógrado dessas ondas encurvadas retarda a velocidade frontal dos nadadores. A amplitude dessas ondas aumenta com maiores velocidades de nado, e isso gera uma parede de água que o atleta deve atravessar, o que então provoca considerável aumento no arrasto resistivo. O efeito de retardo das ondas encurvadas na velocidade frontal é tão poderoso que o arrasto aumentará oito vezes se a velocidade do nadador dobrar (Northrip, Logan e McKinney 1974). Para outros tipos de arrasto, esse aumento será de apenas quatro vezes ao dobrar a velocidade do nado.

A amplitude das ondas encurvadas e seu arrasto resistivo poderiam ser reduzidos nadando-se mais lentamente, mas essa opção não está nos planos dos atletas que desejam vencer as provas. Portanto, as grandes ondas encurvadas são um mal necessário a ser enfrentado pelos nadadores, que devem evitar qualquer ação que aumente desnecessariamente a amplitude dessas ondas. Uma dessas ações é a *hidroplanagem*, ou seja, manter o corpo em uma posição alta na água. Essa posição alta na água não é natural. Quando o nadador arqueia as costas e levanta a cabeça para obter uma posição corporal alta, ele aumenta desnecessariamente a amplitude das ondas encurvadas, reduzindo assim a velocidade frontal. Mas os nadadores irão hidroplanar naturalmente em provas mais curtas, porque estão se movimentando mais depressa. Ou seja, o aumento da pressão na água imediatamente à frente e abaixo dos nadadores causado pelo aumento na velocidade tenderá a empurrar o corpo para uma posição mais elevada na água. Essa é uma reação normal ao nado veloz e não deve ser evitada, mas o nadador não deverá tentar melhorar a hidroplanagem arqueando as costas e levantando a cabeça.

Outro modo de os nadadores aumentarem desnecessariamente a amplitude das ondas encurvadas é exagerando os movimentos ascendentes e descendentes do corpo e da cabeça. Obviamente, nos nados Borboleta e de Peito é essencial um certo grau de ondulação do corpo para que o nadador possa respirar adequadamente e criar um efeito de "cavalgar" as ondas. Mas uma ondulação excessiva é desnecessária e apenas resultará em diminuição da velocidade.

Nadadores de Crawl e de Costas não têm problemas com a ondulação, mas podem aumentar sem necessidade as ondas levantando e arremessando a cabeça de um lado para o outro enquanto nadam. Os nadadores de Crawl devem rolar para o lado e respirar sem levantar a cabeça da água, já os de Costas podem manter a amplitude das ondas encurvadas em um mínimo nadando sem movimentar a cabeça de um lado para o outro e mantendo-a em uma posição que não seja desnecessariamente alta.

Durante as competições, os nadadores também devem lidar com fontes de arrasto ondulatório sobre as quais não têm controle. Algumas piscinas têm mais ondas do que outras por causa, dentre outras razões, de um quebra-onda mal construído e de linhas de raia inadequadas. Habitualmente, o desempenho dos atletas piora quando eles competem nas chamadas "piscinas lentas". No entanto, como essas ondas afetam todos os nadadores igualmente, elas não devem interferir no resultado das provas.

MEDINDO O ARRASTO RESISTIVO

Obviamente, o arrasto resistivo pode ter efeito prejudicial significativo na velocidade do nado. Alguns especialistas têm especulado que a magnitude do arrasto resistivo pode ser influenciada pelo tamanho e pela forma do corpo dos nadadores e, certamente, por sua habilidade de nado (Miyashita 1997; Ohmichi, Takamoto e Miyashita 1983; Rouard e Billat 1990; Sidney et al. 1997). Infelizmente, ainda não foi possível medir com precisão a influência desses fatores. Para que isso fosse possível, seria necessário medir o arrasto *ativo*, o arrasto resistivo exercido em um corpo que está constantemente mudando de posição e velocidade ao se movimentar na água. Os métodos atualmente em uso para medir o arrasto resistivo medem apenas o arrasto *passivo*, isto é, o arrasto resistivo criado por objetos rebocados na água sem qualquer mudança de velocidade ou posição. Medidas do arrasto passivo proporcionaram algumas informações úteis que podem ser aplicadas às posições que os nadadores devem assumir ao deslizar pela água, mas elas têm pouco ou nenhum valor prático para a determinação do arrasto resistivo que os atletas enfrentam quando estão realmente nadando.

Recentemente, foram feitas tentativas para o desenvolvimento de procedimentos para medição do arrasto ativo, mas nenhuma delas foi validada (Hay 1988; Toussaint et al. 1988; Vaart et al. 1987). Um método pioneiro consiste em adicionar ao nadador em movimento um contrapeso de arrasto hidrodinâmico conhecido; em seguida, calcula-se quanto o peso adicionado reduz a velocidade e/ou aumenta o consumo de energia em comparação com o nado livre (Kolmogorov e Duplishcheva 1992; Kolmogorov e Rumyantseva 1988). Primeiramente, o nadador é rebocado pela água a uma velocidade constante e em uma posição estática, com e sem a adição do contrapeso, para determinar a força de rebocagem adicional necessária para suplantar o contrapeso. Em seguida, o nadador nada na mesma velocidade rebocando o contrapeso. Como o arrasto passivo do contrapeso já é conhecido, esse valor pode ser subtraído da força necessária para suplantar o peso durante o nado real. O que resta é a força necessária para suplantar a resistência da água durante o nado real, e essa força é considerada igual ao arrasto ativo.

A precisão desse método depende de dois pressupostos:

1. que o nadador exerça a mesma potência ao nadar livremente e ao rebocar o contrapeso; e

2. que ele nade com a mesma velocidade média por ciclo de braçadas ao nadar livremente e ao rebocar o contrapeso.

Obviamente esses dois pressupostos exigem grande dose de fé, particularmente se for solicitado ao atleta que nade em velocidades de competição, ou em velocidades próximas a estas. É preciso ainda que o nadador, ao nadar com o contrapeso, de fato exerça o mesmo esforço que empregou durante o nado livre. Isso é algo extremamente difícil de se conseguir, mesmo com os atletas mais cooperativos. Em um estudo recente, Strojnik, Bednarik e Strombelj (1998) relataram não ser muito provável que os nadadores exerçam ou consigam exercer o mesmo esforço, nadando em velocidade máxima, quando estão com e sem o contrapeso.

Outra fonte de erro é o fato de que os valores para o atleta nadando com e sem o contrapeso devem ser convertidos em uma velocidade média constante por simulação em computador. Os fatores levados em consideração por esse modelo computacional são a distância por ciclo de braçadas, as velocidades máxima e mínima em cada ciclo de braçadas e o tempo para cada ciclo. A margem de erro possível na conversão dos valores para o nado com e sem contrapeso a uma velocidade constante se situa entre 6 e 8% (Kolmogorov e Duplishcheva 1992). Consequentemente, seria muito difícil chegar a valores precisos para o arrasto ativo.

Seria de se esperar que o arrasto ativo com que se deparam os nadadores ao se deslocarem pela água variando constantemente a posição do corpo fosse consideravelmente maior do que o indicado por qualquer medida de arrasto passivo. No entanto, comparações reais entre os valores medidos para o arrasto ativo e para o arrasto passivo produziram resultados contraditórios. Glazkov e Denentyev (1977) afirmaram que a resistência com que o nadador se depara ao nadar livremente é quase igual ao dobro da resistência do reboque (ou arrasto) passivo. Esses pesquisadores utilizaram uma abordagem bioenergética na

qual o arrasto ativo foi determinado calculando-se a diferença no consumo de energia entre o nado com e sem contrapeso. Os valores calculados para o arrasto ativo foram então comparados aos valores para o arrasto passivo. Contudo, Kolmogorov e Duplishcheva (1992) relataram que, na verdade, os valores para o arrasto ativo eram mais baixos do que os valores para o arrasto passivo em três dos quatro nados competitivos. A única exceção era o nado de Peito. Esses autores utilizaram uma abordagem hidromecânica na qual os valores para o arrasto ativo foram calculados matematicamente com base nas diferenças de velocidade durante o nado com e sem contrapeso; em seguida, eles foram comparados aos cálculos obtidos para o arrasto passivo com e sem contrapeso.

Ainda é uma questão em aberto se os métodos utilizados nesses estudos realmente medem o arrasto ativo ou outro aspecto qualquer da relação entre a força despendida no nado, o consumo energético e a resistência oferecida pela água. Embora os resultados de ambos os estudos sejam contraditórios, parece razoável a ideia de que os atletas se deparam com maior arrasto quando mudam constantemente de posição e velocidade durante o nado real do que quando são arrastados (i. e., rebocados) a uma velocidade constante e em uma posição hidrodinâmica também constante. Portanto, o arrasto ativo enfrentado pelos nadadores é provavelmente mais alto do que indicam as medições do arrasto passivo. Mas ainda hoje ninguém sabe ao certo qual é essa diferença. Clarys (1979) estimou que os valores reais para o arrasto ativo poderiam ser de 85 a 300% maiores do que os valores calculados para o arrasto passivo a diferentes velocidades de nado.

Embora não tenhamos cálculos viáveis de arrasto ativo para tomar como base, a maioria dos pesquisadores acredita que alguns nadadores exibem nítida vantagem em relação a outros no que se refere à sua capacidade (1) de assumir melhor forma hidrodinâmica corporal durante os quatro nados competitivos e (2) de mudar de uma forma para outra durante cada ciclo de braçadas com menos turbulência da água circunjacente. Essas formas e métodos de mudança serão discutidos mais adiante, ainda neste capítulo, mas antes serão descritos os fatores envolvidos na redução ou no aumento do arrasto resistivo.

COMO OS NADADORES GERAM ARRASTO RESISTIVO

Os quatro fatores mais importantes para determinar o arrasto resistivo com o qual os nadadores se deparam ao se deslocarem na água são:

1. o espaço ocupado por eles na água;

2. a forma com que se apresentam à água;

3. os movimentos dos membros que deslocam a água para frente, em vez de para trás; e

4. a fricção entre o corpo e os fluxos de água que entram em contato com o corpo.

O arrasto resistivo resultante do espaço ocupado pelos nadadores na água e da forma com que eles se apresentam a ela foi denominado arrasto de *forma* por razões óbvias. Esse arrasto resulta das formas com que os nadadores se apresentam à água ao se deslocarem por ela. Dei o nome de arrasto de *interferência* ao efeito dos movimentos dos membros que deslocam a água para frente e arrasto *friccional* ao efeito de fricção.

Arrasto de forma

Como explicado antes, o arrasto de forma é um produto tanto do espaço ocupado pelo corpo do nadador quanto das formas com que os nadadores se apresentam à água. O espaço ocupado é uma função do volume do corpo e da eficiência com que os nadadores alinham seu corpo horizontal e lateralmente. Os seres humanos não são dotados de uma forma propícia para o deslocamento na água com um mínimo de resistência. As melhores formas para isso são aquelas semelhantes às dos peixes e às dos mamíferos marinhos: homogêneas, afiladas nas partes anterior e posterior e sem projeções rombudas. Os humanos não possuem uma forma regular, tampouco bem afilada. Nossos ombros se projetam do pescoço a ângulos abruptos; nosso corpo se afila na cintura, mas se alarga novamente nos quadris; e, nas extremidades das pernas, nossos pés são mais rombudos do que afilados. Além disso, para que possamos nadar, nossos braços devem se mover constantemente para frente contra a água durante a preparação para cada novo ciclo de braçadas, e nossas pernas e pés devem se movimentar continuamente para fora das linhas do tronco a fim de aplicar força propulsiva.

Quanto maior o nadador, mais espaço ele irá ocupar na água, e maior será o arrasto resistivo. Contudo, tendo em vista que atletas de maior estatura são habitualmente mais fortes do que atletas menores, na maioria dos casos os atletas de maior porte podem compensar o aumento do arrasto com sua capacidade de aplicar maior força propulsiva. Às vezes, atletas do sexo feminino são uma exceção a essa regra. Algumas mulheres ganham mais peso do que força (em uma relação bastante significativa) durante a puberdade e depois têm dificuldade de igualar seus desempenhos precedentes.

Outros fatores que determinam o espaço ocupado pelos nadadores na água dizem respeito ao alinhamento horizontal e lateral do corpo. Os nadadores ocupam menos espaço na água se mantiverem o corpo o mais horizontal possível, da cabeça aos dedos dos pés, e também se mantiverem todos os segmentos circunscritos aos limites formados pela parte mais larga do corpo, normal-

mente os ombros. Em outras palavras, os nadadores ocupam menos espaço quando não permitem que o corpo ondule pela piscina, com as pernas e os quadris oscilando de um lado para o outro. Os movimentos propulsivos, porém, podem interferir nos alinhamentos horizontal e lateral, em alguns nados mais do que em outros. Mas, em todos os nados, os atletas devem chutar (i. e., dar pernadas) e dar braçadas lateral e horizontalmente para que a força propulsiva seja aplicada com eficácia. Pela mesma razão, eles devem ondular o corpo nos nados Borboleta e de Peito. Assim, os nadadores precisam buscar uma solução conciliatória entre o alinhamento do corpo e o sacrifício da propulsão.

Então, não é de surpreender que o espaço ocupado pelos nadadores na água tenha recebido a maior atenção no que se refere à redução do arrasto resistivo. Mas as formas com que eles se apresentam à água provavelmente têm um efeito ainda mais intenso na velocidade frontal. Formas mais afiladas geram menor arrasto resistivo do que formas mais rombudas. Consequentemente, embora os nadadores não sejam dotados de uma boa forma para a redução do arrasto, devem tentar tanto quanto possível "afilar" as partes mais rombudas do corpo, exceto quando as utilizam para aplicar força propulsiva.

A observação de nadadores de classe mundial sugere que certos tipos corporais criam menor arrasto de forma devido às formas que apresentam à água. Por exemplo, nadadores magros e altos, com corpos afilados, teriam uma vantagem em comparação àqueles mais baixos e com grande massa muscular. Mas Clarys (1979) não detectou qualquer relação entre a forma do corpo e o arrasto medido durante a prática da Natação. É possível que mesmo os nadadores mais magros e afilados não consigam permanecer suficientemente hidrodinâmicos para eliminar a turbulência. Outra possibilidade é que nadadores com tipos corporais menos ideais sejam capazes de eliminar essa desvantagem afilando cuidadosamente as posições do corpo dentro da água. O efeito do espaço será discutido na primeira parte desta seção e, mais adiante, discutiremos a influência da modelagem do corpo.

O efeito do espaço ocupado pelo corpo no arrasto de forma

O espaço ocupado pelos nadadores na água tem componentes horizontais e laterais. O componente horizontal diz respeito à profundidade do corpo; e o componente lateral, ao espaço látero-lateral ocupado pelo corpo.

Alinhamento horizontal Um método para reduzir o arrasto de forma consiste em permanecer na posição mais horizontal possível em relação à superfície da água, sem reduzir a força propulsiva. As ilustrações na Figura 2.3 contrastam o bom e o mau alinhamento para um nadador de Crawl.

O nadador na Figura 2.3a exibe um bom alinhamento horizontal. Seu corpo está praticamente horizontal em relação à superfície, e sua inclinação para baixo, da cabeça aos dedos dos pés, é mínima. Como resultado, o corpo ocupa menos espaço na água em comparação com o nadador na Figura 2.3b, que está cometendo o erro (bastante comum) de tentar hidroplanar na água. Ele nada com a cabeça em um plano elevado e as costas arqueadas e assim precisa dar pernadas mais fortes e profundas para manter o peso dessas partes do corpo acima da água. Consequentemente, seu corpo fica inclinado para baixo (no sentido da cabeça aos dedos dos pés), de modo que, em relação ao nadador da Figura 2.3a, ele perturba um número muito maior de fluxos de moléculas de água.

Quanto às pernadas, os nadadores devem buscar uma solução conciliatória: devem dar pernadas suficientemente profundas para impulsionar o corpo para frente, mas não tão profundas a ponto de ocupar mais espaço do que o necessário. A profundidade ideal da pernada de cada nado competitivo será descrita no capítulo dedicado à mecânica de cada nado em particular.

O bom e o mau alinhamento horizontal para os três nados restantes são apresentados na Figura 2.4. Na Figura 2.4a, o nadador de Costas exibe bom alinhamento horizontal porque mantém a cabeça alinhada com o corpo e não deixa que os quadris caiam excessivamente. Compare essa situação com a nadadora na Figura 2.4b, que deixa a cabeça em um plano demasiadamente alto e os quadris baixos demais, ocupando assim um espaço consideravelmente maior na água.

Essa regra geral – de que os nadadores devem permanecer o mais horizontal possível em relação à superfície da água – se aplica tanto ao nado Crawl quanto ao nado de Costas. Os nados Borboleta e de Peito, porém, são exceções a ela, apresentando uma situação especial no que concerne ao alinhamento horizontal. A ondulação do corpo e a mecânica respiratória farão com que os nadadores não fiquem tão horizontais durante certos períodos do ciclo de braçadas. Entretanto, esses movimentos ondulatórios são necessários, por causa da propulsão adicional que proporcionam. Os praticantes desses dois nados precisam então buscar uma solução conciliatória entre ondular em excesso e mover o corpo para cima e para baixo suficientemente de modo a gerar força propulsiva adequada.

Os nadadores de Borboleta e de Peito na Figura 2.4a e b apresentam, respectivamente, um bom e um mau alinhamento horizontal. Como mencionado antes, a ondulação é parte essencial dos aspectos propulsivos desses dois nados. Portanto, a manutenção de um bom alinhamento horizontal é uma questão de ondular o corpo de uma posição horizontal em relação à superfície para uma posição inclinada acima dela. Nadadores de Peito e de Borboleta não devem permitir que os movimentos ondulatórios pressionem partes do corpo até níveis muito profundos na água. O mau alinhamento horizontal pode ser resultante de pernadas muito profundas e/ou da queda dos quadris até um nível muito profundo quando os nadadores ondulam para baixo. Como será explicado adiante, nesses dois nados, se a ondulação do corpo for apropriada, os nadadores serão impulsionados para frente pela ação da onda durante a recuperação dos braços, mas perderão essa fonte de propulsão se ondularem demais. Trataremos mais da ação da onda no Capítulo 3.

Figura 2.3 Efeito no arrasto do espaço ocupado pelos nadadores na água. O nadador em (a) está em uma posição horizontal na água, permitindo que seu corpo ocupe um espaço mínimo. O nadador em (b) está tentando hidroplanar, dando pernadas mais profundamente. Seu corpo está inclinado para baixo, fazendo com que ocupe mais espaço na água.

Figura 2.4 Alinhamento horizontal bom e ruim nos nados de Costas, de Peito e Borboleta. Os nadadores em (a) exibem bom alinhamento horizontal, enquanto em (b) são mostrados exemplos de alinhamento horizontal ruim para cada um dos nados.

Alinhamento lateral Movimentos laterais excessivos também aumentarão o arrasto de forma. Partes do corpo (sobretudo quadris e pernas) que oscilam lateralmente para além do espaço ocupado pelo tronco farão com que os nadadores enfrentem mais água e, portanto, mais resistência em seu deslocamento frontal. Um mau alinhamento lateral será problemático apenas nos nados Crawl e de Costas, em que os movimentos alternados dos braços e das pernas têm o potencial de mover o corpo pela água com um movimento ondulatório ou serpeante.

As ilustrações na Figura 2.5 apresentam vistas de cima de nadadoras de Crawl com alinhamento lateral bom e ruim. A nadadora na Figura 2.5a tem boa posição hidrodinâmica, enquanto a nadadora na Figura 2.5b está ondulando excessivamente de um lado para o outro. Esses movimentos látero-laterais dos quadris e das pernas fazem com que ela ocupe muito mais espaço na água do que a nadadora em (a); além disso, fazem com que ela empurre água para os lados e para frente, o que aumentará demais o arrasto resistivo.

Outras técnicas para redução do arrasto de forma Nadadores de Crawl e Borboleta que recuperam os braços em um plano elevado e acima da cabeça podem desfazer facilmente seu alinhamento horizontal. O peso dos braços empurrará o torso mais fundo na água. Os nadadores de Crawl devem recuperar os braços um pouco ao lado do corpo e com o cotovelo fletido, para deslocar parte do peso para fora do corpo. Por essa mesma razão, nadadores de Borboleta também devem recuperar os braços ao lado do corpo. Já os nadadores de Costas devem recuperá-los diretamente por cima da cabeça, apesar do efeito prejudicial que esse movimento terá em seu alinhamento horizontal. A alternativa – recuperar os braços ao lado do corpo – iria desfazer ainda mais esse alinhamento.

Em seus esforços para nadar com rapidez, alguns nadadores utilizam diversos movimentos de braçada incorretos, que podem fazer com que o corpo oscile de um lado para o outro. Nadadores de Costas e Crawl podem prejudicar o alinhamento lateral ao oscilarem as mãos transversalmente em relação à linha média do corpo quan-

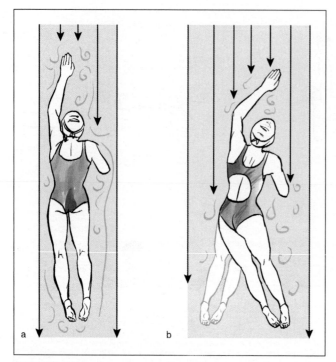

Figura 2.5 Efeito de movimentos látero-laterais excessivos do corpo no arrasto em nadadoras de Crawl. A nadadora em (a) exibe bom alinhamento lateral. Ela se move por um espaço menor na água por rolar de um lado para o outro. Contraste essa situação com a nadadora em (b), cujos quadris e pernas estão oscilando em desalinho com os ombros.

do mergulham os braços na água. Os nadadores de Crawl também podem desfazer o alinhamento lateral ao darem a braçada até um ponto demasiadamente afastado (em seu movimento transversal à linha média do corpo) durante a fase subaquática das braçadas.

Tanto no nado Crawl como no nado de Costas, os nadadores podem fazer com que os quadris e as pernas oscilem de um lado para o outro ao recuperarem os braços lateral e amplamente sobre a água. Uma oscilação lateral circular vigorosa do braço que está sendo recuperado tenderá a empurrar os quadris para fora, na direção em que o braço está se movimentando. Os nadadores de Crawl precisam lançar mão de uma recuperação com o cotovelo alto para minimizar os movimentos dos membros durante a recuperação. Como mencionado antes, os nadadores de Costas têm que recuperar os braços diretamente por cima da cabeça, em uma posição estendida, para minimizar os movimentos dos membros para fora e o efeito resultante no alinhamento lateral do corpo. Já os nadadores de Borboleta podem recuperar os braços com movimentos circulares para os lados do corpo, sem que seu alinhamento lateral seja prejudicado. O efeito potencialmente prejudicial da oscilação de um dos braços para o lado será contrabalançado por uma oscilação simultânea do outro braço em direção oposta, de modo que os quadris não serão empurrados para o lado, mas continuarão se movimentando para frente em linha reta.

Nadadores de Crawl e de Costas também podem comprometer o alinhamento lateral ao impulsionar os braços excessivamente para os lados durante a primeira parte das braçadas subaquáticas. Um impulso vigoroso de um braço para fora tenderá a empurrar o corpo em direção ao lado oposto. Como será explicado no Capítulo 3, nesses dois nados, os atletas não podem evitar movimentar os braços para fora e para os lados – mesmo que apenas um pouco – no início das braçadas subaquáticas. Eles precisam fazer isso para posicionar bem os braços e aplicar força propulsiva com a maior rapidez possível. No entanto, os praticantes desses dois nados não devem afastar os braços das laterais do corpo mais do que o necessário para executar um bom agarre e em nenhuma circunstância devem empurrá-los vigorosamente para o lado durante a execução do agarre.

Durante a execução do agarre nos nados Borboleta e de Peito, os nadadores devem movimentar ainda mais os braços para os lados, em comparação com os nados Crawl e de Costas. Pela mesma razão descrita em relação à recuperação dos braços, os nadadores de Borboleta e de Peito não precisam se preocupar com a possibilidade de haver comprometimento do alinhamento lateral do corpo por causa desses movimentos para os lados. Qualquer tendência de que o movimento para fora empurre o corpo de um lado para o outro fica anulada pelos movimentos simultâneos para os lados, executados em direções opostas. Contudo, tendo em vista que esses vigorosos impulsos para fora podem desacelerar a velocidade frontal – como em outros nados –, os movimentos dos braços para fora devem ser suaves até que se tenha alcançado a posição de agarre.

Modelagem do corpo e arrasto de forma

Como apontado antes, as formas apresentadas pelos nadadores à água exercem profundo efeito no arrasto de forma produzido. Objetos afilados enfrentam menor resistência da água em comparação com objetos com cantos angulosos e formas convolutas porque permitem que os fluxos de moléculas de água à frente do nadador mudem gradualmente de direção conforme o nadador passa por eles; e a água pode ocupar também de forma gradual o espaço atrás do nadador. Para minimizar a turbulência e, portanto, o arrasto de forma, os fluxos de moléculas de água devem ser empurrados gradual e não subitamente para fora do caminho durante a passagem do nadador. Uma vez que o "buraco" tenha sido aberto, deve-se permitir que a água ocupe também de forma gradual o espaço atrás do nadador.

O preenchimento desse espaço ocorre por causa de diferenciais de pressão. Fluxos de moléculas de água são deslocados de áreas de maior pressão para outras de pressão mais baixa – nesse caso, a área pela qual o nadador acabou de passar. Por isso, a água irá ocupar esse espaço atrás do nadador gradual e não instantaneamente.

Objetos em forma de projétil (i. e., objetos balísticos), caracterizados por uma pequena área frontal que se amplia de maneira gradual na parte intermediária e então afila em uma pequena área posterior, geram a menor quantidade de arrasto de forma ao se deslocarem pela água. A extremidade frontal afilada desloca gradualmente os fluxos de moléculas de água enquanto o objeto avança, minimizando a turbulência e reduzindo o número de fluxos adjacentes (que se afastam do objeto) afetados pelo seu movimento. Portanto, a pressão da água não aumentará tanto imediatamente à frente do objeto, e o efeito de retardo exercido pela água não será tão significativo. A área posterior afilada permite que os fluxos de moléculas de água comecem a preencher o espaço tão logo a parte mais larga do objeto tenha passado. Assim, as moléculas de água ocupam com muito mais rapidez o espaço que o nadador terminou de atravessar. Isso reduz as dimensões da área de baixa pressão das correntes turbulentas na parte posterior, o que tende a manter o nadador atrás. O efeito das formas afiladas no arrasto de forma está ilustrado pelo objeto em forma de projétil na Figura 2.6a, e o efeito de formas não afiladas, pelo objeto retangular na Figura 2.6b.

Na Figura 2.6b, a grande extremidade frontal quadrada apresenta uma superfície plana à parede frontal de água, fazendo com que essa superfície se depare com diversos fluxos de moléculas de água simultaneamente. O efeito se parece com "jogar água contra uma parede". Esses fluxos de moléculas de água são projetados para trás, para cima, para baixo e para os lados do objeto súbita e aleatoriamente, fazendo com que colidam com outras moléculas em uma área sempre crescente de fluxos/correntes adjacentes. Isso cria grande turbulência, o que aumenta significativamente a pressão na frente do objeto e retarda sua velocidade frontal.

A parte posterior do objeto retangular mostrado nessa figura impede que esses fluxos desagregados de moléculas de água ocupem o espaço deixado pelo objeto até que ele tenha passado completamente por esses fluxos. Isso resulta em uma grande área de baixa pressão de correntes turbilhonantes atrás do objeto, onde os fluxos/correntes ainda não ocuparam o espaço. Tendo em vista que o processo de preenchimento é gradual, essa área de baixa pressão persiste por um tempo maior depois que o objeto já passou. A combinação de maior aumento da pressão da água à frente do objeto com uma queda de pressão igualmente grande e de duração mais prolongada atrás irá criar um diferencial de pressão entre as partes anterior e posterior do objeto, ocasionando profundo efeito retardador no movimento de avanço desse objeto.

Ao longo dos anos, as formas de barcos, carros, aviões e outros objetos que se deslocam através do ar e da água se tornaram progressivamente mais afiladas nas partes anterior e posterior; e, por causa disso, seu arrasto de forma sofreu considerável redução. Infelizmente, o corpo humano não é naturalmente afilado. Além disso, os nadadores não podem permanecer em uma posição estática ao se deslocarem pela água. Eles mudam de posição constantemente, apresentando uma variedade de formas à água em frente e nos lados do corpo. Para combater essas desvantagens, é importante que os nadadores apresentem à água as formas mais afiladas que puderem durante as diversas fases de cada ciclo de braçadas. Para tanto, devem tentar aplicar a todos os nados as seguintes regras gerais:

1. Os nadadores devem tentar "deslizar" o corpo inteiro para frente através dos "buracos" abertos quando os braços entram e deslizam para frente pela água. O tamanho desses buracos pode ser considerado da largura e da espessura dos ombros e do tronco. Qualquer movimento não propulsivo do corpo abaixo dessa espessura ou fora dessa largura aumentará o arrasto de forma.

2. Os nadadores devem tentar "escorregar" para frente, através da água, com a menor e mais afilada superfície de todas as partes do corpo. A única ocasião em que eles devem apresentar à água superfícies planas é durante a impulsão da água para trás, com o objetivo de acelerar o corpo para frente. As mãos devem sair da água com o dedo mínimo primeiro, entrar na água com as pontas dos dedos antes e deslizar para frente com as pontas dos dedos em primeiro lugar. Os nadadores de Peito devem manter as coxas afiladas para trás durante a recuperação das pernas.

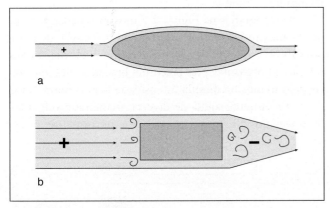

Figura 2.6 Efeito da forma no arrasto. O objeto cilíndrico em (a) tem forma excelente para a redução do arrasto de forma por ser afilado em suas duas extremidades. O objeto em (b), porém, tem forma imprópria para isso, apesar de ter a mesma área de superfície que o objeto em (a). Suas extremidades achatadas aumentam o número de fluxos laminares rompidos à frente e o tempo necessário para que os fluxos laminares se restabeleçam atrás. (Adaptado de Prandtl e O.G. Tietgens 1957).

Rolamento do corpo e arrasto de forma

A necessidade de criar forças propulsivas não permite que os atletas fiquem em perfeito alinhamento horizontal e lateral ao nadarem. Os nadadores de Crawl e de Costas devem rolar o corpo de um lado para o outro para adquirir força propulsiva, enquanto os nadadores de Borboleta e de Peito, pela mesma razão, devem ondular o corpo para cima e para baixo. A rolagem e a ondulação aumentarão até certo ponto o arrasto de forma, mas aumentarão ainda mais a propulsão. Consequentemente, para nadar com maior rapidez, os atletas devem contrabalançar a necessidade de manter o alinhamento horizontal e lateral e a necessidade de aplicar força propulsiva. Mas eles podem "passar da conta" em seus esforços e movimentar o corpo mais do que o necessário em seu anseio de aplicar propulsão. Pela mesma razão, as tentativas de manter o corpo em uma posição estática – que reduz o arrasto resistivo – podem reduzir ainda mais a propulsão.

Alguns especialistas acreditam que na verdade o rolamento reduz o arrasto de forma por permitir que os nadadores de Crawl e de Costas permaneçam mais tempo de lado, ocupando assim menos espaço na água. Mas suspeito que posições com o corpo de lado gerem tanto – senão mais – arrasto resistivo do que aquelas com o corpo em pronação. Um torso achatado horizontalmente em relação à superfície da água não ocupará necessariamente mais espaço que um torso virado de lado. Na verdade, em estudos que mediram o arrasto passivo, esse indicador foi maior quando os nadadores eram rebocados de lado do que quando eram rebocados em pronação (Counsilman 1955).

Quando estão de lado, os nadadores podem de fato ocupar mais espaço em sentido vertical do que quando estão em posição "plana", horizontal. Além disso, rolar o corpo de um lado para o outro provavelmente aumenta o arrasto resistivo, em comparação com manter-se em pronação. No entanto, nadadores de Crawl e de Costas devem rolar o corpo de um lado para o outro porque isso aumenta a força propulsiva que eles podem aplicar com o braço que está dando a braçada e facilita a recuperação do outro braço. Essas duas vantagens provavelmente superem qualquer aumento no arrasto resistivo causado pelo rolamento. Nesses nados, os atletas não devem rolar demais para os lados achando equivocadamente que estão reduzindo o arrasto de forma. A quantidade de rolamento do corpo deve ser ditada pelos movimentos verticais dos braços, que não devem ser minimizados com o objetivo de reduzir o rolamento, mas os nadadores tampouco devem aumentar esses movimentos além do necessário para uma braçada eficiente simplesmente para aumentar o rolamento do corpo.

O efeito que o rolamento do corpo de um lado para o outro tem na manutenção do alinhamento lateral nos nados Crawl e de Costas será descrito nesta seção porque ele é muito importante para um nado eficiente. Ilustrações como as mostradas nas Figuras 2.3 a 2.5 realmente simplificam em demasia o complexo processo de redução do arrasto de forma. A Natação é uma atividade dinâmica, na qual o corpo está constantemente mudando de posição durante cada ciclo de braçadas. Os nadadores devem reduzir o arrasto de forma de modo a facilitar a aplicação de força propulsiva e reduzir os efeitos potencialmente prejudiciais que os movimentos dos braços podem ter nos alinhamentos horizontal e lateral. Na verdade, nadadores de Crawl e de Costas não têm como escolher entre rolar e nadar "no plano", mesmo que as posições planas gerem menos arrasto de forma. Sua opção é rolar ou serpentear.

O corpo oscilará de um lado para o outro se o nadador tentar aplainá-lo ao deslocar-se pela piscina. Considerando que o corpo está suspenso na água, os movimentos ascendentes e descendentes dos braços exercem forças que incidem no torso, fazendo com que essa parte do corpo siga na mesma direção. Se o nadador tentar impedir que o tronco e os quadris rolem para cima e para baixo nas mesmas direções dos braços, o tronco e as pernas oscilarão lateralmente.

As fotografias na Figura 2.7 mostram nadadores no ponto máximo de rolamento nos nados Crawl e de Costas. Observe que eles estão em considerável rotação em relação à horizontal. Nas próximas braçadas, eles irão rolar pelo menos na mesma intensidade para o outro lado.

O rolamento ajuda de diversas maneiras a velocidade nos nados Crawl e de Costas. Ele permite que o na-

Figura 2.7 Nadadores de Crawl (a) e de Costas (b) no ponto máximo de rolamento durante seus respectivos ciclos de braçadas.

Modos de se aumentar a velocidade de nado com o rolamento

- Posicionar melhor os braços para gerar força propulsiva.
- Permitir a pernada diagonal que estabiliza o corpo.
- Minimizar os movimentos laterais do corpo.

dador coloque os braços em posições mais eficazes para exercer força propulsiva e possibilita que o nadador chute (i. e., dê pernadas) diagonalmente, o que ajuda na estabilização do tronco durante a alternância dos movimentos dos braços. O rolamento também minimiza os movimentos laterais do tronco, dos quadris e das pernas, conforme explicado antes.

Os nadadores de Crawl e de Costas devem permitir que o corpo acompanhe o "caminho" dos braços durante as diversas fases de cada ciclo de braçadas, e o rolamento do corpo deve ser contínuo ao longo de todo o ciclo de braçadas, sem hesitação ou limitação. O corpo deve rolar sempre de um lado para o outro e ficar plano apenas momentaneamente ao passar pela posição horizontal durante esse percurso de rolamento. Os nadadores devem permitir que os ombros e quadris se movimentem livremente para baixo quando o braço do mesmo lado estiver se movimentando para baixo e que rolem para cima, sem atraso, quando o braço estiver se deslocando para cima. Nesses dois nados, os braços sempre se deslocarão em trajetórias opostas durante cada ciclo de braçadas. Ou seja, um dos braços se deslocará para baixo enquanto o outro estiver se movendo para cima. Portanto, os lados direito e esquerdo do corpo também devem se movimentar em trajetórias opostas.

Flutuabilidade e arrasto de forma

Há muito tempo já se admitiu que maior flutuabilidade reduz o arrasto de forma. Embora o centro de massa dos nadadores esteja localizado na região dos quadris, o centro de flutuabilidade se encontra na região do tórax, onde estão localizados os pulmões e, portanto, o maior reservatório de ar do corpo. Como esse ponto de equilíbrio está situado em um ponto alto no tórax, as pernas tendem a afundar, a menos que tenham boa flutuabilidade. A flutuabilidade de um nadador pode ser facilmente determinada pedindo-se que ele se deite em posição de pronação na superfície da água, com as pernas estendidas e os braços estendidos acima da cabeça. Se o nadador tiver boa flutuabilidade, seu corpo permanecerá horizontal. Se não tiver, as pernas afundarão. Se as pernas apresentarem alguma flutuabilidade, elas afundarão até um certo ponto entre a posição horizontal prévia e uma posição vertical, mas o nadador permanecerá flutuando. Se ele não

demonstrar nenhuma flutuabilidade, suas pernas afundarão e puxarão com elas o restante do corpo.

No passado, dava-se por certa a influência da flutuabilidade na redução do arrasto resistivo. Atualmente diversos estudos comprovam a crença de que uma flutuabilidade melhor reduz o arrasto resistivo. Dois estudos (Pendergast et al. 1977; Watkins e Gordon 1983) sugeriram que as pernas dos homens tendiam a afundar mais depressa do que as das mulheres quando indivíduos de ambos os sexos, sem usar suporte nas pernas, se mantinham na água utilizando apenas o trabalho dos braços. Na média, as mulheres têm maior flutuabilidade do que os homens, o que pode justificar o fato de elas utilizarem ritmos de pernada de duas batidas. Por ter menor flutuabilidade, a maioria dos homens provavelmente necessita de pernadas de duas batidas mais fortes, de duas batidas cruzadas ou de quatro e seis batidas para manter as pernas próximas à superfície durante o nado.

É de conhecimento comum que um aumento no percentual de gordura do corpo eleva a flutuabilidade. Mas isso não significa que nadadores com mais gordura corporal tenham alguma vantagem ou que os nadadores devam aumentar o teor de gordura no corpo. Mais gordura corporal significa maior área da superfície corporal, o que aumenta o arrasto de forma. Consequentemente, tentar aumentar a flutuabilidade elevando a quantidade de gordura corporal pode muito bem resultar em um aumento ainda maior do arrasto de forma. E também, como os músculos impulsionam os nadadores na água, é razoável supor que os atletas deveriam treinar para ficar magros. Isso proporcionará maior força propulsiva, suplantando qualquer ligeira redução na flutuabilidade.

O próprio ato de nadar com rapidez já irá melhorar um pouco a flutuabilidade, mas aparentemente não anulará por completo a vantagem da flutuabilidade natural. A velocidade tende a melhorar a flutuabilidade por causa da força ascendente exercida pela água que o nadador empurra para baixo ao avançar na piscina. No entanto, o nadador carente de flutuabilidade talvez precise dar pernadas um pouco mais vigorosas para manter as pernas no alto. A intenção de manter a parte superior do corpo baixa na água e horizontal em relação à superfície em qualquer um dos nados competitivos também manterá as pernas elevadas.

Arrasto de empuxo

Arrasto de *empuxo* é a expressão utilizada para identificar uma forma especial de arrasto de onda. Optei por chamar a atenção para esse tipo de arrasto por ele ter o efeito de retardo mais significativo entre todas as formas de resistência oferecidas pela água. Nesse caso, o nadador aplica a lei da ação e reação de Newton de um modo que essa lei trabalha contra ele, quando ele empurra a água para frente, para cima, para baixo ou para os lados com o tronco e com os membros. As contraforças geradas quando o nadador empurra a água em outras direções que não para trás tenderão a empurrar o corpo na direção oposta, a menos que tais contraforças sejam suplantadas por outras forças. Um dos modos mais comuns de produzir arrasto de empuxo é quando o nadador empurra vigorosamente os braços e as pernas para frente contra a água. Por exemplo, nadadores de Peito empurram algum volume de água para frente com as mãos e os braços ao lançá-los para frente durante a recuperação. A contraforça gerada para trás anulará parte da força propulsiva produzida pela pernada, de modo que o corpo não irá acelerar para frente tanto quanto poderia. Por isso é tão importante que os praticantes de todos os nados deslizem as mãos e os braços para frente de maneira suave e hidrodinâmica.

Os nadadores de Crawl e Borboleta que arrastam os braços para frente através da superfície da água durante os movimentos de recuperação também retardarão sua velocidade frontal por causa do mecanismo do arrasto de empuxo. Pior ainda é o efeito na velocidade frontal quando os nadadores de Borboleta, Crawl e de Costas batem os braços na água e os impulsionam para frente em posições pouco hidrodinâmicas. A Figura 2.8 ilustra um modo como os movimentos de recuperação podem aumentar o arrasto resistivo. A nadadora de Borboleta está cometendo o erro – muito comum – de impulsionar os braços para frente e para dentro durante a entrada das mãos na água. *Nadadores que arrastam os braços através da água dessa maneira reduzirão sua velocidade em 30% dentro de 1/16 s.* Essa redução da velocidade frontal, quando multiplicada pelas várias braçadas ao longo de uma prova, poderá ter um efeito devastador no desempenho do atleta.

Na verdade, o exemplo mais extremo do efeito de retardo que o arrasto de empuxo pode ter na velocidade frontal ocorre durante a recuperação das pernas no nado de Peito. A contraforça produzida pelos nadadores ao impulsionarem as pernas para baixo e para frente contra a

Figura 2.8 Nadadora de Borboleta criando arrasto de interferência durante a entrada do braço.

água pode de fato fazer com que sua velocidade frontal fique momentaneamente nula. Nadadores de Crawl, Borboleta e de Costas que dão pernadas de maneira incorreta também podem gerar arrasto resistivo, além de minimizarem a força propulsiva. Qualquer movimento de pedalagem que faça com que as coxas empurrem água para frente retardará a velocidade frontal.

Pernadas executadas com demasiada profundidade também causam arrasto de empuxo nos nados Crawl e Borboleta. Quando o nadador dá pernadas mais profundas do que o necessário para ganhar propulsão, ele não só aumenta o espaço ocupado na água, como também empurra com as pernas certo volume de água para frente. A Figura 2.9 mostra o efeito de retardo causado por pernadas muito profundas. Padrões de chutes demonstram que, na verdade, nadadores que dão pernadas demasiadamente profundas impulsionam os pés para frente através da água durante a última parte dos impulsos para baixo. Isso certamente irá gerar uma contraforça que reduzirá a velocidade frontal.

Quando o nadador impulsiona os membros para baixo ou para cima contra a água, a contraforça também tende a empurrar o corpo para cima ou para baixo, na direção oposta, desacelerando a velocidade frontal. Mas, conforme explicado no Capítulo 1, os movimentos ascendentes e descendentes dos membros são essenciais para a propulsão e para a continuidade das braçadas e pernadas. Esses

Figura 2.9 Efeito de pernadas muito profundas no arrasto resistivo.

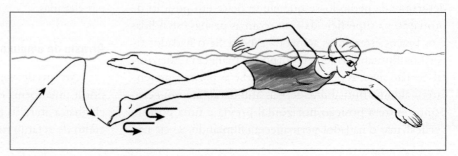

movimentos verticais não devem ser excessivos e tampouco executados com muita força, *a menos que* os membros também estejam se movimentando para trás durante a fase propulsiva do ciclo de braçadas. Mais especificamente, nos nados Crawl e de Costas, os nadadores devem movimentar os braços para baixo até o agarre com a maior suavidade possível. Também devem permitir que as pontas dos dedos conduzam o movimento para melhorar a forma hidrodinâmica das mãos.

Nadadores de Crawl e Borboleta não devem empurrar a água para cima com os braços pouco antes de esses membros saírem da água. A fase propulsiva das braçadas nesses dois nados se completa muitos centímetros abaixo da superfície, quando os braços param de se movimentar para trás e começam a recuperação para frente. Na verdade, o impulso ascendente contra a água, antes que as mãos atinjam a superfície, desloca a água para cima e para frente. No próximo capítulo, será descrito com mais detalhes o efeito prejudicial dessa técnica de braçada extremamente comum, embora incorreta.

Movimentos laterais de pernas e braços também fazem parte dos quatro nados competitivos. Provavelmente, os movimentos laterais das pernas têm um efeito estabilizador no torso dos nadadores de Crawl e de Costas. Além da propulsão que proporcionam, é provável que as pernas contrabalancem os movimentos verticais e laterais dos braços, de modo que o tronco e os quadris desses nadadores não sejam excessivamente impulsionados para cima, para baixo ou para os lados.

Os movimentos laterais são necessários durante as fases propulsivas da braçada. Os nadadores os utilizam com o objetivo de posicionar os braços para aplicar força propulsiva com mais eficiência. Contudo, os atletas não devem fazer um esforço consciente para deslocar a água para dentro ou para fora. Movimentos laterais excessivamente longos ou vigorosos tendem, nos nados Crawl e de Costas, a tirar o corpo dos atletas do alinhamento lateral, o que aumenta o arrasto resistivo.

Nadadores de Crawl e de Costas devem ter cautela ao deslizar os braços para baixo e para fora durante o primeiro terço das braçadas subaquáticas, pois essas fases da braçada não são propulsivas e, se deslocarem as mãos e os braços para fora com força excessiva, a contraforça irá empurrar o corpo na direção oposta, tirando-o do alinhamento lateral e aumentando o arrasto resistivo. Consequentemente, os movimentos laterais dos nadadores devem ser mínimos, executados com suavidade e conduzidos com as pontas dos dedos para uma melhor hidrodinâmica, até que os braços cheguem à posição de agarre. Somente então os atletas devem aplicar uma grande força para trás.

Nos nados de Peito e Borboleta, os maiores movimentos laterais dos braços ocorrem durante a primeira parte das braçadas subaquáticas. Os nadadores deslizam as mãos e os braços para fora com o objetivo de posicioná-los para deslocar a água para trás. As contraforças geradas pelos movimentos simultâneos dos braços para fora se anularão mutuamente, de modo que os atletas desses nados não serão deslocados do alinhamento lateral. Esses nadadores demonstram uma tendência a executar movimentos laterais mais limitados com os braços em vez de mais amplos durante as fases propulsivas das braçadas. Para isso, em geral, precisam projetar as mãos para fora com amplitude superior à largura dos ombros. Mas esses movimentos laterais antes do agarre devem ser executados com suavidade e hidrodinâmica. Uma grande quantidade de força lateral reduzirá a velocidade frontal, mesmo que o alinhamento lateral seja mantido. Além disso, a força gerada não é necessária e apenas irá predispor o nadador a uma fadiga prematura durante as competições.

Movimentos coleantes ou serpeantes na piscina podem ser uma causa de arrasto de empuxo em nadadores de Crawl e de Costas. Como explicado antes, esses movimentos aumentam o arrasto de forma ao aumentarem o espaço ocupado pelos nadadores na água. Ao mesmo tempo, também fazem com que os atletas desloquem água para fora e para frente com o tronco e os quadris. Fica evidente então que os movimentos coleantes exercerão um profundo efeito de retardo na velocidade frontal.

Arrasto de interferência

Movimentos do tronco e dos membros causam perturbações na água em torno dessas partes do corpo do nadador, fazendo com que a água se movimente e fique turbulenta. Outras partes do corpo em íntima proximidade também serão afetadas por essa turbulência e, com isso, o arrasto resistivo enfrentado aumentará. Dois exemplos de arrasto de interferência são:

- o efeito que o movimento de uma perna terá na outra perna ao se cruzarem durante a pernada de adejamento; e
- o efeito que os movimentos subaquáticos dos braços terão no tronco quando os braços se movimentam para dentro e para fora por baixo do corpo.

Ainda é pouco o que sabemos acerca do efeito do arrasto de interferência em nadadores de competição, e até agora não há estudos direcionados para seu efeito na velocidade do nado. Entretanto, parece-nos óbvio que haja alguma consequência quando uma parte do corpo se desloca através de águas já agitadas pela passagem de outra parte do corpo. Também nos parece razoável pensar que movimentos desnecessariamente vigorosos e poderosos de qualquer parte do corpo retardem a velocidade frontal por meio do mecanismo de arrasto de interferência. Consequentemente, um movimento ondulatório (serpeante) vigoroso do tronco ou das pernas deverá interferir na propulsão. Pelo mesmo motivo, se os braços deslocarem a água de maneira vigorosa e desnecessária na direção do tronco, o arrasto de interferência retardará a velocidade frontal. Finalmente, movimentos ascendentes vigorosos na pernada de adejamento, bem como pernadas executadas com amplitude desnecessária, devem ter um efeito de retardo na velocidade frontal por meio do mecanismo de arrasto de interferência, simplesmente porque a outra perna tem que enfrentar maior turbulência da água durante um período mais longo.

Arrasto friccional

Quando o nadador se movimenta para frente, a fricção entre sua pele e a água provoca um fluxo de moléculas de água em contato com a pele. Essas moléculas de água são deslocadas juntamente com a pele e exercem efeito friccional nas moléculas de fluxos adjacentes, as quais também são deslocadas. Esse padrão irá se propagar ao longo de diversas camadas de fluxos de moléculas de água até que, a alguma distância do corpo, o grau de fricção entre as moléculas de água passe a ser insuficiente para provocar qualquer efeito adicional. Esses fluxos de água que são "empurrados" para frente com o corpo são coletivamente conhecidos como *camada limítrofe*. Essa camada aumentará o trabalho exigido do nadador para acelerar o corpo para frente devido à massa de água adicional que ele tem que carregar consigo.

É certo, porém, que a camada limítrofe será afastada do corpo dentro de pouquíssimo tempo, porque as moléculas de água que são deslocadas para frente colidirão com outras moléculas localizadas imediatamente à frente delas. Essas moléculas de água que foram "empurradas" para longe irão ricochetear aleatoriamente nos trajetos de fluxos adjacentes, criando assim maior amplitude da turbulência. Quando a amplitude da turbulência se torna suficientemente grande, diz-se que a camada limítrofe sofreu separação. Ou seja, as camadas de moléculas de água que estavam sendo deslocadas juntamente com o nadador estão agora turbilhonando à sua volta de maneira impetuosa e aleatória. Infelizmente, isso substitui o efeito de retardo da massa de água adicional deslocada com o nadador por uma forma ainda mais potente de arrasto resistivo. A turbulência resultante aumenta imediatamente a pressão à frente e nos lados do nadador, e o diferencial de pressão entre as partes da frente e de trás reduzirá a velocidade frontal, a menos que o nadador aplique uma força propulsiva adicional suficiente para que a velocidade seja mantida.

As imagens na Figura 2.10 mostram como as camadas limítrofes reagem às forças friccionais. A fotografia mostra o movimento real do líquido ao passar por um fó-

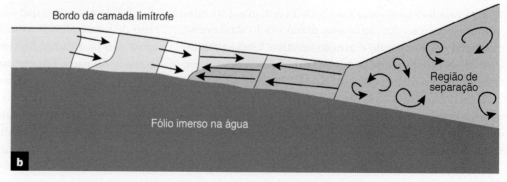

Figura 2.10 Efeito do arrasto friccional na camada limítrofe. A fotografia em (a) ilustra o movimento real de fluidos em torno de um fólio imerso. O desenho em (b) mostra a razão para o aumento da turbulência do fluido. (Adaptado de Prandtl e O.G. Tietgens 1957.)

lio que foi imerso em um túnel de vento. Observe a área circular de turbulência na parte posterior, ponto onde ocorreu a separação da camada limítrofe. O desenho ilustra os movimentos das moléculas de água que provocam a separação da camada limítrofe. Em primeiro lugar, a superfície do fólio gera fricção, fazendo com que uma camada limítrofe do fluido tenha sua direção invertida e se desloque com a fricção. Em seguida, quando as moléculas de água nessa camada limítrofe colidem imediatamente com outras moléculas, tanto atrás como dos lados, criam um padrão de turbulência que, em algum ponto distante, fará com que a camada limítrofe se separe por completo da superfície do fólio.

Alguns pesquisadores acreditam que o arrasto friccional seja desprezível para os nadadores, porque os seres humanos são tão pouco hidrodinâmicos que os arrastos de onda e de forma fazem com que a camada limítrofe se separe quase imediatamente quando a água começa a circundar o corpo (Clarys 1979). Contudo, Hay e Thayer (1989) realizaram um estudo que refuta essa opinião. Esses autores puderam estudar o padrão do fluxo de água em torno do corpo prendendo tufos de plástico a ele. Quando os nadadores foram filmados em submersão, o movimento ondulatório dos tufos demonstrou a direção da água na camada limítrofe. Os pesquisadores concluíram que, em certas superfícies do corpo, uma camada limítrofe podia ser mantida intacta enquanto os nadadores avançavam pela água. A Figura 2.11 ilustra uma nadadora com tufos plásticos presos ao corpo realizando a golfinhada do nado Borboleta enquanto segura uma prancha. É possível observar áreas em frente ao tronco, nas coxas e nas pernas nas quais os tufos estão uniformemente pressionados para trás contra essas superfícies.

Os principais fatores que influenciam o grau de arrasto friccional exercido sobre os objetos são:

- a área de superfície do objeto;
- a velocidade do objeto; e
- o grau de irregularidade da superfície desse objeto.

Figura 2.11 Nadadora com tufos plásticos presos ao corpo. (Reproduzido de Hay e Thayer 1989).

Os nadadores não têm controle sobre a área de superfície. Do mesmo modo, a velocidade apenas pode ser controlada até o ponto em que as partes iniciais de uma prova de Natação podem ser ritmadas. Isso faz da regularidade da superfície a fonte de arrasto friccional mais suscetível a redução.

Obviamente, superfícies lisas provocam menos fricção do que superfícies irregulares e reduzem a fricção entre a água e a pele, de modo que os nadadores carregam consigo menos moléculas de água na camada limítrofe. Isso, por sua vez, resulta em menor turbulência quando a camada limítrofe se separa. Esse fenômeno pode explicar por que quase todos os nadadores melhoram seus desempenhos quando usam roupas de baixa fricção como, por exemplo, os novos trajes que cobrem uma grande área do corpo e quando usam toucas que dão uma conformação mais hidrodinâmica à cabeça e reduzem o arrasto dos cabelos flutuando. Também explica por que os nadadores melhoram seus tempos ao rasparem o corpo antes de competições importantes.

Com relação à raspagem do corpo, ou simplesmente *raspagem* (como muitos nadadores chamam essa prática), ao longo dos anos os nadadores aprenderam que a remoção dos pelos corporais melhora seus tempos em 0,50 a 2 s por 100 m. Mas os especialistas discordam no que se refere à razão dessa melhora. Alguns acreditam que ela se deva à redução do arrasto friccional. Outros já acham que qualquer melhora que ocorra se deve a fatores psicológicos ou a um aumento na percepção da água.

Sharp e Costill (1989) apresentaram uma forte evidência sugerindo que a raspagem realmente reduz o arrasto friccional. Eles testaram um grupo de nadadores fazendo com que completassem tiros em tempo submáximo a velocidades idênticas. Esses tiros foram ritmados exatamente da mesma maneira, antes e depois da raspagem dos pelos, mediante o uso de um aparelho de geração de ritmos. Depois da raspagem, os nadadores completaram seus percursos ritmados com valores de lactato sanguíneo significativamente mais baixos e com maiores comprimentos de braçadas. Os valores médios de lactato sanguíneo para tiros de nado exatamente no mesmo tempo e ritmo diminuíram de 8,48 mmol/L antes da raspagem para 6,74 mmol/L depois da raspagem. O comprimento médio das braçadas aumentou de 2,07 m/ciclo de braçadas antes da raspagem para 2,31 m/ciclo de braçadas depois. O grupo-controle não exibiu melhora em nenhum dos dois efeitos estudados. Houve um intervalo de nove dias entre os períodos de testes com nadadores não raspados e raspados; portanto, não é provável que tenha ocorrido mudança no nível de condicionamento dos atletas.

Foi possível imputar os resultados que esses pesquisadores obtiveram à melhor "percepção" da água. Consequentemente, Sharp e Costill tiveram que fazer os voluntários participar de um outro teste, dessa vez planejado para demonstrar que as melhoras nos tiros com duração fixa eram decorrentes da redução do arrasto friccional. Tanto o grupo experimental como o grupo-controle completaram nados idênticos antes e depois da raspagem dos pelos. Mas, dessa vez, os nados foram do tipo travado; então, os gastos energéticos antes e depois dos experimentos foram comparados. A razão para os nados travados foi eliminar o efeito do arrasto friccional. Os nadadores não poderiam transportar água consigo se não estivessem se movimentando através da água. Assim, se eles melhorassem seus desempenhos no nado travado depois de terem raspado o corpo, seria mais provável que tal melhora fosse decorrente da melhor percepção cinestésica. Mas, se seus desempenhos nesses testes não melhorassem depois da raspagem dos pelos, isso seria uma boa indicação de que as melhoras obtidas nos primeiros estudos provavelmente se deviam à redução do arrasto friccional. O gasto energético para os nados travados antes e depois da raspagem foi avaliado medindo-se e comparando-se o consumo de oxigênio durante vários estágios incrementais do trabalho.

Os nadadores não reduziram o gasto energético durante os testes de nado travado depois de terem raspado os pelos. Aparentemente, a raspagem não melhorou a percepção que eles tinham da água. Caso contrário, os nadadores poderiam ter dado braçadas com mais eficiência, e o gasto energético seria mais baixo nos nados travados depois de raspados os pelos. Portanto, os autores concluíram que a redução do arrasto friccional, resultado da raspagem, parecia ser a causa lógica das concentrações mais baixas de lactato sanguíneo e dos aumentos na distância média por braçada.

Além da raspagem, existem outros métodos que podem ser utilizados pelos nadadores com o objetivo de reduzir o arrasto friccional, por exemplo, o uso de trajes de Natação confeccionados com tecidos de baixo índice de fricção. Ao que parece, materiais de baixa fricção vêm sendo desenvolvidos a intervalos cada vez menores, e certos tecidos aparentemente possuem menos arrasto friccional do que a própria pele humana. Contudo, ainda precisa ser provado se tais afirmativas são verdadeiras, porque os métodos atuais de determinação do arrasto friccional de tecidos não são suficientemente válidos para possibilitar conclusões abalizadas. Diversos estudos demonstraram que ocorre redução do arrasto passivo quando nadadores usando alguns desses novos trajes de Natação (tanto de cobertura parcial como total do corpo) são rebocados na água. Mas essas comparações foram feitas com o arrasto passivo de nadadores não raspados. Até onde eu sei, ainda não foi publicada nenhuma evidência que fortaleça a hipótese de que o arrasto passivo diminui quando os valores obtidos com nadadores raspados são comparados a outros registrados com e sem o uso desses modernos trajes.

Com menor fricção ou não, os trajes de Natação bem ajustados devem reduzir o arrasto friccional por causa de seu efeito na modelagem do corpo. O aspecto positivo é que esses trajes podem modelar o corpo ao reduzir o volume das saliências no peito e nas nádegas. O aspecto negativo é que a espessura adicional representada pelo tecido utilizado no traje pode aumentar a circunferência das partes do corpo e, ao fazê-lo, pode aumentar também o arrasto de forma. É possível que, depois que a metodologia para a mensuração do arrasto ativo tiver sido aperfeiçoada, sejamos capazes de dizer com certeza se certos tecidos e modelos de trajes de Natação reduzem mais o arrasto friccional do que a raspagem dos pelos. Até lá, os nadadores deverão fazer suas avaliações com base em suas impressões e em seus desempenhos. Mas qualquer que seja o traje escolhido, ele deverá ficar firmemente ajustado ao corpo e não deve ter nenhum tipo de bolso ou áreas frouxas que possam acumular ou reter água. As costuras devem ser mínimas e não podem ser mais conspícuas do que o necessário para manter juntas as partes que compõem o traje, que, por sua vez, não deve limitar em absoluto os movimentos dos membros ou do corpo.

O uso de toucas de Natação é outro modo de reduzir o arrasto friccional. Conforme já foi mencionado, elas podem modelar favoravelmente a cabeça do nadador, apresentando à água uma superfície mais lisa em comparação com a cabeça e os cabelos ondulando. Do mesmo modo que os trajes de Natação, as toucas devem ser confeccionadas com materiais que tenham um mínimo índice de fricção, não devem ter costuras e devem se encaixar de forma homogênea, com pouquíssimas pregas ou rugas que venham a permitir o acúmulo de água.

Recentemente, foram introduzidos trajes e toucas com superfícies ásperas. A ideia subjacente é que um grau mínimo de aspereza uniforme em uma superfície tende a fazer com que a camada limítrofe se separe um pouco mais tarde, o que resultaria em menor turbulência em torno do objeto. Uma superfície áspera provoca a formação de *vórtices de bolhas*, áreas em que a camada limítrofe se separa e, em seguida, volta a se unir sobre a superfície do objeto. A formação desses vórtices tem o efeito de atrasar a completa separação entre a camada limítrofe e o objeto.

O melhor exemplo de como uma superfície áspera pode ser utilizada para manter intacta a camada limítrofe durante um período mais prolongado é a superfície com "covinhas" da bola de golfe. Essa irregularidade da superfície provoca a formação de vórtices de bolhas e, ao fazê-lo, promove a separação mais tardia da camada limítrofe em torno da bola. Com isso, a área de correntes turbilhonantes atrás da bola será menor e ocupada mais rapidamente pelo ar. Isso, por sua vez, reduz o efeito de cavitação sobre a bola, de modo a deslocá-la pelo ar por distâncias mais longas. Pode ser possível que alguma irregularidade na superfície dos trajes e toucas de Natação atrase a completa separação da camada limítrofe por conta da redução do arrasto friccional, mas não há maneira de nos certificarmos disso porque os métodos para verificação desse efeito ainda não são suficientemente sofisticados a ponto de nos permitir uma determinação confiável.

REDUÇÃO DO ARRASTO RESISTIVO PELO RITMO

O simples ato de nadar mais depressa aumentará o arrasto resistivo, mesmo quando o atleta nada com muita eficiência. Quando ele impulsiona com mais velocidade o corpo para frente contra a água, ela o "empurra" para trás com maior força resistiva. Como já foi relatado antes qualquer pequeno aumento na velocidade, por exemplo, quadruplicará o arrasto resistivo. Assim, o nadador terá que enfrentar mais arrasto resistivo se nadar com maior rapidez.

O efeito da velocidade no arrasto resistivo pode parecer assunto de interesse puramente acadêmico, porque seria tolice imaginar um atleta nadando mais devagar – e perdendo provas – simplesmente para reduzir a resistência oferecida pela água. Mas essa informação pode ser aplicada de modo a corroborar a coerência de se imprimir um ritmo mais lento no início das provas. O atleta que nada a primeira metade de uma prova com uma velocidade menor gastará menos energia para superar o arrasto resistivo. Consequentemente, esse nadador poderá vencer a competição nadando mais rápido no final, desde que, claro, ele se mantenha suficientemente próximo dos demais competidores de modo a poder ultrapassá-los e estes estejam mais fatigados por nadarem depressa demais no início da prova. Com certeza essa observação é altamente teórica, pois vencer uma competição implica, além do ritmo apropriado para a prova, uma série de outros fatores. No entanto, ao se planejar uma competição, deve-se levar em consideração a possibilidade de se poupar energia com a escolha de um ritmo adequado.

Capítulo 3

Orientações para aumentar a propulsão e reduzir a resistência

> **Novo nesta edição:**
>
> - Descrição dos movimentos dos braços e das pernas com base na propulsão dominada pelo arrasto.
> - Discussão sobre o rolamento do corpo e a propulsão do nado.
> - Descrição da propulsão ondulatória nos quatro nados competitivos.
> - Discussão sobre a onda corporal e a onda corporal reversa.
> - Detalhamento das orientações para redução do arrasto resistivo.

Este capítulo tem três finalidades principais:

1. descrever como os nadadores aplicam força propulsiva dominada pelo arrasto;

2. discutir tópicos específicos que influenciam a propulsão do nado;

3. fornecer orientações gerais para um nado mais efetivo em todos os nados competitivos.

PROPULSÃO COM OS BRAÇOS

Uma das concepções equivocadas mais comuns na comunidade da Natação é a de que os nadadores flexionam e estendem alternadamente os braços durante as fases propulsivas de suas braçadas subaquáticas. Na verdade, a flexão dos braços muda pouquíssimo quando o nadador aplica força propulsiva. Essa concepção equivocada é nosso primeiro tópico de discussão.

Flexão e extensão dos braços

Os nadadores flexionam e estendem os braços durante as fases propulsivas das braçadas subaquáticas? A resposta a essa pergunta, em três dos quatro nados competi-

tivos, é não. A única exceção é o nado de Costas, no qual o nadador realmente estende os braços durante as braçadas subaquáticas. O grau de flexão e extensão dos braços é na verdade quase mínimo quando o nadador está acelerando o corpo para frente nos nados Crawl, Borboleta e de Peito. Assim, não devem restar dúvidas de que os nadadores de fato estendem os braços durante os diversos movimentos de recuperação em alguns nados, mas isso ocorre antes ou depois – e não durante – as fases propulsivas das braçadas subaquáticas.

Os braços ficam fletidos a um ângulo de aproximadamente 90° durante a primeira fase propulsiva dos quatro nados competitivos. O equívoco porém está em achar que o nadador começa essas fases com os braços estendidos e gradualmente os flexiona ao longo de toda a primeira metade das braçadas subaquáticas, atingindo a máxima flexão de aproximadamente 90° quando os braços alcançam a linha média do corpo, na metade da braçada. Na verdade, os braços são fletidos a um ângulo de aproximadamente 90° antes que inicie a aplicação de força propulsiva. Depois disso, as mudanças na flexão dos braços serão mínimas durante todo o restante das fases propulsivas. Colocado de outra forma, praticamente toda a flexão dos braços realizada durante as diversas braçadas subaquáticas ocorre na primeira fase não propulsiva, quando as mãos e os braços se deslocam em direção à posição de agarre. Depois disso, será mínima a mudança nessa flexão.

As fotografias na Figura 3.1 ilustram o grau de flexão dos braços utilizado por Francisco Sanchez, nadador de Crawl de renome mundial, em três fases distintas de sua braçada direita subaquática. O gráfico que acompanha essas fotos mostra a velocidade do centro de massa durante essa braçada. As letras a, b e c no gráfico correspondem à fase da braçada apresentada pela respectiva fotografia.

Em (a), Francisco Sanchez está na posição de agarre; em (b), na fase intermediária da braçada; e em (c), ele se

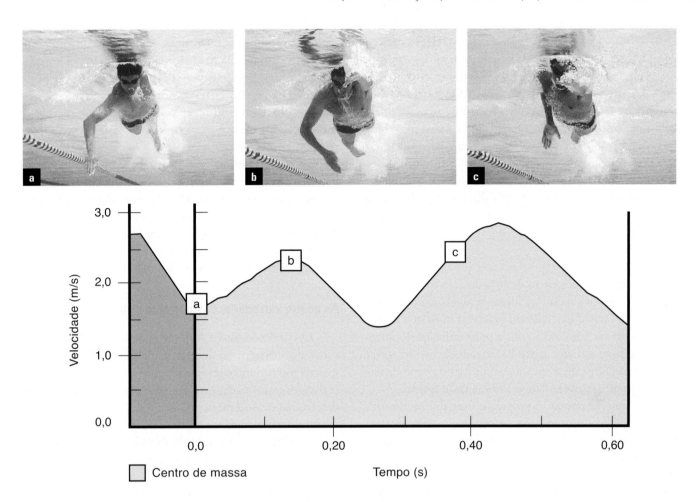

Figura 3.1 Nadador de Crawl na posição de agarre (a), no final da fase propulsiva da varredura para dentro (b) e na metade da fase propulsiva da varredura para cima (c). O gráfico ilustra a velocidade frontal durante a braçada subaquática do braço direito do nadador. Os pontos a, b e c no gráfico de velocidade correspondem a cada uma das fotografias.

encontra na metade dos movimentos finais de varredura para fora, para trás e para cima de sua braçada subaquática. Observe que seu braço direito já está fletido em aproximadamente 90° no momento do agarre e que permanece mais ou menos nesse mesmo grau de flexão na metade da braçada e também quando Sanchez completa a fase propulsiva da braçada subaquática. Conforme se vê no gráfico de velocidade, o nadador não começa a acelerar para frente até que seu braço tenha atingido a posição de agarre; assim, a flexão do braço claramente ocorre antes que seja iniciada a aplicação de força propulsiva. Depois do agarre, sua velocidade aumenta durante toda a varredura para dentro, desacelera brevemente durante a transição para a varredura seguinte e depois volta a acelerar quando o nadador faz a varredura para fora e para cima, em direção à superfície. Portanto, fica evidente que Sanchez mantém o braço fletido durante toda a fase propulsiva da braçada. Em outras palavras, ele flexiona o braço antes de começar a aplicar força propulsiva no momento do agarre e muda pouquíssimo o grau de flexão do braço do ponto em que ele começa a aplicar força propulsiva até parar de empurrar a água para trás, quando seu braço se aproxima da superfície.

Esse mesmo padrão de movimento dos braços é utilizado nos nados Borboleta e de Peito e na primeira metade da braçada subaquática do nado de Costas. Para fazer com que as mãos e os braços fiquem voltados para trás de modo a poderem aplicar força propulsiva o quanto antes, os nadadores flexionam os braços ao fazerem a varredura para baixo a partir da superfície ou para os lados até a posição de agarre. Desse ponto em diante, até que os atletas estejam prontos para a recuperação dos braços, eles irão empurrar a água para trás alterando minimamente o grau de flexão dos braços. Mais adiante, ainda neste capítulo, discutiremos as razões por que os nadadores realizam as braçadas dessa forma.

Outra concepção equivocada bastante persistente na Natação competitiva é a de que os atletas terminam as fases propulsivas dos nados Crawl e Borboleta empurrando as mãos para trás até que os braços estejam completamente estendidos e próximos à superfície da água. Nadadores de classe mundial não incorrem nesse erro e nem deveriam. Como acabamos de ver na Figura 3.1c, Francisco completa a fase propulsiva da braçada subaquática com o braço ainda fletido em 90°. Esse movimento é realmente uma varredura para cima e para trás. Ou seja, o nadador empurra a água para trás com a palma da mão e com o lado inferior do antebraço. Os nadadores mantêm os braços em posição fletida ao completar as braçadas subaquáticas, principalmente porque isso lhes permite utilizar os antebraços e mãos para aplicar força propulsiva. Na verdade, estender os braços para trás durante essa fase seria contraproducente porque os antebraços empurrariam a água para cima e não para trás durante a maior parte do movimento.

A Figura 3.2 mostra o que acontece quando um nadador estende os braços ao deslocá-los em direção à superfície. Embora a nadadora ilustrada possa manter a mão voltada para trás, a extensão do braço faz com que a água seja empurrada para cima com a parte inferior do antebraço durante a maior parte da varredura. Isso irá gerar uma grande força de arrasto, a qual puxará o corpo da nadadora para baixo, retardando a velocidade frontal.

No que diz respeito à propulsão frontal, é muito melhor que o nadador mantenha os antebraços voltados para trás ao fazer a varredura em direção à superfície. Contrariamente à opinião popular, isso não reduzirá o comprimento da braçada ou a quantidade de força propulsiva aplicada. Na verdade, a distância que os nadadores avançam a cada braçada será maior porque, utilizando as mãos e os antebraços, eles movimentarão mais água para trás do que poderiam deslocar apenas com as mãos e também não forçarão o corpo para baixo nem retardarão o movimento para frente por empurrarem a água para cima com os antebraços. Com relação à força propulsiva, pelo motivo que acabei de citar, a quantidade produzida será realmente maior com o braço fletido. Os nadadores aplicarão força propulsiva tanto com os antebraços quanto com as mãos. A frequência das braçadas não aumentará porque elas não serão mais curtas, embora possam parecer pelo fato de o braço não estar estendido. O tempo que os nadadores precisam para levar as mãos até a superfície é o mesmo, não importa se os braços são estendidos ou se permanecem fletidos.

Gráficos de velocidade frontal, como o da Figura 3.1, e vídeos que mostram a posição dos braços durante as fases propulsiva e não propulsiva das braçadas demonstram claramente que os nadadores flexionam os braços antes de darem início à aplicação de força propulsiva. Também fica evidente que eles mantêm os braços fletidos até que tenham completado as fases propulsivas das braçadas.

As quatro varreduras básicas com os braços

O estudo de filmes e vídeos ao longo de algumas décadas me convenceu de que realmente existem apenas quatro movimentos propulsivos básicos com os braços realizados pelos nadadores. Às vezes, as regras que regem determinado nado fazem com que esses movimentos pareçam distintos porque os braços se movimentam em diferentes direções, mas o modo de aplicação de força propulsiva com esses movimentos é notavelmente similar em todos os nados.

Chamei esses movimentos de *varreduras* nas duas primeiras edições deste livro. Mas, depois de ter concluído que a propulsão do nado é dominada pelo arrasto, considerei a possibilidade de descartar a terminologia *varredura* e voltar a utilizar os termos *empuxo* e *tração*, porque estão profundamente arraigados na literatura da Natação. No entanto, nenhuma dessas denominações – *varredura*, ou *empuxo* e *tração* – realmente descreve todos os complexos aspectos físicos dos nados. É certo que os termos *empuxo* e *tração* insinuam que os nadadores empurram a água para trás, mas também dão a impressão de que os nadadores empurram e tracionam as mãos e os braços horizontalmente para trás através da água com pouco ou nenhum movimento lateral. A terminologia *varredura*, por

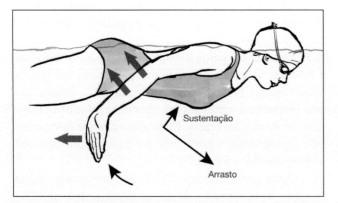

Figura 3.2 Efeito propulsivo da extensão do braço durante a varredura para cima. Observe que a nadadora está empurrando para cima contra a água usando o lado inferior do antebraço. Esse movimento irá criar uma grande força de arrasto para baixo, diminuindo sua velocidade frontal.

As quatro varreduras básicas com os braços utilizadas pelos nadadores de competição

- **Varredura para fora**: é a varredura subaquática inicial dos nados Borboleta e de Peito.
- **Varredura para baixo**: é a varredura subaquática inicial dos nados Crawl e de Costas.
- **Varredura para dentro**: é a segunda varredura utilizada em todos os nados de competição.
- **Varredura para cima**: é a varredura final dos nados Crawl e Borboleta.

outro lado, implica que os nadadores estão "remando" com os membros através da água.

No final das contas, decidi ficar com o termo *varredura*, pois acredito que ele comunique mais apropriadamente os mecanismos de propulsão do nado, conceituando os verdadeiros padrões de braçadas diagonais utilizados pelos nadadores. E denominei as quatro varreduras básicas com os braços de *varredura para fora*, *varredura para baixo*, *varredura para dentro* e *varredura para cima*.

Varredura para fora

A varredura para fora é o movimento subaquático inicial dos nados de Peito e Borboleta, como ilustrado (em vista inferior) na Figura 3.3. Depois que os braços entram na água no nado Borboleta e depois que são recuperados no nado de Peito, o nadador realiza a varredura diretamente para os lados até que as mãos estejam para além dos limites dos ombros, onde então é executado o agarre. Gradualmente, o nadador flexiona os cotovelos ao realizar a varredura para fora, com o objetivo de fazer com que os braços fiquem voltados para trás e prontos para aplicar força propulsiva tão logo seja possível. Os braços devem deslizar para fora com suavidade e lentamente, até quase pararem ao ser executado o agarre. No momento do agarre, os cotovelos devem estar fletidos em aproximadamente 90°, e os lados inferiores das mãos, dos antebraços e dos braços devem estar voltados principalmente para trás, prontos para aplicar força propulsiva.

A varredura para fora não é um movimento propulsivo. Gráficos de velocidade frontal demonstram que o nadador desacelera em certa medida enquanto posiciona os braços para a produção de força propulsiva. Embora seja inevitável que ocorra alguma desaceleração durante a varredura para fora, o grau de retardo pode ser minimizado deslizando-se as mãos e os braços pela água com os dedos conduzindo o movimento. O nadador não deve pressionar as palmas das mãos ou a parte inferior dos antebraços para fora contra a água. Tampouco deve pressionar a água para baixo com os braços. Essas ações apenas irão gerar uma maior força de arrasto para fora ou para baixo, desacelerando ainda mais a velocidade frontal. Portanto, a varredura para fora deve ser executada com suavidade, deslizando-se as mãos e os braços pela água até a posição de agarre.

Você poderia se perguntar por que nos nados Borboleta e de Peito os atletas deslizam os braços para fora em vez de para baixo até a posição de agarre. Isso se dá provavelmente porque o movimento dos braços para os lados não desacelera tanto a velocidade frontal quanto ocorreria com a pressão descendente dos braços contra a água, que exerce uma força de retardo para cima contra o corpo. A pressão para fora com um dos braços apenas cria uma força para dentro, cujo efeito é anulado por uma outra força para dentro gerada pela pressão para fora com o outro braço. Nos nados de Costas e Crawl, os atletas podem executar uma varredura para baixo com as mãos até a posição de agarre sem que ocorra uma desaceleração desnecessária, pois podem rolar o corpo de um lado para o outro. Já nos nados Borboleta e de Peito, os nadadores devem ficar em posição de pronação ao executar o agarre; assim, eles têm maior probabilidade de "empurrar" a água para baixo.

Varredura para baixo

A varredura para baixo é utilizada por nadadores de Costas e Crawl para posicionar os braços de modo a gerar força propulsiva. Nesse tocante, a varredura para baixo atende às mesmas finalidades da varredura para fora. Os desenhos da Figura 3.4 ilustram a varredura para baixo (a) no nado Crawl e (b) no nado de Costas. Como a varredura para fora, a varredura para baixo também não é um movimento propulsivo. Os nadadores irão desacelerar durante ela, mas o grau de desaceleração deverá ser o mínimo necessário para o posicionamento adequado do braço.

A varredura para baixo tem início com o braço estendido para frente e submerso. Em seguida, ele é movimentado com suavidade para baixo, para frente e para o lado, até que a parte inferior da mão, do antebraço e do braço esteja voltada para baixo. Nesse ponto, ocorre o agarre e tem início a aplicação de força propulsiva. O braço praticamente para de se movimentar na posição de agarre para voltar a acelerar tão logo comece a fase propulsiva da braçada.

Durante a varredura para baixo, as pontas dos dedos devem liderar o movimento para que o arrasto resistivo seja reduzido. O cotovelo precisa ser fletido gradualmente durante seu trajeto para baixo, de modo que o raio de

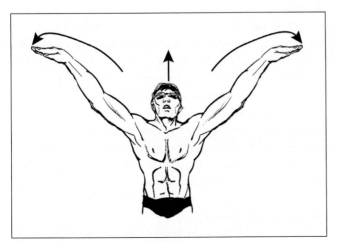

Figura 3.3 Varredura para fora (vista inferior).

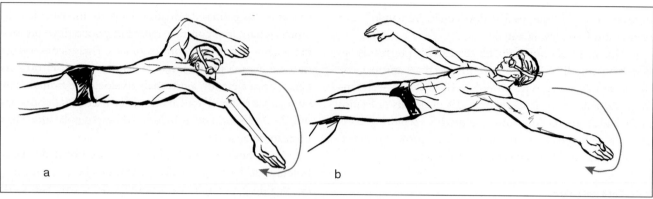

Figura 3.4 (a) Nadador de Crawl durante o agarre, depois de ter completado a varredura para baixo. (b) Nadador de Costas no mesmo ponto.

rotação do braço fique encurtado e, assim, a mão e o braço possam ser voltados para trás mais rapidamente; e o braço deve permanecer quase paralelo à superfície. Ele irá se deslocar um pouco para baixo, quando o nadador rolar na direção do braço que está fazendo a varredura para baixo, mas o braço que está em cima não deve ser impulsionado para baixo, pois isso criará uma contraforça que empurraria o nadador para cima, além de diminuir a velocidade frontal. O nadador também não deve pressionar a água com as palmas das mãos ou a parte inferior dos antebraços ao realizar a varredura para baixo até a posição de agarre, pois isso também iria gerar um grande arrasto ascendente, impulsionando o corpo para cima e retardando a velocidade frontal ainda mais. A varredura para baixo termina quando o braço está fletido em aproximadamente 90° em relação à palma da mão e o lado inferior do antebraço e do braço voltado basicamente para trás, onde é possível aplicar força propulsiva.

Os nadadores de Crawl devem realizar a varredura com o antebraço e a mão voltados principalmente para baixo, movimentando-os para fora apenas o suficiente para posicionar o braço para trás o quanto antes. Os nadadores de Costas, porém, devem varrer as mãos e os braços para fora o máximo possível, porque esse movimento lhes permitirá obter um bom agarre mais rápido. Em grande parte, a profundidade da varredura para baixo se deve ao grau de rolamento do corpo necessário para que o nadador recupere adequadamente o outro braço. Um agarre raso limitará o rolamento do corpo, o que poderá fazer com que os nadadores de Crawl recuperem o outro braço excessivamente aberto. No nado de Costas, um agarre raso com o braço limitará o rolamento do corpo e fará com que o outro braço arraste demais na água durante a recuperação.

Você pode se perguntar por que os nadadores de Crawl e de Costas movem os braços para fora durante a varredura para baixo, em vez de pressioná-los diretamente para baixo até a posição de agarre. Movimentar um pouco os braços para os lados proporciona pelo menos três vantagens:

1. O agarre pode ocorrer antes.
2. O nadador pode minimizar o efeito adicional de retardo que a impulsão dos braços para baixo através da água teria em sua velocidade frontal.
3. O nadador pode utilizar o lado inferior dos braços para empurrar a água para trás tão logo tenha sido executado o agarre.

Com relação às duas primeiras vantagens, manter o braço praticamente paralelo à superfície e flexionar o cotovelo durante a varredura para baixo permite que os braços do nadador fiquem voltados para trás mais depressa na varredura para baixo nos nados Crawl e de Costas, conforme mostrado na Figura 3.5. A nadadora de Crawl na Figura 3.5a está na posição de agarre em vistas lateral e frontal. Ela executou o agarre movimentando o braço para fora e para baixo, ao mesmo tempo em que flexionava o cotovelo. Ao movimentar o braço para fora durante a varredura para baixo, a nadadora foi capaz de mantê-lo praticamente paralelo à superfície, evitando assim exercer pressão para baixo com ele. A nadadora na Figura 3.5b, também mostrada em vistas lateral e frontal, está, por outro lado, pressionando o braço diretamente para baixo com o objetivo de executar o agarre próximo da linha média do corpo.

A nadadora na Figura 3.5a é capaz de executar o agarre antes e, ao executá-lo, ela não empurra a água para baixo com o braço de maneira significativa. Assim, conforme ilustrado pelo menor comprimento da seta vertical em (a) – em comparação com a seta correspondente em (b) –, a nadadora na Figura 3.5a deve desacelerar menos durante a varredura para baixo e será capaz de começar a aplicar força propulsiva mais cedo. Já a nadadora na Figura 3.5b irá gerar com o braço alguma força para baixo, independentemente do quão suave ela realize a varredura para baixo, e essa força irá desacelerar ainda mais sua velocidade frontal.

A vantagem final diz respeito ao posicionamento do braço para a aplicação de força propulsiva. Os nadado-

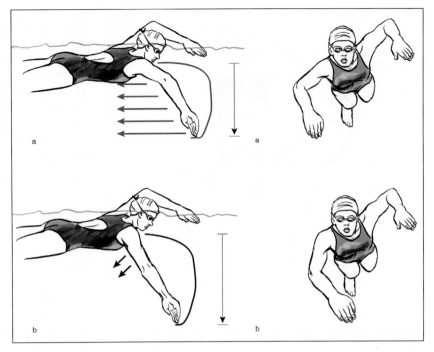

Figura 3.5 Efeito da pressão descendente exercida pelo braço durante a varredura para baixo. As vistas frontal e lateral em (a) ilustram uma nadadora que executa o agarre movimentando o braço para baixo e para fora. A nadadora em (b) realiza o agarre com uma varredura para baixo com a mão, mas sem movimentá-la para o lado. Conforme mostram as setas verticais nas vistas laterais, a nadadora em (a) será capaz de executar o agarre mais cedo.

res de Costas e Crawl, ao deslizarem os braços um pouco para fora, sem pressioná-los demais para baixo como faz a nadadora na Figura 3.5a, podem orientar o lado inferior dos braços para trás e deixá-los paralelos à superfície no momento do agarre. Com os braços assim posicionados, é possível utilizar a parte posterior dos braços, além dos antebraços e das mãos, para empurrar a água para trás na próxima fase da braçada. Essa área de superfície adicional deve aumentar a força propulsiva durante a varredura para dentro. No entanto, se os nadadores afundarem demais os braços como faz a nadadora na Figura 3.5b, eles não serão capazes de empurrar a água para trás e também terão que impulsionar os braços para cima por uma distância maior durante a fase final das braçadas subaquáticas para levá-los até a superfície da água. Isso empurrará o torso para baixo e retardará a velocidade frontal.

Varredura para dentro

A varredura para dentro é a primeira fase propulsiva de todos os nados competitivos. Ela vem após a varredura para baixo no nado Crawl e depois da varredura para fora nos nados Borboleta e de Peito. No nado de Costas, existe um movimento propulsivo correspondente, mas é chamado de *varredura para cima*, porque o nadador está em supinação e o braço se desloca mais para cima do que para dentro. Embora a principal direção dos braços no nado de Costas seja diferente, nos demais aspectos o modo de produção de propulsão na varredura para cima nesse nado é idêntico ao dos outros nados.

A varredura para dentro foi descrita de maneira incorreta nas edições anteriores deste livro. Eu a descrevi como um movimento no qual a ênfase recaía na "remada" do braço para dentro, sem qualquer impulsão significativa para trás. Na verdade, os nadadores utilizam a parte inferior dos braços e dos antebraços e as palmas das mãos como grandes remos para empurrar a água para trás. O movimento lateral dos braços durante a varredura para dentro é resultado da direção que o braço deve percorrer para passar do agarre para a próxima fase da braçada enquanto aplica força propulsiva.

Charles Silvia, lendário treinador do Springfield College (1970), foi o primeiro a descrever corretamente a varredura para dentro e a chamou de *adução do braço*, porque o membro era levado de uma posição acima da cabeça para fora e para trás até ultrapassar o ombro e finalmente para o lado, em um grande movimento semicircular. Ele acreditava — e com razão — que esse movimento era muito propulsivo, porque os nadadores eram capazes de manter as mãos e os braços praticamente perpendiculares à superfície da água por um período mais longo durante a varredura para dentro. Isso, por sua vez, possibilitava aos atletas fazer uma remada mais eficaz com a mão e com o braço e por mais tempo. Eu e muitos outros estudiosos, porém, renunciamos aos ensinamentos de Charles Silvia quando a propulsão de sustentação se tornou popular, o que foi lamentável, porque as observações dele sobre a mecânica das braçadas eram muito perspicazes. A varredura para dentro de um nadador de Crawl está ilustrada em vista inferior na Figura 3.6.

A varredura para dentro tem início na posição de agarre, após a varredura para baixo ou a varredura para fora, dependendo do tipo de braçada. A mão e todo o bra-

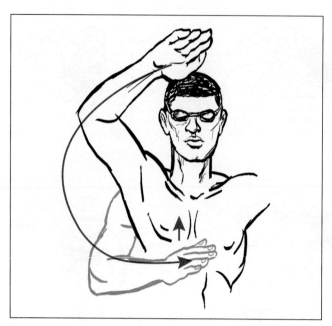

Figura 3.6 A varredura para dentro utilizada na braçada do Crawl.

ço são pressionados em um trajeto lateral e semicircular para o lado, para trás e, em seguida, para dentro, até que o braço se aproxime das costelas e a mão seja trazida para baixo do corpo. A varredura para dentro termina nesse ponto, onde começa a transição para a próxima fase da braçada.

A velocidade dos membros deve acelerar a partir do agarre até que os braços estejam se deslocando por baixo do corpo, quando, então, desacelera enquanto os membros fazem a transição para a próxima fase da braçada. Ao longo de toda a varredura para dentro, os braços devem se movimentar quase paralelos à superfície da água, e as mãos e os antebraços devem permanecer perpendiculares à superfície. Alguns nadadores podem aumentar um pouco a flexão dos braços durante essa varredura com o objetivo de fazer pequenas alterações na trajetória das mãos e dos braços e assim tornar a aceleração da água para trás mais efetiva. Os braços devem estar fletidos em praticamente 90° no início da varredura para dentro, de modo que qualquer flexão adicional seja mínima. Os nadadores não devem começar a varredura para dentro com os braços estendidos e depois flexioná-los enquanto os trazem para baixo do corpo, pois isso reduziria consideravelmente a produção de força propulsiva.

No que diz respeito à propulsão frontal, os dois primeiros terços são a parte mais efetiva da varredura para dentro. Depois disso, a direção dos braços muda – de principalmente para trás para basicamente para dentro – e a velocidade frontal desacelera. De todo o modo, porém, durante a varredura para dentro, os nadadores devem continuar a aduzir os braços até que os cotovelos estejam próximos às costelas. Esse movimento posicionará as mãos e os antebraços abaixo da linha média do corpo, onde a próxima varredura propulsiva – a varredura para cima – poderá ser executada com mais eficácia. Os nadadores poderão empurrar a água para trás, por baixo da linha média do corpo, para maximizar a força propulsiva. A varredura dos braços por baixo do corpo provavelmente também permitirá que os nadadores se preparem para a próxima fase propulsiva, movendo os membros para longe da água previamente acelerada para trás durante os dois primeiros terços da varredura para dentro e mergulhando-os em outros fluxos de água ainda não acelerados para trás.

Antigamente, eu acreditava que os nadadores "remavam" com as mãos para dentro, por baixo do corpo, porque a palma da mão mudava de inclinação ou de orientação – de fora para dentro – durante a varredura para dentro. Eu achava que isso era um indício de que os atletas giravam as palmas das mãos e os antebraços durante essa fase. Hoje em dia, acredito que a mão e o antebraço não fazem rotação no cotovelo, mas, em vez disso, permanecem estáticos durante a varredura para dentro. Os nadadores, na verdade, formam grandes remos em forma de bumerangue com a parte inferior dos braços, antebraços e mãos e, então, impulsionam a água para trás e para dentro com esses "remos", até que os braços se aproximem das costelas. É nesse momento que a inclinação das palmas das mãos e da parte posterior dos antebraços muda naturalmente para fora e, em seguida, para dentro, não porque os nadadores façam algum esforço consciente para girar essas partes, mas simplesmente porque os braços estão se deslocando para trás em uma trajetória em forma de arco cuja orientação é para trás e para fora, durante a primeira metade, e para trás e para dentro na segunda (ver Fig. 3.6).

Em outras palavras, durante a varredura para dentro, as palmas das mãos e os antebraços simplesmente ficam voltados na direção de seu movimento. A rotação tem origem na articulação do ombro, e não na articulação do cotovelo. Os nadadores devem apenas manter as palmas das mãos e a parte inferior dos antebraços e braços alinhadas, como se formassem um conjunto único. A força muscular para a rotação dos braços deve ter origem nas costas e nos ombros. Como explicarei nos parágrafos seguintes, isso faz com que a varredura para dentro seja um movimento propulsivo bastante poderoso.

Até agora, mencionei apenas um fator que torna a adução do ombro mais importante do que o movimento de palmateio: a capacidade dos nadadores de utilizar a força de arrasto com mais intensidade, o que, por sua vez, aumenta a força propulsiva que eles podem produzir. Outro fator que deve exercer um efeito ainda maior na produção de força propulsiva durante a varredura para dentro é a possibilidade de os nadadores utilizarem músculos mais volumosos e gerarem mais força aduzindo os braços para trás no nível do ombro, em vez de fazerem o movimento de palmateio com os braços para dentro. Os grandes músculos dos ombros e do tronco, deltoides, peitoral maior e latíssimo do dorso, serão utilizados para executar o trabalho quando os braços estiverem em adução para trás, de um modo semelhante ao trabalho de um remo. No entanto, esses músculos não serão capazes de gerar tanta força muscular com os movimentos de palmateio. Os músculos peitorais maiores do tórax e a parte anterior dos deltoides nos ombros ainda estariam envolvidos no movimento de palmateio, mas os nadadores utilizam mais força para a rotação interna e menos força para exercer pressão para trás contra a água, porque giram os braços mais para dentro do que os empurram para trás. Simultaneamente, a parte posterior dos músculos deltoides e o grande músculo latíssimo do dorso (com sua forma de abano), que revestem a maior parte da região superior das costas, serão pouquíssimo utilizados se os braços não se movimentarem para trás. Não é difícil perceber, portanto, que minimizar o papel desses dois grandes grupos musculares reduzirá drasticamente a força propulsiva que pode ser gerada pelos nadadores durante a varredura para dentro.

Outra desvantagem do movimento de palmateio, comparado com a adução do ombro, é que o primeiro recruta vários grupos musculares pequenos no antebraço e no braço para ajudar na rotação da mão e do antebraço. Esses pequenos grupos musculares tendem a se cansar com mais rapidez do que os grandes grupos. Consequentemente, nadadores que fazem movimentos de palmateio provavelmente se cansam mais rápido do que aqueles que não utilizam esses movimentos. É claro que os braços fazem rotação interna durante a varredura para dentro, mesmo quando os atletas utilizam seus membros como remos. Mas essa rotação será executada utilizando-se os grandes músculos dos ombros e das costas para a adução do braço todo e não os pequenos músculos dos braços e antebraços.

Varredura para cima

Nos nados Crawl e Borboleta, a varredura para cima segue-se à varredura para dentro. No nado de Costas, por sua vez, ocorrem dois movimentos correspondentes. Um desses movimentos, porém, não pode ser chamado de varredura para cima porque, como os nadadores estão em supinação e não em pronação, os braços fazem o movimento de varredura para baixo, e não para cima, durante essa fase. O modo como eles aplicam força propulsiva é, no entanto, parecido com a maneira como ela é aplicada na varredura para cima descrita nesta seção. A Figura 3.7 mos-

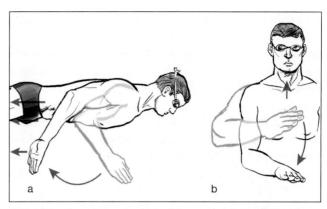

Figura 3.7 Varredura para cima conforme usada no nado Crawl.

tra (a) em vista lateral e (b) em vista inferior a varredura para cima no nado Crawl. No nado Borboleta, essa varredura é semelhante, exceto pelo fato de que os dois braços se movimentam simultaneamente.

A última parte da varredura para dentro deve funcionar como transição para a varredura para cima subsequente. A mudança ocorre quando o braço está em sua trajetória para dentro em direção às costelas, e as mãos estão passando sob a linha média do corpo. Nesse ponto, o nadador deve mudar a direção da mão e do braço, que se moviam para dentro e para cima e passam a se deslocar para fora e para cima. Essa mudança é realizada girando-se a mão e o braço para fora com rapidez e impulsionando-os para fora, para cima e para trás em direção à superfície da água. O nadador deve continuar empurrando para trás contra a água usando a palma da mão e a parte posterior do antebraço, até que a mão esteja ao lado do corpo e se aproximando da porção anterior da coxa. Nesse ponto, a varredura para cima termina. O nadador libera a pressão exercida na água e deixa a palma da mão cair para dentro para deslizar para fora da água na recuperação do braço. A velocidade da mão e do braço deve acelerar significativamente desde o início até o fim da varredura para cima. Durante essa fase da braçada, os braços atingirão sua máxima velocidade, frequentemente acima de 6 m/s.

O braço deve permanecer fletido durante a varredura para cima, de modo que os nadadores possam empurrar a água para trás com a parte inferior do antebraço e com a palma da mão. Pode ser necessário, porém, uma pequena extensão dos braços para que os nadadores possam continuar pressionando para trás contra a água, enquanto o braço se desloca para fora e para cima. No entanto, o grau de extensão não deve ser excessivo, e o braço ainda deve estar fletido em aproximadamente 90° ao terminar a varredura para cima.

Os nadadores de Crawl param de empurrar a água e recuperam o braço fora dela e acima da superfície quando a varredura para cima se completa. O braço deve permanecer fletido durante a recuperação. Para facilitar a recuperação dos braços, os nadadores de Borboleta devem estendê-los para cima e para o lado enquanto os tiram da água; nesse nado, a extensão dos braços é a primeira parte da recuperação, e não a parte final da varredura para cima.

A descrição da varredura para cima aqui apresentada é parecida com a das edições anteriores deste livro. Mas, naquela época, a ênfase recaía no uso do braço como fólio, e não como remo, o que pode ter provocado uma concepção equivocada, que agora pretendo esclarecer. No que tange à propulsão, o aspecto mais importante da varredura para cima é que os nadadores empurram a água para trás com os antebraços e as mãos, mesmo quando realizam a varredura para fora e para cima. Os atletas devem se esforçar ao máximo para manter a parte inferior dos antebraços e as palmas das mãos para trás durante toda essa fase da braçada. Para tanto, será necessário manter os braços fletidos durante toda a varredura para cima.

Papel da aceleração da mão e do braço na propulsão

A aceleração da mão e do braço passou a ser considerada um aspecto importante da mecânica da braçada com as pesquisas de Counsilman e Wasilak (1982). Esses dois estudiosos investigaram a relação entre a velocidade dos membros e a velocidade do nado e relataram que os melhores nadadores aceleravam as mãos do início ao fim de suas braçadas subaquáticas. Um estudo posterior realizado por Schleihauf (1986) demonstrou que esse conceito era acurado, mas pecava pela excessiva simplificação. Os nadadores não aceleravam as mãos homogeneamente do início ao fim. Em vez disso, a velocidade das mãos acelerava em pulsos, diminuindo e aumentando a cada importante mudança de direção durante as braçadas subaquáticas. As menores velocidades ocorriam, porém, durante a fase inicial das diversas braçadas subaquáticas, e as maiores, durante a fase propulsiva final das braçadas subaquáticas, exatamente como Counsilman e Wasilak haviam relatado.

Um típico padrão de velocidade da mão, o de Tom Jager, recordista mundial dos 50 m Crawl, está ilustrado na Figura 3.8. O gráfico de cima mostra as mudanças na velocidade das mãos ao longo de um ciclo de braçadas subaquáticas, e o gráfico de baixo ilustra a velocidade do seu centro de massa. Os nadadores no meio do gráfico mostram qual fase da braçada está sendo completada em cada ponto específico dos gráficos. A velocidade frontal do corpo de Jager e a velocidade não direcional de suas mãos estão indicadas no eixo vertical em m/s, e o tempo necessário para ele completar cada fase da braçada aparece em

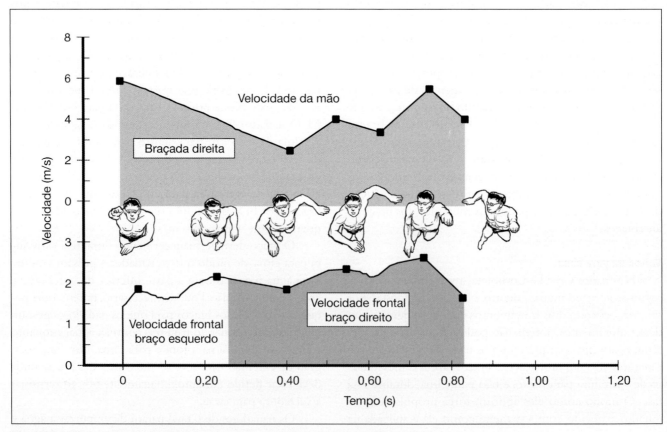

Figura 3.8 Padrão típico de velocidade da mão para o nado Crawl. O nadador é Tom Jager.

intervalos de 1/100 s no eixo horizontal. É preciso deixar claro que as velocidades da mão nessa figura são tridimensionais. Elas representam a real velocidade da mão sem levar em consideração a direção. Os movimentos das mãos dos nadadores têm componentes para trás, para o lado, para cima e para baixo, e todos eles foram combinados no cálculo das velocidades das mãos aqui apresentadas. A ponta do dedo médio de Jager foi utilizada como ponto de referência para a velocidade da mão, e ele nadava à velocidade dos 100 m. Os traçados têm início com a varredura para baixo da braçada esquerda de Jager.

O padrão de pulsos na velocidade da mão esquerda pode ser descrito da seguinte maneira: a velocidade da mão esquerda diminuiu depois da entrada até a execução do agarre; em seguida, acelerou, embora sem atingir seu máximo, durante a varredura para dentro, enquanto se deslocava para baixo do corpo. Esse movimento foi seguido por um breve período de desaceleração na transição entre a varredura para dentro e a varredura para cima, e depois disso a mão esquerda do nadador acelerou até sua velocidade de pico durante a varredura para fora e para cima em direção à superfície. A velocidade da mão esquerda de Jager desacelerou nas proximidades da superfície quando o nadador fez a finalização e deu início à recuperação.

Um padrão semelhante de aceleração e desaceleração da mão ocorreu durante a braçada direita desse nadador. Observe que os períodos durante o ciclo de braçada nos quais a velocidade da mão acelerou e desacelerou correspondem muito de perto aos momentos em que a velocidade frontal do nadador também acelerou e desacelerou durante esse ciclo.

O padrão de velocidade da mão apresentado na Figura 3.8 é típico dos padrões utilizados por praticantes dos outros três nados competitivos. Qualquer que seja o caso, os nadadores aceleram e desaceleram as mãos em pulsos a cada vez que mudam de direção durante a braçada, e em geral essas mudanças na velocidade da mão coincidem com mudanças semelhantes na velocidade frontal do centro de massa. A partir de seus estudos, Counsilman e Wasilak (1982) observaram velocidades máximas da mão na faixa de 4,5 a 6 m/s (14 a 20 pés/s).

Aparentemente, enquanto não chegam na fase final de suas braçadas subaquáticas, os nadadores não aceleram as mãos até a velocidade máxima. Jager, por exemplo, acelera a mão até a velocidade de 3 m/s durante a varredura para dentro, sob o corpo, e depois até 6 m/s na varredura para cima. Isso significa que, na metade da braçada, ele intuitivamente opta por utilizar uma velocidade ideal da mão, e não a velocidade máxima. É provável que os nadadores deem braçadas dessa forma com o intuito de conservar energia. Ao longo de uma prova, talvez não seja possível manter velocidades máximas das mãos durante toda a braçada subaquática.

Como seria de se esperar, os nadadores aceleram mais as mãos em tiros de velocidade do que em provas mais longas, assim como, em geral, as mulheres não conseguem alcançar as mesmas velocidades máximas das mãos obtidas pelos homens (Maglischo et al. 1986).

A importância do agarre para o nado rápido

Agarre é aquele ponto da braçada subaquática em que o nadador começa a acelerar o corpo para frente com os braços. Gráficos de velocidade frontal demonstram que, em todos os nados, nadadores de competição habilidosos não começam a acelerar o corpo para frente até que tenham executado aproximadamente um terço do percurso das braçadas subaquáticas. Os braços devem se deslocar para fora ou para baixo por cerca de 40 a 50 cm antes que o agarre seja realizado. Esse deslocamento é necessário para que os nadadores possam deixar a parte inferior dos braços e das mãos voltada para trás contra a água, antes de começarem a aplicar força. O gráfico na Figura 3.9 ilustra o início da propulsão frontal do nadador de Crawl Kieren Perkins, recordista mundial e medalha de ouro nos Jogos Olímpicos de 1992 e 1996 nos 1.500 m nado Crawl. Os dados coletados durante as finais dos 1.500 m nado Crawl nos Jogos Olímpicos de 1992, quando foi estabelecido o recorde de 14'43"48, são apresentados em intervalos de 1/100 s no eixo horizontal, e a velocidade frontal, em m/s no eixo vertical. A posição de agarre é mostrada no gráfico da velocidade e em vista lateral no padrão de braçada esquerda de Perkins, imediatamente acima do gráfico.

O gráfico da velocidade começa quando Perkins inicia a varredura para baixo com o braço esquerdo. Nesse ponto, o nadador acabou de completar a fase propulsiva da braçada direita, e sua velocidade frontal está desacelerando. Observe que a velocidade frontal continua a diminuir por cerca de 0,20 s depois de começada a varredura para baixo. Nesse ponto, a mão de Perkins já afundou cerca de 50 cm, juntamente com o braço, e está voltada para trás em relação à água. Em seguida, o nadador começa a pressionar o braço para trás e também para baixo, e o corpo começa a acelerar para frente.

Nos outros três nados competitivos, os nadadores executam o agarre de maneira semelhante. Eles não aplicam força propulsiva até que as mãos tenham se deslocado aproximadamente um terço do trajeto do ciclo da braçada subaquática. Os capítulos seguintes trazem fotos que mostram a posição de agarre para cada nado em particular. A posição dos braços no momento do agarre levou os treinadores a se referirem a ela frequentemente como posição de agarre com *cotovelo alto*.

Figura 3.9 Gráfico da velocidade frontal para Kieren Perkins. Esse gráfico ilustra a velocidade frontal do centro de massa de Perkins durante uma braçada subaquática esquerda. (Adaptado de Cappaert 1993).

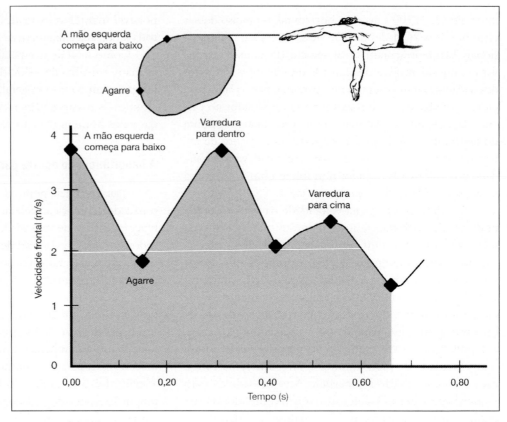

Em seu excelente livro *The Science of Swimming* (1968), o lendário treinador de Natação James "Doc" Counsilman chamou pela primeira vez a atenção para a importância da posição com cotovelo alto no momento do agarre. Os nadadores não deveriam tentar aplicar força propulsiva até que os braços estivessem na posição com cotovelo alto, porque, como mencionado antes, eles não podem direcionar a água para trás até que os braços e as mãos estejam voltados para trás.

Os nadadores de Crawl devem fazer a varredura das mãos para baixo e para frente até a posição de agarre e flexionar o braço enquanto o desloca para baixo, até que o cotovelo se projete para frente sobre a mão. Apenas nesse momento os nadadores devem começar a empurrar a água para trás. No nado de Costas, os atletas devem deslizar a mão para baixo, para fora e para frente enquanto flexionam o cotovelo, até que ele se projete para frente e fique emparelhado com a mão, de modo que ambos fiquem voltados para trás. Nesse ponto, os nadadores podem começar a empurrar o braço para trás. Nadadores de Borboleta e de Peito devem deslizar as mãos para os lados, enquanto flexionam os cotovelos, até que ambos fiquem emparelhados e acima das mãos; as mãos e os braços devem estar voltados para trás, antes que os atletas possam aplicar força propulsiva.

Durante uma prova de Crawl, Costas e Borboleta, é bastante natural que os nadadores comecem a aplicar força contra a água tão logo percebam que a mão entrou na água, ou, no nado de Peito, imediatamente depois que os braços foram estendidos para frente. Todavia, não deveriam cometer esse erro, pois nesse momento os braços pressionarão a água para baixo ou para fora, não para trás. Portanto, não surpreende que o erro mais comum na Natação seja começar a aplicar força contra a água antes de estar em uma posição com cotovelo alto. Esse erro é chamado de *cotovelo caído* e está ilustrado na Figura 3.10 por um nadador de Crawl, demonstrando por que ele é considerado um grave defeito de braçada.

Como descrito antes, na braçada do nado Crawl, é preciso que o braço tenha avançado aproximadamente 40 a 50 cm na água durante a varredura para baixo para que a parte inferior dos braços e dos antebraços fique voltada

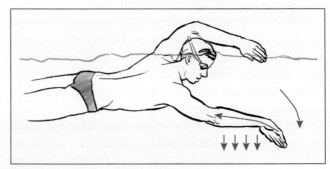

Figura 3.10 Cotovelo caído no nado Crawl.

para trás. Se os nadadores de Crawl tentarem aplicar força logo após o início da varredura para baixo, terminarão empurrando a água para baixo com os braços. Esse movimento impulsionará o corpo para cima, criando um efeito de retardo que reduzirá ainda mais a velocidade frontal durante a varredura para baixo.

Nadadores que exibem cotovelo caído o fazem porque tentam aplicar força propulsiva antes de os braços estarem voltados para trás. Isso os leva a empurrar a água para baixo, para fora ou para dentro, provocando contra-forças que podem perturbar os alinhamentos horizontal e lateral, além de reduzir mais que o normal a velocidade frontal durante as varreduras para fora e para baixo nos diversos nados. Nos nados Borboleta e de Peito, em geral se consegue uma posição com cotovelo alto realizando a varredura das mãos e dos braços para fora, e não para baixo, porque nesses nados não é possível rolar o corpo para o lado enquanto os braços realizam movimentos simultâneos. Se deixarem os cotovelos caírem, é porque interromperam prematuramente o movimento dos braços para fora e começaram a empurrá-los para baixo e para dentro. Ao executarem o agarre, os nadadores de Costas devem deslizar as mãos e os braços para os lados mais do que os nadadores de Crawl e menos do que os nadadores de Borboleta e de Peito. Como a extensão dos ombros fica limitada depois que os braços estão acima da cabeça, os nadadores de Costas acham mais fácil posicionar os braços para trás deslizando-os para fora tanto quanto os deslizam para baixo.

Com base na discussão precedente, fica evidente que os momentos críticos em que os nadadores provavelmente deixarão os cotovelos caírem são as varreduras para baixo, nos nados Crawl e de Costas, e as varreduras para fora, nos nados Borboleta e de Peito. Para corrigir esse problema, os atletas devem ser orientados a esperar até que os braços estejam suficientemente para baixo ou para fora, de modo a obterem uma orientação para trás antes de começarem a aplicar força contra a água. *Os nadadores mais velozes aprenderam – por instrução ou por intuição – a esperar até que os braços estejam voltados para trás antes de começar a varredura para dentro.* Aqueles menos habilidosos tentam aplicar força enquanto os braços ainda estão voltados para fora ou para baixo.

Nadadores que apresentam cotovelo caído costumam ser levados equivocadamente a pensar que estão empurrando a água para trás, pelo fato de poderem flexionar os punhos e assim deixar as palmas das mãos rapidamente voltadas para trás, depois de terem começado a movimentar os braços para baixo ou para os lados. Esses atletas se esquecem, porém, de que os braços – assim como as mãos – se deslocam para baixo ou para fora, e não para trás, durante a varredura para baixo ou para fora e, por isso, eles na verdade direcionarão a água para baixo ou para fora,

em vez de impulsioná-la para trás com a parte inferior dos antebraços e dos braços, ainda que os punhos estejam fletidos e as palmas das mãos voltadas para trás. O cotovelo caído pode ser evitado se o nadador esperar até que o braço todo esteja voltado para trás, antes de começar a pressionar contra a água a cada nova braçada.

Muitos treinadores acreditam que os nadadores deixam os cotovelos caírem por não possuírem força muscular para mantê-los acima das mãos durante as braçadas subaquáticas. Mas duvido que a falta de força provoque cotovelos caídos. É a habilidade, e não a força, que corrige esse problema. Nenhuma quantidade de força impedirá o nadador de empurrar com as mãos para baixo ou para fora se ele tentar aplicar força propulsiva antes de os braços estarem voltados para trás. Por outro lado, não é preciso muita força para dar uma braçada correta se o nadador tiver paciência de esperar até que os braços estejam voltados para trás contra a água, antes de começar a empurrar nessa direção.

Alinhamento dos braços e das mãos no agarre

Outro ponto importante a ser considerado em relação ao agarre é que os braços, antebraços e mãos devem estar quase perpendiculares à superfície da água antes de os nadadores tentarem aplicar força propulsiva. Além disso, não deve ocorrer flexão excessiva dos punhos. Ou seja, os punhos não devem ficar direcionados para cima ou para dentro quando os braços estiverem voltados para trás, e nem para fora ou para baixo. Ao contrário, os punhos devem estar voltados para a mesma direção dos braços. Do mesmo modo, os braços também não devem estar orientados para baixo ou para fora quando as mãos estiverem voltadas para baixo.

Todos esses exemplos de alinhamento defeituoso farão com que o nadador deixe os cotovelos caírem e empurre para baixo, para cima ou para fora com uma parte dos membros ao tentar empurrar a água para trás com outras partes do corpo. Ao ser executado o agarre, o braço inteiro e a mão devem estar praticamente perpendiculares à superfície e alinhados entre si.

Bolhas de ar em torno das mãos e dos braços

Muitos treinadores têm comentado que nadadores de classe mundial parecem exibir menor quantidade de bolhas de ar em torno dos membros em comparação com nadadores mais lentos. Isso ocorre porque as bolhas de ar indicam turbulência e concomitante perda de força propulsiva.

Em geral, as bolhas de ar são um indício de que o nadador não executou o agarre adequadamente. Os atletas capturam ar por baixo das mãos e dos braços quando entram na água. Se começarem a acelerar os membros para baixo ou para fora imediatamente depois da entrada, a água atrás dos braços forçará o ar por trás, em frente e ao lado dos membros em um padrão de turbulência que se manifesta como um fluxo de bolhas de ar em rotação desenfreada. Nos nados Crawl, Borboleta e de Costas, as mãos se deslocam para baixo, para dentro e para frente ao entrarem na água. Nadadores que deixam os cotovelos caírem continuarão a acelerar os braços nessas direções depois da entrada e também tentarão acelerá-los imediatamente depois que os membros entraram na água. Essas ações comprimem o ar, expulsando-o da região abaixo dos braços e das mãos e tornando visível um nítido padrão de turbulência em forma de bolhas de ar.

Nadadores habilidosos exibem menor número de bolhas de ar em torno das mãos e dos braços durante a primeira parte das braçadas subaquáticas porque não tentam aplicar força imediatamente durante a varredura para baixo ou para fora. Eles esperam até que a posição de agarre tenha sido alcançada para fazerem isso. Na verdade, eles deslizam as mãos submersas para frente por uma curta distância ao iniciarem cada nova braçada e então retardam os braços quando estes se deslocam até a posição de agarre. Essa "extensão para frente" afasta dos braços o ar retido, de modo que bolhas de ar não serão visíveis quando os nadadores começarem a varredura para baixo ou para fora. Cessar o rápido movimento dos membros para baixo e deslizar os braços submersos para frente tem o efeito de "varrer" o ar das mãos e dos braços. Consequentemente, não haverá ar atrás dos membros para a criação de bolhas quando os nadadores atingirem a posição de agarre e começarem a pressionar os braços para trás contra a água.

As bolhas de ar em si não interferem na velocidade frontal. Mas elas indicam ações de braçadas que irão reduzir essa velocidade. Sua presença significa que o nadador tentou aplicar força prematuramente durante a varredura para baixo ou para fora nos diversos nados competitivos.

Na verdade, nadadores que produzem grande número de bolhas de ar deixaram os cotovelos caírem e tentaram aplicar força contra a água antes que os braços estivessem voltados para trás.

É preciso que se esclareça, porém, que podemos observar algumas bolhas de ar em torno das mãos e dos braços até mesmo de nadadores habilidosos entre a entrada e a posição de agarre nos nados Borboleta, de Costas e Crawl. Isso é normal e não indica necessariamente uma mecânica defeituosa. Mas, se essa turbulência for excessiva, fica evidente que os nadadores deixaram os cotovelos caírem e que precisam retardar os membros, deslizando-os para frente durante um breve período depois da entrada para corrigir esse problema. Então, antes de tentarem aplicar força contra a água, eles devem deslizar os braços até a posição de agarre com cotovelos altos.

Os dois nadadores de Borboleta na Figura 3.11 exibem padrões bom e ruim de turbulência com bolhas de ar. O nadador na Figura 3.11a está executando corretamente o agarre. Ele permitiu que sua primeira pernada impulsionasse os braços para frente, livrando-os do ar que ficou retido logo depois da entrada na água. Consequentemente, pouquíssimas bolhas de ar são visíveis em torno de seus braços e de suas mãos durante a varredura para fora. Já o nadador na Figura 3.11b começou a acelerar os braços para baixo e para fora quase imediatamente depois de eles terem entrado na água, o que fez com que o ar retido deixasse violentamente a área abaixo de seus braços em um grande padrão de bolhas de ar turbulentas.

O rolamento do corpo é a origem da propulsão?

Na última década, disseminou-se muito a crença de que rolar os quadris de um lado para o outro era o principal catalisador de propulsão nos nados Crawl e de Costas (Prichard 1993), e foram feitas inúmeras analogias com outros esportes a fim de sustentá-la. Os proponentes des-

Figura 3.11 Imagens de bolhas de ar em torno das mãos. O nadador de Borboleta em (a) exibe pouquíssimas bolhas em torno das mãos depois da entrada na água, enquanto o nadador em (b) está transportando grande número de bolhas de ar para a água, causando turbulência.

Prevenção de dor crônica nos ombros usando o agarre com cotovelo alto

Nos quatro nados competitivos, certamente é vantajosa a efetivação precoce de uma posição com cotovelo alto na varredura para baixo ou para fora, porque os nadadores podem começar mais cedo a acelerar o corpo para frente. Dito isso, também devo mencionar que a tentativa de empurrar prematuramente a água para trás é uma das causas mais comuns de tendinite no ombro de nadadores. É tão grande a incidência desse distúrbio entre os nadadores de competição, que ele passou a ser comumente referido como *ombro de nadador*. Na melhor das hipóteses, a tendinite crônica irá piorar o desempenho. Na pior, poderá fazer com que o atleta abandone prematuramente o esporte. Muitos nadadores podem evitar a tendinite ou reduzir sua gravidade se não tentarem levantar os cotovelos durante o movimento de empurrar para trás com os braços. Eles devem esperar até que os cotovelos estejam posicionados acima das mãos, para então iniciar esse movimento.

A causa mais comum de dor crônica nos ombros é a fricção entre a cabeça proximal do úmero (o osso longo do braço) e os tecidos moles que circundam a articulação do ombro: tendão do supraespinal, tendão do bíceps e ligamento coracoacromial (Kennedy 1978). A localização dessas estruturas está ilustrada na Figura 3.12.

Rotação medial, ou rotação para dentro, é a ação articular com maior probabilidade de causar fricção entre a cabeça do úmero e os diversos ligamentos e tendões circunjacentes, e é essa a ação que os nadadores executam ao tentar fazer com que os cotovelos fiquem situados acima das mãos, na posição com cotovelo alto. Embora seja importante obter um agarre com cotovelo alto em todos os nados competitivos (no que diz respeito à prevenção da tendinite), há um modo certo e um modo errado de alcançar esse objetivo.

A fricção mais intensa ocorre quando o nadador tenta projetar os cotovelos para cima, acima das mãos, ao mesmo tempo em que pressiona os braços para trás. A cabeça do úmero é projetada para frente, em estreita proximidade com as estruturas ligamentares da articulação do ombro, onde é maior a probabilidade de o osso entrar em contato com essas estruturas ao fazer a rotação para frente e para baixo. Por outro lado, a fricção será menos intensa se o nadador esperar até que os cotovelos estejam situados acima das mãos, antes de tentar empurrar para trás com elas. Dessa forma, ao ser executado o agarre, a cabeça do úmero não será arremessada tão vigorosamente para frente contra os ligamentos do ombro.

Você pode sentir isso em seu próprio ombro. Mantenha o braço à sua frente na altura do ombro, com o cotovelo fletido. Em seguida, tente colocá-lo na posição com cotovelo alto para o nado Crawl, impulsionando o ombro para frente e o cotovelo para cima, ao mesmo tempo em que empurra a mão para baixo e para trás. Você deverá sentir certa tensão/torção na articulação do ombro quando a cabeça do úmero se movimentar para frente e fizer a rotação para baixo ao passar pelos diversos ligamentos. Agora, começando com o braço estendido na mesma posição, movimente o ombro para frente e o cotovelo para cima, enquanto sua mão se desloca para baixo, mas não a pressione para trás. Sua sensação de torção e tensão deverá ser consideravelmente menor.

Um experimento semelhante produzirá o mesmo resultado para movimentos que simulem as varreduras para fora das braçadas dos nados Borboleta e de Peito. Nesse caso, o modo errado consiste em pressionar as mãos para trás e para fora, enquanto tenta posicionar os braços para um agarre com cotovelo alto. O modo certo consiste em deslizar as mãos para fora e para baixo, mas não para trás, até que os cotovelos estejam acima delas. Muitos nadadores com histórico de tendinite grave passam a sentir pouca ou nenhuma dor nos ombros depois de terem aprendido a executar o agarre antes de começar a pressionar com as mãos para trás.

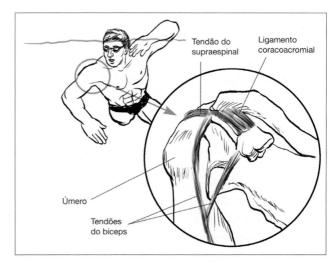

Figura 3.12 Estruturas ósseas e ligamentares da articulação do ombro.

sa técnica alertam para o fato de que atletas de esportes terrestres iniciam os movimentos de golpe, oscilação e arremesso girando primeiro os quadris na direção do movimento, promovendo assim um somatório de forças que tem início nas pernas e vai aumentando com o deslocamento ascendente pelos quadris. Essas forças culminam em um movimento de chicotada dos braços, gerando uma enorme potência. Atividades como balançar um taco de beisebol ou uma raquete de tênis ou arremessar uma bola, um martelo ou um disco são executadas dessa maneira.

Esses especialistas descrevem a aplicação de força na Natação como uma transferência que se dá por meio da rotação dos quadris até os ombros e braços, proporcionando assim mais força para a braçada. Em outras palavras, os proponentes dessa teoria acreditam que os esforços propulsivos nos nados de Costas e Crawl são iniciados pela rotação dos quadris, e os braços "seguem o comando" deles, o que resulta em um ganho de velocidade e de potência de um modo similar ao que ocorre quando a rotação do corpo dá início a um somatório de forças nas atividades terrestres.

Isso, no entanto, é uma interpretação equivocada do conceito de somatório de forças por não levar em consideração o fato de que a relação entre os movimentos dos braços e a rotação dos quadris na Natação é muito diferente da relação que ocorre nas atividades terrestres. E por um simples motivo: as analogias que dão embasamento ao papel propulsivo da rotação dos quadris ocorrem em terra firme, onde os pés estão plantados no solo, permitindo aos quadris girar em torno desse centro de implantação sem que o corpo decole no espaço.

Os nadadores, por outro lado, ficam livremente suspensos na água, e, portanto, não há um centro de implantação a partir do qual eles possam gerar força. Certamente, eles rolam os quadris de um lado para o outro nos nados Crawl e de Costas. Mas não acredito que o façam com o objetivo de gerar força propulsiva. Em vez disso, eles realizam esse movimento para reduzir o arrasto resistivo. Como explicado no capítulo anterior, os movimentos dos braços para cima e para baixo exercem forças que incidem nas pernas e no torso, fazendo com que essas partes se movimentem na mesma direção dos braços. Se os nadadores permitirem que o corpo oscile em sincronia com os movimentos dos braços, ele permanecerá lateralmente alinhado. Do contrário, as forças originadas nas braçadas farão o corpo serpentear de um lado para o outro.

Existe também uma diferença fundamental no mecanismo de somatório de forças nas atividades terrestres e no nado. Nas primeiras, os braços acompanham a direção de rotação do corpo para absorver força. Mas, na Natação, o corpo e o braço se movimentam um na direção do outro durante a varredura para dentro no nado Crawl e durante a varredura para cima no nado de Costas. O corpo de fato gira e se afasta do braço que realiza a braçada nas fases propulsivas finais no nado de Costas. Nesse caso, fica evidente que um quadril é empurrado para cima pelo braço que faz a braçada, enquanto o outro quadril é empurrado para baixo pelo braço que faz a recuperação. Na realidade, durante esses movimentos, não há um somatório de forças decorrente da rotação do corpo. Apenas na varredura final para cima na braçada do Crawl os quadris e os braços se movimentam na mesma direção, mas nesse momento a quantidade e a velocidade de rotação dos quadris já sofreram redução significativa.

Como prova adicional de que a rotação do corpo acompanha os movimentos dos braços e não vice-versa, basta examinar quadro a quadro os movimentos subaquáticos de um nadador de Crawl ou de Costas em uma gravação. Os movimentos dos braços para baixo ou para cima sempre precedem qualquer mudança na rotação dos quadris. Como diz um antigo ditado, não se deve colocar o carro na frente dos bois. No nado competitivo, os quadris são o carro, e a braçada, os bois.

Como o conceito é recente, são poucas ainda as pesquisas que tratam da relação entre a rotação dos quadris e a força propulsiva. Contudo, essas pesquisas não corroboram a concepção de que a rotação dos quadris aumenta a força propulsiva. No primeiro estudo realizado, Payton, Hay e Mullineaux (1997) construíram um modelo do tronco e do braço com o objetivo de simular o nado Crawl. Eles concluíram que o rolamento do corpo realmente aumenta as velocidades da mão para dentro e para fora, mas não as velocidades para trás, o que significa que o rolamento do corpo pode aumentar a geração de forças de sustentação durante o nado, mas não tem qualquer efeito na geração de forças de arrasto. Se você, como eu, acredita que o arrasto é a força propulsiva dominante, então um aumento na quantidade ou na velocidade de rotação do quadril teria pouco efeito para melhorar a força propulsiva.

Em um segundo estudo sobre a rotação do quadril e as velocidades da mão, no qual nadadores serviram como voluntários, Payton, Bartlett e Baltzopoulos (1998) invalidaram o primeiro achado. Eles constataram que o rolamento do corpo na verdade reduzia a velocidade das mãos durante a varredura para dentro na braçada subaquática e concluíram que "os resultados obtidos não mostram a hipótese de que os nadadores podem gerar elevadas velocidades das mãos e grandes forças propulsivas girando o corpo durante a varredura para dentro".

Cappaert (1997) enveredou por uma abordagem mais prática no estudo desse tópico e comparou as velocidades de rotação dos quadris e a força propulsiva durante a braçada em um grupo de nadadores. Ao final, ela não conseguiu encontrar qualquer relação significativa entre a força de tração no nado Crawl e os vários aspectos da rotação dos quadris. Os nadadores que iniciavam a rotação dos quadris antes ou que atingiam a velocidade máxima de rotação desses membros mais precocemente durante as braçadas não geraram mais força propulsiva com os braços do que os demais voluntários. Os onze voluntários eram membros da equipe de Natação residente dos Estados Unidos. Em outra fase desse estudo, a pesquisadora treinou os nadadores para que fizessem a rotação dos quadris mais cedo e com mais rapidez durante as braçadas, com o objetivo de determinar se isso aumentaria a força propulsiva gerada. Os nadadores submetidos a esse treinamento especial não aumentaram a força propulsiva de suas braçadas.

A única pesquisa disponível que realmente corrobora a ideia da rotação dos quadris como um mecanismo de propulsão foi publicada por Prichard (1993). Segundo ele, os nadadores aumentavam sua força propulsiva depois de terem feito exercícios para melhorar a quantidade e a sincronização da rotação dos quadris. Contudo, esses resultados precisam ser examinados com alguma suspeita. Os gráficos mostravam que os nadadores geravam mais força propulsiva enquanto nadavam na mesma velocidade, o que é altamente improvável. Se estivessem de fato gerando mais força propulsiva, eles deveriam nadar a mesma distância mais rapidamente.

Outra teoria acerca do papel que a rotação do quadril desempenha na Natação diz que os nadadores na verdade fixam os braços firmemente na posição de agarre e giram o corpo em torno deles com o objetivo de gerar força propulsiva. Contudo, o raciocínio subjacente a esse conceito é igualmente falho, pois um braço que não esteja se movendo não poderá ganhar velocidade ou força originária da rotação dos quadris. Além disso, padrões de braçadas como o mostrado na Figura 3.10 servem como prova de que os nadadores não fixam os braços na água. Esses padrões foram desenhados a partir dos movimentos dos dedos médios dos nadadores em relação a um ponto fixo na piscina, demonstrando claramente que a mão de fato se movimenta pela água por uma distância considerável a cada braçada subaquática.

O ponto que estou tentando demonstrar tem valor puramente acadêmico. Acredito que os braços e ombros sejam os pistões que verdadeiramente proporcionam força, e o corpo faz a rotação para melhorar os esforços propulsivos dos membros e manter um bom alinhamento lateral. Em outras palavras, os braços direcionam os esforços das braçadas dos nadadores e os quadris acompanham esses movimentos – não o contrário.

Independentemente dessas considerações, o rolamento do corpo de um lado para o outro é essencial para que se nade com eficiência Crawl e Costas, embora não pelas razões habitualmente propostas, pois o rolamento não aumenta a força propulsiva, exceto indiretamente. Todavia, a propulsão frontal será prejudicada se o nadador não rolar suficientemente os quadris e na sequência apropriada com a braçada porque, como explicado antes, o alinhamento lateral será prejudicado e os movimentos dos braços (tanto em submersão como na superfície da água) ficarão comprometidos.

Antes de encerrar esta seção, quero tecer algumas considerações finais. Meus comentários sobre o papel da rotação dos quadris foram motivados pelo desejo de ser preciso no que se refere aos mecanismos de propulsão do nado humano. Nunca tive a intenção de, em absoluto, afirmar que a rotação do corpo não é importante para a Natação de velocidade. Apenas pretendo esclarecer por que esse movimento é importante. Como já foi dito, a rotação dos quadris efetivamente faz parte dos nados Crawl e de Costas e deve ser ensinada a todos os praticantes desses nados. Muitos atletas não rolam suficientemente e nem de maneira equilibrada para cada lado. Por isso, não há nada de errado em o técnico corrigir enfaticamente a rotação dos quadris sempre que necessário. Exercícios que dão ênfase a essa rotação ajudarão os nadadores a realizar braçadas mais eficientes e a reduzir o arrasto resistivo. Com isso, eles se deslocarão mais rapidamente na água.

Exercícios de técnica para os movimentos dos braços

A essa altura, deve ter ficado evidente que eu não recomendo mais o uso de exercícios de "torção" (i. e., palmateio) para o ensino das braçadas dos quatro nados competitivos. Nesta seção, serão descritos dois exercícios que podem ensinar os nadadores a utilizar os movimentos de remada para a propulsão. Embora estes exercícios tenham alguns elementos dos exercícios de palmateio que eu recomendava na edição anterior deste livro, o modo como os nadadores movimentam os braços contra a água é muito diferente.

Os exercícios descritos a seguir devem ser realizados como séries de braçadas com flutuadores ou tubos. Os nadadores aprenderão a usar os braços para gerar propulsão mais rápido caso não possam depender das pernas para esse fim.

Exercício da braçada exagerada, nado de Peito

A finalidade deste exercício é desenvolver a varredura para dentro nos nados de Peito, Crawl e Borboleta. As fotografias na Figura 3.13 ilustram sua mecânica. Em posição de pronação e com os braços estendidos acima da cabeça (Fig. 3.13a), o nadador desliza as mãos para fora lenta e suavemente até a posição de agarre (Fig. 3.13b). Observe que os cotovelos estão fletidos, e os braços, os antebraços e as palmas das mãos estão voltados para trás quando o agarre é executado. O nadador deve hesitar por um instante na posição de agarre para ter certeza de que os braços estão orientados adequadamente para trás.

Em seguida, o nadador faz uma rápida e vigorosa adução dos braços para fora, para trás e para dentro, até que eles estejam junto às costelas, e as mãos, abaixo do corpo (Fig. 3.13c). Depois de completar a fase propulsiva do exercício, o nadador deverá fazer a recuperação dos braços para frente de maneira suave e homogênea, repetindo a sequência até que tenha sido nadada a distância determinada. O nadador pode respirar como no nado de Peito, ou pode utilizar padrões de respiração restringidos, se preferir observar os braços durante algumas das braçadas.

Figura 3.13 Exercício da braçada exagerada, nado de Peito. O nadador foi fotografado ao final da recuperação em (a), na posição de agarre em (b) e ao final da varredura para dentro em (c).

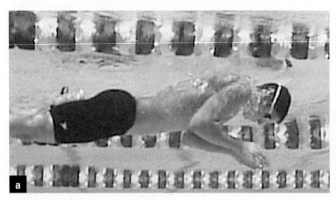 

Figura 3.14 Exercício de varredura para cima. A fotografia (a) ilustra a posição inicial a partir da qual o nadador pressiona a água para trás com as palmas das mãos e os antebraços, movendo-os para fora e para cima em direção à superfície da água até a posição final em (b).

Exercício de varredura para cima

Como o nome já indica, este exercício é utilizado para ensinar a varredura para cima nos nados Crawl e Borboleta. As fotografias na Figura 3.14 mostram um nadador no início e no final dos movimentos de braços utilizados neste exercício.

Deitado com a face para baixo na água, o nadador começa da posição final da varredura para dentro: com os braços fletidos em aproximadamente 90° e para trás, perto das costelas, e as mãos juntas por baixo do corpo (Fig. 3.14a). Desse ponto, ele pressiona a água para trás simultaneamente com as palmas das mãos e com ambos os antebraços, fazendo com os membros uma varredura para fora e para cima em direção à superfície. O nadador deve fazer esse movimento estendendo os braços minimamente. A varredura para cima termina quando o atleta não puder mais manter os antebraços orientados para trás, o que ocorrerá quando as mãos se aproximarem da parte frontal das coxas (Fig. 3.14b). Nesse ponto, as mãos devem parar de empurrar a água, e o nadador deve girar as palmas das mãos na direção das coxas e deslizá-las para frente (polegares na frente) de volta à posição inicial. O nadador poderá respirar durante este exercício do mesmo modo que respiraria no nado Borboleta.

PROPULSÃO COM AS PERNAS

De 1960 a 1980, os especialistas não acreditavam que as pernas aumentassem muito a propulsão em três dos quatro nados competitivos e, exceto no nado de Peito, achavam que a manutenção do alinhamento horizontal e lateral era a principal função da pernada. Hoje em dia, acredito que de modo geral seja aceito que as pernas também são capazes de contribuir significativamente para a força propulsiva em todos os nados competitivos, além de certamente ajudarem a manter o alinhamento. Contudo, a propulsão derivada da pernada tem um alto custo, porque, em comparação com a braçada, as pernas necessitam de muito mais energia para promover força propulsiva. Por essa razão, os nadadores de Crawl em competições de longas distâncias frequentemente optam por poupar energia durante as fases iniciais das provas, reduzindo os esforços empregados nas pernadas. E, por essa mesma razão, atletas em provas de 200 m nado Crawl, Costas e Borboleta também reduzem um pouco seus esforços de pernadas nas fases iniciais das provas. Assim como nas braçadas, existem quatro tipos básicos de batidas de pernas utilizados pelos nadadores em competições.

As quatro batidas básicas de pernas

Os movimentos de pernas realizados pelos nadadores nas pernadas de adejamento dos nados Crawl e de Costas e na golfinhada do nado Borboleta são muito parecidos no modo de geração de força propulsiva. Os nadadores utilizam dois movimentos básicos com as pernas – *batida de pernas para cima* e *batida de pernas para baixo* – em cada um desses três nados. A *batida de pernas para baixo* é a fase de propulsão da pernada de adejamento do Crawl e da golfinhada do nado Borboleta. A *batida de pernas para cima* é a fase de propulsão da pernada de adejamento do nado de Costas. No nado de Peito, os movimentos das pernas são identificados de maneira mais apropriada como *batida de pernas para fora* e *batida de pernas para dentro*. Descreveremos a seguir como cada um desses quatro movimentos básicos é executado.

Batida de pernas para baixo

A Figura 3.15 mostra como a batida de pernas para baixo na golfinhada pode impulsionar o nadador para frente. A seta preta pequena indica a direção do movimento e demonstra que os pés se movem para baixo e ligeiramente para trás durante a primeira metade da batida de pernas para baixo. Nessa primeira metade, as pernas são flexionadas e, em seguida, na segunda metade, são estendidas. A batida de pernas para baixo termina com as pernas completamente estendidas e os pés imediatamente abaixo do tronco. Esses mecanismos propulsivos da golfinhada devem ser igualmente efetivos durante a batida de pernas para baixo na pernada de adejamento do Crawl.

As grandes setas atrás das pernas do nadador indicam como a água pode ser pressionada para trás com os pés e com as pernas, na movimentação para baixo e para trás durante a primeira metade da batida de pernas para baixo. Mas as pernas perderão o impulso e a direção para trás ao se aproximarem da extensão; assim, o principal efeito é a impulsão da água para baixo durante a segunda metade da batida de pernas para baixo. Esse "empurrão" para baixo provavelmente não tem efeito propulsivo na pernada de adejamento do Crawl. Sua principal finalidade, provavelmente, é manter os quadris na superfície da água. Contudo, a segunda metade da batida de pernas para baixo pode ter um efeito propulsivo na golfinhada e gerar uma onda corporal reversa que impulsiona o nadador para frente. No Capítulo 5, esse tópico será explicado mais detalhadamente.

Os pés impulsionarão o nadador para frente de maneira mais efetiva durante a primeira metade da batida de pernas para baixo se o grau de flexão plantar for adequado. A Figura 3.16a mostra por que a capacidade de estender os tornozelos (i. e, apontar com os dedos dos pés) com

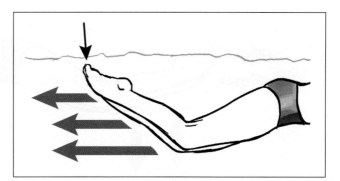

Figura 3.15 Propulsão durante a golfinhada.

Quatro movimentos básicos de batidas de pernas utilizados por nadadores de competição

- **Batida de pernas para baixo:** é a fase de propulsão na pernada de adejamento do Crawl e na golfinhada.
- **Batida de pernas para cima:** é a fase de recuperação na pernada de adejamento do Crawl e na golfinhada.
- **Batida de pernas para fora:** é o primeiro movimento de pernas para fora na pernada do nado de Peito.
- **Batida de pernas para dentro:** é a varredura circular das pernas na pernada do nado de Peito.

grande amplitude deve ser favorável na pernada de adejamento do Crawl e na golfinhada. O nadador nessa figura é capaz de manter os pés orientados para trás por mais tempo durante a batida de pernas para baixo, porque sua habilidade de estender os tornozelos é melhor do que a média. Consequentemente, esse atleta deve ser capaz de gerar força propulsiva durante uma parte maior da batida de pernas para baixo.

Por outro lado, o nadador na Figura 3.16b tem menos habilidade de realizar a extensão dos tornozelos e, por isso, seus pés perdem a orientação para trás mais prematuramente durante a batida de pernas para baixo. Como estão voltados para baixo, os pés desse nadador não aumentarão a propulsão. Contudo, ainda assim ajudarão as pernas a manter os quadris na superfície da água.

Batida de pernas para cima

As batidas de pernas para cima na pernada de adejamento do Crawl e na golfinhada provavelmente não têm efeito propulsivo. A Figura 3.17 ilustra o porquê dessa suposição. Nele um nadador de Borboleta aparece completando a batida de pernas para cima na golfinhada.

Os padrões de pernadas desenhados a partir de vídeos de atletas de classe mundial nadando em velocidades de competição demonstram que seus pés se deslocam para cima e para frente, durante a batida de pernas para cima no nado Borboleta, e para cima, para frente e lateralmente no nado Crawl. Os movimentos de pernas nes-

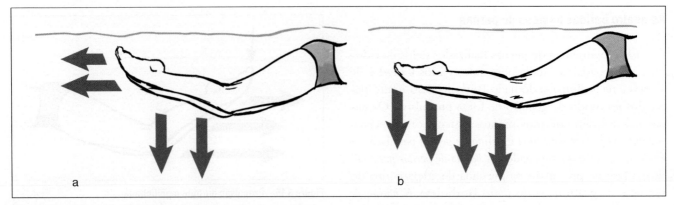

Figura 3.16 A importância da extensão do tornozelo para a pernada.

sas direções devem, na verdade, inibir – em vez de aumentar – a força propulsiva por causa das contraforças geradas para baixo, para trás e lateralmente. O diagrama vetorial na Figura 3.17 demonstra que a direção das pernas para cima e para frente, durante a batida de pernas para cima na golfinhada, geraria uma grande força de arrasto para baixo e para trás. A pequena quantidade (se existir) de força de sustentação que poderia ser gerada pelas pernas estaria direcionada para baixo e para frente, e qualquer combinação dessas duas forças apontaria para uma direção que tenderia a arrastar o corpo para baixo.

Contrariando a crença popular, provavelmente a principal finalidade da batida de pernas para cima nesses dois nados seja posicionar as pernas para que forneçam força propulsiva na próxima batida para baixo. Por essa razão, a batida de pernas para cima deve ser executada com suavidade, de modo que as pernas façam pressão ascendente contra a água com o mínimo de força possível. A força da extensão das pernas decorrente da batida para baixo precedente deve ser utilizada para mandá-las para cima (em um movimento semelhante ao de um chicote), sendo necessária assim pouquíssima força muscular para a execução da batida de pernas para cima. Essa ação deve ser auxiliada pela extensão das articulações dos quadris, mas com força suficiente apenas para manter as pernas se deslocando para cima. Os pés devem pender livremente dos tornozelos, em uma posição natural, a meio-caminho entre a extensão e a flexão, de modo que permanecerão em um pequeno ângulo de ataque em relação à água em sua direção para cima e para frente.

A água que está fazendo pressão descendente sobre as pernas (em seu deslocamento para cima) irá mantê-las estendidas. O nadador não deve trabalhar contra essa pressão da água flexionando as pernas ao movimentá-las para cima. A flexão dos joelhos durante a batida de pernas para cima apenas aumentará o movimento das pernas para frente, e a contraforça para trás retardará ainda mais a propulsão.

Embora seja um movimento não propulsivo, a batida de pernas para cima provavelmente atende a três importantes finalidades:

1. No nado Crawl, esse movimento estabiliza o tronco, impedindo que ele seja deslocado de seu alinhamento horizontal e lateral por ações opostas da braçada.

2. Tanto no nado Crawl como no nado Borboleta, a batida de pernas para cima melhora a hidrodinâmica ao mobilizar as pernas para cima e alinhá-las com o corpo durante as fases mais propulsivas dos ciclos de braçadas.

3. Nos nados Crawl e Borboleta, o movimento mobiliza as pernas para cima, posicionando-as para a próxima batida de pernas para baixo.

A batida de pernas para cima é frequentemente ensinada de maneira errada. Os nadadores aprendem a levantar as pernas até a superfície, o que de fato tem um efeito bastante prejudicial para a propulsão. A batida de pernas para cima deve ser um movimento ascendente muito curto. As pernas devem se deslocar para cima apenas do ponto mais baixo da batida de pernas para baixo precedente até ficarem alinhadas com o corpo e com os pés. A batida de pernas para baixo seguinte deve ter iní-

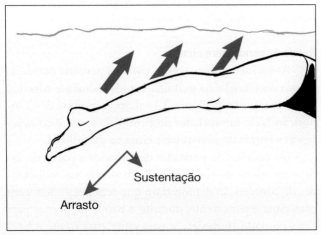

Figura 3.17 Batida de pernas para cima na golfinhada.

cio nesse momento, flexionando-se as pernas levemente nas articulações dos quadris e pressionando as coxas para baixo. Quando a batida para baixo tem início, a pressão ascendente exercida pela água embaixo das pernas empurrará para cima os membros inferiores relaxados, dando a impressão de que a batida de pernas para cima ainda está em curso. Mas não é isso que ocorre. A flexão dos joelhos e o resultante movimento das pernas para cima são um movimento passivo causado pela pressão ascendente da água embaixo das pernas, ao ter início a batida para baixo. Assim, embora a flexão das pernas faça com que os pés se desloquem para cima até a superfície (ou mesmo um pouco além), a última fase desse movimento ascendente é, na verdade, parte da próxima batida de pernas para baixo.

O erro mais comum cometido por nadadores com pernadas defeituosas é flexionar os joelhos durante a batida de pernas para cima. Pouquíssimos fazem a batida para baixo de maneira incorreta. Os atletas utilizam esforço muscular para flexionar os joelhos durante a batida de pernas para cima, o que aumenta a força ascendente das pernas e, invariavelmente, leva o nadador a empurrar a água para frente com a parte inferior das pernas. Essa ação projetará os quadris para baixo na água, desacelerando a velocidade frontal.

Pernada de adejamento do nado de Costas

Como o nadador está de costas, a batida de pernas para cima na pernada de adejamento do nado de Costas é a fase propulsiva; e a batida de pernas para baixo provavelmente não tem nenhum efeito propulsivo e deve ser executada com a perna estendida, permitindo que a pressão da água abaixo das pernas as mantenha estendidas durante seu deslocamento para baixo. A batida de pernas para cima deve ter início quando a perna passar abaixo do corpo. Nesse momento, o nadador deve começar a mover a perna para cima, flexionando um pouco o quadril. Enquanto isso, a água que está exercendo pressão de cima para baixo flexionará a perna em preparação para sua extensão final. A impressão é que o nadador ainda está dando a pernada para baixo enquanto a perna é flexionada, mas, na verdade, a batida de pernas para cima já está acontecendo. A Figura 3.18 mostra como a propulsão provavelmente é gerada durante a batida de pernas para cima na pernada de adejamento do nado de Costas.

Tão logo a batida de pernas para cima esteja em curso, o nadador estenderá a perna para cima e lateralmente com força e velocidade consideráveis. Essa extensão tem início com o joelho fletido e o pé estendido para baixo e para dentro ("pé de pombo") e termina com a perna estendida imediatamente abaixo da superfície da água. A perna e o tornozelo estarão voltados para trás e movimentando-se um pouco para essa direção durante a primeira parte da batida de pernas para cima; isso permite que o nadador pressione a água para trás. Assim, a primeira parte da batida de pernas para cima é provavelmente a fase propulsiva, mas a parte final não gera propulsão. Nessa fase, a perna e o pé estarão empurrando a água para cima e lateralmente, sendo, por consequência, a parte da pernada que provavelmente ajuda na manutenção do alinhamento lateral ao estabilizar o torso. Como ocorre na pernada de adejamento do Crawl e na golfinhada, a capacidade de estender os tornozelos com maior amplitude aumenta a distância ao longo da qual o nadador pode pressionar a água para trás na batida de pernas para cima.

É provável que a batida de pernas para baixo na pernada de adejamento do nado de Costas não tenha efeito propulsivo porque, durante essa fase da pernada, a perna se desloca para baixo e para frente, e não para trás. A batida de pernas para baixo deve ser executada com suavidade e com o mínimo esforço muscular, permitindo que a água exerça pressão ascendente por baixo da perna, de modo a mantê-la estendida até o início da próxima batida de pernas para cima. A batida de pernas para baixo deve terminar tão logo a perna e o pé estejam avançando para baixo por baixo do tronco.

Batida de pernas para fora

Na pernada do nado de Peito, a propulsão provavelmente é gerada pela pressão exercida para trás contra a água com a sola dos pés quando o nadador estende as pernas. Mas os pés não empurram diretamente para trás; eles se movem em trajetória circular: para fora, para trás e ligeiramente para baixo. A Figura 3.19 apresenta os padrões de movimentação dos pés (vistas lateral e frontal) durante a pernada do nado de Peito.

Depois de executada a recuperação para frente, o primeiro movimento das pernas para fora, chamado *batida de pernas para fora*, não tem efeito propulsivo. Sua finalidade é colocar os pés em posição de agarre para que possam pressionar a água para trás. O ser humano tem uma capacidade limitada de "achatar" os pés. Portanto, os nadadores de Peito devem deslizar os pés para além da

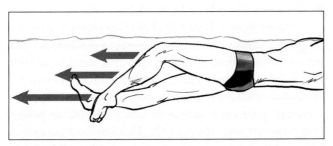

Figura 3.18 Propulsão durante a batida de pernas para cima na pernada de adejamento do nado de Costas.

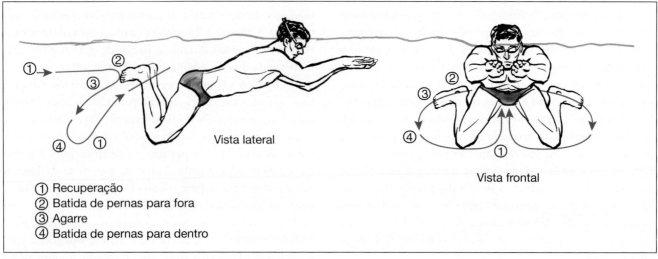

① Recuperação
② Batida de pernas para fora
③ Agarre
④ Batida de pernas para dentro

Figura 3.19 Vistas lateral e frontal do padrão de pernada do nado de Peito.

largura dos quadris para que as solas fiquem voltadas para trás, antes que possam começar a aplicar força propulsiva. A batida de pernas para fora tem início no final da recuperação das pernas e termina na posição de agarre, quando os pés estão orientados para trás e começam a aplicar força propulsiva ao empurrar a água para trás. O agarre ocorre quando as solas dos pés estão voltadas para trás. Nadadores com grande capacidade de dorsiflexão (habilidade de "achatar" os pés) serão capazes de alcançar mais cedo a posição de agarre com os pés. Consequentemente, a fase propulsiva de suas pernadas – a batida de pernas para dentro – será mais longa. Por outro lado, atletas com pouca capacidade de dorsiflexão precisarão movimentar mais os pés para fora e para trás para que eles fiquem voltados para trás, o que encurtará a fase propulsiva de suas pernadas.

Batida de pernas para dentro

Tão logo tenha sido alcançada a posição de agarre, os nadadores de Peito empurram a água para trás com a sola dos pés ao executarem um movimento circular tridimensional em que os pés se deslocam para fora, para baixo, para trás e para dentro, enquanto os joelhos são estendidos.

A propulsão provavelmente é dominada pelo arrasto durante a batida de pernas para dentro na pernada do nado de Peito, do mesmo modo que ocorre durante as fases propulsivas da braçada. Portanto, a ênfase do nadador deve recair na impulsão da água para trás com a sola dos pés durante o movimento circular. Conforme mostrado pela vista lateral do padrão de pernada na Figura 3.19, os pés do nadador se movimentam um pouco para baixo na fase inicial da batida de pernas para dentro. Essa ação serve para alinhar os pés com o corpo, podendo então aplicar força propulsiva de maneira mais eficiente.

O padrão de pernada na Figura 3.19 faz parecer que as pernas estão empurrando para baixo mais do que de fato empurram durante a batida de pernas para dentro na pernada do nado de Peito. Isso se dá porque os padrões de pernada são desenhados com base nos movimentos dos dedões dos pés. Quando a batida de pernas para dentro começa, os pés e os dedos estão acima dos quadris. No entanto, no decorrer dela, os pés giram para baixo, de modo que os dedos se tornam a parte mais baixa do corpo ao final desse movimento. Essa rotação dos dedos para baixo dá a falsa impressão de que os pés se deslocaram mais para baixo do que na verdade fizeram durante a batida de pernas para dentro.

PROPULSÃO ONDULATÓRIA

Há algum tempo, tomamos conhecimento da existência de uma terceira fase propulsiva no nado de Peito que nada tem a ver com a propulsão originada pelos braços e pelas pernas. Na verdade, essa fase ocorre no momento em que os braços e as pernas estão em recuperação para frente. Segundo a teoria, essa propulsão é causada pela ação ondulatória da água que ocupa o espaço em torno dos nadadores quando a velocidade deles diminui durante a recuperação dos membros. A propulsão ondulatória no nado de Peito está ilustrada na Figura 3.20.

Mason, Tong e Richards (1992) observaram uma fase propulsiva similar durante a recuperação dos braços e das pernas no nado Borboleta, aparentemente causada também pela ação ondulatória. Existe um pequeno período de desaceleração exatamente depois que o nadador completa a varredura para cima com os braços e a batida de pernas para baixo na segunda pernada. Durante esse período, a ação ondulatória da água faz com que o atleta acelere para frente na primeira metade da recuperação dos braços. Tam-

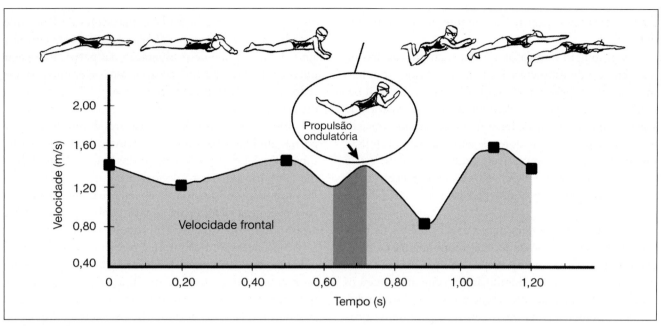

Figura 3.20 Padrão de velocidade do centro de massa para a terceira fase propulsiva do nado de Peito durante a recuperação dos braços e das pernas. (Adaptado de Mason, Tong e Richards 1992.)

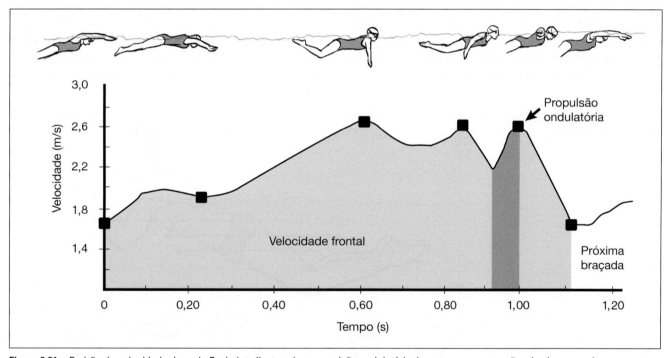

Figura 3.21 Padrão de velocidade do nado Borboleta ilustrando a propulsão ondulatória durante as recuperações dos braços e das pernas.

bém observei os efeitos da ação ondulatória em nadadores de Borboleta tanto pela medição da velocidade frontal como pelas medições do centro de massa. Um exemplo de propulsão ondulatória no nado Borboleta está ilustrado na Figura 3.21.

Ao que parece, a propulsão ondulatória é causada por uma onda de água que se movimenta para frente, ultrapassando o nadador imediatamente depois que ele desacelera subitamente. Observe nas Figuras 3.20 e 3.21 que a vaga que se forma à frente, atribuída à propulsão ondulatória, é sempre precedida por um período curto e muito rápido de desaceleração depois de completadas as fases propulsivas da braçada. Provavelmente, a propulsão ondulatória funciona da seguinte maneira: quando o nadador acelera para frente, ele arrasta consigo certo volume de água também para frente; então, quando desacelera subitamente, parte dessa água avança para frente, ultrapassando-o como se fosse uma onda. Essa ondulação acelera o corpo do nadador para frente durante um breve período.

A propulsão ondulatória é um exemplo clássico de transferência de momento. Primeiro, o nadador transfere momento para a água ao empurrá-la para frente. Em seguida, ao desacelerar, parte desse momento é transferida de volta da água para o nadador, o que faz com que ele acelere para frente. Os nadadores devem utilizar a propulsão ondulatória o máximo possível porque, com efeito, essa é uma propulsão gratuita. Ou seja, eles não precisam fazer nenhum tipo de esforço muscular para acelerar o corpo para frente.

Os nadadores podem maximizar os efeitos da propulsão ondulatória tornando mais hidrodinâmica a posição do corpo durante os períodos em que ocorre tal fenômeno. Uma posição hidrodinâmica ruim aumentará os arrastos de forma e de interferência, o que reduzirá a duração e a velocidade da movimentação para frente proporcionada pelas ondas. Por outro lado, uma boa posição hidrodinâmica aumentará a velocidade e a duração desse movimento propulsivo. Na Figura 3.22, é possível observar que as pernas do nadador de Peito estão inclinadas para trás no início da recuperação das pernas. Esse posicionamento reduzirá o arrasto de forma e deverá aumentar a intensidade da propulsão ondulatória incidente no corpo do atleta. Por outro lado, nadadores de Peito que impulsionam as pernas para baixo e para frente contra a água durante a fase de recuperação das pernas irão gerar uma significativa quantidade de arrasto de empuxo, o que reduzirá ou talvez até eliminará a propulsão ondulatória durante essa fase.

No nado Borboleta, os nadadores devem levantar as pernas alinhadas com o corpo, mantendo os quadris na superfície durante a recuperação dos braços; do contrário, um aumento no arrasto de forma reduzirá a quantidade de propulsão ondulatória recebida. Qualquer inclinação para baixo (da cabeça para os pés) também aumentará o arrasto de forma e reduzirá a propulsão ondulatória.

Nadadores de Borboleta, e possivelmente de Crawl e de Costas, devem parar de empurrar a água para trás no momento certo ao final de suas braçadas subaquáticas se quiserem ser beneficiados pela vaga de propulsão frontal provocada pela ação das ondas. Se os braços continuarem empurrando na direção da superfície quando já não estiverem mais orientados para trás, a velocidade frontal durante a braçada subaquática irá desacelerar, e a água que está exercendo pressão contra o corpo terá tempo para se ajustar a essa redução na velocidade antes que os braços iniciem a recuperação para frente. Consequentemente, os efeitos da propulsão ondulatória serão enfraquecidos pelo

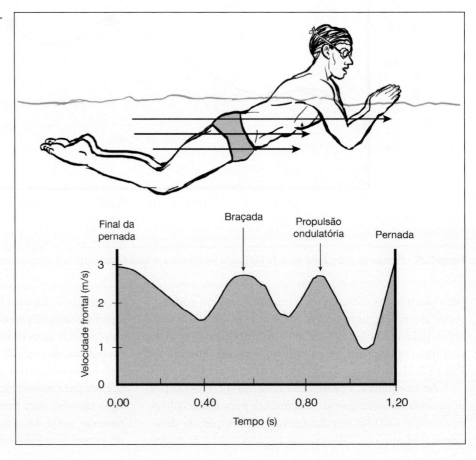

Figura 3.22 Exemplo de propulsão ondulatória no nado de Peito.

arrasto resistivo gerado quando a água é empurrada para cima com os braços ao final da braçada subaquática, e o efeito terá se dissipado no momento em que as mãos deixarem a água.

ONDA CORPORAL

Em certa época, cheguei a acreditar que a ondulação do corpo contribuía para a propulsão, mas, atualmente, não estou tão certo disso. Não acredito mais que nadadores que estejam se movimentando para frente possam deslocar a água para trás com força suficiente para acelerar o corpo para frente. Ainda assim, podemos refletir sobre o efeito da gravidade que puxa o corpo para baixo e para frente depois que os quadris chegam ao ponto mais alto e que poderia manter ou aumentar a propulsão durante breves períodos. Nesse tocante, Van Tilborgh, Willens e Persyn (1988) observaram maiores impulsos propulsivos em um nadador de Peito que golfinhava do que em outros oito nadadores que não faziam esse tipo de movimentação. Na Nova Zelândia, Sanders (1996) também percebeu quantidades significativas de ondulação entre nadadores de Peito de nível nacional.

Com relação ao nado Borboleta, Sanders, Cappaert e Devlin (1995) sugeriram que "a energia resultante da elevação da parte superior do corpo era reutilizada para ajudar na propulsão ou para reduzir o arrasto" quando o corpo descia para a água. Segundo eles, quando os nadadores de Borboleta levantam a cabeça e os ombros para fora da água durante a braçada, dão início a uma situação em que os movimentos descendentes subsequentes dessas partes do corpo de volta à água começam um somatório de forças ondulatórias que resulta na produção de mais força pela batida de pernas para baixo na golfinhada. Esses pesquisadores descreveram essa forma de propulsão como *onda corporal*, que não deve ser confundida com propulsão ondulatória. A onda corporal é causada pelos movimentos ondulatórios do corpo do nadador, já a propulsão ondulatória envolve a propulsão decorrente da ação ondulatória da água.

A nadadora na Figura 3.23 inicia a onda corporal deixando a cabeça cair imediatamente antes de as mãos entrarem na água. Esse movimento é seguido pelo movimento descendente dos ombros, pela elevação dos quadris e, finalmente, pela extensão das pernas durante a batida de pernas para baixo da primeira golfinhada. Como mencionado antes, a natureza sequenciada desses movimentos ondulatórios pode gerar uma onda corporal ou um somatório de forças que se move para trás, da cabeça até os pés, gerando uma quantidade adicional de força propulsiva durante a batida de pernas para baixo da primeira golfinhada.

A onda corporal é um conceito difícil de ser visualizado e ainda mais difícil de ser aceito. No entanto, ela deve estar atuando aqui. Ao se observar nadadores de Borboleta, certamente se pode ver que o movimento descendente dos braços, da cabeça e dos ombros precede a ondulação ascendente dos quadris, que, por sua vez, precede a maior extensão das pernas para baixo. Consequentemente, os nadadores de Borboleta, e talvez os de Peito, podem de fato utilizar a ondulação sequenciada de partes do corpo para melhorar a propulsão. No entanto, não devemos desconsiderar que o efeito da gravidade também pode desempenhar um papel na melhora da propulsão. Depois que os nadadores de Borboleta e de Peito levantam a cabeça e os ombros para fora da água para respirar, o efeito da gravidade pode acelerar sua entrada outra vez na água, o que poderá tracionar os quadris e as coxas para cima e para frente, acelerando ou simplesmente mantendo a velocidade frontal nesse processo.

Onda corporal reversa

Como mencionado anteriormente neste capítulo, a fase final da batida de pernas para baixo da golfinhada pode ser um mecanismo de propulsão, o qual denominei de *onda corporal reversa*, simplesmente porque o termo *onda corporal* já havia sido adotado por Sanders et al. A onda corporal reversa pode operar da maneira ilustrada na Figura 3.24.

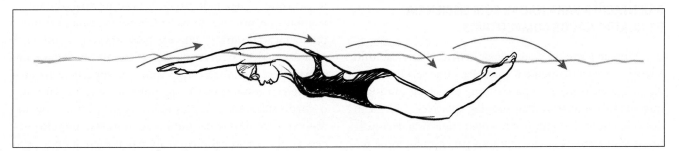

Figura 3.23 Onda corporal na Natação.

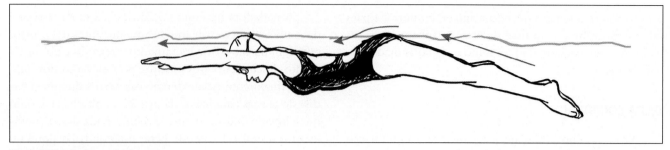

Figura 3.24 Onda corporal reversa.

Quando nadadores de Borboleta executam a pernada para baixo, a força descendente gerada pelas pernas moverá os quadris para cima e para frente através da água. Quando os quadris ultrapassam seu pico de ondulação ascendente e começam a descer, a força descendente normalmente teria o efeito de empurrar a cabeça e os ombros mais para baixo, para dentro da água. Contudo, se o nadador estender os braços para frente e levantar a cabeça e o tronco até uma posição horizontal, a força descendente dos quadris deverá empurrar o corpo para frente na mesma direção em que as mãos e o tronco estão se movendo. Isso, claro, é exatamente o que os nadadores de Borboleta habilidosos fazem durante essa fase da braçada. Um aspecto fundamental na sincronização das braçadas consiste em começar o deslizamento das mãos para fora e ligeiramente para cima e olhar para cima exatamente no momento em que os quadris ultrapassam seu pico de ondulação ascendente e começam a baixar. Nadadores de Peito que utilizam um estilo ondulatório também deslizam as mãos e os braços para fora e olham para cima precisamente no momento em que os quadris ultrapassam seu pico de ondulação ascendente e começam a baixar.

O possível efeito da gravidade na propulsão também não deve ser desprezado a essa altura. Depois que nadadores de Borboleta e de Peito erguerem a cabeça e os ombros para fora da água para respirar, o efeito da gravidade pode acelerar a queda dessas partes de volta à água. Esse movimento, por sua vez, pode tracionar os quadris e as coxas para cima e para frente, acelerando-os no processo.

ORIENTAÇÕES PARA NADAR COM EFICIÊNCIA OS QUATRO NADOS COMPETITIVOS

Grande parte do material apresentado neste capítulo é teórica e extremamente técnica. Para que seja útil a nadadores e treinadores, é preciso que ele seja resumido e formulado em termos mais simples, aplicáveis à Natação de competição. A seguir é apresentada uma lista de aspectos fundamentais a serem aplicados para a redução da resistência da água e o aumento da força propulsiva.

Fundamentos para a redução do arrasto resistivo

- *Mantenha o alinhamento lateral nos nados Crawl e de Costas*, girando o corpo em torno de seu eixo longitudinal em sincronização com os movimentos descendentes e ascendentes dos braços. O corpo todo deve girar, da cabeça aos pés, como um conjunto único. Jamais se deve tentar manter uma parte – os quadris ou as pernas, por exemplo – em uma posição plana enquanto os braços e ombros se movimentam para cima e para baixo.

- *Para reduzir o arrasto de forma, sempre que possível mantenha a cabeça alinhada com o tronco.* O único momento em que a cabeça deve estar fora do alinhamento é quando ela é levantada para fora da água para que o nadador possa respirar nos nados Borboleta e de Peito. A cabeça deverá permanecer alinhada com o tronco quando o nadador fizer a rotação lateral para respirar no nado Crawl.

- *Mantenha o alinhamento horizontal, nadando dentro da água, não acima dela.* Qualquer esforço para elevar a cabeça e os ombros acima da água apenas aumentará os arrastos ondulatório e de forma. Os nados Borboleta e de Peito são as únicas exceções, pois os nadadores precisam levantar a cabeça e os ombros para fora da água para respirar. No entanto, mesmo nesses nados é preciso que o corpo seja mantido em uma posição horizontal durante as fases propulsivas da braçada e da pernada, pelo menos quando isso for possível.

- *A ondulação do corpo é essencial para a propulsão do nado Borboleta e, em menor grau, para a propulsão do nado de Peito; mas ela não deve ser excessiva.* O nadador deve erguer a cabeça e os ombros para fora da água o suficiente para que ocorra redução do arrasto resistivo durante a respiração e, no caso do nado Borboleta, para permitir a recuperação do braço sem que haja arrasto para frente. A ondulação deve ocorrer na superfície ou imediatamente abaixo dela, até uma posição acima da superfície, na qual será feita a respiração. O nadador não deve impulsionar o corpo submerso simplesmente com o intuito de aumentar a amplitude da ondulação, pois esse impulso excessivo do corpo para baixo apenas aumentará o arrasto de forma.

- *Todos os movimentos de entrada e de recuperação de braços e pernas devem ser suaves e homogêneos para que ocorra redução do arrasto de empuxo.* Sempre que possível, o nadador deverá manter os membros dentro da área de secção transversal do corpo ao entrar na água, deslizando-os para frente com as superfícies menores e mais afiladas – as pontas dos dedos – voltadas para frente.

- *As primeiras fases das braçadas subaquáticas – batida de pernas para baixo e batida de pernas para fora – não têm efeito propulsivo. Assim, esses movimentos devem ser executados de maneira suave e homogênea para que o arrasto de empuxo seja mínimo.* O movimento deve ser conduzido pelas superfícies menores e mais afiladas das mãos e dos braços – as pontas dos dedos – quando o nadador as deslizar para baixo e para fora durante as fases de batida de pernas para baixo e batida de pernas para fora em todos os quatro nados competitivos.

- *Não dê a pernada com profundidade, altura ou amplitude maiores que as necessárias para gerar uma quantidade ideal de força propulsiva.* Pernadas excessivamente amplas e profundas aumentarão o arrasto de empuxo e poderão prejudicar o alinhamento horizontal e lateral. Pernadas executadas muito para cima impelirão o corpo para baixo. Sempre que possível, o nadador deve manter um afastamento ideal das pernas, para que elas fiquem dentro da área de secção transversal do torso, tanto lateral como verticalmente.

- *Não mobilize as pernas até uma posição fletida na pernada de adejamento e na golfinhada.* As pernas devem se deslocar para cima apenas até o nível do corpo durante a batida de pernas para cima na pernada de adejamento e na golfinhada (batida de pernas para baixo no nado de Costas). O restante do movimento ascendente deve ocorrer durante a próxima batida de pernas para baixo (batida de pernas para cima no nado de Costas). A flexão das pernas nesse momento pode dar a impressão de que a batida de pernas para cima ainda está sendo executada, mas essa flexão deve ocorrer quando as coxas estiverem de fato empurrando para baixo. A água que ocupa o espaço abaixo das pernas relaxadas empurrará o corpo para cima até uma posição fletida, até que os joelhos comecem a se estender. Durante a recuperação das pernas no nado de Peito, o nadador deverá fazer o mínimo esforço muscular necessário para flexionar as pernas para frente.

Orientações para aumentar a força propulsiva

- *Sempre espere até ter obtido uma posição de agarre com cotovelo alto antes de aplicar força para trás contra a água.* Nadadores inexperientes tentam aplicar força quando os braços estão voltados para baixo ou contra a água. Eles precisam aprender a esperar até que a parte inferior dos braços e as palmas das mãos estejam posicionadas de modo a empurrar a água para trás, antes de começar a aplicar força. As mãos e os braços do nadador devem se deslocar por aproximadamente um terço da braçada subaquática, antes de ele começar a empurrar a água para trás.

- *Os braços devem estar fletidos em aproximadamente 90° ao ser executado o agarre e não devem ser mais estendidos ou fletidos (em qualquer grau significativo) durante as fases propulsivas dos movimentos que se seguem.* Em outras palavras, o nadador deve formar um remo em forma de bumerangue com a parte inferior dos braços e das mãos ao executar o agarre e pressionar a água para trás ao longo de todo o movimento, sem mudar significativamente a forma dos braços. Dessa maneira, o trabalho de propulsão para frente será realizado pelos grandes músculos adutores e extensores dos ombros e torso, e não pelos pequenos grupos musculares que tendem a fazer a rotação dos antebraços e das mãos. A única exceção a essa regra ocorre no nado de Costas, no qual os braços se estendem para trás e para baixo das coxas durante a fase propulsiva dos movimentos.

- *Mantenha a palma da mão e a parte inferior do antebraço alinhadas, como se formassem uma unidade não articulada, durante as fases propulsivas dos diversos tipos de braçadas.* A tendência a girar a mão para dentro e para fora antes de o braço seguir na mesma direção e a tendência a flexionar ou estender excessivamente a mão durante a fase propulsiva da braçada são dois dos erros mais comuns cometidos pelos nadadores. As mãos de fato giram durante as diversas braçadas subaquáticas, mas isso só acontece porque elas estão voltadas para a direção do movimento dos braços. Essa rotação não é iniciada pela rotação da palma da mão e depois acompanhada pelo braço. Os nadadores devem manter as palmas das mãos alinhadas com a parte inferior dos antebraços, permitindo que a direção do movimento dos braços dite a orientação das mãos.

- *Sempre dê braçadas em padrões diagonalmente para trás durante as fases propulsivas das braçadas subaquáticas.* Embora o arrasto seja provavelmente a força propulsiva dominante na Natação, tracionar e impulsionar os braços diretamente para trás através da água não resultará em maior distância por braçada, tampouco em uma velocidade frontal mais rápida. Um nado efetivo exige desvios da aplicação de força diretamente para trás, por todas as razões descritas neste capítulo e no Capítulo 1.

- *A velocidade das mãos deve acelerar em pulsos a cada mudança importante na direção das mãos, desde o momento em que executam o agarre até o final de cada braçada subaquática.* As mãos aceleram em pulsos durante as braçadas subaquáticas, reduzindo a velocidade ser feita a transição de uma varredura para a outra e acelerando em seguida até o próximo ponto de transição. Entretanto, a velocidade das mãos realmente acelera do início até o final das fases propulsivas. Embora acelerem e desacelerem em pulsos, as mãos jamais deverão atingir a velocidade máxima até que estejam próximas do final da fase propulsiva de uma braçada subaquática.

■ *Os esforços propulsivos deverão cessar quando as mãos se aproximarem das pernas em sua trajetória em direção à superfície.* Muitos nadadores cometem o erro de empurrar a água até que as mãos cheguem à superfície. Como os braços estarão voltados demasiadamente para cima depois de terem passado pelas pernas, a aplicação de força nesse momento não irá gerar qualquer propulsão adicional; em vez disso, irá impulsionar o corpo para baixo, desacelerando, assim, a velocidade frontal.

Capítulo 4
Nado Crawl

Novo nesta edição:

- Descrição do nado Crawl com base na propulsão dominada pelo arrasto resistivo.
- Discussão de diferentes estilos de agarre e as vantagens e desvantagens de cada um.
- Novos exercícios para a técnica do nado Crawl.

O nado Crawl, ou nado Livre, evoluiu até se constituir no mais rápido dos quatro nados competitivos. Um ciclo desse nado consiste em uma braçada direita, uma braçada esquerda e um número variável de pernadas. Para efeito de descrição, cada braçada foi dividida em cinco fases distintas: (1) entrada e deslize, (2) varredura para baixo, (3) agarre, (4) varredura para dentro e (5) varredura para cima e recuperação. No que tange à relação entre braçadas e pernadas, os nadadores utilizam diversos ritmos, sendo o de seis batidas o mais comum. Nesse ritmo, o nadador executa seis pernadas completas durante cada ciclo de braçadas. Uma pernada completa envolve uma batida de pernas para cima e uma batida de pernas para baixo. Outras combinações de pernadas por ciclo de braçadas são o ritmo de duas batidas, o ritmo cruzado com duas batidas, o ritmo de quatro batidas e o ritmo cruzado com quatro batidas.

Os diversos aspectos do nado Crawl serão descritos nas próximas seções. Inicialmente será apresentada uma discussão sobre os padrões de braçadas e os traçados da velocidade do centro de massa, fornecendo informação sobre como cada parte da braçada contribui para a propulsão. Em seguida, serão descritas a braçada, a pernada de adejamento e a sincronização entre braços e pernas, e, depois, a posição do corpo e as técnicas de respiração. Serão então comentados os erros comumente cometidos por atletas desse nado. As duas últimas seções trazem exemplos de exercícios para melhorar o nado Crawl e os padrões de respiração utilizados pelos nadadores nos diversos tipos de prova.

PADRÕES DE BRAÇADAS E DE VELOCIDADE

Tradicionalmente, os padrões de braçadas têm sido desenhados pela plotagem do movimento dos dedos médios dos nadadores durante os movimentos de braçadas subaquáticas. Esses padrões também são traçados a partir de dois pontos de vista: em relação a um ponto fixo na piscina e em relação ao corpo do nadador.

Os padrões de velocidade frontal ilustram as mudanças na velocidade frontal do centro de massa do nadador durante um ciclo de braçadas completo. Os padrões de velocidade das mãos, colocados em gráficos de acordo com a velocidade dos dedos médios dos nadadores durante as braçadas subaquáticas, ilustram as várias mudanças na velocidade das mãos e sua relação com a velocidade frontal durante a braçada subaquática. Essas velocidades são tridimensionais, visto que são somatórios algébricos dos movimentos das mãos em todas as direções de deslocamento em determinada fase da braçada. Exemplificando, um valor para a velocidade da mão durante a última fase da varredura para dentro é uma combinação das velocidades da mão do nadador para dentro, para cima e para trás.

Padrões de braçadas

A Figura 4.1 ilustra as vistas frontal, lateral e inferior dos padrões de braçadas do nado Crawl. Esses padrões, em particular, pertencem a Tom Jager, recordista mundial dos 50 m nado Crawl. Eles foram desenhados em relação a um ponto fixo na piscina e são muito parecidos com os padrões utilizados pela maioria dos nadadores de classe mundial praticantes desse nado. Os diversos padrões de-

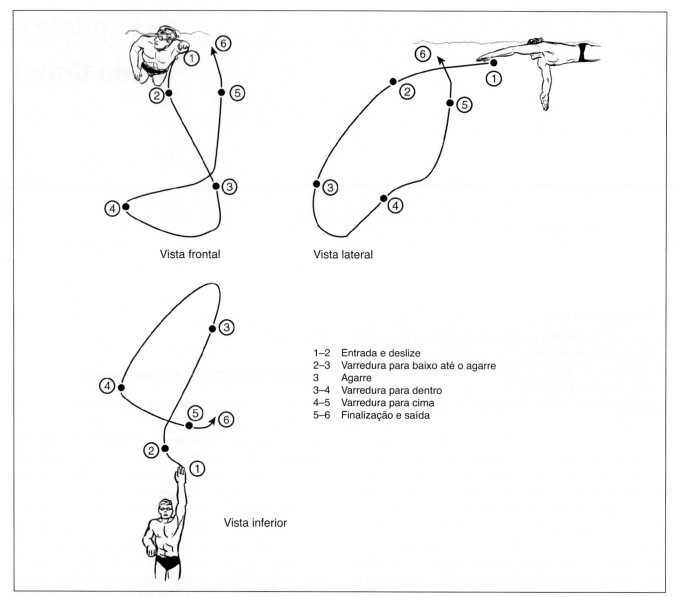

Figura 4.1 Padrões típicos de braçadas para o nado Crawl; vistas frontal, lateral e inferior. Esses padrões foram desenhados com base em dados fornecidos por Tom Jager, recordista mundial dos 50 m nado Crawl.

monstram claramente a extensão com que os praticantes do nado Crawl utilizam movimentos diagonais de braçadas para a propulsão. Os pontos numerados nos padrões de braçadas designam o início e o fim de cada fase da braçada subaquática.

Na Figura 4.1, a mão esquerda de Jager entra na água quando sua mão direita se encontra abaixo do corpo, na metade da braçada. O nadador desliza o braço esquerdo para frente com bom alinhamento e imediatamente abaixo da superfície da água enquanto completa a fase propulsiva da braçada direita. Essa fase da braçada esquerda foi chamada de *entrada e deslize*. Trata-se de uma braçada não propulsiva, que deve ser executada com a máxima preocupação na tentativa de reduzir o arrasto de empuxo de modo que a propulsão com o braço direito não fique comprometida. Observe que o braço de Jager desliza para dentro, em direção à linha média do corpo, e também para frente. Esse movimento proporciona melhor hidrodinâmica ao braço durante a entrada e o deslize.

Jager começa movimentando a mão esquerda para baixo no instante em que termina a fase propulsiva da braçada direita. Essa fase não propulsiva foi denominada *varredura para baixo*. Sua finalidade é mover o braço até uma profundidade suficiente para que as partes inferiores do braço e do antebraço e a palma da mão possam ficar voltadas para trás, de modo que possam aplicar uma força propulsiva efetiva. O ponto em que isso ocorre é chamado *agarre*.

Como se pode ver, o braço de Jager também se movimenta para frente e ligeiramente para fora durante a varredura para baixo. O movimento para frente permite ao nadador avançar mais para frente antes de começar a aplicar força propulsiva, o que aumenta sua distância por braçada. O ligeiro movimento para fora permite ao atleta posicionar o braço para trás mais cedo durante a varredura para baixo, permitindo que a propulsão também tenha início.

Tão logo o nadador tenha alcançado a posição de agarre, os padrões de braçadas demonstram que Jager executa um movimento circular complexo que conduz sua mão para trás e por baixo do corpo. Essa fase foi chamada de *varredura para dentro* e é a primeira fase propulsiva da braçada subaquática. Ao iniciar a varredura para dentro, o nadador começa a pressionar o braço para trás, mas continua a movimentação para baixo e para fora durante curta distância antes de mudar a direção para dentro e para cima. Esse artifício de arredondamento da braçada ajuda Jager a suplantar a inércia durante a mudança de direção. A mão e o braço continuam a se movimentar para trás, para dentro e para cima até que a mão esteja por baixo do peito.

Nesse momento, ocorre outra transição – o *arredondamento*. A direção da mão muda, adotando uma orientação para fora, para trás e para cima, em um movimento que denominei de *varredura para cima* e que constitui a segunda fase propulsiva da braçada. A varredura para cima continua até que a mão do nadador se aproxime da parte anterior da coxa, quando então sua direção muda. O movimento que antes era para trás e para cima passa a ser para cima e para frente. Uma mão que se movimenta para frente não pode gerar propulsão. Consequentemente, o nadador faz a finalização e desliza a mão para cima, para fora e para fora da água até a posição de entrada da próxima braçada subaquática.

Gráficos de velocidade frontal e de velocidade das mãos

Gráficos desse tipo nos ajudam a entender os momentos em que o nadador aplica força propulsiva durante as braçadas subaquáticas e quais são as velocidades que poderão ser alcançadas em decorrência de seus esforços propulsivos.

Gráfico de velocidade frontal

A Figura 4.2 traz um gráfico típico de velocidade frontal. O nadador é Francisco Sanchez, atual campeão da NCAA nas 50 jardas nado Crawl e três vezes campeão mundial nos 50 e 10 m Crawl em piscina curta. Sanchez exibe um padrão de velocidade de dois picos, o qual acre-

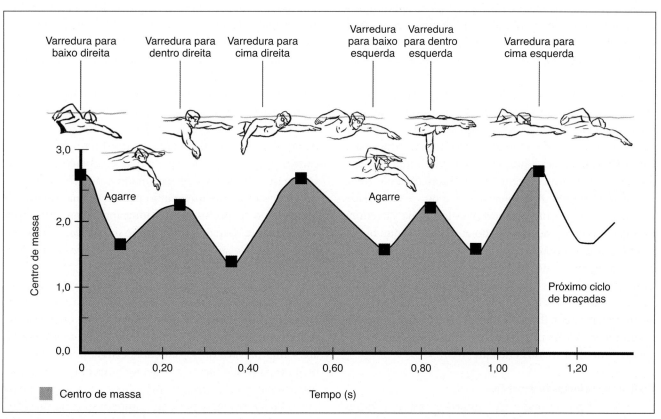

Figura 4.2 Traçado de velocidade frontal para a braçada do nado Crawl. O nadador é Francisco Sanchez, campeão mundial (piscina curta) e campeão da NCAA nos 50 e 100 m Crawl.

dito que seja o método mais efetivo a ser utilizado pelos nadadores.

O gráfico começa quando Sanchez inicia a recuperação do braço esquerdo e a varredura para baixo com o braço direito. Sua velocidade frontal declina em aproximadamente 1 m/s durante a varredura para baixo do braço direito. Esse declínio é inevitável, porque o nadador deve posicionar o braço para o agarre antes que possa começar a acelerar o corpo para frente. Qualquer tentativa de começar a aplicação de força propulsiva mais cedo na varredura para baixo apenas resultaria em maior perda de velocidade. A redução na velocidade – cerca de 1 m/s, que ocorre em 0,10 s – é ligeiramente maior do que o normal para os nadadores de classe mundial. Miyashita (1997) relatou ter observado decréscimos na velocidade de 0,5 a 0,8 m/s para praticantes do nado Crawl experientes.

Sanchez começa a aceleração do corpo para frente com a braçada direita no momento do agarre e continua acelerando durante a maior parte da varredura para baixo que vem em seguida. Outro declínio (também normal) na velocidade frontal ocorre entre a transição da varredura para dentro e a varredura para cima, quando o nadador muda a direção do braço direito (de dentro para fora). Conforme mencionado anteriormente, essa desaceleração também é inevitável se o nadador pretender atingir um pico propulsivo durante a varredura para cima, como o ilustrado na Figura 4.2. Alguns atletas aplicam força em linha reta nas varreduras para dentro e para cima, resultando na ocorrência de um pico em ambas as varreduras. Esse estilo propulsivo de *um pico* será discutido mais adiante.

Sanchez faz a finalização com o braço direito quando o corpo alcança a velocidade de pico frontal durante a varredura para cima. O braço esquerdo, que fez a entrada na água mais cedo, começa então sua varredura para baixo. O padrão para a braçada esquerda é muito parecido com o da braçada direita, mas existem algumas diferenças importantes. A primeira delas é que a velocidade declina mais e por um período mais longo na varredura para baixo com o braço esquerdo. A segunda é que os picos propulsivos durante as varreduras para dentro e para cima são ligeiramente mais baixos e têm duração menor. Obviamente, no que diz respeito à propulsão, a braçada esquerda não é tão efetiva quanto a braçada direita, uma assimetria apresentada por todos os nadadores que testei. Comumente – mas nem sempre – o braço esquerdo é o agente propulsor menos eficiente.

Gráficos de velocidade das mãos

Os gráficos ilustrados na Figura 4.3 exibem padrões de velocidade das mãos e de velocidade frontal para Carrie Steinseifer, co-vencedora da medalha de ouro dos 100 m Crawl na Olimpíada de Verão de 1984 em Los Angeles.

A velocidade das mãos da nadadora variou de aproximadamente 1,8 m/s em seu ponto mais baixo até 4 m/s em seu ponto mais alto. Observe que os aumentos e decréscimos na velocidade das mãos ocorrem em pulsos, que correspondem a cada uma das fases principais de sua braçada: varredura para baixo, varredura para dentro, varredura para cima e recuperação. O braço desacelera durante cada mudança importante de direção, de uma fase da braçada para a fase seguinte e, em seguida, acelera ao longo de toda a fase subsequente até o início da transição para a próxima fase. Observe também que esses aumentos e decréscimos na velocidade das mãos espelham acelerações e desacelerações da velocidade frontal.

Além do que acabamos de mencionar, existem vários outros aspectos interessantes sobre esses gráficos de velocidade das mãos e de velocidade frontal. O primeiro deles diz respeito ao intervalo de tempo entre a entrada da mão na água e o início da varredura para baixo. Na Figura 4.3, os gráficos de velocidade das mãos de Carrie Steinseifer apresentam um intervalo de 0,20 a 0,30 s entre esses movimentos. Isso indica que os nadadores de Crawl não começam a movimentar os braços imediatamente até a posição de agarre ao entrarem na água. Em vez disso, eles intuitivamente optam por colocar o braço em uma posição hidrodinâmica à frente até que tenham completado a fase propulsiva da braçada precedente. Só então começam a fazer a varredura para baixo, para executar o agarre.

Um segundo aspecto dos gráficos de velocidade das mãos na Figura 4.3 que revela uma questão técnica importante diz respeito à perda de velocidade das mãos durante a varredura para baixo de cada braçada. As velocidades das mãos de Carrie declinam até se aproximarem da velocidade frontal durante a varredura para baixo de cada braço. Isso significa que a mão e o braço estão praticamente imóveis ao ser executado o agarre. Na verdade, eles estão se movimentando para frente na mesma velocidade do corpo, que está empurrando essas partes para frente. Não é demais enfatizar que *os nadadores devem esperar até que tenham estabelecido um bom agarre antes de tentar aplicar força propulsiva com os braços*.

Outro ponto interessante é que Carrie acelera as mãos apenas moderadamente durante a varredura para dentro. As velocidades das mãos alcançam cerca de 3 m/s na varredura para dentro, mas a nadadora é capaz de acelerá-las até 4 m/s na varredura para cima. Carrie pode estar graduando propositalmente a aceleração dos braços, de modo que atinjam a velocidade de pico durante a varredura para cima. Por outro lado, pode ser também que, na varredura para dentro, Carrie não seja capaz de acelerar as mãos

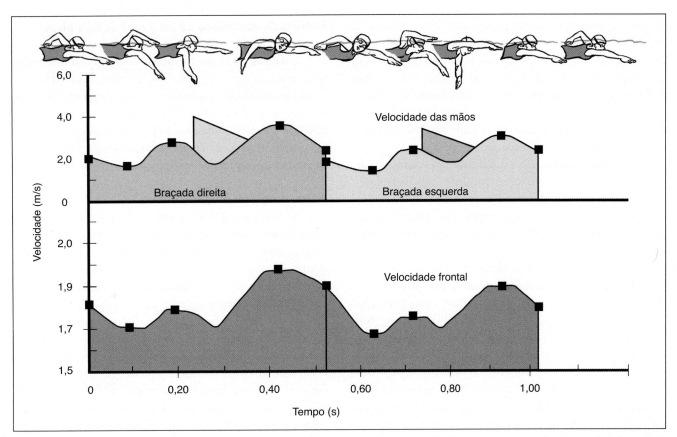

Figura 4.3 Exemplo de padrões de velocidade do corpo e das mãos para o nado Crawl de Carrie Steinseifer, cocampeã dos 100 m Craw nos Jogos Olímpicos de 1984.

até a mesma velocidade de pico atingida durante a varredura para cima. O braço é utilizado como parte do "remo", formado também pela mão durante a varredura para dentro, ao passo que na varredura para cima apenas o antebraço e a palma da mão pressionam a água para trás. Talvez a área de superfície adicional proporcionada pelo braço reduza a velocidade de pico da mão durante a varredura para dentro.

As velocidades das mãos de Carrie Steinseifer imediatamente antes de deixarem a água demonstram um aspecto técnico importante que vai contra os ensinamentos tradicionais. Observe que a velocidade da mão diminui tão logo o corpo tenha atingido sua velocidade de pico frontal na varredura para cima. Essa desaceleração ocorre enquanto a mão ainda está dentro da água e nos fornece evidência convincente de que os nadadores não tentam impulsionar a água para trás até que as mãos tenham chegado à superfície. Caso tentassem tal movimento, as velocidades das mãos continuariam a acelerar até saírem da água.

Uma revelação final sobre a técnica da braçada, evidente pela análise dos padrões de velocidade frontal nas Figuras 4.2 e 4.3, diz respeito à diferença na propulsão gerada pelas braçadas direita e esquerda. Tanto Sanchez como Steinseifer obtêm mais propulsão com suas braçadas direitas. Durante as respectivas varreduras para baixo, os "vales" para as braçadas esquerdas são mais profundos e longos do que os "vales" para as braçadas direitas. Os picos propulsivos das braçadas esquerdas também têm menor magnitude e duração do que os do lado direito.

Desconheço a razão, ou as razões, para essas diferenças de propulsão. A explicação mais óbvia seria que elas são decorrentes de diferenças na força entre os braços direito e esquerdo. Mas tenho dúvidas acerca da validade dessa explicação. Já testei diversos nadadores com vários testes de força dos braços, tanto em terra como na água, e comparei os achados com gráficos de velocidades de suas propulsões frontais. Esses testes não demonstraram que o braço mais fraco era sempre o menos propulsivo dos dois.

Outra explicação possível tem a ver com a respiração e a posição do corpo. Comumente, o braço menos propulsivo é o do lado em que o nadador não respira. É possível que os nadadores precisem usar parte da força gerada pelo braço no lado não respiratório para realinhar o corpo depois de terem respirado. Outra explicação ainda mais plausível é que os nadadores não realinham o corpo adequadamente depois de terem respirado e, portanto, perdem um pouco de força propulsiva ao comprometerem a técnica desse braço. Depois da respiração, é grande o número de nadadores que não fazem o rolamento do corpo de volta para além da linha média, na direção do lado não respiratório. Consequentemente, esses atletas têm de impulsionar o braço no lado não respiratório em uma direção mais transversal ao corpo, para que o braço seja conduzido até abaixo da linha média. Além disso, os nadadores têm de movimentar mais amplamente o braço durante a varredura para cima para liberar o quadril quando o braço sai da água. Essas duas ações podem reduzir a força propulsiva dessa braçada.

Na minha opinião, a não efetivação do rolamento do corpo de maneira igual para os dois lados nos dá a explicação para as diferenças na eficácia propulsiva entre as duas braçadas. Mas não serve como explicação completa, porque foram constatadas diferenças propulsivas entre os dois braços nos nados Borboleta e de Peito, nos quais os nadadores não usam a rotação do corpo. Isso me fez acreditar que também pode haver envolvimento de uma dominância lateral. Na verdade, esse pode ser o principal causador da assimetria propulsiva entre as braçadas direita e esquerda. Os nadadores provavelmente desenvolvem um sentido cinestésico refinado no braço que utilizaram mais vezes desde o nascimento – o chamado braço dominante. Como resultado, eles podem ser capazes de executar melhor as braçadas com o braço dominante e, assim, ganham mais propulsão com esse braço. Observações de braçadas de nadadores me fizeram perceber que o braço dominante comumente exibe menor número de bolhas à sua volta, além de dar a aparência de se movimentar ao longo das diversas varreduras com maior precisão – o que sugere uma braçada mais efetiva.

Se a dominância lateral é a principal razão para a assimetria propulsiva entre as braçadas direita e esquerda, exercícios especiais para aumentar a eficácia propulsiva dos braços não dominantes poderiam melhorar consideravelmente o desempenho do nadador. Tenho três sugestões de exercícios que poderão ajudar os nadadores a melhorar a mecânica e a resistência de suas braçadas não dominantes.

1. Praticar a Natação com um braço usando o braço não dominante.

2. Cerrar o punho com o braço dominante e nadar com a mão aberta no braço não dominante; assim, esse braço irá ser responsável pela maior parte da carga.

3. Concentrar-se em uma rotação praticamente igual para a direita e para a esquerda. Os nadadores devem girar para o lado não respiratório o suficiente para incentivar varreduras para dentro e para cima vigorosas com o braço desse lado. Natação com respirações alternadas é um bom exercício para essa finalidade. Esse exercício promove rotação igual do corpo para os dois lados, podendo ainda incentivar um melhor uso do braço não dominante. Os nadadores podem retornar à respiração em apenas um dos lados tão logo o braço não dominante tenha se transformado em um agente propulsivo mais eficaz.

Padrões de velocidade de um pico e de dois picos

Uma pesquisa com membros da equipe olímpica norte-americana de 1984 demonstrou que os nadadores de Crawl tendiam a se enquadrar em duas categorias de acordo com o modo como aplicavam força propulsiva (Maglischo et al. 1986; Schleihauf et al. 1988). Alguns nadadores tinham dois picos de aceleração durante cada braçada subaquática, enquanto outros exibiam apenas um.

Padrão de dois picos

As Figuras 4.2 e 4.3 ilustram padrões de dois picos. Os nadadores nessas figuras faziam dois picos de velocidade distintos durante cada braçada: um na varredura para dentro e outro na varredura para cima. Esses picos ficavam separados por um período de desaceleração na velocidade frontal que funcionava como transição entre uma fase da braçada e a fase seguinte. Atletas que praticam o estilo de dois picos geralmente movimentam a mão até a linha média do corpo e, com frequência, além dessa linha, resultando em uma varredura para dentro mais longa. Eles então devem movimentar a mão para fora (a partir dessa posição embaixo do corpo), o que proporciona uma varredura para cima também mais longa. Essas ações propiciam um pulso de propulsão mais longo durante cada fase da braçada. Lamentavelmente, o preço pago pelos nadadores por esses dois movimentos propulsivos longos é um período de transição, quando a velocidade frontal desacelera consideravelmente.

Padrão de um pico

A Figura 4.4 apresenta um padrão de velocidade de um pico. Nesse padrão, ocorre um grande pico de velocidade frontal durante as varreduras combinadas – para dentro e para cima – de cada braçada. Ao contrário do estilo de dois picos, não existe período de desaceleração entre as duas varreduras.

Nadadores que usam o estilo de um pico tendem a praticar um padrão de braçada menos diagonal. Eles movimentam menos as mãos para dentro durante a varredura para dentro e menos para fora durante a varredura para cima. Essas varreduras se transformam em um movimento praticamente contínuo, com pequena mudança na direção sob o corpo. A vantagem desse estilo é que os nadadores reduzem a perda de velocidade durante a transição entre a varredura para dentro e a varredura para cima. A desvantagem é que eles encurtam o comprimento da varredura para dentro e, em alguns casos, também o da varredura para cima. Consequentemente, não alcançam a mesma velocidade frontal durante essas fases.

Comumente, podemos perceber se o nadador está praticando um estilo de um pico ou dois pela quantida-

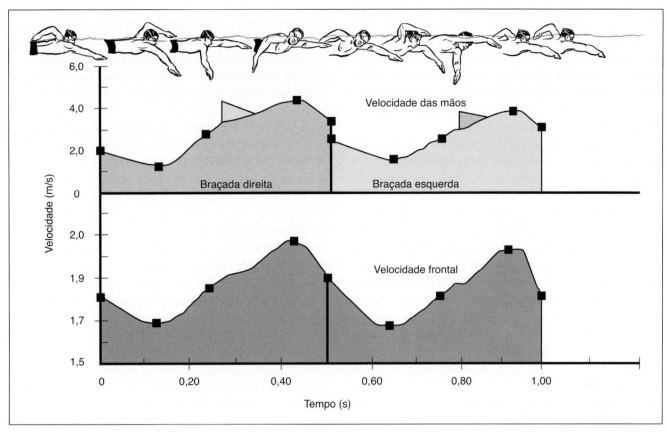

Figura 4.4 Padrão de velocidade frontal de um pico para o nado Crawl.

de de movimentação das mãos até embaixo do corpo. Obviamente, em atletas praticantes do estilo de dois picos o movimento das mãos até a área sob o corpo será mais prolongado durante a varredura para dentro.

O leitor pode estar se perguntando qual é o melhor estilo. Contudo, esse não é um julgamento fácil, porque ambos os estilos são utilizados por recordistas mundiais. Por exemplo, Matt Biondi foi um nadador praticante do estilo de dois picos, e Rowdy Gaines utilizava o estilo de um pico; e esses atletas foram, ambos, detentores de recordes mundiais e campeões olímpicos em provas de nado Crawl durante suas carreiras. Em última análise, o estilo mais efetivo para cada nadador será aquele capaz de gerar a maior velocidade média por braçada. Para alguns atletas, pode ser o estilo de um pico; para outros, o de dois.

Embora reais, afirmativas como essa frequentemente nos deixam em um dilema no que se refere a qual estilo deve ser ensinado aos nadadores de competição em desenvolvimento. Acredito que devemos ensinar o estilo de dois picos, pois esse método tem possibilidade de ser mais efetivo para a maioria dos nadadores. É mais provável que atletas praticantes desse estilo obtenham maior velocidade média por braçada, porque podem aplicar força propulsiva durante mais tempo, com menos esforço muscular. A maior posição diagonal do padrão de tração de dois picos deve proporcionar o potencial para uma distância maior por braçada. Além disso, atletas praticantes do estilo de dois picos não precisam acelerar tanto as velocidades das mãos e dos braços para adquirir a mesma aceleração para frente. Nadadores que usam o estilo de um pico ganham propulsão empurrando um segmento de água para trás com o braço em aceleração constante. Suas braçadas serão curtas e rápidas. Os praticantes do estilo de dois picos dão impulso contra um segmento de água até acelerá-lo; em seguida, passam para outro segmento mais lento, acelerando-o para trás. Assim, devem ser capazes de obter a mesma velocidade frontal com braçadas mais longas e mais lentas.

Por que alguns nadadores optam pelo estilo de um pico? A resposta óbvia é que tal estilo pode ser mais apropriado para o tipo físico específico desses nadadores. Entretanto, estou propenso a recusar argumentos como esse, por acreditar que os princípios da propulsão efetiva se aplicam a todos, independentemente do tipo físico. Na verdade, a escolha do estilo de um pico pode ser ditada por diversos outros fatores, alguns dos quais não implicam necessariamente que esta seja a melhor escolha.

Um desses fatores é o ritmo das pernadas. Parece haver uma tendência entre os nadadores com ritmos mínimos de pernadas a optar pelo estilo de um pico, talvez porque um menor número de pernadas permita uma maior velocidade de virada. Isso vale particularmente para as mulheres, que tendem a utilizar estilos de braçadas de um pico e pernadas com duas batidas. Atletas que utilizam maior número de pernadas por ciclo de braçadas podem tender para um estilo de dois picos porque essa técnica dá mais tempo para as pernadas.

Outra possibilidade é que os praticantes do estilo de um pico tenham sido ensinados em conformidade com a *teoria do impulso diretamente para trás*. Como consequência, muitos nadadores talentosos podem ter desenvolvido um estilo de um pico no início de suas carreiras e depois não foram capazes de mudar de estilo sem comprometer a fluidez de suas braçadas e, portanto, sua velocidade. Uma terceira possibilidade é que alguns atletas percebam intuitivamente a redução da velocidade frontal durante a transição entre as varreduras para dentro e para cima e, acreditando que isso não seja desejável, tentem eliminar essa redução diminuindo o movimento diagonal dos braços durante a varredura para dentro.

Afora a possibilidade de clonagem do nadador, é provável que jamais venhamos a saber se os praticantes do estilo de um pico seriam mais rápidos se utilizassem o estilo de dois picos. Como já foi dito, muitos nadadores podem não ser capazes de abandonar um estilo que já está sedimentado por anos de competição e quilômetros e quilômetros de treinamento sem perturbar a fluidez e reduzir a velocidade média das braçadas. Portanto, meu conselho seria: ensine aos nadadores jovens o estilo de dois picos, por ter potencial para ser superior ao estilo de um pico. Contudo, uma mudança dos estilos de braçadas de nadadores mais tarimbados, particularmente aqueles bem-sucedidos, deve ser abordada de maneira cautelosa.

BRAÇADA

Por uma finalidade didática, o padrão de braçadas foi dividido nas seguintes fases: entrada e deslize, varredura para baixo, agarre, varredura para dentro, varredura para cima, e finalização e recuperação. As Figuras 4.5 e 4.6 mostram os pontos-chave da braçada subaquática, em vistas laterais e frontais.

Entrada e deslize

Uma das mãos entra na água enquanto a outra está na metade da braçada. Então, o braço de entrada deve ser estendido diretamente para frente com o melhor alinhamento possível (ver Fig. 4.5 e-h). Para que seja conseguida a melhor hidrodinâmica, o corpo deve sofrer rotação para baixo no lado do braço de entrada, enquanto se realiza a extensão. Certamente, isso irá resultar na rotação do

corpo para cima, para o lado do braço que está executando a braçada, de modo que esse braço possa se movimentar para cima, ultrapassando os quadris e as pernas sem se deslocar demasiadamente em sua varredura para cima. Desse modo, o braço que está executando a braçada pode empurrar a água para trás com mais eficácia durante a varredura para cima, tornando o movimento mais propulsivo.

O braço que está fazendo a entrada deve mergulhar na água com suavidade e de maneira equilibrada, a fim de que o arrasto de empuxo seja reduzido. A mão deve entrar na água à frente da cabeça e no espaço entre a metade da cabeça e a ponta do ombro do lado da entrada. O braço deve estar ligeiramente fletido e a palma da mão voltada um pouco para fora, para que possa entrar lateralmente. As pontas dos dedos devem ser a primeira parte a entrar na água. Depois da entrada, para que a turbulência criada seja a menor possível, o braço deve deslizar para dentro da água através do mesmo espaço aberto pela mão.

Depois de ter entrado na água, o braço deve ser estendido para frente e para dentro, em direção ao meio do corpo, imediatamente abaixo da superfície. A palma da mão deve estar virada para baixo no momento em que o deslize estiver perto de ser completado, devendo ser estendida ligeiramente para frente e para dentro, de modo a permanecer dentro dos limites do corpo, lateral e verticalmente. Nesse tocante, o braço de entrada funciona como a proa de um navio, permitindo que os fluxos de água que se aproximam se dividam à sua volta. Com isso, irá ocorrer menor turbulência durante a passagem do corpo.

A extensão do deslize dependerá do grau de superposição entre o braço de entrada e o braço que está executando a braçada. Se um braço entra na água enquanto o outro está iniciando a varredura para dentro, o deslize será bastante longo. Mas, se o braço em recuperação entrar na água perto do final da varredura para dentro do braço que está executando a braçada, o deslize terá menor duração.

Alguns nadadores giram a palma da mão para dentro e para baixo durante o deslize. Outros a viram até que fique voltada para baixo ao final do deslize. Outros ainda mantêm a palma da mão voltada ligeiramente para fora ao deslizar o braço para frente. É provável que a rotação da palma da mão para baixo e para dentro seja o melhor método, desde que o deslize seja razoavelmente longo. Digo isso porque o deslize do braço em direção à linha média do corpo e a rotação da palma da mão para dentro incentivam uma melhor rotação do corpo, além de um posicionamento mais hidrodinâmico. Contudo, qualquer um dos métodos mencionados será satisfatório, desde que o corpo gire o suficiente e o braço fique confinado aos limites do corpo durante seu movimento para frente.

Capítulo 4 Nado Crawl 89

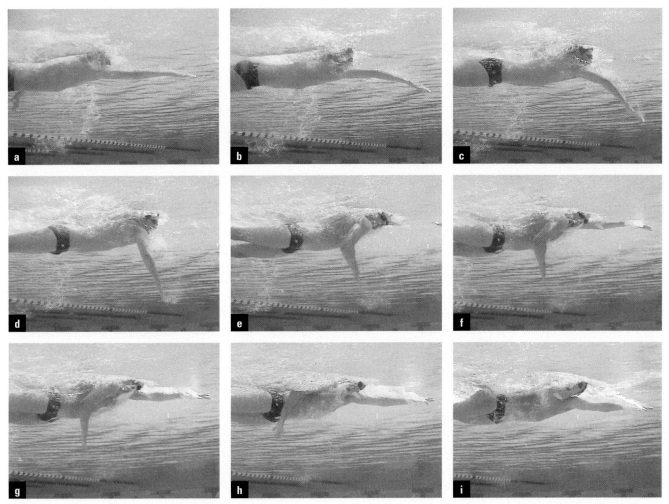

Figura 4.5 Vista lateral da sequência subaquática de Francisco Sanchez no nado Crawl. Sanchez foi campeão da NCAA nas 50 jd nado Crawl e três vezes campeão mundial nos 50 e 100 m Crawl (piscina curta).

(a) Final da varredura para cima com o braço esquerdo. Início da varredura para baixo com o braço direito.
(b) Varredura para baixo com o braço direito. Recuperação com o braço esquerdo.
(c) Agarre com o braço direito. Continuação da recuperação com o braço esquerdo.
(d) Metade da varredura para dentro com o braço direito. Continuação da recuperação com o braço esquerdo.
(e) Final da varredura para dentro com o braço direito. Entrada com o braço esquerdo.
(f) Transição entre varredura para dentro e varredura para cima com o braço direito. Deslize com o braço esquerdo.
(g) Varredura para cima com o braço direito. Continuação do deslize com o braço esquerdo.
(h) Final da varredura para cima com o braço direito. Continuação do deslize com o braço esquerdo.
(i) Recuperação com o braço direito. Início da varredura para baixo com o braço esquerdo.

A velocidade da mão deve diminuir desde a entrada e ao longo de todo o deslize, até que o braço simplesmente seja impulsionado para frente pelo corpo (que está se movimentando também para frente), já perto do final da fase propulsiva do outro braço.

Varredura para baixo

A principal finalidade da varredura para baixo é mover o braço até a posição de agarre. O movimento deve ser executado com a maior suavidade e rapidez possíveis, empregando para isso apenas a mínima força necessária para a movimentação da mão e do braço até a posição de agarre.

A varredura para baixo deve ter início no instante em que o nadador fizer a finalização com o outro braço. Ela começa com a flexão do punho, para que seja iniciada a movimentação da mão para baixo (ver Fig. 4.5 a e b). Em seguida, o braço é movimentado para baixo e para frente em um trajeto curvilíneo. É importante que o nadador mantenha a mão e o braço se movimentando para frente durante a varredura para baixo. Qualquer tentativa de impulsionar a água para trás resultará na clássica posi-

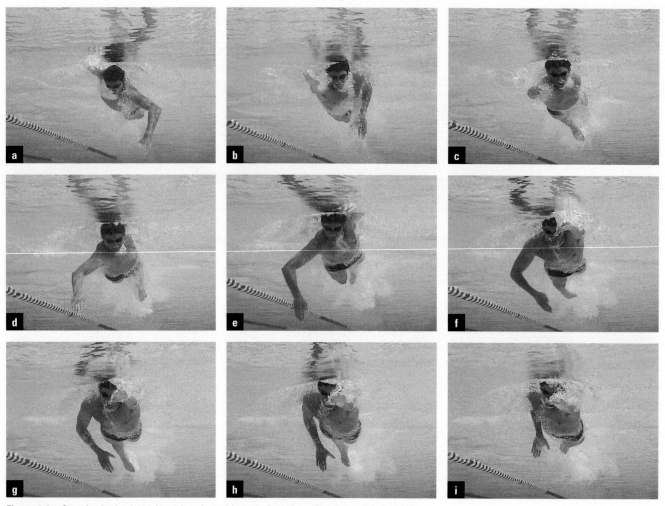

Figura 4.6 Sequência de vistas frontais subaquáticas de Francisco Sanchez no nado Crawl.

(a) Entrada com o braço direito. Varredura para dentro com o braço esquerdo.
(b) Deslize com o braço direito. Varredura para cima com o braço esquerdo.
(c) Início da varredura para baixo com o braço direito. Finalização e recuperação com o braço esquerdo.
(d) Agarre com o braço direito. Recuperação com o braço esquerdo.
(e) Metade da varredura para dentro com o braço direito. Entrada com o braço esquerdo.
(f) Final da varredura para dentro com o braço direito. Deslize com o braço esquerdo.
(g) Transição entre as varreduras para dentro e para cima com o braço direito. Continuação do deslize com o braço esquerdo.
(h) Metade da varredura para cima com o braço direito. Continuação do deslize com o braço esquerdo.
(i) Final da varredura para cima com o braço direito. Início da varredura para baixo com o braço esquerdo.

ção com "cotovelo caído", o que fará com que a mão e o braço empurrem a água para baixo com força desnecessária. Com isso, a velocidade frontal do nadador reduzirá ainda mais.

O braço deve ser fletido em seu deslocamento para baixo e permanecer assim até que o cotovelo se eleve acima da mão e a mão, o antebraço e o braço estejam alinhados e voltados para trás, na clássica posição de agarre com cotovelo alto.

Embora o braço se movimente ligeiramente para fora durante a varredura para baixo, o nadador deve ter o cuidado de ignorar esse aspecto do movimento. Essa movimentação da mão e do braço para fora tende a ocorrer naturalmente, como resultado da flexão do cotovelo. Em minha experiência, constatei que nadadores que se concentram no deslizamento do braço para fora em geral se excedem nessa fase da varredura para baixo e empurram muita água para fora.

O braço não deve ser pressionado para baixo além do necessário durante a varredura para baixo. O ideal é que ele permaneça paralelo à superfície e se movimente para fora, em direção à lateral, enquanto está totalmente flexionado. Mas muitos nadadores acreditam ser necessário pressioná-lo um pouco para baixo para reduzir a intensidade da rotação umeral na articulação do ombro, o que pode causar fricção nos diversos ligamentos e ten-

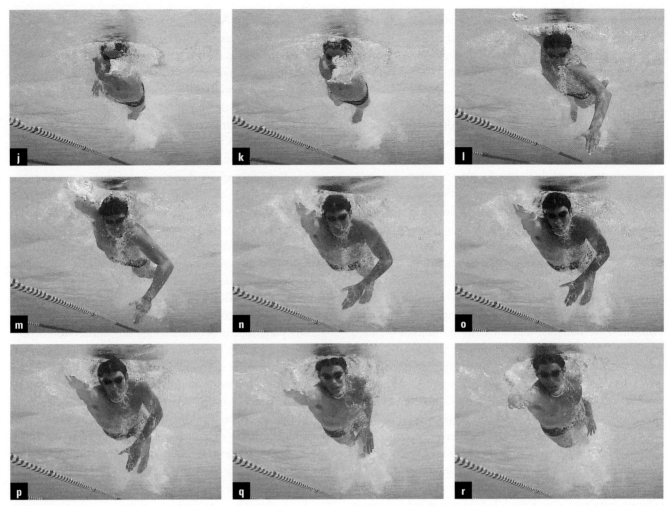

Figura 4.6 (continuação)

(j) Finalização com o braço direito. Início da varredura para baixo com o braço esquerdo.
(k) Varredura para baixo com o braço esquerdo. Recuperação com o braço direito.
(l) Agarre com o braço esquerdo. Entrada do braço direito.
(m) Metade da varredura para dentro com o braço esquerdo. Deslize com o braço direito.
(n) Final da varredura para dentro com o braço esquerdo. Continuação do deslize com o braço direito.
(o) Transição entre as varreduras para dentro e para cima com o braço esquerdo. Continuação do deslize com o braço direito.
(p) Varredura para cima com o braço esquerdo. Continuação do deslize com o braço direito.
(q) Final da varredura para cima com o braço esquerdo. Início da varredura para baixo com o braço direito.
(r) Finalização com o braço esquerdo. Continuação da varredura para baixo com o braço direito.

dões e, assim, levar à ocorrência de tendinite. Meu melhor conselho é: deslize o braço para baixo apenas o suficiente para reduzir a fricção no ombro. Isso manterá mínima a força do braço para baixo; e assim, o atleta evitará dores nos ombros.

As velocidades da mão e do braço irão acelerar ligeiramente no início da varredura para baixo, mas deverão diminuir novamente tão logo a varredura para baixo esteja em curso e até que a mão esteja praticamente imóvel ao ser executado o agarre.

Durante a varredura para baixo, o corpo continuará em rotação para baixo no lado da braçada, e em rotação para cima no lado da recuperação. O outro braço deixará a água e se deslocará durante a primeira metade da recuperação acima da água enquanto a varredura para baixo é executada.

Agarre

A posição de agarre da braçada direita está ilustrada nas Figuras 4.5c e 4.6d, em vistas frontal e lateral respectivamente. O agarre para a braçada esquerda é apresentado na Figura 4.6l. Ao executar o agarre, o cotovelo deve estar fletido em aproximadamente 90° e a mão, posicionada a uma profundidade razoável (50 a 70 cm) (Schleihauf et al. 1988; Deschodt, Rouard e Monteil 1996). O braço e a mão devem estar "fora" do ombro, voltados para trás e ligeiramente para fora. No momento do agarre, o nadador começa a primeira fase propulsiva da braçada subaquática – a varredura para dentro – pressionando o braço para trás e também para baixo.

Conforme mencionado antes, no momento do agarre, a palma da mão e a parte inferior do antebraço e do braço devem estar voltadas para trás e um pouco para fora. Mas, também nesse caso, a orientação da mão e do braço é o resultado natural da flexão do cotovelo durante a varredura para baixo, não devendo ser enfatizada.

Ao que parece, são três os estilos utilizados pelos nadadores durante a execução da varredura para baixo e do agarre. Esses estilos estão ilustrados nas Figuras 4.7 a e b e 4.8. As duas posições de agarre na Figura 4.7 são satisfatórias, mas não recomendamos a posição mostrada na Figura 4.8.

A posição de agarre mostrada na Figura 4.7a é a mais comum. Esse nadador não movimenta demais o braço para baixo. Em vez disso, ele o move para fora (i. e., para o lado) e flexiona rapidamente o cotovelo, de modo que o agarre possa ser executado com maior velocidade. Ao realizar o agarre, o braço do nadador está posicionado para fora (ou seja, para o lado), com o antebraço e a mão abaixo do braço e também consideravelmente "para fora" do ombro. Na posição de agarre ilustrada na Figura 4.7b, a nadadora rola para o lado e, assim, movimenta o braço até um nível mais profundo. Contudo, ela ainda movimenta o braço para fora (i. e., para o lado), executando o agarre com o cotovelo um pouco mais baixo na água e com a mão apenas ligeiramente "para fora" do ombro.

Tendo em vista que os dois estilos são comumente praticados por nadadores de classe mundial, é impossível recomendar prioritariamente qualquer um deles. Entretanto, posso especular acerca das vantagens e desvantagens de cada um. Uma vantagem significativa do estilo apresentado na Figura 4.7a é que o agarre pode ser executado rapidamente. Consequentemente, o período de desaceleração entre o final da fase propulsiva da braçada precedente e o início da fase propulsiva da braçada em execução poderá ser abreviado. Uma segunda vantagem é a diminuição do arrasto de empuxo, porque o braço não será impulsionado tão para baixo na água. A terceira vantagem é o fato de o braço ficar em posição para pressionar a água quase diretamente para trás, podendo assim proporcionar maior força propulsiva durante a varredura para dentro.

A principal desvantagem desse estilo – e, na verdade, uma desvantagem bastante séria – é que a cabeça do úmero sofre maior projeção para frente quando o agarre é executado com rapidez e desde uma posição alta. Assim, os nadadores com tendência à tendinite têm maior probabilidade de sofrer uma fricção dolorosa entre a cabeça do úmero e os tendões da articulação do ombro. A segunda possível desvantagem é que a fase propulsiva inicial da varredura para dentro ocorrerá longe dos limites do corpo.

Uma grande vantagem da varredura para baixo mais longa e profunda, como a mostrada na Figura 4.7b, é que essa técnica dificilmente provoca tendinite. A movimentação do braço para baixo até um nível um pouco mais profundo permite que o nadador mantenha o cotovelo alto sem projetar demais a cabeça do úmero para frente. A segunda vantagem é que praticamente toda a varredura para dentro é executada dentro dos limites do corpo, onde a aplicação de força propulsiva deve resultar em maior aceleração para frente.

As desvantagens desse estilo são opostas às vantagens do agarre alto. A varredura para baixo é mais longa, o que dá mais tempo para a desaceleração da velocidade frontal. Também é provável que o arrasto de empuxo aumente um pouco, porque o braço é pressionado até um ponto mais profundo na água. Além disso, ele terá que se deslocar ainda mais para cima em uma fase posterior da braça-

Figura 4.7 Dois estilos para o agarre. A fotografia em (a) ilustra uma posição de agarre alto, caracterizada por um cotovelo muito alto e o braço para fora do ombro. A fotografia em (b) ilustra outra posição de agarre popular, na qual o braço se movimenta mais para baixo e menos para fora, de modo que, ao ser executado o agarre, a mão fica apenas ligeiramente para fora do ombro.

Figura 4.8 A fotografia ilustra uma técnica inadequada para a execução do agarre. O braço do nadador está muito imerso na água e reto demais ao alcançar a posição de agarre. Isso aumentará o arrasto resistivo e reduzirá a propulsão durante a varredura para dentro seguinte.

da se for pressionado mais profundamente para executar o agarre. Portanto, parte da força propulsiva originada no braço poderá se perder, porque essa parte do corpo estará pressionando mais para cima.

A posição de agarre ilustrada na Figura 4.8 difere das duas descritas anteriormente em alguns aspectos importantes. Observe que o braço do nadador está profundamente imerso na água e praticamente em completa extensão. Embora seja utilizada por muitos nadadores, essa posição de agarre não pode ser recomendada por diversas razões. Em primeiro lugar, é provável que o nadador teria de impulsionar o braço e o antebraço para baixo por uma distância considerável antes de conseguir uma posição voltada para trás. A força descendente – não importa quão pequena possa ser – apenas irá impulsionar o corpo do atleta para cima, provocando uma desaceleração adicional em sua velocidade frontal. Tendo em vista que o braço se encontra em uma posição muito profunda, o nadador irá impulsioná-lo excessivamente para cima durante a varredura para dentro, aumentando o arrasto de empuxo e reduzindo a geração de força propulsiva no processo. Finalmente, quando o agarre for executado com o braço praticamente reto, o atleta tenderá a flexioná-lo excessivamente durante a varredura para cima, realizando mais um movimento de palmateio do que de impulsão. Isso reduzirá a força propulsiva que poderia ser gerada.

Varredura para dentro

A Figura 4.5 d e e apresenta a varredura para dentro de uma braçada direita em vista lateral. Esse movimento é mostrado também em vista frontal na Figura 4.6 e e f. O mesmo movimento, mas em uma braçada esquerda, está ilustrado na Figura 4.6 m e n.

A varredura para dentro tem início no agarre. Uma vez que a parte inferior do braço e a palma da mão estejam voltadas para trás na clássica posição do cotovelo alto, o nadador executa um movimento semicircular para trás, que continua até que a mão esteja abaixo do peito. A parte inferior do braço e do antebraço e a palma da mão devem formar um remo em forma de bumerangue, que é utilizado para empurrar a água para trás durante a varredura para dentro. Para que seja aplicada maior quantidade de força propulsiva, o atleta deve utilizar os grandes músculos das costas e dos ombros para pressionar a água para trás com o seu "remo".

A transição entre as varreduras para baixo e para dentro é efetuada com suavidade, dando continuidade ao movimento da mão para baixo e um pouco para fora que ocorre durante a varredura para baixo, ao mesmo tempo em que a direção do braço se altera (ele deixa de se mover para frente e passa a se movimentar para trás). Tão logo o braço esteja se movendo para trás, e se a inércia para frente tiver sido superada, ele também deverá ser levado para trás, para cima e para dentro, por baixo do peito, para que a varredura para dentro seja completada. A varredura para dentro termina quando o braço estiver voltado para trás, praticamente contra as costelas, e quando a mão estiver por baixo do peito e perto da linha média do corpo.

Durante a varredura para dentro, a orientação do braço irá mudar (de fora para dentro). Entretanto, isso não acontece porque o nadador palmateia para dentro, mas simplesmente porque a direção do braço – que era para fora e para trás – muda durante essa varredura, passando a ser para dentro e para trás. O movimento semicircular para trás e para dentro do braço deve ser de adução e ocorre na articulação do ombro. Durante essa adução, o antebraço e a palma da mão não devem fazer rotação interna (na articulação do cotovelo). Essas partes devem permanecer rigidamente alinhadas, do mesmo modo que estavam no momento do agarre, e não deve ocorrer torção no cotovelo, tampouco rotação ou supinação da palma da mão. Na varredura para dentro, o movimento de adução no nível da articulação do ombro irá mudar naturalmente, e no momento apropriado, a orientação do braço e da mão (de fora para dentro). Movimentos de palmateio apenas causarão cotovelo caído e perda de propulsão.

Na varredura para dentro, o braço não deverá fazer qualquer flexão. Ou seja, o agarre não deve ser executado com o braço estendido, ou quase estendido, e depois ser gradualmente flexionado durante a varredura para dentro. A flexão do braço durante essa varredura apenas resultará em cotovelo caído e perda de força propulsiva.

Como foi visto antes, o cotovelo deve ser flexionado em aproximadamente 90° na varredura para baixo e permancer assim, ou quase assim, durante toda a varredura para dentro. Em alguns casos, o grau de flexão pode aumentar ligeiramente durante a segunda metade da varredura para que o nadador posicione a mão e o antebraço mais apropriadamente na varredura para cima que vem a seguir. Contudo, qualquer aumento no grau de flexão do cotovelo deve ser mínimo.

A velocidade da mão deve aumentar moderadamente desde o início até o final da varredura para dentro. É comum que a velocidade da mão acelere de aproximadamente 1,5 m/s para algo em torno de 2,5 a 3 m/s ao final dessa varredura (Maglischo et al. 1986; Schleihauf et al. 1984).

A primeira parte da varredura para dentro é provavelmente a mais propulsiva. A força propulsiva tende a declinar durante a última parte, sendo utilizada principalmente para impulsionar o braço abaixo da linha média do corpo, onde a primeira fase da varredura para cima subsequente poderá ser executada de maneira mais efetiva. Os padrões de velocidade nas Figuras 4.2 e 4.3 demonstram aumento na velocidade frontal durante a primeira fase da varredura para dentro. Esse aumento é seguido por uma queda na velocidade durante a fase final, em que ocorre uma transição entre as varreduras para dentro e para cima. Os dois desenhos na Figura 4.9 demonstram como a força propulsiva é gerada na varredura para dentro. A propulsão durante a primeira metade desse movimento está ilustrada na Figura 4.9a, e a Figura 4.9b demonstra como ela é gerada durante a segunda metade.

Alguns nadadores movimentam a mão para dentro, em direção à linha média do corpo, enquanto outros fazem esse movimento com maior amplitude, bem além da linha média. Outros simplesmente não levam a mão até a linha média do corpo. Esses três estilos de varredura para dentro aparecem na Figura 4.10. O nadador em *a* utiliza uma varredura para dentro curta; já a nadadora em *b* movimenta a mão para dentro até a linha média; e o nadador em c utiliza uma varredura para dentro longa, na qual a mão se desloca bem além da linha média do corpo.

O estilo de varredura para dentro usado por cada atleta provavelmente depende do que lhe foi ensinado no início de seu aprendizado e talvez da posição do braço em relação ao corpo no momento de execução do agarre. É provável que alguns nadadores sintam sua velocidade frontal diminuir e, como ação neutralizadora, comecem a varredura para cima prematuramente. O resultado é que, utilizando um estilo parecido com o mostrado na Figura 4.10a, eles impulsionam o braço para trás em uma linha praticamente reta, sem que ele avance demasiadamente embaixo do corpo. É comum que os nadadores que optam por esse método exibam padrões de velocidade de um pico.

Muitos nadadores de grande sucesso, em particular mulheres, utilizam esse método. Contudo, eu não o recomendaria em lugar do estilo mostrado na Figura 4.10b por duas razões. Em primeiro lugar, nadadores que usam esse estilo precisarão acelerar o mesmo segmento de água para trás durante as varreduras para dentro e para cima. Em segundo lugar, a primeira parte de uma varredura para cima bem-sucedida será executada em um ponto distante da linha média do corpo, em vez de abaixo da linha, onde a aplicação de força iria gerar maior propulsão frontal durante a parte final da varredura para dentro. Acredito ser mais sensato que o nadador continue movimentando a mão para dentro até que ela esteja pelo menos sob a linha média do corpo, conforme mostra a Figura 4.10b. Ao fazê-lo, o atleta terá maior probabilidade de encontrar um novo segmento de água mais lenta para empurrar para trás na varredura para cima. Além disso, ele pode executar boa parte dessa impulsão sob o corpo, onde a ação será mais efetiva.

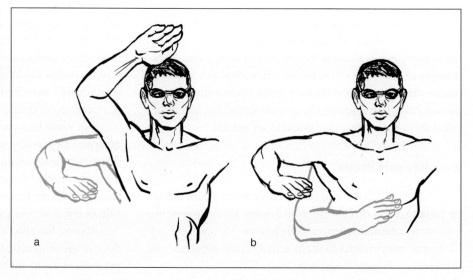

Figura 4.9 Propulsão durante a varredura para dentro. O desenho (a) mostra como a força propulsiva provavelmente é gerada durante a primeira metade da varredura para dentro. Já a ilustração (b) apresenta como a propulsão pode ser gerada durante a segunda metade desse movimento.

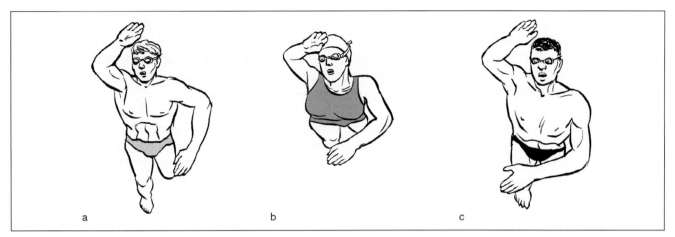

Figura 4.10 Três estilos de varredura para dentro: (a) curta, (b) até a linha média e (c) longa.

Comumente, o estilo cruzado de varredura para dentro mostrado na Figura 4.10c é utilizado por nadadores que foram ensinados a fazer o agarre na linha média do corpo e a impulsão da água com a mão diretamente para baixo, sob o corpo. Caracteristicamente, esses atletas movimentam o braço para baixo até um ponto bastante profundo na água antes de executar o agarre. É comum que o agarre seja realizado com o braço praticamente estendido; e, intuitivamente, o nadador aprende a flexionar o cotovelo para ganhar propulsão ao pressionar o braço para trás e para cima durante a varredura para dentro. O resultado é que a mão se desloca desde uma posição próxima à linha média até chegar ao quadril oposto (e, em alguns casos, ultrapassá-lo) durante essa varredura.

Nadadores que utilizam esse estilo em geral sacrificam um pouco a propulsão por usarem uma técnica ruim durante a varredura para dentro. Contudo, é comum que parte da propulsão perdida seja recuperada na varredura para cima, que se torna muito mais longa.

Em sua maioria, os atletas usam alguma forma de movimento cruzado ao executarem a varredura para dentro com o braço do lado não respiratório. Isso ocorre porque eles tendem a rolar mais para o lado no qual respiram, fazendo com que, durante a varredura para dentro, o braço do lado oposto penetre mais fundo na água e um pouco mais para dentro em direção à linha média. Como os nadadores realizam o agarre com a mão dentro dos limites do ombro e o corpo rolou consideravelmente para o lado, é quase natural que a mão ultrapasse a linha média do corpo durante a varredura para dentro.

Alguns nadadores também utilizam a varredura para dentro para ajudar na rotação do corpo quando voltam do lado respiratório. Consequentemente, para melhorar o processo, eles movimentam a mão por uma distância maior, o que não é necessariamente ruim se conseguirem alinhar melhor o corpo para a varredura para cima. Contudo, recomendo que todo nadador adepto do estilo cruzado se certifique de flexionar o braço durante a varredura para baixo e, na volta, faça a adução do mesmo na direção das costelas na varredura para dentro – como observado anteriormente. Essa técnica, em comparação com o movimento de palmateio, em que o braço fica fletido durante a varredura para dentro, irá melhorar a propulsão durante essa fase da braçada.

Varredura para cima

A transição entre as varreduras para dentro e para cima na braçada direita é mostrada em vista lateral na Figura 4.5f e em vista frontal na Figura 4.6g. Já na Figura 4.6o, essa mesma transição aparece na braçada esquerda. A varredura para cima da braçada direita está ilustrada na Figura 4.5 g e h, em vista lateral, e na Figura 4.6 h e i, em vista frontal. Na Figura 4.6 p e q, é mostrada a mesma varredura, mas com o braço esquerdo.

A varredura para cima é o segundo movimento propulsivo da braçada do nado Crawl e também o movimento final. É a fase mais propulsiva da braçada. Quase todos os nadadores atingem o pico da velocidade frontal de cada braçada próximo ao final da varredura para cima.

Essa varredura tem início quando a varredura para dentro precedente se completa. Trata-se de um movimento para trás, para fora e para cima, com a mão e o braço vindo de baixo do corpo em direção à superfície da água. A varredura para cima continua até que a mão se aproxime da coxa e comece a se movimentar para frente, para a fase seguinte da braçada, a recuperação. Os desenhos da Figura 4.11 mostram como a propulsão é gerada durante essa varredura.

A transição entre a varredura para dentro e a varredura para cima começa quando a mão passa por baixo da linha média do corpo. Nesse momento, o movimento do braço é "arredondado" em um trajeto circular, passando de uma orientação para trás, para *dentro* e para cima para uma orientação para trás, para *fora* e para cima. Essa transição é iniciada com a rotação da palma da mão e do antebraço para fora, enquanto o nadador empurra a água para trás. A palma da mão e a parte inferior do antebraço são utilizadas como remo para impulsionar a água para trás durante a varredura para cima.

Algumas pessoas pensam erroneamente que ocorre rápida extensão do braço na varredura para cima. Essa ideia é um resquício da teoria do arrasto propulsivo, que afirmava que a mão empurrava a água para trás e não que se movimentava para cima. Na verdade, o grau de extensão do cotovelo é mínimo durante essa fase da braçada, para que o nadador possa manter o antebraço orientado para trás até que a varredura para cima tenha sido completada. O braço pode até ser estendido ligeiramente durante a varredura para cima, de modo a continuar empurrando a água que está se deslocando para trás. Contudo, ele jamais deverá ficar estendido a ponto de o antebraço acabar empurrando a água para cima, e não para trás.

A propulsão decorrente da varredura para cima termina quando a mão se aproxima da parte anterior da coxa, imediatamente abaixo da costura inferior do traje de natação. Nesse momento, o cotovelo deverá ter irrompido pela superfície, e o braço começará a se mover para frente, para a fase de recuperação. O nadador não deve permanecer impulsionando a água para trás até que a mão tenha chegado à superfície, pois para fazer isso ele teria que estender o braço. Esse movimento poderia empurrar água para cima com a parte inferior do antebraço, o que, por sua vez, impeliria os quadris para baixo e reduziria ainda mais a velocidade frontal durante a recuperação do braço.

Nadadores que empurram a água para cima com essa técnica se iludem pensando que estão impulsionando a água para trás, pois acham que, ao hiperestender o punho, podem manter a palma da mão voltada para trás até que a mão alcance a superfície. Contudo, eles não podem manter o antebraço orientado para trás, e o efeito de retardo decorrente da ação do antebraço – que empurra a água para cima – neutraliza qualquer propulsão adicional que possam ter gerado com a mão quando ela se aproximava da superfície.

A velocidade da mão deve diminuir durante a transição entre as varreduras para dentro e para cima, para, em seguida, acelerar rapidamente ao longo de todo o restante do movimento. Para a maioria dos nadadores, a mão atinge sua maior velocidade durante essa fase da braçada, sendo de 3 a 6 m/s, dependendo da distância da prova (Schleihauf et al. 1988; Maglischo et al. 1986; Counsilman e Wasilak 1982).

Finalização e recuperação

Na Figura 4.5i é possível observar, em vista lateral, a finalização realizada com o braço direito. Na Figura 4.6 são mostradas vistas frontais da finalização com o braço direito (4.6j) e esquerdo (4.6r).

A recuperação do braço começa de fato antes que a mão deixe a água. O nadador deve interromper a impulsão de água para trás assim que a mão estiver se aproximando da coxa e se movimentando para frente. Na finalização, a palma da mão deve estar virada para dentro, de modo a se deslocar com a parte lateral voltada para a superfície da água, o que leva a uma diminuição do arrasto de empuxo resultante do movimento da mão para frente e para cima, já que o contato com a água passa a ser feito pela menor superfície possível.

A finalidade da recuperação é posicionar o braço para a próxima braçada subaquática. Embora seja uma função importante, não tem efeito propulsivo. Assim, os objetivos da recuperação são:

1. Fazer com que o braço saia da água causando a menor interferência possível no alinhamento lateral.

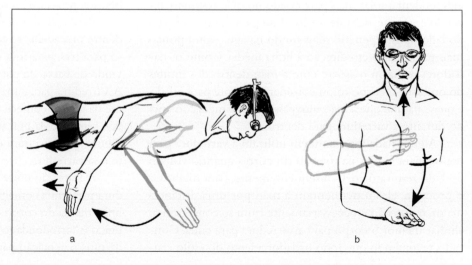

Figura 4.11 Varredura para cima do nado Crawl em vistas lateral (a) e inferior (b).

2. Permitir um breve período de redução do esforço para os músculos dos braços, dos ombros e do tronco.

Por essas razões, o nadador deve relaxar o braço tanto quanto possível durante a recuperação, fazendo apenas o esforço necessário para levá-lo de volta à água à sua frente. Para tanto, não é preciso que ele balance o braço sobre a água com grande velocidade ou esforço; basta apenas moderar essa velocidade, fazer um esforço mínimo e posicioná-lo adequadamente. Como consequência, a velocidade do braço irá diminuir um pouco durante o trajeto da mão até a superfície, depois de reduzida a pressão na água. Entretanto, o nadador não deve fazer um esforço consciente para reduzir ou aumentar essa velocidade. Deve simplesmente permitir que o momento da varredura para cima conduza o braço para cima e para fora da água. A recuperação do braço está ilustrada na Figura 4.12. As fotografias obtidas a partir de uma posição fora da piscina mostram a entrada e a saída dos braços na água e como eles são recuperados fora da água. Também ilustram a técnica adequada para a respiração. A seguir, descreverei cada uma dessas fases.

O ombro deve ser o primeiro a sair da água, seguido pelo braço, pelo cotovelo e, por último, pelo antebraço e pela mão. Ao saírem da água, o cotovelo e a mão se deslocarão para cima e para fora. O nadador deve continuar balançando o braço sobre a água em uma trajetória semicircular, até que a cabeça tenha sido ultrapassada. Nesse momento, o atleta começará a estender o braço para frente, para a entrada.

O corpo deve fazer um rolamento de aproximadamente 45° em direção ao lado da recuperação. Esse rolamento será executado ao longo da primeira metade da recuperação, de modo que o braço possa ser transportado por sobre a água com o cotovelo alto. O cotovelo deve ser a parte mais elevada do braço desde o momento em que deixa a água durante a recuperação até a entrada à frente do ombro. Para que essa ação seja executada, o braço deve ser flexionado de modo que o antebraço e a mão possam ser mobilizados quase diretamente para baixo e um pouco "para fora" do cotovelo. Realizada dessa maneira, a recuperação reduzirá a quantidade de movimento do braço para fora, o que, por sua vez, diminuirá a tendência do braço a executar o movimento de "puxar" os quadris para fora do alinhamento. Um balanço excessivo do braço para fora teria exatamente esse efeito, fazendo com que o nadador "serpenteasse" na piscina.

Alguns nadadores irão flexionar o cotovelo ainda mais durante o deslocamento sobre a água a fim de impedir

Figura 4.12 Fotografias de Craig Hutchison, nadador olímpico canadense, tiradas a partir de uma posição fora da água, ilustrando a recuperação do braço e a técnica respiratória.

(a) Saída com o braço esquerdo (observe que o braço está fletido).
(b) Metade da recuperação com o braço esquerdo.
(c) Avanço para a entrada com o braço esquerdo.
(d) Saída com a mão direita (observe que o braço está fletido).
(e) Metade da recuperação com o braço direito.
(f) Entrada da mão direita (observe que a mão está de lado).

que o braço balance com muita amplitude. Outros simplesmente manterão, ao longo de toda a recuperação, o mesmo grau de flexão exibido ao deixar a água. Certamente, esses nadadores já trarão o braço consideravelmente fletido no momento em que ele sai da água.

O nadador deverá começar o avanço para frente (para a entrada na água) assim que o braço tiver ultrapassado a cabeça durante a recuperação. Nesse momento, o atleta deverá ter completado a varredura para dentro com o outro braço e estará executando a rotação do corpo na direção do outro lado. Embora estejam avançando para frente, as pontas dos dedos deverão "cortar" a água enquanto o braço ainda estiver um pouco fletido para que a mão seja a primeira parte a fazer a entrada. A extensão do braço sobre a água antes da entrada resultará na colisão simultânea da mão e do braço com a água, o que aumentará o arrasto de empuxo. Tão logo a mão tenha entrado na água, o nadador deverá estender o braço para frente utilizando o procedimento já descrito anteriormente neste capítulo para a entrada e o deslize.

Recuperação com braço estendido

Recentemente, Inge de Bruijn, da Holanda, e Michael Klim, da Austrália, nadadores de Crawl, estabeleceram recordes mundiais em provas de velocidade recuperando o braço estendido, apesar de quase todos os especialistas desaconselharem o uso dessa técnica por diversas razões. Em primeiro lugar, como já foi explicado, o nadador irá desacelerar durante a parte final da varredura para cima se estender o braço vigorosamente contra a água no final desse movimento. Em segundo lugar, o atleta que estende o braço ao deixar a água também terá maior probabilidade de diminuir a rotação do corpo na direção do lado da recuperação. Portanto, terá mais chance de arremessar o braço para fora (i. e., para o lado) durante a primeira metade da recuperação. Em terceiro lugar, o balanço do braço para o lado tende a tracionar os quadris, tirando-os do alinhamento e fazendo com que o nadador "serpenteie" pela piscina.

Entretanto, com todas essas chances de desfazer o alinhamento lateral, por que alguns nadadores são tão bem-sucedidos com o uso da recuperação com o braço estendido? Talvez porque essa técnica se encaixe melhor ao ritmo de suas braçadas. Tanto de Bruijn como Klim também são recordistas mundiais no nado Borboleta, no qual os nadadores realizavam uma ampla recuperação lateral. Esses atletas conseguem sair da água no momento apropriado, de modo que seus braços não empurrem a água para cima ao serem estendidos. Ambos estão acostumados a movimentar os braços um pouco mais para fora durante a varredura para fora e, assim, conseguem contornar a

inércia resultante da mudança de direção, quando passam do movimento para trás e para cima, na varredura para cima, para o movimento para cima, para fora e para frente na recuperação. Esses atletas são capazes de ficar mais à vontade com a movimentação dos braços para fora, em uma trajetória circular, durante a varredura para cima e na recuperação do nado Crawl.

Também deve ser mencionado que nadadores de Crawl que usam recuperação com o braço estendido tendem a recuperar os braços em um nível ligeiramente mais alto do que o fariam no nado Borboleta. Isso porque esses atletas recuperam os braços mais acima da cabeça, com uma oscilação lateral menor, mediante o rolamento para os lados. Consequentemente, o efeito negativo no alinhamento lateral pode ser reduzido.

Apesar do sucesso desses nadadores, eu não recomendaria o uso da recuperação com o braço estendido, exceto nos casos em que os nadadores simplesmente não podem executar a tradicional recuperação com o cotovelo alto de maneira confortável e eficiente.

Sincronização dos braços

As duas braçadas guardam uma relação precisa entre si, que é muito importante para nadar o Crawl rapidamente; isso porque os movimentos alternados dos braços devem ser coordenados com o rolamento do corpo – e vice-versa – para que a aplicação de força propulsiva seja facilitada e o corpo seja mantido em bom alinhamento durante cada ciclo de braçadas.

A sincronização das duas braçadas com o rolamento do corpo talvez seja a área da Natação competitiva em que a falácia do antigo adágio "a prática leva à perfeição" fique mais evidente. É enorme o número de nadadores, alguns deles muito bem-sucedidos, que não mantêm uma relação adequada entre o rolamento do corpo e os movimentos dos braços. Habitualmente, essas técnicas erradas são causadas pela respiração tardia, pelo retorno da cabeça à água com demasiada lentidão depois da respiração ou pelo rolamento insuficiente do corpo na direção do lado não respiratório depois que o nadador fez a respiração. Esses erros de sincronização provavelmente foram aprendidos quando os atletas eram muito jovens e estavam iniciando seu aprendizado na Natação, e então não podiam pensar em nada além de "pegar ar" e, assim, acabaram sedimentando alguns maus hábitos, que acompanham suas carreiras mesmo depois de terem se tornado atletas habilidosos.

O momento mais importante na coordenação entre as duas braçadas e o rolamento do corpo ocorre quando o braço à frente entra na água, e o outro completa a varredura para dentro. A combinação de um braço indo para dentro e para cima em direção à linha média do corpo e o outro se deslocando para baixo e para frente dentro da água deve ser acompanhada por uma rotação do corpo na direção do braço que está dando a braçada. O rolamento na direção desse braço, nesse exato momento, permite que os dois lados do corpo se movimentem nas mesmas direções dos braços, permanecendo com bom alinhamento lateral. O outro aspecto positivo do rolamento na direção do braço que está executando a braçada nesse momento é que esse braço é capaz de impulsionar a água mais diretamente para trás durante a varredura para cima. Com o corpo voltado na direção do braço que está executando a varredura para cima, o nadador não terá que movimentar o braço para fora com a mesma amplitude para que a mão se afaste da coxa em sua trajetória até a superfície.

Outra característica importante da sincronização entre as braçadas é que o braço à frente não deve começar a varredura para baixo até que o outro braço tenha completado a varredura para cima. Isso permite que o nadador mantenha o braço que está entrando na água em boa posição hidrodinâmica à frente enquanto o outro aplica força propulsiva. Assim, o braço que está executando a entrada na água causa menor arrasto de forma e de empuxo em comparação com o que ocorreria se estivesse pressionando inferiormente, abaixo dos limites verticais do corpo. Consequentemente, isso irá interferir menos nos esforços propulsivos do braço que está executando a braçada.

Quando os nadadores realizam tiros de velocidade, muitos fazem exatamente o contrário do que acabei de recomendar. Eles superpõem a varredura para baixo com o braço que está à frente com a varredura para cima com o braço que está trás, para que possam começar a aplicação de força propulsiva com o braço à frente quase no mesmo momento em que o outro finaliza. Esse método provavelmente reduz a velocidade média por ciclo de braçadas e a distância por braçada e ao mesmo tempo aumenta o consumo de energia. Apesar disso, o aumento na velocidade da virada pode resultar em tempos mais rápidos em trajetos de curta distância. Mas é bastante discutível se os velocistas deveriam ajustar assim a sua sincronização. Um nadador notável que não faz esse tipo de ajuste é o russo Alexander Popov. Ele confia em sua excepcional pernada e grande hidrodinâmica, e não em uma virada rápida, durante as provas de velocidade. Independentemente disso, velocistas com pernadas mais fracas talvez não sejam capazes de obter tempos rápidos com esse método. Apesar do aumento da energia e da redução da distância por braçada, para a obtenção de tempos rápidos, esses nadadores precisam fazer uma virada mais rápida, com ligeiro grau de superposição entre a varredura para baixo e a varredura para cima.

Ritmo dos braços

O ritmo dos braços é importante para a manutenção de uma frequência constante de braçadas quando ocorre fadiga. Quando estão fatigados, é comum os nadadores terem dificuldade de levar os braços do final de uma braçada até o início da próxima, porque sua compreensão do ritmo das braçadas fica incorreta. Eles pensam que a braçada subaquática é a parte mais rápida e difícil e a recuperação, a fase mais lenta e fácil. Como resultado, é comum eles retardarem demais os braços na saída da água. Na verdade, os atletas devem tentar manter a velocidade dos braços desde o agarre, ao longo de toda a braçada subaquática e da recuperação, até a entrada seguinte com cada braço. Ao fazer isso, os nadadores tenderão a "arredondar" melhor a braçada quando o braço deixar a água e conseguirão mantê-lo em rápida movimentação até a entrada na água e durante o deslizamento para frente, em preparação para a braçada seguinte. Na recuperação, esses atletas não devem fazer o mesmo esforço muscular vigoroso que usaram durante a braçada subaquática, mas devem manter a velocidade do braço por toda essa fase.

Ensinando a braçada

A Figura 4.13 ilustra um padrão de braçada para o nado Crawl traçado em relação ao corpo da nadadora. Esse padrão proporciona um excelente meio para que possamos ensinar corretamente aos nadadores o uso das diversas partes da braçada. A opção pela vista inferior se deve ao fato de ela representar melhor a natureza da braçada.

Com base na ilustração, é possível propor um conjunto de instruções para o ensino da braçada subaquática no nado Crawl. A mão e o braço se movimentam em um padrão em "S" por baixo do corpo, realizando uma varredura para baixo no primeiro terço da braçada subaquática (a primeira curva do "S"), até obter uma posição de agarre com o cotovelo alto. Em seguida, o braço e a mão se movimentam para trás e para dentro durante o terço médio da braçada (a segunda curva do "S"), até que a mão esteja localizada por baixo do tórax e na altura da linha média do corpo. Na parte final do "S" (na terceira curva), a mão e o braço se movimentam para trás, para fora e para cima, em direção à superfície da água. O nadador faz a finalização, e a recuperação terá início quando a mão estiver se aproximando da coxa.

A primeira curva do padrão em "S" não tem efeito propulsivo e deve ser executada com suavidade. Em seguida, a velocidade da mão deve ser gradualmente acelerada ao longo das duas varreduras seguintes, atingindo velocidade máxima na terceira curva do "S". O nadador deve utilizar a palma da mão e a parte inferior do antebraço e

Figura 4.13 Padrão de braçada do nado Crawl em relação ao corpo em movimento da nadadora.

do braço como "remo" para executar a impulsão da água para trás ao longo das duas curvas finais desse padrão.

O ensino do traçado em "S" com as mãos ao longo do corpo será um grande passo para o progresso dos nadadores na execução de bons padrões de braçadas para o nado Crawl.

PERNADA DE ADEJAMENTO

A pernada de adejamento consiste na alternância de movimentos diagonais das pernas, em que a batida para baixo com uma das pernas ocorre durante a batida para cima com a outra perna. As direções principais das pernadas são "para cima" e "para baixo"; assim, os movimentos são denominados *batida de pernas para cima* e *batida de pernas para baixo*. Mas essas batidas também contêm componentes laterais. Na verdade, as pernas se movimentam para baixo e para o lado, e para cima e para o lado, na direção do rolamento do corpo. O componente descendente (i. e., "para baixo") da pernada é amplamente responsável pela força propulsiva do movimento, enquanto o componente ascendente (i. e., "para cima") faz com que a perna retorne à posição para outra batida descendente.

As partes laterais dessas batidas de perna provavelmente ajudam a estabilizar e a fazer a rotação do corpo, para que o nadador permaneça com bom alinhamento lateral ao rolar de um lado para o outro.

Conforme mostram as fotografias na Figura 4.14, a perna se desloca para cima e para frente durante a batida ascendente. Assim, é bastante duvidoso que essa parte da pernada tenha efeito propulsivo. É mais provável que sua finalidade seja fazer a perna retornar à posição adequada para outra batida descendente. A perna se desloca para baixo e ligeiramente para trás durante a batida para baixo por causa da rápida extensão que ocorre no joelho. Portanto, não há dúvida de que essa é a fase mais propulsiva – e talvez a única fase propulsiva – da pernada de adejamento.

Batida de pernas para baixo

A batida de pernas para baixo é um movimento de chicotada que começa com a flexão no quadril, seguida pela extensão no joelho. Embora possa parecer que essa batida tem início apenas depois que o pé do nadador atinge seu ponto mais elevado, não é isso de fato o que ocorre. Na verdade, a batida de pernas para baixo começa quando a perna passa acima dos quadris. Nesse ponto, o nadador flexiona ligeiramente o joelho, pressionando a coxa para baixo, no nível do quadril. Na Figura 4.14a, a nadadora está realizando esse movimento com a perna esquerda. A perna de baixo (que deve estar relaxada) se movimenta devido à pressão exercida pela água abaixo dela até assumir uma posição ainda mais fletida. Isso dá a impressão de que a batida de perna para cima ainda está sendo executada. Mas, na verdade, a batida para cima já terminou, e teve início a batida para baixo.

Essa ação de flexão do quadril e de pressão para baixo com a coxa, enquanto a perna de baixo continua se deslocando para cima, suplanta a inércia gerada pela batida para cima precedente e permite a mudança de direção da perna (de cima para baixo) com mínimo esforço muscular. Como já foi explicado, a pressão da água sob a perna também empurrará o pé até uma posição estendida. Nessa situação, depois do início da batida para baixo, os dedos ficam apontando para cima (pé em flexão plantar), e o pé fica voltado para dentro (i. e., pé invertido). Podemos observar claramente essa posição na perna esquerda da nadadora da Figura 4.14b.

A água continua a empurrar a perna para uma posição fletida até que a coxa do nadador esteja ligeiramente abaixo em relação ao corpo, e o pé fique perto ou um pouco acima da superfície da água. Nesse ponto, o nadador estende o joelho de forma rápida e vigorosa, deixando a perna completamente estendida e ligeiramente abaixo do nível do corpo, conforme mostra a Figura 4.14 c e

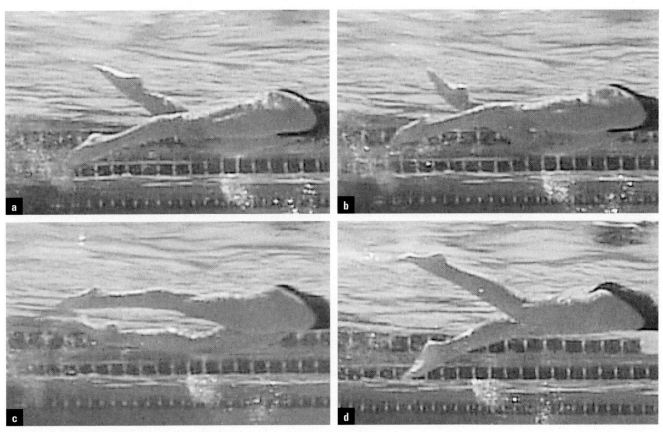

Figura 4.14 Sequência de fotografias da pernada de adejamento do nado Crawl.

(a) Início da batida para baixo com a perna esquerda. Início da batida para cima com a perna direita.
(b) Início da extensão da perna esquerda. Continuação da batida para cima com a perna direita.
(c) Continuação da batida para baixo com a perna esquerda. Final da batida para cima com a perna direita.
(d) Final da batida para baixo com a perna esquerda. Início da batida para baixo com a perna direita.

d. O movimento final da batida para baixo é um impulso descendente com o peito do pé; esse movimento faz com que o pé retorne a uma posição natural, ou parcialmente flexionada, com os dedos posicionados praticamente abaixo do calcanhar. A batida para baixo é executada como uma onda senoidal de contração muscular. Ela tem início com a flexão da articulação do quadril, avança ao longo da coxa até o joelho, onde ocorre uma rápida extensão da perna, e desse ponto prossegue até o pé, que é impulsionado para baixo até assumir uma posição fletida ao terminar a batida para baixo.

Batida de pernas para cima

O início da batida para cima se sobrepõe ao final da batida para baixo precedente, a fim de que a inércia da perna para baixo seja contornada, e a direção da perna mude, de baixo para cima. Isso ocorre da seguinte maneira: quando a perna é estendida para baixo, ocorre um efeito de ricochete que empurra a coxa para cima, iniciando a batida para cima. O movimento ascendente da coxa também inicia o movimento da perna para cima tão logo o nadador tenha completado a batida para baixo. A perna se movimentará para cima, para frente e para o lado na direção oposta à rotação do corpo no momento. A nadadora na Figura 4.14 a–d foi fotografada executando a batida para cima com a perna direita.

O efeito inercial da batida para baixo precedente deve permitir que o atleta utilize apenas uma quantidade mínima de esforço muscular para dar continuidade à batida para cima, tão logo o movimento esteja em andamento. Conforme mencionado na seção anterior, a batida para cima termina quando a perna ultrapassa o corpo em sua trajetória ascendente. Nesse momento, ocorre a flexão da perna no quadril para a próxima batida para baixo.

A batida para cima deve ser executada com a perna estendida. A pressão da água, que empurrará a perna para baixo, irá manter esta estendida e o pé em uma posição natural, a meio caminho entre a flexão e a extensão, ao longo de toda essa fase da pernada de adejamento. A perna e o pé devem ficar relaxados durante toda a batida para cima, assim permanecendo até que tenha começado a extensão do joelho durante a próxima batida para baixo.

O erro mais comum cometido por nadadores com má técnica de pernada é flexionar o joelho durante a batida para cima. Isso faz com que a parte de trás da perna empurre a água para cima e para frente, criando um arrasto de empuxo que, no mínimo, reduz a velocidade frontal e, em casos extremos, faz com que alguns atletas se movimentem para trás quando estão praticando pernadas com uma prancha. O efeito desse equívoco está ilustrado na Figura 4.15. A Figura 4.15a mostra um nadador executando pernadas corretamente com a perna direita em posição estendida. A perna se movimenta para cima e para frente com esforço mínimo. Por outro lado, a Figura 4.15b mostra um nadador flexionando o joelho durante a batida para cima. Isso faz com que o atleta empurre água para frente com a perna direita, podendo reduzir a velocidade frontal.

Amplitude da pernada

A pernada de adejamento não deve ser nem rasa demais nem profunda demais. A estabilização do corpo e a força propulsiva ficarão reduzidas se a pernada for muito rasa; por outro lado, os arrastos de forma e de empuxo aumentarão se a pernada for excessivamente profunda.

Ao final da batida para baixo, o pé deve estar situado imediatamente abaixo da linha do corpo. Pernadas executadas em níveis mais profundos que esse não melhorarão os efeitos propulsivos ou de estabilização do movimento. Contudo, aumentarão a área da superfície da secção transversal do corpo apresentada à água.

Desconhecemos qual é a amplitude ideal das pernas em seu afastamento máximo, mas esse comprimento se situa provavelmente entre 50 e 80 cm. Allen (1948) constatou que uma amplitude de pernada de aproximadamente 30 cm era superior a uma pernada mais estreita de 15 cm no que se referia ao aumento da força propulsiva.

Pernada diagonal

Conforme mencionado anteriormente, os movimentos laterais das pernas provavelmente ajudam na rotação e na estabilização do corpo durante a pernada de adejamento. Isso ocorre porque a rotação do corpo fica facilitada, e o nadador pode preservar o alinhamento lateral se uma perna chutar na mesma direção do rolamento do corpo enquanto a outra chuta na direção oposta. Assim, quando um nadador rola o corpo para a direita, uma das pernas deve dar a pernada diagonalmente para baixo e para a direita enquanto a outra chuta diagonalmente para cima e para a esquerda. Esses movimentos diagonais das pernas ficam invertidos quando a rotação do corpo é para o lado esquerdo.

A prática usual de pernadas com uma prancha pode ser muito proveitosa para melhorar a resistência das pernas; contudo, esse exercício inibe as pernadas diagonais. Portanto, quase todos os exercícios de pernadas devem ser feitos sem prancha, a fim de que a pernada possa ser praticada em combinação com a rotação do corpo. Mais adiante neste capítulo, será apresentado um exercício para essa finalidade – a pernada lateral.

O nadador deve usar a pernada de adejamento para gerar propulsão?

O uso da pernada de adejamento tanto na propulsão como na estabilização foi discutido no Capítulo 1. Aqui, interessa-nos responder se nadadores de Crawl devem utilizar a pernada de adejamento para propulsão ou simplesmente como mecanismo de estabilização. Adrian, Singh e Karpovich (1966) nos proporcionaram a informação mais intrigante com relação a esse assunto. Esses pesquisadores mediram o consumo de oxigênio de doze nadadores de competição em momentos distintos: dando apenas pernadas, fazendo apenas braçadas e realizando o nado completo. Eles observaram que os atletas utilizavam um volume quase quatro vezes maior de oxigênio durante a prática

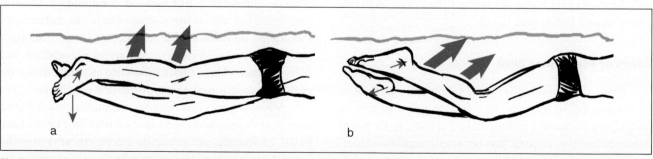

Figura 4.15 Efeito da flexão da perna durante a batida para cima. O nadador em (a) executa corretamente a batida para cima, com a perna estendida. O nadador em (b), por sua vez, realiza a batida para cima de forma incorreta. Ele flexiona a perna e empurra água para frente, gerando uma contraforça para trás que reduzirá sua velocidade frontal.

das pernadas em comparação com a prática das braçadas. O consumo de oxigênio foi de 24,5 l quando os nadadores estavam dando pernadas a uma velocidade de 3,5 pés/s (57 s por 50 jardas) e de apenas 7 l quando realizavam as braçadas nessa mesma velocidade. Esses resultados são corroborados por dados de outros pesquisadores (Austrand 1978; Charbonnier et al. 1975; Holmer 1974), que constataram que as pernadas provocavam um aumento considerável no consumo de energia na Natação.

Esses dados apresentam o argumento persuasivo de que os nadadores meio-fundistas e fundistas devem reduzir os esforços de pernadas para que conservem energia durante as provas. O consumo de energia das pernadas é desproporcionalmente maior que a propulsão adicional que pode ser produzida pelas pernas. Portanto, parece-nos aconselhável reduzir o esforço com as pernas ao mínimo necessário para a sustentação e estabilização em provas de média e longa distância. Com essa atitude, os nadadores adiarão a fadiga, de modo que poderão nadar com um ritmo médio mais rápido durante toda a prova. Mas, nas provas de velocidade, o problema é outro. Em curtas distâncias é mais importante aumentar a força propulsiva do que conservar energia. Consequentemente, os atletas devem executar pernadas vigorosas em provas de velocidade e durante o tiro final de velocidade em provas de média e longa distância.

SINCRONIZAÇÃO DAS BRAÇADAS E PERNADAS

O *ritmo das pernadas* refere-se ao número de movimentos com as pernas que o nadador faz durante cada ciclo de braçadas completo. Uma pernada completa consiste em uma batida para cima e uma para baixo. Assim, tradicionalmente consideramos essas duas batidas unitariamente ao descrever a sincronização entre braços e pernas. Duas braçadas constituem um ciclo de braçadas no nado Crawl.

Nadadores de classe mundial têm utilizado com sucesso diversos ritmos de pernadas. O mais popular é o ritmo de seis batidas, em que o nadador completa seis batidas com as pernas durante cada ciclo de braçadas. Outros ritmos populares são o de duas e o de quatro batidas.

O ritmo de seis batidas é utilizado pela maioria dos nadadores velocistas e por um grande número de nadadores de média distância, mas apenas por um pequeno número de fundistas. O ritmo de duas batidas tem sido usado principalmente (embora não exclusivamente) por nadadores fundistas. Os ritmos de quatro batidas, embora utilizados com menor frequência, ainda gozam de grande popularidade entre um número significativo de nadadores. Ao longo dos anos, também foram tentados ritmos de 8 e 10 batidas, mas não obtiveram sucesso e foram abandonados.

Pernada com seis batidas

O ritmo de seis batidas, ilustrado na Figura 4.16, consiste em três batidas de perna por braçada, ou seis batidas por ciclo de braçadas. Esse ritmo pode ser descrito com maior propriedade por meio da relação entre as batidas de pernas para baixo e as diversas varreduras dos braços ao longo de cada ciclo de braçadas. Assim, cada batida para baixo fica coordenada com uma das três varreduras na braçada subaquática. Pensando na braçada direita, a varredura para baixo acontece coordenada com a batida da perna direita para baixo (ver Fig. 4.16a). A varredura para dentro é acompanhada por uma batida da perna esquerda para baixo (ver Fig. 4.16b), e ocorre ainda uma outra batida para baixo com a perna direita durante a varredura para cima (ver Fig. 4.16c). A sincronização é similar para a braçada esquerda, sendo que a perna esquerda chuta para baixo durante a varredura para baixo (ver Fig. 4.16d), a perna direita chuta para baixo durante a varredura para dentro (ver Fig. 4.16e), e a perna esquerda chuta novamente para baixo durante a varredura para cima (ver Fig. 4.16f).

A coordenação entre as varreduras e as batidas de pernas descritas no parágrafo anterior é tão precisa que o início e o término de cada batida das pernas para baixo coincidem exatamente com o começo e o fim da varredura do braço correspondente. Grandes varreduras são acompanhadas por grandes pernadas, assim como varreduras menores são acompanhadas por pernadas também menores. Isso provavelmente explica por que muitos nadadores que usam o ritmo de seis batidas exibem o que parece ser pernadas maiores e menores durante cada ciclo de braçadas.

O ritmo de seis batidas é tão natural que a maioria dos nadadores aperfeiçoa os movimentos por meio de uma técnica de tentativa e erro, com pouca ou nenhuma instrução. Sem dúvida essa sincronização contribui para a força propulsiva total durante cada varredura do braço. Mais particularmente, a batida para baixo com cada perna, em sincronia com a varredura para baixo com cada braço, desempenha papel importante na redução da desaceleração durante essa fase da braçada. Além da força propulsiva proporcionada, as batidas de perna que acompanham a varredura para dentro provavelmente ajudam também na rotação do corpo na direção do braço que está executando a braçada. É provável também que a batida para baixo que acompanha a varredura para cima contribua para a força propulsiva total durante essa fase da braçada, ao mesmo tempo em que impede que os quadris sejam tracionados para baixo pelo movimento ascendente do braço. Certamente, os componentes laterais da primeira e da terceira batida de perna também ajudam no rolamento do corpo e, portanto, na manutenção do alinhamento lateral.

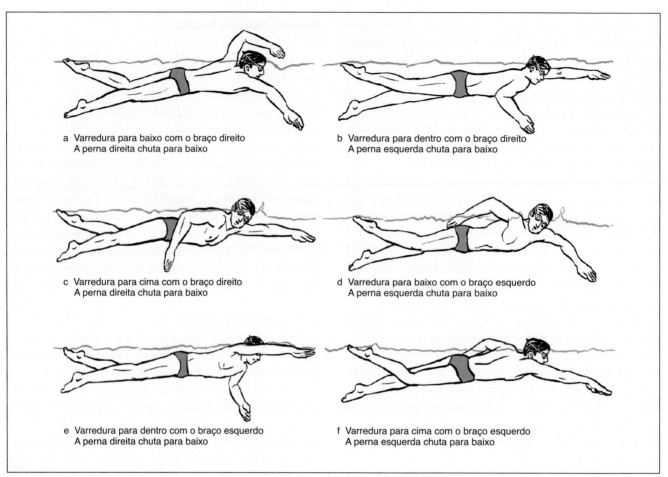

Figura 4.16 Pernada com seis batidas no nado Crawl.

Pernada reta com duas batidas

São dois os tipos de ritmo de duas batidas utilizados atualmente: a pernada reta com duas batidas, que será descrita nesta seção, e a pernada cruzada com duas batidas, que será descrita na seção a seguir. A sincronização da pernada reta com duas batidas está ilustrada na Figura 4.17. O nadador executa duas batidas para baixo com as pernas durante cada ciclo de braçadas completo, ou uma batida para baixo por braçada. Cada batida para baixo ocorre tanto na varredura para dentro como na varredura para cima da braçada correspondente. Ou seja, a perna direita faz uma pernada para baixo durante a braçada direita, e vice-versa (ver Fig. 4.17 b e c para a braçada direita e Fig. 4.17 e e f para a braçada esquerda).

A perna contralateral fará a batida para cima no mesmo momento em que estiver ocorrendo a batida para baixo com a perna oposta. Então, as pernas ficam pendentes em uma posição aberta, ou separada, enquanto o braço faz a recuperação fora da água e realiza o movimento descendente até a posição de agarre. Assim, a pernada não ajuda durante esse período de desaceleração da braçada.

A pernada com duas batidas requer menos energia do que os outros ritmos, o que pode explicar por que é a preferida por muitos nadadores fundistas. As mulheres parecem ter uma grande predileção por esse ritmo. Uma explicação para essa escolha é que, em geral, as mulheres têm maior flutuabilidade que os homens, além de não dependerem de um ritmo vigoroso de pernadas para a manutenção do corpo em bom alinhamento lateral e horizontal.

Nadadores que usam a pernada com duas batidas tendem a modificar a sincronização dos braços com o intuito de compensar o fato de não estarem chutando durante as varreduras para baixo com os braços direito e esquerdo. A primeira modificação ocorre na fase de deslize. Nadadores que adotam o ritmo de duas batidas tendem a fazer a entrada com um dos braços mais atrasada do que com o outro e encurtam a varredura para baixo para fazer um agarre rápido. Talvez isso ocorra porque, sem pernada para reduzir a desaceleração, os nadadores precisem diminuir o tempo gasto na varredura para baixo. A segunda modificação consiste em encurtar a varredura para dentro. É provável que os atletas façam isso porque não há uma pernada com a perna oposta para contrabalançar a varredura para dentro.

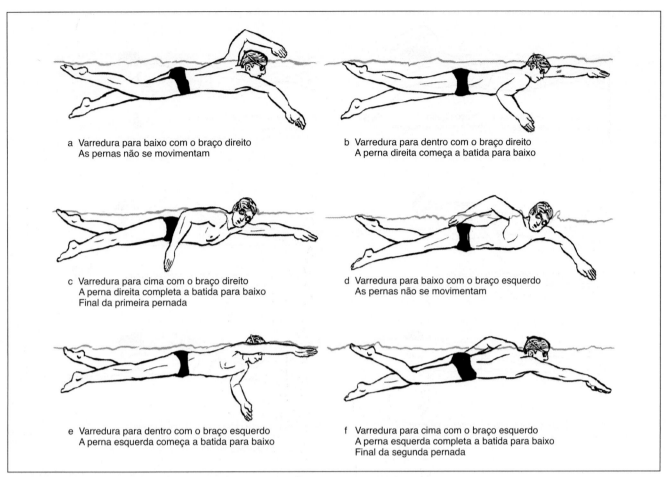

Figura 4.17 Pernada estendida com duas batidas no nado Crawl.

Pernada cruzada com duas batidas

O ritmo cruzado com duas batidas, ilustrado na Figura 4.18, é o preferido por um número significativo de nadadores homens meio-fundistas e fundistas. Na verdade, a denominação *pernada cruzada com duas batidas* está equivocada, porque, de fato, ocorrem quatro batidas de perna por ciclo de braçadas: duas batidas grandes para baixo e duas batidas cruzadas menores. As batidas grandes para baixo ocorrem durante as varreduras para dentro e para cima na braçada correspondente, na mesma sequência descrita para a pernada com duas batidas. As batidas cruzadas parciais acontecem durante a varredura para baixo com cada braço, conforme mostrado na Figura 4.18 a e d.

As batidas cruzadas são executadas da seguinte maneira: as pernas não ficam pendentes durante a varredura para baixo como ficavam no ritmo reto de duas batidas. Em vez disso, a perna de baixo chuta para cima e para dentro, e a perna de cima chuta para baixo e por sobre a perna contralateral, fazendo com que ambas se cruzem a meio caminho ao longo de suas respectivas batidas. O nadador completa a varredura para baixo enquanto as pernas estão se cruzando; em seguida, ele descruza as pernas a tempo de executar uma grande batida para baixo com a perna do mesmo lado do braço que está executando a braçada nas varreduras para dentro e para cima.

A perna que cruza por sobre a outra sempre será aquela do mesmo lado do braço que está executando a braçada. Na Figura 4.18a, é a perna direita que cruza por sobre a perna esquerda, enquanto o braço direito faz a varredura para baixo. A perna esquerda cruza por sobre a perna direita durante a varredura para baixo com o braço esquerdo (Fig. 4.18d).

Ao que parece, esse ritmo é um meio-termo entre a pernada com duas batidas (que poupa energia) e a pernada com seis batidas (que tem efeito propulsivo). Alguns nadadores, em particular homens com menor flutuabilidade, parecem ter descoberto de maneira intuitiva que a pernada com duas batidas não é suficientemente vigorosa para manter o corpo em bom alinhamento horizontal e lateral, enquanto o ritmo de seis batidas pode depender de mais energia do que podem proporcionar para a distância da prova. Como consequência, esses atletas têm preferido a pernada cruzada com duas batidas, na qual duas pequenas batidas cruzadas mantêm o alinhamento e duas batidas grandes ajudam na propulsão. O ritmo cruzado

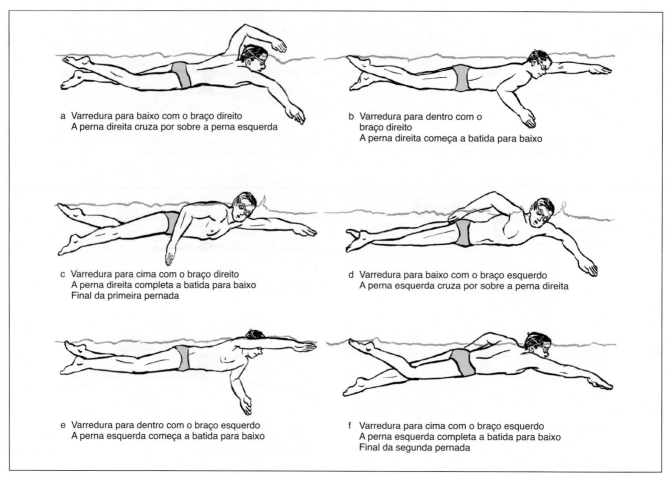

Figura 4.18 Pernada cruzada com duas batidas no nado Crawl.

com duas batidas também goza de popularidade entre nadadores que usam amplas recuperações laterais de braço. É provável que o cruzamento das pernas evite que os quadris sejam tracionados na direção do braço que está percorrendo o arco lateral.

Pernada reta com quatro batidas

Há também dois tipos de pernadas com quatro batidas empregados pelos nadadores de competição: uma pernada reta com quatro batidas e uma pernada cruzada com quatro batidas. As imagens na Figura 4.19 mostram um nadador executando uma pernada cruzada com quatro batidas. Na verdade, esse ritmo é uma combinação dos estilos com seis e com duas batidas descritos anteriormente. O atleta utiliza um ritmo de duas batidas durante uma braçada e um ritmo de seis batidas na outra braçada.

Observe que na Figura 4.19 a-c o nadador executa apenas uma batida para baixo com a perna direita durante a braçada direita. Essa batida para baixo ocorre durante as varreduras para dentro e para cima, do mesmo modo que ocorreria com um ritmo de duas batidas. O nadador chuta para baixo três vezes durante a braçada esquerda, e cada batida para baixo acompanha uma varredura dos braços na mesma sequência descrita para a pernada com seis batidas.

Ao que parece, a pernada com quatro batidas é um meio-termo entre a necessidade de poupar energia, mediante a redução do número de batidas por ciclo, e, ao mesmo tempo, manter o alinhamento horizontal e talvez obter maior propulsão do que seria possível com um ritmo de duas batidas ou com um ritmo cruzado com duas batidas. Muitos nadadores utilizam o ritmo de duas batidas durante a braçada do lado em que respiram. Esse procedimento pode evitar que a pernada interfira nos movimentos respiratórios do diafragma.

Pernada cruzada com quatro batidas

O ritmo cruzado com quatro batidas, ilustrado na Figura 4.20, é uma combinação de um ritmo cruzado com duas batidas em um dos lados e de um ritmo de seis batidas no outro. A batida cruzada se dá durante a varredura para baixo executada com o braço do lado em que ocorre apenas uma batida grande para baixo (o lado esquerdo na Fig. 4.20). Normalmente, as pernas ficariam pendentes durante essa fase se o nadador utilizasse uma

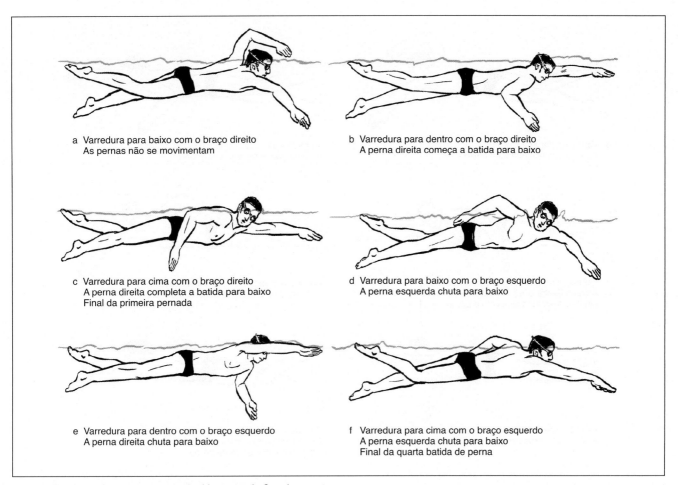

Figura 4.19 Pernada reta com quatro batidas no nado Crawl.

pernada reta com quatro batidas. Mas nadadores que utilizam o ritmo cruzado com quatro batidas cruzam as pernas durante a varredura para baixo da braçada do lado correspondente (Fig. 4.20d). Em seguida, as descruzam a tempo de executar a pernada para baixo durante as varreduras para dentro e para cima com esse braço (Fig. 4.20 e e f). As pernas chutam três vezes em um ritmo normal de seis batidas durante a braçada com o outro braço (o braço direito na Fig. 4.20 a a c).

Muitos nadadores que usam o ritmo cruzado com quatro batidas utilizam o ritmo de duas batidas durante a braçada do lado não respiratório. Como visto antes, os atletas tendem a fazer menos rotação para esse lado, e isso implica uma recuperação do braço com um movimento mais amplo. Esses nadadores talvez utilizem a pernada cruzada para contrabalançar o efeito prejudicial dessa recuperação ampla em seu alinhamento lateral.

Qual é o melhor ritmo de batidas?

Ficamos tentados a recomendar o ritmo de seis batidas como a melhor sincronização possível entre braços e pernas. O modo como as batidas de pernas coincidem com as varreduras propulsivas dos braços lembra muito uma engrenagem bem lubrificada. Apesar disso, muitos nadadores de classe mundial têm obtido êxito em todas as distâncias usando outros ritmos. Portanto, não é possível recomendar a pernada com seis batidas para todos os nadadores.

Talvez fatores como estrutura física, flutuabilidade, debilidades musculares, flexibilidades articulares específicas e diversos fatores fisiológicos façam com que, para alguns nadadores, seja mais eficiente usar um número menor de batidas de pernas por ciclo de braçadas. Em relação a isso, Persyn, DeMaeyer e Vervaecke (1975), do Leuven Institute, Bélgica, relataram os seguintes resultados de um estudo com 62 nadadores belgas e holandeses de nível nacional:

- Os nadadores que usavam o ritmo de pernadas cruzadas com duas batidas tinham pernas mais longas.
- Os nadadores que utilizavam o ritmo de pernadas com seis batidas tinham maior capacidade vital, maior capacidade de rotação interna dos quadris, mãos mais largas e maior força de extensão dos tríceps e dos ombros.
- Aqueles que adotavam pernadas com seis batidas eram capazes de chutar com maior rapidez em distâncias curtas.

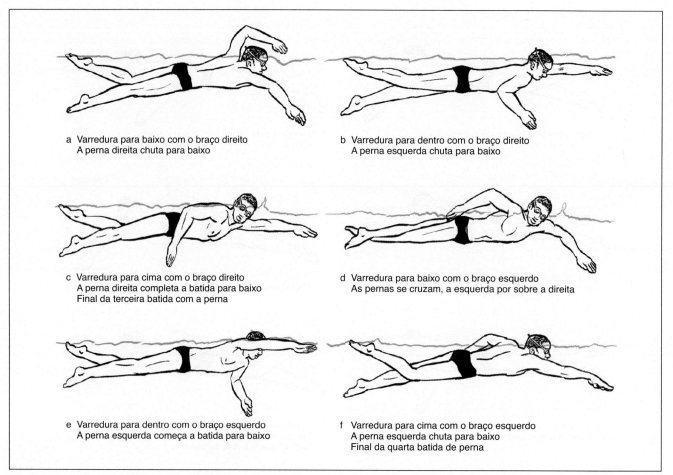

Figura 4.20 Pernada cruzada com quatro batidas no nado Crawl.

- As pernas dos atletas que usavam pernadas com seis batidas tendiam a afundar com maior facilidade.

Com base nesses resultados, os atletas com pernas longas têm a possibilidade de variar as opções em favor de ritmos com duas ou quatro batidas, porque uma pernada com seis batidas faria com que nadassem com uma velocidade de virada demasiadamente lenta. Talvez seja possível que nadadores de grande estatura, fortes e flexíveis, com pernadas rápidas, mas que também não exibem grande flutuabilidade prefiram um ritmo de seis batidas. Atletas com maior capacidade vital podem escolher adquirir mais propulsão com o uso de pernadas com seis batidas, porque podem contornar parcialmente o maior consumo de energia por meio do maior consumo de oxigênio. A rotação interna dos quadris provavelmente torna mais efetiva a pernada, o que explicaria por que nadadores que se situam acima da média nessa habilidade preferem o ritmo de seis batidas, mais propulsivo. Dentro desse mesmo raciocínio, nadadores com mãos maiores e mais força nos tríceps e nos ombros talvez tendam a executar braçadas mais amplas, nas quais o ritmo de seis batidas se encaixa melhor. É fácil entender, portanto, por que nadadores com excepcional velocidade de pernada optam pelo ritmo de seis batidas: eles podem ganhar mais força propulsiva com suas pernas. Finalmente, nadadores com flutuabilidade marginal podem depender de ritmos de pernas mais rápidos, a fim de evitar que elas afundem. Essas são algumas razões pelas quais os atletas podem achar que determinado ritmo é mais apropriado às suas habilidades específicas.

E quanto aos nadadores que fizeram uma escolha errada? Pode existir um bom número de bons nadadores que utilizam ritmos de duas e de quatro batidas por razões que nada têm a ver com suas características físicas e com suas habilidades. Esses atletas podem simplesmente optar por um desses ritmos – que poupam energia – em decorrência das demandas impostas por seu esquema de treinamento. A necessidade de economizar energia durante longas sessões de treinamento pode, sem que o nadador perceba, incentivar a mudança de um ritmo de seis batidas para outro menos exigente. E, tão logo tenha se acostumado a um ritmo de duas ou de quatro batidas, acabará utilizando-o também nas competições.

Podemos apenas especular se esses nadadores poderiam ser mais rápidos se tivessem ficado com o ritmo de seis batidas. Afinal de contas, temos observado que alguns nadadores de média e longa distância podem poupar energia e, ainda assim, ter resultados excelentes com uma técnica de pernada com seis batidas perfeitamente dominada. Há necessidade de pesquisas controladas para que seja determinado se ritmos de duas e de quatro batidas são mais eficientes para alguns nadadores, ou se a pernada com seis batidas é o melhor estilo para todos os atletas.

POSIÇÃO DO CORPO E RESPIRAÇÃO

Conforme explicado no Capítulo 2, os nadadores se deparam com menos resistência quando o corpo está em boa posição hidrodinâmica, tanto horizontal como lateralmente. Nesse sentido, a mecânica da respiração é importante, porque o momento mais provável para que o corpo saia de seu alinhamento é quando a cabeça é virada para a respiração.

Alinhamento horizontal

O alinhamento horizontal é avaliado mais apropriadamente em vista lateral, na qual é possível observar imediatamente a profundidade e a inclinação do corpo. O desenho na Figura 4.21 ilustra um bom alinhamento horizontal.

O nadador na Figura 4.21 está praticamente horizontal da cabeça aos dedos dos pés, de modo que seu corpo ocupa o mínimo espaço na água. O alinhamento horizontal, dessa forma, faz com que ocorra turbulência em menos fluxos de moléculas de água durante a trajetória do corpo ao nadar. Esse alinhamento também permite que a água ocupe o espaço atrás do nadador com mais rapidez, e com isso se formam menos correntes turbilhonantes. Assim, a diferença entre a alta pressão à frente do nadador e a baixa pressão atrás dele é minimizada de modo a reduzir os efeitos de retardo na velocidade frontal.

Os pontos-chave para um bom alinhamento horizontal são:

- posição natural da cabeça, alinhada com o tronco,
- costas razoavelmente retas e
- pernada estreita.

Infelizmente, ainda são muitos os que acreditam que os nadadores precisam subir até a superfície da água para nadar com maior rapidez. Mas, hoje em dia, sabemos que eles devem tentar permanecer em posição horizontal. Qualquer tentativa de nadar "acima" da água irá exigir pernadas mais profundas e maior força para manter a cabeça e os ombros acima da superfície. Ao mesmo tempo, os nadadores devem empurrar a água vigorosamente para baixo com os braços durante a varredura para baixo para que haja sustentação dessa posição alta do corpo. Embora seja fato que os nadadores realmente ficam mais elevados na água nos tiros de velocidade, não há necessidade de utilizar qualquer um desses esforços, que consomem energia, para manter essa posição alta.

O corpo dos nadadores velocistas tende a se elevar mais na água simplesmente por causa da rapidez com que nadam. Quando um atleta nada com maior velocidade, a água que está sendo desviada por baixo do seu corpo tende a empurrá-lo até uma posição de hidroplanagem natural que não depende de nenhum esforço adicional para sua manutenção. Seguindo o mesmo raciocínio, o nadador não irá hidroplanar ao nadar mais devagar simplesmente porque a pressão ascendente da água que passa por debaixo do corpo sofrerá redução. Os nadadores não devem tentar manter a cabeça artificialmente elevada e nem devem arquear demais as costas para conseguir uma posição elevada do corpo. Eles devem apenas permitir que a pressão da água faça o trabalho por eles. Nadar mantendo a cabeça alta e as costas arqueadas aumentará em 20 a 35% o arrasto total (Clarys 1979).

O rosto deve estar na água, com a linha da água em algum ponto entre a linha capilar e a metade da testa. A linha da água tenderá a estar no meio da cabeça (ou além dessa região) nas provas de maior distância e também em nadadores com menor flutuabilidade, e mais perto da linha capilar em provas mais curtas e em nadadores com maior flutuabilidade.

Os atletas devem rolar, e não levantar a cabeça para o lado em que respiram, porque erguer a cabeça fará com que os quadris e as pernas afundem mais na água. Durante a inspiração, um lado do rosto deverá permanecer na água. O nadador da Figura 4.12 apresenta boa posição da cabeça ao respirar com o rosto na água.

A amplitude das pernadas deve permitir que os pés apenas alcancem a superfície na batida de perna para cima e fiquem ligeiramente submersos na batida para baixo.

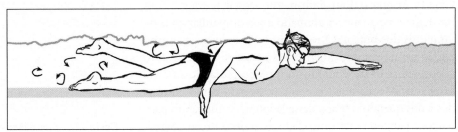

Figura 4.21 Bom alinhamento horizontal no nado Crawl.

Dessa forma, os nadadores não aumentarão desnecessariamente o arrasto ao aumentarem a distância vertical entre a superfície e a parte mais inferior do corpo.

Recentemente, Boomer (1996) propôs uma teoria para o alinhamento horizontal que se tornou popularmente conhecida como *compressão do T*. O pressuposto básico dessa teoria é que a compressão do centro de flutuabilidade, situado na parte superior do tronco, para dentro da água fará com que as pernas fiquem em posição mais elevada. Certamente existem respaldos em pesquisas e em relatos pessoais em favor dessa suposição (Pendergast et al. 1977; Watkins e Gordon 1983). Apesar disso, não estou convencido de que a compressão do tronco para baixo proporcione qualquer vantagem no que se refere à manutenção das pernas nas proximidades da superfície. Na verdade, isso pode sim interferir no efeito de hidroplanagem natural da pressão da água por baixo do corpo. Essa pressão deve proporcionar a nadadores com menor flutuabilidade toda a sustentação de que necessitam quando nadam com rapidez. Por ora, meu conselho seria que os nadadores não tentassem a hidroplanagem por meio do levantamento da cabeça e do arqueamento das costas nem elevassem as pernas usando a compressão do tórax e dos ombros para dentro da água. Eles devem tão somente alinhar o corpo o mais horizontalmente possível, desde a cabeça até os dedos dos pés, e deixar que a pressão da água por baixo determine o nível em que seus corpos devem ficar na água.

Alinhamento lateral

No nado Crawl, o alinhamento lateral pode ser avaliado mais adequadamente por cima ou por baixo. O nadador na Figura 4.22, mostrado por baixo, está com excelente alinhamento lateral ao girar a cabeça para o lado esquerdo para respirar. Seus quadris e pernas estão situados dentro dos limites dos ombros, porque o atleta está girando o corpo inteiro, da cabeça aos pés, como uma unidade. Desde que continue a rolar dessa forma, seu corpo irá permanecer com bom alinhamento lateral, esteja ele rolando para a direita ou para a esquerda.

O rolamento do corpo de um lado para o outro em ritmo com os movimentos horizontais e laterais dos braços é uma técnica importante que ajuda os nadadores de Crawl a manter o bom alinhamento lateral, porque o corpo tende a permanecer alinhado ao acompanhar os movimentos dos braços. O rolamento é – e deve ser – uma reação natural aos movimentos das braçadas. O corpo deve acompanhar os movimentos dos braços, rolando os ombros, o tronco, os quadris e as pernas para baixo em um dos lados quando o braço desse lado está se movendo para baixo, e para cima no outro lado quando o braço correspondente está se movimentando para cima. Caso contrário, como já foi mencionado, os quadris e as pernas ficarão oscilando de um lado para o outro.

Embora seja possível rolar demais, quase sempre os nadadores rolam menos do que poderiam. Apenas quando o nadador tenta impedir o corpo de rolar é que os movimentos horizontais e laterais dos braços fazem com que os quadris e as pernas saiam do alinhamento. O antigo adágio "nadar com o corpo em posição plana reduz o arrasto" é falso. No Crawl, os melhores nadadores rolam o corpo continuamente de um lado para o outro a cada ciclo de braçadas. Na verdade, eles passam mais tempo de lado do que em posição plana. Nadadores completos rolam entre 40° a 45° na direção do lado não respiratório e aproximadamente 50° a 60° para o lado respiratório, a partir da posição de pronação (Levinson 1987). Na Figura 4.6, Sanchez está rolando com técnica adequada.

O estilo *stretch-out*

Recentemente, diante do grande sucesso de Alexander Popov, alguns especialistas passaram a recomendar o estilo *stretch-out* (i. e., o deslizamento longo para fora) como o modo ideal de nadar o Crawl. Isso acabou resultando em algumas representações equivocadas do estilo desse nadador, particularmente entre os especialistas que têm recomendado que os nadadores usem uma *braçada com agarre* parcial. Esse estilo de braçada é aquele em que um dos braços entra na água, enquanto o outro está se movi-

Figura 4.22 Bom alinhamento lateral no nado Crawl.

mentando para baixo, em direção ao agarre. Quero agora alertar contra a adoção indiscriminada desse estilo por qualquer atleta.

A extensão completa do braço à frente depois de sua entrada na água certamente é o movimento que melhora a hidrodinâmica, enquanto o outro braço está completando a fase propulsiva. Mas o deslize pode passar do ponto se o nadador utilizar um *estilo de agarre parcial*, no qual fica esperando até que o braço que está atrás tenha saído da água e começado sua recuperação, antes de iniciar o movimento para baixo com o braço à frente para a execução do agarre. Essa técnica de nado prolongará o período de desaceleração que ocorre entre o final da fase propulsiva com o braço atrás e o início da fase propulsiva com o braço à frente.

Os nadadores necessitam de uma vigorosa pernada com seis batidas para utilizar o estilo de agarre parcial porque dependem da pernada para a propulsão durante o período de desaceleração entre as fases propulsivas dos braços. Mesmo nesse caso, poderíamos argumentar que os nadadores desacelerariam menos se o período entre o final da propulsão com um dos braços e o início da propulsão com o outro fosse mais curto.

Qualquer que seja o nadador, não é recomendável o deslize com o braço à frente depois que o outro braço completou a fase propulsiva; contudo, essa técnica deve ser particularmente evitada por nadadores que tenham uma pernada com seis batidas fraca e por aqueles que usam ritmos de quatro ou de duas batidas. Do mesmo modo, esse deslize não irá funcionar para nadadores que tenham uma varredura para cima fraca. A redução da propulsão com a pernada ou uma varredura para cima fraca, juntamente com o deslize, simplesmente resultará em maior desaceleração entre as fases propulsivas das braçadas. Por essa razão, a ênfase em braçadas longas e "estendidas" (com baixa velocidade de braçada), embora possa aumentar a distância por braçada, reduzirá significativamente a velocidade frontal de alguns nadadores.

Para que seja mantida uma grande velocidade de nado, os nadadores que executam pernadas com seis batidas fracas ou pernadas de ritmo quebrado devem utilizar uma velocidade de braçada mais rápida do que os outros. Conseguindo uma proficiência similar nas braçadas, os atletas de altura mediana ou abaixo da média também precisarão contar com uma maior velocidade de virada do que competidores mais altos porque conseguem cobrir uma distância menor a cada braçada. Por essas razões, certos nadadores não podem se dar ao luxo de alongar o braço da frente durante muito tempo depois da entrada na água e antes de começar a movimentá-lo para o fundo para executar o agarre.

Ao mesmo tempo, esses nadadores – como todos os demais – não devem começar a movimentar o braço para baixo enquanto o outro ainda está aplicando força propulsiva. Em vez disso, devem estender o braço que está à frente, imediatamente abaixo da superfície da água, para melhorar a hidrodinâmica apenas durante o tempo em que o outro braço completa a fase propulsiva de sua braçada subaquática. Devem também começar a movimentar o braço que está à frente para baixo a partir de sua posição estendida para a execução do agarre no momento exato em que o braço que está situado atrás faz a finalização. Conforme explicado antes, isso ocorrerá quando o braço de trás se aproximar da coxa, e não ao sair da água. Não deveríamos orientar nenhum nadador a continuar estendendo o braço da frente depois de terem sido completados os esforços propulsivos com o braço situado atrás simplesmente porque esse procedimento pode aumentar a distância percorrida pelo corpo a cada braçada.

Antes de concluir esta seção, quero mencionar ainda mais duas coisas. A primeira é que Popov não desliza demasiadamente. Embora sua braçada seja longa e ele realmente faça uma extensão completa do braço ao entrar na água, vídeos subaquáticos feitos durante algumas competições revelam que ele começa a varredura para baixo com o braço da frente exatamente no momento em que para de impulsionar a água com o braço de trás.

A segunda coisa é que aquilo que passou a ser conhecido como *Natação do quadrante frontal* não é necessariamente incorreto. Nesse método, usado para descrever a sincronização entre os dois braços no nado Crawl, uma braçada completa se parece com um círculo dividido em quatro quadrantes. Os dois quadrantes frontais são as fases da braçada acima e embaixo da água, que constituem a segunda metade da recuperação do braço e a primeira metade da braçada subaquática. Os dois quadrantes posteriores se situam onde ocorrem a segunda metade da braçada subaquática e a primeira metade da recuperação do braço. Os especialistas recomendam que a sincronização entre os braços seja de tal ordem que, no ciclo da braçada, o braço que está executando a braçada esteja situado em algum ponto no quadrante frontal submerso no momento em que o braço da recuperação está no quadrante frontal acima da água. A sincronização entre as duas braçadas será considerada incorreta se o braço submerso estiver no quadrante posterior submerso no momento em que o braço que está executando a recuperação tiver entrado no quadrante frontal acima da água.

Essa descrição é precisa, pois indica a variação correta de posições para os dois braços. Desse modo, os nadadores terão a relação apropriada entre os braços de execução da braçada e de recuperação, desde que não atrasem o início da varredura para baixo com o braço à frente até que o braço que está executando a recuperação tenha entrado no quadrante frontal acima da água. Lamentavelmente, algumas pessoas interpretaram a expressão *Natação no quadrante frontal* como algo que significa precisamente que um dos braços não deve iniciar a varredura para baixo até que o outro tenha entrado na água, ou esteja muito perto de fazê-lo. Essa interpretação não é correta e resultaria em períodos de desaceleração mais longos do que o desejável entre as fases propulsivas das duas braçadas.

Respiração

No nado Crawl, os nadadores, mesmo aqueles de grande habilidade, tendem a cometer muitos erros ao virar a cabeça para o lado para respirar. Os atletas viram a cabeça tarde demais, levantam-na para fora da água e empurram-na para trás, afastando-a da linha média do corpo. Na verdade, os movimentos da cabeça devem ser coordenados com a rotação do corpo, de modo que os nadadores de Crawl possam respirar sem perturbar o alinhamento lateral. A posição correta na superfície está ilustrada na Figura 4.23.

Craig Hutchison, o nadador da Figura 4.23, gira o rosto na direção da superfície enquanto o braço do lado respiratório executa a varredura para cima ao final da braçada subaquática. Sua boca não parece estar acima da superfície durante a respiração porque Craig está respirando na base de uma onda em arco que foi criada em torno de sua cabeça. Ele respira durante a primeira metade da recuperação e retorna o rosto à água na segunda metade. Seu corpo fica maximamente voltado para o lado respiratório durante a varredura para cima. Assim, Craig precisa apenas girar a cabeça por uma curta distância para que a boca fique fora da água e ele possa respirar. Não há necessidade de levantar a cabeça e nem de afastá-la da linha média do corpo. Essa ação ocorre durante a segunda metade da recuperação do braço, quando o braço do lado respiratório está se estendendo para frente para executar a entrada, e o corpo gira de volta para o lado não respiratório.

Exceto em provas de velocidade, os nadadores de competição devem respirar uma vez a cada ciclo de braçadas. Em provas mais longas, precisam ter um aporte contínuo de oxigênio com o intuito de adiar a fadiga. Os atletas não devem prender a respiração nessas provas. Em vez disso, devem iniciar a expiração imediatamente após a inspiração. Contudo, essa expiração precisa ser sincronizada de modo que não haja necessidade de outra inspiração antes que tenham completado um ciclo de braçadas. Inicialmente, a expiração deve ser muito lenta, deixando escapar pela boca e pelo nariz a quantidade de ar suficiente para reduzir a pressão torácica. Os nadadores devem continuar a expirar lentamente até que a boca tenha retornado às proximidades da superfície da água para a inspiração seguinte. Nesse momento, devem expirar o ar restante em uma ação rápida, inspirar novamente e começar o próximo ciclo respiratório. As inspirações devem ser maiores do que o normal, mas não excessivas. Os nadadores não devem ofegar em busca do ar. As expirações precisam ser completas, mas não forçadas. São necessárias poucas instruções sobre a técnica correta de inspiração e expiração. Na maioria dos casos, a prática e as demandas da prova ensinarão os atletas a respirar da maneira mais econômica possível.

Respiração alternada

Embora o padrão habitual seja respirar em apenas um dos lados, e sempre do mesmo lado a cada vez, alguns nadadores preferem respirar dos dois lados, em um estilo chamado *respiração alternada*. Com esse método, o nadador respira duas vezes a cada três ciclos de braçadas, respirando à direita em um ciclo, à esquerda no outro e não respirando durante o ciclo de braçadas intermediário. Outro estilo de respiração alternada consiste em respirar duas vezes do lado esquerdo, completar o ciclo de braçadas sem respirar e em seguida respirar duas vezes do lado direito. Nesse caso, os nadadores fazem quatro respirações a cada cinco ciclos de braçadas.

A respiração alternada é utilizada por muitos nadadores de classe mundial, particularmente mulheres. Entretanto, seu uso é controverso, tendo tanto defensores como oponentes entre técnicos e nadadores de elite. A seguir é apresentada uma lista de vantagens dessa forma de respiração:

- A braçada será mais simétrica. A respiração alternada incentiva o nadador a rolar o corpo igualmente para os dois lados, o que aumenta a rotação do corpo e melhora a hidrodinâmica do lado não respiratório. O aumento da rotação do corpo também deve melhorar a mecânica subaquática da braçada do lado não respiratório, porque o

Figura 4.23 Vista lateral do nadador Craig Hutchison respirando por baixo da onda em arco ao completar a varredura para cima com o braço.

nadador não precisará usar parte de sua força para fazer a rotação do corpo de volta do lado respiratório.

- A respiração alternada pode melhorar a capacidade de difusão pulmonar, de modo que mais oxigênio será extraído do ar inspirado pelo nadador.

- Durante as provas, o nadador pode observar os competidores de ambos os lados.

O argumento mais forte contra esse estilo de respiração é que ocorrerá diminuição do suprimento de oxigênio, o que pode fazer com que o nadador se canse mais prematuramente durante a prova. Essa é uma desvantagem muito grave e é possível que suplante todas as vantagens listadas anteriormente; por isso não recomendo que os nadadores utilizem a respiração alternada em provas. Posto isso, é preciso dizer também que, obviamente, toda regra tem exceções. Certos atletas nadam mais rápido quando fazem respiração alternada. Comumente, esses nadadores têm grave defeito de braçada, o qual é corrigido pela respiração alternada, permitindo-lhes cobrir a distância com maior rapidez, apesar da redução no suprimento de oxigênio. Evidentemente, é preferível corrigir a braçada sem recorrer a essa forma de respiração, mas, se o problema for grave e o uso da técnica de respiração alternada for o único método capaz de retificá-lo, esses nadadores deverão utilizá-lo.

A eficácia da respiração alternada pode ser testada com um procedimento simples, que chamo de *nados experimentais*. Os nadadores devem completar várias séries longas de repetições experimentais, totalizando 2.000 a 4.000 m, em velocidades com esforço significativo ao longo de algumas semanas. Durante essas séries, os atletas devem usar respiração alternada nos itens pares e respiração convencional nos ímpares, devendo ainda ficar bastante atentos aos tempos para cada repetição e ao grau de esforço necessário para a obtenção desses tempos. Nadadores que são consistentemente mais rápidos ou sentem que estão nadando com maior facilidade os itens pares devem considerar a possibilidade do uso da respiração alternada nas provas. Os outros devem permanecer com a respiração em apenas um dos lados.

Embora eu não recomende a respiração alternada em provas de competição, exceto em raras circunstâncias, essa técnica pode ser um meio auxiliar bastante válido se for utilizada no treinamento. Recomendo que todos os nadadores aprendam a respiração alternada durante o treinamento ao longo de seus anos de formação, porque essa prática pode servir como incentivo para que rolem igualmente para os dois lados e nadem com mais simetria durante a evolução de suas braçadas. E tão logo tenham desenvolvido suas braçadas, poderão passar para a respiração convencional em um dos lados.

ERROS COMUNS NOS MOVIMENTOS DO NADO CRAWL

Alguns dos erros mais comuns cometidos pelos nadadores serão descritos nesta seção. Com isso, espero ajudar o leitor a diagnosticá-los e corrigi-los.

Erros de braçada

Esta seção discutirá os erros na braçada e as correções apropriadas. Para que o nadador domine a técnica adequada, é importante que esses ajustes sejam efetuados.

Erros na recuperação e na entrada

Os erros mais comuns cometidos pelos nadadores durante a recuperação do braço são: (1) a utilização de esforço excessivo, (2) a oscilação do braço acima da água em um arco baixo e amplo, (3) a *braçada alongada* e (4) a *braçada curta*. Na entrada, porém, o mais comum é (5) impulsionar a água para frente.

1. Manter uma recuperação relaxada não é tarefa fácil quando os atletas desejam nadar com rapidez. Sua reação natural nesse caso é recuperar os braços acima da água com rapidez. O que eles não percebem é que o braço que está executando a recuperação se desloca por uma distância mais curta através de um meio menos denso do que o braço que está executando a braçada. Consequentemente, o braço da recuperação chegará à posição de entrada prematuramente se sua velocidade for acelerada, e isso comprometerá a rotação do corpo e o ritmo das braçadas. Ademais, a projeção do braço para frente pode tirar os quadris do alinhamento lateral, particularmente se a recuperação for executada com uma ampla oscilação para o lado. Outro problema com uma recuperação rápida é que os nadadores podem encurtar a varredura para cima do braço que está executando a braçada a fim de iniciar logo a varredura para baixo com o outro braço. Obviamente, isso irá encurtar a fase mais propulsiva da braçada.

Embora os nadadores movimentem os braços mais depressa em um tiro de velocidade, o mecanismo para sua realização consiste em aumentar a velocidade do braço durante toda a braçada. Quando isso é feito, o braço que está executando a recuperação irá naturalmente se deslocar acima da água com maior rapidez, para que seja mantida a relação apropriada com o braço que está executando a braçada. Mas, mesmo nessas circunstâncias, a recuperação deve permanecer a mais inercial e relaxada possível.

Os atletas devem permitir que o momento decorrente da varredura para cima conduza o corpo para frente até a posição de recuperação e devem empregar o mínimo esforço necessário para manter o braço em movimento durante a entrada. Nesse sentido, devem finalizar gradualmente, enquanto o cotovelo irrompe pela superfície e supera a inércia retrógrada ao iniciar o movimento do braço para frente com o encolhimento do ombro ao mesmo tempo em que a mão continua sua trajetória ascendente até a superfície.

2. Quando os nadadores recuperam os braços acima da água em um arco baixo e amplo, comumente fazem com que os quadris fiquem fora de alinhamento na direção oposta. Esses movimentos de um lado para o outro fazem com que o nadador ocupe muito mais espaço na água e empurre água para frente com os quadris e as pernas. Todas essas ações aumentarão os arrastos de forma e de empuxo, reduzindo drasticamente a velocidade frontal. Os atletas devem manter o braço fletido e o cotovelo mais alto do que a mão durante toda a ação de recuperação, recuperando o braço para frente com a mínima oscilação possível para fora.

3. O erro de execução de *braçadas alongadas* ocorre quando o nadador estende o braço excessivamente para frente antes da entrada na água. O efeito desse equívoco está ilustrado na Figura 4.24. Esse nadador estendeu o braço para frente até que ficasse praticamente reto antes da entrada na água. Como resultado, a larga parte inferior do braço "cai" sobre a água, pressionando um grande segmento de água para baixo e para frente e reduzindo a velocidade frontal.

Comumente, braçadas alongadas ocorrem porque o nadador tenta projetar o braço para frente cedo demais durante a recuperação. O atleta começa a avançar o braço para a entrada antes que este tenha ultrapassado o ombro, e esse avanço prematuro faz com que o cotovelo e o braço empurrem a água para baixo e para frente antes da entrada da mão. O nadador deve ser orientado a manter o cotovelo alto durante toda a recuperação e não deve começar a estender o braço para frente, para a execução da entrada, até que o braço tenha passado pela cabeça, e a mão deve fazer a entrada na água antes que o braço esteja completamente estendido.

4. A execução de *braçadas curtas* é o erro oposto, ilustrado na Figura 4.25. Esse nadador faz a entrada em um ponto perto demais da cabeça e, em seguida, direciona imediatamente o braço para frente e para baixo em direção ao agarre. Quando isso ocorre, há uma tendência a empurrar a parte superior do antebraço e a parte de trás da mão para frente (com essas partes embaixo da água), o que aumentará o arrasto de empuxo e reduzirá a velocidade frontal.

Esse estilo de entrada já foi muito popular porque os treinadores acreditavam que utilizando-o o antebraço ficava posicionado com o cotovelo alto mais cedo depois da entrada. Hoje em dia, achamos que o braço que está executando a entrada deva ser estendido para frente depois de terminada essa fase, em uma posição imediatamente abaixo da superfície da água. Com isso, o braço poderá permanecer em alinhamento com o corpo até que o outro braço situado atrás tenha terminado a fase propulsiva.

5. Também poderá ocorrer aumento do arrasto de empuxo se a palma da mão não estiver alinhada com o antebraço no momento da entrada na água. Alguns nadadores fazem a entrada com o punho flexionado, e isso faz com que empurrem água para frente com o dorso da mão submersa ao "estendê-la" para frente.

Figura 4.24 Braçada alongada durante a entrada.

Figura 4.25 Braçada curta durante a entrada.

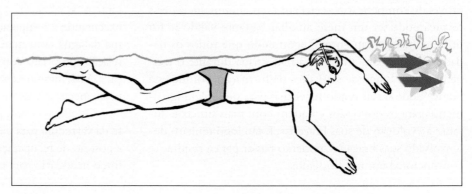

É possível executar a entrada da mão na água sem que esta seja empurrada para frente quando a palma da mão estiver voltada para baixo. Alguns nadadores muito bem-sucedidos de fato conseguem realizar isso. Contudo, é menos provável que o nadador empurre água para a frente se as mãos fizerem a entrada com as palmas voltadas ligeiramente para fora; por essa razão, muitos preferem esse método. Quanto à entrada na água, o melhor conselho é deslizar a mão dentro da água com a palma voltada para fora e com pouca ou nenhuma flexão do punho. Os nadadores que preferem fazer a entrada com a palma plana devem primeiro mergulhar os dedos e, em seguida, usar o "buraco" feito pelas pontas dos dedos para a entrada da mão. A mão até pode ser flexionada ao iniciar sua entrada na água, mas deverá ser novamente estendida e alinhada com o punho antes que tenha desaparecido abaixo da superfície. O dorso da mão não deve ser impelido para frente contra a água.

Erros na varredura para baixo

Os erros mais comuns durante essa fase da braçada são (1) a queda do cotovelo, (2) a manutenção do braço em uma posição estendida, (3) o deslizamento excessivo da mão para o lado e (4) o deslizamento demasiadamente limitado do braço para o lado.

1. O cotovelo caído descrito no Capítulo 3 e ilustrado na Figura 3.10 resulta da tentativa de começar a empurrar a água para trás antes que o braço esteja orientado nesse mesmo sentido. Quando o nadador tenta aplicar força propulsiva com o braço voltado para baixo, conseguirá apenas empurrar a água para baixo e reduzir a velocidade frontal. Ele deve esperar até que o braço esteja voltado para trás antes de tentar aplicar força propulsiva.

2. É comum a crença de que o braço deve permanecer estendido durante a varredura para baixo e, então, ser flexionado durante a varredura para dentro subsequente. A varredura para baixo com o braço em uma posição estendida causa um número enorme de problemas, dois dos quais serão descritos a seguir. O primeiro deles é que o braço deve se deslocar para baixo até um ponto mais profundo para conseguir uma orientação para trás quando está estendido. Essa ação aumenta a desaceleração durante a varredura para baixo e faz com que o braço empurre a água para baixo.

O segundo problema é que, quando o agarre é executado com o braço estendido, aumenta a tendência ao palmateio para dentro com o antebraço e com a mão durante a varredura para dentro. O braço inteiro deve ser usado como um remo em forma de bumerangue para empurrar a água para trás na varredura para dentro, de modo a otimizar as forças do arrasto propulsivo e possibilitar que os grandes músculos do tronco e dos ombros sejam uti-

lizados na aplicação de força propulsiva. O braço não deve "gingar" (i. e., palmatear) para dentro, como um hidrofólio. O nadador deve flexionar os braços durante a varredura para baixo, de modo que eles fiquem fletidos em praticamente 90° ao fazerem o agarre e iniciarem a aplicação de força propulsiva.

3. Embora o braço "escorregue" um pouco para fora durante a varredura para baixo, o nadador atrasará o agarre caso esse "escorregão" faça com que o braço se afaste demais. O atleta também pode empurrar água para o lado se tentar orientar vigorosamente o braço para baixo e para fora, o que irá perturbar seu alinhamento lateral. Durante a varredura para baixo, deve-se flexionar o cotovelo e manter o braço na máxima altura possível dentro da água sem sentir dor no ombro. Com essa movimentação, a mão irá deslizar para o lado naturalmente com a amplitude adequada e sem causar problemas.

4. Alguns nadadores vão ao extremo oposto e tentam manter os braços abaixo da linha média do corpo durante a varredura para baixo. Isso faz com que projetem o braço excessivamente para baixo através da água e, em geral, o movimentem longe demais embaixo do corpo durante a varredura para dentro e excessivamente para cima durante a varredura para cima. Todas essas três ações aumentam desnecessariamente os movimentos verticais dos braços. O movimento do braço para trás deve ser o mais horizontal possível nas varreduras para dentro e para cima. O braço deverá se deslocar com profundidade suficiente para atingir uma orientação para trás por ocasião do agarre e, em seguida, subir o bastante para estar perto da superfície ao terminar a fase propulsiva da varredura para cima.

Erros na varredura para dentro

Os erros mais frequentes cometidos durante a varredura para dentro são (1) fazer palmateio com o braço para dentro e (2) conduzir o braço muito pouco para dentro ou excessivamente por baixo do corpo.

1. As desvantagens do palmateio foram discutidas no Capítulo 3. Os nadadores não conseguem maximizar a força de arrasto propulsivo, utilizam menor área de superfície para deslocar a água para trás e usam os grupos musculares menores para a aplicação de força propulsiva.

Muitos nadadores iniciam a varredura para dentro flexionando o cotovelo e deslizando o antebraço e a mão quase diretamente para dentro até a linha média do corpo. Atletas que dão braçadas dessa forma frequentemente se encontram entre os competidores de importantes campeonatos internacionais, mas raramente ficam entre os finalistas. Como explicado anteriormente, a probabilidade de gerar mais força propulsiva é maior quando os nadadores empurram a água para trás com o braço flexionado na varredura para dentro.

2. Os problemas resultantes da pouca mobilização do braço para dentro ou da demasiada movimentação do braço para baixo do corpo durante a varredura para dentro já foram discutidos anteriormente neste capítulo. Em resumo, se o braço não for movido para dentro o suficiente, poderá ocorrer encurtamento da fase propulsiva da braçada; porém, se for conduzido demasiadamente para baixo do corpo, poderá gerar forças laterais excessivas, que reduzirão a quantidade de força propulsiva, fazendo com que os nadadores serpenteiem de um lado para o outro.

Erros na varredura para cima e na finalização

Os erros mais comuns durante a varredura para cima e na finalização são (1) o nadador estender o cotovelo com muita rapidez e tentar empurrar a água até que a mão alcance a superfície e (2) o atleta não colocar a mão em uma boa posição hidrodinâmica quando ela avança pelos últimos centímetros até a superfície.

1. Quando o nadador estende o braço e empurra vigorosamente a água até a mão e o antebraço chegarem à superfície, ele acaba reduzindo a velocidade frontal e tracionando os quadris e pernas para baixo, porque está empurrando a água para cima (em vez de empurrá-la para trás) com a parte inferior do antebraço.

O nadador deve manter o braço flexionado com a palma da mão e a parte inferior do antebraço voltadas para trás ao longo de toda a fase propulsiva da varredura para cima. A pequena extensão do braço que ocorre deve ser utilizada apenas para manter a pressão para trás contra a água em movimento. Ao mesmo tempo, o nadador deve parar de empurrar a água para trás no momento em que o braço começar a se movimentar para a frente até a recuperação, ou quando o antebraço perder a orientação para trás – o que acontecer primeiro.

2. O erro mais comum cometido pelos nadadores durante a finalização e na primeira parte da recuperação é não colocar a mão em uma boa posição hidrodinâmica ao deslocá-la pelos últimos centímetros até a superfície, antes de ela sair da água. Alguns nadadores, mesmo aqueles que param de empurrar a água para trás no momento apropriado, não conseguem virar a palma da mão para dentro depois de terem completado a varredura para cima e já terem iniciado a recuperação. Esse erro provoca maior arrasto de interferência quando o nadador movimenta a mão para cima através da água com a superfície larga da palma voltada para cima. Depois da finalização, é preciso que o nadador conduza a mão para fora da água com as pequenas bordas dos dedos voltadas para cima. Com isso, o atleta reduzirá a área de superfície e, consequentemente, o arrasto resistivo com que se depara.

Erros de pernada

Os três principais erros cometidos por muitos nadadores na pernada de adejamento são (1) a pernada alta demais, (2) a pernada profunda demais e (3) a flexão excessiva das pernas na batida para cima.

1. Quando o nadador executa pernadas altas demais, o pé inteiro e parte da perna saem da água. Movimentos excessivos da perna para cima podem empurrar os quadris para baixo. Os pés devem chegar até a superfície durante a batida para cima na pernada de adejamento, mas o nadador não deve tirá-los completamente da água.

2. Quando o nadador dá pernadas excessivamente profundas, aumenta sem necessidade a área da superfície frontal, aumentando assim o arrasto de forma. O nadador também pode empurrar água para frente no final da batida para baixo. Os pés devem ficar apenas ligeiramente abaixo do tórax ao completarem a batida para baixo.

3. Nadadores que flexionam a perna durante a batida para cima empurram água para frente com a parte inferior da perna. Isso, por sua vez, provoca a submersão dos quadris e reduz a velocidade frontal, conforme ilustra a Figura 4.16. A batida para cima deve ser executada com a perna estendida, e o nadador deve flexionar a perna até que seja iniciada a próxima batida para baixo. Acima de tudo, o atleta não deve empurrar a perna contra a pressão da água na batida para cima e na primeira parte da batida para baixo. Em vez disso, deve permitir que a pressão da água acima da perna a mantenha em uma posição estendida durante a batida para cima. Então, deve deixar que a pressão da água abaixo da perna a flexione na primeira parte da batida para baixo. O único momento em que o nadador deve empurrar a água é na fase final da batida para baixo, quando o joelho é vigorosamente estendido.

Erros de sincronização

Os problemas habituais relacionados à sincronização são (1) os movimentos de um braço que saem de sincronia com os do outro, (2) a rotação do corpo que sai de sincronia com os movimentos do nado, (3) a varredura para baixo que é iniciada cedo demais, (4) o braço posicionado à frente que se movimenta muito antes do início da varredura para baixo e (5) a má sincronização entre as pernas e os braços.

1. O braço que está executando a recuperação deve fazer a entrada na água quando o outro braço da braçada está iniciando a varredura para dentro. Nesse momento, dois erros são possíveis. O braço que está realizando a recuperação pode fazer a entrada na água cedo ou tarde demais em relação ao ciclo de braçadas.

Se o nadador permitir que o braço entre na água enquanto o outro executa a varredura para baixo, ele irá rolar na direção errada e esse rolamento irá gerar arrasto de empuxo para o braço que está executando a recuperação. Para corrigir esse movimento, o nadador terá que movimentar o braço da recuperação para dentro da água e para fora (não para frente) até o início da varredura para dentro com o outro braço e até que possa iniciar o rolamento na direção oposta.

Se o nadador mergulhar o braço da recuperação na água tarde demais, ou seja, depois de começada a varredura para cima, em geral sua varredura para dentro será ampla e ineficaz. O nadador deve rolar na direção do braço que está executando a braçada durante a varredura para dentro se quiser extrair máxima vantagem do movimento. Se seu corpo girar na direção oposta, o atleta tenderá a movimentar o braço por baixo do corpo, ou reduzirá o comprimento e também o movimento do braço para dentro. Com isso, empurrará diretamente para trás e o braço extrapolará os limites do corpo em uma longa varredura para cima. Essas ações provavelmente causarão grave redução na distância por braçada.

2. Considerando que o corpo sempre deve fazer a rotação na mesma direção do movimento do braço, comumente os problemas de sincronização entre a rotação do corpo e a dos braços ocorrem juntos. Todo o lado direito do corpo deve fazer rotação para baixo quando o braço direito está se movimentando para baixo e para cima, e o mesmo deve ocorrer para o lado esquerdo do corpo durante a braçada esquerda. O rolamento feito dessa maneira é muito natural. Os braços tendem a tracionar o corpo do nadador em livre suspensão para a mesma direção em que estão se movendo.

Quando as braçadas estão sincronizadas incorretamente, o nadador em geral encurta ou elimina determinada fase de uma braçada para conseguir girar o corpo na direção apropriada para a outra braçada. Mas, para alguns nadadores, particularmente para aqueles que foram ensinados a nadar com uma posição corporal "plana", não raro ocorre uma séria resistência à tendência de fazer a rotação. Nesse caso, o atleta inibe a tendência natural para a rotação sincronizada com os movimentos laterais e verticais dos braços, e o corpo gera torque para o lado, aumentando os arrastos de forma e de empuxo. Alguns nadadores também comprometem os aspectos propulsivos de suas braçadas porque reduzem demasiadamente os movimentos laterais e verticais dos membros a fim de evitar o rolamento.

3. O terceiro problema é muito comum, por ser natural que o nadador comece a empurrar a água tão logo a mão tenha mergulhado. Há duas razões muito importantes para que isso não seja feito. A primeira é que os nadadores completarão a maior parte da fase propulsiva da outra braçada depois que o braço localizado à frente já tiver entrado na água. Consequentemente, antes de começarem a fazer a varredura para baixo com o braço que fez a entrada na água, precisam mantê-lo com boa hidrodinâmica e alinhado com o corpo até que os movimentos propulsivos tenham se completado. A segunda razão é que os atletas podem tender a terminar prematuramente a varredura para cima com o braço que está executando a braçada se começarem a pressionar o outro braço para baixo e para trás imediatamente depois da entrada na água.

4. Nadadores que deslizam durante muito tempo cometem o erro exatamente oposto. Esses atletas não começam a fazer a varredura para baixo com o braço que está à frente até que o outro braço tenha completado a recuperação e mergulhado na água. Esse erro é comumente conhecido como *braçada de alcance*. Utilizo o termo *alcance* pois ocorre o atraso da varredura para baixo com um braço até que o outro braço esteja praticamente estendido a seu lado. Portanto, em certo sentido, o braço que está fazendo a entrada na água estará praticamente alcançando o braço que vai à frente.

Considero a braçada de alcance um movimento errado por uma razão muito simples: se o nadador não estiver aplicando força propulsiva, a velocidade frontal irá diminuir. Portanto, qualquer ação que prolongue desnecessariamente o intervalo entre o final da fase propulsiva de uma braçada e o início da propulsão com a outra irá reduzir a velocidade média por braçada.

5. Raramente acontecem problemas de má sincronização entre braços e pernas. Os nadadores parecem ser intuitivamente capazes de coordenar pernadas e braçadas, independentemente do ritmo utilizado – seja o de seis batidas ou os de duas ou quatro batidas. Mas tenho observado que alguns nadadores tendem a aumentar ou diminuir a ênfase em certas batidas de perna dentro de um ciclo de nado, mesmo quando a sincronização dessas batidas está correta em relação às braçadas. Essas batidas de perna *maiores* e *menores* provavelmente indicam algum problema com a fase da braçada à qual estão particularmente pareadas. Exemplificando, um nadador que utiliza varreduras para dentro de pequena amplitude tenderá a minimizar a pernada conjugada. Do mesmo modo, nos casos em que as pernadas que acompanham a varredura para cima têm menor amplitude, é provável que essa fase da braçada também seja executada com menos ênfase.

Pelo mesmo raciocínio, uma pernada muito grande e profunda pode significar excessivo arrasto de empuxo durante determinada fase da braçada. Assim, o atleta pode usar uma pernada grande e poderosa na tentativa de manter o alinhamento de determinada parte do corpo, ou para suplantar o arrasto. Por exemplo, uma batida para baixo anormalmente grande durante a varredura para baixo indica que o nadador pode estar empurrando muito para baixo e reduzindo sua velocidade frontal. Uma batida para baixo excepcionalmente grande durante a varredura para cima provavelmente significa que o nadador está empurrando água demais para cima.

Erros na posição do corpo

Erros na posição do corpo comumente significam que os nadadores fizeram alguma coisa para comprometer seu alinhamento (1) horizontal ou (2) lateral.

1. Já foram mencionados os principais erros que causam a perda do bom alinhamento horizontal no que se refere ao aspecto hidrodinâmico: tentativa de hidroplanagem e pernadas demasiadamente profundas. Em ambos os casos, o corpo se inclina demais para baixo (da cabeça em direção aos pés), ocupando assim bastante espaço na água e aumentando com isso a resistência à progressão para a frente.

2. Em sua maioria, os erros que provocam problemas com o alinhamento lateral têm a ver com a braçada (conforme foi discutido na seção sobre erros na recuperação e na entrada na água). São eles (1) braçada alongada, (2) recuperação do braço com grande amplitude e (3) água empurrada para dentro durante a varredura para dentro. Esses erros fazem com que o nadador serpenteie ao longo da piscina, como se fosse uma cobra.

Outro modo de os nadadores comprometerem o alinhamento lateral é projetando a cabeça para trás no momento da respiração. Esse movimento faz com que o tronco torça para o lado durante a respiração, o que, por sua vez, leva os quadris a balançarem para o lado oposto. Essa oscilação para a lateral aumenta o espaço ocupado pelo nadador na água, gerando mais arrasto resistivo.

Erros na respiração

Os erros mais frequentes cometidos pelos nadadores durante a respiração são (1) virar o rosto cedo demais, (2) virá-lo tarde demais (respiração atrasada), (3) levantar a cabeça, (4) retornar a cabeça para a água com muita lentidão e (5) movimentá-la para trás, com perda do alinhamento. O efeito desse último erro foi descrito na seção precedente. Os demais erros serão descritos a seguir:

1. Os nadadores interferem na rotação natural do corpo quando giram a cabeça para respirar antes que o braço do lado oposto tenha entrado na água. Isso ocorre porque o atleta está tentando girar a cabeça para o lado oposto, enquanto o corpo ainda está virado para o lado do braço que executa a recuperação. É grande a probabilidade de

que, para respirar, o nadador tenha que acelerar a recuperação do braço para frente, de modo que possa fazer o giro do corpo na direção para onde a cabeça está virando. Ao fazê-lo, o nadador provavelmente encurtará a varredura para dentro e perderá força propulsiva. Os atletas devem esperar até que o corpo tenha feito a rotação na direção do lado respiratório antes de começar a virar o rosto nessa direção. Isso deve ser feito depois que o braço que está executando a recuperação tenha mergulhado na água à sua frente.

2. É comum que os nadadores que viram a cabeça com muito atraso exibam o que chamamos de *puxão* em suas braçadas. Virar a cabeça tarde demais faz com eles tenham de respirar durante a recuperação do braço, e não durante a braçada subaquática. Como resultado, o nadador hesita ou faz uma recuperação lenta, a fim de ganhar tempo para respirar. Essa hesitação atrasa a varredura para baixo com o outro braço, o que, por sua vez, leva o atleta a desacelerar mais do que o habitual durante essa fase do nado.

3. O erro de levantar o rosto da água para respirar é observado apenas ocasionalmente e, mesmo assim, entre nadadores de competição novatos. Comumente, esses atletas tentam nadar sem fazer o rolamento dos ombros e precisam levantar a cabeça para frente para que a boca fique fora da água. Eles precisam aprender a rolar o corpo na direção do lado respiratório, deixando a cabeça na água enquanto viram o rosto para o lado.

4. Não retornar a cabeça até a linha média depois da respiração é um erro comum mesmo entre nadadores de nível máximo. Eles não fazem a rotação da cabeça de volta até a linha média depois de terem respirado, ou esse retorno é muito lento. Qualquer que seja o caso, os nadadores não conseguem rotacionar suficientemente o corpo na direção do lado não respiratório, o que os leva a movimentar demais a mão para fora durante a varredura para cima e durante a recuperação do braço do lado não respiratório.

EXERCÍCIOS PARA O NADO CRAWL

Esta seção contém diversos corretivos para a braçada do nado Crawl, para a pernada de adejamento e para a coordenação entre elas. Também foram incluídos exercícios para melhorar as técnicas de respiração e de posicionamento (i. e., hidrodinâmica) do corpo.

Exercícios de braçada

Os corretivos para as varreduras descritas no Capítulo 3 se encontram entre os melhores que já vi para o ensino da braçada do nado Crawl. Contudo, nesta seção, também serão apresentados outros bons exercícios.

Exercício de alcance

Este exercício começa com o nadador em posição de pronação e com as mãos estendidas à frente, ficando a mão direita sobre a mão esquerda. O nadador executa uma braçada completa com o braço esquerdo e, ao retornar à posição inicial, coloca esse braço sobre o braço direito. Em seguida, executa uma braçada com o braço direito, colocando-o sobre o braço esquerdo, para então reiniciar a sequência. Ele ajuda o nadador a se concentrar na braçada de maneira correta, mas utilizando apenas um braço de cada vez. O exercício também pode ser feito segurando uma prancha à frente. O nadador deve segurar a prancha na extremidade mais proximal de modo a ter espaço suficiente para a execução da braçada completa.

Exercício de nado com um braço

Neste exercício, o atleta nada uma série de repetições utilizando apenas um braço de cada vez. O outro braço pode ficar estendido à frente ou para trás, com a palma da mão repousando sobre a coxa. A posição do braço à frente é boa quando o atleta está nadando com o braço do lado respiratório. Já a outra posição é melhor quando o atleta está nadando com o braço do lado não respiratório. As posições de braço à frente e atrás nos lados respiratório e não respiratório fazem com que o braço que está se exercitando funcione mais do que o faria no nado completo, porque o corpo girava como deveria no nado completo. O nadador deve percorrer uma ou mais vezes a piscina antes de trocar de braço. O nado com um dos braços pode ser efetuado como exercício de nado ou de braçada.

Exercício de nado com os dois punhos cerrados

A finalidade deste exercício é ensinar o nadador a usar os braços para a propulsão. Ele deve nadar séries selecionadas de repetições com as mãos fechadas. Desse modo, dependerá dos braços para conseguir a propulsão e, assim, poderá ficar mais eficaz no uso das braçadas para esse fim. Este exercício deve ser praticado como exercício de braçada, para que os braços proporcionem toda a força propulsiva.

Exercício de nado com um punho cerrado

Para realizar este exercício, o atleta deve nadar ou executar um certo número de repetições de braçadas com a mão do braço não dominante aberta e a mão do braço dominante fechada. Os gráficos de velocidade das mãos na Figura 4.3 demonstram que quase todos os nadadores possuem um braço menos propulsivo que o outro. O nado com um punho cerrado pode ajudar o atleta a melhorar a força propulsiva com o braço não dominante. Basicamente, este exercício permite a superutilização do braço não dominante, com o objetivo de aumentar sua contribuição propulsiva para a braçada como um todo.

Exercício de nado cachorrinho

Este é um excelente exercício para praticar a braçada subaquática, porque retarda os braços; assim, o nadador pode pensar em como executar as varreduras para baixo e para dentro de maneira apropriada. O exercício do nado cachorrinho está ilustrado na Figura 4.26.

Os braços são recuperados dentro da água enquanto o nadador rema pela piscina utilizando o típico nado cachorrinho. O atleta estende um braço para a frente, mantendo-o em boa posição hidrodinâmica, dentro dos limites do corpo, ao mesmo tempo em que realiza a braçada com o outro braço. A braçada deve ser uma sequência lenta e deliberada em que o nadador se concentrará na execução da varredura para baixo, no agarre e na varredura para dentro com um dos braços. Depois de executadas essas ações, ele retornará esse braço à posição estendida à frente e repetirá a sequência com o outro braço. O atleta não deve nadar com a cabeça acima da água. Ele deve manter o rosto em uma posição normal na água para a melhor hidrodinâmica e rolar o corpo para o lado nos momentos em que for respirar. Este exercício deve ser praticado como treinamento de braçada com o objetivo de fazer o nadador se concentrar em suas braçadas.

Exercício de nado cachorrinho longo

Este exercício foi planejado para incorporar toda a braçada subaquática. O nadador deve utilizar um flutuador, pois assim poderá se concentrar nas braçadas. Ele começa em uma posição de pronação e com os braços estendidos à frente. Então, movimenta o braço até a posição de agarre e, em seguida, completa as varreduras para dentro e para cima, sem estender completamente o braço ou removê-lo da água. A seguir, retorna o braço direito à posição inicial e executa uma braçada similar com o braço esquerdo.

Exercícios de recuperação e de respiração

O exercício de alcance descrito na seção anterior também é excelente para melhorar as técnicas de respiração e de recuperação dos braços, do mesmo modo que os exercícios apresentados a seguir.

Exercício de nado na raia

O atleta deve nadar pela piscina com um ombro tocando a linha da raia. Nessa posição, ele precisará fazer a recuperação do braço mais próximo à linha da raia e com o cotovelo alto, do contrário, o cotovelo irá "agarrar" por baixo. O nadador deve alternar, nadando para um lado e

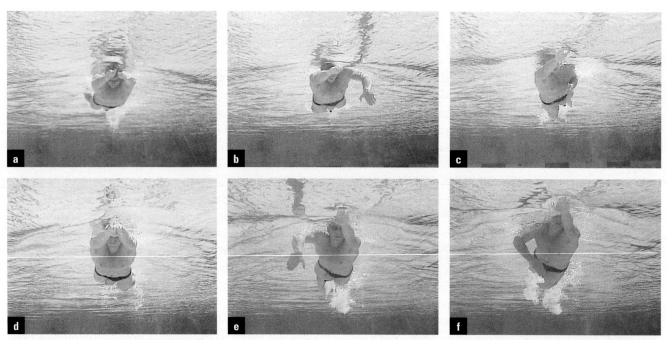

Figura 4.26 Exercício do nado cachorrinho.

(a) Início da posição de deslize.
(b) Agarre com o braço esquerdo.
(c) Varredura para dentro com o braço esquerdo.
(d) Posição de deslize.
(e) Agarre com o braço direito.
(f) Varredura para dentro com o braço direito.

para o outro da piscina sempre no mesmo lado da raia, a fim de melhorar a recuperação dos dois braços.

Exercício de arrastamento das mãos

Este exercício também incentiva a prática da recuperação com o cotovelo alto. O nadador nada ou apenas dá braçadas arrastando os dedos na água durante a recuperação. O cotovelo deve ficar fletido, pois assim irá apontar para cima e ficará diretamente acima dos dedos, que, por sua vez, devem ser arrastados para frente na água, fazendo uma linha praticamente reta ao lado do corpo.

Exercício de deslizamento do polegar

Este exercício é parecido com o anterior, exceto pelo fato de que agora o nadador desliza o polegar ao longo da lateral do corpo, na direção da axila, antes de projetar a mão para frente para a entrada na água. O atleta não precisa arrastar os demais dedos na água ao fazer este exercício. Ele deve apenas manter as mãos bem próximas da superfície e também tentar fazer a recuperação em uma linha praticamente reta desde a saída até a entrada. Este exercício também é excelente para treinar a recuperação com o cotovelo alto.

Exercício de hesitação do polegar na orelha

Este é mais um exercício que visa ensinar a recuperação com o cotovelo alto. Enquanto nada, o atleta leva o polegar até a orelha durante a recuperação e "hesita" nessa posição antes de avançar a mão para frente para a entrada na água.

Exercícios de pernada e de sincronização

As principais finalidades deste grupo de exercícios são ajudar os nadadores a aperfeiçoar a pernada de adejamento e permitir que desenvolvam coordenação entre as pernadas e as braçadas.

Exercício de pernadas laterais

Este exercício é indicado para o treinamento de pernadas diagonais e rotação do corpo na direção do lado não respiratório. O nadador dá pernadas ao longo da piscina com o corpo virado para o lado, o braço debaixo estendido acima da cabeça e o outro repousando sobre a coxa. Depois de dar quatro ou seis pernadas (ou qualquer outro número de pernadas escolhido), o nadador deve rolar para o lado oposto, inverter as posições dos braços e repetir a sequência. Este exercício pode ser repetido quantas vezes se queira. Em princípio, o nadador deverá dar pernadas ao longo de pelo menos uma extensão completa da piscina antes de mudar de lado. Muitos atletas não são muito proficientes na pernada diagonal no lado não respiratório; por isso, evitarão ao máximo dar pernadas nesse lado, a menos que isso lhes seja exigido. Este exercício ajudará os nadadores com esse tipo de problema a dar pernadas mais eficientes em ambos os lados. Depois que o atleta se tornar proficiente nesse movimento, poderá alternar os lados depois de qualquer número de pernadas previamente determinado. Na verdade, essa prática pode ajudá-lo a desenvolver um ritmo de seis batidas. Os nadadores devem ser instruídos a dar pernadas duas vezes para a esquerda, duas vezes *enquanto mudam de lado* e duas vezes para a direta, no ritmo da pernada de seis batidas.

Exercício de pernadas com nadadeiras

Este é um exercício excelente para ensinar os nadadores a manter a perna reta durante a batida para cima na pernada de adejamento e a mínima amplitude de pernada necessária para uma propulsão efetiva. Tendo em vista que as nadadeiras sensibilizam os nadadores para os movimentos das pernas, a natação com esses dispositivos reduzirá a probabilidade de os atletas flexionarem as pernas durante a batida para cima, ou executarem pernadas muito para baixo.

Exercício de pernadas com a perna estendida

Este exercício também pode ajudar os nadadores a corrigir o erro de dobrar demais os joelhos durante a batida para cima na pernada de adejamento. Eles devem ser instruídos a dar pernadas a partir dos quadris, com as pernas e os tornozelos estendidos, mas bem relaxados. Dessa maneira, tenderão a manter as pernas estendidas durante a batida para cima, enquanto a água naturalmente irá flexioná-las durante a batida para baixo.

Exercício de pernadas subaquáticas

Com a execução de várias séries de repetições subaquáticas entre 12,5 e 25 metros/jardas, o exercício de pernadas subaquáticas deve ser feito tanto em posição de pronação como com pernadas de cada lado, para que haja desenvolvimento dos componentes verticais e laterais da pernada de adejamento. Os braços devem ser mantidos estendidos à frente, acima da cabeça, e o corpo deve estar em uma posição bastante alinhada. Este tipo de exercício também é indicado para ensinar o nadador a manter a perna estendida durante a batida para cima, porque ele poderá perceber melhor os movimentos das pernas quando o corpo inteiro se encontra submerso.

Exercício de pernadas na parede

O nadador faz pernadas durante determinado tempo, segurando no quebra-ondas. Este exercício deve ser executado em posição de pronação, e as pernadas devem ser tanto para o lado direito como para o lado esquerdo. A prática de pernadas laterais é outro método excelente para ajudar o nadador a manter as pernas estendidas durante a batida para cima na pernada de adejamento, porque poderá observar e sentir os movimentos das pernas. Do ponto de vista do treinador, a prática de pernadas na parede é um exercício excelente, porque permite que ele caminhe ao longo do *deck* da piscina fazendo sugestões para os nadadores que estão treinando.

PADRÕES DE RESPIRAÇÃO PARA COMPETIÇÕES

Em geral, os atletas nadam mais rápido quando não viram a cabeça para respirar. Existem pelo menos duas razões para isso. A primeira é que a braçada do lado não respiratório promove maior propulsão porque uma parte da força não está sendo utilizada para fazer o corpo girar de volta ao lado respiratório; a segunda é que a rotação do corpo aumenta um pouco o arrasto para que o nadador possa respirar, não importando quão eficiente seja o movimento.

O dilema enfrentado pelos nadadores é que uma restrição demasiada da respiração durante uma prova reduzirá o suprimento de oxigênio e poderá causar fadiga, ao passo que respirar com uma frequência excessiva poderá reduzir a velocidade. Assim, é importante determinar o padrão de respiração mais eficaz para cada distância de prova. Embora a maioria dos treinadores concorde que um movimento respiratório a cada ciclo de braçadas seja o melhor padrão para provas de 200 m/jd e também para provas mais extensas, muitos recomendam padrões de respiração limitados para provas de 25 a 100 m/jd, pelas razões que acabamos de citar. O objetivo desta seção é discutir os padrões de respiração recomendados para as provas de velocidade.

Provas de 25 e 50 m/jd

Os nadadores devem limitar a respiração nessas provas porque, nessas pequenas distâncias, o aumento na velocidade que pode ser gerado por não respirarem com uma frequência excessiva supera qualquer efeito que a privação de oxigênio poderia ter em seu desempenho. Nas provas de 25 m/jd, é comum que o nadador complete o percurso sem respirar uma única vez.

Nadadores com oito anos de idade ou menos podem ser treinados para nadar essas distâncias sem respirar; já os adolescentes e mais velhos podem ser treinados para nadar 50 m/jd sem respirar, embora a maioria acredite que terá mais velocidade se respirar de uma a três vezes durante a prova. É melhor orientar os pré-adolescentes a fazer duas ou três respirações durante uma prova de 50 m/jd.

Quando o nadador prende a respiração, é o acúmulo de dióxido de carbono no corpo, e não a falta de oxigênio, que provoca angústia em provas de 50 m/jd. O tempo necessário para que o atleta nade essa distância é curto demais para que um volume significativo de oxigênio chegue até os pulmões e prossiga até os músculos. Portanto, a respiração realmente não melhora o fornecimento de oxigênio. Na verdade, o oxigênio utilizado pelos nadadores nessas provas é inspirado ao mergulharem na água. Contudo, o rápido consumo de energia nas provas de velocidade resultará na formação de grande volume de dióxido de carbono em um curto espaço de tempo, e o nadador precisará expelir esse dióxido de carbono periodicamente para que sua angústia diminua.

Nadadores, em provas de 50 m/jd, devem fazer experiências com uma, duas e três respirações durante a prova, a fim de determinar qual a opção que resulta no tempo mais rápido. Embora alguns atletas prefiram fazer três respirações, muitos de primeira linha, no final da adolescência ou com mais idade, devem ser capazes de nadar os 50 m/jd com no máximo duas respirações. O momento na prova em que o nadador deverá respirar é um tópico que será discutido para cada padrão de respiração nas próximas três seções.

Padrões de três respirações

Quando o nadador usa um padrão de três respirações em provas curtas de 50 m/jd, a primeira respiração deve ser feita aproximadamente 7 a 10 m/jd antes da virada; a segunda, no percurso final, quando o nadador já completou cerca de um terço da distância; e a terceira, quando já completou dois terços do percurso.

Nas provas em piscina longa, as respirações podem ser feitas aproximadamente nas mesmas posições, exceto, é claro, pelo fato de o nadador não fazer a virada. A primeira respiração deve ser feita na marca de 20 m; a segunda, na de 30 m; e a terceira, na de 40 m.

Padrões de duas respirações

Há dois tipos diferentes de padrões de duas respirações que os nadadores utilizam ao nadar 50 m/jd em piscinas curtas. No primeiro método, a respiração inicial é feita 5 a 7 m/jd antes da virada; e a segunda, no ponto médio da segunda piscina. No segundo método, a primeira piscina é percorrida sem que o nadador respire; já durante a segunda piscina, ele respira duas vezes. A primeira dessas respirações é feita depois de percorrido um terço do trajeto de volta; e a segunda, depois dos dois terços desse trajeto para o final da prova. Em provas realizadas em piscina longa, os nadadores que usam um padrão de duas respirações devem respirar nas marcas de 20 e 40 m.

Padrões de uma respiração

São vários os métodos que podem ser utilizados pelos nadadores quando desejam respirar apenas uma vez durante uma prova de 50 m/jd. Nas provas realizadas em piscina curta, a respiração deve ser feita na segunda piscina, depois de transcorrido um terço do trajeto de volta ou no ponto médio da piscina. Nas provas realizadas em piscina longa, os nadadores devem respirar na marca de 30 ou 40 m.

O padrão de uma respiração é recomendado como o modo mais eficaz para atletas seniores consumados em provas de 50 m/jd. Uma vantagem desse método nas provas em piscina curta é que o nado na primeira piscina, sem que o nadador respire, deve aumentar a velocidade e melhorar a probabilidade de uma virada mais rápida. Os nadadores verão a parede da frente durante a maior parte do percurso e poderão ajustar suas braçadas para fazer a virada em máxima velocidade. Nadadores pré-adolescentes e no início da adolescência podem achar que todos esses padrões de respiração são difíceis demais, porque precisam de mais tempo para completar as provas. É provável que precisem respirar uma vez a cada dois ciclos de braçadas em provas de 50 m/jd.

Provas de 100 m/jd

No que se refere aos padrões de respiração, as provas de 100 m/jd representam um problema complexo. Deve-se buscar um meio-termo entre o aumento da velocidade, deixando de respirar, e o retardo da fadiga, aumentando o suprimento de oxigênio. Um padrão de respiração bastante usado consiste em respirar uma vez na primeira marca de 25, duas vezes na segunda marca de 25 e então uma vez a cada dois ciclos de braçadas para o restante da prova. Alguns nadadores limitam ainda mais a respiração durante a segunda metade da prova, respirando apenas três vezes em cada uma das duas últimas piscinas (ou seis vezes durante os 50 m finais se os nadadores estiverem competindo em uma prova de piscina longa).

Acredito que todos esses padrões são restritivos demais, o que faz com que os nadadores se cansem prematuramente na segunda metade da prova. Na minha opinião, quase todos os atletas nadarão essas provas com maior rapidez se respirarem mais vezes, particularmente durante a primeira metade e até três quartos do percurso total. Isso se justifica porque o oxigênio precisa de alguns segundos para chegar dos pulmões até os músculos. Portanto, o ar inspirado no primeiro quarto da prova estará liberando oxigênio para os músculos durante o quarto seguinte. Consequentemente, os nadadores devem respirar com mais frequência durante os primeiros 25 e 50 m/jd dessas provas, mesmo se não sentirem necessidade. A fadiga já estará bastante avançada se esperarem até sentir necessidade de respirar. Embora o ato de fazer mais respirações durante a primeira metade da prova possa tornar o nadador ligeiramente mais lento na metade da prova, o aumento da velocidade na piscina final será mais do que compensatório, resultando em melhor tempo global.

Nadadores em provas de 100 m/jd devem fazer experiências com os padrões de respiração descritos a seguir até se decidirem por aquele que lhes seja mais apropriado.

- Respirar uma vez a cada dois ciclos de braçadas no primeiro quarto da prova e uma vez a cada ciclo de braçadas nos três quartos finais.
- Respirar uma vez a cada dois ciclos de braçadas na primeira metade da prova e, daí em diante, uma vez a cada ciclo de braçadas.
- Respirar uma vez a cada dois ciclos de braçadas durante toda a prova.
- Respirar uma vez a cada ciclo de braçadas desde a partida até o final da prova.

Essa última sugestão pode surpreender. Muitos treinadores acreditam que esse padrão de respirações tão frequentes irá aumentar demais o tempo em uma prova de 100 m/jd. Na verdade, foram muitos os velocistas extremamente bem-sucedidos que respiravam uma vez a cada ciclo de braçadas praticamente durante toda a prova e, portanto, seria uma boa ideia que os nadadores experimentassem esse método antes de descartá-lo.

Sugiro que os atletas utilizem nados experimentais na prática a fim de determinar com que frequência podem respirar durante uma prova de 100 m/jd sem perder velocidade. Os atletas devem nadar uma série de seis ou oito repetições de 50 m ao final de uma sessão de prática particularmente desgastante. Esse exercício deve ser realizado ao final da prática, porque o nadador estará cansado — da mesma forma que durante a segunda metade de uma prova de 100 m. Deve-se permitir que o nadador tenha um tempo de 20 a 30 segundos de descanso entre as repetições, as quais devem ser executadas com a máxima velocidade possível.

Ao longo de toda a série de repetições, o nadador deve alternar aleatoriamente dois ou mais dos padrões de respiração recomendados, e alguém deverá manter um registro dos tempos e dos padrões de respiração utilizados. O padrão que resultar consistentemente nos tempos mais rápidos deverá ser o utilizado nas competições. Se dois ou mais padrões resultarem em tempos idênticos, aquele que permitir respirações mais frequentes deverá ser o escolhido, porque irá proporcionar maior aporte de oxigênio.

É preciso mencionar ainda que, independentemente do padrão escolhido, os nadadores sempre deverão nadar os 5 a 10 m/jd finais de qualquer prova sem respirar, para que a terminem com a maior rapidez possível. Também deve ser enfatizado que o treinamento hipóxico e outros exercícios de restrição respiratória são parte essencial do programa de treinamento para velocistas, para que esses atletas possam nadar as provas com o menor número de respirações e menos angústia.

Provas mais longas

Conforme foi mencionado anteriormente, em geral é aceito que os nadadores devam respirar uma vez a cada ciclo de braçadas em provas de 200 m/jd ou mais. Ainda assim, há alguns nadadores que, equivocadamente, acreditam que ganharão tempo se não respirarem com tanta frequência durante os estágios iniciais dessas provas. Esses nadadores devem lembrar que as respirações feitas no início da prova fornecerão oxigênio para seus músculos mais adiante. Consequentemente, será possível adiar o início da fadiga se os nadadores respirarem frequentemente no início da prova (mesmo que não achem necessário respirar nessa etapa).

Capítulo 5
Nado Borboleta

Novo nesta edição:

- Descrição da braçada do nado Borboleta com base na propulsão dominada pelo arrasto.
- Discussão sobre a propulsão ondulatória no nado Borboleta.
- Discussão sobre a propulsão do corpo e ondas reversas.
- Discussão sobre a golfinhada submersa.

Para a maioria dos nadadores, o nado Borboleta é o segundo mais rápido entre os nados de competição. Ele evoluiu do nado de Peito no início dos anos 1930, quando os atletas perceberam que podiam nadar mais rápido recuperando os braços acima, e não abaixo, da água. Essa recuperação acima da água, embora radical, estava de acordo com as regras do nado de Peito, segundo as quais os braços devem ser recuperados de maneira simétrica e simultânea.

Com a introdução da braçada de Borboleta, as provas de nado de Peito passaram a ser consideradas um dos eventos mais interessantes da Natação competitiva. Alguns competidores continuaram a executar o nado de Peito submerso, como era de costume naquela época. Outros, porém, passaram a nadar com a "nova" braçada de Borboleta na superfície. Um terceiro grupo nadava uma espécie de combinação dos dois nados. Logo as competições de nado de Peito passaram a ser vencidas por atletas que nadavam Borboleta-Peito. Algum tempo depois, os nadadores descobriram que podiam executar o nado Borboleta-Peito ainda mais rápido se utilizassem o que atualmente conhecemos como golfinhada. Esse tipo de pernada também se enquadrava nas regras do nado de Peito vigentes naquela época, porque as pernas se movimentam simultaneamente e no mesmo plano. Com a introdução da golfinhada, o nado Borboleta-Peito se tornou tão mais

veloz que o nado de Peito convencional que, a partir de 1955, o nado Borboleta passou a ser uma modalidade competitiva distinta. A invenção do nado Borboleta é creditada ao nadador Jack Sieg e seu treinador David Armbruster, da University of Iowa.

O nado Borboleta será descrito neste capítulo a partir das mesmas categorias utilizadas na descrição do nado Crawl no Capítulo 4. Serão apresentados, nesta ordem, os padrões de braçadas e de velocidade, a braçada, a golfinhada, a sincronização de braços e pernas, as ondulações do corpo e a respiração, erros comuns e exercícios.

PADRÕES DE BRAÇADAS E DE VELOCIDADE

A braçada no nado Borboleta consiste em cinco fases: entrada e deslize, varredura para fora e agarre, varredura para dentro, varredura para cima e finalização e recuperação. Os nadadores executam duas golfinhadas completas durante cada ciclo de braçadas. A batida para baixo da primeira pernada ocorre quando as mãos fazem a entrada na água à frente, e a batida para baixo da segunda pernada ocorre durante a varredura para cima da braçada. Nesse nado, há quatro fases propulsivas distintas. A primeira se dá durante a entrada dos braços e a batida para baixo da primeira golfinhada. A segunda tem início no agarre e continua por toda a varredura para dentro. A terceira ocorre durante a varredura para cima e a batida para baixo da segunda golfinhada. E a quarta fase propulsiva acontece no momento da recuperação dos braços e pernas, sendo resultado da propulsão ondulatória.

Padrões de braçadas

A Figura 5.1 ilustra os padrões de braçadas típicos do nado Borboleta em vistas frontal, lateral e inferior. Esses padrões foram desenhados a partir de vídeos de Mary T.

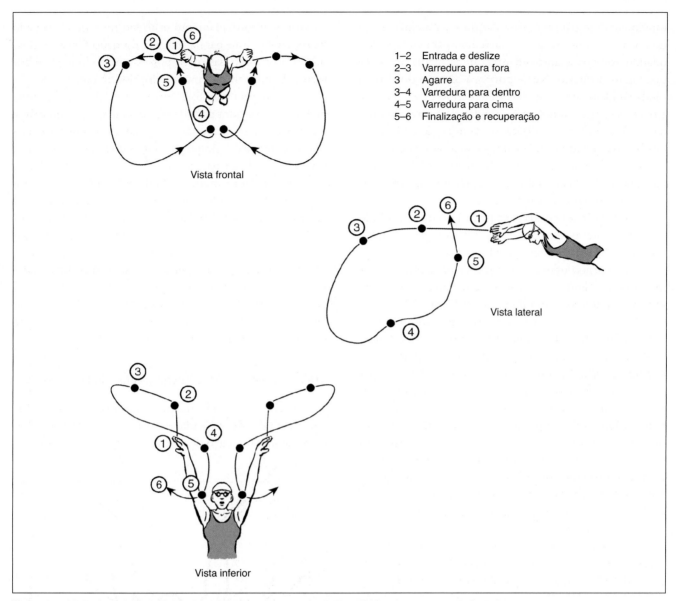

Figura 5.1 Vistas frontal, lateral e inferior dos padrões de braçada de Mary T. Meagher para o nado Borboleta.

Meagher obtidos em 1984 na unidade de treinamento olímpico dos EUA em Mission Viejo, Califórnia. Os gráficos estão plotados com relação a um ponto fixo na piscina e demonstram os muitos e variados movimentos diagonais dos braços durante a prática desse nado.

Visto de lado, o padrão de braçada do nado Borboleta parece muito com a vista lateral do padrão de braçada do nado Crawl. As mãos fazem a varredura para baixo no início e para cima no final. Mas, nas vistas frontal e inferior, o padrão difere, pois os nadadores fazem a varredura para fora até alcançarem uma distância muito maior no início da braçada subaquática e utilizam movimentos diagonais (para baixo e para dentro) também maiores durante a varredura para dentro.

A seguir, é apresentada uma descrição tridimensional dos movimentos dos braços para a parte subaquática da braçada do nado Borboleta. Depois da entrada na água, os braços se deslocam diretamente para frente, imediatamente abaixo da superfície, enquanto é completada a batida para baixo da primeira golfinhada. Depois disso, os braços se movem para os lados até que seja feito o agarre. Examinando as vistas lateral e frontal, parece que os braços também se movimentam um pouco para baixo na varredura para fora. Na verdade, a quantidade de movimento descendente é menor do que parece e são as mãos e os antebraços que se deslocam para baixo, porque os braços são flexionados durante a varredura para fora.

O agarre é executado quando os braços ultrapassam os limites dos ombros. A partir desse ponto, os braços se movimentam por baixo do corpo em um grande movimento circular que tem início com as mãos se movendo para trás, para baixo e para dentro e termina com elas se movimentando para trás, para dentro e para cima abaixo do corpo. A transição para a varredura para cima ocorre quando as mãos se aproximam da linha média do corpo, por baixo do peito. Nesse ponto, a direção dos braços muda rapidamente, e eles passam a se mover para trás, para cima e para fora, enquanto é completada a varredura para cima. O atleta faz a finalização e dá início à recuperação dos braços quando as mãos ultrapassam as coxas em seu trajeto em direção à superfície. As mãos se deslocam para cima, para fora e para frente e saem da água depois da finalização e durante a recuperação.

Em relação à braçada subaquática do nado Borboleta, os nadadores parecem se dividir em dois grupos distintos: aqueles que conduzem as mãos para dentro até a linha média do corpo durante a varredura para dentro, conforme mostra a Figura 5.2; e aqueles que não levam as mãos muito para dentro, como ilustrado na Figura 5.1.

Nadadores que utilizam o estilo ilustrado na Figura 5.2 comumente exibem um padrão distinto de velocidade de dois picos, com picos propulsivos de magnitude praticamente igual durante as varreduras para dentro e para cima, e um período bastante longo de desaceleração na transição entre as duas fases propulsivas. O estilo apresentado na Figura 5.1 se presta a um padrão de velocidade de um pico em que os esforços das varreduras para dentro e para cima estão mesclados em um grande pico propulsivo, com pouca ou nenhuma desaceleração entre as fases das braçadas. As vantagens e desvantagens desses dois estilos serão discutidas mais adiante neste capítulo, na seção sobre padrões de velocidade.

O desenho na Figura 5.3 ilustra um padrão de braçadas desenhado em relação ao corpo do nadador. O padrão em "S" mostrado, ou *padrão em buraco de fechadura*, é comum e apropriadamente utilizado no ensino do nado Borboleta. Como para a braçada do nado Crawl, a ilustração do padrão das mãos por esse método é a melhor forma de mostrar os movimentos dos braços.

A varredura para fora corresponde à primeira curva do "S"; a varredura para dentro é a curva intermediária; e a curva final corresponde à varredura para cima. O conjunto de instruções simples a seguir poderia ser usado para orientar o nadador na execução desse movimento: depois de completar a primeira pernada, execute com as mãos uma varredura para fora até que elas tenham ultrapassado os ombros; em seguida, faça a varredura para dentro por baixo do peito até que as mãos estejam praticamente juntas; finalmente, movimente as mãos para fora, para cima e para trás em direção à superfície da água. A primeira curva do "S" não tem efeito propulsivo, devendo ser executada com suavidade. A velocidade das mãos deve acelerar gradualmente durante as duas curvas finais, atingindo seu pico de velocidade na terceira curva.

Gráficos de velocidade frontal e velocidade das mãos

Na Figura 5.4 são mostrados os gráficos de velocidade frontal e de velocidade das mãos de Mary T. Meagher durante um ciclo de braçadas. O gráfico inferior ilus-

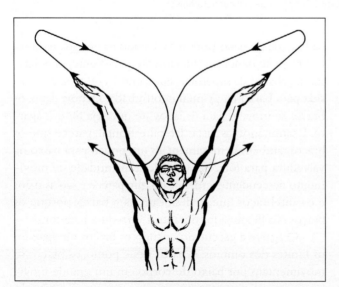

Figura 5.2 Padrão de braçada do nado Borboleta visto por baixo. As mãos são mobilizadas até se juntarem por baixo do corpo.

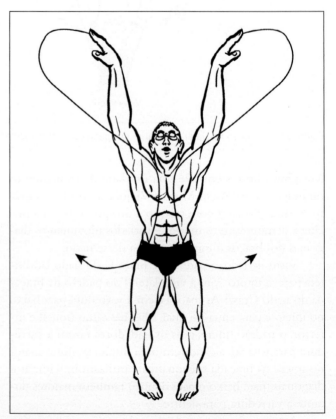

Figura 5.3 Vista inferior de um padrão de braçadas do nado Borboleta desenhado em relação ao corpo em movimento do nadador.

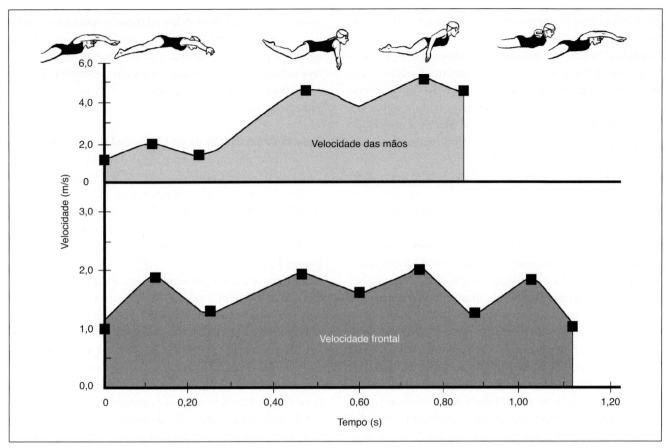

Figura 5.4 Gráficos de velocidade da mão e de velocidade do corpo para Mary T. Meagher durante um ciclo de braçadas de Borboleta.

tra a velocidade frontal do centro de massa da nadadora, e o gráfico superior mostra a velocidade tridimensional de suas mãos.

Gráficos de velocidade frontal

O gráfico tem início quando as mãos de Mary entram na água e enquanto a nadadora completa a primeira golfinhada. Nesse momento, a atleta está em sua velocidade mais baixa (1 m/s), por ter acabado de completar a recuperação dos braços. O corpo da nadadora acelera para frente até atingir aproximadamente 2 m/s enquanto ela chuta para baixo e estende os braços para frente. Essas ações são seguidas por uma perda significativa de velocidade durante a varredura dos braços para fora e na recuperação das pernas. Nessa etapa, a velocidade frontal da nadadora cai para cerca de 1,3 m/s. Porém, uma vez que tenha sido efetuado o agarre, a velocidade frontal de Mary volta a acelerar com bastante rapidez, até chegar a 1,8 m/s durante a varredura para dentro. Há ainda outro período muito curto de desaceleração durante a transição para a varredura para cima, depois do qual a velocidade frontal da nadadora aumenta até um pico de praticamente 1,9 m/s ao ser completada a varredura dos braços para cima e na segunda batida para baixo da golfinhada. A velocidade frontal de Mary desacelera por um breve período quando a nadadora executa a finalização, mas volta a aumentar durante a primeira metade da recuperação dos braços. Esse aumento é resultado da propulsão ondulatória. Em seguida, na segunda metade da recuperação dos braços, a velocidade frontal da nadadora declina até que ela tenha retornado à posição de partida, na qual os braços estão entrando na água para o próximo ciclo de braçadas e a batida para baixo da sua primeira pernada já está em curso.

Para a maioria dos nadadores de Crawl, a varredura para cima é a fase mais propulsiva da braçada. No entanto, para muitos praticantes do nado Borboleta, outras fases do ciclo de braçadas podem ser ainda mais propulsivas, ou pelo menos tão propulsivas quanto a varredura para cima. Em um estudo com sete nadadores de nível nacional da Nova Zelândia, Sanders (1996) observou que quatro atletas alcançavam sua maior velocidade durante a varredura para cima e a segunda pernada; dois, durante a entrada das mãos na água e a primeira pernada; e um, na fase inicial da varredura para dentro.

Gráficos de velocidade das mãos

Do mesmo modo que ocorre na braçada do Crawl, as acelerações e desacelerações dos braços de Mary Meagher coincidem com mudanças similares em sua velocidade frontal. Começando com a entrada das mãos, a velocidade destas desacelera até que tenham sido projetadas para frente pelo corpo da nadadora durante o período entre a entrada na água e o ponto em que dão início à varredura para fora. Isso fica indicado pelo fato de que a velocidade frontal do centro de massa de Mary e a velocidade de suas mãos são praticamente idênticas durante esse período.

A velocidade das mãos de Mary permanece muito parecida com a sua velocidade frontal na varredura para fora, ainda que as mãos estejam se movimentando para fora e também para frente. Isso significa que a velocidade frontal de suas mãos fica um pouco diminuída, enquanto a velocidade para fora aumenta. Entretanto, tão logo tenha sido executado o agarre, os braços da nadadora aceleram rapidamente quando ela executa a primeira fase propulsiva da braçada, a varredura para dentro. Esse movimento é seguido por um pequeno período de desaceleração durante a transição entre as varreduras para dentro e para fora. Então, os braços de Mary aceleram novamente, atingindo sua velocidade de pico de aproximadamente 5 m/s na varredura para cima. Para muitos praticantes do nado Borboleta, geralmente as mãos alcançam velocidades de 3 a 4 m/s durante a varredura para dentro e de 4 a 5 m/s na varredura para cima (Maglischo 1984; Schleihauf et al. 1988).

A velocidade dos braços de Mary Meagher declina no ponto de finalização e continua a declinar, embora não intensamente, até que as mãos da nadadora saiam da água. Isso indica que Mary parou de empurrar a água para trás antes mesmo que suas mãos a tenham deixado. As mãos da nadadora deixam a água se deslocando a aproximadamente 4 m/s e continuam a desacelerar durante toda a recuperação, até que estejam se movimentando a cerca de 1 m/s ao entrarem na água para dar início ao ciclo de braçadas seguinte.

Padrões de velocidade de grandes nadadores de Borboleta

Muitas das facetas do padrão de velocidade frontal de Mary Meagher nos ajudam a esclarecer por que a nadadora foi tão excepcional nesse nado. Sua grande qualidade fica particularmente evidente quando comparamos sua velocidade frontal com o gráfico de velocidade frontal de um nadador menos habilidoso, como o exposto na Figura 5.5.

A primeira – e talvez mais importante – diferença é que Mary mantém um nível elevado de velocidade frontal durante praticamente o dobro de tempo de um nadador de nível nacional. Seu corpo acelera para frente a uma grande velocidade por cerca de 0,70 s durante um ciclo de braçadas com duração de 1,18 s. Quase todos os atletas praticantes do nado Borboleta, como o nadador na Figura 5.5, aceleram para frente apenas por cerca de 0,30 s a 0,40 s durante cada ciclo de braçadas. É provável que isso ocorra porque esses atletas são capazes de usar somente uma das varreduras propulsivas (a varredura para dentro ou a varredura para cima) com eficácia. Em contraste, os melhores nadadores do mundo de Borboleta extraem um grau considerável de propulsão das duas varreduras. Conforme mostrado, o nadador de nível nacional na Figura 5.5 não acelera tanto o corpo para frente durante a

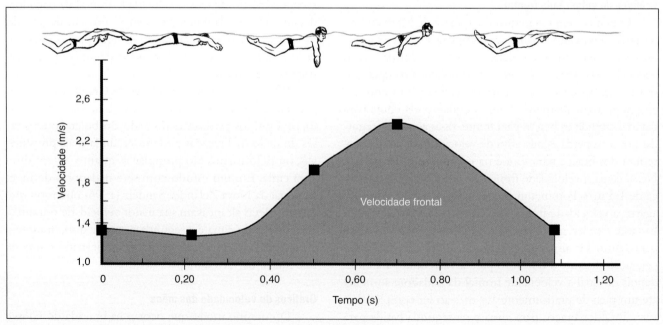

Figura 5.5 Padrão de velocidade frontal de um nadador de Borboleta de nível nacional.

varredura para dentro, embora de fato alcance maior velocidade frontal do que a velocidade de Mary na varredura para cima.

A segunda diferença importante pode ser observada na recuperação dos braços. Mary Meagher desacelera por apenas 0,10 s durante esse período (ver Fig. 5.4), ao passo que o nadador na Figura 5.5 desacelera por quase 0,40 s. Mary acelera seu corpo para frente por meio da propulsão ondulatória durante a primeira metade da recuperação dos braços, enquanto o nadador de nível nacional não o faz. Além disso, o aumento na velocidade frontal de Mary na primeira metade da recuperação dos braços lhe permite desacelerar ligeiramente menos durante a segunda metade. Outra importante diferença entre os dois nadadores é que Mary Meagher precisa de apenas 0,30 s para recuperar os braços sobre a água, enquanto o nadador de nível nacional na Figura 5.5 leva quase 0,40 s.

Uma vantagem importante que uma grande nadadora de Borboleta como Mary Meagher tem em relação a outros praticantes desse nado diz respeito à diferença relativamente pequena entre suas velocidades frontais máxima e mínima durante cada ciclo de braçadas. Essa diferença não é superior a 0,70 m/s em qualquer ponto. Sua velocidade máxima na varredura para cima é de aproximadamente 2,10 m/s e sua velocidade mínima durante a recuperação dos braços chega a cerca de 1,40 m/s. Em contraste, a diferença entre as velocidades máxima e mínima do nadador na Figura 5.5 é ligeiramente maior do que 1 m/s.

Uma última vantagem é que Mary Meagher ganha um pulso de propulsão durante a batida para baixo de sua primeira pernada. Já o nadador de nível nacional não ganha esse pulso. Isso acontece porque Mary executa a batida para baixo da primeira pernada simultaneamente com a entrada dos braços. Como resultado, sua pernada acelera o corpo para frente em um momento em que o arrasto de empuxo resultante da entrada dos braços tenderia a reduzir a velocidade frontal. O nadador de nível nacional na Figura 5.5 executa a batida para baixo da primeira pernada durante a última parte da recuperação dos braços. Por isso, paga um preço quando seus braços entram na água. Com a pernada já completada, o arrasto de empuxo decorrente da entrada dos braços faz com que o nadador desacelere mais depressa e por mais tempo durante a varredura para fora.

O gráfico de velocidade frontal do medalhista de ouro Pablo Morales, na Figura 5.6, reforça ainda mais as diferenças fundamentais entre grandes nadadores de Borboleta e outros não tão excepcionais. Esse gráfico foi construído com base em dados coletados durante as eliminatórias preliminares dos 100 m Borboleta nos Jogos Olímpicos de 1992. São muitas as semelhanças entre os padrões de velocidade de Pablo e de Mary Meagher na Figura 5.4. Ambos mantêm um pico propulsivo de aceleração durante

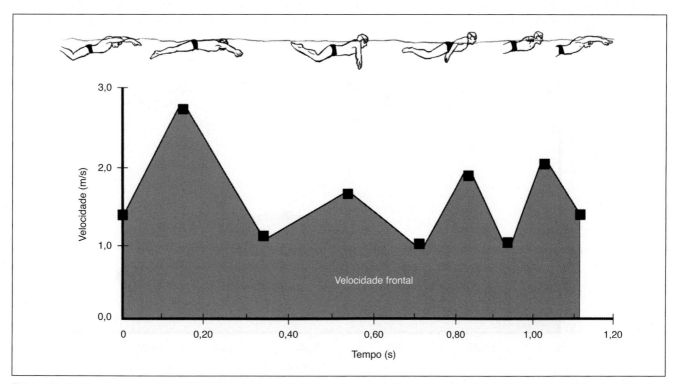

Figura 5.6 Gráfico de velocidade frontal de Pablo Morales. Os dados para esse gráfico foram coletados durante as eliminatórias dos 100 m Borboleta nos Jogos Olímpicos de 1992. (Adaptado de Cappaert 1993.)

quase 0,70 s e desaceleram apenas ligeiramente na fase de recuperação dos braços. Na verdade, a velocidade de Pablo diminui apenas 0,50 m/s durante esse tempo, o que é realmente menos do que Mary desacelera na mesma fase de sua braçada. Finalmente, os dois nadadores completam a recuperação dos braços em aproximadamente 0,30 s.

Há poucas diferenças entre os gráficos de velocidade de Pablo Morales e de Mary Meagher. Pablo tem uma primeira pernada muito eficaz, mas, por outro lado, desacelera mais durante a varredura para fora. Essas diferenças demonstram que mesmo os maiores nadadores cometem erros e também revelam a importância do estudo dos padrões de velocidade dos grandes nadadores de determinado nado, para que se possa compreender por completo o potencial propulsivo desse nado.

Padrões de velocidade de um, dois e três picos

Os gráficos de velocidade de Mary Meagher e Pablo Morales representam o estilo utilizado por dois dos maiores nadadores de Borboleta da história desse esporte. Esse estilo é caracterizado por quatro picos de aceleração para frente: dois durante a braçada, um no momento em que as mãos entram na água e as pernas executam a batida para baixo da primeira pernada, e o outro, por causa da propulsão ondulatória, durante a primeira metade da recuperação dos braços. A braçada do nado Borboleta utilizada por esses dois nadadores é similar ao padrão de dois picos descrito para a braçada do Crawl, em que o primeiro pico propulsivo de velocidade frontal ocorre durante a varredura para dentro, e o segundo, na varredura para cima. Também há um breve período de desaceleração na transição entre essas duas fases da braçada, durante a qual os dois nadadores mudam a direção dos braços, de dentro para fora.

Acredito que a braçada de dois picos tenha o maior potencial propulsivo. Não obstante, é preciso que se diga que muitos dos nadadores de classe mundial, e nadadores de Borboleta muito bem-sucedidos, têm utilizado tanto braçadas de um pico como de três. A Figura 5.7 ilustra o padrão de um pico. Nesse estilo, ocorre menor aumento da velocidade frontal durante a varredura para dentro, com pouca ou nenhuma redução no momento da transição para a varredura para cima. Essa ação é seguida por uma longa e rápida aceleração para frente durante essa fase final da braçada subaquática. Em geral, o padrão de velocidade de um pico é utilizado por nadadores que tendem a impulsionar os braços quase diretamente para trás na varredura para dentro. Em outras palavras, esses atletas tendem a pressionar as mãos mais para trás e menos para dentro, em comparação com nadadores que apresentam dois picos de velocidade nessa fase da braçada. Como resultado, a braçada se parecerá muito com uma longa varredura para cima a partir do agarre até o ponto em que os nadadores executam a finalização.

Dou preferência ao padrão de velocidade de dois picos, porque os nadadores têm maior probabilidade de obter uma velocidade média mais alta por braçada com o uso dessa técnica. O corpo deve acelerar mais e por mais tempo durante a varredura para dentro. Além disso, também deve acelerar mais para frente durante a varredura

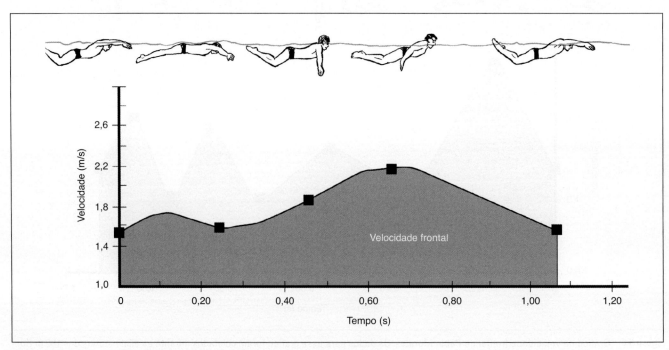

Figura 5.7 Gráfico de velocidade mostrando um padrão de aceleração de um pico.

para cima, porque os nadadores mudam de direção e encontram águas tranquilas para empurrar para trás ao mudarem significativamente a direção dos braços (de dentro para fora) na transição entre as duas fases da braçada.

Apesar disso, conforme mencionado antes, são vários os nadadores de Borboleta de categoria mundial e de grande sucesso que lançam mão da técnica de um pico. Portanto, os atletas não devem passar de um estilo para o outro sem fazer alguns testes para determinar qual método particularmente lhes proporciona maior velocidade média por braçada. Para alguns nadadores, o perigo em utilizar o estilo de dois picos está no fato de que esses atletas podem deixar os cotovelos caírem ao tentarem a varredura para dentro com as mãos. Se isso ocorrer, os nadadores irão desacelerar durante a varredura para dentro, e seus resultados acabarão sendo piores do que se tivessem utilizado o estilo de um pico.

Mason, Tong e Richards (1992) observaram que diversos nadadores de elite australianos praticantes do nado Borboleta utilizavam um padrão de velocidade de três picos durante suas braçadas e um total de cinco picos de velocidade nos ciclos de braçadas. A Figura 5.8 mostra um padrão de velocidade composto desses nadadores.

Antes de prosseguir, é preciso esclarecer algo sobre a Figura 5.8, pois alguns leitores poderão ficar confusos. À primeira vista pode parecer que há um total de seis picos propulsivos no padrão de velocidade ilustrado. Na verdade, são apenas cinco. O pequeno pico no momento do agarre pode ser desconsiderado, porque representa as tentativas de executar o agarre, seguido por um ligeiro "deslize" antes que o agarre seja efetivamente executado e antes que os nadadores comecem novamente a acelerar.

Ao ser comparado com os padrões de velocidade de quatro picos de Mary Meagher e Pablo Morales, o pico extra dos nadadores de Borboleta australianos ocorre durante a varredura para dentro. Portanto, há três picos propulsivos em seus padrões compostos de velocidade frontal mostrados na Figura 5.8: dois na varredura para dentro e um na varredura para cima. Em combinação com os picos propulsivos na batida para baixo da primeira pernada e na recuperação, isso eleva o total para cinco. Por outro lado, ocorrem apenas dois picos propulsivos durante a braçada nos padrões de velocidade frontal de Meagher e Morales, um durante a varredura para dentro e outro durante a varredura para cima, resultando em um total de quatro picos propulsivos.

É difícil dizer se uma varredura para dentro com dois picos propulsivos menores terá efeito mais propulsivo do que uma varredura para dentro com apenas um grande pico propulsivo. No estilo de dois picos, o primeiro pico propulsivo da varredura para dentro ocorre durante a parte inicial (para fora e para baixo) da varredura, e o segundo na parte para dentro dessa varredura. Nadadores que utilizam esse estilo executam um forte empurrão para fora e para trás com os braços imediatamente depois do agarre e antes que as mãos efetivamente comecem a se movimentar para baixo e para dentro. Essa ação é seguida por um breve período de desaceleração, quando o nadador

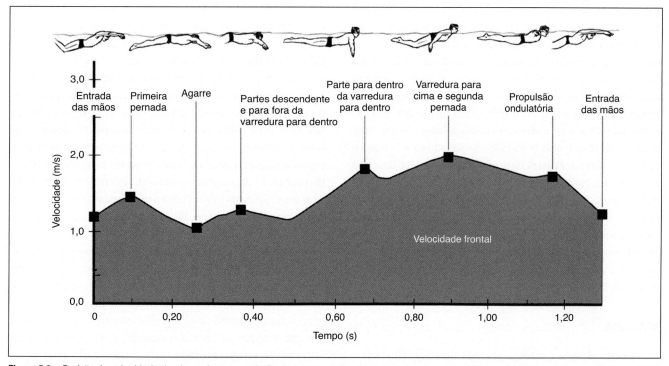

Figura 5.8 Padrão de velocidade de cinco picos no nado Borboleta com três picos durante a braçada. (Adaptado de Mason, Tong e Richards 1992.)

muda a direção das mãos e dos braços (para baixo e para dentro). Então, o corpo acelera para frente novamente, até que o nadador complete a varredura para dentro e tenha realizado a transição até a varredura para cima.

Suspeito que a presença de dois picos seja indício de algum "deslize" durante a varredura para dentro, quando o nadador tenta palmatear as mãos para fora e, em seguida, para dentro. O breve período de desaceleração ocorre quando o nadador muda a direção dos braços, de fora para dentro. Em geral, ele irá empurrar para baixo com os braços durante essa mudança de direção, e essa é a razão para a desaceleração. Então, o nadador continuará a desacelerar até que tenha os cotovelos acima dos antebraços e das mãos, de modo que sua orientação para trás permita que ele empurre novamente a água para trás.

É difícil resolver a transição entre as varreduras para fora e para dentro sem que o nadador perca alguma velocidade frontal. Portanto, alguns atletas podem considerar mais efetiva a divisão da varredura para dentro em três fases: um empurrão para fora, um empurrão para baixo e um empurrão para dentro, gerando dois picos de propulsão e um breve período de desaceleração. Os atletas que eliminam o empurrão para fora e começam a empurrar com as mãos para baixo e para dentro imediatamente no agarre perderão o primeiro pico de velocidade, exibindo também maior período de desaceleração durante o início da varredura para dentro, o que deixa apenas um pequeno pico propulsivo na parte final da varredura para dentro.

Posto isso, quero argumentar que nadadores que utilizam adução dos ombros durante a varredura para dentro devem ser capazes de manter uma orientação para trás com os braços, desde o agarre e ao longo de toda a varredura para dentro. Isso poderá resultar em um grande pico, que proporcionará maior aumento na velocidade frontal, em comparação com dois picos menores. Também nesse caso, a velocidade média conseguida durante a varredura para dentro é o fator crítico no que se refere à escolha do método que determinado nadador deverá usar. Minha sugestão é que o nadador tente aduzir os ombros durante a varredura para dentro (conforme será descrito mais adiante neste capítulo). Se ele não puder aduzir os ombros sem que os cotovelos caiam, então deverá tentar uma varredura para dentro com dois picos, mediante um visível impulso para fora e para dentro. Tanto o método de um pico como o de dois picos para execução da varredura para dentro serão descritos na seção que trata dessa fase da braçada.

BRAÇADA

Como descrito antes, a braçada no nado Borboleta consiste em: entrada e deslize, varredura para fora, varredura para dentro, varredura para cima e finalização e recuperação. Fotografias do nado Borboleta tiradas acima e embaixo da água são apresentadas nas Figuras 5.9 e 5.10, em vista lateral e frontal, respectivamente.

Entrada e deslize

Essa fase deve ser mais apropriadamente identificada como *entrada*, *deslize* e *batida para baixo* da primeira golfinhada. Ela é mostrada em vista lateral na Figura 5.9, a e b, e em vista frontal na Figura 5.10, a e b.

A entrada dos braços deve ser sincronizada de tal modo que coincida com a batida para baixo. Assim, a propulsão decorrente da pernada pode ser utilizada para compensar o arrasto de empuxo causado pelos braços por ocasião de sua entrada na água. Os braços devem entrar na água à frente do corpo, mantendo entre si uma distância igual ou um pouco inferior à largura dos ombros. As mãos devem estar orientadas ligeiramente para fora, de modo que possam cortar a água com suas bordas. Depois da entrada, os braços são estendidos para frente e ligeiramente para fora, logo abaixo da superfície da água, enquanto a batida para baixo da primeira golfinhada se completa. Os braços devem permanecer dentro dos limites da largura do ombro, até que a batida para baixo tenha sido completada; com isso, o arrasto de empuxo será minimizado e a propulsão decorrente da pernada será maximizada.

A quantidade de propulsão decorrente da primeira golfinhada pode ser observada no gráfico de velocidade de Pablo Morales na Figura 5.6. Os movimentos da cabeça desempenham um papel importante na facilitação do aumento da velocidade frontal decorrente da pernada. O nadador deve permanecer olhando para baixo (para o fundo da piscina) no momento da entrada das mãos na água e enquanto a batida para baixo da primeira golfinhada está em curso. Mas a cabeça deve estar levantada, e o nadador deve olhar para frente, enquanto os quadris sobem e os ombros e o peito são tracionados mais para o fundo da água. A ação de levantar a cabeça ajudará a transformar os movimentos verticais do corpo em movimento para frente ondulatoriamente. Mais adiante, na seção sobre posição do corpo, falaremos um pouco mais a respeito dessa *onda corporal reversa*.

A quantidade de aceleração frontal decorrente da batida para baixo da primeira golfinhada pode ser aumentada ou diminuída conforme o grau de suavidade da entrada na água. O arrasto de empuxo provocado pelos braços será mínimo se eles forem mantidos fora da água até que estejam à frente dos ombros e em posição para a entrada. O arrasto também será minimizado se as mãos forem mergulhadas na água com seus bordos e permane-

Capítulo 5 Nado Borboleta **133**

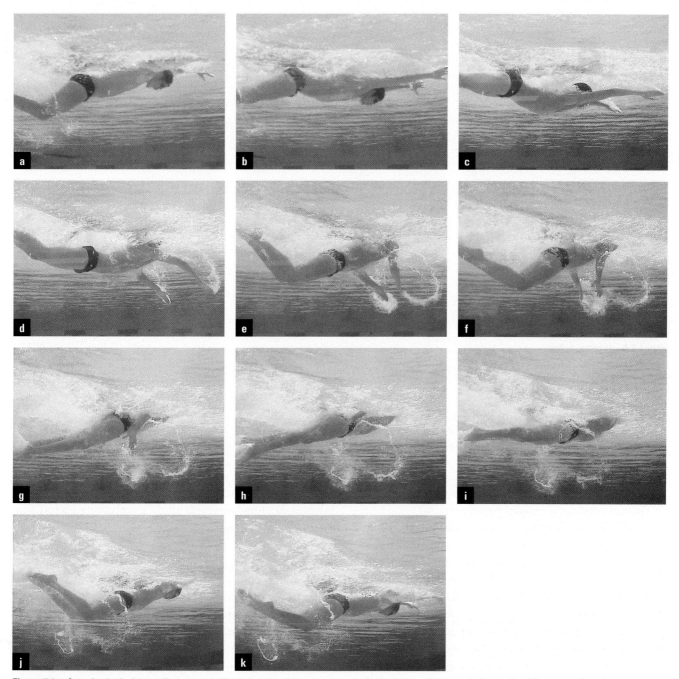

Figura 5.9 Sequência de fotografias do nado Borboleta tiradas acima e embaixo da água; vista lateral. O nadador é Francisco Sanchez, campeão dos Jogos Pan-americanos de 1999 nos 100 m Borboleta. Tempo: 53"30.

Vistas subaquáticas
(a) Batida para baixo da primeira pernada e entrada dos braços.
(b) Final da batida para baixo da primeira pernada.
(c) Deslize para fora e para frente com os braços. Batida para cima da primeira pernada.
(d) Agarre com os braços. Final da batida para cima da primeira pernada.
(e) Término da varredura para dentro. Início da batida para baixo da segunda pernada.
(f) Transição entre as varreduras para dentro e para cima. Continuação da batida para baixo da segunda pernada.
(g) Final da varredura para cima. Continuação da batida para baixo da segunda pernada.
(h) Finalização dos braços. Término da batida para baixo da segunda pernada.
(i) Fase de propulsão ondulatória. Batida para cima da segunda pernada. Recuperação dos braços.
(j) Batida para baixo da primeira pernada. Continuação da recuperação dos braços.
(k) Batida para baixo da primeira pernada. Entrada dos braços. Início do próximo ciclo.

Figura 5.9 (continuação)

Vistas acima da água
(l) Início da recuperação dos braços.
(m) As mãos deixam a água.
(n) Fase de propulsão ondulatória. Os braços fazem a recuperação acima da água.
(o) Os braços continuam a recuperação. Início da primeira batida para baixo.
(p) As mãos entram na água. A primeira batida para baixo está em curso.

cerem dentro dos limites da largura dos ombros, enquanto são suavemente estendidas para frente.

O nadador pode fazer a entrada dos braços na água em uma posição estendida ou com os cotovelos ligeiramente flexionados, desde que eles não sejam arrastados para frente na água no momento da entrada. Particularmente, prefiro uma entrada com os cotovelos fletidos apenas porque, em geral, os nadadores podem projetar os braços um pouco mais à frente dos ombros antes da entrada na água. Assim, fica menor a probabilidade de que as mãos empurrem para frente através da água depois da entrada.

Além do seu efeito no aumento da velocidade frontal, a batida para baixo da primeira golfinhada também facilita a transição desde a entrada dos braços até a varredura para fora. Isso ocorre da seguinte maneira: a ondulação ascendente dos quadris deve atingir seu pico imediatamente ao se completar a batida para baixo da primeira golfinhada. Essa ação empurrará os ombros e o peito mais para o fundo da água, o que, por sua vez, irá empurrar os braços para fora. A pernada ajuda a contornar a inércia para dentro e para frente que os braços têm por ocasião da entrada e também a mudar a direção dos braços para fora e para frente com um mínimo de esforço muscular. Se a entrada na água for executada com os braços fletidos, essa mudança de direção de dentro para fora também

ficará facilitada, porque a extensão dos braços para frente depois da entrada na água ajuda a suplantar a inércia para dentro.

Varredura para fora e agarre

Essa parte do ciclo de braçadas está ilustrada, em vista lateral, na Figura 5.9, b a d, e em vista frontal na Figura 5.10, b e c. O nadador na Figura 5.9 faz a entrada com os braços abertos e começa a varredura para fora quase imediatamente, porque a batida para baixo de sua primeira pernada é fraca. Já a nadadora na Figura 5.10b espera até ter completado a batida para baixo da pernada antes de iniciar a varredura com os braços para os lados.

Tão logo a pernada tenha sido completada e a inércia dos braços para dentro contornada, o nadador deve continuar a levantar a cabeça em direção à superfície. Também deve continuar o movimento dos braços para frente e para os lados até que tenham ultrapassado a largura dos ombros, quando então será executado o agarre. As palmas das mãos devem girar para fora durante a varredura para fora, de modo que estarão voltadas para trás quando o agarre for executado. O lado inferior dos braços e antebraços também deve estar voltado para trás no momento do agarre. O nadador deve flexionar os cotovelos durante a varredu-

Capítulo 5 Nado Borboleta **135**

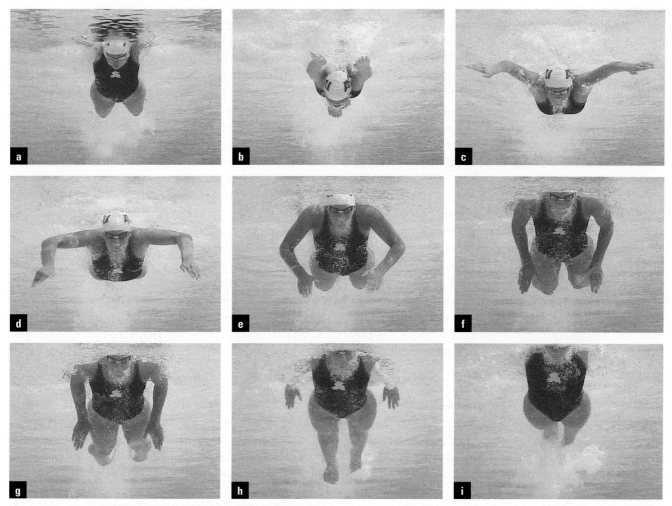

Figura 5.10 Sequência de fotografias subaquáticas do nado Borboleta; vista frontal. A nadadora é Sarah Baham, da equipe all-American da NCAA nos 100 e 200 m Borboleta.

Vistas subaquáticas
(a) As mãos entram na água. Início da batida para baixo da primeira pernada.
(b) Término da primeira batida para baixo. Deslize dos braços.
(c) Agarre com os braços. A cabeça continua a se movimentar para cima. Continuação da batida para cima da primeira pernada.
(d) Primeira metade da varredura para dentro. A cabeça continua a se movimentar para cima. Continuação da batida para cima da primeira pernada.
(e) Término da varredura para dentro. Cabeça na superfície. Início da batida para baixo da segunda pernada.
(f) Varredura para cima. A cabeça permanece na superfície. Continuação da batida para baixo da segunda pernada.
(g) Final da varredura para cima. A cabeça permanece na superfície. Continuação da batida para baixo da segunda pernada.
(h) Finalização e recuperação dos braços. A cabeça permanece na superfície. Término da batida para baixo da segunda pernada.
(i) Fase de propulsão ondulatória. Os braços fazem a recuperação sobre a água. Batida para cima da segunda pernada.

ra para fora, a fim de encurtar a distância que os braços devem percorrer para que seja obtida uma orientação para trás em relação à água. A velocidade das mãos desacelera depois da entrada, até que elas estejam praticamente sem movimentação no momento do agarre, quando então deverão estar flexionadas em aproximadamente 90°.

A varredura para fora não é uma fase propulsiva da braçada subaquática. Sua finalidade é posicionar os braços para o fornecimento de força propulsiva na varredura para dentro que se segue. Qualquer tentativa de aplicar força propulsiva antes que os braços tenham ultrapassado a largura dos ombros e estejam voltados para trás apenas resultará em uma ação de empurrar a água para os lados ou para baixo.

Varredura para dentro

A varredura para dentro pode ser observada em vista lateral na Figura 5.9 d e e, em vista frontal, na Figura 5.10 c a e. Tão logo tenha sido executado o agarre, o nadador deve acelerar os braços para trás, para fora, para baixo e para dentro, descrevendo um longo movimento semicircular que termina quando as mãos estão quase juntas por baixo do corpo. Acredito que a nadadora na Figura 5.10 poderia fazer com que suas mãos ficassem mais juntas por baixo do corpo, embora muitos nadadores de Borboleta de nível internacional executem a varredura para dentro dessa forma. Apesar disso, recomendo o estilo utilizado pelo nadador na Figura 5.9. O atleta faz a adução dos braços com maior extensão e faz com que suas mãos fiquem mais próximas uma da outra por baixo do corpo durante a varredura para dentro. Essa ação deve resultar em mais propulsão durante essa fase e na varredura para cima que se segue. A Figura 5.11 ilustra o modo de geração de propulsão durante a varredura para dentro.

Esse movimento, como a varredura para dentro do nado Crawl, é um exemplo de adução do ombro. O nadador deve pressionar os braços para trás, para baixo e para dentro até que as mãos estejam quase juntas por baixo do corpo, e os cotovelos praticamente contra as costelas. Durante esse movimento, a parte inferior dos braços e as palmas das mãos devem ser utilizadas como um grande remo, a fim de empurrar a água para trás. A orientação das palmas irá mudar de fora para dentro, durante a varredura para dentro, mas apenas porque os braços também estão mudando nessa direção.

A varredura para dentro não é um palmateio para dentro. Os cotovelos devem estar flexionados em aproximadamente 90° ao ser executado o agarre e devem permanecer fletidos ao longo de toda a varredura para dentro, enquanto o nadador faz um movimento de adução (dos braços) para trás, na direção das costelas. O atleta pode aumentar ligeiramente a flexão do cotovelo, para que as mãos fiquem juntas por baixo do corpo. Mas não deve palmateá-las por baixo do corpo. Ou seja, o atleta não deve começar a varredura para dentro com os braços quase ou totalmente estendidos e, em seguida, não deve mantê-los para os lados, enquanto palmateia as mãos e os antebraços para baixo e diretamente na água ao flexionar os cotovelos.

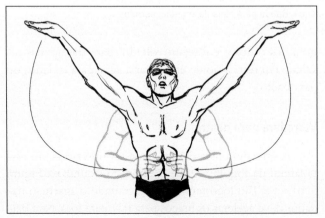

Figura 5.11 Varredura para dentro do nado Borboleta.

Mas alguém poderia se perguntar como as mãos chegam até embaixo do corpo do nadador sem que ocorra palmateio, quando a varredura para dentro se dá para além da largura dos ombros e nas proximidades da superfície da água. O nadador consegue realizar essa ação pressionando os braços para trás em uma diagonal ligeiramente descendente. Se essa ação for executada de maneira correta, os antebraços e as mãos irão se deslocar de forma bastante natural para baixo, para trás e para dentro por baixo do corpo.

Acredito que, para a maioria dos nadadores, a propulsão será maior ao longo de toda a braçada subaquática se os atletas movimentarem as mãos até que fiquem praticamente unidas por baixo do corpo durante a varredura para dentro. Embora a parte final da varredura para dentro não tenha grande efeito propulsivo, essa etapa faz com que os braços fiquem em posição para pressionar a água para trás por baixo do corpo para a primeira parte da varredura para cima subsequente. Isso permitirá ao nadador o uso de um padrão de velocidade de dois picos, que, acredito, tem o potencial de proporcionar maior propulsão. Certamente, com um estilo de dois picos os nadadores irão desacelerar mais durante a transição entre as varreduras para dentro e para fora. Não obstante, a varredura para dentro deverá ser mais longa e mais propulsiva, e a propulsão na varredura para cima deverá aumentar, elevando com isso a velocidade final média por braçada.

Estilos alternativos de varredura para dentro

Muitos nadadores enfrentam dificuldades para fazer uma transição suave da posição para fora e para trás da varredura para dentro até a posição para dentro e para trás sem perder pressão sobre a água. Em geral, esses nadadores utilizam um dos dois estilos alternativos de varredura para dentro. Em um deles, o atleta divide a varredura para dentro em duas partes. Na primeira parte, ele pressiona as mãos para fora e para trás por curta distância. Essa ação é seguida pela transição para uma posição de cotovelo alto similar àquela utilizada na braçada do Crawl, e, depois disso, os braços são aduzidos para trás ao lado do corpo na segunda metade da varredura para dentro. Esse tipo de varredura para dentro gera dois picos propulsivos: um pequeno na primeira parte para fora e para trás, seguido por um período de desaceleração enquanto os braços são reposicionados, e então um segundo pico maior, quando os braços são aduzidos para trás. Esse estilo de varredura para dentro está ilustrado na Figura 5.8.

Sanchez utiliza uma varredura para dentro de dois picos nas fotos da Figura 5.9. Ele faz pressão para fora e para trás com os braços (Fig. 5.9c) e, em seguida, desliza-os até uma posição de agarre com os cotovelos altos (Fig. 5.9d). Tão logo tenha sido obtida essa posição de cotovelo alto, o nadador deverá pressionar vigorosamente as mãos e os braços para trás e para dentro, até que tenha completado a varredura para dentro.

Em geral, esse estilo de varredura para dentro é utilizado por nadadores que gostam de executar o agarre com os cotovelos altos, como o usado no nado Crawl. Esse estilo pode ser bastante efetivo, desde que os nadadores executem o agarre em duas partes e não tentem movimentar as mãos para baixo e para dentro imediatamente a partir do agarre. Nadadores que utilizam esse estilo perderão o primeiro pico propulsivo e irão desacelerar a velocidade frontal ao empurrarem os braços para baixo até a posição de agarre com os cotovelos altos. Em geral, pressionar imediatamente as mãos e os braços para baixo e para dentro faz com que o nadador dê a braçada com a posição clássica de cotovelos caídos, empurrando a água para baixo durante a primeira metade da varredura para dentro, até que os braços estejam suficientemente profundos para alcançar uma orientação para trás.

No segundo estilo, os nadadores simplesmente deslizam as mãos e os braços até uma posição de cotovelos altos, semelhante àquela utilizada no nado Crawl, antes de começarem a impulsionar a água para trás. Na varredura para fora, esses nadadores deslizam as mãos para os lados. Em seguida, viram-nas para baixo e permitem que os cotovelos "acavalem" acima das mãos, antes de darem início à varredura para dentro. Nadadores que utilizam esse estilo também precisam tomar cuidado para não empurrar a água com as mãos e os braços até que estejam na posição de agarre, ou irão desacelerar a velocidade frontal ainda mais do que normalmente já ocorreria.

Certamente a execução da varredura para dentro em qualquer um desses estilos é um procedimento superior ao estilo com cotovelo caído, mas duvido que proporcione o pico continuado de velocidade frontal que poderia ser obtido com a adução dos braços da maneira descrita anteriormente. Apesar disso, muitos nadadores constatam que esse é o único modo de executar um bom agarre sem que os cotovelos caiam.

Varredura para cima

A varredura para cima está ilustrada, em vista lateral, na Figura 5.9, e a g, e, em vista frontal, na Figura 5.10, f e g. A transição entre as varreduras para dentro e para cima deve ter início enquanto as mãos estão na trajetória para sua união por baixo do corpo. Nesse ponto, a direção das mãos e dos braços deve ser rapidamente alterada (de dentro para fora); e, em seguida, o nadador deve pressionar essas partes para fora, para trás e para cima na direção da superfície da água. A transição entre as varreduras para dentro e para cima está ilustrada na Figura 5.9c. Tão logo

a varredura para cima esteja em curso, as palmas das mãos e o lado inferior dos braços devem ser utilizados como remos, para empurrar a água para trás, enquanto os braços se deslocam para fora, para trás e para cima na direção da superfície.

Os braços não devem estar com grande extensão durante a varredura para cima. Ao contrário do senso comum, os braços são estendidos durante a recuperação e não durante a varredura para cima. Eles podem ficar um pouco estendidos durante a varredura para cima, para acompanhar a velocidade da água para trás e assim fazer a transição para a recuperação. Mas essa extensão deve ser mínima. Os cotovelos devem permanecer suficientemente fletidos para que possa ser mantida uma orientação para trás com os antebraços, até chegar o momento da finalização.

A varredura para cima termina quando as mãos se aproximam das coxas. A velocidade das mãos sofre um retardo durante a transição entre as varreduras para dentro e a para cima e, em seguida, acelera até que o nadador tenha completado a varredura para cima. Os braços atingem suas maiores velocidades de 5 a 6 m/s durante essa fase da braçada subaquática. A propulsão durante a varredura para cima está ilustrada em vista lateral na Figura 5.12a e, em vista inferior, na Figura 5.12b.

Finalização e recuperação

A finalização das mãos pode ser observada em vista lateral na Figura 5.9h e, em vista frontal, na Figura 5.10h. Já a recuperação pode ser observada mais favoravelmente nas vistas de cima da água na Figura 5.9, l a p.

Quando as mãos se aproximam das coxas não é mais possível manter uma orientação para trás com os antebraços. Portanto, o nadador deve parar de empurrar água para trás e começar a recuperação dos braços, que deve ser executada na mesma direção da varredura para cima precedente. Os braços devem continuar com sua movimentação para fora e para cima, na superfície da água. Mas o nadador deve parar de empurrar água para trás. O atleta deve finalizar e voltar as palmas das mãos para dentro, de modo que possam deixar a água com o bordo à frente e com mínimo arrasto de empuxo.

Os braços e cotovelos devem deixar a água em primeiro lugar, sendo seguidos pelos antebraços e pelas mãos. Os braços, que estavam se estendendo lentamente durante a varredura para cima, agora se estendem rapidamente ao avançar para cima através da superfície, de modo a deixar a água se deslocando para cima e para os lados. A extensão dos braços para os lados ajuda a contornar a inércia para trás e iniciar o movimento para frente, quando o nadador faz a recuperação acima da água. Alguns nadadores estendem os braços completamente, enquanto outros

Figura 5.12 Varredura para cima no nado Borboleta.

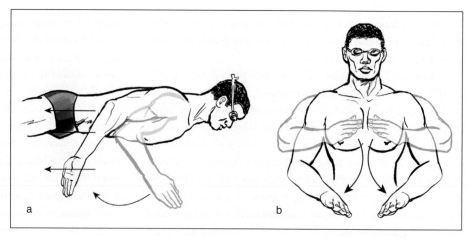

– como Sanchez – fazem apenas extensão parcial (ver Fig. 5.9, n e o).

Tão logo tenham deixado a água, os braços devem continuar em seu movimento circular acima dela até que estejam em frente aos ombros, onde é feita a entrada. Como mencionado antes, a entrada pode ser executada com os braços estendidos em frente aos ombros. Mas é preferível flexionar levemente os cotovelos durante a segunda metade da recuperação, de modo que a entrada possa ser realizada com os braços um pouco fletidos. As palmas das mãos deverão estar voltadas para dentro durante a primeira metade da recuperação e para fora na segunda metade, simplesmente porque a direção dos braços muda (de fora para dentro) na última parte da recuperação.

A recuperação deve ser feita com rapidez, mas não de forma apressada. Os nadadores precisam de tempo para posicionar as pernas para a batida para baixo da primeira golfinhada, antes que os braços entrem na água. Os braços devem estar relaxados o máximo possível na recuperação para proporcionar algum descanso aos músculos. Os nadadores devem deixar que o momento da varredura para cima conduza os braços ao longo da maior parte da recuperação, utilizando apenas força muscular suficiente para fazer a mudança de direção, de trás para frente.

O arrasto de empuxo sofrerá redução se os nadadores recuperarem os braços em um nível suficientemente elevado acima da água de modo que consigam alcançar a posição de entrada antes que façam contato com a água. Uma maneira utilizada pelos atletas para manter os braços livres da água consiste em deixar que a cabeça e os ombros se elevem acima da água, em um movimento muito parecido com a recuperação dos braços no nado de Peito.

Essa descrição contraria as crenças tradicionais acerca da recuperação do nado Borboleta. As recomendações habituais são para que os nadadores recuperem os braços em um nível baixo e lateralmente acima da água, mantendo o queixo e os ombros na água. Supõe-se que a recuperação dos braços em um nível baixo reduza o trabalho necessário, enquanto mantém o corpo na horizontal (o que reduz o arrasto de forma). Mas, na verdade, essa técnica de recuperação faz com que seja extremamente difícil evitar que o nadador empurre os braços para frente através da água, até que estes alcancem a posição adequada em frente aos ombros. Por outro lado, se for permitido que a cabeça e os ombros se elevem para fora da água, ocorrerá redução do arrasto de forma. Isso incentiva a propulsão ondulatória durante a primeira metade da recuperação dos braços, ao mesmo tempo em que torna possível juntá-los à frente antes da entrada na água. A fotografia na Figura 5.13 mostra a posição correta do corpo durante a recuperação dos braços no nado Borboleta.

Nesse ponto, vale a pena uma palavra de cautela. Esse levantamento dos ombros pode ser excessivo. A elevação quase direta para fora da água simplesmente irá fazer com que o nadador desacelere mais depressa. Durante a recuperação, o atleta deve manter o corpo se movimentando para frente e também para cima, o que é conseguido movendo-se a cabeça e os ombros gradual e diagonalmente

Figura 5.13 Nadador de Borboleta realizando uma respiração. Observe que os ombros e parte do tronco estão fora da água e que o atleta não estende a cabeça para trás e também não permite que o queixo se projete para frente, como é tradicionalmente ensinado.

em direção à superfície nas varreduras para dentro e para cima da braçada subaquática.

A propulsão ondulatória foi comentada no parágrafo anterior. Os gráficos de velocidade frontal nas Figuras 5.4 e 5.6 demonstram que esse fenômeno pode fazer com que os nadadores acelerem para frente durante a primeira metade da recuperação dos braços. Mas existe toda uma sequência de eventos que devem ocorrer para que a quantidade de propulsão ondulatória seja significativa. Antes de tudo, o nadador deve realizar a finalização no momento apropriado, ou seja, quando o corpo estiver se movimentando para frente em sua velocidade de pico durante a varredura para cima. A perda súbita de força propulsiva reduzirá a velocidade, fazendo com que a esteira criada empurre o corpo para frente. Se o nadador tentar empurrar a água para trás até as mãos chegarem à superfície, ele irá desacelerar bem antes de os braços terem deixado a água, o que, por sua vez, permitirá que a água em torno do corpo se ajuste ao decréscimo na velocidade antes que a recuperação tenha começado, e, assim, a propulsão ondulatória será mínima ou inexistente.

Em segundo lugar, a quantidade de propulsão ondulatória pode ser aumentada se o nadador estiver com máxima posição hidrodinâmica durante a recuperação dos braços. As pernas devem estar para cima e alinhadas com o corpo, e a cabeça e os ombros devem estar fora da água. O pulso de propulsão ondulatória será completado quando as mãos ultrapassarem os ombros, e os joelhos começarem a "cair" até o ponto ideal para a execução da batida para baixo da primeira golfinhada. Nesse ponto, o nadador irá desacelerar, até que comece a acelerar o corpo para frente com a extensão das pernas.

GOLFINHADA

A pernada utilizada no nado Borboleta é chamada *pernada golfinho* ou *golfinhada*, porque as pernas se movimentam em conjunto, como a cauda de um golfinho. Uma golfinhada consiste em uma batida para cima e uma batida para baixo, e os nadadores executam duas pernadas a cada ciclo de braçadas. A Figura 5.14 traz uma sequência de fotografias que ilustram as duas golfinhadas de cada ciclo de braçadas.

Batida para cima

A Figura 5.14, a a c, mostra a batida para cima da segunda golfinhada, e a Figura 5.14, f e g, a batida para cima da primeira golfinhada. A batida para cima da próxima golfinhada tem início quando a batida para baixo da pernada precedente está perto de ser completada. A batida para baixo desencadeia uma reação de rechaço que empurra as coxas para frente, para que tenha início a batida para cima. A contínua extensão dos quadris mantém as pernas se movimentando para cima, até que alcancem um nível superior ao do corpo do nadador, onde termina a batida para cima e começa a próxima batida para baixo.

A maior parte da batida para cima deve ser executada com as pernas estendidas. Pernas e pés devem estar relaxados e passivos, de modo que a água, ao pressionar de cima para baixo, possa fazer com que essas partes permaneçam estendidas. A pressão exercida pela água também empurra os pés até uma posição natural, a meio caminho entre a extensão e a flexão.

Os nadadores devem flexionar suavemente os joelhos em preparação para a próxima batida para baixo, tão logo os pés tenham se movimentado acima dos quadris.

Batida para baixo

A batida para baixo é um movimento de "chicotada" que tem início com a flexão dos quadris e continua com a extensão dos joelhos. A batida para baixo da primeira golfinhada está ilustrada na Figura 5.14, d e e, e a da segunda golfinhada na Figura 5.14, h e i.

A batida para baixo começa quando o nadador faz pressão descendente com as coxas, e os pés, em seu movimento ascendente, ultrapassam o corpo durante a batida para cima precedente. A pressão exercida pela água, que agora está empurrando de baixo para cima, faz com que as pernas flexionem ainda mais para cima. A pressão da água também empurra os pés para cima e para dentro até que assumam uma posição estendida e de "dedos de pombo" (flexão plantar e inversão), embora as coxas estejam exercendo pressão descendente. As coxas não pressionam para baixo por muito tempo. Assim que começam a baixar, seu movimento inicia uma extensão ondulatória que se desloca ao longo delas até as pernas, que, então, são vigorosamente estendidas. A batida para baixo de cada pernada termina quando as pernas ficam completamente estendidas e os pés, em uma posição ligeiramente abaixo do tronco (ver Fig. 5.14, e e i). A forma de geração de força propulsiva durante a batida para baixo da golfinhada foi descrita no Capítulo 3.

A capacidade de estender os pés nos tornozelos provavelmente é essencial para a execução de rápidas golfinhadas. Barthels e Adrian (1971) concluíram que essa extensão era mais importante do que a força. Com boa capacidade de extensão, os pés podem permanecer em uma posição que lhes permita pressionar a água para trás durante a maior parte da batida para baixo. Os nadadores de Borboleta devem ser capazes de estender os pés em 70 a 85° em relação à vertical.

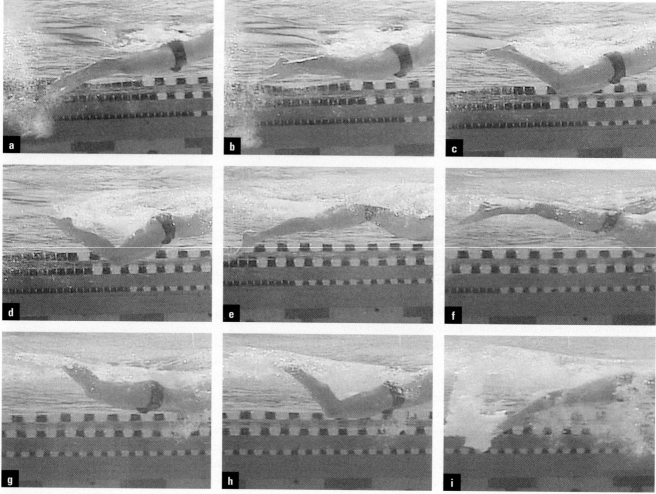

Figura 5.14 Golfinhada.

(a) Começo da batida para cima da segunda pernada.
(b) Continuação da batida para cima da segunda pernada.
(c) Término da batida para cima da segunda pernada.
(d) Batida para baixo da primeira pernada. Começo da extensão das pernas.
(e) Término da batida para baixo da primeira pernada.
(f) Batida para cima da primeira pernada.
(g) Término da batida para cima da primeira pernada.
(h) Começo da batida para baixo da segunda pernada.
(i) Término da batida para baixo da segunda pernada.

Na golfinhada, os nadadores afastam os joelhos no início da batida para baixo e depois voltam a juntá-los ao final, porque, com os joelhos afastados, os pés podem ficar mais tempo em uma orientação para dentro e para cima ao executar a batida para baixo. As pernas são movimentadas em conjunto pela rotação interna nos quadris, o que provavelmente aumenta a força muscular aplicada pelos nadadores durante a batida para baixo.

Diferenças entre a primeira e a segunda golfinhada

O que a primeira e a segunda golfinhada têm em comum é que ambas contribuem para a propulsão frontal do nadador. Como é possível observar na Figura 5.14, d a g, a primeira pernada é a mais longa das duas. Tanto a batida para baixo como a batida para cima dessa pernada são mais longas. A batida para baixo empurra os quadris para cima e para frente, fazendo-os sobressair na superfície; depois, na batida para cima subsequente, os quadris fazem um movimento descendente e para frente.

A batida para cima da primeira pernada é mais longa porque os quadris estão elevados na água enquanto os braços se movimentam para fora embaixo da água. As pernas são capazes de se elevar até a superfície da água ou ligeiramente acima dela sem perturbar o alinhamento horizontal. Na verdade, essa longa batida para cima de fato traz as pernas até um nível acima do corpo, de modo que os nadadores ficam bastante alinhados ao darem continuidade à primeira metade da braçada subaquática. Em geral, a batida para baixo da segunda pernada é mais curta, com menor flexão dos quadris, talvez porque os nadadores não desejem empurrá-los para fora da água enquanto terminam a braçada. A batida para cima dessa pernada é também mais curta. Isso ocorre porque os quadris ficam mais baixos durante a recuperação dos braços acima da água e, portanto, as pernas não podem se deslocar muito para cima antes que seu movimento ascendente ultrapasse os quadris e elas comecem a "empurrá-los" para baixo.

SINCRONIZAÇÃO DAS BRAÇADAS E PERNADAS

A cada ciclo de braçadas são executadas duas golfinhadas completas. A sincronização adequada entre essas pernadas e as diversas fases da braçada pode ser observada em vista lateral na sequência de fotografias submersas na Figura 5.9. A batida para baixo da primeira pernada ocorre durante a entrada e o deslize dos braços, conforme mostra a Figura 5.9, a e b, e a batida para baixo da segunda pernada se dá durante a varredura para cima da braçada subaquática, como mostra a Figura 5.9, e a g. Essa explicação, embora correta, é uma simplificação excessiva do complexo sincronismo existente entre os movimentos dos braços e das pernas nesse nado. A seguir, será descrito mais detalhadamente esse sincronismo.

A batida para baixo da primeira pernada deve começar durante a segunda metade da recuperação dos braços e continuar durante a entrada e o deslize dos braços. As coxas devem começar a pressionar para baixo quando os braços se aproximam da posição de entrada, e a extensão das pernas, a principal fase propulsiva da pernada, deve ocorrer durante a entrada, o deslize e a primeira parte da varredura para fora. Além de suplantar o arrasto de empuxo dos braços ao entrar na água, a pernada também precisa ser suficientemente potente para acelerar o nadador para frente. A batida para baixo empurrará os quadris para cima e para frente através da superfície de maneira ondulante, ao mesmo tempo em que irá acelerar o corpo para frente.

A batida para cima que se segue à primeira batida para baixo da golfinhada deve se dar durante o restante da varredura para fora e na primeira parte da varredura para dentro (ver Fig. 5.9, c e d). Assim, as pernas são mobilizadas para cima e os quadris são deslocados para baixo, de modo que essas partes fiquem alinhadas acima do corpo durante a primeira fase propulsiva da braçada. Essa ação reduzirá o arrasto de forma, e os nadadores irão acelerar mais para frente durante a varredura para dentro. Na verdade, parece que nadadores de Borboleta habilidosos

nadam "para baixo" na primeira metade da varredura para dentro.

A batida para baixo da segunda pernada deve ser executada em sincronia com a varredura dos braços para cima. Na verdade, a batida para baixo tem início com a pressão das coxas para baixo durante a transição entre a varredura para dentro e a varredura para cima da braçada. Mas a parte mais efetiva da pernada, a extensão das pernas, ocorre durante a varredura para cima.

A batida para cima da segunda pernada ocorre durante a recuperação dos braços (ver Fig. 5.9i). Essa ação desempenha as mesmas funções da batida para cima da primeira pernada. O movimento leva as pernas para cima, perto da superfície, de modo que o corpo fique mais alinhado durante essa fase do ciclo de braçadas, além de colocar as pernas em posição para a batida para baixo da próxima pernada. O aspecto hidrodinâmico dessa batida para cima aumentará a quantidade de aceleração para frente, em decorrência da ação da propulsão ondulatória durante a primeira metade da recuperação dos braços. Essa propulsão ondulatória será maior se o nadador "ricochetear" as pernas para cima com rapidez e suavidade durante a batida para cima da segunda pernada. Mas será menor se o nadador permitir que as pernas fiquem "suspensas" para baixo, por debaixo do corpo, ou se flexionar os joelhos e forçar os pés para cima, em preparação para a próxima pernada.

Resta pouca dúvida de que a batida para baixo da primeira pernada pode contribuir significativamente para a propulsão frontal, conforme está ilustrado no gráfico de velocidade frontal de Pablo Morales na Figura 5.6. A batida para baixo da segunda pernada provavelmente contribui também para a propulsão, além de dar sustentação aos quadris próximo da superfície da água para melhorar o alinhamento durante a varredura para cima. Existe alguma controvérsia com relação à capacidade de propulsão das batidas para cima da golfinhada.

No Capítulo 3, expliquei por que não acredito que as batidas para cima sejam propulsivas – porque as pernas se movimentam para cima e para frente. Consequentemente, as pernas não poderiam acelerar a água para trás. Por causa disso, recomendo que as batidas para cima das duas golfinhadas sejam executadas com rapidez, mas suavemente. Qualquer força desnecessária apenas irá desacelerar o nadador ainda mais.

Tendo isso em mente, a batida para cima deve ser executada da seguinte maneira: a força da batida para baixo da pernada precedente deve ser utilizada pelo nadador para superar a inércia das pernas para baixo e para fazer com que elas comecem a "ricochetear" para cima. Ou seja, a extensão das pernas empurrará as coxas para cima. Isso ajudará a suplantar a inércia para baixo e permitirá que as pernas comecem a se movimentar para cima com um mínimo de esforço muscular. Tão logo a batida para cima esteja em andamento, o nadador deverá manter as coxas se deslocando para cima, com a extensão dos quadris ("empurrando" para cima com os músculos glúteos).

Grandes e pequenas pernadas

Há anos, os especialistas têm debatido se uma das golfinhadas em cada ciclo de braçadas deveria ser executada com mais vigor do que a outra. Fala-se em termos de *grandes* e *pequenas* pernadas. São três as opções disponíveis. Alguns estudiosos acreditam que a primeira pernada deveria ser mais enfatizada porque pode acelerar o corpo para frente em um momento em que os braços não podem ser utilizados com essa finalidade. Outros acham que a segunda pernada deveria ser executada com maior esforço, para que o nadador pudesse acelerar mais para frente durante a batida para cima e também para ajudá-lo a manter os quadris na superfície da água. Finalmente, há aqueles que acreditam que as batidas para baixo da primeira e da segunda golfinhada deveriam ser executadas com a mesma força.

Acredito firmemente que a batida para baixo da primeira golfinhada é a mais propulsiva das duas. Consequentemente, essa batida sempre deverá ser enfatizada. A propulsão que pode ser adquirida com essa batida para baixo é absolutamente essencial para um nado Borboleta rápido.

A dúvida que permanece é: a segunda batida para baixo deve ser tão vigorosa, ou deve ser mais suave? Acredito que deva ser aplicado igual esforço durante as duas batidas para baixo, particularmente nos eventos de 50 e 100 jd/m. A primeira preocupação do nadador deve ser a geração da máxima força propulsiva possível nesses eventos. A execução de duas golfinhadas vigorosas deve ajudá-lo a alcançar esse objetivo.

Mas, quanto aos eventos de 200 jd/m, no momento não posso afirmar se é aconselhável a aplicação de igual ênfase nas duas pernadas. Vídeos submersos, obtidos durante competições importantes revelam que vários dos nadadores de Borboleta mais bem-sucedidos em nossa época realizam uma extensão das pernas ligeiramente incompleta durante a batida para baixo da segunda golfinhada em provas de 200 jd/m. Certamente, isso significa que estão dando pernadas com menor esforço. Contudo, também é preciso ser dito que muitos nadadores de Borboleta de classe mundial estendem completamente as pernas em ambas as pernadas em provas de 200 m.

Ainda assim, vários desses nadadores parecem atenuar a batida para baixo da segunda pernada em comparação com o esforço realizado na primeira pernada. Por essa razão, acredito que a maioria dos nadadores deverá executar a batida para baixo da segunda golfinhada com um esforço um pouco menor em provas de 200 jd/m. A atenuação da segunda batida para baixo poderá ser vantajosa se o nadador puder poupar energia sem submergir os quadris durante a varredura para cima da braçada. Mas não seria aconselhável atenuar a segunda pernada se o atleta não for capaz de manter o corpo em uma posição horizontal durante a varredura para cima.

Independentemente do esforço aplicado, a batida para baixo da primeira golfinhada será – e deverá ser – a mais longa das duas. Por causa disso, essa batida irá gerar maior propulsão frontal. Na mesma linha de raciocínio, a batida para baixo da segunda pernada será a mais curta das duas e provavelmente gerará menor força propulsiva, embora as duas batidas sejam executadas com a mesma força. É provável que as diferenças na extensão dessas duas pernadas se devam à posição do corpo e não ao esforço despendido para executá-las. Os quadris naturalmente se deslocarão para cima e para frente por uma distância maior durante a batida para baixo da primeira golfinhada, porque a cabeça está para baixo e os braços estão estendidos à frente.

Pelas mesmas razões, a batida para cima da primeira pernada também será mais longa. Por outro lado, os ombros e o tronco estarão elevados e os braços para trás no nível dos quadris, ao ocorrer a batida para baixo da segunda golfinhada, de modo que os quadris não podem nem devem se elevar tanto quanto quando o movimento é executado. Se os quadris se elevassem acima da superfície, a ondulação resultante empurraria a cabeça e os ombros para baixo quando o nadador estivesse tentando respirar e recuperar os braços acima da água. Por essa razão, acredito que a batida para baixo da segunda golfinhada deve ser mais curta e utilizada apenas para manter os quadris na superfície e não para empurrá-los quando o movimento estiver sendo executado. Portanto, o nadador não será capaz de movimentar as pernas para cima ao longo de uma distância tão grande sem empurrar a cabeça e os ombros para baixo.

ONDULAÇÕES DO CORPO E RESPIRAÇÃO

É inútil falar de uma posição do corpo para o nado Borboleta porque o nadador muda constantemente de posição ao ondular pela água durante cada ciclo de braçadas. A ondulação é um instrumento propulsivo importante no nado Borboleta. Embora o arrasto resistivo seja reduzido pela permanência na posição horizontal, a propulsão ficaria de tal forma comprometida que a velocidade média por ciclo de braçadas sofreria redução considerável se o atleta executasse esse nado com o corpo em uma posição "plana". O efeito das ondulações do corpo na propulsão frontal será discutido na próxima seção, e depois será descrita a técnica de respiração utilizada por nadadores de Borboleta habilidosos.

Ondulações do corpo

Muitas pessoas acreditam que as ondulações corporais no nado Borboleta estão centradas nos quadris. Mas, na verdade, os movimentos verticais da cabeça e dos ombros excedem os movimentos dos quadris (Sanders, Cappaert e Devlin 1995). O sequenciamento preciso dos movimentos verticais da cabeça parece ser o fator principal no que diz respeito a uma ondulação apropriada, a qual, por sua vez, pode iniciar uma onda corporal retrógrada que pode melhorar a força propulsiva da golfinhada. Acredito que os movimentos adequados da cabeça sejam decisivamente responsáveis pelo que denominei de *onda corporal reversa*, permitindo que a força decorrente da batida para baixo da primeira golfinhada acelere o nadador rapidamente para frente.

Os nadadores de Borboleta não devem empurrar os quadris para cima e para baixo em um esforço para fazer a ondulação adequadamente. Essa ação não trará nenhum benefício. O movimento dos quadris para cima parece ser um mero efeito da batida para baixo da primeira golfinhada e também do movimento da cabeça e dos ombros para baixo durante a entrada e o deslize dos braços. Já os movimentos dos quadris para baixo são apenas o resultado da gravidade e das batidas para cima das golfinhadas.

Por anos, o senso comum tradicional determinava que os nadadores de Borboleta deveriam ficar em uma posição baixa na água ao respirar, porque se acreditava que a elevação da cabeça e dos ombros acima da superfície aumentava o arrasto de forma. Há tempos eu discordo dessa noção de aumento da propulsão ondulatória e redução do arrasto durante a recuperação dos braços. Existe ainda uma outra razão para que os nadadores elevem a cabeça e os ombros ao fazer a recuperação dos braços: a subsequente ondulação da cabeça e dos ombros para baixo estabelece as condições para a ocorrência da onda corporal e da onda corporal reversa, o que pode contribuir significativamente para a propulsão frontal. Embora a princípio a elevação do corpo exija um gasto adicional de energia, o nadador poupará e até mesmo reutilizará a energia, que o ajudará na propulsão quando a cabeça e o tronco "caírem" de volta na água.

Segundo Sanders, Cappaert e Devlin (1995), "enquanto a cabeça e, em seguida, os ombros começavam a se movimentar para baixo, a energia armazenada era utilizada para aumentar a velocidade descendente da parte superior do corpo". Em outras palavras, o movimento subsequente da cabeça e do tronco para baixo e para frente, que ocorre depois que os quadris ultrapassaram o pico da ondulação ascendente, deve de fato ajudar na aceleração da velocidade frontal por causa da força da gravidade.

No Capítulo 3 já foi discutida a possibilidade de que os movimentos ondulatórios no nado Borboleta também criem uma onda corporal que aumenta a propulsão. Sanders et al. sugeriram que os nadadores especializados nesse nado utilizam tal mecanismo e acreditavam que os movimentos descendentes da cabeça e dos ombros eram seguidos pela elevação dos quadris, culminando em um somatório de forças nos joelhos e nos tornozelos que aumentava a força propulsiva da primeira batida para baixo. Esse somatório de forças poderia ser comparado ao estalar de um chicote, no qual os movimentos sequenciados do chicote culminam em uma descarga final de energia. A onda corporal, da maneira como foi proposta por Sanders et al., está ilustrada na Figura 5.15.

Para mim não é difícil aceitar a ideia de que a elevação e subsequente submersão da cabeça, dos ombros e do tronco podem reduzir a desaceleração durante a entrada dos braços. Contudo, tenho dúvidas ainda com relação à existência de uma onda corporal que se desloca para trás, da cabeça até os pés, e que aumenta a força propulsiva da pernada. Apesar disso, penso que as ondulações corporais que se seguem à batida para baixo da primeira golfinhada podem gerar o que denominei de *onda corporal reversa*, ou seja, uma onda que se desloca dos pés à cabeça, aumentando a aceleração frontal proveniente da batida para baixo da primeira golfinhada. A seguir, é apresentada uma

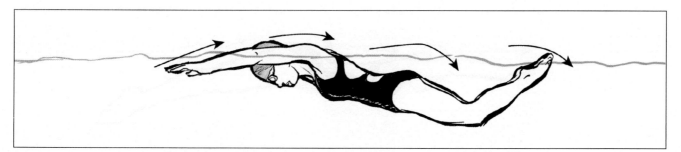

Figura 5.15 Onda corporal no nado Borboleta.

sequência de eventos que ilustram como isso possivelmente ocorre.

Os quadris do nadador irão acelerar para cima e para frente sobre a água durante a batida para baixo da primeira pernada, ao mesmo tempo em que a cabeça e os braços entrarão na água. A maior parte da força resultante dessa pernada tem direção descendente; assim, à primeira vista, essa força aparentemente empurraria os quadris para cima sem que ocorresse grande propulsão do nadador para frente. Mas é possível que a força descendente dessa pernada possa ser transformada em propulsão frontal se o atleta olhar para frente e estender os braços à frente do corpo no exato momento em que os quadris ultrapassam o pico de sua ondulação ascendente e começam seu movimento para baixo e para frente. Com isso, o momento descendente dos quadris será transferido para a cabeça e para os braços, que, por sua vez, serão empurrados para frente pela força da pernada e também pela gravidade. O possível funcionamento de uma onda corporal reversa está ilustrado na Figura 5.16.

Para que a onda corporal reversa possa ser utilizada para melhorar a propulsão frontal, a sequência de movimentos ondulatórios deve ser precisa. Além disso, as partes verticais das ondulações não podem ser exageradas. Simplificando, o nadador não pode impulsionar o corpo para cima nem para baixo em ângulos abruptos. As ondulações devem ser graduais, e as partes do corpo devem estar sempre se movimentando para cima e para frente ou para baixo e para frente. Sanders (1996) constatou que o movimento vertical do centro de massa de nadadores de Borboleta neozelandeses de nível internacional era de aproximadamente 18 cm para os homens e 14 cm para as mulheres.

Além de seu efeito na melhora da propulsão, a sequência apropriada de ondulações corporais deve também reduzir o arrasto resistivo. Nesse sentido, o nadador precisa tentar manter o corpo na posição mais horizontal possível durante as fases propulsivas das braçadas. Já foram descritos os papéis das batidas para cima da primeira e da segunda golfinhada e da batida para baixo da segunda pernada na manutenção dessa posição.

Respiração

Não concordo com a crença tradicional de que nadadores de Borboleta devem manter a cabeça e os ombros baixos na água e projetar o queixo para frente ao respirar. Com essa técnica, a respiração pode reduzir a ondulação do corpo e também a propulsão adicional conseguida com a ondulação. Por essa razão, recomendo que os atletas praticantes desse nado respirem com a técnica atualmente ensinada aos nadadores de Peito que utilizam o estilo ondulatório. Ou seja, que respirem elevando os ombros e o tronco acima da superfície da água, assim não têm que estender a cabeça para cima e para trás para "dar uma respirada". A cabeça deve permanecer em uma posição natural, nem flexionada, nem estendida no pescoço, ao irromper pela superfície. Em outras palavras, o nadador deve respirar elevando o tronco acima da água, e não levantando a cabeça para cima e para trás. É possível utilizar algumas técnicas para ensinar os nadadores a respirar desse modo, por exemplo, manter o queixo para baixo durante a respiração e voltar os olhos para baixo e para frente na água que está diretamente à frente. Os nadadores não devem projetar o queixo para frente, tampouco devem levantar os olhos e olhar em direção ao lado oposto da piscina.

A Figura 5.9, em vista de cima da água, ilustra o modo adequado de movimentação da cabeça acima da superfície para que o nadador respire. Observe a posição da cabeça e dos ombros na Figura 5.9l. Os ombros estão fora da água e a cabeça está inclinada para frente, com o queixo para baixo e os olhos voltados para frente e para baixo na água imediatamente à frente do nadador. Em nenhum momento o nadador aparece com a cabeça flexionada para trás (com um movimento do pescoço).

O atleta deve começar a levantar a cabeça, os ombros e o tronco na direção da superfície durante a varredura para fora. Essas partes do corpo devem continuar esse movimento gradual para cima e para frente até que finalmente irrompam pela superfície no momento da transição entre as varreduras para dentro e para cima. O nadador deve expirar lentamente enquanto a cabeça se movimenta na

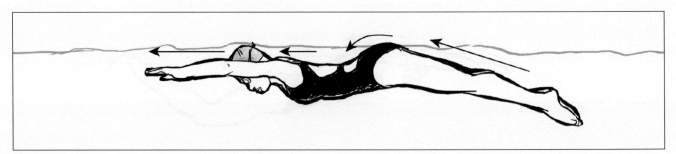

Figura 5.16 Onda corporal reversa.

direção da superfície, completando a expiração com uma ação súbita quando a cabeça irrompe por ela. A inspiração deve ser realizada durante a varredura para cima e a primeira metade da recuperação dos braços, retornando a cabeça à água na segunda metade da recuperação.

O corpo deve se deslocar para cima e para frente através da superfície em um trajeto ligeiramente diagonal. Para efetuar esse movimento, o nadador precisa elevar os ombros e o tronco acima da superfície. A cabeça deve permanecer em uma posição normal sobre a coluna vertebral, de modo que o nadador, ao inspirar, pareça estar se deslocando mais para frente do que para cima. Manter a cabeça alinhada com a coluna vertebral permite uma elevação gradual até a superfície, ao passo que olhar para cima e estender a cabeça para trás com um movimento do pescoço provoca uma elevação súbita e abrupta em direção à superfície, o que reduzirá a velocidade frontal.

Há várias outras razões pelas quais a respiração com essa técnica deve ser mais eficiente do que o método tradicional. Em primeiro lugar, a elevação do tronco e dos ombros acima da água ajuda a recuperar os braços acima da água sem arrastá-los por ela. Em segundo lugar, é provável que o subsequente movimento do tronco para baixo e para frente auxilie na geração de uma onda corporal que melhora a propulsão. Em terceiro lugar, a manutenção da cabeça em uma posição natural enquanto é conduzida até a superfície incentiva a elevação dos ombros e do tronco acima da superfície; já o ato de levantar a cabeça pode prejudicar a suficiente elevação dessas outras partes.

A sequência de movimentos da cabeça em direção à superfície é exatamente a mesma executada durante a varredura para fora na braçada não respiratória. O nadador deve olhar para cima para incentivar a onda corporal. Mas, em vez de respirar, ele deve olhar novamente para baixo, tão logo a cabeça tenha chegado à superfície. Esse procedimento irá melhorar o alinhamento horizontal nas varreduras para dentro e para cima na braçada subaquática. Os movimentos da cabeça durante a braçada não respiratória estão ilustrados em vista frontal na Figura 5.10.

Respiração para o lado

Alguns nadadores de Borboleta respiram para o lado. As razões para isso, segundo o que eles alegam, é que ajuda a poupar energia e a manter o corpo em uma posição mais horizontal. Alguns nadadores acreditam que o custo energético de levantar a cabeça ficará reduzido se o atleta girar o rosto para o lado, como é feito no nado Crawl. Além disso, acreditam também que essa forma de respiração ajuda a manter um bom alinhamento horizontal, porque o ato de levantar a cabeça para fora da água tende a submergir os quadris.

Esse raciocínio é falacioso porque não leva em consideração uma importante diferença entre os nados Borboleta e Crawl. Nadadores de Crawl podem rolar o corpo para fazer com que o rosto aflore à superfície. Já no nado Borboleta, os atletas precisam girar a cabeça enquanto o corpo se encontra em posição de pronação. Em uma posição de pronação perfeita, é comum que a amplitude de movimento no pescoço seja demasiadamente limitada para permitir que a boca chegue acima da superfície, a menos que, para começar, o nadador levante a cabeça e o tronco acima do nível da água. Como consequência, para que a boca fique fora da água, os nadadores de Borboleta que respiram para o lado precisam levantar a cabeça e os ombros para fora da água tanto ou mais do que os nadadores que respiram para frente. A fotografia na Figura 5.17 ilustra um nadador respirando para o lado. Observe o grau de elevação da cabeça e dos ombros para fora da água. Note também que os braços do nadador não estão simétricos. Nadadores que respiram para o lado comumente elevam um ombro e recuperam um braço em um nível mais alto.

Longe de ser um erro, a elevação do tronco e dos ombros dessa forma pode mesmo ser "um golpe de sorte" porque, conforme mencionado na seção sobre ondas corporais, o retorno da cabeça e dos ombros à água depois que essas partes do corpo foram elevadas pode reduzir o grau de desaceleração associada à recuperação dos braços. Ainda assim, não é necessário nem aconselhável que o nadador respire para o lado. O tronco e os ombros também podem ser elevados com a respiração para frente. Na verdade, a respiração para frente se ajusta melhor à natureza desse nado, porque o nadador permanece em posição de pronação ao longo de todo o ciclo de braçadas e impulsiona o corpo para frente com os dois braços, em um movimento simultâneo. Portanto, faz sentido levantar a cabeça para frente na direção em que o corpo está se deslocando.

Existe um problema adicional com o qual os nadadores comumente se deparam ao utilizar a técnica de respi-

Figura 5.17 Respiração lateral no nado Borboleta.

ração para o lado. Os atletas tendem a girar ligeiramente o corpo na direção em que viram a cabeça. Esse movimento pode reduzir a propulsão do outro braço, se o nadador permitir que o cotovelo caia.

Frequência de respiração durante as provas

Comumente, nadadores de Borboleta são orientados a não respirar a cada ciclo de braçadas durante as provas. Acredita-se que a respiração diminua a velocidade porque os quadris e as pernas afundam mais na água, e a varredura para cima tende a ser mais curta e a primeira pernada, mais fraca (Hahn e Krug 1992; Alves, Cunha e Gomes-Pereira 1998). A recomendação mais comum é respirar uma vez a cada duas braçadas em provas de 100 jd/m. Essa técnica é conhecida como padrão de respiração *1-e-1*, sendo considerada um bom meio-termo entre a necessidade de consumir oxigênio e o desejo de manter a velocidade frontal no nível mais elevado possível.

Alguns treinadores também recomendam esse padrão de respiração para as provas de 200 jd/m. Outros acreditam que ele seja demasiadamente rigoroso e recomendam padrões em que as respirações são feitas a cada duas ou três braçadas consecutivas antes de uma braçada não respiratória. Essas frequências de respiração são chamadas padrões *2-e-1* e *3-e-1*. As braçadas respiratórias extras aumentam o consumo de oxigênio e as braçadas não respiratórias periódicas são utilizadas para que o nadador recupere o alinhamento horizontal.

Apesar da aparente sabedoria da restrição da respiração, muitos nadadores de Borboleta de classe mundial respiraram uma vez por ciclo de braçadas em muitas de suas melhores provas. Isso é particularmente válido nas provas de 200 jd/m, embora alguns atletas bem-sucedidos tenham mantido esse padrão de respiração também em provas de 100 jd/m.

O dilema óbvio com que se deparam os nadadores é se devem tentar aumentar sua velocidade média mediante o uso de algum padrão de respiração restrita, ou se devem adiar a fadiga respirando o maior número de vezes possível. Tendo a acreditar que o adiamento da fadiga é mais importante para o êxito nas provas. Por essa razão, nadadores de Borboleta devem se esforçar ao máximo para aperfeiçoar sua mecânica respiratória, de modo que possam respirar com regularidade, com pouco ou nenhum retardo em sua velocidade frontal. A esse respeito, Alves, Cunha e Gomes-Pereira (1998) relataram que aumentos na inclinação do tronco não foram significativamente diferentes para nadadores de Borboleta habilidosos durante seus ciclos de braçadas respiratórias e não respiratórias. Assim, existe alguma evidência de que a respiração não aumenta o arrasto de forma.

Os nadadores devem praticar séries de repetições experimentais a fim de determinar o padrão de respiração mais efetivo para cada distância de prova, completando séries de oito a doze repetições de 50 ou 100 jd/m de nado Borboleta, com intervalos de repouso curtos ou médios. Todas as repetições devem ser praticadas com esforços semelhantes e próximos às velocidades de competição. Séries de 50 s em 1 min são muito boas para a simulação de provas de 100 jd/m. Séries de 50 s com repouso mais curto e séries de 100 s com repouso de curto a médio são mais apropriadas para a simulação do esforço das provas de 200 jd/m.

As frequências respiratórias devem ser alternadas de uma repetição para a outra, utilizando-se os padrões 3-e-1, 2-e-1, 1-e-1 e em cada ciclo de braçadas, até que o nadador possa determinar qual padrão resultará nos melhores tempos ou no mesmo tempo mas com menos esforço. O nadador deverá repetir essas séries ao longo de alguns dias, descartando os padrões que se revelarem menos efetivos até que tenham descoberto qual padrão é consistentemente mais rápido para determinada distância de prova. Esse será o padrão que o nadador deverá utilizar em suas competições. Se não houver diferença na velocidade entre certos padrões, ele deverá utilizar aquele que proporcionar o maior aporte de oxigênio.

GOLFINHADA SUBMERSA

Atualmente, as regras internacionais da Natação de competição permitem que os nadadores nas provas de Borboleta executem golfinhadas submersas por 15 m a cada comprimento de piscina, antes que surjam na superfície e nadem a braçada completa. A golfinhada submersa passou a ser tremendamente popular nas provas de nado de Costas, e a maioria dos nadadores achava que podia dar pernadas submersas mais rapidamente do que ao nadar na superfície. Por essa razão, muitos nadadores de Borboleta também foram levados a dar pernadas submersas em percursos consideráveis de suas provas. Em comparação com o nado na superfície, a principal vantagem da golfinhada submersa é o maior número de impulsos propulsivos que os nadadores podem aplicar a cada minuto. Tipicamente, os nadadores utilizam frequências de 120 a 170 pernadas/min ao realizarem golfinhadas submersas em velocidades rápidas. Compare esse número de impulsos propulsivos com a frequência habitual de pernadas nas provas de Borboleta, entre 44 e 56 pernadas/min.

À primeira vista, isso pareceria favorecer a golfinhada submersa. Mas é preciso lembrar que os nadadores de Borboleta já obtêm propulsão de pelo menos uma golfinhada a cada ciclo, além de alcançarem pelo menos dois picos propulsivos durante a braçada e outro pico propulsivo decorrente da propulsão ondulatória na recuperação dos braços. Por essa perspectiva, o nadador de Borboleta gera mais de 200 picos propulsivos por minuto de nado em comparação com os 150 a 170 picos no nado submerso. Por essa razão, duvido que as pernadas submersas sejam realmente mais rápidas do que a Natação na superfície para a maioria dos nadadores de Borboleta.

Mas, antes de tomar alguma decisão com relação ao uso dessa técnica, os nadadores de Borboleta devem testar se são mais rápidos ao golfinharem submersos. As golfinhadas de alguns nadadores são tão efetivas que eles podem chutar mais rapidamente com as pernas submersas do que podem nadar na superfície. Alguns atletas podem dar pernadas com mais rapidez do que quando utilizam o nado completo, porque têm defeitos graves em suas braçadas ou na sincronização entre braços, pernas e respiração. Devem treinar para que, durante as provas, executem a golfinhada submersa ao longo da máxima distância permitida. Obviamente, aqueles nadadores que acreditam conseguir mais rapidez com o nado completo, devem ser orientados a nadar a maior parte das suas provas na superfície. Já os nadadores que apresentam velocidades parecidas quando nadam submersos ou na superfície também devem ser orientados a nadar na superfície, pois o oxigênio adicional lhes permitirá nadar com mais rapidez nas fases finais das provas.

Golfinhada na saída e nas viradas

Mesmo os nadadores de Borboleta que realizam a maior parte das provas na superfície devem executar de três a cinco golfinhadas submersas depois da saída e depois de cada virada. Uma das vantagens disso é que podem assim permanecer em um nível mais profundo durante mais tempo, reduzindo com isso a interferência do efeito marola (i. e., contra corrente) da parede da piscina na velocidade. Também conseguem diminuir a turbulência causada pela chegada ou pelo retorno dos demais nadadores. Uma segunda vantagem é que a execução de três ou quatro pernadas permite que o nadador dê o impulso na virada em um ponto mais profundo, movimentando-se em direção à superfície em uma trajetória diagonal gradual que não comprometerá tanto sua velocidade, como seria o caso se a ascensão fosse mais brusca. Nadadores que realizam apenas uma ou duas golfinhadas submersas devem dar o impulso muito mais perto da superfície, de modo a impedir o efeito retardador de uma ascensão abrupta.

A permanência embaixo da água durante mais algumas pernadas não deve comprometer o suprimento de oxigênio do nadador. O tempo que o nadador gasta submerso não é significativamente maior que o tempo necessário para fazer a aproximação da parede, virar e de-

pois retomar a posição hidrodinâmica do nado Crawl. É preciso ter em mente que esses atletas já estão acostumados a prender a respiração durante um período que é, no mínimo, igual ao tempo necessário para realizar de três a cinco golfinhadas depois da virada em uma prova de nado Borboleta. Portanto, não deve ser muito difícil treiná-los para que fiquem submersos durante essa quantidade de pernadas. A profundidade sugerida para as golfinhadas submersas é de 0,4 e 0,6 m (Lyttle et al. 1998).

Golfinhada com o corpo de lado

A pernada com o corpo de lado é uma inovação recente nas golfinhadas submersas. Foi sugerido que a pernada "de lado" é mais rápida que a pernada na posição de pronação por duas razões. Primeiro porque os vórtices produzidos pelo nadador para trás durante a execução da golfinhada se transformam em agentes propulsivos mais efetivos, pois não são interrompidos pelo deslocamento na superfície nem ricocheteiam no fundo da piscina. Segundo porque o nadador se depara com menor arrasto nos lados. Mas duvido que qualquer uma dessas vantagens realmente proporcione algum benefício em relação à golfinhada em posição de pronação.

Conforme explicado no Capítulo 1, não é possível afirmar que os nadadores realmente ganhem alguma propulsão com a criação e emissão de vórtices com as pernas. Certamente, alguma quantidade de água é acelerada para trás com a pernada, o que, por sua vez, acelera o nadador para frente. Ao mesmo tempo, a água atrás do nadador fica turbulenta quando ele executa as pernadas. Mas, isso não significa que o atleta esteja emitindo vórtices organizados para trás com intensidade suficiente para impelir seu corpo para frente. Mesmo que fosse o caso, provavelmente esses vórtices se dissipariam tão depressa que a maioria, senão a totalidade, do efeito se perderia quase imediatamente após a emissão dos vórtices. Em outras palavras, nenhum efeito propulsivo seria gerado imediatamente depois da emissão dos vórtices, e eles se dissipariam logo em seguida. Consequentemente, não faria diferença se a água turbilhonasse por uma distância maior sem chegar à superfície, ou ricocheteasse no fundo da piscina. A energia gerada pela água em movimento para trás já teria se dissipado e não estaria mais disponível para produzir uma força de reação que impeliria o nadador para frente.

Também duvido que ocorra redução do arrasto de forma quando o nadador está submerso em uma posição lateral. Quando está completamente submerso, a largura do corpo deve apresentar o mesmo perfil de arrasto, esteja o atleta de lado ou em posição de pronação. A largura do corpo seria a mesma, e a água poderia ser desviada sobre duas superfícies.

Tive o cuidado de testar nadadores e não observei diferenças em suas velocidades em um trajeto de 25 jd quando eles davam pernadas submersas em posição de pronação ou com o corpo de lado. As duas posições parecem ser igualmente efetivas. Um aspecto importante a ser lembrado é que os nadadores que utilizam pernadas com o corpo de lado devem voltar para a posição de pronação em algum momento e provavelmente irão desacelerar por curto período nessa transição. Mas isso não deve ocorrer com nadadores que realizam as pernadas em posição de pronação; por isso, faz mais sentido executá-las nessa posição.

Mecânica da golfinhada submersa

A mecânica da golfinhada submersa em posição de pronação pode ser observada na sequência de fotografias na Figura 5.18. A amplitude dessa pernada é menor, e as pernas se movimentam com mais rapidez do que quando o atleta faz o nado completo. Contudo, exceto por essa diferença, a mecânica é idêntica. A batida para baixo tem início quando as pernas ultrapassam o nível do corpo durante a batida para cima precedente. O movimento começa com uma ligeira flexão dos quadris, o que, por sua vez, dá início ao movimento das coxas para baixo e permite que a água auxilie na flexão das pernas e estenda os pés, em preparação para a extensão para baixo (dos joelhos) em forma de chicotada que ocorre logo a seguir. A batida para cima é executada com as pernas estendidas.

É muito importante que, durante as pernadas submersas, o nadador mantenha o tronco, a cabeça e os braços tão alinhados quanto possível. Os braços devem estar bastante juntos acima da cabeça, com uma das mãos sobre o dorso da outra, formando um "V", o que permite a separação gradual das correntes de água por sobre todas as quatro superfícies do corpo, quando a água passa pelo "V". A separação das correntes de água deve ter início na menor superfície possível das pontas dos dedos, avançando gradualmente para trás ao longo dos braços e do tronco. A cabeça deve estar "enterrada" entre os braços, sendo minimamente exposta acima ou abaixo dos braços.

Como no nado completo, é necessário que haja alguma ondulação para que os movimentos descendentes das pernas sejam transformados em propulsão frontal. Essa transformação é conseguida por meio de um mecanismo chamado *trepidação* (chime) *do corpo* (Boomer 1996). Mas, nesse caso, os braços, e não a cabeça, é que são utilizados como local de translação. O "chime", como seu nome já

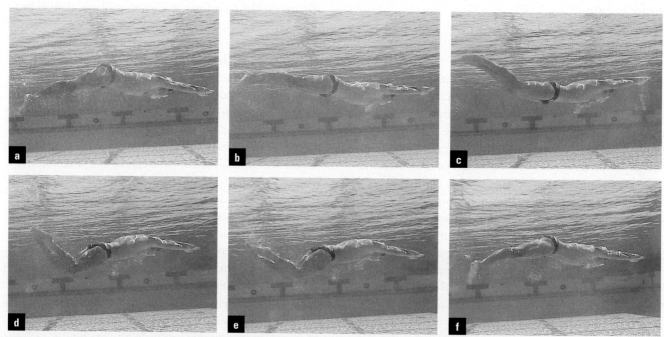

Figura 5.18 Sequência de fotografias mostrando a mecânica da golfinhada submersa. O nadador é Guillermo Diaz DeLeon da Arizona State University.

(a) Início da batida para cima.
(b) Continuação da batida para cima.
(c) Início da batida para baixo e da flexão dos quadris.
(d) Continuação da batida para baixo. Início da extensão das pernas.
(e) Continuação da extensão das pernas.
(f) Início da batida para cima seguinte.

implica, é uma série de pequenos movimentos alternados dos braços para cima e para baixo que acompanha as batidas para cima e para baixo da golfinhada. Esses movimentos dos braços são sincronizados com precisão em relação às pernadas, a fim de que o corpo mantenha seu deslocamento frontal. A seguir, é descrita a sequência dos movimentos dos braços.

A batida para baixo da pernada impelirá o tronco, a cabeça e os braços para frente e para baixo, pois isso eleva os quadris para cima e para frente. A gravidade fará com que os quadris se desloquem para baixo e para frente durante a batida para cima seguinte. O nadador deve levantar ligeiramente os braços e estendê-los para frente enquanto os quadris ultrapassam o pico de sua ondulação para cima (ver Fig. 5.18, a e b). Isso permitirá o subsequente movimento dos quadris e do tronco para baixo, de modo que o corpo seja impulsionado para frente. Então, o nadador empurrará ligeiramente para baixo com os braços, ao executar a batida para baixo, a fim de manter a parte superior do corpo se deslocando frontalmente (ver Fig. 5.18, d e e).

ERROS COMUNS DO NADO BORBOLETA

Os nadadores podem cometer muitos erros ao executar o nado Borboleta. Os erros mais comuns serão descritos nesta seção.

Erros de braçada

Nesta seção serão descritos os erros de braçada mais comuns, além de serem apresentadas sugestões para sua correção.

Erros na entrada e no deslize

Muitos nadadores não maximizam a propulsão das pernadas por causa do modo como realizam a entrada dos braços na água. A "trombada" das mãos e dos braços na água aumenta o arrasto. A tentativa de empurrar a água para trás imediatamente depois da entrada também aumenta o arrasto de empuxo e reduz a propulsão promovida pela batida para baixo da primeira golfinhada. O nadador deve fazer a entrada dos braços com suavidade, com as mãos voltadas para fora. Em seguida, deve esperar até que o corpo tenha sido impulsionado para frente com a batida para baixo da primeira pernada, antes de começar a pressionar para trás.

Erros na varredura para fora

Os erros mais comuns cometidos pelos nadadores durante essa fase da braçada são se esforçar demais no movimento dos braços para fora e direcionar os braços excessivamente para baixo e minimamente para fora.

A varredura para fora não é uma fase propulsiva. Assim, o nadador não deve impulsionar vigorosamente a água para fora com os braços, que devem na verdade ser deslizados para fora. Ao mesmo tempo, o nadador deve deslizá-los diretamente para fora até que as mãos e os braços estejam voltados para trás. Os braços não devem ser impulsionados para baixo, pois esse movimento forçará o corpo a se movimentar para cima e irá desacelerar a velocidade frontal ainda mais. Nadadores de Borboleta que procedem dessa forma estarão cometendo o erro de deixar os cotovelos cair. Certamente, o deslize dos braços para fora também introduz alguma força lateral indesejável. Mas essa força não diminuirá muito a velocidade do nadador. O efeito que o movimento lateral de um braço teria no alinhamento lateral será anulado, porque o outro braço aplicará ao mesmo tempo uma quantidade igual de força lateral na direção oposta. Por outro lado, quando o nadador impulsiona para baixo com os dois braços – não importa com que grau de suavidade –, irá duplicar a força que está desacelerando sua velocidade.

Outro erro que alguns nadadores cometem é manter os braços estendidos durante toda a varredura para fora. Isso prolonga o tempo necessário para que o atleta alcance a posição de agarre e incentiva a flexão excessiva dos braços durante a varredura para dentro subsequente.

Erros na varredura para dentro

O erro mais grave cometido pelos nadadores durante a varredura para dentro é empurrar as mãos e os braços para baixo e para dentro no momento de execução do agarre. Isso cria um caso clássico de cotovelos caídos, fazendo com que o nadador empurre a água para baixo, em vez de para trás, ao longo de toda a primeira parte da varredura para dentro. Isso simplesmente empurrará o corpo para cima e irá desacelerar a velocidade frontal, quando deveria estar acelerando para frente. Esse é um erro tão comum que até mesmo nadadores de Borboleta habilidosos chegam a cometê-lo. O atleta tenta executar o agarre utilizando um movimento de varredura para baixo similar ao da braçada do nado Crawl. Ele pensa que está empurrando com as mãos e os braços para trás e para dentro, quando, na realidade, está empurrando para baixo e para dentro, pois não conseguiu orientar adequadamente o braço para trás antes de iniciar a aplicação de força.

A fotografia na Figura 5.19 ilustra a posição das mãos e dos braços de um nadador imediatamente depois do agarre. Observe que as palmas das mãos e os antebraços estão voltados para baixo e não para trás. Como resultado, o atleta irá pressionar vigorosamente para baixo com

Figura 5.19 Posição das mãos e dos braços imediatamente depois do agarre. As palmas das mãos e os antebraços estão voltados para baixo, e não para trás, o que faz com que a velocidade do nadador diminua.

os braços, e isso impelirá o corpo para cima, desacelerando a velocidade frontal.

No momento do agarre, o nadador deve deslizar as mãos diretamente para fora até uma posição voltada para trás e, em seguida, iniciar a varredura para dentro pressionando para trás, e não para baixo. Aqueles que simplesmente não podem fazer a varredura para dentro sem empurrar as mãos e os braços para baixo devem considerar o uso de um dos métodos alternativos de varredura para dentro descritos anteriormente neste capítulo.

Um segundo erro cometido pelos nadadores é executar o agarre com os braços estendidos e, em seguida, flexioná-los durante a varredura para dentro. Isso faz com que os nadadores palmateiem as mãos quase diretamente para dentro na água, com um mínimo movimento das mãos e dos braços para trás. Como resultado, os nadadores aplicarão pouquíssima força propulsiva efetiva. A água apenas escorrerá para fora e para frente depois da passagem das mãos. Parte da água será deslocada para trás ao passar por baixo das palmas das mãos, o que irá impulsionar o corpo do nadador para frente. Mas a quantidade de propulsão frontal não será nem de longe tão grande quanto a que poderia ser obtida pela pressão da água para trás e para dentro com as mãos e os braços.

Os braços já devem estar flexionados ao ser executado o agarre e, durante a varredura para dentro, devem estar aduzidos para trás, na direção das costelas. Como discutido antes, isso aumentará a propulsão, por permitir a participação mais completa dos grandes músculos das costas nessa varredura.

Um outro erro bastante comum diz respeito à incapacidade de completar a varredura para dentro por baixo do corpo. Nadadores que cometem esse erro não aproximam as mãos até elas ficarem bem juntas por baixo do corpo, tampouco fazem a adução dos braços para trás aproximando-os das costelas.

Nadadores que executam as braçadas dessa maneira em geral tentam impulsionar as mãos e os braços quase diretamente para trás a partir do agarre. Eles combinam as varreduras para dentro e para cima em um movimento contínuo no qual devem acelerar a água para trás por uma longa distância. O problema desse estilo é que ele diminui a distância por braçada. A varredura para dentro é interrompida prematuramente, e a primeira metade da varredura para cima ocorre perto dos limites exteriores do corpo, e não abaixo da linha média, onde o movimento seria mais efetivo. É necessário enfatizar que diversos nadadores de Borboleta bem-sucedidos têm utilizado esse padrão de velocidade dos braços com um pico. Apesar disso, acredito que o potencial propulsivo desse padrão seja inferior ao do padrão com dois picos, devendo ser utilizado apenas se o nadador não puder dominar a técnica de realizar uma varredura para dentro mais longa.

Erros na varredura para cima

Os erros cometidos pelos nadadores de Borboleta durante essa fase das braçadas subaquáticas são parecidos com os erros mencionados nessa mesma fase da braçada do nado Crawl. O nadador pode estender o braço com demasiada rapidez e empurrar a água para cima, em vez de para trás. Também pode tentar empurrar a água para trás até que as mãos alcancem a superfície, o que também fará com que o nadador empurre água demais para cima. O efeito desses erros está ilustrado na Figura 5.20.

O nadador nessa figura estende os braços enquanto executa a varredura para cima. Se ele estender os braços

Figura 5.20 Posição das mãos e dos braços durante a varredura para cima. As palmas das mãos e os antebraços estão voltados para cima, não para trás, e isso faz com que a velocidade diminua.

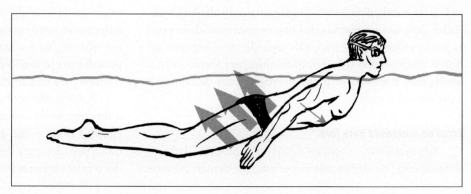

antes que as mãos atinjam a superfície, acabará empurrando para cima com a palma da mão e com a parte inferior dos antebraços na fase final dessa varredura. Isso forçará o corpo para baixo, além de desacelerar a velocidade frontal.

O nadador deve estender os cotovelos mínima e lentamente durante a varredura para cima e, em seguida, realizar a finalização e começar a recuperação dos braços (assim que as mãos tiverem ultrapassado as coxas). Ele não deve estender os braços com rapidez até que tenha executado a finalização e os braços estejam deixando a água na fase de recuperação.

Erros na recuperação

Os três erros mais comuns cometidos pelos nadadores ao executar a recuperação dos braços são recuperá-los com demasiada rapidez, recuperá-los com esforço excessivo e arrastá-los na água.

Já ficou estabelecido que arrastar os braços na água reduz consideravelmente a velocidade frontal. Os músculos dos ombros também precisam de algum tempo para relaxar durante a recuperação. Portanto, o nadador deve utilizar a mínima força necessária para suplantar a inércia dos braços para trás e para mantê-los se movimentando para frente. O atleta não deve impulsionar os braços para frente na água com grande esforço muscular.

A recuperação dos braços em uma posição alta acima da cabeça depende de uma flexibilidade dos ombros que está fora das possibilidades da maioria dos nadadores. Não é necessário nem aconselhável que o nadador recupere os braços dessa maneira. A única razão para uma recuperação alta seria evitar que os braços arrastassem pela água. Mas esse arrasto poderá ser evitado com uma recuperação lateral, desde que o nadador deixe o tronco e os ombros se elevarem para fora da água durante a varredura para cima e a recuperação.

Erros de pernada

A capacidade de extensão do tornozelo é um fator muito importante na golfinhada. O nadador deve ser capaz de estender os pés mais do que 70°, a contar da vertical. Os que não possuem tal habilidade precisarão aumentar a amplitude de movimento com exercícios especialmente planejados de flexibilidade do tornozelo.

Os desenhos na Figura 5.21 mostram a importância da boa extensão dos tornozelos durante a batida para baixo da golfinhada. A Figura 5.21a demonstra como a boa extensão do tornozelo permite que o nadador mantenha os pés orientados para trás em relação à água até uma fase bem avançada da batida para baixo. A Figura 5.21b, por sua vez, demonstra que, se há pouca habilidade de extensão dos tornozelos, os pés simplesmente empurram para baixo na água durante a maior parte da batida para baixo.

Outro erro frequente cometido pelos nadadores é executar a golfinhada com muita intensidade. Esse problema é particularmente comum durante a batida para baixo da segunda golfinhada. Ao completar as batidas para baixo da golfinhada, os pés devem estar apenas ligeiramente mais fundos do que o tronco. Pernadas executadas com profundidade maior do que essa só aumentarão os arrastos de forma e de empuxo, porque as pernas estarão bem abaixo do corpo dando assim pernadas para frente e para baixo durante a fase final da batida para baixo.

Outro erro também comum consiste em flexionar as pernas durante a batida para cima. Esse erro – talvez mais do que qualquer outro – reduz a propulsão obtida com as pernadas. A consequência desse erro é que o nadador irá empurrar a água para cima e para frente com as pernas, aumentando o arrasto de empuxo e desacelerando a velocidade frontal. Os nadadores não devem flexionar os joelhos até que tenha sido iniciada a batida para

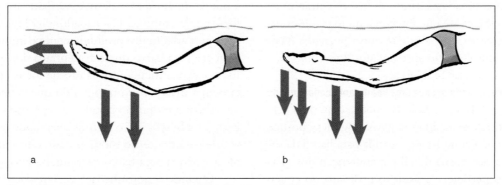

Figura 5.21 Exemplos dos efeitos da grande e da pequena habilidade de extensão dos tornozelos. O nadador em (a) possui habilidade acima da média para executar essa extensão e, portanto, é capaz de manter os pés orientados para trás em relação à água até um ponto bem adiantado na batida para baixo. Compare-o com o nadador em (b), que não tem grande capacidade de extensão dos tornozelos. Seus pés, assim como suas pernas, estão simplesmente impulsionando a água para baixo durante a parte final da batida para baixo.

baixo, ou seja, até que tenham começado a pressionar as coxas para baixo.

Erros de sincronização

Os erros comumente cometidos pelos nadadores no que se refere à sincronização são executar a pernada prematuramente durante a recuperação, deslizar por um espaço muito longo depois da entrada e realizar a pernada apenas uma vez durante cada ciclo de braçadas.

Execução da pernada prematuramente durante a recuperação Alguns nadadores terminam a batida para baixo da primeira golfinhada antes que as mãos tenham entrado na água. É comum que esses nadadores tenham dificuldade em recuperar os braços sem arrastá-los na água. Portanto, nesse ponto, tais atletas chutam para baixo na tentativa de compensar o arrasto de empuxo criado pela impulsão dos braços na água antes da entrada das mãos. Lamentavelmente, pernadas nesse momento apenas reduzirão a velocidade de desaceleração durante a recuperação dos braços. Os nadadores não estarão suficientemente acelerados para frente no momento da batida para baixo da primeira golfinhada.

O nadador deve tentar sincronizar a batida para baixo de tal modo que esse movimento ocorra exatamente no momento em que as mãos entram na água e deslizam para frente. Ao avançar para frente para fazer a entrada, o nadador deve tentar elevar mais a cabeça e o tronco para fora da água e flexionar os cotovelos. Com isso, diminuirá muito a probabilidade de os braços arrastarem na água antes da entrada das mãos.

Deslize por um trecho muito longo depois da entrada Esse erro é comum entre nadadores jovens, quando começam a aprender o nado Borboleta. Os nadadores estendem os braços para frente depois da entrada na água e dão duas pernadas para baixo antes de iniciar a varredura com os braços para fora. Os atletas devem ser instruídos a chutar para baixo apenas uma vez quando os braços entrarem na água e devem esperar até que estejam a meio caminho na braçada subaquática, antes de dar outra pernada. Mais adiante neste capítulo, serão apresentados dois bons exercícios para corrigir esse problema.

Execução da pernada apenas uma vez durante cada ciclo de braçadas Na realidade, no nado Borboleta com uma pernada os nadadores executam uma pernada e meia, porque começam, mas não completam, a batida para baixo da segunda pernada. Isso torna difícil a manutenção dos quadris perto da superfície, e a posição inclinada do corpo aumentará o arrasto de forma no final da braçada subaquática e na recuperação dos braços.

É difícil corrigir esse estilo de nado, porque a solução não é tão óbvia quanto parece. Dizer simplesmente

ao nadador para dar duas pernadas não remediará a situação. Nadadores de Borboleta que chutam apenas uma vez durante cada ciclo de braçadas costumam tentar executar o agarre com demasiada rapidez e, em seguida, empurram diretamente para trás, sem movimentar as mãos para dentro por baixo do corpo. Isso inicia uma cadeia de eventos que torna a braçada subaquática tão curta que o nadador não tem tempo suficiente para mobilizar as pernas para cima e, em seguida, dar uma segunda pernada para baixo antes que as mãos deixem a água. Como resultado, o nadador terá tempo apenas para executar uma batida para baixo parcial. Os nadadores de Borboleta que executam só uma pernada devem ser instruídos a exagerar as varreduras para fora e para dentro a fim de que haja tempo suficiente para que as pernas sejam levadas até a posição correta e seja completada a segunda batida para baixo da golfinhada, antes que as mãos deixem a água.

Erros na posição do corpo

Também é um problema se os nadadores de Borboleta ondularem muito ou pouco durante o ciclo de braçadas. A pouca ondulação reduz a velocidade frontal porque tanto a pernada como a onda corporal não são suficientemente propulsivas. O nadador poderá ondular menos se a varredura para fora for muito curta, porque isso inibe o movimento ascendente dos quadris na tentativa de executar o agarre com muita pressa, depois que os braços entraram na água.

A ondulação excessiva aumenta o arrasto resistivo, porque os nadadores tendem a dar uma pernada profunda demais atrás e a impulsionar a cabeça muito para o fundo na frente, se esforçando para que os quadris se elevem bastante acima da água. O efeito da ondulação excessiva está ilustrado na Figura 5.22.

A nadadora na Figura 5.22a executa as pernadas com profundidade suficiente para adquirir propulsão, mas não a ponto de aumentar desnecessariamente os arrastos de forma e de empuxo. Já a nadadora na Figura 5.22b realiza as pernadas muito profundamente e impulsiona demais a cabeça para baixo durante a entrada dos braços na água. Essas ações aumentam o arrasto de forma, porque a atleta ocupa mais espaço na água do que o necessário, além de reduzir a propulsão gerada pelas pernadas, porque a cabeça e os braços estão se movimentando para baixo, em vez de para frente, no momento em que a nadadora completa a batida para baixo da primeira pernada.

Quando a golfinhada é executada adequadamente, na batida para cima subsequente, os quadris devem ascender até um ponto imediatamente acima da superfície. As batidas para baixo e para cima da segunda pernada devem apenas anular as forças ascendentes oriundas da braçada,

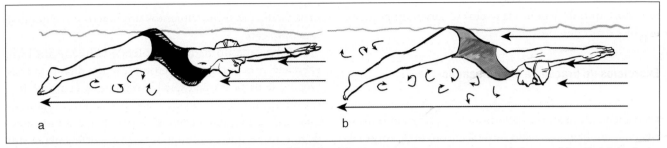

Figura 5.22 O erro de ondulação excessiva. A nadadora em (a) está ondulando corretamente, enquanto a nadadora em (b) está ondulando demais.

e os quadris devem permanecer estáveis nas proximidades da superfície, sem que ocorra ondulação ascendente ou descendente.

Erros na respiração

Alguns nadadores mantêm a cabeça e o tronco muito baixos na água ao respirar, enquanto outros os elevam demais para fora da água. Outro erro também comum é respirar cedo ou tarde demais durante o ciclo de braçadas.

Nadadores que ficam em uma posição muito baixa na água ao respirar invariavelmente arrastam os braços pela água durante a segunda metade da recuperação. Isso pode ser evitado elevando-se a cabeça e os ombros o suficiente para que permaneçam fora da água até imediatamente antes da entrada das mãos na água. No entanto, não é preciso elevar demais a cabeça e o tronco, apenas o necessário para evitar que os braços arrastem na água.

Em geral, nadadores que respiram cedo demais usam uma braçada deslizante. Eles deslizam depois que os braços entraram na água, para que possam respirar antes de iniciar a varredura para fora. Esses nadadores devem aprender a manter os braços se movimentando para frente e para fora depois da entrada e a manter o rosto na água até a metade da braçada.

Quando o nadador respira com atraso, acrescenta um *puxão* às braçadas. Ou seja, ele para para respirar antes de fazer com que os braços saiam da água. Há talvez três razões para esse procedimento. A primeira é porque o nadador mantém a cabeça para baixo tempo demais depois da entrada e não tira o rosto da água até uma fase avançada da braçada. Diante disso, o rosto do nadador não chega à superfície até que a varredura para cima tenha praticamente se completado e, portanto, o atleta precisa hesitar para inspirar o ar antes que possa dar início à recuperação dos braços. Esses nadadores devem ser orientados a manter o rosto acima da água durante a varredura para dentro, respirando durante a varredura para cima.

A segunda causa de respiração atrasada pode ser o fato de alguns nadadores empurrarem os braços excessivamente para cima durante a varredura para cima. A grande quantidade de força descendente criada torna necessário que o nadador dê a pernada com muita profundidade na segunda batida para baixo, para que o corpo não afunde. Como resultado, os quadris se elevam demais acima da superfície e o nadador precisa atrasar a inspiração e o início da recuperação dos braços até que os quadris tenham retornado a uma posição abaixo da superfície. Nadadores com esse problema devem ser ensinados a finalizar antes que as mãos tenham chegado à superfície, reduzindo com isso a necessidade percebida de dar a pernada para baixo com tanta intensidade na varredura para cima.

A terceira causa – e talvez a mais comum – para a ocorrência do "puxão" entre jovens nadadores de Borboleta é que alguns viram as palmas das mãos para baixo antes que as mãos tenham saído da água. Essa mudança de posição das mãos interrompe o movimento dos braços para fora da água, o que, por sua vez, atrasa a inspiração e o início da recuperação dos braços. Certos nadadores tentam equivocadamente lançar os braços para frente antes de deixar a água. Em vez de permitir que o movimento oscilante dos braços (para cima e para fora) supere a inércia dos braços para trás, interrompem o movimento das mãos para trás de maneira abrupta e começam a projetar os membros para frente enquanto os braços ainda estão submersos. É preciso orientar esses atletas a movimentar os braços para cima e para fora da água e também a deixar que as mãos abram caminho para os braços durante a recuperação para frente, acima da água. Esses nadadores também devem compreender que as mãos devem sair da água com as bordas e o dedo mínimo à frente; além disso, as palmas das mãos devem estar voltadas para trás durante a primeira metade da recuperação.

EXERCÍCIOS PARA O NADO BORBOLETA

O nado Borboleta é o que apresenta mais dificuldades ao treinador no momento de formular exercícios, por causa da grande dificuldade de praticar aspectos isolados e ainda preservar alguma semelhança com a técnica desse nado. Contudo, alguns exercícios se tornaram populares. Eles serão descritos nesta seção.

Exercícios de braçada e sincronização

São quatro os exercícios que recomendo para o aperfeiçoamento da braçada e da sincronização: (1) nado Borboleta com um braço, (2) nado Borboleta com onda corporal, (3) nado Borboleta com nadadeiras e (4) nado Borboleta com um ciclo de braçadas por vez e pausa entre cada ciclo.

Exercício de nado Borboleta com um braço

Esse exercício é excelente para a correção da braçada, porque o nadador pode se concentrar na movimentação de cada braço isoladamente. O nadador de Borboleta deve utilizar apenas um braço e executar as fases de varredura para fora, varredura para dentro, varredura para cima e recuperação lenta e deliberadamente. O nadador deve se concentrar na execução correta a cada fase. O outro braço pode ficar estendido acima da cabeça ou junto ao corpo. A extensão do outro braço à frente facilita a execução do exercício, mas inibe um pouco a ondulação. O nadador pode ondular de maneira mais natural mantendo o braço que não está sendo utilizado junto ao corpo, mas isso dificulta um pouco a respiração. Embora o nadador tenda naturalmente a rolar para os lados e respirar de lado ao executar esse exercício, o treinador não deve permitir que isso aconteça. O atleta deve ficar em posição de pronação e respirar para frente, exatamente como faria se estivesse realizando com a braçada completa.

Esse exercício pode ser executado com uma golfinhada ou com um flutuador entre as pernas. O flutuador permite que o nadador se concentre nos movimentos dos braços, mas também inibe a ondulação. O uso da golfinhada faz com que o exercício fique mais parecido com o nado Borboleta, mas, para os iniciantes, a pernada poderá atrapalhar a concentração nas braçadas.

Uma variação desse exercício funciona como uma forma de preparação para o nado completo. O atleta nada cada comprimento de piscina dando um número específico de braçadas com o braço direito (p. ex., três vezes em uma piscina de 25 m). Em seguida, executa um número igual de braçadas com o braço esquerdo. Finalmente, termina a piscina nadando com os dois braços.

Exercício de braçadas do nado Borboleta

A finalidade desse exercício é permitir que o nadador se concentre na braçada e na respiração enquanto realiza o nado Borboleta com braçadas completas e com um flutuador entre as pernas. O flutuador ajuda a manter a posição horizontal, possibilitando ao atleta praticar com mais facilidade os movimentos dos braços e a sequência de respiração.

A braçada no nado Borboleta é também um bom exercício para corrigir a sincronização das duas pernadas. Depois de praticar esse exercício durante um curto período, o nadador constatará que suas pernas fazem naturalmente duas pequenas impulsões para baixo a cada ciclo de braçadas e que essas impulsões estão corretamente sincronizadas com as braçadas. Os nadadores devem ser incentivados a deixar as pernas "ondularem" para cima e para baixo e também a permitir que o corpo ondule, embora estejam dando braçadas e devam estar atentos à sincronização entre a braçada e a batida das pernas para baixo. Quando essas "ondas" das pernas começarem a parecer naturais, os nadadores poderão remover o flutuador, acentuando então as pernadas para baixo, de modo a conseguir uma sintonia fina da sincronização do nado Borboleta.

Exercício de nado com nadadeiras

A natação com nadadeiras facilita o bom alinhamento horizontal no nado Borboleta ao se praticarem as braçadas, a sequência de respiração e a sincronização entre braços e pernas. As nadadeiras proporcionam sustentação adicional, possibilitando aos iniciantes nadar por distâncias suficientemente longas para a prática de todos esses aspectos.

Exercício de uma braçada com parada

Esse exercício é muito bom para a prática da braçada completa do nado Borboleta. O nadador começa imóvel na água, em uma posição flutuante e com o corpo em pronação. Em seguida, completa um ciclo exagerado de braçadas do nado Borboleta antes de ficar em pé. O atleta deve avançar ao longo da piscina alternando entre se colocar na posição flutuante em pronação, executar um ciclo de braçadas, ficar em pé e, depois, assumir novamente a posição flutuante em pronação, executar um ciclo de bracadas, ficar em pé e assim por diante.

Exercícios de pernada

Há várias maneiras que podem ser utilizadas pelos nadadores para fortalecer e aperfeiçoar as técnicas de pernada. Nas seções seguintes, serão descritos seis exercícios.

Exercício de pernadas com prancha

Esse exercício é bom para a prática da batida para baixo da segunda pernada e para o condicionamento das pernas. Mas ele não proporciona suficiente ondulação do corpo para simular a batida para baixo da primeira pernada porque as mãos e o tronco ficam elevados devido ao uso da prancha e, nessa posição relativamente plana, o nadador não é capaz de ondular bastante.

Exercício de pernadas submersas

Esse é um bom exercício para a correção da primeira pernada. O nadador imita os golfinhos executando pernadas submersas com as mãos ao lado do corpo. O atleta pode dar pernadas em tiros de 25 jd/m por baixo da água, ou, se preferir repetições mais longas de pernadas, pode executar pernadas submersas três ou quatro vezes, voltar à superfície para respirar e, em seguida, mergulhar e dar mais três ou quatro pernadas. Esse ciclo deve ser repetido até que o atleta tenha percorrido a distância desejada.

Exercício de pernadas na superfície

Esse exercício é executado sem a ajuda da prancha. Trata-se de outro bom exercício para a correção da primeira pernada, porque o nadador pode ondular mais quando não está segurando uma prancha à sua frente. O nadador dá pernadas ao longo da piscina com os braços estendidos acima da cabeça e respira a cada três, seis ou oito pernadas.

Exercício de pernadas de costas

De costas, o nadador executa golfinhadas ao longo de uma curta distância escolhida mantendo os braços estendidos acima da cabeça. É um bom exercício para aprender a abrir e fechar as pernas durante a golfinhada, para que o nadador possa posicionar as pernas e os pés com o objetivo de obter força propulsiva com mais eficiência.

Exercício de pernadas laterais

O nadador executa pernadas ao longo da piscina com o corpo de lado e as mãos nas coxas. Ele pode fazer repetições ao longo de qualquer distância desejada. As pernadas podem ser executadas alterando-se o lado a cada comprimento de piscina ou depois da execução de um determinado número de pernadas em um dos lados (p. ex., cinco pernadas antes de mudar de lado). É um bom exercício para orientar o nadador a executar corretamente a batida para cima, porque o atleta poderá perceber as ondulações das pernas e se concentrar na execução da batida para cima com as pernas estendidas. Com esse exercício, o atleta também poderá treinar a sequência correta para abaixar e levantar a cabeça; para tanto, o treinador deve orientá-lo a olhar para frente todas as vezes que executar a pernada para baixo. Uma variação desse exercício consiste em executar a pernada com as mãos acima da cabeça, mas isso dependerá de uma flexibilidade ligeiramente maior na região lombar.

Exercício de pernadas "três para baixo, duas para cima"

Esse exercício é excelente para a simulação da primeira golfinhada do ciclo do nado Borboleta, além de ser um bom método para aumentar a capacidade aeróbica e de retenção da respiração, porque os atletas podem nadar longas distâncias sem perder o ritmo. O nadador deve completar uma série de repetições, alternando três golfinhadas submersas com dois ciclos de braçadas do nado Borboleta na superfície a cada percurso na piscina. Ele deve tentar executar as pernadas submersas utilizando a cada pernada um forte impulso das pernas e a ondulação corporal adequada (cabeça abaixo dos quadris na batida de pernas para baixo). O nadador deve utilizar as duas braçadas superficiais basicamente para prender a respiração. Os atletas que realizam esse exercício descobrem que podem executar o nado Borboleta por longas séries de repetições e longas distâncias contínuas em um tempo muito curto; isso deve ajudá-los a melhorar a resistência para provas desse nado.

Capítulo 6

Nado de Costas

Novo nesta edição:

- Descrição da braçada com base na propulsão dominada pelo arrasto.
- Discussão da golfinhada submersa utilizada por nadadores de Costas.

O Crawl de costas, ou simplesmente nado de Costas, evoluiu do nado de Peito invertido (i. e., o nado de Peito nadado de costas). Com o passar do tempo, os competidores constataram que poderiam nadar com maior rapidez e sem fugir às regras de recuperação do braço alternadamente acima da água. Mais tarde, o moderno nado de Costas se estabeleceu quando se percebeu que a pernada de adejamento era mais rápida que a pernada em cunha.

De 1930 a 1960, os nadadores de Costas utilizavam um estilo que foi popularizado pelo grande campeão Adolph Kiefer. Durante as braçadas subaquáticas, os nadadores impulsionavam os braços para os lados, imediatamente abaixo da superfície, mantendo-os estendidos; além disso, recuperavam-nos acima da água com lenta oscilação lateral. Esse nado passou no entanto por drásticas mudanças nos anos 1960. Com o crescente uso dos vídeos subaquáticos, os especialistas perceberam que, no nado de Costas, os nadadores mais bem-sucedidos na época utilizavam um sistema de tração em forma de "S". Os braços eram flexionados prematuramente na braçada e estendidos mais tardiamente. Somado a isso, os nadadores recuperavam os braços estendidos acima da cabeça, em vez de para os lados.

Hoje em dia, a mecânica do nado de Costas é muito parecida com a do nado Crawl, exceto pelo fato de que a braçada do nado de Costas é realizada em posição supina. Como ocorre no nado Crawl, os nadadores dão braçadas alternadas, e a grande maioria completa seis pernadas por ciclo de braçadas.

Na última década, outras mudanças ocorreram no nado de Costas. Um grande número de nadadores de classe mundial bem-sucedidos vem utizando uma braçada subaquática com três, e não duas, fases propulsivas. Também houve um aumento considerável no número de nadadores de Costas que executam golfinhadas submersas durante grandes trechos das provas. Hoje em dia, as regras permitem que o nadador execute golfinhadas submersas por 15 m depois da saída e depois de cada virada. Embora até agora não haja estudos comparativos que testemunhem em favor desse tipo de pernada, é evidente que muitos nadadores de Costas podem se deslocar com maior rapidez dando pernadas submersas em comparação com seu desempenho ao nadar na superfície.

As técnicas para o nado de Costas são apresentadas em uma ordem semelhante à utilizada para os nados Crawl e Borboleta. Primeiramente, serão descritos o nado e seus padrões de velocidade típicos. Em seguida, serão explicadas a braçada, a pernada, a sincronização entre braços e pernas e a posição do corpo na água. Devido ao seu uso cada vez mais difundido, desde a edição anterior resolvi acrescentar uma seção sobre a golfinhada submersa. Nas seções finais serão abordados os erros comuns nesse nado apresentando alguns exercícios de aperfeiçoamento.

PADRÕES DE BRAÇADA E VELOCIDADE

Tradicionalmente, os profissionais da Natação acreditam que praticantes do nado de Costas usam um padrão propulsivo de dois picos na braçada, no qual o primeiro pico propulsivo acontece quando o nadador movimenta o braço para cima na direção da superfície até a metade da braçada, e o segundo ocorre quando ele estende o braço para o lado, para terminar a braçada subaquática. Mas, conforme revelaram medidas da velocidade frontal, nas últimas duas décadas, muitos nadadores de Costas bem-sucedidos têm criado três picos propulsivos, sendo que o terceiro pico acontece quando o atleta mobiliza o braço em direção à superfície, em uma fase que antes era considerada parte da recuperação do braço. Assim, a atual safra de nadadores de Costas de classe mundial parece se enquadrar em duas categorias: os que usam um padrão de velocidade de dois picos e os que geram três picos propulsivos a cada braçada subaquática.

Acredito que o padrão de três picos tem o potencial de ser o mais propulsivo dos dois métodos. Mais adiante neste capítulo, explicarei minhas razões para essa suposição. Primeiramente, porém, comecemos com os padrões de braçadas.

Padrões de braçadas

Os padrões de braçadas da Figura 6.1 representam o padrão propulsivo tradicional de dois picos; e os da Figura 6.2 representam o padrão propulsivo de três picos.

Padrão de braçada de dois picos

Os padrões de braçadas, vistos de lado, de frente e por baixo, na Figura 6.1 ilustram o modo como os nadadores de Costas que utilizam a técnica de dois picos movimentam as mãos pela água. Esses padrões foram desenhados em

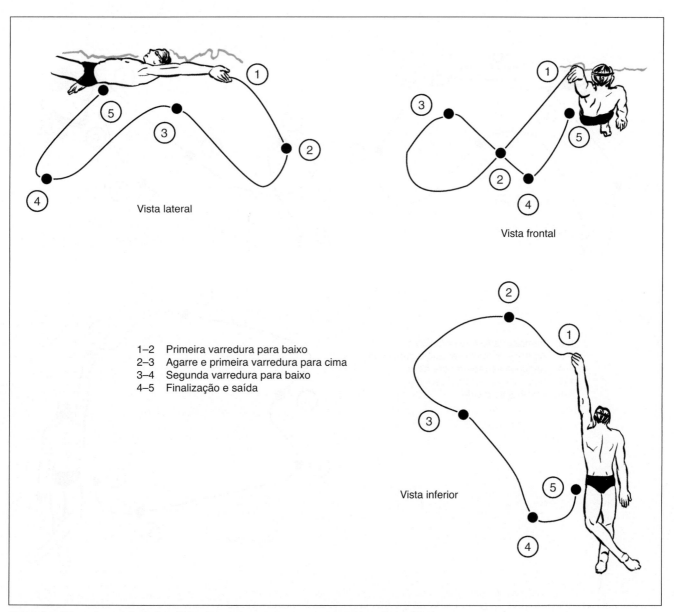

Figura 6.1 Vistas lateral, frontal e inferior dos padrões de braçada de uma braçada de dois picos.

relação a um ponto fixo, de modo a representar as reais direções das mãos durante as braçadas subaquáticas.

Cada braçada subaquática é constituída de cinco partes: a primeira varredura para baixo, o agarre, a primeira varredura para cima, a segunda varredura para baixo e a finalização e saída. Duas dessas fases são propulsivas: a primeira varredura para cima e a segunda varredura para baixo.

Na Figura 6.1, a primeira varredura para baixo ocorre entre os pontos 1 e 2. Depois da entrada na água, a mão se desloca para frente, para baixo e para fora até alcançar a posição de agarre, que ocorre no ponto 2. A primeira varredura para cima – a primeira fase propulsiva da braçada – se completa entre os pontos 2 e 3. O nadador movimenta a mão para cima, para trás e para dentro, até aproximá-la da superfície e em oposição às costelas. A segunda varredura para baixo – a segunda fase propulsiva da braçada – ocorre entre os pontos 3 e 4. O nadador movimenta o braço para baixo, para dentro e para trás, até estendê-lo completamente e posicioná-lo imediatamente abaixo da coxa. A partir dessa posição, o atleta faz a finalização no ponto 4 e recupera o braço para cima e para frente, até tirá-lo da água, e então para trás, por sobre a cabeça, para a próxima braçada. O braço do nadador sai da água no ponto 5.

Padrão de braçada de três picos

Esse padrão está ilustrado em vistas lateral, frontal e inferior na Figura 6.2, que, como a Figura 6.1, foi desenhada em relação a um ponto fixo na piscina. Nadadores

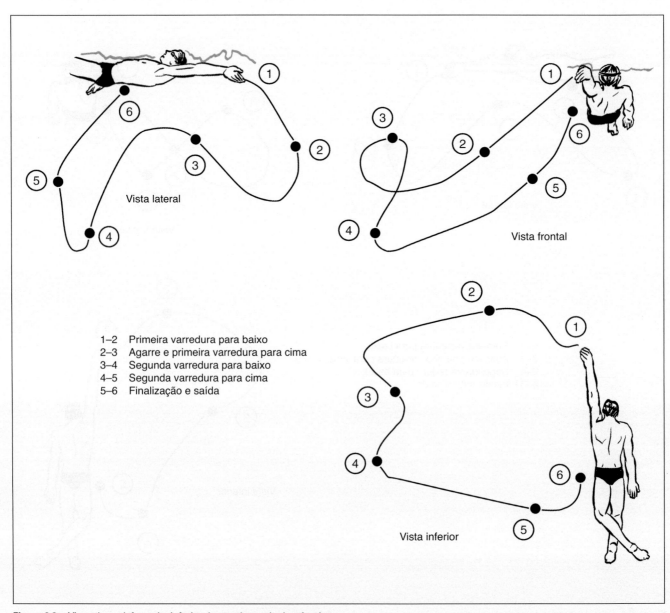

Figura 6.2 Vistas lateral, frontal e inferior de uma braçada de três picos.

que utilizam esse estilo executam seis, e não cinco, fases em suas braçadas subaquáticas, sendo que três delas são propulsivas. Essas seis fases são: a primeira varredura para baixo, o agarre, a primeira varredura para cima, a segunda varredura para baixo, *a segunda varredura para cima* e a finalização e saída.

Na Figura 6.2, a primeira varredura para baixo ocorre entre os pontos 1 e 2; e o agarre, no ponto 2. O braço do nadador se desloca em uma direção bastante parecida com a descrita para o estilo de dois picos, movimentando-se para frente, para baixo e para fora. A primeira varredura para cima – a primeira fase propulsiva da braçada – acontece entre os pontos 2 e 3. O movimento do braço é para cima e para trás, terminando quando a mão do nadador se aproxima da superfície e se encontra em oposição aos ombros. Em comparação com o padrão de dois picos, a segunda varredura para cima é muito mais curta no padrão de três picos.

A próxima fase propulsiva, a segunda varredura para baixo, se dá entre os pontos 3 e 4. O nadador movimenta a mão para trás e para baixo até que o braço esteja completamente estendido bem abaixo da coxa, afastando-se dela (para fora) muito mais do que no estilo de dois picos. A terceira fase propulsiva – a segunda varredura para cima – ocorre entre os pontos 4 e 5. O nadador movimenta a mão para cima, para trás e para dentro até a coxa, empurrando a água para trás com a palma da mão e a parte inferior do antebraço. A finalização é feita no ponto 5, e o braço do nadador deixa a água no ponto 6.

Dois elementos dos padrões de braçada da Figura 6.2 podem surpreender. O primeiro diz respeito à profundidade da mão durante a segunda varredura para baixo. Instrutores do tradicional nado de Costas com o braço flexionado acreditam que, durante essa fase, os nadadores devem impulsionar a mão para trás e para dentro na direção da coxa. Mas observações pessoais e padrões de braçada desenhados com base em vídeos de nadadores de classe mundial demonstram que os nadadores de Costas que utilizam três picos propulsivos movimentam a mão bem para o fundo, abaixo da coxa, durante essa fase das braçadas subaquáticas (Luedtke 1986).

O segundo elemento que pode ser surpreendente é a segunda varredura para cima ser um movimento propulsivo porque, conforme mencionado antes, essa varredura tem sido tradicionalmente considerada a primeira parte da recuperação do braço. Mas, de acordo com cálculos da força propulsiva de membros da equipe olímpica de Natação dos EUA em 1984 e padrões de velocidade do centro de massa de diversos nadadores de classe mundial em atividade, muitos nadadores de Costas realmente ganham propulsão com esse movimento (Luedtke 1986; Maglischo et al. 1987; Maglischo, Maglischo e Santos 1987).

Gráficos de velocidade frontal e de velocidade das mãos

Os gráficos nas Figuras 6.3 e 6.4 ilustram padrões de velocidade frontal e de velocidade das mãos de nadadores de Costas de classe mundial que utilizam as técnicas de dois e três picos. A primeira figura mostra um típico padrão de velocidade frontal de dois picos da nadadora Theresa Andrews, membro da equipe olímpica de Natação dos EUA em 1984. Na figura é apresentada apenas a braçada direita. Os picos propulsivos ocorrem durante a primeira varredura para cima e a segunda varredura para baixo. Não existe uma segunda varredura para cima. Theresa simplesmente para de empurrar a água para trás ao final da segunda varredura para baixo e movimenta o braço para cima, para fora da água, a caminho da recuperação.

Ao que parece, existem três padrões propulsivos no estilo de dois picos. Para alguns nadadores, a fase mais propulsiva é a primeira varredura para cima da braçada subaquática, enquanto para outros é a segunda varredura para baixo. Outros nadadores aceleram para frente com intensidade quase idêntica durante as duas varreduras.

O gráfico de velocidade frontal ilustrado na Figura 6.4 é de Martin Lopez-Zubero, especialista no nado de Costas, ex-recordista mundial nos 200 m nado de Costas nas eliminatórias dos Jogos Olímpicos de 1992. Lopez-Zubero realiza três picos propulsivos durante cada braçada. O primeiro pico ocorre durante a primeira varredura para cima; e o segundo na segunda varredura para baixo. Em seguida, o nadador gera um terceiro pico propulsivo durante a segunda varredura para cima (indicado na figura pela área levemente sombreada à direita). Esse atleta mantém um nível razoavelmente alto de velocidade frontal na segunda varredura para cima da braçada direita e de fato consegue obter um pico propulsivo na velocidade frontal durante a segunda varredura para cima da braçada esquerda.

O que estou tentando mostrar com esse gráfico é que a segunda varredura para cima pode ser utilizada para acelerar o corpo para frente. Todos os nadadores seriam beneficiados se usassem esse movimento para obter propulsão. Acredito que esse seja possivelmente o modo mais efetivo de nadar o Costas. Observações feitas a partir de vídeos submersos indicam que um número cada vez maior de nadadores de classe mundial tem utilizado a braçada propulsiva de três picos. Isso é surpreendente porque quase todos devem ter aprendido o estilo de dois picos. O fato de muitos atletas adotarem o estilo de três picos sem que, na maioria dos casos, sequer tenham percebido tal ocorrência serve para apoiar ainda mais a suposição de que essa técnica pode ser um modo melhor de nadar o Costas. No entanto, para ser imparcial, é preciso dizer que

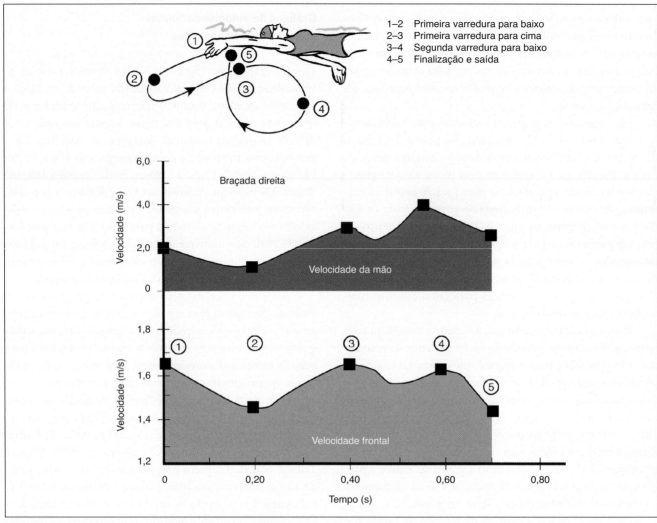

Figura 6.3 Gráficos de velocidade frontal e de velocidade das mãos de Theresa Andrews, membro da equipe olímpica de Natação dos EUA em 1984. Theresa usa um estilo propulsivo de dois picos. (Adaptado de Luedtke 1986.)

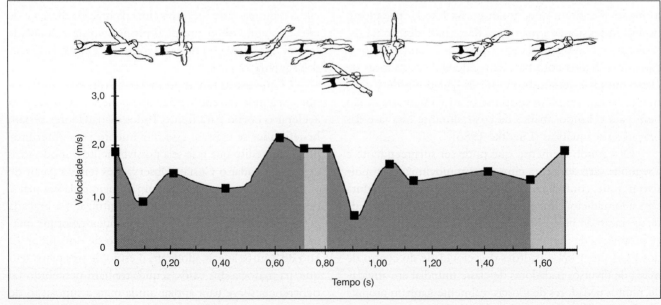

Figura 6.4 Gráfico de velocidade frontal de Martin Lopez-Zubero, nadador de Costas, ex-recordista mundial nos 200 m nado de Costas. (Adaptado de Cappaert 1993.)

muitos nadadores de Costas habilidosos ainda utilizam o padrão de velocidade de dois picos.

Os gráficos na Figura 6.5 ilustram o que, segundo minha suposição, constitui os padrões ideais de velocidade frontal e de velocidade das mãos para o nado de Costas. Esses gráficos mostram um estilo propulsivo de três picos. Esses padrões são uma composição das melhores fases das braçadas de diversos nadadores de Costas de classe mundial.

Gráfico de velocidade frontal

Na Figura 6.5, o gráfico de velocidade frontal do centro de massa começa no ponto zero do eixo de tempo, imediatamente depois que a mão direita entrou na água e o nadador relaxou a pressão com a mão esquerda. Observe que a velocidade frontal desacelera 0,10 m/s durante a primeira varredura para baixo da braçada direita, enquanto o braço está se movimentando para baixo, em direção à posição de agarre. Tão logo o nadador tenha executado o agarre, a velocidade frontal acelera e continua acelerando ao longo da primeira varredura para cima. Há uma ligeira perda de velocidade durante a transição entre a primeira varredura para cima e a segunda varredura para baixo, seguida por outra aceleração da velocidade frontal nessa segunda varredura. Então, o nadador desacelera durante um breve momento na transição entre a segunda varredura para baixo e a segunda varredura para cima, e depois sua velocidade frontal volta a acelerar nessa última varredura. O atleta para de impulsionar a água para trás com a mão direita ao final da segunda varredura para cima, e sua velocidade frontal desacelera enquanto a mão se movimenta para cima e para fora da água.

Nesse meio-tempo, o braço esquerdo entrou na água e deslizou para frente, para baixo e para fora, até a posição de agarre. O nadador executa o agarre com o braço esquerdo logo depois de o braço direito ter deixado a água. Depois disso, as acelerações e desacelerações na velocidade frontal acompanham, para o braço esquerdo, o mesmo padrão para as três varreduras propulsivas já descritas para a braçada direita. Observe, porém, que os picos de velocidade tendem a ser um pouco mais baixos e mais curtos e que os "vales" são ligeiramente mais profundos e longos para a braçada esquerda. Essas diferenças entre as braçadas dominante (direita) e não dominante (esquerda) são típicas para a maioria dos nadadores de Costas, exatamente como acontece no nado Crawl. (As possíveis razões para as diferenças de velocidade entre o braço dominante e o não dominante foram discutidas no Capítulo 3.)

Gráfico de velocidade das mãos

O gráfico de cima na Figura 6.5 representa um padrão ideal de velocidade das mãos para um ciclo de braçadas (duas braçadas). Como ocorre nos demais nados, os picos e vales das velocidades das mãos tendem a se refletir nos picos de velocidade frontal.

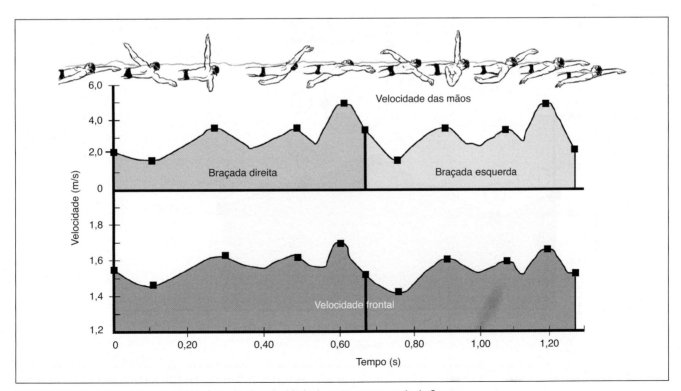

Figura 6.5 Padrões ideais de velocidade frontal e de velocidade das mãos para o nado de Costas.

A mão direita entra na água se deslocando com razoável rapidez, aproximadamente 2 m/s. Depois da entrada, desacelera até passar a se deslocar aproximadamente na mesma velocidade do corpo, ao ser executado o agarre. Isso indica que, nesse ponto, a mão do nadador está simplesmente sendo "empurrada" para frente pelo corpo. Tão logo o agarre tenha sido executado, a mão acelera e desacelera em um padrão de três picos, no qual cada pico corresponde a uma das três varreduras propulsivas da braçada subaquática.

A mão direita acelera até alcançar aproximadamente a mesma velocidade (cerca de 4 m/s) na primeira varredura para cima e na segunda varredura para baixo. Contudo, ela acelera ainda mais durante a segunda varredura para cima, atingindo uma velocidade de aproximadamente 5 m/s nessa fase. A velocidade da mão desacelera então quando o nadador realiza a finalização e continua desacelerando ao longo de toda a fase de recuperação, até que o braço direito chegue à posição de agarre para a próxima braçada.

Nesse meio-tempo, a mão esquerda do nadador entrou na água, enquanto a mão direita completava a segunda varredura para baixo. Depois da entrada na água, o nadador desliza a mão esquerda para frente, até que tenha sido completada a fase propulsiva da braçada direita. A velocidade da mão esquerda continua a desacelerar durante esse período. Mas, tão logo pare de empurrar a água para trás com a mão direita, o atleta irá movimentar a mão esquerda para baixo e para fora, até a posição de agarre. Também nesse caso, ao ser executado o agarre, a mão continua desacelerando até quase parar o movimento. Depois disso, a velocidade da mão esquerda acelera e desacelera em um padrão de três picos, correspondente às três varreduras propulsivas da braçada.

Padrão de velocidade de um pico

Outro padrão de velocidade que tem sido utilizado por alguns nadadores de Costas de classe mundial está ilustrado na Figura 6.6. A nadadora é Tori Trees, membro da equipe olímpica de Natação dos EUA em 1984. Sua velocidade frontal está ilustrada apenas para a braçada subaquática direita. O padrão de velocidade tem início quando a mão direita da nadadora entra na água, terminando quando a mão deixa a água.

Tori tem um grande pico propulsivo na última parte da primeira varredura para cima e na primeira parte da segunda varredura para baixo. Não há uma segunda fase de varredura para cima. A nadadora passa da segunda varredura para baixo imediatamente para a fase de finalização e saída. As mãos da nadadora realmente se movimentam um pouco para cima e para baixo no típico

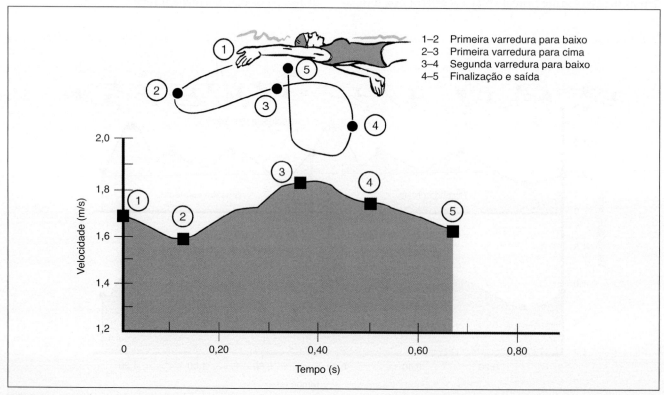

Figura 6.6 Padrão de velocidade de um pico para Tori Trees, membro da equipe olímpica de Natação dos EUA em 1984. (Adaptado de Luedtke 1986.)

padrão em "S", mas nadadores que utilizam esse estilo tendem a minimizar os movimentos nessas direções, impulsionando a mão para trás por uma extensão muito maior. Essencialmente, durante o agarre, os nadadores que usam o padrão de um pico agarram uma grande quantidade de água e, em seguida, arremessam a água para trás, na direção dos pés.

Embora muitos nadadores tenham chegado a um nível mundial com esse padrão, acredito que esse método seja infinitamente inferior aos padrões de três e dois picos descritos anteriormente. Nadadores que utilizam padrões de velocidade de três e de dois picos podem acelerar mais água para trás por distâncias maiores com menos esforço, fazendo mudanças significativas na direção das mãos duas ou três vezes durante cada braçada subaquática. Assim, esses atletas devem ser mais eficientes do que nadadores que fazem essas mudanças apenas uma vez a cada braçada.

Na seção a seguir, será descrita a braçada para o estilo propulsivo de três picos, pois acredito que seja o melhor método para o nado de Costas. Em seguida, serão discutidas as diferenças entre essa braçada e a de nadadores que utilizam o estilo de dois picos.

BRAÇADA DE TRÊS PICOS

Apenas para descrição, a braçada do nado de Costas foi dividida em oito fases: (1) entrada e deslize, (2) primeira varredura para baixo, (3) agarre, (4) primeira varredura para cima, (5) segunda varredura para baixo, (6) segunda varredura para cima, (7) finalização e saída e (8) recuperação. A sequência de fotografias submersas na Figura 6.7 ilustra essa braçada em vista frontal e na Figura 6.8 em vista lateral, proporcionando ao leitor uma perspectiva adicional. O nadador nessas figuras utiliza um estilo propulsivo de três picos.

Entrada e deslize

Essa parte da braçada subaquática é mostrada para o braço esquerdo na Figura 6.7, a e b, e para o braço direito na Figura 6.7, f a i. Um dos braços deve fazer a entrada na água quando o outro estiver completando a segunda varredura para baixo. A entrada deve ser feita com o braço completamente estendido e diretamente à frente do ombro. A palma da mão deve estar voltada para fora, de modo que possa deslizar para dentro da água com a borda primeiro.

A possibilidade de se criar um arrasto de empuxo excessivo é grande durante a entrada do braço; por isso, os nadadores devem se concentrar em evitar tal problema. Como o braço é recuperado acima da água e estendido, ele entrará na água primeiro, seguido pelo antebraço e, finalmente, pela mão. Ao fazer a entrada, todas essas partes empurrarão a água para frente. Por causa disso, a entrada deve ser executada com a maior suavidade possível, sem qualquer esforço para impulsionar o braço para frente com mais rapidez do que já está ocorrendo.

Depois da entrada, o braço deve ser alinhado; para tanto, o nadador deve deslizá-lo para frente enquanto completa a segunda varredura para cima com o outro braço. Esse deslize será muito breve, em comparação com o deslize utilizado no nado Crawl. O braço ficará para frente apenas por uma curta distância, antes de dar início à varredura para baixo.

A mão entrará na água se deslocando com bastante rapidez, mas sua velocidade deve diminuir até que ela simplesmente esteja sendo arrastada para frente pelo corpo durante o deslize, que é muito curto e demora não mais que alguns centésimos de segundo. Tão logo tenha sido completada a fase propulsiva da outra braçada, o nadador deverá começar a primeira varredura para baixo com o braço que acabou de entrar na água, assim que a fase propulsiva da braçada subaquática tiver terminado.

Primeira varredura para baixo

A primeira varredura para baixo para o braço esquerdo está ilustrada na Figura 6.7c e para o braço direito na Figura 6.7j. Ela deve ter início assim que o nadador parar de impulsionar a água para trás com o outro braço e continua até que seja alcançada a posição de agarre. O braço deve ser movimentado para frente, para baixo e para fora até que esteja voltado para trás contra a água. O atleta deve flexionar o cotovelo durante esse movimento, de modo a fazer com que o braço fique voltado para trás o mais rápido possível. A palma da mão, que deveria estar voltada para fora no momento da entrada da mão na água, agora deve ser girada lentamente até que esteja orientada para baixo e para trás para o agarre. O cotovelo também deve ser flexionado gradualmente durante a primeira varredura para baixo, a fim de que fique orientado para trás um pouco mais cedo nessa varredura.

A primeira varredura para baixo não é propulsiva. Sua principal finalidade é fazer com que o braço fique em posição para a aplicação de força propulsiva. Além disso, também pode desempenhar um papel na sustentação da cabeça e dos ombros enquanto o outro braço está fazendo a recuperação acima da água. Nenhuma dessas finalidades, porém, exige grande dispêndio de energia. Consequentemente, o atleta deve perceber a primeira varredura para baixo como um movimento suave de alongamento do braço para frente, para baixo e para fora, até que seja alcançada a posição de agarre. A velocidade do

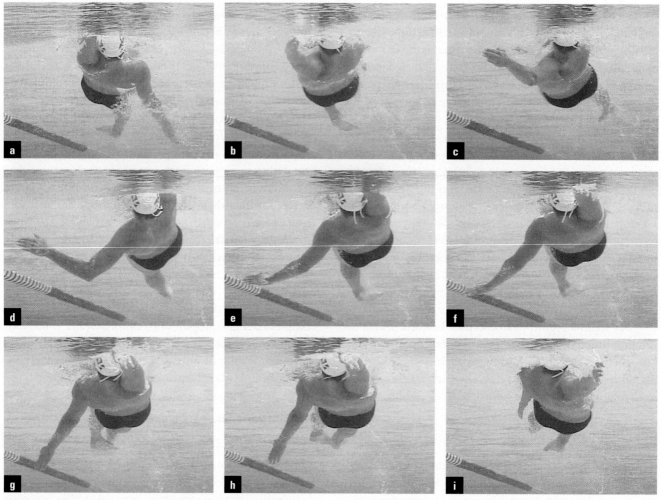

Figura 6.7 Vista frontal submersa do nado de Costas. O nadador é Pablo Abal, campeão all-American da NCAA, da Arizona State University, e membro da equipe olímpica de Natação da Argentina em 2000.

(a) Entrada do braço esquerdo. Segunda varredura para cima com o braço direito.
(b) Saída do braço direito. Deslize para frente com o braço esquerdo.
(c) Primeira varredura para baixo com o braço esquerdo. Recuperação com o braço direito.
(d) Primeira varredura para cima com o braço esquerdo. Continuação da recuperação com o braço direito.
(e) Segunda varredura para baixo com o braço esquerdo. Continuação da recuperação com o braço direito.
(f) Transição entre a segunda varredura para baixo e a segunda varredura para cima com o braço esquerdo. Entrada do braço direito.
(g) Início da segunda varredura para cima com o braço esquerdo. Deslize com o braço direito.
(h) Continuação da segunda varredura para cima com o braço esquerdo. Deslize com o braço direito.
(i) Saída do braço esquerdo. Deslize para frente com o braço direito.

braço aumentará ligeiramente ao ter início essa varredura, mas irá desacelerar por ocasião do agarre, até que, de novo, a mão esteja apenas sendo arrastada para frente pelo corpo.

O uso de uma varredura para baixo profunda foi muito popular nos anos 1970 e 1980. Contudo, esse método já não é mais tão popular. Hoje em dia, a maioria dos nadadores movimenta o braço para baixo apenas moderadamente, entre 50 e 60 cm. Ao mesmo tempo, eles deslizam o braço para fora por cerca de 65 a 75 cm, de modo a executar o agarre e a primeira varredura para cima mais cedo e de maneira mais efetiva.

Agarre

O agarre ocorre quando o braço se deslocou para baixo e para fora até uma posição em que fique voltado para trás, contra a água. Em geral, no momento do agarre, a mão está a uma profundidade de 45 a 60 cm e com um afastamento em relação ao ombro de aproximadamente 60 cm (Schleihauf et al. 1988). O braço estará flexionado em cerca de 90° no momento do agarre, e a mão deve estar alinhada com o antebraço, sem que haja flexão ou extensão do punho. Uma técnica educativa comum consiste em associar a posição do braço às horas de um

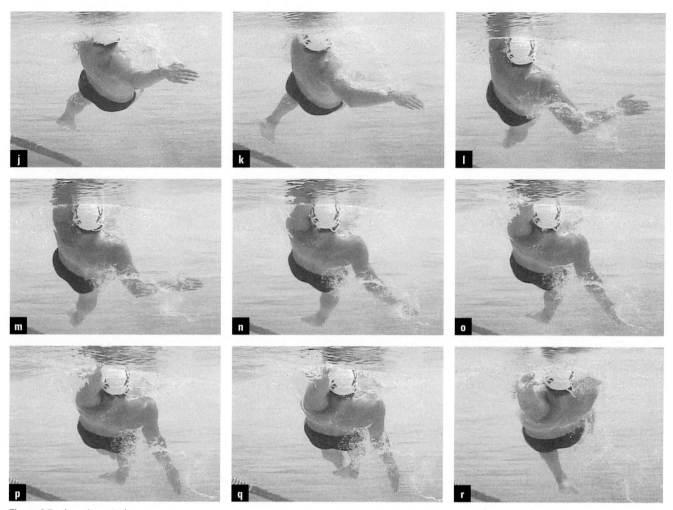

Figura 6.7 (continuação)

(j) Varredura para baixo com o braço direito. Recuperação com o braço esquerdo.
(k) Primeira varredura para cima com o braço direito. Continuação da recuperação com o braço esquerdo.
(l) Transição entre a primeira varredura para cima e a segunda varredura para baixo com o braço direito. Continuação da recuperação com o braço esquerdo.
(m) Segunda varredura para baixo com o braço direito. Continuação da recuperação com o braço esquerdo.
(n) Final da segunda varredura para baixo com o braço direito. Continuação da recuperação com o braço esquerdo.
(o) Transição entre a segunda varredura para baixo e a segunda varredura para cima com o braço direito. Entrada do braço esquerdo.
(p) Segunda varredura para cima com o braço direito. Deslize para frente com o braço esquerdo.
(q) Finalização com o braço direito. Continuação do deslize com o braço esquerdo.
(r) Saída do braço direito. Continuação do deslize com o braço esquerdo.

relógio. Nesse caso, o nadador deve executar o agarre quando o braço esquerdo estiver aproximadamente na posição de 2 horas, e o braço direito de 10 horas.

Primeira varredura para cima

Essa fase da braçada com o braço esquerdo está ilustrada Figura 6.7d e com o braço direito na Figura 6.7k. A primeira varredura para cima é o primeiro movimento propulsivo da braçada do nado de Costas. Trata-se de um movimento semicircular do braço todo, que começa no momento do agarre e termina quando o braço está perto da superfície e em oposição ao ombro. Essa varredura é outro exemplo de adução do ombro similar às varreduras para dentro dos nados Crawl e Borboleta. Se imaginássemos um nadador de Costas em posição de pronação, seria possível verificar que a primeira varredura para cima do nado de Costas é muito parecida com a varredura para dentro do nado Crawl, no que concerne ao modo de geração de força propulsiva.

A primeira varredura para cima é executada aduzindo-se todo o braço para trás, para dentro e para cima, em direção lateral. O movimento do braço para frente cessa no momento do agarre, e o nadador deve começar a em-

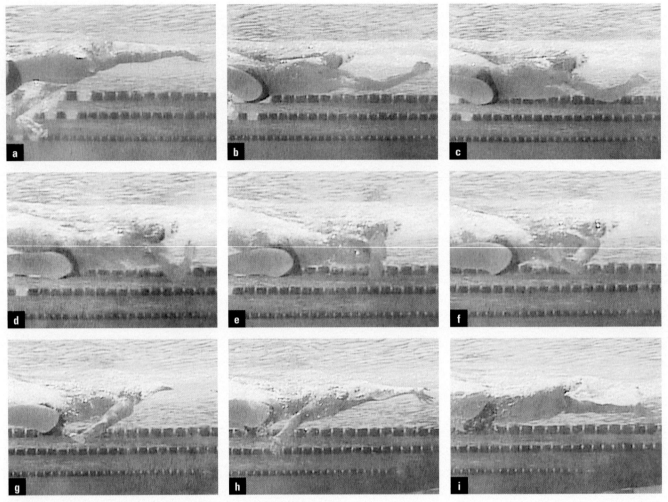

Figura 6.8 Vista lateral submersa de Pablo Abal no nado de Costas.

(a) Entrada do braço esquerdo. Término da segunda varredura para cima com o braço direito.
(b) Primeira varredura para baixo com o braço esquerdo. Finalização e saída com o braço direito.
(c) Agarre com o braço esquerdo. Recuperação com o braço direito.
(d) Continuação da primeira varredura para cima com o braço esquerdo. Continuação da recuperação com o braço direito.
(e) Transição para a segunda varredura para baixo com o braço esquerdo. Continuação da recuperação com o braço direito.
(f) Segunda varredura para baixo com o braço esquerdo. Continuação da recuperação com o braço direito.
(g) Final da segunda varredura para baixo com o braço esquerdo. Entrada do braço direito.
(h) Finalização com o braço esquerdo. Deslize com o braço direito.
(i) Saída do braço esquerdo. Primeira varredura para baixo com o braço direito.

purrar a água para trás com o lado inferior do braço e do antebraço e também com a palma da mão. O cotovelo deve ser flexionado em aproximadamente 90° ao ter início a primeira varredura para cima, e o grau de flexão não deve mudar consideravelmente ao longo de toda a varredura. Na primeira metade dessa fase da braçada, o braço deve continuar a se movimentar para baixo e para fora nas direções estabelecidas durante a primeira varredura para baixo. Mas isso irá mudar rapidamente com o início do movimento circular para cima e para dentro. A segunda varredura para cima terminará quando o braço estiver perto da superfície e passando pelo ombro (com o ombro passando pelo braço).

A palma da mão, que estava voltada para baixo no início da primeira varredura para cima, estará, ao término do movimento, orientada para cima e para dentro. Isso não ocorre porque o nadador girou a palma da mão para cima, mas simplesmente porque a direção do movimento do braço mudou (antes era para baixo e agora é para cima) durante essa fase da braçada.

O braço, o antebraço e a palma da mão devem empurrar a água para trás, como uma unidade em bloco, ao longo de toda a primeira varredura para cima. Assim que o agarre tiver sido executado, a mão deve permanecer em alinhamento com o braço, sem que haja flexão ou extensão na articulação do punho. A principal diferença entre a primeira varredura para cima do nado de Costas e a varredura para dentro do nado Crawl é que os nadadores do nado de Costas não fazem adução do braço para dentro em direção às laterais do corpo. A transição para a próxima fase propulsiva, a segunda varredura para baixo, tem início assim que o braço passa pelo ombro e antes que tenha se deslocado para dentro por uma grande extensão. A transição entre a primeira varredura para cima e a segunda varredura para baixo está ilustrada para a braçada direita na Figura 6.7l.

O braço estará praticamente imóvel no momento do agarre e irá acelerar moderadamente ao longo de toda a primeira varredura para cima, atingindo uma velocidade de 3 a 4 m/s próximo do final do movimento. A Figura 6.9 mostra como a força propulsiva provavelmente é gerada pelo braço na primeira varredura para cima.

Alguns nadadores movimentam a mão para cima por uma longa distância, enquanto outros fazem um curto movimento para cima na primeira varredura para cima. A escolha provavelmente dependerá da profundidade do braço no momento da execução do agarre e do quão eficaz o nadador é em se impulsionar para frente durante essa fase da braçada. Se a primeira varredura para cima for de fato uma fase propulsiva, o nadador tenderá a ampliar o movimento semicircular, a fim de estender seu potencial propulsivo por uma distância e tempo maiores. Do mesmo modo, se essa primeira varredura não for muito efetiva, o atleta abreviará o movimento e passará para a segunda varredura para baixo.

Segunda varredura para baixo

A segunda varredura para baixo com o braço esquerdo está ilustrada na Figura 6.7e e com o braço direito na Figura 6.7, m e n. Essa segunda varredura deve ser uma extensão do braço para trás, para baixo e um pouco para fora, tendo início durante a transição da varredura precedente e continuando até que o braço esteja completamente estendido e bem abaixo do corpo.

O nadador deve empurrar a água para trás em uma direção praticamente horizontal durante a parte superior da segunda varredura para baixo, desde o momento em que a mão está passando exatamente pelo ombro até que esteja oposta à cintura. Nesse momento, o nadador empurrará a água para trás com o lado inferior do antebraço e com a palma da mão e com pouquíssima extensão do braço, o qual deve ficar orientado para trás e para baixo na segunda parte dessa fase da braçada, estendido vigorosamente. A segunda varredura para baixo deve terminar quando o braço estiver completamente estendido e bem abaixo do corpo. O desenho na Figura 6.10 mostra como a propulsão provavelmente é gerada durante essa segunda varredura.

Nessa fase da braçada, alguns nadadores também movimentam o braço para dentro na direção da coxa. No entanto, eu acredito que seria mais proveitoso se o nadador movimentasse o braço não apenas para trás e para baixo, mas também um pouco para fora na segunda varredura para baixo. Esse movimento para fora permite que o antebraço se mantenha voltado para trás por um pouco mais de tempo durante a parte superior da varredura.

Ao longo de toda a segunda varredura para baixo, as pontas dos dedos devem ficar voltadas para fora. O nadador não deve virar os dedos para cima durante essa fase. Embora essa tenha sido uma técnica popularmente ensinada nos anos 1970, vídeos submersos tem mostrado ago-

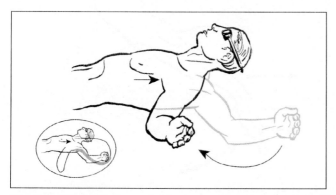

Figura 6.9 Propulsão durante a primeira varredura para cima da braçada do nado de Costas.

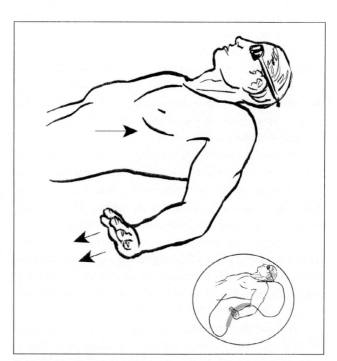

Figura 6.10 Propulsão durante a segunda varredura para baixo do nado de Costas.

ra que a maioria dos atletas de classe mundial de fato mantém os dedos voltados para o lado nessa varredura. Essa posição lhes permite manter a palma da mão direcionada para baixo por mais tempo durante esse movimento e também facilita a transição para a próxima fase propulsiva, a segunda varredura para cima. A mão, que estava orientada para cima e para dentro ao final da varredura precedente, ficará agora voltada para baixo, na direção do fundo da piscina, ao se completar a segunda varredura para baixo. Mas o nadador deverá mantê-la voltada para trás o maior tempo possível.

Segunda varredura para cima

A transição entre a segunda varredura para baixo e a segunda varredura para cima está ilustrada nas Figuras 6.7f e 6.7o com o braço esquerdo e o direito, respectivamente. E a segunda varredura para cima está ilustrada para o braço esquerdo na Figura 6.7, g e h, e para o braço direito na Figura 6.7p.

A segunda varredura para cima é um movimento do braço para cima, para trás e para dentro e tem início no final da segunda varredura para baixo, continuando até que o braço se aproxime da coxa em sua trajetória até a superfície. O nadador rapidamente vira a palma da mão para cima e com ela empurra a água para trás e começa a recuperação para cima e para fora da água. Esse movimento continua por uma curta distância até o braço se deslocar para cima e para perto da parte posterior da perna, quando deixa de empurrar a água para trás e começa a recuperação para cima e para fora da água. O braço deve permanecer estendido durante toda essa varredura.

A mão irá desacelerar durante a transição entre a segunda varredura para baixo e a segunda varredura para cima e, em seguida, deve acelerar rapidamente até o final da varredura. Nessa fase da braçada, a velocidade da mão pode se aproximar de seus mais altos valores para toda a braçada, ficando entre 5 e 6 m/s.

O desenho na Figura 6.11 ilustra como a propulsão pode ser gerada durante a segunda varredura para cima. Nele, o nadador aparece utilizando a mão e o antebraço para empurrar a água para trás ao movimentar o braço para cima e para dentro. Nadadores de Costas que podem hiperestender o cotovelo têm uma vantagem óbvia durante essa fase da braçada, porque são capazes de impulsionar para trás com o antebraço por uma distância ligeiramente maior. De fato, muitos dos grandes nadadores de Costas na história da Natação possuíam essa habilidade.

A segunda varredura para cima não deve continuar até que o braço chegue à superfície da água. Esse movimento propulsivo é muito curto, mas também muito efetivo. Conforme ilustrado no gráfico de Lopez-Zubero na Figura 6.4, a velocidade frontal é bastante alta durante essa fase, mas tem curta duração, porque o braço pode apenas dar impulso para trás contra a água por pouco tempo nessa sua trajetória ascendente, antes que a força para trás gerada por seu movimento se dissipe e seja substituída por uma força ascendente. A transição entre a impulsão da água para trás e a impulsão para cima ocorrerá no momento em que a mão se aproximar da parte posterior da coxa. Portanto, o nadador deve parar de empurrar contra a água no momento em que estiver fazendo a recuperação do braço para cima e para fora da água.

Nadadores que utilizam a segunda varredura para cima para gerar propulsão serão mais efetivos se usarem uma braçada ampla. Eles precisam concluir a segunda varredura para baixo com o braço profundo e bem ao lado do corpo, porque é necessário movimentar o braço para dentro e também para cima para que seja gerada força propulsiva durante a segunda varredura para cima.

Finalização e saída

A saída do braço esquerdo está ilustrada na Figura 6.7i, e a do braço direito na Figura 6.7r. A finalização ocorre quando a mão se aproxima da parte posterior da coxa. Os nadadores devem parar de impulsionar a água para trás nesse momento, mantendo a palma da mão virada para dentro, de modo que a mão se desloque através da água com a borda primeiro e com um mínimo de arrasto resistivo. Embora o braço deva continuar se movimentando para frente, sua inércia para trás deve ser superada para que possa também se deslocar para frente. Esse movimento é efetuado pelo rolamento do corpo na di-

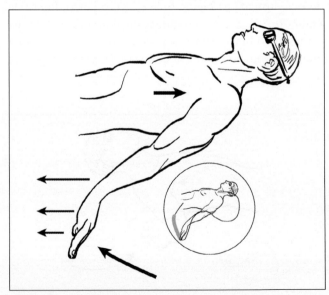

Figura 6.11 Propulsão durante a segunda varredura para cima da braçada do nado de Costas.

reção do braço que está executando a braçada e pelo encolhimento do ombro do braço que realiza a recuperação (para cima e para frente). A mão deve deixar a água com o polegar em primeiro lugar – e não com o dedo mínimo primeiro, como alguns especialistas têm sugerido. A velocidade da mão deve desacelerar significativamente assim que a finalização tiver sido efetuada; isso permitirá que o momento ascendente decorrente da segunda varredura para cima impulsione o braço para fora da água e até o local da recuperação com mínimo esforço muscular.

A sequência de fotografias tiradas acima da água na Figura 6.12 ilustra a parte "aérea" da recuperação dos braços em vista lateral. Depois de alcançar a superfície, o braço deve se deslocar para cima acima da água até a execução da entrada. A recuperação deve ser feita em um nível elevado acima da cabeça, e não em um nível mais baixo

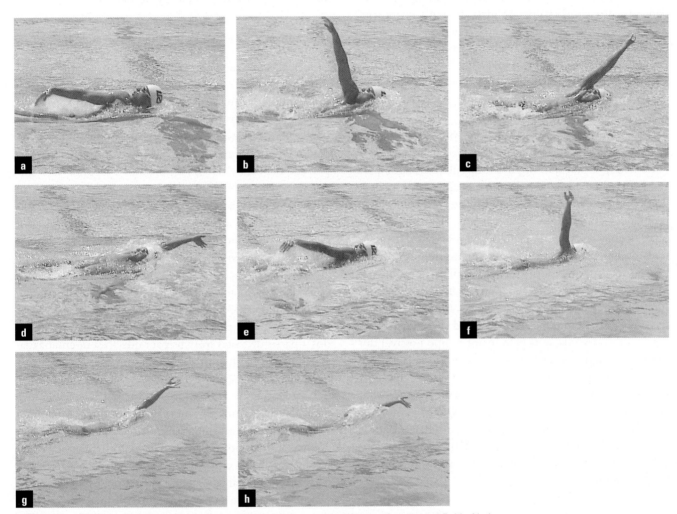

Figura 6.12 Vista de cima da água da recuperação do braço no nado de Costas. O nadador é Pablo Abal.

(a) O braço que está fazendo a recuperação (direito) deixa a água. O braço que está executando a braçada faz a varredura para baixo. O corpo está virado na direção do braço da braçada.
(b) O braço da recuperação passa por cima da cabeça, enquanto o braço da braçada está executando a primeira varredura para cima.
(c) O braço da recuperação inicia o movimento para baixo para a entrada com a palma da mão virada para fora. O braço da braçada está executando a segunda varredura para baixo. O corpo deve começar a rotação na direção do braço que está seguindo para a entrada.
(d) O braço da recuperação se aproxima da posição de entrada. O braço da braçada está completando a segunda varredura para baixo. O corpo deve estar girando na direção do braço da entrada.
(e) O outro braço (esquerdo) deixa a água para dar início à recuperação. O braço da braçada está executando a varredura para baixo. O corpo está virado na direção do braço da braçada.
(f) O braço da recuperação passa por cima da cabeça com a palma virada para fora. O braço da braçada está executando a primeira varredura para cima.
(g) O braço da recuperação começa a descer para a entrada. O braço da braçada está executando a segunda varredura para baixo. O nadador deve estar virando o corpo na direção do braço da recuperação.
(h) O braço da recuperação se aproxima da posição de entrada. O braço da braçada está completando a segunda varredura para baixo. O nadador deve estar girando o corpo na direção do braço da recuperação.

e para o lado. Uma recuperação alta acima da cabeça diminui qualquer tendência de o braço "puxar" os quadris e as pernas para fora do seu alinhamento lateral.

A mão deve deixar a água com o polegar na frente. A palma da mão deve estar voltada para dentro ou para baixo durante a primeira metade da recuperação. Entretanto, o nadador deve fazer a rotação da palma da mão para fora na segunda metade, de modo que a entrada possa ser executada com o dedo mínimo primeiro. Essa mudança na direção da palma da mão, de dentro para fora, deve ser feita rapidamente, quando o braço passa por sobre a cabeça no pico de sua recuperação, que deve ser efetuada com rapidez mas com suavidade. A mão e o braço devem estar maximamente relaxados, a fim de possibilitar aos músculos algum descanso entre as braçadas subaquáticas.

O braço e o antebraço colidirão com a água bastante tempo antes da entrada da mão, conforme mostra a Figura 6.12, g e h, o que implica a impulsão da água para frente pelo braço, quando ele entra na água. Não há nada que os nadadores de Costas possam fazer para evitar esse problema. Contudo, eles podem reduzir o arrasto de empuxo de duas maneiras. A primeira consiste em fazer a entrada do braço com suavidade e com um mínimo de força para trás. A segunda maneira é mobilizar o ombro até um nível alto durante a recuperação, mantendo-o alto até que o braço passe por sobre a cabeça. Manter o ombro nessa posição elevada permitirá ao nadador permanecer com o braço fora da água pelo maior tempo possível durante a recuperação. Rolar o corpo para o lado oposto também ajuda a manter o ombro em posição elevada e fora da água. Atletas cujo rolamento para o lado não chega a pelo menos 45° perceberão que seu braço começa a impulsionar a água para trás antes que tenha chegado à metade da distância da recuperação. Consequentemente, o rolamento do corpo é um aspecto muito importante para um bom nado de Costas.

Sincronização dos braços

Os braços devem realizar as braçadas de um modo parecido com o movimento alternado de um moinho de vento. No nado de Costas, a precisa relação entre um braço e o outro é muito importante para que seja mantido um bom alinhamento lateral e horizontal. O braço da recuperação deve entrar na água quando o outro braço, que está executando a braçada, estiver completando a segunda varredura para baixo. Para o melhor alinhamento, o braço da entrada deve ser estendido para frente, enquanto o braço detrás executa a segunda varredura para cima. A primeira metade da recuperação de um dos braços deve ocorrer no momento em que o outro estiver completando a

primeira varredura para baixo e a primeira varredura para cima. Desse modo, os nadadores poderão permanecer "voltados" na direção do braço que executa a braçada, e o braço da recuperação poderá ser mantido fora da água. Os nadadores devem começar a rotação de volta, em direção ao outro lado, enquanto o braço da recuperação passa por cima da cabeça. Essa mudança de direção deve ser efetuada rapidamente, coordenada com a segunda varredura para baixo do braço que executa a braçada.

Braçada de dois picos *vs* braçada de três picos

A braçada que acabou de ser descrita tem três picos propulsivos, mas a braçada tradicional do nado de Costas tem dois picos propulsivos: um durante a primeira varredura para cima e outro durante a segunda varredura para baixo. Nadadores que utilizam esse estilo simplesmente param de impulsionar a água para trás e começam a recuperação depois de terem completado a segunda varredura para baixo. Atualmente, nadadores de classe mundial têm empregado os dois estilos; assim, não é possível recomendar qualquer um em detrimento do outro tomando por base o desempenho. Acredito que o estilo de três picos tenha o potencial de ser mais efetivo que o de dois. Mas, na análise final, o melhor estilo para determinado nadador será aquele que produzir os melhores tempos de prova.

A Figura 6.13 contrasta padrões de braçada dos estilos de dois e três picos. Os dois padrões foram desenhados a partir de vistas frontais para que fossem enfatizadas as diferenças na quantidade de movimento lateral e vertical dos braços nesses dois estilos.

Note que no padrão de dois picos a mão se desloca para baixo por uma distância maior durante a primeira varredura para baixo, depois se desloca para cima e para dentro também por uma distância maior na primeira varredura para cima e finalmente se movimenta para baixo e para dentro durante a segunda varredura para baixo. Observe também que a mão se movimenta quase diretamente para cima ao sair da água e por uma distância muito grande. Por outro lado, o padrão de braçada de três picos exibe uma primeira varredura para baixo mais curta e um pouco mais ampla, uma primeira varredura para cima também mais curta e uma segunda varredura para baixo que vai diretamente para baixo por uma distância mais longa e mais ampla para o lado. Esses movimentos do braço são seguidos por uma segunda varredura para cima direcionada para trás e também para cima e para dentro, antes que tenha início a recuperação.

Há duas vantagens potenciais para o estilo de dois picos: é possível realizar varreduras para cima mais longas e com maior efeito propulsivo e, devido ao fato de a segunda varredura para baixo ser executada com o braço

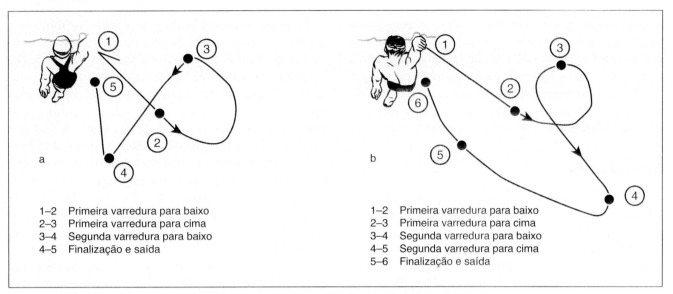

Figura 6.13 Vista frontal de padrões de braçada (a) com dois picos e (b) três picos de nadadores de Costas.

próximo ao corpo, os atletas precisam apenas elevar o braço por uma curta distância para que ele saia da água.

Em comparação com o método de três picos, o padrão de dois picos tem as seguintes desvantagens: ao orientar o braço para dentro durante a segunda varredura para baixo, os nadadores acabam empurrando para dentro e também para trás durante essa fase da braçada, o que pode diminuir a propulsão gerada pela varredura.

A segunda desvantagem é que os nadadores não irão gerar um terceiro pico de velocidade frontal ao conduzir a mão em direção à superfície. Isso pode reduzir a velocidade média por braçada. A adição de um terceiro pico propulsivo aumenta a probabilidade de aplicação de força propulsiva por mais tempo na execução das braçadas subaquáticas. Certamente, isso depende da magnitude desses picos propulsivos. Mas também é possível que os nadadores que usam o padrão de dois picos obtenham uma aplicação de força propulsiva mais prolongada. A primeira varredura para cima e a segunda varredura para baixo mais longas devem gerar mais força propulsiva do que as varreduras correspondentes de nadadores que empregam o estilo de três picos. Apesar disso, parece-nos lógico supor que os nadadores devem conseguir uma maior velocidade média por braçada com três pequenos picos do que com dois picos maiores.

Talvez a vantagem mais significativa do estilo de três picos seja permitir maior velocidade na virada durante as provas. Antes de meados dos anos 1980, quase todos os nadadores de Costas utilizavam o estilo de dois picos, e a frequência de suas braçadas se situava na faixa de 35 a 38 ciclos/min em provas de 200 jd/m e entre 44 e 48 ciclos/min em provas de 100 jd/m (Craig et al. 1985). Minhas observações revelaram que, nos anos 1990, muitos dos grandes nadadores de Costas usavam frequências de braçadas entre 45 e 48 ciclos/min, em eventos de 200 jd/m, e entre 48 e 53 ciclos/min nas provas de 100 jd/m (Maglischo 1998). Além disso, vídeos submersos desses nadadores durante competições revelaram que os ciclos utilizados eram de três picos.

Uma última vantagem do estilo de três picos é que ele acaba levando a uma menor flutuação entre as velocidades frontais mínima e máxima que os nadadores podem atingir durante cada braçada. Isso se dá principalmente porque o período de desaceleração entre o final de uma braçada subaquática e o início da próxima pode ser reduzido se o nadador utilizar uma segunda varredura para cima propulsiva. Em geral, transcorre 0,10 s para que os nadadores de Costas que utilizam o estilo de dois picos comecem a acelerar o corpo para frente com um dos braços, depois que o outro terminou sua fase propulsiva. No entanto, se o deslize e o início da varredura para baixo com o braço da entrada forem combinados com uma segunda varredura para cima propulsiva com o braço que está executando a braçada, esse período de desaceleração poderá ser reduzido para aproximadamente 0,05 s. Como consequência, o nadador deverá desacelerar menos durante esse período, o que, por sua vez, deverá contribuir para uma maior velocidade média por braçada.

PERNADA DE ADEJAMENTO

No nado de Costas, a pernada de adejamento é muito parecida com a pernada utilizada no nado Crawl. Essa pernada consiste na alternância de varreduras diagonais com as pernas para cima e para baixo. Por razões óbvias, esses movimentos são chamados *batida para cima* e *batida para baixo*. A principal diferença é que a fase propulsiva da pernada de adejamento do nado de Costas ocorre com a batida para cima, e não com a batida para baixo, porque o nadador se encontra em posição supina. A sequência de fotografias na Figura 6.14 ilustra a mecânica submersa da pernada de adejamento do nado de Costas.

Batida para cima

A batida para cima com a perna esquerda é mostrada na Figura 6.14, a a c, e a batida para cima com a perna direita na Figura 6.14, c a f.

A batida para cima é a fase propulsiva da pernada de adejamento do nado de Costas. Ela é uma extensão "em chicotada" da perna e começa com uma leve flexão no quadril, seguida então pela extensão do joelho e pela flexão parcial final do pé (os dedos do pé chutam para cima atravessando a superfície da água).

Como ocorre com a pernada de adejamento do nado Crawl, o início da batida para cima realmente parece fazer parte da batida para baixo precedente. O nadador flexiona suavemente o joelho enquanto o pé passa por baixo do corpo, em seguida impele ligeiramente a coxa para cima, para dar início à batida para cima. Nesse momento, a pressão da água acima da perna empurra a parte inferior da perna mais para baixo em uma posição de flexão, enquanto a coxa está de fato se movimentando para cima. Esses movimentos dão a impressão de que a batida para baixo ainda está sendo executada, mas, na verdade, ela já terminou, e a batida para cima já teve início. A água que está fazendo pressão para baixo sobre o "peito" do pé relaxado empurra-o para baixo e para dentro, de modo que ele fica em flexão plantar e invertido (com os dedos apontando para dentro), uma boa posição para a aplicação de força para trás contra a água, quando o nadador estender a perna. Essa posição do pé pode ser mais bem observada na Figura 6.14e.

A coxa continua a se movimentar para cima por curta distância, até passar por cima dos quadris; depois disso, o nadador estende rapidamente a perna, movimentando-a diagonalmente para cima em direção à superfície até que esteja completamente estendida e logo abaixo da superfície da água. Durante a batida para cima, a velocidade da perna deve acelerar rapidamente. Essa batida se completa com a flexão do pé bem ao final, para acrescentar uma pequena quantidade de propulsão. Quando a batida para cima é realizada corretamente, os dedos dos pés chegam

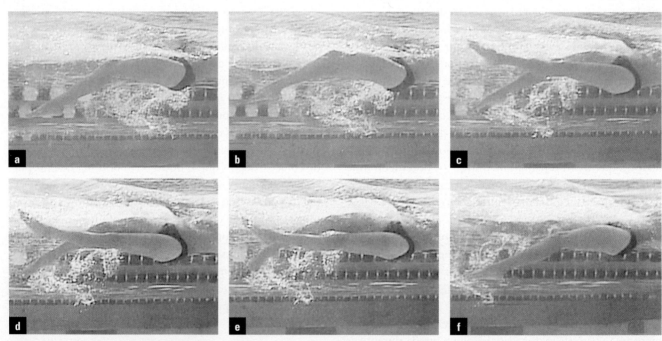

Figura 6.14 Pernada de adejamento no nado de Costas.

(a) Final da batida para cima com a perna direita. Início da batida para cima com a perna esquerda.
(b) Fase de flexão do quadril da batida para cima com a perna esquerda. Batida para baixo com a perna direita.
(c) Final da batida para cima com a perna esquerda. Início da batida para cima com a perna direita.
(d) Fase de flexão do quadril da batida para cima com a perna direita. Batida para baixo com a perna esquerda.
(e) Fase de extensão da perna da batida para cima com a perna direita. Continuação da batida para baixo com a perna esquerda.
(f) Final da batida para cima com a perna direita. Início da batida para cima com a perna esquerda.

até a superfície, ou mesmo irrompem por ela ao término desse movimento.

Os nadadores de Costas flexionam mais as pernas durante a batida para cima do que os nadadores de Crawl na batida para baixo correspondente (aproximadamente mais 10°). Isso ocorre porque os atletas estão em posição supina, na qual a perna pode ser mais flexionada, sem que ocorra aumento do arrasto.

A batida para cima é provavelmente mais propulsiva nos primeiros estágios de extensão do joelho, quando a perna está se movendo para cima e para trás e a parte frontal da perna e o peito do pé estão posicionados para impulsionar a água para trás. E é provável que o pé seja a única parte propulsiva da perna durante os estágios mais adiantados da batida para cima, porque a perna estará impulsionando contra a água. Nadadores que possuem boa capacidade de extensão dos tornozelos têm nítida vantagem, pois podem manter o peito do pé empurrando para trás contra a água por mais tempo na execução da batida para cima.

Batida para baixo

A batida para baixo é uma ação semelhante ao ricochetear da perna e tem início quando a batida para cima está se aproximando de seu término. A força ascendente da perna que está sendo estendida faz com que a coxa comece a se movimentar diagonalmente para baixo, enquanto a perna e o pé ainda estão se deslocando em direção à superfície da água. Dessa forma, a inércia que impulsiona a perna para cima pode ser superada de maneira suave, e a batida para baixo pode ser iniciada. A batida para baixo com a perna direita e a batida para baixo com a perna esquerda podem ser observadas na Figura 6.14, a e b, e c a f, respectivamente

Tão logo o nadador tenha completado a batida para cima precedente, uma pequena extensão do quadril mantém a perna em movimento descendente, enquanto a batida para baixo continua. A perna se desloca para baixo até passar por baixo da linha do corpo; nesse momento, o nadador flexiona ligeiramente a perna, e tem início a próxima batida para cima.

A perna deve ser mantida estendida, e o pé deve ficar em uma posição natural (entre extensão e flexão) durante a maior parte da batida para baixo. Se a perna estiver corretamente relaxada, a pressão exercida pela água, que empurra a perna e o pé de baixo para cima, irá mantê-los na posição. A perna deve ser movimentada para baixo com suavidade e com uma velocidade apenas suficiente para alcançar o ponto onde a batida para cima pode ter início, exatamente no momento em que a outra perna

concluiu a batida para cima e está começando a movimentação para baixo.

Tendo em vista que a perna se desloca para baixo e para frente durante a batida para baixo, é provável que essa fase da pernada de adejamento do nado de Costas não seja propulsiva. Sua finalidade é simplesmente posicionar a perna para outra batida para cima.

Propulsão da pernada de adejamento

As competições de nado de Costas não excedem os 200 m. Assim, as pernas podem ser consideravelmente mais utilizadas para a propulsão, em comparação com seu uso em provas mais longas de nado Crawl, sem que o nadador sinta fadiga prematuramente. Por essa razão, quase todos os nadadores de Costas utilizam um vigoroso ritmo de pernadas de seis batidas. Mas isso não significa, porém, que eles devam dar pernadas com a maior intensidade possível nas provas. Eles devem suavizar um pouco o esforço das pernadas no início das provas, a fim de poupar energia para o tiro de velocidade final. Isso vale particularmente para as competições de 200 jd/m.

Papel estabilizador da pernada de adejamento

Além de sua contribuição para a propulsão, as pernas também desempenham um papel importante na manutenção do alinhamento lateral e horizontal do corpo no nado de Costas. As recuperações e os componentes diagonais das varreduras subaquáticas dos braços podem perturbar esses alinhamentos. Por essa razão, as batidas para cima e para baixo da pernada de adejamento devem ser efetuadas não apenas em direções verticais, mas também na direção de rotação do corpo. Dessa forma, as batidas diagonais das pernas podem facilitar o rolamento do corpo e anular a tendência dos movimentos dos braços de empurrar o corpo para cima, para baixo e para os lados.

SINCRONIZAÇÃO DAS BRAÇADAS E PERNADAS

Quase sem exceção, os nadadores de Costas utilizam um ritmo de pernadas de seis batidas em suas provas. Ou seja, executam seis pernadas (seis batidas para cima e seis batidas para baixo) a cada ciclo de braçadas. Três dessas pernadas estão sincronizadas com cada braçada subaquática de forma bastante parecida com o que ocorre no nado Crawl.

As pernas se movimentam para cima e para baixo e também para os lados durante a pernada de adejamento do nado de Costas. Mas a extensão de seu movimento diagonal é ainda maior nesse nado em comparação com o nado Crawl. Em geral, as pernas tendem a se movimentar na direção de rolamento do corpo durante as batidas para cima e na direção oposta nas batidas para baixo.

A sincronização entre braços e pernas pode ser observada na sequência de fotografias na Figura 6.15. Começando com a entrada do braço esquerdo, a perna esquerda dá a pernada para cima e para fora (enquanto a perna direita dá a pernada para baixo e para fora) durante a primeira varredura para baixo com esse braço, conforme ilustrado na Figura 6.15a. A perna esquerda completa a batida para cima ao mesmo tempo em que o braço esquerdo executa o agarre (Fig. 6.15b).

A perna direita completa a batida para cima durante a primeira varredura para cima da braçada esquerda (Fig. 6.15c). Ela começa a dar a pernada para cima e para dentro na primeira varredura para cima com esse braço, porém, mais para o final dessa varredura, a perna acaba se movimentando quase diretamente para cima, enquanto o corpo começa a rolar em direção ao outro lado. Ao mesmo tempo, a perna esquerda inicia a pernada para baixo e para dentro, mas acaba movimentando-se diretamente para baixo.

A perna esquerda completa outra batida para cima durante a segunda varredura para baixo e a segunda varredura para cima com o braço esquerdo (Fig. 6.15d) e

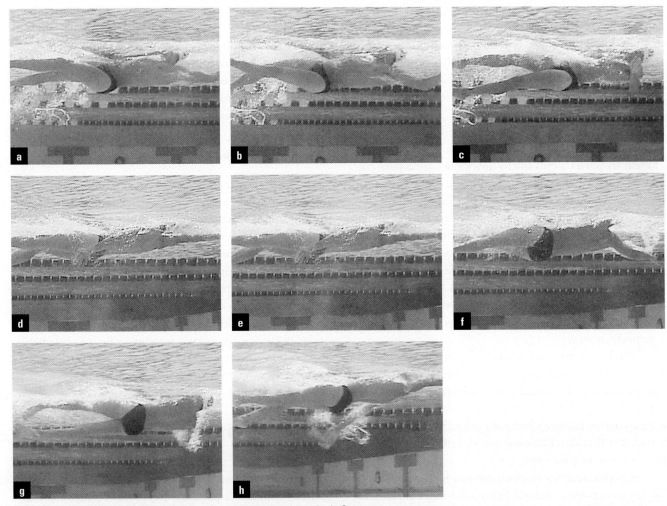

Figura 6.15 Sequência de sincronização de seis batidas para o nado de Costas.

(a) Início da batida para cima com a perna esquerda. Primeira varredura para baixo com o braço esquerdo.
(b) Término da batida para cima com a perna esquerda. Agarre com o braço esquerdo.
(c) Batida para cima com a perna direita. Primeira varredura para cima com o braço esquerdo.
(d) Batida para cima com a perna esquerda. Segunda varredura para baixo e segunda varredura para cima com o braço esquerdo.
(e) Batida para cima com a perna direita. Varredura para baixo com o braço direito. Finalização com o braço esquerdo.
(f) Término da batida para cima com a perna direita. Agarre com o braço direito.
(g) Batida para cima com a perna esquerda. Primeira varredura para cima com o braço direito.
(h) Batida para cima com a perna direita. Segunda varredura para baixo e segunda varredura para cima com o braço direito.

chuta quase diretamente para cima (e a perna direita para baixo) na segunda varredura para baixo com esse mesmo braço. Nadadores que utilizam um estilo de três picos executarão essa pernada durante as duas varreduras finais dessa braçada; já os que usam o padrão de dois picos sincronizarão a batida para cima com a perna esquerda com a segunda varredura para baixo com o braço esquerdo. A sincronização é similar para a braçada direita.

A semelhança entre a sincronização desse tipo de nado e a sincronização de seis batidas do nado Crawl reforça ainda mais a teoria de que a sincronização de seis batidas pode ser o método mais eficiente para ambos os estilos, pelo menos para distâncias de 200 m ou menos.

POSIÇÃO E ROTAÇÃO DO CORPO E RESPIRAÇÃO

Nadadores de Costas podem reduzir o arrasto resistivo mantendo o corpo praticamente horizontal na superfície da água. Mas o corpo não deve ficar perfeitamente horizontal, uma vez que é essencial um ligeiro abaixamento dos quadris para que seja possível dar pernadas efetivas. O nadador também precisa rolar o corpo de um lado para o outro em sincronia com os movimentos ascendentes e descendentes do braço, de modo que os quadris e as pernas não fiquem balançando para os lados. Por estarem em posição supina na água, os nadadores de Costas podem inspirar e expirar à vontade. Consequentemente, fica mais fácil dominar a mecânica da respiração nesse nado, em comparação com qualquer outro.

Posição do corpo

A posição do corpo de nadadores de Costas tem um componente horizontal e outro vertical que serão discutidos nas seções a seguir.

Alinhamento horizontal

O corpo deve ficar praticamente horizontal em relação à superfície, mas um pouco afundado na cintura, para evitar que as coxas irrompam na superfície da água durante a batida para cima da pernada de adejamento. Essa flexão na cintura não deve ser excessiva. A cabeça deve ficar em uma posição natural sobre a coluna vertebral, com o queixo encolhido e os olhos voltados para trás e para cima. A parte posterior da cabeça deve repousar na água, com a linha da água passando imediatamente abaixo das orelhas (a esteira da água cobrirá as orelhas). Essa posição do corpo está ilustrada em vista lateral na Figura 6.16.

Alinhamento lateral

A Figura 6.7 ilustra um bom alinhamento lateral em vista frontal submersa. Em todos os momentos, os quadris e as pernas devem permanecer dentro da amplitude da largura dos ombros. Os movimentos laterais dos braços durante a recuperação e a execução das braçadas subaquáticas tenderão a mover o corpo suspenso de um lado para o outro, mas esse movimento pode ser compensado pelo rolamento do corpo em sincronia com os movimentos descendentes e ascendentes dos braços.

Importância do rolamento do corpo

Os movimentos alternados dos braços no nado de Costas fazem com que um dos braços se movimente para baixo, enquanto o outro se desloca para cima. É muito importante que o nadador de Costas role o corpo na mesma direção do braço para evitar que os quadris e as pernas fiquem balançando de um lado para o outro. Qualquer tentativa de permanecer em uma posição "plana" enquanto os braços e os ombros se movimentam para baixo e para cima irá causar contra torques que impelirão o corpo para fora do alinhamento.

Embora seja possível rolar demais, é muito mais comum que os nadadores de Costas rolem menos que o necessário. Eles devem rolar aproximadamente 45° para cada lado. Devem rolar para a esquerda quando o braço esquerdo começa o movimento descendente para a água, depois de ter passado por sobre a cabeça na fase de recuperação, e devem continuar rolando nessa direção enquanto o braço completa a entrada, na primeira varredura para baixo e na maior parte da primeira varredura para cima. Os nadadores têm que começar o rolamento do corpo para o outro lado durante a transição entre a primeira varredura para cima e a segunda varredura para baixo. Isso ocorre quando o braço da recuperação passa por cima da cabeça e começa a baixar. Então, os nadadores devem continuar o rolamento do corpo para esse outro lado ao longo da primeira metade da próxima braçada subaquática. Ao mesmo tempo, as pernas devem dar pernadas diagonais na nova direção, a fim de facilitar o rolamento. A sequência corre-

Figura 6.16 Vista lateral de um nadador de Costas mostrando o alinhamento horizontal. Observe que o queixo está encolhido e os quadris ligeiramente caídos.

ta para o rolamento do corpo pode ser observada em vista frontal na série de fotografias da Figura 6.7.

Se os movimentos de rolamento forem adequadamente sincronizados, o corpo ficará em bom alinhamento lateral. Qualquer parte do corpo que deixe de rolar em sequência com os braços será arrastada para fora do alinhamento. Nesse sentido, a cabeça é a única exceção. Os nadadores de Costas devem manter a cabeça fixa durante cada ciclo de braçadas completo.

Os nadadores devem certificar-se de elevar os ombros para fora da água ao começar a recuperação de cada braço. Esse movimento ajudará a manter o braço fora da água por mais tempo durante a recuperação. A Figura 6.12e mostra um nadador rolando o ombro para fora da água enquanto faz a recuperação do braço acima da água.

Respiração

Tendo em vista que os nadadores de Costas mantêm o rosto acima da superfície ao nadar, não há necessidade de restringir a respiração. Eles podem inspirar e expirar à vontade. No entanto, alguns especialistas recomendam que a inspiração seja realizada durante a recuperação de um braço e a expiração durante a recuperação do outro. Mas pode não ser necessário, ou até mesmo ser desaconselhável, ensinar esse ou qualquer outro ritmo respiratório.

É evidente que as frequências de braçadas diferem de um nadador para o outro, do mesmo modo que diferem nas provas de 100 e 200 m. Isso significa que os nadadores de Costas não precisam respirar com tanta frequência quanto poderiam ou deveriam caso tivessem velocidades de virada menores e/ou se estivessem nadando em provas de maior distância. Segundo McArdle, Katch e Katch (1966), "frequências de até 60 a 70 respirações/min já foram medidas em atletas de elite durante a prática de exercício máximo". Conforme mencionado anteriormente, competidores de nado de Costas utilizam frequências de braçadas entre 40 e 50 ciclos/min. Consequentemente, uma respiração por ciclo poderia limitar a quantidade de oxigênio consumido, particularmente em provas de 200 m nas quais os atletas tendem a dar braçadas mais lentas. Portanto, provavelmente o melhor seja permitir que os nadadores de Costas respirem à vontade. Por tentativa e erro, esses atletas devem desenvolver uma frequência respiratória eficiente que seja apropriada para cada caso e também para a distância de suas provas.

GOLFINHADA SUBMERSA

Muitos atletas praticantes do nado de Costas podem dar pernadas submersas com maior rapidez do que conseguem nadar na superfície. É provável que isso se deva a uma combinação de três fatores. O primeiro é que o atleta pode executar um número maior de impulsos propulsivos com as pernas em comparação com o que pode fazer com os braços. A maioria dos nadadores de Costas dá pernadas com frequências superiores a 150 ciclos/min ao utilizar a golfinhada submersa, enquanto suas frequências de braçadas, em provas de 100 e 200 m, variam entre 70 e 100 braçadas/min (35 a 53 ciclos/min).

O segundo fator pode ser resultado da ocorrência de menor arrasto embaixo da água do que na superfície (Lyttle et al. 1998). E o terceiro fator é que os nadadores de Costas provavelmente não são capazes de gerar tanta força propulsiva com os braços, em comparação com os praticantes de outros nados, porque os braços realizam as braçadas para as laterais do corpo, em vez de para baixo dele. Portanto, muitos desses atletas não serão capazes de se movimentar com tanta rapidez na superfície ao utilizar os braços em comparação com sua movimentação durante as pernadas submersas (Arellano, Gavilan e Garcia 1996).

Nadadores que utilizam a golfinhada submersa devem se certificar de que estão executando os movimentos corretamente. A sequência de fotografias na Figura 6.17 ilustra um nadador de Costas realizando a golfinhada submersa.

Os braços devem estar juntos, acima da cabeça, com uma das mãos sobre a outra formando um V, o que permite, durante a passagem do nadador pela água, a separação gradual das correntes de água ao longo de todas as quatro superfícies do corpo do atleta. A separação (ou as correntes de água) deve ter início na menor superfície possível das pontas dos dedos, avançando para trás ao longo dos braços e do tronco, o que, obviamente, vai ampliando cada vez mais o volume de entrada. A cabeça deve ficar entre os braços, e os ombros devem "comprimir" as orelhas, para que seja obtida uma posição bastante hidrodinâmica. Durante a execução das golfinhadas, o nadador deve estar entre 0,4 e 0,6 m da superfície, onde o arrasto resistivo é menor (Lyttle et al. 1998).

A batida para baixo da golfinhada submersa está ilustrada na Figura 6.17, a e b. Ela se sobrepõe ao término da batida para cima, na qual a chicotada final para cima fará com que as coxas comecem a se movimentar para baixo, em uma manobra de ricochete, como na Figura 6.17a. A partir desse ponto, as pernas continuam a se movimentar para baixo até que estejam em uma posição imediatamente abaixo do corpo, onde terá início a próxima batida para cima. A água que pressiona as pernas de baixo para cima deve manter o corpo estendido durante a batida para baixo e também impulsionará os pés para cima até uma posição natural, a meio-caminho entre a extensão e a flexão, conforme ilustrado na Figura 6.17b, em sua trajetória descendente.

Capítulo 6 Nado de Costas   177

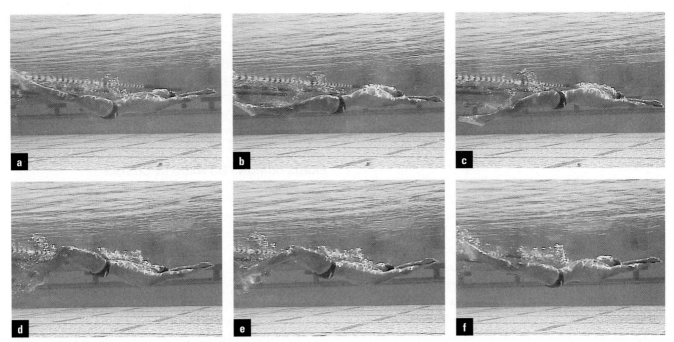

Figura 6.17 Sequência de fotografias ilustrando a mecânica da golfinhada submersa para nadadores de Costas. O atleta é Guillermo Diaz DeLeon, campeão all-American da NCAA, da Arizona State University.

(a) Final da batida para cima.
(b) Parte da batida para baixo com as pernas estendidas.
(c) Início da próxima batida para cima.
(d) Fase de flexão dos quadris da batida para cima (observe a posição horizontal do braço).
(e) Início da fase de extensão das pernas da batida para cima.
(f) Final da batida para cima.

Durante a batida para baixo, as pernas se deslocarão para baixo e para frente, portanto, é provável que essa fase da pernada não tenha efeito propulsivo. Sua principal finalidade é apenas posicionar os pés para outra batida propulsiva para cima. Por essa razão, a batida para baixo deve ser executada com suavidade. Mas também deve ser feita com rapidez, de modo que o nadador possa manter uma velocidade de pernada superior a 150 ciclos/min.

A batida para cima da golfinhada submersa está ilustrada na Figura 6.17, c a f. Ela tem início quando as pernas descem até um nível inferior ao do corpo durante a batida para baixo precedente. Esse movimento começa com o nadador flexionando os quadris, para que as coxas comecem a se movimentar para cima. Nesse meio-tempo, a água que está pressionando para baixo empurrará as pernas até causar a flexão do joelho e os pés até a extensão dos tornozelos. Essas ações servem como preparação para a extensão das pernas para cima (como uma espécie de chicotada) que virá logo a seguir, conforme mostra a Figura 6.17d. Tão logo as pernas estejam flexionadas e os pés voltados para trás, os joelhos são estendidos. (A Figura 6.17e mostra o início dessa extensão.) As pernas devem acelerar para cima e para trás com rápida velocidade. Depois dessa extensão, a batida para cima terminará com as pernas completamente estendidas e em um nível ligeiramente acima da cabeça, conforme ilustrado na Figura 6.17f.

A propulsão frontal é efetuada quando, no início da execução da batida para cima, o nadador pressiona a água para trás com a parte anterior das pernas e com o peito dos pés. Mais tarde, o nadador empurrará a água para cima com as pernas, mas ainda poderá direcionar uma certa quantidade de água para trás com os pés, se os tornozelos forem suficientemente flexíveis para permitir que os pés fiquem estendidos e voltados para trás até o final da batida para cima.

A golfinhada submersa no nado de Costas, assim como a golfinhada submersa no nado Borboleta, deve contar com alguma ondulação do corpo todo, o que pode permitir os movimentos ascendentes das pernas para a propulsão frontal do atleta com uma onda corporal reversa. Consequentemente, também nesse caso, o nadador lança mão do *chime corporal*, de maneira parecida com a descrita na golfinhada submersa do nado Borboleta. Mas, nesse caso, é a batida para cima da golfinhada que impulsionará os quadris e o tronco para frente na água. Esse movimento do tronco pode ser transformado em propulsão frontal, manipulando-se a posição da cabeça e dos braços da maneira descrita a seguir.

O nadador deve dar um leve impulso para cima e para frente com as mãos, a cabeça e os ombros durante a batida para baixo da pernada. Essa ação fará com que o corpo mude de direção, deixando de se movimentar para baixo e passando a se mover para frente, além de permitir que a onda formada pela ondulação do corpo (resultante da batida para cima) o empurre para frente, quando a onda passar das pernas para os quadris, dos quadris para os ombros e, finalmente, dos ombros para os braços. Então, o nadador deverá impelir os braços ligeiramente para baixo durante a batida para baixo da pernada, a fim de evitar que o corpo seja desnecessariamente impelido para cima pelos movimentos das pernas.

Os nadadores de Costas devem utilizar o máximo possível a golfinhada submersa em suas competições. Atualmente, as regras para o nado de Costas permitem o uso de pernadas submersas por 15 m depois da saída e a cada virada. Mas a maioria dos nadadores faz golfinhadas submersas apenas ao longo dos 15 m depois da saída. Mesmo os melhores atletas nesse tipo de pernada só ficam submersos por aproximadamente 10 a 12 m depois da virada em provas de 100 jd/m e em geral executam de quatro a seis golfinhadas depois de cada virada em provas de 200 m. Suspeito que, com o passar do tempo, mais nadadores de Costas permanecerão submersos pelos 15 m nas provas de 100 jd/m e por 10 a 12 m nas provas de 200 m.

Um erro cometido atualmente por muitos nadadores de Costas é permanecer tempo demais em submersão no início das provas e, depois, não permanecer o suficiente nas fases finais. Acredito que eles procederiam mais acertadamente se elegessem uma distância razoável e, a cada percurso da piscina, executassem pernadas submersas por toda essa distância selecionada depois da saída e de cada virada ao longo de toda a prova. Desse modo, os nadadores poderiam adiar a fadiga no começo da prova, utilizando a técnica da golfinhada rápida submersa com maior proveito na fase final (e decisiva) da prova.

Independentemente do tempo que o atleta passe em submersão durante as fases iniciais das provas, outra estratégia que recomendo é que os nadadores de Costas treinem para dar pernadas submersas ao longo de todos os 15 m permitidos no último percurso das provas. Os poucos nadadores que tenho observado usando essa estratégia têm sido muito bem-sucedidos.

Outro aspecto da golfinhada submersa que frequentemente passa despercebido é a técnica de chegada à superfície. Um erro comum é fazer uma excessiva angulação ascendente em direção à superfície. Isso faz com que os atletas aumentem a velocidade ascendente às custas da velocidade frontal durante a transição entre o nado submerso e o nado na superfície. Os nadadores devem utilizar as duas ou três pernadas finais para emergir gradualmente; mas devem ainda estar submersos ao ser executada a última golfinhada. Então, deverão iniciar a pernada de adejamento, executando uma ou duas pernadas antes de começar a primeira braçada. Depois da saída e após cada virada, essa primeira braçada deve ser executada imediatamente abaixo da superfície e deve fazer com que o corpo emerja na superfície em um ritmo máximo de braçada.

ERROS COMUNS DO NADO DE COSTAS

Os problemas mais comuns observados na execução do nado de Costas serão apresentados na seguinte ordem: erros de braçada, erros de pernada e erros de posição do corpo.

Erros de braçada

Nesta seção, serão descritos os erros mais comuns cometidos pelos nadadores durante cada fase da braçada, começando com a entrada da mão na água.

Erros na entrada

Alguns dos erros mais comuns cometidos pelos nadadores ao fazer a entrada das mãos na água são: (1) braçada alongada, (2) braçada curta, (3) colisão do dorso da mão com a água e (4) colocação das pontas dos dedos na água antes do braço.

1. Quando o nadador faz uma braçada alongada na entrada, a mão acaba oscilando atrás da cabeça, na direção do ombro contralateral. Com essa oscilação, os quadris serão impelidos para fora do alinhamento na direção oposta, atrasando o agarre.

2. Quando o atleta faz uma braçada curta, ele coloca a mão na água em um ponto além (fora) da largura do ombro. Na verdade, entre 1930 e 1960, os nadadores eram ensinados a colocar o braço na água dessa forma. Mas, hoje em dia, foi constatado que a entrada do braço fora dos limites do ombro reduz a duração das fases propulsivas da braçada.

Para que tanto a braçada curta como a braçada alongada sejam eliminadas, os nadadores devem ser instruídos a fazer a entrada da mão em um ponto entre a metade da cabeça e a ponta do ombro no lado da recuperação. Uma boa técnica de instrução consiste em fazer com que o nadador imagine que está deitado sobre o mostrador de um relógio com a cabeça apontando para 12 horas e os pés apontando para as 6. A mão direita deve entrar na água entre 11 e 12 horas, e a mão esquerda, entre 12 e 1 hora.

3. A colisão do dorso da mão com a água irá aumentar o arrasto de empuxo. A área da superfície apresentada à água é consideravelmente maior quando a mão entra com a palma voltada para cima, e não de lado. Se a mão for impulsionada para baixo e para trás vigorosamente durante a entrada, a água será empurrada para frente, e a velocidade frontal sofrerá considerável desaceleração.

Os nadadores de Costas devem "cortar"a água lateralmente, deixando a palma voltada para fora, de modo que a mão possa deslizar para dentro da água com a sua borda de penetração. É comum, os nadadores fazerem a entrada com a palma da mão voltada para cima por não realizarem a rotação do corpo na direção do braço que está executando a entrada. A rotação do corpo é muito pequena, ou é feita com muito atraso; assim, o corpo do atleta ainda estará inclinado na outra direção no momento da entrada da mão na água. Quando o nadador faz a rotação do corpo na direção oposta ao braço que está executando a entrada, ele não consegue voltar a palma para fora e, assim, não tem outra escolha senão mergulhar a mão na água com a palma voltada para cima. Para que esse erro seja corrigido, os nadadores de Costas devem ser instruídos a fazer a rotação do corpo na direção do braço de entrada enquanto esse braço se desloca para baixo.

4. O último erro comumente cometido por nadadores novatos é fazer a entrada da mão na água antes do braço. Provavelmente, trata-se de uma transferência de hábito do nado Crawl, em que é desejável primeiro a entrada com as pontas dos dedos. Mas, no nado de Costas, esse erro não só é indesejável, como também impossível de ser cometido sem que ocorra aumento do arrasto e sem que o ritmo das braçadas não seja perturbado.

Os nadadores que cometem esse erro habitualmente exibem um *puxão* a cada ciclo de braçadas. Ou seja, eles hesitam no ritmo das braçadas logo depois da entrada do braço na água. Essa hesitação é causada pela necessidade de estender o braço e virar a palma da mão para fora, até a posição correta, antes que possam começar a movimentar o braço para baixo.

Erros na primeira varredura para baixo

O erro mais comum durante essa fase da braçada consiste em tentar empurrar a água para trás antes que o braço esteja a uma profundidade suficiente e com boa amplitude para executar um agarre efetivo. Esse erro pode assumir duas formas: (1) o nadador impele a água para baixo ou (2) impele a água para o lado.

1. O efeito prejudicial da ação de impulsionar água para baixo está ilustrado pelo nadador na Figura 6.18a. A área sombreada no detalhe do padrão de braçada mostra que o braço está se movimentando para baixo nessa fase da braçada subaquática. As setas por baixo do braço mostram que, nesse momento, o atleta está impulsionando a água para baixo. Essa ação irá impelir o corpo para cima e desacelerar a velocidade frontal. A seta acima da cabeça mostra que a força descendente gerada pela braçada pro-

jeta a cabeça e os ombros para cima. Os atletas que cometem esse erro comumente sacodem para cima e para baixo cada vez que um braço faz a varredura para baixo. Os nadadores de Costas devem ser alertados para executar com suavidade a primeira varredura para baixo, a fim de diminuir a tendência dos braços de empurrar a cabeça e o tronco para cima, o que faz com que essas partes saiam do alinhamento horizontal.

A Figura 6.18b mostra um nadador executando corretamente a varredura para baixo. Ele movimenta o braço pela água com suavidade e espera até que a movimentação da mão e do braço tenha sido suficiente para que fiquem orientados para trás; só então o nadador tentará aplicar força. Como resultado, a força aplicada deslocará a água para trás, na direção das setas e, com isso, o corpo será impulsionado para frente.

2. Nadadores que movimentam a mão para o lado objetivando a execução de um agarre raso podem cometer erro parecido. A diferença é que, nesse caso, eles impelirão a água para o lado e perturbarão o alinhamento lateral. Muitos nadadores encontram dificuldades em esperar até que o braço tenha se movimentado para baixo e para o lado antes de executar o agarre. É compreensível que tenham pressa de aplicar força ao sentir a mão entrando na água. Como consequência, começam a impelir a água quase imediatamente. Mas, infelizmente, a força aplicada serve apenas para aumentar o arrasto resistivo e desacelerar a velocidade frontal.

Com frequência, esses nadadores são levados erroneamente a pensar que estão prontos para empurrar a água para trás porque flexionaram o punho e ficaram com a mão voltada para trás logo depois da entrada na água. Isso lhes dá a impressão errada de que estão em posição para impelir a água para trás com o braço inteiro. Mas, nesse momento, a mão e o braço estão de fato se deslocando para baixo e para fora e, portanto, apenas poderão empurrar a água nessas direções, não importando o fato de a palma da mão estar voltada para trás. Os nadadores de Costas devem aprender a movimentar o braço e a mão com suavidade para baixo e para o lado, até que ambos estejam voltados para trás, antes de começar a pressionar a água com essas partes.

Erros na primeira varredura para cima

Alguns dos erros mais comuns cometidos durante a primeira varredura para cima são (1) dar a braçada com o braço reto, (2) palmatear a mão verticalmente e (3) impulsionar a água para cima com a palma da mão.

1. O erro mais comum cometido por nadadores novatos nessa fase da braçada é executar o movimento com o braço estendido. Isso faz com que eles empurrem a água para o lado durante boa parte da varredura. Os nadado-

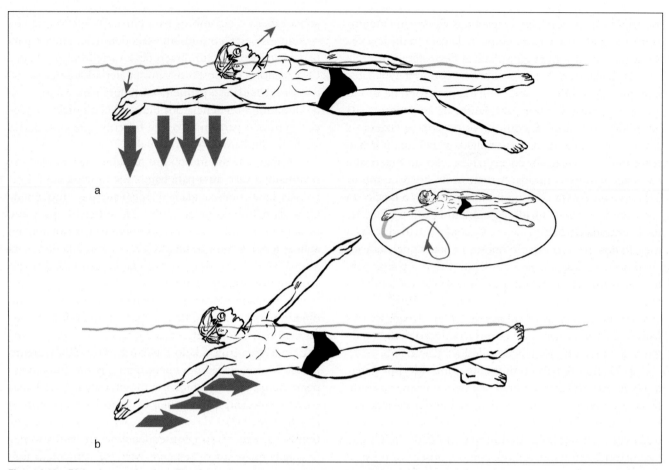

Figura 6.18 Efeito da tentativa de aplicar força prematuramente durante a braçada. O nadador em (a) está tentando impelir a água para trás imediatamente depois da entrada da mão. Isso faz com que o atleta empurre para baixo e desacelere a velocidade frontal. Os nadadores devem esperar até que o braço esteja a uma profundidade suficiente para empurrar a água para trás, como está fazendo o nadador em (b).

res devem aprender a flexionar o braço durante a primeira varredura para baixo, de modo que possam executar a primeira varredura para cima com o braço flexionado.

2. O erro mais comum cometido por nadadores mais experientes é fazer o palmateio da mão quase verticalmente para cima. Esse erro também tem maior probabilidade de acontecer se o nadador executar o agarre com o braço estendido, ou praticamente estendido. Se o agarre for executado dessa forma, ao flexionar o braço durante a primeira varredura para cima, o nadador será encorajado a fazer o palmateio verticalmente. O problema com essa técnica é que o braço talvez não pressione suficientemente para trás contra a água enquanto estiver executando o palmateio para cima. Com maior frequência, a velocidade do braço para trás é retardada até quase zerar, e o atleta movimenta a mão e o antebraço para cima em torno do braço.

3. Outro erro cometido tanto por nadadores experientes como pelos inexperientes consiste em pressionar a água para cima com a palma da mão durante a primeira varredura para cima. O efeito desse erro está ilustrado na Figura 6.19.

O nadador na figura está com a mão tão voltada para cima que ela está praticamente perpendicular à direção de movimentação do corpo. Nesse ângulo de ataque, o atleta irá empurrar um volume muito maior de água para cima do que para baixo, resultando em um ganho muito pequeno de propulsão. Uma indicação de que o nadador está cometendo esse erro é que ele "empurra" o ombro para baixo na água ao movimentar a mão para cima. A mão deve ficar alinhada com o antebraço durante a primeira varredura para cima, e ambos devem estar voltados para trás e impelindo a água para trás, enquanto a mão se movimenta para cima e para trás.

Erros na segunda varredura para baixo

Os dois erros mais comuns cometidos pelos nadadores durante essa fase da braçada subaquática já foram descritos. O primeiro deles consiste em movimentar a mão para trás e para dentro na direção da coxa. O segundo é executar a segunda varredura para baixo com as pontas dos dedos da mão apontadas para cima, e não para o lado. É mais provável que o nadador empurre para baixo com a mão quando os dedos estão voltados para cima e, du-

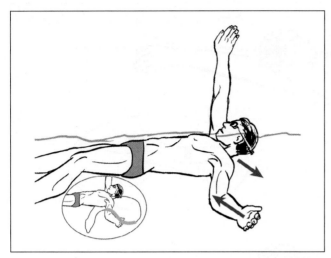

Figura 6.19 Efeito da orientação da mão excessivamente para cima durante a primeira varredura para cima.

rante a segunda varredura para baixo, o atleta certamente empurrará com o antebraço quando a mão estiver nessa posição. Por outro lado, haverá maior probabilidade de que o atleta mantenha a palma da mão e o antebraço orientados para trás por mais tempo nessa fase da braçada se seus dedos permanecerem apontados para o lado.

Erros na segunda varredura para cima

Nadadores que usam essa fase da braçada para obter propulsão estão propensos a cometer três erros: (1) orientar a mão para cima, e não para trás, (2) pressionar a água tempo demais durante o movimento do braço em direção à superfície e (3) orientar a mão para dentro, e não para trás. Os efeitos dos dois primeiros erros estão ilustrados na Figura 6.20.

1. A Figura 6.20a mostra um nadador pressionando com a mão excessivamente para cima. A palma da mão está voltada para cima, em uma posição praticamente perpendicular à direção de seu movimento. Com a mão nessa posição, o atleta apenas poderá impulsionar a água para cima, na direção da seta grande (acima de sua mão). Além de sacrificar a propulsão potencial, os quadris ficarão submersos por causa desse erro e a velocidade frontal ficará reduzida. Os nadadores devem manter a mão (e o antebraço) voltada para trás durante a segunda varredura para cima.

2. O nadador na Figura 6.20b utiliza a segunda varredura para cima por uma distância excessivamente longa. Ele tenta aplicar força propulsiva ao longo de todo o trajeto até a superfície da água. Essa ação também será contraproducente, porque o atleta não pode evitar pressionar para cima com a mão e com o braço quando essas partes se aproximam da superfície. A segunda varredura para cima deve terminar quando a mão se aproxima da parte posterior da coxa. Mesmo se o nadador mantiver a palma da mão voltada para trás depois que passar pela coxa, ele ainda empurrará demasiadamente para cima com seu braço, caso tente continuar a segunda varredura para cima além desse ponto.

Outra razão pela qual os nadadores devem relaxar a pressão exercida sobre a água antes que a mão passe pela perna é porque a última parte da braçada subaquática deve ser utilizada para suplantar a inércia que impele o braço para trás e começar sua movimentação para frente, para a recuperação, com suavidade e sem perda de tempo. Isso é feito aliviando a pressão sobre a água e direcionando o braço para cima e para frente durante a última parte de sua movimentação até a superfície. Essa mudança de direção é ajudada pelo rolamento em direção ao outro lado, de modo que o ombro do braço que está finalizando "puxa" esse braço para cima e para frente, para fora da água. O ponto em que o braço, ainda submerso, começa a se movimentar para frente está ilustrado no detalhe do padrão de braçada da Figura 6.20. A mão não será mais um agente propulsivo efetivo ao começar sua movimentação para frente; assim, esse é o momento de parar de empurrar contra a água e começar a movimentar a mão com suavidade até a recuperação.

Erros na finalização e na recuperação

São muitos os erros que os nadadores podem cometer durante essas fases da braçada. Alguns desses erros aumentam o arrasto resistivo, enquanto outros podem perturbar o ritmo da braçada/pernada. Os erros que os nadadores cometem com frequência são: (1) conduzir o braço para fora da água com o dedo mínimo para cima e com a palma da mão voltada para fora, (2) conduzir a mão para fora da água com a palma voltada para baixo, (3) iniciar a recuperação levantando a mão, em vez de fazer o rolamento do ombro para cima e (4) movimentar o braço baixo e para o lado.

1. A ação de virar a palma da mão para fora irá torcer o úmero (o osso longo do braço) em seu encaixe no ombro, provocando tensão desnecessária durante a recuperação. Você pode demonstrar esse erro ficando de pé com o braço pendendo para baixo ao lado do corpo e com a palma da mão voltada para dentro. Gire a palma para trás e para fora e, em seguida, levante-a para frente até a altura do ombro. Você deverá sentir um movimento de torção que causa alguma tensão no ombro. Agora, tente levantar o braço acima da cabeça com a palma da mão voltada para dentro. A tensão deverá desaparecer.

2. Há maior probabilidade de aumento do arrasto de empuxo quando o nadador movimenta a mão para fora da água com a palma voltada para baixo. Isso ocorre porque o atleta pode empurrar a água para cima com o dorso da mão quando ela está saindo da água. É possível fazer

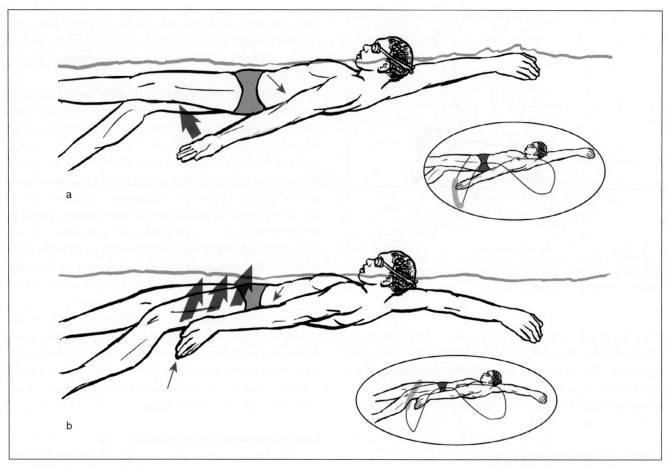

Figura 6.20 Efeitos de (a) orientar a mão demasiadamente para cima durante a segunda varredura para cima e (b) continuar esse movimento por uma distância excessiva.

a recuperação dessa maneira, sem que o arrasto aumente muito, se o nadador "deslizar" a mão para cima e para frente, até ela sair da água, mantendo o punho flexionado. Mas, nessa ocasião, será muito mais fácil diminuir o arrasto se a mão estiver de lado.

A mão deve deixar a água com o polegar à frente e a palma voltada para dentro, de modo que o arrasto resistivo seja reduzido enquanto a mão avança pelos últimos centímetros antes de deixar a água. A primeira metade da recuperação do braço deve ser executada com a palma da mão voltada para dentro, e ela não deverá se virar para fora até que o braço passe por sobre a cabeça.

3. Talvez o erro mais frequente cometido pelos nadadores seja iniciar a recuperação do braço levantando a mão da água, em vez de fazer o rolamento do ombro para cima. Levantar a mão para fora da água pode causar a submersão do ombro nesse mesmo lado, fazendo com que o braço se arraste pela água por mais tempo durante a recuperação.

A mão e o braço devem estar relaxados depois da finalização, e o nadador deve permitir que o corpo role, fazendo a maior parte do trabalho de conduzir o braço tanto quanto possível até a superfície e acima da água. O movimento de recuperação deve ser o de levantar e "encolher" os ombros. Essa ação iniciará o movimento do braço para frente. Com o corpo virado para o lado e com o ombro acima da água, o braço permanecerá fora da água por mais tempo durante a recuperação. Na verdade, o braço não deve impulsionar para frente dentro da água até que a mão esteja praticamente pronta para fazer a entrada.

4. Outro erro comum durante a recuperação consiste em movimentar o braço para baixo e para o lado. Esse movimento lateral do braço "empurrará" os quadris para o lado, na mesma direção. Isso, por sua vez, irá gerar uma contra força nas pernas, tendo como resultado um movimento de afastamento das pernas, em relação ao corpo, na direção oposta. Consequentemente, o nadador irá avançar pela piscina com os quadris e as pernas balançando de um lado para o outro. Tudo isso irá aumentar o arrasto de forma, porque as pernas oscilam para "fora" da largura dos ombros, além de aumentar também o arrasto de empuxo, por causa da força lateral gerada pelas oscilações das pernas. Os nadadores de Costas devem fazer a recuperação

dos braços em uma posição alta e diretamente à frente da cabeça, com um mínimo de movimento lateral.

Erros de pernada

Os erros cometidos com maior frequência pelos nadadores são: (1) pedalar com as pernas e (2) executar pernadas muito profundas. Além disso, os nadadores que não possuem boa flexibilidade nos tornozelos não darão pernadas rápidas.

1. Os efeitos prejudiciais de pedalar com as pernas foram descritos no Capítulo 3. Os nadadores que cometem esse erro comumente levantam demais as coxas durante a batida para cima da pernada de adejamento e estendem as pernas impulsionando-as para frente, em vez de estendê-las para cima, como se estivessem pedalando uma bicicleta. Quando os joelhos se elevam acima da superfície da água durante a pernada, é possível ter certeza de que o nadador está pedalando, em vez de dar pernadas. O principal problema é que o atleta impulsiona as coxas para cima e para frente contra a água durante a batida para cima, e essa ação causa arrasto de empuxo, que diminui a velocidade frontal. Os nadadores devem ser instruídos a manter os joelhos submersos e a estender completamente as pernas nas batidas para cima da pernada de adejamento do nado de Costas.

2. Dois efeitos podem ocorrer quando a pernada é excessivamente profunda – e ambas reduzem a velocidade frontal. O primeiro será um aumento do arrasto de forma, que ocorre porque a área da secção transversal ocupada pelo corpo aumentará em decorrência da profundidade das pernas. A profundidade adequada para a pernada é de aproximadamente 45 cm. O segundo problema é que os quadris e o tronco serão impelidos para cima se as coxas "empurrarem" o corpo para baixo durante a batida para baixo, e isso irá interromper o alinhamento horizontal, além de reduzir a velocidade frontal. Durante essa batida, as coxas não devem descer na água abaixo do nível dos quadris. A perna pode "cair" abaixo do corpo quando os nadadores flexionam o quadril durante a batida para cima, mas isso não é um defeito de pernada.

Os nadadores que dão pernadas muito profundas tendem a "chutar" simplesmente estendendo e flexionando o joelho, com pouco ou nenhum envolvimento da coxa e do quadril. O problema mais grave é que o atleta geralmente flexiona a perna durante a batida para baixo e, ao fazê-lo, impulsiona a perna para frente contra a água. As pernas devem ser mantidas estendidas durante a batida para baixo e não devem flexionar até que a pressão exercida pela água as force até uma posição flexionada durante a primeira parte da próxima batida para cima.

Erros na posição do corpo

Os erros mais comuns cometidos em relação à posição do corpo são: (1) nadar com a cabeça muito alta e (2) ficar com a cintura excessivamente afundada.

1. Nadadores que mantêm a cabeça alta demais em geral têm o corpo excessivamente inclinado para baixo, o que irá aumentar o arrasto de forma. Além disso, será necessário usar os braços e as pernas para que essa posição alta da cabeça seja mantida, e isso aumentará o arrasto de empuxo e reduzirá a propulsão, porque o atleta "empurrará" para baixo com os braços e executará pernadas com muita profundidade durante a primeira varredura para baixo.

2. Alguns nadadores de Costas deixam os quadris demasiadamente baixos na água. Isso ocorre sobretudo com atletas jovens, quando começam a aprender esse nado. O efeito desse erro está ilustrado na Figura 6.21.

A Figura 6.21a mostra um nadador com bom alinhamento horizontal. Seu corpo está apenas ligeiramente inclinado para baixo; a cabeça está confortavelmente para trás na água, alinhada com o tronco; e o atleta não está dando pernadas muito profundas. A Figura 6.21b ilustra um alinhamento horizontal pouco eficiente. Os quadris da nadadora estão excessivamente profundos; a cabeça está alta demais; e a nadadora dá pernadas muito profundas.

EXERCÍCIOS PARA O NADO DE COSTAS

Esta seção descreve alguns dos melhores exercícios para aprimorar a braçada, a pernada, a sincronização entre braços e pernas e a posição do corpo de nadadores de Costas.

Exercícios de braçada

Nesta seção, serão descritos dez exercícios. Alguns deles são para a braçada subaquática, e outros para a recuperação dos braços.

Exercício de padrão de braçada

Traçar um "S" imaginário com a mão "deitado de lado" é um bom meio de aprender a executar corretamente as varreduras da braçada subaquática do nado de Costas com dois picos propulsivos. A Figura 6.22a ilustra o padrão de braçada do nado de Costas desenhado em relação ao corpo em movimento. O padrão em "S" evidente nessa imagem é o que deve ser utilizado por um nadador que adote o estilo de dois picos propulsivos. A primeira curva do "S" corresponde à primeira varredura para baixo; a segunda curva, à primeira varredura para cima; e a terceira

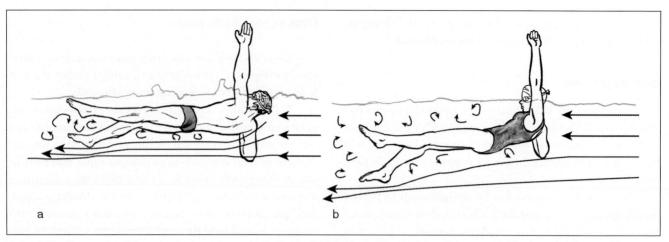

Figura 6.21 Bom e mau alinhamento horizontal no nado de Costas. O nadador em (a) exibe bom alinhamento horizontal, enquanto a nadadora em (b) está com a cabeça alta demais e os quadris muito baixos.

curva, à segunda varredura para baixo. A linha tracejada que dá continuidade ao padrão de braçada representa a recuperação do braço.

Na Figura 6.22b, acrescentei uma "cauda" ao padrão em "S". Essa cauda representa a segunda varredura para cima com efeito propulsivo que é utilizada por muitos atletas que empregam o estilo de três picos. Com a adição dessa cauda, o padrão fica mais parecido com a letra "W", e não com a letra "S".

A primeira curva do "W" corresponde à primeira varredura para baixo; a segunda curva, à primeira varredura para cima; a terceira curva, à segunda varredura para baixo; e a quarta curva, à segunda varredura para cima. Também nesse caso, a linha tracejada que dá continuidade ao padrão até a superfície da água representa a finalização e a primeira parte da recuperação do braço.

Dependendo do estilo preferido, o nadador deve traçar com a mão um desses padrões durante cada braçada subaquática. E deve tentar manter o lado inferior do antebraço e a palma da mão orientados para trás, contra a água, em cada fase propulsiva do "S" ou do "W", para que seja aplicada força propulsiva de maneira eficaz.

Exercício de nado com um braço

Nesse exercício, os atletas nadam várias repetições realizando braçadas com um braço, enquanto o outro é mantido ao lado do corpo. Esse é um bom exercício para a braçada, porque o nadador pode se concentrar nos movimentos de cada um dos braços isoladamente. Também é um bom exercício para orientar o nadador a rolar o corpo adequadamente. Depois da entrada do braço na água, o atleta deve rolar o corpo na direção desse braço, até que o ombro contralateral saia da água. Durante a segunda varredura para baixo e a segunda varredura para cima dessa braçada, ele deve rolar o corpo para o lado oposto, até que o ombro do braço que está executando a braçada ir-

rompa pela superfície para fazer a recuperação. Esse exercício pode ser executado como exercício de braçada ou como exercício de pernada.

Uma variação desse exercício consiste em nadar mantendo o braço que não está dando a braçada estendido acima da cabeça e submerso. Essa variação incentiva o posicionamento mais alinhado durante os estágios finais da braçada subaquática, mas também desencoraja a rotação do corpo.

Exercício de meia braçada lateral

Esse exercício ajuda os nadadores a realizar o agarre corretamente e a usar com eficiência a primeira varredura para cima da braçada subaquática. O exercício de meia braçada lateral, ilustrado na sequência de fotografias na

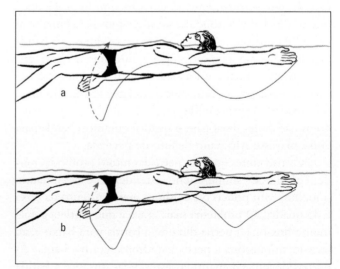

Figura 6.22 Padrões de braçada do nado de Costas desenhados em relação ao corpo em movimento. O desenho (a) ilustra o tradicional padrão em "S" utilizado por nadadores de Costas que adotam o estilo de dois picos. Um padrão menos tradicional em "W", mostrado em (b), é usado por nadadores que adotam o padrão de velocidade de três picos.

Figura 6.23, é realizado com um braço de cada vez, mas os dois braços permanecem submersos.

O nadador deve estar de lado na água, com um braço estendido acima da cabeça e submerso. O outro braço deve permanecer ao lado, em uma posição parecida com a posição de deslize do nado lateral (Fig. 6.23a). O nadador deve executar uma meia braçada com o braço que está situado acima da cabeça, movimentando-o para baixo e para fora até o agarre (Fig. 6.23b). Em seguida, deve aduzir o braço para cima e para trás, em direção ao lado (Fig. 6.23c). A braçada termina quando a primeira varredura para cima é completada. Então, o atleta deve fazer a recuperação subaquática do braço (Fig. 6.23d) e levá-lo de volta à posição inicial, antes de executar outra meia braçada. Ao praticar esse exercício, o nadador deve realizar várias braçadas com um braço antes de mudar de lado.

Exercício de braçada lateral

Esse exercício, mostrado nas fotografias da Figura 6.24, é utilizado para a prática da braçada subaquática. Ele pode ser feito com um braço apenas ou alternando os braços.

O nadador começa de lado, com rotação para o lado do braço que vai executar a braçada. Esse braço deve estar estendido acima da cabeça e submerso; o outro deve estar para baixo, ao lado do corpo, como mostra a Figura 6.24a. O nadador desliza o braço da braçada para baixo e para fora, até alcançar a água na posição de agarre, como mostra a Figura 6.24b. Em seguida, executa uma braçada subaquática, conforme ilustrado na Figura 6.24, c e d. O nadador deve permanecer de lado, voltado para o lado do braço da braçada, durante a primeira varredura para cima. Então, ele faz a rotação para o outro lado, enquanto completa as duas varreduras finais. Depois de terminar, o nadador estende novamente esse braço acima da cabeça para a outra braçada. O braço que não participa da braçada deve permanecer submerso durante a execução do exercício.

Esse exercício também pode ser feito com braçadas alternadas. Nesse caso, depois de completar uma braçada, o nadador deve deslizar o outro braço até uma posição acima da cabeça, mantendo-o submerso. Então, deve completar uma braçada subaquática idêntica com esse outro braço, antes de reiniciar o ciclo.

Esse exercício pode ser realizado apenas com os braços ou com pernadas também.

Exercício de varredura para cima

Esse exercício é utilizado para desenvolver uma braçada subaquática de três picos, mas também pode ser útil para atletas que desejem aprender a usar a segunda varredura para cima para gerar propulsão.

Ele pode ser realizado com os dois braços simultaneamente ou com braçadas alternadas. O nadador fica

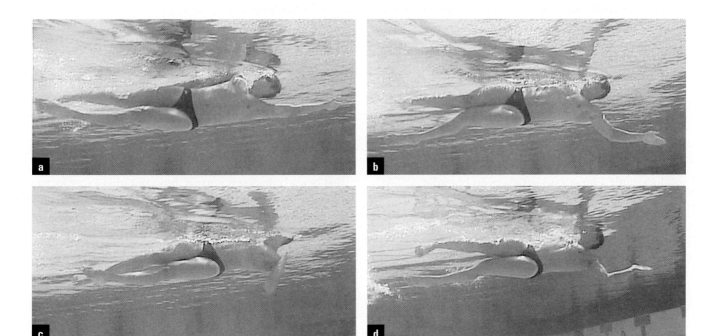

Figura 6.23 Exercício de meia braçada lateral.

(a) Deslize para frente com o braço esquerdo.
(b) Posição de agarre com o braço esquerdo.
(c) Adução com o braço esquerdo para o lado.
(d) Recuperação subaquática do braço esquerdo antes de outra braçada.

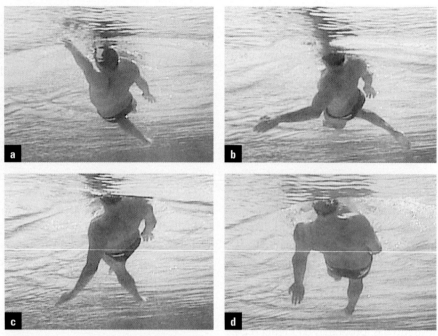

Figura 6.24 Exercício de braçada lateral.

(a) Posição inicial com o braço esquerdo estendido acima da cabeça (note que o braço direito permanece ao lado do corpo).
(b) Agarre com o braço esquerdo.
(c) Segunda varredura para baixo com o braço esquerdo.
(d) Segunda varredura para cima com o braço esquerdo.

deitado de costas, com os dois braços ao lado do corpo. Todas as recuperações dos braços são executadas embaixo da água, como nos dois exercícios precedentes, e têm início com o deslize das mãos submersas para cima, até que estejam em oposição ao peito. Os braços devem estar flexionados e posicionados como se o nadador tivesse acabado de completar uma segunda varredura para cima. Em seguida, o atleta movimenta os braços para baixo e para cima, como faria ao executar a segunda varredura para baixo e a segunda varredura para cima. Ele deve realizar esses movimentos como um exercício de braçada, de modo a sentir a propulsão gerada pelas braçadas.

Exercício de nado com os punhos cerrados

Esse exercício é realizado nadando-se com as mãos fechadas. Exercícios desse tipo são úteis para que os nadadores aprendam a utilizar os braços para gerar propulsão e podem ser executados de diversos modos. Os nadadores de Costas podem executar a braçada completa com as duas mãos fechadas ou com uma das mãos fechada, a mesma do braço que será utilizado para dar as braçadas, enquanto o outro braço repousa ao lado do corpo. É possível também realizar a braçada completa, mas com a mão do braço dominante cerrada e a outra mão aberta. No nado de Costas, nadar com a mão do braço dominante cerrada incentiva o nadador a utilizar com maior eficácia o braço não dominante, do mesmo modo que nos nados Crawl e Borboleta.

Exercícios de recuperação

Quatro exercícios podem ser recomendados para melhorar a recuperação dos braços, a rotação do corpo e o alinhamento lateral.

Exercício de hesitação

Nesse exercício, os nadadores de Costas executam uma braçada de costas normal, mas com uma exceção: param o braço por um instante a meio-caminho no trajeto de recuperação, voltando a palma da mão de dentro para fora (uma vez, ou um número determinado de vezes). O nadador deve se concentrar em parar o braço reto acima do ombro, de modo que possa virar a palma da mão para fora no momento apropriado. A finalidade desse exercício é orientar o atleta a realizar uma recuperação vertical e uma entrada limpa.

Exercício de nado de costas com os dois braços

Esse exercício é adequado para nadadores que tendem a dar braçadas alongadas. Esses atletas devem praticar o nado de Costas realizando braçadas simultaneamente com os dois braços. É impossível dar braçadas alongadas quando se executa a recuperação de ambos os braços simultaneamente. Portanto, esse exercício pode orientar os atletas a "sentir" a colocação dos braços na água diretamente à frente dos ombros. Trata-se também de um excelente exercício para orientar os nadadores a utilizarem as quatro varreduras adequadamente, se eles se concentrarem nas varreduras subaquáticas.

Exercício "dentro-fora"

Esse exercício é muito útil para nadadores que recuperam os braços em um nível muito baixo e lateral. Ele combate a tendência a balançar os braços para fora e para os lados durante a primeira metade da recuperação, e para dentro durante a segunda metade. Para tanto basta exagerar os movimentos de recuperação dos braços na sequência oposta. Ou seja, os nadadores recuperam cada braço para cima e para dentro durante a primeira metade da recuperação e movimentam-no para fora quando o braço passa por sobre a cabeça e para baixo para a execução da entrada.

Exercício de nado na raia

Esse é outro bom exercício para ensinar a recuperação vertical. O atleta nada ao longo da piscina com um dos ombros próximo à linha da raia. Isso força o nadador a recuperar o braço verticalmente, porque, do contrário, o braço ficará agarrado na raia, caso o atleta tente movimentar o braço para fora e para o lado quando sai da água. Os nadadores de Costas devem nadar sempre do mesmo lado da raia, de modo que possam praticar o exercício com cada um dos braços a cada distância de piscina.

Exercícios de pernada e de rotação do corpo

Há cinco exercícios que os nadadores podem praticar com o objetivo de desenvolver os movimentos laterais e verticais das pernas durante a execução das pernadas.

Exercício de pernada lateral

Dar pernada com o corpo de lado e um braço submerso estendido acima da cabeça e o outro ao lado do corpo é um modo excelente de melhorar as pernadas diagonais e a rotação do corpo. O nadador deve praticar esse exercício fazendo a rotação do corpo na direção do braço que está estendido acima da cabeça. Ele deve completar seis, oito, ou qualquer número determinado de pernadas nessa posição antes de mudar de lado.

Uma variação da pernada lateral pode ser utilizada para praticar o ritmo de seis batidas. O nadador deve iniciar deitado sobre um dos lados com o braço desse lado estendido acima da cabeça e submerso e o outro braço ao lado do corpo. O atleta deve dar duas pernadas para cada lado antes de fazer a rotação para o outro lado e deve mudar a posição dos braços ao fazer essa rotação. Ao trocar de lado, deve dar duas pernadas de um lado do corpo, mais duas pernadas durante a rotação e, em seguida, mais duas pernadas do outro lado, de modo a executar um ritmo de pernadas de seis batidas exagerado. A princípio, o exercício deve ser realizado sem levar em consideração as braçadas, exceto para a mudança de posição em cada rotação. Depois que já estiver proficiente na sincronização das pernadas com a rotação do corpo, daí sim o nadador deve se concentrar em adicionar a braçada correta.

Exercício de pernadas para trás

Esse exercício é bom para melhorar a resistência e a potência das pernadas, além de ser excelente para orientar os nadadores a manter o corpo em uma posição horizontal. O nadador poderá fazer esse exercício com os braços ao lado do corpo ou estendidos acima da cabeça e submersos. A execução de pernadas com os braços ao lado do corpo é um bom método para melhorar a posição do corpo se o atleta tiver o defeito de "rolar" os ombros de um lado para o outro ao executar as pernadas e também é o modo mais fácil de fazer o exercício, podendo ser utilizado por nadadores novatos e por aqueles atletas que apresentem pernadas extremamente fracas. É mais difícil dar as pernadas com os braços estendidos acima da cabeça. Mas essa prática ajuda o atleta a manter o corpo em uma posição horizontal, particularmente se demonstrar uma tendência a "sentar" profundamente na água. Durante a execução das pernadas, os braços devem ficar estendidos acima da cabeça e submersos, com as palmas das mãos e dedos entrelaçados.

Exercício com uma das mãos para fora

Nesse exercício, os nadadores dão pernadas ao longo da piscina com o corpo de lado e um braço fora da água e estendido diretamente acima do ombro. O outro braço deve estar submerso, ao lado do corpo. O nadador deve rolar o corpo na direção do braço que está posicionado ao lado do corpo, de modo que o ombro do lado do braço que está estendido para fora da água também saia da água. O atleta pode mudar de lado depois de um certo número de pernadas. Esse exercício é excelente para melhorar a resistência e a potência da pernada de adejamento, porque a pernada deve suportar o peso do braço acima da cabeça.

Exercício de pernadas com prancha

Esse é um bom exercício para corrigir o movimento de pedalagem na pernada. O nadador executa a pernada mantendo uma prancha longitudinalmente sobre as coxas. Se a prancha ficar saltando, é porque o nadador está pedalando e batendo as coxas e os joelhos nela. A prancha permanecerá quieta se o nadador executar corretamente as pernadas.

Exercício com esponja

Esse exercício é utilizado para treinar os nadadores de Costas a manter a cabeça parada. O atleta coloca uma pequena esponja sobre a testa e nada ao longo da piscina tentando evitar que a esponja caia. Se não houver uma esponja à disposição, também poderão ser utilizadas moedas ou anéis de mergulho. Porém, chumbos de mergulho não são recomendados.

Exercícios de golfinhada submersa

Nadadores que planejam executar golfinhadas nadando de costas durante uma parte de suas provas precisam aprender a técnica correta e também treinar para permanecer submersos na maior parte possível dos 15 m permitidos por comprimento de piscina. A seguir, são descritos alguns exercícios que ajudarão a desenvolver essa habilidade.

Tiros de velocidade (em submersão) para 25, 50 e 75

Esses exercícios podem ser realizados com ou sem nadadeiras. Inicialmente, as nadadeiras ajudam bastante. Esses dispositivos auxiliam o nadador a desenvolver pernadas rápidas e curtas e movimentos de "chime" com o corpo, tão importantes para a velocidade na golfinhada submersa. Além disso, ficar em submersão por mais tempo passa a ser muito mais fácil. Contudo, tão logo o atleta tenha dominado os movimentos com as nadadeiras, deverá realizar esses exercícios sem a ajuda delas, a fim de

que possa evoluir até as pernadas que serão efetivamente executadas durante as competições. Para essa finalidade, são ideais dez a doze tiros de 25 m, seis a oito tiros de 50 m e três a quatro tiros de 75 m. Os períodos de repouso entre as repetições devem ser de 1 a 5 min, de modo a permitir que o atleta tenha tempo de se recuperar suficientemente para completar os tiros de velocidade subsequentes com boa qualidade.

Exercício de emersão sem quebra de ritmo

Nesse exercício, os nadadores podem fazer repetições por qualquer distância. O atleta dá golfinhadas submersas por 15 m a cada comprimento de piscina e, em seguida, aflora pela superfície com uma pernada de adejamento, utilizando-a para completar o restante do comprimento da piscina. O atleta deve se concentrar no uso das duas ou três últimas golfinhadas submersas para elevar-se gradualmente até a superfície e deve iniciar a pernada de adejamento antes de irromper na linha da água. O nadador deve tentar emergir de um modo que não se perceba nenhuma ruptura no ritmo, além da perda de velocidade que naturalmente existe entre a golfinhada e a pernada de adejamento.

Exercício com tubo plástico

Esse é um excelente exercício para melhorar a capacidade de ficar submerso durante mais tempo nas provas. Um pedaço de tubo plástico fino é amarrado transversalmente à raia no ponto médio de uma piscina de 25 jd/m. O atleta, então, deverá nadar sessões de repetições de 50 a 100 m, executando golfinhadas submersas em cada comprimento da piscina até ultrapassar o tubo.

Capítulo 7

Nado de Peito

Novo nesta edição:

- Descrição da braçada e da pernada com base na propulsão dominada pelo arrasto.
- Discussão do estilo ondulatório do nado de Peito.

O nado de Peito tem uma rica história de competição. Foi o primeiro nado utilizado em competições depois da Idade das Trevas, e todos os nados de competição remanescentes se desenvolveram a partir dele. Em determinada época, as regras permitiam que os atletas nadassem submersos nas competições de nado de Peito, mas essa prática se revelou perigosa demais. São muitos os casos registrados de atletas que morreram por terem permanecido submersos durante muito tempo em provas de nado de Peito. As regras foram mudadas no final dos anos 1950, para garantir que a maior parte dessas provas seria nadada na superfície. Atualmente, permite-se que os nadadores de Peito fiquem submersos apenas durante um ciclo de braçadas depois da saída e depois de cada virada. Depois disso, alguma parte do corpo, habitualmente a cabeça, deverá aparecer acima da superfície plana normal da água uma vez durante cada ciclo de braçada/pernada. Atletas desse nado utilizam uma braçada curta, semicircular, e uma pernada que é conhecida por diversos nomes, embora seja mais comumente chamada de *pernada de chicotada*.

O nado de Peito é o mais lento dos nados competitivos, por causa das grandes flutuações que ocorrem na velocidade a cada ciclo de braçada/pernada. Embora, geralmente, os nadadores especialistas nesse nado criem grandes forças durante as fases propulsivas de cada ciclo de braçada/pernada, também desaceleram significativamente a cada vez que fazem a recuperação das pernas, em preparação para a próxima pernada. Nadadores de outras modalidades competitivas perdem apenas um terço de sua velocidade frontal durante os períodos de recuperação em ciclos de braçada/pernada, enquanto muitos nadadores de Peito quase param ao executar a recuperação das pernas para frente. Assim, os nadadores de Peito devem exercer mais força do que aqueles em outros nados, simplesmente para acelerar o corpo de volta à velocidade de competição durante cada ciclo de braçada/pernada, e isso faz com que esse nado seja extremamente rigoroso para ser praticado.

No passado, muitos especialistas acreditavam que o nado de Peito deveria ser praticado em uma posição corporal plana, ou seja, o corpo deveria permanecer horizontal e na superfície durante o ciclo de braçada/pernada inteiro. Um estilo ondulatório, introduzido nos anos 1970, envolvia a movimentação do corpo em um movimento de golfinho, de certa forma parecido com o nado Borboleta durante a pernada. Tal estilo, chamado por muitos nomes inclusive *nado de Peito Golfinho* e *nado de Peito europeu*, mas hoje em dia corriqueiramente conhecido como *nado de Peito ondulatório*, demorou para ser dominado. Mas, recentemente, a mudança de regra que permite aos nadadores permanecer com a cabeça submersa durante partes de cada ciclo de braçada/pernada acelerou sua adoção, porque os atletas verificaram que podiam melhorar o alinhamento durante a pernada ao baixarem a cabeça entre os braços. Eles também constataram que podiam utilizar a ação ondulatória da água para a propulsão durante a recuperação dos braços e pernas.

ESTILOS PLANO E ONDULATÓRIO DO NADO DE PEITO

Os dois estilos do nado de Peito estão contrastados na série de desenhos na Figura 7.1. O estilo plano do nado de Peito se caracteriza por uma posição corporal horizontal, em que os quadris permanecem na superfície ou em suas proximidades durante todo o ciclo de braçada/

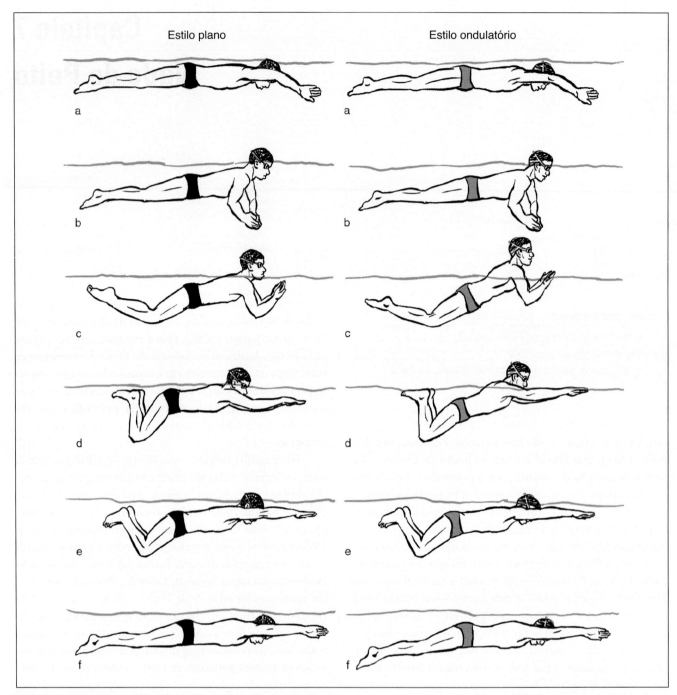

Figura 7.1 Comparação dos estilos plano e ondulatório do nado de Peito.

pernada. Os nadadores respiram levantando e abaixando a cabeça, de modo que a posição plana do tronco não fique comprometida. No estilo ondulatório, a cabeça e os ombros se elevam para fora da água quando o nadador respira, e os quadris se abaixam durante a recuperação das pernas para frente.

As principais diferenças entre os dois estilos podem ser visualizadas na Figura 7.1, c e d. Os ombros do nadador no estilo plano permanecem submersos, os quadris, próximos à superfície durante a respiração, e o atleta permanece horizontal durante o período de execução da recuperação das pernas para frente. Por outro lado, quando o nadador do estilo ondulatório respira e recupera as pernas para frente, os ombros ficam fora da água, os quadris ficam para baixo e o corpo, inclinado para baixo, dos ombros até os joelhos. Em todas as demais fases do nado, as posições corporais são muito parecidas para os dois estilos. Os dois nadadores permanecem em posição horizontal e alinhados durante a fase propulsiva de suas braçadas, conforme mostra a Figura 7.1, a e b. Também ficam horizontais durante a fase propulsiva das pernadas, conforme ilustra a Figura 7.1e. Afora isso, a única diferença entre os dois nadadores pode ser observada na Figura 7.1f: no estilo ondulatório, os nadadores de Peito tendem a pressionar os quadris ligeiramente para cima, com o uso da pernada, talvez para promover uma onda corporal reversa. Terei mais a dizer sobre esse tipo de onda (i. e., a onda corporal reversa) mais adiante, neste capítulo.

Os proponentes do estilo plano justificam sua preferência com o argumento de que o arrasto de forma fica reduzido e que usam menos energia, pois, ao nadarem, não fazem movimentos cansativos para cima e para baixo. Mas os traçados para a velocidade frontal do centro de massa dos nadadores demonstram que esse argumento é inválido. Em vez de criar maior resistência ao movimento, o arrasto de forma realmente sofre redução significativa quando o nadador eleva a cabeça e o tronco acima da água no estilo ondulatório. De fato, esses atletas criam menos arrasto de empuxo com as pernas e reduzem o arrasto de forma ao assumirem uma forma mais hidrodinâmica durante a maior parte das recuperações dos braços e pernas. Além disso, como será discutido na seção sobre traçados de velocidade frontal, eles recebem uma terceira fase propulsiva proveniente da propulsão ondulatória ao levantar a cabeça e os ombros acima da água.

A Figura 7.2 ilustra porque os nadadores de Peito que adotam o estilo plano criam maior arrasto do que os nadadores que usam o estilo ondulatório durante a recuperação das pernas. O nadador que usa o estilo plano, à esquerda, gera considerável quantidade de arrasto de empuxo durante a recuperação das pernas porque impulsiona a água com as coxas para baixo e para frente. Tal desaceleração está ilustrada no gráfico pelo grande vale ao final da recuperação das pernas. Medidas de velocidade de muitos nadadores usuários do estilo plano demonstraram que sua velocidade frontal desacelera significativamente quando recuperam as pernas dessa maneira. Na verdade, muitos chegam mesmo a parar completamente durante essa fase do ciclo de braçada/pernada (Maglischo 1999).

O nadador que utiliza o estilo ondulatório, à direita, reduz o arrasto de empuxo baixando os quadris ao executar a recuperação das pernas e conduzi-las para frente, sem impulsionar as coxas para baixo. As pernas são menos volumosas e se movimentam para frente atrás do tronco. Portanto, a recuperação das pernas, dessa maneira, gera menor arrasto resistivo do que o movimento de impulsionar a água para frente com as coxas (que são mais volumosas). O gráfico de velocidade para o nadador usuário do estilo ondulatório demonstra que ele desacelera menos e por um tempo mais curto durante a recuperação das pernas para frente. Observe que o nadador do estilo plano desacelera até uma velocidade de 0,20 m/s, enquanto o nadador à direita desacelera apenas até 0,80 m/s.

Nadadores de Peito do estilo ondulatório também se deparam com menos arrasto resistivo, porque mantêm

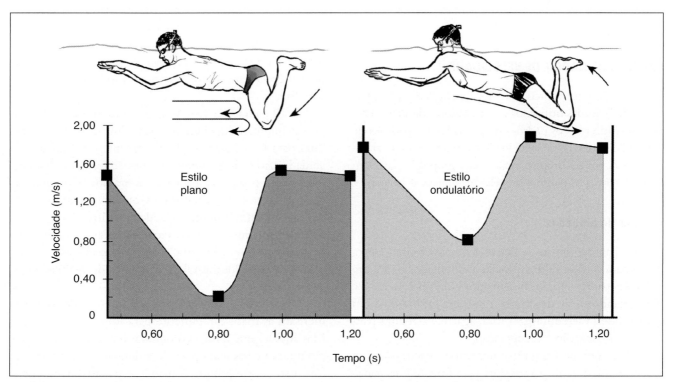

Figura 7.2 Comparação do arrasto resistivo gerado pela recuperação das pernas nos estilos plano e ondulatório do nado de Peito.

uma forma afilada com o tronco e as pernas durante a recuperação das pernas. O corpo fica ligeiramente inclinado para baixo (da cabeça até os joelhos), de modo que as correntes de água possam mudar gradualmente de direção enquanto o corpo e as pernas avançam. Isso está indicado na Figura 7.2 pela seta abaixo do corpo do nadador, ilustrando a direção relativa do fluxo da água. A cabeça e os ombros do atleta devem estar levantados, para que os quadris abaixem e o nadador obtenha essa posição de corpo afilado, o que pode explicar em parte por que muitos nadadores de Peito habilidosos movimentam os ombros para fora da água durante a recuperação das pernas. Por outro lado, no estilo plano, as pernas formam uma superfície plana (parecida com uma parede) diante da água que está chegando, o que irá causar uma turbulência consideravelmente maior. Ao contrário da crença popular, nadadores que recuperam as pernas abaixando os quadris não aumentarão o arrasto de forma, por deixarem que os joelhos afundem mais na água.

O leitor pode estar pensando que os nadadores deviam reduzir o arrasto resistivo ainda mais ao utilizarem uma posição plana do corpo e ao recuperarem as pernas ainda na posição plana. Entretanto, tal ajuste não é possível. Se os quadris permanecerem próximos à superfície, os nadadores de Peito não poderão manter os pés submersos ao executarem a recuperação das pernas para frente, a menos que impulsionem as coxas para baixo e para frente. Por outro lado, no estilo ondulatório, os nadadores de Peito serão capazes de manter os pés submersos sem impulsionar as coxas para baixo e para frente, por abaixarem os quadris.

PADRÕES DE NADO E DE VELOCIDADE

No primeiro tópico desta seção, estudaremos os padrões de braçadas utilizados por nadadores de Peito. Depois, discutiremos os padrões de pernadas. Os padrões de velocidade frontal e de velocidade das mãos serão descritos a seguir e, por sua importância para a propulsão, também serão descritos os padrões de velocidade para as pernas.

Padrões de braçadas

Os padrões típicos de braçadas frontais, laterais e para baixo para o nado de Peito estão apresentados na Figura 7.3; esses padrões foram desenhados com relação à água. Para finalidades de descrição, a braçada foi dividida em quatro fases: varredura para fora, agarre, varredura para dentro e finalização e recuperação.

Nadadores de Peito movimentam os braços para fora e para frente durante a varredura para fora. Alguns nadadores também direcionam os braços ligeiramente para cima; isso ocorre particularmente com nadadores que ondulam o corpo durante o nado de Peito. O agarre ocorre quando os braços se movimentam para além da largura dos ombros, onde podem obter uma orientação para trás. A varredura para dentro é um movimento semicircular em que as mãos são mobilizadas para dentro, abaixo do corpo. Os braços continuam se deslocando para fora na primeira parte da varredura para dentro, para superar gradualmente a inércia, pois também se movimentam para trás e para baixo. Os braços continuam a se movimentar para fora e para baixo até terem completado a primeira metade da varredura para dentro; nesse momento, sua direção muda, indo para trás, para cima e para dentro. A fase propulsiva da varredura para dentro termina quando a direção das mãos para trás muda para frente no momento em que estão se unindo abaixo dos ombros. A partir desse ponto, os braços continuam se movimentando para cima, para dentro e para frente, até terem alcançado a superfície. Nesse momento, o nadador estenderá os braços para frente, para a execução da próxima braçada.

Nesse ponto, quero chamar a atenção do leitor para três aspectos importantes desses padrões de braçadas ilustrados na Figura 7.3.

1. A vista inferior mostra que as mãos estão se movimentando para fora antes de estarem completamente estendidas. Não ocorre deslize. Embora tradicionalmente os instrutores ensinem o deslize, esse movimento não é utilizado pela maioria dos nadadores de Peito de classe mundial. Mas existe um período de descanso para os braços; esse período ocorre quando o nadador faz o lançamento para frente e para fora, em direção à posição do agarre. Ele mantém as mãos em movimento desde a recuperação até a varredura para fora, com o objetivo de suplantar a inércia para frente, durante a mudança de direção para fora.

2. O padrão na vista frontal demonstra que as mãos se movimentam ligeiramente para cima durante a varredura para fora. Essa direção ascendente é enganosa. Na verdade, não é tão grande como parece ser nesse desenho. Isso ocorre porque os padrões das braçadas são desenhados mediante o traçado dos movimentos do dedo médio das mãos. Naturalmente, os dedos médios irão se movimentar para cima quando as mãos se viram para fora durante a varredura para fora, o que dá a impressão de que os braços se deslocaram mais para cima do que na verdade ocorreu.

Na maioria dos casos, os nadadores de Peito movimentam as mãos diretamente para fora e para os lados. Mas aqueles que tendem a ondular o corpo movimentarão um pouco as mãos para cima durante a varredura para fora. Isso ocorre porque as mãos são puxadas ligeiramente para baixo, enquanto os quadris ondulam para cima.

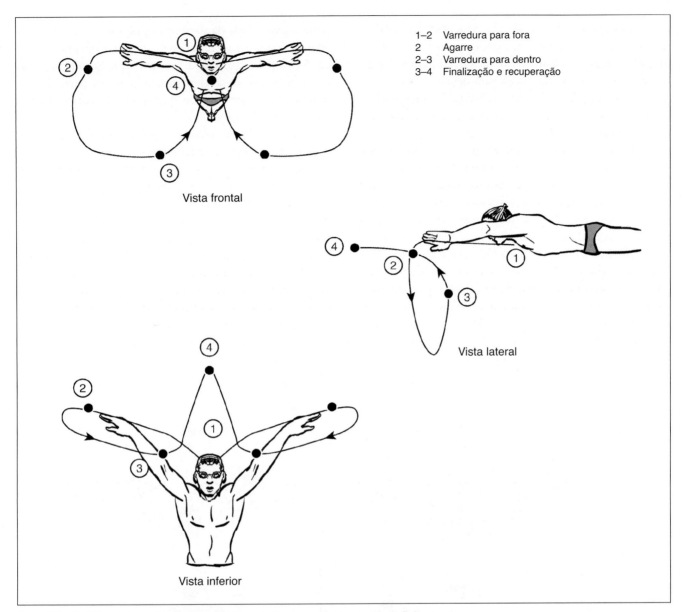

Figura 7.3 Padrões de braçadas para frente, para os lados e para baixo no nado de Peito.

Consequentemente, os atletas deslizarão as mãos para cima e também para fora durante a varredura para fora, para executarem o agarre perto da superfície.

3. Os padrões de braçadas nas vistas frontal e lateral demonstram que, para alguns atletas, pode ocorrer uma quantidade surpreendentemente grande de movimento descendente durante a primeira metade da varredura para dentro. Os nadadores movimentam as mãos para baixo por cerca de 60 cm (aproximadamente 2 pés) durante essa fase da braçada. Esse movimento descendente atende a duas finalidades: movimentar os braços por baixo dos ombros, onde podem ser recuperados para frente com arrasto de empuxo mínimo, e ajudar na elevação da cabeça e dos ombros, de modo que as pernas possam ser recuperadas também com um mínimo arrasto de empuxo.

Variações das braçadas

Atualmente, são observados dois estilos distintos de braçadas usados por nadadores de classe mundial (Thayer et al. 1986). Alguns movimentam as mãos para fora e para frente durante a primeira parte da braçada e, em seguida, para dentro e para trás durante a parte final. Este é o padrão ilustrado na Figura 7.3. Comumente, o uso dessa técnica resulta em um grande impulso na velocidade frontal durante a braçada.

O segundo estilo é praticamente o oposto do estilo que acabamos de descrever. As mãos são movimentadas para fora e para trás durante a varredura para fora, e para dentro e para frente durante a varredura para dentro. Esse padrão, ilustrado no lado direito da Figura 7.4, também resulta em um grande impulso da velocidade frontal. Entretanto, nesse caso, o impulso ocorre muito mais cedo na braçada, durante a última parte da varredura para fora e na primeira parte da varredura para dentro.

Os gráficos de velocidade na Figura 7.4 demonstram como os nadadores aceleram o corpo para frente com cada um desses estilos contrastantes. O gráfico à esquerda mostra o que ocorre com a velocidade frontal quando os braços se deslocam para frente e para fora, durante a varredura para fora, e para trás e para dentro, durante a varredura para dentro. O corpo começa a acelerar à frente mais tardiamente na varredura para fora e continua acelerando na mesma direção durante toda a varredura para dentro.

O gráfico à direita demonstra o efeito da velocidade frontal quando nadadores movimentam as mãos para fora e para trás, durante a varredura para fora, e para dentro e para frente, durante a varredura para dentro. O corpo começará a acelerar à frente mais cedo na braçada, mas essa aceleração também terminará antes do normal. Conforme mostra o gráfico, a velocidade frontal acelera mais durante a parte final da varredura para fora e no início da primeira parte da varredura para dentro, enquanto os braços estão impulsionando a água para trás. Entretanto, a velocidade frontal desacelera durante a maior parte da varredura para dentro, depois que os braços começam a se movimentar para frente.

No que diz respeito à propulsão, as diferenças entre os dois estilos, ilustradas na Figura 7.4, são as seguintes:

1. A varredura para fora é um movimento não propulsivo para o nadador à esquerda, porque suas mãos estão se movimentando tanto para frente como para fora. Mas a varredura para dentro é totalmente propulsiva, porque o atleta mantém as mãos se movimentando para dentro e para trás, até que estejam dentro dos limites dos ombros.

2. A segunda metade da varredura para fora é propulsiva para o nadador à direita, porque o atleta começa movimentando as mãos para trás durante essa fase da braçada. A propulsão continua durante pequena parte da varredura para dentro, mas termina muito cedo, porque as mãos começam a se movimentar para frente.

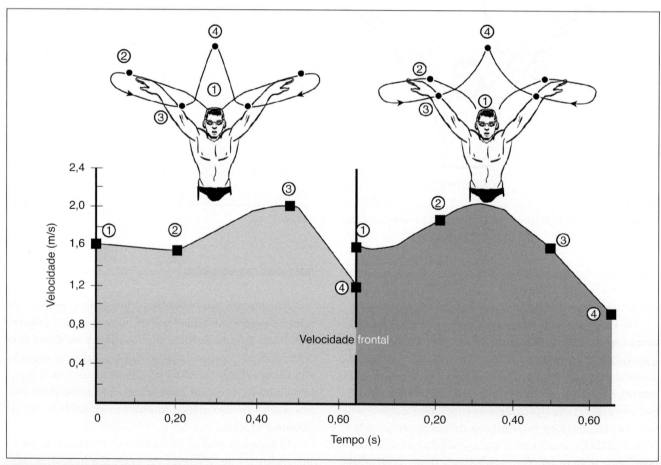

Figura 7.4 Propulsão durante dois tipos de braçadas no nado de Peito. O gráfico à esquerda demonstra o padrão de movimentação das mãos para fora durante a varredura para fora, e de movimentação para trás durante a varredura para dentro. O gráfico à direita ilustra outro padrão comum de movimentação das mãos para fora e para trás durante a varredura para fora, e de movimentação para dentro e para frente durante a varredura para dentro.

Ambos os métodos podem ser eficientes. De fato, tais métodos são comprovadamente eficazes, por já terem sido utilizados por diversos nadadores de classe mundial. Não obstante, acredito que o padrão de braçada ilustrado à esquerda tem o potencial de ser o mais efetivo dos dois; penso assim porque os nadadores alcançam a máxima velocidade frontal imediatamente antes do término da braçada e do início da recuperação das pernas para frente. Tendo em vista que essa recuperação é o mais potente movimento de retardo nesse nado, segue-se que a velocidade frontal pode desacelerar praticamente na mesma extensão durante essa fase do ciclo do nado se o nadador estiver se deslocando mais rapidamente ao começar o movimento. Pelo mesmo raciocínio, provavelmente a velocidade frontal já terá iniciado o processo de desaceleração antes que o nadador tenha começado a recuperação das pernas para frente.

Posto isso, também devo mencionar que quase todos os nadadores preferem o estilo ilustrado pelo padrão de braçada à direita. Suspeito que eles movimentem as mãos para dentro e para frente por causa da ênfase dada por seus treinadores no sentido de fazer com que as mãos avancem para frente quase imediatamente quando começam a fazer a varredura para dentro. Acredito que esse seja um grave erro técnico, que causa perda de velocidade e de distância por braçada. É melhor alertar os atletas para que movimentem as mãos para dentro e para trás durante a varredura para dentro, de modo que possam manter a propulsão durante essa fase da braçada; tal propulsão adicional deve mais do que compensar a propulsão perdida durante a varredura para fora. Além disso, a impulsão da água para a frente com as mãos durante a varredura para dentro apenas fará com que os nadadores desacelerem mais do que normalmente já ocorre. O corpo deve estar se deslocando para frente na velocidade de pico ao final da varredura para dentro, de modo que os atletas não desacelerem tanto, por ocasião da recuperação das pernas à frente.

Padrões de pernadas

As direções de movimentação dos pés durante a pernada do nado de Peito estão desenhadas nas vistas frontal, lateral e inferior nos padrões de pernada da Figura 7.5. As fases da pernada são: recuperação, varredura para fora, agarre, varredura para dentro, e elevação e deslize.

O ciclo da pernada tem início quando os pés e as pernas são recuperados para frente. Ao se aproximar das nádegas, os pés são movimentados para fora e também para frente, até que estejam fora da amplitude dos ombros e voltados para trás. É nesse momento que ocorre o agarre e o nadador começa a aplicar força propulsiva. O padrão

na vista frontal ilustra claramente que a fase propulsiva da pernada do nado de Peito é um movimento circular. A partir do agarre, o nadador movimenta as pernas para fora, de volta para dentro e em seguida para baixo, até a completa extensão nos joelhos e até que estejam praticamente juntas. A partir desse ponto, elas irão se mover para cima, até ficarem alinhadas com o corpo, sendo mantidas em uma posição hidrodinâmica (i. e., alinhada), enquanto o nadador executa a fase propulsiva da braçada.

Três aspectos técnicos importantes estão ilustrados por esses padrões de pernada. O primeiro aspecto diz respeito à quantidade de movimento para baixo das pernas durante a varredura para dentro da pernada, aproximadamente 50 a 60 cm (20 a 24 polegadas). Contudo, esse componente direcional é ilusório. Conquanto as pernas realmente se deslocam para baixo durante a varredura para dentro, a distância é de apenas cerca de metade da que está aparentemente representada nesses padrões.

As pernas parecem se movimentar mais para baixo do que realmente ocorre, porque o padrão de pernadas é desenhado pelo traçado do trajeto do dedão (i. e., hálux). Com os joelhos flexionados e os pés voltados para fora e projetados para frente pelos tornozelos, ao ter início a varredura para dentro, os dedos dos pés estarão praticamente na superfície. Então, ocorrerá a rotação dos pés para dentro, enquanto as pernas são estendidas para trás. Portanto, dependendo do tamanho dos pés de cada nadador, 15 a 30 cm (6 a 12 polegadas) da distância aparentemente percorrida pelas pernas se devem simplesmente ao fato de que os pés estão virados para baixo durante a varredura para dentro.

O segundo aspecto técnico enganoso desses padrões está relacionado à pequena distância que as pernas parecem se deslocar para trás durante a varredura para dentro. Poderíamos esperar que as pernas se movimentassem mais para trás durante a varredura para dentro se a ação de impulsionar água para trás fosse a principal origem da propulsão à frente. Não posso explicar com certeza porque as pernas não se movimentam mais para trás, mas posso propor uma hipótese razoável.

A mais evidente dessas razões pode ser o fato de que as forças decorrentes da sustentação e do arrasto contribuem quase igualmente para a força propulsiva da pernada do nado de Peito. A Figura 7.6 ilustra como essa propulsão pode ser resultado de uma geração praticamente igual de forças de sustentação e de arrasto. A análise vetorial dessa parte da varredura para dentro entre as duas barras horizontais demonstra que poderia ser gerada uma quantidade considerável de força propulsiva, embora os pés estejam se movimentando mais para baixo do que para trás durante esse movimento. Enquanto a força ascendente gerada se combina com o arrasto para formar uma for-

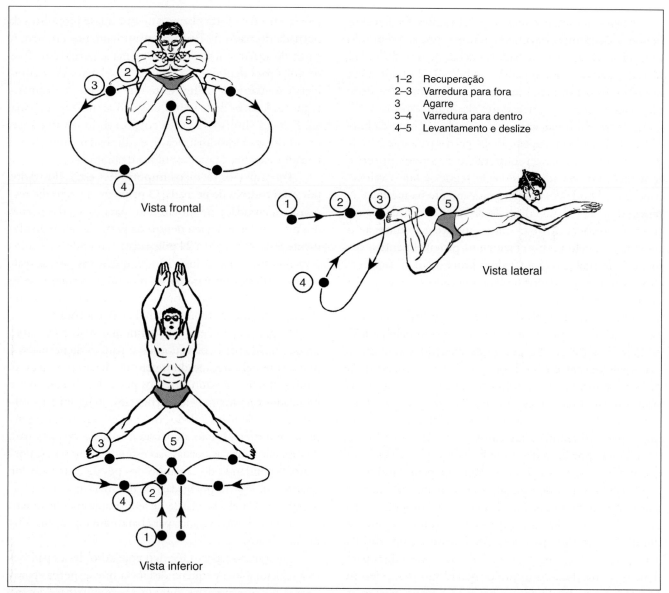

Figura 7.5 Padrões de movimentos típicos para a pernada do nado de Peito, vistas lateral, frontal e inferior. Esses padrões foram desenhados em relação à água.

ça propulsiva para frente razoavelmente significativa, ela também constitui uma força ascendente considerável nos quadris. Isso pode explicar por que muitos nadadores de Peito parecem picar ligeiramente os quadris durante essa fase da pernada.

O último aspecto técnico desses padrões de pernadas a ser comentado é a ligeira diferença entre os movimentos das pernas direita e esquerda. Os padrões de pernadas na vista inferior demonstram que a perna direita do nadador exibe um padrão de movimento mais longo e mais amplo do que a perna esquerda. Assimetria desse tipo é comum na maioria dos praticantes do nado de Peito (Czabanski e Koszczyc 1979). Do mesmo modo que todos os atletas parecem ter um braço mais efetivo do que o outro, também parece que as pernas diferem em eficiência propulsiva. Comumente, a perna esquerda é o membro inferior (Czabanski 1975).

As três explicações mais lógicas para a assimetria das pernas no nado de Peito são: (1) menos força em uma das pernas, em comparação com a outra; (2) diferenças no tamanho das duas pernas; e (3) maior amplitude de movimento em uma perna, em comparação com a outra. Pesquisas indicam que essa última explicação é a mais provável das três. Czybanski (1975) constatou que dois grupos de nadadores, com boas e más pernadas no nado de Peito, não tiveram pontuações diferentes nos testes de força das pernas. Por outro lado, Nimz et al. (1988) informaram diferenças nas medidas de flexão da articulação dos joelhos e eversão (i. e., ação de virar os pés para fora). Entretanto, esse último grupo de pesquisadores não observou qual-

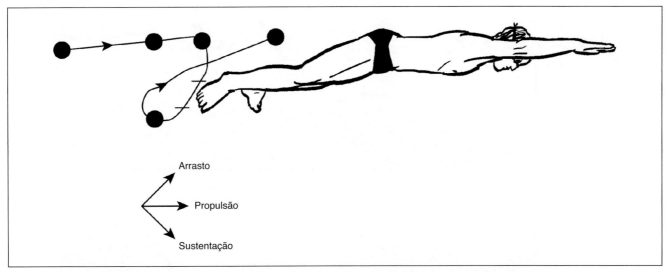

Figura 7.6 A ilustração mostra como a propulsão pode ser gerada por uma combinação de forças de sustentação e de arrasto durante a varredura para dentro da pernada.

quer diferença significativa nas medidas de comprimento, largura ou circunferência das pernas; tais dados sugerem que exercícios com o objetivo de aumentar a amplitude de movimento nas articulações do joelho e do tornozelo poderiam melhorar a velocidade das pernadas.

Gráficos de velocidade das mãos e dos pés e de velocidade frontal

Os gráficos na Figura 7.7 demonstram dados típicos para velocidade frontal e para velocidades das mãos e dos pés para um nadador de Peito de competição. Descreverei cada um desses gráficos, começando com a velocidade frontal.

Gráficos de velocidade frontal

A velocidade frontal do centro de massa de um nadador de Peito está ilustrada durante um ciclo completo de nado no gráfico inferior da Figura 7.7. Ao ser registrada, o atleta estava nadando velozmente em uma prova de 200 m. O gráfico começa com 0 s na linha de tempo; este é o ponto em que os braços começam a fazer a varredura para fora, depois que o atleta executou a recuperação dos braços para frente. Nesse momento, o nadador está se deslocando para frente na velocidade de aproximadamente 1,60 m/s. Sua velocidade frontal decorre da parte final da pernada, quando as pernas se aproximam até ficarem juntas. Depois de completar a fase propulsiva da pernada, a velocidade do atleta cai ligeiramente para 1,30 m/s, enquanto faz a varredura para fora até alcançar a posição do agarre. Ele executa o agarre em aproximadamente 0,18 s.

Depois do agarre, o nadador movimenta os braços para fora, para baixo e para dentro. Sua velocidade frontal atinge um pico de aproximadamente 1,70 m/s imediatamente antes de liberar a pressão na água ao final da varredura para dentro com os braços. A fase propulsiva da varredura para dentro ocorre quando já transcorreram aproximadamente 0,55 s no ciclo da braçada. Depois da varredura para dentro, a velocidade frontal do nadador desacelera durante um breve momento, enquanto ele executa a recuperação dos braços para cima, na direção da superfície, e as pernas começam a recuperação à frente. Mas é preciso observar que a velocidade frontal aumenta novamente logo depois que o atleta começa a recuperar os membros, continuando a aumentar até que tenham transcorrido aproximadamente 0,90 s no ciclo de braçada/pernada. Esse aumento decorre da propulsão ondulatória.

O nadador diminui abruptamente quando o efeito ondulatório se dissipa e sua velocidade frontal cai para 1,00 m/s, quando os braços se movimentam para frente e as pernas flexionam ainda mais durante a recuperação. Essa desaceleração é bastante rápida e pronunciada, porque o nadador está empurrando as duas pernas e os braços para frente na água. Muitos nadadores de Peito de classe mundial desaceleram até velocidades de aproximadamente 1,00 m/s durante esse momento (Thayer et al. 1986). No entanto, praticantes menos habilidosos desse nado realmente param de se movimentar à frente por um instante, nas proximidades do final da recuperação das pernas (Craig, Boomer e Skehan 1988).

O nadador na Figura 7.7 acelera com muita rapidez a partir desse vale de desaceleração, tão logo tenha começado a fase propulsiva da pernada. Ele alcança a velocidade de pico, de aproximadamente 1,80 m/s, a meio-caminho da varredura para dentro das pernas, mantendo quase a mesma velocidade até parar de pressionar para trás, de-

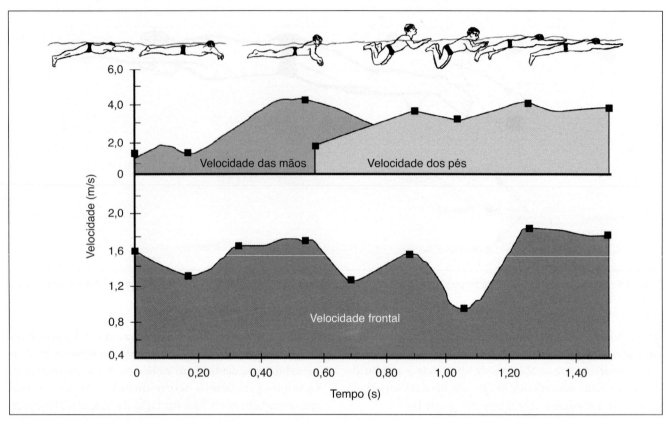

Figura 7.7 Padrões típicos de velocidade frontal e de velocidades das mãos e dos pés para o nadador de Peito Glenn D. Mills.

pois de transcorridos cerca de 1,49 s de seu ciclo de braçada/pernada.

Quase todos os nadadores de Peito de classe mundial alcançam velocidades de pico parecidas para os braços e as pernas. Mas esses atletas aceleram seus corpos à frente durante mais tempo com os braços do que com as pernas. Não obstante, a pernada é nitidamente o agente propulsivo dominante nesse nado. A velocidade frontal desse nadador aumenta praticamente 0,90 m/s durante a pernada; já durante a braçada, a velocidade frontal aumenta apenas 0,40 m/s. Assim, os nadadores não aceleram o corpo à frente com os braços no mesmo nível que com as pernas – embora as velocidades de pico sejam parecidas durante essas duas fases do nado. Isso ocorre porque a propulsão gerada pela pernada tem início quando a velocidade frontal está em seu ponto mais baixo no ciclo de braçada/pernada, ao passo que o nadador começa a acelerar o corpo à frente com os braços quando já está se deslocando muito rapidamente.

Duas observações acerca do padrão de velocidade frontal na Figura 7.7 nos fornecem informações importantes concernentes às técnicas de execução do nado de Peito. A primeira observação refere-se ao vale de desaceleração durante as recuperações das pernas e dos braços. Uma das diferenças mais importantes entre nadadores de Peito de classe mundial e colegas menos bem-sucedidos pode ser atribuída a essa fase do ciclo de braçada/pernada. Nadadores de Peito de classe mundial desaceleram menos e gastam menos tempo nesse vale. Os melhores atletas não desaceleram muito mais do que 1 m/s durante esse momento e não gastam mais de 0,30 s nesse vale. Atletas menos habilidosos desse nado frequentemente desaceleram 1,50 m/s ou mais e gastam 0,40 s a 0,60 s no vale antes de completarem a recuperação das pernas.

A segunda observação diz respeito à terceira fase propulsiva (ou fase média) durante o ciclo de braçada/pernada, ou seja, a fase resultante da propulsão ondulatória. Durante a braçada, o nadador impulsiona o corpo para frente contra uma grande parede de água, impulsionando também um pouco dela para a mesma direção, durante a formação da esteira da água. Quando a velocidade frontal desacelera rapidamente ao final da braçada, essa água ocupa o espaço atrás, e a esteira cria uma vaga para frente, acelerando o corpo à frente durante essa movimentação. Comumente, a aceleração da velocidade frontal, decorrente da propulsão ondulatória, tem magnitude parecida com a aceleração frontal decorrente da braçada, embora não perdure o mesmo tempo.

Apenas nadadores de Peito que adotam o estilo ondulatório são beneficiados com a magnitude da propulsão ondulatória ilustrada na Figura 7.7. Nadadores de Peito que praticam o estilo plano não irão obter a mesma magnitude de propulsão ondulatória durante as recuperações dos braços e das pernas, conforme descrito anteriormente.

Obviamente, a propulsão ondulatória pode ser bastante benéfica para os nadadores de Peito. Por um lado, o acréscimo de uma terceira fase propulsiva de grande magnitude aumentará significativamente a velocidade média por ciclo de braçada/pernada. Por outro lado, tendo em vista sua ocorrência enquanto os nadadores estão fazendo a recuperação dos braços e das pernas, a propulsão ondulatória reduz tanto o tempo gasto pelos atletas desacelerando como a extensão dessa desaceleração durante a recuperação dos braços e das pernas. Por fim, a propulsão ondulatória é bastante econômica. Em certo sentido, esta é uma propulsão gratuita, pois não depende de nenhum esforço muscular.

Outro padrão de velocidade que demonstra o efeito da propulsão ondulatória está ilustrado na Figura 7.8. A nadadora é Silke Horner, ex-recordista mundial nos 100 m nado de Peito. Observe o momento da propulsão ondulatória durante o ciclo de braçada/pernada; esse momento ocorre logo após o início da recuperação dos braço e das pernas para frente. É quando a parte superior do corpo da nadadora está no ponto mais alto fora da água e antes que os braços comecem a empurrar água para frente. A propulsão ondulatória está assinalada pela área sombreada escura no gráfico de velocidade. O detalhe ilustra a posição do corpo de Silke durante essa fase.

O momento de ocorrência da propulsão ondulatória demonstra nitidamente que ela não é causada (ao contrário do que acreditam alguns) pelo nadador ao mergulhar para frente nem ao estender os braços durante a recuperação. A aceleração frontal de Silke ocorreu antes desse momento, e ela já está desacelerando antes de estender os braços para frente. É possível que esse bote para frente possa reduzir a extensão da desaceleração dos nadadores durante a extensão dos braços para frente. Mas, no caso dessa nadadora, a aceleração na velocidade frontal, em decorrência da propulsão ondulatória é causada por outros mecanismos. Entre eles, o mais provável para esse efeito é a presença de ondas de água geradas pelo sulco criado pelo corpo de Silke (que formam uma vaga para frente quando a atleta começa a desacelerar, depois de terminada a fase propulsiva da pernada).

Gráficos das velocidades das mãos e dos pés

A velocidade das mãos está representada pelo sombreado escuro do gráfico na parte superior da Figura 7.7. As mãos do nadador estão se deslocando aproximadamente na mesma velocidade que seu corpo quando começam a varredura para fora (0 s na linha de tempo). As mãos aceleram ligeiramente durante a varredura para fora e, em seguida, diminuem até que fiquem, novamente, deslocando-se na mesma velocidade do corpo quando o agarre é executado – aproximadamente depois de transcorridos 0,20 s do ciclo de braçada/pernada. Assim, aparentemente, esse nadador está movendo as mãos lentamente durante a varredura para fora, permitindo que elas quase parem completamente no momento do agarre, antes de ser iniciada a varredura para dentro. Tão logo tenha sido executado o agarre, a velocidade das mãos aumenta rapidamente durante toda a fase de varredura para dentro da braçada, até que o atleta pare de empurrar água para trás, depois de transcorridos aproximadamente 0,55 s do ciclo de braçada/pernada.

A velocidade máxima alcançada pelas mãos do nadador durante a varredura para dentro é superior ao do-

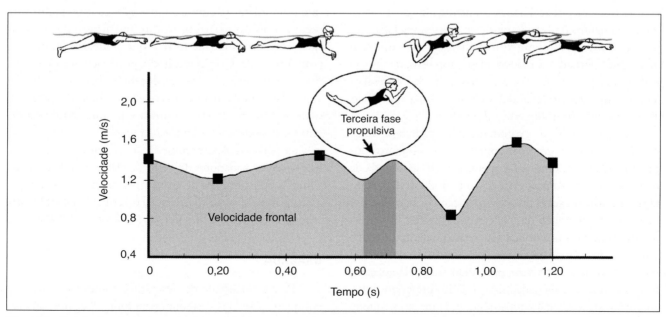

Figura 7.8 Padrão de velocidade para uma recordista mundial no nado de Peito. A nadadora é Silke Horner, ex-recordista mundial nos 100 m Peito.

bro da velocidade durante o agarre (1,30 vs 4,00 m/s). A velocidade das mãos começa a desacelerar quando o nadador começa a recuperar os braços para frente, desacelerando até que seja executado o agarre para o próximo ciclo de braçada/pernada. Como também foi descrito com os demais ciclos competitivos, os aumentos e diminuições na velocidade das mãos refletem as mudanças na velocidade frontal do nadador durante a braçada.

A velocidade dos pés do nadador está ilustrada pelo gráfico levemente sombreado na parte superior da Figura 7.7. As pernas do atleta estavam deslizando, imóveis, durante a braçada. Isso fica claro, pois as pernas estavam sendo tracionadas para frente com a mesma velocidade de deslocamento do corpo durante esses momentos.

O nadador começa a recuperação das pernas imediatamente depois de completada a fase propulsiva da braçada, após transcorridos cerca de 0,55 s do ciclo de braçada/pernada. O nadador recupera as pernas para frente com bastante rapidez. As pernas alcançam uma velocidade de aproximadamente 3 m/s imediatamente antes do início da varredura para fora, para a execução do agarre. A velocidade das pernas diminui durante a varredura para fora até que tenha sido executado o agarre, depois de transcorridos aproximadamente 1,08 s do ciclo de braçada/pernada. O nadador acelera-as rapidamente, tão logo tenha começado a fase propulsiva da pernada. Elas continuam a acelerar durante a parte para trás e para baixo da varredura para dentro, alcançando uma velocidade de aproximadamente 4 m/s quando estão completamente estendidas e imediatamente antes de iniciarem a movimentação para dentro (uma perna em direção à outra).

A velocidade dos pés do nadador desacelera ligeiramente quando mudam de direção, de fora para dentro. Depois disso, os pés aceleram novamente até que a varredura para dentro tenha sido praticamente completada (depois de transcorridos aproximadamente 1,48 s do ciclo de braçada/pernada). Tão logo a fase propulsiva dessa pernada tenha se completado, as pernas do nadador desaceleram enquanto são levantadas na direção da superfície, até sua posição hidrodinâmica de deslize.

O aspecto mais surpreendente desse padrão de velocidade dos pés é o grau de rapidez dos movimentos dos pés do nadador durante a recuperação. Não há dúvida de que o atleta fez isso para encurtar o período de desaceleração, enquanto executava a recuperação das pernas e dos braços. A recuperação das pernas com rapidez provavelmente aumentou um pouco seu arrasto de empuxo e, ao fazê-lo, reduziu sua velocidade frontal mais do que poderia ser reduzida se não tivesse procedido assim. Não obstante, aparentemente os nadadores de Peito preferem reduzir a velocidade frontal rapidamente durante um pequeno lapso de tempo, recuperando as pernas rapidamente, em

vez de reduzir a velocidade com menos rapidez durante mais tempo ao recuperar as pernas com lentidão. No que diz respeito à velocidade média por ciclo de braçada/pernada, essa concessão deve trazer bons resultados para o nadador. Se assim não fosse, os nadadores não recuperariam as pernas tão rapidamente.

Mas devemos enfatizar que os nadadores de Peito devem tentar reduzir o arrasto de empuxo causado pelas pernas durante a recuperação. Nesse caso, os atletas devem deslizá-las para frente na posição mais alinhada (i. e., hidrodinâmica) possível, embora estejam mobilizando-as para frente com bastante rapidez.

Outro aspecto importante do padrão de velocidade dos pés envolve o momento de execução da recuperação das pernas. Observe que o nadador não começa a recuperá-las para frente até que tenha sido completada a fase propulsiva da braçada. Isso não significa que o atleta espere até que os braços fiquem estendidos para frente ao longo da superfície, antes de executar a recuperação das pernas. A fase propulsiva da braçada terminará quando as mãos estiverem para se unir, dentro da amplitude dos ombros. É nesse momento que o nadador deve começar a recuperação das pernas para frente, de modo que o retardo entre o final da propulsão com os braços e o início da propulsão com as pernas seja o mais curto possível.

Embora alguns nadadores esperem demais (depois do término da propulsão com os braços) antes de dar início à recuperação das pernas para frente, há outros que não esperam tempo suficiente. Muitos nadadores acreditam — equivocadamente — que podem reduzir o período de desaceleração entre as fases propulsivas da braçada e da pernada se começarem a recuperação das pernas enquanto os braços estão ainda acelerando o corpo para frente. O que esses atletas não percebem é que os movimentos de recuperação das pernas provocam um arrasto de empuxo que reduz a velocidade frontal que poderiam conseguir com a braçada. Como resultado, pode ocorrer que a redução da velocidade frontal durante a braçada reduza a velocidade média para todo o ciclo de braçada/pernada, mais do que ocorreria em função de um ligeiro retardo entre o final da fase propulsiva da braçada e a fase propulsiva da pernada. Aparentemente, é isso que ocorre, porque todos os nadadores de Peito de classe mundial que tivemos a oportunidade de estudar preferem esperar até que a fase propulsiva de suas braçadas tenha se completado, antes da recuperação das pernas (Thayer et al. 1986).

BRAÇADA

Para a finalidade de descrição, dividimos a braçada em quatro fases: (1) varredura para fora, (2) agarre, (3) varredura para dentro e (4) recuperação. A sequência das fotografias na Figura 7.9 ilustra a braçada em uma vista lateral, enquanto uma vista frontal da braçada é apresentada na Figura 7.10.

Varredura para fora

A varredura para fora está ilustrada nas Figuras 7.9 e 7.10, a até c. Os nadadores iniciam a varredura para fora deslizando os braços para fora e para frente ao se aproximar da extensão completa no final da recuperação. As mãos devem traçar uma trajetória semicircular, movimentando-se para fora, para frente e ligeiramente para cima, até passarem da medida dos ombros, momento em que é executado o agarre. Durante a movimentação dos braços para fora, os nadadores devem flexionar os cotovelos, para colocá-los em uma posição voltada para trás tão logo seja possível na varredura para fora. Essa varredura não é uma fase propulsiva da braçada, sua principal finalidade é colocar os braços em posição para acelerar o corpo à frente durante a varredura para dentro que se segue.

Os atletas não devem fazer o deslize depois de terem estendido os braços para frente, pois tal ação apenas fará com que desacelerem por mais tempo entre o final da fase propulsiva da pernada e o início da fase propulsiva da braçada.

A propulsão decorrente da ação dos braços não começa imediatamente quando o nadador começa a movimentá-los para os lados. Na verdade, a velocidade frontal continua a desacelerar durante a varredura para fora até que os braços e as mãos estejam em posição, fora dos ombros, para que o atleta comece a empurrar água para trás. Assim, quando o nadador estender os braços para frente e para fora sem deslizar, reduzirá a duração da desaceleração depois que as pernas pararem de acelerar o corpo para frente.

Ao ter início a varredura para fora, as mãos devem estar voltadas para baixo e assim permanecer até que tenham se movimentado para além dos ombros. Elas devem se deslocar de borda e, os dois dedos mínimos devem avançar na frente, de modo que o nadador apresente menor área de superfície à água. Tão logo as mãos tenham passado além da medida dos ombros, o atleta deve começar a flexionar os cotovelos, fazendo a rotação das palmas das mãos para fora, para que fiquem voltadas para essa posição e para trás ao chegarem à posição de agarre. Embora o nadador possa flexionar os punhos durante a parte inicial da varredura para fora, mãos e antebraços devem estar alinhados, ao ser executado o agarre.

As mãos se deslocam um pouco mais rapidamente do que o corpo durante a transição entre a recuperação

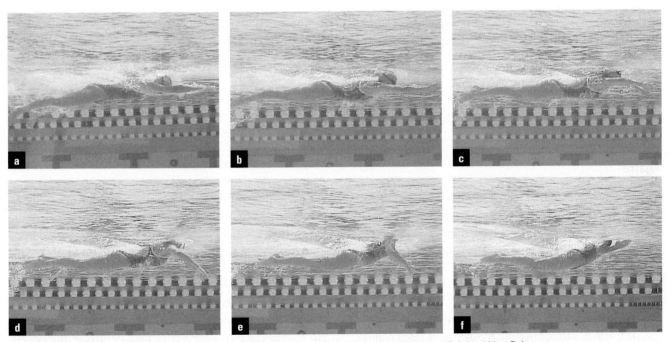

Figura 7.9 Vista lateral submersa do nado de Peito. A nadadora é Anita Nall, ex-recordista mundial dos 200 m Peito.

(a) Início do ciclo de braçada/pernada. Término da varredura para dentro da pernada. Início da varredura para fora com os braços.
(b) Levantamento das pernas para uma posição alinhada. Continuação da varredura para fora com os braços. Início do levantamento da cabeça na direção da superfície.
(c) Agarre com os braços. Início da varredura para dentro.
(d) Metade da varredura para dentro da braçada.
(e) Início da recuperação com os braços e as pernas. Inspiração.
(f) Os braços chegam à superfície. Ocorre a fase de propulsão ondulatória.

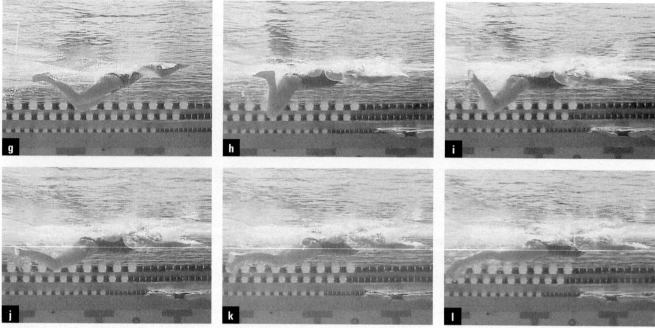

Figura 7.9 (continuação)

(g) As palmas giram e ficam planas, começando a se estender para frente ao longo da superfície da água. A cabeça é abaixada na direção da superfície. Início da fase de flexão dos quadris da recuperação das pernas. Término da fase de propulsão ondulatória.
(h) Os braços são estendidos para frente. Continuação da recuperação das pernas, que se movimentam para fora até a posição de agarre.
(i) Varredura para fora com as pernas; Anita empurra água para trás e para fora. Os braços permanecem estendidos e a cabeça, para baixo, em uma posição alinhada.
(j) Término da varredura para fora e início da varredura para dentro com as pernas. Os braços permanecem estendidos, e a cabeça, para baixo, em uma posição alinhada.
(k) Continuação da varredura para dentro com as pernas. Os braços permanecem estendidos, e a cabeça, para baixo, em uma posição alinhada.
(l) Término da fase propulsiva da pernada. Início do levantamento das pernas. Continuação da varredura para fora com os braços.

e a varredura para fora, mas em seguida devem desacelerar gradualmente durante a varredura para fora, até ficarem praticamente imóveis por ocasião do agarre.

Agarre

O agarre está ilustrado nas Figuras 7.9c e 7.10c. Ele ocorre quando as mãos e os braços estão fora da linha dos ombros e voltados para trás. Nesse momento, os cotovelos devem estar flexionados em aproximadamente 90°.

Varredura para dentro

A varredura para dentro está ilustrada nas Figuras 7.9 e 7.10, c e d. A varredura para dentro, única fase propulsiva da braçada, tem início ao ser executado o agarre com os braços fora da linha dos ombros. Em seguida, o nadador deve executar um grande movimento semicircular, em que os braços e as mãos são movimentados para trás, para baixo, para dentro e para cima, até que os braços estejam atrás dos ombros e as mãos, passando por baixo deles.

Essa colocação contradiz os princípios tradicionais da braçada do nado de Peito. Durante décadas, os nadadores têm sido alertados para evitar que as mãos e os braços se desloquem para trás, atrás dos ombros, durante a varredura para dentro. Acredita-se que os braços ficarão presos embaixo do corpo, causando hesitação na transição entre a fase propulsiva da braçada e a recuperação dos braços, quando ocorre significativa desaceleração. Muitos acreditam que o palmateio das mãos diretamente para dentro durante a varredura para dentro proporcionará a máxima propulsão possível durante essa fase do nado, sem causar hesitação durante a transição entre a braçada e a recuperação. Mas eu discordo. Acredito que os nadadores devem movimentar os braços diagonalmente para trás, por baixo do corpo, durante a varredura para dentro, e que devem pressionar água para trás com as mãos e os braços, enquanto executam essa ação. A Figura 7.11 ilustra o modo (segundo acredito) de aplicação da força propulsiva durante a varredura para dentro da braçada no nado de Peito.

Conforme explicado antes, o agarre ocorre quando o lado inferior dos braços e as palmas das mãos já se des-

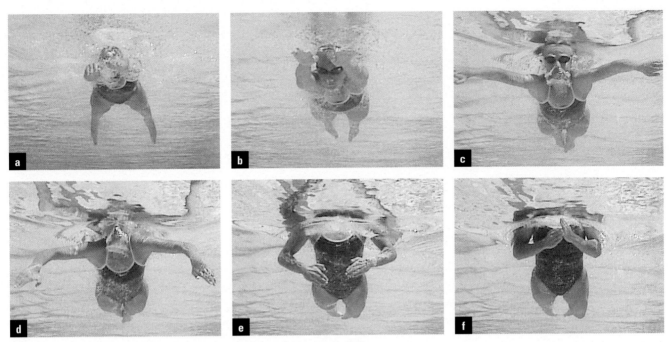

Figura 7.10 Vista frontal submersa do nado de Peito. A nadadora é Anita Nall.

(a) Início do ciclo de braçada/pernada. Término da varredura para dentro da pernada. Início da varredura para fora com os braços.
(b) Elevação das pernas até uma posição alinhada. Continuação da varredura para fora com os braços. Início do levantamento da cabeça na direção da superfície.
(c) Agarre com os braços. Início da varredura para dentro.
(d) Metade da varredura para dentro da braçada.
(e) Início da recuperação dos braços e pernas. Inspiração.
(f) Os braços chegam à superfície. Ocorre a fase de propulsão ondulatória.

locaram para fora o suficiente para obter uma orientação para trás em relação à água. Os braços estarão fora da linha dos ombros, próximos à superfície, e flexionados ao ser executado o agarre. Desse ponto em diante, o nadador deve empurrar água para trás com o lado inferior dos braços e com as palmas das mãos até que os braços estejam para trás, atrás dos ombros, e se movimentando para dentro na direção das costelas. Nesse momento, as mãos estarão abaixo do corpo e para dentro dos ombros.

As palmas das mãos, que estavam voltadas para fora e para trás no momento do agarre, estarão voltadas para dentro e para cima ao final da varredura para dentro. Mas, para realizar essa ação, o nadador não deve girar as mãos para dentro. As palmas devem ficar alinhadas com o restante do braço, de modo que estejam voltadas para fora no início da varredura para dentro, quando os braços se movimentam para fora, como mostram as Figuras 7.9d e 7.10d. As mãos estarão voltadas para dentro no final da varredura para dentro, quando os braços estiverem se movimentando para dentro, na direção dos lados do corpo. O nadador deve acelerar a velocidade dos braços a partir do agarre em direção à varredura para dentro.

Esse movimento é mais difícil de descrever do que de executar. Para simplificar, o nadador deve executar o agarre com os braços na posição descrita anteriormente. A partir do agarre, deve impulsionar os braços para trás, para baixo e para dentro, na direção das costelas, até que as mãos estejam praticamente juntas e para dentro dos ombros.

Recuperação

A recuperação dos braços é mostrada nas Figuras 7.9 e 7.10, e até h. A recuperação dos braços deve ter início no momento em que as mãos passam por baixo dos ombros (dirigindo-se para dentro). Nesse momento, o nadador deve parar de empurrar água para trás e comprimir os braços para baixo e para dentro por baixo dos ombros. Esse "apertão" dos cotovelos superará a inércia das mãos para trás e fará com que elas comecem a se movimentar para cima e para frente, até a posição de recuperação.

As mãos devem continuar seu movimento para cima e para frente, até que tenham chegado à superfície da água imediatamente à frente do rosto. Elas devem chegar à água juntas, com as palmas voltadas um pouco para cima, como mostram as Figuras 7.9f e 7.10f. Em seguida, o nadador deve virá-las para baixo e conduzir os antebraços até a superfície, antes de deslizar os braços para

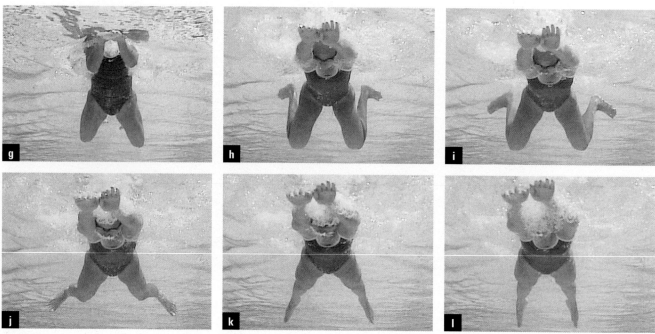

Figura 7.10 (continuação)

(g) As palmas giram e ficam planas, começando a estender-se para frente ao longo da superfície da água. A cabeça é abaixada na direção da superfície. Início da fase de flexão dos quadris da recuperação das pernas. Término da fase de propulsão ondulatória.
(h) Os braços são estendidos para frente. Continuação da recuperação das pernas.
(i) Continuação da varredura para fora com as pernas. Anita empurra água para trás e para fora. Seus braços permanecem estendidos, e a cabeça, para baixo, em uma posição alinhada.
(j) Término da varredura para fora da pernada. Os braços permanecem estendidos, e a cabeça, para baixo, em uma posição alinhada.
(k) Continuação da varredura para dentro com as pernas. Os braços permanecem estendidos, e a cabeça, para baixo, em uma posição alinhada.
(l) Término da varredura para fora da pernada. Os braços começam a varredura para fora

Figura 7.11 Varredura para dentro do nado de Peito.

frente, conforme mostram as Figuras 7.9g e 7.10g. Na sequência, deve deslizar os braços para frente ao longo da superfície, até que estejam completamente estendidos naquela posição. O movimento dos braços para frente ao longo da superfície reduz o arrasto de empuxo, em comparação com o movimento de impulsão para frente através da água.

Ao final da recuperação, o nadador não deve parar os braços em uma posição estendida. Em vez disso, deve começar a deslizá-los para fora e para os lados, com a aproximação da posição estendida além da cabeça. Essa ação ajudará a superar a inércia dos braços para frente; além disso, o nadador começará a ser impulsionado para frente, a fim de poder executar a varredura para fora do ciclo de braçada/pernada seguinte, com um mínimo de esforço.

Os braços têm o potencial de gerar uma quantidade considerável de arrasto de empuxo durante sua recuperação para frente. Portanto, o nadador deve deslizá-los para frente rapidamente, mas com suavidade, de maneira bastante hidrodinâmica.

Aspectos controversos da recuperação

As técnicas utilizadas pelos nadadores para a recuperação dos braços à frente são, talvez, mais controversas do que as usadas em qualquer outra fase do nado de Peito. Alguns especialistas orientam seus atletas a recuperar os braços acima da água. Outros recomendam que não devem virar as palmas das mãos para cima. Outros ainda sugerem que os nadadores devem dar um bote para frente ao recuperarem os braços.

O que acabei de descrever com relação à redução do arrasto de empuxo poderia levar alguns leitores a pensar que os nadadores de Peito deveriam recuperar os braços acima da água. Não recomendo essa técnica, embora ela tenha sido utilizada por alguns nadadores muito bem-sucedidos, especialistas nesse nado. A nadadora na Figura 7.12 está recuperando as mãos acima da água.

Esse método não é recomendável porque nadadores de Peito não podem realmente eliminar ou mesmo reduzir o arrasto de empuxo pela recuperação dos braços acima da água. As regras exigem que os cotovelos permaneçam embaixo da água durante cada braçada, e que os antebraços empurrem para frente na água, embora as mãos estejam acima de sua superfície. Devido à má hidrodinâmica, qualquer tentativa de executar a recuperação dos braços fora da água gera mais arrasto de empuxo do que o simples ato de deslizá-los para frente através da água, ao longo da superfície, em uma posição mais alinhada.

Frequentemente, os treinadores discutem se os nadadores devem virar as palmas das mãos para cima durante a recuperação. Embora a rotação das palmas para cima não seja em si um movimento propulsivo, trata-se de uma ação natural de acompanhamento, que indica que a varredura para dentro foi realizada corretamente.

Se a varredura para dentro for realizada corretamente, ao se aproximar sua conclusão, as palmas das mãos se voltarão para dentro e para cima com muita rapidez. Consequentemente, a inércia das mãos fará com que as palmas continuem girando para cima ao longo da primeira parte da recuperação, em um movimento natural de acompanhamento que terá continuidade até que elas estejam realmente voltadas para cima, quando as mãos atingirem a superfície. É o que aconteceria se o nadador estivesse maximizando a força propulsiva durante a parte final da varredura para dentro. O único modo pelo qual os nadadores podem mudar a direção rotacional das palmas das mãos, de cima para baixo, depois de começada a recuperação, seria com a desaceleração da velocidade dos braços durante a parte final da varredura para dentro. Certamente, essa ação reduziria a força propulsiva gerada na ocasião. As palmas irão – e deverão – voltar-se para cima durante a recuperação. Mas devem novamente ser viradas para baixo na superfície, antes que os nadadores comecem a deslizá-las para frente.

Muitos nadadores estão sendo orientados a acelerar as mãos para frente durante a recuperação, em um estilo que foi caracterizado como um *bote*. Embora eu não tenha observado o efeito na velocidade frontal em nadadores que usam tal técnica, dados coletados em membros da equipe olímpica de Natação (nado de Peito) dos EUA em 1984 demonstram que esses atletas não desaceleram os braços durante essa fase. Suspeito que os nadadores parecem mergulhar para frente (i. e., dar o bote), porque iniciam a fase propulsiva da pernada ao estenderem os braços para fora. Na verdade, eles não aceleram os braços para frente, pois isso aumentaria o arrasto de empuxo durante a recuperação dos braços.

Braçadas alternativas

A mudança na direção dos membros, de fora para dentro, durante a varredura para dentro, apresenta dificuldades para sua realização em muitos nadadores de Peito, pelo fato de deixarem cair os cotovelos e pressionarem a água para baixo. Atletas que executam a varredura para dentro como movimento de adução dos ombros devem ter menos problemas do que a maioria dos demais. Mas

Figura 7.12 Nadadora fazendo a recuperação dos braços acima da água. Observe a turbulência em torno dos antebraços, que estão sendo impulsionados para frente contra a água.

nadadores que aprenderam a braçada do nado de Peito como "varredura para fora, varredura para dentro" tendem a iniciar a mudança de direção de fora para dentro virando as palmas das mãos para baixo e empurrando a água na mesma direção. Obviamente, isso irá desacelerar a velocidade frontal. Atletas que cometem esse erro podem ainda ser bem-sucedidos se executarem um curto impulso para trás com os braços, antes de iniciar a varredura para dentro.

Tal método resulta em dois picos menores de aceleração frontal, em vez do único grande pico com o método descrito anteriormente. Essa braçada de dois picos está ilustrada no gráfico na Figura 7.13. As três ilustrações na parte superior mostram um nadador empurrando água para trás no início da varredura para dentro, empurrando para baixo na metade do movimento e, então, empurrando água novamente para trás durante a parte final da varredura.

Os nadadores aceleram o corpo à frente pela primeira vez ao empurrar água para trás e para fora ao final da varredura para fora. Esse movimento é seguido por uma desaceleração da velocidade frontal, enquanto os atletas empurram para baixo durante a mudança de direção dos braços (de fora para dentro). Depois disso, aceleram à frente pela segunda vez durante a parte final da varredura para dentro. A série de fotografias na Figura 7.14 mostra a vista lateral de uma nadadora que está utilizando uma braçada de dois picos. Tão logo seus braços estejam fora da linha dos ombros e voltados para trás, a atleta atinge o primeiro pico propulsivo, ao empurrar para trás durante curta distância. Em seguida, ela desliza as mãos para baixo, por baixo de seus braços, até que os cotovelos estejam acima das mãos, em uma posição clássica com cotovelo alto. Depois disso, a nadadora aduz os braços na direção dos lados do corpo, para alcançar o segundo pico propulsivo.

Acredito que a braçada com adução do ombro e com um pico descrita anteriormente é, de longe, superior a esse estilo de dois picos, porque nadadores que usam o estilo de um pico não irão desacelerar durante a metade de uma varredura para dentro curta. Mas, dito isso, também devo confessar que muitos nadadores de Peito de nível mundial têm utilizado o estilo de dois picos com muito sucesso.

PERNADA DO NADO DE PEITO

Antes de 1960, os nadadores aprendiam a pernada do nado de Peito como uma ação em *cunha*. Eles estendiam as pernas para trás e para fora (para os lados) em uma forma de V invertido e, em seguida, juntavam-nas na tentativa de esguichar uma cunha de água para trás. Counsilman (1968) demonstrou a falácia da pernada em cunha, ao provar que a água colorida colocada entre as pernas dos nadadores não era esguichada para trás quando juntavam vigorosamente as pernas e sim simplesmente desviada para os lados. Então, o treinador James Counsilman e o nadador de Peito Chet Jastremski revolucionaram a pernada dessa modalidade ao introduzir uma ação das pernas em um estilo de chicotada estreita, atualmente utilizada pela maioria dos nadadores de Peito. Essa ação passou a ser conhecida como *pernada em chicotada*.

Na verdade, o estilo da pernada em chicotada, atualmente utilizado pela maioria dos nadadores de Peito de classe mundial, é uma varredura para trás diagonal e semicircular das pernas, em que os pés se deslocam para fora, para trás, para baixo e para dentro até que tenham se juntado. As solas dos pés são as principais superfícies propulsivas, e os nadadores utilizam essas partes como remos, para empurrar água para trás. A mecânica da pernada do nado de Peito pode ser observada em vista lateral na Figura 7.9, e em vista frontal na Figura 7.10. Com o objetivo de descrevê-la, a pernada foi dividida em cinco fases: (1) recuperação, (2) agarre, (3) varredura para fora, (4) varredura para dentro e (5) levantamento e deslize das pernas.

Recuperação

Há duas fases da recuperação: uma flexão dos joelhos e uma flexão dos quadris. Depois de completada a fase propulsiva da braçada, os nadadores devem flexionar os joelhos e movimentá-los para cima e para frente, enquanto montam a onda de propulsão causada pela súbita de-

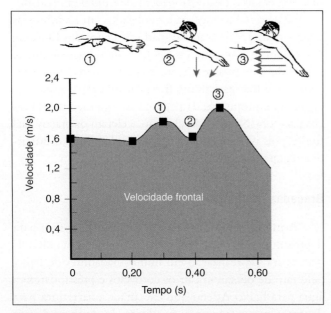

Figura 7.13 Padrão de velocidade frontal de dois picos para a braçada do nado de Peito.

Figura 7.14 Nadadora executando a braçada de dois picos. Observe como ela executa o primeiro pico propulsivo, empurrando para fora e para trás com os braços, em (a). Em seguida, a atleta desliza os braços até uma posição de agarre com os cotovelos altos, em (b) e (c). Depois, ela aduzirá os braços para trás, alcançando o segundo pico propulsivo.

saceleração do corpo, os braços e pernas são recuperados para frente. Essa fase da recuperação das pernas, mostrada em vista lateral na Figura 7.9, e e f, continua até que os braços tenham sido estendidos para frente e a cabeça esteja abaixada na direção da superfície. Nesse ponto, os nadadores flexionam os quadris para completar a recuperação. Os atletas continuam a mobilizar os pés para cima até que estejam perto das nádegas e, em seguida, os giram para fora e movimentam as pernas para além da largada dos ombros, em direção à posição do agarre. A fase de flexão dos quadris está ilustrada na Figura 7.9, g e h.

Quero deixar claro que a recuperação das pernas começa quando os nadadores realizam a finalização durante a varredura para dentro da braçada, e não quando os braços chegam à superfície. Os nadadores devem começar a recuperação das pernas imediatamente ao perderem a propulsão dos braços, para que seja reduzido o período de desaceleração entre o final da fase propulsiva da braçada e o começo da propulsão decorrente da pernada. Os pés devem se deslocar quase diretamente para frente, permanecendo dentro dos limites dos quadris, até que estejam perto da superfície. Os dedos dos pés devem apontar para trás (pés estendidos) e ser mantidos bem juntos, e as pernas devem permanecer dentro dos limites dos ombros ao longo de toda a recuperação, para ajudar a reduzir o arrasto resistivo.

Os nadadores devem separar um pouco os joelhos ao recuperar as pernas para frente. Esse movimento lhes permitirá manter as pernas e os pés dentro dos limites do corpo, quando as pernas avançarem para frente. Entretanto, os nadadores não devem separar os joelhos além da largura dos ombros, ou ocorrerá aumento do arrasto resistivo.

Os nadadores devem abaixar os quadris e inclinar o corpo para baixo (no sentido da cabeça aos quadris) durante a fase de flexão dos joelhos na recuperação das pernas, de modo que possam mantê-las submersas durante a recuperação, sem flexionar os quadris. Os nadadores vivenciarão uma aceleração da velocidade frontal, graças à propulsão ondulatória durante a primeira parte da recuperação, caso movimentem as pernas para cima sem flexioná-las nos quadris. Mas, na verdade, os atletas irão desacelerar se flexionarem as pernas nas articulações dos quadris desde o momento inicial da condução das pernas para cima, atrás do corpo. A flexão nos quadris provocará uma redução abrupta e significativa na velocidade frontal, porque os atletas estarão empurrando as coxas para baixo e para frente dentro da água.

O corpo deve ficar inclinado para baixo em um ângulo de aproximadamente 45° com a superfície durante os primeiros estágios da recuperação das pernas. O nadador conseguirá esse grau de inclinação se permitir que o componente descendente da braçada, durante a varredura para dentro, eleve a cabeça, os ombros e uma parte do tronco acima da superfície, enquanto, simultaneamente, ganha tempo para que os quadris baixem da superfície da água.

As pernas devem se movimentar com razoável rapidez durante a recuperação, para que diminua o período de desaceleração entre o final da fase propulsiva da braçada e o início da propulsão decorrente da pernada. Independentemente da velocidade, as pernas devem deslizar para frente com suavidade e na posição mais hidrodinâmica possível. Os pés devem começar a se movimentar para fora ao se aproximarem das nádegas, sinalizando o início da primeira fase propulsiva da pernada – a varredura para fora.

Aparentemente, essa fase de flexão dos quadris da recuperação das pernas contradiz minha recomendação original para recuperação das pernas sem a flexão dos quadris. Na verdade, não há contradição. Por que os nadadores deveriam flexionar os quadris, se isso diminui tanto a velocidade frontal? Porque a flexão das pernas nas articulações dos quadris e também dos joelhos proporcionará maior força quando os atletas estenderem as pernas durante a próxima fase da pernada. Filmes e vídeos submersos demonstram que praticamente todos os nadadores de Peito de classe mundial flexionam as coxas nos quadris durante a varredura para fora, embora essa ação faça com que ocorra desaceleração. É provável que essa solução intermediária seja boa, pois os atletas ganham relativamente mais velocidade frontal durante a próxima varredura para dentro com as pernas, em comparação com a velocidade perdida durante a varredura para fora. Tal fato ocorre porque os atletas podem usar dois grandes grupos musculares, em vez de um, para aplicar força durante a varredura para dentro: os músculos extensores das pernas nos joelhos e os músculos extensores das coxas nas articulações do joelho. Se os nadadores não flexionassem também as pernas nas articulações dos quadris, seriam utilizados apenas os extensores do joelho.

Embora alguma flexão dos quadris seja essencial para que o nadador consiga uma poderosa varredura para dentro, não é nem necessário nem desejável a excessiva impulsão das coxas para cima, por baixo dos quadris, durante a varredura para fora, em preparação para a fase propulsiva que se segue. Belokovsky e Ivanchenko (1975) informaram ter ocorrido liberação de maior quantidade de força ao ser iniciado o impulso das pernas para trás com os quadris flexionados em 40°, em comparação com flexões em ângulos mais próximos dos 90°. Esses autores também informaram que a amplitude de flexão dos quadris para nadadores de Peito adeptos do estilo ondulatório foi de aproximadamente 34° a 50°. Sanders (1996) informa uma amplitude de flexão dos quadris entre 54 e 68° para um grupo de nadadores de Peito neozelandeses de categoria internacional.

Antes de prosseguir, é preciso que fique claro que os nadadores não devem impulsionar as coxas para baixo e para frente enquanto as pernas são movimentadas para frente durante a recuperação, ou irão desacelerar muito mais. Os atletas podem reduzir o grau de desaceleração que ocorre por causa da flexão do quadril, esperando o começo da varredura para fora antes de mobilizar as coxas para baixo, por baixo dos quadris. Em outras palavras, os nadadores de Peito devem adicionar a flexão dos quadris à varredura para fora das pernas − e não antes disso. Ao esperarem que ocorra a varredura para fora antes da flexão dos quadris, os nadadores podem executar o agarre e começar a aceleração do corpo à frente, antes que a ação da flexão dos quadris tenha retardado sua velocidade até quase parar.

Agarre

Os nadadores devem começar a mobilização das pernas para fora enquanto os pés estão se aproximando das nádegas. Os pés devem se movimentar para os lados até que estejam voltados para trás, onde poderão empurrar a água para essa direção. Nesse momento, o nadador deve fazer o agarre.

Os pés devem ser flexionados (dorsiflexionados) e virados para fora (evertidos) durante a movimentação para além dos ombros, até a posição de agarre, para que se consiga uma orientação para trás com a maior rapidez possível na varredura para fora. O agarre ocorre quando os pés já se movimentaram para fora, e em alguns casos, para trás, o suficiente para ficarem voltados para trás, contra a água. As pernas estarão flexionadas em aproximadamente 40° a 50° nas articulações dos quadris. Também devem estar flexionadas entre 60° e 70° nas articulações dos joelhos.

As pernas devem ficar flexionadas nos joelhos o máximo possível; com isso, devem passar bem perto das nádegas ao descreverem um semicírculo para fora, durante a execução da varredura para fora. Idealmente, os nadadores devem movimentar os pés em um semicírculo orientado diretamente para fora até a posição do agarre, sem empurrar água para trás. Essa ação permitirá que os atletas façam o que é conhecido como *agarre alto*, ou seja, eles serão capazes de começar a aplicação de força propulsiva com os pés quando as pernas estiverem orientadas para frente e em uma posição praticamente oposta aos quadris.

Varredura para fora

A varredura para fora é um movimento de extensão das pernas (na articulação dos quadris e dos joelhos) com orientação para trás e um pouco para fora. Essa fase da pernada está ilustrada nas Figuras 7.9 e 7.10, i e j. Os pés começam a virar para baixo e para dentro no momento em que as pernas se aproximam da extensão e tem início a varredura para dentro, próxima fase da pernada.

Varredura para dentro

Ao completarem a extensão das pernas, os nadadores devem virá-las para baixo, e as solas dos pés devem ficar voltadas uma para a outra. Em seguida, os nadadores devem movimentar os pés para dentro da água, até que estejam dentro dos limites dos ombros. A varredura para dentro da pernada está ilustrada nas Figuras 7.9 e 7.10, j, k e l. O nadador faz a rotação das solas dos pés para baixo e para dentro, até que elas estejam orientadas para dentro; os tornozelos devem permanecer flexionados, até que tenha se completado a varredura para dentro.

A varredura para dentro termina quando as pernas estão completamente estendidas e se movimentando conjuntamente. Nesse momento, as pernas e os pés param de empurrar água para trás e os nadadores permitem que o momento da varredura para dentro movimente as pernas para cima, na direção da superfície, quando estiverem completamente unidas. As pernas devem estar praticamente imóveis por ocasião do agarre, depois, devem acelerar rapidamente, até que se sejam completadas as fases propulsivas da pernada. Os pés alcançarão velocidades entre 4 e 5 m/s durante as varreduras para fora e para dentro da pernada.

Um dos principais erros cometidos por nadadores durante essa fase da pernada é a extensão dos pés antes que a varredura para dentro tenha terminado. Isso faz com que empurrem água para cima, em vez de para trás, durante a última fase do movimento. Em um estudo com 178 nadadores, Vervaecke e Persyn (1979) verificaram que os atletas com as melhores pernadas do nado de Peito mantinham os pés em uma posição para dentro, flexionados e em rotação externa durante mais tempo do que seus colegas com pernadas ruins. Os nadadores com pernadas pouco eficientes estendiam seus pés prematuramente durante a varredura para dentro. Portanto, os atletas devem manter os pés flexionados, virando-os para dentro (i. e., fazer inversão), para ganhar a última parcela de força propulsiva enquanto as pernas avançam por baixo dos ombros, nas proximidades do final da varredura para dentro. Os desenhos na Figura 7.15 ilustram o efeito desse erro.

Levantamento e deslize das pernas

O levantamento das pernas é outro exemplo de movimento de acompanhamento. Tão logo o nadador tenha completado a varredura para dentro, passa a utilizar a inércia das pernas para dentro com o objetivo de mudar gradualmente a direção, de baixo para cima. Os atletas executam essa ação movimentando as pernas em círculo para cima, durante os centímetros finais que precedem sua união. Tão logo tenha sido efetuada a mudança de direção, os nadadores continuam a movimentar as pernas para cima, em direção à superfície da água, até que estejam imediatamente abaixo da superfície e ligeiramente acima do corpo.

Esse movimento ascendente das pernas deve ocorrer enquanto os atletas estão movimentando os braços para fora; depois disso, devem manter as pernas nessa posição hidrodinâmica, para que não produzam arrasto extra durante o restante da braçada. As fases de levantamento e deslize das pernas podem ser observadas em vista lateral e frontal nas Figuras 7.9 e 7.10, b até d.

Durante o deslize, as pernas devem estar completamente estendidas, desde os quadris até os dedos dos pés. Estes devem estar estendidos para trás e mantidos juntos e alinhados com o tronco, mas inclinados para cima. Sua velocidade deve desacelerar durante o levantamento, até que as pernas estejam simplesmente sendo tracionadas para frente pela braçada, na mesma velocidade do corpo.

Embora alguns especialistas discordem, não acredito que o levantamento das pernas seja uma fase propulsiva da pernada. O padrão de pernada em vista lateral na Figura 7.5, típica dos nadadores de Peito já estudados por mim, demonstra que as pernas se movimentam não apenas para cima, mas também para frente, durante seu levantamento na direção da superfície. Duvido que as pernas possam gerar qualquer quantidade significativa de propulsão frontal durante seu deslocamento para cima, caso também estejam se movimentando para frente. Nesse momento, a movimentação vigorosa das pernas para cima deverá apenas forçar os quadris para baixo, sem acelerá-los à frente.

O diagrama vetorial na ilustração superior da Figura 7.15 também demonstra que tanto as forças ascendentes como as forças de arrasto seriam direcionadas para baixo durante o levantamento das pernas. A força de arrasto estaria direcionada para baixo e para trás, o que tenderia a submergir os quadris, e a força de sustentação estaria direcionada para baixo e para frente, o que levaria à mesma tendência. Mesmo que alguma força propulsiva pudesse ser obtida com essa combinação de forças, em grande parte ela seria neutralizada pelos componentes "para trás" e "para baixo" das forças geratrizes, que devem ter magnitude consideravelmente maior. Consequentemente, sugiro que os nadadores deslizem as pernas suavemente até a superfície e em uma posição compactamente alinhada, para que o arrasto resistivo seja reduzido ao máximo durante essa fase.

Flexibilidade dos tornozelos e quadris

Diversos aspectos da flexibilidade dos quadris e dos tornozelos são essenciais para uma boa pernada do nado

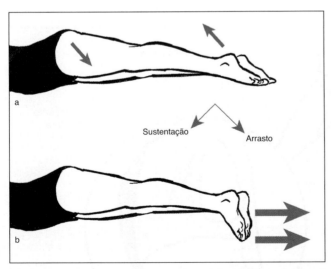

Figura 7.15 Final da varredura para dentro. A nadadora em (a) está cometendo o erro comum de estender as pernas enquanto termina a varredura para dentro da pernada. Isso faz com que ela empurre água para cima com os pés. A nadadora em (b) está terminando corretamente a varredura para dentro. A atleta mantém seus pés flexionados para que possa impulsionar água para trás na fase de união das pernas.

de Peito. Nadadores dessa modalidade precisam contar com boa flexibilidade em diversas articulações, para que possam fazer a rotação externa dos pés e das pernas. Com isso, os atletas poderão fazer o agarre enquanto as pernas estão flexionadas nos joelhos. Os nadadores devem ter uma capacidade acima da média para fazer a rotação interna das coxas nas articulações dos quadris e a rotação externa das pernas nas articulações dos joelhos. Os atletas também devem ser capazes de tracionar os pés para cima (i. e., dorsiflexão), virando-os para fora (i. e., eversão) em grau muito acima da média.

Lamentavelmente, muitos nadadores, inclusive alguns nadadores de Peito de categoria mundial, não se situam acima da média nessas amplitudes de movimentos. Portanto, devem movimentar as pernas para fora e para trás por curta distância, antes que possam tê-las para trás, contra a água. Nadadores de Peito podem melhorar consideravelmente a pernada fazendo exercícios que melhorem a flexibilidade das articulações dos quadris e dos joelhos nas direções indicadas.

Joelhos doloridos

Treinadores e nadadores de Peito bem sabem como pode ser grave o problema de joelho dolorido. No mínimo, o nadador perderá um tempo valioso de treinamento, se o problema se tornar agudo. Na pior das hipóteses, lesões nos joelhos podem por fim à carreira do nadador dessa modalidade.

Geralmente, joelhos doloridos são causados pela inflamação crônica dos ligamentos colaterais mediais e dos meniscos mediais localizados no interior dessas articulações. A Figura 7.16 ilustra uma vista ampliada dessas estruturas no detalhe representativo da articulação do joelho.

O ligamento colateral medial conecta o fêmur (osso longo da coxa) à tíbia (um dos ossos da perna, situado no lado interno). O menisco medial está fixado ao ligamento colateral medial, avançando entre o fêmur e a tíbia; tal ligamento é composto de tecido conjuntivo cartilaginoso e funciona como amortecedor da articulação entre esses dois ossos.

A varredura para fora e a primeira parte da varredura para dentro da pernada do nado de Peito exercem um grau considerável de tensão sobre essas estruturas porque a amplitude da rotação externa das pernas nas articulações dos joelhos é muito limitada, praticamente inexistente. Na verdade, esse movimento é possível apenas quando os joelhos estão flexionados e, mesmo nesse caso, apenas ao longo de uma faixa de movimentação muito curta. Consequentemente, quando nadadores de Peito tentam fazer a rotação externa das pernas, a cabeça do fêmur empurra para dentro, e a cabeça da tíbia faz tração para fora contra o menisco medial e o ligamento colateral medial. Com o passar do tempo, essa tração constantemente aplicada pode fazer com que as estruturas fiquem irritadas e inflamadas, o que causará dor sempre que o nadador executar as pernadas. Nos casos de extrema gravidade, pode ocorrer laceração do ligamento colateral medial. Ao mesmo tempo, o menisco medial pode sofrer compressão, até um ponto em que essa estrutura é empurrada para longe do ligamento colateral medial. Anita Nall está fotografada na Figura 7.10i fazendo rotação externa das pernas para o

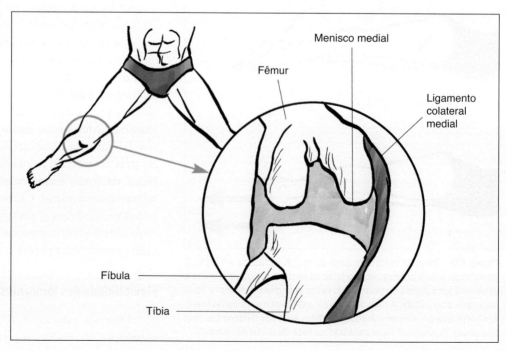

Figura 7.16 Desenho da articulação do joelho mostrando o ligamento colateral medial e o menisco medial.

agarre. Essa é a fase da pernada com maior probabilidade de ocorrência de problemas com esses tecidos.

O dilema com que se depara o nadador de Peito é que a rotação externa das pernas nas articulações dos joelhos é um movimento muito importante para uma boa pernada, contudo, é grande a possibilidade de ocorrência de lesão, por causa da limitada amplitude de movimento dessas articulações. Podemos considerar como verdadeiramente sortudos aqueles nadadores capazes de executar a pernada sem sentir dor nem sofrer lesão. Os demais atletas devem interromper suas pernadas ao primeiro sinal de dor, até seu desaparecimento. Mas, há algumas providências que podem ser tomadas por esse último grupo para que seja reduzida a incidência de joelho dolorido.

Nadadores de Peito que demonstrem suscetibilidade ao problema de joelho dolorido podem modificar de certa maneira suas pernadas para que seja removida parte das tensões incidentes nos ligamentos colaterais mediais e nos meniscos mediais. Uma dessas providências consiste em reduzir a amplitude da varredura para fora. Durante essa fase, os atletas podem impulsionar as pernas um pouco mais para trás e um pouco menos para fora. Tal procedimento reduzirá a tensão incidente nos joelhos, mas também fará com que os atletas demorem mais para colocar os pés em posição para o agarre. Infelizmente, isso encurtará a varredura para dentro e reduzirá o potencial propulsivo da pernada. Não obstante, o procedimento permitirá que os atletas treinem mais efetivamente suas braçadas/pernadas, caso haja a tendência para problemas com joelhos doloridos.

Há outra técnica que pode ser utilizada com o objetivo de reduzir a incidência de joelhos doloridos que, talvez, não reduza tanto a eficácia propulsiva da pernada. Essa técnica envolve a recuperação das pernas com os joelhos expandidos (i. e., ligeiramente mais afastados do que eu havia recomendado anteriormente). Com os joelhos mais abertos, os nadadores serão capazes de aumentar a rotação interna das coxas nas articulações dos quadris, o que, por sua vez, permitirá aos atletas fazerem uma rotação externa mais ampla das pernas com menor tensão incidente nas articulações dos joelhos. Esse método aumentará um pouco o arrasto de forma durante a recuperação das pernas, mas será melhor do que sofrer a dor causada pelos joelhos afetados. Obviamente, o nadador não deve expandir os joelhos mais do que o necessário para executar a varredura para fora com eficácia e sem dor.

SINCRONIZAÇÃO DAS BRAÇADAS E PERNADAS

São três os estilos gerais de sincronização das braçadas de Peito defendidos por diversos especialistas em Natação. Tais estilos são conhecidos variavelmente como sincronização *contínua*, por *deslizamento* e de *superposição*. Quando é utilizada a sincronização contínua, o nadador inicia a movimentação dos braços para fora imediatamente depois que as pernas se juntaram. No caso da sincronização por deslizamento, existe um curto intervalo entre o término da pernada e o início da braçada, enquanto o atleta está sobrenadando ou deslizando na piscina com os braços e as pernas estendidos em uma posição alinhada. Finalmente, com a sincronização por superposição, o nadador começa a movimentar os braços para fora antes que as pernas se juntem. Esse último método é o utilizado, atualmente, pela maioria dos nadadores de Peito de classe mundial (Miyashita 1997). Entretanto, a sincronização por deslizamento é o método recomendado pela maioria dos treinadores e instrutores de Natação. Vou explicar por que a sincronização por superposição é considerada superior aos dois outros métodos.

No caso da sincronização por deslizamento, a resistência da água fará com que o nadador desacelere significativamente enquanto desliza pela piscina, não importando o grau de alinhamento hidrodinâmico do corpo. Ao contrário do que alguns especialistas acreditam, a fase propulsiva da pernada termina antes de as pernas se juntarem e a da braçada não tem início quando os braços começam a se afastar. Consequentemente, o nadador desacelera não só enquanto desliza, mas também enquanto as pernas se aproximam e os braços se movimentam para fora em direção ao agarre. O deslize pode aumentar o tempo de desaceleração entre os ciclos de braçada/pernada, de aproximadamente 0,20 s para 0,30 a 0,40 s. O efeito da sincronização por deslizamento na velocidade frontal está ilustrado pelo gráfico na Figura 7.17.

Observe a perda de velocidade que ocorre na área sombreada escura enquanto o nadador desliza. Esse é o período que se segue ao término da pernada, quando o atleta está deslizando, antes de dar início à movimentação das mãos para fora. Sua velocidade diminui de 1,60 m/s para aproximadamente 1,22 m/s durante essa fase. Então, a velocidade frontal desacelera ainda mais, para 1,18 m/s, enquanto movimenta os braços para fora, em direção ao agarre. Nesse exemplo, levando em consideração o tempo para o deslize e para a varredura para fora, o lapso entre o final da fase propulsiva da pernada e o início da fase propulsiva da braçada é de aproximadamente 0,40 s.

A sincronização contínua, do modo como é comumente ensinada, é apenas outro exemplo de sincronização por deslizamento com encurtamento da fase de deslize. Os nadadores são orientados a esperar até que as pernas se juntem, antes de começarem a movimentar os braços para fora. Essa ação elimina a fase de deslize, mas os nadadores ainda desaceleram por um período mais longo do que o necessário entre os ciclos de braçada/pernada. Tal fato ocorre

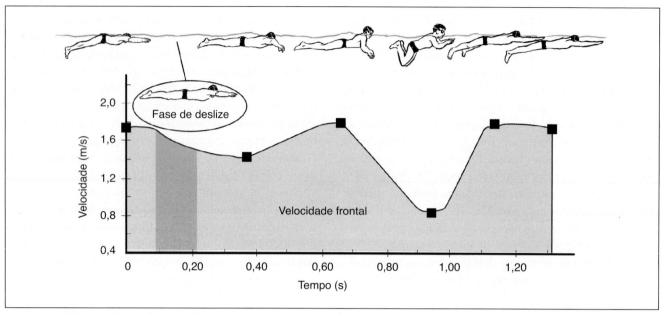

Figura 7.17 Gráfico de velocidade frontal para um nadador que utiliza sincronização por deslizamento.

porque o intervalo de tempo entre o momento da conclusão da fase propulsiva da pernada e o momento em que os braços se movimentam para fora, para a execução do agarre, ainda será maior do que o necessário.

O melhor modo de reduzir esse período de desaceleração entre o final da fase propulsiva da pernada e o início da fase propulsiva da braçada consiste em utilizar a sincronização por superposição. O gráfico de velocidade na Figura 7.18 ilustra o efeito da sincronização por superposição na velocidade frontal de um nadador, entre um ciclo de braçada/pernada e outro. O intervalo entre o final da propulsão conseguida com a pernada e o início da propulsão obtida com a braçada foi encurtado consideravelmente, pois o nadador começa a movimentar os braços para fora no instante em que completa a fase propulsiva da pernada. Em outras palavras, o atleta movimenta os braços para fora no momento em que as pernas estão se unindo. É por essa razão que denominei tal técnica de sincronização por *superposição*. Com o uso dessa técnica, o nadador reduz o lapso de tempo entre o final da propulsão conseguida com a pernada e o início da propulsão obtida com a braçada para menos de 0,20 s, como deveria ser. Desse modo, o atleta deve desacelerar menos e durante um lapso menor de tempo durante a varredura para fora.

Um aspecto que gostaria de deixar bem claro acerca da sincronização por superposição é que os nadadores não começam a movimentar os braços para fora enquanto as pernas ainda estão acelerando o corpo à frente pois, se assim o fizessem, aumentariam o arrasto de forma e perderiam parte da velocidade que, de outra maneira, obteriam com a pernada. Muitos nadadores param de acelerar à frente quando as pernas passam por baixo dos ombros durante a varredura para dentro. Consequentemente, esse é o momento em que devem começar a movimentar os braços para fora.

Nadadores de Peito cujas pernadas sejam mais fracas do que a maioria talvez precisem usar maior superposição do que aqueles cujas pernadas sejam mais efetivas. Isso ocorre porque os nadadores com pernadas fracas geralmente param de acelerar à frente prematuramente durante a varredura para dentro com as pernas. Portanto, esses atletas precisarão começar o movimento dos braços para fora com um pouco de antecedência, para que os braços sejam conduzidos até a posição de agarre antes de perderem muita velocidade frontal, o que aumentará a velocidade do ciclo e também o custo energético. Apesar disso, é provável que o nadador mantenha uma velocidade média mais alta por ciclo de braçada/pernada se executar mais braçadas/pernadas por minuto, em comparação com a estratégia de preservação de energia e perda da velocidade com braçadas/pernadas mais lentas.

O principal argumento contra a sincronização por superposição é que os nadadores poupam energia se permanecerem em boa posição hidrodinâmica depois de terminada a fase propulsiva da pernada. Esse argumento pressupõe que preservar energia é mais importante do que evitar uma grande perda de velocidade frontal enquanto o nadador desliza. Entretanto, acredito que seja mais importante evitar uma grande perda de velocidade frontal. O que aprendemos com a observação de outros nados competitivos, sobre a importância de manter uma aplicação praticamente contínua da propulsão frontal, certamente reforça essa suposição. Pela mesma linha de raciocínio, a sincronização por superposição não aumenta significa-

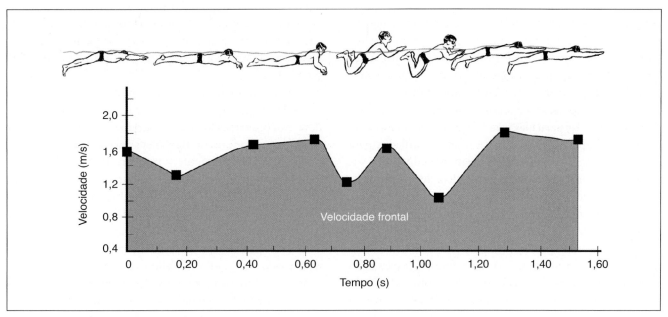

Figura 7.18 Exemplo de sincronização por superposição.

tivamente o custo energético da realização do nado de Peito se os nadadores movimentarem os braços para fora de maneira relaxada e suave. Eles podem repousar os braços durante essa ocasião, do mesmo modo que fariam se estivessem deslizando.

POSIÇÃO DO CORPO E RESPIRAÇÃO

Atualmente, muitos nadadores e treinadores acreditam que o estilo plano do nado de Peito pertence ao passado. Os nadadores de Peito são orientados a permitir que a cabeça e o tronco se elevem acima da água durante a respiração, para incentivar a propulsão ondulatória e reduzir o arrasto durante a recuperação das pernas. Mas há discordância acerca da utilização, ou não, da ondulação do corpo para melhorar a propulsão. Os oponentes dessa ideia acreditam que a ondulação do corpo gerará mais arrasto de forma, enquanto seus defensores acreditam que a propulsão frontal pode ser melhorada pela ondulação do corpo. Há argumentos válidos para os dois lados dessa questão.

Movimento de golfinho: bom ou ruim?

Se a onda corporal e a onda corporal reversa podem aumentar a propulsão no nado Borboleta, há boa base para acreditar que poderiam fazer o mesmo pelos nadadores de Peito. A onda corporal, criada pelo avanço do nadador com as mãos, seguido pela ondulação descendente da cabeça e dos ombros e pela ondulação ascendente dos quadris, pode resultar em um somatório de forças que pode proporcionar uma força propulsiva adicional durante a varredura para dentro da pernada do nado de Peito. Sanders, Cappaert e Devlin (1995) demonstraram esse somatório de forças durante a golfinhada no nado Borboleta. Entretanto, duvido que a onda corporal seja realmente propulsiva no nado de Peito, como já duvidei de sua validade no nado Borboleta.

Penso realmente que a onda corporal reversa contribui para a propulsão no nado Borboleta e que, analogamente, pode contribuir para a propulsão durante o nado de Peito. Nessa modalidade, uma onda corporal reversa permite que a força da gravidade ajude na manutenção de uma velocidade frontal em nível mais elevado, depois que a fase propulsiva da pernada terminou e os quadris passam pelo pico de seu movimento ascendente e começam a descer.

Por outro lado, pode-se argumentar que a ondulação deve ser minimizada quando o corpo está submerso. O principal componente da fase propulsiva da pernada do nado de Peito é um empurrão para trás contra a água. O argumento contrário vale para a golfinhada, em que as pernas se deslocam muito mais para baixo do que para trás. Consequentemente, talvez não haja necessidade nem seja aconselhável que o nadador de Peito ondule os quadris para cima ao dar a pernada para trás. Os que argumentam contra a ondulação diriam que os nadadores podem gerar mais propulsão pelos braços e pernas, caso permaneçam na horizontal, e também que a ondulação aumenta o arrasto de forma.

A suposição de que a ondulação pode aumentar a propulsão no nado de Peito provavelmente está ligada à aceitação da onda corporal, ou da onda corporal reversa, como mecanismos propulsivos. Tendo em vista minha crença na grande probabilidade de que a onda corporal reversa contribui significativamente para a propulsão, recomendo um estilo ondulatório do nado de Peito. A sequência das fotografias na Figura 7.19 ilustra uma nadadora de Peito praticando um estilo ondulatório.

Como preparação para esse movimento, o nadador de Peito deve dar pernadas para baixo ao estender as pernas para trás, para que os quadris sejam ondulados para cima até alcançarem (ou ultrapassarem ligeiramente) a superfície da água. Nesse momento, o atleta deve avançar ligeiramente para frente e para baixo com os braços. A cabeça deve se situar entre os braços e o nadador deve olhar para baixo. Ele procede dessa maneira na Figura 7.19a. Quando os quadris passam pelo pico da ondulação ascendente e começam a descer, o nadador deve olhar para cima e levantar os braços até uma posição horizontal, de modo que a velocidade descendente dos quadris e do tronco possa se transformar em velocidade frontal para o corpo, conforme mostra a Figura 7.19b. Como ocorre em outros estilos do nado de Peito, o atleta deve estar em uma posição horizontalmente alinhada durante a fase propulsiva da braçada (Fig. 7.19b) e da pernada (Fig. 7.19d). O nadador também deve estar em uma posição inclinada, com a cabeça e os ombros elevados acima do nível da água, ao ser iniciada a recuperação das pernas, para que possa usar a propulsão ondulatória, conforme mostra a Figura 7.19c.

Nesse momento, cabe uma advertência acerca do excesso de ondulação. A quantidade de ondulação corporal deve ser consideravelmente menor do que a ondulação utilizada por nadadores de Borboleta. Isso se dá porque, conforme dito anteriormente, a pernada do nado de Peito é mais efetiva quando o nadador empurra as pernas para trás contra a água, e não quando impulsiona as pernas para baixo. Exagerar a movimentação das pernas para baixo (simplesmente para gerar uma grande ondulação ascendente dos quadris) apenas serviria para reduzir a propulsão da pernada nesse estilo. Nadadores de Peito devem se concentrar em pernadas para trás, permitindo que o movimento descendente natural das pernas gere a quantidade apropriada de ondulação ascendente dos quadris, e não tentar aumentar tal movimento.

Os quadris cairão, e é desejável que caiam, quando o nadador de Peito levantar a cabeça e os ombros para fora da água, durante a respiração. As razões para essa ação já foram discutidas anteriormente neste capítulo. A queda dos

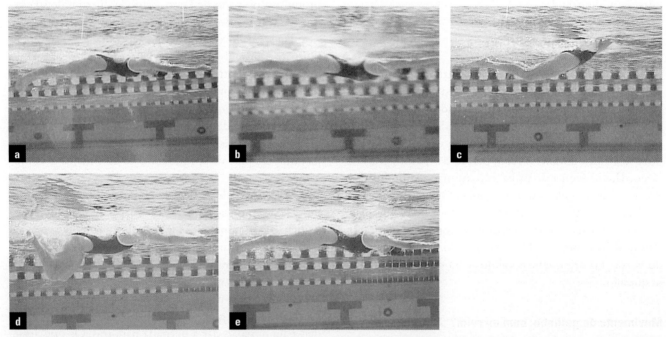

Figura 7.19 Estilo golfinho do nado de Peito. A nadadora é Riley Mants, da Arizona State University. Riley é uma participante all-American da NCAA nas provas de nado de Peito.

(a) Término da varredura para dentro da pernada (observe que os quadris estão um pouco picados).
(b) Levantamento das pernas até uma posição alongada.
(c) Fase de propulsão ondulatória do ciclo de braçada/pernada (observe que a cabeça e os ombros estão elevados acima da água, os quadris estão caídos e as pernas estão começando a ser flexionadas nos joelhos).
(d) Retorno à posição alongada (observe os braços estendidos à frente da cabeça e a cabeça para baixo entre os braços em preparação para a fase propulsiva da pernada).
(e) Término da pernada com um movimento de golfinho.

quadris reduz o arrasto frontal e melhora a propulsão ondulatória durante a recuperação das pernas. Mas também pode haver excesso na movimentação ascendente da cabeça e dos ombros, bem como no movimento descendente dos quadris. As seis orientações a seguir devem ajudar um pouco o leitor ao determinar se os nadadores estão ondulando muito ou pouco, tanto quando dão pernadas para trás como quando elevam a cabeça e os ombros para fora da água durante a respiração.

1. A ondulação é excessiva quando a cabeça e os ombros se movimentam para cima e para baixo mais do que avançam para frente. Jamais os nadadores devem arquear o tronco para trás ao emergirem da água. Sanders (1996) informou ter observado ângulos de 39° a 46° com relação à horizontal entre um grupo de nadadores de Peito neozelandeses de nível internacional, quando seus troncos se elevavam acima da água para a respiração. Não era incomum que suas cabeças se elevassem em 46 a 64 cm (18 a 25 polegadas) acima da superfície e que seus ombros se elevassem em 32 a 50 cm (13 a 20 polegadas) na mesma ocasião. Até que tenhamos mais dados à mão, esses números provavelmente representam a amplitude para a elevação apropriada do tronco, dos ombros e da cabeça durante a realização do nado de Peito.

2. A ondulação será excessiva caso os quadris se elevem mais do que alguns centímetros acima da superfície da água durante a pernada para trás do nadador de Peito. As varreduras para baixo das pernas devem impulsionar os quadris para cima até à superfície da água, ou ligeiramente acima dela, mas nada além disso. O grau de ondulação dos quadris não deve ser superior a aproximadamente 14 a 17 cm (5 a 7 polegadas) (Sanders 1996).

3. A ondulação será excessiva se as mãos e a cabeça avançarem mais do que alguns centímetros por baixo da água no momento em que o nadador estende os braços para frente. Nadadores que mergulham as mãos e a cabeça com demasiada profundidade ao darem a pernada para trás perderão tempo e energia em sua recondução até a superfície. Os nadadores devem colocar a cabeça ligeiramente abaixo da superfície e estender os braços principalmente em uma direção à frente, com ligeiro grau de inclinação descendente, de modo que os dois braços fiquem alinhados com a inclinação do tronco e das pernas.

4. A ondulação será inadequada se os ombros e uma parte do tronco não emergirem da água durante a respiração. Quando o nadador alcançar seu ponto mais elevado durante o ciclo de respiração, a linha da água deverá se situar na parte baixa das costas (vista de trás) e imediatamente abaixo do peito (vista de frente).

5. A ondulação será muito pequena se os quadris não alcançarem a superfície da água durante o término da varredura para dentro da pernada.

6. A ondulação será inadequada se o corpo inteiro – inclusive a cabeça – não estiver submerso durante a varredura para dentro da pernada do nado de Peito.

Respiração

Nadadores de Peito devem respirar uma vez a cada ciclo de braçada/pernada, independentemente da distância da prova. A respiração é uma parte tão importante da sincronização desse nado que ela ajuda a propulsão, em vez de interferir nela. Os nadadores parecem perder o ritmo quando não respiram. Além disso, precisam elevar a cabeça e o tronco para que a recuperação das pernas seja executada com a técnica apropriada. A sequência adequada da respiração pode ser observada desde a superfície na série de fotografias na Figura 7.20.

Os nadadores devem ter a cabeça submersa e olhar para baixo (para o fundo da piscina) enquanto estendem as pernas para trás durante a fase propulsiva da pernada, como mostra a vista superficial na Figura 7.20a. Em seguida, devem começar a olhar para cima, ao movimentarem os braços para fora, e continuar a movimentar a cabeça e os ombros na direção da superfície, ao ser iniciada a varredura para dentro com os braços. A cabeça e os ombros devem estar fora da água ao término da varredura para dentro da braçada, e os nadadores devem fazer a respiração ao movimentarem as mãos na direção da superfície, durante a recuperação (Fig. 7.20b). Em seguida, durante a extensão dos braços para frente, os atletas devem baixar a cabeça e voltar a submergi-la (Fig. 7.20c).

Os nadadores devem certificar-se de que continuam a movimentação para frente enquanto estão respirando. Por essa razão, não devem levantar a cabeça para cima e para trás, para conduzi-la acima da superfície. A cabeça deve permanecer em uma posição natural sobre a coluna vertebral, com o queixo encaixado no peito. Os nadadores também devem levantar os ombros e o tronco para fazer com que o rosto saia da água para respirar. Uma boa técnica instrucional consiste em manter os olhos focalizados na água diretamente à frente durante a movimentação do rosto para a respiração (ver Fig. 7.20b).

A cabeça, os ombros e o tronco devem ser levantados até a superfície percorrendo uma diagonal gradual, de modo que se movimentem para frente e para cima quando o nadador levantar a cabeça acima da superfície, para a respiração. Ele não deve arquear as costas, estender para frente o queixo nem estender a cabeça para trás (sobre o pescoço), ao movimentá-la para fora da água.

Outra técnica utilizada pelos nadadores para manter a movimentação para frente depois de terem chegado à superfície consiste em encolher os ombros para frente en-

Figura 7.20 Vista da superfície da respiração no nado de Peito. A nadadora é Anita Nall.

(a) Término da fase propulsiva da pernada (observe que o corpo inteiro está submerso em uma boa posição hidrodinâmica).
(b) Fase de propulsão ondulatória. Anita respira quando os braços chegam à superfície, durante a recuperação. A cabeça e os ombros estão elevados acima da superfície, e o quadril está para baixo, ao ter início a recuperação das pernas.
(c) Anita estende os braços para frente, enquanto a cabeça e o tronco são abaixados na direção da superfície. A recuperação das pernas continua. Término da fase de propulsão ondulatória.
(d) Os braços estão próximos da completa extensão e as pernas estão prontas para dar início à fase propulsiva.

quanto começam a estender os braços na mesma direção. Além de manter o movimento à frente com o tronco, essa técnica também melhora o alinhamento quando retornam os ombros para a água.

A inter-relação entre a recuperação das pernas e o abaixamento da cabeça é muito importante para a obtenção de sucesso no estilo ondulatório do nado de Peito. Os nadadores podem reduzir consideravelmente o arrasto durante a recuperação das pernas, deixando a cabeça e os ombros baixarem lentamente na direção da superfície, enquanto executam a recuperação das pernas. Essa ação permite que os atletas mantenham os quadris submersos, para que possam recuperar as pernas para frente com menor flexão dos quadris por um tempo ligeiramente maior. Por sua vez, isso deve aumentar a duração e a magnitude da propulsão ondulatória durante essa fase do ciclo de braçada/pernada.

Ao executarem a recuperação dos braços e das pernas, alguns nadadores gostam de mergulhar para baixo e para frente. Mas, quando optam por essa estratégia, eles não têm outra escolha senão flexionar os quadris e impulsionar as coxas para baixo e para frente contra a água, e, quando isso acontecer, a propulsão ondulatória será encerrada. Os desenhos na Figura 7.21 demonstram como os nadadores podem permanecer mais adequadamente alinhados durante as recuperações dos braços e das pernas.

O nadador na Figura 7.21a afunda os ombros na água cedo demais durante a recuperação das pernas; tal fato impulsiona os quadris para cima até as proximidades da superfície, de modo que o atleta precisa recuperar as pernas impulsionando as coxas para baixo e para frente contra a água. Esse tipo de recuperação das pernas retardará consideravelmente sua velocidade frontal. Por outro lado, o nadador na Figura 7.21b mantém os ombros acima da água durante a recuperação das pernas, o que mantém seu corpo em uma posição inclinada. Com os quadris para baixo, ele é capaz de mobilizar as pernas para frente sem que faça flexão dos quadris durante a recuperação, o que reduzirá o arrasto de empuxo.

A recuperação dos braços na superfície da água é outra técnica que ajuda os nadadores a manter o tronco elevado e os quadris baixos durante a recuperação das pernas. Por outro lado, quando recuperam os braços em uma posição submersa, há maior probabilidade de que a cabeça e os ombros fiquem abaixo da superfície da água, enquanto os pés ainda estão se deslocando para cima.

Figura 7.21 Dois estilos de recuperação das pernas no nado de Peito. O nadador em (a) está recuperando as pernas incorretamente, porque está impulsionando as coxas para baixo e para frente contra a água para levantar as pernas. O nadador em (b) recupera as pernas para frente apenas com a flexão dos joelhos. Assim, empurra menos água para frente com as pernas.

BRAÇADA SUBMERSA (FILIPINA)

As regras permitem que nadadores de Peito executem apenas uma braçada subaquática durante cada percurso de uma piscina; essa braçada é executada imediatamente depois do início da prova e após cada virada. Após completar essa braçada subaquática, a cabeça deve irromper pela superfície da água antes que as mãos se voltem para dentro, no ponto mais amplo da próxima braçada. A braçada subaquática mais longa é consideravelmente mais efetiva do que as mais curtas executadas na superfície; assim, os nadadores devem praticar essa técnica até que, com ela, possam extrair qualquer mínima quantidade de propulsão disponível e possível.

A braçada submersa é parecida com uma braçada Borboleta exagerada. Essa braçada consiste em: varredura para fora, agarre, varredura para dentro e varredura para cima. Ocorrem também dois deslizes, um antes do início da braçada e outro depois que a braçada foi concluída. O segundo deslize é seguido por uma pernada para alcançar a superfície, sendo idêntica àquela já descrita anteriormente neste capítulo. A varredura para fora é um movimento não propulsivo, utilizado para posicionar os braços para a produção da força propulsiva. As varreduras para dentro e para cima são as fases propulsivas da braçada. As técnicas da braçada subaquática estão mostradas em vista lateral na série de fotografias na Figura 7.22.

Primeiro deslize

Depois da saída da borda ou do mergulho, os nadadores mantêm uma boa posição hidrodinâmica até que sua velocidade desacelere nas proximidades da velocidade de prova. Durante o deslize, os braços devem estar unidos e bem estendidos além da cabeça. A colocação de uma das mãos sobre a outra ajuda a manter essa posição hidrodinâmica. A cabeça deve estar entre os braços, e o corpo não deve baixar nem ficar flexionado na cintura. As pernas devem ficar mantidas firmemente juntas, com os dedos dos pés estendidos para trás. Essa posição do deslize está ilustrada na Figura 7.22a. Observe a inclinação descendente do corpo de Anita Nall. Os nadadores devem sair da borda em um ângulo ligeiramente descendente, para que consigam obter maior profundidade durante a longa braçada subaquática.

Varredura para fora e agarre

Quando os nadadores se aproximam da velocidade de prova, devem movimentar os braços para fora, para

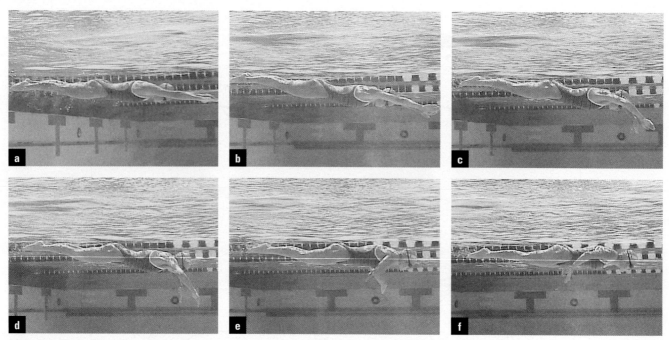

Figura 7.22 Sequência de fotografias da braçada submersa no nado de Peito; vista lateral. A nadadora é Anita Nall.

(a) Primeiro deslize (observe o ângulo do corpo para baixo).
(b) Início da varredura para fora com os braços.
(c) Agarre com os braços.
(d) Metade da varredura para dentro com os braços.
(e) Término da varredura para dentro. Início da varredura para cima com os braços.
(f) Continuação da varredura para cima com os braços.

frente e para cima, até que estejam fora da amplitude dos ombros, quando é executado o agarre. Anita Nall foi fotografada completando a varredura para fora e executando o agarre com os braços na Figura 7.22, b e c. Seus braços se movimentam ligeiramente para cima, para posicioná-los de modo a executar a varredura para dentro que se segue, no nível do corpo. Depois de ultrapassada a amplitude dos ombros, os braços devem ser flexionados gradualmente e com a maior rapidez possível, até ficarem voltados para trás para a execução do agarre. A varredura para fora deve ser um movimento suave de alongamento das mãos. Durante essa fase, as mãos não devem empurrar água para os lados.

Ao ter início a varredura para fora, as palmas das mãos devem estar voltadas para baixo e assim permanecer até que estejam fora da linha dos ombros. Então, os nadadores devem virá-las para fora, até que estejam orientadas para fora e para trás no momento do agarre e início da varredura para dentro. A velocidade dos braços acelerará ligeiramente durante a varredura para fora e, em seguida, desacelerará durante o agarre.

Varredura para dentro

Depois de executado o agarre, os nadadores devem movimentar os braços para fora, para trás, para baixo e para dentro, com um amplo movimento de adução, que mobiliza as mãos até que fiquem praticamente juntas por baixo do corpo, e os braços junto às costelas. A varredura para dentro está ilustrada na Figura 7.22, c, d, e e. Os braços devem permanecer flexionados, e os nadadores devem empurrar água para trás com o lado inferior dos braços e antebraços, e com as palmas das mãos. A velocidade dos braços deve aumentar moderadamente, desde o início até o fim da varredura para dentro.

Varredura para cima

A transição para a varredura para cima deve ter início quando os braços se aproximam um do outro, por baixo do corpo (ver Fig. 7.22e). Imediatamente após as mãos terminarem seu movimento para dentro, os nadadores devem voltá-las rapidamente para fora, começando a empurrá-las para trás, para fora e para cima, na direção da superfície, até que estejam completamente estendidas e repousadas contra as coxas. A parte da braçada referente à varredura para cima está ilustrada na Figura 7.22, e, f, e g. Em seguida, os nadadores devem empurrar água para trás com as palmas das mãos e o lado inferior dos antebraços, e manter os braços em uma posição flexionada durante a maior parte da varredura para cima, para que os antebraços fi-

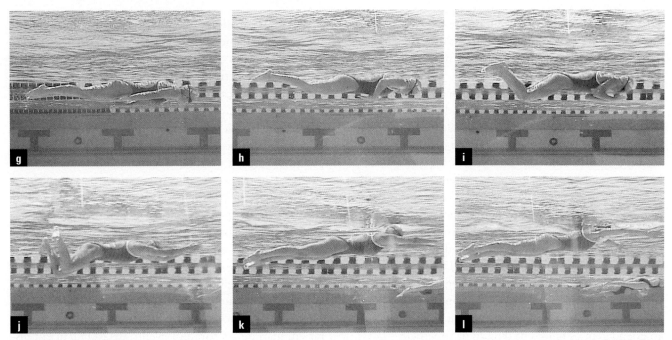

Figura 7.22 (continuação)

(g) Segundo deslize.
(h) Recuperação para frente com os braços.
(i) Continuação da recuperação dos braços. Recuperação para frente com as pernas.
(j) Extensão dos braços (na direção da superfície). Início da fase propulsiva com as pernas.
(k) Início da varredura para fora com os braços (observe que a cabeça se aproxima da superfície). Término da fase propulsiva com as pernas.
(l) Ponto mais amplo da braçada (observe que a cabeça está acima da superfície).

quem orientados para trás durante o maior tempo possível (ver Figura 7.22f).

Quando os nadadores não puderem mais manter essa orientação para trás com os antebraços, deverão estender os cotovelos vigorosamente, até que os braços fiquem completamente estendidos para trás, junto às coxas. A varredura para cima deve terminar com os braços nas coxas e as palmas das mãos voltadas para fora. Esse posicionamento permite que os nadadores direcionem água para trás e para cima, para longe das pernas, em um movimento de acompanhamento natural durante a parte final da varredura para cima. Anita Nall não está fazendo esse movimento nas fotografias da Figura 7.22.

A varredura para cima é a fase mais propulsiva da braçada subaquática. A velocidade dos braços desacelerará durante a transição entre a varredura para dentro e a varredura para cima; em seguida, voltará a acelerar rapidamente até o final do movimento. A velocidade dos braços deve ser maximizada durante a varredura para cima.

Segundo deslize

Tão logo a varredura para cima tenha sido completada, os nadadores devem voltar as palmas das mãos para dentro, colocando-as contra as coxas, para que seja executado o deslize em uma boa posição hidrodinâmica, conforme mostra a Figura 7.22g. As pernas devem estar bem estendidas e juntas e os dedos dos pés, para trás e para cima. A cabeça deve se alinhar com o corpo, e a cintura não deve estar arqueada nem flexionada.

Essa boa posição hidrodinâmica deve ser mantida por um período muito curto, porque os nadadores irão desacelerar com muita rapidez. Tão logo comece a se dissipar o ímpeto da braçada subaquática, os atletas devem recuperar os braços para frente, impulsionando o corpo até a superfície com a pernada.

Recuperação do braço e pernada até a superfície

A partir da posição hidrodinâmica do segundo deslize, os nadadores devem executar a recuperação dos braços por baixo do peito. Em seguida, devem projetá-los para frente e, com as pernadas, impulsionar o corpo para cima, na superfície da água.

Para que o arrasto de empuxo seja reduzido, os nadadores de Peito devem deslizar os braços para a frente, por baixo do corpo; para tanto, devem flexionar os cotovelos, mantendo-os junto às laterais do corpo. As mãos devem se movimentar para frente, com os polegares liderando a trajetória. As palmas das mãos devem se voltar para cima, de modo que possam deslizar para frente com a menor área de superfície possível, impulsionando água para frente. Anita está realizando essa etapa muito satisfatoriamente na Figura 7.22, h e i.

O nadador deve começar a extensão dos braços para frente assim que a cabeça for ultrapassada, como mostra a Figura 7.22i. Os atletas devem virar as palmas das mãos para baixo, estendendo os braços para frente com bom alinhamento e com os cotovelos bem juntos, até que os braços estejam completamente estendidos à frente do corpo. Eles também farão a recuperarão das pernas quando os braços tiverem passado pela cabeça e começarem a ser estendidos na direção da superfície. Finalmente, terminada a extensão e durante o avanço até a superfície, os atletas deverão executar uma pernada bastante vigorosa. Durante a braçada subaquática e na maior parte da recuperação dos braços, a cabeça deve se voltar para baixo e se alinhar com o corpo. Entretanto, os nadadores devem começar a olhar para cima ao estenderem os braços na direção da superfície.

A recuperação das pernas deve ser executada com a maior suavidade possível, para que o arrasto de empuxo fique reduzido. Os nadadores devem recuperar as pernas para frente sem flexionar as coxas nos quadris, até o momento imediatamente antes que as pernas comecem a fazer a varredura para fora em direção à posição de agarre. Durante a recuperação das pernas, os joelhos também devem permanecer dentro dos limites do corpo.

A pernada deve conduzir os nadadores até a superfície em uma diagonal gradual, de modo que, quando o corpo chegar à superfície, eles estejam se movimentando mais para frente do que para cima. Os atletas não devem deslizar até a superfície, pois provocará excessiva desaceleração antes que dêem início à primeira braçada. Consequentemente, os nadadores devem começar a varredura para fora com os braços quando a fase propulsiva da pernada terminar, e as pernas estiverem se juntando, como Anita Nall está fazendo na Figura 7.22k. Essa varredura para fora deve ter início enquanto a cabeça ainda estiver submersa; assim, os braços poderão estar na posição de agarre e os nadadores poderão começar a propulsão do corpo para frente com pouquíssimo atraso, logo que a cabeça chegar à superfície, como na Figura 7.22l.

Tão logo a cabeça tenha chegado à superfície, os nadadores devem inspirar no ponto normal das braçadas, ou seja, quando a fase propulsiva acabou, quando estiverem executando a recuperação dos braços em direção à superfície. Eles não devem atrasar as varreduras para fora e para dentro dos braços para respirar, esse erro reduziria consideravelmente sua velocidade frontal. Os atletas querem nadar na superfície com essa primeira braçada, não querem deslizar até a superfície, respirar e, em seguida, começar a tração com os braços.

Para os nadadores que utilizam essa técnica, a sincronização é fundamental. Ao chegarem à superfície, devem estar no término da varredura para fora da braçada, mas não podem deixar que os braços se voltem para dentro antes que a cabeça irrompa acima da superfície, ou serão desclassificados. Com prática, os nadadores devem ser capazes de usar essa técnica sem medo da desclassificação, pois melhorará consideravelmente seu tempo. Meus experimentos com diversos nadadores universitários demonstraram que o impulso para cima e na superfície da água aumentará a velocidade da virada. Desde o toque com as mãos na parede até o ponto que assinala a metade da piscina seguinte, a velocidade de virada aumenta, em média, 0,30 s em comparação com o deslize até a superfície antes que seja executada a primeira braçada. Isso significa uma melhora de quase 1 s em provas de 100 e 200 jd/m, em que os competidores fazem três viradas. Nos eventos com sete viradas, os tempos podem melhorar em mais de 2 s para um evento de 200 jd/m em piscina curta.

ERROS COMUNS DO NADO DE PEITO

As listas a seguir contêm alguns dos erros mais comuns cometidos por nadadores de Peito. Discutiremos em primeiro lugar os erros cometidos durante as diversas fases da braçada, em seguida, os erros cometidos durante as diferentes fases da pernada e, finalmente, erros no alinhamento do corpo e de respiração. Também descreveremos os erros cometidos durante as diversas fases da braçada subaquática e da pernada até a superfície.

Erros de braçada

Nesta seção, descreveremos os erros mais comuns cometidos por nadadores durante a varredura para fora, varredura para dentro e recuperação da braçada.

Erros na varredura para fora

Os erros comumente cometidos durante a varredura para fora são: (1) movimentar pouco os braços para fora, (2) movimentar os braços muito para fora, ou (3) aplicar muito esforço na varredura para fora.

1. Nadadores que utilizam uma varredura para fora curta tendem a virar as mãos para baixo e empurrar a água antes que os braços tenham se movimentado para fora o suficiente para obter uma orientação para trás com relação à água. Como resultado, os atletas empurram a água para baixo na clássica posição de cotovelo caído. Os nadadores devem esperar até que os braços estejam suficientemente abertos para ficarem voltados para trás, contra a água, antes de darem início à varredura para dentro.

2. O segundo erro ocorre quando os nadadores movimentam as mãos demasiadamente para fora e para trás, durante a varredura para fora, e para dentro e para frente, durante a varredura para dentro. Embora esse tipo de braçada seja utilizado por muitos nadadores de Peito habilidosos, acredito que a técnica seja potencialmente inferior àquela em que os braços se movimentam para fora e para frente durante a varredura para fora, e para dentro e para trás durante a varredura para dentro.

3. O erro final cometido pelos nadadores durante a varredura para fora consiste em empurrar a água para os lados com os braços. Conforme dissemos anteriormente, essa ação apenas servirá para desacelerar a velocidade frontal. Durante a varredura para fora, os nadadores não devem empurrar para frente com os braços ou as palmas das mãos. Devem esperar até que as duas mãos estejam em uma posição externa em relação aos ombros e voltadas para trás, antes de tentarem fazer qualquer força com elas.

Erros na varredura para dentro

Já mencionamos o erro mais comumente cometido por nadadores durante essa fase da braçada: orientar as mãos para frente. A velocidade frontal do corpo cairá drasticamente assim que o nadador começar a movimentar os braços para frente durante a varredura para dentro. Consequentemente, ele terminará prematuramente a varredura para dentro ou perderá tempo e esforço executando um movimento que não tem efeito propulsivo. O desenho na Figura 7.23 mostra por que os nadadores não ganham nenhuma propulsão quando os braços estão se movimentando para frente. O movimento dos braços para frente e para dentro gera uma força de arrasto para fora e para trás, e uma força de sustentação para frente e para fora. Os nadadores são compelidos a desacelerar ao movimentarem as mãos para frente durante a varredura para dentro, pois qualquer componente de força para frente que possa ser gerado por essa direção de movimento dos membros será neutralizado pelo grande componente para trás da força de arrasto que esses membros também estão produzindo.

Dois erros são responsáveis por essa perda de propulsão durante a varredura para dentro: (1) preocupação em evitar que os cotovelos se desloquem para trás, atrás dos ombros e (2) ênfase excessiva em mobilizar com rapidez as mãos para fora e à frente durante a recuperação dos braços.

1. Há anos nos é dito que os nadadores não devem deixar que os cotovelos fiquem atrás dos ombros durante a varredura para dentro, para evitar que cometam o erro de deixar eles caírem. Como resultado disso, muitos atletas movimentam as mãos para frente durante a varredura para dentro, para evitar que os cotovelos se desloquem para trás, atrás dos ombros, durante essa fase da braçada. Na verdade, eles não podem executar uma varredura para dentro com efeito propulsivo sem fazer com que os cotovelos cheguem até atrás dos ombros, o que não signifi-

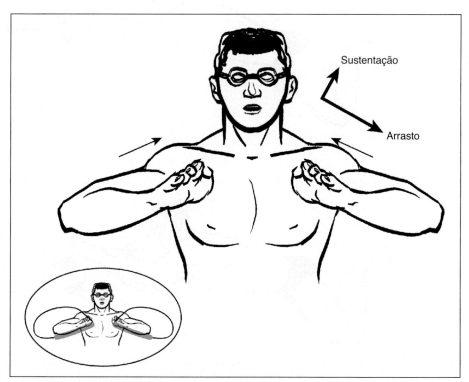

Figura 7.23 Efeito da movimentação das mãos para frente durante a varredura para dentro.

ca necessariamente que estejam permitindo que os cotovelos fiquem caídos. Os atletas apenas deixarão os cotovelos caírem se empurrarem água para baixo com os braços durante a varredura para dentro. Eles não deixarão isso ocorrer se fizerem a varredura para dentro com um movimento de adução dos ombros que mantenha os braços se deslocando para trás até o término da varredura. Com o uso dessa técnica, ao término da varredura para dentro, os braços terão se movimentado um pouco até atrás dos ombros – e essa movimentação deve ocorrer.

2. Outro erro que resulta na movimentação das mãos para frente durante a varredura para dentro é a tentativa de mobilizá-las com rapidez para fora (à frente) durante a recuperação. Com frequência, técnicos e instrutores orientam os nadadores para acelerar as mãos para frente durante a recuperação, para evitar que fiquem encaixadas por baixo do queixo. Lamentavelmente, essa instrução faz com que muitos nadadores de Peito acelerem as mãos à frente durante a varredura para dentro. Embora essa ação conduza as mãos rapidamente à frente, também provoca perda da propulsão durante a varredura para dentro.

Já descrevemos anteriormente (na seção sobre varredura para dentro) um método que pode ser utilizado pelos nadadores para fazer a adução dos braços para trás (nos ombros) sem que os membros fiquem presos. Os atletas podem comprimir rapidamente os cotovelos para baixo e para frente, depois que as mãos ultrapassarem os ombros por baixo; essa ação irá mudar a direção de trás para frente, sem que ocorra hesitação.

Erros na recuperação

Os erros mais comumente cometidos pelos nadadores durante a recuperação dos braços são: (1) pressionar com as mãos para frente com força excessiva e em uma posição de alinhamento defeituoso e (2) impulsionar os braços para baixo em demasiada profundidade durante a extensão para frente.

1. A ação de pressionar com as mãos para frente com força excessiva e em uma posição de alinhamento defeituoso aumentará o arrasto de empuxo para trás, o que reduzirá ainda mais a velocidade frontal. Um dos erros mais comumente cometidos pelos nadadores nessa fase da braçada consiste em empurrar água para frente com os braços com uma área de superfície excessivamente grande, por ocasião da recuperação dos braços para frente. A Figura 7.24b ilustra um nadador que está cometendo esse erro. Esse atleta começa a impulsionar os braços para frente enquanto eles ainda estão muito profundos na água. Como

Figura 7.24 O nadador em (a) está recuperando os braços corretamente, enquanto o nadador em (b) está cometendo o erro de impulsionar os braços para frente para a superfície ao iniciar a recuperação dos membros para frente. Isso aumentará consideravelmente o arrasto.

resultado, empurrará água para frente com os antebraços e braços, ao estendê-los na direção da superfície.

Os nadadores devem movimentar os braços até a superfície antes que comecem a extensão para frente. Então, devem virar as palmas das mãos para baixo e deslizar mãos e braços para frente, ao longo da superfície, primeiramente com os dedos das mãos, apresentando a menor área de superfície em relação à água. O nadador na Figura 7.24a está recuperando os braços com essa técnica.

2. O último problema é atingir um nível muito profundo durante a extensão dos braços para frente. Os braços devem ser estendidos para frente em linha com a direção de inclinação do tronco. Para o nadador de Peito que usa o estilo ondulatório, esse movimento significa para frente e ligeiramente para baixo. O desenho na Figura 7.25 mostra um nadador muito avançado para baixo durante a extensão dos braços para frente. Observe que os braços estão mais inclinados para baixo do que o tronco.

A recuperação dos braços com essa técnica fará com que o nadador na Figura 7.25 empurre água para frente com o lado superior dos braços. Também aumentará o volume de água impulsionado por seu corpo, no deslocamento para frente. Além disso, o nadador demorará mais tempo para mobilizar os braços para cima e colocá-los em posição para o agarre ao executarem a varredura para fora. A área sombreada escura imediatamente à frente do nadador indica a área de arrasto adicional gerada pelo excessivo movimento descendente dos braços.

Erros de pernada

Esta seção descreve os erros habituais cometidos por nadadores durante a recuperação, a varredura para fora, varredura para dentro e o levantamento das pernas.

Erros na recuperação

O erro mais comumente cometido durante essa fase da pernada já foi examinado anteriormente neste capítulo. Ele ocorre quando os nadadores impulsionam as coxas para baixo e para frente, contra a água. Outros erros comuns são: (1) recuperação das pernas com os joelhos demasiadamente afastados ou (2) com os pés em má posição hidrodinâmica, (3) pouca flexibilidade para fazer um agarre alto e (4) pés posicionados incorretamente para o agarre, antes que as pernas sejam estendidas.

1. Um erro cometido pelos nadadores é a recuperação das pernas para frente com os joelhos muito afastados, no estilo da pernada em cunha. Ocorrerá aumento dos arrastos de forma e de empuxo quando os nadadores movimentarem as pernas para frente com os joelhos excessivamente afastados. Durante a recuperação, os joelhos devem ficar dentro dos limites da largura dos ombros.

2. Alguns nadadores também recuperam as pernas com os pés em posições de alinhamento defeituoso, o que também aumenta os arrastos de forma e de empuxo. Eles devem manter os pés em boa posição hidrodinâmica e apontados para trás e dentro dos limites dos quadris até que tenham completado a recuperação das pernas e comecem a movimentá-las para fora.

3. Outro erro ocorre quando os nadadores circulam os pés para fora, até a posição de agarre. Alguns nadadores não possuem a flexibilidade rotacional nas articulações dos quadris, joelhos e tornozelos, que lhes capacitariam a flexionar os pés e virá-los para fora o suficiente para a execução de um agarre alto. Como resultado, os atletas precisam impulsionar um pouco as pernas para trás antes que possam estar com os pés adequadamente posicionados para a aplicação de força propulsiva. Essa situação resultará em um encurtamento da fase propulsiva da pernada. Nadadores com esse problema devem fazer alguns exercícios especiais de alongamento para aumentar a flexibilidade dessas articulações.

4. Último erro cometido por alguns nadadores ocorre quando o atleta não consegue colocar os pés em uma boa posição de agarre antes de começar a estender as pernas. Perto do final da recuperação das pernas, o nadador deve circulá-las para fora com suavidade e com um mínimo de movimento para trás, esperando até que os pés estejam voltados para trás, contra a água, antes de começarem a estender as pernas.

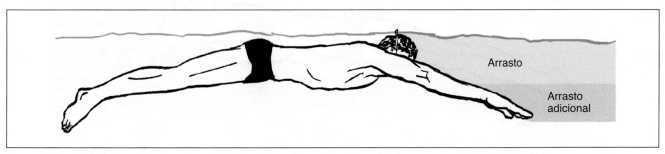

Figura 7.25 Erro de avançar demasiadamente para o fundo durante a recuperação dos braços. O avanço para baixo e para frente aumentará o arrasto de forma, porque os braços do nadador empurrarão água para frente, abaixo da linha do tronco.

Erros na varredura para fora

Os erros mais comumente cometidos por nadadores na varredura para fora são: (1) impulsionar muito as pernas para o fundo ou então (2) não conseguir impulsionar os pés para trás sem movimentá-los para fora, em uma trajetória circular. Certos nadadores também podem cometer o erro de (3) executar a varredura para fora com os pés em flexão plantar (apontados para trás) e não em dorsiflexão (achatados).

1. A varredura para fora da pernada terá um pequeno componente descendente quando o nadador abaixar os pés até o nível do corpo (durante a extensão dos pés para trás). Entretanto, uma pernada para baixo excessiva fará com que o nadador perca força propulsiva. Ele deve sentir que suas pernas estão sendo estendidas diretamente para trás, em alinhamento com o corpo.

2. Alguns nadadores mantêm os joelhos juntos demais e executam a pernada para trás com os pés também muito próximos. Esse posicionamento reduzirá a amplitude efetiva da pernada e diminuirá tanto a parte da varredura para dentro que ocorrerá a perda de força propulsiva. O posicionamento também pode resultar em problemas nos joelhos se os nadadores tentarem manter juntas essas articulações durante a pernada para trás.

3. Alguns atletas não mantêm os pés em dorsiflexão durante a varredura para fora. Em vez disso, apontam os dedos dos pés para fora, deslizando-os pela água sem gerar força propulsiva significativa durante a extensão das pernas. Eles devem fazer com que os dedos dos pés apontem para cima (flexionando os tornozelos) e devem manter os pés em uma posição flexionada até que tenha terminado a fase propulsiva da pernada.

Erros na varredura para dentro e no levantamento das pernas

Os erros mais comumente cometidos nessa fase da pernada são: (1) estender as pernas para trás antes do término da varredura para dentro, (2) não levantar as pernas depois de completar a varredura para dentro e (3) manter as pernas excessivamente juntas.

1. O erro mais comum nessa fase da pernada é a extensão dos pés para trás antes de terem terminado a varredura para dentro. Os nadadores não devem apontar os dedos dos pés para trás e levantar as pernas até a superfície até que os pés estejam praticamente juntos. Em vez disso, devem manter os pés se deslocando para dentro e para baixo pela água, com as solas voltadas para dentro.

2. Outro erro frequente consiste no retardo do levantamento das pernas depois de completar a varredura para dentro. Esse erro está ilustrado no desenho da Figura 7.26. O nadador no desenho não levantou as pernas depois de ter completado a varredura para dentro. Portanto, as pernas permanecem abaixo do tronco, posição que aumenta o arrasto de forma e reduz a velocidade frontal durante a braçada subsequente.

3. Outro erro – esse envolvendo a pernada inteira – ocorre quando o nadador mantém as pernas demasiadamente juntas durante sua extensão para trás. Com uma pernada estreita, muitos atletas não conseguem voltar os pés para trás em preparação para o agarre até que as pernas estejam um pouco estendidas – o que reduz a duração da fase propulsiva. Além disso, a manutenção dos joelhos muito unidos implica maior tensão incidente nos ligamentos e nos meniscos mediais, quando os nadadores tentam girar as pernas para fora em busca da posição para o agarre. Uma pernada suficientemente (mas não demasiadamente) larga para evitar lesões e perda da força propulsiva é aquela na qual os joelhos estão separados em uma distância aproximadamente igual à largura dos ombros quando o nadador faz a recuperação das pernas para frente. Ele deve virar os pés para além da largura dos ombros durante a varredura para fora e na primeira parte da varredura para dentro. Entretanto, os pés devem retornar para dentro da amplitude dos ombros, quando as pernas estiverem quase completamente estendidas.

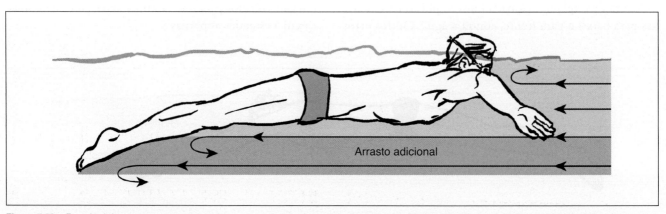

Figura 7.26 Erro de deixar as pernas penduradas ao final da fase propulsiva da pernada. Essa posição aumentará o arrasto de forma, porque as pernas do nadador estarão abaixo do tronco.

Erros de sincronização e respiração

Esta seção descreve os erros cometidos pelos nadadores na sincronização dos braços e pernas, na posição do corpo e na respiração.

Erros de sincronização

Os principais erros cometidos por nadadores nessa parte do nado, que já foram examinados anteriormente neste capítulo, são o uso da sincronização por deslizamento ou da sincronização contínua, em vez da sincronização por superposição. Um erro não mencionado anteriormente é aquele em que alguns nadadores tentam recuperar as pernas durante a fase propulsiva da braçada. Quando isso ocorre, as pernas passam a funcionar como freios, reduzindo a velocidade frontal. Os nadadores devem esperar até que se tenha completado a varredura para dentro da braçada, antes de dar início à recuperação das pernas para frente.

Erros na respiração

Os erros mais comuns são: (1) respirar com muita antecedência, (2) vir à superfície para respirar em um ângulo excessivamente abrupto e (3) manter a cabeça acima da água durante a pernada.

1. O erro mais frequente entre nadadores de Peito é respirar com muita antecedência. O nadador respira durante a varredura para fora da braçada, o que reduz o alinhamento durante uma fase da braçada em que o nadador já está desacelerando. A respiração nesse momento também fará com que o nadador impulsione os braços para baixo durante a varredura para fora, para obter apoio para a cabeça. O atleta deve respirar ao final da varredura para dentro, momento em que a cabeça e os ombros estão em seu ponto mais elevado, sendo, portanto, ideal para a respiração.

2. Outro erro consiste em chegar à superfície em um ângulo excessivamente abrupto por ocasião da respiração. O nadador impulsiona a cabeça para cima e para trás e arqueia as costas, para que possa ficar em uma posição elevada fora da água, o que desacelera a velocidade frontal. Ele deve mobilizar a cabeça e os ombros até à superfície em uma diagonal gradual, de modo que, no momento da respiração, o corpo esteja se movimentando para frente e também para cima.

3. Alguns nadadores de Peito mantêm a cabeça acima da água ao executar a pernada para trás. Conforme já mencionamos, as novas regras permitem que os atletas fiquem com a cabeça embaixo da água durante grande parte do ciclo de braçada/pernada. Eles devem tirar vantagem dessa oportunidade para buscar um alinhamento correto, colocando a cabeça embaixo da água e alinhada com os braços durante a pernada. Mas os nadadores que utilizam essa técnica não devem enterrar a cabeça abaixo dos braços nem devem mergulhar excessivamente para baixo, para submergir a cabeça.

Erros na braçada subaquática (filipina)

Nadadores podem cometer, e cometem, erros durante todas as fases da braçada subaquática. Começarei com alguns dos erros comuns cometidos durante os períodos em que os atletas deslizam imediatamente antes e imediatamente depois de terem completado suas braçadas.

Erros no primeiro e segundo deslize

Muitos nadadores fazem um deslize excessivamente longo para maximizar a distância que percorrem por baixo da água. Entretanto, tal deslizamento jamais deve ser extenso a ponto de causar uma desaceleração abaixo da velocidade da prova, antes que o atleta inicie a braçada subaquática ou a pernada em direção à superfície. Na verdade, o tempo da prova aumentará se sua velocidade cair abaixo da velocidade de prova durante o deslizamento.

Por outro lado, é inútil que o nadador comece a braçada subaquática enquanto se desloca mais rápido que a velocidade da prova. Os atletas devem aprender a perceber quando é a hora de começar tal movimento, devem deslizar menos em provas curtas e ligeiramente mais à medida que for aumentando a distância da prova, pois, em provas mais longas, a velocidade média por ciclo de braçada/pernada será mais baixa.

Erros na braçada

Os quatro erros técnicos mais comuns cometidos por nadadores durante a braçada submersa são: executar (1) uma varredura para fora estreita ou (2) uma varredura para dentro ampla, e (3) movimentar muito ou (4) pouco os braços para cima durante a varredura para cima.

1. Os nadadores cometem, nas braçadas subaquáticas, o mesmo erro já descrito para a braçada na superfície, quando não abrem os braços com suficiente amplitude a fim de orientá-los para trás antes de começar a empurrar água. Em vez de assim proceder, os atletas empurram água para baixo e, com isso, o corpo é mais elevado até a superfície do que impelido para frente.

2. Alguns nadadores empurram muito ou pouco as mãos para trás durante a varredura para dentro. Tal movimento da braçada subaquática é um exemplo de adução dos braços nas articulações dos ombros. Durante essa varredura, os atletas devem mobilizar os braços para trás, para baixo e para dentro, na direção das costelas. Como resultado, quando a varredura para dentro estiver sendo concluída, as mãos deverão estar bastante próximas uma da outra abaixo da linha média do corpo.

3. Durante a varredura para cima, nadadores que projetam demais os braços nessa direção os estenderão prematuramente. Como resultado, os braços já estarão estendidos quando ainda estiverem debaixo do corpo. Nessa posição, empurrarão água para cima, em vez de empurrar para trás, com os antebraços – e isso irá desacelerar a velocidade frontal.

4. Muitos nadadores também cometem o erro oposto durante a varredura para cima da braçada subaquática, ou seja, seu impulso para cima é menor do que deveria ser ao final desse movimento. Os atletas interrompem a braçada subaquática antes que as mãos tenham subido até acima das pernas; quando esse erro é cometido, eles tendem a se encaminhar com muita rapidez para a superfície durante o segundo deslize. Os nadadores sempre deverão terminar a varredura para cima com os braços acima das coxas.

Erros na recuperação das pernas e na pernada até a superfície

Um dos erros mais comumente cometidos por atletas nessa parte do nado é o deslize até a superfície, cujos efeitos já foram anteriormente descritos neste capítulo. Outros erros possíveis são: (1) recuperação dos braços em posição de alinhamento defeituoso, (2) recuperação das pernas com muita antecedência, (3) flexão excessiva das coxas nas articulações dos quadris e (4) movimentação dos braços e pernas para frente com demasiada força.

1. No momento da recuperação dos membros, alguns nadadores mantêm as mãos e os braços afastados do corpo em posições hidrodinâmicas defeituosas, o que aumenta a área de superfície ao avançarem para frente através da água. Os braços e as mãos devem estar posicionados lateralmente, bem juntos e próximos ao corpo, durante o movimento para frente.

2. Alguns nadadores executam a recuperação das pernas para frente ao mesmo tempo que recuperam os braços na direção da superfície. Consequentemente, recuperam as pernas lentamente, durante um longo período, e isso faz com que a velocidade frontal desacelere mais rapidamente durante essa fase da braçada subaquática. Os atletas não devem começar a recuperação das pernas para frente até que os braços estejam passando pelos ombros e avançando para frente durante a recuperação. Eles ainda terão bastante tempo para colocar as pernas em posição para a pernada até a superfície se esperarem até que os braços se encontrem a meio caminho para a recuperação, para então darem início à recuperação das pernas para frente. As pernas devem ser recuperadas com rapidez, mas com suavidade, e com um mínimo de flexão dos quadris até que tenha sido iniciada a varredura para fora da pernada.

3. Os nadadores devem recuperar as pernas para frente durante a braçada subaquática do mesmo modo empregado para a braçada na superfície, ou seja, devem mobilizar as pernas para frente flexionando-as nos joelhos e sem flexionar as coxas nos quadris até que estes estejam prontos para movimentar as pernas para fora, em direção ao agarre. A flexão dos quadris durante a recuperação das pernas serve apenas para desacelerar a velocidade frontal, até quase a completa imobilização.

4. Alguns atletas movimentam os braços e as pernas para frente com força excessiva. Todos os movimentos de recuperação – tanto dos braços como das pernas – devem ser executados com rapidez, mas também com suavidade. Durante a recuperação dos membros para frente, o nadador deve apresentar, com os braços e as pernas, a menor área de superfície possível à água. Por outro lado, os membros não devem ser impulsionados para frente com grande força.

EXERCÍCIOS PARA O NADO DE PEITO

Esta seção resume alguns dos melhores exercícios para o aprimoramento do nado de Peito. São exercícios para a braçada e a pernada, e para o aprimoramento dos movimentos do corpo e da respiração. Listamos também alguns exercícios para melhorar a braçada subaquática.

Exercícios de braçada

O exercício da braçada exagerada para o nado de Peito, descrito no Capítulo 3, é excelente para o aprendizado da braçada. Em seguida, descrevemos sucintamente outros bons exercícios.

Exercício de nado de peito com um braço

Os nadadores podem nadar ou treinar a braçada utilizando apenas um dos braços. Devem manter o outro braço estendido à sua frente. Considerando que o atleta utiliza apenas um dos braços, esse exercício ajuda os nadadores de Peito a se concentrarem nas técnicas da braçada. É também um exercício excelente para melhorar a braçada do membro superior não dominante.

Exercício de braçadas com o punho cerrado

Esse exercício é planejado para ajudar os nadadores a utilizarem os braços mais efetivamente durante a braçada. O atleta pode dar braçadas ou nadar repetições de qualquer distância com as mãos cerradas. Esse é também um bom exercício para melhorar o braço não dominante, caso o nadador dê braçadas ou nade repetições com a mão do braço dominante cerrada, e com a mão do braço não dominante aberta. Ele pode treinar a utilização do braço não dominante mais efetivamente quando o braço dominante estiver limitado em sua capacidade de geração de força propulsiva.

Exercício para fora lento; para dentro rápido

Esse exercício pode ser executado como prática de braçada ou de nado. O nadador deve fazer varreduras para fora com os braços de maneira lenta e suave, até que a água esteja atrás dos braços. Em seguida, deve executar a varredura para dentro de maneira rápida e poderosa. Esse é um exercício excelente para orientar os atletas a executar um bom agarre e a aplicar ênfase no lugar certo – na varredura para dentro da braçada.

Exercícios de pernada

Há cinco exercícios considerados muito bons para melhorar a pernada do nado de Peito. Descreveremos todos nesta seção.

Exercício de distância por pernada

Os nadadores dão pernadas ao longo da piscina utilizando o menor número possível de pernadas. Eles podem fazer o exercício com ou sem a ajuda de uma prancha. Esse exercício incentiva o nadador a maximizar as fases propulsivas da pernada e a alinhar o tronco e as pernas durante o deslize, momento em que ele deve ser orientado a levantar as pernas até que fiquem alinhadas com o corpo.

Exercício de golfinhada

Esse exercício também pode ser realizado com ou sem prancha. Mas funciona melhor sem o uso da prancha, porque o nadador pode ondular o corpo mais naturalmente. A cada pernada, os atletas enfatizam a impulsão dos quadris para cima e para frente acima da água. Eles devem ser alertados para não se excederem nas ondulações.

Exercício de pernadas, posição de costas

Nesse exercício, os atletas, na posição de costas, podem executar pernadas por um número variável de piscinas. Os braços devem ficar estendidos acima da cabeça, apoiados na água, com as palmas das mãos voltadas para cima. Esse exercício ajuda os nadadores de Peito a recuperar as pernas sem que os quadris sejam impulsionados para cima porque, se isso ocorrer, os joelhos irromperão pela superfície da água.

Exercício de pernadas com as mãos para trás

Talvez esse seja o melhor exercício para aprimorar, nos nadadores de Peito, a recuperação das pernas para frente, sem flexionar os quadris. É também uma prática excelente para orientar o abaixamento dos quadris e a elevação da cabeça e dos ombros por ocasião da recuperação das pernas. Os nadadores dão pernadas ao longo da piscina sem a ajuda de prancha, e os braços devem estar estendidos para trás, com as mãos repousando ao lado dos quadris, perto da superfície da água. Em cada recuperação das pernas para frente, os atletas deverão tocar os pés com as mãos.

Os nadadores devem ser instruídos a atrasar a flexão das coxas nas articulações dos quadris até que tenham iniciado a varredura para fora da pernada. Também devem ser orientados a levantar a cabeça e abaixar os quadris para fazer a respiração durante a recuperação das pernas e devem abaixar a cabeça e os ombros até que essas partes assumam uma posição de alinhamento em submersão, antes de executarem a fase propulsiva da pernada. A Figura 7.27 mostra uma nadadora fazendo esse exercício.

Exercício de recuperação das pernas

Nesse exercício, os nadadores devem dar pernadas na posição de pronação, sem a ajuda da prancha. Os braços devem estar unidos e estendidos para frente na água. Eles devem se concentrar na manutenção do corpo em movimento para frente durante a recuperação das pernas. Para tanto, encolhem os ombros para frente enquanto as pernas se deslocam para cima e, em seguida, deixam cair a cabeça e o tronco abaixo da água, em uma boa posição hidrodinâmica, ao mesmo tempo em que as pernas são estendidas para trás. Eles também devem se concentrar na flexão adequada das pernas durante a recuperação e em seu levantamento até uma posição de bom alinhamento durante o deslize. O melhor é fazer esse exercício inicialmente com deslizes longos, de modo que o atleta aprenda a fazer o alinhamento adequado durante a varredura

Figura 7.27 Exercício de pernadas com as mãos para trás executado por Mindi Bach.

para dentro da pernada e durante o deslize que se segue. Mais adiante, poderão executar pernadas com deslizes mais curtos, para melhorar o alinhamento em ritmos semelhantes àqueles utilizados nas competições.

Exercícios de posição do corpo e de sincronização

Nesta seção, descrevemos três dos melhores exercícios para aprimorar o movimento corporal ondulatório do nado de Peito e a sincronização dos braços e das pernas.

Exercício de pernada e extensão dos braços para frente

O nadador deve fazer as pernadas sem ajuda da prancha, executando uma meia braçada depois de cada pernada. Depois da varredura para fora, e sem que ainda tenha sido completada a varredura para dentro da braçada, os braços devem ficar estendidos à frente do corpo, para que permaneçam alinhados enquanto o atleta recupera as pernas e executa uma pernada. O nadador deve reiniciar a varredura para fora imediatamente depois de ter completado a varredura para dentro dessa pernada. Esse é um bom exercício para o treino da sincronização por superposição.

Exercício de golfinhada

Os nadadores utilizam uma golfinhada enquanto dão braçadas por várias piscinas, sem ajuda de flutuador ou de tubo plástico. A sincronização é de uma golfinhada por braçada. Tal movimento deve ocorrer enquanto os braços executam a varredura para fora. Esse exercício ajuda o nadador a ter uma ideia do estilo ondulatório da braçada de Peito. O movimento da braçada golfinho não deve ser excessivo, os quadris devem se elevar ligeiramente até a superfície quando o atleta executa a pernada para baixo. As mãos e a cabeça não devem afundar muito ao serem estendidas para frente. O atleta também deve se concentrar em aproveitar a onda corporal da pernada, para tanto, deve levantar os olhos e iniciar a movimentação das mãos para fora e para cima, enquanto os quadris passam pelo pico de ondulação ascendente.

Exercício de duas braçadas e uma pernada

Essa é uma modificação do exercício precedente e é utilizada para as mesmas finalidades. O atleta deve nadar um número variável de piscinas enquanto executa diversas séries contínuas de três braçadas e três pernadas. Ele deve usar golfinhadas durante as duas primeiras braçadas de cada série e uma pernada do nado de Peito durante a terceira braçada.

Exercícios de braçada subaquática (filipina)

Recomendamos três exercícios para melhorar tanto a distância como a velocidade dos nadadores durante essa importante parte das provas.

Exercício de braçadas subaquáticas duplas

Os atletas devem nadar repetições, executando duas braçadas subaquáticas depois de cada virada, antes de retornar à superfície. Esse exercício ajuda o nadador a desenvolver a habilidade de maximizar as braçadas subaquáticas nas provas sem se cansar.

Exercício de braçadas subaquáticas para distância

Os nadadores devem tentar se deslocar pela máxima distância possível durante cada braçada subaquática, antes de retornar à superfície. Esse é um bom exercício para treinar o atleta a maximizar os elementos propulsivos das braçadas subaquáticas e de alinhar adequadamente o corpo durante as fases de deslize. Entretanto, os nadadores de Peito devem ser orientados para que não prolonguem o tempo de submersão durante as provas, ou consumirão muito tempo com deslocamentos em baixas velocidades.

Exercício de braçadas subaquáticas para velocidade

Esse exercício é utilizado para contrabalançar o excessivo deslize que pode ocorrer como resultado do exercício precedente. O nadador deve ter seu tempo controlado desde o momento em que faz contato com a parede da piscina com as mãos, para dar início à virada, até que chegue a algum ponto pré-determinado na piscina, depois da virada e das braçadas subaquáticas. Comumente, esse ponto deve ser o local de emersão do atleta. Ele deve tentar maximizar a propulsão com os braços e as pernas durante a braçada subaquática enquanto, ao mesmo tempo, tenta determinar o tempo de deslize ideal que não provoque desaceleração excessiva. O nadador também deve ser instruído a emergir em uma diagonal gradual, com a primeira braçada subaquática em andamento no momento em que a cabeça irrompe na superfície.

Capítulo 8

Saídas, viradas e chegadas

Novo nesta edição:

- Discussão sobre a adição de um movimento de braços às saídas de agarre e com os pés desnivelados.
- Novas pesquisas sobre a posição de saída com os pés desnivelados.
- Últimas pesquisas sobre a saída de revezamento com passos.
- Descrições da golfinhada, conforme usada em saídas e viradas em três dos nados competitivos.

Nesses dias de piscinas lotadas e de programas de treinamento de grande quilometragem, os atletas passam pouquíssimo tempo aperfeiçoando as técnicas de saída, virada e chegada. Esse é um grave descuido. Os tempos de saída contam aproximadamente 25% do tempo total gasto em provas de 25, 10% do tempo em provas de 50 e 5% do tempo em provas de 100. Nadadores de Crawl gastam entre 20 e 38% do seu tempo dando viradas em provas de piscina curta que variam de 50 jd/m até 1.650 jd, respectivamente. Competidores do nado de Peito, em provas de 200 em piscina curta, gastam colossais 39% do tempo dando viradas e completando as braçadas subaquáticas (filipinas) (Thayer e Hay 1984).

Testes realizados por mim ao longo de vários anos indicam que a melhora da saída pode, em média, reduzir os tempos das provas em um mínimo de 0,10 s, enquanto o aprimoramento das viradas diminui os tempos de prova em pelo menos 0,20 s por piscina percorrida. Muitos nadadores também cometem erros na chegada de suas provas ao executar braçadas desnecessárias ou deslizar até a parede. Chegadas sincronizadas com pouca eficiência frequentemente custam ao nadador 0,10 s ou mais.

Os atletas podem conseguir importantes progressos nas técnicas de saída, virada e chegada passando apenas algumas horas trabalhando nesses detalhes a cada semana.

Assim, com um mínimo investimento de tempo, eles podem melhorar suas marcas para provas de 50 em piscina curta em pelo menos 0,40 s. Os nadadores podem reduzir seu tempo em pelo menos 0,80 s em provas de 100 em piscina curta porque, nessas provas, há duas viradas a mais. As melhoras em provas mais longas seriam ainda maiores. Exemplificando, o aprimoramento das viradas poderia reduzir o tempo em até 5 s em provas de 1.500 em piscina longa, e em até 10 a 12 s em provas de 1.500 m e 1.650 jd em piscina curta.

O significado desses progressos fica evidenciado pelo fato de que apenas 0,44 s separaram o primeiro e o quarto lugar na final dos 50 m nado Crawl para mulheres nos Jogos Olímpicos de 1996. Nos 1.500 m para homens, o intervalo entre o primeiro e o quarto lugar foi de 14 s. Certamente, na prática de saídas, viradas e chegadas, o nadador utilizará o seu tempo de maneira muito proveitosa.

SAÍDAS

Os nadadores começam as provas nos nados Crawl, Borboleta e de Peito em uma plataforma, ou bloco, existente no *deck* da piscina. Nas provas do nado de Costas, os atletas já começam o evento dentro da água. Ao longo dos anos, foram muitos os estilos de saída utilizados pelos nadadores; inicialmente, eles assumiam uma posição preparatória no bloco de partida, com os braços estendidos para trás, mas logo perceberam que poderiam fazer com que o corpo se movimentasse para frente, na direção da água e com maior velocidade, se dessem a saída com os braços para frente e, em seguida, os projetassem para trás. Essa técnica passou a ser conhecida como *saída com movimento reto dos braços para trás*. Mais tarde, essa técnica foi substituída por uma *saída com movimento circular dos braços para trás*, mais rápida, em que os braços eram movimentados em círculo para cima e para trás, por sobre a cabeça e, em seguida, para baixo e para frente, enquanto o corpo se estendia do bloco de partida. O movimento circular dos braços permitia que o nadador superasse a inércia para trás durante a primeira parte do movimento circular dos braços, sem interrompê-los em seu movimento para frente, na segunda metade da técnica. Por sua vez, isso aumentava a velocidade frontal durante seu voo em direção à água. Atualmente, o movimento circular dos braços para trás foi substituído por métodos ainda mais rápidos: a *saída de agarre* e a *saída com os pés desnivelados*.

A saída de agarre foi introduzida por Eric Hanauer no final dos anos 1960 e rapidamente se popularizou. Atualmente, essa técnica é utilizada praticamente por todos os nadadores de competição (Hanauer 1967). Na maioria das pesquisas em que a saída de agarre foi comparada com os métodos convencionais, ela se revelou mais rápida (Bowers e Cavanaugh 1975; Cavanaugh, Palmgren e Kerr 1975; Jorgenson 1971; Michaels 1973; Roffer e Nelson 1972; Thorsen 1975; Van Slooten 1973; Winters 1968). Isso ocorre porque os nadadores podem fazer com que o corpo se movimente com maior rapidez para frente dando impulso contra o bloco de partida, em comparação com a velocidade conseguida pela impulsão dos braços para trás. Contudo, os atletas também desaceleram mais rapidamente, tão logo tenham entrado na água sem o momento proporcionado pelo impulso dado com os braços.

Entretanto, estudos demonstram que nadadores que utilizam a saída de agarre são habitualmente mais rápidos para chegar à água e também para a emersão na superfície – o que é chamado de *break-out* – embora percam alguma velocidade durante o deslize. Exemplificando, Thorsen (1975) verificou que as velocidades horizontais e verticais eram maiores nas saídas com a técnica de movimento circular para trás; contudo, a saída de agarre foi mais rápida em 0,10 s até o ponto de entrada na água. Bowers e Cavanaugh (1975) informaram que os nadadores deixavam o bloco, em média, 0,17 s mais rapidamente quando utilizavam a saída de agarre, em comparação com a técnica de movimento circular para trás, o que explicava praticamente toda a diferença de tempo entre as duas modalidades de saída em um ponto de 10 jardas (aproximadamente 9,15 m) além da parede da piscina.

A princípio, os nadadores usuários da saída de agarre faziam a entrada na água de modo parecido àquela dos métodos de saída precedentes: com pouquíssima profundidade. Eles mergulhavam praticamente de barriga na superfície (i. e., entrada rasa), começando a nadar quase imediatamente. Mas, algum tempo depois, adotaram um novo estilo de entrada, conhecido por diversos nomes, entre os quais o mais comum é *entrada carpada*; esta será a nomenclatura utilizada em todo o restante desta seção.

Na saída carpada, os nadadores se deslocam no ar fazendo um arco elevado, frequentemente flexionado (i. e., picando) na cintura, para que possam mergulhar em um ângulo bastante abrupto. A principal vantagem da saída carpada é que os atletas enfrentam menor arrasto no ponto de entrada. Consequentemente, deslocam-se com maior rapidez durante o deslize submerso. As diferenças entre as entradas carpada e rasa estão ilustradas na Figura 8.1.

A primeira nadadora, à esquerda, está executando uma entrada rasa. Ela entra na água em uma posição plana, fazendo com que a desaceleração seja rápida, pois seu cor-

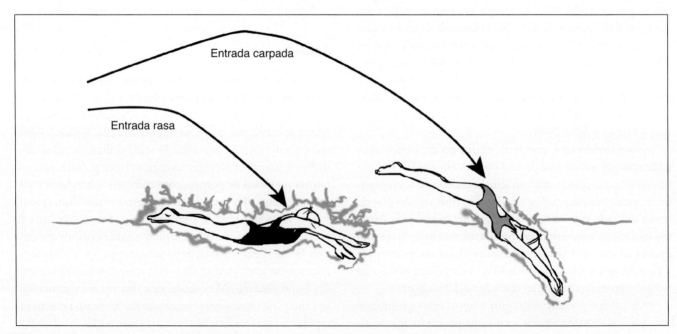

Figura 8.1 Comparação das entradas carpada e rasa.

po colide com a água em vários lugares ao mesmo tempo. Por outro lado, a nadadora que está fazendo uma entrada carpada (à direita) pode entrar na água por um ponto só, o que lhe permite escorregar até a submersão, enfrentando menor resistência. Consequentemente, ela desacelerará mais lentamente durante seu deslize submerso.

Aqui, cabe um comentário de cautela, com relação à entrada carpada. Foi demonstrado que essa técnica é muito perigosa quando utilizada em piscinas rasas. Foi comunicada a ocorrência de vários acidentes, em que nadadores colidiram rostos e cabeças com o fundo da piscina. Um pequeno número desses nadadores sofreu lesões cervicais graves, que lhes deixaram paralisados. Esse mergulho não deve ser tentado em piscinas com menos de 6 pés de profundidade (aproximadamente 1,83 m). Em um estudo de Counsilman et al. (1988), a profundidade que os nadadores atingiram com a saída carpada variou de 3 a 5 pés (1 a 1,7 m).

Outra modificação recente da saída de agarre é a saída com os pés desnivelados. A principal diferença entre essa técnica e a saída de agarre tradicional é a posição preparatória no bloco de partida. No caso da saída com os pés desnivelados, o nadador posiciona um dos pés perto da parte posterior do bloco e o outro sobre a borda frontal. No caso da saída de agarre, os dois pés são colocados sobre a borda frontal do bloco de partida.

Até agora, poucos estudos compararam a saída de agarre e a com os pés desnivelados. Em um desses estudos, não houve diferença na velocidade nas marcas de 5, 10, e 12,5 jd a contar da parede de saída (Counsilman et al. 1988). Em outro estudo, os nadadores deixavam o bloco com uma rapidez significativamente maior na saída com os pés desnivelados, mas perdiam velocidade tão logo mergulhavam na água. Não houve diferença de tempo entre a saída de agarre e a com os pés desnivelados até uma distância de 5 m (aproximadamente 16 jd) a contar da parede da saída (Ayalon, Van Gheluwe e Kanitz 1975). Em um terceiro estudo, os atletas deixaram o bloco com rapidez significativamente maior (0,07 s mais rápido) na saída com os pés desnivelados e mantiveram a maior parte dessa vantagem até uma distância de 5 m (Welcher e George 1998). A diferença em 5 m era de 0,06 s a 1,81 s para a saída com os pés desnivelados e 1,87 s para a saída de agarre, uma diferença significativa.

Em um quarto estudo, a saída com os pés desnivelados foi significativamente mais lenta que a de agarre tradicional para uma distância de 5,5 m (aproximadamente 18 jd) a contar da parede da saída (Zatsiorsky, Bulgakova e Chaplinsky 1979); em um quinto estudo, a saída com os pés desnivelados foi significativamente mais rápida; e em um sexto estudo, os tempos de saída até determinada distância, a contar da parede da saída, não foram medidos, e sim outras

variáveis. Os atletas deixavam o bloco mais rapidamente utilizando uma saída com os pés desnivelados, mas seu deslocamento foi significativamente mais rápido no voo em que utilizaram a saída de agarre (Allen et al. 1999).

Aparentemente, os pesquisadores ainda não são de todo favoráveis à saída com os pés desnivelados. Nadadores usuários desse estilo parecem deixar o bloco com maior rapidez, mas mergulham na água em um ângulo um pouco mais agudo e perdem tempo durante o deslize. Por outro lado, os que usam a saída de agarre convencional (os dois pés na borda do bloco) são mais lentos ao deixar o bloco, mas mergulham na água em um ângulo que lhes permite um deslize mais rápido. Tanto Guimarães e Hay (1985) como Zatsiorsky, Bulgakova e Chaplinsky (1979) informaram que a velocidade de deslize depois da entrada na água era a responsável pela maior parte da diferença nos tempos de saída entre nadadores. Esse último grupo de pesquisadores informou ter observado uma relação significativa de 0,94 s entre a velocidade de saída e a velocidade de deslize. Em comparação, a correlação entre a velocidade de saída e a velocidade ao deixar o bloco foi de 0,60 s, um valor pouco significativo.

Atualmente, é cada vez maior o número de nadadores que utilizam a saída com os pés desnivelados, embora ainda não tenha sido demonstrada a sua superioridade em comparação com a tradicional saída de agarre nos poucos estudos publicados. Aparentemente, os atletas decidiram por intuição que a saída com os pés desnivelados é mais rápida, ou talvez a escolheram porque resulta em menor número de saídas falsas. O nadador fica em uma posição mais estável no bloco, sendo improvável que perca o equilíbrio se der o impulso prematuramente, se estiver usando a saída com os pés desnivelados. Tendo em vista que a saída de agarre não se revelou superior à saída com os pés desnivelados e vice-versa, descreverei essas técnicas nas duas seções seguintes. Além disso, recomendarei algumas modificações que poderão aumentar a velocidade de saída das duas técnicas.

Saída de agarre tradicional

As séries de fotografias nas Figuras 8.2 e 8.3 ilustram as técnicas da saída de agarre para um nadador de Crawl. Para finalidades descritivas, dividimos a saída de agarre nas seguintes fases: (1) posição preparatória, (2) puxada, (3) impulsão do bloco, (4) voo, (5) entrada e (6) deslize e impulsão até a superfície/emersão do corpo.

Posição preparatória

Os nadadores devem ficar de pé na parte posterior do bloco de partida até que a pessoa que dá o sinal de partida autorize-os a assumir a posição preparatória, dizendo "aos seus lugares". Depois desse comando, os nadadores agarram a borda frontal do bloco de partida com os dedos dos pés, que devem estar com um afastamento aproximadamente igual à largura dos ombros, pois tal posição permite um impulso mais forte com as pernas do que aquele possível com os pés mais afastados ou demasiadamente juntos. Os atletas devem agarrar a borda frontal do bloco de partida com a primeira e a segunda articulações dos dedos das mãos. As mãos podem ficar posicionadas por dentro ou por fora dos pés; ambos os posicionamentos têm sido utilizados por nadadores bons de saída. Pesquisas publicadas não conseguiram provar que um desses métodos é superior ao outro. Os joelhos devem ficar flexionados em aproximadamente 30° a 40°, e os cotovelos ligeiramente flexionados. A cabeça deve se voltar para baixo e os nadadores devem olhar para a água imediatamente além do bloco de partida; além disso, devem se inclinar para frente na posição preparatória e se manter em equilíbrio, segurando na plataforma do bloco com as mãos, conforme mostra a Figura 8.2a.

As posições dos joelhos e da cabeça descritas no parágrafo anterior são diferentes das comumente recomendadas. Habitualmente, os nadadores são instruídos a flexionar os joelhos um pouco mais e manter a cabeça mais

Figura 8.2 Saída de agarre. O nadador é Craig Hutchison, ex-all-American da NCAA da Arizona State University e membro da equipe olímpica canadense de 2000.

(a) Posição preparatória.
(b) Tração para cima contra a parte inferior do bloco de partida, ao sinal de partida.
(c) O nadador solta o bloco. Início da extensão das pernas.
(d) Continuação da extensão das pernas.
(e) Projeção do corpo até a posição de entrada. Término da extensão das pernas.
(f) Voo.
(g) Cintura carpada.
(h) Início da entrada com as mãos.
(i) Entrada do corpo na água.

alta na posição preparatória; no entanto, para conseguir uma saída rápida, precisam manter o centro de massa o mais próximo possível da borda frontal do bloco de partida, posto que não podem começar a movimentar o corpo em afastamento do bloco de partida até que o centro de massa esteja fora da borda frontal. Assim, a manutenção do centro de massa perto dessa borda reduzirá a distância que os nadadores deverão percorrer antes que possam impulsionar o corpo para longe do bloco de partida, depois de ter soado o sinal. Eles podem desviar o centro de massa para frente, posicionando a cabeça para baixo e flexionando os joelhos apenas ligeiramente quando estiverem na posição preparatória. Um agachamento mais pronunciado fará com que a maior parte do corpo do nadador fique atrás da borda frontal do bloco de partida e, portanto, fará com que o centro de massa se desloque para trás e fique mais distante da borda frontal. Consequentemente, depois de ter soado o sinal de partida, haverá necessidade de mais tempo para movimentar o centro de massa para além da borda frontal do bloco.

Na Figura 8.4, há uma comparação da posição do centro de massa para as posições preparatórias recomendadas e para um agachamento muito intenso: o desenho à direita ilustra um nadador com um agachamento exagerado e o desenho à esquerda, um nadador cujas pernas estão menos flexionadas. Conforme está ilustrado, se o atleta utilizar um agachamento mais intenso, o centro de massa tenderá a se deslocar mais para trás, atrás da borda frontal do bloco de partida.

A posição da cabeça também desempenha um papel no posicionamento do centro de massa mais perto da borda frontal do bloco de partida. Quando a cabeça está para baixo (como no desenho à esquerda da Fig. 8.4), o centro de massa tende a se deslocar ligeiramente para frente, ao passo que quando o nadador está olhando para cima (como no desenho à direita da Fig. 8.4), a posição do centro de massa se desloca ligeiramente para trás. É por isso que recomendo aos nadadores olhar para baixo quando estiverem na posição preparatória.

Puxada

Ao som do sinal de partida, os nadadores devem puxar para cima contra o fundo do bloco de partida. Essa ação puxará os quadris e o centro de massa para baixo e para frente, além do bloco de partida, de modo que os atletas poderão começar a impulsão do corpo para frente, na direção da água. A puxada nessa direção também flexionará os joelhos e os quadris, para que essas articula-

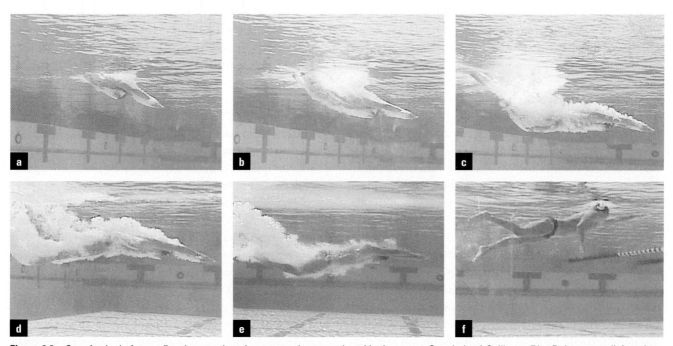

Figura 8.3 Sequência de fotografias da entrada e de partes submersas da saída de agarre. O nadador é Guillermo Diaz DeLeon, ex-all-American da NCAA da Arizona State University.

(a) Entrada na água com deslocamento para baixo e para frente.
(b) Arco das costas durante a entrada. Mudança de trajetória (de para baixo para para frente).
(c) Preparação para a primeira golfinhada.
(d) Término da primeira golfinhada.
(e) Término da golfinhada adicional.
(f) Início da pernada de adejamento e da primeira braçada.

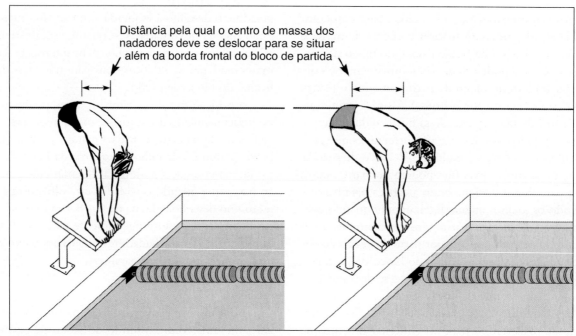

Figura 8.4 Comparação da posição do centro de massa em duas posições preparatórias para a saída de agarre.

ções possam se estender mais vigorosamente tão logo estejam em posição para fazê-lo. Os nadadores não devem puxar as mãos para trás contra o bloco de partida. A puxada para cima fará com que o corpo se movimente para frente com mais rapidez (Guimarães e Hay 1985). A puxada está ilustrada na Figura 8.2b.

Não é preciso que os nadadores usem uma puxada de braço longa ou muito forte para que o corpo entre em movimento, pois tal ação não adicionará velocidade ou força à movimentação do corpo. Eles precisam somente fazer com que o corpo comece a se movimentar para frente; daí em diante, a gravidade fará o trabalho necessário. Os nadadores realizam essa fase com um breve puxão para cima contra a parte inferior do bloco de partida e, depois disso, as mãos devem soltá-lo com a maior rapidez possível.

Impulsão do bloco

Em geral, os nadadores gastam 0,70 s a 0,90 s impulsionando o corpo desde o bloco de partida até entrarem em movimento (Lewis 1980; Bloom, Hosler e Disch 1978). Os atletas podem ficar nas proximidades do tempo mínimo nessa faixa de variação soltando a frente do bloco de partida imediatamente quando o corpo começa a se movimentar para frente. Uma rápida impulsão fará com que o corpo se movimente nessa direção e, tão logo esteja em movimento, a gravidade o puxará para baixo e para frente, até que os joelhos estejam flexionados em aproximadamente 80°. Nesse momento, os nadadores devem estender as pernas enquanto impulsionam o corpo para frente e para cima, a partir da posição de saída. O impulso com as pernas é executado por uma extensão vigorosa das articulações dos quadris e dos joelhos, seguida pela extensão dos pés nas articulações dos tornozelos. Nas Figuras 8.2, c, d, e e, Hutchinson está impulsionando o corpo, afastando-o do bloco de partida.

Quando as mãos soltam o bloco, os nadadores devem estender os braços para frente, em uma trajetória semicircular, até que estejam apontando para o mesmo local na água onde o corpo deverá entrar. Os braços devem ser flexionados rapidamente durante a primeira metade do movimento, para que os membros avancem para cima, por baixo do queixo, durante a queda para frente. Em seguida, os atletas devem estender os braços rapidamente para frente e para baixo, enquanto estendem as pernas durante a segunda metade da impulsão. A sincronização dos braços e pernas deve ser parecida com a sincronização durante um salto vertical ou um rebote no basquetebol. Se o leitor puder se imaginar saltando no ar para um rebote, será capaz de entender como a sincronização do movimento ascendente dos braços com a extensão das pernas pode aumentar a distância; essa mesma sincronização pode aumentar sua distância sobre a água depois que o corpo deixou o bloco de partida. Na Figura 8.2, d e e, Hutchison está estendendo simultaneamente os braços e as pernas.

O ângulo da decolagem, dos pés aos quadris, deve ser de aproximadamente 30° a 40° com a borda superior do bloco de partida, conforme mostra a Figura 8.2e. Esse ângulo proporcionará aos nadadores uma trajetória em forma de arco, necessária para uma entrada hidrodinâmica.

Voo

Depois de deixar o bloco de partida, os nadadores se deslocarão em um arco, avançando para cima durante a primeira metade do voo, e na direção da água durante a segunda. O corpo deve estar em uma posição carpada (flexionado na cintura), quando os nadadores passam por sobre o pico do arco, de modo que possam fazer uma entrada hidrodinâmica na água. Na Figura 8.2g, Hutchison assume essa posição carpada, em preparação para a entrada.

A posição carpada deve ser estabelecida antes que o nadador deixe o bloco de partida, ou não será capaz de colocar o corpo em uma posição hidrodinâmica, ao entrar na água. Essa posição é obtida com a impulsão dos braços para frente e para baixo; o nadador deve olhar para baixo ao impulsionar o corpo em afastamento da posição de saída. Essas ações farão com que a parte superior do corpo comece a baixar, mesmo que os quadris e as pernas continuem acima do pico do voo. Os atletas devem sincronizar esses movimentos da cabeça de modo a levantar os olhos ao cair para frente, conforme mostra a Figura 8.2, c e d, e a olhar para baixo ao estender as pernas, conforme ilustra a Figura 8.2e. Depois que o corpo tiver passado pelo pico, os nadadores poderão puxar as pernas para cima, alinhando-as com o tronco, de modo que o corpo todo ficará alinhado ao fazer a entrada na água. Hutchison está fazendo isso na Figura 8.2h.

Em geral, os nadadores gastam entre 0,30 s e 0,40 s no ar durante a saída, avançando entre 3 e 4 m (11 e 13 pés) a partir do bloco de partida, antes da entrada na água (Spina 1995; Lewis 1980; Hanauer 1972).

Entrada

Durante a entrada, os pés devem passar pelo mesmo ponto na água onde, anteriormente, haviam passado as mãos e a cabeça. A entrada está ilustrada na Figura 8.2i.

Deslize

A fase da saída correspondente ao deslize está mostrada na série de fotografias na Figura 8.3. O corpo deve estar alinhado durante a entrada. Os braços devem estar completamente estendidos e unidos, de preferência com uma mão sobre a outra, e a cabeça, localizada entre os braços. As pernas devem ficar completamente estendidas e unidas, com os dedos dos pés estendidos para trás (i. e., apontando), e a cintura não deve estar arqueada e nem carpada. O ângulo de entrada deve ser de aproximadamente 30° a 40° em relação a superfície da água (Spina 1995; Counsilman et al. 1988; Beritzhoff 1974). Esse ângulo permite que os nadadores deslizem na água com um mínimo de resistência, mas também pode fazer com que mergulhem com demasiada profundidade por baixo da superfície, a menos que mudem a direção do corpo (de

para baixo e para frente para para frente e para cima) quase imediatamente depois da entrada na água.

Essa mudança de direção é efetuada pelo chicotear das pernas para baixo, em um movimento de golfinhada, enquanto, ao mesmo tempo, o nadador deve arquear as costas e elevar a cabeça e as mãos na direção da superfície. A sincronização de tais ações irá variar, de acordo com a rapidez com que o nadador pretende chegar à superfície. Em provas mais curtas, precisará começar a mudança de direção assim que o corpo entrar na água, como Diaz DeLeon está fazendo na Figura 8.3, b e c; já em provas mais longas, os atletas terão de esperar até que o corpo esteja praticamente submerso. A única exceção para essas colocações ocorre no nado de Peito, em que, propositalmente, os nadadores deslizam com maior profundidade debaixo da água, em preparação para as braçadas subaquáticas.

O chicotear para baixo executado com as pernas está ilustrado na Figura 8.3, c e d. Comumente, nadadores de Borboleta executam duas ou três golfinhadas submersas, antes de retornar à superfície. Muitos nadadores especialistas em provas de velocidade no nado Crawl também utilizam duas ou três golfinhadas depois da entrada na água e antes do início da pernada de adejamento e das braçadas. Recomendo que isso seja feito em provas de nado Crawl, porque a golfinhada é mais propulsiva do que a pernada de adejamento e, portanto, mantém os nadadores em movimento mais rápido na direção da superfície durante o deslize que se segue à partida. Arellano et al. (1996) informaram que nadadores em provas de nado Crawl foram significativamente mais rápidos, em praticamente 0,20 s para uma distância de 10 m após a saída, quando utilizaram a golfinhada, em vez da pernada de adejamento do nado Crawl.

As golfinhadas submersas que se seguem à entrada devem ser executadas da mesma maneira que as recomendadas para nadadores de Borboleta, no Capítulo 5, ou seja, os nadadores devem utilizar um movimento de "chime" corporal.

Atualmente, alguns velocistas dos nados Crawl e Borboleta estão dando golfinhadas na maior parte dos 15 m permitidos depois da saída, antes do retorno à superfície e do início das braçadas. A estratégia de permanecerem ou não submersos por essa distância deve ser determinada especificamente pela velocidade de cada nadador com a golfinhada submersa. Eu gostaria apenas de recomendar aos atletas que assim procedam se testes comprovarem que suas pernadas submersas são mais rápidas do que seu nado na superfície.

Independentemente de deslizarem ou executarem pernadas, os nadadores devem reduzir o arrasto de forma depois da entrada na água; para tanto, devem manter o tronco, a cabeça e os braços no máximo alinhamento possível. A cabeça deve permanecer baixa, entre os braços, que devem se estender acima dela e se manter firmemente unidos com uma das mãos por sobre a outra. O tronco deve estar reto, nem carpado nem arqueado na cintura, e as pernas devem estar estendidas e unidas, com os dedos dos pés estendidos para trás durante o deslizamento.

Impulsão até a superfície

Os nadadores devem dar pernadas diagonais na direção da superfície, de modo que cheguem ao nível da água avançando para frente com mais rapidez do que estão avançando para cima. Em provas de nado Crawl, os atletas devem começar as pernadas de adejamento imediatamente depois de terem efetuado aquele primeiro movimento. Tal procedimento estabelecerá um ritmo, de modo que os nadadores chegarão à superfície nadando Crawl. Na Figura 8.3f, Diaz DeLeon já iniciou a pernada de adejamento e está a meio caminho da primeira braçada no momento em que sua cabeça irrompe na superfície.

A primeira braçada deve ter início quando os nadadores se aproximam da superfície, e a cabeça deve irrompê-la enquanto está sendo completada essa etapa. Esta deve ser uma poderosa varredura para trás com um dos braços no Crawl, ou com os dois braços no nado Borboleta; tal impulso deve levar o corpo para cima da superfície, já se deslocando para frente em velocidade de prova. A cabeça deve permanecer baixa durante a braçada subaquática, e os nadadores não devem levantar os olhos até terem percebido que a cabeça irrompeu na superfície.

Ao chegarem à superfície, os atletas não devem hesitar em respirar ou olhar em torno para os outros nadadores; ao contrário, devem estabelecer seu próprio ritmo de braçadas para a prova com a maior rapidez possível. Respirar e olhar em torno, dois dos erros mais comuns entre os nadadores, retardam sua velocidade ao chegar à superfície. Por essa razão, o melhor para atletas de provas de nado Crawl e Borboleta será atrasar a respiração até o final do primeiro ciclo de braçada; melhor ainda será esperar até o segundo ciclo de braçadas antes de respirar. Em provas curtas de velocidade de 25 e 50 jd/m, os nadadores devem esperar para respirar até que tenham executado algumas braçadas.

Certamente, esses procedimentos não se aplicam a nadadores nas provas de Peito, pois eles deslizarão durante mais tempo, até que tenham se aproximado da velocidade de prova, depois da entrada na água. Em seguida, executarão uma braçada subaquática e outro deslize curto, antes da execução da pernada até a superfície da água. Esses atletas devem impulsionar o corpo para cima e para frente através da superfície com os braços; ao mesmo tempo, devem certificar-se de que chegarão à superfície antes que os braços cheguem ao ponto mais amplo da primeira braçada na superfície. As técnicas para os deslizes e as braçadas subaquáticas utilizados depois da entrada na água são idênticas às descritas para as braçadas subaquáticas do nado de Peito, no Capítulo 7.

Desejo falar um pouco mais sobre os movimentos da cabeça que os nadadores devem usar durante a saída de agarre, pois esta talvez seja a principal técnica para obtenção de uma entrada hidrodinâmica. Conforme já mencionamos, os nadadores devem olhar para baixo no instante em que os pés deixam o bloco de partida. A ação de baixar a cabeça estabelece uma trajetória descendente para a parte superior do corpo durante o voo, de modo que os atletas poderão flexioná-lo ao passarem pelo pico da trajetória arciforme, levantando as pernas em tempo para sua entrada completa através do mesmo ponto na água. Muitos nadadores não são capazes de flexionar e entrar na água corretamente por olharem para cima e arquearem as costas durante o voo.

A Figura 8.5 mostra a entrada de um nadador que comete os erros expostos acima. Ele mantém a cabeça para

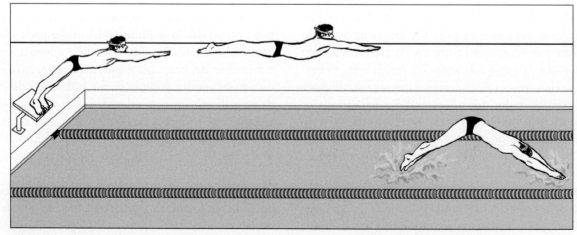

Figura 8.5 Esse nadador mantém a cabeça para cima, com excessivo arqueamento das costas durante o voo.

cima e arqueia as costas durante o voo; como resultado, não pode fazer com que seu corpo assuma uma posição carpada até depois de ter passado pelo pico de sua trajetória sobre a água. Assim, seu corpo entra na água enquanto ainda está em uma posição parcialmente carpada, fazendo com que o tronco e os pés entrem na água atrás do ponto onde seus braços entraram. Isso aumenta a resistência oferecida pela água, o que, por sua vez, desacelera de forma muito rápida sua velocidade imediatamente depois da entrada.

Saída com os pés desnivelados

A saída com os pés desnivelados está ilustrada na Figura 8.6. As principais diferenças entre essa saída e a saída de agarre se situam na posição preparatória e no ângulo de decolagem. A posição preparatória está ilustrada na Figura 8.6a. A diferença óbvia é que um pé está atrás do outro. O ângulo de decolagem está representado na Figura 8.6d. Observe que esse ângulo é um pouco mais achatado do que o ângulo de decolagem para a saída de agarre.

Enquanto aguardam o sinal de partida, os nadadores estarão com os dedos de um dos pés posicionados sobre a borda frontal, e o outro pé estará para trás, pressionando contra o plano inclinado do bloco de partida. O pé que se encontra atrás deve estar perto da borda posterior do bloco de partida, para tirar proveito da maior inclinação na superfície em que dará o empurrão. A cabeça deve estar para baixo, e os nadadores devem agarrar a borda frontal do bloco com as duas mãos. Ao soar o sinal de partida, os atletas se movimentam para cima e para trás sobre o bloco com as mãos, para fazer com que o corpo se movimente para frente, em direção à água. Então, podem soltar as mãos e projetá-las para frente, no mesmo arco semicircular descrito para a saída de agarre. Ao mesmo tempo, devem impulsionar o corpo para fora do bloco com as pernas. Devem ainda acelerar o corpo para frente, primeiramente empurrando contra a parte traseira do bloco de partida com a perna que está na posição posterior; em seguida, devem estender imediatamente a perna da frente. O pé posterior deixará o bloco de partida primeiramente, seguido pelo pé da frente.

O voo será necessariamente um pouco mais achatado para nadadores usuários da saída com os pés desnivelados do que no caso da saída de agarre tradicional. Não obstante, os atletas devem procurar uma trajetória que seja a mais arqueada possível, sem aumentar o tempo necessário para que deixem o bloco de partida. Como também ocorre com a saída de agarre, eles devem olhar para cima quando puxarem o corpo para frente, e para baixo quando o pé da frente estiver deixando o bloco. Eles devem ainda flexionar a cintura durante o vôo para que seja obtido um melhor ângulo de entrada.

Um tópico controverso acerca da saída com os pés desnivelados diz respeito aos nadadores na posição preparatória: eles devem ficar inclinados para frente com o peso centrado sobre o pé da frente ou sobre o pé que se encontra atrás? Recomendo a segunda opção. Quando um nadador utiliza a saída com os pés desnivelados, inicia a impulsão do bloco com o pé de trás, portanto, tem sentido fazer com que o peso recaia sobre esse pé. Se o atleta estivesse inclinado para frente, teria de desviar seu peso para trás, antes que pudesse começar a empurrar contra o bloco.

Estudos realizados por Welcher e George (1998) e por Vilas-Boas et al. (2000) sugerem que nadadores demoram mais para deixar o bloco quando começam com o peso sobre o pé de trás. Entretanto, esses atletas estarão com maior velocidade no momento da entrada na água, o que lhes permitirá alcançar os competidores que começaram com o peso sobre o pé da frente.

Uso do movimento dos braços com as saídas de agarre e com os pés desnivelados

Pesquisas demonstraram que a incorporação de algum tipo de movimento dos braços com um salto vertical melhora o desempenho em cerca de 10 a 23%, porque permite o uso de energia elástica (Bosco e Komi 1979 e 1980). Talvez seja por isso que alguns nadadores aprenderam intuitivamente a combinar um movimento dos braços com as saídas de agarre e com os pés desnivelados, em um esforço de melhorar a velocidade horizontal tão logo tenham entrado na água. Em geral, os atletas utilizam um dos dois métodos a seguir. O primeiro pode ser caracterizado como um estilo de *movimento reto dos braços para trás*, em que os atletas, depois do sinal de partida, os lançam para trás e, em seguida, para frente.

No segundo método, utilizando um movimento parecido com a recuperação dos braços no nado Borboleta, depois do sinal de partida, os nadadores lançam os braços para trás, para cima e para frente, em um círculo na direção horária. Esse método, chamado *deslocamento dos braços em Borboleta*, é uma variação da saída com movimento circular dos braços para trás, popular antes mesmo da saída de agarre entrar em cena. No movimento dos braços em Borboleta, o movimento horário funciona melhor do que o movimento anti-horário do deslocamento circular para trás, executado nas saídas de agarre e com os pés desnivelados. O deslocamento dos braços em Borboleta permite que os nadadores os mantenham em movimento durante todo o tempo sobre o bloco de partida assim que tenham iniciado o movimento do corpo. Se o nadador optar pelo deslocamento circular para trás, terá de interromper o movimento dos braços para essa direção, depois que estes fizerem a puxada contra a borda fron-

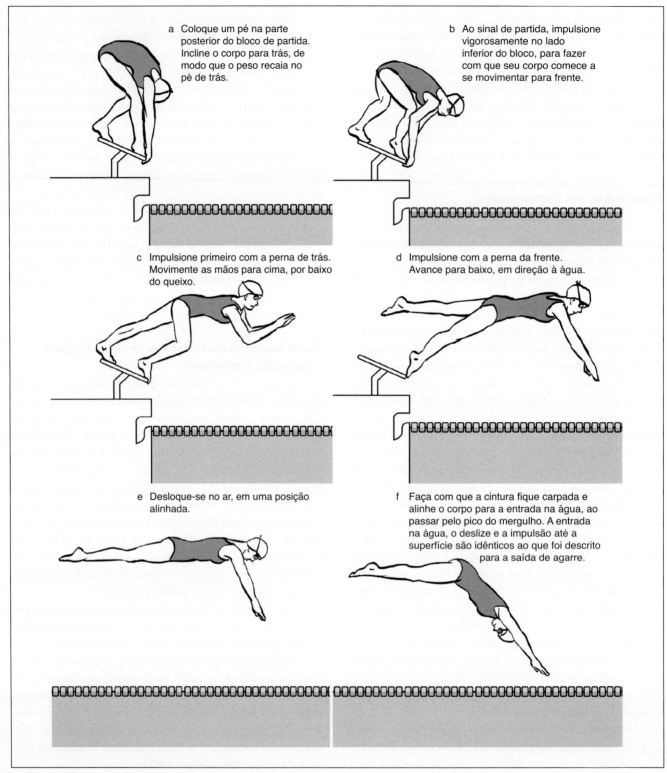

Figura 8.6 Saída com os pés desnivelados.

tal do bloco e começarem a se movimentar para frente. Isso provoca aumento no tempo transcorrido até que o nadador tenha deixado o bloco de partida.

Nós testamos tanto o deslocamento reto dos braços para trás como o deslocamento dos braços em Borbole-

ta, em comparação com as tradicionais saídas de agarre e com os pés desnivelados (Spina 1995). Um grupo de experientes nadadores de competição passou duas semanas aprendendo a executar tanto a saída com movimento reto dos braços para trás como a saída com movimento dos braços em Borboleta. Todos os voluntários estavam acostumados a usar em suas competições a saída de agarre ou a saída com os pés desnivelados, sem projeção dos braços. Então, seus tempos foram cronometrados através da análise de vídeos nos quais usavam ambos os métodos com movimentação dos braços além de seu método preferido, seja ele a saída de agarre ou a de pés desnivelados tradicionais, sem a movimentação dos braços. Uma análise estatística não revelou qualquer diferença significativa entre os três métodos de saída até uma distância de 11,3 m a contar do local de saída; no entanto, outras análises revelaram várias diferenças entre os três métodos durante as diversas fases da saída, que favoreciam as técnicas de movimento reto dos braços para trás e de movimento dos braços em Borboleta.

As principais vantagens das duas saídas com movimento dos braços, em comparação com as tradicionais saídas de agarre e com os pés desnivelados sem movimento dos braços, foram os nadadores se deslocarem no ar por maior distância e fazerem a entrada na água em posições mais hidrodinâmicas. Em média, a distância do voo para a saída com movimento dos braços em Borboleta foi de 11,32 pés (aproximadamente 3,45 m), em comparação com 10,89 pés (aproximadamente 3,32 m) para as saídas de agarre e com os pés desnivelados, sem tal movimento. Essa diferença se revelou significativa. A distância média percorrida durante o voo para a saída com movimento reto dos braços para trás também foi maior do que as tradicionais saídas de agarre e com os pés desnivelados, embora a diferença não tenha sido significativa. Os nadadores também exibiam ângulos mais elevados de decolagem e ângulos maiores de entrada na água com as saídas com movimento dos braços em Borboleta e com movimento reto dos braços para trás, o que provavelmente explicou as maiores distâncias percorridas no ar.

Apesar da evidente suspeita, os nadadores não deixavam a plataforma com maior lentidão ao utilizarem qualquer dos métodos de movimento dos braços. Embora seus tempos até 11,3 m não tenham sido significativamente diferentes com os métodos de movimento dos braços em comparação com as tradicionais saídas de agarre e com os pés desnivelados sem movimento dos braços, acreditávamos que os métodos com movimento dos braços eram potencialmente superiores. O período de treinamento foi muito curto para que os nadadores dominassem adequadamente as saídas com movimento dos braços, porque nenhum dos nadadores participantes do estudo já havia utilizado essas técnicas antes. Devemos mencionar que, depois de completado o estudo, diversos nadadores continuaram a praticar as saídas com movimento dos braços. Dentro de seis meses, todos estavam mais rápidos utilizando tanto a saída com movimento reto dos braços para trás como a saí-

da com movimento em Borboleta para trás, em comparação com os tempos conseguidos com as saídas de agarre e com os pés desnivelados sem movimento dos braços.

A Figura 8.7 ilustra a saída com movimento reto dos braços para trás, em comparação com uma saída de agarre tradicional (os dois pés para frente). A posição preparatória é a mesma já descrita anteriormente, mas quando soa o sinal de partida, os nadadores devem puxar com muito vigor contra a parte inferior do bloco. Enquanto o corpo começa a se movimentar para frente, os atletas devem soltar o bloco e permitir que o ímpeto do movimento para trás do puxão continue a impulsionar os braços para trás e para cima, acima do nível dos ombros, em suas costas. Em seguida, os nadadores devem balançar vigorosamente os braços para baixo e para frente, até que estejam apontando para o lugar onde pretendem mergulhar o corpo na água. Essa saída parece funcionar igualmente bem com as posições preparatórias das tradicionais saídas de agarre e com os pés desnivelados.

Os desenhos da Figura 8.8 ilustram o movimento dos braços em Borboleta, do modo como seria utilizado com uma saída com os pés desnivelados. Também nesse caso, a posição preparatória é a mesma já descrita para a saída com os pés desnivelados tradicional. Ao soar o sinal de partida, os nadadores devem puxar para cima e para trás contra o lado inferior do bloco de partida, para fazer com que o corpo se movimente para frente. Em seguida, eles soltam o bloco e permitem que seu momento para trás tenha continuidade, de modo que os braços balancem em um círculo no sentido horário, para trás, para cima, para frente e para baixo, até apontarem para a água no ponto em que o corpo deverá mergulhar.

Acredito que o movimento dos braços para trás em Borboleta tenha o potencial de ser mais rápido do que o movimento reto dos braços para trás. Sua vantagem está no fato de os nadadores poderem ganhar maior ímpeto com o movimento dos braços, pois conseguem mantê-los em movimento desde o momento em que soltam o bloco de partida até o momento em que ficam estendidos à sua frente. Assim, os nadadores podem alcançar maior velocidade dos braços, o que, por sua vez, resultará em maior velocidade horizontal para o corpo, depois que deixaram o bloco de partida, completaram o voo e fizeram a entrada na água.

O movimento dos braços para trás em Borboleta é pouco convencional e de difícil aprendizado. Não obstante, acredito que essa técnica possa melhorar significativamente a velocidade de saída para aqueles nadadores que se proponham a aprendê-la. Embora possa ser utilizado eficazmente com a saída de agarre tradicional, o movimento dos braços em Borboleta parece funcionar melhor com a saída com os pés desnivelados.

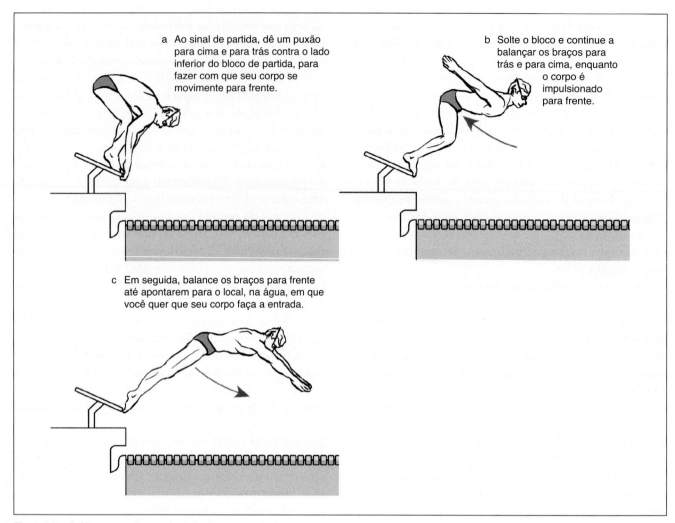

Figura 8.7 Saída com movimento reto dos braços para trás.

Tempo de reação

Tempo de reação é o intervalo entre o sinal de partida e o primeiro movimento sobre o bloco. Esse tempo pode ser encurtado com um procedimento simples, em que os nadadores se concentram no sinal de partida, em vez de se concentrarem nos movimentos de saída.

Essa afirmativa baseia-se na pesquisa realizada por Henry e Rogers (1960). Esses pesquisadores informaram que a concentração no sinal de partida, em vez de nos movimentos de saída, gera tempos de reação mais rápidos; eles acreditavam que isso ocorria porque o cérebro leva mais tempo para mobilizar seus sinais nervosos ao ser solicitado a processar mais informações. Em outras palavras, os nadadores levarão mais tempo para reagir, depois de ter soado o sinal de partida, se estiverem pensando sobre os inúmeros movimentos que executarão durante o mergulho. Por outro lado, aqueles sinais que fazem com que os músculos apropriados se contraiam serão mobilizados em menor tempo se os nadadores se concentrarem apenas no sinal de partida. As medidas obtidas de diversos atletas indicam que o tempo de reação pode ser abreviado em 0,03 a 0,06 s se se concentrarem no sinal de partida, em vez de ficarem atentos aos movimentos da saída.

Para que essa técnica seja utilizada com êxito, é preciso que os nadadores aprendam a mecânica da saída de forma tão completa a ponto de serem capazes de praticá-la quase perfeitamente, sem ter de pensar conscientemente. Não seria bom ter uma reação rápida e mergulhar de forma errada. O tempo de reação obtido seria perdido se o voo ficasse comprometido, ou se o nadador fizesse a entrada na água e deslizasse com velocidades mais baixas e com o corpo em mau alinhamento. Por consequência, os nadadores não devem utilizar essa técnica até que tenham aprendido corretamente a dar a saída. Nesse meio tempo, eles podem melhorar seus tempos de reação reduzindo o número de autoinstruções ao mínimo necessário para a execução de uma saída razoavelmente boa. Embora os nadadores possam não reagir tão rapidamente quanto pos-

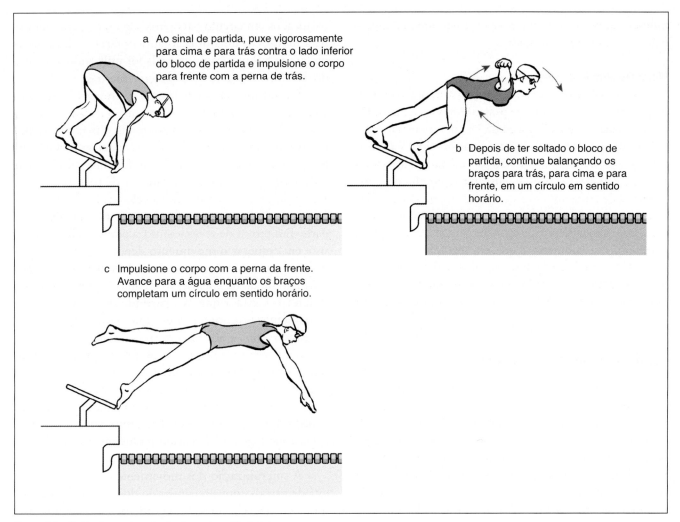

Figura 8.8 Saída do movimento dos braços em Borboleta.

sível, ainda assim seus tempos de reação deverão ser um pouco mais rápidos se os atletas se concentrarem apenas naqueles poucos elementos da saída que ainda deverão ser dominados, em vez de prestarem atenção à sequência inteira de movimentos.

Exercícios de saída

Muitos estudos informaram que as etapas de entrada e submersão da saída parecem ser as duas fases que diferenciam atletas que partem rapidamente daqueles não tão rápidos (Arellano et al. 1996). Consequentemente, alguns dos melhores exercícios de saída se concentram nesses aspectos e serão descritos nas três seções seguintes.

Mergulhos por cima e por baixo

Nesse exercício, os nadadores mergulham do lado da piscina, por sobre a linha de raia mais próxima; eles executam pernadas por baixo das duas linhas de raia seguintes, emergindo antes de chegar à quarta linha. Este é um bom exercício para ensinar nadadores a fazer a entrada na água de maneira correta, e para que façam com rapidez a mudança de velocidade, de baixo para frente. Nadadores jovens e atletas que realizam mal a saída podem sentir dificuldade de mergulhar por sobre a linha de raia mais próxima; caso isso venha a acontecer, mude essa linha para mais perto da parede da piscina, até que os atletas possam ultrapassá-la com facilidade.

Mergulho sobre a barra

O treinador deve segurar um cajado, uma bengala ou outro objeto semelhante e posicioná-lo à frente do bloco de partida, com pequeno afastamento deste. Ele deve segurar o cajado mais ou menos à altura da cintura e os nadadores devem tentar mergulhar por cima do cajado, executando entradas corretas na água. Esse exercício os ajuda a aprender o modo de descrever o arco correto e como flexionar a cintura durante o mergulho. Também com esse exercício, os nadadores devem trabalhar a emersão na superfície. Consequentemente, devem executar golfinhadas submersas duas a três vezes, emergindo na superfície com uma ou duas braçadas.

Mergulho através do bambolê

Bambolês são colocados na água à frente do bloco de partida, no ponto em que os nadadores pretendem fazer a entrada na água. Em seguida, eles devem tentar mergulhar através do bambolê, mas sem tocá-lo. Evidentemente, esse exercício foi projetado para orientar os nadadores a fazer a entrada do corpo inteiro através do mesmo ponto por onde passaram as mãos. Como ocorre com os demais exercícios, devemos esperar que os nadadores assumam bom alinhamento e executem pernadas com técnica correta na fase submersa, e que, em seguida, emerjam na superfície corretamente. Esse exercício e o exercício anterior devem ser executados em águas profundas, pois, durante a prática, os nadadores tendem a entrar na água em um ângulo abrupto.

Saídas em provas de revezamento

Nas saídas em provas de revezamento, as regras permitem que o segundo, o terceiro e o quarto nadador deem início aos mergulhos do bloco de partida antes que seus colegas de equipe tenham terminado seu segmento da prova. Entretanto, uma parte do pé do nadador que está partindo deve permanecer em contato com o bloco, até que o nadador que está chegando tenha tocado a parede. O fato de estar em movimento quando o nadador que está chegando toca a parede pode significar uma economia de tempo de 0,60 a 1 s, em comparação com uma saída sinalizada. Consequentemente, três nadadores com boas saídas de revezamento podem nadar um tempo 2 a 3 s mais rápido do que o somatório de seus melhores tempos de saída. Obviamente, isso pode representar uma diferença de dois ou mais lugares na ordem de classificação nos campeonatos acirradamente disputados da atualidade. Por outro lado, considerando que normalmente são realizadas cinco provas de revezamento nos campeonatos, passa a ser substancial o número de pontos a serem conquistados. Com frequência, em provas de revezamento, boas saídas constituem o fator decisivo também em vitórias. Por essa razão, os nadadores devem praticar saídas de revezamento até que, com regularidade, possam deixar o bloco de partida com a maior rapidez possível, sem serem desclassificados.

As tradicionais saídas de agarre ou com os pés desnivelados não devem ser utilizadas nas provas de revezamento, exceto pelo nadador que inicia a prova. É preferível que os atletas façam uma saída com movimento circular dos braços para trás, porque o momento adicional gerado por tal movimento proporcionará maior velocidade, tanto no ar como na água. Os braços devem ser balançados em círculo para cima, para trás e, em seguida, para frente, em uma direção anti-horária. As ilustrações na Figura 8.9 mostram um nadador utilizando a técnica do movimento circular dos braços para trás.

É fundamental que haja uma sincronização adequada do movimento dos braços, para que o nadador que está deixando o bloco de partida obtenha o máximo ganho possível por estar em movimento, sem deixar o bloco antes que o nadador que está chegando tenha tocado a parede. Consequentemente, o nadador de partida deve fazer seu julgamento com base na velocidade e na distância (com relação à parede) do colega que está concluindo sua parte. Em provas de revezamento, a prática habitual consiste em começar o movimento depois que a cabeça do nadador que está chegando cruza o T do marcador de raia negro no fundo da piscina. No entanto, há um modo mais simples: o nadador que está partindo deve começar a se movimentar no momento em que seu colega que está chegando tenha ainda uma recuperação de braço a fazer antes de tocar a parede. Desse ponto em diante, deverão transcorrer aproximadamente 0,60 s até que o nadador que está chegando toque a parede e, em geral, este é aproximadamente o tempo transcorrido para que os pés do nadador que dará continuidade à prova deixe o bloco de partida, tão logo tenha iniciado o movimento circular dos braços para trás.

A sincronização dos movimentos do nadador que está de partida com a recuperação dos braços do nadador que está chegando deve ser coordenada da seguinte maneira: em provas de Costas, Borboleta e Crawl, o nadador de partida (i. e., o que dará continuidade à prova) deve estabelecer um ritmo de recuperação para o nadador que está chegando, movimentando os braços para trás e para frente em sincronia com as recuperações dos braços de seu colega de equipe, em sua aproximação do final da piscina. Assim que tenha adquirido o ritmo, o nadador de partida deve coordenar o movimento circular dos braços para trás com a recuperação final dos braços do nadador que está chegando, iniciando os movimentos dos braços imediatamente depois que as mãos do nadador que está chegando saíram da água. A sincronização deve ser de tal ordem que o nadador de partida deverá completar o movimento dos braços e estender as pernas no exato momento em que o nadador que está chegando tocar a parede da piscina.

O modo de sincronização da saída de revezamento de um nadador de Borboleta com relação a um de Peito que está chegando para bater na parede deve ser ligeiramente ajustado, pois o nadador de Peito executa suas últimas recuperações de braços embaixo da água. Tendo em vista ser mais difícil visualizar os braços do nadador quando os membros estão submersos, o nadador de Borbole-

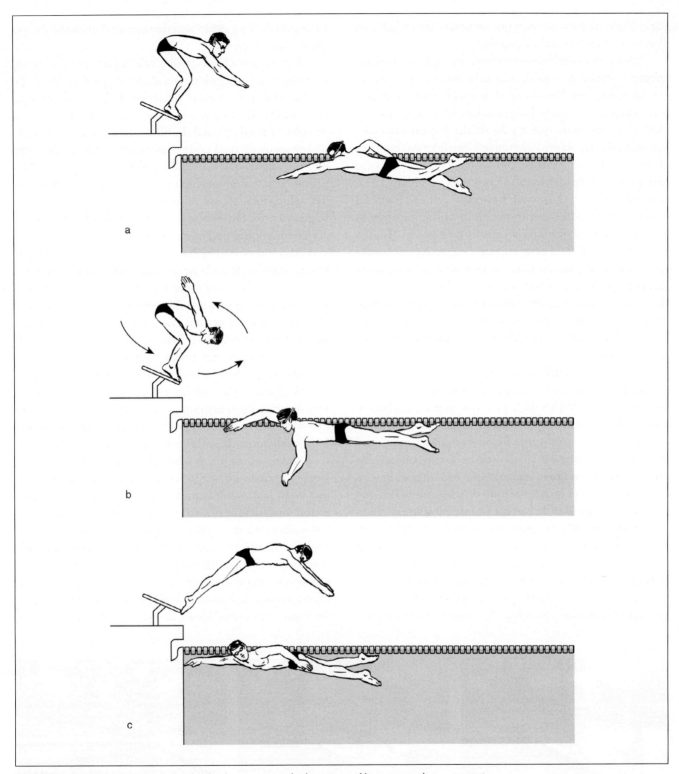

Figura 8.9 Ações do movimento circular dos braços para trás durante a saída em prova de revezamento.

ta deve sincronizar seus movimentos iniciais com os movimentos respiratórios do de Peito. O nadador de Borboleta que está para mergulhar deve esperar que a cabeça do nadador de Peito atinja seu ponto mais alto no ciclo respiratório, ao fazer a última inspiração antes de tocar a parede. Nesse momento, os braços do nadador de Peito estarão sob o queixo e prontos para serem estendidos para frente, para tocar a parede. Assim, se o nadador de Borboleta começar o movimento dos braços nesse momento, será capaz de completá-lo e estará estendendo as pernas para deixar o bloco de partida assim que os braços do nadador de Peito estiverem tocando a parede.

Um desenvolvimento recente na saída de revezamento consiste no uso de um método com passos, em que os nadadores dão um ou dois passos antes de deixarem o bloco de partida. Pesquisas baseadas em saltos verticais demonstraram que a ação de dar um ou mais passos antes da decolagem aumentará consideravelmente a altura do salto, em comparação com a execução do salto sem passos de aproximação (Enoka 1971; Healy 1977; Kayambashi 1977; Maxwell, Bratton e Fisher 1980). Tal fato foi constatado mesmo quando o número de passos de abordagem se limitava a um ou dois passos (Enoka 1971; Healy 1977). Portanto, parece razoável presumir que a adição de um ou dois passos a uma saída de revezamento poderia também melhorar a distância alcançada durante o voo. Embora a distância percorrida seja mais horizontal do que vertical nessa última técnica, as técnicas do salto vertical e da saída de revezamento têm muitas semelhanças.

São várias as versões da saída de revezamento com o uso de passos praticadas atualmente. Em uma dessas versões, o nadador de partida (i. e., o que dará continuidade à prova de revezamento) fica de pé na parte posterior do bloco, dando dois passos para frente e impulsionando contra a parte da frente do bloco com as duas pernas simultaneamente, assim que o nadador que está chegando toca a parede; chamarei isso de método dos *dois passos*. Em outra versão, o nadador de partida fica de pé sobre o bloco de partida com um dos pés sobre a borda frontal, e com o outro pé na parte posterior, no estilo de uma saída com os pés desnivelados. Em seguida, o nadador dá um passo para frente com a perna que está localizada atrás, para dar a impulsão na frente do bloco com as duas pernas simultaneamente, quando seu colega de equipe estiver para tocar a parede. Esse estilo será denominado método de um *passo/impulsão frontal*.

Um terceiro método que utiliza passos em saídas de revezamento é o seguinte: o nadador de partida fica de pé com os dois pés na parte posterior do bloco de partida, em seguida, dá um passo à frente, colocando os dedos do pé sobre a borda frontal do bloco, antes de dar o impulso à maneira de uma saída com os pés desnivelados, assim que o nadador que estiver chegando tocar a parede. Nas provas de revezamento, esta é a saída *com os pés desnivelados, com a técnica de um passo/impulsão do corpo*. A saída de revezamento com esse método está ilustrada na sequência de fotografias na Figura 8.10.

McLean et al. (1999) realizaram um estudo abrangente dos métodos de saída de revezamento com a técnica dos passos. Esses autores compararam os três métodos de passos entre si e com a saída de revezamento convencional. Mediram também as várias fases das saídas, com o objetivo de investigar diferenças entre os quatro métodos de saída de revezamento que poderiam fazer com que um dos métodos se revelasse potencialmente superior aos demais.

A altura da decolagem e as distâncias alcançadas no voo do nadador tenderam a ser superiores para todos os métodos com o uso de passos, em comparação com o método tradicional da saída de revezamento. Aparentemente, a saída com os pés desnivelados com a técnica de um passo/impulsão do corpo foi o melhor entre os métodos que usam passos. Em comparação com os outros dois métodos com passos e com a saída de revezamento tradicional, a altura e a distância da decolagem foram significativamente maiores quando os nadadores utilizaram a saída com os pés desnivelados com a técnica de um passo/impulsão do corpo. Assumindo a mesma competência na execução dos deslizes depois da entrada na água, é razoável supor que os nadadores não só se deslocarão até mais

Figura 8.10 Saída de revezamento com técnica dos passos.

(a) Início da transferência do peso para frente. Início do movimento circular dos braços para trás. Início da última recuperação dos braços do nadador que está chegando.
(b) Impulsão do bloco no estilo de saída com os pés desnivelados (observe que o pé da frente está em contato com a borda frontal do bloco, quando do nadador que está chegando toca a parede).
(c) Entrada na água.

longe, mas também com maior rapidez no ar, se puderem melhorar a distância de voo sem que seja reduzida a velocidade da decolagem. De fato, aqueles nadadores que utilizaram a saída com os pés desnivelados com a técnica de um passo/impulsão do corpo para provas de revezamento realmente melhoraram a velocidade média de decolagem em 0,10 s e, ao mesmo tempo, aumentaram a distância de decolagem.

Embora a diferença na velocidade de decolagem chegasse a um nível de confiança igual a 0,02, esse indicador não foi considerado significativo porque não alcançou o nível de 0,01 pré-selecionado para significância nesse estudo.

Os autores informaram um aspecto negativo das saídas com a técnica dos passos: os atletas tendiam a utilizar os braços menos vigorosamente durante o início da movimentação do corpo e a decolagem. Eles consideraram que isso ocorreu porque os nadadores não tiveram tempo suficiente para o completo aprendizado dos métodos dos passos. Foram descritos dados de dois dos participantes que estavam familiarizados com saídas de revezamento com a técnica dos passos e que vinham utilizando-a regularmente em competição. Esses nadadores exibiram ângulos e velocidades de decolagem com saídas na técnica dos passos consideravelmente melhores do que os ângulos/velocidades dos outros nadadores.

Atualmente, as pesquisas disponíveis são demasiadamente escassas para que possamos de forma inequívoca afirmar que as saídas na técnica dos passos sejam superiores ao método tradicional da saída de revezamento. Contudo, eu as recomendaria com base no estudo de McLean et al. (1999) e com base em minha própria experiência com nadadores por mim treinados no uso do método dos passos. Também recomendo que os nadadores comecem com os dois pés para trás, dando apenas um passo para frente (a saída com os pés desnivelados com a técnica de um passo/impulsão do corpo), por acreditar que o método é potencialmente superior aos outros dois métodos de saída de revezamento, porque é mais fácil para os nadadores manterem o ímpeto à frente. Os atletas podem começar impulsionando o corpo (para seu afastamento do bloco de partida) com a perna de trás, exatamente quando a outra perna está sendo posicionada sobre a parte frontal do bloco e, sem hesitação, podem transferir seu peso para a perna da frente, continuando a impulsão. Esse procedimento deve aumentar a velocidade horizontal dos atletas, assim que deixarem o bloco. Os demais métodos dos passos fazem com que os nadadores interrompam seu movimento para frente momentaneamente pois, no passo final, precisarão plantar o pé de trás na parte frontal do bloco junto ao pé à frente antes que possam dar início ao impulso que projetará o corpo.

A seguir, descrevemos a saída com os pés desnivelados com a técnica de um passo/impulsão do corpo para provas de revezamento, que está ilustrada na Figura 8.10. Os nadadores de partida devem ficar eretos, com os dois pés no ponto mais alto da inclinação posterior do bloco de partida. Mas se o bloco for mais comprido do que o habitual, os atletas devem ficar de pé, para trás, a uma distância que lhes permita dar um passo à frente de maneira confortável (não exagerada).

A sincronização do movimento dos braços e do passo para frente do nadador que está dando a partida deve ser coordenada com a recuperação final do braço (ou braços) do nadador que está terminando sua participação na prova, conforme foi descrito para a saída de revezamento tradicional. A fase de impulsão do bloco de partida deve ser realizada à maneira de uma saída com os pés desnivelados: o nadador que está dando a saída dá um passo à frente apenas com uma das pernas, em seguida impulsiona seu corpo para fora do bloco como em uma saída com os pés desnivelados, dando impulso primeiramente com a perna posterior, o que é imediatamente seguido por uma extensão da perna situada à frente.

Os nadadores devem ser instruídos a permanecer com uma postura baixa, mantendo o corpo em movimento para frente ao dar o passo à frente e ao completar o movimento dos braços. Eles podem facilmente perder o momento à frente, proporcionado pelo passo à frente, se levantarem o corpo para cima e para trás, ou se hesitarem imediatamente antes de começar a impulsão do bloco de partida.

Saída do nado de Costas

Atualmente, já foram padronizadas as regras para piscinas curtas e longas, de modo que, em todas as provas do nado de Costas, os nadadores devem ter os pés inteiramente submersos na posição preparatória, sem permissão para encurvar os dedos dos pés sobre a borda da calha da piscina (caso exista). Essa mudança nas regras eliminou a saída do nado de Costas em que o nadador ficava de pé na calha da piscina, tão bem-sucedida quando as regras para piscina curta permitiam tal posicionamento. Na vigência das novas regras, todos os atletas devem dar o impulso na parede lisa da piscina, o que dificulta mais a projeção do corpo para cima e por sobre a água com a força das pernas. A Figura 8.11 mostra a saída do nado de Costas (vista superficial) com uma série de fotografias; a parte submersa está exposta na Figura 8.12. As etapas da saída que serão descritas são: (1) posição preparatória, (2) impulsão na parede, (3) voo, (4) entrada, (5) golfinhada submersa e (6) deslize e impulsão até a superfície/emersão do corpo. Uma descrição da golfinhada submersa foi

Figura 8.11 Vista superficial da saída do nado de Costas. O nadador é Pablo Abal, ex-membro all-American da Arizona State University e membro da equipe olímpica argentina de Natação de 2000.

(a) Posição preparatória.
(b) Início da impulsão contra a parede.
(c) Os pés deixam a parede. Nesse momento, os braços devem se estender para trás, atrás da cabeça.
(d) Entrada da parte superior do corpo.
(e) Levantamento com as pernas, para permitir a entrada através do mesmo ponto na água.

Figura 8.12 Vista submersa da saída do nado de Costas. O nadador é Guillermo Diaz DeLeon, ex-membro da equipe all-American da NCAA da Arizona State University.

(a) Entrada do corpo (observe a cintura carpada).
(b) Entrada das pernas. Início da batida para baixo da primeira golfinhada.
(c) Início da batida para cima da primeira golfinhada.
(d) Término da primeira golfinhada. Mudança de direção (de para baixo para para frente).

incluída, porque esta é uma técnica muito utilizada em todo o mundo.

Posição preparatória

Enquanto esperam pelo comando de "a seus lugares", os nadadores devem estar na água, de frente para a parede da piscina e agarrando a barra ou as alças do nado de Costas com as duas mãos. Os pés devem estar inteiramente submersos e em contato com a parede da piscina. A parte distal da sola dos pés, imediatamente antes dos dedos, deve estar posicionada contra a parede, e os calcanhares, afastados dela. As pernas devem estar flexionadas e os quadris, imersos na água.★

Ao receberem o comando de "aos seus lugares", os nadadores devem se colocar em uma posição preparatória. Nessa posição, a cabeça deve estar baixa, e eles devem olhar para a calha à sua frente. Os braços devem estar flexionados e posicionados para fora, afastados do corpo; os quadris devem estar maximamente elevados, mas sem que os pés sejam levados acima da superfície da água; e os pés devem ficar inteiramente submersos, com as nádegas junto aos calcanhares, conforme mostra a Figura 8.11a.

Alguns nadadores mantêm os pés juntos na parede, enquanto outros preferem colocá-los em uma posição *escalonada*, com um dos pés ligeiramente abaixo do outro. Não foram publicadas pesquisas que determinem qual é o melhor método entre o escalonamento dos pés e aquele em que os pés são posicionados no mesmo nível. Assim, o melhor conselho é: tente os dois posicionamentos e selecione o que parece funcionar melhor.

Impulsão contra a parede da piscina

Ao soar o sinal de partida, os nadadores devem tracionar para cima ou empurrar para baixo e para trás contra a barra de saída com as mãos (dependendo de sua localização), de modo que possam levantar um pouco o tronco para fora da água, antes de afastarem o corpo da parede. Ao mesmo tempo, devem projetar a cabeça para cima e para trás, como se estivessem olhando para o lado oposto da piscina. Tão logo o corpo esteja em movimento, os atletas devem continuar a impulsioná-lo para cima e para trás, sempre afastando-o da parede. Para tanto, estendem os braços para frente contra a barra de saída (ver Fig. 8.11b). Depois de soltar a barra, devem arremessar os braços para cima e por sobre a cabeça com a maior rapidez possível.

Os nadadores devem começar a estender as pernas para o impulso do corpo com vistas ao afastamento da parede, enquanto os braços avançam por sobre a cabeça.

O impulso com as pernas é executado por meio de uma poderosa extensão nos joelhos, seguida por uma extensão final dos pés contra a parede. Os braços devem estar simultaneamente acima da cabeça e se movimentando até sua completa extensão. Conforme mostra a Figura 8.11c, Abal é um pouco lento em fazer esse movimento.

Gostaria de comentar dois aspectos da impulsão contra a parede, porque são diferentes das técnicas comumente utilizadas. O primeiro aspecto diz respeito à movimentação dos braços acima da água, e o segundo versa sobre a sincronização da extensão das pernas, enquanto os nadadores impulsionam o corpo para longe da parede da piscina.

Os nadadores devem projetar os braços para trás e por sobre a cabeça ao impulsionar o corpo para longe da parede e não devem movimentá-los girando para o lado, como é comumente recomendado. Os braços devem estar acima da cabeça em uma posição flexionada durante a primeira metade do movimento e estendidos e se voltando para trás, para fazer a entrada na água enquanto o nadador estende as pernas. Para os nadadores de Costas, há pelo menos três razões em favor da movimentação dos braços acima da cabeça, em vez da movimentação para os lados.

1. Os braços chegarão à posição acima da cabeça com mais rapidez. Assim, os nadadores terão mais tempo para alinhar o corpo desde as pontas dos dedos das mãos até os dedos dos pés, para executar a entrada.

2. Considerando que os atletas podem conduzir os braços até acima da cabeça com maior rapidez, serão capazes de estender as pernas à maneira de um salto vertical, o que adicionará ímpeto à impulsão contra a parede. Com o método do movimento lateral dos braços, os membros se deslocarão para os lados, enquanto os nadadores estendem as pernas, e contribuirão para a força de impulsão das pernas.

3. Um movimento dos braços acima da cabeça incentivará a prática de um arco mais elevado e de maior arqueamento do corpo durante o voo dos nadadores, o que deve resultar em uma entrada mais alinhada.

Uma das experiências mais inquietantes que podem ser vivenciadas pelos nadadores de Costas é o escorregão dos pés na parede durante a saída. Infelizmente, esse escorregão é muito comum porque, depois de ter soado o sinal de partida, os atletas tentam fazer a impulsão contra a parede usando as pernas com excessiva rapidez: empurrarão o corpo para cima e não darão o impulso para trás imediatamente depois de ter soado o sinal de partida. Se os nadadores tentarem dar a impulsão contra a parede com as pernas enquanto estão impulsionando o corpo para cima, os pés escorregarão para baixo na parede; se esperarem até que o corpo esteja distante da parede e se encaminhando para trás antes do impulso com as pernas, pressionarão os pés para trás (e não para baixo) contra a

---

★ N.R.T.: Atualmente, a regra da saída do nado de Costas aboliu a necessidade de os pés estarem abaixo do nível da água antes de ser dada a partida.

parede ao estenderem as pernas, o que diminuirá a probabilidade de ocorrer um escorregão.

Voo

Os nadadores devem se deslocar no ar formando um arco, com as costas arqueadas, a cabeça para trás e os braços estendidos acima dela. As pernas também devem estar estendidas e juntas, com os pés estendidos.

Os atletas devem tentar fazer com que todo o corpo fique fora da água durante o voo, embora essa seja uma tarefa difícil de se realizar, pois iniciam o movimento dentro da água. Apesar disso, se obtiverem um ângulo razoavelmente alto de decolagem e arquearem as costas de forma suficiente durante o voo, deverão ser capazes de impedir que as pernas e os pés se arrastem pela água durante a maior parte de seu voo.

O arco das costas e os movimentos da cabeça controlam o sucesso do voo do nadador e sua entrada na água. Portanto, quero detalhar um pouco como esses movimentos devem ser executados. No momento do impulso contra a parede da piscina (para movimentação e afastamento do corpo), os atletas devem projetar a cabeça para cima e para trás. Devem também arquear as costas e olhar para trás, na direção da outra extremidade da piscina, antes que os pés deixem a parede. Com isso, podem fazer uma entrada com bom alinhamento. Conforme já mencionei, Abal é um pouco lento na execução dessa fase (ver Fig. 8.11c). Talvez o erro mais comum cometido por nadadores de Costas seja manter a cabeça para cima e os quadris carpados durante o voo. Com esse erro, é muito grande a probabilidade de eles baterem com as costas na água. Por isso, os atletas devem ser instruídos a evitar que a cabeça continue sendo impulsionada para trás e os quadris para cima, durante o deslocamento do corpo sobre a água.

Entrada

A entrada deve ser feita em uma posição alinhada, com os braços estendidos e juntos; a cabeça deve se localizar entre os braços, com as pernas e os pés permanecendo em uma posição estendida. O ângulo de entrada deve ser tal que as mãos entrarão primeiro, seguidas pela cabeça, pelo tronco e, finalmente, pelas pernas. De maneira ideal, cada parte do corpo deve entrar na água pelo mesmo ponto inicial, o que não é fácil de se concretizar, porque os atletas ficam demasiadamente perto da água durante o voo. Muitos nadadores de Costas levantam as pernas durante a entrada para diminuir o arrasto até uma posição carpada quando o tronco entrar na água, possibilitando que as pernas façam a entrada praticamente no mesmo ponto por onde entraram as mãos. O levantamento das pernas é efetuado pela contração dos flexores do quadril, tal movimento está ilustrado em vista superficial na Figura 8.11e e em vista submersa na Figura 8.12a.

Golfinhada submersa

Depois da entrada na água, os nadadores devem levantar os braços ligeiramente e baixar as pernas para mudar a direção do corpo (de para baixo para para frente). Em seguida, devem executar certo número de rápidas golfinhadas por, no máximo, 15 m, distância permitida pelas regras (ver Fig. 8.12b, c e d). O número recomendável de golfinhadas submersas para cada prova e as técnicas da golfinhada submersa foram discutidos no Capítulo 6. Nadadores de Costas que pretendem executar golfinhadas por uma longa distância deixarão que o corpo se desloque mais profundamente na água; para tanto, levantam menos os braços e deslizam por curto tempo antes de iniciarem as golfinhadas. Aqueles que apenas executarão duas ou três golfinhadas levantarão os braços mais vivamente e mobilizarão as pernas para baixo, em preparação para a primeira golfinhada quase imediatamente depois da entrada das pernas na água.

Impulsão até a superfície/emersão do corpo

Os nadadores devem iniciar a angulação na direção da superfície em uma diagonal gradual depois de terem completado a distância submersa desejada, as duas ou três golfinhadas finais devem ser utilizadas para que se encaminhem gradualmente para a superfície. Os atletas devem iniciar a pernada de adejamento do nado de Costas imediatamente antes de chegarem à superfície; depois disso, devem executar uma braçada subaquática que os conduzirá através da superfície, prontos para nadar no ritmo de prova. Os nadadores devem permanecer alinhados até chegarem à superfície; em particular, não devem levantar a cabeça de sua posição entre os braços até que estejam na superfície.

Acima de tudo, os atletas não devem dar pernadas até a superfície antes de terem executado a primeira braçada, pois faria com que desacelerassem até um nível bem abaixo da velocidade de prova, antes de terem iniciado essa braçada. A primeira braçada deve ter início quando o nadador ainda está submerso, devendo ser sincronizada de tal modo que o corpo irromperá na superfície com um deslocamento para frente e em velocidade de prova, antes que tenha se completado a fase propulsiva submersa daquela braçada.

Exercícios de saída para o nado de Costas

Os erros mais comumente cometidos por atletas ao fazerem a saída do nado de Costas são: arrastar as pernas pela água durante o voo e fazer com que o corpo entre na água em vários locais simultaneamente. Os exercícios a seguir são planejados para ajudar a corrigir esses erros.

Mergulho sobre a corda

O treinador deve colocar uma corda, ou pedaço de tubo plástico, entre as linhas de raia a uma curta distância da parede de saída da piscina. Iniciando dentro da água, os nadadores devem mergulhar de costas sobre a corda (ou tubo). Esse exercício é bom para aprimorar o arqueamento correto sobre a água e também para a elevação das pernas durante a entrada na água. Os atletas devem executar várias golfinhadas submersas antes de emergir, para que possam também trabalhar seu alinhamento depois da entrada na água.

Exercício de mergulho de costas

A finalidade desse exercício é orientar os nadadores a arquear adequadamente as costas e levantar as pernas durante a entrada na água. Na verdade, trata-se de uma versão suave da saída do nado de Costas. Os atletas não dão impulsos tão fortes e ficam próximos à água enquanto arqueiam o corpo sobre a superfície e levantam as pernas durante a entrada.

Nesse exercício, os nadadores não utilizam o bloco de partida. Em vez disso, agarram a calha na posição preparatória para a saída de costas, com os pés submersos e os dedos contra a parede. A partir dessa posição, devem executar um pequeno e suave mergulho de costas. A ênfase deve recair na mobilização do corpo ao longo de um pequeno arco, em que os nadadores ficam com os quadris fora da água e as mãos retornam a ela, antes que os pés tenham se descolado da parede. Após terem dominado esse exercício, os atletas devem levantar as pernas em uma posição carpada depois que os pés deixarem a parede e devem fazer a entrada das pernas na água nessa posição. O desenho na Figura 8.13 ilustra a entrada dos braços durante esse exercício.

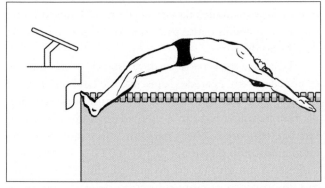

Figura 8.13 Exercício de mergulho de costas. Observe a posição de entrada. As mãos do nadador retornam à água antes que seus pés deixem a parede.

Exercício de saída no *deck*

A finalidade desse exercício é ajudar os nadadores a dominar a técnica do mergulho sobre a água, com entradas corretas. Os atletas começam sobre o *deck* em uma posição agachada com as costas na água de maneira parecida com a posição preparatória para a saída do nado de Costas. A partir dessa posição, devem mergulhar para trás, tentando obter uma entrada limpa e hidrodinâmica, com bom levantamento das pernas. Também devem executar algumas golfinhadas submersas, para ajudá-los a aprender como mudar a velocidade de entrada (isto é, da velocidade para baixo para a velocidade para frente).

VIRADAS

Nesta seção, descreveremos as viradas para as provas de nado Crawl, Costas, Borboleta e Peito. Além disso, também explicaremos as viradas utilizadas por nadadores ao passarem de um nado para outro no Medley individual.

Virada olímpica do nado Crawl

A série de fotografias na Figura 8.14 mostra um nadador executando a virada olímpica do nado Crawl em uma vista submersa.

Essencialmente, a virada olímpica do nado Crawl é uma cambalhota para frente com ligeira torção do corpo para o lado, seguida por um bom impulso contra a parede. O corpo gira pela distância remanescente até uma posição de pronação no momento em que o nadador está deixando a parede. A virada será descrita nas suas seguintes partes: (1) aproximação, (2) virada, (3) impulsão contra a parede, (4) deslize e (5) impulsão até a superfície/emersão do corpo.

Aproximação

A Figura 8.14a mostra Craig Hutchison se aproximando da parede. Na verdade, o nadador começa a virada enquanto está executando a braçada final em direção à parede. Muitos nadadores começam essa braçada final à distância de 1,70 a 2,00 m (de 5,50 a 6,50 pés) da parede (Chow et al. 1984). Os velocistas tendem a começar a virada mais cedo, provavelmente porque estão se deslocando com maior rapidez na direção da parede da piscina.

Os nadadores devem observar a parede da piscina à distância de algumas braçadas, para que possam fazer modificações na aproximação que os conduzirá até a virada sem que ocorra perda da velocidade. Eles precisam manter a velocidade de prova durante a aproximação, pois podem obter alguma vantagem contra muitos competidores que desacelerarão em antecipação da virada. Observe como Hutchison começou a braçada subaquática com o

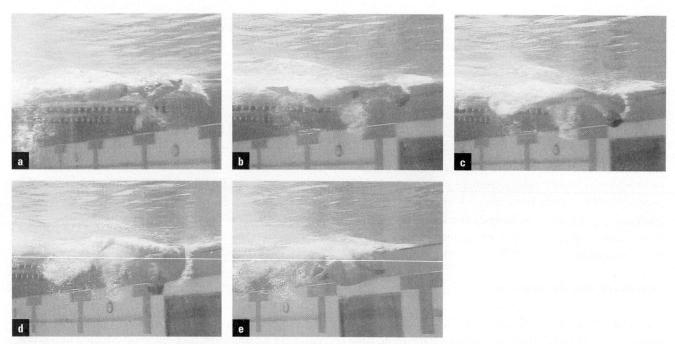

Figura 8.14 Vista submersa da virada olímpica do nado Crawl. O nadador é Craig Hutchison, ex-membro all-American da NCAA da Arizona State University e da equipe de Natação olímpica canadense de 2000.

(a) Aproximação (observe a superposição na braçada).
(b) Mergulho da cabeça. Início da golfinhada durante o término da braçada final (observe os dois braços para trás, ao lado do corpo).
(c) Término da golfinhada. Meia cambalhota.
(d) Continuação da cambalhota.
(e) Agrupamento das pernas (observe as duas mãos acima da cabeça, com os cotovelos flexionados, em preparação para a impulsão contra a parede).

braço esquerdo enquanto ainda estava completando a braçada com o braço direito. Ele superpõe dessa forma suas braçadas para ganhar um pouco mais de velocidade ao se aproximar da virada.

Virada

A mecânica da virada está ilustrada na Figura 8.14, a-e. O nadador deixa o braço oposto na água para trás, na altura do quadril, enquanto completa a braçada final antes da virada. Durante a braçada final, ele movimenta o braço que está à frente para trás, até a altura do quadril, encolhe o queixo e começa a cambalhota. No início daquela braçada, os olhos devem estar focalizados na parede, mas o nadador deve mergulhar a cabeça e acompanhar a braçada final para trás tão logo ela esteja em andamento.

O atleta executa uma pequena golfinhada durante a braçada final, para ajudar na impulsão dos quadris, acima do nível da água durante a virada (Craig Hutchison está fazendo isso na Fig. 8.14, b e c). Ele continuará a dar a cambalhota quase diretamente para cima, até que a cabeça fique entre os braços. As pernas podem ficar flexionadas ao se deslocarem acima do nível da água, para que o nadador consiga uma cambalhota mais rápida. As mãos, que estavam atrás dos quadris durante a primeira parte da cambalhota, devem ser viradas contra a água (i. e., as palmas das mãos devem ficar voltadas para baixo), para ajudar a impulsionar a cabeça na direção da superfície, conforme mostra a Figura 8.14, d e e.

A cabeça deve subir entre os braços antes que os pés alcancem a parede da piscina, com isso, o corpo ficará alinhado e pronto para a impulsão contra a parede, no instante em que os pés fizerem contato. As mãos também devem estar acima da cabeça e os braços, flexionados antes que os pés façam contato com a parede, conforme mostra a Figura 8.14e. No momento do contato, os pés devem ficar plantados na parede, com os dedos voltados para cima e ligeiramente para os lados, na mesma direção da rotação do corpo.

Basicamente, o nadador deve estar de costas quando os pés chegarem à parede da piscina. Ele também deve ter girado para o lado aproximadamente, um oitavo da virada. Essa pequena rotação é efetuada quando o nadador vira ligeiramente a cabeça para um lado enquanto os pés estão a caminho da parede da piscina. Tal ação da cabeça dá início a um giro do corpo que continuará até a posição de pronação durante o impulso de afastamento e o deslize. O nadador pode girar o corpo para o lado que desejar, contudo, a maioria vira a cabeça na direção opos-

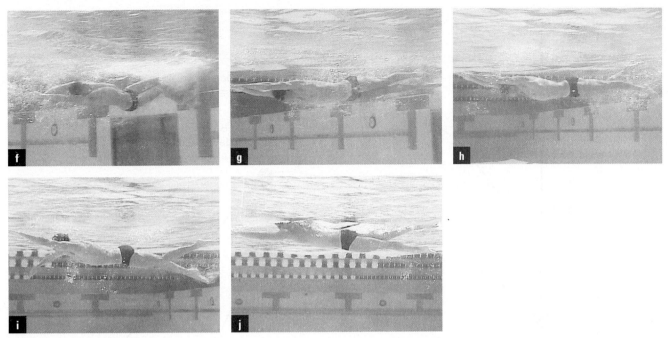

Figura 8.14 (continuação)

(f) Extensão dos braços e das pernas durante o impulso de afastamento (observe o giro do corpo para a posição de pronação).
(g) Término do giro até a posição de pronação.
(h) Início da pernada de adejamento.
(i) Início da impulsão até a superfície.
(j) Superfície. Início da segunda braçada.

ta a do braço utilizado durante a última braçada para a virada. Assim, ao fazer a impulsão contra a parede da piscina, o atleta estará olhando para cima e ligeiramente na direção do lado oposto àquele braço.

Impulsão contra a parede da piscina

Os pés devem contatar a parede da piscina em uma profundidade de aproximadamente 30 a 40 cm (12 a 15 polegadas). No momento do contato dos pés com a parede, as pernas devem estar flexionadas cerca de 90° nos quadris e acima de 90° nos joelhos. O nadador deve começar a estender as pernas imediatamente no momento do contato e deve girar o corpo para assumir uma posição de pronação enquanto empurra contra a parede e durante o deslize que se segue (ver Fig. 8.14, f e g). Essa impulsão contra a parede da piscina deve ser bem forte, mas gradual. A extensão das pernas deve começar gradualmente até que sua velocidade seja a mais rápida possível, imediatamente antes que os pés deixem a parede. Esse crescimento da velocidade e da potência, desde o começo até o fim da impulsão contra a parede, permite que o nadador esteja com bom alinhamento no momento em que estiver na máxima velocidade de impulso e que, consequentemente, enfrente menor arrasto ao deixar a água.

O atleta deve estender os braços e as pernas simultaneamente, para adicionar ímpeto à impulsão contra a parede. Tal impulsão deve ser executada horizontalmente, não para cima, com o objetivo de tirar vantagem da resistência mais baixa da água em condições de submersão, em comparação com o que ocorre no nível próximo à superfície. A impulsão contra a parede deve ser executada em uma profundidade de aproximadamente 0,40 m (1,5 pés), para que o nadador enfrente menor arrasto durante o deslize (Lyttle et al. 1998). O arrasto fica entre 15 e 23% menor em profundidades de 0,4 a 0,6 m (1,5 a 2 pés), em comparação com o arrasto enfrentado na superfície (Lyttle et al. 1998).

Desejo fazer um comentário sobre o método de impulsão contra a parede da piscina com aceleração gradual, mencionado anteriormente. Há uma crença comum de que os nadadores devem impulsionar contra a parede da piscina com uma extensão explosiva e muito forte das pernas. Entretanto, Blanksby, Gathercole e Marshall (1996) demonstraram que uma aceleração gradual produzia melhores resultados. A velocidade de saída da parede aumentou em 0,57 m/s, de 2,46 para 3,03 m/s, quando os nadadores deram o impulso dessa maneira, mesmo com a força de impulsão contra a parede 300 N menor. O gráfico na Figura 8.15 demonstra os resultados dessa pesquisa.

A Figura 8.15 ilustra a velocidade de impulsão contra a parede da piscina para dois atletas: o nadador A, que deu a impulsão contra a parede da piscina rapidamente, e

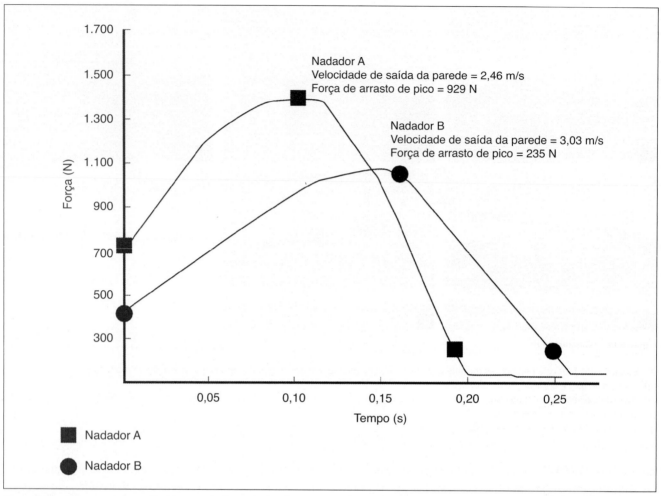

Figura 8.15 Comparação entre impulsos gradual e explosivo durante uma virada olímpica do nado Crawl. (Adaptado de Blanksby, Gathercole e Marshall 1996.)

o nadador B, que deu a impulsão com aceleração gradual. O nadador A alcançou uma força de pico de 1.396 N no início da impulsão, mas obteve velocidade de apenas 2,46 m/s ao se separar da parede, por isso que sua força de arrasto foi de 929 N. Por outro lado, o nadador B alcançou sua força de pico mais tarde durante a impulsão contra a parede da piscina e a deixou a uma velocidade de 3,03 m/s, embora a força de pico para o impulso tenha sido igual a 1.074N. É provável que a diferença nas velocidades de saída da parede da piscina tenha se devido ao fato de a força de arrasto do nadador B ter sido de somente 235 N ao se afastar da parede.

Deslize

O deslize de afastamento da parede deve ser suficientemente profundo para que o nadador possa se deslocar por baixo da turbulência da superfície gerada durante a aproximação, mas não de forma tão profunda a ponto de não poder se deslocar em uma diagonal gradual que o conduzirá à superfície em um ponto aproximadamente igual a três comprimentos do corpo na piscina. A velocidade de ascensão deve ser tal que bastem apenas duas ou três pernadas de adejamento durante o deslize para que o nadador chegue suficientemente perto da superfície para executar a primeira braçada.

Durante o deslize, a parte superior do corpo do nadador deve estar bastante alinhada. Ou seja, os braços devem estar estendidos acima da cabeça, alinhados com o corpo, e uma das mãos deve estar sobre o dorso da outra, de modo que a água seja dividida à frente com as pontas dos dedos. A cabeça deve se posicionar entre os braços.

O atleta deve completar a rotação até um posicionamento de pronação enquanto se desloca para longe da parede da piscina. Ao deixarem a parede, as pernas devem estar cruzadas: a perna do alto (a mais próxima à superfície) sobre a perna de baixo. Durante o deslize, o nadador descruza as pernas e conduz a de cima para baixo, e a de baixo para cima, para ajudar na rotação do corpo até uma posição de pronação. Hutchison está utilizando as pernas para ajudar na rotação do corpo (Fig. 8.14, f e g).

Dando pernadas durante o deslize O nadador se desloca mais rápido que a velocidade de prova ao deixar a parede da piscina, mas daí em diante, desacelera com muita rapidez. Consequentemente, em provas de velocidade, o atleta deve começar as pernadas quase imediatamente depois que seus pés deixaram a parede. Mas em provas de meia e longa distância, ele pode deslizar durante curto tempo antes de começar as pernadas. A execução de pernadas durante o deslize ajuda o nadador a manter sua velocidade ligeiramente acima da velocidade de prova ao se deslocar por baixo da turbulência da superfície durante a ascensão gradual até lá. A Figura 8.14h mostra Hutchison começando sua pernada de adejamento.

Golfinhada durante o deslize Atualmente, alguns nadadores utilizam uma ou mais golfinhadas submersas depois da impulsão contra a parede da piscina, porque a golfinhada é tão poderosa que reduz ainda mais a velocidade de desaceleração, em comparação com a pernada de adejamento. Por essa razão, sugiro que os nadadores velocistas executem uma ou duas golfinhadas imediatamente depois da impulsão contra a parede da piscina e antes de iniciar a pernada de adejamento e o impulso até a superfície/emersão do corpo. O nadador deve iniciar a pernada de adejamento imediatamente depois de ter completado essas golfinhadas e, após ter executado uma ou duas pernadas de adejamento, deve estar suficientemente próximo da superfície para dar início à primeira braçada.

Contudo, eu não aconselharia os nadadores em provas de distância a utilizarem a golfinhada submersa durante os deslizes, por causa do esforço envolvido. A golfinhada exige um curto, mas considerável consumo de esforço muscular e, em provas mais longas, talvez não valha a pena gastar essa energia, tendo em vista o pequeno grau de propulsão adicional obtido pelos nadadores em cada virada.

Impulso até a superfície/emersão do corpo

O deslize e a ascensão gradual na direção da superfície devem resultar, para o nadador de Crawl, na chegada à superfície, a aproximadamente 4 m da parede da piscina (assumindo que o nadador tenha utilizado até duas golfinhadas). O nadador deve iniciar a primeira braçada enquanto o corpo ainda se encontra abaixo da superfície, e essa braçada deve conduzi-lo através da superfície, deslocando-se para frente em velocidade de prova antes que sua fase propulsiva tenha se completado. Na Figura 8.14, i e j, Craig Hutchison faz isso. O atleta deve sentir quando estiver perto o suficiente da superfície para iniciar a primeira braçada, devendo permanecer com bom alinhamento e com a cabeça para baixo durante sua execução. Ele pode levantar ligeiramente a cabeça até uma posição de nado normal depois que ela irromper pela superfície. Acima de tudo, o nadador não deve deslizar ou dar per-

nadas até a superfície, antes que tenha executado a primeira braçada. Se assim proceder, o corpo desacelerará bem abaixo da velocidade de prova, antes que o nadador tenha chegado à superfície.

Em provas de velocidade, os nadadores devem executar a primeira braçada na direção da superfície com o braço oposto ao lado da respiração; assim, podem completar essa braçada e metade da braçada seguinte antes de respirar. Isso facilitará seu trabalho de manutenção da velocidade de prova ao chegar à superfície e reduzirá a tendência (observada em alguns atletas) de demorar em obter o ritmo de braçadas da prova, ao respirar imediatamente depois de ter chegado à superfície. Contudo, não recomendo que atletas de provas de meia e de longa distância utilizem essa técnica, por causa de seu efeito potencialmente cansativo em tais provas; eles devem ser aconselhados a impulsionar o corpo pela superfície com o braço do lado da respiração. Considerando também que não terão inspirado desde antes do começo da virada, aproximadamente 3 a 5 segundos antes (Thayer e Hay 1984), poderá ser mais prudente que esses atletas respirem imediatamente depois de ter chegado à superfície, em vez de atrasar a primeira inspiração por mais uma braçada. Essa modificação deve reduzir o desconforto, além de proporcionar uma inspiração extra em cada piscina nadada.

Certamente, os nadadores devem ser orientados a fazer a primeira respiração depois da virada com a menor interrupção possível nas frequências de braçadas e no alinhamento do corpo. Essa afirmativa é aplicável, não importando se a primeira inspiração foi feita durante a primeira ou segunda braçada depois da virada. Muitos atletas, particularmente os inexperientes, tendem a hesitar ou a lançar a cabeça para o lado ao respirar pela primeira vez, simplesmente porque ficaram privados de oxigênio por muito tempo. O que eles devem fazer? Devem se concentrar na obtenção do ritmo de braçadas da prova enquanto giram o corpo e a cabeça para o lado com suavidade, sem que nenhuma dessas partes deixem a água durante a inspiração.

À luz da pesquisa de Ransom (1973), que comunicou que esse método era mais lento do que o atraso da respiração até a segunda braçada, talvez pareça desaconselhável recomendar aos nadadores de médias e longas distâncias que respirem imediatamente ao chegar à superfície. Contudo, o planejamento desse estudo foi imperfeito, pois não foram levados em consideração os efeitos do cansaço. As viradas eram cronometradas em velocidades máximas e, durante os testes, os participantes nadavam apenas algumas jardas antes e depois da execução da virada. Jamais ficou demonstrado que os tempos de virada ficariam mais lentos se os nadadores respirassem na primeira braçada (quando não estavam em tiro de velocidade), nem foi ainda devidamente examinada a possibilidade de que o atraso da primeira respiração faria com que os nadadores se cansassem mais cedo.

Erros comuns

Muitos nadadores tendem a cometer um ou mais dos seguintes erros durante a virada olímpica do nado Crawl: (1) executar a virada em uma posição carpada, (2) projetar as pernas acima da água, (3) deixar de alinhar o corpo antes que os pés tenham chegado à parede da piscina, (4) dar impulso na direção da superfície com um ângulo muito abrupto, (5) respirar durante a aproximação, (6) deslizar para as viradas, (7) dar impulsão contra a parede da piscina em posição mal alinhada e (8) deslizar demais depois da virada. Agora, discutirei cada um desses erros e os métodos que podem ser utilizados para sua correção.

1. Outrora, a virada carpada gozava de grande popularidade, porque os treinadores acreditavam que as pernas se deslocavam acima da água com maior rapidez quando ficavam estendidas do que quando estavam flexionadas. Assim, os especialistas recomendavam que os nadadores executassem a virada dobrando apenas a cintura, mantendo, ao mesmo tempo, as pernas em uma posição praticamente estendida. Na verdade, o contrário é o correto, pois os atletas podem dar viradas com muito mais rapidez quando as pernas estão flexionadas (Ward 1976). Os pés se deslocam sobre a água com mais rapidez em uma posição flexionada, pela mesma razão que faz com que os mergulhadores possam dar cambalhotas mais rapidamente em uma posição também flexionada: o eixo de rotação é reduzido. Embora seja fato que as pernas se arrastam pela água se estiverem flexionadas, os ganhos no tempo de rotação neutralizam essa desvantagem em comparação com o método mais lento de conduzi-las por cima da água em uma posição carpada. Além disso, com as pernas flexionadas, os pés se movimentam para trás, em vez de para baixo, ao entrarem em contato com a parede da piscina. Portanto, os nadadores não sofrerão o ligeiro atraso necessário para a mudança de direção das pernas (de baixo para trás) antes que possam dar impulsão contra a parede da piscina.

2. Outro erro comum cometido pelos nadadores é a tentativa de aumentar a velocidade de rotação na direção da parede, projetando vigorosamente as pernas sobre a água, o que introduz uma ação de parada-saída que atrasa o início da rotação do corpo. Os atletas hesitam por um momento para mobilizar o corpo antes de projetar as pernas sobre a água. Como resultado, os pés geralmente chegam à água antes que os nadadores possam alinhar o corpo para a impulsão contra a parede da piscina, provocando nesse ponto outra hesitação. Uma análise de tempo revelou que nadadores que não alinham o corpo antes que os pés cheguem à parede podem depender de mais 0,20 s a 0,40 s

para alinhá-lo, antes que possam dar a impulsão contra a parede da piscina. Nadadores que tentam evitar esse atraso dando o impulso imediatamente ficarão com o corpo mal alinhado, e a resistência adicional da água que enfrentam desacelera rapidamente o corpo durante a fase seguinte.

Na verdade, a velocidade de rotação do corpo em direção à parede é controlada pela velocidade de rotação da cabeça e pelo seu alinhamento ao corpo, e não pela rapidez de deslocamento das pernas sobre a água. Se os nadadores simplesmente flexionarem o corpo e rolarem, movimentando a cabeça para cima entre os braços com a maior rapidez possível, não haverá atraso entre a aproximação e o início da rotação em direção à parede. Como resultado, as pernas se deslocarão pela água com mais rapidez do que poderiam ao serem arremessadas para cima da água, e o corpo ficará alinhado e pronto para a impulsão em posição hidrodinâmica, tão logo os pés tenham estabelecido contato com a parede da piscina.

3. Muitos nadadores cometem o erro de projetar um dos braços para trás, na direção da parede da piscina, quando fazem a cambalhota sobre a água. Como resultado, terminam com aquele braço para trás, na cintura, quando os pés alcançam a parede. Em seguida, precisam atrasar a impulsão contra a parede até que o braço tenha sido deslocado acima da cabeça ou pior, tentam mobilizar o braço para frente na água enquanto estão impulsionando o corpo para longe da parede. Os dois braços devem permanecer para trás, na cintura, durante a execução da cambalhota. Desse modo, os nadadores podem alinhar os braços com o corpo antes que os pés façam contato com a parede.

4. Os atletas devem dar a impulsão contra a parede da piscina para que o corpo avance gradualmente na direção da superfície. Tanto a velocidade como a distância do deslize através da água ficarão reduzidas se o corpo estiver angulado abruptamente para cima durante seu afastamento da parede. Por outro lado, se derem a impulsão contra a parede da piscina em uma diagonal gradual na direção da superfície, poderão se afastar da parede por baixo da turbulência da esteira de água criada quando fizeram a virada e, ao chegar à superfície, se deslocarão para frente com maior velocidade.

O modo mais fácil de conseguir uma ascensão gradual na direção da superfície consiste em impulsionar o corpo para frente, horizontalmente, por baixo da água. Assim procedendo, a pernada e a pressão da água empurrando para cima (por baixo do corpo) fará com que os nadadores avancem para a superfície gradualmente. Com isso, chegarão a ela se deslocando para frente com mais rapidez do que seu deslocamento para cima.

5. Os nadadores jamais devem respirar durante a braçada que os conduzirá para a virada, pois isso fará com que atrasem o início da cambalhota. Fico surpreso em constatar o grande número de nadadores, até mesmo de classe mundial, que cometem esse erro. É provável que a técnica descrita anteriormente, ou seja, o atraso da primeira respiração depois da virada, seja responsável pelo grande número de atletas que atualmente respiram ao iniciar a virada. Provavelmente, eles começaram a realizar uma respiração imediatamente antes da virada, para que pudessem obter ar suficiente para atrasar a respiração até que tivessem iniciado a segunda braçada depois da virada. Então, a respiração na virada passou a ser um mau hábito, e os nadadores continuaram fazendo isso, mesmo depois de terem se acostumado a respirar mais tarde, depois da virada.

Nadadores que cometem esse erro poderiam facilmente melhorar seus tempos em 0,10 s a 0,20 s por virada se não atrasassem a cambalhota ao prender a respiração durante a última braçada antes da virada. Tal fato poderia significar uma melhora de 3 a 4 s em provas de 1.500 m em piscina longa, e esse tempo mais do que dobraria em provas de 1.500 m ou 1.650 jd em piscina curta. O melhor é sempre fazer a última respiração na penúltima braçada antes do início da cambalhota. Em seguida, devem começar a cambalhota com a braçada final, sem que a respiração atrase a velocidade de rotação.

6. Muitos nadadores executam a braçada final a uma distância bastante longa da parede e, em seguida, deslizam até que estejam perto o suficiente para começar a cambalhota. Eles procedem desse modo por acreditarem erroneamente que poupam tempo ao começar a virada mais cedo no comprimento da piscina. Atletas que deslizam para fazer as viradas podem começá-las mais cedo, mas comumente os pés alcançarão a parede da piscina mais tarde, em comparação com os competidores que nadam até e durante a virada. Isso ocorre porque a velocidade frontal começa a desacelerar no exato instante em que os nadadores param de aplicar a força propulsiva com a braçada; assim, pode não ocorrer atraso entre o final da última braçada e o início da cambalhota até chegar à parede. Na verdade, essa cambalhota deve ter início antes que os nadadores tenham completado a braçada final. Ou seja, eles devem sempre nadar até e durante a virada.

7. Muitos nadadores dão a impulsão contra a parede da piscina em posições hidrodinâmicas desfavoráveis. Atletas que cometem esse erro arqueiam as costas e deixam o abdome afundar, ou dão a impulsão contra a parede da piscina com os braços afastados, a cabeça para cima, ou as pernas separadas. É fácil perceber como os nadadores desacelerarão com mais rapidez ao deixarem a parede com o corpo em posições tão mal alinhadas; no entanto, a boa notícia é que eles podem treinar alinhar o corpo e manter mãos e pernas juntas em uma posição estendida rea-

lizando as práticas com concentração. Mas, a correção da posição da cabeça é um assunto mais complicado.

É prática quase universal os nadadores darem a impulsão contra a parede da piscina com a cabeça para cima, para evitar que seus óculos se encham de água, e também para evitar colisões com outros nadadores. Eles podem fazer isso literalmente milhares de vezes por semana, e assim não nos surpreende que se torne um hábito que os nadadores levam consigo para as provas de competição. Deve-se perder algum tempo no treinamento dos nadadores para que mantenham a cabeça para baixo entre os braços no momento da impulsão contra a parede da piscina, particularmente no final da temporada, à medida que se aproximam as datas dos *meetings* mais importantes.

8. Um problema final associado com as viradas no nado Crawl e em outras modalidades é que os atletas frequentemente perdem tempo deslizando mais ou menos que o necessário, depois de terem impulsionado o corpo contra a parede. No primeiro caso, eles permitem que o corpo desacelere abaixo da velocidade de prova durante o deslize, de modo que haverá necessidade de tempo e energia adicionais para a reaquisição da velocidade assim que chegarem à superfície. Os nadadores jamais deverão desacelerar abaixo da velocidade de prova apenas para obter um pouco mais de distância com o deslize. A distância do deslize deve ser aumentada por uma boa hidrodinâmica, o que lhes permitirá maior deslocamento submerso antes da desaceleração até a velocidade de prova. A pernada também pode desempenhar um papel muito importante na manutenção da velocidade durante o deslize.

A execução de pernadas durante o deslize mantém a velocidade dos nadadores até que cheguem suficientemente perto da superfície para iniciar a primeira braçada. Embora a impulsão contra a parede da piscina deva ser executada em uma profundidade que permita aos atletas deslizar por baixo da turbulência da superfície, eles jamais precisarão de mais do que duas ou três pernadas para a manutenção de sua velocidade ao se aproximar da superfície. De outra forma, é quase certo que os nadadores irão desacelerar abaixo da velocidade de prova a menos que estejam utilizando uma golfinhada, mas, mesmo nesse caso, precisariam ter uma excelente técnica de golfinhada ou ser nadadores de Crawl bastante ruins, para executarem pernadas submersas com mais rapidez do que com o nado na superfície.

Os nadadores perderão tempo se cometerem o erro de executar a primeira braçada antes de desacelerarem até a velocidade de prova. Isso ocorre porque se deslocarão tão rápido, que os braços não poderão acelerá-los mais. Os nadadores devem começar a primeira braçada ao perceberem que estão chegando perto da velocidade de prova.

Virada rolada do nado de Costas

Alterações recentes nas regras resultaram em mudanças significativas na virada do nado de Costas. Os nadadores não precisam mais tocar a parede com a mão antes de iniciar a cambalhota junto à parede; entretanto, a interpretação de quando os atletas podem deixar a posição de costas para começar a virada e quando devem retornar a uma posição supina depois da virada tem trazido muitos problemas para árbitros e também para nadadores. Por essa razão, quero citar a atual regra da FINA para a virada do nado de Costas, antes de prosseguir com a descrição.

> No término de cada piscina, é preciso que alguma parte do nadador faça contato com a parede. Durante a virada, os ombros devem ter se virado além da vertical, na direção do peito; depois desse ponto, o nadador pode utilizar uma braçada simples contínua, ou uma braçada dupla simultânea contínua, para a execução da virada. Tão logo o corpo tenha abandonado a posição de costas, não deverá ocorrer pernada ou braçada que seja independente da ação contínua da virada. Ao deixar a parede, o nadador deverá retornar a uma posição de costas (USA Swimming 1999).

A atual interpretação dessa regra implica que os nadadores podem deixar a posição de costas depois de iniciar a penúltima braçada de cada piscina. Então, podem executar a braçada final enquanto estão em uma posição de pronação ao darem a cambalhota para a virada, desde que ambas sejam executadas em um mesmo movimento contínuo. Não é exigido o toque com a mão; é suficiente que qualquer parte do corpo faça contato com a parede durante a virada.

Os nadadores de Costas devem executar praticamente duas braçadas submersas completas em uma posição de pronação ao girar o corpo para uma virada rápida. Eles podem se movimentar com maior rapidez quando empurram para baixo da linha média do corpo, como se faz no nado Crawl, do que quando dão o empurrão para o lado, como no nado de Costas. Essa técnica não viola as regras da virada do nado de Costas, embora, à primeira vista, possa parecer. Para seguir as regras, a braçada final que precede a virada deve ter início com o nadador de costas, mas este tem a liberdade de girar até uma posição de pronação imediatamente depois do início dessa braçada. Se ele girar com suficiente rapidez, poderá estar na posição de pronação durante a varredura para dentro e a varredura para cima dessa braçada, e poderá executar mais

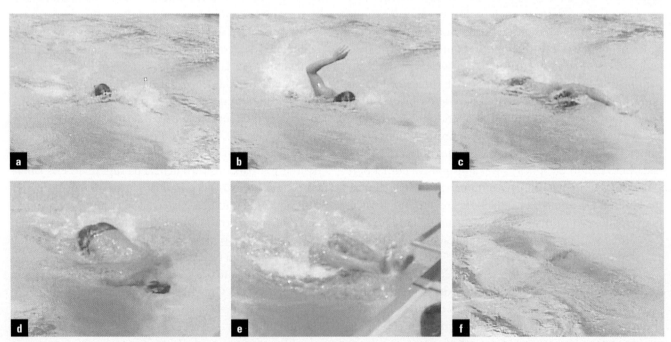

Figura 8.16 Vista superficial da virada rolada do nado de Costas. O nadador é Guillermo Diaz DeLeon.

(a) Última braçada antes da virada.
(b) Rotação até a posição de pronação (observe a recuperação com cotovelo alto).
(c) Posição de pronação. Entrada do braço na água.
(d) Início da cambalhota (observe que a cabeça está encolhida). As pernas executam uma golfinhada.
(e) Preparação para a impulsão contra a parede da piscina (observe os pés altos na parede).
(f) Impulsão de afastamento da parede. O nadador permanece de costas.

uma braçada na posição de pronação sem violar as regras, desde que tenha iniciado a cambalhota imediatamente ao assumir a posição de pronação e desde que não hesite entre a braçada final antes da virada e a braçada durante a virada.

A rolada do nado de Costas está ilustrada (em vista superficial) na série de fotografias na Figura 8.16, podendo também ser observada (em vista submersa) na Figura 8.17. Essa virada será descrita nas seguintes seções: (1) aproximação, (2) rotação, (3) virada, (4) impulsão contra a parede da piscina, (5) golfinhada submersa e (6) impulsão até a superfície/emersão do corpo.

Aproximação

O pré-requisito para a execução de qualquer virada de qualidade no nado de Costas é a avaliação da distância da parede com um mínimo de dispersão (i. e., sem olhar para os lados). Uma forma de fazer essa avaliação é utilizando as bandeirolas do nado de Costas, para determinar quando o nadador está se aproximando da virada; em seguida, ele conta o número de braçadas necessárias a partir das bandeirolas até o ponto onde começa a fazer a rotação em direção a uma posição de pronação. Para a maioria dos nadadores adolescentes e seniores, a virada deve se seguir ao início da segunda ou terceira braçada depois da passagem por baixo das bandeirolas do nado de Costas. Os atletas devem praticar em velocidade de prova até que saibam onde podem iniciar a virada na segunda ou terceira braçada, sem que ocorra deslize até a parede.

Rotação

O nadador deve iniciar a virada ao começar a segunda ou a terceira braçada, depois de ter passado pelas bandeirolas. Essa braçada deve ter início quando o atleta estiver de costas, entretanto ele deve fazer a rotação rapidamente até a posição de pronação assim que essa braçada estiver em andamento, conforme mostra a Figura 8.16, a-c. Ele deve rolar na direção do braço que está executando a braçada, afastando-se do braço da recuperação, ao se encaminhar para assumir a posição de pronação. Nesse meio tempo, o braço da recuperação deve ser movimentado sobre a água e transversalmente ao corpo, de modo parecido com a recuperação de cotovelo alto da braçada do nado Crawl (Fig. 8.16b). O nadador deve ficar em posição de pronação completa quando o braço que está executando a braçada estiver se encaminhando para baixo do peito, e o outro braço entrando na água. O atleta deve respirar durante o giro até a posição de pronação.

Virada

Tão logo o nadador tenha chegado à posição de pronação, a virada é executada como uma virada olímpica do

nado Crawl exceto, é claro, pelo fato de o nadador ficar o tempo todo de costas. Ele deve iniciar a braçada subaquática com o braço à frente enquanto termina a braçada subaquática com o braço posterior, o que acelerará a rotação até a parede (ver Fig. 8.17b). Ele deve ainda mergulhar a cabeça e começar uma golfinhada ao completar essas braçadas, também para acelerar a rotação até a parede. Ao completar as braçadas, deve deixar os dois braços para trás, ao lado do corpo, enquanto completa a golfinhada (ver Fig. 8.17, c e d).

O atleta deve voltar as palmas das mãos em direção ao fundo da piscina, utilizando-as para ajudar na impulsão da cabeça para cima e dos pés para fora (ver Fig. 8.17e). As duas mãos devem se encontrar acima da cabeça antes que os pés cheguem à parede. A cabeça deve estar para trás entre os braços, que devem estar flexionados. A parte superior do corpo e os braços devem estar alinhados para dar a impulsão contra a parede da piscina sem demora assim que os pés tenham feito o contato. Abal está corretamente posicionado, antes de seus pés terem alcançado a parede (Fig. 8.17f).

Os pés devem ser plantados na parede imediatamente abaixo da superfície, e o corpo deve estar inclinado para baixo (dos pés à cabeça), de modo que o nadador poderá executar uma impulsão contra a parede da piscina que lhe permitirá executar várias golfinhadas vigorosas depois de ter afastado o corpo da parede. Os pés de Abal estabeleceram contato com a parede, e o nadador está começando a impulsionar seu corpo para longe dela (Fig. 8.17g).

Impulsão contra a parede da piscina

Os braços e as pernas devem se estender simultaneamente e o nadador deve impulsionar o corpo, afastando-o da parede, completamente de costas. O atleta deve executar a impulsão contra a parede da piscina em uma direção ligeiramente descendente para deslizar por baixo da turbulência da superfície e para manter o corpo mais fundo durante a golfinhada (ver Fig. 8.17h). A profundidade durante a impulsão contra a parede e a golfinhada que se segue deve ser de, no mínimo, 0,6 m (2 pés) abaixo do nível da água, para que seja diminuído o arrasto resistivo, em comparação com o que ocorreria se o nadador permanecesse mais próximo da superfície.

Golfinhada

O nadador deixará a parede com um deslocamento muito mais rápido do que a velocidade de prova, mas sua velocidade cairá rapidamente depois dessa etapa. O corpo deve estar alinhado desde a cabeça até os dedos dos pés, e o atleta deverá deslizar nessa posição durante breve período, até perceber que está se aproximando da velocidade de prova. Nesse ponto, ele terá de executar várias golfi-

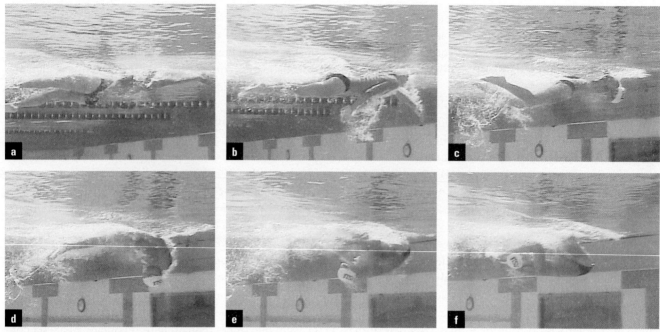

Figura 8.17 Vista submersa da virada rolada do nado de Costas. O nadador é Pablo Abal.

(a) Início da última braçada antes da virada.
(b) Início da braçada frontal (observe o término da última braçada com o braço de trás).
(c) Término das braçadas (observe os braços para trás, ao lado do corpo). Início da cambalhota.
(d) Término da golfinhada.
(e) Cambalhota (observe as palmas das mãos voltadas para baixo, para ajudar no momento).
(f) Preparação para a impulsão contra a parede da piscina (observe a posição corporal alinhada com os braços acima da cabeça e cotovelos fletidos).

nhadas submersas, até que esteja pronto para a emersão. A técnica para a golfinhada e as distâncias sugeridas para a execução das pernadas submersas, tanto em provas de 100 e 200 jd/m Costas, foram discutidas no Capítulo 6. Na Figura 8.17, i e j, Abal está executando a primeira das várias golfinhadas submersas que se seguem à sua virada.

Impulsão até a superfície/emersão do corpo

Quando estiver pronto para a emersão, o nadador deve angular o corpo gradualmente para cima, utilizando uma combinação de duas ou três golfinhadas submersas, seguidas por duas ou três pernadas de adejamento. Ao perceber que está perto o suficiente da superfície, ele deve iniciar a primeira braçada, que irá levá-lo até a superfície, deslocando-se para frente na velocidade de prova (ver Fig. 8.17, k e l). A cabeça deve permanecer alinhada com o outro braço até atingir a superfície. Em seguida, o atleta pode posicionar o queixo para baixo e começar a nadar na superfície. Assim que alcançá-la, não deve demorar em estabelecer a frequência apropriada de braçadas/pernadas para a prova.

O nadador deve começar a primeira braçada enquanto ainda está submerso. Um erro comum consiste em deslizar ou dar pernadas até a superfície antes de ter começado a dar braçadas. Se assim proceder, ao chegar à superfície, o atleta terá desacelerado bem abaixo da velocidade de prova.

Outro erro comum consiste em iniciar a primeira braçada enquanto se está em grande profundidade. Por consequência, o nadador completa a parte subaquática da braçada prematuramente e precisa executar pernadas em uma posição de mau alinhamento com um dos braços acima da cabeça e o outro para trás, ao lado do corpo, até que chegue à superfície e possa recuperar o braço por cima da água, para dar início à próxima braçada submersa.

Viradas abertas para os nados Borboleta e de Peito

As viradas utilizadas nas provas dos nados Borboleta e de Peito são praticamente idênticas entre si, exceto que os nadadores de Peito executam impulsões submersas até a superfície, enquanto os de Borboleta executam várias golfinhadas depois de terem deixado a parede. Anteriormente, nadadores em piscina curta deviam tocar a parede com ambas as mãos simultaneamente e no mesmo nível, antes que pudessem começar a virada. Mas, atualmente, as regras impõem que apenas toquem a parede com as duas mãos simultaneamente. Entretanto, elas também exigem que os atletas mantenham os ombros alinhados à superfície da água até que esse toque tenha ocorrido. De-

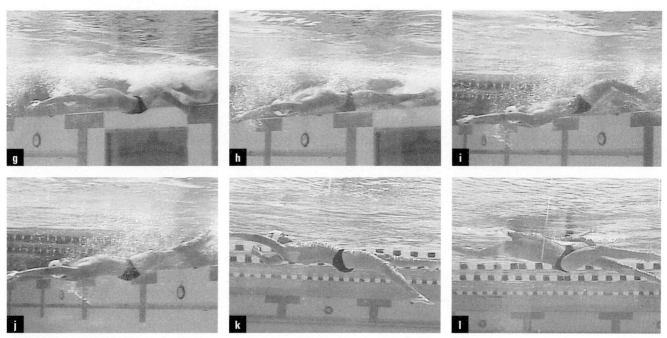

Figura 8.17 (continuação)

(g) Início da impulsão de afastamento da parede com simultânea extensão das pernas e dos braços.
(h) Impulsão contra a parede, enquanto o nadador permanece de costas (observe o ligeiro ângulo descendente).
(i) Início da primeira golfinhada.
(j) Término da primeira golfinhada.
(k) Início da pernada de adejamento.
(l) Superfície. Início da segunda braçada.

pois do contato, eles podem virar para o lado e fazer a impulsão contra a parede da piscina; no entanto, em conformidade com as regras, os ombros devem estar na ou além da vertical, em direção à posição de pronação, quando os pés deixarem a parede. Em ambos os movimentos, os ombros devem estar em completa pronação desde o início da primeira braçada após a virada.

É difícil que os nadadores mantenham os ombros alinhados com a superfície e, nessa posição, toquem a parede com as duas mãos simultaneamente e em níveis diferentes. Assim, é bem provável que eles nada venham a lucrar com esse tipo de procedimento. Entretanto, os atletas podem poupar tempo fazendo a impulsão contra a parede da piscina de lado, e assim essa técnica deve fazer parte da virada.

As fotografias (em vista superficial) na Figura 8.18 mostram uma nadadora de Peito durante a execução da virada. A Figura 8.19 demonstra a mecânica da virada (em uma vista submersa) para Anita Nall, nadadora de Peito. Para fins descritivos, a virada foi dividida nas seguintes fases: (1) aproximação, (2) virada, (3) impulsão contra a parede da piscina e (4) deslize e impulsão até a superfície/emersão do corpo. Uma seção adicional sobre a virada em uma parede lisa foi incluída porque várias piscinas não possuem calha.

Aproximação

A aproximação para o nado de Peito está apresentada na Figura 8.18a. Mas, conforme já mencionei, a mecânica da virada é praticamente idêntica para os nadadores de Borboleta e de Peito, desde o momento em que as mãos fazem contato com a parede até que os pés a tenham deixado. Os nadadores devem se concentrar na parede ao se aproximarem dela, para que possam ajustar suas braçadas de modo a alcançá-la exatamente quando os braços estiverem completamente estendidos à frente, durante sua recuperação. A pernada final deve ser executada com muita potência, de modo que os braços colidam com a parede com o máximo ímpeto possível. De maneira ideal, o nadador deseja fazer contato com a parede exatamente no término da fase propulsiva da pernada. Se for preciso deslizar até a parede, deverá fazê-lo na posição mais alinhada possível, para que sejam reduzidos os efeitos desaceleradores do arrasto.

Virada

Na verdade, a ação da virada pode ser descrita, com bastante precisão, simplesmente como uma queda para trás. A virada pode ser observada mais adequadamente nas fotografias de superfície na Figura 8.18. Depois de tocar a parede, o nadador deve quase se lançar diretamente para

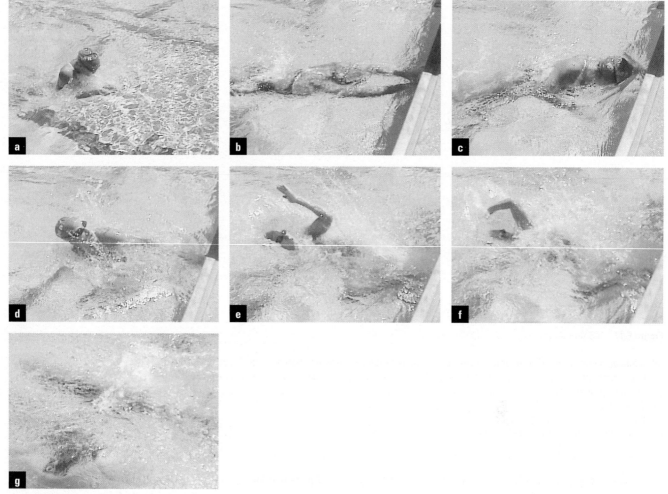

Figura 8.18 Vista da superfície da virada do nado de Peito. A nadadora é Anita Nall, ex-recordista mundial nos 200 m nado Peito.

(a) Início da última recuperação dos braços antes do contato com a parede.
(b) Anita toca a parede com os braços estendidos e os ombros nivelados.
(c) A nadadora tira um dos braços da parede e o mobiliza para trás, ao lado do corpo.
(d) A nadadora impulsiona o corpo, afastando-o da parede e faz uma inspiração.
(e) Anita movimenta o braço por cima da cabeça em uma posição com cotovelo alto, enquanto continua a respirar.
(f) O braço entra na água enquanto os pés fazem contato com a parede.
(g) Os pés deixam a parede, e Anita desliza submersa, enquanto faz a rotação até a posição de pronação.

trás ao conduzir as pernas para cima por baixo do corpo e os pés até a parede. Muitos nadadores perdem tempo girando o corpo de um lado para outro durante essas viradas. Eles movimentam a cabeça e o tronco, afastando-os da parede em uma direção, enquanto impulsionam os quadris e as pernas para a parede na direção oposta. Uma virada assim aumenta muito a distância de deslocamento do corpo até a parede e o volume de água impulsionado para que isso ocorra. É mais rápido e mais eficiente deixar a cabeça e o tronco serem lançados para trás no mesmo espaço aquático que utilizaram para conduzir as pernas até a parede. O nadador faz isso deixando a cabeça e o tronco caírem quase diretamente para trás ao movimentar os pés até a parede, girando o corpo apenas o suficiente para permitir sua entrada na água de lado durante aquela ação. A seguir, essa virada será completamente descrita.

O nadador deve tocar a parede com as duas mãos simultaneamente. Os ombros devem estar nivelados com a superfície da água. Anita está tocando a parede na Figura 8.18b. Tão logo tenha ocorrido o toque, o atleta deve deslizar na água por uma curta distância, mediante a flexão dos cotovelos. Ao mesmo tempo, deve retirar uma das mãos da parede, encaminhando-a na outra direção com a maior rapidez possível. Ele executa essa ação flexionando o braço e impulsionando o cotovelo através da água até as costelas; em seguida, deve estender o braço para frente, na direção da outra extremidade da piscina. Na Figura 8.18c, Anita está impulsionando um braço de modo a afastá-lo

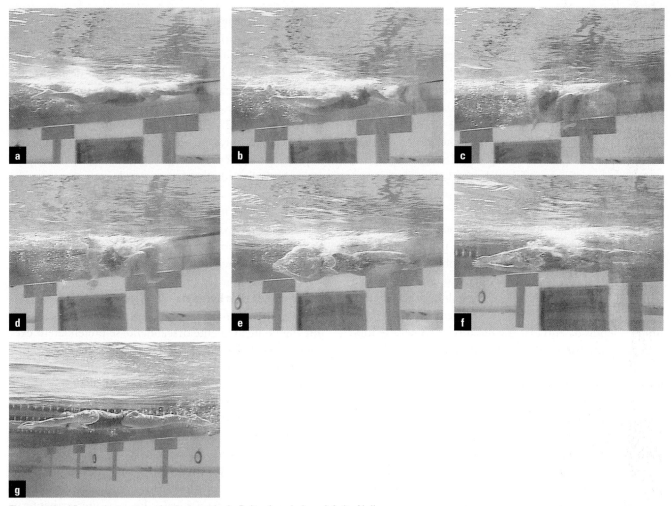

Figura 8.19 Vista submersa da virada do nado de Peito. A nadadora é Anita Nall.

(a) A nadadora toca a parede com as mãos e começa a virar para o seu lado; as pernas são mobilizadas para cima, vindas de trás.
(b) Anita retira uma das mãos da parede, mobilizando-a para trás, contra a lateral do corpo.
(c) A nadadora fixa as pernas, flexionando-as firmemente na direção do estômago, enquanto impulsiona contra a parede com o outro braço.
(d) Anita continua a impulsionar o corpo, afastando-o da parede. Ela dá um impulso para cima com a palma da mão submersa para ajudar a mobilizar a cabeça e os ombros para baixo na água.
(e) Anita movimenta as duas mãos juntas acima da cabeça e começa a impulsão contra a parede da piscina quando seus pés chegam à parede.
(f) A nadadora faz a impulsão com as pernas e se afasta da parede, enquanto gira o corpo até a posição de pronação.
(g) Anita desliza na posição de pronação, até que esteja pronta para começar a braçada subaquática. Se estivesse em uma prova de nado Borboleta, ela começaria a executar golfinhadas.

da parede. Mais tarde, esse braço será utilizado para ajudar na movimentação do corpo para baixo na água.

Ao mesmo tempo em que uma das mãos está deixando a parede, o nadador deve agarrar a calha com a outra, caso exista uma calha na parede da piscina (quebra-ondas), impulsionando quadris e pernas para frente, na direção da parede através da flexão desse braço. O atleta deve encolher as pernas firmemente, impulsionando-as diretamente por baixo do corpo e na direção da parede. Elas devem ser mantidas bem unidas, com um dos pés sobre o outro. Isso reduz o arrasto e aumenta a velocidade na direção da parede. A sensação deve ser de uma forte impulsão dos joelhos para dentro do abdome (como mostra a Fig. 8.19c).

A cabeça, que estava submersa ao ser feito o contato da mão com a parede, deve ser mobilizada para cima e para fora da água e quase diretamente para trás enquanto o nadador traciona as pernas para baixo. Anita está fazendo isso na Figura 8.18, d e e. Tão logo as pernas tenham passado por baixo do corpo, o nadador deve impulsioná-lo de modo a afastá-lo da parede da piscina; para tanto, estenderá o braço que estava em contato com a parede. Não haverá parte alguma do corpo em contato com a parede tão logo o nadador dê impulso com esse braço. Apesar disso, o ímpeto gerado pela impulsão do tronco em afastamento da parede produzirá uma contraforça que direcionará as pernas para a parede. O nadador não deve se firmar na parede até que os pés tenham feito contato, pois tal atitude apenas retardará a impulsão contra a parede da piscina. Ele deve respirar enquanto está afastando o corpo da parede.

Ao lançar-se para trás, o atleta deve virar o ombro do braço livre na direção da água para entrar nela de lado, como Anita está fazendo na Figura 8.18e. Ele deve utilizar o braço que foi estendido debaixo da água para ajudar nessa ação, para tanto, vira e pressiona a palma da mão para cima, para ajudar na condução da cabeça e dos ombros para dentro da água. Anita está realizando essa manobra na Figura 8.19d. O braço que foi utilizado para afastar o corpo da parede deve ser mobilizado por sobre a água, de maneira semelhante à de uma recuperação com o cotovelo alto (Fig. 8.18e). Os olhos devem seguir esse braço sobre a água, de modo que o braço e a cabeça entrem na água juntos. Depois da entrada, esse mesmo braço deve se movimentar para baixo, ao encontro do outro.

Impulsão contra a parede da piscina

No momento em que os pés chegam à parede da piscina, o nadador deve tentar fazer com que as duas mãos estejam acima da cabeça, com o corpo alinhado. Então, poderá fazer a impulsão contra a parede da piscina imediatamente. Anita está fazendo isso na Figura 8.19e: seus pés estão plantados na parede, com os dedos voltados lateralmente e a cerca de 45 a 50 cm (18 a 20 polegadas) abaixo do nível da água. A impulsão contra a parede da piscina deve ter início quando o nadador estiver de lado, depois disso, deve girar até uma posição de pronação, enquanto afasta o corpo da parede e desliza depois da impulsão contra ela, conforme mostra a Figura 8.19, f e g.

Essa impulsão é executada com a extensão das pernas enquanto o nadador dá impulso contra a parede da piscina. Os braços devem ser simultaneamente estendidos para aumentar o ímpeto do impulso das pernas. Os pés devem deixar a parede com a perna de cima (a mais próxima da superfície) cruzada sobre a outra. Então, o nadador poderá completar o giro até a posição de pronação, mobilizando a perna de cima para baixo por cima da perna de baixo durante a execução do deslize.

Deslize e impulsão até a superfície/emersão do corpo

Nesse ponto, as técnicas para virada divergem para os nadadores de Peito e de Borboleta. Nadadores de Borboleta executarão várias golfinhadas submersas, antes da emersão, enquanto os nadadores de Peito executarão uma braçada subaquática (i. e., filipina) e uma pernada antes de chegarem à superfície.

Virada do nado de Peito Nadadores de Peito devem angular a impulsão contra a parede da piscina ligeiramente para baixo, de modo que possam deslizar mais profundamente, onde a braçada subaquática e o deslizamento poderão ser executados mais efetivamente. Eles devem executar o deslize em uma posição hidrodinâmica, a pelo menos 0,60 m (2 pés) abaixo da superfície da água, até que estejam se aproximando da velocidade de prova. Nesse ponto, devem executar uma braçada subaquática e um segundo deslize muito curto, antes de executar pernadas gradualmente até a superfície. A primeira braçada na superfície deve ser iniciada antes que o corpo emerja, mas os atletas não devem permitir que os braços atinjam o ponto mais amplo dessa braçada, antes que a cabeça tenha irrompido pela superfície. A técnica para a braçada subaquática foi descrita no Capítulo 7.

Virada do nado Borboleta Nadadores de Borboleta devem executar a impulsão contra a parede da piscina em um ângulo ligeiramente descendente se pretenderem executar várias golfinhadas submersas antes de chegarem à superfície; caso contrário, devem fazer a impulsão contra a piscina horizontalmente. Eles devem fazer a impulsão e deslizar a uma profundidade de pelo menos 0,40 m (1,5 pés), para que o arrasto resistivo fique reduzido.

Nadadores de Borboleta devem executar o deslize em uma posição alinhada até sentirem que estão se aproximando da velocidade de prova. Nesse ponto, devem dar início à golfinhada. A técnica para emersão depois de algumas golfinhadas submersas é igual à descrita anteriormente: os nadadores devem começar uma ascensão gradual, utilizando duas ou três golfinhadas, de modo a conduzir o corpo perto o suficiente da superfície para que seja executada a primeira braçada. Essa movimentação deve fazer com que os nadadores irrompam na superfície com um deslocamento para frente em velocidade de prova.

Em provas de velocidade, os nadadores de Borboleta não devem respirar na primeira braçada. Em provas mais longas, poderão respirar na primeira braçada depois da virada, mas devem certificar-se de respirar perto do final da parte submersa dessa braçada, de modo que o ato de levantar a cabeça não perturbe o ritmo das braçadas como um todo. Eles não devem deslizar ou dar pernadas até a superfície e, em seguida, respirar no início da primeira braçada, porque isso diminuiria excessivamente sua velocidade frontal.

Virada em uma parede lisa

Se a piscina tiver paredes lisas (i. e., não tiver calha), os nadadores não serão capazes de ajudar o movimento das pernas de encontro à parede empurrando contra a calha com uma das mãos. Mas, afora essa diferença, a mecânica da virada é muito parecida, não importando se a parede da piscina é lisa e não tem calha para agarrar.

O nadador deve tocar a parede lisa com as duas mãos simultaneamente, certificando-se de manter os ombros horizontais com a superfície da água até que tenha havido o contato. Depois que a parede foi tocada, ele deve recolher com rapidez um dos braços até as costelas, conforme já foi descrito anteriormente. A diferença entre essa virada e a virada em piscina com calha está no que o nadador fará com a mão que deixou na parede. Tendo em vista que não existe uma calha para ser agarrada, o atleta deve colocar a palma dessa mão contra a parede, com os dedos apontando para cima e diagonalmente na direção do ombro oposto, deixando o corpo avançar até a parede (para tanto, deve flexionar o braço); durante essa ação, as pernas devem estar agrupadas firmemente no abdome. Quando elas passam por baixo do corpo, e antes que os pés alcancem a parede, o nadador deve dar um impulso contra a parede com a palma da mão, para tanto, deve estender o braço. Em seguida, esse braço é mobilizado por sobre a água, de maneira parecida com a técnica do cotovelo alto. O restante da virada é executado conforme já foi descrito.

Erros comuns

A seguir, descrevemos os erros mais comumente cometidos durante as viradas dos nados Borboleta e de Peito: (1) impulsionar demasiadamente o corpo (i. e., até um ponto excessivamente alto) para fora da água, (2) fazer o giro do corpo para uma posição de pronação antes de executar o impulso contra a parede da piscina, (3) executar a impulsão contra a parede em um ponto demasiadamente perto da superfície da água e (4) respirar duas vezes enquanto está pendurado na parede.

1. Nadadores perdem tempo quando movimentam a cabeça e os ombros até um nível excessivamente alto fora da água durante a virada; isso exige um esforço muscular desnecessário. Atletas que cometem esse erro comumente agarram a calha e se puxam para dentro e para cima antes de dar o impulso que afastará o corpo da parede. Em vez de assim proceder, eles devem manter o corpo na água e simplesmente tracioná-lo na direção da parede por curta distância, até que as pernas estejam se encaminhando para baixo do corpo e o cotovelo esteja suficientemente flexionado para que seja possível o afastamento da parede com o uso de pouca força. Ao mesmo tempo, a cabeça e os ombros devem permanecer na água e ser mobilizados para cima e para trás, enquanto é dado o impulso contra a parede. Entretanto, essas partes devem ficar fora da água apenas o suficiente para que o nadador possa respirar, ao lançar-se para trás.

Conforme já citamos anteriormente, o atleta obtém viradas mais rápidas se deixar o corpo baixar quase diretamente para trás na parede, com a cabeça e os ombros próximos à superfície. Embora o corpo se eleve um pouco durante a movimentação das pernas até a parede, e ainda mais quando o nadador empurra para trás com o braço, este não deve fazer nenhum esforço adicional para elevá-lo além do que já ocorre na virada normal.

2. Os nadadores retardarão sua descida se não permanecerem de lado, ao baixar para a submersão. Muitos deles cometem o erro de fazer o giro do corpo até uma posição de pronação antes de terem deixado a parede. Esse giro atrasa a virada, porque é necessário um tempo adicional na parede para a rotação do corpo antes que o nadador possa executar a impulsão contra a parede da piscina. Além disso, o atleta enfrenta maior resistência ao baixar em submersão, porque impulsiona praticamente toda a largura do tronco para baixo através da água, em vez de baixar de lado. O efeito desse erro está ilustrado na Figura 8.20.

Muitos nadadores cometem esse erro porque plantam os pés com os dedos apontando para baixo, antes da execução da impulsão contra a parede da piscina. Eles devem ser orientados a plantar os pés na parede com os dedos apontados para o lado; com isso, terão probabilidade muito maior de executar a impulsão contra a parede da piscina com o corpo de lado.

3. Os nadadores executam a impulsão contra a parede na superfície ou muito perto dela, pois se apoiam com o braço na parede por muito tempo durante a impulsão das pernas. Como resultado, não são capazes de fazer com que esse braço fique alinhado com o outro braço, a cabeça e o tronco em submersão completa, antes que os pés alcancem a parede da piscina para o início da impulsão. Esse erro pode ser corrigido; basta que o nadador retire a mão da parede e a movimente acima da cabeça assim que os pés passarem por baixo do corpo.

Além disso, os nadadores executam a impulsão contra a parede na superfície da água porque se apoiam com os dois braços ao movimentarem os pés até a parede, projetando-os simultaneamente por cima da água. Alguns es-

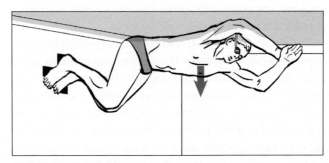

Figura 8.20 Erro de baixar em submersão em uma posição de pronação parcial durante as viradas dos nados Borboleta e de Peito.

pecialistas têm defendido (equivocadamente) esse método como um modo mais rápido de execução da virada, mas na verdade é mais lento, pois os atletas devem atrasar a impulsão contra a parede da piscina para o alinhamento dos braços com o corpo em submersão, ou então executarão a impulsão contra a parede da piscina com o corpo em uma posição mal alinhada.

4. O erro final é a dupla respiração. Muitos nadadores levantam a cabeça e respiram imediatamente ao tocarem a parede e, em seguida, respiram novamente quando a cabeça retorna acima da água. A primeira inspiração atrasa a virada porque eles se penduram na parede com as duas mãos até que a virada tenha sido completada, em vez de retirar uma delas da parede e começar imediatamente a elevação das pernas. Os atletas devem respirar apenas uma vez durante cada virada: quando deixam a cabeça lançar-se para trás, sobre a superfície da água.

Viradas do Medley individual

Frequentemente, as viradas são negligenciadas em provas de Medley individual. Sua prática poderá melhorar o tempo dos atletas em pelo menos 1 s em provas de 200 jd/m e em praticamente 2 s em eventos de 400 jd/m. Para nadadores de Medley, há a necessidade das seguintes viradas com troca de nado: (1) virada do nado Borboleta para o nado de Costas, (2) virada do nado de Costas para o nado de Peito (a mais complexa das viradas) e (3) virada do nado de Peito para o nado Crawl.

Mudança do nado Borboleta para o nado de Costas

Essa virada não é muito diferente da virada comum do nado Borboleta e está ilustrada na série de desenhos na Figura 8.21. Em conformidade com as regras, o nadador deve fazer contato com a parede tocando-a com as duas mãos simultaneamente, com os ombros nivelados (Fig. 8.21a). Depois disso, a virada é idêntica àquela descrita para o nado Borboleta até que o nadador esteja impulsionando o corpo para longe da parede da piscina com a mão. A partir daí, o modo de movimentação da cabeça e da mão sobre a água e a ação de plantar os pés na parede serão um pouco diferentes do método descrito para as viradas dos nados Borboleta e de Peito.

Os nadadores devem ainda baixar em submersão principalmente de lado, entretanto, nesse caso, também ligeiramente de costas, ao impulsionarem o corpo para longe da parede. Para tanto, movimentam o braço utilizado para impulsionar contra a parede da piscina por cima da água e por trás da cabeça. O atleta deve plantar os pés na parede com os dedos voltados para cima e ligeiramente para os lados, conforme mostra a Figura 8.21, b e c. Em seguida, deve fazer o giro do corpo na direção de uma posição

supina, durante o movimento de afastamento da parede. Com isso, seguirá as regras do nado de Costas, pois quando os pés deixarem a parede da piscina, o nadador terá os ombros além da vertical, projetados para as costas. Essa rotação deve ser completada logo depois que os pés deixaram a parede, de modo a ficar em uma posição supina perfeita durante a maior parte da execução do deslize subsequente. Tão logo esteja na posição supina, o atleta deve executar várias golfinhadas submersas antes de angular o corpo na direção da superfície, além disso, deve iniciar a pernada de adejamento ao se aproximar da superfície usando o mesmo procedimento para a primeira braçada descrita para a virada rolada do nado de Costas.

Essa virada é muito mais rápida do que algumas das outras utilizadas pelos nadadores. Mergulhar de costas ou deixar o corpo baixar diretamente para trás são, ambos, métodos mais lentos de mudança do nado Borboleta para o nado de Costas, porque os nadadores demoram mais para conduzir os pés até a parede e alinhar o corpo antes da execução do impulso contra a parede da piscina.

Mudança do nado de Costas para o nado de Peito

Os nadadores não podem utilizar a virada rolada do nado de Costas na mudança para o nado de Peito em provas de Medley individual, pois as regras determinam que eles devem terminar a etapa do nado de Costas em posição supina e não consideram que o atleta terminou essa etapa até que tenha tocado a parede com a mão. Isso causa transtorno, porque a virada rolada certamente seria o método mais rápido para fazer essa mudança.

A grande maioria dos nadadores de Medley individual utilizam uma das quatro viradas diferentes na mudança do nado de Costas para o nado de Peito. Alguns preferem uma *virada aberta*, outros, a *virada com cambalhota*, e um terceiro grupo utiliza modificações da *virada Naber* e a antiga *virada rolada do nado de Costas*. A virada aberta é a mais popular, mas provavelmente é também a mais lenta entre as quatro.

Virada aberta A Figura 8.22 ilustra a virada aberta em uma sequência de desenhos. Essa virada pode ser utilizada mais facilmente quando a piscina possui calhas para agarrar, mas sua execução é difícil em piscinas com paredes lisas.

Bandeirolas do nado de Costas devem ser utilizadas para avaliar a aproximação com a parede, tanto nessa como nas outras viradas de mudança do nado de Costas para o nado de Peito. Os nadadores se projetam para trás na última braçada e agarram a calha enquanto se voltam na direção do braço de contato. Depois de agarrar a calha, eles impulsionam as pernas para baixo e para frente até a parede, enquanto movimentam a cabeça e os ombros na direção oposta, acima da água. As pernas devem estar firme-

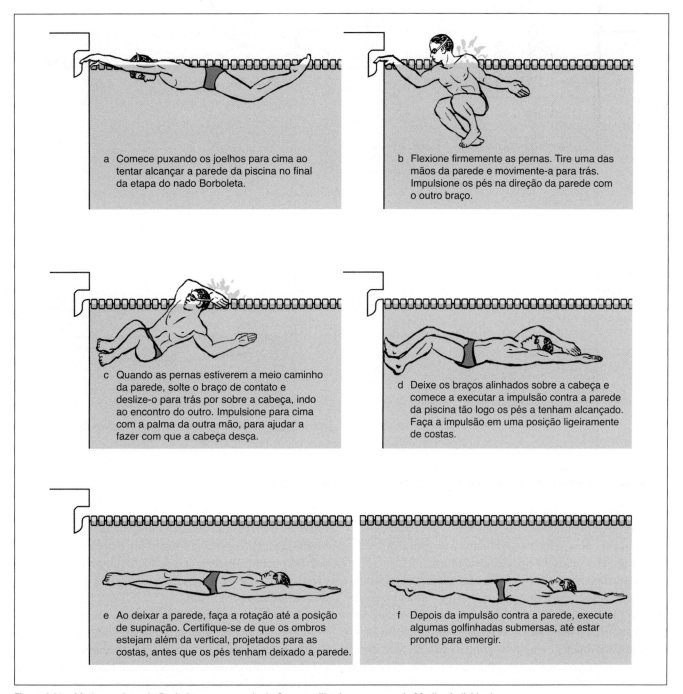

Figura 8.21 Mudança do nado Borboleta para o nado de Costas utilizada em provas de Medley individual.

mente unidas, e os nadadores devem permanecer de lado durante toda a virada. Essas fases da virada estão ilustradas na Figura 8.22, a e b.

O braço livre, que estava para trás no quadril no início da virada, permanece estendido para frente com a palma da mão voltada para cima (que será utilizada mais tarde na virada para impulsionar a cabeça e o tronco para baixo da água), como ilustrado na Figura 8.22, b e c.

Tão logo os pés tenham passado por baixo do corpo, o nadador deve dar o impulso de afastamento do corpo contra a parede com o braço de contato e, em segui-

da, mobilizá-lo para frente por sobre a água. O atleta deve assumir uma posição com cotovelo alto, como a descrita para a virada do nado de Peito. A cabeça deve acompanhar o braço de contato por sobre a água, e o nadador deve afundar na água lateralmente com um dos ombros está diretamente acima do outro. Ao dar o impulso contra a parede da piscina, o nadador deve girar o corpo até assumir uma posição de pronação. (O ângulo da impulsão contra a parede da piscina pode ser visto na Fig. 8.22d). Essa impulsão deve ser executada com uma angulação ligeiramente para baixo, e, depois disso, o nadador deve des-

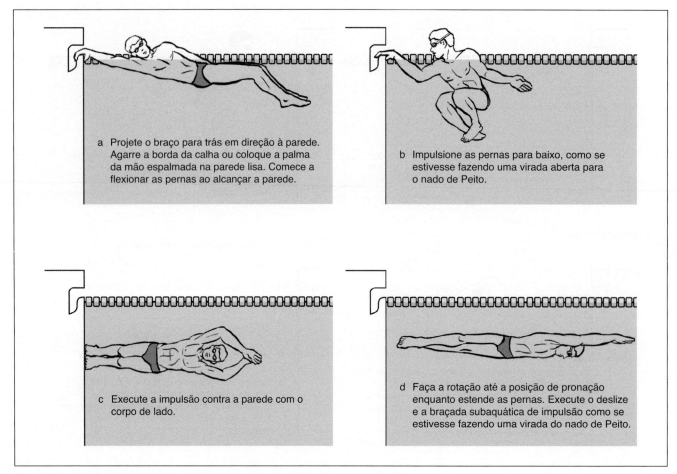

Figura 8.22 Virada aberta utilizada na mudança do nado de Costas para o nado de Peito.

lizar em uma posição hidrodinâmica até que tenha desacelerado para uma velocidade próxima à da prova, quando deverá ser executada a braçada subaquática.

Como ocorre com outras viradas abertas, o nadador deve tentar fazer com que o corpo fique alinhado, com as duas mãos acima da cabeça e submersas, antes que os pés alcancem a parede da piscina. Com isso, ele pode executar imediatamente a impulsão contra a parede. Se o corpo não estiver perfeitamente alinhado no momento em que os pés tocarem a parede da piscina, o atleta deverá executar a impulsão contra a parede, alinhando o corpo ao fazê-lo.

Quando a virada aberta é executada contra uma parede lisa, o nadador deve plantar a palma da mão contra a parede e, em seguida, permitir que o braço flexione, ao deslizar na direção da parede e enquanto impulsiona as pernas para baixo. A mão deve fazer contato com a parede no nível da água; nesse momento, os dedos devem estar voltados para dentro, na direção do corpo. Em seguida, o nadador poderá movimentar esse braço para dentro ao permitir que o cotovelo se dobre enquanto flexiona as pernas e as movimenta para baixo do corpo. Quando as pernas passarem por baixo dos quadris, o nadador deverá

estender o braço que está em contato com a parede para impulsionar o corpo para longe, como descrito para as viradas dos nados Borboleta e de Peito. Depois disso, a mecânica da virada é idêntica à virada com mudança de nados em piscinas com calha.

Uma vantagem da virada aberta é que os nadadores podem respirar uma vez, o que é suficiente para fazer o deslize e a braçada subaquática. Eles também parecem ficar mais confortáveis ao manter a sensação de orientação com uma virada aberta. A principal desvantagem é que a virada é mais lenta do que aqueles métodos que incorporam ações de rolamento ou de cambalhota porque, na virada aberta, os atletas precisam interromper o movimento na parede para mudar de direção enquanto podem manter o ímpeto ao longo da virada quando usam a técnica com cambalhota.

Virada com cambalhota Esse método de mudança do nado de Costas para o nado de Peito está ilustrado pelos desenhos na Figura 8.23.

Ao se aproximar o momento da virada, o nadador na Figura 8.23 mergulha para trás na direção da parede ao completar a última recuperação dos braços. O braço de contato oscila diretamente para o alto, devendo tocar a

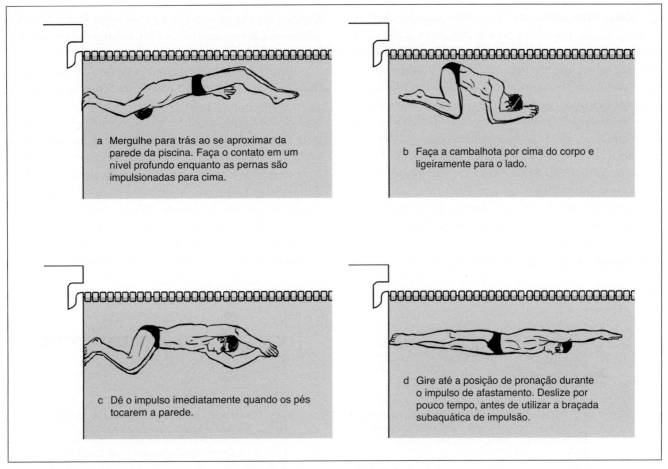

Figura 8.23 Virada com cambalhota, mudança do nado de Costas para o nado de Peito.

parede com a mão espalmada em um ponto razoavelmente profundo; os dedos dessa mão devem estar apontados para baixo. Em seguida, o atleta dá impulso para cima e para trás contra a parede com o braço de contato, para ajudá-lo na rotação do corpo durante a primeira metade da cambalhota. O atleta afasta o braço de contato da parede, enquanto os pés passam por cima da cabeça; em seguida, movimenta esse braço rapidamente para cima, por baixo do corpo, para encontrar o outro braço em um nível acima da cabeça. Essa ação é executada pela flexão do braço de contato e por seu deslize para cima, por baixo do peito; em seguida, o braço é estendido para frente. Antes que os pés alcancem a parede, o nadador deve movimentar esse braço por cima da cabeça até fazer contato com o outro braço.

Nesse meio-tempo, o braço que não está fazendo contato (que estava atrás, junto ao quadril, quando o outro braço fazia contato com a parede) é utilizado para ajudar a completar a segunda metade da cambalhota voltada para a parede. O nadador executa essa ação virando a palma daquela mão para cima, impulsionando-a na direção da cabeça para ajudar a alinhar a cabeça e o tronco com as pernas para a impulsão contra a parede da piscina. A palma da mão termina imediatamente acima da cabeça do nadador, depois de completada a cambalhota (Fig. 8.23b); em seguida, a mão é mobilizada para baixo, em alinhamento com o outro braço, já em preparação para a impulsão contra a parede da piscina.

Se o nadador se estender para trás durante a aproximação, seu corpo ficará ligeiramente torcido durante a cambalhota, de modo que terminará em uma posição de semipronação no momento em que os pés alcançarem a parede. Como resultado, ele plantará os pés na parede com os dedos apontando para o lado. As pernas são flexionadas, em preparação para a impulsão contra a parede da piscina (ver Fig. 8.23c). Tão logo os pés façam contato, o nadador impulsiona o corpo, para afastá-lo da parede sem atraso. Essa é executada parcialmente com a extensão simultânea de braços e pernas. Como ocorre nos procedimentos para outros tipos de virada, o nadador gira na direção do abdome enquanto executa a impulsão contra a parede da piscina (ver Fig. 8.23d). Essa impulsão deve ser ligeiramente angulada para baixo, para que o nadador alcance suficiente profundidade para a braçada subaquática do nado de Peito. Depois da impulsão, ele desliza até chegar perto da velocidade de prova, antes de iniciar essa braçada.

Virada Naber modificada O grande nadador de Costas John Naber popularizou uma técnica de virada para esse nado. Sendo uma combinação das viradas com giro e aberta, tal técnica permite que os nadadores respirem como na virada aberta enquanto utilizam um movimento de rotação mais rápido durante a virada. A regra do não toque com a mão tornou obsoleta essa virada no nado de Costas, mas os atletas podem utilizar com eficácia uma modificação da técnica na mudança do nado de Costas para o nado de Peito. As técnicas da virada Naber modificada estão ilustradas na Figura 8.24.

Os nadadores devem fazer contato com a parede estendendo-se para trás por cima de um dos ombros e atrás do outro. A mão deve fazer contato com a parede em uma profundidade de aproximadamente 15 a 20 cm (6 a 8 polegadas) espalmada contra a parede (ver Fig. 8.24a). Os atletas não devem agarrar a calha, mesmo nas piscinas calhadas.

As pernas devem começar a flexionar enquanto os nadadores avançam para a parede, de modo que o giro já esteja ocorrendo quando os atletas encostarem a mão. Tão logo tenham feito contato, eles se projetam para a parede; para tanto, devem flexionar o braço de contato. Nesse meio tempo, continuam a levantar as pernas para fora da água, flexionando-as nos quadris e joelhos (ver Fig. 8.24b). Tanto quanto possível, os joelhos e os quadris devem ficar flexionados na direção do abdome, tanto para se livrar da água como para acelerar a rotação das pernas na direção da parede. A inclinação para trás (enquanto o nadador movimenta as pernas até acima do nível da água) aju-

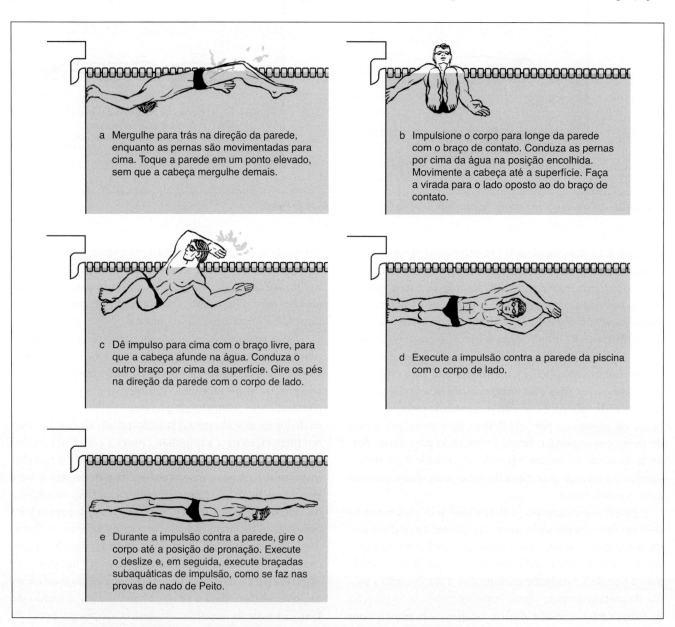

Figura 8.24 Virada Naber modificada utilizada na mudança do nado de Costas para o nado de Peito.

da na emersão das pernas. Os calcanhares podem arrastar um pouco na água, embora os nadadores devam se esforçar ao máximo para que isso seja evitado. Estes devem girar em uma direção horária se o contato for feito com o braço direito, e na direção anti-horária se a mão esquerda fizer o contato.

Os nadadores devem afastar a cabeça da parede com o braço de contato no momento em que as pernas passam pelo ponto médio da trajetória na direção da parede. Em seguida, esse braço é movimentado para cima e para baixo, na direção da água, com o cotovelo alto, o que faz com que se junte ao outro braço, em preparação para a impulsão contra a parede da piscina (ver Fig. 8.24c). A partir desse ponto, a virada fica parecida com a virada aberta descrita para o nado de Peito: a cabeça acompanha o braço por sobre a água, e os nadadores devem afundar nela lateralmente com um dos ombros diretamente acima do outro; a palma da mão que não fez o contato, e que estava atrás junto ao quadril no início da virada, deve estar voltada para cima, na direção da superfície e deve ser usada pelo nadador para ajudá-lo a impelir a cabeça em submersão quando o corpo estiver voltando para a água. Os nadadores devem dar a impulsão contra a parede de lado, fazendo o giro até a posição de pronação durante o impulso e o deslize subsequente (ver Fig. 8.24, d e e). Para seguir as regras do nado de Peito, os atletas devem estar perfeitamente posicionados de peito ao iniciar a primeira braçada na superfície.

O principal problema enfrentado pelos nadadores durante o aprimoramento dessa virada é a tendência para a giro excessivo para o lado. A virada deve ser executada no plano vertical: as pernas devem ser tracionadas firmemente para cima durante o giro, para que seu eixo de rotação fique reduzido; pela mesma razão, os atletas devem se inclinar para trás ao movimentarem as pernas na direção da parede. Ao afastarem o corpo da parede com o braço de contato, a cabeça e o tronco devem se deslocar quase diretamente para trás, na direção da outra extremidade da piscina. Os nadadores não devem girar em um círculo amplo.

Virada rolada modificada Conforme já mencionamos anteriormente, a virada rolada era o método mais rápido no nado de Costas, até que alterações recentes nas regras eliminaram a necessidade do toque com a mão. Mas, considerando que o toque com a mão ainda é exigido durante a mudança do nado de Costas para o nado de Peito no Medley individual, a mesma virada rolada, com ligeiras modificações, deve ser o método de mudança mais rápido. A virada rolada modificada está ilustrada pela série de desenhos na Figura 8.25.

O nadador na Figura 8.25 rola para o lado e para longe do braço de contato (mas sem ultrapassar a posição vertical) ao avançar por trás da cabeça até a parede em sua última recuperação do braço antes de dar início à virada. O contato com a parede é feito em um ponto bastante profundo, atrás do outro ombro: a mão é espalmada contra a parede e os dedos do nadador devem apontar diagonalmente (para baixo e para o lado de fora). Tão logo tenha estabelecido o contato, o atleta continua a rolar em direção a uma posição de pronação, enquanto dá uma cambalhota com as pernas para cima, na direção da parede (ver Fig. 8.25, a, b, e c). Ao contrário da virada rolada no nado de Costas, o nadador não rola completamente até uma posição de pronação ao dar a cambalhota; em vez disso, enquanto os pés avançam para a parede, ele faz uma ligeira correção para trás, de modo que o corpo esteja de lado durante o contato do pé na parede e a elevação da cabeça até a superfície. Essas ações preparam o nadador para uma impulsão contra a parede do nado de Peito (ver Fig. 8.25c).

Enquanto gira o corpo até uma posição de pronação, o nadador conduz o braço que não fez o contato de volta à água, na direção da parede, e para cima, até uma posição acima da cabeça e, tão logo esteja nessa posição, o atleta o utiliza para ajudá-lo na virada; para tanto, dá impulso para baixo com a palma da mão, para que a cabeça se movimente na direção da superfície (Fig 8.25, b e c). O braço de contato é movimentado em submersão para frente, até uma posição acima da cabeça, enquanto o nadador está completando o rolamento, de modo que a cabeça fique alinhada com (e situada entre) os braços, enquanto os pés alcançam a parede (ver Fig. 8.25, c e d).

Os pés do nadador estão plantados na parede, voltados para os lados; ele dá um impulso que afasta o corpo (posicionado de lado) da parede. A rotação até uma posição de completa pronação ocorre quando o atleta impulsiona o corpo para longe da parede e durante o deslize; em seguida, ele executa uma braçada subaquática e impulsiona o corpo até a superfície com a utilização de pernadas, conforme mostra a Figura 8.25, d e e.

Mudança do nado de Peito para o nado Crawl

As técnicas para a virada para mudança do nado de Peito para o nado Crawl estão ilustradas na série de desenhos na Figura 8.26. Tal virada é praticamente idêntica àquela descrita para a mudança do nado Borboleta para o nado de Costas, até que o corpo seja impelido para longe da parede da piscina. A diferença óbvia é que, nessa virada, os nadadores giram o corpo até uma posição de pronação (em vez de supinação) durante o impulso contra a parede da piscina e o deslize que se segue.

Quando os pés deixam a parede, e por curto tempo depois do deslize, as pernadas e a impulsão até a superfície devem ser executadas conforme foi descrito para a virada do nado Crawl. Os nadadores devem executar uma

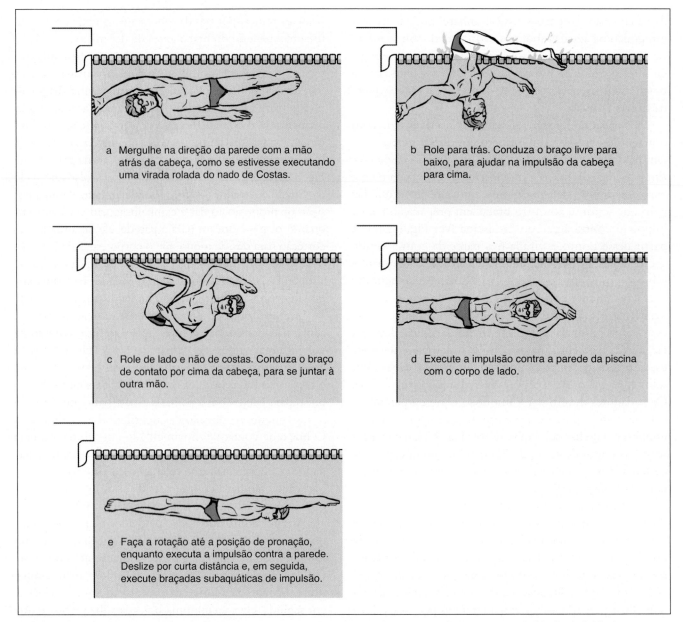

Figura 8.25 Virada rolada modificada utilizada na mudança do nado de Costas para o nado de Peito em provas de Medley individual.

ou duas golfinhadas seguidas por duas ou três pernadas de adejamento, até que tenham se aproximado da superfície; nessa ocasião, devem executar uma braçada que leve o corpo a irromper pela superfície, com um deslocamento para frente e em velocidade de prova. Os atletas podem respirar ao completarem a primeira braçada, desde que o façam sem prejudicar seu ritmo de prova.

CHEGADAS

Muitas provas foram perdidas porque os nadadores deslizaram até a chegada; outras também têm sido perdidas porque eles executaram mais braçadas do que o necessário para alcançar a parede da piscina. Os atletas devem praticar as técnicas de finalização das provas até que possam acelerar consistentemente até a chegada com mínimo deslize e sem braçadas extras.

Chegada do nado Crawl

O modo mais rápido para a finalização em provas de nado Crawl consiste em bater a mão diretamente para frente até a placa de contato. Os desenhos na Figura 8.27 mostram um nadador finalizando uma prova de nado Crawl dessa maneira.

Depois de ter avaliado que a próxima recuperação do braço fará com que a mão entre em contato com a placa, o nadador deve acelerar a velocidade dessa recuperação,

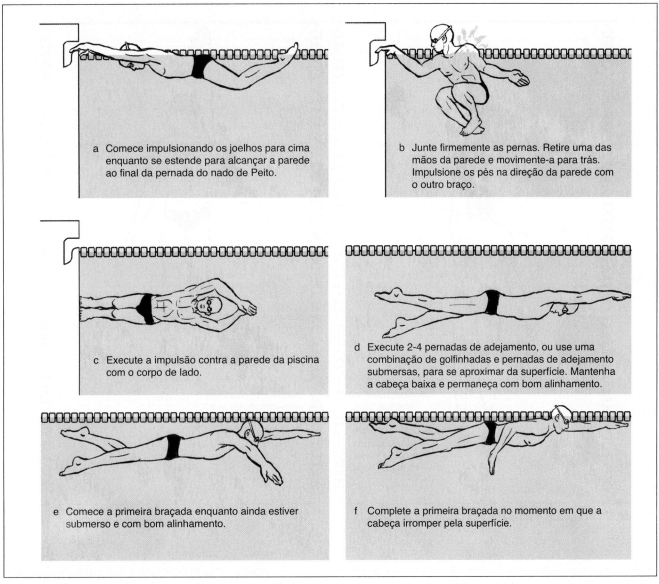

Figura 8.26 Virada de mudança do nado de Peito para o nado Crawl.

movimentando rapidamente o braço por sobre a água no estilo de cotovelo alto normal, mas não deve deslizar o braço para dentro da água e para frente até a placa de contato; em vez disso, depois de ter passado pela cabeça, o braço deve ser rapidamente estendido para frente, para colidir com a placa de contato no nível da água, usando as pontas dos dedos. O atleta também deve rolar afastando-se do braço em recuperação, para permitir que o braço tenha maior alcance em seu deslocamento na direção da placa de contato. Para isso, olha para o outro lado e estende o corpo para frente, na direção do braço de recuperação. Ao mesmo tempo, o nadador deverá acelerar o corpo na direção da placa de contato com a maior rapidez possível com a braçada subaquática do outro braço e com a pernada.

O toque (i. e., o contato) deve ser feito com os dedos estendidos, e não com a palma da mão, pois, obviamente, as pontas dos dedos podem alcançar a placa de contato antes da palma da mão. Durante esse avanço final, o rosto do nadador deve permanecer na água, olhando para o lado, já que levantar a cabeça encurtaria o alcance e desaceleraria sua velocidade até a parede da piscina.

De maneira ideal, o contato deve ser estabelecido quando o braço estiver completamente estendido; um toque feito com o braço flexionado indica que o nadador provavelmente deu uma braçada a mais. Essa falha aumenta seu tempo para a prova em 0,20 s a 0,30 s. O atleta não deve deslizar até a parede se o braço não fizer contato em extensão completa nem dar outra braçada se estiver a menos de um comprimento de braço da parede. Em vez disso, ele pode continuar estendido e dando pernadas até que a mão atinja a placa de contato. A execução de pernadas conduz a mão até a placa com maior rapidez do que o

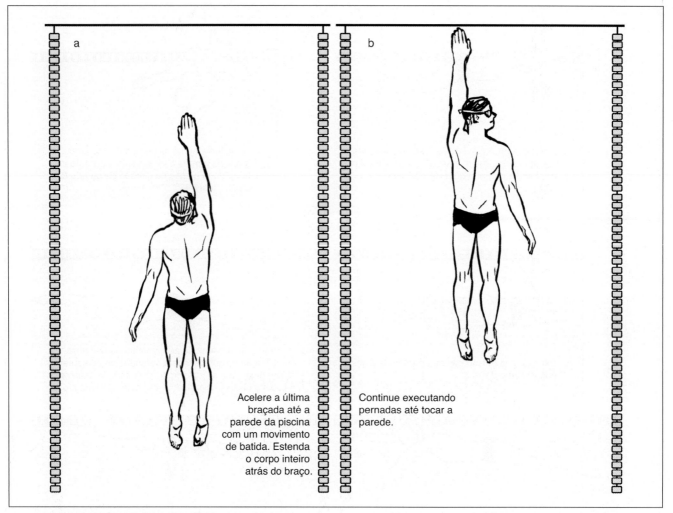

Figura 8.27 Técnica de chegada para as provas de nado Crawl.

deslize, ou a execução de outra braçada. Na verdade, o uso de uma golfinhada rápida pode realmente aumentar a velocidade até a chegada mais do que uma ou duas pernadas de adejamento – quando o nadador tem de estender o braço para frente, para alcançar a placa de contato. Obviamente (e conforme já mencionado), esse conselho apenas é válido nos casos em que o nadador avaliou equivocadamente a chegada em menos de um comprimento de braço; no caso de um erro de avaliação superior a um comprimento de braço, é mais rápido dar outra braçada.

Chegada do nado Borboleta

A técnica de chegada para provas do nado Borboleta está ilustrada pelas fotografias na Figura 8.28. Tendo em vista haver necessidade de um toque com as duas mãos, o bote deve ser executado com os dois braços simultaneamente, e o corpo deve permanecer em uma posição de pronação quando o nadador se estender para frente para tocar a parede.

As últimas braçadas devem ser as mais poderosas da prova, e o nadador deve acelerar as mãos até a placa de contato em sua última recuperação. Ele também deve fazer essa recuperação com os cotovelos flexionados, apontando as mãos até a placa de contato, o que encurta a distância que deve ser percorrida por elas. O atleta deve acelerar a pernada para impulsionar o corpo para frente em uma velocidade maior do que aquela conseguida pelo simples deslize pelas últimas jardas ou metros. Seu rosto deve estar dentro da água, e ele deve estender todas as fibras de seu corpo para frente para tocar na placa com a maior rapidez possível.

Chegada do nado de Peito

A chegada do nado de Peito está ilustrada nas fotografias da Figura 8.29. Os praticantes desse nado devem também dar o bote para a chegada com as duas mãos em um movimento simultâneo, sendo necessário que permaneçam em uma posição de pronação até que tenham tocado a pa-

Figura 8.28 Procedimento para a chegada em provas do nado Borboleta. (a) Avanço até a parede (observe os braços estendidos e a cabeça baixa). (b) Toque em completa extensão (observe que a cabeça permanece dentro da água).

Figura 8.29 Técnica de chegada para provas do nado de Peito. (a) Início da última recuperação antes da chegada. (b) Extensão do corpo para a chegada (observe que a cabeça está para baixo e os ombros estão nivelados).

rede. As poucas braçadas finais e a recuperação final dos braços devem ser aceleradas, de modo que os braços possam ser avançados para frente com a maior rapidez possível em sua projeção até a chegada. Os nadadores não devem respirar durante a última braçada antes da chegada, para que possam acelerar até a parede da piscina com rapidez ainda maior; eles conquistarão alguns centímetros extras nesse movimento de projeção se o rosto permanecer dentro da água ao se esforçarem na direção da placa de contato.

A pernada final deve ser bastante forte, para que o corpo seja acelerado até a chegada. Se o movimento de alcance for ligeiramente curto, o nadador deverá se estender até a parede. Outra braçada, mesmo parcial, exigiria mais tempo do que a simples ação de estender e deslizar até a chegada. O atleta deve executar apenas uma braçada extra se estiver longe da parede a ponto de perder tempo com o deslize. No entanto, raros são os casos em que nadadores de Peito avaliam a chegada com erro maior do que alguns centímetros.

Chegada do nado de Costas

Nas provas de nado de Costas, os nadadores devem contar o número de braçadas que necessitam para percorrer a distância desde as bandeirolas até a parede. Os dois desenhos da Figura 8.30 ilustram o modo como devem finalizar esse tipo de prova.

Quando nadadores de Costas determinam que mais uma recuperação dos braços resultará no contato da mão com a placa de contato, devem acelerar essa recuperação apontando a mão para trás, até a placa. Tal movimento é efetuado com a flexão do braço para frente depois de ter saído da água; em seguida, eles estendem o braço rapidamente até a placa de contato no nível da água e não em submersão. O avanço para frente com essa técnica leva menos tempo do que a recuperação vertical normal com o braço reto. O corpo deve estar rotacionado na direção do braço que fará a finalização da prova, para aumentar seu alcance; além disso, os atletas devem se estender ao máximo para a chegada: as cabeças devem ser estendidas na direção da parede da piscina, e eles devem olhar para o lado, na direção do braço que dará a batida na placa, para ajudar na extensão. Eles devem dar uma braçada poderosa com o outro braço, executando também uma vigorosíssima golfinhada, de modo a acelerar sua velocidade até a parede. O toque na placa de contato deve ser feito com as pontas dos dedos, perto da superfície.

De maneira ideal, a mão deve fazer contato com a parede no instante em que consegue a máxima extensão, mas, se o toque com a mão for avaliado equivocadamente, a melhor estratégia é a continuação da golfinhada até que os dedos toquem a placa de contato. Obviamente, esse conselho se aplica apenas às chegadas que forem mal avaliadas em distâncias inferiores ao comprimento do braço.

Figura 8.30 Procedimento para a chegada em provas do nado de Costas.

Respiração durante a chegada

A respiração durante o tiro de velocidade final até a parede da piscina não tem efeito na velocidade em provas de nado de Costas por razões óbvias. No nado de Peito, aparentemente, a respiração é necessária para a manutenção do ritmo das braçadas e, portanto, não deve ser restringida até que tenha ocorrido o bote para a chegada; no entanto, essa situação é bastante diferente nas provas de Borboleta e Crawl. Virar ou levantar a cabeça depois de uma respiração definitivamente reduz a velocidade durante o tiro de velocidade final. Então, nessas provas os atletas devem nadar a maior distância possível dos 25 jd/m finais – conforme sua tolerância – sem respirar; o estresse e a fadiga que podem sentir com essa situação devem ser desprezados em favor da velocidade adicional que obtêm. Nesse ponto da prova, não há nenhuma necessidade de conservar energia, pois a única coisa que importa é chegar ao fim com a maior velocidade possível.

Nadadores de Borboleta e Crawl devem prender a respiração desde (pelo menos) o momento de ultrapassagem das bandeirolas para o nado de Peito até terminarem a prova. Com a prática, poderá ser possível prender a respiração por períodos ainda mais longos, sem que ocorra perda da velocidade. Entretanto, os nadadores jamais devem restringir a respiração por um longo período na última parte da prova a ponto de perder velocidade nas poucas jardas/metros finais. Eles devem praticar a técnica de prender a respiração ao darem tiros de velocidade até a chegada durante competições e treinamentos, até que tenham perfeito conhecimento da distância final da prova na qual poderão acelerar ao máximo sem respirar e sem perder velocidade.

Parte II

Treinamento

Pesquisas publicadas na última década do século XX proporcionaram informações novas e significativas acerca dos tópicos estudados na Segunda Parte deste livro. Algumas seções foram completamente reescritas, para que pudesse ser apresentada a enorme quantidade de novo material; outras seções foram meramente revisadas, de modo que fossem incluídas novas informações.

Os dois primeiros capítulos – 9 e 10 – constituem uma revisão da fisiologia do exercício, no que diz respeito ao treinamento de nadadores de competição. Esses capítulos fornecem informações que dão embasamento aos métodos de treinamento apresentados nos capítulos subsequentes. O Capítulo 9 trata das reações musculares, circulatórias, respiratórias e hormonais ao treinamento e ao exercício. São enfatizadas as informações concernentes ao modo de utilização dos diferentes tipos de fibra muscular durante o treinamento e nas competições, com o objetivo de estabelecer as bases para uma revisão da teoria do limiar anaeróbico do treinamento, apresentada em edições precedentes deste livro.

No Capítulo 10, são descritos os processos do metabolismo aeróbico e anaeróbico, e, no Capítulo 11, os efeitos do treinamento que melhoram o desempenho esportivo. Os cientistas apenas haviam começado a estudar a influência de um desses efeitos, a remoção do ácido lático dos músculos durante o exercício, quando foi completada a revisão prévia deste livro. Atualmente, existe grande quantidade de informações adicionais acerca desse importante efeito do treinamento. Consequentemente, na presente edição, a discussão do processo de remoção do lactato durante o exercício foi consideravelmente ampliada, bem como a discussão dos modos de treinamento com tal objetivo.

O Capítulo 12 descreve os princípios do treinamento. Grande parte das informações nesse capítulo é semelhante ao que havia sido apresentado na edição precedente, porém com o acréscimo de mais alguns princípios.

As seções mais extensas desta edição estão nos Capítulos 13, 14 e 15. O treinamento de resistência é o tópico do Capítulo 13, e o treinamento de tiros de velocidade é abordado no Capítulo 14. Talvez a mais importante mudança de ênfase no treinamento se refira às categorias de resistência-limite e de resistência de sobrecarga. A importância do treinamento exatamente no limiar anaeróbico foi superestimada nas edições precedentes; não acredito mais que o treinamento no limiar anaeróbico seja o melhor caminho para melhorar a resistência aeróbica nem que esse tipo de treinamento melhore a resistência aeróbica tanto quanto pode ser melhorada. Apresento novas informações que explicam porque nenhum nível de treinamento produzirá todas as adaptações necessárias para aumentar a resistência aeróbica. Os atletas precisam treinar em intensidades tanto mais lentas como mais rápidas do que a velocidade no limiar anaeróbico para que possam melhorar satisfatoriamente sua resistência.

A finalidade do treinamento de resistência de sobrecarga ainda não estava devidamente esclarecida na época da publicação da edição precedente deste livro. Os treinadores não sabiam exatamente quais as adaptações de treinamento específicas que esse tipo de treinamento produzia, além daquelas que podiam ser obtidas por meio do treinamento no limiar. Nesta edição, sugiro uma possível explicação para o valor do treinamento de resistência de sobrecarga, que está relacionado ao efeito peculiar dessa forma de treinamento nas fibras musculares de contração rápida.

O Capítulo 15 é dedicado ao treinamento de atletas para os diferentes eventos. Esse é o capítulo fundamental desta seção por oferecer sugestões práticas de como utilizar a informação dos capítulos sobre treinamento de resistência e de velocidade para a preparação dos nadadores para competição. Ele também descreve os programas de treinamento de diversos atletas bem-sucedidos.

O Capítulo 16, que trata da monitoração do treinamento, também contém grande quantidade de novas informações. Nele, descrevo diversos métodos novos de exames de sangue e reexamino a importância da inclusão de medidas de potência anaeróbica para interpretar exames de sangue. Nós treinadores já sabemos há algum tempo que a simples melhora da velocidade de limiar anaeróbico não é garantia de melhor desempenho, pois deve ser levada em consideração a relação entre mudanças da curva de lactato-velocidade no limiar anaeróbico e acima. Atualmente, novas pesquisas podem nos ajudar na interpretação do significado desses desvios. Nesta edição, descrevo os resultados de tais pesquisas.

As informações sobre o uso das frequências cardíacas para monitoração do treinamento foram atualizadas e explicadas nesta edição. Espero que tais informações permitam ao leitor usar esse valioso procedimento de maneira mais efetiva. Finalmente, incluí uma seção sobre o uso das séries de repetições para a monitoração do treinamento. Muitos treinadores acreditam que esse tipo de série seja o método mais válido à disposição para a avaliação das reações de nadadores individuais a seus programas de treinamento; por essa razão, sugeri algumas séries que podem ser utilizadas pelos treinadores com essa finalidade, mostrando como interpretar os resultados dessas séries na avaliação dos efeitos do treinamento.

O Capítulo 17, sobre como planejar o treinamento, também foi atualizado e aumentado. Ele descreve os vários tipos de ciclos de treinamento detalhadamente, com a intenção de proporcionar ao leitor ideias que possam ser utilizadas no planejamento de suas temporadas.

Pesquisas publicadas nos anos 1990 proporcionaram novas informações acerca do polimento, que é o assunto discutido no Capítulo 18; por isso, foram aqui incluídas. Tais pesquisas se concentram em duas áreas: a primeira delas diz respeito ao que ocorre fisiologicamente durante o polimento e a segunda se refere à relação entre a duração do polimento e a intensidade do treinamento que produzirá os melhores resultados.

O último capítulo da Segunda Parte – Capítulo 19 – trata do tópico do excesso de treinamento. Os principais assuntos desse capítulo são uma discussão da base fisiológica do treinamento em excesso, como tratar esse problema e como preveni-lo.

Capítulo 9

Respostas fisiológicas ao exercício

Novo nesta edição:

- Reavaliação do débito de oxigênio.
- Discussão da relação entre os limiares respiratório e de lactato.
- Expansão do papel dos hormônios durante o exercício.

Uma das principais metas deste livro é proporcionar ao leitor um entendimento básico da fisiologia do exercício, com a finalidade de fazê-lo compreender a base científica para os atuais métodos de treinamento e avaliar os benefícios potenciais dos novos métodos que serão desenvolvidos nos anos vindouros. Por essas razões, neste capítulo o leitor encontrará uma breve descrição das respostas dos sistemas muscular, circulatório, respiratório e endócrino ao exercício e treinamento. No capítulo a seguir, será revisado o metabolismo do exercício.

SISTEMA MUSCULAR

O corpo humano possui três tipos de músculos – o músculo liso, localizado em diversos órgãos; o músculo cardíaco, no coração; e o músculo esquelético, que se conecta aos diversos ossos do corpo e os movimenta. As contrações dos músculos esqueléticos geram a força que possibilita aos nadadores os movimentos dos membros na água. Consequentemente, sua função e desenvolvimento são do maior interesse para treinadores e atletas.

Estrutura e função dos músculos

Os músculos se contraem ao receberem mensagens provenientes do sistema nervoso central. Essas mensagens chegam na forma de impulsos elétricos que trafegam ao longo de fibras nervosas em alta velocidade até chegarem ao seu ponto de conexão com as fibras musculares, onde fazem com que estas se contraiam. Os músculos são grupos de fibras musculares conectados aos ossos. Comumente, eles abrangem uma articulação. Ao se contraírem ou encurtarem, tracionam a extremidade presa a determinado osso, chamada *inserção,* na direção da outra extremidade do músculo, a *origem,* que está presa a outro osso. Frequentemente, fala-se de músculos como se eles se contraíssem em sua totalidade, mas na verdade apenas algumas das fibras constituintes de cada músculo se contraem em qualquer momento específico. Quando as cargas são muito grandes, um grande número de fibras musculares deve se contrair para que essa grande resistência seja mobilizada. Quando a carga é leve, apenas uma pequena parte das fibras musculares precisa se contrair para movimentar a resistência ao longo de determinada amplitude de movimento.

Os músculos consistem em milhares de fibras diminutas, cada uma delas compondo uma célula muscular isolada. Com uma espessura aproximadamente igual à de um fio de cabelo humano, as fibras musculares podem variar em seu comprimento, desde alguns milímetros até vários centímetros. A Figura 9.1 ilustra a estrutura de um músculo, que consiste em feixes de fibras musculares envoltos em tecido conjuntivo. Os elementos contráteis das fibras musculares são as *miofibrilas,* que se compõem de proteínas denominadas *actina* e *miosina;* quando um impulso nervoso de intensidade suficiente estimula a fibra muscular, com liberação de energia dos agentes químicos armazenados nela, os filamentos de miosina se conectam aos filamentos de actina, tracionando-os para dentro e fazendo com que a fibra se contraia.

As fibras musculares ficam dispostas dentro de um músculo em *unidades motoras.* Um nervo motor isolado atende a cada unidade motora por meio de ramos que chegam a todas as fibras existentes dentro da unidade con-

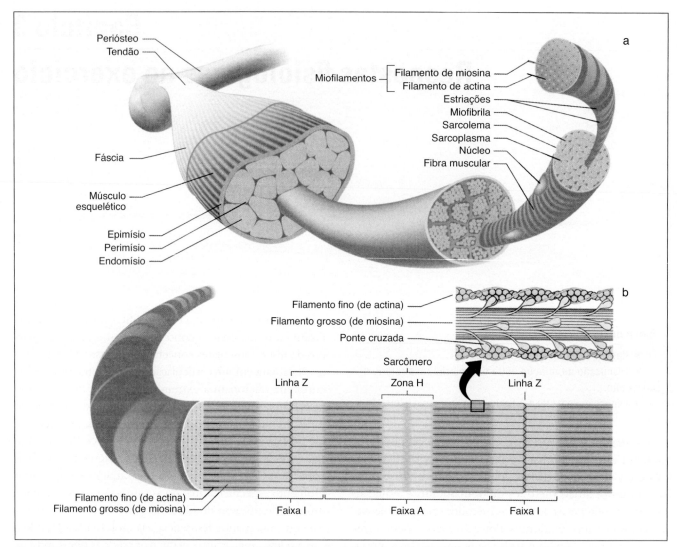

Figura 9.1 (a) Estrutura de um músculo esquelético. (b) Uma fibra muscular e suas miofibrilas. (Adaptado de Behnke 2001.)

siderada. Portanto, cada fibra muscular possui uma terminação nervosa que transmite mensagens desde o sistema nervoso central, informando à fibra quando deve se contrair. Qualquer impulso que transite através do nervo e de seus ramos fará com que todas as fibras musculares dentro de uma unidade motora se contraiam imediatamente. Esse fenômeno é conhecido como *lei do tudo ou nada*. Quando um impulso nervoso com intensidade suficiente transita até uma unidade motora, todas as fibras musculares dentro dessa unidade se contrairão; nenhuma delas se contrairá se a carga não for suficientemente forte. A Figura 9.2 ilustra uma unidade motora.

O número de unidades motoras que se contraem em qualquer momento determina a força contrátil do músculo inteiro; apenas poucas unidades motoras (algumas centenas de fibras) se contrairão quando a demanda por força for baixa, por exemplo, durante um nado confortável, mas um número muito maior de unidades motoras se contrairá quando a demanda por força for grande, por exemplo, durante um tiro de velocidade. O cérebro aprende pela experiência quanta força será necessária para a execução de certas tarefas. Então, o sistema nervoso estimula o número apropriado de unidades motoras para que se contraiam durante a execução dessa tarefa. Esse padrão preciso de estimulação das fibras musculares é conhecido como *recrutamento de unidades motoras*.

Um modo pelo qual o trabalho é preservado durante um longo período consiste em fazer um revezamento do esforço entre grupos de unidades motoras, de maneira que algumas se contraiam enquanto outras repousam. Certo número de unidades motoras dentro de um músculo executará o trabalho até ficar fatigado; quando isso ocorrer, outras unidades motoras dentro do mesmo músculo – que estavam repousando – serão recrutadas para substituírem as unidades cansadas, mantendo a quantidade de força desejada.

Muitos especialistas acreditam que jamais utilizamos todas as unidades motoras em determinado músculo e em

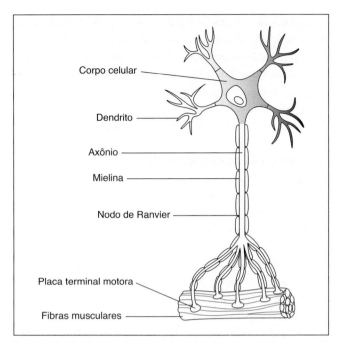

Figura 9.2 Unidade motora, compreendendo um neurônio motor e fibras musculares. (Adaptado de Behnke 2001.)

determinada ocasião, mesmo em condições de máximo esforço (Wilmore e Costill 1999). O sistema nervoso inibe tal utilização, porque a força seria tão grande que poderia quebrar os ossos. As fibras musculares devem ser usadas, ou então atrofiarão. Trabalho leve a moderado deve ser continuado durante tempo suficiente para que todas as fibras dentro de determinado músculo passem pelo revezamento e participem do trabalho. Obviamente, esse tipo de exercício melhorará a resistência das fibras musculares. O segundo ponto a considerar é que o trabalho deve ser executado em um esforço quase máximo, de modo que o músculo utilize todas (ou quase todas) as suas fibras para suplantar a resistência. A realização do trabalho com esse grau de intensidade só poderá continuar por curto período, e assim o efeito primário desse tipo de treinamento será o aumento da força, da potência e da capacidade anaeróbica.

Um fator que determina a capacidade de manter um ritmo em particular, em outras palavras, a resistência, é o número de unidades motoras que devem se contrair em qualquer momento no interior do músculo para que a velocidade seja mantida. Se houver necessidade de grande número de unidades motoras, poucas restarão para fazer o revezamento no trabalho mais tarde, e a fadiga se instalará mais cedo. Se a tarefa exigir um pequeno número de unidades motoras, maior número delas estará disponível para assumir o trabalho subsequente, e o atleta será capaz de manter determinado ritmo por mais tempo.

É provável que a velocidade de recrutamento das fibras musculares e o número que pode ser estimulado em determinado momento sejam importantes fatores determinantes do potencial do atleta para ações de velocidade. O padrão de recrutamento também pode afetar a velocidade máxima, pois determina se unidades motoras de muitos músculos diferentes e unidades motoras de áreas diferentes no interior de cada músculo poderão se contrair em uma ordem que proporcione a quantidade desejada de força na sequência correta de contração. É provável que padrões de recrutamento de unidades motoras afetem também a resistência, ou seja, se o padrão de recrutamento for eficiente, o atleta precisará de menor número de unidades motoras para manter determinada velocidade de nado, portanto, terá mais unidades motoras disponíveis para executar o trabalho mais tarde.

Fibras musculares de contração lenta e de contração rápida

O corpo possui duas categorias de fibras musculares nos músculos esqueléticos. Um tipo é conhecido variadamente como fibras de contração lenta, fibras oxidativas lentas (OL), fibras vermelhas ou fibras do tipo I. O segundo tipo é conhecido como fibras de contração rápida, fibras brancas ou fibras do tipo II. Na discussão desses dois tipos de fibras, serão empregados os termos *de contração lenta* (CL) e *de contração rápida* (CR).

As fibras musculares de contração rápida (CR), como seu nome sugere, contraem-se rapidamente (30 a 50 vezes por segundo). As fibras musculares de contração lenta (CL) contraem-se em frequências mais baixas (10 a 15 vezes por segundo). As fibras de contração rápida também encurtam com maior rapidez, podendo ser reduzidas em até seis comprimentos de fibra por segundo, ao passo que as fibras de contração lenta encurtam em uma taxa de apenas dois comprimentos de fibra por segundo (Faulkner et al. 1986). Outra diferença importante entre os dois tipos de fibras musculares está em sua capacidade de resistência e de trabalho de potência. As fibras musculares de contração lenta têm maior resistência, por possuírem maior capacidade para metabolismo aeróbico. Essas fibras contêm maior concentração de substâncias importantes para o metabolismo aeróbico e, além disso, possuem maior número de estruturas onde esse metabolismo se processa. Elas possuem mais *mioglobina*, a substância que transporta o oxigênio através da célula muscular; essa substância empresta às fibras musculares de contração lenta sua coloração vermelha (a mioglobina é um pigmento avermelhado). As fibras musculares de contração rápida são brancas (na verdade, rosa-claro) por conter menos mioglobina.

Outro fator que torna as fibras musculares de contração lenta mais resistentes é que elas contêm maior número de *mitocôndrias,* estruturas proteicas existentes no interior das células musculares onde ocorre o metabolismo aeróbico. As fibras musculares de contração lenta também exibem maior concentração de enzimas aeróbicas que catalisam a liberação de energia durante o metabolismo aeróbico.

Embora as fibras musculares de contração lenta tenham maior capacidade para fornecer energia aeróbica, sua capacidade para o metabolismo anaeróbico é limitada. Essas fibras possuem menor concentração de enzimas anaeróbicas que catalisam a liberação de energia quando não há disponibilidade de oxigênio. Mesmo quando convocadas para fornecer energia obtida anaerobicamente, elas não podem fazê-lo com a mesma rapidez que as fibras musculares de contração rápida.

Por outro lado, as fibras musculares de contração rápida têm menor capacidade para o metabolismo aeróbico, pois contêm menos mioglobina, menor número de mitocôndrias, menos gordura e menor concentração de enzimas aeróbicas. Essas fibras produzem mais ácido lático do que as de contração lenta quando submetidas a cargas de trabalho equivalentes; portanto, entram em fadiga com mais rapidez. Elas também utilizam seu glicogênio mais rapidamente.

Em sua maioria, os músculos contêm uma mistura de fibras musculares de contração lenta e de contração rápida; alguns são compostos predominantemente de fibras de contração lenta, enquanto em outros há a preponderância de fibras de contração rápida. Exemplificando, os músculos soleares das pernas contêm entre 25 e 40% mais fibras musculares de contração lenta do que outros músculos da perna, e os músculos tríceps dos braços contêm entre 10 e 30% mais fibras musculares de contração rápida do que os demais músculos do braço humano (Saltin et al. 1977).

Efeitos do treinamento nas fibras musculares CL e CR

O treinamento de resistência aumentará a capacidade aeróbica das fibras musculares de contração lenta e de contração rápida. Fibras de contração rápida treinadas jamais alcançam o nível de capacidade aeróbica das fibras musculares de contração lenta treinadas. Contudo, um atleta pode aumentar a capacidade aeróbica das fibras musculares de contração rápida até um nível que ultrapassa aquele das fibras musculares de contração lenta não treinadas (Saltin et al. 1977). Por outro lado, o treinamento de força e de velocidade aumentará o diâmetro e a velocidade de contração das fibras musculares de contração rápida e de contração lenta, e também seu potencial para uma liberação rápida de energia (Tesch e Larsson 1982); entretanto, as fibras musculares de contração rápida possuem maior potencial do que as fibras musculares de contração lenta com relação a tais aumentos. Em favor dessa afirmativa, as fibras

musculares de contração rápida de uma pessoa treinada são comumente muito maiores do que suas fibras de contração lenta. Embora um atleta possa aumentar a força e a velocidade contráteis em fibras musculares de contração lenta que já foram treinadas em velocidade, tais fibras jamais alcançarão o nível das fibras musculares de contração rápida, mesmo quando estas não forem treinadas.

Subgrupos de fibras musculares CR

Especialistas identificaram subgrupos dentro do grupo de contração rápida das fibras musculares humanas. Dentro desse grupo, algumas fibras parecem ter o potencial para maior metabolismo aeróbico do que outras, embora nesse tocante sua capacidade aeróbica não se iguale à das fibras musculares de contração lenta. O subgrupo de contração rápida com maior capacidade aeróbica do que os demais membros do grupo de contração rápida tem sido denominado variadamente de fibras *tipo IIa, de contração rápida a (CRa)* e *glicolíticas oxidativas rápidas (GOR)*. O segundo tipo de fibras musculares de contração rápida difere do primeiro por ter capacidade extremamente limitada para o metabolismo aeróbico. Os termos utilizados para identificação desse subgrupo são: fibras *tipo IIb, de contração rápida b (CRb)* e *glicolíticas rápidas (GR)*. O terceiro grupo foi denominado de fibras *de contração rápida c (CRc)*, mas um conceito mais apropriado consiste em considerá-las não classificadas, já que, ao que parece, não se enquadram nem na categoria de contração rápida, nem na de contração lenta; aparentemente, são fibras de transição entre os dois tipos principais de fibras musculares. Alguns especialistas acreditam que essas fibras podem se transformar em fibras de contração lenta ou de contração rápida, dependendo de como são treinadas: para resistência ou para velocidade e força. Outros não aceitam essa hipótese e alertam que estudos longitudinais não demonstraram nenhum tipo de mudança no percentual de fibras musculares CRc. Os termos *CRa, CRb* e *CRc* serão usados para identificar os subgrupos das fibras musculares de contração rápida porque a literatura fisiológica utiliza com maior frequência essas abreviaturas.

As propriedades dos diversos grupos e subgrupos de fibras musculares estão listadas na Tabela 9.1. As fibras CRa têm mais capacidade aeróbica do que os outros dois subtipos de fibras musculares CR, pois contêm mitocôndrias maiores e mais numerosas, mais mioglobina e maior atividade de enzimas aeróbicas. Também possuem mais capilares à sua volta.

Por outro lado, as fibras musculares CRa podem se contrair com maior rapidez, força e potência do que as fibras musculares de contração lenta. As fibras musculares CRa encurtarão três a quatro vezes mais rapidamente do que as fibras musculares de contração lenta, mas não po-

Tabela 9.1 Propriedades das fibras musculares de contração rápida e de contração lenta

Propriedade	CRa	CRb	CL
Velocidade contrátil	Rápida	Rápida	Mais lenta
Capacidade para metabolismo anaeróbico	Maior	Maior	Menor
Capacidade para metabolismo aeróbico	Menor	Menor de todas	Maior de todas
Tamanho*	Maior	Maior	Menor
Metabolismo aeróbico	Menor	Menor de todas	Maior de todas
Potência	Maior	Maior	Menor
Mitocôndrias	Menos	Menos que todas	Mais que todas
Capilares	Menos	Menos que todas	Mais que todas
Atividade das enzimas anaeróbicas	Maior	Maior	Menor
Atividade das enzimas aeróbicas	Menor	Menor de todas	Maior de todas
Atividade da ATPase	Mais	Mais	Menos
Atividade de CPK	Mais	Mais	Menos
Conteúdo de glicose	Sem diferença		
Conteúdo de ATP	Sem diferença		
Conteúdo de CP	Mais	Mais	Menos
Conteúdo de gordura	Menos	Menos	Mais
Conteúdo de proteína	Mais	Mais	Menos
Conteúdo de mioglobina	Menos	Menos que todas	Mais que todas
Conteúdo de cálcio	Mais	Mais	Menos que todas
Capacidade de tamponamento	Mais	Mais	Menos que todas

* As fibras CR são maiores na pessoa comum, o que pode ser facilmente mudado com o treinamento. Atletas bem treinados em resistência comumente possuem fibras CL maiores, ao passo que as fibras CR de atletas treinados em velocidade e potência são ainda maiores do que as encontradas na população comum.

dem encurtar com a mesma rapidez nem gerar a mesma quantidade de potência e força que as fibras musculares CRb. As fibras CRb podem encurtar a uma velocidade que é cinco a seis vezes mais rápida do que a das fibras de contração lenta (Fitts e Widrick 1996). As fibras CRb também se contraem com o dobro da potência das fibras CRa e com 10 vezes a potência das fibras musculares de contração lenta. A relação de produção de pico de potência para as fibras musculares CRb, CRa e CL é igual a 10:5:1. O gráfico na Figura 9.3 ilustra as diferenças em produção de pico de potência para fibras musculares de contração lenta, CRa e CRb, mostrando o pico de potência que cada tipo de fibra muscular pode produzir em percentuais variáveis de sua força de contração máxima.

Tipos de fibras e capacidade atlética

Os músculos da maioria dos seres humanos contêm quantidades aproximadamente iguais de fibras musculares de contração rápida e de contração lenta. Dentro do grupo de contração rápida, aproximadamente 33% das fibras são classificadas como CRa, 14% como CRb e os 3% restantes como fibras CRc (Staltin et al. 1977). Entretanto, algumas pessoas possuem músculos que contêm um número muito maior de um tipo de fibra do que de outro. Exemplificando, Costill (1978) informou que o percentual de fibras musculares de contração lenta nos músculos deltoides pode chegar a 80% para alguns nadadores e até somente 20% para outros. Os músculos – tanto de homens como de mulheres – podem conter proporções extremas de fibras musculares de determinado tipo – sejam de contração rápida ou lenta.

Alguns estudiosos especularam que o potencial de um atleta para desempenho de velocidade ou de resistência é determinado pelo tipo predominante de fibra muscular contida em seus músculos. Atletas com um percentual excepcionalmente elevado de fibras musculares de contração rápida têm maior potencial para o sucesso em eventos de velocidade, porque possuem mais fibras musculares que podem se contrair rapidamente e com grande força. Entretanto, esses atletas se encontram em desvantagem nos eventos de resistência, pois possuem apenas um pequeno número de fibras musculares de contração lenta e, portanto, uma capacidade de fornecimento de energia aeróbica reduzida. Consequentemente, tenderão a entrar em fadiga mais cedo por causa do acúmulo de ácido lático em seus músculos.

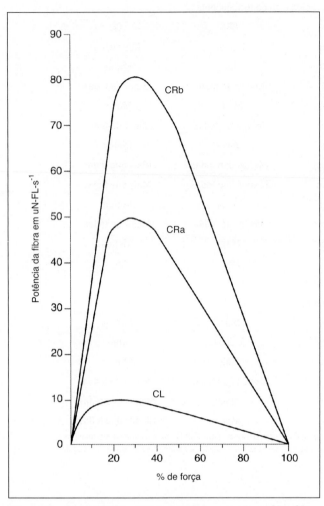

Figura 9.3 Produção de potência das fibras musculares CRb, CRa e CL. As fibras CRb produzem mais potência em todos os percentuais de força máxima porque se contraem mais rapidamente do que as demais fibras. As fibras CRa são o segundo tipo mais potente, e a produção de potência das fibras musculares CL fica bem abaixo da produção das categorias de contração rápida. (Adaptado de Fitts e Widrick 1996.)

Vale o contrário para atletas com um percentual excepcionalmente alto de fibras musculares de contração lenta; eles levam vantagem em eventos de resistência, mas estão mal equipados para provas de velocidade, pois possuem menos fibras musculares que possam fornecer de maneira rápida grandes quantidades de energia.

Apesar da evidente vantagem que uma preponderância de fibras musculares de contração lenta ou de contração rápida proporciona para eventos de resistência ou velocidade, respectivamente, as mais recentes pesquisas publicadas não observaram qualquer relação entre os percentuais dos tipos de fibra nos músculos de nadadores e seu desempenho em certas distâncias de prova (Campbell, Bonen, Kirby e Belcastro 1979; Komi e Karlsson 1978). Em outras palavras, nadadores com elevado percentual de fibras musculares de contração rápida nem sempre serão os mais rápidos velocistas, tampouco nadadores com elevado percentual de fibras musculares de contração lenta serão sempre os mais rápidos fundistas. Provavelmente, tal circunstância se dá porque a variação de distâncias competitivas permite que nadadores com percentuais de tipos de fibra menos favoráveis superem essa desvantagem pelo acesso a fatores como treinamento, mecânica do nado e capacidade de prova. A diferença entre eventos de velocidade e de resistência não é extrema na Natação em comparação com outros esportes, particularmente no Atletismo; o evento mais curto da Natação, o 50 m nado Crawl, implica um tempo de 19 a 25 s para os nadadores homens e mulheres mais rápidos, ao passo que praticantes de Atletismo correm a prova de 60 jardas em 5 a 6 s. Analogamente, o evento mais longo, 1.500 m nado Crawl, exige 14 a 18 min, enquanto a maratona do Atletismo é completada em horas.

Na verdade, pode haver necessidade de um grande percentual de fibras musculares de contração rápida para o sucesso em provas de Natação de 50 m, mas, em todos os demais eventos, os nadadores dependem tanto de velocidade como de resistência. Assim, os competidores têm necessidade praticamente igual dos dois tipos principais de fibras musculares. Pode-se, então, concluir que nadadores em provas de 100 e 200 m podem ter ligeira vantagem se possuírem elevado percentual de fibras musculares de contração rápida, do mesmo modo que nadadores dos 1.500 m com elevado percentual de fibras musculares de contração lenta; no entanto, essas vantagens são tão pequenas que um atleta poderá suplantá-las com facilidade se recorrer aos fatores anteriormente mencionados. Alguns estudiosos sugeriram que os nadadores devem ser submetidos a biópsias musculares para determinar quais eventos lhes são mais adequados, mas não há necessidade de submetê-los a tal procedimento.

Recrutamento de fibras musculares CR e CL durante o trabalho

Uma concepção equivocada observada comumente é que fibras musculares de contração lenta se contraem quando os atletas nadam lentamente e fibras musculares de contração rápida, quando nadam rapidamente. Os diferentes tipos de fibras musculares se contraem em conformidade com a força muscular necessária para a produção de um movimento, e não com a velocidade deste. As fibras musculares de contração lenta são as primeiras a se contraírem, executando a maior parte do trabalho para um músculo quando a resistência é leve, independentemente da velocidade do movimento. Quando aumenta a resistência, tanto as fibras musculares de contração lenta como as de contração rápida se contrairão para superá-la, seja o movimento lento ou rápido.

Consequentemente, as fibras musculares de contração lenta fazem a maior parte do trabalho quando os atletas nadam em baixas velocidades, porque não precisam aplicar uma força muito grande contra a água nessas situações; mas os dois tipos de fibras contraem-se durante nados mais rápidos, quando é maior a demanda por força. É interessante o modo pelo qual o sistema nervoso determina se recrutará apenas fibras musculares de contração lenta ou tanto fibras de contração lenta como de contração rápida de determinado grupo muscular.

As unidades motoras contêm todas as fibras musculares CRa, todas as fibras musculares CRb ou todas as fibras musculares de contração lenta. O nervo que atende à certa unidade motora determina que tipo de fibra essa unidade contém. Os nervos motores que servem às unidades motoras de contração lenta possuem pequenos corpos celulares e abrangem pequeno número de fibras musculares (entre 10 e 180) por unidade motora. Unidades motoras de contração rápida são atendidas por nervos motores maiores, abrangendo maior número de fibras – entre 300 e 800 fibras musculares por unidade motora. Surpreendentemente, a força de contração é semelhante para fibras musculares de contração lenta e de contração rápida; a diferença na força gerada por unidades motoras de contração rápida e de contração lenta se deve ao número de fibras musculares contidas nessas unidades, e não à força gerada individualmente pelas fibras musculares.

O sistema nervoso central estimulará o tipo e o número de unidades motoras apropriados para o grau de força necessário para a Natação em determinada velocidade. Se a velocidade depende de pequeno grau de força, a frequência de impulsos provenientes do sistema nervoso central será mais baixa, e apenas pequeno número de unidades motoras de contração lenta será estimulado a contrair-se em qualquer momento específico. Quando o ritmo e, portanto, a necessidade de força aumentam, a frequência de estimulação nervosa também aumentará, de forma que ocorrerá contração de maior número de unidades motoras. Quando essa frequência atinge um ponto crítico, as unidades motoras CRa também serão estimuladas a se contrair. Se a frequência continuar a aumentar, ocorrerá contração das unidades motoras CRb. O padrão de recrutamento de fibras musculares durante o trabalho está ilustrado na Figura 9.4, que exibe o chamado *efeito de rampa* da contração muscular. Conforme pode ser visto, apenas unidades motoras de contração lenta se contraem quando a força necessária tem intensidade leve a moderada; essas fibras contraem-se em quantidades cada vez maiores à medida que essa força vai se aproximando do nível máximo. As unidades motoras de contração rápida não começam a se contrair até que a força tenha intensidade moderada. O número de unidades motoras de contração rápida que se contraem também aumenta, conforme aumenta a demanda por força. Dentro do grupo de contração rápida, as fibras musculares CRa são responsáveis pela maior parte da carga até que o nível necessário de força esteja próximo do máximo. Então, as fibras CRb fazem revezamento (ou seja, são recrutadas). Todos os tipos de fibras (mas não todas as unidades motoras) se contrairão quando o indivíduo estiver exercendo força máxima.

Pesquisadores têm utilizado biópsias musculares para determinar a quantidade de glicogênio perdida em cada tipo de fibra antes e depois do exercício de diferentes intensidades. O tipo de fibra que perde mais glicogênio é aquele que fornece a maior parte de energia durante o esforço do treinamento. Em geral, os resultados desses estudos corroboram o conceito do efeito de rampa do recrutamento das fibras musculares e também podem esclarecer o modo de utilização das fibras musculares de contração rápida e de contração lenta pelos nadadores em condições de treinamento e de competição.

Os gráficos de barras na Figura 9.5, extraídos de um estudo de Houston (1978), ilustram o padrão de depleção de glicogênio durante dias alternados de treinamento de Natação de alta e de baixa intensidade. No dia de baixa intensidade, os nadadores completaram 6,1 km de nado

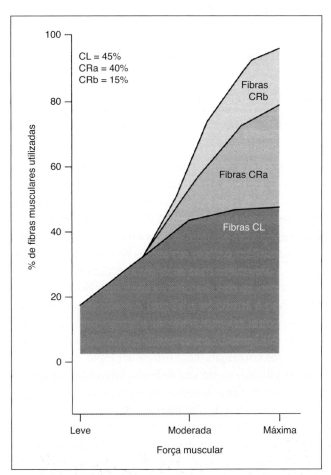

Figura 9.4 O efeito de rampa do recrutamento de fibras musculares. (Adaptado de Wilmore e Costill 1999.)

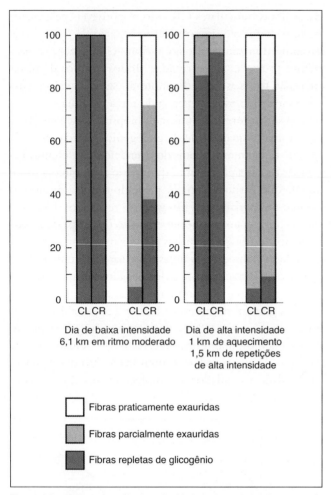

Figura 9.5 Efeitos do nado de velocidade e de resistência no uso do glicogênio muscular nas fibras musculares CL e CR. (Adaptado de Houston 1978.)

Crawl em um ritmo moderado. As distâncias das repetições variavam de 50 a 400 m com curtos períodos de repouso. No dia de alta intensidade, os nadadores fizeram o aquecimento com nados de 200 m em baixa intensidade. Em seguida, nadaram e executaram pernadas por 1,5 km de repetições com longos períodos de repouso, nas distâncias de 25 a 100 m em velocidade próxima do máximo.

Conforme era de se esperar, os testes de depleção do glicogênio demonstraram que tanto fibras musculares de contração lenta como de rápida foram utilizadas nos dois dias de treinamento. Porém, maior número de fibras musculares de contração lenta sofreu depleção total ou parcial do glicogênio no dia de baixa intensidade, ao passo que ambas as fibras sofreram igual depleção de glicogênio durante o dia de alta intensidade.

Observe também que as fibras musculares de contração rápida perderam a maior parte do seu glicogênio no dia de treinamento de alta intensidade. Quando foram utilizados os dois tipos de fibras musculares, as fibras musculares de contração rápida sofreram depleção mais rapidamente, pois metabolizam o glicogênio com maior velocidade. Os resultados desse estudo sugerem que fibras musculares de contração rápida são as primeiras a sofrer depleção do glicogênio durante esforços continuados acima de 70% do máximo. As fibras musculares de contração lenta perdem seu glicogênio primeiro durante nados mais lentos.

Pesquisadores acreditam que tanto as unidades motoras de contração lenta como as fibras musculares CRa dos seres humanos são recrutadas em velocidades de nado que demandam mais de 80 a 85% da capacidade máxima de consumo de oxigênio do nadador (Henriksson 1992). Essa velocidade é aproximadamente equivalente ao nado entre 70 e 75% do esforço máximo. As fibras musculares CRb não são amplamente recrutadas até que os atletas estejam nadando com maior rapidez do que as velocidades geradoras de consumo máximo de oxigênio.

O conhecimento da intensidade de trabalho na qual são recrutados os diversos subtipos de fibras musculares de contração rápida é importante para o processo de treinamento, porque informa como os atletas devem nadar para melhorar a capacidade aeróbica de tais fibras. Os estudos de Harms e Hickson (1983) e de Dudley, Abraham e Terjung (1982) esclarecem um pouco esse assunto; ambos utilizaram ratos e não seres humanos.

Se os seres humanos recrutam suas fibras musculares de modo análogo ao que ocorre em ratos, e há boas razões para assim supor, esses estudos proporcionam importantes esclarecimentos sobre as velocidades de treinamento que melhorarão a capacidade aeróbica de cada tipo de fibra muscular. Em resumo, estudos com ratos, se aplicáveis ao ser humano, indicam que as fibras musculares de contração lenta e algumas fibras CRa são recrutadas em velocidades de treinamento superiores a 50% de $\dot{V}O_2$ máx (consumo máximo de oxigênio). Os atletas podem promover mais adequadamente a capacidade aeróbica das fibras musculares de contração lenta em velocidades de nado baixas a moderadas; na verdade, velocidades maiores podem reduzir o efeito do treinamento. É provável que haja necessidade de intensidades de treinamento entre 85 e 100% do $\dot{V}O_2$ máx para que se realize o máximo recrutamento das fibras musculares CRa e para melhorar a capacidade aeróbica. É também provável a necessidade de intensidades de treinamento que correspondam ao $\dot{V}O_2$ máx e superiores para gerar melhoras máximas da capacidade aeróbica das fibras CRb dos seres humanos.

A força não é o único fator que determina como as fibras musculares de contração rápida e de contração lenta são recrutadas durante o exercício; outro aspecto interessante é a maneira pela qual um tipo de fibra muscular ajudará outro ao se instalar a fadiga. Durante longos períodos de um treinamento regular de baixa velocidade, as fibras musculares de contração lenta entrarão gradualmente em fadiga, sendo recrutado maior número de fibras musculares de contração rápida para que a velocidade se mantenha. Assim, o nadador pode melhorar a capacidade aeróbica das fibras musculares de contração rápida, simplesmente nadando longos períodos em baixas velocidades.

Fibras CR podem ser convertidas em fibras CL?

Na comunidade científica, a crença predominante, mas não universal, é de que os percentuais de fibras musculares de contração rápida e de contração lenta não podem ser mudados com o treinamento (MacDougall et al. 1980). Entretanto, o treinamento de velocidade pode aumentar a velocidade de contração e a potência das fibras musculares de contração lenta, e o treinamento de resistência pode aumentar a capacidade aeróbica das fibras musculares de contração rápida. Ao mesmo tempo, especialistas acreditam que uma fibra muscular de contração lenta treinada para velocidade jamais se contrairá com a mesma rapidez nem gerará tanta potência como uma fibra de contração rápida treinada para o mesmo fim. Analogamente, a fibra de contração rápida treinada para resistência jamais terá a capacidade aeróbica da fibra muscular de contração lenta treinada para o mesmo objetivo.

É provável que o treinamento não mude as proporções de fibras musculares de contração rápida e de contração lenta, mas as proporções de fibras musculares CRa e CRb realmente mudam. O treinamento reduz o número de fibras musculares CRb e aumenta o número de fibras CRa. A sensação é de que o treinamento aumenta a quantidade de mioglobina, o número de mitocôndrias e a concentração de enzimas aeróbicas em fibras musculares CRb, de modo que elas se transformem em fibras CRa, ou pelo menos funcionem dessa maneira (Saltin et al. 1977).

Alguns estudos recentemente publicados sugerem que as fibras musculares CRc podem ser o veículo pelo qual as fibras CRb são convertidas em CRa (Bottinelli et al. 1994). Em um estudo, foi constatado que os músculos de indivíduos treinados continham poucas fibras CRb. Ao mesmo tempo, o percentual de fibras CRc aumentou em proporção ao decréscimo nas fibras CRb (Fitts e Widrick 1996).

Os treinamentos de resistência, de velocidade e com peso parecem aumentar o número de fibras musculares CRa em seres humanos, enquanto diminui o número de fibras CRb, o que pode ter um efeito positivo nos desempenhos de nadadores meio-fundistas e fundistas. Sua resistência deve melhorar com o aumento da capacidade aeróbica das fibras musculares CRb simplesmente porque tais fibras têm maior potencial para melhorar. Conforme mencionado anteriormente, a capacidade aeróbica das fibras musculares CRb deve ser melhorada de maneira mais efetiva com a Natação de séries repetidas de resistência em alta intensidade, pois há necessidade de velocidades rápidas para que essas fibras sejam ativadas. Ao mesmo tempo, os nadadores também podem ser capazes de melhorar sua capacidade aeróbica se nadarem quilometragens muito grandes em intensidades baixas a moderadas, mas esse método levará um tempo consideravelmente maior e a abordagem pode não ser perfeitamente segura, já que há necessidade de uma hora ou mais para que ocorra depleção da energia das fibras musculares de contração lenta e das fibras CRa antes que as fibras CRb possam ser recrutadas.

O outro lado dessa história é relevante para os velocistas. O treinamento que aumenta a resistência das fibras musculares de contração rápida, particularmente as fibras CRb, também pode reduzir a velocidade de contração e a força. Fitts, Costill e Gardetto (1989) informaram a ocorrência de perda da velocidade contrátil em fibras musculares de contração rápida depois de somente 10 dias de treinamento de resistência. Além disso, diversos estudos sugerem que o treinamento de resistência reduz a atividade de certas enzimas que controlam as taxas de metabolismo aeróbico (Sjodin 1976). O efeito de um decréscimo na atividade dessas enzimas seria a redução da velocidade de liberação da energia aeróbica nas fibras musculares de contração rápida, o que, por sua vez, não permitiria que os atletas atingissem velocidades rápidas em curtas distâncias.

Ainda não ficou devidamente claro se o treinamento de velocidade pode, ou não, melhorar a velocidade de contração das fibras musculares de contração lenta. Tanto o treinamento de resistência como o treinamento de velocidade parecem aumentar a velocidade de contração das fibras musculares de contração lenta, pelo menos inicialmente. Evidências sugerem que longos períodos de treinamento de resistência podem reverter esse processo, diminuindo a velocidade de contração das fibras musculares de contração lenta. Fitts e Widrick (1996) informaram que o treinamento de resistência contínuo gerou uma melhora inicial na velocidade de contração das fibras musculares de contração lenta, seguida pela redução na velocidade de contração.

SISTEMA CIRCULATÓRIO

A finalidade do sistema circulatório é transportar sangue por todo o corpo. Essa função é importante porque o sangue transporta oxigênio, glicose e outros nutrientes para os tecidos, além de transportar ácido lático, íons hidrogênio e dióxido de carbono para fora dos tecidos. Assim, a circulação é o sistema de entrega das substâncias necessárias aos atletas em seus músculos, para que possam continuar a exercitar-se, e o sistema de remoção das substâncias que poderiam causar fadiga, caso permanecessem nos músculos.

Essencialmente, o sistema circulatório é como o sistema de filtragem de uma piscina. A piscina representa os tecidos do corpo, sobretudo os músculos; o coração é a bomba; as artérias e veias são os tubos que entram e saem da piscina, respectivamente; o sangue é representado pela água que é bombeada de fora para dentro da piscina depois de ter sido purificada e, em seguida, recolhida da piscina para subsequente purificação. A Figura 9.6 é um desenho do sistema circulatório.

O lado esquerdo do coração bombeia sangue para os músculos e para outros tecidos do corpo através das *artérias* e *arteríolas*. Elas são como grupos ramificados de tubos, cujos diâmetros vão ficando cada vez menores até que tenham chegado a seu destino nos tecidos. Artérias são os ramos mais calibrosos, e arteríolas são pequenos vasos que se ramificam das artérias. As arteríolas terminam em *capilares,* as menores unidades vasculares. Os capilares circundam fibras musculares individuais.

O sangue transporta oxigênio, glicose e outras substâncias até os capilares. Nesse ponto, o sangue se encontra na maior proximidade com os músculos, e algumas dessas substâncias se difundem para fora dos capilares e para dentro das fibras musculares circundadas por aqueles vasos. Ao mesmo tempo, o dióxido de carbono, o lactato e os íons hidrogênio produzidos nos músculos durante o exercício se difundem, sendo transportados para fora das células musculares e para dentro dos capilares. Em seguida, o sangue deixa os tecidos através dos mesmos capilares, viajando por outro conjunto de tubos progressivamente mais calibrosos, chamados *vênulas* e *veias,* de volta para o lado direito do coração. A partir daí, o coração bombeia o sangue para fora, até os pulmões, através de artérias e arteríolas pulmonares, terminando em capilares pulmonares, que circundam pequenos sacos existentes nos pulmões, os *alvéolos*. Ao chegar aos pulmões, o dióxido de carbono é transportado para fora do sangue e para dentro dos alvéolos, onde pode ser expirado. Ao mesmo tempo, o oxigênio inspirado até o interior dos pulmões passa para o interior dos capilares, e o sangue transporta esse gás de volta para o lado esquerdo do coração através de vênulas e veias. Assim que chega ao coração, o sangue é bombeado para fora, até os músculos, e o processo começa novamente.

O ácido lático coletado nos músculos será entregue em diversos locais no trajeto do sangue de volta ao coração. Parte dele cairá em outras fibras musculares e no fígado, onde será reconvertida em glicogênio para uso futuro como fonte de energia; outra parte será absorvida pelo músculo cardíaco, sendo utilizada como fonte de energia, ou será convertida em glicogênio e armazenada para uso futuro.

As características do sistema circulatório mais importantes para o transporte de sangue para os, e dos, tecidos durante o exercício são: frequência cardíaca, volume sistólico e débito cardíaco. Nas seções seguintes, discutiremos detalhadamente cada um desses tópicos.

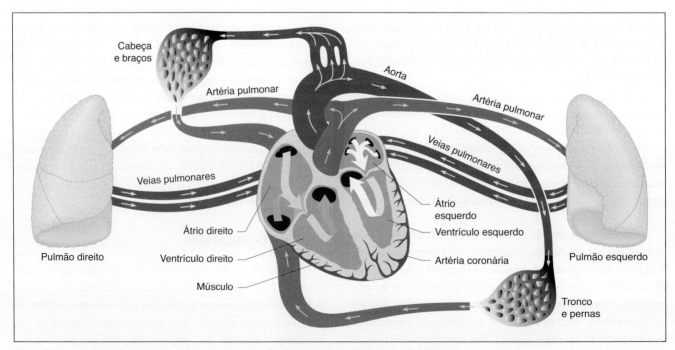

Figura 9.6 Anatomia do coração e do sistema circulatório. (Reimpresso de Jackson et al. 1999.)

Frequência cardíaca

O número de vezes que o coração se contrai durante cada minuto é a frequência cardíaca. Na verdade, tanto o lado direito como o lado esquerdo do coração (os ventrículos) contraem-se simultaneamente, mas essas duas contrações são contadas como um batimento. O ventrículo esquerdo se enche com o sangue proveniente dos pulmões durante o período de repouso entre os batimentos; quando o coração bate, o órgão bombeia esse sangue, com o oxigênio e os nutrientes nele contidos, para fora em direção aos músculos. O ventrículo direito se enche com o sangue que retorna dos músculos durante o período de repouso e, em seguida, bombeia esse sangue, com o dióxido de carbono nele contido, para fora do coração até os pulmões.

As frequências cardíacas em repouso se situam nas vizinhanças de 60 a 80 batimentos por minuto (bpm) para a maioria das pessoas não treinadas; já em repouso de atletas treinados, tendem a ser consideravelmente mais baixas, frequentemente entre 30 e 50 bpm, porque a frequência cardíaca em repouso diminui com o treinamento. Os músculos cardíacos aumentam e ficam mais fortes com o treinamento, e podem bombear mais sangue para fora do órgão a cada batimento. Consequentemente, o coração precisará de menor número de batimentos para o fornecimento da quantidade habitual de sangue que o atleta precisa em repouso.

Por uma questão de precisão, as frequências cardíacas em repouso devem ser contadas no intervalo de 60 s. É possível fazer essa contagem apalpando a artéria carótida no pescoço, ou a artéria radial no punho, ou simplesmente colocando a mão sobre o coração.

Cada pessoa tem sua frequência cardíaca máxima, ou seja, um número máximo de vezes que o coração bate a cada minuto. Geralmente, a frequência se situa entre 180 e 220 bpm. É provável que a hereditariedade determine a frequência cardíaca máxima do indivíduo, e o treinamento causará pouca ou nenhuma mudança.

A frequência cardíaca máxima tende a declinar com a idade, demonstrando um decréscimo ligeiro, mas contínuo, de um batimento por ano, começando aos 10 a 15 anos de idade. Um procedimento que funciona como regra prática para a estimativa da frequência cardíaca máxima consiste em subtrair a idade de 220, o que dá uma estimativa aproximada. Na verdade, a amplitude das frequências cardíacas máximas varia consideravelmente entre as pessoas à medida que envelhecem. Exemplificando segundo a fórmula, a frequência cardíaca máxima seria de 180 aos 40 anos de idade, mas as frequências cardíacas máximas para pessoas com 40 anos variam entre 156 e 204 bpm (Wilmore e Costill 1999). Portanto, as estimativas das frequências cardíacas máximas não têm precisão suficiente para utilização no treinamento de nadadores. Quando é utilizada na monitoração do treinamento, a frequência cardíaca máxima deve ser determinada experimentalmente para cada atleta.

Um método para calcular esse indicador consiste em nadar uma série de repetições de 100 m com breves períodos de repouso (5 a 15 s). O atleta deve começar com uma velocidade que promova uma frequência cardíaca moderada, aumentando-a em alguns segundos a cada percurso nadado até que esteja nadando com mais rapidez, mas não perceba aumento na frequência. Outro método consiste em contar a frequência cardíaca durante vários percursos de treinamento em esforço máximo ao longo de alguns dias; a frequência cardíaca mais elevada será a frequência cardíaca máxima. Para diminuir a possibilidade de erro, o atleta deve ter atingido a mesma frequência cardíaca máxima várias vezes durante o período de realização do teste, já que uma frequência máxima alcançada apenas uma vez talvez não seja o máximo real do nadador.

O uso de um monitor cardíaco obtido no comércio, capaz de calcular a frequência cardíaca máxima, determinando o tempo entre batimentos, é um método mais preciso do que as contagens feitas durante alguns segundos, pois estas tendem a gerar um resultado mais baixo do que o máximo real. A frequência cardíaca de indivíduos bem treinados começará a diminuir imediatamente depois de ter sido completado um esforço; portanto, não há dúvida de que uma contagem de frequência cardíaca tomada durante 30 a 60 s depois do exercício será mais baixa do que a frequência máxima real.

Na ausência de um desses aparelhos para cálculo da frequência cardíaca máxima, os atletas devem contar suas frequências durante 10 s imediatamente após terem terminado um esforço máximo, o que também não será exatamente preciso. Em tal medida, o erro pode ser de até mais ou menos 6 bpm, pois a contagem de 10 s é multiplicada por 6 para a obtenção de uma contagem em 1 minuto, mas é provável que esse grau de erro ainda seja menor do que aquele que poderia resultar de uma contagem de 30 ou 60 s.

Volume sistólico

O volume de sangue ejetado dos ventrículos do coração a cada batimento é chamado de *volume sistólico*. Uma faixa normal de valores em repouso se situa entre 60 e 130 mL por batimento e pode aumentar até cerca de 150 e 180 mL por batimento durante o exercício. Esses valores se referem apenas ao sangue bombeado para fora do ventrículo esquerdo; uma quantidade igual de sangue será bombeada simultaneamente para fora do ventrículo direito.

O volume sistólico aumenta com o treinamento de resistência, e muitos fatores contribuem para isso, inclusive a maior força das fibras musculares cardíacas, o aumento no tamanho do ventrículo e a diminuição da viscosidade do sangue. Os volumes sistólicos de atletas são comumente maiores depois do treinamento, em comparação com os valores prévios, o que explica porque eles têm frequência cardíaca em repouso mais baixa. Esses atletas podem fornecer o mesmo volume de sangue ao corpo bombeando mais sangue para fora do coração a cada batimento; portanto, o coração não precisa bater com tanta rapidez. Pelas mesmas razões, o treinamento também reduzirá a frequência cardíaca de atletas em 10 a 15 bpm durante esforços submáximos idênticos de Natação e aumentará o volume sistólico máximo que os atletas podem alcançar. Os valores máximos podem se situar na faixa de 120 a 140 mL por batimento para uma pessoa não treinada, mas, depois do treinamento, pode aumentar para algo entre 160 e 180 mL por batimento.

Débito cardíaco

O *débito cardíaco* refere-se ao volume de sangue ejetado por minuto do coração. Também nesse caso, consideraremos apenas o volume ejetado do ventrículo esquerdo ao citar valores para o débito cardíaco; o ventrículo direito ejetará volume igual de sangue no mesmo tempo.

Calculado pela multiplicação da frequência cardíaca pelo volume sistólico, o débito cardíaco normal de uma pessoa em repouso se situa entre 5 e 6 litros por minuto (L/min). O corpo da mulher e do homem contém entre 4 e 6 L de sangue; portanto, no corpo de um atleta em repouso, cada eritrócito (i. e., glóbulo vermelho) comumente faz uma viagem desde os pulmões até os músculos e retorna novamente em aproximadamente 1 min.

Atletas não treinados podem aumentar em quatro vezes seu débito cardíaco durante o exercício, até aproximadamente 20 L/min, o que é conseguido com o aumento da frequência cardíaca e do volume sistólico durante o exercício. Eles podem aumentar seu débito cardíaco ainda mais do que as pessoas não treinadas, pois o treinamento aumenta o volume sistólico máximo dos atletas. Durante o exercício máximo, o débito cardíaco de atletas treinados será seis ou sete vezes maior do que seu débito cardíaco em repouso; consequentemente, cada glóbulo vermelho pode avançar desde os pulmões até os músculos, retornando outra vez, por seis ou sete vezes (em vez de apenas uma) em cada minuto. Esse débito cardíaco maior é importante, pois aumenta o volume de oxigênio e de glicose que o sangue pode transportar até os músculos a cada minuto e o volume de dióxido de carbono e de ácido lático que pode eliminar.

O débito cardíaco em repouso não aumenta com o treinamento, mas o coração fica mais eficiente em seu processo de abastecer o corpo com sangue. Conforme mencionado anteriormente, o volume sistólico aumenta e a frequência cardíaca diminui, de modo que, quando uma pessoa está repousando, o coração não tenha que trabalhar de forma tão intensa para impulsionar os mesmos 5 L de sangue para o corpo a cada minuto.

O treinamento não aumenta o débito cardíaco do atleta durante esforços submáximos semelhantes, porque não há necessidade disso. A demanda pelo oxigênio é a mesma, seja o indivíduo treinado ou não treinado; portanto, não há necessidade de um débito cardíaco maior. O volume sistólico de um atleta treinado aumentará durante os esforços submáximos, de modo que o coração não terá de bater tão rápido para atender o mesmo débito cardíaco. Por essa razão, a frequência cardíaca de um atleta treinado diminui durante esforços submáximos.

Os atletas podem aumentar seu débito cardíaco máximo pelo treinamento. Valores de débito cardíaco máximo de 30 e 35 L/min não são raros para atletas de resistência treinados. O quadro a seguir lista débitos cardíacos em repouso e máximos típicos, calculados para pessoas treinadas e não treinadas.

As relações entre frequência cardíaca, volume sistólico e débito cardíaco do atleta determinam em grande parte com que rapidez o sangue circula pelo corpo. Os seguintes outros aspectos da função circulatória também são importantes para o fornecimento de oxigênio e de nutrientes e para a remoção do dióxido de carbono e do ácido lático durante o exercício: volume de sangue no corpo, número de glóbulos vermelhos, número de capilares em torno dos músculos e dos pulmões e diferença no conteúdo de oxigênio entre artérias e veias em torno das fibras musculares em trabalho. Além disso, a pressão do sangue e sua distribuição por todo o corpo desempenham papéis importantes durante o exercício. Consequentemente, pessoas interessadas no estudo do treinamento devem se familiarizar também com essas funções.

Glóbulos vermelhos e volume sanguíneo

O sangue é constituído de *plasma* (a parte líquida) e substâncias sólidas, como glóbulos vermelhos (*eritrócitos*), glóbulos brancos (*leucócitos*) e plaquetas (*trombócitos*). O plasma, que é principalmente constituído por água, representa 55 a 60% do volume sanguíneo total; glóbulos vermelhos, glóbulos brancos e plaquetas constituem o restante. De longe, os glóbulos vermelhos constituem a maior parte do material sólido no sangue, e os glóbulos brancos e as plaquetas constituem menos de 1% do total.

Valores típicos de débito cardíaco para indivíduos treinados e não treinados

Débito cardíaco para atletas treinados
- Em repouso: 40 bpm × 125 mL/b = 5.000 mL/min ou 5 L/min.
- Durante o exercício: 200 bpm × 150 mL/b = 30.000 mL/min ou 30 L/min.

Débito cardíaco para indivíduos não treinados
- Em repouso: 73 bpm × 70 mL/b = 5.100 mL/min ou 5,1 L/min.
- Durante o exercício: 200 bpm × 100 mL/b = 20.000 mL/min ou 20 L/min.

Os glóbulos vermelhos são importantes por conterem *hemoglobina,* uma substância proteica composta por ferro que liga e transporta o oxigênio no sangue. O ferro na hemoglobina – a porção *heme* – combina-se com o oxigênio, transportando-o até sua liberação nos diversos tecidos.

Um aumento nos glóbulos vermelhos aumentará o fornecimento de oxigênio aos músculos e a resistência, ao passo que a redução na concentração normal de hemoglobina no sangue reduzirá o consumo de oxigênio e diminuirá a resistência. A redução da hemoglobina resulta em uma condição conhecida como anemia.

As pesquisas têm se mostrado contraditórias com relação aos efeitos do treinamento nos glóbulos vermelhos. Alguns estudos informaram não ter observado aumento, enquanto outros relataram apenas aumento discreto durante o treinamento ao nível do mar; ao que parece, o treinamento em diversas altitudes acima do nível do mar eleva a hemoglobina, mais do que o treinamento ao nível do mar.

Ao aumentar o número de glóbulos vermelhos, seu conteúdo de hemoglobina faz com que o sangue fique mais espesso (i. e., mais viscoso) e mais resistente ao fluxo através do corpo. Pode-se conceber que uma velocidade menor do fluxo sanguíneo pode reduzir a taxa de liberação do oxigênio e da glicose durante o exercício; portanto, durante o treinamento, será benéfico que a parte líquida no sangue tenda a aumentar relativamente mais do que a concentração de hemoglobina. O líquido adicional impede que a hemoglobina extra torne o sangue mais espesso; com isso, poderá ser mantida uma velocidade rápida para o fluxo sanguíneo. O treinamento de resistência pode aumentar o volume sanguíneo em até 10% (Wilmore e Costill 1999).

Capilares

O coração envia o sangue até os músculos através de grandes tubos, ou artérias. As artérias se ramificam em grupos progressivamente menores de vasos chamados arteríolas. As arteríolas, por sua vez, se ramificam em unidades terminais ainda menores, chamadas capilares. Esses capilares circundam os tecidos do corpo; aqueles que circundam as fibras musculares são chamados, por razões óbvias, *capilares musculares.* Os capilares também coletam o dióxido de carbono e o ácido lático produzidos nas células musculares, transportando tais substâncias para outros locais. Os capilares nos pulmões são chamados *capilares pulmonares,* porque circundam os diminutos sacos aéreos, ou alvéolos, que são os locais de terminação dos bronquíolos, através dos quais o ar e o oxigênio entram nos pulmões. O oxigênio se difunde para fora dos alvéolos em direção ao sangue através dos capilares, para que possa ser transportado de volta ao coração e, em seguida, para os tecidos do corpo. O dióxido de carbono se difunde para fora dos capilares e para dentro dos alvéolos, onde poderá ser expelido.

O treinamento pode aumentar o número de capilares que circundam cada fibra muscular. Eles são bastante pequenos, admitindo apenas uma molécula de determinada substância a cada vez; portanto, um aumento no número de capilares em torno das fibras musculares permitirá a liberação de mais oxigênio e glicose para os músculos e a remoção de mais dióxido de carbono e ácido lático presentes nos músculos durante cada minuto de exercício.

Os capilares desempenham um papel importante por se encontrarem nas proximidades das fibras musculares e também por diminuírem a velocidade do fluxo sanguíneo em sua passagem pelos músculos. Sua proximidade abrevia a distância entre o sangue e as fibras musculares, e esse retardo no fluxo sanguíneo possibilita mais tempo para que o oxigênio e a glicose se difundam para fora do sangue e para o interior dos músculos, e para que o dióxido de carbono e o ácido lático se difundam para fora dos músculos e para o sangue. Então, o sangue flui desde os capilares até ramos maiores chamados vênulas e, finalmente, até tubos muito calibrosos, as veias, que acabam vertendo no coração.

A localização dos capilares em torno dos músculos está ilustrada na Figura 9.7. As três ilustrações na Figura 9.7a mostram arteríolas ramificando-se de artérias e vênulas se encaminhando para as veias; já as duas ilustrações na Figura 9.7b ilustram o arranjo de capilares em torno de fibras musculares individuais, com o sangue entrando nos capilares no lado arterial e deixando-os no lado venoso.

O desenho na Figura 9.8, que representa a estrutura de um capilar isolado, ilustra como os capilares podem se tornar mais eficientes para a liberação de oxigênio e glicose e para a remoção de dióxido de carbono e ácido lático durante o exercício. Um canal preferencial contorna o capilar e funciona como conexão direta entre a circulação arterial e a venosa. Um sistema de vários tubos menores, chamados *capilares verdadeiros,* conecta os lados arterial e venoso. Em um corpo em repouso, o sangue comumente flui através do canal preferencial, passando rapidamente pela fibra muscular e fornecendo apenas uma pequena parte do seu oxigênio. Durante o exercício, um aumento na pressão sanguínea fará com que o sangue flua também através dos canais capilares verdadeiros, o que colocará o sangue em proximidade com uma área maior da fibra muscular, de modo que um volume maior de oxigênio se difundirá para o músculo e uma quantidade maior de produtos geradores de fadiga será removida.

O treinamento pode aumentar o número de capilares em torno das fibras musculares. Um número maior de capilares aumentará a área para difusão em torno de cada fibra muscular, permitindo que os vasos absorvam mais oxigênio e eliminem mais dióxido de carbono e ácido lático.

Diferença de oxigênio arterial-venoso

Conforme mencionado anteriormente, parte do oxigênio no sangue se difunde pelas fibras musculares durante o transcurso do sangue desde as arteríolas até as vênulas através dos capilares que circundam tais fibras. A diferença entre o conteúdo de oxigênio nas arteríolas e nas vênulas é, por razões óbvias, conhecido como *diferença entre oxigênio arterial-venoso* (dif. a-v O_2). Essa medida informa se a parte do oxigênio liberado para uma fibra muscular foi absorvida por ela. Como já explicado, comumente a quantidade de oxigênio no sangue arterial no momento da saída do coração é de 20 mL de oxigênio por 100 mL de sangue em condições de repouso. Habitualmente, esse sangue perde entre 4 e 5 mL desse oxigênio para os músculos ao transitar pelo corpo, de modo que a quantidade de oxigênio no sangue venoso fica apenas ligeiramente reduzida para 15 ou 16 mL por 100 mL de sangue durante o repouso. O grande volume de oxigênio que permanece no sangue funciona como uma *reserva* que os músculos podem convocar durante o exercício. Durante um exercício intenso, até 15 mL do oxigênio em cada 100 mL do sangue arterial que chega aos capilares podem difundir-se para os músculos, deixando uma concentração de apenas 5 mL de oxigênio no lado venoso em decorrência do aumento no uso de oxigênio causado pelo exercício no interior dos músculos, o que, por sua vez, baixa a pressão desse gás neles. Assim, existe um maior diferencial de pressão entre o sangue e os músculos. Portanto, à medida que o sangue vai fluindo, mais oxigênio se difundirá dos capilares para os músculos.

O treinamento de resistência durante breves períodos (55 dias) pode aumentar a quantidade de oxigênio liberada para o músculo pelo sangue em aproximadamente 11%. Em um estudo (Saltin 1973), a quantidade de oxigênio extraído durante a prática de exercício intenso aumentou de 15 mL por 100 mL de sangue para 17 mL. As razões para essa melhora provavelmente envolvem tanto um aumento nos capilares musculares como o desvio de mais sangue rico em oxigênio para os músculos que estão trabalhando. As ilustrações na Figura 9.9 exibem as diferenças a-v O_2 em repouso e durante o exercício máximo, tanto antes como depois do treinamento.

Derivação do sangue

O corpo humano contém entre 4 e 6 L de sangue. Em repouso, o volume total está equitativamente distribuído por todos os tecidos, mas durante o exercício, um

Figura 9.7 Arranjo dos capilares em torno das fibras musculares.

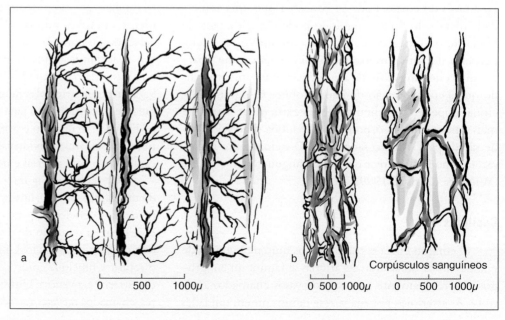

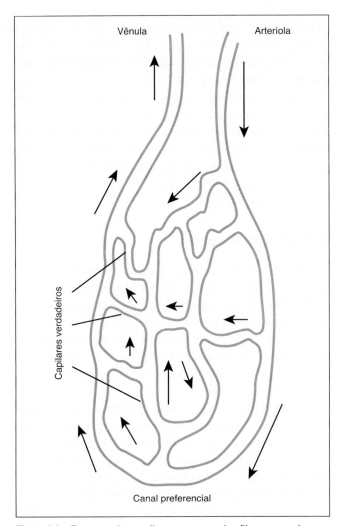

Figura 9.8 Estrutura dos capilares em torno das fibras musculares.

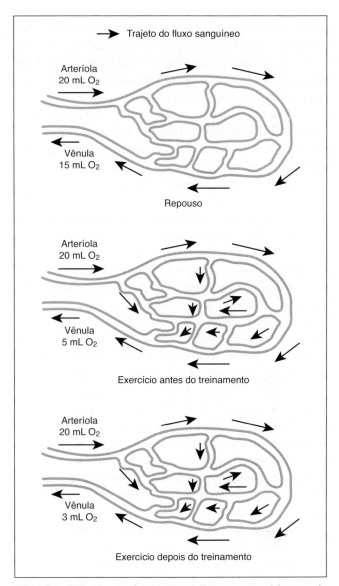

Figura 9.9 Diferença a-v O₂ em repouso, durante o exercício antes do treinamento e durante o exercício depois do treinamento.

volume maior de sangue será enviado até os músculos de trabalho, ao passo que a irrigação dos músculos que não estão trabalhando e de outros tecidos sofre redução. Exemplificando, em repouso apenas 15 a 20% do volume sanguíneo total vão para os músculos esqueléticos, enquanto que, durante o exercício, esse volume aumenta para 85 ou 90% do total (Fox e Mathews 1981). Esse processo, denominado *derivação do sangue,* tem o efeito de fornecer mais sangue para os locais onde é mais necessário, de modo que um volume maior de oxigênio e outros nutrientes seja disponibilizado para os músculos de trabalho, e uma quantidade maior de produtos geradores da fadiga possa ser retirada dos músculos.

Ocorre derivação do sangue porque as artérias que irrigam os músculos de trabalho se dilatam (i. e., expandem-se) e aquelas que irrigam áreas inativas do corpo sofrem constrição (i. e., contraem-se). Quando isso ocorre, maiores quantidades de sangue fluem através das artérias mais calibrosas, onde a pressão e a resistência ao fluxo é menor, e menos sangue fluirá através das áreas restritas. O treinamento pode melhorar a eficiência da derivação do sangue.

Pressão sanguínea

Nenhuma discussão sobre o sistema circulatório seria completa sem uma descrição dos efeitos do exercício na pressão sanguínea (i. e., pressão arterial). O sangue, ao fluir através dos vasos, exerce pressão sobre suas paredes. Essa pressão pode ser medida pelo número de milímetros que sobem em uma coluna de mercúrio (Hg) por causa do sangue. Há necessidade de duas medições de pressão para que a força do fluxo sanguíneo seja identificada: (1) a pressão quando o coração bate e (2) a pressão quando o coração está em repouso entre as batidas. A pressão nos vasos quando o coração bate é chamada *sistólica,* porque o termo científico para um batimento cardíaco é *sístole.* A pressão entre batimentos é denominada *diastólica,* pois o período de repouso do coração é chamado *diástole.* Pressões arteriais sistólicas e diastólicas típicas no indivíduo em repouso são, respectivamente, 120 e 80 mmHg.

A pressão arterial sistólica aumenta em proporção à intensidade de trabalho, porque um volume maior de sangue está presente nos vasos em qualquer momento específico. Esse volume de sangue pode aumentar até níveis que poderiam causar a ruptura dos vasos, caso essas estruturas não fossem elásticas. Os vasos são capazes de se distender à medida que mais sangue chega ao seu interior, para que a pressão seja reduzida; apesar disso, a pressão sistólica se eleva até valores acima dos 200 mmHg quando o trabalho é muito intenso. Entretanto, esse aumento da pressão é pequeno comparado à elevação de 500 a 700% no fluxo sanguíneo, que ocorre durante um esforço máximo. A pressão arterial diastólica não aumenta tão drasticamente porque o volume de sangue nos vasos diminui um pouco entre os batimentos. Em condições normais, a pressão arterial diastólica geralmente aumenta para apenas 100 ou 110 mmHg durante o exercício.

O treinamento de resistência reduz tanto a pressão arterial sistólica como a diastólica em 6 a 10 mmHg em repouso e, em igual quantidade, durante o exercício submáximo. Essa redução na pressão provavelmente se dá porque a elasticidade dos vasos sanguíneos aumenta em virtude da expansão e constrição constantes que ocorrem com o treinamento.

Ao longo dos anos, muitos pesquisadores vêm tentando prever o sucesso dos atletas e monitorar os efeitos do exercício e do treinamento com medições da pressão arterial. Carline (1963) informou que o treinamento de Natação provocava um aumento médio de 10 mmHg na pressão arterial sistólica em repouso e uma queda de 5 a 9 mmHg na pressão arterial diastólica também em repouso. Foi difícil interpretar a razão para o aumento na pressão arterial sistólica, mas o autor acreditava que tal alteração poderia ter-se refletido no aumento do volume sistólico durante cada batimento cardíaco, que estava fora de proporção com a melhora na elasticidade dos vasos sanguíneos; portanto, ocorreria um aumento líquido na pressão arterial a cada batimento cardíaco. Já a queda na pressão arterial diastólica foi mais facilmente explicada. Ela provavelmente refletia o aumento na elasticidade dos vasos sanguíneos, o que reduzia a pressão intravascular quando o coração não estava batendo. A maior parte dos aumentos nas pressões arteriais sistólica e diastólica ocorreu durante as primeiras seis semanas de treinamento.

Outros especialistas sugeriram que elevações súbitas e inexplicadas na pressão arterial (tanto sistólica como diastólica) podem estar associadas ao excesso de treinamento (Costill 1986). Tais aumentos podem ser um sinal de que ocorreu diminuição na elasticidade vascular, ou que a elasticidade não acompanhou o maior fluxo sanguíneo durante o exercício.

Apesar dessas observações, as medições da pressão arterial não têm sido particularmente confiáveis para a avaliação das respostas ao exercício e ao treinamento. Ao que parece, as respostas da pressão arterial ao exercício e ao treinamento variam consideravelmente entre pessoas e, portanto, não têm se revelado indicadores particularmente confiáveis do desempenho (Cureton 1951; Costill 1967).

SISTEMA RESPIRATÓRIO

As duas finalidades principais da respiração são: fornecer oxigênio e remover dióxido de carbono do nosso corpo. Esse processo possibilita a vida, pois não se vive mais do que alguns minutos sem oxigênio. Uma função menos conhecida, mas igualmente importante, da respiração é a regulação do equilíbrio ácido-básico do corpo.

O sistema respiratório consiste nos pulmões e em um conjunto de tubos ramificantes que transportam ar e oxigênio do exterior do corpo até a corrente sanguínea. Durante a inspiração, obtemos ar do exterior pela boca e pelo nariz; o ar prossegue através da faringe (ou garganta), chegando até cada pulmão por meio de dois grandes tubos chamados *brônquios.* No interior dos pulmões, o ar avança através de um sistema cada vez menos calibroso de tubos ramificantes chamados *bronquíolos,* até que esses tubos finalmente terminem em pequenos sacos chamados *alvéolos,* que são circundados por capilares. A Figura 9.10 ilustra a anatomia do sistema respiratório.

A fase de inspiração permite absorver o oxigênio como um componente do ar que entra no corpo. Parte desse oxigênio permanece no corpo quando expiramos o ar. Com o ar expelido durante a fase de expiração, também é expelido dióxido de carbono e algum vapor de água produzido pelo corpo.

O ar é inspirado pelo nariz e pela boca e avança pela faringe e pelos brônquios, bronquíolos e, finalmente, alvéolos, inflando esses pequenos sacos elásticos. Nesse local, parte do oxigênio que está no ar inspirado se difunde dos alvéolos para a corrente sanguínea através dos capilares pulmonares. Ao mesmo tempo, o dióxido de carbono produzido nos músculos se difunde na direção oposta, ou seja, para fora dos capilares e para o interior dos alvéolos. Em seguida, o dióxido de carbono é transportado através dos bronquíolos e, finalmente, expirado para o ambiente pelo nariz e pela boca.

Volume corrente é a denominação para o volume de ar trocado por respiração. O volume de ar trocado por minuto é chamado *volume minuto.* O volume corrente médio se situa entre 500 e 700 mL de ar por respiração, e se respira 12 a 15 vezes por minuto, portanto, o volume minuto médio é de 6 a 10 L de ar.

Com o treinamento, os atletas tendem a adotar a frequência respiratória que lhes proporcione o maior volume minuto com o menor esforço respiratório durante o exercício submáximo. Os atletas aprendem naturalmente como ajustar a relação entre sua frequência respiratória e o volume corrente com o exercício, não necessitando de qualquer treinamento especial que envolva exercícios de respiração profunda ou de restrição respiratória para atingir essa finalidade. Eles aprendem a respirar mais lentamente e mais profundamente durante o exercício, mas não tanto a ponto de aumentar desnecessariamente o trabalho da respiração. Os nadadores dominam particularmente bem essa habilidade, porque precisam regular sua respiração de forma compatível com o seu ritmo de braçadas.

O ar que respiramos é composto por 21% de oxigênio e 79% de nitrogênio, com uma quantidade desprezível de dióxido de carbono (0,03%). Em repouso, inspiramos e expiramos cerca de 7 e 9 L de ar durante cada minuto. Considerando que 21% desse ar é oxigênio, absorvemos entre 1,5 e 1,9 L de oxigênio a cada minuto; contudo, apenas entre 0,25 e 0,30 L daquele volume é extraído para uso no corpo. O restante é expirado com o dióxido de carbono que se difundiu para o interior dos pulmões vindo da corrente sanguínea.

Consumo de oxigênio e desempenho na Natação

Consumo de oxigênio refere-se à quantidade de oxigênio utilizada durante o exercício. Essa quantidade é igual ao volume de oxigênio inspirado durante o exercício menos o volume expirado. Habitualmente, o consumo de oxigênio é formulado em conformidade com o número de litros ou mililitros de oxigênio utilizado pelo corpo durante cada minuto de exercício. Exemplificando, se uma pessoa inspira 10 L de oxigênio e expira 6 L em 1 min, o consumo de oxigênio foi de 4 L por minuto.

A quantidade de oxigênio utilizada pelos músculos a cada minuto está diretamente relacionada à intensidade do exercício, até que seja atingido um consumo máximo, que se situa entre 2 e 3 L por minuto, respectivamente, para mulheres e homens médios e não atletas. Esse consumo pode chegar até 4 e 6 L por minuto para atletas de resistência (mulheres e homens, respectivamente). A denominação para a quantidade máxima de oxigênio que uma pessoa pode consumir durante um minuto de exercício é *consumo máximo de oxigênio*, mais conhecida como $\dot{V}O_2$ *máx*. Os valores para $\dot{V}O_2$ máx são reflexo direto da capacidade individual de fornecimento de energia para a contração muscular através do metabolismo aeróbico. A relação entre consumo de oxigênio e desempenho em eventos de resistência é tão importante que é preciso discuti-la mais detalhadamente.

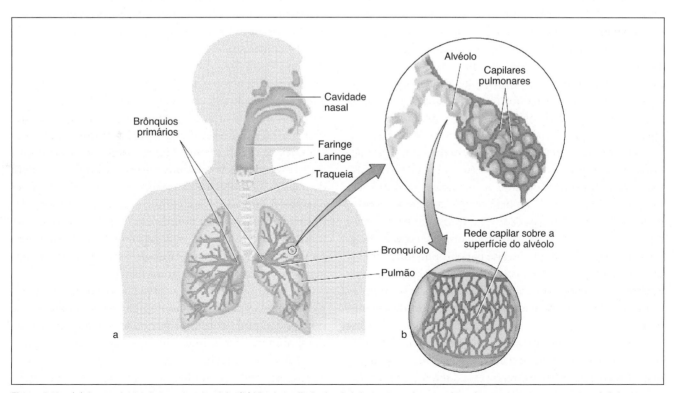

Figura 9.10 (a) Anatomia do sistema respiratório. (b) Vista ampliada do alvéolo, mostrando as regiões das trocas gasosas entre o alvéolo e o sangue pulmonar nos capilares. (Reimpresso de Wilmore e Costill 1999.)

Consumo máximo de oxigênio

O consumo máximo de oxigênio, ou $\dot{V}O_2$ máx, é calculado pela medição do consumo de oxigênio durante intervalos repetidos de exercício em velocidades progressivamente maiores, até que o atleta chegue a um platô em que novos aumentos na velocidade não implicarão aumento do consumo de oxigênio. Quando isso ocorre, o atleta alcançou sua capacidade máxima de consumir oxigênio.

Um aspecto do $\dot{V}O_2$ máx de difícil entendimento para muitas pessoas é que os atletas alcançam esse limite quando nadam abaixo de sua velocidade máxima; eles podem continuar aumentando sua velocidade mesmo depois de terem alcançado sua capacidade máxima de consumo de oxigênio, por causa de sua capacidade para o metabolismo anaeróbico. A capacidade anaeróbica possibilita que esses atletas continuem a fornecer energia aos seus músculos, embora não exista oxigênio suficiente para a metabolização das fontes químicas daquela energia. Contudo, eles são capazes de proceder dessa maneira apenas por um curto período, pois os agentes químicos que não foram completamente metabolizados, sobretudo o ácido lático e, mais especificamente, os íons hidrogênio pertencentes a esse composto, acumulam-se nos músculos, alterando seu pH da faixa neutra para a faixa ácida. Esse efeito diminuirá a velocidade e a força da contração muscular e, no processo, a velocidade de nado.

Durante o exercício submáximo, o consumo de oxigênio aumenta desde seu nível em repouso de aproximadamente 0,25 L/min para um nível que manterá os músculos necessários para a produção de energia contrátil. Comumente, devem transcorrer 1 a 3 min para que seja alcançado esse nível de aumento do consumo de oxigênio, porque, em primeiro lugar, a necessidade por mais oxigênio deve ser criada nos músculos, antes que ocorram os ajustes necessários nos sistemas respiratório e circulatório que propiciarão a liberação extra desse gás.

Durante esse período de ajuste, ocorre um *déficit de oxigênio* que representa o oxigênio que era necessário, mas não estava disponível durante os primeiros minutos de exercício. O atleta pode repor o déficit durante o restante do exercício se a intensidade de trabalho for baixa. Para repô-lo, o corpo pode disponibilizar, durante breve período, mais oxigênio do que precisa para proporcionar energia para o trabalho. Chama-se *necessidade de oxigênio*, para a tarefa em curso, a quantidade de oxigênio consumida durante o período de exercício, acrescida do déficit de oxigênio.

Se a demanda por oxigênio exceder a quantidade que o atleta pode repor durante o exercício, o déficit continuará a aumentar. O atleta vai repor essa diferença depois do exercício, mediante a manutenção de um alto nível de consumo de oxigênio durante um breve período. Esse período de consumo adicional de oxigênio depois do exercício tornou-se conhecido como *débito de oxigênio*. Embora esse nome seja de uso comum entre os membros da comunidade esportiva, ficou obsoleto na comunidade científica, porque técnicas de avaliação sofisticadas demonstraram que o aumento do consumo de oxigênio depois do exercício não corresponde diretamente ao déficit de oxigênio que ocorreu nos primeiros minutos de sua prática. Discutirei as recentes interpretações do conceito de débito de oxigênio mais adiante, ainda neste capítulo. Por hora, será retomada a discussão do consumo de oxigênio.

O gráfico na Figura 9.11 demonstra um padrão típico de consumo de oxigênio durante o exercício. Uma vez que o exercício tenha começado, a quantidade de oxigênio consumido aumenta durante os primeiros 2 min de trabalho até atingir um nível que forneça a quantia que o atleta necessita para a execução do trabalho. O gráfico também mostra o déficit de oxigênio que ocorreu durante esses minutos. Contudo, o leitor deve observar que o déficit de oxigênio continua a crescer durante todo o período de exercício, porque houve necessidade de mais oxigênio do que o volume que podia ser fornecido. Nesse caso, a *necessidade de oxigênio* do exercício era superior a 5 L O_2/min de trabalho, ao passo que a quantidade máxima de oxigênio que o atleta podia consumir era ligeiramente inferior a 4 L O_2/min. A reposição do déficit de oxigênio gerado durante a tarefa está representada, em parte, pela quantidade adicional consumida depois do exercício, que, por hora, será chamada de débito de oxigênio.

O consumo de oxigênio pode ser enganoso quando informado em litros por minuto, pois essa medida é tendenciosa para pessoas de grande estatura. Comumente, atletas de grande estatura terão níveis de $\dot{V}O_2$ máx mais elevados do que atletas menores, simplesmente porque seus grandes pulmões lhes permitem trocas de maiores volumes de ar e, portanto, de mais oxigênio a cada minuto de exercício. Obviamente, corpos maiores necessitam de mais oxigênio; por essa razão, o consumo de oxigênio é também informado em conformidade com a quantidade disponível para cada quilograma de peso corporal. Esse método relativo de expressão do consumo de oxigênio proporciona uma representação do fornecimento de oxigênio não tendenciosa ao porte físico.

Utilizando o método relativo, o consumo de oxigênio é expresso de acordo com o número de mililitros que uma pessoa pode consumir por quilograma de peso corporal durante cada minuto de exercício (mL/kg/min).

Os valores médios para o $\dot{V}O_2$ máx relativo são 40 e 46 mL/kg/min para mulheres e homens sem treinamento, respectivamente. Nadadoras e nadadores de classe mundial foram testados, e foram obtidos resultados de até 66 e

80 mL/kg/min, respectivamente (Van Handel et al. 1988). O valor mais alto registrado para uma atleta foi 74 mL/kg/min para uma esquiadora *cross-country* soviética. O valor mais elevado já registrado para um atleta do sexo masculino foi 94 mL/kg/min para um esquiador *cross-country* norueguês (Wilmore e Costill 1988).

Métodos de medição do $\dot{V}O_2$ máx Para refletir com precisão a capacidade aeróbica de um atleta, os testes de $\dot{V}O_2$ máx devem ser realizados no esporte praticado por ele. Corredores devem ser avaliados em corridas, ciclistas, em suas bicicletas e nadadores, nadando. Testes que envolvem outras atividades poderão fornecer resultados falsos.

A medição do consumo máximo de oxigênio de nadadores em uma piscina não é um procedimento simples. O nadador deve usar uma máscara sobre a boca e o nariz, e tal máscara deve ficar conectada a uma válvula de duas vias, de modo que o nadador inspire o ar da atmosfera através de uma válvula e expire o mesmo até um reservatório coletor através da outra válvula. Um tubo longo deve estender-se desde a máscara facial até o reservatório coletor, situado no *deck* da piscina. O reservatório coletor deve ser movimentado de um lado para outro sobre um carrinho, em sincronismo com o nadador. O tubo não deve ficar esticado nem deve se enrolar. O nadador também deve praticar algumas ações artificiais: não pode virar a cabeça para respirar e precisa fazer viradas olímpicas nas extremidades da piscina e impulsões suaves contra a parede dela para que o tubo não se enrole. A quantidade de ar que o nadador expira para o reservatório coletor deve ser medida com exatidão, e seu conteúdo de oxigênio deve ser calculado com grande precisão. Os dois procedimentos facilmente podem levar a erro.

Um método mais fácil para a medição do consumo de oxigênio consiste em realizar o teste enquanto o atleta está nadando no *swim flume*.[1] O nadador e o equipamento de coleta podem permanecer parados, o que facilita muito a coleta e a medição dos gases. A fotografia na Figura 9.12 mostra uma nadadora sendo testada para consumo de oxigênio no *swim flume* do USA Swimming Center for Aquatic Research.

As medidas de consumo de oxigênio obtidas com o *swim flume* e com carrinhos móveis têm sido criticadas por darem resultados falsos. Os críticos desses métodos acreditam que a Natação com máscara e com tubos aumenta a carga de trabalho, de modo que os nadadores consomem mais oxigênio em determinada velocidade em comparação com o que consumiriam nadando sem o equipamento; eles também argumentam que o equipamento pode inibir o desempenho e impedir que o atleta atinja os níveis máximos reais de consumo de oxigênio. Nesse tocante, os testes com o *swim flume* devem causar menor erro do que os realizados durante o próprio nado. Não obstante, ainda resta a preocupação de que o uso da máscara e do tubo coletor resulte em medidas falsas no *swim flume*.

Outro procedimento desenvolvido com o objetivo de reduzir essas fontes de erro envolve a estimativa do consumo de oxigênio pelo atleta durante um nado, com base no oxigênio coletado imediatamente depois do término da prática (Costill et al. 1985; Montpetit et al. 1981). Esse método dispensa máscaras e tubos, e assim os nadadores podem nadar e dar suas viradas normalmente durante o período do teste. Imediatamente ao término de um nado, o atleta deve prender a respiração enquanto é colocada uma máscara em seu rosto; em seguida, expira em um reservatório coletor durante 20 s. Depois da coleta, são de-

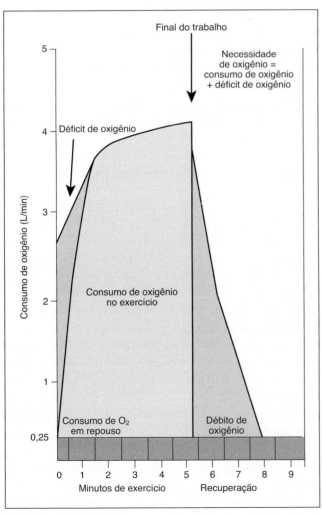

Figura 9.11 Resultados de um teste típico de consumo máximo de oxigênio.

---

[1] N.R.T.: *Swim flume* é uma espécie de piscina com um turbilhão de água controlado, onde o nadador executa seu nado contra esse turbilhão permanecendo em movimentação constante (nadando), porém sem deslocamento.

terminados o volume de ar e a quantidade de oxigênio nesse ar. O valor para o consumo de oxigênio é extrapolado retrogradamente para o último minuto do nado, presumindo-se que seja equivalente à taxa de consumo de oxigênio por minuto durante a prática. Esse teste pode ser repetido várias vezes em velocidades progressivamente maiores até que tenha sido determinada a taxa máxima de consumo de oxigênio do atleta.

Críticos do método de extrapolação retrógrada acreditam que a possibilidade de erro é grande demais quando as medidas são tomadas com base em amostras tão pequenas de ar imediatamente depois de um esforço de nado. Eles enfatizam que um erro de tempo da ordem de 0,1 s ou um engano de apenas alguns mililitros no volume de ar coletado poderia distorcer consideravelmente os resultados. Apesar dessas críticas, pesquisas indicam que a coleta do ar expirado durante 20 s, realizada em campo e imediatamente depois do exercício, dará resultados bastante parecidos com aqueles obtidos com medições contínuas de $\dot{V}O_2$ máx (Carre et al. 1994). Costill et al. (1985) utilizaram esse procedimento de extrapolação retrógrada com nadadores e constataram que o método se revelou mais prático e preciso que a coleta do ar expirado com um carrinho móvel.

$\dot{V}O_2$ máx e intensidade de trabalho Frequentemente, cientistas utilizam medidas de $\dot{V}O_2$ máx para comparar a intensidade do exercício intragrupos e intergrupos de indivíduos. Falam em termos de trabalho em realização, por exemplo, em uma velocidade que resulta em um consumo de oxigênio igual a 70% do $\dot{V}O_2$ máx do indivíduo. Assim procedendo, os estudiosos podem quantificar o nível de esforço em relação ao consumo máximo de oxigênio individual de cada atleta testado, além de proporcionar uma representação mais precisa da intensidade de trabalho. Esse método de padronização das cargas de trabalho é excelente para finalidades científicas, mas tem valor limitado para os treinadores. Raramente eles têm conhecimento do $\dot{V}O_2$ máx de seus nadadores e praticamente nunca sabem quanto oxigênio os seus nadadores estão consumindo durante o treinamento. Em vez disso, preferem se referir aos esforços subjetivamente, como percentuais do máximo. Para ajudar a compatibilizar essas duas fontes, as informações provenientes de estudos nos quais a intensidade de trabalho foi representada como um percentual do $\dot{V}O_2$ máx podem ser interpretadas em esforço percentual, como se segue:

1. Esforços de 50 a 60% do $\dot{V}O_2$ máx são provavelmente equivalentes às sensações subjetivas de que o esforço equivale a 30 a 40% do máximo.

2. Esforços de 70 a 90% do $\dot{V}O_2$ máx são provavelmente equivalentes às sensações subjetivas de que o esforço equivale a 60 a 80% do máximo.

Figura 9.12 Fotografia de uma atleta sendo testada para o consumo de oxigênio no *swim flume* do USA Swimming Center for Aquatic Research, Colorado Springs, Colorado, EUA.

3. Esforços de 100% do $\dot{V}O_2$ máx são provavelmente equivalentes às sensações subjetivas de que o esforço equivale a 80 a 90% do máximo.

4. Esforços de 90 a 100% do máximo são provavelmente equivalentes às sensações subjetivas de que o esforço equivale a 110 a 130% do $\dot{V}O_2$ máx.

A distância das repetições dos nados tem efeito considerável nessas estimativas grosseiras. Durante repetições curtas, o atleta pode perceber um percentual mais baixo de esforço máximo do que o percentual real de $\dot{V}O_2$ máx no qual está nadando, porque a duração do nado não causará fadiga intensa. Sensações subjetivas de esforço percentual corresponderão mais de perto ao percentual de $\dot{V}O_2$ máx que foi indicado quando as repetições forem mais longas.

Frequências cardíacas, se contadas corretamente e interpretadas adequadamente, podem proporcionar um método mais preciso do que os percentuais subjetivos do esforço máximo para a estimativa do percentual de $\dot{V}O_2$ máx durante o trabalho. Para a maioria dos atletas que vêm treinando há várias semanas, uma frequência cardíaca entre o máximo e 10 batimentos abaixo do máximo comumente corresponde a uma velocidade de nado que produz um valor para o consumo de oxigênio igual a 100% do máximo. Frequências cardíacas com 15 a 20 batimentos abaixo do máximo correspondem a velocidades que resultam em níveis de consumo de oxigênio entre 85 e 90% do máximo; frequências cardíacas com 25 a 30 batimentos abaixo do máximo geralmente representam esforços de nado que exigem um consumo de oxigênio entre 70 e 80% de sua taxa máxima; e frequências cardíacas com 40 a 60 batimentos abaixo do máximo correspondem a taxas de consumo de oxigênio entre 50 e 60% do máximo. Deve-se atentar para o fato de que essas frequências cardíacas são apenas estimativas do esforço exigido para a produção de certo percentual de consumo máximo de oxigênio.

$\dot{V}O_2$ máx e desempenho Embora uma pessoa possa melhorar o $\dot{V}O_2$ máx pelo treinamento, pesquisas demonstraram que a hereditariedade estabelece limites para a quantidade de melhora que ela pode alcançar. Estudos demonstraram que gêmeos idênticos possuem capacidades praticamente idênticas de consumo máximo de oxigênio (Bouchard 1990; Klissouras 1971). Em geral, os atletas podem melhorar seus valores absolutos de consumo máximo de oxigênio em L/min em cerca de 15 a 20% e seus valores relativos em mL/kg de peso corporal/min em 20 a 40%.

Durante muitos anos, a capacidade de consumo máximo de oxigênio foi considerada a medida mais válida da capacidade de desempenho dos atletas em provas de resistência. Acreditava-se que uma pessoa que pudesse fornecer mais oxigênio ao seu corpo durante cada minuto de exercício seria capaz de obter mais energia do metabolismo aeróbico; assim, poderia demorar mais para se cansar, porque seria menos dependente do metabolismo anaeróbico. Acreditava-se que um $\dot{V}O_2$ máx maior proporcionaria aos atletas uma distinta vantagem em provas de resistência; por essa razão, o treinamento de resistência enfatizava a melhora dessa medida fisiológica. É verdade que a melhora do $\dot{V}O_2$ máx melhoraria o desempenho de resistência, mas foi descoberto que este era apenas um dos muitos mecanismos fisiológicos que podiam concretizar tal objetivo. Consequentemente, embora muitos pesquisadores tenham informado uma relação razoavelmente forte, de 0,75 a 0,80, entre $\dot{V}O_2$ máx e desempenho em provas de resistência, atletas que são capazes de consumir grandes quantidades de oxigênio durante as provas nem sempre derrotam competidores com menores taxas de consumo máximo de oxigênio. Outros fatores também estão envolvidos, e um deles será discutido na próxima seção.

Percentual de utilização de $\dot{V}O_2$ máx

Nos últimos anos, os pesquisadores observaram que outra medição de consumo de oxigênio tinha maior valor prognóstico do desempenho em provas de resistência em comparação com $\dot{V}O_2$ máx (Sjodin e Jacobs 1981; Bishop, Jenkins e MacKinnon 1998). Essa medição é o *percentual fracional do consumo máximo de oxigênio* (%$\dot{V}O_2$ máx). Tal indicador se refere à mais elevada taxa de trabalho que uma pessoa pode executar durante um perío-

do prolongado, cerca de 20 a 40 min, sem ficar cansada. A taxa é determinada pela mensuração do consumo de oxigênio do atleta durante um nado em esforço máximo de 20 a 40 min; em seguida, é determinada qual fração da taxa de consumo máximo de oxigênio do atleta a medida obtida representa. Exemplificando, se um atleta tiver a capacidade de consumir oxigênio a uma taxa máxima de 70 mL/kg/min e se a taxa mais elevada de consumo de oxigênio que ele pode manter durante um período prolongado sem entrar em fadiga for 60 mL/kg/min, então será capaz de trabalhar a 85% do $\dot{V}O_2$ máx.

Para pessoas não treinadas, a mais alta utilização fracional de $\dot{V}O_2$ máx que não causa fadiga se situa comumente entre 50 e 70% do máximo; o treinamento pode melhorar esse valor para algo entre 75 e 90%. Como ocorre com o $\dot{V}O_2$ máx, a hereditariedade parece desempenhar certo papel na determinação do percentual do máximo que pode ser alcançado pelo atleta. Uma denominação mais comum para identificar a utilização fracional mais alta de $\dot{V}O_2$ máx que possa ser mantida durante um longo período é *limiar anaeróbico* (Wasserman et al. 1973).

Essa terminologia não foi feliz porque sugere que o metabolismo anaeróbico não terá início até que a pessoa tenha ultrapassado certa utilização percentual do $\dot{V}O_2$ máx. Na verdade, o metabolismo anaeróbico tem início exatamente ao ser iniciado o exercício, tendo continuidade até seu término. O limiar anaeróbico não indica a taxa de trabalho na qual tem início o metabolismo anaeróbico; em vez disso, representa um nível controlável de metabolismo anaeróbico que a pessoa poderá manter durante um longo período, sem que se sinta muito cansada. Nessa taxa, o consumo de oxigênio e outros mecanismos aeróbicos serão suficientes para oxidar a maior parte das substâncias liberadoras de energia nos músculos; portanto, o ácido lático é produzido em velocidade mais lenta e a fadiga é adiada. Esse processo será explicado com mais detalhes no capítulo seguinte.

Alguém pode se perguntar por que determinado atleta não pode trabalhar durante um longo período a 100% do $\dot{V}O_2$ máx. Uma crença comum – mas equivocada – é que as pessoas não ficarão cansadas até terem excedido suas taxas máximas de consumo de oxigênio, porque não começarão a produzir ácido lático até que o fornecimento de tal substância tenha atingido um pico, mas não seja mais adequado para atender às necessidades energéticas. Entretanto, conforme foi dito no parágrafo precedente, esses atletas produzirão ácido lático muito tempo antes de terem atingido um nível de trabalho que corresponda a 100% do $\dot{V}O_2$ máx. Isso ocorre por diversas razões; por exemplo, é preciso que tenha transcorrido algum tempo para que o consumo de oxigênio seja estimulado ao máximo; até que isso aconteça, o fornecimento de oxigênio para o atleta será inadequado.

Os atletas não serão capazes de consumir oxigênio a uma taxa máxima até que tenham estimulado ao máximo possível todos os mecanismos respiratórios, circulatórios e musculares participantes da liberação do oxigênio. Comumente, isso não ocorre até que tenham completado 1 a 2 min da prova e acumulado certa quantidade de ácido lático em seus músculos e sangue (Serresse et al. 1988).

Uma segunda razão é que a taxa de trabalho necessária para a estimulação das reações circulatórias e musculares que resultam em uma taxa máxima de consumo de oxigênio exige mais energia que apenas a oxidação pode fornecer. Portanto, essas taxas de trabalho geram um déficit de oxigênio, provocando acúmulo de ácido lático nos músculos.

Vantagens do aumento do percentual de $\dot{V}O_2$ máx Muitos atletas só podem manter velocidades que lhes exigem um consumo máximo de oxigênio durante 1 a 3 min de esforço contínuo antes que sejam forçados a diminuir seu ritmo por causa da fadiga (Hill e Rowell 1997). Em provas e séries de treinamento longas, os atletas devem selecionar velocidades que exijam menos do que a taxa máxima de consumo de oxigênio, de modo que não venham a acumular excesso de ácido lático em seus músculos prematuramente. Exemplificando, muitos corredores podem completar uma maratona (42 km) a um ritmo médio que lhes exige a utilização de 75 a 80% de sua capacidade máxima de consumo de oxigênio. Agora, o leitor deve ser capaz de entender por que a capacidade de utilização de uma fração maior do $\dot{V}O_2$ máx nessas provas seria uma vantagem decisiva. Portanto, atletas que podem ser treinados para a utilização de 85 a 90% do $\dot{V}O_2$ máx sem ficarem fatigados poderão ser capazes de manter esse ritmo durante mais tempo.

A capacidade de competir em um percentual maior de $\dot{V}O_2$ máx também deve ser vantajosa em eventos mais curtos. Nas provas de Natação de média e longa distância, o ritmo de competição dos atletas sempre excede aquele que produziria o consumo máximo de oxigênio. Vamos supor que dois atletas com capacidades idênticas de consumo máximo de oxigênio estejam nadando uma prova que exija de cada um deles o trabalho a um percentual equivalente a 130% do $\dot{V}O_2$ máx. Vamos supor também que um dos atletas é capaz de trabalhar a 85% do $\dot{V}O_2$ máx sem ficar cansado, enquanto o outro pode trabalhar apenas a 80% do $\dot{V}O_2$ máx sem ficar cansado. É fácil perceber que o atleta que pode nadar mais perto dos 100% do $\dot{V}O_2$ máx produz menos ácido lático no ritmo de prova; portanto, é capaz de manter esse ritmo por mais tempo.

Algumas vezes, atletas com um $\dot{V}O_2$ máx menor podem se sobressair em comparação com competidores que possuem valores maiores, por causa de sua capacidade de competir a um percentual mais alto do máximo. Exemplificando, Alberto Salazar, ex-recordista mundial na maratona, tinha um $\dot{V}O_2$ máx de 70 mL/kg/min, que era mais baixo que o de muitos dos demais competidores; no entanto, o maratonista era capaz de correr a maratona em um ritmo que utilizava 86% de seu máximo, uma utilização percentual de $\dot{V}O_2$ máx muito mais elevada do que a maioria dos atletas pode manter para essa distância. Tal circunstância provavelmente explica porque Salazar era capaz de derrotar seus competidores e porque pôde estabelecer um recorde mundial. Os cálculos no quadro a seguir ilustram como um nadador com $\dot{V}O_2$ máx menor pode manter um ritmo mais acelerado em uma prova de distância em comparação com um colega de equipe com $\dot{V}O_2$ máx maior.

Se os dois nadadores tivessem eficiência de nado similares, o nadador A teria uma vantagem definida em qualquer prova que tivesse uma necessidade de oxigênio de 48 mL/kg/min ou superior, pois pode liberar mais energia por meio do metabolismo aeróbico e, portanto, deve ser capaz de manter um ritmo mais rápido sem ficar cansado.

Os resultados de diversas pesquisas sugerem que a capacidade de utilização de maior percentual de $\dot{V}O_2$ máx, em comparação com os demais competidores, tem forte relação com o desempenho nas provas de média e longa distância, e mesmo em provas de apenas 100 m. Em um estudo envolvendo corredores (Sjodin 1982), a relação entre uma medição da utilização percentual de $\dot{V}O_2$ máx e o desempenho foi muito elevada (0,86) para uma corrida de 400 m, uma prova que corresponde aos 100 m na Natação. Uma corrida de 400 m tem duração de 44 a 60 s para a maioria das pessoas, o que se situa dentro da mesma linha de tempo das provas de Natação de 100 jd/m. A relação entre $\dot{V}O_2$ máx e desempenho foi igual a 0,90 para uma corrida de 1.000 m, que transcorre aproximadamente no mesmo tempo necessário para completar uma prova de Natação de 200 m.

Conforme dito anteriormente, o treinamento pode melhorar em 20 a 30% a taxa de consumo máximo de oxigênio que um indivíduo pode utilizar sem ficar cansado. Mas algumas pessoas acreditam que a utilização percentual e o consumo máximo de oxigênio estão tão intimamente ligados que não podem ser considerados fenômenos fisiológicos distintos. Em outras palavras, um aumento na utilização percentual do $\dot{V}O_2$ máx não pode ocorrer sem um aumento concomitante no consumo máximo de oxigênio (Saltin 1973). Contudo, os resultados do estudo de Hurley et al. (1984) demonstraram que o %$\dot{V}O_2$ máx poderia ser aumentado sem aumentar também o consumo máximo de oxigênio. Em seu estudo, o %$\dot{V}O_2$ máx necessário para a produção de uma concentração sanguínea de lactato de 2,5 mmol/L aumentou com o treinamento, enquanto o consumo máximo de oxigênio não aumentou. Antes do treinamento, uma intensidade de exercício que causou uma taxa de consumo de oxigênio igual a 65% do máximo resultou em uma concentração sanguínea de lactato de 2,5 mmol/L; depois do treinamento, foi preciso uma intensidade de treinamento de 75% do $\dot{V}O_2$ máx para que fosse produzida a mesma concentração sanguínea de lactato.

Esses resultados demonstram que o percentual de consumo máximo de oxigênio passível de ser utilizado por uma pessoa durante o exercício pode melhorar, independentemente das melhoras no $\dot{V}O_2$ máx. A principal razão para a melhora no %$\dot{V}O_2$ máx sem um aumento correspondente no consumo máximo de oxigênio poderia estar relacionado à velocidade de remoção do ácido lático dos músculos e do sangue depois do treinamento. Se o ácido lático fosse removido a uma velocidade mais alta depois do treinamento, os atletas poderiam trabalhar a uma velocidade mais próxima àquela que implica $\dot{V}O_2$ máx sem produção de acidose. Sem mudança no $\dot{V}O_2$ máx, uma taxa mais elevada de trabalho poderia resultar na produção de mais ácido lático nos músculos, mas se o ácido lático fosse removido com maior rapidez, essa substância não permaneceria nos músculos, onde poderia causar fadiga. Assim, o treinamento que aumenta a velocidade de remoção do ácido lático dos músculos pode ser tão importante, se não mais importante, para melhorar a resistência do que o treinamento que aumenta o consumo máximo de oxigênio durante o exercício. Discutirei esse tópico com mais detalhes no Capítulo 13 deste livro.

Determinação do limiar anaeróbico Chama-se limiar anaeróbico o percentual mais elevado do consumo máximo de oxigênio que pode ser mantido por uma pessoa durante um período longo, sem que essa pessoa fique cansada. Uma denominação mais precisa é *limiar anaeróbico respiratório,* ou simplesmente *limiar respiratório.* Para determinar o limiar respiratório, devemos medir o consumo de oxigênio durante o exercício. A tomada dessa medição é um procedimento difícil e complexo. Consequentemente, Mader, Heck e Hollmann (1976) desenvolveram outro método para determinar o limiar anaeróbico, que envolvia a medição do conteúdo de ácido lático de amostras de sangue coletadas depois de intensidades variadas de exercício. Tendo em vista que esse método proporciona um modo mais fácil de calcular o limiar anaeróbico, ele é utilizado mais frequentemente no treinamento de atletas, inclusive nadadores, do que as medidas que envolvem consumo de oxigênio. No Capítulo 16, sobre monitoração do treinamento, muito mais será dito acerca da determinação do limiar anaeróbico com medidas no sangue.

As determinações respiratórias e sanguíneas do limiar anaeróbico têm muito em comum, mas não são idênticas. Supostamente, medem a mesma coisa, mas as velocidades de treinamento que correspondem ao limiar respiratório nem sempre são idênticas às velocidades do limiar anaeróbico calculadas a partir de determinações sanguíneas. Apesar dessas discrepâncias na mensuração, o conceito de limiar anaeróbico é válido e bastante significativo para o processo de treinamento. O grupo seguinte de capítulos discutirá tal conceito com mais detalhes.

Novas ideias sobre o débito de oxigênio

Em determinada época, o débito de oxigênio era o conceito mais popular na fisiologia do exercício. O cientista Prêmio Nobel A. V. Hill foi o criador dessa nomenclatura. O débito de oxigênio foi identificado como o oxigênio adicional consumido depois do exercício, além da quantidade que normalmente seria consumida em situação de repouso. A explicação para esse débito foi que ocorria quando a necessidade de oxigênio de determinado período de exercício excedia a quantidade que o atleta poderia consumir durante sua realização. Portanto, os atletas respiravam mais rápida e profundamente durante determinado tempo após a conclusão do exercício para fornecer (reembolsar) o oxigênio adicional de que seus corpos precisavam, mas que não foram capazes de obter durante o exercício. Acreditava-se que o oxigênio adicional compensava o déficit de oxigênio criado pelo metabolismo anaeróbico durante o exercício. A Figura 9.11 ilustra o conceito do débito de oxigênio, como oxigênio extra consumido durante o período de recuperação subsequente ao exercício.

Embora esta fosse uma teoria atraente para explicar a respiração rápida e profunda que tinha continuidade depois que os atletas tinham completado sua tarefa, jamais

---

Comparação do consumo percentual de oxigênio para dois nadadores com valores diferentes de $\dot{V}O_2$ máximo

Nadador A
- $\dot{V}O_2$ máx = 60 mL/kg/min

O nadador A pode nadar a 92% do máximo sem ficar cansado; portanto, pode consumir oxigênio a uma taxa de 55,2 mL/kg/min.

$$60 \times 0,92 = 55,20$$

Nadador B
- $\dot{V}O_2$ máx = 65 mL/kg/min

O nadador B pode nadar a 75% do máximo sem ficar cansado; portanto, pode consumir oxigênio a uma taxa de apenas 48,75 mL/kg/min.

$$65 \times 0,75 = 48,75$$

qualquer pesquisa publicada validou o conceito. A quantidade adicional de oxigênio consumida durante a recuperação não equivalia ao déficit de oxigênio. Na verdade, essa quantidade geralmente era maior do que o déficit de oxigênio calculado, porque a metabolização do ácido lático depois do exercício exigia o uso de mais energia do que a necessária para a produção dessa substância durante a prática (Vandewalle, Peres e Monod 1987). Diversos estudos demonstraram que o débito de oxigênio é 50 a 100% maior do que o déficit de oxigênio (Bangsbo et al. 1990; Hughson 1984; Powers et al. 1987; Rose et al. 1988).

Atualmente, entende-se que o oxigênio extra consumido depois do exercício não representa integralmente o reembolso de um débito contraído durante o exercício; por essa razão, cientistas sugeriram outras denominações para o oxigênio adicional consumido durante a recuperação. Uma dessas denominações é *excesso de consumo de oxigênio pós-esforço (ECOP)*. Uma nomenclatura mais simples é *absorção de oxigênio na recuperação* – que será utilizada neste livro.

Até agora, ninguém foi capaz de fornecer uma explicação completa do papel da absorção de oxigênio na recuperação no metabolismo energético. Contudo, foram propostas diversas explicações possíveis; todas serão detalhadas nos próximos parágrafos.

Tipicamente, a absorção de oxigênio na recuperação tem um componente rápido e um componente lento. Cerca de metade da quantidade de oxigênio excedente consumido durante a recuperação ocorre dentro de 30 s a 3 min depois do término do exercício, dependendo de sua duração e intensidade. Essa parte é chamada *componente rápido,* por razões óbvias. Em certa época, acreditava-se que o componente rápido representava o oxigênio necessário para a reposição do ATP e CP que haviam sofrido depleção durante o exercício. Contudo, Bangsbo et al. (1990) demonstraram que não mais de 20% da parte rápida da absorção de oxigênio na recuperação podiam ser atribuídos a esse processo. Desde essa descoberta, foram propostos vários outros mecanismos para o restante da absorção de oxigênio na recuperação. Uma possibilidade é que ela represente o oxigênio necessário para reposição da quantidade armazenada nas mitocôndrias musculares e na hemoglobina do sangue antes do exercício. Outra possibilidade é que a absorção de oxigênio na recuperação seja uma reação normal do sistema respiratório ao exercício, em que a frequência respiratória permaneceria elevada até que todo o dióxido de carbono adicional produzido durante o exercício fosse removido do corpo.

A parte lenta da absorção de oxigênio na recuperação refere-se à frequência respiratória ligeiramente elevada que pode continuar por alguns minutos, ou mesmo por algumas horas, depois do exercício. Também foram propostas diversas explicações para esse fenômeno. Uma delas é que o oxigênio adicional é provavelmente utilizado na metabolização do ácido lático produzido durante o exercício; outra é que um aumento na temperatura do corpo mantém a frequência respiratória elevada. A temperatura do corpo aumenta durante a prática de exercício intenso e não retorna ao normal durante algum tempo após o término do esforço. A frequência respiratória de uma pessoa pode permanecer elevada até que a temperatura do corpo tenha retornado ao normal. Uma terceira explicação tem a ver com a secreção hormonal: o exercício intenso provoca grande aumento na secreção de certos hormônios, particularmente *norepinefrina* (noradrenalina) e *epinefrina* (adrenalina) durante o exercício. Talvez a frequência respiratória permaneça elevada até que a concentração sanguínea desses hormônios retorne ao normal.

Segundo fôlego e pontada no lado

Atletas sempre têm dúvidas acerca do segundo fôlego e da pontada no lado. A seguir, discutirei rapidamente esses dois conceitos.

Segundo fôlego

A sensação de alívio que ocorre durante um exercício muito intenso é conhecida como *segundo fôlego*. A respiração difícil se torna mais fácil e o trabalho doloroso passa a ser tolerável depois que os atletas vivenciam um segundo fôlego. Atualmente, não há uma explicação definitiva para esse fenômeno, mas a seguinte explicação é a mais frequentemente proposta: a angústia sentida pelos atletas durante os primeiros estágios do exercício pode estar associada a um aumento temporário na taxa do metabolismo anaeróbico; esse estado continua até aumentar o consumo de oxigênio e até que o metabolismo aeróbico forneça maior percentual de energia para o trabalho, e, tão logo isso tenha acontecido, a taxa do metabolismo anaeróbico diminui e o atleta vivencia uma sensação de redução do esforço.

O fato de o segundo fôlego ocorrer durante os esforços de resistência reforça um pouco essa explicação. Além disso, geralmente os atletas experimentam a sensação de segundo fôlego somente quando estão iniciando um programa de treinamento depois de um longo período de inatividade. Atletas bem treinados raramente vivenciam esse fenômeno, provavelmente porque seus sistemas respiratório e circulatório se ajustam mais rapidamente depois que já ficaram condicionados.

Pontada no lado

Durante o exercício, ocasionalmente, os atletas sentem uma dor aguda no lado, imediatamente abaixo dos pulmões, conhecida como *pontada no lado*. Embora não exista prova científica que explique as razões para a pontada no lado, a teoria popular é que essa dor é causada por uma falta temporária de oxigênio, que ocorre no diafragma ou nos músculos intercostais (respiratórios) durante os esforços de resistência. Acredita-se que essa deficiência de oxigênio ocorra porque os sistemas circulatório e respiratório não podem se ajustar com rapidez suficiente ao aumento da demanda por oxigênio durante o exercício. Como o segundo fôlego, pontadas no lado ocorrem comumente em atletas com mau condicionamento e não ocorrerá mais depois que eles estiverem treinados. Também como o segundo fôlego, a pontada no lado provavelmente desaparecerá, pois o treinamento aumenta a velocidade do ajuste dos sistemas respiratório e circulatório ao exercício.

Exercícios de respiração profunda melhoram o desempenho?

O ato de inspirar e expirar o ar fornece oxigênio e remove dióxido de carbono; por essa razão, a respiração é extremamente importante para o exercício. Apesar disso, atletas e treinadores não necessitam de exercícios especiais de respiração profunda para melhorar a troca de gases. As adaptações que melhoram a função respiratória durante provas de resistência e de velocidade ocorrem como subproduto de todos os demais procedimentos de treinamento nos quais os atletas estão envolvidos. Um treinamento especial não melhorará o atleta nesse aspecto em particular; além disso, o sistema respiratório não limita a troca de oxigênio e de dióxido de carbono durante o exercício. Mesmo em atletas moderadamente treinados, há mais oxigênio disponível para o sangue do que esse tecido pode transportar. Uma evidência em favor dessa afirmativa é que grande parte do oxigênio inspirado no pulmão é expirado antes de deixar o órgão. Os fatores que limitam a capacidade do atleta em consumir oxigênio ocorrem nos sistemas circulatório e muscular, e não no sistema respiratório; consequentemente, a prática de exercícios de respiração profunda com o objetivo de aumentar o volume corrente não tem valor real. Embora muitos atletas pratiquem exercícios de respiração profunda, essas práticas não melhorarão a capacidade vital, e mesmo se isso ocorresse, não melhorariam o desempenho.

PAPEL DOS HORMÔNIOS NO TREINAMENTO E NA COMPETIÇÃO

Os hormônios são substâncias químicas produzidas nas glândulas endócrinas e secretadas diretamente na corrente sanguínea. Os hormônios produzidos por essas glândulas são vertidos no sangue e transportados por todo o corpo até sítios receptores existentes nos tecidos, onde podem atender a um grande número de finalidades. As células contêm entre 2.000 e 10.000 sítios receptores onde os hormônios podem se ligar e desempenhar suas funções. Particularmente importantes para treinadores e atletas são as funções envolvidas com (1) aumento do fornecimento de energia durante o exercício e (2) reposição dessa energia durante a recuperação.

Os hormônios não são vertidos para o sangue constantemente. Eles são liberados em rajadas ao serem estimulados por certos eventos. Em grande parte, o sistema nervoso autônomo (inconsciente) regula a secreção dos hormônios. O sistema nervoso autônomo se compõe de duas partes conhecidas como sistemas nervosos *simpático* e *parassimpático*. O sistema nervoso simpático regula a mobilização de energia para o exercício por meio da bem conhecida reação de *lutar ou fugir*; o sistema parassimpático governa a reposição de combustíveis durante a recuperação. Os hormônios mais importantes e suas funções estão listados na Tabela 9.2.

Um sistema de *feedback* negativo regula a secreção de hormônios, ou seja, a secreção de determinado hormônio provocará alguma mudança específica no corpo, o que, por sua vez, inibirá a secreção desse hormônio. Por exemplo, quando a concentração sanguínea de glicose está mais alta do que o normal, o pâncreas libera insulina, a qual aumenta o movimento da glicose para fora do sangue e para o interior das células do corpo. Quando a glicose deixa o sangue e entra nas células, cai o nível de glicose sanguínea, inibindo a liberação de mais insulina. Quando os níveis sanguíneos de glicose aumentam novamente, mais insulina é secretada, e o processo se inicia novamente.

Respostas hormonais durante o exercício

Os hormônios desempenham papéis importantes no fornecimento de energia aos músculos e nervos e também estão envolvidos na reposição dessa energia. Além disso, desempenham papéis no reparo e na formação dos tecidos. A seguir, apresento algumas das funções mais importantes desempenhadas pelos hormônios em atletas.

O trabalho de resistência aumenta o uso de glicose pelos músculos. Os hormônios a seguir facilitam o uso e a reposição da glicose muscular: um aumento na secreção do hormônio *glucagon* facilita o movimento da glicose do fígado até o sangue, que então transporta essa substância até os músculos em trabalho; os hormônios *epinefrina* (adrenalina) e *norepinefrina* (noradrenalina) também são secretados em maiores quantidades e ajudam na movimentação da glicose hepática até o sangue; a secreção de outro hormônio, o *cortisol,* facilita a conversão do glicogênio he-

Tabela 9.2 Hormônios e suas funções

Localização	Hormônio	Função
Pâncreas	Insulina	Estimula a absorção de glicose e ácidos graxos livres pelas células.
	Glucagon	Estimula a liberação de glicose pelo fígado. Também incentiva a formação de glicogênio a partir de proteína no fígado.
	Somatostatina	Diminui a secreção de insulina e glucagon.
Glândulas adrenais		
Medula	Epinefrina (adrenalina)	Estimula a degradação do glicogênio e triglicerídeos musculares. Também estimula a frequência cardíaca, a condução do impulso nervoso e a contração muscular.
	Norepinefrina (noradrenalina)	Estimula a frequência cardíaca e o fluxo sanguíneo ao elevar a pressão arterial. Estimula a liberação de ácidos graxos livres do tecido adiposo.
Córtex	Cortisol	Estimula a liberação de aminoácidos do tecido muscular e ácidos graxos livres do tecido adiposo.
	Aldosterona	Regula a retenção do sódio e, portanto, o equilíbrio hídrico e eletrolítico.
Hipófise		
Anterior	Hormônio do crescimento	Estimula a formação dos tecidos e o metabolismo das gorduras.
	Hormônio estimulante da tireoide	Controla a quantidade de tiroxina produzida e liberada pela glândula tireoide.
	ACTH (hormônio adrenocorticotrópico)	Estimula a liberação dos hormônios adrenais.
	Hormônio estimulante dos folículos (FSH)	Inicia o crescimento dos folículos nos ovários e promove a secreção de estrogênio pelos ovários.
	Hormônio luteinizante (LH)	Promove a secreção de estrogênio e progesterona e faz com que o folículo se rompa, liberando o óvulo.
Posterior	ADH (hormônio antidiurético)	Estimula a retenção de água e reduz a produção de urina.
Glândula tireoide	Tiroxina	Aumenta o metabolismo celular, aumentando o consumo de oxigênio, a degradação das gorduras e do glicogênio e o reparo dos tecidos.
	Calcitonina	Controla a concentração de cálcio no sangue.
Glândula paratireoide	Paratormônio	Estimula o crescimento ósseo mediante seu efeito no cálcio. Também é responsável pelo desenvolvimento de dentes fortes.
Gônadas	Testosterona	Estimula a formação e o reparo dos tecidos.
	Estrogênio	Promove o desenvolvimento dos órgãos sexuais femininos. Cria condições para aumento das reservas de gordura. Ajuda na regulação do ciclo menstrual.
	Progesterona	Ajuda na regulação do ciclo menstrual.

pático em glicose. Conforme já mencionado, um aumento da secreção de insulina está diretamente envolvido na transferência de glicose sanguínea para as fibras musculares em trabalho.

Os hormônios cortisol, adrenalina, noradrenalina e o hormônio do crescimento também facilitam a conversão dos triglicerídeos que estão armazenados no fígado em ácidos graxos livres e glicerol, substâncias que o sangue pode transportar até os músculos, onde os ácidos graxos livres podem ser utilizados para obtenção de energia.

Os hormônios secretados pela glândula adrenal têm recebido enorme atenção de atletas e treinadores. A adre-nalina e a noradrenalina, coletivamente conhecidas como *catecolaminas,* são responsáveis pelo mecanismo de lutar ou fugir e estimulam o sistema circulatório para que responda com maior rapidez à necessidade de oxigênio e glicose depois do início do exercício. Na verdade, pode ocorrer aumento da secreção desses hormônios depois do início do exercício, fenômeno conhecido como *resposta antecipatória*. Respostas antecipatórias são importantes porque encurtam o tempo de resposta para diversos ajustes fisiológicos que facilitam a liberação de energia e a remoção de produtos geradores de fadiga durante o exercício. Alguns especialistas propuseram que o estresse repetido durante um período prolongado pode enfraquecer a resposta das catecolaminas e reduzir o desempenho. Esse tópico será discutido mais detalhadamente no capítulo sobre excesso de treinamento.

O hormônio do crescimento, produzido na hipófise anterior, promove o crescimento dos músculos. Em repouso, um fator de liberação regula a quantidade secretada, mas essa quantidade aumenta consideravelmente durante o exercício físico. Ainda não é conhecido completamente o modo de interação entre o hormônio do crescimento e o exercício na estimulação do crescimento muscular. Alguns atletas complementam o suprimento de hormônio do crescimento no corpo com um produto sintético (hormônio do crescimento sintético) para aumentar o volume e a potência dos músculos, mas, embora possam obter esse efeito, a complementação é perigosa e também antiética.

Efeitos do treinamento nos hormônios

O efeito geral do treinamento é a redução da taxa de secreção hormonal durante o exercício, ao passo que, ao mesmo tempo, essas secreções são preservadas durante mais tempo. Com isso, ocorre a mediação dos seus efeitos, de modo que o exercício possa se prolongar por mais tempo, com menos interferência de desequilíbrios energéticos. Alguns exemplos dos efeitos do treinamento em alguns desses hormônios pode ajudar o leitor a compreender seu efeito nos desempenhos, tanto nas práticas como nas competições.

Exemplificando, o treinamento reduz a taxa de secreção da insulina durante o exercício, o que mantém um nível mais elevado de glicose no sangue durante um período mais prolongado e reduz o glicogênio muscular durante o exercício. Em vez de um pico súbito de insulina seguido por uma queda igualmente súbita no suprimento desse hormônio, o efeito é o de proporcionar uma quantidade menor durante um período maior. Assim, os atletas são capazes de treinar mais intensamente durante períodos mais longos, pois podem fornecer glicose sanguínea aos músculos durante mais tempo. Analogamente, depois que um atleta já estiver bem treinado, o glucagon e as catecolaminas (adrenalina e noradrenalina) responderão menos ativamente durante o exercício; consequentemente, a velocidade de uso do glicogênio diminuirá, ao passo que a taxa do metabolismo das gorduras aumentará, de modo que o exercício de resistência poderá ter continuidade por mais tempo antes que ocorra depleção do glicogênio muscular.

Capítulo 10

Metabolismo energético e desempenho na Natação

Novo nesta edição:

- Discussão aprofundada do papel da remoção de lactato na competição e no treinamento.
- Discussão aprofundada dos fatores que limitam o desempenho em diversas distâncias de competição e no treinamento.

As contrações dos músculos tornam possível nadar de uma das extremidades da piscina até a outra. A liberação de energia presente em compostos químicos no interior dos músculos é o que possibilita a contração. Assim, a energia proporciona ao atleta a capacidade de nadar. Sem energia, os músculos não podem se contrair. Este capítulo descreve os mecanismos fisiológicos que fornecem energia para a contração muscular.

O complexo processo que fornece energia no interior do corpo humano é chamado *metabolismo*. Durante as últimas três décadas, as informações científicas acerca do metabolismo energético têm sido amplamente responsáveis pelos progressos observados nos métodos de treinamento. Portanto, todos os que estudam seriamente o treinamento devem compreender o processo metabólico. Este capítulo começa com uma descrição da energia, prosseguindo para uma discussão dos mecanismos fisiológicos do metabolismo que disponibilizam a energia para que os músculos possam se contrair.

ENERGIA E SUAS FONTES

Comumente, a energia é definida como a capacidade de realizar trabalho. O universo contém muitos tipos diferentes de energia. A energia radiante, a energia térmica, a energia luminosa, a energia química e a energia mecânica são fundamentais entre esses tipos. A primeira lei da termodinâmica nos informa que cada forma de energia é capaz de ser transformada em uma das outras formas quando necessário (Lehninger 1973).

A fonte máxima de energia é o Sol, que irradia energia para a Terra. Quando essa energia colide com as plantas, é para elas transferida e, em seguida, armazenada como energia química por meio do processo de fotossíntese. Quando comemos vegetais ou carne de animais que ingeriram plantas, absorvemos a energia para nossos corpos, armazenando-a para uso futuro. Tanto vegetais como animais armazenam energia na forma de carboidratos, gorduras, proteínas e em partes componentes de diversas substâncias químicas. A energia passa a ser fonte potencial para diversos mecanismos fisiológicos ao ser liberada desses agentes químicos e convertida em outras formas. No nosso corpo, transformamos a energia química em energia elétrica para a transmissão de impulsos nervosos e a transformamos em energia mecânica para potencializar o trabalho da contração muscular. A velocidade dos velocistas e a habilidade dos nadadores meio-fundistas e fundistas em manter determinado ritmo são determinadas pela capacidade de seus corpos de liberar energia química e transformá-la em energia mecânica para a realização de trabalho.

Considerando que disponibilidade de energia é o fator que governa a velocidade e o ritmo dos nadadores, a finalidade do treinamento deve ser a disponibilização de mais energia química aos músculos em velocidades maiores e a reposição da energia perdida desses agentes químicos com a maior rapidez possível. O treinamento faz isso por meio de um processo chamado *adaptação*. Quando os nadadores consomem continuamente grandes quantidades de energia em altas velocidades durante o treinamento, seus corpos armazenam mais substâncias que contêm energia e a liberam mais rapidamente quando é necessária durante as provas. Seus corpos também aprendem a repor a energia mais rapidamente, depois de sua liberação. Em outras palavras, os mecanismos fisiológicos do corpo se adaptam às demandas específicas impostas pelo treinamento, de modo que haverá mais energia disponível para a realização de mais trabalho com menos fadiga. As adaptações que possibilitam a liberação e a reposição de energia são muitas e variadas, envolvendo, entre outras funções, a liberação de oxigênio e de alimentos para os músculos e a remoção de dióxido de carbono e de ácido lático destes pelos sistemas respiratório e circulatório. Elas também envolvem o movimento dessas substâncias no interior dos músculos e as reações enzimáticas que liberam e repõem energia.

A energia é medida em *calorias*, e o conteúdo calórico dos alimentos é o indicativo da quantidade de energia que fornecem. O nome *caloria* com "*c*" minúsculo identifica essas pequenas unidades de caloria. Mil calorias são iguais a uma *quilocaloria,* que é igual a 426,85 kg/m ou 3.087,4 pés-libras de trabalho. O nome *Caloria* com "*C*" maiúsculo é frequentemente utilizado como substituto para *quilocaloria.*

FORMAS DE ARMAZENAMENTO DE ENERGIA NO CORPO

A energia é armazenada em nossos corpos em combinação com os seguintes agentes químicos: *trifosfato de adenosina (ATP), fosfato de creatina (CP), carboidratos, gorduras* e *proteínas*. Combinações de moléculas formam todas essas substâncias químicas.

Trifosfato de adenosina

O ATP consiste em uma molécula de proteína, a adenosina, e três moléculas de fosfato. A estrutura química do ATP está ilustrada na Figura 10.1. Os símbolos em forma de losango que conectam os quatro componentes representam a energia. Essa energia liga as quatro moléculas menores para a formação da molécula maior, o ATP. As ligações entre tais moléculas são fontes de energia química disponíveis para uso.

O ATP é a única fonte de energia que nossos corpos podem utilizar para a contração muscular; todos os outros agentes químicos que contêm energia são utilizados na reciclagem do ATP depois que sua energia foi utilizada para gerar trabalho muscular. A energia proveniente do ATP se torna disponível para a contração muscular pelo seguinte processo: quando as fibras musculares se contraem, ativam uma enzima, *adenosina trifosfatase (ATPase),* que faz com que uma das moléculas de fosfato seja separada da molécula de ATP e, no processo, libere a energia que a ligava àquela molécula, restando o *difosfato de adenosina (ADP),* um composto que contém adenosina e duas moléculas de fosfato. O processo de decomposição do ATP, liberação de energia e formação de ADP está ilustrado na Figura 10.2. Enzimas são pequenas proteínas com uma função específica no corpo. Uma enzima está associada a cada uma das milhares de reações químicas que ocorrem no corpo. As enzimas aceleram essas reações, sem serem consumidas ou modificadas no processo.

O ATP não pode ser transportado de outras partes do corpo para as fibras musculares em funcionamento. Portanto, quando a quantidade de ATP em determinada fibra muscular perde energia e fosfato, é preciso que outras fontes de energia no interior da mesma fibra reponham o ATP quase imediatamente, ou esta não será capaz de liberar energia suficiente para continuar sua contração, o que não é uma tarefa fácil. Nossos músculos contêm quantidades tão pequenas de ATP (6,2 mmol/kg de mús-

Figura 10.1   Estrutura química do trifosfato de adenosina.

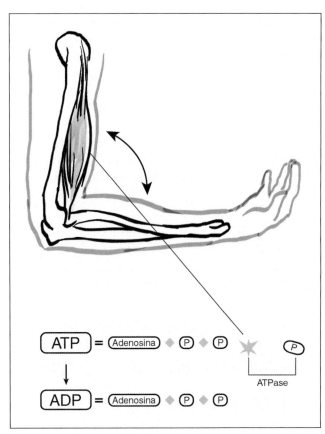

Figura 10.2   Cisão de uma molécula de fosfato (com produção de energia) do ATP; resta o composto ADP.

culo úmido; Bangsbo et al. 1990) que podem sofrer depleção nos primeiros segundos de exercício se essa substância não for rapidamente reposta. Portanto, é notável que, mesmo quando fatigados, os músculos de um nadador ainda irão conter praticamente 70% de seu suprimento original de ATP (Bangsbo et al. 1990).

A reciclagem de ADP de volta a ATP depende da disponibilidade de outra molécula de fosfato e de energia. As outras fontes de energia que podem ser utilizadas como doadoras de fosfato e energia são os quatro agentes químicos restantes nos músculos: fosfato de creatina (CP), carboidratos, gorduras e proteínas. As enzimas começam quebrando tais substâncias imediatamente no início do exercício, de modo que sua energia estará instantaneamente disponível para a reciclagem do ATP. A seguir, descreverei o papel de cada um desses compostos químicos na reciclagem do ATP, começando pelo fosfato de creatina.

Fosfato de creatina

O agente químico fosfato de creatina é a mais rápida fonte de energia e de fosfato para a reciclagem do ATP. Como seu nome indica, o fosfato de creatina é formado por uma molécula de creatina e por uma de fosfato. A energia liga uma molécula a outra. A estrutura química do fosfato de creatina está ilustrada na Figura 10.3.

A enzima *creatina quinase (CK)* catalisa a cisão da molécula de fosfato da creatina, o que também libera a energia de ligação dessas duas moléculas. Na sequência, a energia e o fosfato se combinam com o ADP para a formação de ATP, processo catalisado pela enzima *mioquinase*. O processo de reformação de ATP a partir de ADP e CP está ilustrado na Figura 10.4.

O processo de reposição do ATP com fosfato e energia provenientes do CP depende apenas de duas etapas: a cisão do CP e a combinação de seu fosfato e energia com ADP. Essas duas etapas podem ocorrer com tanta rapidez que não haverá demora no processo de liberação de energia do ATP. Consequentemente, os atletas podem manter uma taxa máxima de contração muscular enquanto houver CP suficiente para a restauração da energia proporcionada pelo ATP. Fibras musculares de contração rápida têm concentração mais elevada desse agente químico do que as fibras musculares de contração lenta.

Infelizmente, a quantidade de fosfato de creatina que pode ser armazenada em qualquer um dos tipos de fibra muscular é bastante pequena, entre 11 e 23 mmol/kg de músculo úmido (Lehninger 1973). Entretanto, os seres humanos podem utilizar apenas cerca de 60% do seu fosfato de creatina armazenado para a reciclagem do ATP (Bangsbo et al. 1990; Henriksson 1992) antes que o corpo perceba a diminuição do suprimento e o processo sofra um retardo. Por consequência, o CP poderá ser utilizado apenas para a reciclagem do ATP durante aproximadamente 4 a 5 s de esforço máximo (di Prampero 1971). O significado desse fato é que os seres humanos apenas poderão manter uma taxa máxima de contração muscular durante 4 a 6 s.

É pouca a quantidade de CP que pode ser reposta durante o exercício, porque o fosfato e a energia disponíveis serão necessários para a reposição do ATP. No entanto, quando o exercício terminar e todo o ATP tiver sido reformado, as moléculas excedentes de fosfato encontrarão energia e se religarão à creatina, para que seja restaurado o suprimento de fosfato de creatina muscular.

Quando metade das reservas de CP muscular já tiver sido utilizada, os atletas deverão depender do metabolismo dos carboidratos, gorduras e proteínas para a obtenção da energia e do fosfato que necessitam para a reciclagem do ATP. Essa circunstância retardará a velocidade da contração muscular por haver necessidade de várias etapas adicionais para a liberação de energia desses alimentos. Na falta de fosfato de creatina suficiente, os carboidratos são a segunda fonte de energia e de fosfato mais prontamente disponível na forma de glicogênio armazenado nos músculos.

Carboidratos

Os carboidratos são os açúcares simples e amidos, que fornecem energia para todas as funções do corpo, inclusive para que a pessoa possa pensar e exercitar-se. A *glicose* é o açúcar simples utilizado na reciclagem do ATP. Alimentos que contêm açúcares simples e complexos e amidos são reduzidos até glicose durante o processo digestivo. Depois de ter ingressado na corrente sanguínea, os alimentos são transportados até as células do corpo e utilizados imediatamente para obtenção de energia ou armazenados para

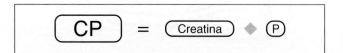

Figura 10.3 Estrutura química do fosfato de creatina.

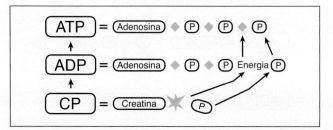

Figura 10.4 Reposição de ATP por meio da cisão do fosfato de creatina.

uso futuro. A forma de armazenamento da *glicose* é chamada *glicogênio*, que é armazenado pelo corpo em dois reservatórios principais: nos músculos e no fígado. Conforme anteriormente indicado, parte da glicose que se difunde para as células dos músculos em funcionamento também pode ser utilizada na reciclagem imediata do ATP. Nas seções seguintes, descreverei os papéis que essas três fontes de energia – glicogênio muscular, glicogênio hepático e glicose – desempenham na reposição do ATP.

Glicogênio muscular

O glicogênio muscular, que consiste em uma cadeia de moléculas de glicose, é a principal fonte de energia e de fosfato para a reciclagem de ATP em todos os eventos de Natação (exceto os mais curtos), pois já está disponível nas células musculares e não exige tempo adicional para que seja transportado do sangue. Assim, ele é a segunda fonte mais rápida de energia e de fosfato para a reciclagem do ATP após a diminuição do aporte de fosfato de creatina muscular. O processo ocorre da forma descrita a seguir.

Ao começar o exercício, o glicogênio armazenado nos músculos é reconvertido em glicose, que é metabolizada em uma cadeia longa e complexa de eventos conhecidos conjuntamente como *glicólise*. A energia e o fosfato para a reciclagem do ATP são liberados de maneira muito rápida em diversos pontos durante o processo, e os liberados mais rapidamente são provenientes da *glicólise anaeróbica,* que não depende do oxigênio para ser liberada. O processo mais lento e prolongado, chamado *glicólise aeróbica,* depende do oxigênio.

Glicogênio hepático e glicose sanguínea

O fígado e o sangue contêm reservas de glicose que podem ser mobilizadas e transportadas até os músculos quando estes precisam de energia. A glicose que havia previamente chegado ao fígado estava armazenada nesse órgão na forma de glicogênio. Ele deve ser reconvertido em glicose antes que possa ser transportado até os músculos e utilizado para complementar suas reservas de glicogênio. O processo de reconversão ocorre sempre que as reservas de glicose sanguínea caem abaixo do normal. Assim, quando os músculos se contraem e a glicose se difunde para esses tecidos a partir do sangue, o glicogênio hepático é convertido em glicose, que será levada ao sangue para repor suas reservas.

A glicose sanguínea é conhecida mais comumente como açúcar do sangue. A digestão dos alimentos faz com que a glicose originada do estômago chegue ao sangue. Em repouso, a glicose sanguínea é transportada até os músculos e o fígado, onde será armazenada em forma de glicogênio. Quando os nadadores estão treinando, a glicose

que circulava no sangue pode se difundir para as células musculares, ingressando no processo metabólico sem ter sido previamente convertida em glicogênio. Portanto, fica evidente que a glicose do sangue ajuda os atletas a manter um nível elevado de glicose nos músculos durante o exercício. A glicose sanguínea pode atender cerca de 30 a 40% da quantidade total de energia utilizada durante o treinamento (Felig e Wahren 1971). No entanto, tanto o glicogênio hepático como a glicose sanguínea podem fornecer apenas pequenas quantidades de energia durante a maioria das provas de Natação. O processo de conversão do glicogênio hepático em glicose sanguínea é muito lento para fornecer energia para a reciclagem do ATP em velocidades de nado rápidas ou mesmo moderadas. Analogamente, a difusão da glicose sanguínea até as células musculares requer muito tempo para manter velocidades altas de nado, embora provavelmente forneça pequena quantidade da energia utilizada pelos atletas nas provas de competição mais longas. Dessa maneira, tanto o glicogênio hepático como a glicose sanguínea podem servir apenas como complementos, e não como substitutos, para o glicogênio muscular e, mesmo assim, apenas de modo significativo durante seções longas de treinamento. Apesar disso, tais substâncias desempenham papel importante no treinamento, pois permitem que os nadadores realizem mais trabalho em maior intensidade antes de ficarem cansados por causa do consumo de energia.

Tanto a glicose sanguínea como o glicogênio hepático desempenham papéis importantes na reposição das reservas de glicogênio dos músculos durante o período de recuperação que se segue à prática do exercício. Além disso, a glicose circulante no sangue pode repor as reservas de glicogênio no fígado quando estas estiverem baixas. Outra função importante do glicogênio hepático e da glicose sanguínea é a manutenção de um aporte adequado de glicose sanguínea para o cérebro e outros tecidos nervosos. As células nervosas, como as demais células do corpo, utilizam glicose para obtenção de energia, mas, ao contrário das células musculares, não podem armazenar glicose na forma de glicogênio, sendo, portanto, dependentes de um aporte constante de glicose do sangue circulante.

Gorduras

Gorduras também são fontes importantes de energia para a reciclagem do ATP durante o exercício. Maior quantidade de ATP poderá ser reposta com gordura em comparação à quantidade obtida com carboidratos. Uma molécula de gordura pode ressintetizar 457 moléculas de ATP, enquanto uma molécula de glicose pode ressintetizar apenas 36. Entretanto, infelizmente o processo de metabolização de gorduras é inteiramente aeróbico – e isso significa que a energia apenas poderá ser liberada lentamente.

Mesmo em condições de um processo inteiramente aeróbico, a reposição do ATP com energia proveniente das gorduras exige praticamente o dobro do tempo necessário em comparação com a reposição dependente da glicose. Assim, embora o metabolismo dos ácidos graxos forneça energia em abundância, ela é liberada tão lentamente que os nadadores não poderiam manter um ritmo adequado durante as provas se sua única fonte de energia para a reciclagem do ATP fosse constituída por gorduras, ou se essa fosse sua fonte principal. Consequentemente, pouca ou praticamente nenhuma energia durante as provas provém do metabolismo das gorduras. A liberação de energia das gorduras é ainda mais lenta, porque apenas pequenas quantidades desse alimento, aproximadamente 12 mmol/kg, ficam armazenadas nos músculos, onde estão facilmente disponíveis para uso. A maior quantidade fica armazenada por baixo da pele, na forma de tecido adiposo. Os corpos da maioria dos atletas contêm tecido adiposo suficiente para a obtenção de energia durante alguns dias. A quantidade total de energia disponível na gordura se situa por volta de 70.000 a 110.000 quilocalorias em adultos magros. Contrastando com esses valores, a quantidade total de energia disponível das reservas de carboidratos do corpo fica abaixo das 2.000 quilocalorias (McArdle, Katch e Katch 1996).

Pretendo agora explicar o processo pelo qual as gorduras são convertidas para liberar a energia e o fosfato necessários para a reciclagem do ATP. Os *triglicerídeos* são a forma de armazenamento das gorduras no corpo. Primeiramente, eles devem ser transformados em *glicerol* e três moléculas de ácidos graxos (*ácidos graxos livres* ou *AGLs*), em um processo chamado *lipólise,* antes que possam liberar energia. A enzima *lipase* catalisa essa transformação. Tão logo tenha ocorrido a conversão, o sangue poderá transportar o glicerol até o fígado, onde poderá ser convertido em glicose e glicogênio. Ao mesmo tempo, o sangue transporta os ácidos graxos livres para as fibras musculares em funcionamento, onde tais moléculas podem ser absorvidas e transportadas até as mitocôndrias. Assim que chegam a essas organelas, os ácidos graxos livres são transportados para seu interior com a ajuda de outra enzima, a *carnitina transferase (CT)*. No interior das mitocôndrias, os ácidos graxos livres liberam fragmentos acetil em um processo chamado *beta-oxidação*. O acetil se une à *coenzima A* (em que o *A* significa ácido acético) para a formação de *acetil-coenzima A (acetil-CoA)*. A enzima *acetil-CoA sintetase* catalisa o processo da união do acetil com a coenzima *A*. Em seguida, o acetil-CoA ingressa no ciclo de Krebs, onde poderá participar na reciclagem do ATP do mesmo modo como ocorre com o glicogênio. Tão logo

ingressou no ciclo de Krebs, cada molécula de ácido graxo pode formar 147 moléculas de ATP (McArdle, Katch, e Katch 1996).

O tecido adiposo fornece cerca de metade da gordura metabolizada para a obtenção de energia durante a prática do exercício, e a gordura armazenada nas células musculares contribui com a outra metade. Em comparação com as fibras musculares de contração rápida, as fibras musculares de contração lenta estão mais bem equipadas para o metabolismo das gorduras, pois possuem mais gordura armazenada em seu interior, sua irrigação sanguínea é mais abundante e podem transportar gordura adicional do tecido adiposo com maior rapidez. As fibras musculares de contração lenta também possuem maior número de mitocôndrias, onde a gordura proveniente tanto da circulação como dos músculos pode ser metabolizada. Estima-se que a velocidade do metabolismo das gorduras em fibras musculares de contração lenta seja 10 vezes maior do que nas fibras de contração rápida (Brooks e Fahey 1984). Consequentemente, nadadores fundistas, que geralmente possuem maior percentual de fibras de contração lenta, queimam mais gordura (e menos glicogênio muscular) para obtenção de energia durante o treinamento. Assim, os nadadores de provas mais longas devem esgotar mais lentamente suas reservas de glicogênio muscular. Esta pode ser uma das razões pelas quais esses atletas parecem tolerar melhor dias e semanas sucessivas de treinamento intenso em comparação com atletas velocistas.

O principal papel desempenhado pelo metabolismo das gorduras na reposição do ATP de nadadores ocorre durante o treinamento. Ele pode proporcionar quantidade significativa de energia durante as longas séries de repetições nadadas em velocidades moderadas; com isso, fica reduzida a velocidade de uso do glicogênio muscular, com adiamento da fadiga. O metabolismo das gorduras provavelmente fornece entre 30 e 50% da energia total utilizada durante sessões típicas de treinamento de 2 horas envolvendo uma parte significativa de treinamento de resistência (Ahlborg, Hagenfelder e Wahren 1974). No entanto, a situação é diferente no caso do fornecimento de energia para repetições de resistência em altas velocidades. O processo do metabolismo das gorduras é simplesmente lento demais para o atendimento de qualquer coisa além de pequena parte da energia necessária para a manutenção das elevadas velocidades de nado. Consequentemente, a contribuição das gorduras para a reciclagem do ATP diminui drasticamente quando os atletas nadam a velocidades que se aproximam e excedem seus limiares anaeróbicos. Portanto, grande parte da energia para esses nados deve provir do glicogênio e da glicose.

Devo mencionar que a quantidade de energia doada pelo glicogênio muscular diminui com o prolongamento do tempo de treinamento, porque, depois da primeira hora de treino, o aporte de glicose proveniente dos músculos declina consideravelmente.

Proteínas

Proteínas são sinônimo de força, pois são os elementos estruturais básicos dos músculos e estão intimamente envolvidas no reparo e reconstrução desses tecidos. No entanto, sabe-se pouco sobre o papel que as proteínas desempenham na resistência. Muitos dos componentes estruturais dos músculos que estão envolvidos no metabolismo aeróbico são construídos a partir de proteínas, entre eles, destacam-se as *mitocôndrias,* local de ocorrência do metabolismo aeróbico. Hemoglobina e mioglobina, os componentes transportadores de oxigênio do sangue e do músculo, também contêm proteínas. As enzimas são construídas com base nas proteínas, e o mesmo ocorre com os hormônios. As proteínas também constituem um dos mais importantes tampões do corpo; assim, contribuem para a regulação do equilíbrio entre a acidez e a alcalinidade dos fluidos corporais (equilíbrio ácido-básico) durante o exercício.

As proteínas são compostas de carbono, hidrogênio, oxigênio e nitrogênio, dispostos em grande variabilidade para formar uma enorme combinação de aminoácidos. O corpo não possui depósitos para armazenamento de proteínas; elas estão contidas no corpo como partes importantes de tecidos, sangue, hormônios e enzimas. Os componentes estruturais do corpo, com seus aminoácidos constituintes, estão continuamente passando por um processo de decomposição e reposição.

Além de suas outras funções, as proteínas podem doar pequenas quantidades de energia para a reciclagem do ATP durante o exercício, quando parte do nitrogênio em certos aminoácidos, principalmente leucina e isoleucina, é removida e transferida para outras proteínas para a formação de novos aminoácidos. As partes de carbono que permanecem dos antigos aminoácidos podem então ser convertidas em acetil-CoA, de modo que possam ingressar no ciclo de Krebs e sofrer metabolismo para obtenção de energia da mesma maneira que ocorre com a glicose.

A reciclagem do ATP a partir das proteínas, como sua reciclagem a partir das gorduras, é um processo aeróbico lento, que depende de muitas etapas antes que as partes de carbono dos aminoácidos degradados possam de fato ingressar no ciclo de Krebs. O metabolismo das proteínas é o método mais lento e menos econômico para a reciclagem do ATP.

O leitor pode se perguntar por que os atletas precisariam reciclar ATP pela metabolização das proteínas quando possuem gordura disponível. O corpo procede dessa forma porque os músculos precisam conter certa quanti-

dade de glicose para metabolizar as gorduras para obtenção de energia (McArdle, Katch e Katch 1996). Quando os ácidos graxos livres são convertidos em acetil-CoA, devem combinar-se com o ácido oxaloacético para o ingresso no ciclo de Krebs e a subsequente oxidação. O ácido oxaloacético é produzido principalmente pelo metabolismo da glicose. Dessa maneira, é preciso que haja boa disponibilidade de glicose para a produção do ácido oxaloacético, antes que as gorduras possam ser metabolizadas no ciclo de Krebs. Consequentemente, quando as reservas de glicose do atleta estão muito baixas, ele não terá escolha a não ser depender mais intensamente da própria proteína muscular para a reciclagem do ATP.

Tendo em vista que este é um processo extremamente lento, o metabolismo das proteínas não contribui com quantidade expressiva de energia durante a competição, mas contribui efetivamente para o fornecimento de energia para o treinamento. Estima-se que o catabolismo (i. e., a decomposição) das proteínas forneça entre 10 e 15% das necessidades totais de energia durante uma sessão de treinamento com duração de 2 h (McArdle, Katch e Katch 1996). Os atletas devem manter reservas adequadas de glicogênio e glicose nos músculos durante o treinamento para que não utilizem quantidades excessivas de proteína para a obtenção de energia. Caso isso ocorra, os músculos perderão parte de seu conteúdo proteico e, portanto, parte de sua força e resistência.

Em geral, a pequena quantidade comumente utilizada pode ser reposta durante a noite. Portanto, as adaptações do treinamento não devem ser adversamente afetadas. Entretanto, quando os atletas treinam em uma situação na qual as reservas de glicogênio muscular estejam baixas, os efeitos negativos podem se tornar significativos. Exemplificando, se o glicogênio muscular de determinado atleta está baixo em decorrência de dias de treinamento prévio, a quantidade de energia derivada do catabolismo das proteínas poderá aumentar de 15 para 45% (McArdle, Katch e Katch 1996). A energia para a reciclagem do ATP doada pelas proteínas também aumentará significativamente durante longas sessões de treinamento contínuo se as reservas de glicogênio nos músculos e no fígado ficarem exauridas. Quando a quantidade de proteína metabolizada para a produção de energia se torna grande a ponto de os atletas não fazerem mais a reposição normalmente, os componentes estruturais das proteínas contráteis, das mitocôndrias, da mioglobina e das enzimas metabólicas no interior dos músculos poderão ser literalmente canibalizados. Com o passar do tempo, a perda pode se tornar tão grave que os atletas perderão força e resistência (Lehmann et al. 1996).

Quando a proteína é metabolizada, as porções remanescentes de nitrogênio dos aminoácidos utilizados para o fornecimento de energia para a reciclagem do ATP devem ser eliminadas do corpo. No ser humano, o nitrogênio é excretado, em forma de ureia, pela urina; por essa razão, alguns pesquisadores sugeriram a utilização de determinações da quantidade da ureia como indicador do uso excessivo de proteína. Discutirei mais detalhadamente o uso da ureia com essa finalidade no capítulo sobre excesso de treinamento, um pouco mais adiante no livro.

TRÊS ESTÁGIOS DO METABOLISMO DA ENERGIA

O corpo humano recicla ATP utilizando três sistemas bioquímicos distintos, sendo que dois destes dispensam oxigênio, portanto são *anaeróbicos* (i. e., sem oxigênio). É preciso contar com um suprimento contínuo de oxigênio para que o terceiro sistema se torne operacional; por isso, esse sistema é chamado *aeróbico* (i. e., com oxigênio). Esses sistemas metabólicos receberam diversas denominações. O mais simples e rápido dos sistemas anaeróbicos, em termos de reciclagem do ATP, é comumente conhecido como *sistema ATP-CP, sistema não aeróbico* ou *sistema alactácido*.

Os diversos nomes utilizados na identificação do outro sistema anaeróbico são *metabolismo anaeróbico, sistema lactácido* e *glicólise anaeróbica*. Utilizarei a denominação *metabolismo anaeróbico* quando me referir a esse sistema em particular. A fase final do metabolismo, dependente de oxigênio, foi chamada de *sistema aeróbico, metabolismo aeróbico* ou *glicólise aeróbica*. Ao me referir a esse sistema, usarei a denominação *metabolismo aeróbico*.

Cada um desses sistemas recicla o ATP em diferentes velocidades; tal velocidade é determinada em grande parte pelo número de etapas intermediárias pelas quais precisam passar antes que o ATP tenha sido reformado. Conforme já mencionei, o sistema ATP-CP é o mais rápido dos três, seguido pela glicólise anaeróbica e pelo metabolismo aeróbico (este último é, de longe, o mais lento dos métodos para a reciclagem do ATP). A velocidade de reciclagem do ATP pelo metabolismo anaeróbico é aproximadamente igual à metade da velocidade do sistema ATP-CP. Por sua vez, o metabolismo aeróbico ocorre na metade da velocidade do metabolismo anaeróbico.

Sistema ATP-CP

A fase ATP-CP do processo metabólico refere-se à rápida reciclagem do ATP por meio da decomposição do fosfato de creatina. Quando um impulso nervoso estimula uma fibra muscular a se contrair, ocorre combinação dos filamentos proteicos dessa fibra: *miosina* e *actina*. Esses filamentos ativam a enzima *ATPase*. Essa enzima, em meio aquoso, faz com que uma das ligações fosfato se separe da

molécula de ATP. No processo, a energia química existente na ligação fosfato é liberada e convertida, em parte, em energia mecânica que a fibra muscular pode utilizar para realizar o trabalho de contração. Esse processo é muito rápido, de modo que a contração poderá ocorrer imediatamente e a fibra muscular poderá exercer máxima força. Portanto, o sistema ATP-CP não limita a quantidade total de força exercida pelo músculo. Em vez disso, o número de fibras musculares que estão se contraindo em qualquer momento específico determina a quantidade total de força que um grande músculo pode exercer.

A decomposição de uma molécula de ATP libera 7,3 Calorias de energia química (McArdle, Katch e Katch 1996). Parte dessa energia química é convertida em energia mecânica e utilizada pelos músculos para contração; o restante é convertido em energia térmica. O percentual da energia total utilizada para a geração de trabalho determina sua eficiência. Exemplificando, quando a eficiência de determinado nadador é de 14%, uma eficiência típica para o nado Crawl (Pendergast et al. 1978), apenas 14% da energia química liberada são utilizados para o trabalho de contração muscular. Os 86% restantes são convertidos em energia térmica.

Embora tenha sido amplamente informado que as fibras musculares humanas contêm fosfato de creatina suficiente para a reciclagem do ATP durante 10 a 15 s, parece que apenas metade dessa quantidade pode ser utilizada na conversão rápida de ADP em ATP antes que a formação de ácido lático retarde o processo (di Prampero 1971). Portanto, conforme já mencionei, as fibras musculares podem se contrair em uma velocidade máxima durante apenas 4 a 6 s, pois as reservas de CP nos músculos declinam em dois estágios. Essas reservas caem rapidamente durante os primeiros 4 a 6 s de esforço e, em seguida, mais lentamente durante o restante da prova (Hasson e Barnes 1986). O gráfico na Figura 10.5 ilustra esse processo.

Considerando que as reservas de fosfato de creatina são muito pequenas, a maior parte da energia para a reposição do ATP é fornecida por essa substância apenas durante os primeiros segundos de exercício. Com a diminuição das reservas, o glicogênio muscular passa a ser uma fonte de energia crescente. Depois de 10 s de esforço, o fosfato de creatina e o glicogênio muscular estarão fornecendo energia em quantidades aproximadamente iguais para a reposição do ATP. O glicogênio muscular passa a ser a fonte principal de energia para a reposição do ATP depois de cerca de 5 s, enquanto o fosfato de creatina continua a participar com quantidade de energia decrescente. Depois de 20 s de exercício, a contribuição do fosfato de creatina para a reposição do ATP passa a ser desprezível (Greenhaff e Timmons 1998).

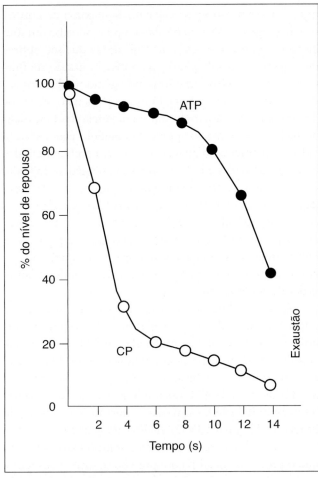

Figura 10.5 Padrão de uso de ATP e CP durante eventos curtos de velocidade. (Adaptado de Wilmore e Costill 1999.)

Metabolismo anaeróbico

Aproximadamente 5 s depois do início de uma prova e ao longo do evento, o glicogênio muscular passa a ser a fonte principal de energia e de fosfato para a reciclagem do ATP. O processo tem duas fases: a primeira é anaeróbica e libera energia e fosfato rapidamente, enquanto a segunda é aeróbica e recicla o ATP com menor velocidade. Descreverei primeiramente o processo anaeróbico. A denominação *metabolismo anaeróbico* tem uso comum em referência a essa fase metabólica, mas, tecnicamente, essa fase deveria ser conhecida como *glicólise anaeróbica,* por se referir às 11 etapas iniciais no metabolismo do glicogênio muscular até glicose, e finalmente até piruvato ou ácido lático. Utilizarei essas nomenclaturas alternativamente, por serem geralmente utilizadas na literatura científica.

A reciclagem do ATP por esse processo demora cerca de metade da velocidade conseguida com o sistema ATP-CP. Assim, a velocidade e a força dos músculos necessariamente diminuirão, e os atletas não serão capazes de manter uma velocidade máxima quando a glicólise anaeróbica se tornar a principal fonte de energia. Estima-se que a produção de potência por uma pessoa diminuirá em aproximadamente 35% depois dos primeiros 5 s de exercício, quando a glicólise anaeróbica se tornar a principal fonte de energia para a reciclagem do ATP (Hultman e Sjoholm 1986).

Um grupo de enzimas catalisa a glicólise anaeróbica e controla sua velocidade. O treinamento de velocidade pode aumentar a atividade dessas enzimas e, portanto, a velocidade da glicólise anaeróbica. A Figura 10.6 lista as etapas e enzimas envolvidas na glicólise anaeróbica.

Na maioria dos casos, o processo tem início com a conversão do glicogênio muscular em glicose, um procedimento catalisado por uma forma ativada da enzima *fosforilase*. Depois dessa etapa inicial, o metabolismo da glicose prossegue por mais 10 estágios, terminando com a formação de *ácido pirúvico* a partir do fosfofenilpiruvato. O fosfofenilpiruvato se dissocia imediatamente em *piruvato ($C_3H_4O_3$)* ao perder um dos seus íons hidrogênio, e a enzima *piruvato quinase* é a catalisadora desse procedimento. Todas essas reações ocorrem no protoplasma (citoplasma) da célula muscular e, conforme informei anteriormente, elas não dependem da presença de oxigênio.

Íons hidrogênio (H^+) são também liberados continuamente da glicose em um estágio mais inicial no processo da glicólise anaeróbica. Eles são átomos eletricamente carregados que contêm energia nos elétrons (+) que transportam. A fase anaeróbica da glicólise termina com a formação de piruvato e de íons hidrogênio. Nesse ponto, essas duas substâncias continuam a ser metabolizadas na fase aeróbica da glicólise, caso exista oxigênio suficiente para tal finalidade. No entanto, quando as reservas de oxigênio são insuficientes – como é sempre o caso durante a prática intensa da Natação, parte do piruvato e dos íons hidrogênio se combina para formar *ácido lático ($C_3H_6O_3$)*. A enzima *lactato desidrogenase (LDH),* e em particular a forma muscular dessa enzima, catalisa essa reação. O ácido lático provoca queda no pH das células musculares, de seu valor neutro de 7,0 em repouso, e com isso o interior da célula se torna ácido. Obviamente, o ácido lático é uma substância ácida, e, quando se acumula nos músculos, essas estruturas passam a exibir um estado conhecido como *acidose*. Acredita-se que a acidose seja a principal causa de fadiga em todos os eventos com duração superior a 20 até 30 s. Mais adiante, ainda neste capítulo, discutirei um pouco mais esse tópico da acidose e seu papel na fadiga durante o exercício.

Metabolismo aeróbico

Quando houver oxigênio suficiente disponível, os produtos finais da glicólise anaeróbica, piruvato e íons hi-

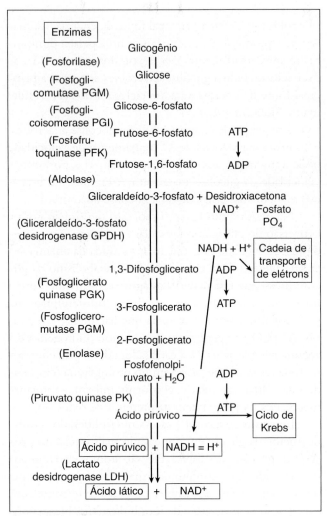

Figura 10.6 Processo de glicólise anaeróbica com inclusão das enzimas que o catalisam.

drogênio, entrarão na fase aeróbica do mesmo processo, na qual poderão ser metabolizados para obtenção de energia para a reposição do ATP. Íons hidrogênio podem fornecer a energia para reciclagem do ATP quando o processo de oxidação causa a remoção desses mesmos íons na cadeia de transporte de elétrons, e o piruvato pode fornecer fosfato ao ser metabolizado no ciclo de Krebs. A glicólise aeróbica é o método mais eficiente para a reciclagem do ATP porque não produz nenhum produto final causador de fadiga. Os produtos do metabolismo aeróbico são dióxido de carbono e água – ambos facilmente eliminados do corpo durante o exercício. Esse processo depende da presença de oxigênio e, assim, considera-se ter natureza aeróbica. Quando existe grande aporte de oxigênio, maior parte do piruvato e dos íons hidrogênio será oxidada, e menor alíquota desses produtos se combinará para a formação do ácido lático. Consequentemente, será produzido menos ácido lático e a acidose será adiada.

Todo atleta tem um limite superior para sua capacidade de metabolizar piruvato e íons hidrogênio. Esse limite é determinado pela capacidade máxima de consumo de oxigênio ($\dot{V}O_2$ máx). Atletas podem nadar durante bastante tempo sem sofrer acidose, desde que seu aporte de oxigênio seja suficiente para a metabolização de praticamente todo piruvato e íons hidrogênio produzidos até dióxido de carbono e água. Dois dos principais objetivos do treinamento são: melhorar a eficiência das braçadas/pernadas e aumentar o aporte de oxigênio para os músculos. A primeira adaptação melhorará a eficiência das braçadas/pernadas e reduzirá o custo energético do nado, de modo que os atletas poderão nadar com maior rapidez sem aumentar muito a quantidade de oxigênio necessária. A segunda adaptação aumentará o aporte de oxigênio, permitindo que maior quantidade de piruvato e íons hidrogênio seja metabolizada, para que os atletas possam nadar com maior rapidez sem gerar grandes quantidades de ácido lático.

A fase aeróbica da glicólise é muito mais eficiente do que a fase anaeróbica, por permitir a reciclagem de um número muito maior de moléculas de ATP. Cada molécula de glicose pode produzir 39 moléculas de ATP quando metabolizada aerobicamente, mas pode produzir apenas 3 moléculas de ATP quando o processo anaeróbico é interrompido com a formação de piruvato e de íons hidrogênio (Shephard 1982). A desvantagem da fase aeróbica da glicólise é que o processo é muito mais longo do que o processo anaeróbico e por isso se torna mais lento. A liberação de energia da glicose por meio desse processo demora o dobro da glicólise anaeróbica para a mesma finalidade.

Conforme mencionei anteriormente, o corpo também pode metabolizar gorduras e proteínas por processo aeróbico. No entanto, essas substâncias devem primeiramente ser convertidas em um subproduto intermediário do metabolismo do glicogênio, para que possam ingressar no ciclo de Krebs e na cadeia de transporte de elétrons. Gorduras e proteínas atingem esse objetivo ao serem transformadas em acetil-CoA, um composto que pode ingressar no ciclo de Krebs.

O metabolismo aeróbico consiste principalmente de dois processos: o ciclo de Krebs e a cadeia de transporte de elétrons. O piruvato é metabolizado até dióxido de carbono no ciclo de Krebs, e íons hidrogênio e seus elétrons são metabolizados até água na cadeia de transporte de elétrons. Os dois processos liberam grande quantidade de energia e fosfato para a reciclagem do ATP.

Ciclo de Krebs

A Figura 10.7 mostra um diagrama do ciclo de Krebs. Esse processo é também conhecido como *ciclo do ácido cítrico* e *ciclo dos ácidos tricarboxílicos (TCA)*. Parte do piruvato que foi produzido nas 11 primeiras etapas da glicólise ingressa no ciclo de Krebs juntando-se com a coenzima A para formar acetil-CoA. No ciclo de Krebs, o acetil-CoA se une ao ácido oxaloacético para formar ácido cítrico – o mesmo ácido cítrico encontrado nas frutas cítricas. Em seguida, ocorre decomposição do ácido cítrico em um esquema circular progressivo, até que o acetil-CoA tenha sido dissociado em dióxido de carbono e átomos de hidrogênio. Os átomos de hidrogênio e seus elétrons se combinam com *nicotinamida adenina dinucleotídeo (NAD⁺)* e com *flavina adenina dinucleotídeo (FAD)*, de modo que poderão entrar na cadeia de transporte de elétrons, onde serão reduzidos até a formação de água. Grande parte dos íons hidrogênio combina-se com NAD⁺. A FAD desempenha papel menor no processo.

O ciclo de Krebs é regulado por um grande número de enzimas. As mais importantes estão mostradas na Figura 10.7. O treinamento de resistência aumenta a atividade dessas enzimas, de modo que maior quantidade de piruvato poderá participar no ciclo de Krebs durante cada minuto de exercício.

Cadeia de transporte de elétrons

A Figura 10.8 mostra um esquema da cadeia de transporte de elétrons. Os átomos de hidrogênio liberados durante a fase anaeróbica da glicólise e os liberados dentro do ciclo de Krebs irão por fim combinar-se com o oxigênio para a formação de água durante a fase do processo aeróbico. Conforme já mencionei, os íons hidrogênio produzidos durante o metabolismo anaeróbico são levados até a coenzima NAD⁺ para formar *NADH* (NAD⁺ e um íon hidrogênio), momento em que podem ser reduzidas a água (H_2O) ao longo da cadeia de transporte de elétrons. Os íons hidrogênio que foram liberados no ciclo de Krebs se combinam com NAD⁺ para formar NADH e com FAD para formar *FADH₂* (FAD + dois íons hidrogênio) no interior das mitocôndrias da fibra muscular, de modo a poderem entrar na cadeia de transporte de elétrons. No interior desta, tanto NADH como $FADH_2$ são transportados em linha à coenzima Q e, em seguida, a uma série de enzimas chamadas *citocromos*. Os citocromos são compostos por ferro e proteína, cuja parte férrica pode remover os íons hidrogênio de NADH e de $FADH_2$, transferindo-os para o próximo citocromo na cadeia. A energia contida nos elétrons do hidrogênio é liberada em diversos pontos de transferência ao longo da cadeia e ligada ao ADP para a formação de ATP. O hidrogênio restante se combina com oxigênio para formar água. Essa reação li-

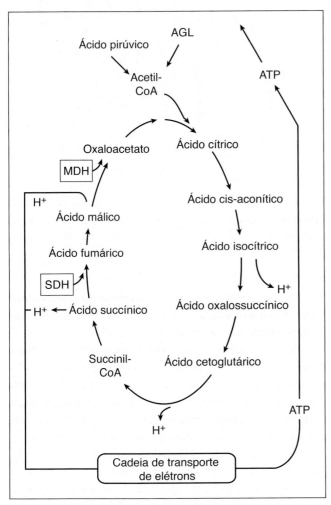

Figura 10.7 Ciclo de Krebs. (Adaptado de Costill 1978.)

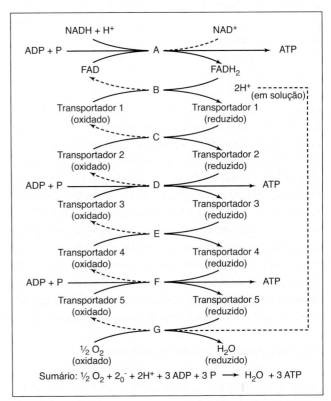

Figura 10.8 Cadeia de transporte de elétrons. (Adaptado de Lamb 1978.)

bera NAD⁺ e FAD, que podem então se unir a mais íons hidrogênio, dando continuidade ao processo de reciclagem do ATP. Mais de 90% da reciclagem do ATP ocorre na cadeia de transporte de elétrons.

O processo de remoção de íons hidrogênio é importante, porque esse é o principal procedimento de adiamento da acidose. Os íons hidrogênio no ácido lático, e não o ácido lático por si mesmo, reduzem o pH muscular. Portanto, é importante remover tantos íons hidrogênio quanto seja possível durante o exercício para que não se combinem com o piruvato para a formação de ácido lático. A remoção dos átomos de hidrogênio será muito mais difícil depois que o ácido lático já tiver se formado.

Papéis da mioglobina e das mitocôndrias musculares no metabolismo aeróbico

O metabolismo anaeróbico ocorre no citoplasma (protoplasma) das células musculares. O metabolismo aeróbico ocorre nas mitocôndrias dessas mesmas células. Mitocôndrias são corpos em forma de bastonete mergulhados no citoplasma das células musculares. Elas são comumente conhecidas como usinas de força da célula, porque mais de 90% do ATP reposto durante o exercício de resistência são formados a partir de eventos que ocorrem no interior das mitocôndrias.

Os produtos do metabolismo anaeróbico, piruvato e íons hidrogênio, devem ingressar nas mitocôndrias antes de serem metabolizados por processo aeróbico. O oxigênio também deve ser transportado até a mitocôndria para que o metabolismo aeróbico inicie. Este se difunde através da membrana celular, onde a *mioglobina* o absorve e transporta para as mitocôndrias. A Figura 10.9 é um desenho esquemático de uma fibra muscular que mostra a localização das mitocôndrias e o oxigênio difundindo-se para o interior da célula muscular proveniente dos capilares. Depois disso, a mioglobina transporta o oxigênio até as mitocôndrias. O treinamento de resistência pode aumentar a quantidade de mioglobina nos músculos, de modo que maior quantidade de oxigênio poderá ser transportada através da célula muscular. Além disso, o treinamento de resistência aumentará tanto o tamanho como o número de mitocôndrias no interior das células musculares e, assim, haverá áreas mais numerosas e maiores para ocorrência do metabolismo aeróbico. Quero agora descrever mais detalhadamente o papel do oxigênio no metabolismo aeróbico por causa de sua importância para a resistência.

Papel do oxigênio no metabolismo aeróbico

O oxigênio é o principal regulador da taxa de liberação de energia pelo metabolismo aeróbico, por ser o aceptor final do hidrogênio na cadeia de transporte de elétrons. Consequentemente, quando há oxigênio nas mi-

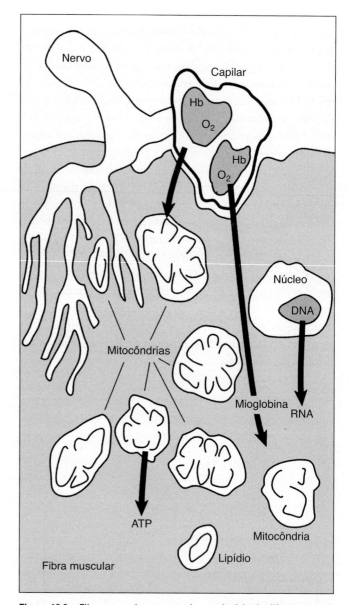

Figura 10.9 Fibra muscular mostrando a trajetória da difusão do oxigênio, desde os capilares até as mitocôndrias. (Adaptado de Edington e Edgerton 1976.)

tocôndrias, muitos dos íons hidrogênio produzidos durante o metabolismo anaeróbico não podem se combinar com piruvato para a formação do ácido lático.

Se aumentar o consumo de oxigênio de um nadador fundista ou meio-fundista, este será capaz de manter determinado ritmo, produzindo menos ácido lático. Assim, poderá adiar os efeitos da acidose no seu desempenho até o tiro de velocidade final. Velocistas podem tirar partido do aumento no consumo de oxigênio, embora não ao ponto conseguido pelos nadadores fundistas e meio-fundistas. Caso o nadador velocista aumente seu consumo de oxigênio, restará pequena quantidade adicional disponível no momento em que tiver de nadar 100 jd/m. Com mais oxigênio disponível, o nadador poderá fazer o metabolismo anaeróbico a uma taxa mais rápida e sem aumentar a produção de ácido lático.

Papéis do ácido lático e do pH muscular na fadiga

Acredita-se que um declínio no pH muscular, ou acidose, seja a principal causa de fadiga em todos os eventos de nado de 50 m ou mais de extensão. A acidose interfere na concentração mental e no metabolismo energético de diversas maneiras, o que impossibilita a manutenção da velocidade pelo nadador. O efeito da acidose na velocidade de nado será discutido mais detalhadamente adiante neste capítulo. Por hora, continuarei a descrever o mecanismo de acúmulo do ácido lático.

Ácido lático e fadiga

Os níveis musculares de ácido lático se situam entre 1,0 e 2,0 mmol por kg de tecido muscular úmido (1,0 a 2,0 mmol/kg) durante o repouso, podendo aumentar para algo entre 25 e 30 mmol/kg durante esforços máximos com duração igual ou superior a 1 min (Bangsbo et al. 1990). As concentrações sanguíneas de lactato também se encontram entre 1,0 e 2,0 mmol/L durante o repouso, podendo aumentar para algo entre 10 e 20 mmol/L durante esforços máximos. Comumente, velocistas podem alcançar níveis de ácido lático muscular situados na parte superior da faixa de variação entre 10 e 20 mmol/kg durante esforços máximos, enquanto nadadores fundistas habitualmente se situam na parte inferior dessa faixa.

Quando não há oxigênio suficiente, o metabolismo anaeróbico fará com que se acumule ácido lático nos músculos. Conforme mencionei, parte do piruvato excedente se combinará com amônia para formar alanina, mas a maior parte do excesso se combinará com íons hidrogênio que não puderam entrar na cadeia de transporte para formar ácido lático. Uma vez formado, o ácido lático se divide imediatamente em lactato e íons hidrogênio. Devido a sua acidez, o acúmulo de íons hidrogênio nos músculos baixará seu pH, o que causará perda da força e velocidade musculares.

Outrora, os cientistas acreditavam que o ácido lático não era produzido até que tivesse ocorrido depleção das reservas de CP dos músculos. Entretanto, atualmente sabemos que o metabolismo anaeróbico ocorre simultaneamente à decomposição de CP e assim que o ácido lático começa a ser produzido desde o primeiro segundo de exercício. Foi demonstrado que o ácido lático aumenta nos músculos e sangue dos atletas dentro de 2 s após o início do exercício (Margaria, Cerretelli e Mangill 1964), e a produção dessa substância é responsável por praticamente 50% da energia liberada para a reciclagem do ATP dentro de 2 s do início do exercício (Hultman e Sjoholm 1986).

Apesar de seu efeito na contração muscular, na verdade o ácido lático beneficia o desempenho. A produção de ácido lático permite que o corpo tenha um desempenho que ultrapasse as velocidades suportadas exclusivamente com o metabolismo aeróbico. Um atleta não seria capaz de manter uma velocidade competitiva em qualquer prova se não fosse pela capacidade dos músculos em fornecer energia anaerobicamente, o que, obviamente, leva à produção de ácido lático e à ocorrência de acidose. O sucesso na competição é decorrente do controle da velocidade e da extensão da acidose, para que possa ser mantida a mais alta velocidade média possível para toda a prova.

Fatores que afetam a taxa de acúmulo de ácido lático A quantidade de ácido lático que se acumula nos músculos é determinada pelo equilíbrio entre sua taxa de produção e sua taxa de remoção. Em geral, essas duas taxas estão em equilíbrio durante o exercício praticado com intensidade baixa a moderada. Portanto, ocorre pouco ou nenhum acúmulo adicional de ácido lático nos músculos. Em velocidades maiores, a taxa de produção excederá a taxa de remoção, de modo que ocorrerá acúmulo de ácido lático adicional nas fibras musculares. A taxa de produção do ácido lático nas fibras musculares depende

- da velocidade do nado,
- da taxa de consumo de oxigênio e
- do tipo de fibra muscular.

Velocidades mais altas dependem da contração de maior número de fibras musculares a uma velocidade maior. A liberação de energia do ATP rapidamente reciclado torna possível essas contrações. Assim, o piruvato e os íons hidrogênio se combinam em uma velocidade maior do que podem ser aerobicamente metabolizados, o que leva ao aumento na taxa de produção de ácido lático.

No que tange à capacidade aeróbica, o consumo de oxigênio nas fibras musculares tem relação direta com a taxa de produção do ácido lático no seu interior. Havendo mais oxigênio disponível, maior quantidade de piruvato e de íons hidrogênio produzidos durante o metabolismo anaeróbico poderá ser oxidada, e menor quantidade dessas substâncias será transformada em ácido lático. Portanto, quando o atleta consome mais oxigênio, o ácido lático se acumula a uma taxa mais lenta, independentemente da intensidade do exercício. Por essa razão, a melhora do consumo de oxigênio é importante para o desempenho de resistência.

Com relação aos tipos de fibras musculares, as de contração lenta possuem maior número de mitocôndrias em seu interior e mais capilares à sua volta. Dessa forma, elas podem utilizar mais do oxigênio que é consumido. Por outro lado, as fibras musculares de contração rápida possuem menos mitocôndrias e capilares; como resultado, usam menos do oxigênio consumido e produzem mais ácido lático do que as fibras de contração lenta, independentemente da intensidade do exercício.

Um mecanismo adicional que afeta a taxa de acúmulo do ácido lático é a capacidade de remoção do lactato durante o exercício. Anos atrás, cientistas propuseram a hipótese de que o ácido lático não poderia ser eliminado durante o exercício. Acreditava-se que, tão logo tivesse sido produzido, o ácido lático permanecia no interior das fibras musculares até que o exercício tivesse se completado. Depois disso, ele se difundiria para fora das fibras e para o sangue, onde seria eliminado. O pensamento atual considera a possibilidade de que o ácido lático possa ser removido das fibras musculares enquanto o exercício está em andamento. Pesquisas recentes indicam que o processo de remoção do ácido lático dos músculos durante o exercício pode reduzir a taxa de acúmulo de lactato neles – igualmente ou mesmo mais do que pode ser reduzida pelo consumo de oxigênio (Brooks et al. 1996).

Remoção do ácido lático Alguns cientistas sugeriram que as fibras musculares humanas contêm um sistema de transportadores proteicos cuja função consiste em remover o ácido lático de seu interior (Bonen, Baker e Hatta 1997; Bonen et al. 1998; Wilson et al. 1998). Esses transportadores podem mobilizar o ácido lático do protoplasma das fibras musculares em funcionamento (onde a substância foi produzida no interior das mitocôndrias das mesmas fibras musculares), de modo que este possa ser reconvertido em piruvato e, em seguida, oxidado (Brooks et al. 1996). Esses transportadores proteicos também podem levar o ácido lático para fora das fibras musculares onde está sendo produzido para fibras musculares adjacentes que estejam mais bem preparadas para sua metabolização. Esse modo de eliminação é o que prevalece nas fibras musculares de contração rápida e de contração lenta. As fibras musculares de contração lenta estão mais capacitadas para metabolizar o ácido lático. Consequentemente, parte do ácido lático produzido em fibras musculares de contração rápida pode ser transportada diretamente através de suas membranas celulares até fibras musculares de contração lenta adjacentes, onde penetrará em suas mitocôndrias, sendo então oxidada. Finalmente, o ácido lático também pode deixar as fibras musculares de contração rápida onde está sendo produzido e ser lançado na corrente sanguínea, que o transportará até fibras musculares de contração lenta em repouso, fígado e coração, onde será oxidado até dióxido de carbono e água, ou convertido em glicogênio e armazenado. Parte do ácido lático transportado até o coração também pode ser utilizada diretamente como fonte de energia para as fibras musculares cardíacas.

As fibras musculares de contração lenta também produzem ácido lático durante o exercício intenso, mas a taxa de produção será mais lenta do que nas fibras de contração rápida. Apesar disso, parte do lactado nas fibras musculares de contração lenta também pode ser transportada até a corrente sanguínea, o que adia o início da acidose. Evidências crescentes indicam que o treinamento pode aumentar esses transportadores do lactato, resultando em menor acúmulo de ácido lático nas fibras musculares em funcionamento, independentemente da intensidade do exercício (Bonen, Baker e Hatta 1997).

Apesar de os mecanismos para consumo de oxigênio e remoção do lactato reduzirem a velocidade de acúmulo deste, a velocidade de produção de ácido lático ainda excederá a velocidade de eliminação durante a prática do exercício intenso. Ao término do exercício, uma quantidade considerável de ácido lático permanecerá no protoplasma das fibras musculares (onde essa substância foi produzida). Esse ácido lático será reconvertido em piruvato e íons hidrogênio durante o período de recuperação que se segue ao exercício. A partir desse ponto, poderá ser metabolizado aerobicamente até dióxido de carbono e água, ou convertido em glicogênio e armazenado no interior da fibra muscular.

Intensidade do exercício e acúmulo de ácido lático O gráfico na Figura 10.10 ilustra o efeito de diferentes intensidades de exercício no acúmulo de ácido lático nos músculos. Algum ácido lático está sempre sendo produzido nos músculos. Conforme dito anteriormente, a concentração de ácido lático nos músculos será de aproximadamente 1,0 a 2,0 mmol por kg de tecido muscular úmido (1,0 a 2,0 mmol/kg). Os atletas começarão a produzir quantidades adicionais de ácido lático no instante em que começarem a se exercitar, mesmo quando o metabolismo aeróbico puder fornecer a energia necessária. Durante a execução, mesmo do exercício mais fácil, os atletas precisam de 1 a 2 min para aumentar suas taxas de consumo de oxigênio o suficiente para a metabolização do excesso de piruvato e de íons hidrogênio que está sendo produzido. Contudo, tão logo tenha aumentado o consumo de oxigênio, a taxa de produção do ácido lático declinará e a maior parte do lactato adicional será removida, de modo que sua quantidade nos músculos ficará nas proximidades da faixa normal. O gráfico para o exercício de intensidade fácil na Figura 10.10 indica essa resposta.

O exercício de intensidade moderada fará com que ocorra acúmulo de ácido lático duas a quatro vezes acima dos níveis em repouso nos primeiros minutos de exercício. Mas depois que o atleta estiver consumindo um volume razoável de oxigênio, a taxa de produção do ácido lático diminuirá, de modo a ser mantido um nível relativamente constante (embora um pouco elevado) de lactato até que o exercício tenha terminado. Comumente, o acúmulo de ácido lático se situa entre 2 e 4 mmol/kg. O gráfico para o exercício de intensidade moderada na Fi-

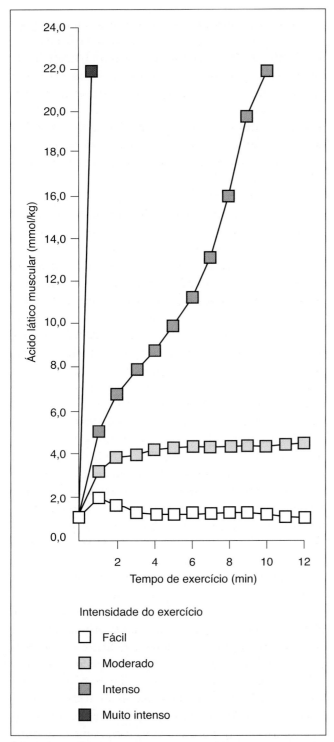

Figura 10.10 Padrão de acúmulo de ácido lático em fibras musculares em funcionamento durante o exercício em intensidades que variam de fácil até muito intensa.

gura 10.10 indica essa resposta. A acidose não causará fadiga nesse ritmo, porque a taxa de acúmulo de ácido lático não é suficientemente grande para fazer com que o pH muscular caia de forma significativa. Os atletas podem manter tal ritmo, desde que exista glicose suficiente em seus músculos para o fornecimento de energia.

Quando o exercício é intenso, a taxa de produção de ácido lático será tão grande que essa substância se acumulará nos músculos até que, em algum ponto, o pH destes decline tanto que o atleta sofrerá fadiga. Comumente, os atletas estabelecem um ritmo para suas provas de modo que isso não aconteça até que tenham percorrido a distância total da prova. O gráfico para exercício intenso na Figura 10.10 indica essa resposta. Nesse caso, o tempo de exercício é de 10 min, e o nível muscular de pico para o ácido lático suportável pelo atleta é de 22 mmol/kg, quando ocorre grave acidose. Em provas mais curtas, o nadador poderia estabelecer um ritmo mais forte, atingindo o nível de pico de ácido lático e a acidez resultante mais cedo. Os leitores familiarizados com os níveis sanguíneos de lactato devem lembrar que os gráficos na Figura 10.10 representam ácido lático muscular, que será muito mais alto do que o lactato sanguíneo durante o exercício intenso.

O outro gráfico na Figura 10.10 indica a resposta do ácido lático muscular para uma prova de velocidade de 100 m. Nesse caso, o ritmo está próximo do máximo, e a taxa de produção de ácido lático é tão rápida que essa substância se acumulará até o nível máximo de 22 mmol/kg em menos de 1 min. A velocidade de acúmulo é tão rápida que o nadador exibirá acidose grave em pouco tempo – tão rapidamente que não poderá adiar sua ocorrência por muito tempo pelo consumo de oxigênio.

As concentrações máximas de lactato sanguíneo, e provavelmente as concentrações musculares de ácido lático, serão aproximadamente as mesmas em eventos com durações entre 40 s e 8 min. As concentrações serão um pouco mais baixas em eventos mais demorados, provavelmente porque os atletas têm mais tempo para eliminar o ácido lático em distâncias mais longas. Em um estudo, as concentrações de pico para o lactato sanguíneo foram aproximadamente iguais para um atleta do sexo masculino depois de 12 esforços máximos que levaram 30 s ou 8 min para seu término (Hermansen 1971). Os lactatos sanguíneos de pico para esse atleta se situaram entre 18 e 22 mmol/L, independentemente da duração do evento (30 s ou 8 min). Para um evento com duração de 10 min, sua concentração sanguínea máxima de lactato foi ligeiramente mais baixa – aproximadamente 15 mmol/L.

Em todas as provas – com exceção dos tiros de 50 – os atletas devem nadar a primeira parte a uma velocidade um pouco menor que o máximo. Esse ritmo permite a ocorrência de uma taxa mais baixa do metabolismo anaeróbico, para que o acúmulo de ácido lático nos músculos não baixe o pH com excessiva rapidez. Os atletas podem suportar um nado mais próximo da velocidade máxima na primeira parte de provas mais curtas, como as de 100 e 200 jd/m, pois a prova estará praticamente concluída antes que os níveis de pH tenham caído. Não obstante, os atletas devem ainda completar a prova antes que o acúmulo de ácido lático tenha se tornado grave a ponto de não lhes permitir a manutenção de uma velocidade competitiva. Pela mesma razão, os atletas devem nadar a primeira parte de provas mais longas com velocidade ainda mais baixa. Mais adiante no livro, darei algumas sugestões para o estabelecimento do ritmo das provas.

Acidose e fadiga

A essa altura, o leitor deve ter compreendido que não é o ácido lático por si mesmo o causador da fadiga durante o trabalho. Pelo contrário, o que causa a fadiga é o efeito que os íons hidrogênio no ácido lático têm no pH das fibras musculares, onde se acumulam durante o exercício. Os íons hidrogênio baixam o pH, causando acidose. Apesar de opiniões contrárias (Brooks e Fahey 1984; Sapega et al. 1988), quase todos os especialistas acreditam que a acidose seja a principal causa de fadiga em todos os eventos de Natação com mais de 50 jd/m.

Uma redução no pH muscular fará com que os nadadores percam velocidade, por diversas razões. A mais evidente delas é que a acidez dos líquidos intracelulares estimula os receptores da dor, fazendo com que os atletas sofram uma sensação de queimação intensa e aguda. A tolerância a essa dor varia para cada indivíduo: alguns atletas reduzirão sua velocidade assim que a dor chegar a determinado limiar; outros podem diminuir sua velocidade antes de chegarem a esse limiar, por temerem não ser capazes de terminar a prova com um tiro de velocidade satisfatório se não diminuírem temporariamente a velocidade; outros, ainda, continuarão nos seus ritmos, a despeito da dor. A capacidade dos atletas em competir na presença dessa dor é frequentemente denominada *tolerância à dor.*

Os treinadores devem entender que os seus nadadores – não importando o grau de tolerância à dor da redução do pH – precisam diminuir a velocidade quando os fluidos intramusculares ficarem ácidos. Com o aumento do grau de acidose, o efeito se torna progressivamente mais intenso. Essa circunstância ocorre porque a velocidade de reciclagem do ATP diminui quando o pH muscular cai para níveis abaixo de 7,0, continuando a diminuir a cada 0,1 unidade de declínio até que os nadadores fiquem impossibilitados de contrair seus músculos com rapidez e força suficientes para que seja mantida uma velocidade de competição. A taxa do metabolismo anaeróbico cai tanto, em valores de pH entre 6,5 e 6, que pouco ácido lático adicional se formará. Nessa situação, o atleta não será capaz de nadar com maior velocidade do que aquela permitida por sua capacidade de gerar energia aerobicamente. Esse ritmo será demasiadamente lento para que tenha efeito competitivo, não importando o tipo de prova.

Em altas velocidades, o acúmulo de ácido lático pode baixar o pH muscular para valores entre 6,6 e 6,4 em menos de 60 s. Assim, uma distância de 100 jd/m é o limite superior para eventos de velocidade em esforço máximo. Quando os atletas nadam provas mais longas em velocidades menores, o pH muscular declina com maior lentidão. Apesar disso, a acidose causará fadiga quando o ácido lático acumulado exceder sua velocidade de remoção dos músculos e fizer com que o pH muscular caia para menos de 6,8.

Por diversas razões, a acidose progressiva reduz a taxa do metabolismo anaeróbico. Uma dessas razões é que, diante de um pH mais baixo, os músculos precisam de mais cálcio para que ocorra a contração muscular, pois ativa o pareamento dos filamentos de miosina e actina no interior das fibras musculares, provocando contração. A velocidade da contração declinará se houver necessidade de mais cálcio, mas sem que haja imediata disponibilidade dessa substância. A taxa de atividade da ATPase também cairá durante a acidose, fazendo com que a energia proveniente do ATP seja liberada com menor velocidade. Foi relatado que a atividade da ATPase diminui em 25% quando o pH muscular declina de 7,1 para 6,5 durante o exercício (Portzehl, Zaoralek e Gaudin 1969).

A taxa de atividade das enzimas fosforilase e fosfofrutoquinase (PFK) também fica inibida quando o pH muscular cai abaixo de 7,0 (Hultman et al. 1990). Essas enzimas são as principais substâncias reguladoras do metabolismo anaeróbico, e uma redução de suas atividades retardará essa taxa. Na verdade, o metabolismo anaeróbico fica completamente inativo quando o pH muscular cai para 6,4 (Danforth 1965).

O ácido lático será removido em menor velocidade quando o pH muscular cair abaixo de 7,0 (Hirche et al. 1975), fazendo com que mais ácido lático permaneça nas fibras musculares, o que reduzirá ainda mais o pH.

Alguns atletas e treinadores acreditam, equivocadamente, que os competidores podem superar a fadiga da acidose apenas com sua força de vontade, e que um desejo intenso de vencer permite que alguns nadadores continuem, apesar da dor provocada pela acidose. No entanto, a tolerância à dor por si mesma não é suficiente como garantia de sucesso. Todos nós já tivemos a oportunidade de observar atletas de grande coragem e tenacidade que simplesmente não puderam manter o ritmo necessário para vencer quando a acidose se tornou muito intensa. Os nadadores devem treinar para promover adaptações que lhes permitam adiar a acidose intensa, para que possam manter um ritmo médio mais rápido na metade de suas provas. Então, ao nadarem a parte final das provas, eles poderão lançar mão de sua tenacidade e motivação para manter o ritmo mais rápido possível, apesar da grave acidose.

Efeitos da acidose

- Aumento do cálcio necessário para a contração muscular.
- Redução da taxa de atividade da ATPase.
- Redução da taxa de atividade da fosfofrutoquinase.
- Redução da velocidade de remoção do ácido lático dos músculos.
- Aumento da dor.

A taxa e a extensão da acidose dependem, em grande parte, de três fatores:

1. A taxa de produção de ácido lático no interior das fibras musculares.

2. A quantidade que permanece no interior das fibras, depois de sua produção.

3. A extensão em que o ácido lático restante pode ser tamponado no interior dessas fibras musculares.

Os dois primeiros fatores afetam o pH do mesmo modo que afetam o acúmulo de ácido lático. A seção precedente discutiu tais fatores, mas não mencionou os tampões. *Tampões* são substâncias nos músculos que podem combinar-se com íons hidrogênio, enfraquecendo-os de tal modo que seu efeito no pH passa a não ser tão potente. Quando os tampões estão em funcionamento, determinada quantidade de ácido lático não reduz o pH tanto quanto poderia fazê-lo caso isso não estivesse ocorrendo. Os tampões, que podem ser aumentados por meio de um treinamento apropriado, permitem que os atletas nadem em determinado ritmo durante mais tempo antes de ficarem fatigados, ou que nadem mais rapidamente sem aumento da fadiga.

Sumário do metabolismo energético

A Figura 10.11 pode fazer com que o leitor compreenda mais facilmente os três sistemas de metabolismo energético. Lembre-se de que todas essas reações metabólicas estão ocorrendo em cada fibra muscular individual que esteja acionada. Os processos anaeróbicos ocorrem no citoplasma (protoplasma) das células musculares, e o metabolismo aeróbico ocorre em suas mitocôndrias.

O sistema ATP-CP está situado no alto da Figura 10.11, em que o ATP fornece a energia para a contração muscular. Em seguida, o ATP é reciclado pela divisão do fosfato de creatina e pelo metabolismo do glicogênio muscular. Também está mostrado no alto da figura o mecanismo para a reciclagem do ATP com fosfato de creatina. O sistema anaeróbico está ilustrado no meio, mostrando a decomposição do glicogênio até piruvato no protoplasma da fibra muscular, com a liberação de íons hidrogênio, alguns dos quais se combinam com NAD^+ para a formação de NADH e íons hidrogênio (H^+).

O sistema aeróbico está situado na parte inferior do desenho. O piruvato entrará nas mitocôndrias das fibras musculares e, nessas organelas, entrará no ciclo de Krebs, onde será metabolizado até dióxido de carbono. Também no interior das mitocôndrias, NADH (e $FADH_2$) será transportado até a cadeia de transporte de elétrons, onde seus átomos de hidrogênio serão utilizados na formação de água. No processo, a energia nos elétrons desses átomos de hidrogênio será utilizada para reciclagem do ATP a partir do ADP.

Se o ritmo for rápido o bastante, aproximadamente 70 a 80% do máximo, ou acima desses valores, não existirá oxigênio suficiente para permitir que todos os átomos de hidrogênio produzidos durante o metabolismo anaeróbico entrem no sistema aeróbico. Os átomos de hidrogênio que permanecerem se combinarão com piruvato para formar ácido lático, o que está ilustrado no lado direito da parte intermediária do desenho na Figura 10.11.

Embora parte do ácido lático permaneça no interior das fibras musculares, uma parte considerável também será transportada para fora delas, até fibras inativas ou que estejam sendo pouco utilizadas, onde o ácido lático poderá ser oxidado até piruvato e, daí, até glicogênio. Quantidades adicionais de ácido lático passarão para a corrente sanguínea; o sangue transportará o ácido lático até o coração, fígado e fibras musculares esqueléticas que não estão funcionando, onde poderá ser oxidado e utilizado como combustível. Pequena parte do piruvato remanescente poderá ingressar no ciclo da glicose-alanina, onde será metabolizada aerobicamente e reconvertida em glicose no fígado. No lado direito da parte inferior do desenho, estão ilustradas essas reações.

METABOLISMO ENERGÉTICO DURANTE PROVAS E TREINAMENTO

Eventos de Natação são comumente citados como aeróbicos ou anaeróbicos, o que dá a falsa impressão de que essas fases do metabolismo funcionam separadamente e em sequência – como se uma fase começasse no instante em que a fase precedente terminou. Na verdade, todas as três fases do processo metabólico estão em funcionamento desde o primeiro momento do exercício. A diferença está na contribuição dada por cada uma. Em tiros de velocidade, as principais contribuições de energia para reciclagem do ATP provêm do sistema ATP-CP e do metabolismo anaeróbico, simplesmente porque são os únicos processos que podem acompanhar a rápida demanda por energia durante o nado rápido. Embora o metabolismo aeróbico também esteja funcionando, avança com demasiada lentidão para que possa atender grande parte da demanda por energia nesses eventos. Ainda assim, o

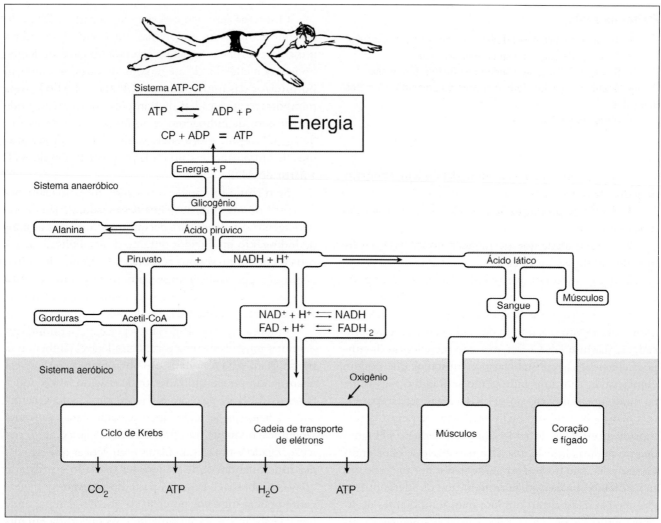

Figura 10.11 Esquema do metabolismo energético mostrando as fases de ATP-CP anaeróbica e aeróbica.

metabolismo aeróbico fornece pequena quantidade de energia para o tiro de velocidade. A contribuição aeróbica se torna maior com o aumento da distância da prova, ou quando o atleta nada em velocidades menores.

O glicogênio muscular é o principal alimento metabolizado durante o nado moderado a rápido, porque está imediatamente disponível nos músculos, podendo ser metabolizado tanto por processo aeróbico como anaeróbico. A glicose, a gordura e a proteína no sangue também podem fornecer energia para a reposição do ATP. A energia decorrente do uso dessas substâncias é maior quando o ritmo da prova é lento, ou quando o aporte de glicogênio no músculo é baixo. Depois do glicogênio muscular, a glicose sanguínea é a melhor fonte de energia, pois também pode ser metabolizada tanto por processo aeróbico como anaeróbico; mas o processo de liberação de energia a partir da glicose é um pouco mais lento, porque essa substância deve primeiramente se difundir até os múscu-

los a partir do sangue antes de ser utilizada. As gorduras podem contribuir com energia apenas em baixas velocidades, porque podem somente ser metabolizadas aerobicamente e porque os músculos armazenam apenas pequenas quantidades. Existe proteína imediatamente disponível nos músculos, mas o processo de liberação dessa energia é lento, e é preciso que exista alguma glicose também nessas estruturas para que tenha continuidade.

Contribuições das três fases metabólicas para as provas e treinamento

Comumente nos referimos aos tiros de velocidade como eventos anaeróbicos e às provas de distância como eventos aeróbicos, mas essas caracterizações não são completamente precisas. Conforme expliquei anteriormente, todas as fases do processo metabólico entram em funcionamento simultaneamente quando os atletas começam uma prova ou uma repetição de exercícios. Os valores na Tabela 10.1 são estimativas das contribuições de cada uma das três fases do metabolismo durante as provas e repetições de exercícios em diferentes distâncias e velocidades. A fase aeróbica do metabolismo está subdividida em duas partes, metabolismo da glicose e metabolismo das gorduras, para que sejam diferenciados os papéis desempenhados por essas duas substâncias no fornecimento de energia durante o trabalho.

Os percentuais para diferentes distâncias de provas e de repetições de exercícios na Tabela 10.1 se aplicam a nadadores de nível sênior experientes. O leitor deve observar que esses percentuais estão listados de acordo com o tempo de trabalho, de modo que a informação possa ser adaptada para nadadores de outras faixas etárias e níveis de capacidade. O tempo gasto pelos nadadores durante o nado nos proporciona uma estimativa mais precisa do modo pelo qual a energia fica disponibilizada do que as distâncias das provas ou das repetições. O modo com que o corpo metaboliza a energia depende do tempo de trabalho, e não da distância. Exemplificando, um atleta com 10 anos de idade que nada 100 m em 1'50"00 provavelmente deriva energia das quatro fases metabólicas nas mesmas proporções, aproximadamente, que um atleta com 22 anos que nada 200 m no mesmo tempo. Da mesma forma, esses sistemas estariam fornecendo energia em diferentes proporções para um atleta sênior que nada 100 m em 50 s.

O sistema ATP-CP e o metabolismo anaeróbico fornecem a maior parte da energia para eventos de 25 a 50 jd/m (eventos com tempos de 10 a 30 s). O metabolismo anaeróbico é o que mais contribui para distâncias de prova de 100 e 200 jd/m (eventos que se prolongam por 1 a 3 min), embora o papel do metabolismo aeróbico se torne mais importante na distância de 200. Tanto o metabolismo aeróbico como o metabolismo anaeróbico contribuem substancialmente para o fornecimento de energia em provas de 400 jd/m (4 a 6 min de nado). O metabolismo aeróbico é a fonte principal de energia para provas de 800 m até 1.650 jd, embora o metabolismo anaeróbico contribua com um terço a um quarto da energia para essas distâncias. A quantidade de energia fornecida pelo metabolismo do ATP-CP vai ficando cada vez menos importante em eventos de 200 jd/m em diante, até ser considerada desprezível nas provas mais longas.

O glicogênio muscular e o fosfato de creatina são fontes importantes de energia para a reciclagem do ATP para provas de 25 a 50 jd/m. Depois dessas distâncias, o glicogênio muscular passa a ser a principal fonte de energia. Os metabolismos das gorduras e das proteínas não contribuem significativamente com energia para reciclagem do ATP em qualquer das distâncias de prova listadas.

No caso de séries de repetições, o sistema ATP-CP e o metabolismo anaeróbico fornecem a maior parte da energia para tiros de velocidade de 25 jd/m e em distâncias menores. O metabolismo anaeróbico é a principal fonte durante nados rápidos de 50 e 100 jd/m. A energia para repetições rápidas de 200 jd/m é obtida quase equitativamente de fontes aeróbicas e anaeróbicas, em que o glicogênio muscular é a principal fonte de combustível.

Fatores que limitam o desempenho

Os fatores que limitam o desempenho em provas e no treinamento variam de acordo com a distância do evento, o tempo gasto pelos atletas trabalhando continuamente ou quase continuamente e a velocidade de nado. Em distâncias de 25 e 50 jd/m, as respostas envolvem a operação do sistema ATP-CP e o metabolismo anaeróbico. Para provas mais longas, o fator limitante é a acidose. A quantidade de glicogênio armazenada nos músculos não limita o desempenho, a menos que seu nível esteja bastante baixo antes do início da prova. Entretanto, baixos níveis de glicogênio muscular podem limitar o desempenho no treinamento.

Obviamente, boas técnicas de Natação desempenham papel significativo no desempenho, qualquer que seja a distância da prova. Nadadores que aplicam força propulsiva e reduzem o arrasto resistivo com maior eficiência dependem de menos energia para nadar em qualquer velocidade abaixo do máximo e atingem velocidades maiores ao maximizarem sua taxa de consumo de energia. Dito isso, vou descrever a seguir as limitações metabólicas do desempenho para várias distâncias de prova.

Eventos de 25 e 50

O desempenho, que nesses eventos fica limitado pela incapacidade de alcançar e manter uma grande velocidade, envolve a taxa de reciclagem do ATP, tanto pelo sistema ATP-CP como pelo metabolismo anaeróbico, e talvez a quantidade máxima de fosfato de creatina armazenada nas fibras musculares. A acidose limita de algum modo o desempenho, particularmente em eventos de 50 jd/m, mas não porque o pH muscular sofreu grave redução. A prova é demasiadamente curta para que isso ocorra. Não obstante, uma leve acidose limita a velocidade mais adiante na prova, por diminuir as velocidades de contração muscular (por causa do aumento da necessidade de cálcio), o metabolismo do ATP-CP e o metabolismo anaeróbico. Comumente, esse retardo não ocorre antes dos primeiros 10 a 12 s da prova. O treinamento deve se concentrar na melhora da potência das braçadas/pernadas e da taxa do metabolismo anaeróbico. Não é importante melhorar a

Tabela 10.1 Contribuições relativas de cada fase do metabolismo energético para diversas provas e repetições de treinamento da Natação

Tempos de competição	Distâncias de prova	% de ATP-CP	% de metabolismo anaeróbico	Metabolismo aeróbico	
				% de metabolismo da glicose	% de metabolismo das gorduras
10–15 s	25 jd/m	50	50	Desp	Desp
19–30 s	50 jd/m	20	60	20	Desp
40–60 s	100 jd/m	10	55	35	Desp
1'30"–2 min	200 jd/m	7	40	53	Desp
2–3 min	200 jd/m	5	40	55	Desp
4–6 min	500 jd (400 m)	Desp	35	65	Desp
7–10 min	900 jd (800 m)	Desp	25	73	2
10–12 min	1.000 jd (900 m)	Desp	20	75	5
14–22 min	1.650 jd (1.500 m)	Desp	15	78	7

Séries de repetições					
Tipo e distância		Tempos até a saída da série	% de ATP-CP	% de metabolismo anaeróbico	Metabolismo aeróbico	
					% de metabolismo da glicose	% de metabolismo das gorduras
Tiros de velocidade	10–15 jd/m	1–2 min	50	50	Desp	Desp
	25 jd/m	1–2 min	20	80	Desp	Desp
Anaeróbica	50 jd/m	3–5 min	15	60	25	Desp
	100 jd/m	5–10 min	10	50	40	Desp
	200 jd/m	8–12 min	2	35	63	Desp
Aeróbica	Comprimento estabelecido	15–20 min	Desp	15	80	5
		30–40 min	Desp	5	75	20
		50–60 min	Desp	2	70	28
		90–100 min	Desp	1	30	70

Desp = Desprezível

Esses valores são para nadadores meio-fundistas. As contribuições aeróbicas e anaeróbicas podem diferir amplamente daquelas apresentadas nessa tabela para nadadores velocistas e fundistas. As contribuições anaeróbicas podem ser 10 a 20% maiores em todas as distâncias para velocistas, ao passo que podem ser menores (em percentual similar) para nadadores fundistas.

Fontes: Nomura, Wakayoshi, Miyashita e Mutoh 1996; Ring, Mader, Wirtz e Wilkie 1996; Serresse et al. 1988; Trappe 1996.

capacidade de tamponamento ou a taxa do metabolismo aeróbico.

Eventos de 100 e 200

O sistema ATP-CP fornece a maior parte da energia durante os primeiros segundos dessas provas, e depois o ácido lático é produzido rapidamente quando o metabolismo anaeróbico se transforma na principal fonte de energia para a reciclagem do ATP. Nesses eventos, a acidose é o fator causador de fadiga.

Muitos atletas não podem nadar em esforço máximo por muito mais de 40 s antes que a acidose se torne tão intensa a ponto de fazê-los reduzir a velocidade consideravelmente. Contudo, o aumento progressivo da acidose reduz sua taxa metabólica e, portanto, sua velocidade de nado, muito antes que tenham chegado a esse ponto. Em geral, os nadadores regulam ligeiramente a primeira parte de uma prova de 100 jd/m para que ocorra redução da taxa de produção de lactato. Com isso, a acidose não reduz sua velocidade de maneira perceptível até bem perto do final da prova. Pela mesma razão, eles regulam a primeira parte de uma prova de 200 jd/m para um nível ainda mais lento.

O ritmo é muito rápido desde o início das provas de 100 jd/m, e o tempo para completá-las é tão curto que a taxa de consumo de oxigênio não atinge o nível máximo. Essa taxa pode chegar ao máximo em eventos de 200 jd/m, mas apenas bem perto do seu final. Consequentemente, o metabolismo aeróbico desempenha um papel menor no adiamento da acidose durante os eventos mais curtos, mas sua contribuição passa a ser mais importante, embora ainda pequena, na distância de 200 jd/m. A remoção de ácido lático dos músculos e o tamponamento dessa substância no interior destes desempenham papéis muito mais importantes.

Nesses eventos, a taxa máxima do metabolismo anaeróbico é também um fator limitante, embora não seja tão importante quanto em eventos mais curtos. Os atletas precisam de uma reserva de velocidade que lhes permita nadar a primeira parte dessas provas com maior rapidez e menor necessidade de energia. Em outras palavras, os nadadores precisam do que é conhecido por *velocidade confortável*.

A taxa do metabolismo do ATP-CP e a quantidade de fosfato de creatina armazenada nas fibras musculares limitarão pouco ou não limitarão o desempenho nesses eventos. Os atletas regulam a primeira parte dessas provas para que uma quantidade normal de fosfato de creatina e uma taxa normal do metabolismo de ATP-CP bastem para manter tal velocidade.

O treinamento deve se concentrar na melhora da velocidade (nos exercícios de tiro de velocidade), na taxa de metabolismo anaeróbico e na capacidade de tamponamento. A taxa de metabolismo aeróbico é também importante para nadadores de provas de 100 jd/m, mas seu papel é menor em comparação com os outros três fatores. O metabolismo aeróbico passa a ser mais importante para nadadores de provas de 200 jd/m, mas o treinamento para a melhora desse fator não deve ofuscar nem interferir nos níveis adequados de treinamento de tiros de velocidade.

Provas de médias e longas distâncias

A acidose é a causa da fadiga nas provas de médias e longas distâncias. A demanda por energia do ATP é elevada nas velocidades das provas de média distância, do mesmo modo que a velocidade de reciclagem deste composto. Nos primeiros segundos de prova, os sistemas ATP-CP e anaeróbico são os principais responsáveis pelo suprimento dessa energia. Dentro de poucos segundos, ocorre queda nas reservas musculares de fosfato de creatina e o metabolismo anaeróbico passa a ser o principal veículo para a reciclagem do ATP.

O ritmo para esses nados depende de mais oxigênio do que os nadadores têm possibilidade de consumir; portanto, embora geralmente os atletas atinjam níveis máximos de consumo de oxigênio e de remoção de lactato depois do primeiro minuto, uma quantidade substancial de ácido lático ainda estará se acumulando em seus músculos. Consequentemente, os atletas não podem manter essas velocidades durante muito mais do que 4 a 12 min antes que se instale uma grave acidose. Nessas provas e nos eventos de 1.500 m e 1.650 jd, a capacidade do nadador em manter determinada velocidade de prova depende:

- da quantidade de piruvato e de íons hidrogênio que o atleta pode metabolizar aerobicamente durante a prova;

- da quantidade de ácido lático que pode ser removida das fibras musculares em funcionamento durante a prova; e

- da quantidade de ácido lático que poderá ser tamponada (i. e., neutralizada) durante a prova.

Portanto, o treinamento deve concentrar-se na melhora da taxa dos metabolismos aeróbico e anaeróbico. A taxa do metabolismo do ATP-CP e a quantidade de fosfato de creatina em reserva não limitam o desempenho, pelas razões citadas na seção precedente.

Treinamento diário

As seções diárias de treinamento devem envolver uma combinação de velocidades de nado. Algumas são muito fáceis, por exemplo, atividades de aquecimento e relaxamento. Outras são fáceis: exercícios de nado, nados de recuperação, pernadas, braçadas e nados longos ou séries longas de repetições em velocidades moderadas. O núcleo da maioria das sessões de treinamento envolve algum treinamento intenso de resistência ou algum treinamento de tiros de velocidade muito rápidos, capazes de resultar em acidose grave. Em sua maioria, as sessões também incluem tiros rápidos e curtos.

Em baixas velocidades, a maior parte da energia é proveniente do metabolismo das gorduras, por serem estas a fonte mais abundante, e também porque a taxa de liberação de energia do ATP é suficientemente lenta para que esse lento processo possa reciclar o ATP em velocidade adequada. Fosfato de creatina, glicogênio muscular, glicose e proteína contribuem com alguma energia, mas as quantidades são realmente pequenas. No início do nado, apenas pequena quantidade de ácido lático é produzida. Essa quantidade é reconvertida em piruvato e oxidada mais tarde no nado, quando o consumo de oxigênio pelo atleta tiver aumentado suficientemente para possibilitar que o metabolismo aeróbico forneça toda a energia para a reciclagem do ATP. Nessas velocidades, a acidose não causa fadiga. Os atletas podem continuar a nadar enquanto tiverem gordura suficiente em seus corpos para o fornecimento de energia.

Quando os nadadores aumentam sua velocidade para um ritmo moderado entre 70 e 85% do esforço máximo (dependendo do atleta), o glicogênio muscular proporciona mais energia, sendo que o processo é ainda quase inteiramente aeróbico. Algum excesso de ácido lático se acumula nos minutos iniciais do nado, mas ele será metabolizado depois dos primeiros minutos, quando aumenta o aporte de oxigênio. Nessas velocidades, a acidose não é a causa da fadiga. Os atletas estarão limitados apenas por seus suprimentos de glicogênio muscular e de glicose, que não devem diminuir muito até aproximadamente 2 a 3 horas após o início do nado.

Para a maioria dos nadadores, em velocidades mais rápidas (superiores a 70 a 85% do esforço máximo), a demanda por energia é maior do que a que pode ser fornecida exclusivamente pelo metabolismo aeróbico. Portanto, o piruvato e os íons hidrogênio excedentes se combinam, formando ácido lático. O glicogênio muscular é a principal fonte de combustível. Glicose, gordura e proteína contribuem com quantidades menores de energia. Em geral, nessas velocidades de treinamento, a acidose causa fadiga. A velocidade de uso do glicogênio muscular é alta, particularmente durante séries repetidas em que os atletas podem adiar a acidose ao gozarem de curtos períodos de descanso após cada repetição.

Glicogênio muscular e fosfato de creatina são as principais fontes de combustível para os tiros curtos de velocidade. Entretanto será utilizado pouco glicogênio muscular. Cada nado e as séries de repetição são tão curtos que, embora a taxa de metabolismo do glicogênio seja rápida, a quantidade total metabolizada será pequena. O aporte de fosfato de creatina dos músculos diminui consideravelmente, mas a substância será reposta dentro de poucos minutos após o término da série de repetições.

Como o leitor pode ver, um treinamento diário sério, que inclua 2 ou mais horas de nado razoavelmente rápido (esforços superiores a 70% da velocidade de prova), utiliza quantidades consideráveis de glicogênio muscular. Quando as reservas dessa substância estão baixas no interior das fibras musculares, os atletas verificarão que não podem treinar com tanta intensidade como gostariam. Como resultado, a causa mais comum de fadiga resultante do treinamento diário é a redução no fornecimento de glicogênio muscular. Os atletas poderão sofrer exaustão praticamente completa dessa substância depois de uma ou duas sessões de treinamento, ou depois de sessões de treinamento longas e intensas com duração de 1 hora ou mais (Houston 1978; Beltz et al. 1988). Existe prova conclusiva de que dias sucessivos de treinamento intenso podem causar uma depleção praticamente completa de glicogênio muscular (Costill et al. 1988), mesmo nos casos em que estejam disponíveis reservas adequadas de gordura, proteína e glicose sanguínea.

Para os atletas, o problema é que, depois de terem utilizado uma grande quantidade de glicogênio muscular para obtenção de energia, necessitarão de 24 a 48 horas de repouso completo, ou de treinamento de baixa intensidade, para que possa ocorrer a recomposição das reservas dessa substância. Consequentemente, a capacidade dos nadadores em fazer séries longas de repetições de resistência ficará gravemente limitada se suas reservas de glicogênio muscular estiverem baixas. Também pode haver comprometimento da sua capacidade de nadar longas séries de tiros de velocidade, por exemplo, repetições de 50 e 100 em séries de seis ou mais vezes.

Os sintomas de fadiga vivenciados pelos nadadores em decorrência da depleção do glicogênio muscular di-

Fatores limitantes do desempenho em eventos de tiro de velocidade e de médias e longas distâncias

Provas de 25 e 50
1. Técnica de nado.
2. Taxa de metabolismo anaeróbico.
3. Quantidade de CP armazenada nas fibras musculares em funcionamento.

Provas de 100 e 200
1. Técnica de nado.
2. Capacidade de adiar a acidose.
3. Taxa de metabolismo anaeróbico.
4. Possivelmente, a quantidade de CP armazenada nas fibras musculares em funcionamento.

Provas de médias e longas distâncias
1. Técnica de nado.
2. Capacidade de adiar a acidose.
3. Taxa de metabolismo anaeróbico.

Treinamento diário
1. Depleção do glicogênio muscular.
2. Lesão ao tecido muscular.

ferem dos sintomas que envolvem acidose. A dor não é aguda e intensa; em vez disso, os nadadores se queixam de uma sensação de letargia, peso e entorpecimento nos músculos. Esses atletas frequentemente não acham que estão fatigados; pensam que estão preguiçosos ou deprimidos. Serão capazes de nadar longas séries em velocidades lentas a moderadas durante o treinamento sem sintomas perceptíveis, porque, nessas velocidades, as reservas de gordura, glicose sanguínea e proteína podem fornecer grande parte da energia para a reciclagem do ATP. Eles ficarão exaustos somente quando tentarem nadar com maior rapidez. O glicogênio muscular é insuficiente para a reciclagem do ATP com rapidez suficiente para a manutenção dessas velocidades.

Os planos semanais de treinamento devem incluir provisões para a reposição do glicogênio muscular, o que pode ser atingido pela marcação de sessões de treinamento compostas principalmente de nados longos e lentos e de tiros curtos de velocidade em seguida a uma ou duas sessões de treinamento longo e intenso de resistência e velocidade.

Habitualmente, baixos níveis de glicogênio muscular não são fator limitante nas competições de Natação, particularmente se os atletas estiverem bem alimentados e tiverem 1 ou 2 dias de treinamento leve antes da competição. Comumente, há glicogênio muscular suficiente disponível para todas as distâncias de provas, mesmo quando as reservas não estão completas. A única ocasião em que a depleção de glicogênio deve afetar a competição é quando a quantidade presente nos músculos está baixa no início da prova em decorrência de vários dias de treinamento intenso imediatamente antes da competição.

Outro fator limitante potencial é a lesão tecidual resultante da acidose. Embora exista pouca evidência científica em apoio a essa hipótese, parece razoável a suposição de que músculos submetidos a episódios repetidos de acidose tenham suas estruturas lesionadas, implicando a necessidade de algum tempo para reparo e adaptação. Um exemplo pertinente é o de Gullstrand (1985), que informou que episódios diários de treinamento intenso fizeram com que as mitocôndrias musculares perdessem sua estrutura e função. Seus dados sugerem que os músculos dos atletas precisarão de 24 a 48 horas de treinamento menos intenso para recuperação e adaptação depois de terem sido submetidos a vários períodos prolongados de acidose extrema.

Capítulo 11

Benefícios do treinamento no desempenho

Novo nesta edição:

- Seção atualizada e expandida sobre remoção de lactato.

O exercício sobrecarrega os vários sistemas fisiológicos do corpo além de seu nível normal de desempenho em repouso. Mudanças que ocorrem por causa do treinamento permitem que esses sistemas funcionem de forma mais eficaz durante a competição. Duas das principais finalidades do treinamento são (1) aumentar a taxa de liberação de energia durante as provas e (2) adiar a fadiga. Como podemos concluir do que foi aprendido no capítulo anterior, a taxa de liberação de energia e a ocorrência de fadiga envolvem processos metabólicos anaeróbicos e aeróbicos complexos, que ocorrem no interior de cada fibra muscular. A liberação de energia e a fadiga também envolvem muitos outros sistemas fisiológicos no corpo, como os sistemas respiratório, circulatório, nervoso e endócrino.

O processo de treinamento é complexo e apenas parcialmente compreendido. A simples atitude de trabalhar até a exaustão todos os dias não melhorará equilibradamente cada sistema fisiológico e cada fase do metabolismo. O treinamento que beneficia um sistema ou uma fase metabólica pode ser prejudicial para outros sistemas; portanto, o treinamento deve ser cuidadosamente planejado e executado. Os treinadores devem ter em mente um objetivo específico para cada sessão de repetições e compreender os efeitos dessas repetições em cada sistema fisiológico. A finalidade deste capítulo é descrever os efeitos de diferentes formas de treinamento nos diversos sistemas fisiológicos. Os capítulos restantes desta seção descreverão métodos de treinamento.

TREINAMENTO DO SISTEMA ATP-CP

A energia para a contração muscular provém do ATP, o único agente químico armazenado nos músculos que pode fornecer tal energia. A finalidade principal de todas as demais fases do metabolismo consiste em repor a energia no ATP, de modo que a contração possa ter continuidade. O sistema ATP-CP pode fornecer energia para a contração muscular com maior rapidez do que qualquer outra fase do metabolismo, mas apenas pode fazê-lo durante 4 a 6 s. A atividade das enzimas que catalisam as diversas reações e as quantidades de ATP e fosfato de creatina armazenadas em cada fibra muscular regulam a liberação de energia nessa fase metabólica; as principais enzimas envolvidas nesse processo são a ATPase e a creatina quinase (CK). Parece razoável assumir que um aumento na atividade dessas enzimas e nas reservas de ATP e CP ajudaria os atletas a estender a capacidade de manter sua velocidade máxima durante mais tempo, melhorando, portanto, seu desempenho. Muitos especialistas provavelmente exageraram os benefícios do treinamento desse sistema, pois o aumento na liberação de energia que pode ser obtido tem pequena expressão e provavelmente apenas beneficiaria atletas em provas de 25 e 50 jd/m.

Provavelmente, o treinamento não aumenta muito a atividade dessas enzimas, porque sua taxa de atividade normal é suficiente para a maioria dos eventos atléticos com duração superior a alguns segundos. Exceto pela extensão das pernas durante as saídas e viradas das provas, é difícil conceber situações no nado de competição em que uma taxa normal de metabolismo do ATP-CP não seja adequada para a produção da velocidade máxima do nadador. Os nadadores dão braçadas e pernadas em níveis ótimos, não máximos, mesmo em eventos mais curtos, e a taxa normal de liberação de energia do ATP, assim como a taxa normal de reciclagem desse composto, deve ser mais do que adequada para o fornecimento da energia que os atletas necessitam, com a rapidez apropriada. Depois de assegurar-se que sua técnica é boa, o nadador pode melhorar a velocidade máxima de nado de maneira mais significativa (1) aumentando o tamanho e a força das fibras em determinados grupos musculares, de forma que as fibras possam gerar mais potência, e (2) melhorando a velocidade e o padrão de recrutamento das fibras pelo sistema nervoso central, de modo que elas possam ser levadas rapidamente a desempenhar seu papel na sequência apropriada para determinada habilidade, sem que haja envolvimento de fibras desnecessárias. Em outras palavras, a melhora da força muscular e dos padrões de recrutamento provavelmente beneficiará mais o nadador em seus tiros de velocidade do que o aumento da atividade das enzimas reguladoras do sistema ATP-CP.

O aumento das quantidades de ATP e CP armazenadas nas fibras musculares representa outro possível efeito do treinamento que pode aumentar a velocidade de nado. Os aumentos podem estender a taxa máxima de reciclagem do ATP por mais alguns segundos – e isso, por sua vez, pode permitir que os atletas mantenham sua velocidade de tiro por um pouco mais de tempo. Foi informado que o treinamento aumenta as reservas de ATP e CP em 18 e 35%, respectivamente (MacDougall et al. 1977). Os resultados do estudo de MacDougall et al. estão ilustrados na Figura 11.1.

Além do treinamento, os atletas tentaram melhorar o fornecimento de fosfato de creatina em seus músculos suplementando suas dietas com creatina – um procedimento conhecido como *carga de creatina*. Foi relatado que esse procedimento aumenta a creatina livre nas fibras musculares em aproximadamente a mesma quantidade proporcionada pelo treinamento, que é de 20% (Hultman et al. 1996). Os resultados de diversos estudos se revelaram contraditórios com relação à melhora ou não do desempenho de nadadores velocistas com o uso da carga de creatina. Alguns estudos informaram a ocorrência de melhora nos desempenhos, enquanto outros não detectaram tal efeito (Balsom, Soderlund e Ekblom 1994; Greenhaff 1995; Maughan 1995; Mujika et al. 1996).

Entre as razões pelas quais não ficou demonstrado que aumentos no ATP e CP musculares melhoram os desempenhos nas provas de nado, podemos citar (1) o comprimento dessas provas e (2) o pequeno nível de aumento que esses percentuais realmente representam. Embora aumentos de 18% no ATP e de 20 a 35% no CP sejam bastante substanciais em termos percentuais, seus efeitos no desempenho serão pequenos na maioria dos eventos, devido ao pequeno aumento na quantidade real de cada um desses compostos. Afinal, trata-se de aumento do fornecimento de ATP e CP nas fibras musculares em apenas cerca de 1 mmol/kg e 3 mmol/kg, respectivamente. Esses aumentos podem permitir que os atletas mantenham a velocidade máxima durante mais 1 a 2 s, o que poderia ser traduzido em uma melhora de 0,10 a 0,20 s em um evento de 25 ou 50. Melhoras dessa magnitude perdem a importância quando comparadas com os progressos que um nadador pode conseguir em nados de velocidade com o aumento da potência muscular e da taxa de metabolismo anaeróbico e com a melhora da técnica de nado. Não é provável que aumentos no ATP e CP musculares resultem em qualquer melhora em provas mais longas, onde os nadadores estabelecem um ritmo para a primeira parte do evento em um nível abaixo da sua velocidade máxima.

Não acredito que treinadores e atletas precisem levar em consideração a prática de repetições especiais para treinamento do sistema ATP-CP por duas razões: primeiramente, o tempo seria gasto mais adequadamente se o atleta realizasse exercícios que melhoram a força muscular e a potência do nado; em segundo lugar, as reservas de ATP e fosfato de creatina dos músculos aumentarão de qualquer forma, como subprodutos desse treinamento. Treinadores e nadadores também devem entender que os atletas não precisam fazer treinamento de força e potência apenas no solo; o treinamento de velocidade dentro da piscina deve ter um papel preponderante, porque a po-

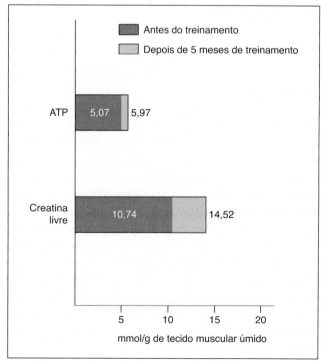

Figura 11.1 Efeitos do treinamento nas concentrações de ATP e CP nas fibras musculares humanas. (Adaptado de MacDougall, Ward, Sale e Sutton 1977.)

tência das braçadas e pernadas melhorará apenas mediante padrões de recrutamento das fibras musculares que utilizarem as fibras certas, nas sequências de movimento corretas (Sale 1986).

TREINAMENTO DO METABOLISMO ANAERÓBICO

A decomposição anaeróbica do glicogênio muscular fornece aproximadamente metade da energia para a reciclagem do ATP durante os primeiros 5 a 6 s de uma prova. Desse ponto em diante, a proporção aumentará consideravelmente até que o metabolismo anaeróbico esteja fornecendo, com grande vantagem, a maior quantidade de energia para o nado de velocidade dentro de 10 a 15 s depois do início da prova (Serresse et al. 1988). O gráfico de barras na Figura 11.2 ilustra as contribuições do fosfato de creatina e da glicólise anaeróbica para a reciclagem do ATP durante 30 s de trabalho intenso.

O leitor perceberá que a maior parte da energia para a contração muscular provém do fosfato de creatina durante os primeiros 2,6 s; observe também que a glicólise anaeróbica fornece energia desde o primeiro segundo de trabalho. Consequentemente, ocorrerá produção de ácido lático mesmo durante esse estágio inicial. Entre 2,6 e 10,0 s de esforço, as quantidades de energia para a reciclagem do ATP advindas do fosfato de creatina e da glicólise anaeróbica são aproximadamente iguais; depois disso, a glicólise anaeróbica passa a ser o principal mecanismo de obtenção de energia para a reciclagem do ATP durante os últimos 20 s de esforço. A contribuição do fosfato de creatina diminui consideravelmente durante o período de 10 a 20 s que se segue após o início do trabalho, embora os músculos ainda contenham parte de seu fosfato de creatina.

Conforme já mencionei, o processo de reciclagem do ATP a partir da glicólise anaeróbica é mais lento que o processo envolvendo fosfato de creatina, porque o primeiro processo envolve 11 etapas, e não apenas 1. Consequentemente, a potência disponível para o nado rápido declinará um pouco depois dos primeiros segundos da prova. A capacidade do atleta de gerar potência muscular diminuirá em aproximadamente 10% depois dos primeiros 4 a 6 s de esforço, quando as reservas musculares de fosfato de creatina tiverem sido parcialmente esgotadas, e a glicólise anaeróbica se tornará a fonte principal de energia para a reciclagem do ATP (Newsholme et al. 1992). Por essa razão, a taxa de glicólise anaeróbica tem maior influência do que o sistema ATP-CP no grau de rapidez dos atletas em provas de velocidade.

Ao que parece, o treinamento aumenta tanto a quantidade como a atividade de muitas enzimas da glicólise anaeróbica (Costill, Fink e Pollock 1976; Costill 1978; Ja-

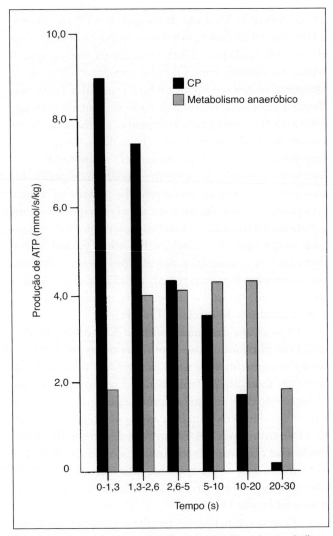

Figura 11.2 Contribuições do fosfato de creatina e do metabolismo anaeróbico para a reciclagem do ATP durante 30 s de exercício. (Adaptado de Greenhaff e Timmons 1998.)

cobs et al. 1987). Eventos de velocidade são particularmente bons para a promoção desses aumentos, enquanto o treinamento de resistência tende a suprimir sua quantidade e seu grau de atividade. Em geral, os aumentos de enzimas anaeróbicas induzidos pelo treinamento não foram tão grandes como os informados para as enzimas do metabolismo aeróbico. Muitos dos aumentos observados nas enzimas anaeróbicas variaram entre 2 e 22%.

O principal obstáculo para o aumento das quantidades das enzimas anaeróbicas é o treinamento de resistência em que os nadadores devem se engajar. O treinamento de resistência suprime a atividade da maioria das enzimas anaeróbicas. Um conjunto considerável de pesquisas aponta para a possibilidade de uma relação antagônica entre treinamento de resistência e velocidade nos trechos em que o atleta está nadando rápido, porque o treinamento de resistência reduz a taxa de metabolismo anaeróbico (Baldwin et al. 1973; Holloszy 1973; Sjodin e Jacobs 1981). Alguns especialistas chegaram mesmo a sugerir que a taxa de metabolismo anaeróbico é maior quando os atletas não estão treinados e citam, como evidência, o fato de que muitos nadadores são capazes de realizar seus melhores desempenhos de velocidade depois de longos períodos de inatividade.

O dilema com que a maioria dos nadadores se depara é a necessidade de melhorar sua resistência e velocidade para melhorar o desempenho na maioria dos eventos de Natação. Mas, tipicamente, eles fazem tanto treinamento de resistência que o melhor que podem fazer é manter a capacidade inata de reciclagem do ATP rapidamente por meio do metabolismo anaeróbico. Mais frequentemente, sua velocidade de contração muscular e sua taxa de metabolismo anaeróbico declinam durante a maior parte da temporada por causa do grande volume de treinamento de resistência que realizam. Nadadores sortudos conseguem readquirir sua velocidade durante o período de polimento. Entretanto, nos casos de extrema perda da velocidade, o polimento talvez não seja suficientemente longo e a velocidade não retornará aos níveis herdados até depois de transcorridas algumas semanas do término (ou de uma considerável restrição) do treinamento de resistência. Nadadores meio-fundistas e fundistas podem ser capazes de ter bons desempenhos, apesar da perda da velocidade de tiro, se obtiverem melhoras substanciais na resistência, mas a maioria dos velocistas não terá bons desempenhos caso não se mostre capaz de readquirir sua velocidade de tiro.

Uma pergunta importante concernente aos velocistas é se o seu treinamento seria mais efetivo caso se concentrasse mais na melhora das velocidades de contração muscular e das taxas de metabolismo anaeróbico e menos na melhora da resistência aeróbica. Alguns especialistas questionam se o treinamento de velocidade aumenta a taxa de metabolismo anaeróbico ou se apenas a faz retornar aos máximos herdados; outros estudiosos acreditam que é possível melhorar a taxa de metabolismo anaeróbico (Cunningham e Faulkner 1969; Karlsson et al. 1972; Saltin et al. 1976). Olbrecht (2000) informou ter observado aumentos na capacidade anaeróbica inata em atletas mais experientes, embora houvesse necessidade de 1 a 2 anos de treinamento especializado para que esses aumentos ocorressem. Falarei mais adiante acerca do possível efeito limitante do treinamento de resistência no metabolismo anaeróbico e do potencial para sua melhora no âmbito de um treinamento de velocidade apropriado.

TREINAMENTO PARA ADIAMENTO DA ACIDOSE

Os corpos dos nadadores podem ser treinados para adiar a acidose, durante as provas e treinamentos, por três modos diferentes:

1. pela redução da velocidade de produção do ácido lático;

2. pela remoção do ácido lático da fibra muscular em funcionamento; ou

3. pelo tamponamento do ácido lático.

Um quarto efeito do treinamento que pode melhorar o desempenho consiste em aumentar a tolerância dos atletas à dor da acidose.

O primeiro desses efeitos do treinamento pode ser promovido com a melhora da taxa do metabolismo anaeróbico, de modo que a maior parte do piruvato e dos íons hidrogênio produzidos durante o metabolismo anaeróbico possa ser metabolizada aerobicamente, reduzindo com isso a quantidade de ácido lático produzida nos músculos em qualquer velocidade de nado considerada. O segundo procedimento permite que parte do ácido lático produzido durante as provas e treinamentos seja removida das fibras musculares em funcionamento, onde a acidose iminente é uma ameaça ao desempenho, e transportada para outras áreas do corpo que possam manipular a substância sem gerar acidose. No terceiro procedimento, o tamponamento, o ácido lático que permanece nos músculos durante o esforço intenso pode ter parte dos íons hidrogênio removida pela adição de certas substâncias alcalinas, de modo que esses íons não possam reduzir rapidamente o pH muscular. Esses três primeiros efeitos do treinamento podem apenas adiar a velocidade de formação da acidose, não eliminá-la; ela ocorrerá em provas e causará dor. A melhora da tolerância dos atletas à dor pode capacitá-los a manter um ritmo ligeiramente mais rápido durante mais tempo, apesar dos efeitos prejudiciais que a acidose produz com a liberação de energia em seus corpos.

Redução da velocidade de produção de ácido lático

O piruvato, o produto final do metabolismo anaeróbico, combina-se com íons hidrogênio para formar ácido lático, a menos que tanto o piruvato como os íons hidrogênio sejam reduzidos a outros compostos por meio do processo de metabolismo anaeróbico. A velocidade de surgimento dessas duas substâncias depende da velocidade do nadador: velocidades mais altas exigem taxas maiores de metabolismo anaeróbico para que seja mantido um suprimento contínuo de ATP; assim, as velocidades de produção de piruvato e de íons hidrogênio estarão diretamente relacionadas à velocidade de nado do atleta. Ao mesmo tempo, a redução das quantidades dessas duas substâncias que se combinam para a formação de ácido lático dependerá da velocidade com que podem ser metabolizadas aerobicamente. Por sua vez, essa velocidade depende do aporte de oxigênio aos músculos. Consequentemente, a maior parte das adaptações do treinamento que reduzem a velocidade de produção do ácido lático nas fibras musculares proporciona aumento do oxigênio para as fibras musculares em funcionamento. Portanto, o aumento no consumo máximo de oxigênio ($\dot{V}O_2$ máx) é um resultado desejado do treinamento.

Outros mecanismos fisiológicos podem remover parte do piruvato e dos íons hidrogênio formados durante o metabolismo anaeróbico. Um desses mecanismos ocorre com a formação de alanina, com mediação do ciclo de glicose-alanina; outro ocorre pela produção de ácido aspártico, com mediação da lançadeira de malato-aspartato. Mais adiante, ainda nesta seção, discutirei os efeitos da produção de alanina e aspartato na produção de ácido lático. Tendo em vista que o consumo de oxigênio desempenha um papel muito maior na redução da velocidade de produção do ácido lático, discutirei a seguir seu significado para o desempenho.

Melhora do consumo de oxigênio

No capítulo anterior, discutimos a importância do consumo de oxigênio para o desempenho. A literatura informou haver relações significativas entre o $\dot{V}O_2$ máx e o desempenho em eventos de 100 a 1.500 m. O treinamento aumentará o $\dot{V}O_2$ máx em 20 a 30% dentro de 8 a 10 semanas, e em 40 a 50% dentro de 1 a 4 anos, além de reduzir o tempo de resposta do consumo de oxigênio (Green 1996). Em outras palavras, os atletas podem aumentar o consumo de oxigênio desde a condição de repouso até o máximo (ou até qualquer nível que seja exigido pelo exercício) em um tempo mais curto.

Os efeitos do treinamento que aumentam o aporte de oxigênio podem ser divididos em duas categorias: (1) aqueles que aumentam a liberação de oxigênio para os músculos e (2) aqueles que aumentam o uso de oxigênio pelos músculos. Diversas adaptações importantes induzidas pelo treinamento aumentarão a velocidade e a magnitude da liberação de oxigênio para os músculos:

■ *Aumento na velocidade de difusão pulmonar do oxigênio até a corrente sanguínea.* O treinamento aumentará o volume de ar e, portanto, o volume de oxigênio que os atletas podem manter em seus corpos durante cada minuto de exercício. Então, parte desse oxigênio se difundirá dos pulmões para a corrente sanguínea, onde o gás será transportado até o coração e, em seguida, bombeado para os músculos.

■ *Aumento no volume total de sangue no corpo (volume sanguíneo).* Um aumento no volume reduz a viscosidade do sangue, de modo que este poderá fluir com maior rapidez do coração até os músculos.

■ *Aumento no número de glóbulos vermelhos.* O oxigênio é transportado no sangue em combinação com um composto proteico que contém ferro chamado *hemoglo-*

bina, um componente celular daquele líquido. Maior quantidade de hemoglobina permitirá que o sangue transporte mais oxigênio.

■ *Aumento do débito cardíaco.* Débito cardíaco se refere ao volume de sangue ejetado do coração durante cada minuto. Quando o débito cardíaco aumenta, cada glóbulo vermelho pode fazer com mais rapidez sua viagem desde os pulmões, onde a célula absorve o oxigênio, até os músculos, onde depositará parte de seu suprimento do gás. Isso aumentará a quantidade de oxigênio que chega às fibras musculares durante cada minuto de exercício. Um incremento no débito cardíaco é responsável por aproximadamente 50% do aumento no $\dot{V}O_2$ máx que ocorre com o treinamento (Holloszy e Booth 1976), ao passo que os outros 50% são resultantes do melhor consumo pelas fibras musculares em funcionamento.

■ *Aumento dos capilares em torno das fibras musculares individuais.* A corrente sanguínea transporta oxigênio dos pulmões através do lado esquerdo do coração e, fora desse órgão, até as fibras musculares por meio de veias, artérias, arteríolas e, finalmente, capilares, onde o oxigênio se difunde para o interior das fibras musculares. Um aumento no número desses capilares resultará em maior chegada de oxigênio às fibras musculares. Assim, uma maior quantidade desse gás poderá se difundir para seu interior.

■ *Melhoras na derivação do sangue para os músculos em funcionamento.* O corpo humano contém aproximadamente 5 L de sangue, que, comumente, estão distribuídos igualmente por todas as áreas do corpo em uma situação de repouso. Mas durante o exercício, os vasos sanguíneos que atendem aos músculos em funcionamento se dilatam e os que atendem aos músculos e órgãos que não estão trabalhando sofrem constrição, fazendo com que maior volume do suprimento sanguíneo total seja direcionado para as fibras musculares em utilização. Esse efeito aumentará a quantidade de oxigênio que chega às fibras.

Diversos efeitos do treinamento aumentarão a utilização do oxigênio pelos músculos:

■ *Aumento na quantidade de mioglobina armazenada nas fibras musculares.* Assim que o oxigênio se difunde para o interior das fibras musculares, a mioglobina o transporta até suas mitocôndrias, onde poderá participar do metabolismo aeróbico. Portanto, um aumento na mioglobina muscular deve aumentar o suprimento de oxigênio disponível para o metabolismo aeróbico.

■ *Aumento no tamanho e no número de mitocôndrias.* Todo metabolismo aeróbico ocorre no interior das mitocôndrias. Assim, quanto maior o número e o tamanho dessas organelas, mais elas serão capazes de absorver mais oxigênio, disponibilizando-o para o metabolismo aeróbico.

■ *Aumentos na atividade das enzimas reguladoras do metabolismo aeróbico.* Além da quantidade de oxigênio disponível, outro fator que controla a taxa do metabolismo aeróbico é a atividade de centenas de enzimas. O treinamento de resistência pode melhorar a concentração e as velocidades de atividade. Em presença de oxigênio suficiente e de um pH muscular nas proximidades do normal, as enzimas aumentarão a velocidade em que o metabolismo aeróbico é capaz de reduzir o piruvato e os íons hidrogênio e seus elétrons.

Apresentarei nas seções seguintes algumas informações sobre os efeitos do treinamento em cada uma dessas adaptações e os tipos de treinamento que as produzem. Começarei com a capacidade de difusão pulmonar.

Aumento da capacidade de difusão pulmonar Difusão pulmonar refere-se à quantidade de oxigênio que se difunde dos pulmões para a corrente sanguínea e possui duas finalidades importantes: primeiramente, repõe o suprimento de oxigênio que sofreu depleção dos glóbulos vermelhos durante sua viagem em torno do corpo; em segundo lugar, remove o dióxido de carbono do sangue. A difusão pulmonar aumenta em proporção direta à intensidade do exercício, principalmente por um aumento no volume corrente (o volume de ar inspirado a cada respiração) em um esforço de baixa intensidade e por um aumento na frequência de respiração à medida que o exercício se torna mais intenso. O treinamento pode aumentar o volume máximo de oxigênio que se difunde dos pulmões para o sangue ao aumentar tanto o volume total de ar que chega aos pulmões a cada minuto (o volume minuto) quanto o volume de oxigênio que deixa os pulmões a cada minuto.

Tipicamente, pessoas não treinadas trocam 80 a 140 L de ar por minuto, dependendo de sua estatura. É natural que pessoas de maior estatura possam trocar mais ar por minuto em comparação com pessoas menores, simplesmente porque seus pulmões são maiores. O treinamento pode aumentar em mais de 50% o volume máximo de ar que uma pessoa pode trocar durante cada minuto de exercício. Muitos atletas bem treinados podem ventilar mais de 180 L de ar por minuto, e volumes minuto superiores a 240 L/min já foram medidos em atletas bem treinados de grande estatura (Wilmore e Costill 1999). Esse aumento no volume minuto máximo é conseguido pelo aumento tanto no volume de ar que conseguem acomodar em cada respiração como no número de respirações por minuto e é resultado de melhoras na força e na resistência dos músculos respiratórios, os músculos intercostais externos e internos.

O volume de oxigênio que se difunde dos pulmões para a corrente sanguínea depende em grande parte do número de alvéolos existentes nos pulmões e do número de capilares à volta dessas estruturas saculares. Os alvéolos são os sacos diminutos situados na extremidade dos tubos bronquiais que se enchem com ar durante a inspiração. O oxigênio presente no ar se difunde para fora desses sacos, passando para o interior dos capilares circunjacentes; depois, a corrente sanguínea transporta o oxigênio até o coração. Parte do dióxido de carbono produzido durante o metabolismo aeróbico também se difunde dos capilares para o interior dos alvéolos, de modo que esse gás poderá ser expirado para a atmosfera.

O número de alvéolos nos pulmões de pessoas normais não treinadas é mais do que adequado para acomodar todo o ar que chega a esses órgãos. A área de superfície coberta pelos alvéolos é tão imensa que poderia cobrir metade de uma quadra de tênis para partidas simples (Brooks e Fahey 1987). Não deve surpreender que o treinamento não cause qualquer aumento substancial nessas estruturas, embora possa melhorar a elasticidade das paredes alveolares, de modo que o enchimento e o esvaziamento ocorram com maior facilidade.

Por outro lado, o treinamento pode aumentar o número de capilares que circundam cada alvéolo, o que permite a difusão de maior volume de oxigênio para fora dos alvéolos e para o sangue circulante (Jensen e Fisher 1975). Apesar desse aumento, são conflitantes os relatos acerca dos efeitos do treinamento no volume de oxigênio que se difunde para fora dos alvéolos até o sangue circulante durante o exercício. Alguns pesquisadores informaram aumentos (Magel e Andersen 1969), e outras pesquisas não encontraram qualquer alteração (Gibbins et al. 1972; Hagberg, Yerg e Seals 1988; Mahler, Moritz e Loke 1982). Gibbins et al. informaram ter observado uma tendência a uma melhor difusão pulmonar em um grupo de nadadores.

Podem ter ocorrido achados contraditórios acerca do efeito do treinamento na capacidade máxima de difusão pulmonar, porque a difusão do oxigênio dos alvéolos para o sangue não parece limitar a capacidade dos atletas em fornecer oxigênio para seus músculos. A quantidade de hemoglobina no sangue limita sua capacidade de transporte de oxigênio para algo entre 16 e 24 ml de O_2 por 100 ml de sangue; consequentemente, mesmo em pessoas não treinadas, haverá mais oxigênio presente nos alvéolos do que a quantidade que pode ser absorvida pelo sangue durante o exercício. Estudos demonstraram que, ao deixar os pulmões, o sangue está completamente saturado com oxigênio, mesmo durante o exercício mais intenso, e quase metade do oxigênio presente no ar inspirado é expirada, não ingressando no sistema circulatório. Portanto, um aumento na quantidade de oxigênio disponível para difusão desde os alvéolos não resultaria necessariamente em aumento na quantidade que se difunde a partir dessas estruturas. Assim, aparentemente a difusão pulmonar não limita a capacidade de consumo de oxigênio pelo atleta. A melhora dessa capacidade com o treinamento não é considerada importante para melhorar a resistência.

No início do século XX, frequentemente os atletas utilizavam exercícios de respiração profunda e de respiração presa para melhorar a troca máxima de ar e a difusão pulmonar do oxigênio. Alguns atletas ainda praticam esses exercícios por acreditarem equivocadamente que melhorarão suas taxas de consumo máximo de oxigênio. Esses exercícios são desnecessários; qualquer treinamento – seja na terra, seja na água – que enfatize a frequência e a profundidade da respiração durante um período razoável aumentará as taxas de difusão pulmonar máxima até o limite possível. Nadadores envolvidos em um programa de treinamento misto normal melhorarão tanto a frequência como a profundidade da respiração.

O treinamento não afeta significativamente o volume de oxigênio que se difunde dos pulmões para o sangue durante esforços submáximos, mas faz com que o oxigênio seja fornecido de maneira mais eficiente. Na realidade, a frequência respiratória diminuirá durante o exercício submáximo após o treinamento. Em outras palavras, atletas treinados consumirão a mesma quantidade de oxigênio ao fazerem respirações maiores e em menor número. Essa mudança é talvez o efeito mais importante do treinamento para a capacidade de difusão pulmonar – mais importante do que um aumento na capacidade máxima de difusão pulmonar.

Aumento do número de glóbulos vermelhos O aumento nos eritrócitos é importante porque essas células contêm hemoglobina, uma proteína composta de ferro que permite o transporte do oxigênio pelo sangue. Portanto, qualquer aumento na hemoglobina deve aumentar a quantidade de oxigênio que pode ser transportada pelo sangue. Uma razão do treinamento de atletas em locais de grande altitude, bem acima do nível do mar, é o aumento da hemoglobina; pela mesma razão, alguns atletas se envolvem no *doping* sanguíneo (i. e., a reinfusão do próprio sangue antes da competição) ou usam eritropoetina (EPO), uma substância banida que também aumenta o número de eritrócitos.

Na melhor das hipóteses, os atletas podem esperar apenas por pequenos ganhos na capacidade de transporte do oxigênio pelo sangue se treinarem ao nível do mar. Alguns estudos informaram não ter detectado aumento, enquanto outros informaram apenas pequena melhora (aproximadamente 8%) com o treinamento ao nível do mar (Green et al. 1991). Por outro lado, diversos estudos informaram ganhos de 7 a 18% no conteúdo de hemoglobina no sangue depois do treinamento na altitude (Karvonen, Peltola e Saarela 1986; Hannon et al. 1969).

Aumento do volume sanguíneo O volume sanguíneo total no corpo humano é de aproximadamente 5 L, quan-

tidade que pode ser aumentada em cerca de 30% com a utilização de treinamento de resistência (Green et al. 1991). O treinamento que aumenta a hemoglobina também pode fazer com que o sangue fique mais espesso (i. e., mais viscoso), porque a hemoglobina é a parte sólida do sangue. Se a parte líquida não aumentar com o incremento da hemoglobina, o sangue não fluirá tão facilmente pelas artérias e veias; por consequência, diminuirá a quantidade de oxigênio que chega aos músculos a cada minuto.

Felizmente, o líquido no sangue aumenta relativamente mais do que sua hemoglobina com o treinamento, de modo que, na verdade, a viscosidade sanguínea diminui. Portanto, a consequente redução na viscosidade do sangue após o treinamento pode aumentar a velocidade do fluxo sanguíneo através dos vasos; assim, aumentará a quantidade de oxigênio que chega às fibras musculares. A redução na viscosidade do sangue induzida pelo treinamento observada em atletas altamente treinados fez com que alguns deles fossem diagnosticados como anêmicos, porque a hemoglobina estava mais baixa para qualquer quantidade padronizada de sangue. O treinamento de resistência realizado a um ritmo relativamente intenso parece ser extremamente efetivo no aumento do volume sanguíneo (Wilmore e Costill 1999).

Aumento do débito cardíaco Débito cardíaco refere-se ao volume de sangue que é bombeado para fora do coração a cada minuto e é o produto do volume sistólico (o volume de sangue bombeado para fora do coração a cada batimento) multiplicado pela frequência cardíaca (o número de batimentos cardíacos por minuto). O débito cardíaco é de aproximadamente 5 L em repouso e, durante o esforço máximo, pode aumentar para algo entre 14 e 16 L por minuto em pessoas não treinadas. O treinamento pode aumentar o débito cardíaco ainda mais, para algo entre 30 e 40 L/min. Esse importante efeito do treinamento é basicamente responsável pelo aumento do aporte de oxigênio para as fibras musculares (Brooks e Fahey 1987).

Um aumento no débito cardíaco máximo é o resultado de um aumento no volume sistólico (o volume de sangue bombeado para fora do coração a cada batimento). As frequências cardíacas em um esforço máximo não aumentam com o treinamento e aquelas durante um esforço submáximo diminuem depois do treinamento. Um treinamento apropriado pode aumentar o volume sistólico durante esforços máximos e submáximos em até 50%.

Ao que parece, treinamentos de resistência realizados lentamente, durante longos períodos e em frequências cardíacas baixas (110 a 130 bpm) funcionam melhor para o aumento do volume sistólico. Astrand e Rodahl (1977) sugeriram que velocidades de treinamento entre 50 e 60% do máximo seriam ideais para essa finalidade. Baixas frequências cardíacas aumentam mais o volume sistólico, pois, em frequências altas, os ventrículos cardíacos não têm tempo para um enchimento completo de sangue entre os batimentos. Assim, embora o débito cardíaco seja maior em altas velocidades, o volume sistólico será mais baixo e o efeito do treinamento diminuirá.

Depois que o treinamento de resistência em baixa intensidade aumentou o volume sistólico do atleta, séries de nado de resistência em maiores intensidades treinarão o coração para um enchimento mais rápido. Com isso, o atleta poderá preservar a maior parte do aumento percentual no volume sistólico máximo em frequências cardíacas próximas ao máximo do consumo de oxigênio (Gledhill, Cox e Jamnik 1994; Spina et al. 1992). Essa segunda etapa é necessária, porque os atletas devem ser capazes de manter grande volume sistólico a uma frequência cardíaca elevada se quiserem aumentar seu débito cardíaco máximo e se um de seus objetivos for ter mais oxigênio disponível para os músculos durante suas provas.

Os efeitos do treinamento no volume sistólico podem ser monitorados pelo lançamento das frequências cardíacas dos nadadores em um gráfico durante séries de treinamento padronizadas que promovam frequências cardíacas entre 120 e 170 bpm para a maioria dos atletas. Qualquer diminuição nas frequências cardíacas nessas velocidades submáximas indica aumento dos volumes sistólicos.

Aumento do número dos capilares musculares Pesquisas demonstraram que o treinamento de resistência aumentará o número de capilares em torno dos alvéolos e das fibras musculares (Brodal, Ingjer e Hermansen 1976; Carrow, Brown e Van Huss 1967; Hermansen e Wachtlova 1971). Desses dois efeitos, o aumento dos capilares em torno de cada fibra muscular tem o maior efeito no aumento da resistência. Diversos estudos demonstraram aumento de 15 a 50% depois do treinamento de resistência prolongado (Andersen 1975; Brodal, Ingjer e Hermansen 1976; Anderson e Henriksson 1977; Rosler et al. 1985).

Um aumento no número de capilares em torno das fibras musculares pode aumentar significativamente a quantidade de oxigênio que se difunde do sangue até os músculos. Comumente, pessoas não treinadas têm três ou quatro capilares em torno de cada fibra muscular, enquanto atletas treinados em resistência têm quatro a seis desses vasos em torno de cada fibra (Saltin et al. 1977).

O leitor deve saber que os aumentos nos capilares ocorrem apenas em torno das fibras musculares utilizadas no treinamento. Muitas das demais adaptações circulatórias mencionadas anteriormente são de natureza geral, ou seja, envolvem o coração e as grandes artérias que atendem a todas as áreas do corpo. Qualquer tipo de exercício de resistência pode produzir tais adaptações, o que poderia beneficiar qualquer outro tipo de trabalho. Por exemplo, um aumento no volume sistólico gerado pela prática

de corrida beneficiaria o atleta durante a Natação, mas, com os capilares, não é isso o que ocorre. O aumento é específico para as fibras musculares que estão treinadas, pois os capilares não se movem das fibras musculares onde ocorreu o aumento (por causa do treinamento) para outras fibras musculares. Ocorrerá aumento no número de capilares em torno de uma fibra muscular apenas quando a demanda por oxigênio especificamente nessa fibra for maior do que a oferta dessa substância. Em outras palavras, a prática da corrida pode melhorar os capilares em torno de muitos dos músculos das pernas, mas não aumentará o número de capilares em torno dos músculos dos braços e do tronco. Por essa razão, os nadadores devem fazer a maior parte do seu treinamento aeróbico na piscina, como garantia de que aumentarão o número de capilares em torno das fibras musculares que serão utilizadas nas provas, e devem utilizar outras formas de treinamento de resistência apenas como complementos ao treinamento de Natação, e não como substitutos para esse tipo de atividade.

Melhora da derivação sanguínea Considerando que uma melhor derivação sanguínea promove aumento mais substancial no fluxo sanguíneo até os músculos em funcionamento durante o exercício, esse fator pode ser o mais importante efeito do treinamento para melhora do desempenho. O corpo humano contém cerca de 5 L de sangue. Em repouso, o volume total está igualmente distribuído por todos os tecidos; porém, durante o exercício, a derivação envia mais sangue para os músculos em funcionamento, ao mesmo tempo em que reduz a irrigação para os músculos que não são utilizados e outros tecidos. Exemplificando, em repouso, apenas 15 a 20% do volume sanguíneo total vai para os músculos esqueléticos, enquanto, durante o exercício, essa quantidade aumenta para 85 a 90% do total (Mathews e Fox 1976). Assim, mais oxigênio e demais nutrientes vão para onde são necessários. A derivação sanguínea também aumenta as quantidades de dióxido de carbono e de ácido lático que podem ser removidas das fibras musculares em funcionamento durante o exercício.

O treinamento aumentará o percentual de sangue que flui até os músculos em utilização durante esforços máximos (Clausen et al. 1973; Keul, Doll e Keppler 1972; Saltin 1973; Simmons e Shephard 1972), o que terá um efeito positivo significativo no desempenho. Henriksson (1977) informou um aumento de 8% na quantidade de sangue que flui para músculos treinados durante o exercício.

É provável que o treinamento de resistência seja o modo mais efetivo de aumentar o fluxo sanguíneo até os músculos em funcionamento durante o exercício. Ainda está para ser respondida a questão: o efeito é maior em velocidade de treinamento de resistência baixa, moderada ou alta? Pode-se especular que o treinamento de resistência em alta velocidade poderia aumentar a dilatação dos vasos e, portanto, seria mais efetivo do que o treinamento em velocidade lenta ou moderada em relação à melhora da resposta de derivação sanguínea. No entanto, estou certo de que o treinamento precisa utilizar as mesmas fibras musculares usadas pelos nadadores em competição, de modo que os vasos treinados para uma dilatação mais rápida sejam aqueles que irrigarão os músculos utilizados pelos nadadores em suas provas. Em outras palavras, os nadadores alcançarão o melhor efeito de treinamento nadando.

Aumento das mitocôndrias As mitocôndrias são organelas constituídas de proteína, pequenas "fábricas químicas" existentes nas células musculares, onde ocorre o metabolismo aeróbico. Tanto as fibras musculares de contração lenta como as de contração rápida contêm muitas mitocôndrias, mas essas organelas são mais numerosas nas fibras musculares de contração lenta. O treinamento provoca aumento no tamanho e no número de mitocôndrias nos dois tipos de fibras musculares (Morgan et al. 1971). Foi constatado um aumento de 120% no tamanho das mitocôndrias em voluntários humanos depois de 28 semanas de treinamento de resistência, e o aumento numérico dessas organelas variou de 14 a 40% (Kiessling, Piehl e Lundquist 1971). Outro estudo (Rosler et al. 1985) constatou um aumento no volume total de 40%, englobando aumentos tanto no número como nas dimensões das mitocôndrias.

Aumentos das mitocôndrias ajudam em uma atividade importante: a redução da velocidade de produção do ácido lático. Havendo mais mitocôndrias disponíveis, o metabolismo aeróbico pode ocorrer em mais locais no interior de cada fibra muscular. Portanto, haverá mais energia disponível, graças ao metabolismo aeróbico, durante cada minuto de exercício, desde que o suprimento de oxigênio seja adequado. Esse efeito (e, talvez, um aumento na mioglobina) provavelmente permite que atletas treinados utilizem maior percentual de seu VO_2 máx sem aumento da produção de ácido lático.

A Natação é o melhor método para aumento do número e do tamanho de mitocôndrias nas fibras musculares dos nadadores. Esses aumentos ocorrem apenas nas fibras musculares que estão sendo exercitadas. Portanto, o treinamento que não envolve Natação e que não utiliza as mesmas fibras musculares utilizadas pelos nadadores em competições não aumentará o tamanho e o número de mitocôndrias nas fibras musculares relevantes. Nesse sentido, o treino com braçadas não aumentará o tamanho e o número de mitocôndrias nos músculos das pernas dos nadadores, nem práticas com pernadas aumentarão o tamanho e o número de mitocôndrias nos braços, nos ombros e no tronco. Avançando um pouco mais nesse exemplo, o treinamento de resistência em baixa velocidade pode

aumentar o tamanho e o número de mitocôndrias em fibras musculares de contração lenta, mas para que ocorram tais aumentos nas fibras musculares de contração rápida, os nadadores devem fazer treinamento de resistência em velocidades moderadas a altas; consequentemente, esses atletas devem praticar seus nados de resistência em velocidades variadas, desde lentas até rápidas, para que aumentem o tamanho e o número de mitocôndrias em todas as fibras musculares que utilizarão em suas provas.

Nesse ponto, é necessária uma observação cautelosa. O excesso de treinamento de resistência em alta velocidade pode ser contraproducente em relação à obtenção desse efeito do treinamento. Em geral, o treinamento de resistência não deve ser realizado em velocidades que possam causar acidose intensa; também não deve ser realizado em situações nas quais o glicogênio muscular esteja praticamente exaurido. Esses esforços podem lesionar as mitocôndrias além da possibilidade de reparo, e ocorrerá excesso de treinamento se os atletas forem submetidos a uma acidose intensa com demasiada frequência (Gullstrand 1985). Também pode ocorrer lesão se a proteína constituinte dessas estruturas for metabolizada para obtenção de energia, como ocorreria caso os nadadores treinassem com um suprimento inadequado de glicogênio muscular. Treinamentos de resistência em alta velocidade, com o objetivo de aumentar o tamanho e o número de mitocôndrias em fibras musculares de contração rápida, devem ocorrer moderadamente durante cada semana, e apenas durante curtos períodos, para que as mitocôndrias e outras fibras musculares não fiquem demasiadamente lesionadas. É preciso que os atletas de resistência saibam que também podem aumentar o tamanho e o número de mitocôndrias nas fibras musculares de contração rápida nadando em velocidades moderadas durante longos períodos, porque, durante esses nados, tais fibras tendem a fazer rodízio (i. e., são convocadas) para fazer o trabalho das fibras musculares de contração lenta fatigadas.

O treinamento em locais de grande altitude também parece aumentar as mitocôndrias nos músculos (MacDougall et al. 1991); para tal finalidade, esse tipo de treinamento pode ser mais efetivo do que o treinamento ao nível do mar.

Aumento das enzimas aeróbicas Quando as mitocôndrias aumentam em tamanho e número, as quantidades de enzimas aeróbicas contidas nessas organelas também aumentam (Morgan et al. 1971). O significado dessa mudança é que o metabolismo aeróbico prosseguirá em velocidade mais alta em situações de maior disponibilidade de enzimas para o processo.

Aumentos no tamanho e no número de mitocôndrias e aumentos concomitantes na atividade das enzimas aeróbicas contidas nessas organelas podem incrementar o limiar anaeróbico do atleta mais do que o aumento da velocidade máxima de consumo de oxigênio ($\dot{V}O_2$ máx). Aparentemente, o treinamento eleva a atividade das enzimas aeróbicas de maneira desproporcional às melhoras no $\dot{V}O_2$ máx resultantes de sua execução (Gollnick e Hodgson 1986; Gollnick et al. 1972), e a atividade enzimática continua a aumentar, mesmo depois de não estarem mais ocorrendo melhoras no $\dot{V}O_2$ máx (Wilmore e Costill 1999). Portanto, a elevação da atividade das enzimas aeróbicas pode ter mais a ver com a continuação do exercício em algum percentual de $\dot{V}O_2$ máx do que com o próprio aumento do $\dot{V}O_2$ máx (Davies, Packer e Brooks 1981). Ao mesmo tempo, os ganhos no $\dot{V}O_2$ máx podem estar mais intimamente ligados à capacidade do sistema circulatório de liberar oxigênio para as fibras musculares em funcionamento, e não com a capacidade das fibras musculares de usar esse oxigênio no metabolismo aeróbico (Rowell 1974).

A mesma faixa de treinamento de resistência em velocidades lentas a rápidas, que promove aumentos nas mitocôndrias das fibras musculares de contração rápida e de contração lenta, também deve aumentar a atividade das enzimas aeróbicas nessas fibras. Grandes volumes de treinamento de resistência em pouca velocidade podem aumentar a atividade das enzimas aeróbicas em fibras musculares de contração lenta. Os maiores aumentos foram observados quando os níveis de treinamento exigem que os atletas utilizem um percentual elevado (70 a 80%) de seu consumo máximo de oxigênio, provavelmente porque o treinamento nesse nível também faz com que as fibras musculares de contração rápida sejam convocadas e assumam parte da carga de trabalho (Henriksson 1992). Embora intenso, esse treinamento deve permanecer dentro dos limites da capacidade do atleta em manter um equilíbrio entre as velocidades de produção e de eliminação do ácido lático, de modo que o pH muscular permaneça próximo aos níveis normais. Um baixo pH muscular reduzirá a atividade de certas enzimas aeróbicas, provocando um aumento da velocidade de produção do ácido lático, ou seja, o oposto ao que se pretende. O atleta deseja aumentar a atividade dessas enzimas, ao mesmo tempo em que também incentiva um metabolismo mais rápido do piruvato e dos íons hidrogênio por meio da oxidação. Portanto, a principal parte do treinamento para a melhora das enzimas aeróbicas deve ocorrer um pouco abaixo ou no nível do limiar anaeróbico do atleta; apenas pequeno volume de treinamento será realizado em velocidades mais altas.

Comparativamente ao treinamento no nível do mar, o treinamento em grande altitude pode ser mais efetivo para obtenção do aumento na atividade das enzimas do metabolismo aeróbico. Considerando a íntima relação entre o tamanho e o número de mitocôndrias e a atividade das enzimas aeróbicas, tendo em vista que o treinamento de altitude é efetivo para a melhora das mitocôndrias, é razoável supor que o treinamento em grande altitude deva melhorar também as enzimas aeróbicas.

Aumento da mioglobina Mioglobina é uma proteína que contém ferro e está presente nas fibras musculares. A cor avermelhada das fibras musculares é decorrente da presença dessa proteína. A mioglobina desempenha duas funções nas células musculares: na mais importante delas, absorve o oxigênio que se difunde para o interior das células musculares, transportando-o até as mitocôndrias, onde poderá ser utilizado no metabolismo aeróbico; a segunda função é o armazenamento de pequenas quantidades (aproximadamente 240 ml) de oxigênio nas células musculares, que é utilizado durante os primeiros segundos de exercício, proporcionando oxigênio às mitocôndrias até que um suprimento adicional chegue à célula através do sistema circulatório. As fibras musculares de contração lenta contêm aproximadamente um terço a mais de mioglobina do que as fibras musculares de contração rápida, o que explica a coloração vermelha mais escura das fibras lentas e a tonalidade esbranquiçada (na verdade, rosada) das fibras rápidas (Nemeth et al. 1983).

Pesquisas informaram que o treinamento aumenta o conteúdo de mioglobina em 80% nos músculos de ratos (Pattengale e Holloszy 1967), mas estudos com seres humanos não conseguiram reproduzir esse efeito. Exemplificando, Svedenhag, Henriksson e Sylvan (1983) não puderam reproduzir um aumento de mioglobina em um grupo de voluntários depois de 8 semanas de treinamento; e Jansson, Sylven e Sjodin (1983) informaram que a quantidade de mioglobina era semelhante nos músculos de pessoas não treinadas e atletas treinados para resistência. Porém, o treinamento em altas altitudes pode aumentar a quantidade dessa substância; pessoas que vivem em locais muito elevados têm até 16% de mioglobina a mais em seus músculos (Reynafarje 1962). Não há evidência conclusiva de que o treinamento em locais elevados durante curtos períodos possa promover aumentos dessa magnitude ou que pessoas que vivem em locais de alta altitude durante longos períodos têm mais mioglobina.

Independentemente da falta de prova científica, permanece a possibilidade de que o treinamento, seja em alta altitude ou ao nível do mar, possa aumentar os níveis de mioglobina. É razoável supor que uma substância que cumpre uma função tão importante durante o exercício provavelmente venha a aumentar com um treinamento apropriado. Na verdade, quase todos os estudos demonstram que os músculos de animais treinados para resistência têm mais mioglobina do que animais menos treinados (Hickson 1981; Lawrie 1953). Portanto, treinadores e atletas devem considerar o aumento da mioglobina como um dos resultados importantes do treinamento de resistência, devendo planejar programas que incentivem esse efeito até que as evidências em contrário se tornem irrefutáveis.

A literatura tem dado pouca atenção ao tipo de treinamento que seria mais efetivo para melhorar o conteúdo de mioglobina dos músculos, mas podemos argumentar que os atletas devem treinar em velocidades que produzam níveis quase máximos, ou máximos, de consumo de oxigênio. As fibras musculares de contração lenta já contêm quantidades significativas dessa substância; provavelmente, o aumento de mioglobina seria mínimo, a menos que houvesse estimulação até quase falhar em sua capacidade de liberar oxigênio para as mitocôndrias. Ao mesmo tempo, as fibras musculares de contração rápida, que possuem maior potencial para aumento do conteúdo de mioglobina, serão ativadas apenas depois que a intensidade do treinamento for suficientemente grande a ponto de exigir dos atletas o uso de um elevado percentual de $\dot{V}O_2$ máx, talvez 70 a 80% da capacidade máxima (Andersen e Sjogaard 1975).

Melhora do ciclo da glicose-alanina

As proteínas também podem desempenhar um pequeno papel na redução da produção de ácido lático durante o exercício por meio de um processo conhecido como *ciclo da glicose-alanina* (Felig e Wahren 1971). Parte do piruvato formado como produto do metabolismo anaeróbico se liga à amônia, formando alanina; como resultado, esse piruvato não estará disponível para combinar-se com íons hidrogênio e, assim, será produzida menor quantidade de ácido lático. A alanina produzida nesse processo será transportada até o fígado, onde poderá ser reconvertida em glicose, como parte de outro processo, o *ciclo de Cori*. Então, a glicose retorna à corrente sanguínea, que a transportará até os músculos, onde poderá ser utilizada na reciclagem do ATP.

O ciclo da glicose-alanina funciona durante curtos tiros de velocidade e também durante eventos de resistência, embora seja duvidoso que tenha qualquer efeito positivo no desempenho em eventos abaixo das 100 jd/m (Weicker et al. 1983). A velocidade de formação de piruvato e, portanto, da reciclagem do ATP, pelo metabolismo anaeróbico é o principal fator na manutenção da velocidade nesses eventos, e não a remoção de piruvato. Mas a remoção de parte do piruvato mediante sua conversão em alanina pode ter efeito significativo na redução da acidose em tiros longos de velocidade e em eventos de resistência, porque o processo tem o efeito de reduzir a quantidade de ácido lático produzido em qualquer velocidade de nado em particular. Os gráficos de barras na Figura 11.3, ao ilustrar os resultados de um estudo de Felig e

Wahren (1971) sobre produção de alanina durante o exercício, mostram que o conteúdo de alanina nos músculos mais do que triplica quando a intensidade do exercício de resistência aumenta até um nível elevado. Weicker et al. (1983) também informaram ter observado elevadas concentrações de alanina nos músculos de corredores depois da realização de provas que variavam de 100 a 1.500 m de extensão. Portanto, esse processo pode contribuir significativamente na redução da produção de ácido lático nos músculos em qualquer velocidade de nado, inclusive velocidades elevadas.

Estudos sugerem que a conversão de glicose em alanina é uma resposta passível de treinamento (Brooks e Fahey 1984; Weicker et al. 1983), talvez em parte porque a atividade da principal enzima reguladora dessa reação – *alanina transaminase* – aumenta com o treinamento (Mole et al. 1973). No entanto, pouco sabemos acerca da eficácia relativa do nado em intensidade baixa, moderada e alta para a geração desse efeito do treinamento.

Melhora da lançadeira de malato-aspartato

Um mecanismo conhecido como lançadeira de malato-aspartato pode reduzir a velocidade de produção do ácido lático mediante a remoção de alguns íons hidrogênio antes que venham a se combinar com o ácido pirúvico para a formação de ácido lático. O processo começa no ciclo de Krebs, onde o ácido aspártico se forma na conversão do ácido málico em ácido oxaloacético; como parte dessa conversão, íons hidrogênio são liberados do NADH, de modo que possam ingressar na cadeia de transporte de elétrons. Tão logo os íons hidrogênio tenham sido liberados, o NAD^+ que permanece fica livre para capturar qualquer outro íon hidrogênio, antes que este possa se combinar com o ácido pirúvico, com subsequente queda do pH muscular.

Foi constatado que as principais enzimas da lançadeira de malato-aspartato, *aspartato transaminase* e *malato desidrogenase,* aumentam em até 60% em seres humanos depois do treinamento de resistência (Holloszy 1975). Portanto, a lançadeira de malato-aspartato pode desempenhar um papel pequeno, mas importante, na redução da produção de ácido lático durante o exercício.

Aumento da velocidade de remoção do lactato dos músculos e do sangue

No passado, acreditava-se que o ácido lático era um produto de excreção do metabolismo anaeróbico produzido durante o exercício e que permanecia nos músculos e no sangue até que fosse removido durante o subsequente período de recuperação. Atualmente, ficou claro, com base nos resultados de muitos estudos, que essa substância

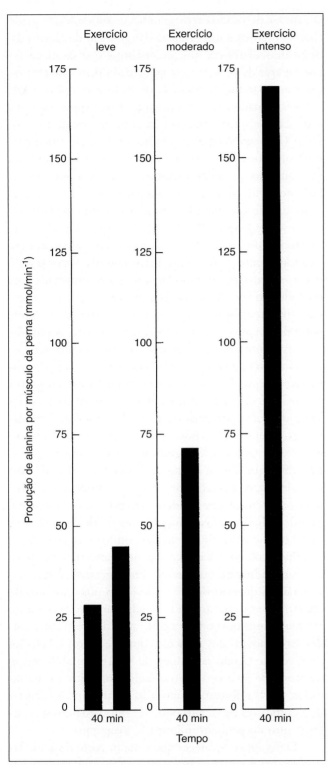

Figura 11.3 Efeitos de três sessões de exercício em diferentes intensidades na produção de alanina. (Adaptado de Felig e Wahren 1971.)

é simplesmente um produto intermediário do processo metabólico e que é removida continuamente durante o exercício bem como durante a recuperação. Portanto, a quantidade de ácido lático que se acumula nas fibras musculares durante o exercício é a diferença entre a quantidade produzida nas fibras musculares e a quantidade removida dessas estruturas durante o exercício em questão.

Quando a intensidade do exercício está bem abaixo da capacidade de oxidação aeróbica do piruvato e do hidrogênio pelas fibras musculares em funcionamento, o ácido lático formado no início do trabalho, quando o aporte de oxigênio era ainda temporariamente inadequado, será transformado novamente em piruvato e hidrogênio, sendo oxidado no interior dessas fibras musculares. O mecanismo de remoção do lactato não é importante nesses níveis, pois não será grande a quantidade de ácido lático acumulada. Porém, a remoção do lactato passa a ser cada vez mais importante para o bom desempenho em provas de velocidade. Como já sabemos, a demanda por energia de todas as provas de nado excede em muito a capacidade do metabolismo aeróbico; assim, o metabolismo anaeróbico e a produção de ácido lático fornecem a quantidade de energia restante. Qualquer mecanismo que possa remover parte do ácido lático de seu local de produção (nas fibras musculares em funcionamento) retardará a velocidade de declínio do pH nesses músculos durante as provas, o que permitirá ao atleta manter velocidades mais altas durante períodos maiores. Obviamente, uma velocidade mais alta de remoção do lactato resultará em um decréscimo mais lento no pH muscular; dessa maneira, qualquer melhora nessa velocidade de remoção, possivelmente decorrente do treinamento, deverá beneficiar o desempenho de forma considerável. De fato, vários especialistas sugeriram que o aumento da velocidade de remoção do lactato das fibras musculares em funcionamento pode reduzir significativamente a taxa de acidose nos músculos durante o exercício. Diversos estudos publicados observaram relações significativas entre a velocidade de remoção do lactato dos músculos e do sangue, e o desempenho (Messonnier et al. 1997; MacRae et al. 1992).

Processo de remoção do lactato

A remoção do lactato presente nos músculos em atividade parece ser resultante tanto da difusão passiva como do transporte ativo (Juel 1997). A velocidade de difusão depende da diferença entre a concentração de lactato no interior da fibra muscular e a concentração no sangue ou em outros compartimentos do corpo. Quando o exercício causa altas taxas de produção de ácido lático no interior das fibras musculares, a maior parte tenderá a se movimentar para fora das fibras. Contudo, com o passar do tempo, a quantidade no sangue pode aumentar até o ponto em que diminuirá a diferença em concentração e, portanto, a velocidade de difusão para fora das fibras musculares e para o sangue. Assim, esse processo também depende da velocidade com que o lactato pode deixar o sangue e ser absorvido por outros tecidos, pois a rápida perda dessa substância no sangue permite a manutenção de um elevado gradiente de concentração entre as fibras musculares e a corrente sanguínea.

Apenas recentemente os cientistas identificaram a existência de um sistema de transporte que *empurra* o lactato para fora dos músculos (Roth e Brooks 1990; Juel 1997). Acredita-se que a natureza do transportador envolva um sistema de proteínas nos músculos e no sangue, algumas das quais foram identificadas como transportadores do monocarboxilato 1 até 7 (MCT1, MCT2, MCT3 etc.) (Wilson et al. 1998). O significado de um sistema para transporte do lactato para fora dos músculos e para fora do sangue é que o lactato pode ser removido, mesmo quando o gradiente de concentração não favorece velocidades máximas de difusão. Pesquisadores estimaram que o transporte de lactato é responsável por 50 a 75% do lactato removido dos músculos durante o exercício (Juel 1997).

Conforme mencionei no Capítulo 10, parte do ácido lático pode ser transportada do protoplasma das fibras musculares, onde foi produzida, diretamente até as mitocôndrias das mesmas fibras musculares, onde poderá ser reconvertida em piruvato e oxidada (Brooks et al. 1996), o que pode ocorrer durante o transcurso do exercício. A maior parte do ácido lático removido dessa maneira é produzida em fibras musculares de contração lenta. Uma parte da quantidade remanescente pode ser transportada para fora dos músculos e para o interior de fibras musculares adjacentes, onde pode ser oxidada (Juel 1997). Esse método de remoção ocorre principalmente entre fibras musculares de contração rápida, onde é produzida a maior parte do ácido lático, e para o interior das fibras musculares de contração lenta, em que aumentos no tamanho e no número de mitocôndrias permitem maior oxidação dessa substância (Mazzeo et al. 1986).

Outra parte do ácido lático remanescente pode ser transportada até o sangue e conduzida para outras partes do corpo, principalmente fígado e outras fibras musculares não utilizadas (onde a substância poderá ser oxidada e usada para a geração de energia), ou para o coração (onde pode ser usada para a geração de energia em sua forma atual) (Ahlborg, Hagenfeld e Wahren 1975; Poortmans, Delescaille-Vanden Bossche e Leclercq 1978; Rosler et al. 1985). A quantidade não removida permanecerá nas fibras musculares, onde provocará redução no pH. Outro mecanismo fisiológico que será discutido mais adiante, o tamponamento, pode retardar a extensão dessa redução.

Todos os processos que removem ácido lático das fibras musculares em funcionamento contribuem para o retardo da velocidade e da extensão do declínio no pH muscular, o que, por sua vez, permite que os atletas mantenham uma taxa mais rápida de metabolismo anaeróbi-

co, apesar de produzirem grandes quantidades de ácido lático. Portanto, a importância da remoção do lactato das fibras musculares em funcionamento é que os atletas serão capazes de manter uma velocidade maior de contração muscular, maior potência de nado e, portanto, velocidades de nado mais altas durante mais tempo antes que uma acidose muito intensa faça com que reduzam o esforço. Consequentemente, a remoção de ácido lático proporciona aos atletas um modo de nado em velocidades mais altas do que poderiam manter apenas com o metabolismo aeróbico, sem aumentar a taxa de acidose presente no interior de suas fibras musculares em atividade.

Estima-se que 60 a 70% do lactato removido serão metabolizados até CO_2 e água nas fibras musculares em funcionamento e em outras fibras musculares por todo o corpo. A parte restante do lactato será transportada para o fígado e o coração, onde essa substância será reconvertida em glicogênio e, em seguida, armazenada. Grande parte dessa conversão/armazenamento ocorre no fígado.

Evidentemente, os efeitos do treinamento que aumentam a taxa de remoção de ácido lático devem desempenhar um papel importante na melhora do desempenho, o que deve ser mais significativo nas provas de média e longa distância, por causa da quantidade total de ácido lático passível de ser removida com o passar do tempo. O efeito deve também ser significativo nas provas mais curtas; provas que duram menos de 2 min dependem de uma taxa elevada de liberação de energia, contudo, esses eventos são tão curtos que os atletas não podem consumir um grande volume de oxigênio. Como resultado, a taxa de metabolismo anaeróbico excederá muito a capacidade do sistema aeróbico em oxidar a maior parte do piruvato e dos íons hidrogênio que estão sendo gerados, produzindo grandes quantidades de ácido lático nos músculos do atleta. Até certo ponto, pode-se adiar uma acidose muito intensa se uma quantidade significativa de ácido lático puder ser removida dos músculos durante a prova. Achados de níveis de lactato sanguíneo de 8 a 18 mmol/L depois de provas de 50 e 100 jd/m (Maglischo, dados não publicados, 1984) reforçam a suposição de que uma quantidade significativa de lactato pode ser removida dos músculos dentro do primeiro minuto de exercício.

Devo agora esclarecer que a maior parte do ácido lático produzido durante um nado rápido e intenso permanecerá no interior das fibras musculares. As taxas de produção de lactato serão muito rápidas, e as taxas de remoção simplesmente não são rápidas o bastante para prevenir o acúmulo de lactato nos músculos. Especialistas afirmaram que a velocidade máxima de produção do ácido lático no interior das fibras musculares é duas a três vezes maior do que sua velocidade de remoção (Bangsbo et al. 1990; Juel et al 1990; Hultman e Sjoholm 1986; Hultman e Sahlin

1981). Assim, embora o processo de remoção do lactato dos músculos durante o exercício possa adiar o início da acidose, a maior parte do ácido lático produzido não será removida. Exemplificando, foi constatado um conteúdo de ácido lático muscular de 28 a 35 mmol/L depois de apenas 30 s de ciclismo em alta velocidade (Hultman e Sjoholm 1986); ainda assim, o lactato sanguíneo chega apenas a algo entre 8 e 12 mmol/L no mesmo período. Ao mesmo tempo, foram informadas concentrações de ácido lático muscular entre 45 e 50 mmol/L em seres humanos no ponto de exaustão decorrente de esforço intenso (Juel 1997); ainda assim, em condições análogas, foram observados níveis máximos de lactato sanguíneo de apenas 15 a 20 mmol/L. O gráfico na Figura 11.4 mostra a relação entre as concentrações de lactato muscular e sanguíneo depois de 3 min de esforço máximo.

Respostas a duas perguntas nos ajudarão a entender o significado da remoção do lactato durante o exercício para o desempenho.

1. Qual é a velocidade máxima de remoção de lactato dos músculos?

2. Qual o aumento que podemos esperar com o treinamento?

Velocidade máxima de remoção do lactato

Os cientistas discordam acerca da primeira dessas duas perguntas. Os resultados de diversos estudos indicaram que a velocidade máxima de transporte do lactato para fora das fibras musculares em funcionamento e para o sangue se situa entre 4 e 9 mmol/min durante o exercício (Juel et al. 1990; Katz et al. 1986; Lindinger, McKelvie e Heigenhauser 1995; Jorfeldt, Juhlin-Dannfelt e Karlsson 1978). Contudo, Saltin (1990) constatou que muitos seres humanos exibiram valores de pico de liberação de lactato dos músculos que se aproximaram dos 20 mmol/min. Outro estudo informou velocidades de pico de remoção de lactato entre 12 e 16 mmol/min (Bangsbo et al. 1990).

Obviamente, taxas de remoção de lactato de 10 a 20 mmol/L teriam um efeito significativo na redução do acúmulo de lactato muscular durante o exercício. O padrão de liberação do lactato parece refletir o padrão de consumo de oxigênio durante o exercício. Aproximadamente 1 a 2 min depois de iniciado o exercício, as taxas de remoção de lactato atingem um pico (Bangsbo et al. 1990); assim, esse processo não pode ser imediatamente mobilizado. Portanto, os mecanismos para a remoção do lactato dos músculos podem não ser absolutamente mais efetivos do que os mecanismos que envolvem consumo de oxigênio em termos de adiamento do início da acidose durante eventos curtos de velocidade.

Certamente, o processo de remoção de lactato deve ajudar a adiar a acidose durante provas com tiros longos

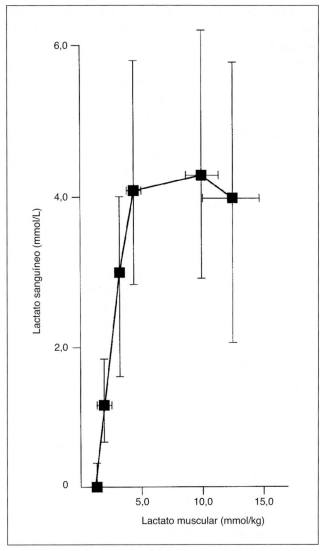

Figura 11.4 Concentrações musculares e sanguíneas de lactato depois de 3 min de exercício exaustivo. (Adaptado de Juel, Bangsbo, Graham e Saltin 1990.)

de velocidade, de meia e longa distância, e também durante séries de repetição. Resta uma dúvida: o treinamento pode melhorar essa taxa o suficiente para provocar melhora significativa nos tempos dos atletas para tais provas? Poucos estudos examinaram os efeitos do treinamento na remoção do lactato durante o exercício, e, na maioria das vezes, essas pesquisas utilizaram animais, e não seres humanos. Entretanto, muitos deles informaram terem ocorrido melhoras significativas nesse mecanismo (Donovan e Brooks 1983; Donovan e Pagliassotti 1990; Fukuba et al. 1999; MacRae et al. 1992; MacRae, Noakes e Dennis 1995; Oyono-Enguelle e Freund 1992).

Treinamento para melhorar a remoção do lactato

Até a presente data, apenas alguns estudos envolveram seres humanos. Em uma dessas pesquisas, os voluntários treinaram em bicicletas por apenas 10 dias, 2 horas por dia, com esforço leve a moderado (Phillips et al. 1995). Apesar da baixa intensidade de treinamento, os ciclistas melhoraram as taxas de remoção de lactado do sangue em uma média de 40%. Em outro estudo, os voluntários que haviam treinado em bicicletas ergométricas durante pelo menos 45 min por dia e 5 dias por semana, em uma intensidade próxima a seus limiares anaeróbicos individuais, melhoraram em 26% (em média) suas taxas de remoção de lactato (MacRae et al. 1992). Esse valor é similar à melhora percentual esperada no consumo máximo de oxigênio depois do treinamento.

Estudos transversais com seres humanos, em que a capacidade de remoção de lactato de atletas e pessoas treinadas foi comparada com a de não atletas e de pessoas não treinadas, também sugerem que esse processo é altamente treinável. Um desses estudos não observou diferença na taxa de remoção de lactato dos músculos para o sangue entre indivíduos não treinados e treinados; por outro lado, atletas treinados exibiram taxas de remoção muito mais elevadas. São inconclusivas as evidências para decidir se a diferença informada é resultante do treinamento ou se simplesmente se deve ao fato de que atletas treinados possuem maior capacidade herdada para o transporte do lactado para fora dos músculos.

É provável que o treinamento para a melhora da remoção do lactato dependa de uma mistura de nados longos com intensidades baixa, moderada e alta. O treinamento de resistência lento a moderado deve melhorar essa taxa nas fibras de contração lenta e nas fibras CRa, enquanto velocidades de treinamento equivalentes a 100% do $\dot{V}O_2$ máx e superiores serão necessárias para melhorar tal taxa nas fibras musculares CRb. Desse modo, o treinamento para melhorar a taxa de remoção de lactato dos diversos tipos de fibras musculares é parecido com o treinamento que melhora o consumo de oxigênio nas mesmas fibras. Estudos com ratos (caso sejam transferidos os resultados para seres humanos) sugerem que o treinamento em velocidades superiores às do $\dot{V}O_2$ máx foi capaz de gerar taxas mais elevadas de remoção do lactato muscular, provavelmente porque, nessas velocidades, os três tipos de fibras musculares estavam sendo recrutados.

A pesquisa de Treffene et al. (1980) oferece reforço adicional para o treinamento em velocidades que excedam o limiar anaeróbico. Utilizando voluntários humanos, esses autores sugerem que a taxa máxima de remoção de lactato dos músculos para o sangue ocorre em velocidades 6 a 14% mais altas que aquelas nas quais ocorre o limiar anaeróbico. No estudo de Bangsbo et al. (1990), as taxas mais elevadas de remoção de lactato ocorreram em concentrações sanguíneas de lactato entre 6 e 12 mmol/L (média: 8 mmol/L).

Embora pesquisas sugiram que repetições de nado de resistência em intensidade elevada promovem o maior ganho nas taxas de remoção de lactato, também há evidência de que os transportadores de lactato se tornam menos efetivos com o declínio do pH muscular (Roth e Brooks 1990). Consequentemente, os atletas devem tentar o adiamento da acidose durante suas séries de repetições, reduzindo o tempo de prática ou fazendo as repetições em séries mais curtas. Se o segundo método for o escolhido, as séries deverão terminar antes que a acidose se instale e um breve período de repouso deve seguir-se a cada série, com o objetivo de restaurar o pH até um nível próximo ao normal antes que tenha início a próxima série.

Melhora da capacidade de tamponamento

Os níveis musculares de ácido lático podem aumentar quatro a cinco vezes acima dos níveis de repouso antes que o pH do músculo caia de maneira apreciável, o que ocorre principalmente por causa dos tampões que se ligam aos íons hidrogênio e enfraquecem seu efeito no pH muscular. As substâncias que podem funcionar como tampões são os bicarbonatos, coletivamente conhecidos como reserva alcalina, proteínas musculares e fosfato de creatina.

Duas afirmações revelam o significado dos tampões para o exercício:

1. Eles podem reagir com o ácido lático para diminuir a taxa de acidose iminente quase imediatamente depois de iniciado o exercício (Guyton 1964).

2. O acúmulo de ácido lático nos músculos depois de uma prova de 100 m diminuiria o pH para 1,5, em vez dos valores típicos de 6,6 a 6,8, se os tampões não estivessem presentes (Parkhouse et al. 1983).

Os tampões estão contidos tanto no sangue como nas células musculares em três formas principais: bicarbonatos, fosfatos e proteínas. O bicarbonato de sódio e a proteína hemoglobina são os tampões mais prevalentes no sangue, e os músculos contêm bicarbonato de potássio e magnésio em maiores quantidades. Os fosfatos ocorrem principalmente no interior das fibras musculares, na forma de fosfato de sódio. Mas, com grande vantagem, a fonte mais abundante de tampões no corpo é constituída pelas diversas proteínas abrigadas no interior das fibras musculares.

Conforme mencionei, o bicarbonato de sódio e a hemoglobina são os principais tampões do sangue. Entre os dois, a hemoglobina é a mais efetiva. A importância dos tampões sanguíneos é que eles podem adiar a queda no pH sanguíneo durante o exercício, de modo que mais lactato será transferido das fibras musculares em funcionamento, onde o pH está mais baixo, para o sangue, onde está mais alto.

O fosfato de creatina também pode exercer a função de tampão, embora atualmente seja desconhecida a extensão em que possa ajudar na estabilização do pH muscular (Henriksson 1992b). Esse fato alerta para a possibilidade de que a carga de creatina poderia melhorar a capacidade de tamponamento no interior das fibras musculares humanas.

Os sistemas de tamponamento podem reagir quase imediatamente quando o exercício começa a impedir quedas no pH muscular. Consequentemente, é provável que esse processo seja importante para o sucesso do nadador em provas de 100 e 200. O processo também pode desempenhar um pequeno papel na manutenção de uma velocidade mais rápida nos 10 a 12 jd/m finais das provas de 50. A velocidade necessária nessas provas é tão elevada, e a duração tão curta, que a maior parte da energia deve ser proveniente do metabolismo anaeróbico. Particularmente em provas de 50 e 100, não há tempo suficiente para o consumo do oxigênio necessário para mobilizar o sistema aeróbico, sendo provável, portanto, que o tamponamento desempenhe pelo menos um papel tão importante, senão maior, no adiamento da acidose quanto a remoção do lactato e o consumo de oxigênio.

Durante muito tempo, os cientistas acreditavam que o treinamento não poderia melhorar a capacidade de tamponamento. Um estudo de Sharp et al. (1986) foi um dos primeiros a demonstrar tal possibilidade ao comunicar ter observado uma melhora média de 37% na capacidade de tamponamento (variando de 12 a 50%) para um grupo de indivíduos que estava treinando anaerobicamente. Essa melhora coincidiu com um aumento médio de 22% em seu desempenho em um teste de ciclismo de velocidade realizado até a exaustão. A prova do aumento na capacidade de tamponamento depois do treinamento foi proporcionada pela quantidade de ácido lático nos músculos dos voluntários, que estava, em média, 19% superior depois de um esforço máximo em que o pH muscular havia caído para 6,70 ou menos. Os voluntários nesse estudo treinaram durante 8 semanas, 4 dias por semana, e, durante cada período de treinamento, completaram oito sessões de esforço máximo com duração de 30 s em uma bicicleta ergométrica, com um período de descanso de 4 min depois de cada sessão. A Figura 11.5 mostra gráficos de barra que exibem mudanças no acúmulo de ácido lático muscular e seu efeito no pH muscular antes e depois do treinamento.

Há menos certeza com relação aos efeitos do treinamento na capacidade de tamponamento do sangue. Muitos estudos não conseguiram detectar mudança depois do treinamento (Robinson e Harmon 1941; Sharp et al. 1983). Entretanto, nesses estudos, foram utilizadas formas tradicionais de treinamento de resistência, sendo improvável que a capacidade de tamponamento venha a melhorar dessa maneira. As pesquisas ainda não resolveram se o treinamento de velocidade pode também aumentar a capacidade de tamponamento do sangue.

Alguns atletas tentaram aumentar a capacidade de tamponamento do sangue ingerindo substâncias que contêm bicarbonato antes de eventos longos de velocidade, em um procedimento conhecido como *carga de bicarbonato*. Os resultados desses estudos têm sido confusos; a maioria informou melhora no desempenho (Juel 1997; Williams 1998).

O treinamento de velocidade pode melhorar a capacidade de tamponamento. Por outro lado, o treinamento de resistência não melhora esse processo, podendo até mesmo reduzir sua eficácia. É provável que haja necessidade de um tipo de treinamento que reduza o pH muscular para que seja aumentada a capacidade de tamponamento, pois a acidose é talvez o estímulo para as adaptações que aumentarão as quantidades de substâncias tamponantes nos músculos. Nesse sentido, McKenzie et al. (1983) demonstraram que corredores de provas de 800 m tinham capacidade tamponante significativamente maior do que um grupo de corredores de maratona e indivíduos não treinados. Por outro lado, a capacidade de tamponamento dos corredores de maratona não era diferente daquela dos indivíduos não treinados. Na verdade (e contrariamente a esse achado), Sharp et al. (1986) informaram ter observado capacidade mais baixa de acúmulo de níveis elevados de ácido lático nos músculos em ciclistas com treinamento de resistência em comparação com pessoas não treinadas. A Figura 11.5 ilustra a concentração média do ácido lático muscular para ciclistas com treinamento de resistência depois de uma sessão de ciclismo em velocidade exaustiva.

Resultados como esses sugerem que o treinamento de resistência não melhorará a capacidade de tamponamento, podendo até mesmo diminuí-la, enquanto o treinamento de velocidade pode aumentar esse indicador de maneira considerável. Mas é preciso ter cuidado com o treinamento de velocidade, porque a produção de acidose muito intensa e com demasiada frequência, a cada semana poderá destruir os tampões proteicos em vez de aumentá-los.

Melhora da tolerância à dor

Além de seu efeito na redução da taxa de reciclagem do ATP, a acidose muito intensa também causa uma sensação dolorosa de queimação nos músculos. Essa sensação pode afetar o desempenho dos atletas de diversas maneiras, dependendo de sua tolerância à dor. Poucos atletas diminuirão a velocidade ao sentirem a dor da acidose, sim-

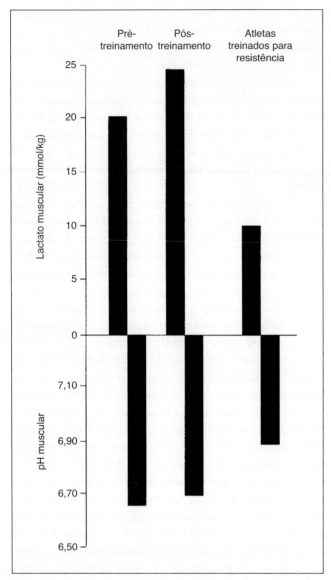

Figura 11.5 Efeito do treinamento de velocidade na capacidade de tamponamento nas fibras musculares esqueléticas humanas. (Adaptado de Sharp, Costill, Fink e King 1986.)

plesmente por terem baixa tolerância à dor, mas muitos outros estarão suficientemente motivados para continuar apesar dela. Ainda assim, a dor da acidose pode afetar negativamente suas provas: ao sentirem-na começando na metade da prova, alguns atletas ficam preocupados e acreditam que não serão capazes de terminar de maneira forte; assim, diminuem o ritmo para que a dor diminua. Se os atletas avaliarem equivocadamente os efeitos da acidose e diminuírem o ritmo além do necessário, seu desempenho ficará comprometido.

Não sabemos porque alguns atletas toleram a dor da acidose mais do que outros, mas, certamente, está relacionado com seu desejo de vencer. Assim, esse fator pode ser uma função de motivação, não passível de ser modificada pelo treinamento; por outro lado, algumas evidências indicam que a tolerância à dor é um fenômeno treinável. Em um estudo, Hays, Davis e Lamb (1984) acreditavam que seriam capazes de melhorar a tolerância à dor em ratos com treinamento intenso de Natação, porque, depois do treinamento, os ratos foram capazes de ficar sobre uma placa aquecida (55°C) durante mais tempo antes de pularem para fora dela. Seres humanos que testam os limites de sua tolerância à dor da acidose podem ser capazes de treinar para ignorá-la ou, pelo menos, tolerá-la melhor. Como resultado, esses indivíduos podem ser capazes de se preservar nas provas em velocidades nas quais previamente poderiam ter diminuído o ritmo desnecessariamente.

ADAPTAÇÕES QUE MELHORAM A CAPACIDADE DE TREINAMENTO

Os efeitos do treinamento que melhoram a capacidade de executar os exercícios são importantes por permitirem que os atletas treinem em maior intensidade durante um número maior de dias a cada temporada. Essa capacidade, por sua vez, deve proporcionar maior estímulo para a obtenção de adaptações de treinamento que melhorarão a capacidade de adiar a acidose durante as provas. Dois efeitos importantes do treinamento que melhorarão a capacidade de treinamento dos atletas são o aumento das reservas de glicogênio muscular e a melhora na taxa de metabolismo das gorduras.

Aumento das reservas do glicogênio muscular

O glicogênio muscular constitui a principal fonte de combustível para todos os eventos de Natação acima dos 25 m. Com um curto repouso e uma dieta apropriada, comumente uma quantidade suficiente de glicogênio ficará armazenada nos músculos dos atletas para que seja proporcionada toda a energia necessária para qualquer dos eventos de um programa de Natação típico, mesmo para a prova de 1.500 m nado Crawl. Contudo, o treinamento é algo diferente: uma hora de treinamento pode reduzir consideravelmente os níveis musculares de glicogênio.

Em geral, os músculos de atletas treinados em resistência contêm 120 a 160 g de glicogênio armazenados por kg de tecido muscular úmido. Estima-se que exista glicogênio suficiente para permitir que os atletas nadem em um ritmo intenso durante aproximadamente uma hora e meia. Mas na prática, a gordura e, em menor grau, a proteína são metabolizadas para a obtenção de energia, de modo que as reservas musculares de glicogênio não sofrerão depleção nesse tempo. Apesar disso, os atletas podem esperar uma perda superior a dois terços do glicogênio nos músculos durante uma sessão de treinamento típica de 2 horas.

O gráfico na Figura 11.6 ilustra os resultados de um estudo no qual foi medido o conteúdo de glicogênio dos músculos deltoides de nadadores antes e depois de uma série de 40 repetições × 100 jardas com intervalos de repouso de 15 s depois de cada nado. Os atletas foram instruídos a nadar as repetições na média mais rápida possível. O gráfico demonstra que o glicogênio muscular dos atletas diminuiu, na média, de um máximo de 160 mmol/kg de tecido muscular úmido antes do início da série para menos de 80 mmol/kg depois do término da série. Os níveis de glicogênio muscular também foram medidos 24 horas depois de terminada a sessão de treinamento. Conforme mostra o gráfico, os nadadores foram capazes de repor apenas cerca de metade do glicogênio muscular que haviam perdido depois de terem repousado durante um dia. Portanto, é provável que nadadores envolvidos em um esquema de treinamento diário tenham baixos níveis de glicogênio muscular. Certamente, a extensão com que promoverão depleção do glicogênio muscular será maior se o treinamento for mais frequente, ou seja, duas vezes por dia. Nadadores que treinam duas vezes por dia geralmente não têm mais de 13 horas de repouso entre as sessões de treinamento; assim, é mais provável que eles tenham baixos níveis de glicogênio muscular em comparação aos nadadores que treinam uma vez por dia.

Nesse cenário, a boa notícia é que o treinamento de resistência aumenta a quantidade de glicogênio que pode ser armazenada nos músculos envolvidos na Natação. Estudos demonstram que o treinamento pode aumentar a quantidade de glicogênio muscular armazenada em cerca de 40 a 60% (McArdle, Katch e Katch 1996). A notícia ruim é que esse aumento pode ser mais potencial do que real. Atletas que treinam duas ou mais horas por dia provavelmente sofrem depleção do glicogênio muscular mais rapidamente do que podem repor de um dia para outro; portanto, a quantidade real de glicogênio armazenada em seus músculos provavelmente estará sempre abaixo do máximo que estes podem conter; consequentemente, é provável que os nadadores percebam todo o potencial desse aumento no glicogênio muscular somente depois de tirarem alguns dias de descanso ou de praticarem alguns dias de um nado extremamente fácil. Esses atletas podem ser beneficiados com um efeito de supercompensação, em que a quantidade de glicogênio armazenada nos músculos excede seus valores normais (sem treinamento) nos valores indicados, 40 a 60%, mas, mesmo com repouso, eles não perceberão o aumento do glicogênio muscular armazenado, a menos que estejam consumindo uma dieta rica em carboidratos, na qual estes representem pelo menos 60% das calorias consumidas diariamente.

Outro efeito importante do treinamento relacionado ao glicogênio muscular é que os atletas podem reduzir sua

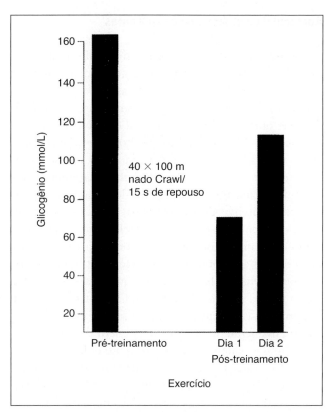

Figura 11.6 Depleção de glicogênio dos músculos deltoides de nadadores durante uma série de nados de resistência de alta intensidade. (Adaptado de Beltz et al. 1988.)

taxa de uso. Depois de algumas semanas de treinamento de resistência, eles passam a se mostrar capazes de utilizar quantidades maiores de glicose sanguínea e gordura para reciclagem do ATP durante longas sessões de treinamento (Henriksson 1977; Henriksson 1992b; McArdle, Katch e Katch 1996). Essa adaptação reduz a quantidade de glicogênio muscular que os atletas perdem durante cada sessão de treinamento. Como resultado, terão maior quantidade de glicogênio muscular disponível para a próxima sessão de treinamento e serão capazes de treinar com maior intensidade e frequência a cada semana.

Não há necessidade de nenhum tipo especial de treinamento para aumentar a quantidade de glicogênio muscular que pode ser armazenada nos músculos. Um programa misto de rotina de treinamento com Natação de resistência e de velocidade utilizará grandes quantidades de glicogênio muscular todos os dias e fornecerá o estímulo adequado para o aumento da quantidade armazenada tanto nas fibras musculares de contração rápida como nas de contração lenta. Certamente, o armazenamento de glicogênio aumentará apenas nos músculos utilizados no treinamento, portanto, outras atividades (excluindo-se a Natação) poderão ser ineficazes se negligenciarem os músculos importantes para o nado, visto que não ocorrerá aumento do seu potencial de armazenamento de glicogênio.

Aumento do metabolismo das gorduras

A liberação de energia com o metabolismo das gorduras é demasiadamente lenta para atender à demanda de reposição do ATP, mesmo durante as provas de Natação mais longas. No entanto, o metabolismo das gorduras pode fornecer uma quantidade substancial de energia para a reciclagem do ATP durante longas horas de treinamento; como resultado, o uso do glicogênio muscular será menor. Consequentemente, o metabolismo das gorduras poupa o glicogênio muscular para usá-lo durante as repetições mais intensas do treinamento; assim, os nadadores podem executar esses nados em velocidades mais altas. Além disso, um aumento no metabolismo das gorduras pode reduzir a quantidade de glicogênio utilizada durante alguns exercícios, havendo maior quantidade dessa substância para as sessões subsequentes. Com mais glicogênio disponível, a cada semana os atletas serão capazes de treinar intensamente durante maior número de exercícios.

Um dos benefícios do treinamento de resistência é a capacidade de aumentar a quantidade de energia disponibilizada da gordura em qualquer velocidade submáxima de nado (Jeukendrup, Saris e Wagenmakers 1998). O treinamento de resistência realiza essa tarefa principalmente por aumentar a quantidade de gordura armazenada nos músculos e as mitocôndrias musculares; com isso, mais ácidos graxos poderão ser oxidados (Holloszy et al. 1986). Antes do treinamento, o percentual da energia total fornecida pelas gorduras durante uma sessão de treinamento normal com duração de 2 horas pode se situar na faixa de 35 a 40%. O treinamento pode incrementar esse percentual para 50 ou 60% (Holloszy et al. 1986), além disso aumenta mais o uso das gorduras em homens do que em mulheres (Nicklas 1997). Em geral, um percentual maior do peso corporal das mulheres é composto por gordura; portanto, é natural que elas possam ser mais eficientes do que os homens no uso das gorduras como fonte de energia e menos capazes de melhorar essa função com o treinamento.

O gráfico na Figura 11.7 ilustra a mudança nos percentuais de energia fornecida pelas gorduras, pela glicose sanguínea e pelo glicogênio muscular durante episódios de exercício em intensidade moderada semelhante, antes e depois do treinamento. A contribuição dada pelas gorduras aumenta consideravelmente, e, por sua vez, reduz as quantidades tanto do glicogênio muscular como da glicose sanguínea metabolizadas para a obtenção de energia.

O treinamento mais eficaz para melhorar o metabolismo das gorduras consiste em um nado lento em longas distâncias. Esse tipo de treinamento fornece o melhor estímulo para o aumento da taxa de uso das gorduras, porque a gordura é a principal fonte de energia em velocidades de nado lentas a moderadas. Em um estudo, a maior taxa de metabolismo ocorreu em esforços abaixo de 50% do máximo e em frequências cardíacas na faixa de 130 a 150 bpm – ou, com maior precisão, a 70% da frequência cardíaca máxima de cada atleta (Eisele et al. 1997).

A principal adaptação responsável pelo aumento do percentual de liberação de energia das gorduras é o aumento na atividade das enzimas envolvidas no metabolismo dessas substâncias. Tal adaptação é específica para as fibras utilizadas no treinamento; portanto, a Natação é a melhor prática para a melhora dessas enzimas.

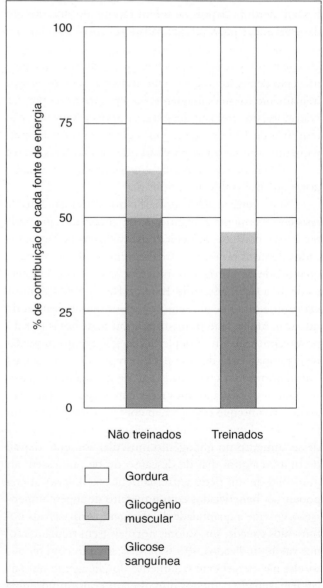

Figura 11.7 Mudanças nos percentuais de gordura, glicose sanguínea e glicogênio muscular metabolizados durante esforços moderados de resistência depois do treinamento. (Adaptado de McArdle, Katch e Katch 1996.)

Efeitos do treinamento que podem melhorar o desempenho

A seguir, oferecemos um sumário dos efeitos do treinamento que contribuem para um melhor desempenho em provas e no treinamento.

Efeitos da técnica

Melhoras nas técnicas de nado reduzem a energia necessária para a Natação em qualquer velocidade inferior aos tiros de velocidade em máximo esforço.

Efeitos da potência

O aumento da potência do nado possibilita a obtenção de maior velocidade. Diversos fatores podem aumentar a potência:

1. Aumentos na força muscular e na velocidade de contração.

2. Melhor padrão de recrutamento, de modo que as fibras musculares certas se contraiam no momento certo.

3. Aumento no acúmulo de fosfato de creatina nos músculos.

Efeitos do metabolismo anaeróbico

O principal efeito do treinamento é o aumento na velocidade de reciclagem do ATP por meio da glicólise anaeróbica, que possibilita maior velocidade depois dos primeiros 5 s de prova. Esse efeito é decorrente de um aumento na atividade das enzimas aeróbicas, principalmente da fosforilase, da fosfofrutoquinase, do piruvato quinase e do lactato desidrogenase.

Efeitos do metabolismo aeróbico

O efeito desejado do treinamento é a redução da taxa e da gravidade da acidose durante as provas. Esse efeito é resultante de dois fatores: da redução da velocidade de produção de ácido lático no interior dos músculos e do aumento da velocidade de remoção do lactato no interior dos músculos.

1. Muitas adaptações do treinamento reduzem a velocidade de produção do ácido lático:

- Aumento da difusão de oxigênio pelos pulmões, o que resulta no aumento do volume de ar trocado a cada minuto e em um aumento nos capilares em torno dos alvéolos pulmonares.

- Aumento no volume sanguíneo, permitindo que o sangue circule com mais rapidez pelo corpo.

- Aumento dos glóbulos vermelhos, de modo que o sangue possa transportar mais oxigênio.

- Aumento no débito cardíaco, de modo que o sangue dê uma volta completa pelo corpo mais rapidamente (i. e., desde os pulmões até os músculos).

- Aumento dos capilares em torno dos músculos, de modo que maior quantidade de oxigênio seja disponibilizada para difusão.

- Melhor derivação do sangue, de modo que uma parte maior da irrigação sanguínea (e, portanto, seu oxigênio) possa chegar até os músculos em atividade durante cada minuto de exercício.

- Aumento na mioglobina, de modo que maior quantidade de oxigênio possa ser transportada até as mitocôndrias dos músculos a cada minuto.

- Aumento no tamanho e no número de mitocôndrias nos músculos, de modo que os receptáculos para o metabolismo aeróbico sejam maiores e mais numerosos.

- Aumento na atividade das enzimas aeróbicas, de modo que o metabolismo aeróbico possa ocorrer em velocidade mais alta.

- Aumento na velocidade do ciclo de glicose-alanina, de modo que maior quantidade de piruvato possa ser removida antes de se combinar com íons hidrogênio para a formação do ácido lático.

2. Diversas adaptações do treinamento aumentam a velocidade de remoção do lactato das fibras musculares em funcionamento:

- Aumento da atividade dos transportadores de lactato nas fibras musculares em funcionamento e nas fibras receptoras.

- Aumento do volume sanguíneo e melhora do débito cardíaco, de modo que mais sangue possa fazer a viagem de ida e volta até as fibras musculares em atividade em menos tempo. Assim, ocorrerá a transferência de mais lactato das fibras musculares em funcionamento para o sangue e, em seguida, para áreas onde o lactato será removido durante cada minuto de exercício.

- Aumento dos capilares em torno das fibras musculares em atividade e das fibras receptoras, de modo que mais lactato possa ser transferido para o (e do) sangue durante cada minuto de exercício.

- Melhor derivação do sangue, de modo que mais lactato possa ser transportado para fora das fibras musculares em funcionamento a cada minuto de exercício.

Efeitos do treinamento que melhoram a capacidade de treino

1. Aumento na quantidade de glicogênio armazenada nas fibras musculares em funcionamento, de modo que os atletas possam treinar com maior intensidade e mais frequentemente.

2. Aumento na taxa do metabolismo das gorduras, de modo que os músculos possam utilizar maior quantidade desse composto para obtenção de energia e, portanto, menor quantidade de glicogênio, disponibilizando-o para maior número de sessões de treinamento intensas.

Capítulo 12

Princípios do treinamento

Novo nesta edição:

- Explicação sobre *interval training*.
- Princípios das respostas individuais ao treinamento e reversibilidade do treinamento.
- Seção sobre os parâmetros de treinamento, intensidade, duração e frequência.

Os três capítulos anteriores diziam respeito ao *porquê* do treinamento. A finalidade deste capítulo e dos que se seguem na Parte II será a descrição de *como* treinar. Tentarei aplicar a informação obtida nos capítulos precedentes para sugerir procedimentos de treinamento com base em achados científicos sólidos. O primeiro passo nesse processo é a descrição dos princípios nos quais se baseia o treinamento.

PRINCÍPIOS DO TREINAMENTO

Não existe método que, aplicado isoladamente, vá treinar melhor cada um dos vários sistemas de energia do corpo humano. Mas para que sejam bem-sucedidos, todos os programas de treinamento devem seguir estes princípios:

- adaptação,
- sobrecarga,
- progressão,
- especificidade,
- individualidade,
- reversibilidade.

Princípio da adaptação

A finalidade dos programas de treinamento é a produção de mudanças metabólicas, fisiológicas e psicológicas que permitam aos nadadores ter melhor desempenho na competição. O termo *adaptação* refere-se a mudanças que ocorrem em resposta ao treinamento. O processo adaptativo ocorre quando os diversos órgãos e tecidos do corpo operam em um nível mais elevado do que o habitual; a princípio, ocorre alguma insuficiência funcional, porque os órgãos e tecidos são solicitados a proporcionar mais força, mais energia, mais agentes químicos etc., do que o habitual. Devido a essa insuficiência, os órgãos e os tecidos se adaptam de diversas formas, o que lhes permite cumprir as demandas impostas.

Vou utilizar o modo como o treinamento de resistência afeta as mitocôndrias musculares para ilustrar o processo de adaptação. Tipos adequados de treinamento de resistência aumentam a demanda do metabolismo aeróbico, de modo a proporcionar mais energia para a reciclagem do ATP; em resposta, as mitocôndrias disponíveis são solicitadas ao limite máximo. Devido a essa solicitação, essas "fábricas químicas" aumentam em tamanho e em quantidade, o que proporciona locais mais numerosos e maiores para a ocorrência do metabolismo aeróbico, a fim de que a demanda possa ser atendida. Assim, mais oxigênio é absorvido do sangue, passando pelas fibras musculares e sendo transportado para as mitocôndrias maiores e em maior número, onde pode ser utilizado na oxidação de mais piruvato, antes que este possa se combinar com íons hidrogênio para produzir ácido lático.

Conforme já mencionei, pode ocorrer um problema funcional no início do desenvolvimento, um processo chamado *catabolismo*. No entanto, se for dado tempo suficiente para a recuperação, além de um aporte adequado de nutrientes, esses tecidos serão reparados e reconstruídos até se tornarem maiores, mais fortes e mais funcionais do que antes. O processo de reparo e reconstrução é chamado *anabolismo*.

É preciso que haja equilíbrio entre os processos catabólico e anabólico durante o treinamento, ou não ocorrerão as adaptações desejadas. Ocorrerá perda das adaptações previamente conquistadas se, com o passar do tempo, o processo catabólico vier a exceder a capacidade de autorreparação dos tecidos. Tal processo é diversamente conhecido como *erro de adaptação* ou *excesso de treinamento,* e os atletas devem evitá-lo, o que não é tão simples: o atleta deve manter um equilíbrio delicado entre os processos catabólicos e anabólicos para que os tecidos se adaptem. Se o treinamento não for suficientemente intenso para causar algum catabolismo, não ocorrerá o estímulo para a reconstrução dos tecidos e o desempenho não melhorará; por outro lado, se a taxa do catabolismo exceder a taxa do anabolismo, com o passar do tempo os sistemas fisiológicos e o desempenho do atleta sofrerão deterioração.

Algumas adaptações do treinamento ocorrem dentro de alguns dias, enquanto outras precisarão de semanas ou mesmo meses antes que tenham magnitude suficiente para melhorar o desempenho. Em geral, o atleta precisa treinar durante 5 a 7 dias antes que ocorra algum tipo de progresso, por exemplo, no aumento no volume sanguíneo, na derivação sanguínea e na remoção do lactato. Tais processos se tornam mais significativos dentro de 10 a 20 dias (Green 1996). Haverá necessidade de mais tempo para que ocorram mudanças estruturais no interior e em torno dos músculos, como aumentos nas enzimas, na mioglobina, nas mitocôndrias, na proteína contrátil e nos capilares. Mudanças significativas podem ocorrer em 6 a 8 semanas, e progressos em algumas funções fisiológicas poderão continuar a ocorrer por até 4 anos com treinamento contínuo (Holloszy 1973).

O processo de adaptação envolve pelo menos três etapas:

1. Criar a necessidade de adaptação específica com treinamento apropriado.

2. Proporcionar nutrientes para crescimento e reparo dos tecidos.

3. Proporcionar repouso suficiente para que ocorram crescimento e reparo dos tecidos.

Depois que um atleta completou seu processo adaptativo, o nível de treinamento que produziu as adaptações será suficiente apenas para sua manutenção e para o nível de desempenho que as possibilitou. Para melhorar ainda mais o desempenho, o atleta deve aumentar a duração ou a intensidade do treinamento, para que sejam criadas novas adaptações. Essa ideia nos conduz aos dois seguintes princípios do treinamento: sobrecarga e progressão.

Princípio da sobrecarga

A base para o princípio da sobrecarga é que não ocorrerá adaptações, a menos que as demandas do treinamento sejam maiores do que as demandas habituais incidentes em determinado mecanismo fisiológico. Quando uma pessoa aumenta as demandas habituais incidentes em determinado sistema, dizemos que esse sistema está *sobrecarregado.*

Embora de definição simples, o princípio da sobrecarga é complexo em sua aplicação: do mesmo modo que as demandas do treinamento devem ser suficientes para a estimulação da adaptação, não podem ser excessivas, ou o efeito do treinamento se perderá por causa de lesões ou erro de adaptação. Em outras palavras, se a quantidade de sobrecarga exceder a tolerância de determinado sistema fisiológico, simplesmente ocorrerá algum problema com o sistema. Por sua vez, tal fato resultará em lesões teciduais, e o atleta precisará interromper seu nível ou método atual de treinamento para que seus tecidos sejam reparados.

Princípio da progressão

Conforme já mencionei, determinada carga de treinamento sobrecarrega certo sistema fisiológico apenas até o sistema se adaptar a ela; nesse ponto, a intensidade ou duração da carga de treinamento deve ser aumentada, para que haja melhor adaptação e progresso no desempenho. O processo sistemático de aumento da sobrecarga do treinamento é conhecido como princípio da *progressão.*

Os atletas, inclusive nadadores, não podem treinar na mesma velocidade semana após semana e, com isso, esperar que sua capacidade aeróbica ou outras propriedades fisiológicas continuem a melhorar; é necessário aumentar gradualmente a intensidade do treinamento ao longo de toda a temporada, para que ocorra uma sobrecarga progressiva que vá estimular futuras melhoras.

A abordagem típica para a aplicação dos princípios da sobrecarga e da progressão para o treinamento consiste simplesmente em pedir aos atletas que nadem mais rapidamente ou cubram maiores distâncias, ou que nadem suas repetições com períodos de repouso mais curtos. Esse tipo de treinamento é frequentemente feito sem levar em consideração o tipo de sobrecarga que está sendo gerado; a suposição é que os atletas melhorarão, se forem constantemente desafiados a exceder seu melhor desempenho prévio nos treinamentos. Esse método pode ser bem-sucedido, mas o treinamento poderá ser mais efetivo se os treinadores e atletas levarem em consideração o tipo de sobrecarga que está sendo gerado e a velocidade de progressão que está sendo aplicada.

A natureza do efeito do treinamento desejado pode sofrer distorção por uma sobrecarga incorreta ou pela tentativa de obter progresso com excessiva rapidez. Exemplificando, uma série de repetições planejadas para trabalhar com o metabolismo aeróbico pode, pelo contrário, transformar-se em uma série que sobrecarrega o metabolismo anaeróbico, aumentando a capacidade de tolerância à dor por reduzir muito o intervalo de repouso ou por aumentar a velocidade rápido demais. Dentro do mesmo raciocínio, uma série de repetições planejada para melhorar o metabolismo anaeróbico pode facilmente se transformar em um exercício que estressa o metabolismo aeróbico se a distância for demasiadamente aumentada, ou se o intervalo de repouso diminuir demais. Em outras palavras, o efeito do treinamento pode vir a ser diferente do desejado. Consequentemente, os atletas talvez não consigam o almejado equilíbrio entre os treinamentos de velocidade e de resistência que resulte em um desempenho ideal.

Pode-se aplicar uma sobrecarga progressiva aos treinamentos de velocidade e de resistência de maneiras diferentes. Não se deve forçar o treinamento planejado para melhorar a capacidade aeróbica. Os aumentos devem ser efetuados à medida que os atletas demonstrarem a capacidade de nadar mais rapidamente sem esforço adicional. Muitos aspectos da resistência aeróbica melhoram de maneira mais adequada quando os atletas treinam ligeiramente além de sua presente capacidade de manter o equilíbrio entre a produção de ácido lático e sua remoção dos músculos; se os atletas excederem demais esse equilíbrio, simplesmente entrarão em acidose antes que tenham treinado durante tempo suficiente para estimular melhoras nos diversos mecanismos fisiológicos que reduzem a produção de ácido lático e aumentam sua velocidade de remoção.

Ao contrário do treinamento para resistência, o atleta deve forçar o treinamento planejado para melhorar a velocidade de tiro. O uso de sobrecarga mediante o aumento do volume ou da densidade de tal treinamento não atende a nenhuma finalidade útil, sendo o método mais direto para o aumento da velocidade do nado a tentativa de praticá-lo de forma mais rápida. Finalmente, deve ser forçado o treinamento planejado para aumentar a capacidade de tamponamento e a tolerância à dor, o que só pode ser atingido pelos nadadores ao testarem seus limites. Isto poderá ser feito se os atletas nadarem mais rapidamente ou com menos repouso entre as repetições, gerando maior acidose. Os atletas também poderão testar seus limites nadando por mais tempo e estendendo o tempo de acidose.

A forma mais comum de treinamento utilizada por nadadores é o *interval training,* um método que se presta satisfatoriamente à aplicação da sobrecarga progressiva.

Interval training

O *interval training* envolve a realização de certo número de nados ou de repetições, com um período de repouso depois de cada nado, prática conhecida como *série de repetições.* Quatro variáveis governam a elaboração de uma série como essa:

1. o *número* de repetições na série;
2. a *distância* de cada repetição;
3. o *intervalo de repouso* entre cada repetição; e
4. a *velocidade* de cada repetição.

Exemplo: 10 × 200/3'10" em velocidade moderada.

O exemplo indica uma série de repetições que consiste em 10 nados de 200 m. É utilizado um tempo até a saída da série de 3'10", em lugar de um período de repouso específico. Esse tempo deve proporcionar 5 a 15 s de repouso depois de cada nado para atletas que nadam repetições em tempos de 2'50" a 3'05". Tipicamente, em vez de tempos de repouso, os treinadores utilizam tempos até as saídas das séries predeterminados para facilitar a administração no caso de grandes grupos de nadadores em raias lotadas. O exemplo especifica a velocidade das repetições como moderada, o que significa que a finalidade da série de repetições é melhorar a capacidade aeróbica. O treinador deve prescrever um tempo real, se experiências ou testes precedentes identificaram determinada velocidade de nado que efetivaria esse propósito; podem ser utilizados outros reguladores da velocidade, como as pontuações de esforço percebido ou as frequências cardíacas na metade da faixa de variação entre o repouso e o máximo.

A simples manipulação das quatro variáveis pode mudar o efeito de treinamento desejado para qualquer série de repetições. No exemplo, a série de repetições foi planejada para incentivar o nado aeróbico, mediante a manutenção de um curto período de repouso (de 5 a 15 s), o uso de grande número de nados (10) e de uma distância média nas repetições (200 m). Em geral, períodos de repouso de 15 s ou menos tendem a fazer com que o efeito do treinamento seja mais aeróbico quando as distâncias e o número de repetições são razoavelmente longos; o aumento do número ou da distância dos nados repetidos terá efeito similar.

Geralmente, o aumento do tempo de repouso fará com que o efeito do treinamento sofra alteração de aeróbico para anaeróbico. Quando os períodos de repouso são prolongados até 30 s ou mais para repetições mais curtas, e até 1 min ou mais para nados mais longos, comumente os atletas podem nadar séries de repetições com tanta rapidez que promoverão um acúmulo contínuo de ácido lático. A diminuição do número de repetições ou da distância de cada repetição serve como incentivo para velocidades de treinamento mais elevadas; portanto, essa modificação desvia o efeito do treinamento de aeróbico para anaeróbico. A Tabela 12.1 é um sumário dos efeitos gerais da manipulação das variáveis do *interval training.*

O aumento no número ou na distância das repetições, em geral, tenderá a tornar o efeito do treinamento mais aeróbico, enquanto a diminuição de qualquer dessas variáveis terá o efeito oposto, fazendo com que o efeito

Tabela 12.1 Efeito do aumento ou da diminuição das variáveis do *interval training*

Variável	Mudança na variável	
	Redução	Aumento
Número	Aumenta o efeito do treinamento anaeróbico	Aumenta o efeito do treinamento aeróbico
Distância	Aumenta o efeito do treinamento anaeróbico	Aumenta o efeito do treinamento aeróbico
Intervalo de repouso	Aumenta o efeito do treinamento aeróbico	Aumenta o efeito do treinamento anaeróbico
Velocidade	Aumenta o efeito do treinamento aeróbico	Aumenta o efeito do treinamento anaeróbico

do treinamento seja mais anaeróbico. O aumento do intervalo de repouso entre repetições ou da velocidade das repetições tenderá a aumentar o efeito do treinamento anaeróbico, já a redução de qualquer dessas variáveis tenderá a aumentar o efeito do treinamento aeróbico.

Os efeitos da manipulação variável acima mencionados são de natureza geral. Treinadores que compreendem a filosofia do *interval training* podem planejar centenas de séries de repetições que seriam exceções a essas generalizações. Por exemplo, a diminuição do tempo até a saída para 3'00" para 10 repetições de 200 m no exemplo anterior poderia tornar mais anaeróbico o efeito do treinamento, pois os atletas teriam de nadar com rapidez muito maior, para terminarem antes que estejam prontos a dar início ao nado seguinte.

Sobrecarga progressiva com *interval training*

Os atletas podem manipular as variáveis do *interval training*, para que continuem a aplicar sobrecarga aos diversos aspectos de seus sistemas fisiológicos de três modos:

1. Pelo aumento da *velocidade* das repetições de nado. Essa forma de sobrecarga é comumente conhecida como aumento da *intensidade* do treinamento.

2. Pelo aumento do número de movimentos repetitivos em uma série de repetições. Esse método é conhecido como aumento do *volume* de treinamento. O volume de treinamento também pode ser aumentado com outro procedimento: aumentando a distância de treinamento devotada à melhora de determinado mecanismo fisiológico, como resistência aeróbica, remoção de lactato, capacidade de tamponamento etc. A distância de treinamento pode ser aumentada todo dia, semanalmente ou por temporada. As distâncias também podem ser aumentadas durante certas fases cíclicas da temporada, quando é enfatizado determinado resultado do treinamento. O capítulo sobre planejamento da temporada será dedicado à discussão das propostas para a manipulação de tais volumes.

3. Pela redução do *intervalo de repouso* entre repetições. Esse procedimento de aplicação de sobrecarga é conhecido como aumento da *densidade* do treinamento.

O método mais comumente utilizado para a produção de uma sobrecarga contínua consiste em aumentar uma

das variáveis, enquanto as demais são mantidas em seus níveis habituais. Exemplificando, um sistema de progressão baseado na mudança da intensidade pode ser efetivado pelo aumento da velocidade média das repetições para determinado tipo de série de treinamento, sem redução de seu volume ou densidade; um sistema de progressão baseado em mudanças no volume é efetivado pelo aumento do volume de treinamento, sem mudança da velocidade ou densidade; ou um sistema de progressão baseado na densidade pode ser executado mediante a redução do intervalo de repouso entre repetições em determinado tipo de série, ao mesmo tempo em que a velocidade e o volume de treinamento permanecem inalterados. Evidentemente, mais de um sistema de progressão pode ser incorporado, com o aumento de duas ou mais variáveis simultaneamente, sem que as variáveis remanescentes sejam alteradas, o que é feito pelos nadadores por iniciativa própria.

Qualquer método que produza um aumento progressivo na sobrecarga do treinamento melhorará o desempenho apenas se a quantidade de sobrecarga não aumentar tão drasticamente a ponto de ocorrer erro de adaptação; por essa razão, é melhor aumentar a sobrecarga em etapas pequenas e controláveis. Os treinadores devem lançar mão de procedimentos de avaliação semelhantes àqueles utilizados no treinamento com pesos, para determinar quando e em quanto aumentar a sobrecarga. Um capítulo subsequente, sobre monitoração do treinamento, dará sugestões para o desenvolvimento de procedimentos de avaliação para essa finalidade.

Não existe um método melhor para a aplicação de sobrecarga progressiva ao processo de treinamento, pois cada um dos procedimentos descritos anteriormente é, de certa forma, superior a cada um dos demais métodos. Mas ao mesmo tempo, cada um desses procedimentos também é inferior aos demais em determinados aspectos. Nas seções que se seguem, descreverei os prós e contras de cada um desses métodos de progressão – aumento da intensidade, aumento do volume e aumento da densidade.

Aumento da intensidade de treinamento

O método mais direto para melhorar o desempenho pode ser o aumento da intensidade de treinamento, porque na prática, a melhora dos tempos das repetições espelha o objetivo final do nadador: melhorar seus tempos nas competições. Embora esse método possa ser efetivo para melhorar a resistência aeróbica, a resistência anaeróbica e a velocidade dos tiros rápidos, é provável que seja mais proveitoso para o aumento da velocidade dos tiros rápidos e a resistência muscular anaeróbica. Quando o objetivo é melhorar o metabolismo aeróbico, poderão surgir problemas se as mudanças na intensidade de treinamento não forem cuidadosamente monitoradas. Em primeiro lugar, velocidades mais elevadas incentivam um desvio em favor do metabolismo anaeróbico e para a acidose produzida por esse processo; com o passar do tempo, esse tipo de treinamento pode causar certa deterioração na capacidade aeróbica, se as séries de repetições de resistência não forem elaboradas adequadamente, ou se os nadadores tiverem permissão de nadar as séries de maneira incorreta. Séries de repetições de resistência inadequadamente elaboradas conteriam uma quilometragem excessiva, ou intervalos de repouso excessivamente longos, que não estimulariam o metabolismo aeróbico de maneira contínua e durante períodos longos. Na verdade, aumentos na intensidade de treinamento podem prejudicar a resistência aeróbica quando os atletas (1) nadam a primeira parte da série com demasiada rapidez e são forçados pela acidose a reduzir para um ritmo de tartaruga durante o restante da série, ou (2) nadam a maior parte da série a uma velocidade lenta, para que possam nadar com rapidez as poucas repetições finais.

Outro problema com o uso da intensidade como procedimento de sobrecarga é que os nadadores tendem a melhorar rapidamente, mas apenas por pouco tempo. Muitos dos avanços nas velocidades das repetições ocorrem durante as primeiras 4 a 6 semanas de treinamento; depois disso, os atletas atingem um ponto de menores ganhos, ou então simplesmente param de melhorar. Tal fato se dá porque as primeiras adaptações do treinamento geralmente são decorrentes de melhores respostas neuromusculares (recrutamento das unidades motoras corretas na sequência certa) e de respostas cardiorrespiratórias e metabólicas mais rápidas, que regulam com maior rapidez fatores como volume corrente, volume sistólico, derivação sanguínea e, portanto, absorção do oxigênio. As melhoras não são resultantes de mudanças estruturais importantes nos músculos, como aumentos na mioglobina, nas mitocôndrias e na proteína contrátil. Haverá necessidade de vários meses, ou mesmo de alguns anos de treinamento contínuo para que sejam efetuadas todas as adaptações musculares que melhoram a resistência aeróbica. Dos dois tipos, as adaptações musculares provavelmente são o efeito mais duradouro. As adaptações obtidas rapidamente também se perdem de forma rápida, pois simplesmente são ajustes

Prós e contras da sobrecarga com o aumento da intensidade de treinamento

Prós

- Método mais direto para melhorar os tempos de competição.
- Melhor método para aumentar a velocidade dos tiros de velocidade.
- Um dos melhores métodos para melhorar a resistência muscular aeróbica e anaeróbica.
- As adaptações fisiológicas ocorrem mais rapidamente do que com qualquer outro método.

Contras

- É o método menos efetivo para melhorar a capacidade aeróbica, porque o aumento das velocidades de nado causa um desvio na reciclagem do ATP, afastando-se do metabolismo aeróbico, em direção ao metabolismo anaeróbico.
- As melhoras fisiológicas tendem a se estabilizar rapidamente.
- É um método emocionalmente estressante.

Amostras de método de progressão

- Procure nadar uma série de repetições de 15 × 200 com um tempo até a saída da série de 3 min, a uma velocidade média de 2'45" por 200. Tente reduzir essa velocidade média das repetições gradualmente ao longo de algumas semanas, até que tenha chegado a 2'30" por 200. Para melhorar a capacidade aeróbica, não tente reduzir o tempo das repetições até que haja necessidade de uma redução perceptível no esforço para nadar a série. Para melhorar a resistência muscular aeróbica ou anaeróbica, reduza os tempos médios das repetições de 2 para 4 s por 200 a cada 2 semanas, até ter alcançado o tempo-meta de 2'30".
- Nade a série original de 8 × 25 com um tempo até a saída de 2 min. Tente reduzir o tempo médio das repetições para a série em 0"50 ao longo de um período de 6 semanas.

neuromusculares e metabólicos ao exercício. Por outro lado, as adaptações estruturais, assim que tenham ocorrido, poderão ser mantidas durante várias semanas e meses com um treinamento significativamente reduzido.

Finalmente, a tentativa de nadar em velocidades crescentes é a forma mais estressante de sobrecarga emocional. Esse tipo de treinamento exige que os nadadores entrem em competição contra si próprios e contra seus colegas de equipe, dia após dia. Embora certamente essa seja uma parte importante do processo de treinamento para nadadores competitivos, ela também poderá extrapolar os limites, e, nesse caso, os atletas podem ficar saturados, perdendo o interesse em melhorar seus tempos de treinamento.

Por essas razões, o aumento das velocidades das repetições é um procedimento para aplicação de sobrecarga progressiva que deve ser utilizado para melhorar a resistência, principalmente durante a segunda metade de uma temporada, depois que já foram utilizados outros métodos.

Aumento do volume de treinamento

O melhor procedimento para melhorar a capacidade aeróbica parece ser o aumento do volume de treinamento, porque o aumento da distância de treinamento para determinada série de repetições aumenta a demanda no metabolismo aeróbico e a reduz no metabolismo anaeróbico. Mas o aumento do volume não é o método efetivo para melhorar a velocidade dos tiros rápidos, exatamente pelas razões opostas: maior volume reduz a demanda no metabolismo anaeróbico, que é essencial para a velocidade dos tiros rápidos, e aumenta a demanda no metabolismo aeróbico, que está pouco envolvido nos tiros de velocidade rápidos e curtos.

Um sistema de sobrecarga progressiva que envolva aumento do volume de treinamento tem duas vantagens importantes, em comparação com outros procedimentos de sobrecarga. A princípio, os atletas são capazes de melhorar de maneira constante tanto o metabolismo aeróbico como a resistência muscular anaeróbica durante um período mais longo, antes de alcançarem o ponto em que os ganhos serão menores. Quando esse método de sobrecarga é utilizado, os atletas podem melhorar em um ritmo constante por até 16 semanas antes de estabilizarem (Nikitin, comunicação pessoal, 1997).

A segunda vantagem é que o aumento do volume de treinamento é o método menos estressante para a aplicação de sobrecarga progressiva. Os atletas acham mais fácil (tanto física como emocionalmente) aumentar o número de repetições que podem nadar em certa velocidade, do que se empenhar constantemente para nadar as mesmas distâncias com maior rapidez.

As principais deficiências da aplicação de sobrecarga por meio do aumento do volume de treinamento é que esse método desenvolve pouco a capacidade anaeróbica, a potência muscular e, portanto, a velocidade do nado. O aumento do número de nados que podem ser efetuados em uma velocidade estabelecida é a antítese dos procedimentos para o aumento da velocidade do nado. Em termos fisiológicos, a velocidade máxima de nado é ditada pela potência muscular, que, por sua vez, é uma combinação da força muscular disponível e sua velocidade de aplicação. Os atletas aprimoram melhor esses atributos esforçando-se para nadar com mais rapidez.

O segundo defeito desse método é sua tendência a se tornar uma atividade enfadonha. A prática da Natação na mesma velocidade durante um número crescente de repetições não é tão excitante como a prática dessas séries em rapidez cada vez maior. Para assegurar sua cooperação e motivação, os nadadores precisam estar convencidos de que o aumento do volume é um procedimento de sobrecarga válido, que pode melhorar o desempenho mais efetivamente do que os demais métodos.

Finalmente, o aumento do volume para produção de sobrecarga exige tempos de treinamento cada vez maiores. Muitos treinadores têm limitações de tempo de treinamento disponível para seus atletas, e nem sempre podem se dar ao luxo de aumentar o volume de treinamento em uma área de determinado programa sem que ocorra redução do tempo utilizado em outra área.

Aumento da densidade de treinamento

É provável que a gradual redução do período de repouso entre repetições seja o mais efetivo procedimento de sobrecarga para melhora da resistência muscular tanto aeróbica como anaeróbica, pois o objetivo do nadador no treinamento se aproxima mais de sua meta na competição: nadar continuamente em algum percentual designado da velocidade máxima para a distância de determinada prova. Períodos de repouso curtos tendem a aumentar a quantidade de energia fornecida pelo metabolismo aeróbico, ao mesmo tempo em que é reduzida a quantidade de energia fornecida pelo processo anaeróbico. A redução dos períodos de repouso é um procedimento de sobrecarga particularmente bom para ser utilizado no trei-

Prós e contras da sobrecarga com o aumento do volume de treinamento

Prós

- Bom procedimento para melhorar a capacidade aeróbica e a resistência muscular aeróbica e anaeróbica.
- As adaptações fisiológicas tendem a continuar em uma velocidade constante e durante maior tempo, em comparação com outros métodos.
- É o método menos estressante, tanto em termos físicos como emocionais.

Contras

- Tem pouco ou nenhum valor para melhorar a velocidade dos tiros de velocidade.
- Pode se transformar em uma atividade enfadonha.
- Exige progressivamente mais tempo de prática.

Amostra de método de progressão

Comece com uma série de repetições original de 4 × 400 com um tempo até a saída de 5 min, a uma velocidade média de 4'48". Aumente o número de repetições de 4 para 8 ao longo de algumas semanas; mantenha o mesmo tempo até a saída da série e aproximadamente a mesma velocidade de nado. Aumente o número de repetições (de 2 em 2) em semanas alternadas durante 6 semanas.

namento de ritmo de prova porque, conforme já mencionei, a redução do intervalo de repouso é um procedimento que vai ao encontro do objetivo do atleta, isto é, de nadar cada segmento de uma prova em um ritmo desejado, sem repouso entre segmentos.

O nado com tempos de repouso progressivamente menores é também um modo estimulante para a realização de séries de repetições. Os atletas, particularmente nadadores meio-fundistas e fundistas, ficam muito orgulhosos em nadar uma série de repetições em determinada velocidade com menos repouso do que tinham anteriormente.

Pelas razões citadas anteriormente com relação ao aumento do volume de treinamento, esse método pouco ajuda na melhora dos tiros de velocidade, ao não se encaixar na natureza das adaptações do treinamento que aumentam a velocidade do nado. As adaptações que aumentam a velocidade incluem mais força muscular e uma taxa mais rápida de metabolismo anaeróbico.

Outra deficiência desse método é que, com seu uso, os nadadores podem chegar à acidose com demasiada frequência. Essa desvantagem se aplica apenas quando a série de treinamento foi planejada para melhorar a capacidade aeróbica, durante a qual se deve evitar a acidose, e mesmo

Prós e contras da sobrecarga com o aumento da densidade de treinamento

Prós
- Muito efetivo para melhorar a resistência muscular aeróbica e anaeróbica.
- Pode ser efetivo para melhorar a capacidade aeróbica, se as séries forem planejadas e executadas adequadamente.
- Forma de treinamento muito estimulante e motivadora.

Contras
- O procedimento tem pouca valia para melhorar os tiros de velocidade.
- Pode interferir nas melhoras da capacidade aeróbica, se os intervalos de repouso forem encurtados antes que as adaptações aeróbicas permitam que o atleta nade as repetições com menos repouso e sem causar acidose grave.
- Difícil administração em grandes grupos, em raias de piscina muito concorridas.

Amostra de método de progressão
Nade uma série original de 30 × 100 com um tempo até a saída de 1'30", e com velocidade média das repetições igual a 1'13". Para melhorar a capacidade aeróbica, reduza o tempo até a saída da série em 5 s quando for capaz de nadar a série com esforço perceptivelmente menor. Para melhorar a resistência muscular aeróbica ou anaeróbica, reduza o tempo até a saída em 5 s em semanas alternadas durante 6 semanas, até que esse tempo esteja em 1'20".

assim apenas se a redução no repouso não for suficientemente gradual. Quando o objetivo é a melhora da resistência aeróbica, os períodos de repouso apenas deverão ser reduzidos quando as respostas fisiológicas dos nadadores demonstrarem que o intervalo de repouso precedente não está mais sobrecarregando o metabolismo aeróbico. Para a aplicação da sobrecarga, os intervalos de repouso em séries planejadas para melhorar a resistência muscular aeróbica e anaeróbica devem ser suficientemente curtos para que seja produzido um nível significativo de acidose. Mas como o objetivo dessas séries é a redução da gravidade da acidose, os períodos de repouso não devem ser reduzidos até tal diminuição ter sido observada.

A deficiência final desse método é sua dificuldade de administração. Quando o grupo é grande e as raias estão muito cheias, torna-se difícil, ou mesmo impossível, a elaboração de séries de repetições em que o intervalo de repouso é adequado para cada nadador. Invariavelmente, alguns nadadores não serão capazes de se adaptar e terão pouco ou mesmo nenhum repouso entre seus nados de repetições.

Combinação de procedimentos de sobrecarga
Talvez o melhor método para garantir um progresso contínuo seja o uso de uma combinação dos três procedimentos de sobrecarga descritos nos parágrafos precedentes. O uso combinado desses procedimentos deve ser mais efetivo para melhorar o desempenho do que o uso de apenas um método. Há pelo menos duas razões para isso:

1. A velocidade de melhora em qualquer função fisiológica em particular atinge um ponto em que os ganhos passam a ser desprezíveis depois de certo período. A experiência demonstrou que os atletas são capazes de melhorar apenas até esse ponto com o uso de determinado procedimento de sobrecarga; depois desse ponto, o uso de um método diferente frequentemente resultará em maior grau de progresso, em comparação com a persistência no método original.

2. A outra razão para o uso de diversos procedimentos de sobrecarga é que, com isso, o atleta evitará o aborrecimento e a saturação. Esses dois fatores podem reduzir a motivação dos atletas para o treinamento, enquanto um procedimento de sobrecarga inteiramente novo pode restaurá-la.

Um modo de combinar esses procedimentos de sobrecarga consiste em utilizar um sistema de progressão similar ao utilizado no treinamento com pesos. Nesse esporte, os atletas levantam determinado peso por um número crescente de vezes, até que tenham atingido algum limite predeterminado. Esse é um sistema baseado no aumento do volume. Em seguida, os atletas aumentam o peso, um sistema de sobrecarga progressiva pelo aumento da intensidade, e iniciam o processo novamente com o número original de repetições. De maneira similar, os nadadores devem aumentar o número de repetições em determinada série, até um limite predeterminado. Em seguida, podem retornar ao número original, iniciando novamente o processo. Apenas, dessa vez as repetições deverão ser nadadas com maior rapidez do que antes.

Os atletas também podem utilizar um sistema em que, primeiramente, aumentam a velocidade média de uma série de repetições e, em seguida, retornam à sua velocidade de nado original e fazem a série com um intervalo de repouso menor. As possibilidades de combinação dessas três variáveis – velocidade, volume e repouso – para a obtenção de uma sobrecarga progressiva têm como limite apenas a imaginação. Alguns exemplos de séries de nado que aplicam sobrecarga progressiva com o uso de duas ou mais variáveis de treinamento estão descritos na Tabela 12.2.

Princípio da especificidade

O princípio da especificidade refere-se ao fato de ocorrerem adaptações fisiológicas apenas nos tecidos e órgãos submetidos a esforço durante o processo de treinamento. Como a sobrecarga, o princípio da especificidade é muito claro em termos de definição, porém complexo em sua aplicação. A seguir, darei um exemplo do princípio da especificidade em operação, com relação ao treinamento com pesos.

Se um atleta pretende criar uma adaptação, como aumento na força para determinado grupo muscular, deverá praticar exercícios de treinamento de força que envol-

vam esse grupo. Exemplificando, a prática de roscas diretas de bíceps aumentará a força dos músculos bíceps que flexionam o antebraço e não aumentarão a força dos músculos tríceps, que estendem o antebraço. O atleta deverá praticar um exercício diferente para tal finalidade.

Este é um exemplo de especificidade de treinamento com base nos grupos musculares utilizados. E em relação à especificidade de treinamento para adaptações que promoverão resistência e força no mesmo grupo muscular? O atleta pode aumentar a força do músculo bíceps fazendo exercícios de resistência que envolvam grande número de roscas diretas? O atleta pode aumentar a resistência desse grupo muscular fazendo exercícios de força? A resposta a essas perguntas é um sim qualificado. Digo qualificado porque, como seria de se esperar, o treinamento de resistência será mais efetivo para melhorar a resistência, e o treinamento de força será mais efetivo para melhorar a força.

Qualquer tipo de treinamento melhorará tanto a força como a resistência dos músculos, pelo menos nos estágios iniciais do treinamento. Se a força do bíceps do atleta é pouca, qualquer exercício, mesmo aquele planejado para melhorar a resistência, aumentará a força desse grupo muscular. Mas se o nível de força do atleta já estiver razoavelmente alto ao ter início o treinamento de resistência dos músculos bíceps, qualquer melhora subsequente na força será mínima, embora a melhora na resistência muscular para esses músculos seja considerável. Consequentemente, se o objetivo maior for o aumento da força nos músculos bíceps, o atleta deverá fazer treinamento de força, em vez de treinamento de resistência. Quando o objetivo é melhorar a resistência, a abordagem a ser utilizada é o treinamento de resistência.

Tabela 12.2 Exemplos de procedimentos combinados de sobrecarga

Combinações de velocidade-volume	
Para melhorar a capacidade aeróbica ou a resistência muscular aeróbica	Comece com uma série original de 10 × 200 com um tempo até a saída de 2'30" e velocidade média de repetições de 2'20". Aumente em 2 o número de repetições a cada semana ao longo de um período de 5 semanas, até que os nadadores estejam fazendo 20 × 200 no mesmo tempo até a saída e na mesma velocidade. Em seguida, retorne à série original de 10 × 200 e aumente a velocidade média de repetições de 2 a 5 s por 200 e recomece o processo.
Para melhorar a resistência muscular anaeróbica	Comece com uma série original de 10 × 50 com um tempo até a saída de 1 min e velocidade média de 28 s. Aumente em 4 o número médio de repetições a cada semana ao longo de um período de 3 semanas, até atingir a meta de 22 × 50. Em seguida, retorne à série original de 10 × 50 com um tempo até a saída de 1 min e tente nadar as repetições com maior rapidez do que 28 s.
Combinações de velocidade-densidade	
Para melhorar a resistência muscular aeróbica	Comece com uma série original de 20 × 100 com um tempo até a saída de 1'30" e velocidade média de 1'20". Tente melhorar a velocidade média de repetições para 1'15" ou mais alta ao longo de um período de 3 semanas. Quando atingir essa meta, reduza o tempo até a saída para 1'25" e recomece o processo, nadando a uma velocidade média de 1'20" ou mais alta.
Para melhorar a resistência muscular anaeróbica	Comece com uma série original de 6 × 100 com um tempo até a saída de 2 min e velocidade média de repetições de 1 min. Tente aumentar a velocidade média de repetições para 58 s ou mais alta ao longo de um período de 3 semanas. Em seguida, reduza o tempo até a saída em 10 s e recomece o processo nadando as repetições a uma velocidade média de 1 min ou mais alta.

Deverão ser levados em consideração pelo menos quatro aspectos da especificidade, durante o planejamento de um programa de treinamento para nadadores:

1. A atividade para a qual o nadador está treinando.

2. O tipo de nado que o atleta utilizará na competição.

3. A velocidade da competição.

4. As partes do sistema metabólico que devem ser submetidas ao esforço.

Com relação à atividade, a Natação é a forma mais específica de treinamento para nadadores. Essa afirmativa pode parecer óbvia, mas a fiz para enfatizar o seguinte aspecto: todas as demais formas de treinamento serão efetivas somente se utilizarem os mesmos órgãos, ossos e músculos utilizados pelos nadadores na competição. Corrida, ciclismo e outras atividades terrestres podem melhorar as funções do coração e do sistema circulatório do mesmo modo que a Natação; entretanto, algumas das fibras musculares utilizadas pelos nadadores em competição serão negligenciadas nos atletas cujo treinamento não inclua a Natação. Portanto, as atividades terrestres devem ser complementadas com o treinamento aquático, não servindo como substitutas para esse tipo de treinamento.

O treinamento também pode ser específico para o tipo de nado utilizado pelos atletas em competição. Embora a transferência no uso muscular talvez seja considerável de um tipo de nado para outro, algumas fibras não são submetidas ao mesmo esforço de um determinado tipo de nado para outro. O fato de os nadadores vivenciarem uma sensação de alívio ao mudar de tipo de nado durante o treinamento reforça mais esse ponto de vista.

Já mencionei o treinamento especificamente com relação à velocidade. Não temos ideia da extensão com que diferentes velocidades de nado envolvem diferentes unidades motoras dentro do mesmo grupo muscular; porém, pesquisas indicam a necessidade de velocidades de nado razoavelmente altas para que ocorra o recrutamento de certos tipos de fibras musculares de contração rápida. Portanto, os nadadores devem fazer algum treinamento em velocidade de prova, para terem a certeza de que estão sendo utilizadas todas as fibras que usarão em competição. O treinamento de maneira específica para velocidade é também importante para o condicionamento de atletas para o nado de cada prova considerada individualmente com a combinação mais econômica de velocidade e comprimento de braçadas. É preciso que esses atletas identifiquem uma combinação que produza a velocidade desejada com o mínimo esforço possível.

Finalmente, o treinamento deve ser específico para os sistemas de energia. Já expliquei que o metabolismo é, na verdade, uma grande unidade operacional composta de três partes principais: sistema ATP-CP, metabolismo anaeróbico e metabolismo aeróbico. É impossível treinar um desses sistemas sem envolvimento dos outros dois, pois os três funcionam desde o início do exercício. Entretanto, o atleta pode visar a um desses sistemas, e assim o estímulo de treinamento melhorará muito mais a operação no sistema escolhido, em comparação com os ganhos nos outros dois. Chamo a atenção para esse detalhe, porque alguns nadadores talvez precisem se concentrar no maior aprimoramento de um aspecto do processo metabólico mais do que nos outros dois sistemas, independentemente do tipo de nado e das provas para as quais estejam treinando. Vamos considerar, por exemplo, o caso de um nadador que tenha um sistema anaeróbico excepcional e possa começar suas provas com rapidez; no entanto, suponhamos que seu sistema aeróbico não esteja tão bem desenvolvido e que, por isso, não possa manter um ritmo rápido durante o restante da prova. Esse nadador deve objetivar o sistema aeróbico no início da temporada de treinamento, pois, em última análise, será o elo fraco no seu desempenho.

Por outro lado, suponhamos que um segundo nadador tenha um sistema aeróbico bem desenvolvido, mas tenha dificuldade de começar suas provas com rapidez e terminá-las com um tiro de velocidade vigoroso, porque seu sistema anaeróbico não está tão bem desenvolvido. Esse nadador deve fazer a abordagem oposta, visando mais ao sistema anaeróbico durante o treinamento.

Os dois atletas progredirão mais com repetições de nado que tenham como objetivo seus sistemas metabólicos fracos. Portanto, devem enfatizar diferentemente o treinamento de resistência e o treinamento de velocidade, embora possam treinar para participar do mesmo evento.

Há alguns anos, diversos fisiologistas do exercício propuseram uma regra simples para treinamento específico: treine na velocidade de prova. Mas atualmente, percebemos que o treinamento específico não deve ficar limitado ao nado em ritmo de prova, pois também deve incluir nados mais lentos e mais rápidos em certos tipos de séries de treinamento. Exemplificando, o primeiro nadador no exemplo precedente deve incluir mais treinamento de resistência em seu programa, visando a e treinando o sistema aeróbico, embora isso signifique que ele consumirá muito tempo nadando com mais lentidão do que a velocidade de prova. Analogamente, é provável que o segundo nadador deverá incluir mais treinamento de velocidade em seu programa, o que envolveria o nado de mais repetições com maior rapidez do que a velocidade de prova.

À luz das pesquisas recentemente publicadas, parece claro que os nadadores devem realizar a maior parte do seu treinamento dentro da piscina; também recomendo que nadem grande percentual da quilometragem de treinamento em seu(s) tipo(s) de nado principal(is), porque esse é o único modo pelo qual os atletas podem ter certeza de que estão treinando as fibras musculares que serão utilizadas nas provas. Um aspecto final importante acerca do treinamento específico diz respeito às várias fases do sistema metabólico, já que o treinamento de resistência e o treinamento de velocidade enfatizam aspectos diferentes desses sistemas. Como seria de se esperar, o treinamento de resistência aplica esforço no metabolismo aeróbico, enquanto o treinamento de velocidade aplica esforço no metabolismo anaeróbico. Por essa razão, os atletas devem nadar repetições de resistência e também de velocidade em seus tipos de nado principais (nado Crawl, Borboleta etc.). Utilizando essa abordagem, os nadadores terão atendido a todas as fases do sistema metabólico para a obtenção de um progresso satisfatório.

Qual o grau de especificidade que o treinamento deve ter?

Parece-nos irrefutável a evidência de que atletas devem nadar seus tipos principais de nado tanto no treinamento de velocidade como no de resistência. Ainda assim, atletas de todas as especialidades praticam tipicamente o nado Crawl durante a maior parte das repetições de treinamento; aparentemente, esse método funciona. Certamente, todos nós conhecemos nadadores de Borboleta e de Peito que se saíram bem em suas especialidades, embora tenham praticado nado Crawl durante a maior parte do treinamento. De maneira parecida, todos os treinadores já tiveram a experiência de trabalhar com nadadores em uma especialidade, apenas para observá-los com um desempenho muito maior em outra especialidade, na qual treinaram pouco. Finalmente, muitos técnicos trabalharam com nadadores que, depois do treinamento para determinada distância de prova, por exemplo, uma competição de velocidade de 100 m, tiveram um desempenho ruim nesse evento e, em uma prova de distância, simplesmente obtiveram o melhor desempenho de suas vidas. A finalidade dessa seção é propor algumas linhas de raciocínio sobre esses aparentes conflitos entre evidência científica e experiência prática.

Suspeito que pelo menos duas razões explicam por que alguns atletas nadam mais lentamente quando treinam exaustivamente em determinada especialidade. A primeira razão é que uma grande quantidade do tipo errado de treinamento ou um tempo de recuperação excessivamente pequeno pode ter lesionado alguns aspectos das fibras musculares envolvidas no nado da especialidade em questão. A segunda razão pode estar no fato de ter ocorrido alguma depleção de neurotransmissores envolvidos na sequência de contração para aquelas fibras musculares na especialidade de nado em questão. Nos dois casos, as fibras treinadas terão perdido algumas de suas adaptações

aeróbicas e anaeróbicas, fazendo com que o nadador tenha um desempenho mais lento em sua especialidade. Por outro lado, os desempenhos do nadador em outros tipos de nado podem ser excelentes, porque outras fibras e células nervosas que não foram submetidas a treinamento excessivo ou errado estão mais envolvidas nessas especialidades.

O mesmo conceito pode ser aplicado a diferentes distâncias de prova. Quando nadadores fazem o treinamento de determinada fase do processo metabólico de maneira excessiva ou equivocada, podem nadar mais lentamente em eventos nos quais essa fase específica é dominante. Exemplificando, um treinamento de resistência demasiadamente intenso pode, na verdade, baixar a capacidade aeróbica dos nadadores, de modo que os atletas nadem mais lentamente nos eventos de distância para os quais haviam treinado e mais rapidamente em eventos de velocidade. O mesmo resultado pode ocorrer de maneira inversa para atletas que treinaram excessivamente para provas de velocidade: seu desempenho pode piorar em eventos de velocidade, nos quais o metabolismo anaeróbico é fundamental, mas pode melhorar em eventos de distância, nos quais o metabolismo aeróbico desempenha maior papel no fornecimento de energia.

Tenho consciência de que essa explicação é altamente teórica. Apesar disso, a evidência para a especificidade do treinamento é tão vigorosa, que algum tipo de treinamento excessivo, ou errado, parece ser a única explicação possível nos casos em que os nadadores não melhoram depois de terem concentrado seu treinamento em apenas um ou dois tipos de nado. Tenho duas recomendações que podem ajudar tanto treinadores como nadadores na aplicação do princípio da especificidade ao seu treinamento, sem que ocorram exageros.

1. Assumindo uma temporada de 24 semanas, provavelmente os nadadores devem se concentrar em um treinamento com especialidades de nado mistas durante as primeiras 8 a 12 semanas e na sua principal ou principais especialidades durante as 6 a 10 semanas intermediárias, realizando talvez 60 a 70% de sua metragem total nesse tipo de nado. Essa estratégia de treinamento proporcionará uma boa base para todos os órgãos, músculos e articulações, preparando-os para o treinamento específico que será efetuado subsequentemente. Ao mesmo tempo, o lapso de tempo para o treinamento específico será suficiente para promover adaptações significativas, mas não deve ser tão longo a ponto de haver possibilidade de treinamento excessivo ou errado.

2. Em seu treinamento, os nadadores devem praticar séries específicas para todos os sistemas de energia. Por exemplo, atletas especialistas em nado Borboleta, de Costas e de Peito não devem nadar todas as séries de resistência com nado Crawl, e apenas as séries de velocidade em sua especialidade principal. Eles devem nadar uma parte razoável de seu treinamento de resistência em sua especialidade principal, para que não seja negligenciada a capacidade aeróbica de algumas fibras musculares específicas.

Princípio da individualidade

Muitos fatores fazem com que, individualmente, o atleta responda de forma diferente ao mesmo estímulo de treinamento. Dois fatores importantes são (1) o estado de condicionamento do atleta, ao ter início o treinamento, e (2) seu patrimônio genético.

Com relação ao nível de condicionamento, sabe-se que os atletas melhorarão com bastante rapidez se tiverem gozado de um longo período de descanso e se estiverem sem condicionamento físico no início do treinamento. A maior parte das pesquisas indica que esses atletas evoluirão drasticamente durante as primeiras 6 a 12 semanas. Além disso, todos os aspectos do desempenho, potência, resistência, velocidade etc. melhorarão excepcionalmente, independentemente do tipo de ênfase do treinamento, se de velocidade ou resistência. Sua velocidade de progresso cairá consideravelmente depois das primeiras semanas; a essa altura, alguns atletas se estabilizarão e, aparentemente, seu progresso será muito pequeno durante longos períodos, por terem se aproximado de seus limites genéticos em certos mecanismos fisiológicos. Esses nadadores melhorarão um pouco mais, embora de forma mais lenta, caso persistam e não treinem excessivamente. Exemplificando, o $\dot{V}O_2$ máx aumentará em 20 a 30% durante as primeiras 8 a 12 semanas de treinamento; depois desse período, os atletas poderão continuar melhorando o $\dot{V}O_2$ máx em mais 20 a 30%, mas talvez tenham que transcorrer 1 a 2 anos antes que isso ocorra (McArdle, Katch e Katch 1996). A experiência também indica que, depois das primeiras semanas de uma nova temporada, o treinamento de resistência pode diminuir a velocidade (i. e., os tiros de velocidade) e vice-versa. Um tipo de treinamento pode interferir nos resultados do outro tipo.

Com relação ao patrimônio genético, estudos com gêmeos idênticos têm demonstrado repetidamente que a hereditariedade determina em grande parte a resposta máxima ao treinamento para diversos mecanismos fisiológicos, tanto aeróbicos como anaeróbicos; fatores genéticos como o percentual de cada tipo de fibra muscular certamente afetam o modo com que determinado atleta responde a certos tipos de treinamento. Exemplificando, um atleta com grande percentual de fibras musculares de contração rápida tenderá a responder favoravelmente ao treinamento de força, velocidade e potência, mas em termos de melhora da capacidade aeróbica, ficará para trás no seu

grupo. Analogamente, atletas com grande percentual de fibras musculares de contração lenta comumente responderão de maneira favorável ao treinamento de resistência, porém podem ter dificuldade em igualar as melhoras da maioria do grupo em termos de força, velocidade e potência. Em um estudo, as respostas de gêmeos idênticos ao treinamento de velocidade foram comparadas às respostas de um grupo controle composto de indivíduos não aparentados (Simoneau et al. 1986) e, embora o grupo controle tivesse demonstrado ampla variação nas respostas ao treinamento, cada gêmeo respondeu de maneira semelhante ao outro. De acordo com os pesquisadores, mais da metade de todas as adaptações (50 a 60%) eram similares dentro de cada dupla de gêmeos. Em outro estudo, Bouchard et al. (1992) concluíram que a hereditariedade determinava entre 25 e 50% dos progressos no $\dot{V}O_2$ máx, depois do treinamento.

Tais estudos e outros semelhantes sugerem que a hereditariedade desempenha papel importante na determinação da extensão em que o treinamento pode melhorar as funções fisiológicas dos atletas. Estamos aprendendo, quase diariamente, que o patrimônio genético dita as respostas individuais em todos os aspectos da vida; assim, acredito que as futuras pesquisas demonstrarão que a hereditariedade dita, em grande parte, a extensão em que os indivíduos respondem ao treinamento. Há muito tempo assumimos que bons ou maus hábitos de treinamento provocam respostas individuais diferentes ao treinamento; ainda assim, todos os treinadores têm observado alguns atletas com maus hábitos de treinamento melhorarem mais do que a maioria de seus outros nadadores, não importando quão empenhados tenham sido em suas rotinas. Certamente, é mais provável que atletas que treinam de maneira consciente se saiam melhor na maximização de seu potencial, em comparação com atletas menos envolvidos; no entanto, infelizmente o treinamento mais prolongado, mais intenso e mais bem planejado do que os dos demais colegas não é garantia de resultados superiores. Por essa razão, não há dúvida de que atletas não aparentados responderão de formas um tanto diferentes a determinado tipo de treinamento, por causa de seu patrimônio genético. Em qualquer grupo de atletas, alguns responderão normalmente a certos tipos de treinamento, outros responderão muito bem e outros ainda responderão apenas de forma mínima. Tipicamente, os estudos controlam a consistência do treinamento e o esforço de maneira muito mais cuidadosa do que ocorria em uma equipe de atletas típica; ainda assim, não é raro observar melhoras individuais que variam de 0 a 70% (Simoneau et al. 1986; Wilmore e Costill 1994).

Idade e sexo também afetam a maneira de resposta dos atletas ao treinamento, embora não com a intensidade assumida no passado. As respostas ao treinamento de crianças, adolescentes e seniores são muito mais parecidas com as respostas de jovens adultos; o mesmo vale na comparação dos progressos obtidos por homens e mulheres. Não obstante, crianças e mulheres, na média, respondem ao treinamento de força e potência com menor progresso, em comparação com jovens adultos do sexo masculino (Simoneau et al. 1986). A razão comumente dada para diferenças dependentes da idade e sexo na resposta ao treinamento é que crianças e mulheres possuem menor quantidade de tecido muscular com o qual responder.

Princípio da reversibilidade

Do mesmo modo que o treinamento apropriado resulta em adaptações que melhoram o desempenho, a falta de treinamento induz à reversão dessas adaptações, fazendo com que o desempenho decline. Reduções significativas em certas adaptações ao treinamento ocorrerão dentro de 1 a 2 semanas após o término deste. A velocidade do declínio será mais lenta se a intensidade ou a frequência do treinamento for apenas reduzida, mas somente se a redução não for demasiadamente grande. As pessoas podem manter os efeitos do treinamento durante longos períodos se reduzirem o volume deste em apenas um terço até metade, desde que a intensidade permaneça em seu nível prévio. Reduções na intensidade do treinamento resultarão em perda mais rápida das adaptações.

Diversos estudos demonstraram perdas em adaptações aeróbicas e anaeróbicas entre 7 e 10%, quando os atletas interromperam o treinamento durante apenas 3 semanas (McArdle, Katch e Katch 1996). Esse nível de redução levou a perdas no desempenho de resistência entre 25 e 30% e a declínios no desempenho de velocidade de 8 a 12%; as perdas no desempenho foram consideravelmente maiores quando o treinamento havia sido descontinuado por um período mais longo. Depois de 4 a 12 semanas sem treinamento, as adaptações aeróbicas declinaram 15 a 20% e as anaeróbicas, 18 a 50%. O desempenho de resistência caiu até 40% e o de velocidade, 14 a 30%. Períodos mais longos sem treinamento causam decrementos ainda maiores no desempenho: em um estudo feito com nadadores universitários, 85 dias sem treinamento resultaram em nados 3,4% mais lentos para os 50 m (cerca de 0,80 s mais lentos) e 7% mais lentos para os 400 m (17 s mais lentos); os picos de lactato também declinaram 22% (2 a 3 mmol/L mais baixos), e a potência de nado estacionário contra resistência durante esse período caiu 12%. Um detalhe interessante concernente a esse estudo foi que os tempos dos nadadores para 400 m haviam retornado a seus níveis de treinamento depois de 91 dias de retreinamento, mas os atletas não foram capazes de igualar seus tempos precedentes para 50 m ou suas melhores pontuações para o nado estacionário contra resistência durante esse retreinamento (Hsu e Hsu 1999). Esse resultado sugere que a potência do nado, uma vez perdida, demandará mais tempo para o retorno aos níveis precedentes, em comparação com a resistência do nado.

Diversos estudos ligaram esses decrementos no desempenho diretamente a reduções em certos mecanismos fisiológicos. Exemplificando, pesquisadores informaram que a atividade das enzimas aeróbicas e a quantidade de glicogênio armazenado nos músculos diminuem rapidamente quando o treinamento termina; tais decréscimos podem se situar entre 40 e 60% depois de apenas 4 semanas sem treinamento (Wilmore e Costill 1999). O volume de sangue no corpo também tende a declinar quando o atleta descontinua seu treinamento, o que leva a uma redução do volume sistólico e, portanto, do débito cardíaco. Menos oxigênio será liberado para os músculos e menos ácido lático será removido destes. O $\dot{V}O_2$ máx pode declinar em aproximadamente 6% dentro de 2 a 4 semanas após a interrupção do treinamento, devido a decréscimos no volume sanguíneo e no volume sistólico de aproximadamente 9 e 12%, respectivamente.

O número de mitocôndrias, organelas tão importantes para o metabolismo aeróbico, pode diminuir rapidamente quando os atletas interrompem o treinamento. Exemplificando, em 1 semana sem treinamento, os atletas podem perder 50% das mitocôndrias adicionais produzidas durante 5 semanas de treino (Olbrecht 2000). Uma vez perdidas, haverá necessidade de até 4 semanas de treinamento adicional para recuperá-las.

Quando o treinamento é interrompido, a atividade das enzimas envolvidas no metabolismo anaeróbico declina lentamente e em uma intensidade muito menor do que as enzimas aeróbicas. No estudo de Coyle et al. (1984), as enzimas anaeróbicas mantiveram seus níveis de atividade do treinamento precedente por até 12 semanas sem treinamento, mas durante esse período ocorrerá perda de outras adaptações de natureza anaeróbica. Exemplificando, 4 semanas sem treinamento provocaram queda significativa nos níveis de bicarbonato, o que, por sua vez, provocou declínio na capacidade de tamponamento; esse efeito, associado a uma redução no $\dot{V}O_2$ máx, provocou maiores quedas no pH muscular durante as provas, de modo que os efeitos da acidose causaram maior redução na velocidade do nado (Wilmore e Costill 1999).

Os ganhos de força não parecem declinar tão rapidamente, e os atletas podem mantê-los com uma redução considerável no treinamento. Entretanto, o caso é bem diferente quando a potência está envolvida: em um estudo com nadadores (Costill et al. 1985), a força dos braços e ombros não diminuiu, mesmo depois de 4 semanas de inatividade; por outro lado, a potência de nado caiu 8 a 13,5% durante as 4 semanas de inatividade. A força muscular foi avaliada na terra, com braçadas de máximo esforço em um ergômetro biocinético de Natação; já a potência de nado foi medida na piscina, pela técnica do nado estacionário contra resistência. Aparentemente (conforme ficou indicado pelos resultados de seus testes terrestres), os nadadores não perdiam força ao interromperem o treinamento, mas perdiam algum aspecto da expressão dessa força, o que ficava demonstrado ao nadarem. A Figura 12.1 ilustra os resultados desse estudo para um nadador.

Pelo menos duas causas podem explicar esse resultado. As medidas da força muscular em terra, mesmo quando simulam a mecânica das braçadas/pernadas, podem representar um aspecto diferente da expressão da força, e não o nado real. Nesse sentido, Sharp (1986) informou ter encontrado baixa correlação entre as medidas de força realizadas em terra com um ergômetro biocinético de Natação e a velocidade de tiro rápido na água.

Outra possibilidade é que a ausência de treinamento tenha maior efeito na velocidade de desenvolvimento de força do que na força muscular. A velocidade de desenvolvimento de força não é uma medida de força máxima. Baixos níveis de velocidade de contração nos fornecem a melhor expressão da força máxima. Por outro lado, a velocidade de desenvolvimento de força é uma medida da rapidez com que um atleta pode desenvolver níveis quase máximos de força, assim que o exercício é iniciado. Dopsaj et al. (1998) determinaram que a velocidade de desenvolvimento de força foi a única, entre diversas medidas terrestres de força e potência, que demonstrou elevada relação com a velocidade dos tiros rápidos.

Tão logo o treinamento tenha sido interrompido, a flexibilidade articular também declina rapidamente. Medidas de flexibilidade do ombro e do tornozelo por mim realizadas ao longo de três décadas indicam que as pessoas perdem amplitude de movimentos dessas articulações dentro de 2 a 4 semanas depois de terem interrompido os exercícios de alongamento.

O princípio da reversibilidade ilustra a necessidade do treinamento durante o ano inteiro, com interrupções pouco frequentes e de curta duração. Atletas sérios jamais devem interromper seu treinamento durante mais de 1 a 2 semanas e devem fazer não mais do que duas ou três interrupções a cada ano; interrupções maiores farão com que percam grande percentual das adaptações ao treinamento conseguidas com tanto esforço, e isto significa que gastarão boa parte de seu tempo de treinamento subsequente tentando readquirir essas adaptações, em vez de aumentar seus ganhos previamente conquistados. Nesse aspecto, Mujike et al. (1996) informaram ter notado uma relação significativa entre um elevado nível inicial de con-

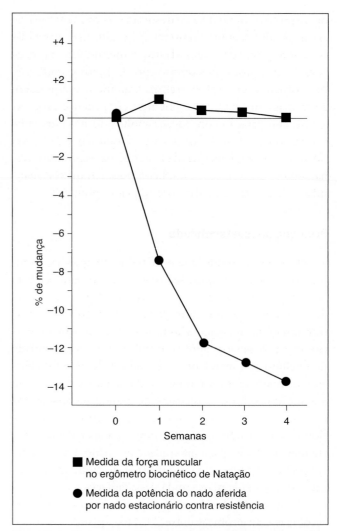

Figura 12.1 Mudanças na força dos braços, medida no ergômetro biocinético de Natação, e na potência do nado, medida durante o nado estacionário contra resistência, para um nadador depois de 4 semanas sem treinamento. A força dos braços mudou pouco, enquanto a potência do nado declinou 13,5%. (Adaptado com permissão de D.L. Costill, D.S. King, R. Thomas e M. Hargreaves 1985. Effects of reduced training on muscular power in swimmers. *Physician and Sports Medicine* 13(2): 94-101.)

dicionamento físico e o grau de melhora dos nadadores durante uma temporada típica.

A orientação de treinar durante o ano inteiro é mais aplicável a atletas altamente treinados, do que àqueles que estejam apenas moderadamente treinados. Atletas altamente treinados têm muito a perder quando interrompem seu treinamento, pois alcançaram um nível mais elevado de função fisiológica; além disso, atletas altamente treinados necessitarão de muito mais tempo para readquirir seu nível prévio de desempenho depois de perderem certas adaptações fisiológicas. Pesquisas indicam a necessidade de um período de tempo igual e, em alguns casos, maior para que o atleta readquira as adaptações fisiológicas, após estas serem perdidas. Tentativas de recuperação depois de interrupções longas e frequentes no treinamento não é uma maneira de efetivar o potencial do atleta.

Os atletas precisam de disciplina para continuar treinando depois do período inicial de grandes ganhos nas primeiras 8 a 12 semanas de treinamento. Muitos deles perdem o interesse pelo treinamento ao perceberem a queda em sua evolução e alguns também se mostram ansiosos em fazer grandes interrupções, por ocasião do término da temporada. Entretanto, as diferenças de tempo entre nadadores que ganham medalhas e nadadores que terminam as provas nas últimas posições são pequenas em um esporte tão competitivo como a Natação. Dessa forma, embora o percentual de melhora possa baixar consideravelmente depois das primeiras 8 a 12 semanas de treinamento, as adaptações adicionais a este que são geradas pela prática durante o ano inteiro fazem a pequena diferença de desempenho que conduzirá o atleta sério ao sucesso.

PARÂMETROS DE TREINAMENTO

Os parâmetros de treinamento referem-se às orientações utilizadas para a elaboração de programas de condicionamento. Os parâmetros com os quais tanto nadadores como treinadores devem se preocupar no momento do planejamento de um programa de treinamento são

- duração,
- frequência,
- intensidade e
- quilometragem.

Duração e frequência referem-se ao número de horas por dia e ao número de dias por semana que os atletas gastam com o treinamento; intensidade diz respeito à velocidade do treinamento; e quilometragem refere-se ao número de jardas ou metros nadados pelo atleta por dia, por semana e por temporada.

Duração e frequência do treinamento

Competidores de alto nível e aqueles atletas que desejam competir em níveis nacional e internacional treinam tipicamente duas vezes por dia, 6 dias por semana, durante 10 a 12 meses a cada ano. Não obstante, alguns cientistas acreditam que os atletas podem obter a mesma taxa de melhora, ou ainda mais, com treinamentos menos frequentes durante períodos mais curtos, ao utilizar combinações ótimas de duração do treinamento que permitirão aos atletas uma adaptação fisiológica aos limites de seus potenciais. Duas autoridades no campo, J.H. Wilmore e D.L. Costill (1994), escreveram que "o grau em que um indivíduo pode se adaptar ao treinamento é limitado, não podendo ser forçado além da capacidade do corpo para o desenvolvimento".

Utilizando pesquisas feitas com corredores fundistas, esses cientistas informaram que o nível ótimo poderia ser equivalente a um consumo semanal de energia de 5.000 a 6.000 calorias, o que corresponde a 80 a 95 km de corrida por semana. No caso de nadadores, um consumo de 5.000 a 6.000 calorias corresponderia a uma quilometragem de 20.000 a 30.000 m, o que fica abaixo da metade da quilometragem de treinamento cumprida pela maioria dos modernos nadadores de classe mundial. Atualmente, quase todos os nadadores excepcionais especialistas em médias e longas distâncias nadam entre 60.000 e 80.000 m semanalmente e, durante certos períodos do ano, podem até mesmo exceder um total semanal de 100.000 m.

Obviamente, existe enorme discrepância entre as recomendações de Wilmore e Costill e as práticas de treinamento de nadadores bem-sucedidos. As opiniões desses cientistas podem estar incorretas. Por outro lado, os atletas podem estar treinando muito mais do que o necessário, em sua vontade de superar os adversários. Vamos examinar os argumentos dos dois lados, dividindo-os em três categorias:

1. O treinamento durante todo o ano é mais efetivo do que o treinamento durante apenas 2 a 3 meses?

2. O treinamento duas vezes ao dia durante 6 dias por semana é superior ao treinamento uma vez por dia durante menor número de dias por semana?

3. Qual é a duração diária ideal para o treinamento?

Treinamento durante o ano todo *vs* treinamento sazonal

A seção precedente sobre reversibilidade dos efeitos do treinamento realmente respondeu a dúvida do treinamento durante todo ano *versus* treinamento sazonal. Apesar disso, o fato de que os principais avanços na função fisiológica ocorrem durante as primeiras semanas de treinamento levou algumas pessoas a questionarem se realmente há necessidade de treinar mais do que 8 a 12 semanas, para que o nadador atinja seu desempenho de pico. Acredito na necessidade de períodos mais longos de treinamento porque, conforme coloquei, os atletas podem continuar a evoluir depois de 8 a 12 semanas, embora em velocidade menor. Exemplificando, um atleta pode melhorar o $\dot{V}O_2$ máx entre 15 e 30% depois de apenas 8 a 10 semanas de treinamento, mas pode aumentar seu grau de progresso em mais outros 20 a 30%, caso continue a treinar durante 1 a 2 anos, com interrupções curtas e infrequentes (Holloszy 1973).

As informações são mais escassas com relação ao valor do treinamento durante o ano inteiro para eventos de velocidade. A literatura informou aumentos de 3 a 10% na velocidade de tiro rápido depois de 6 a 10 semanas de treinamento (Cadefau et al. 1990; Medbo e Burgers 1990; Nevill et al. 1989; Nummela, Mero e Rusko 1996). Apenas um pesquisador (Olbrecht 2000) informou novos aumentos na taxa do metabolismo anaeróbico depois de 1 ou 2 anos de treinamento praticamente contínuo. Obviamente, são necessários mais estudos para que possamos determinar se o treinamento contínuo durante longos períodos pode melhorar ainda mais a velocidade de tiro rápido, em comparação com o treinamento intenso durante 1 a 3 meses.

Treinamento duas vezes ao dia *vs* treinamento uma vez ao dia

O número ideal de sessões de treinamento por dia é um dos tópicos mais discutidos na Natação. Costill et al. (1991) informaram os resultados de um estudo de 4 anos em que o percentual de melhora para nadadores que treinaram duas vezes por dia com um volume médio diário superior a 10.000 m foi comparado com o percentual de um grupo que treinou uma vez por dia com um volume de 5.000 m ou menos. A melhora média para os dois grupos foi aproximadamente igual em diversos eventos, variando desde tiros de velocidade de 100 jd até a prova de 1.650 jd nado Crawl. Este foi um dos poucos estudos a se deter no tópico na Natação competitiva. Outras pesquisas, que compararam os efeitos do treinamento duas vezes ao dia *versus* uma vez ao dia para corredores, deram resultados parecidos (Mostardi, Gandee e Campbell 1975; Watt, Buskirk e Plotnicki 1973). Em um desses estudos, Mostardi et al. verificaram que grupos de corredores que treinavam duas e três vezes ao dia não melhoraram seu tempo para a corrida da milha no mesmo grau que o grupo que treinava apenas uma vez ao dia; os pesquisadores sugeriram que o treinamento acima de uma vez ao dia reduzia as reservas de glicogênio muscular e hepático e interferia no desenvolvimento de algumas adaptações fisiológicas. Os grupos que treinavam duas e três vezes ao dia aumentaram seu $\dot{V}O_2$ máx menos do que o grupo que treinava apenas uma vez ao dia; além disso, a glicose sanguínea ficou significativamente mais baixa para os grupos que treinavam duas e três vezes ao dia.

Apesar desses resultados, a experiência dos treinadores de Natação favorece enfaticamente o treinamento duas ou mais vezes ao dia. São muitas as razões para esse ponto de vista. Em geral, o volume de treinamento pode ser maior, e os atletas podem nadar maior metragem em um nível mais forte de intensidade se tiverem um período de repouso entre as sessões de treinamento; outros treinadores alertam que um número enorme de exercícios de treinamento pode ser realizado todos os dias sem que alguns interfiram com outros. Exemplificando, o treinamento rápido de resistência e o treinamento de velocidade podem ser realizados à tarde, sem interferência com o treinamento longo de resistência. Outra razão frequentemente citada é que atletas podem usar mais tempo exercitando-se e aprendendo as habilidades do nado competitivo quando treinam mais horas por dia. Obviamente, deve ser realizada uma pesquisa bem planejada com o objetivo de resolver qual a estratégia mais apropriada para melhorar o desempenho: se o treinamento uma vez ao dia ou várias vezes ao dia.

Continuar a treinar duas vezes por dia parece ser uma abordagem inteligente, até que pesquisas tenham demonstrado conclusivamente que os nadadores podem alcançar os mesmos resultados com menos treinamento, já que diversas razões apoiam essa recomendação. Mencionei anteriormente que o aumento do volume de treinamento é, talvez, o melhor método para a aplicação de uma sobrecarga progressiva ao treinamento de resistência dos nadadores; mais importante ainda, o aumento do volume tende a aumentar o papel do metabolismo aeróbico e diminuir o papel do metabolismo anaeróbico no treinamento. Assim, os nadadores podem maximizar o aprimoramento da capacidade aeróbica com menor interferência da acidose. Essa estratégia de treinamento resulta em melhoras bem definidas e duradouras nos mecanismos do metabolismo aeróbico, enquanto o treinamento por períodos mais curtos tende a melhorar rapidamente a capacidade aeróbica, mas em menor grau. Além disso, os atletas parecem perder esses ganhos mais rapidamente durante as interrupções no treinamento.

Também importante é o fato de que o aumento do volume de treinamento é um dos modos mais fáceis de obter sobrecarga progressiva. Em períodos longos, em geral, os nadadores acreditam ser mais fácil nadar maiores distâncias na mesma velocidade, do que nadar mais rapidamente no mesmo tempo. Assim, os nadadores, particularmente aqueles que nadam provas de médias e longas distâncias, podem melhorar a capacidade aeróbica em maior grau ao longo de alguns anos de treinamento anuais, mediante a incorporação dos ganhos graduais de volume em seus planos de treinamento.

Finalmente, o treinamento duas vezes ao dia proporciona tempo para a incorporação de aspectos, além da resistência, no treinamento diário do atleta. O fato de que os nadadores estão treinando durante 4 horas ou mais por dia não significa que devem consumir cada minuto desse tempo envolvidos no treinamento de resistência, devendo este ser apenas parte de um programa completo. Os atletas também devem ter tempo para o treinamento de velocidade, o que pode significar algo em torno de meia hora ou uma hora diária. O trabalho técnico, que também deve fazer parte de um bom programa de treinamento, exigirá mais tempo de treinamento diário. Mesmo o aquecimento antes do treinamento e o relaxamento depois podem representar um acréscimo de 30 min ou mais ao consumo de tempo diário; contudo, tais atividades são importantes na promoção de melhor desempenho durante o treinamento e em uma recuperação mais rápida após seu término. Além disso, os nadadores precisam de 3 horas ou mais por semana para o treinamento terrestre, por exemplo, de força e flexibilidade.

Duração diária ideal para o treinamento de resistência

Outro tópico que diz respeito à duração do treinamento é o número de horas dedicadas diariamente pelos atletas a seu treinamento. Alguns estudiosos sugeriram que o treinamento com mais de 1 hora por dia não gera resultados melhores do que o treinamento em períodos mais longos; embora algumas pesquisas apoiem essa opinião, resultados de outros estudos sugerem que durações diárias mais longas são mais benéficas.

Em um estudo de Dudley, Abraham e Terjung (1982), grupos de ratos foram treinados diariamente durante vários períodos de tempo. Um grupo de ratos correu durante 30 min diariamente, um segundo grupo, 60 min e um terceiro, durante 90 min diários. Os resultados desse estudo indicaram que a opção de 60 min de treinamento diário foi mais eficaz do que 30 min para melhorar a atividade do citocromo C (uma enzima aeróbica utilizada como marcador para melhoras na capacidade aeróbica), enquanto o treinamento durante 90 min por dia não resultou em qualquer melhora acima da obtida com o treinamento de 60 min por dia.

Infelizmente, esse estudo não incluiu medidas adicionais de resistência aeróbica nem medidas de desempenho. A noção de um limiar de duração de 60 min para melhorar a capacidade aeróbica entra em choque com os resultados de outros estudos (Baldwin et al. 1972; Fitts et al. 1975; Harms e Hickson 1983; Hickson 1981; Hickson e Rosenkoetter 1981). Todos esses cientistas informaram que as melhoras nos vários componentes do metabolismo aeróbico foram consideravelmente maiores quando os ratos treinavam 2 horas por dia, em comparação com o que ocorreu nos animais que treinavam 1 hora.

O leitor deve observar que os maiores aumentos nas enzimas aeróbicas, informados por esses cientistas depois de 2 horas de treinamento, ocorreram nas fibras musculares de contração lenta e nas fibras oxidoglicolíticas de contração rápida (fibras OGR) dos ratos. A atividade das enzimas aeróbicas nas fibras glicolíticas rápidas (GR) não mudou muito, mesmo depois do treinamento de até 2 horas diárias. Aparentemente, as velocidades de treinamento rápidas são mais importantes do que a duração do treinamento para o aumento da quantidade de enzimas aeróbicas nas fibras musculares glicolíticas rápidas de ratos. As fibras de contração rápida dos seres humanos funcionam de maneira parecida às fibras OGR de ratos durante o exercício, enquanto as fibras CRb de seres humanos são parecidas com as fibras GR de ratos.

Obviamente, o treinamento durante 2 horas por dia é superior ao treinamento durante períodos menores para melhorar a resistência aeróbica de ratos; é provável que uma duração de treinamento de 2 horas por dia também proporcione o mesmo ganho para os humanos. Infelizmente, não existe estudo contrastando períodos ainda maiores de treinamento, ou seja, 4 a 6 horas diariamente, com períodos menores. Os estudos com ratos (citados anteriormente nessa seção) demonstram apenas que o treinamento uma vez por dia durante 2 horas é superior ao treinamento uma vez por dia durante 1 hora ou menos, mas esses resultados não esclarecem se o treinamento durante mais horas por dia é benéfico ou não.

Frequência de treinamento semanal

Nadadores adolescentes e com mais idade comumente treinam durante 5 a 6 dias por semana; por outro lado, nadadores voluntários em pesquisas têm obtido melhoras impressionantes na resistência treinando apenas 2 a 4 dias por semana. Esses resultados fizeram com que alguns pesquisadores sugerissem que o treinamento duas a quatro vezes por semana pode ser tão efetivo como o treinamento mais frequente. Exemplificando, os resultados de um estudo demonstraram que o treinamento duas vezes por semana melhorou o $\dot{V}O_2$ máx tanto quanto o treinamento cinco vezes por semana (Fox et al. 1973). São poucas as pesquisas em seres humanos já publicadas que refutam esses resultados. No entanto, um excelente estudo com ratos sugere que o treinamento durante 6 dias por semana é muito superior ao treinamento durante 2 ou 4 dias, em termos de geração de ganhos na capacidade aeróbica e no desempenho de resistência.

Hickson (1981) informou que ratos que haviam sido treinados 6 dias por semana durante 14 semanas melhoraram consideravelmente mais seus indicadores de capacidade aeróbica e seu tempo de corrida até a exaustão, em comparação com roedores que haviam sido treinados 2 ou 4 dias por semana durante o mesmo tempo. As velocidades de treinamento e durações diárias do treino foram idênticas para todos os grupos; cada rato correu em um tambor giratório durante períodos de até 120 min por dia, em uma intensidade igual a 75% do seu $\dot{V}O_2$ máx.

Os ratos que treinaram 6 dias por semana obtiveram tempos de corrida até a exaustão que foram, em média, 136% mais longos do que os tempos obtidos pelos ratos que treinaram apenas 2 dias por semana. Os tempos de corrida até a exaustão também foram 34% maiores para os ratos que treinaram 6 dias por semana, em comparação àqueles que treinaram durante 4 dias por semana. Os ratos que treinaram 4 dias por semana também melhoraram seu tempo de corrida até a exaustão em 76% em relação aos que treinaram 2 dias por semana. Os roedores que treinaram 6 dias por semana também foram superiores aos outros grupos em relação a certas medidas da capacidade aeróbica. Obviamente, os resultados desse estudo sugerem que atletas podem treinar 6 dias por semana, para a obtenção de resultados máximos.

Novamente, os aumentos nas enzimas aeróbicas com o treinamento durante 2, 4 e 6 dias por semana ocorreram apenas nas fibras de contração lenta (CL) e nas fibras oxidoglicolíticas de contração rápida (OGR) dos ratos. O aumento na atividade do citocromo C nas fibras glicolíticas de contração rápida (GR) foi igual para todos os grupos em treinamento. Hickson acreditava que a velocidade de treinamento utilizada no estudo, 44 m/min, que corresponde a uma intensidade de treinamento de aproximadamente 95% do $\dot{V}O_2$ máx, não foi suficiente para a estimulação dessas fibras.

Intensidade do treinamento

De tudo que foi informado até agora, provavelmente o leitor poderá imaginar que o nado rápido é extremamente importante para melhorar as capacidades aeróbica e anaeróbica das fibras musculares CRb. Provavelmente, a Natação rápida é também importante para melhorar a capacidade anaeróbica das fibras musculares de contração lenta e contração rápida, embora a capacidade aeróbica das fibras musculares de contração lenta possa melhorar apenas se o atleta atingir certa velocidade-limite.

Novamente, acredito que as melhores pesquisas concernentes a esse problema foram realizadas com ratos. Dois estudos – um de Dudley, Abraham e Terjung (1982) e outro de Harms e Hickson (1983) – demonstraram que a duração e a frequência do treinamento são provavelmente mais importantes do que a intensidade para a melhora da capacidade aeróbica das fibras musculares de contração lenta e CRa, desde que o atleta atinja certa intensidade mínima; ao mesmo tempo, os resultados desses dois estudos sugerem que velocidades de treinamento rápidas são mais importantes do que a duração e a frequência para a melhora da capacidade aeróbica das fibras musculares CRb. Os resultados desses estudos, que foram surpreendentemente semelhantes, podem ser resumidos como se segue:

1. O treinamento de intensidade moderada promoveu o maior ganho na capacidade aeróbica das fibras musculares de contração lenta dos ratos. Os ganhos mais significativos ocorreram em resposta a aumentos na duração e frequência do treinamento, desde que os ratos mantivessem uma intensidade mínima de aproximadamente 60% do $\dot{V}O_2$ máx. Os efeitos do treinamento aparentemente fizeram um pico em uma intensidade de 85% do $\dot{V}O_2$ máx. Na verda-

de, os aumentos em certos marcadores da capacidade aeróbica diminuíram em velocidades de treinamento mais rápidas, enquanto o aumento da duração do treinamento de uma para duas horas diárias, com a manutenção de uma intensidade moderada, resultou em melhoras entre 40 e 100% maiores (Harms e Hickson 1983).

2. A capacidade aeróbica das fibras musculares oxidoglicolíticas de contração rápida (OGR) de ratos (CRa em seres humanos) parece ser treinada igualmente bem em intensidades de trabalho moderadas ou elevadas. Parece que essas fibras são recrutadas em uma intensidade de treinamento de até somente 60% do $\dot{V}O_2$ máx, e o efeito do treinamento faz um pico em uma intensidade igual a 85% do $\dot{V}O_2$ máx. Mas, ao contrário da resposta das fibras musculares de contração lenta, os marcadores para capacidade aeróbica não diminuíram nas fibras OGR de ratos quando a intensidade do treinamento subiu para algo entre 90 e 116% do $\dot{V}O_2$ máx. Aparentemente, essas fibras podem ser treinadas igualmente bem com treinamentos de resistência de intensidade moderada e rápida, enquanto as fibras musculares de contração lenta são treinadas mais satisfatoriamente com o treinamento de resistência realizado em velocidades lentas a moderadas.

3. A capacidade aeróbica das fibras musculares glicolíticas de contração rápida (GR; CRb em seres humanos) respondeu melhor aos aumentos na intensidade de treinamento. Ao contrário do que ocorreu com outros tipos de fibras, a capacidade aeróbica não aumentou nas fibras musculares GR dos ratos até que as velocidades de corrida tivessem chegado a 30 m/min, em um estudo de Dudley, Abraham e Terjung (1982). Depois disso, sua capacidade aeróbica continuou a aumentar linearmente, e o maior ganho ocorreu na maior velocidade de corrida, que foi 60 m/min, equivalente aos esforços de aproximadamente 116% do $\dot{V}O_2$ máx em ratos.

Se pudéssemos transportar esses resultados para seres humanos, significaria que a duração do treinamento é importante para a melhora da resistência das fibras musculares de contração lenta e CRa, mas que a velocidade de treinamento é mais importante que a duração para aumentar a resistência das fibras musculares CRb.

O estudo de Harms e Hickson, discutido anteriormente, incluiu uma medida de desempenho, o tempo de corrida até a exaustão, que fornece uma evidência ainda mais direta da importância do treinamento da intensidade para melhorar a resistência. Os ratos que treinaram na velocidade mais rápida (44 m/min) tiveram desempenho melhor do que os grupos de treinamento mais lento em espantosos 348 e 81% respectivamente; os mais velozes correram praticamente 7 horas e meia a mais do que os que treinaram na velocidade de 11 m/min (569 *versus* 127 min) e 4 horas e 20 minutos a mais do que os ratos que treinaram a 22 m/min (569 *versus* 314 min). Uma velocidade de corrida igual a 44 m/min corresponde a uma intensidade de treinamento próxima ao $\dot{V}O_2$ máx para ratos.

Os resultados dessas pesquisas certamente indicam para os nadadores a necessidade da inclusão de algum treinamento de resistência muito rápido em seus programas, para melhorar a capacidade aeróbica das fibras musculares CRb. As fibras de contração lenta e CRa podem ser treinadas de maneira razoavelmente boa em velocidades submáximas entre os limiares aeróbico e anaeróbico do nadador, porém poderá haver necessidade de velocidades superiores a 100% do $\dot{V}O_2$ máx, para melhorar a capacidade aeróbica das fibras musculares CRb.

Nesse ponto, quero alertar o leitor. Embora o treinamento de resistência rápido possa ser necessário para a maximização da resistência aeróbica, grande conjunto de evidências indica que o treinamento de resistência rápido praticado com demasiada frequência durante longos períodos poderá resultar em acidose, lesão muscular e desempenho ruim; portanto, para evitar uma acidose grave, os atletas devem executar velocidades superiores a 100% do $\dot{V}O_2$ máx apenas durante breves períodos em suas sessões de treinamento.

Qualidade *vs* quantidade

A possibilidade de obter melhores resultados pelo treinamento durante mais tempo, ou pelo treinamento mais rápido, tem sido discutida em nosso esporte há muito tempo, e ainda não existe uma solução à vista. Alguns treinadores e atletas acreditam que o valor dos programas de treinamento deve ser avaliado em conformidade com o número de jardas ou metros nadados a cada dia; seu argumento é que a prática da Natação em maiores distâncias gera mais resistência e tempos mais rápidos. Outros afirmam que os nadadores podem reduzir a quilometragem nadada sem perda de resistência se simplesmente nadarem repetições em velocidades maiores. Essas posições opostas simplificam demasiadamente o processo de treinamento, pois um bom programa deve ser uma mescla equilibrada de Natação lenta, média, rápida e super-rápida. Esse equilíbrio, mais do que a quilometragem total, determina a magnitude do efeito do treinamento.

Grandes volumes de treinamento não garantem sucesso automático, e nem a Natação mais rápida dispensará a necessidade de treinar com um número adequado de jardas ou metros por dia. No que diz respeito ao treinamento de velocidade e em ritmo de prova, o atleta não pode chegar a nadar rapidamente simplesmente por fazê-lo por mais metros. Intensidade é o aspecto mais importante desses dois tipos de treinamento, e o ato de nadar

mais metros em velocidades mais lentas simplesmente não gerará os mesmos ganhos nas resistências aeróbica e anaeróbica. Ao mesmo tempo, o treinamento em um ritmo excessivamente intenso pode prejudicar muitas adaptações de treinamento que melhoram a capacidade aeróbica.

No que diz respeito aos ganhos de capacidade aeróbica, o aumento da velocidade de treinamento pode apenas substituir, de maneira limitada, uma redução da quilometragem. Embora jamais tenha sido conclusivamente provado, pode ocorrer que, ao nadar menor distância em velocidades mais próximas do seu limite, o atleta gere ganhos de capacidade aeróbica semelhantes ou mesmo maiores do que os obtidos em nados mais demorados e em velocidades mais lentas; porém, mesmo que isso seja verdade, os atletas podem nadar nas proximidades das velocidades-limite por tempo limitado a cada semana, pois o treinamento em tal intensidade promoverá rápida depleção das reservas de glicogênio muscular. Consequentemente, os nadadores podem manter velocidades-limite durante poucas horas por vez, antes que necessitem de 24 a 48 horas de repouso para a devida reposição da energia drenada de seus músculos. Essa pequena quantidade de treinamento de resistência provavelmente não será suficiente para a geração de ganhos máximos de capacidade aeróbica; portanto, a maior parte do tempo de treinamento do nadador deve ainda ser destinada ao treinamento de resistência lento, para que possa maximizar seu desempenho de resistência.

Ao mesmo tempo, os princípios de sobrecarga e progressão devem ser aplicados aos treinamentos de resistência lento e moderado para gerar ganhos máximos de capacidade aeróbica. O melhor método utilizado por nadadores para sobrecarregar sem nadar na velocidade-limite ou mais rápido consiste em aumentar a quilometragem em vez da velocidade de treinamento.

Também considero ponto fundamental o aspecto da qualidade *versus* quantidade de treinamento porque, como tentei explicar, não é possível substituir um pelo outro e, ainda assim, conseguir treinar adequadamente. Todos os tipos de treinamento, desde o de resistência lento até o de potência ultra-rápido, são necessários para o desenvolvimento completo dos nadadores. A pergunta mais importante com relação ao problema da quilometragem de treinamento seria: "Existe um nível ótimo que melhorará a resistência aeróbica até o máximo alcançável?"

Quilometragem do treinamento

O problema da quilometragem de treinamento é outro tópico que, atualmente, ainda não foi respondido e, certamente, as pessoas têm suas próprias opiniões. Em todo o mundo, muitos treinadores parecem ter estabelecido como satisfatória uma quilometragem de treinamento semanal de 80.000 a 85.000 m para o treinamento de nadadores de longa distância, 60.000 a 70.000 m semanais para o treinamento de nadadores de média distância e 40.000 a 50.000 m semanais para o treinamento de velocistas. Ainda assim, nadadores bem-sucedidos em todas as categorias treinam com quilometragens semanais maiores ou menores que as apresentadas. Exemplificando, alguns nadadores bem-sucedidos em provas de média e longa distância treinam acima dos 100.000 m por semana por curtos períodos, durante cada temporada. Ao mesmo tempo, um exame do treinamento de medalhistas nos eventos de distância nos últimos Jogos Olímpicos demonstra que alguns atletas se prepararam para as provas treinando apenas 40.000 a 50.000 m por semana. As mesmas discrepâncias ficam evidentes entre nadadores meio-fundistas e velocistas: alguns medalhistas desses grupos se prepararam para a competição nadando apenas 30.000 a 40.000 m por semana, e outros treinaram bem acima dessas quilometragens.

Uma abordagem utilizada por atletas para o estabelecimento de uma quilometragem semanal satisfatória baseia-se no que sabemos acerca da disponibilidade de energia para treinamento. A informação disponível sobre a velocidade de depleção e de reposição do glicogênio muscular durante o treinamento sugere que há necessidade de algo entre 10 e 16 horas para a reposição da energia utilizada durante cada hora de nado de alta intensidade. Entretanto, mesmo quando seu glicogênio muscular está baixo, os nadadores podem treinar efetivamente com a prática de repetições de resistência em baixas velocidades e fazer tiros de velocidade muito curtos. Em qualquer caso, eles devem utilizar tão pouco glicogênio durante um dia de treinamento que seriam capazes de terminar o dia com um aumento final no glicogênio muscular, fruto do dia anterior de treinamento. Os atletas também podem aumentar sua quilometragem de treinamento praticando atividades de Natação que utilizem outros grupos musculares, enquanto repõem o glicogênio nos músculos que sofreram depleção.

Outra abordagem a esse problema foi determinar a quilometragem satisfatória para a geração de certos efeitos do treinamento. Pesquisas com corredores (citadas anteriormente) sugerem que 60 a 90 milhas de corrida por semana melhorarão a capacidade aeróbica no nível máximo de melhora possível (Costill 1986); um volume semanal equivalente na Natação seria algo em torno de 30.000 e 50.000 jd/m, calculados pelo uso da regra do 4 para 1 para a conversão da quilometragem de corrida para quilometragem de Natação (um corredor treinado pode correr quatro vezes mais do que um nadador treinado pode nadar, em determinado tempo). Infelizmente, esses dados com corredores não podem ser considerados como evidência conclusiva de quilometragem de treinamento satisfatória para melhorar a resistência, pois apenas uma medida, o consumo máximo de oxigênio, foi utilizada como critério para melhora da capacidade aeróbica. Em diversos estudos, a velocidade no limiar anaeróbico tem exibido relação consistentemente maior com o desempenho de resistência, em comparação com $\dot{V}O_2$ máx (LaFontaine, Londeree e Spath 1981; Sjodin 1982; Sjodin e Jacobs 1981; Sjodin, Schele e Karlsson 1982). E, certamente, desempenho é o critério máximo.

Mesmo se essa quilometragem representasse uma condição ótima para a melhora da resistência aeróbica, teríamos de acrescentar a esses valores a quilometragem para treinamento de velocidade, aquecimento e relaxamento, para que tivéssemos estimativas precisas para nadadores. Essas adições levam a quilometragem semanal para algo entre 50.000 e 70.000 jd/m, o que fica perto do volume de treinamento que a maioria dos competidores seniores em eventos de média e longa distância utiliza atualmente. Muitos nadadores treinavam com quilometragens muito maiores durante os anos 1980 e início dos anos 1990, mas atualmente quase todos os treinadores parecem ter estabelecido uma faixa de 50.000 a 70.000 jd/m de quilometragem semanal. É possível que os treinadores tenham encontrado o nível ideal por tentativa e erro.

Infelizmente, não foram ainda publicados estudos com humanos que comparem os efeitos das diversas durações do treinamento semanal com o desempenho. Os estudos com ratos descritos anteriormente neste capítulo revelam apenas que 2 horas por dia de treinamento de corrida melhoraram o desempenho de ratos em um nível consideravelmente superior, em comparação àqueles que treinaram durante períodos mais curtos. Os estudos não sugerem um nível ótimo, porque os autores não examinaram períodos mais longos de treinamento.

Não é de agora que o desejo de superar o nadador mais bem-sucedido, seja na cidade, seja no mundo, vem ditando o volume de treinamento dos atletas. É provável que essa motivação continue a influenciar o volume de treinamento até que novas pesquisas forneçam evidência conclusiva de uma quilometragem de treinamento ideal.

Capítulo 13

Treinamento de resistência

Novo nesta edição:

- Reavaliação da teoria de treinamento no limiar anaeróbico.
- Novas informações e pesquisas aplicadas ao treinamento de resistência.

Nas últimas duas décadas, tem havido uma movimentação em repúdio da validade do treino pelo desafio físico que este apresenta e em favor do efeito do treinamento nos mecanismos fisiológicos do corpo humano. Anteriormente, o treino era planejado de modo a impor os maiores esforços aos atletas. Os treinadores planejavam os programas com o objetivo de fazer com que seus atletas chegassem ao limite de sua tolerância à dor e, em seguida, motivavam-nos para ultrapassarem esse limite. Os programas pretendiam que os atletas nadassem com maior rapidez, em maiores distâncias e com menos descanso no treinamento do que eles mesmos ou seus competidores jamais haviam feito anteriormente. Atualmente, em muitos casos essas tendências deram lugar a planejamentos que visam fases específicas do metabolismo energético (sistemas de energia), envolvendo o atendimento de cada uma dessas fases e de outros aspectos do condicionamento físico, como potência e flexibilidade, com procedimentos de treinamento específicos planejados para o desenvolvimento de cada um de seus potenciais ideais. A meu ver, esta parece ser uma abordagem mais inteligente no planejamento do treino e deverá evoluir com o passar do tempo até se transformar na abordagem mais efetiva. Os atletas devem utilizar seis categorias amplas de treinamento, para maximização do potencial de seus diversos sistemas fisiológicos.

1. treinamento de resistência,
2. treinamento de velocidade,
3. treinamento em ritmo de prova,
4. treinamento de recuperação,
5. treinamento de força e potência,
6. treinamento de flexibilidade.

Cada uma dessas categorias desempenha diferentes e importantes papéis no processo de treinamento. As finalidades deste capítulo e dos capítulos seguintes são descrever o propósito de cada categoria de treinamento e os principais efeitos gerados, bem como sugerir procedimentos para a elaboração de exercícios que levem à concretização desses propósitos. Também darei algumas sugestões concernentes à dose adequada de cada categoria de treinamento e a métodos para monitoração deste.

O enfoque deste capítulo recai sobre os procedimentos para melhorar a resistência. O Capítulo 14 apresentará métodos para aumentar a velocidade dos tiros rápidos e a potência do nado, e também tratará do treinamento em ritmo de prova e de recuperação.

TEORIA DO TREINAMENTO NO LIMIAR ANAERÓBICO

Em meados dos anos 1970, o Dr. Alois Mader (Mader, Heck e Hollmann 1976) introduziu uma teoria do treinamento de resistência que vem tendo considerável influência na preparação de atletas em todos os esportes de resistência, inclusive na Natação de competição. Um dos princípios de sua teoria era que as pessoas poderiam melhorar a resistência aeróbica da maneira mais adequada treinando em certa velocidade submáxima que sobrecarregasse o metabolismo aeróbico, mas que não disparasse o metabolismo anaeróbico, levando à acidose. O nome *limiar anaeróbico* passou a ser associado a esse conceito, e a velocidade que gerava a sobrecarga no metabolismo aeróbico passou a ser conhecida como *velocidade no limiar anaeróbico*.

No Capítulo 10, mencionei que o nome *limiar anaeróbico* era uma escolha ruim para esse conceito, pois passa uma impressão diferente daquela pretendida por Mader. Um erro de entendimento comum é que o limiar anaeróbico representa uma velocidade de treinamento na qual tem início o metabolismo anaeróbico. Na verdade, ocorre algum metabolismo anaeróbico nos músculos em repouso, o que é consubstanciado pelo fato de que o ácido lático se encontra nos músculos dos seres humanos mesmo quando estão repousando, ou seja, o metabolismo anaeróbico não começa com qualquer intensidade específica. O nome *limiar anaeróbico* pretendia indicar a velocidade máxima de treinamento na qual os processos de produção e remoção do lactato permaneciam em equilíbrio, de modo que, nos músculos, ocorresse pouquíssimo ou nenhum acúmulo final de ácido lático.

Com o passar dos anos, estudiosos desenvolveram muitos testes para a estimativa da velocidade no limiar anaeróbico em atletas. Alguns desses testes envolvem a mensuração do oxigênio, outros dependem da determinação do lactato sanguíneo ou da frequência cardíaca. Nados longos e longas séries de repetições com curtos períodos de descanso também foram propostos como modos de medição da velocidade no limiar anaeróbico. O mais conhecido desses procedimentos é o nado T-3.000. No Capítulo 16 (que explica a monitoração do treinamento), descreverei os diversos testes para mensuração da velocidade no limiar anaeróbico.

Inicialmente, muitos cientistas e treinadores (inclusive eu) equivocaram-se ao interpretar o trabalho de Mader de duas maneiras importantes. Primeiro, assumimos que o volume de treinamento de resistência dos atletas deveria ser realizado exatamente na velocidade no limiar anaeróbico. Segundo, acreditamos que não era necessário treinar a uma velocidade mais alta para melhorar a resistência tanto quanto ela poderia ser melhorada.

O treinamento exclusivamente no limiar anaeróbico não é o modo mais efetivo de melhorar a resistência. Apesar disso, a velocidade no limiar anaeróbico representa um ritmo de treinamento efetivo para melhorar a resistência aeróbica, pelas razões seguintes:

- O treinamento nessa velocidade melhorará a capacidade aeróbica tanto das fibras musculares CRa como das fibras de contração lenta, enquanto o treinamento em velocidades mais lentas não melhorará na mesma medida a capacidade aeróbica das fibras musculares de contração rápida.

- Os atletas podem manter o treinamento durante um longo período, de 30 a 60 min, em velocidade no limiar anaeróbico, sem que seja produzida acidose e concomitante lesão muscular. Portanto, os atletas devem ser capazes de estressar o metabolismo aeróbico durante um período suficiente para a produção de adaptações que possam melhorar o processo.

Por essas razões, o treinamento na velocidade limiar é certamente um modo efetivo de melhorar alguns aspectos da resistência aeróbica, particularmente nas fibras musculares de contração rápida. Entretanto, o treinamento exclusivamente nessa velocidade não melhorará a resistência aeróbica até que se concretize seu potencial máximo. Certas ligações no processo de liberação do oxigênio para os músculos, na utilização desse oxigênio no interior dos músculos e na remoção do ácido lático dos músculos exigem treinamento em velocidades tanto mais rápidas como mais lentas do que a velocidade no limiar anaeróbico. As numerosíssimas adaptações ao treinamento que promovem aumento na resistência constituem um processo que é simplesmente complexo e variado demais para que haja uma resposta ideal a apenas uma intensidade de treinamento.

Por que treinar com maior rapidez do que a velocidade limiar?

Uma razão importante para o treinamento com maior rapidez do que a velocidade no limiar anaeróbico é a melhora da capacidade aeróbica das fibras musculares CRb e, talvez, de algumas das fibras musculares CRa no limiar mais elevado. Se pudermos estender para seres humanos os resultados dos estudos realizados com ratos, e acredito que isso seja possível, todas as fibras musculares de contração rápida, em particular as fibras CRb, provavelmente não serão recrutadas até que a velocidade de treinamento de resistência esteja próxima do máximo. Dudley, Abraham e Terjung (1982) mostraram que a capacidade aeróbica das fibras glicolíticas de contração rápida de ratos melhorou principalmente quando a velocidade de treinamento foi além da velocidade no limiar anaeróbico. Essas fibras dos ratos correspondem às fibras CRb dos seres humanos. Em outro estudo, Harms e Hickson (1983) informaram não ter observado aumento significativo na quantidade de mioglobina e de certas enzimas aeróbicas nas fibras glicolíticas de contração rápida de ratos que foram treinados em três velocidades diferentes. A mais rápida dessas velocidades era equivalente a 100% do $\dot{V}O_2$ máx, o que, certamente, excedia a velocidade no limiar anaeróbico.

Por que treinar com menor rapidez do que a velocidade limiar?

Os atletas precisam treinar com menor velocidade do que a velocidade no limiar anaeróbico para melhorar sua resistência. Adaptações como aumentos no volume sistólico, na capilarização em torno das fibras musculares de contração lenta e aumentos das mitocôndrias e enzimas aeróbicas em fibras musculares de contração lenta respondem melhor ao treinamento em velocidades de nado lentas a moderadas. O atleta pode até mesmo perder muitas dessas adaptações se treinar com demasiada intensidade. Em um estudo com corredores, a relação entre o desempenho dos atletas em distâncias de 800 m até a maratona era significativa na realização de corridas longas e moderadas em um ritmo reduzido, ou seja, os melhores corredores tendiam a ser aqueles que faziam um treinamento aeróbico longo e contínuo em ritmos mais lentos (Hewson e Hopkins 1996).

Talvez a razão mais consistente para o treinamento em velocidades mais lentas que a velocidade no limiar anaeróbico seja que os atletas não podem treinar diariamente nessas velocidades ou em velocidades mais altas sem que ocorra depleção do glicogênio muscular. Uma série de repetições no limiar anaeróbico reduzirá a quantidade de glicogênio nos músculos em aproximadamente dois terços, e o corpo precisará de 24 a 36 horas para substituir o glicogênio perdido. Portanto, é provável que os atletas não possam nadar longas séries de repetições em velocidade no limiar anaeróbico com maior frequência do que 3 a 4 vezes por semana, sem que ocorra depleção do glicogênio muscular; assim, embora a velocidade de treinamento no limiar possa ser ideal para o treinamento de resistência, eles não podem utilizar essa estratégia com demasiada frequência. Os atletas devem nadar em velocidade mais lenta, porém adequada, para melhorar a velocidade aeróbica das fibras musculares de contração lenta, utilizando mais gordura e menos glicogênio muscular para a obtenção de energia nos dias em que estiverem tentando repor o glicogênio.

LIMIAR AERÓBICO

Como parte da teoria do treinamento no limiar anaeróbico, foi postulado um segundo limiar, denominado *limiar aeróbico,* por alguns cientistas do exercício, com o objetivo de quantificar a velocidade mínima que produzirá melhora na resistência aeróbica das fibras musculares de contração lenta e em algumas fibras musculares CRa de baixo limiar. Kindermann, Simon e Keul (1979) propuseram essa velocidade mínima de treinamento, na qual o lactato sanguíneo primeiramente aumentou, de forma notável, acima dos níveis de repouso. Na opinião desses pesquisadores, o aumento no lactato sanguíneo acima dos níveis de repouso indica que a intensidade de treinamento estimulou suficientemente o processo metabólico para a produção de adaptações que, por sua vez, aumentarão a capacidade aeróbica. Em geral, essa velocidade correspon-

de a um esforço que gera um consumo de oxigênio entre 50 e 60% do máximo (Gaesser e Wilson 1998). Alguns especialistas usam um lactato sanguíneo de 2 mmol/L para estimar a velocidade de treinamento que corresponde ao limiar aeróbico. Um milimol é igual a 1/1000 do mol; um mol é igual ao peso molecular do ácido lático em gramas.

A designação do nome *limiar aeróbico* também foi ruim, porque implica que o metabolismo aeróbico não começa até que a pessoa tenha excedido o limiar anaeróbico. Obviamente, essa sugestão peca por falta de precisão, já que metabolismo aeróbico ocorre a qualquer momento, mesmo quando estamos dormindo. Simplesmente morreríamos se o metabolismo aeróbico não estivesse disponibilizando energia a cada minuto do dia.

O limiar aeróbico realmente representa a velocidade mínima para o treinamento de resistência? Não existe resposta definitiva para essa pergunta. De acordo com o princípio da sobrecarga, qualquer intensidade de exercício além da representada pela atividade diária normal de uma pessoa deve melhorar a capacidade aeróbica. Analogamente, qualquer intensidade de exercício, mesmo aquela dentro dos níveis diários normais, deve melhorar o metabolismo aeróbico, se a pessoa der continuidade à prática além da duração diária normal. Consequentemente, uma intensidade de exercício que promova o primeiro aumento do lactato sanguíneo acima do nível de repouso possivelmente não representaria uma velocidade limiar para melhora do metabolismo aeróbico, por ser também provável que o nado praticado com mais lentidão e durante períodos mais longos também possa melhorar esse processo. Ainda assim, o conceito de limiar aeróbico tem utilidade, ao nos proporcionar um modo conveniente e efetivo para comunicar uma velocidade mínima efetiva para o treinamento de resistência. O aumento do lactato sanguíneo acima do nível de repouso nos fornece evidência quantificável de que o metabolismo aeróbico está estimulado. Contudo, o treinamento nessa intensidade não representa perigo de gerar acidose grave ou lesão muscular. Além disso, é improvável que ocorra depleção do glicogênio muscular, a menos que o exercício tenha continuidade por algumas horas.

Apresentei essa explicação dos limiares aeróbico e anaeróbico para ilustrar por que os atletas precisam fazer seu treinamento de resistência em diversas velocidades. Com essa introdução, passarei a descrever os níveis (velocidades) para um treinamento de resistência efetivo.

NÍVEIS DE TREINAMENTO DE RESISTÊNCIA

Acredito que os atletas devem utilizar três níveis de treinamento de resistência para atingir seu objetivo de melhorar tal parâmetro. Chamei o primeiro nível de *trei-*

namento de resistência básico, ou treinamento de *Endurance 1 (En-1)*: os atletas fazem esse tipo de treinamento em uma velocidade mais lenta do que aquela correspondente a seu limiar anaeróbico, porém mais rápida do que a velocidade de treinamento no limiar aeróbico.

O segundo nível de treinamento de resistência é chamado *treinamento de resistência no limiar,* ou treinamento de *Endurance 2 (En-2)*: o atleta faz esse tipo de treinamento em uma velocidade que se aproxima do seu limiar anaeróbico. Usei a expressão *se aproxima* porque não há necessidade de nadar exatamente a uma velocidade no limiar anaeróbico para promover a sobrecarga da resistência aeróbica nas fibras musculares de contração lenta e em muitas das fibras musculares de contração rápida, sem que ocorra produção de acidose. Essa recomendação difere daquela proposta por mim em edições anteriores deste livro. Anos atrás, enfatizei que cada atleta deveria fazer o treinamento de resistência no limiar exatamente em seu limiar anaeróbico individual; desde então, percebi que não há necessidade de tal nível de precisão para a obtenção das adaptações ao treinamento desejadas. Os atletas precisam apenas treinar nas proximidades de seus limiares anaeróbicos individuais. O efeito do treinamento deve ser igual, não importando se o nível se encontra ligeiramente abaixo ou acima do limiar, desde que os atletas treinem durante tempo suficiente a cada dia e a cada semana. Os treinadores não precisam se preocupar com a determinação exata do limiar anaeróbico individual de seus atletas, exceto para a finalidade de avaliar os ganhos na resistência aeróbica. Saber que não precisam ser exatos para que sejam efetivos deve facilitar o trabalho dos treinadores na prescrição do treinamento no limiar para seus atletas. Muitos métodos não invasivos, como a contagem dos batimentos cardíacos, velocidade do nado e esforço percebido, podem ajudar na estimativa da variação de velocidades para o treinamento no limiar com suficiente precisão para uma administração efetiva dessa modalidade de treinamento.

Denominei o terceiro nível de treinamento de resistência de *treinamento em sobrecarga,* ou treinamento *Endurance 3 (En-3)*: repetições em sobrecarga devem ser nadadas com maior rapidez do que a velocidade no limiar.

Treinamento de resistência básico

O treinamento de resistência básico envolve o nado de longas distâncias em velocidade moderada.

Efeitos do treinamento

Considerando que as velocidades de nado são submáximas, a maior parte do trabalho e, portanto, a maior parte das adaptações musculares ao treinamento, ocorre-

Três níveis de treinamento de resistência

1. **Básico** – En-1.
2. **No limiar** – En-2.
3. **Em sobrecarga** – En-3.

rão nas fibras musculares de contração lenta. O envolvimento das fibras CRa será moderado, e o efeito do treinamento nas fibras musculares CRb será, na melhor das hipóteses, mínimo.

Nesse sentido, o treinamento de resistência básico atende a outra finalidade importante. Tendo em vista que as fibras musculares de contração lenta fazem a maior parte do trabalho, as fibras musculares de contração rápida têm tempo para fazer a reposição do glicogênio muscular que perderam durante os primeiros episódios do treinamento mais intenso. Quando o treinamento básico de resistência é realizado em velocidade mínima, é também possível que possam ter sido repostas as reservas de glicogênio muscular nas fibras musculares de contração lenta. Considerando que o metabolismo das gorduras fornecerá mais energia nessa velocidade, podemos supor que, ao final do dia, a quantidade de glicogênio armazenada nas fibras musculares de contração lenta poderá estar maior do que a quantidade utilizada no treinamento. A gordura pode ser responsável por 50 a 75% da quantidade total de energia consumida durante o nado básico de resistência, dependendo da duração e da velocidade média das séries dos nados (Holloszy et al. 1986).

O treinamento básico de resistência também aumenta a quantidade de energia liberada pelas gorduras em todas as velocidades submáximas de treinamento, o que deve fazer com que as fibras musculares utilizem menos glicogênio muscular durante séries desse tipo. Em um estudo, a depleção do glicogênio muscular durante 1 hora e meia a 2 horas de ciclismo foi 42% menor depois de 12 semanas de treinamento de resistência, e o uso da gordura praticamente dobrou (Hurley et al. 1985).

Os principais efeitos do treinamento obtidos nas fibras musculares de contração lenta e em algumas fibras musculares CRa de baixo limiar serão: aumento na taxa de liberação de oxigênio para os músculos através dos sistemas respiratório e circulatório, e aumento na taxa de utilização do oxigênio pelas fibras musculares de contração lenta. As mudanças que ocorrem no sistema respiratório são: aumentos no volume corrente e no volume minuto máximo, de modo que mais ar poderá ser trocado a cada minuto de exercício. As adaptações circulatórias envolvem aumento nos capilares pulmonares, no volume sistólico e no débito cardíaco máximo, de modo que mais oxigênio poderá ser liberado para os músculos durante cada minuto; a parte líquida do sangue também aumenta, de modo que o sangue continuará fluindo com facilidade. Outro efeito importante do treinamento é um aumento na hemoglobina, mas aparentemente o atleta também pode obter esse efeito ao nadar a uma velocidade básica de resistência em um lugar de alta altitude (Wilmore e Costill 1999). Outras adaptações incluem melhor derivação sanguínea, que permite a chegada de maior percentual do fluxo sanguíneo aos músculos em funcionamento durante cada minuto de exercício e aumento no número de capilares em torno das fibras musculares operacionais, o que implica em maior trânsito de oxigênio através das fibras durante cada minuto de exercício. A quantidade de mioglobina também pode aumentar, de modo que maior quantidade de oxigênio poderá ser transportada até as mitocôndrias das fibras musculares de contração lenta, para utilização no metabolismo aeróbico. Ao mesmo tempo, o tamanho e o número de mitocôndrias aumentará, de modo que as "fábricas químicas" (onde ocorre o metabolismo aeróbico) serão maiores e mais numerosas.

O treinamento básico de resistência também melhorará a velocidade de remoção do lactato das fibras musculares operacionais e do sangue. Da mesma maneira, aumentará a quantidade de proteínas transportadoras de lactato, e assim maior quantidade dessa substância será removida dessas fibras até o sangue, com subsequente metabolização do lactato no interior das mitocôndrias. A velocidade de difusão do lactato a partir das fibras musculares de contração lenta também deve aumentar. Um aumento no número de capilares musculares fará com que haja maior volume de sangue disponível para essas fibras, de modo que mais lactato poderá se difundir das fibras musculares e ser lançado na corrente sanguínea durante cada minuto de exercício.

Adaptações que envolvem os sistemas respiratório e circulatório podem ser obtidas por qualquer forma sensível e inespecífica de treinamento de resistência, seja Natação, corrida, ciclismo ou outra atividade qualquer. Por outro lado, adaptações que envolvam derivação sanguínea, aumentos no número de capilares em torno das fibras musculares de contração lenta, aumentos nos transportadores de lactato e aumentos na mioglobina e nas mitocôndrias no interior dessas fibras somente poderão ser obtidas por treinamento específico, ou seja, pela Natação e, mesmo assim, apenas pelo uso das mesmas fibras musculares que o atleta utilizará em competição. Essa afirmativa pode parecer óbvia, mas muitos atletas e treinadores não percebem seu significado. Embora possa ser possível treinar todas as fibras musculares que os nadadores utilizam em competição por uma série de outras atividades, mesmo um plano muito bem definido poderia deixar de fora algumas delas. Se isso ocorrer, tais fibras serão os elos fracos na cadeia metabólica, e o atleta pode não conseguir nadar com a rapidez pretendida. Por essa razão, o melhor modo de se ter certeza de que o atleta está treinando as fibras musculares de contração lenta utilizadas em competição é fazê-lo nadar, durante o treinamento básico de resistência, com o tipo (ou tipos) de nado que utilizará em suas provas.

Efeitos do treinamento básico de resistência

Primários
- Aumento do volume sistólico e do débito cardíaco.
- Aumento do volume sanguíneo.
- Aumento na capacidade dos capilares pulmonares.
- Melhora da derivação sanguínea.
- Aumento no número de capilares em torno das fibras musculares de contração lenta.
- Aumento da mioglobina e das mitocôndrias nas fibras musculares de contração lenta.
- Aumento na velocidade de remoção de lactato das fibras musculares de contração lenta.
- Aumento da velocidade de remoção de lactato do sangue.

Secundários
- Mais tempo disponível para reposição do glicogênio muscular nas fibras musculares de contração rápida.
- Mais tempo disponível para reposição do glicogênio muscular nas fibras musculares de contração lenta.
- Mais energia proporcionada pelas gorduras em todas as velocidades submáximas.

Planejamento da temporada

No início da temporada, os treinadores devem enfatizar tanto a fase específica como a fase inespecífica do treinamento básico de resistência por duas razões: em primeiro lugar, o treinamento básico de resistência aumenta o volume de oxigênio que pode ser disponibilizado para as fibras musculares mais adiante na temporada; em segundo lugar, o aumento da taxa do metabolismo das gorduras reduz o uso de glicogênio durante as séries de resistência, de modo que os nadadores serão capazes de recompor os estoques das fibras musculares com maior rapidez. Essas duas adaptações farão com que os atletas possam tolerar maiores volumes de treinamento mais intenso como os que enfrentarão com o avanço da temporada.

O treinamento básico de resistência deve ser utilizado exaustivamente durante as primeiras 8 a 12 semanas de cada nova temporada, representando talvez 60 a 70% da quilometragem de treinamento total durante esse período. Depois que os nadadores aumentaram sua capacidade aeróbica e sua taxa de metabolismo das gorduras, o percentual dessa forma de treinamento poderá cair para algo entre 50 e 60% do total, sendo que esse espaço poderá ser ocupado por maiores parcelas dos treinamentos de resistência no limiar e em sobrecarga.

Orientações para a elaboração das séries de repetições para treinamento básico de resistência

As séries de repetições envolvem quatro variáveis:
1. extensão das séries,
2. intervalo de descanso,
3. distância das repetições,
4. velocidade de treinamento.

Extensão das séries A extensão de qualquer série de treinamento de resistência pode ser expressa em jardas ou metros, ou pelo tempo necessário para completar a série. O primeiro método de expressão tem utilidade apenas para adolescentes e jovens adultos com habilidade de Natação pelo menos razoável, já o segundo, tem a vantagem de ser adaptável aos nadadores de qualquer idade e habilidade. O modo pelo qual os nadadores esforçam seus processos metabólicos depende mais do tempo e da intensidade do que da distância. Exemplificando, um nadador de nível nacional com 20 anos de idade teria de nadar 2.000 m em velocidade de resistência básica para produzir o mesmo esforço fisiológico que um nadador com 10 anos de vivência ao nadar 1.000 m com intensidade similar. Um nadador mais idoso teria de nadar mais rápido, na mesma intensidade; portanto, teria de percorrer maior distância do que um nadador mais jovem, embora esteja treinando durante aproximadamente a mesma duração de tempo, talvez 27 a 30 min. Embora a expressão das distâncias de treinamento em tempo possa ser mais útil, muitos de nós temos o hábito de comunicar as distâncias em jardas ou metros. Ao sugerir orientações para este e outros níveis de treinamento, utilizarei tanto distância como tempo, para que essas orientações possam ser utilizadas na estruturação das séries de treinamento para nadadores de qualquer idade e nível de habilidade. As distâncias que recomendo serão aquelas apropriadas para nadadores experientes com idades entre 13 e 50 anos.

As distâncias para as séries de treinamento básico de resistência podem ficar em qualquer valor entre 500 jd/m, ou aproximadamente 6 min de Natação, até a distância máxima que os nadadores podem nadar durante determinada sessão de treinamento. Um nado abaixo dos 6 min provavelmente será curto demais para promover um efeito de treinamento significativo. Em uma velocidade moderada, um nadador precisa de 2 a 3 min para estimular os sistemas respiratório, circulatório e muscular o suficiente para que seja promovido um efeito de treinamento.

Tendo em vista que a velocidade é baixa, distâncias e tempos de treinamento mais longos devem produzir maior efeito de treinamento, em comparação com distân-

cias e tempos curtos. Se existe um tempo ou distância ideal para o treinamento básico de resistência, atualmente desconhecemos sua magnitude. Os atletas podem ser capazes de melhorar sua resistência treinando em intensidade submáxima, se tiverem energia suficiente para suportar esse tipo de treinamento.

Intervalo de descanso Os nadadores podem realizar nados de resistência básica continuamente ou em séries de repetições; nesse último caso, os intervalos para descanso deverão ser muito breves. Repetições de qualquer distância, mesmo aquelas de somente 25 jd/m, devem promover adaptações ao treinamento iguais às obtidas com nados mais longos, se os períodos de descanso entre essas repetições forem curtos a ponto de não ocorrer queda significativa nas taxas do metabolismo observadas antes do próximo nado. Por essa razão, os tempos até a próxima saída devem ser curtos, ou seja, não será permitido ao nadador mais do que 5 a 10 s de descanso em repetições de 25 a 50 jd/m. Os intervalos para descanso podem ser semelhantes em termos de extensão, ou ligeiramente mais longos, à medida que aumenta a distância a ser repetida. Quando os atletas passam mais tempo nadando entre períodos de descanso, poderão repousar durante um período ligeiramente maior sem que ocorra redução significativa na taxa metabólica. Para repetições de resistência básica de 800 metros ou mais, os intervalos para descanso podem ser de até 1 min.

Distância das repetições Embora distâncias de repetições de 25 a 50 jd/m possam melhorar a resistência, não recomendo a escolha dessas distâncias para o treinamento básico desse parâmetro. Com demasiada frequência, os nadadores treinam no nível da intensidade limiar ou mesmo acima deste quando repousam frequentemente, mesmo se os períodos para descanso forem breves. Costill et al. (1988) demonstraram que os atletas tendem a nadar com mais rapidez quando as distâncias entre repetições são inferiores a 200 jd/m, ou quando os intervalos para descanso são de 60 s. Na maioria dos casos, as repetições de resistência básica devem ser de 200 jd/m, e ainda mais longas (2 min ou mais). Há uma tendência para o uso excessivo de repetições de 100 jd/m e ainda mais curtas para essa finalidade, porque muitos nadadores e treinadores preferem essas distâncias. Repetições são mais fáceis, tanto física como administrativamente, pois raias superlotadas entopem com menos frequência quando os nadadores fazem mais paradas, e assim os treinadores acham mais fácil controlar um grande grupo em treinamento com repetições mais curtas e com períodos de descanso mais frequentes.

Outra razão para dar preferência a distâncias de repetição mais longas é que é menos provável que seu efeito de treinamento seja negativamente influenciado pelo período de descanso. Frequentemente haverá necessidade de determinar os tempos até a saída (tempos de *send-off*), de acordo com o nível médio de habilidade da equipe, ou da raia. Portanto, os melhores nadadores trabalharão com uma relação descanso/trabalho mais generosa, em comparação com os demais colegas. Quando as distâncias das repetições são mais longas, torna-se menos provável que as taxas metabólicas desses nadadores sofram retardo considerável durante o período de descanso.

Velocidade de treinamento A determinação da velocidade adequada para o treinamento básico de resistência pode variar de bastante a razoavelmente precisa. O teste do lactato sanguíneo é o método mais preciso para a seleção dessas velocidades a nossa disposição, mas não é acessível para a maioria dos treinadores. As velocidades adequadas para o nado de resistência básica variam, desde aquelas em que ocorre a primeira elevação do lactato sanguíneo acima do nível de repouso, até as que estão confortavelmente abaixo do limiar anaeróbico do nadador. Então, para a maioria dos nadadores, as velocidades apropriadas para o treinamento básico de resistência serão aquelas que produzam níveis superiores a 1 mmol/L de lactato sanguíneo e inferiores a 3 mmol/L.

Outro método para determinar a amplitude apropriada das velocidades das repetições para esse nível de treinamento de resistência consiste em adicionar entre 2 e 6 s por 100 jd/m ao ritmo de treinamento linear de cada atleta, caso esse dado seja do conhecimento do treinador. Observei que, para a maioria dos nadadores, esse método proporcionará intensidade acima do limiar aeróbico e abaixo do limiar anaeróbico.

A frequência cardíaca também pode ser utilizada para determinar a velocidade apropriada para o treinamento básico de *resistência*. Para a maioria dos nadadores, frequências cardíacas na faixa de 120 a 150 incentivarão a intensidade do nado acima do limiar aeróbico e abaixo do limiar anaeróbico. Um método um pouco mais preciso para monitoração do treinamento preconiza que cada atleta nade a uma velocidade que produza uma frequência cardíaca de 30 a 60 batimentos abaixo de sua frequência cardíaca máxima.

Frequência respiratória e esforço percebido são outros métodos que podem determinar a faixa adequada de velocidades para o treinamento básico de resistência. A respiração deve ser mais rápida e profunda do que durante o descanso, mas os nadadores não devem ansiar pela respiração. Utilizando uma escala de 1 até 20, os atletas devem sentir que estão nadando em um esforço percebido entre 12 e 14.

Sobrecarga progressiva

Aumentar o volume diário e semanal do treinamento básico de resistência é o modo mais eficiente de garantir uma melhora contínua da capacidade aeróbica. Para aumentar gradualmente a carga de treinamento, os atletas podem nadar progressivamente maiores distâncias repetidas e incluir mais Natação em intensidade total e menos braçadas e pernadas nas séries básicas de resistência. Certamente, podemos orientar o trabalho em sobrecarga tanto para os músculos ligados às pernadas como os ligados às braçadas, bastando seguir o mesmo procedimento com as séries de pernadas e braçadas.

Outros métodos para manutenção de uma sobrecarga consistem em nadar repetições básicas de resistência em um ritmo mais rápido ou em descansar menos depois de cada repetição. Ao utilizar esses métodos, os nadadores precisam ser cuidadosos, para não mudarem a natureza do efeito da resistência. Com o passar do tempo, a velocidade de repetição ou a falta de descanso pode promover uma intensidade de treinamento no nível do limiar anaeróbico, ou mesmo acima deste, o que poderia alterar os efeitos do treinamento e, definitivamente, aumentaria o esforço consumido nessa atividade.

O momento para a aplicação de sobrecarga adicional pode ser determinado pela monitoração do treinamento com um ou mais dos métodos descritos anteriormente, pela determinação das concentrações de lactato sanguíneo, contagem das frequências cardíacas, contagem das frequências respiratórias ou pela pontuação do esforço percebido. É permitido nadar com mais rapidez ou repousar menos, desde que o atleta permaneça na faixa de esforço desejada, ou seja, com lactatos sanguíneos que não excedam os 3 mmol/L, frequências cardíacas que não excedam os 150 bpm ou 30 bpm abaixo do máximo, frequências respiratórias que não sejam excessivamente intensas, ou um esforço percebido que não seja superior a 14.

Sumário das orientações para a elaboração de séries de resistência básica

- **Extensão das séries:** a partir de 600 jd/m ou 8 min. Recomendo distâncias e tempos mínimos de 2.000 jd/m e 15 min.
- **Intervalo de descanso:** 5 a 10 s para repetições curtas, 10 a 20 s para nados em média distância e 20 a 60 s para repetições longas.
- **Distância das repetições:** pode ser utilizada qualquer distância, mas recomendo repetições de 200 jd/m e tempos de trabalho de 2 min ou mais.
- **Velocidade de treinamento:** suficiente para a produção de lactato sanguíneo superior a 1 e inferior a 3 mmol/L; mais lenta do que a velocidade no limiar em 2 a 6 s para 100 jd/m; frequências cardíacas na faixa de 120 a 150 bpm ou 30 a 60 bpm abaixo do máximo; frequências respiratórias mais rápidas do que na situação de repouso (pouco intensas) ou esforço percebido de 12 a 14 em uma escala de 1 a 20.

Efeitos do treinamento de resistência no limiar

Primários

- Aumento da utilização percentual de $\dot{V}O_2$ máx.
- Aumento da remoção de lactato dos músculos e do sangue.
- Aumento no número de capilares em torno das fibras musculares de contração lenta e de contração rápida.
- Aumento da mioglobina e das mitocôndrias nas fibras musculares de contração rápida.

Secundários

- Aumento do volume sistólico e do débito cardíaco.
- Aumento do volume sanguíneo.
- Aumento dos capilares pulmonares.
- Melhor derivação do sangue.
- Aumento de $\dot{V}O_2$ máx, particularmente nas fibras musculares de contração rápida.

Treinamento de resistência no limiar

Nessa categoria, o treinamento deve ser feito em uma velocidade que se aproxime do limiar anaeróbico individual.

Efeitos do treinamento

Certos efeitos do treinamento gerados pelo treino no limiar são parecidos com os produzidos pelo treinamento básico de resistência. Exemplificando, a melhor liberação de oxigênio dos pulmões para os músculos deve aumentar a capacidade aeróbica.

Uma das diferenças mais importantes entre o treinamento de resistência no limiar e o treinamento básico de resistência é que aquele estende as adaptações que melhoram a utilização do oxigênio e a remoção de lactato nas fibras musculares de contração rápida. O aumento da velocidade do treinamento no limiar faz com que as fibras do grupo de contração rápida, particularmente as fibras CRa, façam rodízio e passem a se envolver no trabalho (Ivy et al. 1987). Ao mesmo tempo, o fato de que a produção e a remoção de ácido lático estão em equilíbrio evita qualquer queda muito intensa no pH muscular, minimizando a lesão muscular, e é bastante alto o estímulo para mais capilares, mioglobina, mitocôndrias e para o aumento do transporte de lactato para fora dos músculos.

O treinamento no limiar pode também melhorar alguns aspectos da resistência aeróbica das fibras musculares de contração lenta, mais do que se consegue com o treinamento básico de resistência, porque a intensidade do treinamento no limiar faz com que essas fibras operem nos níveis mais altos de consumo de oxigênio e de remoção de lactato que as fibras são capazes de manter sem que ocorra acúmulo de grande quantidade de ácido lático nos músculos.

Planejamento da temporada

A Natação é o melhor método para o treinamento no limiar pois, além de melhorar a derivação sanguínea, esse esporte gera efeitos de treinamento principalmente no interior e em volta das fibras musculares utilizadas no treinamento em questão. Deve ser efetuado algum treinamento de resistência no limiar durante todas as fases da temporada de Natação, de modo que a capacidade aeróbica das fibras musculares de contração rápida possam melhorar simultaneamente com a capacidade aeróbica das força de contração lenta. A quantidade de treinamento de resistência no limiar deve diminuir durante as 3 ou 4 semanas finais, antes do polimento, para dar tempo de as fibras CL e CRa readquirirem parte da sua capacidade anaeróbica que possam ter perdido ao longo do treinamento de resistência.

Na velocidade limiar, a principal fonte de energia para a reciclagem do ATP será o glicogênio muscular; portanto, os músculos de trabalho perderão 50 a 70% da quantidade que conseguiram armazenar quando os nadadores completarem uma série de nado no limiar de 1.500 m ou mais. Essa redução será particularmente real nas fibras CRa. Tão logo esse glicogênio seja perdido, haverá necessidade de 24 a 48 horas de redução da atividade para a reposição da maior parte dessa substância, dependendo do conteúdo de carboidratos na dieta do nadador. Assim, é óbvio que o aumento do uso de glicogênio e o tempo necessário para a sua reposição não permitem que os atletas façam seus treinamentos em níveis limiares depois de terem trabalhado sem que ocorresse depleção muscular. Se os atletas tentarem nadar na velocidade limiar quando seus músculos sofreram depleção de glicogênio, poderão sofrer perda de tecido muscular, mioglobina e mitocôndrias, fazendo com que sua potência e resistência retrocedam, em vez de melhorarem.

Por essa razão, os nadadores não devem tentar completar as séries em nível limiar quando suas reservas de glicogênio muscular estiverem muito reduzidas, porque tal prática incentivará maior uso da proteína muscular, o que, com o passar do tempo, poderá levar ao excesso de treinamento. Os nadadores saberão que suas reservas de glicogênio muscular estão baixas quando sentirem dificuldade de nadar na mesma velocidade de sua velocidalimiar prévia ou em velocidades próximas a esta. Quando isso acontece, os volumes de treinamento de resistência no limiar e em sobrecarga devem ser reduzidos durante um dia ou dois, para dar tempo para a reposição do glicogênio muscular.

Cada série ou duas de nado no limiar deve ser seguida por 1 a 1 ½ dias de treinamento que permita a reposição do glicogênio muscular nas fibras que sofreram depleção. Com base no que sabemos acerca da depleção e da repleção de glicogênio, atletas que treinam 12 sessões por semana (duas vezes por dia, 6 dias por semana) não podem esperar a realização de séries de repetições de resistência no nível de limiar ou com maior rapidez durante mais do que quatro ou cinco dessas sessões, sem que ocorra grave depleção do glicogênio muscular. Pela mesma razão, atletas que treinam uma vez por dia talvez tenham que limitar suas séries de resistência no limiar para três ou quatro por semana.

Orientações para a elaboração de séries de repetições de resistência no limiar

A seguir, são sugeridas distâncias das séries e das repetições, intervalos de descanso e velocidades de treinamento para as séries de treinamento de resistência.

Extensão das séries A distância das séries para treinamento de resistência no limiar pode variar entre 500 até 4.000 jd/m, embora provavelmente a distância ideal se situe entre 2.000 e 4.000 jd/m. O tempo efetivo para essas séries pode se situar entre 6 e 45 min, e a duração ideal fica entre 20 e 45 min.

Embora o treinamento durante curtos períodos nas proximidades do ritmo limiar possa certamente produzir adaptações, a desvantagem das curtas distâncias e dos pequenos tempos é que os atletas tenderão a nadar com velocidade consideravelmente maior do que a velocidade limiar, simplesmente porque podem tolerar o aumento progressivo da acidose para esses períodos curtos. Por outro lado, séries com distâncias e tempos mais longos dificultam para que mesmo atletas altamente motivados nadem mais rapidamente do que a velocidade limiar. Comumente, o nado nessa velocidade causará rápida perda de glicogênio e um acúmulo gradual de ácido lático nos músculos; portanto, os atletas não podem manter tal ritmo por muito mais tempo do que 20 a 40 min antes que chegue o cansaço. Uma velocidade maior faria com que os atletas se cansassem ainda mais cedo. Stegmann e Kindermann (1982) informaram que atletas não podiam nadar continuamente durante mais de 30 min sem que ocorresse intensa redução na velocidade. Minha experiência é que muitos nadadores orientados para velocidade não podem manter um ritmo limiar durante muito mais do que 20 min antes que isso ocorra, embora alguns nadadores de distância possam manter a velocidade limiar durante 40 a 45 min. Velocistas, por terem maior percentual de fibras musculares de contração rápida, provavelmente produzem mais ácido lático mesmo em velocidade baixa e, assim, não podem manter um equilíbrio entre a produção e a

remoção de lactato pelo tempo mantido pelos nadadores de distância. É provável que nadadores de distância sejam capazes de nadar em velocidade limiar durante mais tempo, por terem grande percentual de fibras musculares de contração lenta; essas fibras geram menos ácido lático em qualquer velocidade submáxima e, assim, esses atletas estão mais bem equipados para manter um equilíbrio entre a produção e a remoção de lactato durante mais tempo.

Distância das repetições Repetições de resistência no limiar podem ser realizadas na forma de um nado longo e contínuo, ou como séries de repetições com intervalos de descanso muito curtos. Como ocorre com as repetições de resistência básica, repetições no limiar em qualquer distância, mesmo 25 jd/m, devem resultar nas adaptações de treinamento desejadas se o período de descanso for curto o suficiente para que a taxa de metabolismo não sofra retardo considerável entre os nados. Não obstante, distâncias de repetições de 200 jd/m e mais longas são recomendadas para o treinamento de resistência no limiar pelas mesmas razões mencionadas com relação ao treinamento básico de resistência. Repetições mais curtas tornam possível nadar mais rapidamente do que na velocidade-limiar, por causa dos frequentes períodos de descanso. Essa abordagem incentiva mais o metabolismo anaeróbico e menos o metabolismo aeróbico e, dessa forma, reduz um pouco o efeito do treinamento.

Intervalo de descanso O mesmo conselho oferecido no caso dos intervalos de descanso para o nado básico de resistência também se aplica ao treinamento de resistência no limiar. Os intervalos de descanso não devem ser superiores a 5 a 10 s em repetições de 25 a 50 jd/m, podendo ser ligeiramente mais longos com o aumento da distância de repetição. Provavelmente, os intervalos de descanso de 15 a 30 s devem ser máximos para qualquer distância de repetição, simplesmente porque períodos de descanso mais curtos dão mais tempo para treinamento. Mas os intervalos de descanso mais longos não devem diminuir o efeito de treinamento em repetições de 500 jd/m e superiores, porque cada repetição por si mesma é suficientemente longa para gerar um efeito de treinamento. Ainda assim, não recomendo intervalos de descanso mais longos pois, com o tempo de recuperação adicional, os atletas podem nadar mais rapidamente do que a velocidade limiar para a duração da série, provavelmente resultando em um uso adicional de glicogênio e em acidose indesejada.

Velocidade de treinamento Podem ser aplicados vários métodos para a estimativa da velocidade de nado no limiar anaeróbico para cada nadador. O teste do lactato sanguíneo é o método mais preciso para a seleção e a monitoração da velocidade de nado para o treinamento de resistência no limiar. Essa velocidade gerará níveis de lactato sanguíneo de 3 a 5 mmol/L para a maioria dos nadadores, embora alguns velocistas possam ser capazes de nadar em concentrações sanguíneas de lactato entre 5 e 7 mmol/L e manter um equilíbrio entre as taxas de surgimento e desaparecimento no sangue. Entretanto, conforme já mencionei, o nadador não precisa treinar exatamente em seu limiar anaeróbico individual; o treinamento a uma velocidade nas proximidades desse valor deve gerar resultados que são igualmente benéficos.

Existem diversos procedimentos que não dependem de testes sanguíneos para a estimativa do limiar anaeróbico de determinado nadador, sendo que alguns desses procedimentos têm boa validade e outros são imprecisos. O capítulo sobre monitoração do treinamento revisará tais procedimentos.

Frequências cardíacas e esforços percebidos também podem ser utilizados para a monitoração da velocidade de treinamento no limiar, embora esses métodos tenham maior margem de erro. Em geral, uma frequência cardíaca entre 10 e 20 batimentos abaixo da frequência máxima do nadador corresponde a uma velocidade de nado próxima ao limiar. Porém, o treinamento próximo à frequência cardíaca máxima pode fazer com que alguns nadadores, particularmente velocistas, treinem bem acima da velocidade limiar. O capítulo sobre monitoração do treinamento também discutirá procedimentos para o uso das frequências cardíacas na monitoração da velocidade de treinamento.

Habitualmente, esforços percebidos de 15 a 16 em uma escala de 1 até 20 são indicativos de uma velocidade de treinamento no limiar. Para maior precisão, os atletas devem aprender como deve ser percebido um índice de 8 ou 9, antes de utilizar o esforço percebido como indicação da velocidade de treinamento no limiar. A ideia é identificar a sensação de esforço que acompanha o nado nesse patamar. Para que isso seja feito, a velocidade limiar deve ser determinada com um procedimento de maior precisão, por exemplo, testes sanguíneos ou um dos testes que serão descritos a seguir, e, em seguida, o atleta deve aprender a associar essa velocidade com determinado nível de esforço percebido. Devo mencionar que um esforço percebido de 15 ou 16 refere-se à sensação de esforço que os nadadores devem vivenciar durante a metade de uma série limiar, e não nas proximidades do início ou no final do trabalho. Em comparação a esse esforço, o nadador terá uma percepção mais fácil do esforço no início da série e perceberá algo como um esforço máximo mais adiante no exercício, caso a série seja longa (25 min ou mais) com intervalos de descanso curtos.

Finalmente, o procedimento mais simples para assegurar que os atletas nadarão nas proximidades da velocidade limiar consiste em elaborar a série de repetições de tal modo que eles não possam nadar com maior rapidez,

Tabela 13.1 Séries de repetições de resistência no limiar

20-40 × 100 com aproximadamente 10 s de descanso entre cada etapa de 100
10-20 × 200 com aproximadamente 10 s de descanso entre cada etapa de 200
5-10 × 400 com aproximadamente 10 a 15 s de descanso entre cada etapa de 400
3-4 × 800 com aproximadamente 30 s de descanso entre cada etapa de 800
5 × 200/10 s + 3 × 300/15 s + 2 × 400/20 s

Essas séries são planejadas para nadadores entre 13 e 30 anos de idade. Os intervalos de descanso são aproximados porque é preciso ter em mente que, para fins de administração, muitas séries de Natação são elaboradas com tempos até a saída, o que proporciona intervalos de descanso um tanto diferentes, dependendo da velocidade de nado.

mesmo quando em esforço máximo. Isto ocorrerá com uma série que precise de 20 min ou mais para sua conclusão, com intervalos de descanso muito curtos. Pelas razões dadas anteriormente, os atletas serão incapazes de nadar mais rapidamente do que o ritmo limiar durante a maior parte da série; se nadarem com demasiada rapidez, a depleção do glicogênio e a acidose os forçarão a reduzir o ritmo. O único erro que pode ser cometido pelos atletas é nadar com demasiada lentidão em uma série de repetições longas; mas se eles estiverem motivados e mantiverem a velocidade ao longo de toda a série, muitos nadarão nas proximidades de sua velocidade no limiar anaeróbico – não mais lentos nem mais rápidos. A Tabela 13.1 fornece alguns exemplos de séries que devem incentivar os atletas a nadar perto da velocidade limiar.

Sobrecarga progressiva

O objetivo para o treinamento no limiar é aumentar gradualmente a velocidade de nado, de modo que os atletas possam manter um equilíbrio entre a produção e a remoção de ácido lático. A velocidade de nado na qual ocorre o limiar anaeróbico indica que estão ocorrendo adaptações que permitirão aos atletas a utilização de mais oxigênio e a remoção de mais ácido lático durante as provas.

Os métodos habituais para a sobrecarga – aumento do volume, aumento da velocidade e redução do descanso – não trabalham satisfatoriamente com o nado no limiar. Os atletas podem nadar com mais rapidez do que a velocidade limiar, mas apenas com o fornecimento cada vez maior de energia proporcionada pelo metabolismo anaeróbico. Essa circunstância derruba os objetivos de séries no limiar, pois muda o efeito do treinamento, daquele que enfatiza maior consumo de oxigênio e remoção de lactato, para outro efeito que enfatiza a melhor capacidade de tamponamento. Consequentemente, não se deve tentar sobrecarregar progressivamente o atleta, forçando-o a nadar séries no limiar com mais rapidez ou a nadar sé-

Sumário das orientações para a elaboração de séries de resistência no limiar

■ **Extensão das séries:** 500 jd/m ou no mínimo 6 min. Recomendo distâncias de séries de 2.000 a 4.000 jd/m ou comprimentos de séries de 20 a 45 min.

■ **Distância das repetições:** pode ser utilizada qualquer distância, mas recomendo repetições de 200 jd/m e tempos de trabalho de no mínimo 2 min.

■ **Intervalo de descanso:** 5 a 10 s para repetições curtas, 10 a 20 s para nados em distâncias médias e 20 a 60 s para repetições longas.

■ **Velocidade de treinamento:** suficiente para a produção de níveis de lactato sanguíneo na faixa de 3-5 mmol/L, frequências cardíacas entre 10 e 20 batimentos abaixo do máximo ou esforços percebidos na faixa de 15 a 16 em uma escala de 1 até 20.

---

ries no limiar mais longas na mesma velocidade. O treinador deve esperar até que seus atletas exibam sinais de que são capazes de nadar essas séries com mais rapidez, antes de lhes pedir tal coisa. Se o treinador não puder contar com testes sanguíneos, os três melhores métodos para avaliar o momento de aumentar a velocidade de treinamento, reduzir o descanso ou aumentar a extensão da série consistem em monitorar a velocidade limiar com séries de teste, frequências cardíacas ou determinações do esforço percebido.

Qualquer das séries de repetições utilizadas anteriormente como exemplos poderá ser utilizada como série de teste. Opcionalmente, o treinador pode desenvolver, ele próprio, uma série de testes, utilizando as orientações. Os nadadores devem repetir essa série a cada 2 a 4 semanas. Suas velocidades limiares terão melhorado quando puderem nadar a série inteira a uma velocidade média mais rápida. Os intervalos de descanso não devem ser ajustados para cima para incentivar progressos, porque descansos mais prolongados simplesmente permitirão maior recuperação da acidose entre repetições, o que permitirá aos nadadores proporcionar mais energia anaeróbica e menos energia aeróbica ao longo da série.

Outro método para determinar quando deve ser aplicada uma sobrecarga adicional consiste em monitorar as frequências cardíacas durante as séries no limiar. Quando os atletas puderem nadar essas séries na mesma velocidade média com frequências cardíacas consistentemente mais baixas e com a sensação de que se esforçaram menos, provavelmente seus limiares anaeróbicos terão melhorado. Quando ocorrer qualquer uma dessas mudanças, os atletas poderão nadar séries no limiar a uma velocidade nova, mais rápida, capaz de gerar uma frequência cardíaca que também nesse caso aumenta dentro de 10 a 20 batimentos no máximo ou uma frequência cardíaca na qual percebam que o esforço está situado na faixa de 15 a 16.

Efeitos do treinamento de resistência em sobrecarga

■ Aumento no consumo máximo de oxigênio de todas as fibras musculares treinadas, inclusive fibras CRb.

■ Aumento no número de capilares em torno de todas as fibras musculares treinadas, inclusive fibras CRb.

■ Aumento nas quantidades de mioglobina e mitocôndrias em todas as fibras musculares treinadas, inclusive fibras CRb.

■ Aumento na velocidade de remoção de lactato de todas as fibras musculares treinadas, inclusive fibras CRb.

■ Aumento na capacidade de tamponamento de todas as categorias de fibras musculares.

Treinamento de resistência em sobrecarga

O treinamento de resistência em sobrecarga deve ser realizado em velocidades que excedam aquelas em que ocorre o limiar anaeróbico. Esse tipo de treinamento é altamente anaeróbico e gera níveis graves de acidose.

Efeitos do treinamento

O que acabei de dizer sobre a natureza anaeróbica do treinamento de resistência em sobrecarga pode fazer com que o leitor fique se perguntando por que esse tipo de treinamento se enquadra na categoria de treinamento de resistência. Ele é colocado nessa categoria porque nados ou séries de repetições longas com intervalos curtos para descanso nadadas com mais rapidez do que a velocidade no limiar anaeróbico aumentarão as taxas de uso do oxigênio e de remoção do lactato das fibras musculares CRb, o que resultará em ganhos parecidos nas fibras musculares de contração lenta e CRa. O treinamento de resistência em sobrecarga também aumentará a capacidade de tamponamento de todas essas categorias de fibras musculares.

Treffene et al. (1980) informaram que a taxa máxima de remoção de lactato dos músculos para o sangue ocorreu em velocidades de nado 6 a 14% mais rápidas do que a velocidade no limiar anaeróbico. Esse resultado provavelmente ocorreu por causa do lactato adicional removido das fibras CRb e das fibras CRa de alto limiar, assim que essas fibras começaram a se contrair. Obviamente, os nadadores devem fazer algum treinamento de resistência em uma velocidade superior àquela em que ocorre o limiar anaeróbico, para aumentarem a capacidade aeróbica e as velocidades de remoção de lactato das fibras musculares CRb e CRa de alto limiar.

Finalmente, o estímulo para um aumento na capacidade de tamponamento das três categorias de fibras musculares é a acidose. Os atletas podem criar essa condição apenas se nadarem em velocidades nas quais o ácido lático ocorra nos músculos com maior rapidez do que sua remoção. Consequentemente, o treinamento em uma velocidade de resistência em sobrecarga deve melhorar a capacidade de tamponamento muscular de forma mais adequada do que o nado em velocidade mais baixa.

Planejamento da temporada

Como ocorre com o treinamento no limiar, a Natação é o melhor método para o treinamento de resistência em sobrecarga, por ser o único modo pelo qual treinadores e nadadores podem ter certeza de que as mesmas fibras musculares utilizadas nas competições estão sendo treinadas na prática. Os atletas devem realizar algum treinamento de resistência em sobrecarga durante todas as fases da temporada de Natação, de modo que a capacidade aeróbica das fibras musculares CRb possa melhorar simultaneamente com a capacidade de outros tipos de fibras. No entanto, eles não devem colocar grande ênfase no treinamento de resistência em sobrecarga até que tenham melhorado significativamente sua capacidade aeróbica com o treinamento básico de resistência e com o treinamento no limiar. Essa ênfase deve ser implementada 4 a 6 semanas antes que ocorra a maioria das competições importantes, de modo que os nadadores tenham tempo suficiente para que ocorram as adaptações desejáveis ao treinamento antes da competição. A quantidade de treinamento de resistência em sobrecarga deve diminuir durante as 3 a 4 semanas finais que antecedem o polimento, dando tempo para que as fibras musculares CRb readquiram parte da capacidade anaeróbica que possam ter perdido durante a época em que eram treinadas aerobicamente.

O treinamento de resistência em sobrecarga pode causar depleção das reservas de glicogênio com a mesma rapidez com que ocorriam durante o treinamento no limiar, talvez com mais rapidez, por causa do maior uso das fibras CRb. Um problema adicional é a lesão muscular que a acidose grave pode causar em razão do treinamento de resistência em sobrecarga. Consequentemente, uma ou duas séries consecutivas de treinamento de resistência em sobrecarga devem ser seguidas por 1 ½ a 3 dias de treinamento mais leve para possibilitar a reposição do glicogênio muscular nas fibras e o reparo do tecido muscular. Por essa razão, os atletas devem marcar apenas uma ou duas séries de resistência em sobrecarga importantes durante cada semana de treinamento, embora possam nadar em velocidade de resistência em sobrecarga durante breves períodos várias vezes a cada semana. Exemplificando, esses atletas podem nadar em velocidade de sobrecarga durante as últimas repetições de algumas séries básicas de resistência e de resistência no limiar várias vezes durante cada semana.

Também deve ser levado em consideração o número de séries de resistência no limiar e de tolerância ao lactato (descritas no capítulo seguinte) marcadas a cada semana, ao ser determinado o número e a colocação das séries em sobrecarga. Conforme já mencionei, séries no limiar também reduzem significativamente o glicogênio muscular. Os atletas não teriam tempo suficiente para repor esse glicogênio, caso nadassem uma ou duas séries em sobrecarga a cada semana, além de três ou quatro séries no limiar. Em vez disso, as séries em sobrecarga devem ocupar o lugar de uma ou mais dessas séries no limiar.

As séries de tolerância ao lactato também causam acidose e lesão tecidual; portanto, não devem ser marcadas para prática durante a época em que o nadador deve se recuperar de uma série em sobrecarga ou como acréscimo ao número semanal máximo de séries em sobrecarga.

Orientações para a elaboração de séries de repetições de resistência em sobrecarga

As seguintes orientações podem ser usadas na elaboração de séries de repetições de resistência em sobrecarga.

Extensão das séries Segundo minha experiência, a distância ou duração mínima de séries de repetições de resistência em sobrecarga que resultará em um efeito de treinamento razoável é de 500 jd/m ou 6 min. A distância e o tempo máximos ficam provavelmente em torno de 1.200 a 2.000 jd/m ou 15 a 20 min. Diversos pesquisadores relataram opiniões similares (Madsen e Lohberg 1987; Stegmann e Kindermann 1982).

Como ocorre com as séries de resistência no limiar, os atletas de distância tendem a ser capazes de nadar um pouco mais acima do limiar antes que a acidose provoque uma redução séria na velocidade de nado. Em geral, nadadores de distâncias médias e velocistas vivenciarão uma redução maior no pH muscular em um tempo mais curto, ao nadarem com maior rapidez do que a velocidade-limiar.

Distância das repetições Os atletas também podem fazer repetições de resistência em sobrecarga na forma de nados contínuos de 1.000 a 2.000 jd/m ou como séries de repetições com intervalos de descanso muito curtos. Repetições de qualquer distância resultarão nas adaptações ao treinamento desejadas desde que o esforço esteja situado no máximo ou em suas proximidades, e desde que o intervalo para descanso seja razoavelmente curto. O nado excessivamente rápido nessas séries não é problemático; portanto, é provável que distâncias de repetições curtas sejam tão efetivas como nados mais longos para melhorar a resistência de todos os tipos de fibras musculares.

Intervalo de descanso Os intervalos de descanso podem ser parecidos com os recomendados para o treinamento básico de resistência e para o treinamento no limiar. Os intervalos podem ser um pouco mais longos, ou ultracurtos, sem que o efeito do treinamento sofra alteração significativa. O aumento do intervalo de descanso para

20 ou 30 s em repetições mais curtas, e para algo entre 30 s e poucos minutos nas repetições mais longas não mudará o efeito do treinamento, porque os atletas nadarão em maior nível de esforço. Consequentemente, os nadadores precisarão de mais tempo para retornarem ao mesmo nível que poderiam ter alcançado com um descanso mais curto, quando nadavam com mais lentidão. O aumento do intervalo de descanso pode até mesmo melhorar o efeito do treinamento em alguns tipos de séries de repetições, pois, com um pouquinho mais de tempo para a remoção do ácido lático dos seus músculos durante o intervalo de descanso, os atletas serão capazes de completar séries um pouco mais longas em velocidades médias mais altas, antes que a acidose os force a diminuir o ritmo.

Intervalos de descanso ultracurtos podem ser utilizados durante essas séries para ajudar os atletas a simularem o nado contínuo em velocidade de prova (ou em suas proximidades) durante períodos mais longos. O nado de uma série de repetições totalizando 1.000 a 2.000 jd/m no mais curto tempo até a saída que o nadador possa fazer é um dos modos mais motivadores e efetivos para a realização do treinamento de resistência em sobrecarga.

Velocidade de treinamento Não há necessidade de determinar as concentrações de lactato sanguíneo durante a monitoração do treinamento de resistência em sobrecarga. Quando nadadores fazem tais séries nas velocidades apropriadas, muitos deles terão concentrações de lactato sanguíneo de 6 mmol/L até qualquer nível que possa ser alcançado pela concentração máxima individual deste.

De acordo com minha experiência, tempos de nado 2 a 3 s mais rápidos por 100 jd/m do que os tempos da velocidade no limiar anaeróbico de determinado nadador são adequados para o envolvimento e treinamento das fibras musculares CRb. Ainda não foram publicadas pesquisas que determinem se nadar mais rápido é mesmo mais efetivo, embora haja indicações em favor de tal suposição.

As frequências cardíacas devem ser máximas durante séries de resistência em sobrecarga, e os esforços percebidos devem chegar a 17 a 20 em uma escala de 20 pontos. A Tabela 13.2 dá exemplos de séries de Natação que devem incentivar os atletas a nadar em velocidades de resistência em sobrecarga.

Sobrecarga progressiva

Contrastando com os métodos utilizados para o treinamento no limiar, os métodos habituais para a imposição de sobrecarga, o aumento do volume, o aumento da velocidade e a redução do descanso funcionam bem para a aplicação da sobrecarga progressiva ao treinamento de resistência em sobrecarga. Quando os atletas puderem na-

Tabela 13.2 Séries de repetições de resistência em sobrecarga

20-40 × 50 com 15 s de descanso entre cada 50
15-20 × 100 com 10 a 30 s de descanso entre cada 100
6-10 × 200 com 10 a 30 s de descanso entre cada 200
3-5 × 400 com 15 s a 1 min de descanso entre cada 400
2 × 300/30 s de descanso, 3 × 200/30 s de descanso, 5 × 100/30 s de descanso
10 a 20 × 100 no menor tempo possível até a saída

Sumário das orientações para a construção de séries de resistência em sobrecarga

- **Extensão das séries:** 500 jd/m ou no mínimo 6 min. Recomendo o estabelecimento de distâncias de 1.200 a 2.000 jd/m, ou 15 a 20 min.
- **Distância das repetições:** qualquer distância até 2.000 jd/m pode ser utilizada efetivamente.
- **Intervalo de descanso:** 5 a 30 s para repetições curtas, 15 a 60 s para nados em distâncias médias e 30 s a 2 min para repetições mais longas.
- **Velocidade de treinamento:** mais rápida que a velocidade de limiar. Comumente, tempos 1 a 2 s mais rápidos por 100 jd/m do que a velocidade limiar indicam que as fibras musculares CRb estão ativadas. As frequências cardíacas devem estar no máximo, e os esforços percebidos devem ser pontuados em 18 a 20, em uma escala de 1 a 20.

dar com mais rapidez durante uma dessas séries, estarão melhores; então, será tempo de aplicar algum tipo de sobrecarga. Os treinadores devem estabelecer uma série de teste para avaliarem se realmente seus atletas melhoraram. Qualquer das séries apresentadas na Tabela 13.2 funcionará para o atendimento dessa finalidade.

Testes de sangue também têm sido utilizados para a monitoração dos progressos resultantes do treinamento de resistência em sobrecarga. Especialistas compararam velocidades geradoras de concentrações de lactato sanguíneo entre 6 e 10 mmol/L para essa finalidade, porque esses valores estão situados acima dos limiares anaeróbicos da maioria dos atletas.

A monitoração das frequências cardíacas e do esforço percebido não será efetiva para determinar progressos do treinamento de resistência em sobrecarga. Os atletas devem demonstrar frequências cardíacas máximas ao praticarem essas séries e vivenciar níveis máximos de esforço percebido, embora suas frequências cardíacas e, em particular, sua sensação de esforço possam cair um pouco em séries em sobrecarga padronizadas, à medida que melhorarem. Mas sob o ponto de vista administrativo, é muito mais fácil avaliar essas melhoras por aumentos na velocidade.

Efeitos prejudiciais da prática excessiva de nado acima das velocidades limiares

Tentei explicar porque é necessário fazer algum treinamento muito rápido para melhorar a resistência aeróbica a seu nível máximo. Porém, se tal prática for repetida com demasiada frequência, poderá ocorrer o efeito oposto. Na verdade, resultados de diversos estudos sugerem que, em seu treinamento, os atletas podem perder resistência se nadarem mais rapidamente do que as velocidades limiares com muita frequência.

Madsen e Olbrecht (1983) constataram que atletas que treinavam em velocidades capazes de gerar concentrações de lactato sanguíneo de aproximadamente 6 mmol/L (que, provavelmente, estava acima do limiar anaeróbico para a maioria dos atletas) exibiram deterioração no desempenho, refletida nas medidas de resistência aeróbica. Hollmann et al. (1981) constataram que voluntários que treinaram durante 6 semanas em lactatos sanguíneos superiores a 4 mmol/L (nível também acima do limiar anaeróbico para a maioria dos atletas) não melhoraram sua resistência aeróbica. Heck et al. (1985) informaram ter observado resultados parecidos, quando atletas treinaram durante 20 semanas a velocidades acima das que geravam lactatos sanguíneos de 4 mmol/L.

Em outro estudo planejado para investigar os efeitos do treinamento acima do limiar anaeróbico, Gabriel et al. (1998) verificaram que os atletas "padeciam de sintomas típicos de treinamento excessivo" depois de apenas 4 semanas de treinamento em velocidades acima daquelas correspondentes a seus limiares anaeróbicos. Além disso, o desempenho desses atletas caiu 3% em um teste de esforço máximo de 60 s e, 14% em um teste de tempo transcorrido até a exaustão em um ritmo igual a 110% do limiar anaeróbico de cada participante. Urhausen et al. (1998) também verificaram decrementos no desempenho depois de 4 semanas de treinamento acima do limiar anaeróbico. Além disso, esses pesquisadores descobriram que o treinamento acima do limiar anaeróbico causava declínio significativo de 20 a 42% na secreção de diversos hormônios, inclusive adrenalina, noradrenalina e hormônio do crescimento. Mikesell e Dudley (1984) também relataram que corredores, ao fazerem seu treinamento de resistência em velocidades rápidas, perderam capacidade aeróbica.

Quatro razões principais explicam porque a capacidade aeróbica pode deteriorar se o atleta treinar acima do limiar anaeróbico com demasiada frequência. Primeiramente, o treinamento intenso reduz a quantidade do trabalho de resistência que o atleta pode realizar. Quando nadadores completam séries de treinamento acima do limiar anaeróbico, ocorre um aumento contínuo no lacta-

to muscular que reduz o pH e causa fadiga dentro de 10 a 20 min. Depois que eles ficam cansados, provavelmente precisarão de 10 a 30 min de nado confortável antes que o pH muscular volte à normalidade, para que sejam capazes de realizar outra série intensa de repetições (Hermansen e Osnes 1972). Assim, os atletas gastam um pouco de tempo nadando com rapidez e muito tempo nadando em níveis de recuperação, que são lentos demais para melhorar a capacidade aeróbica. Habitualmente, as velocidades lentas são inadequadas para sobrecarregar o metabolismo aeróbico, e os nadadores não podem manter repetições rápidas durante tempo suficiente para sobrecarregar adequadamente tal metabolismo.

A segunda razão para que o treinamento frequente em velocidades além do limiar anaeróbico seja prejudicial diz respeito ao efeito nas fibras musculares de contração lenta. Conforme mencionei anteriormente, há evidências que sugerem que o nado mais rápido, acima da velocidade limiar, pode reduzir alguns aspectos da capacidade aeróbica nas fibras musculares de contração lenta, embora melhore a capacidade aeróbica das fibras musculares de contração rápida. Esse achado reforça a importância do treinamento tanto em velocidades mais lentas como mais rápidas do que as velocidades limiares. Se os atletas treinarem dessa forma, poderão aumentar a capacidade aeróbica de todos os tipos de fibras musculares.

Uma terceira razão pode ser o efeito do treinamento com baixos níveis de glicogênio muscular. Uma ou duas séries de repetições nadadas nas proximidades da velocidade do limiar anaeróbico, ou com maior rapidez, reduzirão consideravelmente o glicogênio muscular. Se os atletas tentarem nadar com rapidez nas sessões de treinamento subsequentes antes que tenha ocorrido a reposição do glicogênio muscular, queimarão maiores quantidades de proteína para a obtenção de energia, canibalizando, para essa finalidade, seu próprio tecido muscular. O músculo perderá algumas mitocôndrias, que proporcionam resistência, e também algumas proteínas estruturais, que dão força e potência aos atletas. Quando essas perdas passam a ser excessivas, o desempenho dos nadadores decai.

A quarta razão diz respeito ao desgaste comum dos sistemas endócrino e imune e aos efeitos potencialmente lesivos da acidose intensa e frequente nos músculos. Diversos artigos científicos demonstraram a ocorrência de redução na secreção de certos hormônios, principalmente o hormônio do crescimento humano e dos hormônios das glândulas adrenais envolvidos na reação de lutar ou fugir – cortisol, adrenalina e noradrenalina – quando os atletas treinam excessivamente. Os hormônios adrenais estão envolvidos na reação de lutar ou fugir que prepara o corpo para o esforço. A princípio, o treinamento em velocidades mais altas do que o ritmo da velocidade limiar provoca aumento na secreção destes e de outros hormônios; no entanto, com o passar do tempo, a taxa de secreção diminui. Comumente, essas reduções na secreção são acompanhadas por sintomas de treinamento excessivo, como diminuição do desempenho, perda de peso, falta de interesse e queda na motivação. Tendo em vista que o hormônio do crescimento estimula o crescimento dos tecidos, e os hormônios adrenais facilitam a liberação de energia do glicogênio e das gorduras, a supressão desses hormônios pode causar inversão das adaptações ao treinamento e redução no desempenho. Uma redução nos hormônios adrenais também fará com que fique mais difícil para os atletas realizarem esforços máximos no treinamento e na competição.

A experiência e o conjunto de evidências disponíveis sugerem que os atletas não devem nadar em velocidades limiares ou superiores a estas com demasiada frequência. Eles devem certificar-se de que haverá tempo suficiente para a reposição do glicogênio que seus músculos utilizaram para obtenção de energia durante essas séries, o reparo da lesão aos músculos e a reposição dos hormônios utilizados.

Os nadadores devem competir entre si durante o treinamento de resistência?

Alguns treinadores e atletas sentem dificuldade em aceitar o conceito de que certos tipos de repetições de resistência devem ser nadados em velocidades ótimas, e não em velocidades máximas, porque esse conceito conflita com a natureza competitiva do esporte. Muitos de nós crescemos acreditando que o sucesso é resultado de nosso próprio empenho em nadar com maior rapidez durante todas as fases do treinamento; fomos incentivados a desafiar nossos colegas de equipe nas práticas e a derrotar o maior número possível de adversários. Embora essa abordagem tivesse validade para alguns aspectos do processo de treinamento, ela pode ser prejudicial em outros, particularmente no treinamento de resistência. Os nadadores podem e devem praticar o treinamento de resistência em sobrecarga no nível máximo de esforço, porém os treinamentos básicos de resistência e de resistência no limiar não devem ser realizados dessa maneira.

A competição contra colegas de equipe mais rápidos durante repetições limiares e básicas de resistência simplesmente faz com que os nadadores mais lentos treinem em suas zonas de resistência de sobrecarga, ou mesmo além dessas zonas, em que sofrerão acidose intensa com demasiada frequência. Conforme já mencionei em várias oportunidades, a capacidade aeróbica das fibras musculares de contração lenta melhora mais através do treinamento em velocidades ótimas, não em velocidades máximas.

Os atletas não devem se preocupar em competir com seus colegas de equipe durante as séries de repetições básicas e limiares de resistência. Seu objetivo deve ser nadar em faixas de velocidade ótimas, que apliquem sobrecarga nos diversos aspectos da capacidade aeróbica, sem que seja gerada acidose intensa. Esses atletas devem nadar naquelas velocidades para distâncias progressivamente maiores ou devem nadar com descansos progressivamente menores entre as repetições. Os atletas devem aumentar suas velocidades nessas duas categorias de treinamento de resistência apenas quando alguma forma de automonitoração lhes indicar que estão fisicamente preparados para assim proceder.

Observadores menos atentos podem duvidar do bom senso desse conselho. Nadadores que competem durante o treinamento, mesmo quando se supõe que estejam praticando séries básicas e limiares, geralmente melhorarão com bastante rapidez durante as primeiras 4 a 6 semanas. Aqueles progressos iniciais podem limitar seu desempenho potencial mais adiante na temporada. Nadadores que, no princípio de seu treinamento, não constroem uma fundação sólida para a resistência aeróbica com um programa de treinamento básico e limiar de resistência realizado em velocidades ótimas, terão limitada sua capacidade futura de conseguir volumes suficientes de treinamento de resistência com rapidez. Em última análise, prejudicarão seus desempenhos em provas de distâncias médias e longas.

Dito isso, quero reiterar que os atletas devem nadar com rapidez e competir com seus colegas de equipe durante o treinamento de resistência em sobrecarga e em todas as formas de treinamento de velocidade. Essa estratégia de treinamento melhorará não apenas a resistência das fibras musculares de contração rápida e a capacidade de tamponamento em todas as fibras, mas também o espírito de competição. Espírito de competição é essencial para melhorar o desempenho; essa qualidade deve ser incentivada naqueles aspectos do treinamento em que sua expressão não perturbe os objetivos do treinamento dos nadadores.

TIPOS ESPECIAIS DE TREINAMENTO DE RESISTÊNCIA

Nessa sessão, gostaria de discutir os valores dos diferentes tipos de treinamento de resistência comumente utilizados. O primeiro deles é o *treinamento de maratona e fartlek*. Na verdade, essa categoria engloba dois tipos de treinamento. No entanto, esses tipos são parecidos em seus efeitos e administração; por isso, vou combiná-los em uma categoria.

Treinamento de maratona e *fartlek*

O nado de maratona e o *fartlek* são métodos de treinamento que envolvem a Natação contínua durante longos períodos. A principal diferença entre esses dois métodos é que o ritmo do nado é constante no treinamento de maratona, enquanto no treinamento *fartlek* os atletas podem variar o ritmo de diversas maneiras, alternando as velocidades de nado, os tipos de nado e a Natação com pernadas e braçadas. *Fartlek* é uma palavra sueca que significa "atividade de velocidade".

Raramente os nadadores utilizam qualquer desses métodos. O *interval swimming* é o principal tipo de treinamento utilizado em nosso esporte, mas alguns especialistas acreditam que esse método já está ultrapassado e que os atletas devem praticar nados contínuos mais longos. Esses especialistas argumentam que o nado de distâncias longas sem interrupções periódicas pode ser a mais eficiente estratégia para melhorar a capacidade aeróbica. Em apoio a esse ponto de vista, eles dão o exemplo dos corredores fundistas em provas de atletismo, que praticam corridas longas e contínuas como a da maratona ou do *fartlek* em boa parte de seu treinamento.

Uma das razões dadas para a prática de nados longos e contínuos é que os atletas podem trabalhar seus sistemas aeróbicos de forma mais eficaz, com menos interferência da acidose. Ao repousar frequentemente, os atletas podem nadar cada segmento de uma série de repetições em velocidade maior do que poderiam se nadassem continuamente a distância total. Em consequência, atletas motivados tendem a nadar além de sua capacidade aeróbica, simplesmente porque os períodos de descanso periódico permitem uma recuperação parcial da acidose. No caso do treinamento de maratona, os progressos de capacidade aeróbica em sua maior parte ocorrerão nos sistemas respiratório e circulatório, e apenas nas fibras musculares de contração lenta. No entanto, os nadadores podem superar tal limitação simplesmente ao nadarem as últimas partes de nados longos em velocidade mais alta. As fibras musculares de contração rápida serão forçadas a se contrair, melhorando assim suas velocidades de utilização do oxigênio e de remoção do lactato, e receberão um efeito de treinamento parecido durante a parte rápida do treinamento *fartlek*.

Em discordância com esse raciocínio, os proponentes do *interval training* acreditam que a capacidade de nadar certa distância em um ritmo médio mais rápido, dividida em segmentos com curtos períodos de descanso depois de cada nado, proporciona maior estímulo para o treinamento. Esses estudiosos também alertam para o fato de que o treinamento de Natação é diferente do treinamento de corrida, pois os nadadores ficam isolados e enfadados mais facilmente durante treinos contínuos e longos; eles perdem o contato com seus colegas e com o ambiente que os cerca, enquanto os corredores podem conversar e apreciar a paisagem em constante mudança nas corridas de longa distância.

Concordo com os especialistas que acreditam que nados contínuos e longos podem propiciar um veículo efetivo para melhorar a capacidade aeróbica, mas devido ao isolamento e enfado vivenciados pelos nadadores, estes devem utilizar outros métodos para tal finalidade. Não obstante, é provável que nados longos e contínuos realizados dentro da técnica de maratona ou *fartlek* tenham maior papel nos programas de treinamento para nadadores meio-fundistas e fundistas. O *interval training* permanece sendo o melhor procedimento para aprimorar a resistência, por causa da maior velocidade de cada segmento da distância total e porque os nadadores ganham motivação em decorrência do *feedback* imediato de conferir periodicamente seus tempos durante a série.

Nados nas técnicas de maratona e *fartlek* devem se prolongar por um mínimo de 15 min, embora tempos de 30 min ou mais sejam preferíveis. Os atletas devem executar nados de maratona em um ritmo moderado quando a finalidade da prática for a melhora da resistência das fibras musculares de contração lenta e devem promover a reposição do glicogênio e o reparo tecidual nas fibras musculares de contração rápida. Os 300 a 800 m finais desses nados devem ser realizados a uma velocidade muito alta, quando o objetivo for a melhora da resistência de todos os tipos de fibras musculares.

Os atletas devem executar nados *fartlek* com uma grande diferença entre os segmentos rápidos e lentos quando a finalidade for a melhora da resistência tanto das fibras musculares de contração lenta como das de contração rápida. Os segmentos rápidos devem ser suficientemente longos para que ocorra estímulo do consumo de oxigênio nas proximidades das taxas máximas, e os segmentos lentos devem ser suficientemente lentos para permitir uma recuperação parcial da acidose resultante. Os atletas podem seguir essa rotina nadando segmentos rápidos durante 2 a 6 min, seguidos por segmentos mais lentos três a quatro vezes mais longos.

O treinamento *fartlek* também pode atender outras finalidades. Ao intercalar segmentos rápidos com segmentos de recuperação mais curtos, o *fartlek* pode ser uma forma de treinamento de resistência em sobrecarga. Exemplificando, segmentos rápidos de 100 a 200 jd/m podem ser seguidos por segmentos mais lentos de 50 a 100 jd/m.

O treinamento *fartlek* também pode melhorar a capacidade de tamponamento e a velocidade nos tiros rápidos. Para melhorar a capacidade de tamponamento, os segmentos rápidos devem ter a extensão de 25 a 200 jd/m, e os segmentos de recuperação devem ter 50 a 600 jd/m. Para o treinamento de velocidade, os segmentos rápidos devem ser curtos e rápidos o suficiente para gerar uma taxa quase máxima de metabolismo anaeróbico, e os segmentos lentos devem ser suficientemente longos e lentos para permitir uma recuperação quase completa da acidose resultante. Segmentos rápidos de 10 a 50 jd/m e segmentos lentos de 50 a 200 jd/m são ideais para essa finalidade.

Finalmente, o treinamento *fartlek* pode ser realizado mesclando tipos de nados competitivos durante os segmentos rápidos e lentos ou o nado completo com treinos de pernadas e braçadas da mesma ou de diferentes modalidades de nado durante os segmentos lentos e rápidos. Os atletas devem executar seus nados principais durante os segmentos rápidos e praticar outros tipos de nado, pernadas ou braçadas nos segmentos lentos para a recuperação. A mudança no tipo de nado ou a troca das pernadas para braçadas durante os segmentos lentos permitirão maior recuperação, de modo que os atletas poderão nadar os segmentos rápidos em velocidades maiores, e assim proporcionarão maior estímulo para as fibras musculares de contração rápida, necessitando de maior contribuição do metabolismo anaeróbico. A Tabela 13.3 dá exemplos de nados *fartlek* para cada uma dessas finalidades.

Intervalos de cruzeiro

Dick Bower de Nova Orleans, Louisiana, desenvolveu os intervalos de cruzeiro. Bower e muitos outros treinadores têm utilizado esses intervalos com sucesso ao longo das últimas três décadas. A Natação com a técnica de intervalos de cruzeiro é um dos melhores procedimentos para a individualização do treinamento de resistência para grupos de nadadores de idades, sexos e capacidades diferentes.

Em muitos programas de treinamento, os tempos até a saída para uma série de repetições são estabelecidos para os nadadores mais lentos, para os nadadores médios ou para os melhores nadadores no grupo. Todos esses métodos têm pontos fracos. A maioria dos nadadores em um grupo geralmente têm demasiado descanso entre repetições quando os tempos até o início das repetições são estabelecidos para os mais lentos. Como resultado, alguns dos atletas menos motivados no grupo podem nadar com maior lentidão do que sua velocidade ótima para o treinamento de resistência, e os altamente motivados podem nadar com tamanha rapidez a ponto de simplesmente mudar a natureza da série, de uma que melhora a capacidade aeróbica para outra que melhora o metabolismo anaeróbico. Quando os tempos até o início das repetições são estabelecidos para a média do grupo, os melhores atletas ainda poderão nadar com demasiada lentidão ou rapidez, e os mais lentos serão forçados a nadar anaerobicamente para acompanhar os demais colegas. Em geral, nadadores mais lentos não completam essas séries. Tempos até o início da prática estabelecidos para os mais rápidos estendem essa resposta para todos os componentes da equipe, afora alguns dos nadadores mais rápidos do grupo.

Intervalos de cruzeiro permitem que os treinadores individualizem as velocidades de treinamento e os tempos até a saída das práticas para maior número de nadadores, com ampla variação de capacidade, que estejam treinando juntos em um número limitado de raias. A primeira etapa para o uso desse procedimento consiste em fazer com que os nadadores realizem um teste para determinar suas velocidades ideais de treinamento e tempos ideais para o início das repetições. A primeira versão desse teste preconizava que os atletas nadassem o mais rápido possível uma série de 5 × 100 jd/m no tempo até a saída. Embora esse teste funcionasse satisfatoriamente para atletas de resistência bem treinados, desde então foi substituído por um teste de 10 nados × 100, por ter sido determinado que a maior duração era mais apropriada para uma gama maior de atletas (Bower 1997). Os nadadores devem completar o teste no ritmo mais rápido possível que puderem manter, fazendo exatamente 10 s de descanso depois de cada repetição. Nadadores experientes podem controlar seu próprio processo em um relógio de ritmo, mas os principiantes talvez precisem da ajuda de treinadores e colegas de equipe posicionados no *deck* da piscina.

Tabela 13.3 Exemplos de nados *fartlek*

Para melhorar a capacidade aeróbica	**1.** Nade 1 hora sem intervalos. Alterne 200 m nado Crawl aproximando-se do ritmo do limiar anaeróbico com 100 m nado Crawl em velocidades superiores à velocidade no limiar aeróbico.
	2. Nade 2.000 jd sem intervalos. Alterne 100 jd nado Crawl aproximando-se da velocidade no limiar anaeróbico com 100 jd nado Crawl em velocidades superiores à velocidade no limiar aeróbico.
Para melhorar a resistência muscular aeróbica	**1.** Nade 30 min sem intervalos. Alterne 150 m nado de Costas em alta velocidade com 50 m de qualquer nado em baixa velocidade.
Para melhorar a resistência muscular anaeróbica	**1.** Nade 1.000 m sem intervalos. Alterne 50 m nado Borboleta em alta velocidade com 50 m de qualquer nado em baixa velocidade.
	2. Nade 800 jd sem intervalos. Alterne 75 jd nado de Costas rápido com 25 jd de um exercício de braçadas/pernadas.
Para melhorar a velocidade de tiro	**1.** Nade 700 jd sem intervalos. Alterne um tiro de velocidade de 25 jd nado Crawl com 75 jd de um exercício de braçadas/pernadas em velocidade confortável.

Procedimento para determinar tempos até a saída para intervalos de cruzeiro com base no teste apropriado

Teste = 10 × 100 com 10 s de descanso entre os nados
Tempo total para o nadador = 13'50"
13 × 60 + 50 + 10 = 840 s
840 ÷ 10 = 1'24"
Arredondamento para um intervalo de cruzeiro de 1'25"

Para cada nadador, o treinador deverá anotar o tempo total para a série completa de 10 × 100, inclusive o tempo de descanso, depois que o atleta terminou a décima repetição. Então, o treinador acrescenta 10 segundos a esse tempo, pois o nadador descansou apenas 9 vezes. Em seguida, o total é dividido por 10, e o treinador anota o quociente. O leitor encontrará um exemplo desse procedimento no quadro "Procedimento para determinar tempos até a saída para intervalos de cruzeiro com base no teste apropriado".

O procedimento habitual consiste em arredondar o quociente para cima, até o múltiplo mais próximo de 5 s, para que seja obtido o mesmo intervalo de cruzeiro para diversos nadadores com quocientes parecidos. Por essa razão, o quociente de 1'24" foi arredondado para 1'25" nos intervalos de cruzeiro testados. Um quociente de 1'26" seria arredondado para um intervalo de cruzeiro de 1'30".

Em seguida, todos os nadadores com determinado intervalo de cruzeiro são designados para a mesma raia, para que façam suas repetições de treinamento de resistência. Comumente, essas séries de repetições se prolongarão por 15 min de nado. Para as finalidades de sobrecarga, essas séries aumentam para 30 min em incrementos de 5 min à medida que os nadadores melhoram. Os atletas devem nadar cada série de acordo com as orientações do treinador. Em geral, este lhes pedirá para tentar nadar da forma mais confortável possível e simplesmente cumprir o tempo até a saída. Nesse caso, os atletas podem nadar as repetições mais lentamente do que a velocidade média de nado que conseguiram durante o teste, sem que seja diminuído o valor da série para a melhora da resistência. Exemplificando, um nadador com um tempo total de 13'50" para o teste do intervalo de cruzeiro teria um tempo médio para as repetições de 1'13". Para facilitar a administração, o tempo até a saída deve ser de 1'25" para nadadores que tiveram tempos médios de repetições entre 1'11" e 1'15" no teste do intervalo de cruzeiro.

Os atletas podem nadar as repetições de treinamento em qualquer velocidade que lhes permita cumprir um tempo designado até a saída de 1'25", mesmo no caso dessa velocidade ser mais lenta do que seu tempo médio de repetições para o teste do intervalo de cruzeiro. Dessa forma, o treinamento corresponderia ao treinamento de resistência básico. Em alguns dias, o treinador pode pedir aos nadadores que tentem o melhor tempo médio de repetições que possam atingir dentro do tempo designado para a saída. Nesse caso, os atletas treinarão no nível limiar ou de sobrecarga da resistência, dependendo da série ter tempo superior ou inferior a 20 min.

O teste do intervalo de cruzeiro será mais válido se os atletas começarem a série nadando em tempos ligeiramente mais lentos, terminando depois com tempos mais rápidos. Nadadores que começam com demasiada rapidez e perdem velocidade durante a série talvez queiram repeti-la alguns dias depois para obter resultados mais precisos.

A distância das repetições não precisa ser de 100 jd/m para o teste do intervalo de cruzeiro. Qualquer distância que os nadadores possam completar em um tempo entre 1'00" e 1'45" será satisfatória. Certamente essa variação de tempos significa que quase todos os atletas repetirão nados de 100 jd/m durante o teste. Contudo, em grandes grupos, talvez alguns dos mais jovens e menos experientes precisem nadar repetições de 50 ou 75 jd/m para atingir o limite superior da faixa de variação dos tempos.

Tão logo o treinador tenha estabelecido os intervalos de cruzeiro para cada nadador, a piscina poderá ser montada de tal modo que cada uma ou duas raias sejam alocadas para atletas com o mesmo intervalo de cruzeiro. Exemplificando, em uma piscina de seis raias, os membros da equipe mais rápida podem nadar nas raias 1 e 2 com tempos até a saída de 1'10" e 1'15", respectivamente. A maior parte do grupo pode nadar nas raias 3, 4, e 5 com um tempo até a saída de 1'20", e os nadadores mais lentos podem nadar na raia 6 com um tempo até a saída de 1'25". Se a duração da série for de 20 min e a distância das repetições for de 100 jd, o treinador poderá esperar que os nadadores mais rápidos completem 16 ou 17 repetições de 100 jd/m. Muitos dos atletas completarão 15 repetições no tempo designado, e os mais lentos completarão 14 repetições.

São duas as vantagens administrativas e fisiológicas do treinamento com intervalos de cruzeiro. Todos os nadadores começam e acabam praticamente ao mesmo tempo e treinam em ritmos e tempos até a saída suficientemente desafiadores para melhorar sua resistência, sem que venham a fracassar. Cada atleta na piscina pode treinar em seu próprio nível, independentemente da idade ou habilidade, e os nadadores poderão treinar com poucas colisões e obstruções.

Podemos utilizar distâncias de repetições superiores a 100 jd/m nas séries dos intervalos de cruzeiro; para tanto, basta dobrar o tempo de saída dos 100 jd/m para 200 repetições ou triplicá-lo para 300 repetições, e assim por diante. Para que um teste de cruzeiro seja realizado no tipo de nado desejado, também poderão ser estabelecidos intervalos de cruzeiro para cada tipo de nado competitivo, para o IM e para repetições de pernadas e braçadas.

Em seu material impresso relativo a intervalos de cruzeiro, Bower alertou para o fato de não ser cabível o resultado de um teste de intervalo de cruzeiro para o treinamento do nado Borboleta. Esse autor sugere que as distâncias das repetições sejam menores que 100 jd/m, o intervalo de descanso seja mais longo e os tempos baseados no atual ritmo do atleta para os 200 jd/m Borboleta sejam medidos. Exemplificando, bons nadadores de Borboleta devem fazer repetições de 50 jd/m em 1 min ou mais até que possam fazer 20 repetições a uma velocidade média mais rápida do que seu ritmo para uma prova de competição de 200 Borboleta. Quando atingirem essa meta, os atletas poderão diminuir o tempo até a saída em 5 s, reiniciando o processo e progredindo no sentido de obter um tempo até a saída mais rápido que lhes permita repetir 20 × 50 abaixo de seus ritmos para os 200 jd/m. Um objetivo válido para bons nadadores de Borboleta adolescentes e com mais idade consiste em atingir um ponto no qual possam nadar 20 × 50 jd em um tempo até a saída de 50 s.

O teste do intervalo de cruzeiro foi projetado para incentivar os nadadores a treinarem nas proximidades de suas velocidades no limiar anaeróbico, mas ainda não foram publicados dados que verifiquem a concretização desse objetivo. Portanto, para resolver tal problema, Richard Firman e eu testamos sua validade. Nossos voluntários foram 12 nadadores universitários de competição (Firman e Maglischo 1986). Testamos o grupo com o método antigo de 5 × 100 no tempo até a saída mais curto comumente utilizado na época da realização do nosso estudo.

Depois de termos determinado o intervalo de cruzeiro para cada nadador, pedimos aos atletas que nadassem uma série de 20 × 100 em seus tempos de saída para o intervalo de cruzeiro. Registramos as velocidades médias para cada repetição da série, comparando-as com os ritmos no limiar anaeróbico que haviam sido calculados com base em testes de sangue, realizados apenas alguns dias antes. Também coletamos amostras para determinação do lactato sanguíneo perto do final de cada série do intervalo de cruzeiro, para tomar conhecimento de suas concentrações geradas pelos nados.

Constatamos que as velocidades das repetições durante a série de intervalo de cruzeiro de 20 × 100 eram geralmente mais lentas do que os ritmos limiares dos nadadores, determinados pelos testes de sangue. Mas para 5 dos 12 voluntários, as concentrações de lactato sanguíneo ficaram ligeiramente acima dos níveis gerados quando os atletas nadaram em seus limiares anaeróbicos. Para os 7

voluntários restantes, os níveis de lactato sanguíneo foram iguais ou ficaram próximos dos níveis associados aos seus limiares anaeróbicos.

Nossa conclusão foi que os intervalos de cruzeiro constituem um método efetivo para incentivar os nadadores a treinarem nos seus limiares anaeróbicos. Embora não tenhamos investigado sua validade, o teste de 10 × 100 descrito anteriormente aumentaria de forma muito provável o número de nadadores em qualquer grupo que estivesse treinando nas proximidades de suas velocidades de limiar anaeróbico, simplesmente porque a distância de teste mais longa enfatiza mais a resistência.

Bower (1997) também propôs a adição de intervalos de cruzeiro-mais e de cruzeiro-menos ao procedimento de treinamento no intervalo de cruzeiro, para que sua utilização fosse estendida também aos treinamentos básico de resistência e de resistência em sobrecarga. Os intervalos de cruzeiro planejados para simular o treinamento básico de resistência são denominados *cruzeiro-mais,* e aqueles planejados para simular o treinamento de resistência em sobrecarga são designados *cruzeiro-menos.* Repetições no intervalo de cruzeiro-menos são nadadas com uma redução de 5 s por 100 no tempo de saída da repetição no intervalo de cruzeiro. Assim, os atletas precisam nadar com mais rapidez para cumprir o tempo de saída, e essa modificação colocaria a maioria dos atletas na faixa metabólica para treinamento de resistência em sobrecarga. Se o treinador optar pelo uso de tempos até a saída do tipo cruzeiro-menos, a duração da série deverá ser inferior a 15 min. Ao ser utilizado o procedimento de cruzeiro-mais, comumente são acrescentados 5 ou 10 s ao tempo até a saída do intervalo de cruzeiro testado. Esse tempo adicional permite que os atletas nadem mais lentamente, mas ainda assim cumpram o tempo até a saída. Com os atletas nadando cada repetição com muita rapidez e utilizando o descanso adicional para sua recuperação, os tempos até a saída com o procedimento de cruzeiro-mais também podem ser utilizados para o treinamento da velocidade de resistência em sobrecarga e para repetições em velocidade. Por essa razão, os treinadores devem especificar a finalidade das repetições em cruzeiro-mais, de modo que seus atletas nadem corretamente essas séries. Quando a finalidade é nadar em velocidade básica de resistência, eles devem nadar mais lentamente do que o fazem nas séries de rotina com a técnica de intervalo de cruzeiro. Quando a finalidade é treinar nas faixas de resistência em sobrecarga com intervalos de cruzeiro-mais, as séries devem ser mais curtas do que o habitual, e os atletas podem nadar com mais rapidez do que o comum.

Maior velocidade na última repetição é outra modificação no procedimento de intervalo de cruzeiro introduzida por Bower nos últimos anos. Esse método envolve o nado da última repetição de uma série com maior rapidez do que as repetições precedentes. Em alguns casos, os nadadores ganham mais 1 min de descanso antes dessa repetição, para que possam nadar com maior rapidez. Esse procedimento atende a muitas finalidades. A maior velocidade na última repetição acrescenta uma dimensão de treinamento de velocidade a todas as séries de intervalo de cruzeiro e, portanto, melhora o metabolismo anaeróbico. A tentativa de nadar a última repetição com maior velocidade que as repetições precedentes também pode indicar problemas potenciais de treinamento. Quando os atletas não podem nadar a repetição final mais rapidamente do que nadaram as repetições precedentes, é porque estavam provavelmente exagerando durante a série. Tal atitude apenas será benéfica quando a finalidade da série for nadar em velocidade de resistência em sobrecarga ou com maior rapidez ainda. Certamente tal atitude não é desejável em séries projetadas para incentivar a Natação em velocidades de resistência limiares e básicas. Quando um atleta não pode nadar sua última repetição de séries de intervalo de cruzeiro ou de cruzeiro-mais com muita rapidez, talvez esteja passando por diversas reações negativas ao treinamento. O atleta pode ter entrado em um estado de falha de adaptação. A incapacidade de nadar a última repetição com rapidez pode também significar grave depleção do glicogênio muscular, deficiência nutricional, falta de motivação que pode ter origem hormonal ou surgimento iminente de uma enfermidade debilitante.

Séries de repetições australianas com contagem da frequência cardíaca

O Dr. Bob Treffene, ilustre cientista australiano do exercício, desenvolveu as séries de repetições australianas com contagem da frequência cardíaca. O método consiste em uma série de repetições de resistência nadadas com maior velocidade do que o ritmo no limiar anaeróbico, com um intervalo para descanso de duração média. O nome da série provém do fato de que as velocidades de treinamento são monitoradas pela contagem das frequências cardíacas dos atletas durante as repetições. As séries de frequência cardíaca foram planejadas principalmente para melhorar a velocidade de remoção do lactato dos músculos e do sangue. Treffene et al. (1980) informaram que a taxa máxima de remoção do lactato dos músculos para o sangue ocorre em velocidades 6 a 14% mais rápidas do que aquelas em que ocorre o limiar anaeróbico. Consequentemente, as séries de frequência cardíaca foram projetadas com a ideia de que os atletas deveriam nadar séries de resistência em velocidades que os incentivassem a ter uma velocidade máxima de remoção de lactato dos

músculos. Com isso, estimulariam a melhora desse mecanismo fisiológico.

Outros pesquisadores questionaram a validade das séries de frequência cardíaca com essa finalidade. Seus resultados demonstram que as taxas máximas de remoção do lactato são alcançadas em velocidades mais baixas do que as do limiar anaeróbico. Entretanto, é sólida a evidência não científica em favor das séries de frequência cardíaca, o que pode ser constatado pelo fato de que todos os medalhistas australianos nos Jogos Olímpicos de 1992 e 1996 utilizaram séries de frequência cardíaca no seu treinamento.

As séries de frequência cardíaca seriam classificadas como treinamento de resistência em sobrecarga (En-3). Como tal, as adaptações capazes de serem produzidas pelo treinamento devem ser idênticas às descritas por mim nessa categoria de treinamento. Provavelmente, a principal vantagem das séries de frequência cardíaca com relação ao treinamento de resistência mais lento é que tais séries envolvem todas as fibras musculares de contração rápida, bem como as fibras musculares de contração lenta, e isso incentiva as adaptações naquelas fibras que aumentarão a utilização do oxigênio e as taxas de remoção do lactato.

As séries de frequência cardíaca são elaboradas da seguinte maneira:

- A série não deve durar menos de 15 min de nado real, embora 30 min seja o tempo de nado ideal para a maioria dos atletas. Adolescentes e adultos jovens nadadores de Crawl comumente completam 2.400 a 3.000 m em 30 min, mas nadadores de outros tipos de nado talvez sejam capazes de nadar apenas 2.000 a 2.400 m nesse mesmo tempo.

- As distâncias de repetições sugeridas para nadadores de resistência se situam entre 100 e 400 m. Para nadadores meio-fundistas, as distâncias ideais para as repetições ficam entre 50 e 200 m, e para velocistas, devem se situar entre 50 e 100 m. Recomendo essas distâncias por permitirem que os atletas nadem mais perto da velocidade de prova nas séries de frequência cardíaca.

- Os intervalos para descanso devem ser mais curtos do que o tempo necessário para o nado das repetições. Ao mesmo tempo, devem ser um pouco mais longos do que os tempos tipicamente utilizados durante a Natação de resistência básica, de modo que os atletas possam repetir os nados mais perto da velocidade de prova. Exemplificando, bons nadadores de Crawl podem selecionar tempos até a saída entre 1'30" e 2'00" para repetições de 100 m. Tempos até a saída nessa faixa geralmente proporcionam algo entre 30 e 40 s de descanso entre nados para a maioria dos atletas. Os nadadores devem fazer repetições de 50 m em tempos até a saída de 1'00" a 1'30", de modo que tenham entre 30 e 45 s de descanso entre repetições.

- Todos os atletas devem nadar as séries de frequência cardíaca a uma velocidade que exceda seu ritmo de limiar anaeróbico e o mais perto possível do ritmo de prova. Comumente os nadadores fundistas serão capazes de nadar séries de frequência cardíaca nas proximidades da velocidade de prova quando as repetições forem curtas. Esses atletas devem ser capazes de nadar repetições com mais rapidez do que o ritmo de 1.500 m para repetições de 50 m e em um nível muito próximo a esse ritmo para repetições de 100 m. Em geral, irão nadar repetições mais longas com um pouco mais de lentidão do que a velocidade de prova, mas ainda deverão exceder sua velocidade no limiar anaeróbico. Atletas meio-fundistas também serão capazes de nadar séries de frequência cardíaca nas proximidades da velocidade de prova quando a distância das repetições for igual a 50 m e devem ser capazes de nadar apenas ligeiramente abaixo da velocidade de prova quando a distância das repetições for de 100 m. Já no caso dos velocistas, a velocidade das repetições sempre será mais lenta do que a velocidade de prova. Apesar disso, como os nadadores nos outros grupos, os velocistas devem nadar tais séries com mais rapidez do que seus ritmos individuais no limiar anaeróbico.

- O verdadeiro indicador da velocidade correta para os atletas durante essas séries é a frequência cardíaca. A frequência cardíaca deve ficar dentro de 10 a 20 bpm da frequência máxima de cada nadador depois dos primeiros 500 m da série de repetições, e os nadadores devem manter essas frequências em 10 bpm abaixo do máximo durante a maior parte da série. Os atletas devem se esforçar para atingir frequências cardíacas máximas durante os últimos 200 m de cada série. O treinador especificará frequências cardíacas altas, mas submáximas, para a maior parte da série, para certificar-se de que os atletas nadem com intensidade suficiente para incentivar elevadas taxas de remoção de lactato, embora não tão rapidamente a ponto de os atletas não poderem completar a série. Consequentemente, eles devem baixar o ritmo se suas frequências cardíacas excederem o máximo menos 10 bpm antes dos últimos 200 m de cada série de repetições.

- Nadadores meio-fundistas e fundistas devem praticar séries de frequência cardíaca duas ou três vezes por semana. Velocistas devem nadar apenas uma série de frequência cardíaca a cada semana. Essas séries tendem a promover depleção do glicogênio muscular, particularmente nas fibras musculares de contração rápida. Assim, os velocistas podem achar que a Natação de séries de frequência cardíaca com demasiada frequência interferirá na qualidade do seu trabalho de velocidade em outras ocasiões durante a semana. Esses atletas precisam de tempo suficiente para repor a principal fonte de energia em seus músculos.

A Tabela 13.4 ilustra um exemplo de série de frequência cardíaca completada por um nadador de Peito com um melhor tempo de 1'09". A série consiste de 15 × 100 m de nado de Peito em um tempo até a saída de 2 min.

Para as finalidades administrativas, pode-se assumir uma frequência cardíaca máxima de 200 para nadadores nas suas primeiras práticas de séries de frequência cardíaca. Assim que tenham completado uma série, a frequência cardíaca máxima que alcançaram será utilizada para todas as demais séries subsequentes. Mas depois disso, cada atleta deve ter identificado sua frequência cardíaca máxima, de modo a promover de maneira mais efetiva o nado dessas séries. A frequência cardíaca máxima de determinado nadador pode ser obtida pela contagem das frequências cardíacas para as últimas repetições durante as primeiras duas ou três séries de frequência cardíaca realizadas por ele. Esse máximo poderá ser revisado para cima a qualquer momento em que o nadador obtiver um valor mais alto durante uma série subsequente de frequência cardíaca.

A experiência com esse tipo de treinamento resultou no desenvolvimento de outra série de frequência cardíaca utilizada por muitos treinadores de Natação australianos bem-sucedidos. Com esse método, os nadadores diminuem seus tempos periodicamente ao longo da série, utilizando suas frequências cardíacas para monitorar a quantidade em

Tabela 13.4 Resultados de uma série de frequência cardíaca para um nadador de Peito

Melhor tempo do nadador para os 100 m nado de Peito = 1'09".
Frequência cardíaca máxima = 211.
Série: 15 × 100 em 2 min, metros em piscina curta.

Nº	Tempo (s)	Frequência cardíaca (BPM)
1	1'20"9	
2	1'20"6	181
3	1'19"5	185
4	1'19"2	186
5	1'19"0	187
6	1'18"4	190
7	1'17"9	191
8	1'17"6	192
9	1'18"2	195
10	1'17"7	195
11	1'17"7	197
12	1'17"3	198
13	1'17"2	199
14	1'17"2	200
15	1'15"5	205

Adaptado de Treffene 1995.

que aumentam sua velocidade de nado. O procedimento habitual consiste em dividir a série de repetições em três partes. Os atletas nadam o primeiro terço das repetições na frequência cardíaca máxima menos 30 bpm; o segundo terço é nadado na frequência cardíaca máxima menos 20 bpm, e a maior parte do terço final da série é nadada na frequência cardíaca máxima menos 10 bpm. Os nadadores devem tentar obter frequências cardíacas máximas na última ou nas duas últimas repetições da série.

Esse método de Natação não é tão intenso como o tipo tradicional da série de frequência cardíaca. Em consequência, os atletas podem utilizá-lo mais frequentemente durante a semana. Os primeiros dois terços desse tipo de série de frequência cardíaca provavelmente correspondem ao nado no limiar, conforme minha definição. O terço final corresponde à minha definição de nado de resistência em sobrecarga.

Séries de repetições com tempos decrescentes

Séries de repetições com tempos decrescentes são muito parecidas com o tipo de série que acabei de descrever. Alguns treinadores preferem usar a denominação *série progressiva* ao se referirem às repetições de nados que se tornam progressivamente mais rápidas. Um exemplo de série com tempos decrescentes seria nadar 6×300 m em um tempo até a saída de 3'45", tentando nadar uma ou duas repetições mais rapidamente do que as repetições precedentes.

Séries desse tipo constituem uma forma excelente de treinamento de resistência para treinadores e nadadores que não querem se preocupar com a monitoração da velocidade ou intensidade do treinamento com lactatos sanguíneos, frequências cardíacas ou esforços percebidos.

A distância da série deve consumir pelo menos 15 min de nado; assim, quase todos os nadadores adolescentes a adultos poderão nadar pelo menos 1.000 jd/m. As repetições podem ter qualquer medida que seja considerada apropriada. Os intervalos para descanso devem ser curtos, para que fiquem em conformidade com a natureza de resistência da série, embora possam ser um pouco mais longos perto do final da série, para incentivar velocidades mais altas.

Os tempos das repetições podem ser reduzidos de diversas maneiras. As velocidades podem, por exemplo, ser aumentadas progressivamente a espaços de uma a duas repetições, desde o início até o final da série, ou podem ser aumentadas em estágios, da mesma maneira descrita para a forma alternativa de séries de frequência cardíaca na seção precedente. Finalmente, os tempos das repetições podem ser reduzidos com os atletas nadando a uma velocidade constante na maior parte da série e, em seguida,

terminando com algumas repetições muito rápidas, para enfatizar a melhora da capacidade aeróbica, do tamponamento e da taxa de metabolismo anaeróbico. A diminuição progressiva dos tempos ao longo da série permitirá que o atleta treine para melhorar a capacidade aeróbica e a remoção do lactato nas fibras musculares de contração lenta no início da série e, em seguida, mude a ênfase para a melhora dos mesmos mecanismos nas fibras musculares de contração rápida, mais para o final da série.

A vantagem das séries com tempos decrescentes é que podem ser nadadas ao longo de todo o espectro de velocidades de treinamento de resistência, desde o treinamento de resistência básico até o treinamento em sobrecarga, na mesma série. Os nadadores também podem inserir algum treinamento de velocidade, nadando com muita rapidez nas últimas repetições. Consequentemente, eles sabem que estão treinando seus sistemas respiratório e circulatório e todas as diversas facetas do metabolismo da energia, tanto nas suas fibras musculares de contração lenta como de contração rápida em uma mesma série de repetições, e podem concluir essa tarefa sem necessidade de testes ou de monitoração de suas velocidades de treinamento.

Em minha experiência, percebi que atletas bem-sucedidos treinam mais com esse tipo de série do que com qualquer outro método. A grande vantagem desse treinamento é que os atletas podem impor esforço em diversas fases do metabolismo com uma só série de repetições, tanto nas fibras musculares de contração lenta como nas de contração rápida. Uma segunda vantagem é que eles nadam em velocidade submáxima na maior parte da série, de modo a aplicar esforço no metabolismo aeróbico, com pouca interferência do metabolismo anaeróbico até que a série tenha praticamente se encerrado. Assim, os nadadores podem ficar razoavelmente seguros de que a acidose não interferirá na obtenção das adaptações ao treinamento de resistência ou nos benefícios buscados, mesmo que seu progresso no treinamento não esteja sendo absolutamente monitorado.

Uma possível desvantagem das séries de Natação com tempos decrescentes é que alguns atletas podem nadar muito lentamente, por muito tempo em cada série com muita frequência. Alguns nadadores tendem a treinar com muita lentidão na maior parte da série, para que possam nadar com muita velocidade durante as últimas repetições. É aceitável, e mesmo desejável, o nado da maior parte das repetições em uma série de tempos decrescentes em velocidade de resistência básica, se a finalidade for a melhora da resistência das fibras musculares de contração lenta, durante a recuperação de séries prévias que foram praticadas com maior intensidade. Mas nessas séries, os atletas devem baixar seus tempos das repetições mais cedo, quando o objetivo for melhorar a resistência das fibras musculares de contração rápida.

Um dos maiores erros que nadadores motivados podem cometer durante séries de repetições com tempos decrescentes e durante outros tipos de séries de repetições de resistência é passar do ponto. Passar do ponto é a expressão utilizada para descrever aquela situação na qual os atletas tentam nadar séries de repetições a uma velocidade pouco realista. O nado demasiadamente rápido em um momento prematuro durante séries de resistência com tempos decrescentes pode fazer com que os nadadores entrem em acidose antes que tenham completado a maior parte da série. Se isso ocorrer, os nadadores devem diminuir o ritmo para a velocidade de recuperação durante o restante da série. O resultado é que os atletas treinam o metabolismo anaeróbico, e particularmente a capacidade de tamponamento, com uma intensidade maior do que treinam os mecanismos responsáveis pela liberação de oxigênio e remoção do lactato. Comumente a acidose ocorre tão no início da série que, na verdade, o metabolismo aeróbico sofrerá um retardo, e as adaptações desejadas não ocorrerão.

Muitos nadadores acreditam, equivocadamente, que treinam corretamente quando passam do ponto, porque se esforçaram até o limite durante a série de repetições. A realidade é que sua rápida velocidade nas fases iniciais da série enfatiza o metabolismo anaeróbico e reduz o efeito do treinamento no metabolismo aeróbico. Depois disso, sua lenta velocidade durante as últimas repetições não será suficiente para estimular qualquer melhora significativa no metabolismo aeróbico ou anaeróbico, apesar da dificuldade que sentem em completar a série. As únicas vantagens em nadar uma série de repetições dessa forma são: melhorar a tolerância à dor, aumentar a capacidade de tamponamento e melhorar a capacidade de manter uma boa mecânica de nado em uma situação de cansaço. Mas há também desvantagens nesse método. Em primeiro lugar, os efeitos do treinamento são todos anaeróbicos e pouco farão para melhorar a resistência aeróbica e, em segundo lugar, podem ocorrer lesões musculares e articulares que impedirão a continuidade do treinamento durante vários dias. Por essas razões, os atletas não devem passar do ponto durante suas séries de tempos decrescentes com muita frequência (se é que isso deva ocorrer). Eles podem obter efeitos de treinamento anaeróbico mais efetivos com outros métodos, que serão descritos na seção sobre treinamento de velocidade no capítulo que se segue.

Séries de repetições com descansos decrescentes

Quando atletas treinam com séries de repetições com descansos decrescentes, nadam com um tempo até a saída decrescente, desde o início até o final da série. O tempo até a saída pode ser progressivamente diminuído por certo número de segundos a cada repetição, ou pode ser baixado em estágios, reduzindo o tempo até a saída depois que tenha sido completado um número especificado de repetições. O tempo até a saída pode ser baixado sem interrupção entre estágios, ou pode ser introduzido um breve período de recuperação entre estágios, de modo que o longo grupo de repetições seja nadado na forma de várias séries mais curtas. Um exemplo de série de repetições com descanso decrescente seria nadar 30 × 100 m. O tempo até a saída seria 1'20" nas primeiras 10 repetições, 1'15" nas 10 repetições intermediárias e 1'10" nas 10 repetições finais.

Em grande parte, as séries de repetições com descansos decrescentes atendem aos mesmos propósitos descritos para as séries de tempos decrescentes. Elas permitem que os atletas treinem ao longo de todo o espectro dos metabolismos aeróbico e anaeróbico, utilizando tanto fibras musculares de contração lenta como de contração rápida, sem interferência da acidose. Os atletas tendem a nadar as partes iniciais dessas séries em menor velocidade, por saberem que terão de nadar com maior velocidade mais tarde, quando diminui o tempo até a saída. Assim, eles treinarão aerobicamente (nas zonas básica e limiar) nas partes iniciais da série e anaerobicamente (na zona de sobrecarga) durante as últimas repetições.

Séries de repetições nos tempos mais curtos até a saída

Tendo em vista serem tão desafiadoras, as séries de repetições nos tempos mais curtos até a saída são uma forma popular de treinamento de resistência. O objetivo é que os atletas completem uma série de repetições no mais curto tempo até a saída que lhes permita terminar uma repetição antes do momento de iniciar a repetição seguinte. Um exemplo de série de repetições nos tempos mais curtos até a saída seria nadar 20 × 100 m em 1'10", assumindo que a maior parte das repetições seria nadada em velocidades de 1'03" até 1'07".

O treinamento com esse procedimento oferece muitas vantagens. O curto tempo até a saída incentiva os atletas a nadar em velocidades que sobrecarregam mais o metabolismo aeróbico e menos o metabolismo anaeróbico; com isso, ocorre um adiamento da acidose grave até que os atletas tenham completado a série. Os nadadores aprendem o valor do uso de ritmo quando treinam. Frequentemente, nadadores inexperientes cometem o erro de pensar que o ato de nadar com rapidez lhes proporcionará mais descanso e, com isso, seria mais fácil a tarefa de completar a série. O que esses atletas não percebem é que o nado com demasiada rapidez no início da série acarreta acidose, o que faz com que eles não consigam cumprir o tempo até a saída nas partes mais adiantadas da série. Depois das primeiras tentativas, os nadadores aprendem rapidamente que nadar mais lentamente e cumprir no limite o tempo até a saída no início da série são atitudes que lhes permitirão melhorar sua capacidade de cumprir os tempos até a saída nas repetições mais avançadas da série. Ao aplicar essa experiência nas suas provas, esses atletas podem aprender que um ritmo regular ou um *split* negativo comumente resultarão em desempenhos mais rápidos nas competições em provas de distâncias médias e longas.

Outra vantagem importante das séries de repetições nos tempos mais curtos até a saída é que, no caso de nadadores meio-fundistas e fundistas, essa técnica sobrecarrega o metabolismo de maneira efetiva. Ao nadar as séries em tempos muito curtos até a saída, esses atletas se treinam para manter alguma velocidade submáxima determinada com um descanso progressivamente menor, trabalhando para a concretização de um objetivo, o de nadar nessa velocidade absolutamente sem descanso. Eles melhorarão sua capacidade de nado em um percentual mais alto de $\dot{V}O_2$ máx, sem que seja produzida uma acidose grave (o limiar anaeróbico respiratório). Além disso, melhorarão sua capacidade de tamponamento, por causa do desenvolvimento progressivo da acidose ao longo de toda a série.

Provavelmente, séries de repetições longas com o tempo mais curto possível até a saída enfatizam ao máximo a melhora da resistência aeróbica. Séries de repetições mais curtas em tempos muito curtos até a saída talvez não sejam longas o suficiente para a estimulação do metabolismo muscular aeróbico e da remoção de lactato com a mesma eficácia que ocorre com a estimulação por séries mais longas. Portanto, é provável que o efeito principal do treinamento com as séries curtas seja uma melhora na capacidade de tamponamento muscular.

Séries de repetições em distâncias mistas

Séries de repetições em distâncias mistas são elaboradas pela combinação de repetições de diferentes distâncias em uma mesma série, completada pelos nadadores com curtos intervalos de descanso. Um exemplo de série de repetições em distâncias mistas seria nadar 300 m em 4'00", 200 m em 2'45" e 100 m em 1'30". Então, os nadadores podem repetir quatro vezes essa série; podem passar do término de uma série imediatamente para o início da série seguinte sem descanso ou podem fazer um breve período de recuperação entre séries.

Séries desse tipo podem ser montadas com o objetivo de treinamento de resistência básico, limiar ou em sobrecarga. Basta exigir velocidades mais rápidas ou mais lentas e encurtar ou alongar os tempos até a saída. Tempos mais curtos até a saída e séries longas incentivarão os nadadores a treinar na zona de resistência básica. Tempos até a saída um pouco mais longos ou séries mais curtas (distância total inferior a 3.000 m) permitirão aos atletas nadar em velocidade limiar, e eles poderão nadar nas zonas de resistência em sobrecarga se as séries forem ainda mais curtas (distância total inferior a 2.000 m), ou se aumentar o tempo até a saída. O nado de um grupo de séries sem interrupção entre elas incentiva os nadadores a permanecer nas zonas de treinamento básico e limiar de resistência, para que possam completar todas as séries. O uso de curtas interrupções entre séries incentiva os atletas a nadar a última repetição de cada série na zona anaeróbica, porque terão algum tempo para sua recuperação antes que seja iniciada a próxima série.

Em geral, as séries de distâncias mistas funcionam como séries decrescentes. A estratégia de começar com distâncias de repetições mais longas, diminuindo-as ao longo da série, incentivará os nadadores a aumentar sua velocidade ao longo de sua progressão. A estratégia de começar com distâncias de repetições mais curtas, aumentando-as ao longo da série, incentivará os nadadores a praticar as primeiras repetições em um ritmo ligeiramente mais baixo, para que possam cumprir o tempo até a saída nas repetições mais longas. Consequentemente, as séries de distâncias mistas, como as séries decrescentes, incentivam o desenvolvimento da resistência em todos os tipos de fibras musculares, ao mesmo tempo em que adiam a acidose até as partes finais da série.

A principal vantagem das séries de distâncias mistas é a variedade oferecida aos nadadores, em comparação com séries em que todas as repetições têm a mesma distância.

Séries de repetições com velocidades mistas

Uma série em que as velocidades são aumentadas ou diminuídas para certas repetições dentro da série constitui a definição da série de repetições com velocidades mistas. Esse tipo de série pode fazer com que os atletas nadem quatro séries de 5 × 100 m com um tempo até a saída de 1'30". Diante disso, os atletas nadam a série de diversas maneiras. Em um dos métodos possíveis, o atleta nadaria as primeiras 3 repetições × 100 m de cada série em um ritmo de resistência básica e as duas repetições finais de 100 m em um ritmo limiar. Como alternativa, o atleta poderia nadar 4 × 100 de cada série em um ritmo de resistência básica ou limiar e os 100 m finais em velocidade de prova para um evento de 200 ou 400 m. A mesma série também poderia ser proposta aos atletas para melhorar a capacidade de tamponamento, fazendo com que estes fizessem os primeiros 4 × 100 de cada série em velocidade de recuperação e o quinto trecho de 100 m em ritmo de tiro de velocidade.

Séries desse tipo são excelentes para incentivar os nadadores a combinar todos os três níveis de treinamento de resistência. As repetições mais lentas melhoram o consumo de oxigênio e as taxas de remoção de lactato das fibras musculares de contração lenta, e as repetições mais rápidas fazem o mesmo tanto para as fibras musculares de contração lenta como para as de contração rápida. Ao mesmo tempo, as repetições rápidas ajudam a melhorar a capacidade de tamponamento em todas as fibras musculares. As séries de repetições com velocidades mistas também se mostram efetivas para o treinamento de velocidade, porque o nado confortável durante certo número de repetições entre as repetições rápidas de determinada série proporciona uma recuperação mais rápida da acidose. No próximo capítulo, voltarei a falar um pouco mais sobre o uso das séries de repetições com velocidades mistas com essa finalidade.

As séries de repetições com velocidades mistas devem ser elaboradas cuidadosamente, quando a finalidade de sua aplicação é melhorar a resistência. Caso haja uma expectativa excessiva com relação à repetição final de cada série, os atletas tenderão a nadar as outras repetições da série em níveis de velocidade de recuperação, o que gerará um estímulo insuficiente para melhorar a resistência aeróbica.

Séries de repetições com nados mistos

Diversos tipos de nados competitivos são mesclados em um mesmo grupo de repetições. Essa é a definição das séries de repetições com nados mistos. A Tabela 13.5 fornece exemplos desse tipo de série.

A primeira série é elaborada principalmente para melhorar a capacidade aeróbica. Os nadadores devem fazer a maior parte das suas repetições na zona de resistência básica, nadando apenas as últimas repetições em maior velocidade. O segundo grupo de séries também é planejado para melhorar a capacidade aeróbica, embora os atletas possam nadar a repetição em nado Borboleta ao final de cada série com intensidade ligeiramente maior. Os atletas não devem nadar essa repetição tão rapidamente a ponto de não conseguirem manter um ritmo de resistência básica na primeira repetição da série seguinte. Eles podem mesclar os diversos nados competitivos (conforme mostramos nesta seção), ou se concentrar em apenas dois ou três tipos de nado. No exemplo nº 3, as pernadas e braçadas são mescladas com repetições de Natação em que dois tipos de nado competitivos, Crawl e Borboleta, são utili-

---

Tabela 13.5 Séries de repetições em nados mistos

Nesse exemplo, assumimos que o nadador tenha um ritmo em limiar anaeróbico de 1'10" por 100 m.	
Exemplo nº 1: A finalidade é melhorar a capacidade aeróbica.	4 × 200 m nado Crawl em um tempo até a saída de 2'45"
	6 × 150 m nado de Costas em um tempo até a saída de 2'30"
	8 × 100 m nado de Peito em um tempo até a saída de 1'45"
	10 × 50 m nado Borboleta em um tempo até a saída de 50 s
	Total = 3.000 m
Exemplo nº 2: A finalidade é melhorar a capacidade aeróbica. Nade essa série quatro vezes.	1 × 300 m nado Crawl em um tempo até a saída de 4'00"
	1 × 200 m nado de Costas em um tempo até a saída de 3'00"
	1 × 150 m nado de Peito em um tempo até a saída de 2'40"
	1 × 100 m nado Borboleta em um tempo até a saída de 1'45"
	Total = 3.000 m
Exemplo nº 3: A finalidade é melhorar a resistência muscular aeróbica e a capacidade de tamponamento. Nade essa série quatro vezes.	1 × 400 m nado Crawl em um tempo até a saída de 5'00"
	1 × 200 m de pernadas de Crawl em um tempo até a saída de 3'30"
	1 × 100 m nado Borboleta em um tempo até a saída de 2'00"
	1 × 300 m de um exercício de braçadas em um tempo até a saída de 4'30"
	Os 400 m nado Crawl e os 100 m nado Borboleta devem ser realizados na zona de resistência em sobrecarga. As repetições de pernadas e braçadas devem ser nadadas na zona de recuperação.
	Total = 4.000 m (1.600 m de treinamento de resistência em sobrecarga, 400 m de treinamento para tamponamento e 2.000 m de nado para recuperação)

zados em um grupo de séries de repetições. A finalidade é melhorar a resistência muscular aeróbica com as quatro séries de 400 m em nado Crawl e a capacidade de tamponamento com as quatro séries de 100 m em nado Borboleta. As repetições de pernadas e braçadas funcionam como descanso ativo, para ajudar na recuperação.

Frequentemente essas séries são combinadas com séries de repetições em distâncias mistas, conforme mostramos no exemplo nº 1. Nesse caso, os atletas nadam cada tipo de nado competitivo em uma distância diferente. Com a distância das repetições ficando progressivamente mais curta e com o nado de Peito deixado para o fim, os nadadores devem ritmar as primeiras repetições, nadando rapidamente ao final de cada série. A prática dessa série com um tempo curto até a saída incentivará os atletas para que nadem aerobicamente na maior parte da série e anaerobicamente no final.

Podemos incentivar o treinamento de resistência ou o treinamento de velocidade, quando as repetições são agrupadas em um número de séries, o que fica ilustrado pelo exemplo 2. Para o treinamento de resistência, os atletas devem nadar a uma velocidade moderada até a repetição final de cada série. A manutenção de tempos curtos até a saída e de pouco ou nenhum descanso entre séries incentivará os atletas a nadar essas repetições nas zonas de resistência básica e limiar. Nesse caso, a repetição final de cada série não será extremamente rápida, porque os nadadores logo aprenderão que não conseguirão aguentar a intensa acidose produzida nessa repetição, e ainda assim nadar nas zonas de resistência básica e limiar durante as séries de repetições subsequentes. Esse tipo de série pode ser utilizado para o treinamento de velocidade. Basta designar apenas certas repetições como de velocidade e utilizar as repetições restantes na série para a recuperação.

Séries de repetições em tipos de nados mistos também podem ser montadas mesclando tipos de nados, braçadas e pernadas como no exemplo nº 3. Séries assim elaboradas podem ser utilizadas no treinamento para resistência ou velocidade, bastando seguir as orientações fornecidas no parágrafo precedente.

Séries desse tipo são populares entre os nadadores e treinadores, porque tais exercícios tendem a não enfadar o atleta como ocorre com outros tipos de séries de repetições. Essas séries podem ser efetivas para o treinamento básico de resistência e para o treinamento de velocidade, mas são também um dos métodos menos efetivos para melhorar a resistência das fibras musculares de contração rápida. A mudança de tipos de nado e a mescla de exercícios de pernadas e braçadas com a Natação tendem a reduzir a duração do estímulo para o treinamento aeróbico recebido por qualquer grupo de fibras musculares.

Certamente, os nadadores utilizam alguns dos mesmos grupos musculares em todos os tipos de nado competitivo, mas talvez um tipo de nado não precise dos grupos musculares utilizados por outro tipo. O efeito do descanso para algumas fibras de repetição é ainda mais exagerado, quando repetições de nados completos são mescladas com repetições de braçadas ou de pernadas.

Conforme citado anteriormente, as séries de repetições com tipos de nado mistos têm duas utilizações importantes. Essas séries constituem um método excelente para a montagem de séries singulares e interessantes para o treinamento básico de resistência. Também podem ser muito efetivas para o treinamento de velocidade; para que essa finalidade seja alcançada, os atletas devem nadar apenas certas repetições na série com rapidez e completar outras em nível de recuperação.

Acredito que as séries de repetições com nados mistos estejam sendo excessivamente utilizadas para o treinamento de resistência. Tendo em vista que essas séries não são tão efetivas para essa finalidade, recomendo seu uso apenas ocasionalmente. Séries nas quais os nadadores fazem todas as repetições em um tipo de nado são muito mais efetivas para melhorar a resistência.

Treinamento hipóxico

Hipóxia é o nome utilizado para identificar uma redução no suprimento de oxigênio no sangue e nos tecidos do corpo. *Treinamento hipóxico* refere-se à prática do nado em uma distância repetida com um padrão de restrição respiratória, na crença de que isso reduzirá o suprimento de oxigênio. Ao nadarem repetições hipóxicas, os nadadores não respiram uma só vez durante cada ciclo de braçadas/pernadas, como é prática comum. Em vez disso, prendem a respiração por um ou mais ciclos, antes de respirarem novamente.

A finalidade original do treinamento hipóxico era estimular o treinamento em locais de grande altitude. Os proponentes acreditavam que a redução da frequência de respirações dos atletas também limitaria seu suprimento de oxigênio e criaria o mesmo tipo de hipóxia que ocorre em locais de grande altitude. Pesquisas demonstraram que essa suposição está incorreta. Vários estudos publicados relataram que o treinamento hipóxico não reduz o aporte de oxigênio aos tecidos (Craig 1978; Dicker et al. 1980; Stager et al. 1985; Stanford et al. 1985; Van Ness e Town 1989; Yamamoto et al. 1985). Embora alguns dos estudos tenham informado pequenas reduções no oxigênio alveolar, estas não eram suficientes para a simulação de condições na altitude.

Apesar de resultados como esses, o nado hipóxico continua a ser uma forma popular de treinamento para nadadores de competição, talvez por produzir outros efeitos de treinamento atualmente não identificados. Por outro lado, pode ser simplesmente que a dificuldade de nadar com limitação da respiração atraia treinadores e atletas por causa do esforço e disciplina exigidos. Alguns treinadores argumentam que um treinamento capaz de causar tanta aflição deve trazer alguma vantagem para os nadadores.

Entretanto, os efeitos benéficos não são evidentes, pelo menos no que tange à capacidade aeróbica. Tendo em vista que o treinamento hipóxico não simula condições na altitude, essa técnica não será mais efetiva do que o treinamento normal, no que diz respeito ao aumento dos glóbulos vermelhos ou à geração de outras adaptações que têm sido atribuídas ao treinamento na altitude. Pode-se argumentar que, na verdade, a restrição da respiração pode reduzir o efeito global do treinamento aeróbico. Quando os atletas respiram menos durante longos nados, ou em longas séries de repetições, devem necessariamente nadar com mais lentidão, para que o pH muscular não decline prematuramente (Van Ness e Town 1989). Um suprimento de oxigênio comprometido provocará mais produção de ácido lático, o que, por sua vez, provocará maior acidose em velocidades mais lentas. Portanto, ao tentar cobrir uma grande distância com respiração restringida, os nadadores terão de nadar mais lentamente do que o fariam se estivessem respirando com regularidade. Essa circunstância poderia resultar em, pelo menos, uma reação física indesejável: os atletas nadarão mais lentamente do que poderiam em outras condições, e assim sua mecânica de nado se aproximará menos da prática nas provas de competição. Se os atletas tentarem nadar em sua velocidade de treinamento normal, gerarão uma acidose frequente e intensa, que poderá lesionar o tecido muscular com maior rapidez do que a possibilidade de sua reparação. Com o passar do tempo, os nadadores sentirão perda de força, velocidade e resistência.

Todos os atletas têm tolerância limitada à acidose. Eles podem atingir esse nível respirando menos e nadando mais lentamente ou respirando mais e nadando com maior rapidez. Sugiro que o modo mais efetivo é o treinamento com nados mais rápidos, de modo que ainda seja cumprida a meta de melhora da resistência. A mecânica de nado do atleta será mais parecida com a utilizada durante as provas de competição, e será menos provável que a acidose interfira na tentativa de gerar efeitos de treinamento aeróbico. Portanto, se o objetivo do nadador é melhorar a resistência aeróbica, acredito que o nado com respiração regular será uma opção mais razoável. O nado com respiração sem restrição também faz mais sentido, se o objetivo for melhorar a capacidade de tamponamento, pois as repetições serão mais parecidas com o que ocorre nas provas de competição.

Alguns treinadores sugeriram que o treinamento hipóxico pode aumentar a capacidade de tamponamento dos músculos e do sangue, por causa da acidose que ocorre em uma situação de redução do suprimento de oxigênio. É improvável que o treinamento hipóxico possa ser de alguma forma mais efetivo do que a livre Natação para essa finalidade. Na verdade, essa prática de treinamento pode ser menos efetiva pelas razões citadas anteriormente. Os atletas podem nadar com maior rapidez e, portanto, em velocidades e comprimentos de braçadas/pernadas semelhantes ao desempenho nas provas de competição, quando eles respiram com regularidade. Ao mesmo tempo, os nadadores podem gerar o mesmo grau de acidose com a respiração normal, em comparação com a acidose que seria gerada com o treinamento hipóxico.

A única adaptação ao treinamento hipóxico que certamente ocorre é a melhora na capacidade de retenção da respiração (Van Ness e Town 1989). O treinamento hipóxico acarreta uma condição chamada *hipercapnia*, que consiste em um aumento do dióxido de carbono (CO_2) no ar alveolar. A hipercapnia gera um desejo intenso de respirar. Quando um nadador está tendo dificuldade em prender a respiração durante as provas, é o aumento de CO_2, e não a redução do oxigênio, que o faz sentir um impulso intenso para sorver o ar. A frequente retenção da respiração pode aumentar a resistência do nadador a esse impulso, permitindo-o resistir e nadar cada piscina de uma prova com menor número de respirações. Por essa razão, o treinamento hipóxico pode ser um meio auxiliar válido no treinamento de velocistas de Crawl e de nadadores de Borboleta, mas não pelas razões comumente apresentadas. Os nadadores de Costas podem obter vantagens com o treinamento hipóxico se utilizarem a golfinhada submersa em suas provas. Os nadadores de Peito não precisam utilizar o treinamento hipóxico, porque precisarão prender a respiração apenas durante as viradas. Estes podem melhorar essa habilidade de maneira mais efetiva com exercícios como o de dupla braçada submersa de impulsão, em vez de praticar o treinamento hipóxico.

Os nadadores podem adquirir com rapidez a habilidade de nadar provas com menor número de respirações. Estima-se que bastam apenas algumas semanas de treinamento de retenção da respiração, para que os nadadores abrandem sua ânsia de respirar (como dissemos, causada pelo acúmulo de dióxido de carbono nos tecidos). Na Tabela 13.6, encontram-se exemplos de séries de repetições que podem melhorar a capacidade de retenção da respiração durante provas de velocidade.

Considerando que o treinamento hipóxico é fisiologicamente estressante, recomendo que os nadadores pratiquem essa modalidade apenas durante alguns dias por semana ao longo da temporada. Nadadores velocistas de-

Tabela 13.6 Amostras de séries de repetições para melhorar a capacidade de retenção da respiração

Essas amostras de séries de repetições podem ser utilizadas para melhorar a capacidade de retenção da respiração em provas de 50 e 100 jd/m nado Crawl e nas golfinhadas submersas nas provas de nado de Costas e Borboleta.

Para provas de 50	4 a 8 × 25/1 min de tempo até a saída. Respire apenas uma vez durante as primeiras práticas da série. Depois, nade sem respirar.
	6 × 50/2 min de tempo até a saída. Podem ser utilizados diversos padrões respiratórios. Uma respiração por piscina; ou nenhuma respiração na primeira piscina, 2 respirações na segunda; ou nenhuma respiração na primeira piscina, 1 respiração na segunda piscina.
Para provas de 100	4 × 100/2 min de tempo até a saída. Respire a cada 2, 3 ou 4 ciclos de nado.
	10 × 100/1'30" de tempo até a saída. Respire a cada 2 ou 3 ciclos de nado.
	6 × 200/3 min de tempo até a saída. Respire a cada 2 ou 3 ciclos de nado.
	6 × 100/2 min de tempo até a saída. Respire a cada ciclo de nado durante os primeiros 50 e a cada segundo ou terceiro ciclo de nado no segundo 50.
	4 × 200/3 min de tempo até a saída. Respire em cada ciclo de nado durante os primeiros 50, a cada segundo ciclo de nado nos 100 intermediários e a cada terceiro ciclo de nado nos últimos 50.
Golfinhadas submersas para provas de nado de Costas e Borboleta	8 × 25/1 min de tempo até a saída. Golfinhadas submersas.
	4 a 6 × 50/2 min de tempo até a saída. Pernadas submersas por 15 m em cada piscina.
	4 × 100/3 min de tempo até a saída. Pernadas submersas por 15 m em cada piscina.
	3 × 200/5 min de tempo até a saída. Pernadas submersas por 15 m em cada piscina.

vem separar um período de 3 a 4 semanas no início da temporada, para enfatizar o treinamento de retenção da respiração praticando alguma forma de treinamento de restrição respiratória quase diariamente. Depois de terem diminuído sua sensibilidade à hipercapnia, os atletas serão capazes de manter esse efeito do treinamento ao longo do restante da temporada, sendo suficiente apenas uma ou duas séries curtas de treinamento de restrição respiratória a cada semana.

Treinamento com oclusão

Ultimamente, vem sendo introduzida nos programas de nadadores de competição uma nova forma de treinamento conhecida como treinamento com oclusão. Esse método envolve o treinamento com dispositivos apertados (correias ou faixas) em torno dos braços ou das coxas. A finalidade desses dispositivos é ocluir, ou desligar, parte da irrigação sanguínea. O raciocínio subjacente a esse treinamento é que a redução do fluxo sanguíneo e, portanto, do aporte de oxigênio e de nutrientes aos músculos, melhorará as adaptações ao treinamento. Ainda é pequeno o número de estudos que investigam os efeitos do treinamento com oclusão, tanto nos treinamentos de resistência como nos de força. Os resultados desses estudos têm sido favoráveis. Por essa razão, alguns especialistas sugeriram que o treinamento com faixas nos braços ou pernas poderia melhorar tanto a resistência como a força mais significativamente do que o treinamento não

oclusivo comum. Tenho minhas dúvidas e questiono se essa forma de treinamento é realmente benéfica. Descreverei os resultados de algumas pesquisas representativas sobre treinamento com oclusão, discutindo em seguida por que não acredito nesse procedimento.

Sundberg (1994) orientou um estudo em que os voluntários fizeram 4 semanas de treinamento de resistência em bicicleta, durante as quais o fluxo sanguíneo sofreu oclusão em uma perna, mas não na outra. Uma faixa foi colocada em torno de uma das pernas, e uma pressão de 50 mm Hg foi aplicada, de modo que o fluxo sanguíneo diminuiu em 13 a 20%. Antes e depois do treinamento, foram obtidas diversas medidas nas duas pernas. Essas medidas foram $\dot{V}O_2$ máx, tempo de exercício até a exaustão, capilarização, armazenamento de glicogênio, força, atividade enzimática e percentuais dos tipos de fibras musculares. Como seria de se esperar, as duas pernas melhoraram com o treinamento, mas em todos os casos as melhoras percentuais foram maiores para a perna com oclusão. O aumento percentual no $\dot{V}O_2$ máx para a perna com oclusão foi de praticamente o dobro do $\dot{V}O_2$ máx da perna sem oclusão. O aumento nos capilares na perna com oclusão foi 42% maior, e o armazenamento de glicogênio foi praticamente 10% maior. A atividade das enzimas aeróbicas aumentou em 20% na perna sem oclusão, e em 26% na perna com oclusão. A oclusão também promoveu uma mudança nos percentuais dos tipos de fibras musculares. O percentual das fibras musculares de contração lenta aumentou em 4% na perna com oclusão, enquanto não ocorreu mudança no percentual de fibras musculares de contração lenta na perna sem oclusão. Ao mesmo tempo, o percentual das fibras musculares CRa diminuiu em 3% na perna com oclusão e não se modificou na perna sem oclusão.

As melhoras adicionais na perna com oclusão devem ter exercido efeito benéfico na resistência, e de fato isso ocorreu. Cada perna foi testada separadamente antes e depois do treinamento. O tempo de trabalho até a exaustão aumentou em 25% na perna com oclusão, mas em apenas 13% na perna sem oclusão.

Devo mencionar que o treinamento de resistência gerou alguns efeitos que poderiam ser prejudiciais ao desempenho dos velocistas na perna com oclusão, mas não na perna sem oclusão. Um dos mais importantes desses efeitos foi que a atividade da enzima muscular lactato desidrogenase (M-LDH) diminuiu em 25% na perna com oclusão, enquanto não ocorreu mudança na atividade dessa enzima na perna sem oclusão. Essa mudança favoreceria a oxidação do piruvato, resultando em uma taxa mais baixa de produção de ácido lático. Outro importante efeito negativo do treinamento foi que a força caiu em 8% na perna com oclusão, mas permaneceu inalterada na perna sem oclusão. Os autores consideraram que a perda da força talvez estivesse ligada ao decréscimo no tamanho e no número das fibras musculares CRa na perna com oclusão

Vários outros efeitos do treinamento com oclusão que podem ser considerados prejudiciais referem-se à taxa de utilização da energia. Durante o teste, as reduções em ATP e CP foram maiores na perna com oclusão, em comparação com o que ocorreu na perna sem oclusão, e os níveis de lactato foram mais elevados na perna com oclusão (mais provavelmente devido à restrição no aporte da glicose sanguínea). A diferença no uso de glicogênio não foi substancial entre as fibras musculares de contração lenta. As fibras de contração lenta da perna com oclusão sofreram depleção de 80% das reservas de glicogênio depois de 45 min de exercício intenso, enquanto as fibras musculares de contração lenta da perna sem oclusão perderam aproximadamente 70% de seu glicogênio. As diferenças no uso de glicogênio foram muito mais drásticas nas fibras musculares de contração rápida. As fibras da perna com oclusão perderam aproximadamente 30% de suas reservas de glicogênio, enquanto as fibras de contração rápida da perna sem oclusão perderam aproximadamente 10%.

Pesquisadores também estudaram o efeito da oclusão com relação ao treinamento de força. Takarada et al. (1998, 2000) informaram que o hormônio do crescimento humano aumentou significativamente quando uma parte do corpo submetida a oclusão realizou várias repetições até a exaustão com um peso leve. O mesmo exercício não causou mudança significativa na concentração desse hormônio no corpo, quando as partes do corpo não estavam ocluídas (Takarada et al. 1998, 2000). Aumentos no hormônio do crescimento humano devem aumentar o tamanho e a força dos músculos.

No primeiro desses estudos, os voluntários fizeram flexões de bíceps com os dois braços. Foi feita oclusão em um dos braços durante o treinamento, e o fluxo sanguíneo permaneceu desobstruído no outro braço (Takarada et al. 1998). A resistência ao treinamento para o braço com oclusão foi igual a 50% do peso que os voluntários podiam flexionar para uma repetição; para treinamento do braço sem oclusão, a resistência do máximo em 1 repetição foi de 80%.

Os pesquisadores informaram aumento parecido no diâmetro do músculo bíceps de cada braço. Os aumentos da força muscular também foram semelhantes, tanto no braço com oclusão, como no sem oclusão. Esses autores concluíram que tanto o treinamento com oclusão como o treinamento sem oclusão foram igualmente efetivos para aumento das dimensões e força dos músculos, mas que o treinamento com oclusão pode gerar os mesmos resultados com resistência consideravelmente menor. Infelizmente, os autores não incluíram um grupo que treinasse com baixa resistência e sem oclusão, assim como não testaram um grupo que treinasse com alta resistência e com oclusão. A inclusão de voluntários nesses grupos nos permitiria determinar (1) se o treinamento de baixa resistência e sem oclusão era tão efetivo como o treinamento de baixa resistência e com oclusão para melhorar o diâmetro do músculo e a força muscular e (2) se o treinamento de alta resistência e com oclusão era mais ou menos efetivo que o treinamento de alta resistência e sem oclusão para as mesmas finalidades.

Com base nesses resultados, pode-se argumentar que são vários os efeitos do treinamento aeróbico e anaeróbico que podem ser obtidos com maior eficiência com a oclusão, em comparação com o treinamento comum sem oclusão. Como já disse, tenho minhas dúvidas com relação a tal proposição, pelo menos para o treinamento da Natação, por três razões principais.

1. Os atletas podem promover melhoras da mesma magnitude que as resultantes do treinamento com oclusão, simplesmente treinando em maior intensidade e sem oclusão. Além disso, o treinamento com maior intensidade deve ser mais efetivo em outros aspectos. A primeira parte dessa colocação parece evidente, com base no estudo de treinamento com pesos. Os voluntários tiveram os mesmos resultados com o braço sem oclusão no treinamento a 80% de seu máximo de uma repetição, do mesmo modo que pelo treinamento do braço com oclusão com pesos mais leves. A razão pela qual o treinamento em uma intensidade maior deve ser mais efetivo é que os atletas treinam em velocidades mais rápidas, mais próximas daquelas utilizadas na competição. Os atletas teriam de nadar mais lentamente durante o treinamento com oclusão, por causa do uso de energia adicional e do acúmulo de ácido lático. Essas velocidades e frequências de braçadas baixas não devem resultar na manutenção das frequências e ritmos de braçadas para a competição.

2. O treinamento com oclusão parece gerar mais efeitos que seriam considerados por muitos como negativos, com relação ao treinamento em longo prazo. Taxas mais aceleradas de uso do glicogênio muscular resultariam na necessidade de maior quantidade de nado de recuperação, para dar tempo para a reposição. Essa necessidade reduziria a intensidade média de treinamento para cada semana, e os atletas não seriam capazes de nadar com tanta frequência séries em ritmo limiar, de sobrecarga e de competição. A tentativa de nadar intensamente quando o glicogênio muscular estiver baixo também pode fazer com que os nadadores percam parte do seu tecido muscular, o que, em última análise, reduziria sua força e potência. Taxas mais elevadas de acúmulo de ácido lático também podem causar maior lesão muscular, o que aumentaria ainda mais a quantidade de treinamento de recuperação imposta aos nadadores a cada semana. Outro efeito negativo é que o treinamento com oclusão orientado para resistência poderia reduzir a força muscular e a potência anaeróbica mais do que ocorreria com o treinamento normal. A perda de força e de potência aeróbica causaria redução na velocidade, o que poderia ser prejudicial para nadadores meio-fundistas e velocistas. Finalmente, o treinamento com oclusão pode alterar o delicado equilíbrio entre a produção e a remoção de lactato durante o exercício, acarretando a produção de mais ácido lático em velocidades mais lentas e menor remoção dos músculos.

3. Talvez o argumento mais convincente contra o treinamento com oclusão para a Natação refira-se aos músculos afetados. O treinamento com oclusão afetaria apenas os músculos das pernas e braços. Os atletas usam as faixas que limitam a circulação nas proximidades da parte superior de cada coxa e imediatamente abaixo do ombro de cada braço. Esse posicionamento significa que os grandes músculos dos ombros, do tronco, das costas e dos quadris, que proporcionam a maior parte da força propulsiva para nadadores, não seriam consideravelmente afetados pela oclusão. Em consequência, não ocorreria diminuição da irrigação sanguínea para os músculos que fazem a maior parte do trabalho na Natação competitiva.

Acredito que os argumentos contra o treinamento com oclusão orientado para resistência sejam persuasivos, embora esse treinamento pareça ser efetivo para a produção de certas adaptações fisiológicas. Os argumentos contrários a seu uso para o treinamento de velocidade são

ainda mais fortes. O modo mais efetivo de acionar o metabolismo anaeróbico e a produção de potência deve ser a prática da Natação em velocidades mais rápidas, e não em velocidades mais lentas. Quando os atletas nadam com maior rapidez durante o treinamento, utilizam combinações de frequências e comprimentos de braçadas similares às utilizadas nas competições. Além disso, as sensações monitoradas pelos atletas para a diminuição do arrasto também serão parecidas com as que vivenciam durante a competição. Acrescento também que o treinamento com oclusão pode ser prejudicial para melhorar a taxa de metabolismo anaeróbico. Frequências maiores de braçadas e a aplicação de uma força muscular substancial estimularão mais a taxa de metabolismo anaeróbico do que a Natação com frequências mais baixas e menos força. Resumindo, a avaliação das respostas fisiológicas geradas pela oclusão sugere, a meu ver, que o treinamento com oclusão não é procedimento viável para nadadores de competição. A longo prazo, essa técnica pode resultar em mais perdas do que ganhos.

Corrida

Em alguns programas de Natação, a corrida e outras atividades terrestres, como subir colinas e escadas, transformaram-se em atividades comuns no início da temporada. Muitos treinadores e atletas acreditam que essas atividades melhorarão a resistência em um nível além do que os atletas poderiam alcançar apenas com a Natação. Corridas certamente promoverão adaptações centrais que podem melhorar a capacidade aeróbica do nadador. A corrida treinará os sistemas circulatório e respiratório, provocando melhoras no débito cardíaco, volume sistólico, volume corrente e capacidade de difusão pulmonar, o que melhorará a liberação do oxigênio durante a Natação. Ela pode ter esse efeito, assim como a própria Natação. A corrida também gerará adaptações nos músculos das pernas, como aumento da capilarização, melhor derivação sanguínea e aumentos no tamanho e número das mitocôndrias; mas a Natação pode produzir todas essas adaptações de forma igualmente satisfatória. Mais importante, a Natação promoverá efeitos de treinamento significativos nos músculos da parte superior do corpo, os quais são fundamentais para o sucesso na maioria dos tipos de nado competitivo. A corrida, porém, não pode gerar efeitos de treinamento significativos nesses músculos.

O leitor pode se perguntar como a corrida veio a se transformar em uma parte tão popular de tantos programas de Natação. O raciocínio para a inclusão da corrida no treinamento de nadadores teve como base pesquisas em que voluntários treinados alcançaram frequências cardíacas mais elevadas e taxas maiores de consumo de oxigênio quando correram, em comparação com os resultados obtidos com a Natação (Holmer 1974). Infelizmente, algumas pessoas interpretaram que esses resultados indicavam que a corrida era superior à Natação para melhorar a resistência aeróbica. Entretanto, essa conclusão é incorreta. Os resultados do estudo demonstraram apenas o princípio da especificidade. Muitos dos voluntários no estudo de Holmer eram corredores treinados; apenas alguns eram nadadores treinados. Ninguém percebeu que Holmer também informou que os nadadores de competição no grupo alcançaram frequências cardíacas e valores de consumo de oxigênio máximo mais elevados durante a Natação, em comparação com os níveis alcançados pelos corredores.

Outros estudos vêm apoiando repetidamente a posição de que atletas conseguem os maiores ganhos no consumo de oxigênio pelo treinamento específico (Magel et al. 1975; McArdle et al. 1978; e Pechar et al. 1974). Em um desses estudos, Magel et al. (1975) treinaram 15 homens durante 1 hora por dia, 3 dias por semana, ao longo de um período de 10 semanas com repetições rotineiras de nado. Foi determinado o $\dot{V}O_2$ máx de cada voluntário antes e depois do treinamento, enquanto nadavam e também quando corriam em uma esteira rolante. O $\dot{V}O_2$ máx da Natação aumentou em 11%, e os tempos da Natação até a exaustão aumentaram 34%. Contrastando com esses achados, os voluntários não demonstraram melhora no $\dot{V}O_2$ máx da corrida.

Nadadores de competição devem praticar corrida apenas como forma complementar o treinamento, jamais como substituta. Qualquer nadador que substitua a Natação pela corrida para melhorar sua capacidade aeróbica deverá entender que os resultados serão inferiores àqueles que poderia alcançar gastando o mesmo tempo e esforço no treinamento de Natação.

Qualquer que seja a circunstância, é completamente desaconselhável a prática de subir colinas ou escadas correndo. Os únicos ganhos que os nadadores poderão esperar ao subirem escadas correndo ocorrerão nos músculos das pernas utilizados para corridas. Não ocorrerão ganhos nos músculos da parte superior do corpo. Ao mesmo tempo, os músculos das pernas que são mais ativos na prática da Natação, em comparação com a corrida, não serão beneficiados com os ganhos que resultariam do treinamento com Natação. Acredito que os nadadores podem gas-

tar o tempo devotado às subidas de colinas e escadas em grandes velocidades, de maneira mais proveitosa, fazendo exercícios de pernadas para melhorar a velocidade e a resistência dos músculos das pernas. No que diz respeito às atividades terrestres, exercícios que aumentam a potência de extensão das pernas, como saltos pliométricos, saltos verticais e exercícios de extensão para potência das pernas com pesos, devem proporcionar maiores ganhos na potência das pernas para saídas e viradas, em comparação com as práticas de subir colinas e escadas em grandes velocidades.

Finalmente, subir colinas e escadas correndo podem ser atividades perigosas. São comuns as lesões decorrentes de quedas. Algumas dessas lesões podem fazer com que o atleta fique fora do treinamento durante poucos dias, mas outras podem ser tão graves a ponto de impossibilitar o treinamento durante boa parte da temporada. Podem ocorrer lesões nas articulações dos tornozelos, joelhos e quadris, por causa do tremendo esforço exigido para levantar o peso do corpo do nadador de maneira explosiva com uma das pernas.

Embora membros dos dois sexos possam sofrer lesões nas pernas com a prática de subir colinas e, especialmente, escadas correndo, é provável que a incidência de tais lesões venha a ser maior entre mulheres do que entre homens. Em média, as mulheres têm articulações mais frouxas e ligamentos e tendões menores. Além disso, o peso corporal das mulheres tem em sua composição maior percentual de gordura; comparativamente, o tecido muscular está em menor proporção. Essas diferenças entre os sexos faz com que as mulheres sejam mais suscetíveis às lesões em decorrência de atividades nas quais precisam sustentar o peso do corpo. Além disso, em geral, as mulheres têm quadris mais amplos do que os homens, o que aumenta o ângulo entre o fêmur, o osso longo da coxa, e um dos dois ossos longos da perna, a tíbia. Quando uma mulher flexiona a perna, esse ângulo maior entre os ossos da coxa e da perna permite que a rótula (ou patela) movimente-se lateralmente até um ponto mais distante do que ocorreria em um homem. Assim, as mulheres são mais suscetíveis a lesões no joelho, particularmente luxações da patela (Wells 1985). Não recomendo a inclusão de corridas em escadas nos programas de treinamento de nadadores, particularmente do sexo feminino.

Capítulo 14

Tiro de velocidade, ritmo de prova e treinamento de recuperação

Novo nesta edição:

- Descrição da Natação em ritmo de prova como categoria de treinamento distinta.
- Seção sobre treinamento de recuperação.

Ao longo dos anos, treinadores e cientistas vêm se preocupando com o treinamento de resistência, e com razão. É provável que maior resistência aeróbica contribua mais para o melhor desempenho da Natação, em todos os eventos de 100 jd/m ou mais longos, do que qualquer outra adaptação fisiológica. Mas devo também assinalar que tem sido dada pouquíssima atenção ao treinamento de velocidade e de potência. Adaptações nessas áreas contribuem para melhores desempenhos em todos os tipos de eventos, não apenas em provas de velocidade, como também de distâncias médias e mesmo de distâncias longas. Avanços na velocidade e na potência permitem aos nadadores velocistas e meio-fundistas o que é conhecido como *nado fácil*, a capacidade de completar provas com maior rapidez e menor esforço. Também permitem aos nadadores meio-fundistas e fundistas executarem o que é chamado de *pernada de finalização*, a capacidade de nadar com maior rapidez durante a parte final de suas provas.

O nado em ritmo de prova é outra parte do regime de treinamento que nadadores e treinadores às vezes negligenciam. O nado em velocidade de competição durante o treinamento simula a própria competição de forma mais adequada do que qualquer outro tipo de treinamento, pois, por meio de seu uso, os atletas podem treinar os processos metabólicos aeróbicos e anaeróbicos para que interajam da maneira mais econômica e efetiva para cada distância de prova. Os atletas também treinam seus corpos para enfrentar os efeitos debilitantes da fadiga, principalmente a acidose, de maneira mais efetiva durante as provas. Finalmente, o treinamento em ritmo de prova proporciona aos atletas a oportunidade de descobrir quais combinações de ritmo e comprimento de braçadas/pernadas funcionam melhor para cada distância de prova.

O treinamento de recuperação aumenta tanto a velocidade como a extensão da adaptação a todas as formas de treinamento. Considerando que o treinamento de recuperação acelera a remoção de toxinas dos músculos e a liberação de nutrientes para esses tecidos, sua função é muito importante. Esse tipo de exercício não gera simplesmente "jardas residuais", como algumas pessoas argumentam.

FINALIDADES DO TREINAMENTO DE VELOCIDADE

As duas finalidades principais do treinamento de velocidade são: aumento da velocidade máxima de tiro, de modo que os atletas possam nadar suas provas com mais rapidez, e melhora da capacidade de tamponamento, a fim de que possam manter uma velocidade nas provas mais próxima de sua velocidade máxima de tiro. Os tópicos para essa seção serão os elementos do metabolismo de energia que podem aumentar a velocidade de tiro e melhorar a capacidade de tamponamento. Certamente os nadadores também podem aumentar a velocidade melhorando do a mecânica de suas braçadas/pernadas e minimizando o arrasto do corpo; tais conceitos já foram estudados na primeira parte deste livro, portanto, não há necessidade de reabrir essas discussões. Os aspectos importantes do aumento da velocidade de tiro, que serão estudados nesse capítulo, dizem respeito à taxa de metabolismo anaeróbico, melhora da potência muscular e maior capacidade de tamponamento. Conforme foi explicado no Capítulo 10, o metabolismo anaeróbico refere-se às onze primeiras etapas na decomposição do glicogênio muscular e na liberação de energia e fosfato para reciclagem do ATP, fenômenos que aqui serão denominados potência anaeróbica. O processo de aumento da potência muscular é complicado, envolvendo aumento da força muscular, melhor padrão de recrutamento das fibras musculares pelo sistema nervoso central e aumento da taxa de metabolismo anaeróbico. Os atletas melhoram a capacidade de tamponamento ao gerarem a necessidade de armazenamento de mais tampões nos músculos, sujeitando o corpo a grandes acúmulos de ácido lático, o produto do metabolismo anaeróbico.

Aumento da potência anaeróbica

Embora medições do consumo de oxigênio constituam o padrão reconhecido para expressão da capacidade aeróbica, não existe método universalmente adotado para a quantificação da potência anaeróbica. Alguns cientistas tentaram uma equivalência da potência anaeróbica com o déficit de oxigênio, de modo que aquela variável pudesse também ser expressa em mililitros de oxigênio por quilograma de peso corporal por minuto (mL O_2/kg/min). Outros testes que já foram sugeridos são o salto vertical, a corrida em tiro de velocidade em locais nivelados e ascendentes, a subida rápida de escadas e a prática do ciclismo de forma rápida. Todos têm sido quantificados de maneiras variadas: alguns são expressos em pés-libras de trabalho por segundo, outros em Watts e ainda outros em Newtons. Lactatos sanguíneos de pico depois de esforços em tiro de velocidade também têm sido utilizados com essa finalidade.

Infelizmente, nenhum desses testes nos proporciona uma medida precisa da taxa máxima de metabolismo anaeróbico, embora alguns reflitam essa variável mais adequadamente do que outros. Medições do déficit de oxigênio demonstraram correlação razoável entre a velocidade de corrida (Nummela et al. 1996) e a velocidade de nado em 100 m (Takahashi et al. 1992). Por essa razão, tais medições podem ter utilidade na avaliação da potência anaeróbica. Alguns estudos também detectaram relação significativa entre lactatos sanguíneos de pico depois de tiros de velocidade e a velocidade de corrida (Berg e Keul 1985; Jacobs et al. 1987; LaCour, Bouvat e Barthelemy 1990), mas outros pesquisadores não encontraram mudança (Cheetham e Williams 1987; Medbo e Burgers 1990). O corpo de evidências sugere que essa medida é válida para uso com nadadores, apesar de relatos contrários. Daremos algumas sugestões para elaboração de testes para medição da potência anaeróbica com valores de lactatos sanguíneos de pico, em um capítulo subsequente que trata de monitoração do treinamento.

Desejo agora tecer alguns comentários sobre os demais testes. O teste do salto vertical é realmente breve de-

mais para refletir a potência anaeróbica; trata-se mais de uma aferição da potência muscular. Acredito que os testes de corrida e de ciclismo não sejam muito apropriados para nadadores, pois medem a produção de trabalho rápido pelos músculos das pernas e a Natação, com a exceção do nado de Peito, é uma atividade dominada pelos braços. O capítulo sobre monitoração do treinamento irá sugerir alguns testes aquáticos que podem refletir mais adequadamente a potência anaeróbica dos nadadores. Esses testes envolvem procedimentos complexos, como a determinação da produção de potência no solo e concentrações de lactato sanguíneo durante o nado. Talvez o melhor procedimento para avaliação da potência anaeróbica seja o mais direto – através do teste de nadadores para velocidade ao longo de 25 e 50 jd/m.

Não foi ainda amplamente estudado o grau de melhora que os nadadores podem esperar em termos de potência anaeróbica. A literatura informou progressos na velocidade de corrida em tiros de velocidade na faixa de 3 a 10% (Cadefau et al. 1990; Medbo e Burgers 1990; Nevill et al. 1989; Nummela, Mero e Rusko 1996). Em um desses estudos (Nummela, Mero e Rusko, 1996), a melhora média na velocidade de tiro foi de 3,4% ao longo de um período de 10 semanas de treinamento, mas de apenas 1,2% quando o treinamento se prolongou por 1 ano. Esse resultado sugeriu aos autores do estudo que os atletas poderiam manter níveis elevados de desempenho apenas durante curtos períodos durante o ano, e que, por isso, seria melhor pontuar de forma dispersa a ênfase no treinamento de velocidade ao longo de cada temporada, em vez de praticar com igual ênfase o treinamento de velocidade durante aquele período.

Progressos de 3 a 10% podem parecer pouco significativos, até levarmos em consideração a importância que cada 1/10 segundo de melhora pode ter para os velocistas. Exemplificando, uma melhora de 3% para uma atleta que nada 50 m nado Crawl em piscina longa, com um melhor tempo de 25"00, baixaria esse tempo para 24"25.

Melhora da resistência muscular anaeróbica

A segunda finalidade do treinamento de velocidade é melhorar o percentual de potência anaeróbica máxima que o atleta pode manter ao longo de uma prova de velocidade, procedimento que denomino *resistência muscular anaeróbica*. A relação entre potência anaeróbica e resistência muscular anaeróbica está ilustrada no gráfico na Figura 14.1.

É difícil diferenciar entre resistência muscular aeróbica e anaeróbica. Pode-se argumentar, de modo bastante acurado, que na verdade se trata de conceitos iguais, porque essas duas formas de resistência envolvem liberação e utilização de oxigênio, velocidades de remoção de

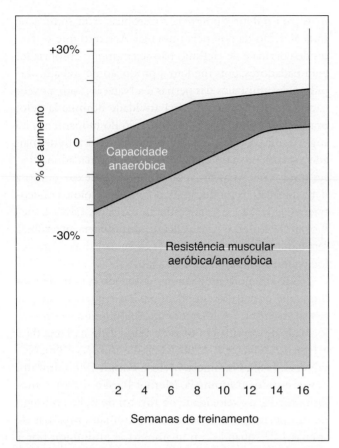

Figura 14.1 Relação entre capacidade anaeróbica e resistência muscular anaeróbica. O treinamento aumenta a capacidade anaeróbica rapidamente durante as primeiras 8 a 10 semanas; depois disso, diminui a velocidade de melhora. A princípio, o atleta é capaz de nadar em apenas 80% desse máximo, porém, com treinamento adequado, poderá nadar em 90% da capacidade anaeróbica máxima ao longo de todas as provas de velocidade.

lactato e melhora da capacidade de tamponamento. Entretanto, acredito que as duas formas diferem de maneira sutil, porém importante no que tange ao treinamento para certos eventos. Atletas em eventos de distância média precisam fazer seu treinamento anaeróbico de tal modo que, em primeiro lugar, sejam enfatizados progressos no consumo de oxigênio e na remoção de lactato e que, depois, seja valorizada a capacidade de tamponamento. Para eles, as séries de repetições devem ser razoavelmente longas, dando tempo para que a maioria desses mecanismos seja estimulada a um nível elevado de funcionamento. Por outro lado, em seu treinamento, os velocistas precisam enfatizar primeiramente a melhora na capacidade de tamponamento. São bem-vindos os aumentos no consumo de oxigênio e na remoção de lactato, mas seu efeito é secundário quando comparado ao efeito da melhora na capacidade de tamponamento, pois, em geral, os velocistas completam seus eventos em 1 min ou menos. Por essa razão, optei por identificar a resistência muscular anaeróbica separadamente à resistência muscular aeróbica. Tal diferen-

ciação enfatiza a importância de melhorar a capacidade de tamponamento para os velocistas, objetivo que se concretiza de maneira mais adequada com séries curtas praticadas com intensidade, em vez das séries anaeróbicas mais longas utilizadas para melhorar a resistência muscular aeróbica dos nadadores.

Nesse livro, utilizamos a denominação *resistência muscular anaeróbica* como sinônimo de *capacidade anaeróbica*, como está definida na maior parte da literatura fisiológica que trata do treinamento. Conforme já mencionei, capacidade de tamponamento é um fator contributivo importante para a resistência muscular anaeróbica, particularmente em provas de velocidade, embora haja evidência de que a remoção de lactato possa também desempenhar papel significativo. Nevill et al. (1989) constataram que o aumento na reciclagem anaeróbica do ATP depois de um treinamento de velocidade resultou em redução do pH sanguíneo, mas sem redução no pH muscular, durante um tiro de velocidade de 30 s. Diante disso, os autores argumentaram que uma parte considerável dos íons hidrogênio produzidos nos músculos deve ter sido transportada para fora do tecido muscular e para o sangue durante o referido tiro. Acredito que a melhora da capacidade de tamponamento e o aumento na velocidade de remoção de lactato também sejam razões importantíssimas para a melhora da resistência em eventos de 100 e 200, embora o aumento na velocidade de consumo de oxigênio passe a ser mais importante em eventos de 200 do que nos tiros de velocidade mais lentos.

Como a potência anaeróbica, também no caso da resistência muscular anaeróbica não existe método de medição universalmente aceito. Entre as tentativas de quantificação estão os testes que medem queda da produção de potência máxima ou da velocidade durante a realização de um esforço máximo nos últimos 1 a 2 min. Nesses testes, os atletas começam se esforçando ao máximo, sem diminuir o ritmo, e continuam até estarem exaustos ou até terem completado uma distância de nado predeterminada que produziria acidose intensa. Então, sua resistência muscular anaeróbica é determinada a partir da quantidade de queda em potência ou velocidade em relação à extensão do teste. O problema com esses testes é que a motivação, ou sua falta, tem influência significativa. Medidas do déficit de oxigênio têm sido utilizadas com essa finalidade, com sucesso razoável. Também tem sido utilizado um procedimento em que é aferida a velocidade que gera a concentração de lactato sanguíneo de 10 mmol/L durante uma série progressiva de tiros de velocidade de 100 ou 200 m para medir mudanças na resistência muscular anaeróbica na Natação. Entretanto, é provável que esse método reflita mais uma combinação de resistência muscular aeróbica e anaeróbica do que a capacidade de tamponamento. Em um capítulo subsequente, descreverei alguns procedimentos para medição da resistência muscular anaeróbica.

É difícil estimar o provável grau de melhora que ocorrerá na resistência muscular anaeróbica, porque são pouquíssimos os estudos já publicados que avaliam esse tópico. Em um dos poucos estudos que examinaram os efeitos do treinamento de velocidade na capacidade de tamponamento muscular, Sharp et al. (1986) promoveram melhora média de 37% na capacidade de tamponamento para um grupo de voluntários não treinados depois de 8 semanas de ciclismo de velocidade. A melhora variou de 12 a 50% para os voluntários no estudo, resultando em um aumento médio de 27% no trabalho realizado durante um teste de ciclismo máximo de 45 s. Os voluntários treinaram 4 dias por semana, fazendo oito esforços máximos de ciclismo de 30 s, com 4 min de descanso depois de cada esforço.

TRÊS TIPOS DE TREINAMENTO DE VELOCIDADE

Diante do fato de que o treinamento de velocidade envolve a melhora de dois processos – potência anaeróbica e resistência muscular anaeróbica –, os atletas velocistas devem utilizar três tipos de treinamento. Chamo o primeiro nível de treinamento de *tolerância ao lactato (Sp-1)*, cuja finalidade é aumentar a capacidade de tamponamento e a resistência muscular anaeróbica. O segundo tipo é o treinamento de *produção de lactato (Sp-2)*, que tem como objetivo melhorar a velocidade da glicólise anaeróbica. O terceiro tipo, treinamento *de potência (Sp-3)*, tem por finalidade aumentar a força e a potência musculares.

Treinamento de tolerância ao lactato

O treinamento de tolerância ao lactato envolve o nado de longos trechos em velocidade com períodos de descanso médios a longos, ou o nado de tiros curtos com períodos de descanso igualmente curtos. O objetivo é produzir acidose nas fibras musculares em funcionamento, estimulando, com isso, o aumento da capacidade de tamponamento muscular.

Tipos de treinamento de velocidade

1. Tolerância ao lactato (Sp-1): a finalidade é melhorar a capacidade de tamponamento e a resistência muscular anaeróbica.

2. Produção de lactato (Sp-2): a finalidade é aumentar a taxa de metabolismo anaeróbico.

3. Treinamento de potência (Sp-3): a finalidade é aumentar a força e a potência muscular.

Efeitos do treinamento de tolerância ao lactato

Primários

- Aumento na capacidade de tamponamento muscular.
- Melhora na capacidade de manutenção de uma boa técnica pelos nadadores, apesar da acidose intensa.
- Melhora na capacidade de tolerância à dor causada pela acidose intensa.

Secundários

- Aumento nas concentrações de glicogênio, ATP e CP armazenados em fibras musculares treinadas.
- Aumento na velocidade de remoção de lactato dos músculos e do sangue.
- Aumento no $\dot{V}O_2$ máx.
- Aumento na taxa de metabolismo anaeróbico.

Efeitos do treinamento

Os efeitos primários do treinamento de tolerância ao lactato são (1) aumento na capacidade de tamponamento muscular, (2) melhora na capacidade do atleta em manter a integridade das braçadas/pernadas e a velocidade de nado, apesar da acidose intensa, e (3) melhora na capacidade do atleta em tolerar a dor decorrente da acidose.

As adaptações secundárias são aumentos nas concentrações musculares de glicogênio, ATP e CP, e aumento na velocidade de remoção de lactato dos músculos e do sangue. O treinamento de tolerância ao lactato também aumentará um pouco o $\dot{V}O_2$ máx, provavelmente devido à estimulação dos mecanismos de consumo de oxigênio das fibras musculares CRb. Acredito que esse efeito seja mínimo. Sharp et al. (1986) informaram ter ocorrido aumento de 8% no $\dot{V}O_2$ máx para um grupo de voluntários depois de um treinamento de velocidade que se encaixa na categoria de tolerância ao lactato.

O treinamento de tolerância ao lactato também aumentará a taxa de metabolismo anaeróbico. Medbo e Burgers (1990) verificaram que corredores velocistas experientes que treinavam com tiros rápidos de 2 min aumentaram suas taxas de metabolismo anaeróbico no mesmo grau que outro grupo que treinava fazendo 20 segundos em grande velocidade. Aparentemente, as adaptações ao treino, resultantes do treinamento de tolerância ao lactato, sobrepõem-se consideravelmente às adaptações que ocorrem com o treinamento de produção de lactato. Apesar disso, acredito que os efeitos difiram apenas o bastante para justificar o planejamento de séries de repetições específicas para cada finalidade.

Planejamento da temporada

A Natação é a melhor forma de treinamento de tolerância ao lactato, por causa de seus efeitos específicos. Os efeitos do treino que melhoram a capacidade de tamponamento muscular ocorrem apenas no interior e em torno das fibras musculares utilizadas no treinamento. A Natação, particularmente quando os atletas utilizam o tipo (ou tipos) de nado que pretendem usar em competição, é o melhor modo de garantir que tais fibras sejam treinadas.

As adaptações ao treinamento de tolerância ao lactato ocorrem rapidamente. Melhoras significativas na capacidade de tamponamento muscular podem ocorrer dentro de 4 a 6 semanas, portanto, não devemos enfatizar demasiadamente o treinamento de tolerância ao lactato até cerca de 4 a 6 semanas antes do preparo para uma competição importante. Até então, ocasionais tomadas de tempo, competições e treinamento de resistência de sobrecarga servirão para melhorar a capacidade de tamponamento e a tolerância à dor. Recomendo essa ênfase no treinamento de tolerância ao lactato no final da estação apenas para nadadores participantes de eventos de velocidade; já nadadores meio-fundistas e fundistas não têm necessidade de fazer treinamento de tolerância ao lactato. Esses atletas podem utilizar tomadas de tempo, treino de resistência de sobrecarga e treinamento em ritmo de prova ao longo de toda a temporada, para melhorar a capacidade de tamponamento e a tolerância à dor.

Equipamentos para treinamento terrestre, como *medicine balls*, pesos, calistenia, cordões elásticos, bancos de Natação para trabalho no solo e Vasa Trainer (aparelho de Natação) são alternativas para melhorar a capacidade de tamponamento dos músculos. O treinamento terrestre utilizado com essa finalidade deve ser cuidadosamente planejado, de modo a incluir os grupos musculares desejados. Tais métodos devem ser utilizados apenas como complementos, jamais como substitutos, para o treinamento de tolerância ao lactato na água.

O treinamento de tolerância ao lactato deve ser administrado criteriosamente. Embora esse tipo de treinamento possa melhorar certos aspectos do metabolismo, também tem potencial de promover efeitos colaterais graves que podem comprometer o desempenho. A acidose resultante da prática em questão será bastante intensa. Lesões estruturais têm potencial para se tornarem penetrantes com o passar do tempo, a ponto de os atletas chegarem mesmo a perder resistência e potência. Além disso, se for efetuado com demasiada frequência, o treinamento de tolerância ao lactato poderá enfraquecer as respostas dos sistemas endócrino e imune. Uma redução no funcionamento desses sistemas poderia resultar em menor velocidade de recuperação, perda da motivação pelo treinamento e competição, e maior incidência de infecções virais e lesões musculares e articulares.

Outra razão pela qual os atletas não devem efetuar tal prática com demasiada frequência é que os treinamentos de resistência limiar e de sobrecarga também geram muitos dos seus efeitos potencialmente lesivos. Por consequência, o treinamento de tolerância ao lactato não deve ser praticado frequentemente quando essas duas formas de treinamento de resistência estiverem sendo enfatizadas, e os treinadores não deverão marcar de maneira constante treinos de resistência limiar e de resistência com sobrecarga quando a tolerância ao lactato for o foco de determinado ciclo de treinamento.

O leitor poderia se perguntar por que os atletas utilizam o treinamento de tolerância ao lactato, se os treinamentos de resistência limiar e de sobrecarga podem levar aos mesmos efeitos. O raciocínio é que o treinamento de tolerância ao lactato é um dos métodos mais eficazes para melhorar a capacidade de tamponamento dos velocistas. As séries são mais curtas, mais rápidas e dependem de taxas mais altas de metabolismo anaeróbico, simulando a natureza das provas de velocidade com maior eficácia do que as séries de resistência limiar ou de sobrecarga. Ao mesmo tempo, as séries desse tipo de treinamento oferecem menor probabilidade de redução da taxa de metabolismo anaeróbico do que o treinamento de resistência. Consequentemente, o treinamento de tolerância ao lactato é uma forma melhor de treino para capacidade de tamponamento para nadadores velocistas durante os estágios mais avançados da temporada, quando o aumento da explosão de velocidade deve ser um aspecto fundamental em seus programas preparatórios.

Os velocistas devem limitar seu treinamento de tolerância ao lactato para uma pequena série a cada semana no início da temporada e para uma ou duas séries curtas no meio da temporada, quando estiverem enfatizando o aumento da velocidade e da capacidade anaeróbica. As séries devem ser marcadas talvez com uma frequência de duas vezes por semana durante essa época, mas apenas por 4 a 6 semanas. Nesse curto período, os velocistas podem aumentar consideravelmente a capacidade de tamponamento; além disso, se a tolerância ao lactato for mantida funcionando em níveis moderados, reduzirá a possibilidade de saturação e de excesso de treinamento.

A velocidade de uso do glicogênio é rápida durante o treinamento de tolerância ao lactato, e será considerável a quantidade perdida pelas fibras musculares, particularmente as de contração rápida. Algumas dessas fibras podem sofrer depleção de glicogênio durante séries longas de tolerância ao lactato, mas não é provável que isso ocorra quando as séries forem curtas e infrequentes, não forem marcadas consecutivamente (i. e., sem interrupção) e não forem executadas em combinação com séries de resistência limiar ou de sobrecarga.

Conforme já mencionei, podem ser consideráveis as lesões musculares decorrentes da acidose oriunda de séries de tolerância ao lactato. Consequentemente, os atletas devem ter 2 a 3 dias de recuperação depois de terem feito uma série. Não devem ser marcados treinamentos de resistência limiar, de resistência de sobrecarga e em ritmo de prova durante essa época, mas os nadadores podem fazer treinamento de resistência básica e de produção de lactato.

Orientações para a elaboração de séries de repetições de tolerância ao lactato

O objetivo do treinamento de tolerância ao lactato é promover uma acidose intensa nas fibras musculares em funcionamento, de modo que elas venham a armazenar mais substâncias-tampão e se tornem mais efetivas no tamponamento do ácido lático. Ao mesmo tempo, os nadadores devem também se concentrar na manutenção de um nível elevado de esforço e em uma mecânica de nado eficiente, apesar da acidose. Esse treinamento, que pode ser mais mental do que físico, será eficiente pelo menos de duas maneiras: primeiramente, os atletas podem se tornar menos sensíveis à dor da acidose; e, em segundo lugar, podem se condicionar a *não* cometer alguns dos erros de técnica comuns que acompanham a acidose intensa, por exemplo, permitir que seus braços escorreguem através da água, perdendo o *timing* das braçadas, sacrificando demais a distância por braçada ou a velocidade cíclica para manter a distância por braçada.

Fatores como repetições de distâncias e intervalos de descanso não são fundamentais no planejamento das séries de tolerância ao lactato, pois qualquer grupo de repetições que venha a gerar acidose pode produzir o efeito de treinamento. Por consequência, a intensidade e o número de repetições são os ingredientes mais importantes para séries desse tipo. Os atletas podem utilizar três métodos gerais para estimular a acidose intensa no treinamento: o primeiro consiste em nadar repetições de 100 jd/m ou distâncias maiores em velocidades muito rápidas, com longos períodos de descanso depois de cada repetição, o que chamei de série de repetição de *tiros longos de velocidade com descanso longo*, por razões óbvias; o segundo consiste no nado de repetições de 25 jd/m ou de distâncias maiores com intervalos de descanso médios que não permitam a recuperação da acidose depois de cada nado. Denominei esse tipo de série de *tiros de velocidade com descanso médio*. O terceiro método envolve nados quebrados, isto é, a prática de pequenas séries de repetições com intervalos de descanso muito curtos, o que denominei *tiros de velocidade com descansos curtos*. Os gráficos na Figura 14.2 ilustram os prováveis efeitos de cada tipo de repetição no pH muscular, os quais serão descritos nos próximos parágrafos.

Tiros longos de velocidade com intervalos longos de descanso O nado de tiros longos de velocidade com intervalos de descanso longos melhora a capacidade de tamponamento porque cada repetição gera acidose intensa. Os nadadores devem descansar por pelo menos 5 a 10 min para permitir a remoção de quantidade significativa de ácido lático

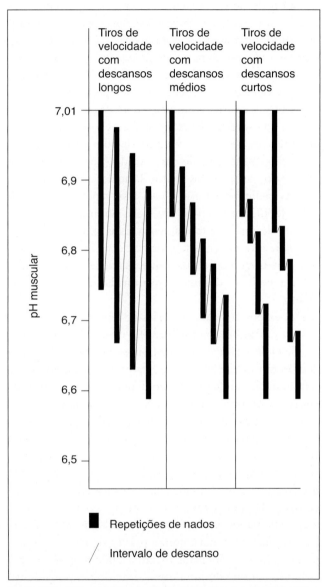

Figura 14.2 Três métodos de nado de repetições de tolerância ao lactato. O primeiro envolve o nado de longos tiros de velocidade e com longos intervalos de descanso, o que gera acidose intensa a cada nado e permite um retorno praticamente integral do pH muscular ao normal entre as repetições. O segundo envolve o nado de tiros de velocidade com intervalos de descanso médios, resultando em uma redução gradual do pH muscular; o intervalo de descanso é demasiadamente curto para permitir a remoção de uma grande quantidade de ácido lático das fibras musculares em funcionamento entre as repetições e, assim, ocorre um *efeito de empilhamento*, em que é gerado baixo pH muscular ao final da série. O terceiro envolve o nado de diversas séries curtas de tiros de velocidade com intervalos de descanso muito curtos, permitindo a remoção apenas de pequena quantidade do ácido lático dos músculos entre os nados; como resultado, ao final de alguns nados, ocorre um efeito de empilhamento que reduz consideravelmente o pH muscular.

de seus músculos e para alguma restauração do pH muscular antes de tentarem outro nado (Krukau, Volker e Liesen 1987; Troup, Metzger e Fitts 1985). Em caso contrário, não serão capazes de nadar com suficiente rapidez nas repetições subsequentes, para que seja estimulada mais acidose.

O nado de repetições de tolerância ao lactato com essa técnica resulta em diversas vantagens para os nadadores, como gerar acidose intensa várias vezes e, com isso, proporcionar vários períodos de estimulação para o aumento da capacidade de tamponamento. Tendo em vista que a velocidade das repetições estará perto da velocidade de prova, os atletas também serão capazes de se concentrar no uso de padrões respiratórios parecidos com os utilizados nas provas, na execução de boas viradas, na manutenção da integridade das braçadas/pernadas/tipo de nado e no combate dos efeitos da acidose dolorosa.

As melhores extensões para essas repetições são 100 e 200 jd/m, por serem as distâncias mínimas que geram o efeito desejado de treinamento. Essas extensões são suficientemente longas para causar acidose intensa, mas são suficientemente curtas para que os atletas possam nadar várias repetições durante determinada sessão de treinamento.

A extensão ideal para séries de repetições desse tipo se situa em algum ponto entre 300 e 800 jd/m. O trabalho de Gollnick et al. (1973) apoia essa recomendação, ao demonstrar que as fibras musculares de contração rápida sofrem depleção de glicogênio depois de 4 a 6 sessões de esforço máximo em uma bicicleta ergométrica.

As velocidades de nado devem ser mais rápidas do que as velocidades limiares, para que ocorra acúmulo de ácido lático nos músculos. Fico tentado a dizer que os atletas devem nadar tais repetições com a maior rapidez possível, mas não há evidência científica em favor desse conselho. De fato, tal prática melhora o efeito do treinamento. Por outro lado, a simples redução do pH muscular em grau substancial com a prática de nados rápidos, porém não em velocidade máxima, pode proporcionar o estímulo para melhorar a capacidade de tamponamento muscular, o que é simplesmente tão efetivo como nadar em velocidades mais rápidas.

Uma boa regra prática é que as velocidades das repetições devem atingir pelo menos 85% dos melhores tempos para provas de 100 e 200, ou devem ficar dentro de 6 s do melhor tempo para 100 jd/m do atleta e dentro de 12 s do seu melhor tempo para 200 jd/m. Nadadores fundistas devem ser capazes de executar essas repetições mais perto de seus melhores tempos do que os velocistas, porque atletas que nadam distâncias maiores geralmente possuem maior capacidade aeróbica e mais resistência; portanto, não geram tanto ácido lático durante suas repetições.

Tiros de velocidade com intervalos de descanso médios No segundo método, em que os atletas nadam uma série de repetições com intervalos de descanso moderados, o intervalo de descanso deve ser suficientemente longo para que lhes seja possível nadar com mais rapidez do que as velocidades limiares, mas não tão longo a ponto de permitir mais do que uma modesta recuperação da acidose entre as repetições. Em comparação com a série anterior, a principal vantagem desta é que ela permite aos atletas nadar mais repetições em determinado período de tempo ou o mesmo número de repetições em menos tempo. Velocidades com intervalos de descanso médios proporcionam as mesmas oportunidades para a estimulação de aumentos nos tampões musculares e para a prática de técnicas de prova em condições de acidose intensa.

Qualquer distância de repetição pode ser utilizada para tiros de velocidade com intervalo de descanso médio, mas deixo aqui a sugestão de distâncias de repetições que sejam iguais ou menores que a metade da distância de prova, pois as velocidades das repetições ficarão mais próximas do ritmo de prova. Em geral, velocistas nadam distâncias de repetições de 25, 50, 75 e 100 jd/m para essas séries.

O comprimento ideal dessas séries fica em torno de 600 e 1.200 jd/m. Geralmente, velocistas que se especializam em eventos curtos devem manter o comprimento de suas séries em 800 jd/m ou menos, enquanto nadadores que competem em eventos de 200 podem passar ocasionalmente para a série de maior extensão.

Sumário das orientações para a elaboração de séries de repetições de tolerância ao lactato

■ Extensão das séries: 300 a 1.200 jd/m. A extensão ideal da série para velocistas é 400 a 800 jd/m. Nadadores meio-fundistas ou fundistas podem nadar séries mais longas.

■ Distância das repetições: distâncias de 100 a 200 jd/m são ideais para repetições com intervalos de descanso longos. Distâncias de 25 a 100 jd/m são ideais para velocistas em séries com intervalos de descanso médios e curtos. Nadadores meio-fundistas e fundistas podem aumentar os comprimentos das repetições para algo entre 200 e 500 jd/m, embora não haja necessidade para tal.

■ Intervalo de descanso: os intervalos de descanso devem ser de 3 a 10 min nas séries em que o objetivo é produzir uma acidose intensa a cada repetição; entre 15 s e 2 min quando os atletas nadam repetições com tempos até a saída moderados; e muito curtos, entre 5 e 30 s, para séries nadadas como múltiplos da distância da prova.

■ Velocidade: a velocidade de treinamento deve ser mais rápida do que a velocidade limiar e suficiente para fazer com que o pH muscular baixe até o ponto de causar acidose intensa.

Alguns exemplos de séries de repetições de tolerância ao lactato estão ilustrados na Tabela 14.1.

Os tempos até a saída devem permitir aproximadamente 15 s de descanso para repetições de 25, 15 a 30 s de descanso para repetições de 50, 30 a 40 s de descanso para repetições de 75 e 45 a 60 s de descanso para repetições de 100 jd/m. As velocidades de treinamento devem ser mais rápidas do que as limiares, para assegurar que os atletas acumulem ácido lático em seus músculos.

Tiros de velocidade com intervalos de descanso curtos A acidose é produzida quando o nadador mantém o tempo de recuperação muito curto no terceiro método de treinamento de tolerância ao lactato (tiros de velocidade com intervalos de descanso curtos). Os nadadores fazem esse tipo de série como nados quebrados, completando a extensão predeterminada como uma série de nados abaixo da distância, com períodos de descanso muito curtos. A melhora na capacidade de tamponamento é resultante do efeito de empilhamento do ácido lático nos músculos, que leva a uma acidose intensa depois de algumas repetições.

Nados quebrados e outros tiros de velocidade completados com intervalos de descanso curtos são motivadores, e os atletas dependem apenas de pequeno tempo de prática para alcançarem o objetivo de melhorar a capacidade de tamponamento. Essas atividades proporcionam as mesmas oportunidades para a prática do combate à tensão da acidose; ao mesmo tempo, os nadadores mantêm boas técnicas de prova.

Qualquer distância de repetição que produza acidose poderá ser utilizada para essa finalidade, no entanto repetições em percursos iguais a um quarto (ou menos) da distância da prova do atleta incentivam o treinamento nas proximidades das velocidades de prova. Essas séries podem ser extremamente motivadoras.

O comprimento de cada série pode equivaler a qualquer distância que produza acidose. Considero como sendo ideais séries equivalentes, mais longas ou mais curtas que a distância da prova. Séries ligeiramente mais curtas que tal distância incentivam velocidades mais rápidas; séries ligeiramente mais longas do que a distância da prova condicionam os atletas para a manutenção da boa técnica durante um trecho maior do que o comprimento da prova. Os atletas podem completar duas a quatro dessas séries em uma sessão de treinamento, desde que lhes seja dado tempo para a restauração do pH muscular até níveis próximos ao normal entre cada série.

Os períodos de descanso devem ser bastante curtos – 5 a 15 s – para que ocorra pouca recuperação entre as repetições. No máximo, a velocidade das repetições deve se aproximar da velocidade de prova e, no mínimo, certamente deve ser mais rápida do que velocidades limiares.

Recuperação ativa *vs* passiva

Os atletas deverão sempre nadar confortavelmente entre repetições de tolerância ao lactato, a menos que o tempo até a saída seja curto demais para que isso seja possível. Quando tal situação acontecer, deverão reorganizar séries mais longas de repetições em séries mais curtas, com um nado de recuperação depois de cada série curta. Diversos estudos publicados demonstraram que os nadadores podem remover mais ácido lático de seus músculos em menos tempo quando continuam a se exercitar moderadamente durante o período de descanso entre esforços, em comparação com a inação durante o período de recuperação (Belcastro e Bonen 1975; Bond et al. 1987; Davies, Knibbs e Musgrove 1970; Hermansen 1981; Hermansen e Stensvold 1972). A movimentação em um ritmo moderado durante o período de recuperação foi chamada de procedimento de *recuperação ativa,* e a simples inação foi chamada de *recuperação passiva.* Belcastro e Bonen (1975) compararam um grupo de atletas que praticava corrida lenta durante o período de recuperação com um grupo que simplesmente ficava deitado ou sentado ao lado da pista durante o mesmo período. O percentual de recuperação entre os que utilizaram o período de recuperação ativa foi 100% maior depois de 5 min e 400 vezes maior depois de 20 min.

Em outro estudo que contrasta os métodos ativo e passivo (Hermansen 1981), os voluntários no grupo de recuperação passiva ficaram tranquilamente sentados depois de uma série de exercícios até a exaustão. Os membros do grupo de recuperação ativa continuaram a correr em um ritmo fácil, em uma velocidade que exigia 50 a 60% de esforço. O grupo de recuperação passiva precisou de aproximadamente duas vezes mais tempo para remover a mesma quantidade de lactato de seu sangue, em comparação com o grupo de recuperação ativa.

O exercício leve é superior ao simples descanso durante os períodos de recuperação, por manter uma velocidade maior do fluxo sanguíneo, promovendo maior re-

Tabela 14.1 Exemplos de séries de repetições de tolerância ao lactato

Tiros de velocidade longos com intervalos de descanso longos	6 × 100 em 7 min
	3 × 200 em 10 min
Tiros de velocidade com intervalos de descanso médios	12 × 25 em 30 s
	12 × 50 em 1 min
	8 × 100 em 2 min
	6 × 200 em 3 ou 4 min
Tiros de velocidade com intervalos de descanso curtos	3 séries de 4 × 25 em 20 a 30 s
	3 séries de 4 × 50 com intervalo de descanso de 10 a 15 s
	15 × 100 em 1'30"

moção de ácido lático dos músculos em menos tempo. Durante a recuperação, o esforço deve ser moderado. Em níveis muito baixos de esforço, a velocidade de remoção será mais lenta do que o ideal, o que impedirá a recuperação; por outro lado, um esforço de recuperação demasiadamente grande produzirá mais ácido lático, atrasando o processo de recuperação.

Diversos estudos tentaram identificar o melhor tipo de exercício a ser utilizado durante a recuperação e a intensidade de esforço apropriada para a recuperação ativa. Com relação ao tipo de exercício, um estudo publicado demonstrou claramente que nadadores se recuperam mais rapidamente nadando durante a recuperação, em vez de fazer outro exercício inespecífico (Krukau, Volker e Leisen 1987). O nado fácil durante o período de recuperação fez com que o lactato sanguíneo retornasse à metade do seu nível de repouso em aproximadamente 6 min depois de uma tomada de tempo rápida para 200. O tempo necessário para gerar a mesma resposta foi 13 min, quando os nadadores utilizaram ciclismo em um ritmo fácil como modo de recuperação da atividade.

No que diz respeito à intensidade, Hermansen e Stensvold (1972), entre outros, demonstraram que o trabalho realizado em esforços entre 50 e 70% do $\dot{V}O_2$ máx resulta em uma recuperação mais rápida do que o exercício com menos esforço. Certamente, nadadores não ganham muito aprendendo que os níveis ideais de esforço para a recuperação ativa são, na verdade, certos percentuais do consumo máximo de oxigênio. Por essa razão, Cazorla et al. (1983) identificaram esses níveis em termos mais práticos, ao informarem que os nadadores se recuperaram com mais do dobro da rapidez ao nadarem em 60 a 75% da sua velocidade máxima para 100 m. Outro aspecto interessante desse estudo foi que os nadadores se recuperaram com a mesma rapidez, ao escolherem seu próprio ritmo para o nado de recuperação. Aparentemente, os atletas podem identificar intuitivamente o esforço de recuperação adequado; deixados à sua própria sorte, os atletas selecionam velocidades adequadas para essa finalidade.

Velocidades de treinamento para repetições de tolerância ao lactato

As velocidades de treinamento devem ser suficientes para gerar frequências cardíacas máximas durante o nado de tolerância ao lactato. Os esforços percebidos devem se situar na faixa de 18 a 20 em uma escala de 20, e as concentrações de lactato sanguíneo devem estar próximas do máximo. Entretanto, os treinadores realmente não precisam usar qualquer desses métodos para monitorar as velocidades de treinamento de tolerância ao lactato, pois os tempos das repetições e as reações de fadiga dos nadadores fornecem a evidência mais objetiva de que não estão

treinando corretamente. A única razão para que os treinadores lancem mão de outros procedimentos de monitoração é quando suspeitam que alguns de seus nadadores estejam se esforçando abaixo da média e querem confirmar sua suspeita.

Sobrecarga progressiva

Qualquer dos métodos comuns para aumento da sobrecarga – aumento da velocidade das repetições, redução da duração dos intervalos de descanso ou aumento do volume – pode ser utilizado efetivamente com o nado de tolerância ao lactato. Um aumento na velocidade média das repetições para determinada série é um bom indicador de que a resistência muscular anaeróbica está melhorando.

No entanto, pode-se usar com eficácia uma redução gradual na duração do intervalo de descanso para tiros praticados com descansos médios ou curtos. Entretanto, eu não recomendo esse método para tiros de velocidade com descanso longo, porque o efeito do treinamento ocorre no âmbito de cada repetição. Se a queda na velocidade das repetições ocorrer quando os intervalos de descanso forem reduzidos, os nadadores deverão tentar uma estratégia de sobrecarga, esforçando-se para restaurar a velocidade das repetições até seu nível original.

O aumento do número de repetições de tolerância ao lactato por série ou o aumento do número de séries por semana (dentro de limites razoáveis) é outro modo de continuar estimulando melhoras com esse tipo de treinamento. Os nadadores devem cumprir essa estratégia apenas durante períodos curtos, talvez de 4 a 6 semanas, para que não ocorram os efeitos prejudiciais da produção de acidose com demasiada frequência. O aumento do número de repetições deverá ser implantado na parte final da temporada, depois que os atletas aumentaram sua capacidade aeróbica.

Outros tipos de treinamento de tolerância ao lactato

Séries de repetições podem assumir diversas outras formas para o treinamento de tolerância ao lactato. Para essa finalidade, podem ser utilizadas formas específicas de treinamento terrestre.

Séries de repetições com tempos de saída mais curtos Um modo ideal de elaborar séries de repetições para melhora da capacidade de tamponamento consiste em utilizar repetições com tempos mais curtos até a saída. A Tabela 14.2 nos dá dois exemplos de tais séries.

Séries de repetições com distâncias, intervalos de descanso e tipos de nado mistos A Tabela 14.2 apresenta alguns exemplos de séries de repetições com distâncias, intervalos de descanso e tipos de nado mistos, planejadas para melhorar a capacidade de tamponamento. Séries assim planejadas são bastante apropriadas para essa finalidade, porque podem ocorrer longos períodos de descanso ativo entre os nados rápidos.

Treinamento de tolerância ao lactato no solo Qualquer dos três métodos para treinamento de tolerância ao lactato que acabei de descrever pode ser adaptado para o treinamento terrestre. O treinamento terrestre planejado para melhorar a capacidade de tamponamento muscular deve incluir esforços intensos com duração de 45 s até 2 min, com longos períodos de descanso ativo depois de cada esforço. Quatro a seis desses esforços devem ser suficientes.

O treinamento de tolerância ao lactato no solo também pode consistir de vários esforços mais curtos, com intervalos de descanso curtos que produzam acidose. Qualquer método que quantifique o trabalho realizado durante o treinamento de tolerância ao lactato no solo aumentará a motivação dos atletas e, talvez, o efeito do treinamento que estes irão obter. A Tabela 14.2 lista alguns exemplos de treinamento terrestre que melhorarão a capacidade de tamponamento.

Treinamento de produção de lactato

O treinamento de produção de lactato consiste de curtos tiros de velocidade em velocidades próximas do máximo, tendo como objetivo melhorar a potência anaeróbica.

Efeitos do treinamento

Um período de treinamento de 4 a 8 semanas pode gerar progressos significativos na taxa de metabolismo anaeróbico. Uma pesquisa publicada sugere que esses progressos poderão ter continuidade por 1 a 2 anos, se os nadadores permanecerem treinando de maneira contínua e duradoura (Olbrecht 2000). Em outro estudo (Nevill et al. 1989), a quantidade de ATP que foi reciclada anaerobicamente aumentou em 20% depois de 8 semanas de treinamento de velocidade. Os autores sugeriram que o aumento ocorrido na enzima fosfofrutoquinase (PFK) contribuiu de maneira muito expressiva para esse aumento na taxa de metabolismo anaeróbico. Surpreendentemente, não houve mudança na quantidade de energia fornecida pelo fosfato de creatina. Nesse estudo, os voluntários eram oito homens e mulheres ativos, mas não atletas, que treinaram correndo dois tiros de velocidade máxima durante 30 s com 10 min de descanso depois de cada tiro, duas vezes por semana. Além disso, uma vez por semana, os voluntários também completaram 6 a 10 tiros de 6 s com 54 s de descanso após cada tiro. Segundo os autores, seu estudo sugere "que o fornecimento de energia derivada da glicólise anaeróbica era limitante do desempenho antes do treinamento". Em outras palavras, a velocidade da glicólise anaeróbica se tornou mais rápida com o treinamento, resultando em progressos no desempenho da velocidade.

Tabela 14.2 Outros tipos de treinamento de tolerância ao lactato

Séries de repetições com tempos mais curtos até a saída	Séries de repetições com distâncias, intervalos de descanso e tipos de nados mistos	Treinamento de tolerância ao lactato no solo
Exemplo 1 Nade 4 séries de 3 × 25 m em um tempo até a saída de 20 s. Execute 225 m de algum exercício de nado entre cada série. Assume-se que o atleta nadará os tiros de velocidade de 25 m em 14 a 17 s no tempo designado até a saída.	*Exemplo 1* Série de repetições em distâncias mistas Nade 200 m com rapidez em um tempo até a saída de 3 min. Nade 4 ×100 m em ritmo fácil em um tempo até a saída de 2 min. Repita essa série quatro vezes.	*Exemplo 1* Execute 4 séries de braçadas durante 1 min em um banco de Natação para trabalho no solo, Vasa trainer ou com corda elástica. Faça 5 a 10 min de descanso entre uma série e outra, ou faça uma série similar para qualquer outro grupo muscular. Tente melhorar os escores se o aparelho tiver algum método de quantificação do esforço despendido durante 1 min.
Exemplo 2 Nade 4 séries de 6 × 50 m em um tempo até a saída de 45 s. Faça 200 m de pernadas em um ritmo fácil entre cada série. Assume-se que o atleta nadará os tiros de velocidade de 50 m e 33 a 38 s no tempo designado até a saída.	*Exemplo 2* Série com repetições de descansos mistos Nade 100 m com rapidez em um tempo de saída de 2 min. Nade 4 ×100 m em ritmo fácil em um tempo de saída de 1'40". Repita essa série quatro vezes.	*Exemplo 2* 10 × 20 repetições de arremessos de *medicine ball* ou algum exercício de calistenia. Descanse 5 a 30 s entre as séries de 20 repetições.
	Exemplo 3 Série de repetições com tipos de nado mistos Nade 100 m Borboleta em um tempo de saída de 2 min. Nade 100 m, faça 100 m de pernadas e 100 m de braçadas de Crawl em ritmo fácil em 6 min.	

Efeitos do treinamento de produção de lactato

Primários
- Aumento na taxa de metabolismo anaeróbico.
- Aumento na velocidade de tiro máxima.

Secundários
- Aumento nas quantidades de ATP e CP armazenadas nas fibras musculares treinadas.
- Aumento na velocidade de liberação de energia do ATP.
- Aumento na velocidade de reciclagem do ATP com CP.
- Aumento na potência muscular.
- Aumento na coordenação neuromuscular em velocidades de nado rápidas.
- Aumento na capacidade de tamponamento.

As adaptações secundárias que podem resultar do treinamento de produção de lactato são (1) aumento nas quantidades de ATP e CP armazenadas nas fibras musculares treinadas, (2) aumento no grau de energia liberada do ATP e aumento na velocidade de reciclagem deste pelo fosfato de creatina, (3) aumento na potência muscular e (4) melhora na coordenação neuromuscular em velocidades rápidas de nado. O treinamento de produção de lactato também pode resultar em alguns progressos na capacidade de tamponamento, por causa da rápida velocidade de acúmulo do ácido lático nas fibras musculares em funcionamento e da moderada redução no pH muscular, resultante desse quadro.

O resultado desejável de todas essas adaptações fisiológicas é o aumento da velocidade de tiro máxima em curtas distâncias. O leitor deve lembrar-se também de que qualquer aumento na velocidade máxima permitirá aos atletas uma *velocidade fácil*, em outras palavras, serão capazes de completar provas mais longas com maior rapidez e menor esforço.

Planejamento da temporada

De longe, nadar é o melhor método para treinamento de produção de lactato. Além disso, os nadadores devem realizar o grosso de seu treinamento no tipo (ou tipos) de nado para o qual treinam. A taxa de metabolismo anaeróbico aumentará apenas nas fibras musculares utilizadas pelos atletas, portanto, no treinamento, eles devem contrair as mesmas fibras musculares que serão utilizadas durante suas provas.

Embora os nadadores devam praticar um volume adequado de nado de produção de lactato durante todas as fases da temporada, também devem enfatizar essa forma de treinamento de velocidade durante o início dela, para aumentar a taxa de metabolismo anaeróbico. Os nadadores devem ser capazes de melhorar essa taxa, mesmo que estejam também às voltas com grande volume de treinamento básico de resistência. As fibras musculares de contração rápida não serão utilizadas significativamente durante o treinamento básico de resistência; assim, deve diminuir a sua velocidade de contração. Por outro lado, durante o treinamento de produção de lactato, as fibras musculares de contração rápida estarão intensamente envolvidas, de tal forma que isso acarretará aumento de sua potência e velocidade de contração.

Os nadadores também devem realizar um volume considerável de treinamento de produção de lactato durante a metade da temporada, com o objetivo de reduzir o decréscimo na taxa de metabolismo anaeróbico que pode ocorrer quando fazem grande volume de treinamento de resistência limiar e de sobrecarga. Esses tipos intensos de treinamento de resistência tendem a reduzir a velocidade de contração muscular, e o treinamento de produção de lactato pode se opor a essa tendência. Finalmente, tal prática deve ser parte importante do dia de treinamento na última parte da temporada, quando os atletas tentam aumentar sua velocidade de tiro.

Considerando que o treinamento de produção de lactato provoca aceleração do metabolismo anaeróbico, é alta a velocidade de uso do glicogênio. Apesar disso, será pequena a quantidade de glicogênio perdido das fibras musculares em funcionamento, porque a duração de cada repetição e a extensão das séries são relativamente curtas. Consequentemente, os atletas não precisam de tempo para reposição do glicogênio muscular entre séries desse tipo. Além disso, as lesões musculares não serão importantes; portanto, não há problema com o tempo de recuperação. Em outras palavras, os atletas podem fazer algumas séries de produção de lactato todos os dias. As principais considerações para a marcação de séries de produção de lactato são o tempo de treinamento disponível e a motivação dos nadadores, não sua recuperação, já que eles podem perder motivação quando precisam dar tiros rápidos, prática após prática. Por consequência, o treinador poderá obter esforços melhores por parte de seus nadadores diminuindo ou mesmo eliminando o treinamento de produção de lactato durante algumas das sessões de treino a cada semana. Obviamente, os nadadores podem e devem fazer algum exercício de velocidade diário, mas talvez não devam marcar séries de produção de lactato volumosas para mais de três ou quatro sessões de treinamento por semana. Tal recomendação significa que atletas em treinamento uma vez por dia deverão completar algumas séries importantes de velocidade durante quase todos os exercícios, e é provável que aqueles cuja prática seja de duas vezes por dia deverão marcar séries importantes de produção de lactato durante um desses exercícios, em quase todos os dias de treino.

Orientações para a elaboração de séries de repetições de produção de lactato

A seguir, sugerimos extensões de séries e distâncias de repetições, intervalos de descanso e velocidades de treinamento para séries de repetições de produção de lactato.

Distância das repetições É melhor que os atletas aumentem a taxa de metabolismo anaeróbico nadando repetições longas o bastante para envolver completamente esse sistema; contudo, tais repetições devem ser suficientemente curtas para que a acidose não cause redução na velocidade de liberação de energia, antes que tenham completado a repetição. Isso significa que as melhores distâncias para repetições de produção de lactato são 25 e 50 jd/m. A maioria dos nadadores necessita de algo entre 9 e 30 s para realizar repetições dessas distâncias, um período ideal para a finalidade de estimular o metabolismo anaeróbico sem causar acidose intensa (Hellwig et al. 1988; Song et al. 1988). O metabolismo anaeróbico passa a ser a principal fonte de energia para a reciclagem do ATP depois dos primeiros 4 a 6 s de exercício, e uma acidose extrema não retardará perceptivelmente a taxa de metabolismo anaeróbico, até que tenham transcorrido cerca de 20 a 40 s de trabalho.

Intervalo de descanso O tempo de recuperação entre repetições deve ser consideravelmente mais longo do que o tempo necessário para que os atletas nadem cada repetição. O longo descanso dá tempo para que a maior parte do ácido lático produzido durante o exercício de Natação seja transportada para fora dos músculos; assim, de uma repetição para a outra não ocorrerá o efeito de empilhamento para esse subproduto do metabolismo anaeróbico, levando-se em conta que esse empilhamento poderia resultar em acidose antes que os nadadores completassem a série. A acidose retardará a taxa de metabolismo anaeróbico e invalidará a finalidade do treinamento de produção de lactato, o que significa melhorar a velocidade da glicólise anaeróbica.

O período de recuperação também deve ser suficientemente longo para permitir a reposição da maior parte do CP utilizado no tiro de velocidade precedente, de modo que essa fonte de energia fique disponível no início de cada repetição. A reposição de fosfato de creatina nos músculos prossegue em dois estágios: um rápido e o outro lento. Uma pesquisa publicada demonstrou que aproximadamente metade do fosfato de creatina utilizado durante o exercício será reposta dentro de 90 s de recuperação, e que pode haver necessidade de mais 4 a 8 min para a reposição da quantidade restante (Nevill et al. 1996). Consequentemente, é provável que os nadadores devam descansar pelo menos 90 s depois de cada tiro de velocidade. Se quiserem, eles podem descansar por mais tempo; se este for o caso, não reduzirão o efeito do treinamento. Aqui, o ponto mais importante é garantir que o intervalo de descanso não seja demasiadamente curto.

Períodos de descanso de 1 ½ a 3 min devem ser suficientes para repetições de 25, e, provavelmente, 3 a 5 min são necessários após cada repetição de 50 simplesmente porque uma quantidade maior de ácido lático terá se acumulado nos músculos dos nadadores em decorrência do tempo adicional exigido para se completar uma distância maior.

Períodos de descanso de 30 a 60 s são definitivamente curtos demais para impedir a acidose durante tiros de velocidade de produção de lactato. Wootton e Williams (1983) informaram que as concentrações médias de lactato sanguíneo para um grupo de voluntários atingiram níveis próximos ao máximo de 15,5 mmol/L depois de terem corrido apenas cinco tiros de velocidade de 6 s, com um período de recuperação de 30 s depois de cada tiro de velocidade. O lactato sanguíneo ainda aumentou consideravelmente, para 10,3 mmol/L, durante aqueles tiros de velocidade de 6 s em que o período de recuperação foi de 60 s. Os atletas devem nadar em um ritmo fácil durante os períodos de recuperação, para incentivar a remoção de lactato dos músculos e do sangue.

Extensão das séries Acredito que não haja possibilidade de permitir 4 minutos ou mais de descanso depois de cada tiro de velocidade de uma série de produção de lactato, pois, em caso contrário, os nadadores não terão tempo suficiente para todos os demais tipos de treinamento que devem fazer parte de uma sessão de treinamento. Por essa razão, séries de produção de lactato nadadas com tempos até a saída de 1 ½ a 3 min não devem ter extensão maior do que 300 a 600 jd/m. Distâncias de séries nessa faixa são suficientemente longas para promover um efeito de treinamento; entretanto, não serão longas o suficiente a ponto de ocorrer uma acidose intensa.

Os nadadores devem ser capazes de fazer várias sessões de produção de lactato de 300 a 600 jd/m durante um período de treinamento, porém as séries subsequentes não devem ter início até que eles tenham tido 5 a 15 min de tempo de recuperação. Não foram publicadas pesquisas que nos orientem acerca de quantas jardas ou metros de treinamento de produção de lactato praticado diariamente geram os melhores resultados. A melhor regra prática é a que os atletas possam continuar essas sessões enquanto se mostrarem capazes de nadar as repetições aproximadamente nos mesmos tempos e devam interrompê-las quando se cansarem a ponto de reduzir o ritmo.

Um dos conceitos com maior grau de dificuldade de compreensão para os nadadores é que eles devem evitar a dor da acidose durante repetições de produção de lactato. Tendo em vista que, na verdade, a acidose diminui a taxa de metabolismo anaeróbico, esse efeito frustrará a finalidade do treinamento de tolerância ao lactato. Quando a acidose se torna intensa, o treinamento de produção de lactato se transforma em treinamento de tolerância ao lactato.Quando isso ocorre, o efeito de tal prática passa a se direcionar para a melhora da capacidade de tamponamento, deixando de aumentar a velocidade da glicólise anaeróbica, o que parece ser uma suposição razoável, embora não haja pesquisas que apoiem esse ponto de vista. Os poucos estudos publicados sobre esse tópico demonstram que tiros de velocidade de 30 s e mais longos aumentarão a velocidade da glicólise anaeróbica de maneira tão efetiva como os tiros de velocidade mais curtos.

Velocidade de treinamento As velocidades de treinamento devem ser muito rápidas para incentivar taxas elevadas de metabolismo anaeróbico. A literatura não nos dá indicação das velocidades mínimas ou consideradas ideais que gerarão os efeitos de treinamento desejados. Entretanto, em um estudo publicado, corridas em tiros de velocidade com duração de 20 s, realizadas a 76% da velocidade máxima para um tiro de 30 s, resultaram em um aumento de 10% do déficit de oxigênio e em melhoras de 6 a 8% no desempenho durante um esforço máximo de 30 s (Medbo e Burgers 1990).

Independentemente desse resultado, minha experiência sugere que os nadadores devam completar suas repetições de velocidade em uma proporção 80% superior a sua velocidade máxima para 50 jd/m e 85% superior a sua velocidade máxima para 25 jd/m. Outro modo de expressar a velocidade de nado para o treinamento de produção de lactato é através do nado de tiros de velocidade dentro de 1 a 2 s do melhor tempo do atleta para os tiros de 25 jd/m, e dentro de 2 a 3 s de seu melhor tempo para tiros de 50 jd/m.

A contagem das frequências cardíacas durante o exercício e a estimativa dos esforços percebidos não são indicadores úteis para monitoração das velocidades ideais para o treinamento de tolerância ao lactato. As frequências cardíacas não terão tempo de chegar ao máximo nas repetições mais curtas. Poderíamos usar os esforços percebidos para essa finalidade, embora tal prática se torne supérflua se as repetições também estiverem sendo cronometradas. A velocidade de cada repetição deve resultar em um método mais preciso para a avaliação de sua eficácia em termos de melhora da velocidade da glicólise anaeróbica.

Sumário das orientações para a elaboração de séries de repetições de produção de lactato

- Extensão das séries: 300 a 600 jd/m é a faixa ideal para essas séries. Os nadadores podem fazer várias dessas séries em uma sessão de treinamento.
- Distância das repetições: 25 a 50 jd/m é o melhor distância para as repetições.
- Intervalo de descanso: 1 a 3 min para repetições de 25 e 3 a 5 min para repetições de 50.
- Velocidade: as velocidades de treinamento devem estar próximas do máximo. Considero que os tempos deverão ficar dentro de 1 a 2 s do melhor tempo do nadador para repetições de 25, e dentro de 2 a 3 s do melhor tempo para repetições de 50.

A Tabela 14.3 traz exemplos de séries de repetições de produção de lactato.

Sobrecarga progressiva

O método mais direto para continuar sobrecarregando o metabolismo anaeróbico consiste em aumentar a velocidade das repetições à medida que a temporada avança. O aumento do volume de repetições de produção de lactato é também um bom procedimento de sobrecarga, o que não pode ser dito da redução do intervalo de descanso entre tais repetições, pois isso simplesmente fará com que a acidose ocorra mais cedo, além de reduzir a duração e eficácia da série.

Outros tipos de treinamento de produção de lactato

Além do treinamento terrestre, outros tipos de treinamento de produção de lactato são séries de repetições de distância, intervalos de descanso e tipos de nado mistos.

Séries de repetições com distância, intervalos de descanso e tipos de nado mistos Qualquer dos tipos de séries mistas – séries de distâncias mistas, intervalos de descanso mistos ou tipos de nado mistos – pode ser praticado para treinamento de produção de lactato. Essas séries podem ser particularmente apropriadas para tal finalidade, se forem planejadas de modo a terem apenas poucos segmentos de velocidade intercalados com períodos mais longos de nado, pernadas ou braçadas confortáveis. No seu planejamento, técnicos e nadadores devem seguir as recomendações discutidas nas orientações para elaboração de séries de repetições de produção de lactato. Os segmentos de velocidade não devem passar dos 25 ou 50 m, devendo ser previstos

Tabela 14.3 Exemplos de séries de produção de lactato

Treinamento aquático
8 × 25 em 2 min
6 × 50 em 5 min
6 séries de 4 × 25 em 30 s. O primeiro trecho de 25 de cada série é feito em velocidade. Os três trechos restantes podem constituir-se de nados, pernadas ou braçadas em ritmo confortável, como exercícios de nado.
4 × 25 em 2 min, seguidos por 4 × 50 de exercícios de nado em 1 min. Então mais 4 × 50 em 4 min seguidos por 8 × 25 de exercícios de nado em 30 s.
4 × 25 de braçadas em 2 min, seguidos por 4 × 25 de pernadas em 2 min. Mais 200 executando exercício de nado. Repita a série uma ou duas vezes.

longos períodos de descanso depois de cada repetição. A Tabela 14.4 oferece exemplos de séries de repetições de distância, intervalos de descanso e tipos de nados mistos planejadas com o objetivo de melhorar a taxa de metabolismo anaeróbico.

Treinamento de produção de lactato no solo O treinamento de produção de lactato pode também ser realizado efetivamente no solo. Sob certos aspectos, o treinamento de produção de lactato no solo tem vantagens com relação ao mesmo tipo de treinamento na água. Ainda assim, as formas terrestres de treinamento de velocidade não podem e nem devem substituir as realizadas na água.

A principal desvantagem do treinamento terrestre é que não é possível envolver todas as fibras musculares utilizadas no próprio nado de velocidade, mesmo com exercícios de simulação do tipo de nado. A Natação é um esporte que envolve o corpo em sua totalidade e que exige ritmo eficiente de braçadas/pernadas, suave rotação do corpo em alguns tipos de nado e, em outros, suaves ondulações deste. Atualmente, não existe aparelho ou dispositivo capaz de replicar no solo todos esses elementos do nado. Acredito que a simulação de determinado tipo de nado no solo não envolverá todas as fibras musculares envolvidas nesse tipo específico e nenhum dos elementos de ritmo, rotação e ondulação poderá ser efetivamente simulado. Por essa razão, a prática terrestre pode complementar, mas não substituir, as formas aquáticas de treinamento de produção de lactato.

Dito isto, também devo insistir que o treinamento de resistência terrestre pode ser mais efetivo do que o aquático para a sobrecarga de muitos dos grupos musculares utilizados pelos nadadores. A principal vantagem do treinamento terrestre é a precisão com que a sobrecarga pode ser aplicada e monitorada. Exemplificando, a prática de braçadas contra a resistência de um banco de Natação bio-

cinético para trabalho no solo, o uso de um Vasa trainer ou mesmo de corda elástica propicia resposta imediata, além de uma sólida resistência a cada braçada. O uso de músculos para a Natação durante a execução de exercícios inespecíficos de treinamento com pesos pode ter efeito similar. Por outro lado, a água cede quando os nadadores dão impulso (i. e., fazem pressão) contra o líquido. Os atletas apreendem o resultado de seus esforços apenas quando ouvem seu tempo ao final do trecho nadado.

Outra vantagem do treino terrestre é a possibilidade de os efeitos do treinamento de produção de lactato ficarem restritos a grupos selecionados de músculos que podem limitar o desempenho no nado. Alguns nadadores podem utilizar uma mecânica defeituosa, porque certos grupos musculares não possuem a potência para participar completamente nos esforços de nado. Se este for o caso, um treinamento que seja orientado para os grupos musculares débeis pode aumentar sua potência, permitindo que estes sejam capazes de participar mais completamente durante o nado. Esse tipo de prática pode eliminar o elo frágil e melhorar a mecânica e velocidade dos nadadores.

O treino terrestre pode incluir movimentos que simulam a mecânica do tipo de nado e também exercícios tradicionais e inespecíficos para treinamento de resistência que envolvam os principais grupos musculares utilizados na Natação. Os exercícios inespecíficos devem ser planejados cuidadosamente para que haja a máxima inclusão possível dos grupos musculares importantes envolvidos no nado.

É provável que os exercícios de treinamento terrestre planejados para aumentar a taxa de metabolismo anaeróbico devam consistir de numerosos esforços com duração de 10 a 20 s, ou de 15 a 30 repetições contra resistência. Dispositivos de peso como halteres, aparelhos de peso e

Tabela 14.4 Outros tipos de treinamento de produção de lactato

Séries de repetições com distâncias, intervalos de descanso e tipos de nado mistos	Treinamento de produção de lactato no solo
Exemplo 1 Série de repetições com distâncias mistas: Nade 8 × 100 m com tempo até a saída de 2 min. A cada 100 nade 25 m rápido e 75 m em um ritmo fácil.	*Exemplo 1* 6 × 20 de braçadas contra a resistência em um banco de Natação para trabalho no solo, Vasa trainer ou corda elástica. Descanse 3 min entre as séries.
Exemplo 2 Série de repetições com intervalos de descanso mistos: Nade 50 m rápido com tempo até a saída de 1 min. Nade 100 m em um ritmo fácil com tempo até a saída de 2 min. Repita essa série oito vezes.	*Exemplo 2* 6 séries de exercícios com *medicine ball*, cada um com 15 s de duração. Faça 3 min de descanso entre as séries.
Exemplo 3 Série de repetições com tipos de nado mistos: Nade 25 Borboleta rápido com tempo de saída de 1 min. Faça 125 m de braçadas de Crawl em um tempo de saída de 2 min. Repita essa série oito vezes.	*Exemplo 3* 4 séries de 15 saltos verticais com descanso de 3 min entre as séries, ou alterne cada série com uma série de exercícios para a parte superior do corpo.

medicine balls podem ser utilizados para opor resistência, e os de fricção, como os bancos biocinéticos de Natação para trabalho no solo, podem oferecer resistência de maneira que simule os tipos de nado; ou, no caso de Vasa trainer ou da calistenia, o nadador pode utilizar seu próprio peso corporal. Para que seja obtido o máximo efeito, o atleta pode praticar as repetições ou esforços cronometrados em grupos de três a seis séries. O período de descanso entre séries deve ser de 2 a 5 min.

Conforme já mencionei, dispositivos ou aparelhos que, de alguma forma, quantificam o esforço despendido podem ser efetivos por proporcionarem motivação para a melhora dos escores do atleta. Alguns bancos de Natação para trabalho no solo possuem mostradores digitais que simplificam a quantificação, além de certos dispositivos de treinamento terrestre que proporcionam uma leitura de produção de força braçada-a-braçada poderem motivar os atletas a trabalhar em níveis de esforço consideravelmente mais elevados. Na ausência de tecnologia digital, é possível planejar outros métodos. Exemplificando, a quantificação pode ser proporcionada em conformidade com (1) a média ou quantidade total de resistência movimentada para o número especificado de repetições (por exemplo, uma resistência média de 20 lb para 30 repetições), ou (2) o tempo necessário para completar as repetições (por exemplo, 30 repetições em 30 s). A Tabela 14.4 lista alguns exemplos de treinamento terrestre que melhorarão a velocidade da glicólise anaeróbica.

Treinamento de potência

O treinamento de potência consiste de tiros de velocidade ultracurtos, planejados para enfatizar tanto a força como a velocidade de contração das fibras musculares envolvidas no nado de competição. A finalidade do treinamento de potência é aumentar a potência do nado. A potência de nado é resultante da força muscular aplicada pelo nadador e da velocidade de aplicação dessa força. O provérbio "potência é velocidade" é verdadeiro. Johnson, Sharp e Hendrick (1993) relataram ter observado correlações significativas de 0,84 a 0,87 entre potência de nado e desempenho em tiros de velocidade. Esses autores avaliaram a potência de nado fazendo com que os atletas nadassem tiros de velocidade durante 5 a 6 s em um aparelho Power Rack, ilustrado na Figura 14.3. Um estudo de Dopsaj et al. (1998) gerou resultados que são ainda mais reveladores, ao sugerir que o fator mais importante para a velocidade do nado não era a potência muscular por si mesma, mas a velocidade de geração dessa potência. Nesse estudo, os autores testaram um grupo de nadadores de competição experientes para força muscular e para diversas determinações de potência em diversos grupos musculares das pernas, tronco, braços, ombros e costas. Os testes de potência muscular consistiram na máxima produção de potência durante um tiro de velocidade curto e do percentual de aumento da força, uma medida da rapidez da ocorrência de grande quantidade de potência muscular. O percentual de crescimento da força foi o único parâmetro a ter significado estatístico, em sua relação com a velocidade medida nos tiros de velocidade.

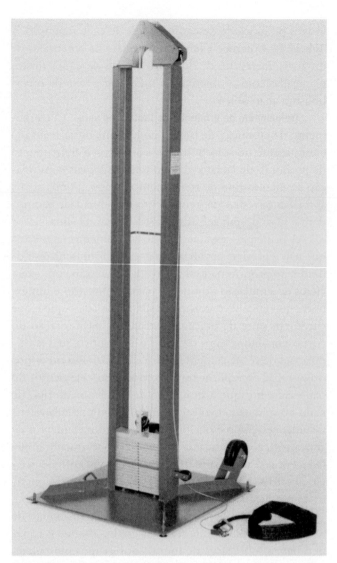

Figura 14.3 Fotografia do aparelho Power Rack.
Esse aparelho é comercializado por Total Performance, Inc., P.O. Box 268, 592 South Illinois Avenue, Mansfield, Ohio.

Efeitos do treinamento O percentual de crescimento da força que pode ser obtido pelos atletas se relaciona com

1. a força muscular;
2. a velocidade de estimulação da contração das fibras musculares pelo sistema nervoso; e
3. a velocidade dessa contração, tão logo essas fibras tenham sido estimuladas.

Os nadadores podem melhorar esses mecanismos com o treinamento de potência tanto no solo como na água. As técnicas tradicionais para melhorar a potência de nado têm se concentrado no treinamento terrestre e, particularmente, no treino com pesos. Esse método, embora efetivo em termos do aumento do percentual de crescimento da força em fibras musculares treinadas, tem limitações concernentes à transferência desse maior ganho para a Natação de competição. Não ocorre transferência completa porque a potência de nado resulta não apenas do grau de crescimento da força nas fibras musculares, mas também da capacidade do sistema nervoso central em recrutar aquelas fibras na sequência correta para a realização de determinado tipo de nado. O nado de velocidade é o único modo de melhorar esse padrão de recrutamento, além de ser a ponte que deve ser construída pelos nadadores entre a força muscular e a potência adquirida com o treinamento terrestre de resistência, e a expressão dessas qualidades nas provas de competição.

Devo agora mencionar que o treinamento de produção de lactato e o treinamento de potência exibem superposição considerável. Os tiros de 25 e 50 nadados pelos atletas durante o treinamento de produção de lactato certamente melhorarão a velocidade e a magnitude da potência de nado. Pode-se argumentar com bastante consistência que o treinamento de produção de lactato pode melhorar essas capacidades tanto quanto o treinamento de potência. O treinamento de produção de lactato envolve todas as fibras musculares de contração rápida e de contração lenta, e as velocidades nele utilizadas podem ser tão efetivas como os tiros de velocidade mais rápidos e mais curtos em termos do aumento do grau e da magnitude da potência que podem ocorrer nessas fibras. Dito isto, acredito que as distâncias de repetições mais curtas e as velocidades maiores utilizadas no treinamento de potência possam aumentar a expressão da potência muscular ainda mais, pelo menos por dois mecanismos.

Em primeiro lugar, tiros de velocidade muito curtos permitem que os atletas nadem mais rapidamente e apliquem mais força contra a água, em comparação com o que ocorre até mesmo em suas provas mais curtas. Esse tipo de trabalho pode proporcionar maior estímulo para aumentos tanto no grau de crescimento da força como na potência máxima que pode ser exercida pelos nadadores. Em segundo lugar, os tiros de velocidade ultracurtos do treinamento de potência envolvem menos metabolismo anaeróbico do que os tiros de velocidade mais longos utilizados no treinamento de produção de lactato. O leitor deve estar lembrado que Greenhaff e Timmons (1998) demonstraram que o nível de trabalho declinava ligeiramente depois de 4 a 6 s, quando tinha início o metabolismo anaeróbico com fosfato de creatina, passando a ser o principal fator contributivo da energia para reciclagem do ATP. Portanto, a velocidade de contração muscular pode ser mantida no nível mais alto possível apenas se houver restrição do esforço em determinado período (4 a 6 s), durante o qual o fosfato de creatina é a principal fonte de energia para a reciclagem do ATP. Além disso, o metabolismo anaeróbico pode fazer com que ocorra declínio do pH muscular por causa do acúmulo de ácido lático nos músculos ao longo da execução de alguns tiros de velocidade mais longos. Tal acúmulo e seu efeito na velocidade de contração muscular podem ser evitados, se a quantidade de energia proporcionada pelo metabolismo anaeróbico for mantida em um nível mínimo, com o encurtamento da distância dos tiros de velocidade.

Planejamento da temporada

Volumes adequados de treinamento de potência na água devem fazer parte do plano de treino durante todas as fases da temporada. O treinamento de potência não exige muito tempo, e, assim, se encaixa com facilidade no plano semanal, sem sacrificar os outros tipos de treinamento. Os nadadores devem enfatizá-lo durante o início da temporada, de modo que poderão aumentar a potência de nado antes do início da ênfase no treinamento de tolerância ao lactato. Na metade da temporada, o objetivo deve ser a manutenção da potência de nado, e mais para o final da temporada, o aumento da potência deverá voltar a ser um objetivo primário.

Repetições de potência não causarão depleção substancial do glicogênio muscular por serem muito curtas. Além disso, não devem causar grandes lesões musculares em decorrência da acidose ou do excesso de esforço. Consequentemente, acredito que o treinamento de potência terrestre deva ser realizado apenas 2 ou 3 dias por semana.

Orientações para a elaboração de séries de repetições de potência

Técnicos e nadadores podem utilizar as seguintes orientações na elaboração de séries de repetições de potência.

Efeitos do treinamento de potência

Primários

A potência de nado aumenta por causa de várias adaptações:

- Aumento da força muscular.
- Aumento na velocidade e no padrão de estimulação das fibras musculares pelo sistema nervoso central.
- Aumento no nível de crescimento da força no interior dos músculos.

Secundários

- Aumentos no conteúdo de ATP e CP nas fibras musculares treinadas.

Distância das repetições Repetições de 10 a 12 ½ jd/m são as melhores distâncias para aumento da potência muscular. Outro método consiste em contar os ciclos de braçadas. Seriam ideais esforços que envolvessem 5 a 8 ciclos de braçadas. Os nadadores devem exercer mais força contra a água durante essas repetições do que em qualquer outra ocasião no treinamento.

Intervalo de descanso O intervalo de descanso entre repetições de nado de potência deve variar de 45 s a 2 min, um período suficientemente longo para permitir a reposição da maior parte do fosfato de creatina utilizado durante os tiros curtos de velocidade.

Extensão da série Acredito que os nadadores não devam fazer mais do que 4 a 10 dessas repetições a cada vez, pois eles tendem a nadar um pouco mais lentamente quando o número de repetições vai muito além dessa faixa. Entretanto, poderão nadar várias séries de repetições por sessão de treinamento, se tiverem período de descanso de 3 a 10 min, ou ainda mais, depois de cada série, para que possam se recuperar da acidose progressiva que possa ter ocorrido. Os atletas devem nadar em um ritmo fácil durante os períodos de descanso, como forma de incentivar a remoção do lactato de seus músculos.

Ao contrário do treinamento de tolerância ao lactato, o treinamento de potência não deve causar dor e nem perda da velocidade; qualquer dessas ocorrências sinaliza que a acidose está interferindo no esforço. Caso isso ocor-

Sumário de orientações para a elaboração de séries de repetições de treinamento de potência

- Extensão das séries: 50 a 300 jd/m. Podem ser completadas três a seis séries em uma sessão de treinamento devotada ao treinamento de potência.
- Distância das repetições: 10 a 12 ½ jd/m. Para essa finalidade, também podem ser utilizados esforços envolvendo tiros de velocidade para 4 a 8 ciclos de braçadas. Também são efetivos esforços terrestres que simulam braçadas em bancos de Natação para trabalho no solo, Vasa trainer ou aparelhos com pesos. No caso desses métodos, 4 a 12 repetições são ideais em séries de 3 a 6.
- Intervalo de descanso: 45 s a 2 min entre repetições na água. Exercícios no solo podem ser praticados continuamente, no número prescrito de repetições. Os atletas devem ter períodos de descanso de 2 a 3 min entre as séries.
- Velocidade de treinamento: as velocidades de treinamento devem ser máximas ou quase máximas. As frequências das braçadas devem ser tão rápidas, ou ainda mais rápidas, do que as usadas em provas de 50. Os nadadores devem manter as distâncias por braçada em um comprimento razoável, para que não fiquem se batendo desordenadamente.

A Tabela 14.5 traz exemplos de séries de repetições de treinamento de potência.

Tabela 14.5 Exemplos de séries de treinamento de potência

Treinamento aquático
4 séries de 8 × 12,5 jd/m em 1'15". Nade em ritmo fácil durante 3 min entre as séries.
6 ciclos de braçadas em velocidade, 10 vezes com tempo até a saída de 1 min.
3 séries de 8 × 25 jd/m em 1'30". Nade 10 m em velocidade; em seguida, nade o restante da distância em ritmo fácil. Entre as séries, nade durante 5 min em ritmo fácil.

ra, pode-se concluir que a série não está alcançando seus objetivos, devendo ser encerrada.

Velocidade de treinamento Os atletas devem nadar com a maior rapidez possível ao fazerem repetições de potência. Conforme já mencionei, o objetivo é sobrecarregar os mecanismos envolvidos na aplicação da força do nado. Portanto, eles devem aplicar mais força contra a água em velocidades mais rápidas de *turnover* do que na própria situação de competição. A cronometragem desses tiros de velocidade é um dos métodos de monitoração do esforço, sendo que as velocidades devem ser mais rápidas do que a velocidade habitual do nadador para 25 jd/m. Outro método de garantir um esforço vigoroso consiste em cronometrar as frequências das braçadas, que devem ser pelo menos tão rápidas como as utilizadas em provas de 50.

Ao executarem seus tiros de velocidade, os atletas não devem nadar desordenadamente. Certamente suas frequências de braçadas deverão ser pelo menos tão rápidas quanto as que pretendem utilizar em tiros de velocidade de 50, mas também deverão tentar manter um comprimento razoável das braçadas. Discutirei a relação entre frequência e comprimento da braçada em um capítulo subsequente.

Sobrecarga progressiva

O melhor modo de motivar atletas a continuar em seus esforços para a obtenção de maior velocidade durante o treinamento de potência é cronometrar suas repetições. Assim, eles devem aplicar sobrecarga progressiva, tentando melhorar seus tempos para as repetições de potência à medida que a temporada avança. Mas é difícil cronometrar com precisão essas repetições, por serem curtas e terminarem habitualmente no meio da piscina. A dificuldade de obter tempos precisos aumenta ainda mais quando esses tiros de velocidade começam com uma saída no bloco ou com impulsão contra a parede da piscina. Exemplificando, uma impulsão contra a parede da piscina que não seja de boa qualidade (i. e., hidrodinâmica), ou que seja mantida por muito tempo, poderá resultar em um tempo baixo para o tiro de velocidade, mesmo quando o atleta estiver nadando com extrema rapidez durante a parte de nado da repetição. A precisão da cronometragem pode ser aumentada disparando o cronômetro no momento em que a cabeça do nadador passar por baixo das bandeiras, depois do mergulho, ou quando der o impulso na parede, e parando-o quando a cabeça do nadador passar pelo marcador indicativo de que este percorreu a distância prescrita.

Sob o ponto de vista administrativo, pode ser mais fácil achar outro meio de motivar os nadadores a fazer esforço máximo.

Outros tipos de treinamento de potência

Podem ser utilizados muitos outros tipos de séries de nado para o treinamento de potência. Conforme já mencionei, pode-se utilizar o treinamento terrestre para melhorar alguns aspectos da potência do nado. Por fim, dois tipos especiais de treinamento de velocidade podem ser usados para essa finalidade – nado *em velocidade contra resistência* e nado *em velocidade com ajuda*. A seguir, descreverei cada um desses procedimentos de treino, começando com alguns tipos especiais de séries de repetições.

Séries de repetições com distâncias e tipos de nado mistos Tendo em vista permitirem que os atletas completem o comprimento da piscina depois de completar seus tiros de velocidade curtos, as séries de repetições de distâncias e tipos de nado mistos podem se prestar muito adequadamente à melhora da potência de nado. O uso de repetições em toda a extensão da piscina facilita muito a administração das séries de potência. A Tabela 14.6 dá exemplos de séries de repetições de distâncias e tipos de nado mistos.

Treinamento de potência no solo O treinamento de potência no solo pode consistir de, por exemplo, exercícios de simulação de braçadas utilizando bancos de Natação para trabalho no solo, Vasa trainer ou corda elástica. Tais exercícios também podem ser praticados como inespecíficos de resistência envolvendo atividades como treinamento com peso, calistenia, *medicine ball* e pliometria.

Exercícios terrestres projetados para aumentar a potência de nado devem consistir de 4 a 12 repetições, executadas com rapidez e de maneira contínua. Essas repetições devem ser feitas em séries de 3 a 6, com períodos de descanso de 2 a 3 min entre séries.

É muito mais fácil quantificar os esforços do treinamento de potência no solo, em comparação com esses exercícios na água. Obviamente, bancos de Natação para trabalho no solo, equipados com mostradores digitais com o resultado do trabalho executado, servem como motivação, funcionando como método disponível e razoavelmente preciso para a quantificação do esforço. Se forem utilizados aparelhos de pesos, a quantidade de peso levantada para o número especificado de repetições proporcio-

na um meio excelente de quantificação. Ao usar dispositivos que não permitem a quantificação da resistência (por exemplo, Vasa trainer ou corda elástica), deve ser registrado o tempo necessário para completar determinado número de repetições. Então, os nadadores devem tentar melhorar esse tempo durante as sessões de exercícios subsequentes. A Tabela 14.6 dá alguns exemplos para o treinamento de potência terrestre.

Treinamento de velocidade contra resistência As formas mais populares de treinamento de velocidade contra resistência são Natação travada (i. e., nado estacionário) e Natação contra corda elástica. Nados de velocidade com o uso de palmares, calçados e roupas que aumentam a resistência e reboque de objetos na piscina são outros métodos populares de treinamento de velocidade contra resistência. Dois dispositivos que permitem ao nadador trabalhar contra a resistência na água de maneira parecida ao levantamento de peso são o *Power Rack* e o *aparelho de sobrecarga de tração*. A Figura 14.3 ilustra um aparelho Power Rack, e a 14.4 mostra uma montagem de sobrecarga de tração.

A principal vantagem do treinamento de velocidade com ajuda é que os atletas precisam trabalhar contra uma resistência maior do que a oferecida pela água durante o nado Crawl, ou mesmo durante o nado travado. No entanto, todos os métodos de treinamento de velocidade contra resistência padecem de grave problema: fazem com que os atletas deem braçadas com uma técnica pouco eficiente durante o nado sem restrições. Os nadadores executam braçadas mais lentas e curtas, dão pernadas mais profundas e tendem a nadar desordenadamente e balançar seus corpos de um lado para outro quando nadam contra maior resistência (Maglischo et al. 1984). Não surpreende que as pesquisa relataram não ter observado aumento na velocidade como efeito destes e de outros métodos de treinamento de velocidade contra resistência (Good 1973; Hutinger 1970; e Ross 1973).

Apesar das opiniões contrárias, acredito que certos tipos de treinamento poderão ser benéficos se os atletas ficarem bastante atentos às suas frequências e comprimentos de braçadas durante sua execução. Se as frequências das braçadas permanecerem próximas aos níveis de competição e os atletas tentarem manter comprimentos de braçadas razoáveis, estes deverão ser capazes de melhorar sua potência de braçada sem causar qualquer prejuízo à mecânica desse movimento. Se essas precauções forem tomadas, o treinamento de velocidade contra resistência passará a ter maior potencial de aumento da potência das braçadas do que qualquer outro método. Mesmo mudanças inadvertidas na mecânica do nado, durante o treinamento de velocidade contra resistência, não devem provocar alterações na mecânica das braçadas de nadadores expe-

Tabela 14.6 Outros tipos de treinamento de potência

Séries de repetições com distâncias e tipos de nado mistos	Treinamento de potência no solo
Exemplo 1 Série de repetições com distâncias mistas Nade 10 × 50 m em um tempo até a saída de 2 min. Nade em velocidade por 6 ciclos de braçadas; em seguida, complete o restante da extensão da piscina nadando em ritmo fácil.	3 séries de 6 braçadas simulando o tipo de nado contra resistência. 4 séries de 8 braçadas simulando o tipo de nado contra resistência, cronometradas. Tente reduzir o tempo necessário para completar 8 braçadas. 3 séries de 10 saltos verticais.
Exemplo 2 Série de repetições com tipos de nado mistos Nade 16 × 25 m em um tempo de saída de 1 min. Nade em velocidade 12,5 m utilizando seu tipo de nado principal. Em seguida, complete a extensão da piscina com o nado de sua escolha.	

Figura 14.4 Fotografias de montagem de sobrecarga de tração. Bob Mertz e Kennon Heard inventaram essa montagem quando eram estudantes e nadadores de competição na California State University, Bakersfield. A fotografia (a) mostra Derek Robinson se preparando para nadar ao longo da piscina. A roda está montada na cerca atrás, com um balde com chumbos de mergulho pousado no *deck*. A fotografia (b) mostra Derek nadando na piscina enquanto levanta o balde. A montagem do aparelho de sobrecarga de tração pode ser feita com material barato, basta seguir as instruções que aparecem neste livro.

rientes, pois estes já terão rotinizado suas braçadas, graças à grande quilometragem de Natação livre ao longo de suas carreiras. Assim, é improvável que pequenos volumes de treinamento de velocidade contra resistência venham a mudar suas braçadas. Porém, com nadadores inexperientes, a situação pode ser diferente, pois eles exibem maior tendência de transferir para a Natação livre alguns dos esforços contraprodutentes que utilizaram no treinamento de velocidade contra resistência. Por consequência, os treinadores que optarem pelo uso do treinamento de velocidade contra resistência com nadadores inexperientes deverão contrabalançar esse tipo de treinamento com volume igual ou maior de Natação livre, dando especial atenção a uma mecânica de nado correta.

Os nadadores preocupados com as mudanças na mecânica das braçadas devem saber que apenas 4 a 8 semanas de treinamento de velocidade contra resistência devem resultar em aumentos perceptíveis na potência das braçadas; consequentemente, não há necessidade de usar esse tipo de treinamento ao longo de toda a temporada. Além disso, séries curtas de treinamento de velocidade contra resistência 3 vezes por semana devem dar bons resultados.

Nado travado, nado parcialmente travado, reboque e trajes de arrasto No nado travado (i. e., nado estacionário), outro nadador ou algum tipo de material, por exemplo, uma corda, comumente mantém o nadador retido em um lugar, opondo resistência a seu deslocamento. A corda elástica proporciona a resistência para o nado parcialmente travado. Com esse tipo de treinamento, os nadadores se movimentam na água, mas esse movimento é lento, devido à resistência da corda elástica. Alguns nadadores usam cintos especiais com bolsos, chamados *cintos de arrasto,* ou usam trajes de banho com bolsos, que são chamados *trajes de arrasto.* Os bolsos são planejados para prender a água, o que aumenta a resistência do movimento frontal do nadador. Ainda outros atletas praticam tiros de velocidade contra resistência rebocando objetos, por exemplo, baldes, ao longo da piscina; para tanto, amarram uma corda a um cinto em torno da cintura.

Todos esses métodos podem aumentar efetivamente a potência muscular, caso seus usuários tomem certas precauções. Em primeiro lugar, os períodos de trabalho devem ser muito curtos, para que os atletas possam nadar em um nível mais alto de esforço do que o mantido durante as provas. Em segundo lugar, os nadadores devem envidar todos os esforços possíveis para manter boas técnicas de braçadas durante o trabalho. O tempo de trabalho para nados objetivando o aumento da potência muscular deve ser de 5 a 10 s. Um dos melhores exercícios com corda elástica consiste em nadar um tiro de velocidade durante 5 a 10 s com uma frequência alta de braçadas (60 a 70 braçadas/min). Seis a dez dessas repetições em séries de 1 a 3 deverão ter excelente resultado para o aumento da potência das braçadas. São ideais tempos até a saída de 1 a 2 min entre repetições. Depois de cada série, os atletas deverão nadar em ritmo fácil durante 5 a 10 min.

Devo mencionar que o nado travado e o parcialmente travado também podem ser utilizados para melhorar a potência anaeróbica, bastando simplesmente aumentar o tempo das repetições para 10 a 25 s. Deverão bastar 4 a 8 repetições, e o intervalo de descanso entre elas deve ser de 1 a 3 min. Nos dois métodos, as frequências de braçadas devem ser verificadas, para que o treinador se certifique de que os nadadores treinem em frequências de braçadas de competição, ou ainda mais rápidas. Ao mesmo tempo, deverão manter os maiores comprimentos de braçada possíveis, com o corpo em posição hidrodinâmica.

As formas travadas e parcialmente travadas de treinamento de velocidade contra resistência que objetivam melhorar a potência e a taxa do metabolismo anaeróbico não são mais cansativas do que repetições de Natação livre desses tipos. Portanto, os nadadores podem executar tais formas de treinamento várias vezes a cada semana. Mas conforme alertei anteriormente, essas formas de treinamento devem ser contrabalançadas por volumes parecidos ou ainda maiores de Natação livre que enfatize a boa técnica.

Tiros de velocidade com palmares O uso de palmares aumenta o nível de resistência da água que deve ser superado pelos nadadores. Por essa razão, algumas pessoas sugeriram que seu uso aumentará a força muscular e a potência das braçadas. Tal suposição é duvidosa. Na verdade, o aumento da resistência será pequeno; braçadas com palmares dão resultado parecido com o levantamento de um peso muito leve por centenas de vezes. Com a resistência adicional, poderá ocorrer pequeno aumento inicial na força das braçadas, porém, depois de uma rápida adaptação a esse ligeiro efeito de sobrecarga, não ocorrerá mais qualquer aumento adicional.

Acredito que a execução de tiros de velocidade com palmares se popularizou no treinamento de velocidade contra resistência, porque os atletas podem ultrapassar seus melhores tempos ao nadarem com esse dispositivo. Palmares aumentam a área de superfície da mão, o que possibilita um nado com maior rapidez. Entretanto, nadar com maior rapidez usando palmares não significa que os nadadores estão aumentando sua velocidade. A prática de tiros de velocidade com palmares permite que os atletas obtenham tempos mais rápidos com frequências de braçadas mais lentas, porque os palmares aumentam a área da superfície das mãos. Ocorrem aumentos na velocidade de nado quando os nadadores são capazes de manter o comprimento de suas braçadas e, ao mesmo tempo, aumentar a frequência destas, ou quando podem aumentar sua frequência de braçadas sem perda do comprimento delas. Acredito que os palmares geram aumento artificial no comprimento das braçadas, o que é acompanhado por alteração significativa da frequência de braçadas. Essa combinação não é efeito desejável nas tentativas de aumento da velocidade da Natação livre; por isso, não recomendo tal método.

Por outro lado, alguns nadadores e treinadores favorecem a prática de tiros de velocidade com palmares para melhorar a velocidade da Natação livre. Nesse caso, é aconselhável que tomem várias precauções e prestem bastante atenção às frequências das braçadas, mantendo-as em um nível muito próximo ou igual às frequências de competição. Além disso, velocidades de treinamento devem ser maiores do que as nadadas sem palmares. Em caso contrário, os nadadores simplesmente trocarão a área de superfície pela velocidade de *turnover*, e a prática do nado com palmares não resultará em qualquer benefício adicional para o aumento da potência muscular.

Devo ainda alertar para outro aspecto: a prática de tiros de velocidade com palmares pode exacerbar os sintomas de tendinite do ombro. A maior área de superfície e o aumento da resistência decorrentes do uso desses dispositivos implicam em maior tensão incidente naquela região, o que pode causar maior fricção entre os ossos e os tecidos moles. Nadadores com histórico de problemas nos ombros devem ser cautelosos com relação ao uso de tal método, devendo abandoná-lo ao primeiro sinal de dor nos ombros.

Qualquer das séries de repetições sugeridas para o treinamento de potência com Natação livre poderá ser praticada com palmares, desde que nadadores e treinadores observem as precauções mencionadas.

Power Rack e aparelho de sobrecarga de tração Conforme pode ser observado na Figura 14.3, o aparelho Power Rack consiste em uma pilha de placas pesadas que podem ser mobilizadas ao lado da piscina. O nadador veste um *cinto de fixação* conectado à pilha de pesos por meio de um sistema de duas polias e, ao nadar na piscina, levanta as placas com a ajuda desse sistema. A altura de deslocamento das placas limita a aproximadamente 12 jd a distância que pode ser percorrida pelo nadador.

A montagem do aparelho de sobrecarga de tração, ilustrado na Figura 14.4, compõe-se de uma grande roda com uma corda conectada ao nadador (que usa um cinto). Uma corda também possui uma de suas pontas conectada a uma das extremidades do eixo da roda grande e outra está conectada a um balde com chumbos de mergulho que o atleta levanta. O balde é levantado através da elevação da corda conectada ao eixo da roda grande conforme o atleta puxa a outra corda para longe desta. Pode-se ajustar o comprimento da corda na roda grande, tornando possível nados de 25 jd ou de distâncias menores, antes que o balde atinja sua altura máxima de 8 pés.

Em comparação aos métodos de nado travado e parcialmente travado, a vantagem desses dois dispositivos (Power Rack e aparelho de sobrecarga de tração) é que permitem aos nadadores a aplicação de sobrecarga progressiva. O peso levantado pelos nadadores fornece a sobrecarga, e estes podem viabilizar a progressão aumentando o peso. A potência pode ser calculada pela determinação da velocidade de levantamento do peso em determinada distância. A tentativa de nadar repetições com maior rapidez é outro método de aplicação de sobrecarga progressiva.

Em minha opinião, o treinamento de séries com qualquer desses dois dispositivos deve consistir de 4 a 10 nados realizados em uma a três séries. Os períodos de descanso devem ser de 1 a 3 min; entre as séries, os atletas devem nadar 3 a 10 min em um ritmo fácil. Os esforços devem ser máximos, e as frequências de braçadas devem ficar próximas das frequências de competição.

Quero agora falar um pouco mais sobre a importância da prática de frequências das braçadas em ritmo de competição nos treinamentos de velocidade com Power Rack e com o aparelho de sobrecarga de tração. Foi demonstrado por uma pesquisa (Moffroid e Whipple 1970) que a força e sua velocidade de aplicação estão intima-

mente ligadas. O levantamento de grandes quantidades de peso (i. e., resistência) com frequências de braçadas lentas seria um equívoco, porque a maior força gerada por esse tipo de treinamento não estaria disponível para aumentar a potência das braçadas em frequências mais aceleradas. Portanto, os atletas devem estabelecer a frequência de braçadas desejada para seu evento mais curto e, em seguida, adicionar resistência apenas o suficiente para que quase não possam manter essa frequência. A partir disso, os atletas devem treinar com essa quantidade de resistência até que possam igualar ou superar consistentemente sua frequência de braçadas desejada e, em seguida, devem aumentar a resistência e dar início a um novo ciclo de treinamento assim que isso puder ser feito.

Embora o acréscimo de resistência proporcionado pelo Power Rack ou pelo aparelho de sobrecarga de tração indubitavelmente altere a mecânica do nado, o efeito não será tão grande quanto o promovido pelos nados travados e parcialmente travados. Os atletas podem nadar o percurso da piscina com mais suavidade quando não são puxados para trás por um cabo ou por uma corda elástica.

Nado usando calçados, camisas e calças O nado contra a resistência oferecida por calçados, camisetas/camisas ou outras peças do vestuário não tem lugar no programa de treinamento para nadadores. Como ocorre com outras formas de treinamento de velocidade contra resistência, o treinamento que lança mão dessas peças reduzirá a frequência e o comprimento das braçadas, provocando perda da hidrodinâmica, além de serem mínimas as chances de melhorar a potência muscular, porque o excesso de roupas faz com que os atletas nadem em frequências de braçadas extremamente lentas. Geralmente, os nadadores ficam iludidos, por pensarem que as roupas adicionais produzem um efeito de treinamento benéfico, pois se sentem bem mais leves e rápidos ao tirarem-nas e praticarem tiros de velocidade. Mas a cronometragem desses tiros de velocidade demonstra que essa é uma falsa sensação, que não se traduz em tempos mais rápidos. É provável que a Natação com roupas em excesso não traga qualquer efeito benéfico na melhora da velocidade nos tiros rápidos.

Treinamento de velocidade com ajuda Os métodos de treinamento de velocidade com ajuda foram criados para contrabalançar os efeitos potencialmente prejudiciais do treinamento de velocidade contra resistência, por exemplo, a baixa velocidade de *turnover* e as mudanças na posição corporal e na mecânica do nado que aumentam o arrasto resistivo. Originalmente, o treinamento de velocidade com ajuda era utilizado no atletismo, depois que os treinadores descobriram que métodos de velocidade contra resistência estavam fazendo com que os corredores encurtassem o comprimento das passadas e reduzissem a frequência delas (Dintiman 1984). Tendo em vista que essas mudanças eram prejudiciais à velocidade de corrida, os treinadores tentaram encontrar outros métodos para a sobrecarga da potência muscular. Alguns deles que têm sido utilizados são corridas em planos descendentes e reboque. A corrida em planos descendentes consiste em tiros de 20 a 70 jd descendo uma inclinação com não mais de 2,5 a 3,0 graus. Já o reboque envolve o uso de corda elástica ou de um dispositivo motorizado chamado Sprint Master™ para puxar o corredor. Nos dois métodos, os tiros de velocidade são curtos, habitualmente entre 25 e 40 jd, e são praticados em velocidades aproximadamente 0,50 s mais rápidas do que seus melhores tempos para a distância da repetição. Os resultados têm sido impressionantes, tanto na corrida em planos descendentes como no reboque, embora aparentemente os melhores resultados tenham sido obtidos com esse último procedimento. Atletas de pista melhoraram seus tempos dos tiros de 100 m em até 0,80 s utilizando o treinamento de velocidade com ajuda (Dintiman e Ward 1988).

Não é provável que um aumento na força muscular tenha causado os progressos na velocidade que resultam do treinamento de velocidade com ajuda, porque o dispositivo auxiliar (por exemplo, corda elástica) diminui a resistência, por ajudar o atleta em seus esforços de superação. Por outro lado, o efeito do treinamento talvez esteja relacionado a aumentos nas velocidades de contração das fibras musculares e na velocidade de recrutamento pelo sistema nervoso central. Talvez estas ou outras adaptações indeterminadas do treinamento de velocidade com ajuda auxiliem os corredores a darem passadas mais rápidas, sem que diminuam o comprimento delas.

Os resultados desses métodos foram tão sensacionais com corredores que Eleanor Rowe, Don Lytle e eu (Rowe, Maglischo e Lytle 1977) decidimos examinar os efeitos do treinamento de velocidade com ajuda em nadadores. Realizamos um estudo em que um grupo de atletas foi submetido ao treinamento de velocidade tradicional, enquanto outro grupo treinava com um método de velocidade com ajuda. O método escolhido por nós foi tiros de velocidade com palmares.

Compatibilizamos dois grupos de nadadores de competição, meninos e meninas com 7 e 8 anos de idade, em conformidade com seus melhores tempos para as 25 jd nado Crawl. Em seguida, eles treinaram velocidade durante 8 semanas. Os atletas nos dois grupos cumpriram um programa típico de treinamento misto de resistência e de velocidade, idêntico em todos os aspectos − exceto um: o grupo experimental usava palmares para uma série de 15 × 25 jd de tiros de velocidade em nado Crawl que era praticada 3 vezes por semana. Incentivamos os atletas a nadar cada repetição de 25 com mais velocidade do que seus melhores tempos sem ajuda. O grupo controle na-

dou esses tiros de velocidade ao mesmo tempo na sessão de treinamento, mas sem uso dos palmares. Incentivamos os membros do grupo controle a nadar cada repetição dentro de 90% de seus melhores tempos de competição. Um treinador treinou todos os voluntários na mesma piscina e ao mesmo tempo.

Em seguida ao término do período de treinamento, cronometramos novamente os nadadores para 25 jd nado Crawl em competição. Os dois grupos melhoraram significativamente. O resultado era esperado, pois tanto o grupo controle como o grupo experimental tinham treinado para velocidade. O achado importante foi que a velocidade média para as 25 jd nado Crawl do grupo experimental melhorou significativamente mais do que a velocidade média do grupo controle. O grupo controle melhorou, em média, 0,12 s, enquanto a melhora média do grupo experimental foi de 0,53 s. A diferença de 0,41 s na melhora média para os dois grupos foi significativa. Tais resultados sugerem que o uso de alguma forma de ajuda para um nado mais rápido do que a velocidade de prova durante o treinamento melhorará ainda mais a velocidade dos tiros rápidos, em comparação com o tradicional treinamento de velocidade sem ajuda.

Outro método para treinamento de velocidade com ajuda que se tornou popular é aquele em que os nadadores praticam tiros de velocidade enquanto são rebocados por corda elástica. A corda é utilizada do modo oposto ao utilizado no treinamento de velocidade contra resistência: nesse método, o atleta nada no sentido da tensão da corda elástica esticada, em vez de nadar contra tal tensão. O dispositivo para esse tipo de treinamento consiste em 20 a 25 pés de tubo cirúrgico de paredes finas (i. e., corda elástica) preso a um cinto de faixa ajustável; a outra extremidade do tubo é presa à extremidade da piscina, abaixo do nível da água, de modo a não causar qualquer tipo de acidente, caso venha a se romper. O nadador coloca o cinto e caminha ou nada até a outra extremidade da piscina; dessa forma, o tubo ficará esticado. Em seguida, o atleta nada de volta com a maior rapidez possível. O tubo esticado tracionará o nadador em seu retorno, ajudando-o a nadar com maior rapidez do que o habitual.

Do mesmo modo que no treino de velocidade contra resistência, o treinamento de velocidade com ajuda tende a alterar a mecânica do nado dos atletas durante a prática dessa modalidade. Contudo, nesse caso, as alterações são geralmente benéficas. Em um estudo no qual foram gravadas em videotape as ações dos nadadores durante tiros de velocidade livres e durante a tração com tubo cirúrgico, constatamos que a mecânica de nado de diversos nadadores de Borboleta mudava para melhor durante os esforços de velocidade com ajuda, em comparação com seus estilos de Natação livre (Maglischo et al. 1984). Em alguns deles, os ombros caíram menos no agarre, e aqueles que tendiam a empurrar para cima durante a varredura para cima fizeram a saída da água mais cedo; outros utilizaram uma varredura para cima mais longa, com menor extensão do cotovelo, o que também foi considerado como progresso, com relação a seus tipos de nado sem esse dispositivo.

Outro método para o treinamento de velocidade com ajuda prazeroso para os atletas é o nado a favor da correnteza. Os nadadores criam uma corrente na piscina, empurrando a água em uma direção com pranchas de pernada. Em seguida, um a um, dão a impulsão contra a parede da piscina ou mergulham na água, praticando um tiro de velocidade no comprimento de uma piscina, na direção de deslocamento da água. Com esse método, os atletas podem nadar em velocidades fenomenais. O efeito na mecânica de nado com essa correnteza parece ser benéfico, porque os atletas aumentam suas frequências de braçadas, embora mantenham ou aumentem o comprimento delas.

Para a elaboração de repetições de velocidade com ajuda, basta seguir as orientações apresentadas anteriormente para as séries de treinamento de produção de lactato. Distâncias de 25 jd/m são as melhores, embora possa ser utilizada uma distância de 50 m em piscinas longas. O número ideal de repetições se situa nas vizinhanças de 4 a 10, com intervalos de descanso que sejam capazes de permitir a remoção da maior parte do ácido lático produzido durante o nado. Nesse caso, recomendo tempos de 2 a 3 min até a saída.

Em minha opinião, os velocistas devem fazer alguma forma de treinamento de velocidade com ajuda duas ou três vezes por semana durante as partes inicial e final de suas temporadas, quando a ênfase recai na melhora da velocidade dos tiros rápidos. Devem bastar uma ou duas vezes por semana durante outras partes da temporada. Acredito que nadadores meio-fundistas e fundistas possam fazer esse tipo de treinamento uma ou duas vezes por semana ao longo de toda a temporada.

TREINAMENTO EM RITMO DE PROVA

O treinamento em ritmo de prova consiste em séries de repetições abaixo da distância que se costuma competir, nadadas no ritmo de prova atual ou pretendido. Comumente, a distância das repetições é igual ou inferior à metade da distância de prova, e os intervalos de descanso habitualmente são curtos, mas sua duração é um aspecto secundário. A principal preocupação é que os nadadores façam as repetições em velocidade de prova. Os intervalos de descanso devem ter a menor duração possível que possibilite o nado nessas velocidades.

Aspectos essenciais do ritmo de prova

As seções que se seguem descrevem os efeitos de treinamento desejáveis, as orientações para elaboração de séries de repetições e diferentes tipos de treinamento em ritmo de prova.

Efeitos do treinamento

O treinamento em ritmo de prova pode promover adaptações fisiológicas que são principalmente aeróbicas ou anaeróbicas, dependendo da prova para a qual o atleta treina. Para nadadores meio-fundistas e fundistas, o treinamento em ritmo de prova promoverá as mesmas adaptações que o treinamento de resistência com sobrecarga, pois quando este é praticado pelos velocistas, as adaptações são mais parecidas com aquelas promovidas pelo treinamento de tolerância ao lactato.

Embora o treinamento em ritmo fácil produza efeitos fisiológicos semelhantes aos obtidos por outros tipos de repetições, essa modalidade possui valores singulares que justificam sua inclusão como categoria distinta em todos os programas de treinamento. O mais importante desses valores é que o treinamento em ritmo de prova simula mais de perto as reais condições metabólicas da competição, melhor do que qualquer outra forma de treinamento. Consequentemente, esse tipo de prática pode melhorar a interação entre os processos metabólicos aeróbicos e anaeróbicos, de tal forma que a energia para a contração muscular será fornecida com maior rapidez e de maneira mais econômica durante as provas. Esse tipo de treina-

---

Efeitos do treinamento em ritmo de prova

Primários

- Melhora a interação dos processos metabólicos aeróbicos e anaeróbicos, de modo que a energia para o nado em ritmo de prova será fornecida com maior rapidez e de maneira mais econômica.
- Melhora a capacidade de perceber e manter o ritmo de prova em competição.
- Melhora a capacidade de nado com a combinação mais eficiente de frequência e comprimento de braçadas durante a competição.
- Aumenta a motivação e a confiança dos atletas em sua capacidade de manter determinado ritmo de prova em competição.

Secundários

- Aumenta $\dot{V}O_2$ máx.
- Aumenta a capacidade de tamponamento.
- Aumenta a resistência muscular aeróbica.
- Aumenta a resistência muscular anaeróbica.

mento também é importante por causa da oportunidade dada aos nadadores de melhorar seu senso de ritmo, além de proporcionar a experimentação em diversos ritmos de prova, o que pode ajudá-los a descobrir a melhor combinação de comprimento e frequência de braçadas para o nado em tais velocidades.

O treinamento em ritmo de prova é altamente motivador, porque os nadadores compreendem a conexão existente entre os tempos em que nadam no treino e os tempos que desejam nadar em competição. Os atletas tentarão se esforçar ao máximo para passar das velocidades de repetições que correspondem a seu melhor tempo atual em determinado evento, para outras velocidades que sejam iguais ao tempo objetivado para aquele. Finalmente, a confiança que os nadadores depositam em sua capacidade de atingir o tempo desejado para a competição aumentará consideravelmente, se esses atletas forem capazes de nadar repetições iguais a seu ritmo pretendido durante o treinamento em distâncias menores que as de sua(s) prova(s).

Planejamento da temporada

Obviamente, os nadadores devem fazer o treinamento em ritmo de prova no tipo ou tipos de nado objetivados no treinamento e no ritmo atual ou pretendido para as provas nas quais competirão. Por sua natureza, o treinamento em ritmo de prova é altamente anaeróbico; consequentemente, os perigos do atleta exagerar, descritos com relação aos treinamentos de resistência em sobrecarga e de tolerância ao lactato, também se aplicam a essa categoria de repetições de treinamento. Por essa razão, os nadadores devem praticá-la com pouca frequência na primeira metade da temporada; mais tarde, quando a ênfase do treinamento tiver se transferido da melhora da velocidade e da capacidade aeróbica para a melhora do metabolismo anaeróbico, os nadadores poderão praticar o treinamento em ritmo de prova com mais frequência. O melhor plano consiste em enfatizar tal prática ao longo de apenas 4 a 6 semanas durante a segunda metade da temporada.

O nado de uma ou duas grandes séries de repetições em ritmo de prova por semana durante a fase da temporada em que esse aspecto é enfatizado deve ser suficiente para promover as adaptações desejadas. Mais do que isso provavelmente resultará em uma diminuição dos retornos e, talvez, em perda de certas adaptações de treinamento, pois os músculos precisam de tempo de recuperação para reparar os danos causados pela acidose. O treinamento em questão é prática muito exigente, tanto em termos físicos como emocionais, e os atletas podem facilmente entrar em saturação se houver excesso. Quero agora alertar para o seguinte fato: os treinamentos em ritmo de prova, de sobrecarga e de tolerância ao lactato devem ser considerados uma categoria durante o planejamento do número de séries principais em uma semana de treinamento. Explicarei em seguida o que quero dizer com isso.

Os efeitos do treinamento de resistência em sobrecarga, em ritmo de prova e de tolerância ao lactato se superpõem consideravelmente em uma área. Todos são altamente anaeróbicos e geram acidose intensa. Por essa razão, os nadadores devem marcar não mais de 3 séries totais dentre essas três categorias durante cada semana de treinamento. Assim, se um nadador fizer uma série em ritmo de prova durante determinada semana, não deverá marcar mais do que duas séries de treinamento em sobrecarga ou de tolerância ao lactato naquela semana.

Orientações para a elaboração de séries de repetições em ritmo de prova

Técnicos e nadadores podem utilizar as seguintes orientações ao elaborarem suas séries de repetições para treinamento em ritmo de prova.

Distância e velocidade das repetições O componente mais importante de uma série em ritmo de prova é o nado na velocidade de prova presente ou desejada. Por essa razão, as melhores distâncias de repetições são equivalentes à metade, ou menos, da distância da prova. A experiência demonstra que atletas podem nadar repetições de 12,5 e 25 jd/m em sua velocidade de competição para provas de 50 jd/m e repetições de 25 e 50 jd/m à velocidade de competição para 100 jd/m. Também podem nadar repetições de 50 e 100 jd/m em velocidade de prova de 200 jd/m. Em provas mais longas, os nadadores demonstram grande dificuldade em nadar repetições de metade da distância da competição em velocidade de prova. Comumente, para distâncias de 400 m e superiores, os atletas

---

Sumário de orientações para a elaboração de séries de repetições em ritmo de prova

- Extensão das séries: 200 jd/m até 1.500 m ou 1.650 jd.
- Distância das repetições: qualquer distância que permita aos atletas fazer repetições em velocidade de prova. Geralmente, é escolhida uma distância de 1/2 ou 1/4 da distância de prova para eventos de 200 jd/m ou menos. Repetições iguais a 1/4 a 1/16 da distância da prova funcionam melhor para eventos mais longos.
- Intervalo de descanso: o período mais curto que permita aos atletas nadar as repetições em velocidade de prova. Em geral, intervalos de 10 a 30 s funcionam bem com repetições de 100 jd/m e menos. Para repetições mais longas, os intervalos podem ser de 1 min.
- Velocidade: a velocidade do treinamento deve ser equivalente à velocidade de prova atual ou à velocidade desejada para a prova.

têm de nadar repetições de 50 a 200 jd/m para atingir a velocidade de prova.

Intervalo de descanso   O intervalo de descanso entre repetições deve ser suficientemente longo para permitir que os atletas repitam em velocidade de prova, porém não mais longo. Experimentação e experiência: eis o melhor modo de determinar os intervalos de descanso para atletas de idades e capacidades variadas. A Tabela 14.7 dá algumas sugestões, com base em experiências pessoais.

Extensão das séries   O número de repetições em uma série também deve ser determinado usando experimentação e experiência. A Tabela 14.7 oferece sugestões para a extensão da série.

Sobrecarga progressiva

Os nadadores podem lançar mão de três métodos para continuar a melhorar com o treinamento em ritmo de prova:

1 aumento da velocidade das repetições,
2 redução do intervalo de descanso e
3 aumento do número de repetições.

Para utilização de qualquer dos três métodos, a série de repetições deve ter uma distância de repetições e intervalo de descanso que permitam aos atletas praticaremna em sua atual velocidade de prova. Para usar o primeiro método, ao longo do curso de algumas semanas, os nadadores devem tentar trabalhar os tempos das repetições para mantê-los abaixo da velocidade de prova desejada. Já com o segundo método, devem reduzir gradualmente o intervalo de descanso ao longo de algumas semanas, até que possam repetir a mesma velocidade em um intervalo de descanso decididamente mais curto; e finalmente, com o terceiro método, devem aumentar gradualmente o número de repetições ao longo de algumas semanas, até que estejam nadando um número consideravelmente maior de repetições em velocidade de prova.

O aumento da velocidade das repetições ou a redução do intervalo de descanso são provavelmente os melhores métodos para o condicionamento dos nadadores, para que possam manter determinado ritmo para toda a distância da prova. A tentativa de aumentar a velocidade das repetições, visando a atingir certas metas de tempo, é prática altamente motivadora. Esse método funciona para um grupo numeroso de nadadores, porque todos eles podem nadar suas repetições no mesmo tempo até a saída e trabalhar individualmente para a obtenção de sua meta de tempo. A redução do intervalo de descanso é o mais direto dos três métodos, pois os nadadores treinam no sentido de concretizar o objetivo último de manutenção de seu ritmo desejado sem descanso entre segmentos. Contudo, oferece maior dificuldade de administração a grande grupo de nadadores em uma piscina com grande ocupação, porque os membros do grupo terão tempos até as saídas diferentes. É provável que o aumento do número de repetições seja o mais fraco dos três métodos para o condicionamento dos corpos dos atletas para o nado em

Tabela 14.7   Exemplos de séries em ritmo de prova

Distância das repetições		Número de repetições	Intervalo de descanso
Para eventos de 50	12,5	1 a 3 séries de 6-8 repetições	20-30 s entre as repetições; 2-3 min entre as séries
	25	1 a 3 séries de 4-8 repetições	30 s a 1 min entre as repetições; 2-3 min entre as séries
Para eventos de 100	25	1 a 4 séries de 6-12 repetições	15-30 s entre as repetições; 3-5 min entre as séries
	50	6-16	30-45 s entre as repetições
Para eventos de 200	25	3 a 5 séries de 12-20 repetições	5-10 s entre as repetições; 3-5 min entre as séries
	50	2 a 4 séries de 8-10 repetições	20-30 s entre as repetições; 3-5 min entre as séries
	100	8-12	45-90 s entre as repetições
Para eventos de 400 m/500 jd	50	20-40	10-20 s entre as repetições
	100	10-15	30-45 s entre as repetições
	200	4-8	1-3 min entre as repetições
Para eventos de 1.500 m/1.650 jd	50	30-60	10 s entre as repetições
	100	15-30	10-20 s entre as repetições
	200	10-15	30-60 s entre as repetições
	400/500	2-3	2-5 min entre as repetições

alguma velocidade de prova desejada, por ser o menos direto; mas, se for administrado corretamente, tal método poderá ser efetivo. O número de repetições deve ser aumentado de um número inicial até uma meta predeterminada, de 6 a 12, por exemplo; a partir disso, o nadador poderá retornar ao número original de repetições, isto é, 6, e tentar nadá-las com maior velocidade ou menor intervalo de descanso.

Outros métodos de treinamento em ritmo de prova

O treinamento em ritmo de prova pode ser executado de mais dois modos. O primeiro é o nado quebrado, e o segundo envolve a monitoração dos esforços nas repetições por frequências de braçadas, e não por tempos.

Nados quebrados Os nados quebrados constituem formas excelentes de treinamento em ritmo de prova. Eles são uma maneira de nadar repetições nas quais determinada distância de prova é dividida em diversos segmentos, e os nadadores gozam de breve intervalo de descanso, geralmente de 5 a 30 s, depois de cada segmento. Os atletas repetem esses segmentos em sequência, até terem completado a distância da prova. Exemplificando, 4 nados de 25 m com descanso de 10 s depois de cada nado constitui uma repetição de nado quebrado de 100 m. O tempo total de nado é calculado pela subtração dos tempos de descanso. Em seguida, esse tempo é comparado com o melhor tempo do nadador para a distância da prova. Exemplificando, se uma nadadora levou em média 30 s para cada um dos quatro nados de 50 m, seu tempo para um 200 quebrado seria igual a 2 min.

O nado quebrado é uma forma motivadora de treinamento em ritmo de prova, porque os nadadores podem constatar imediatamente a conexão entre seus tempos transcorridos para o nado quebrado e seus tempos de prova em competição; também é uma maneira excelente para a instrução de ritmo, pois os nadadores podem verificar e ajustar seu ritmo depois de cada segmento do nado quebrado e, dessa forma, podem tentar vários planos de ritmo para verificar qual particularmente funciona melhor para a distância de determinada prova.

Na prática, é possível nadar em velocidade de prova durante nados quebrados, porque os curtos períodos de descanso entre os segmentos são suficientes para a remoção de parte do ácido lático dos músculos que estão trabalhando, além de permitirem também alguma reposição de fosfato de creatina em tais músculos. A Tabela 14.8 lista alguns dos métodos comumente utilizados por treinadores para a elaboração de nados quebrados.

Treinamento em ritmo de prova com frequências de braçadas Outro método para treinamento em ritmo de prova que pode ser ainda mais efetivo do que o nado em velocidade de prova consiste no nado de repetições utilizan-

do as frequências de braçadas que os atletas pretendem utilizar nas provas. Talvez não seja realista tentar o nado de repetições na velocidade de prova desejada no final da temporada, já que os nadadores não terão ainda se raspado e nem feito o polimento. Será preciso maior esforço por parte dos atletas para nadarem nessas velocidades na metade da temporada, em comparação com o esforço despendido quando estiverem descansados e raspados, ao final da temporada. Portanto, poderão nadar com um esforço maior do que o previsto para as provas, embora a velocidade das repetições seja igual ao ritmo desejado. Talvez seja mais realista que os atletas nadem as repetições na metade da temporada utilizando as frequências de braçadas que pretendem utilizar em suas provas, no final da temporada.

Para usar frequências de braçadas para treinamento em ritmo de prova, a série de repetições deve ser elaborada com a seleção do número máximo de repetições e com o intervalo de descanso mínimo que ainda permita aos atletas nadar a série inteira com as frequências de braçadas adequadas. Então, ao longo da temporada, os atletas poderão reduzir gradualmente o intervalo de descanso até que estejam nadando suas repetições com descanso consideravelmente menor, embora ainda mantendo a frequên-

Tabela 14.8 Elaboração de nados quebrados

Distância de prova	Segmentos	Intervalo de descanso
50	2 × 25	5-10 s
100	4 × 25	5-10 s
	25-50-25	5-10 s
	2 × 50	10-30 s
200	4 × 50	5-10 s
	50-100-50	5-10 s
	8 × 25	5 s
	50-100-25-25	5-10 s
	100-50-50	5-10 s
	2 × 100	10-30 s
400 m/500 jd	4 ou 5 × 100	10-20 s
	8 ou 10 × 50	5-10 s
	200-100-100	20-30 s
	200-50-50-50-50	10-20 s
	100-200-100	20-30 s
	100-200-50-50	10-20 s
	200-100-100	20-30 s
	200-200-50-50	20-30 s
1.500 m/1.650 jd	15 × 100	10-20 s
	16 × 100 + 50	10-20 s
	30 × 50	5-10 s

cia de braçadas adequada. Opcionalmente, eles podem aumentar de forma gradual o número de repetições, tentando manter sua meta de frequência de braçadas.

TREINAMENTO DE RECUPERAÇÃO

Esse tipo de treinamento diz respeito ao nado fácil utilizado para acelerar a recuperação do treinamento mais intenso e das competições. O nado de recuperação estimula e acelera a melhora na capacidade aeróbica e na potência anaeróbica, além de aumentar o volume de nado intenso que os atletas podem cumprir semanalmente, por acelerar a recuperação desse treinamento.

Aspectos essenciais do treinamento de recuperação

As seções seguintes descrevem os efeitos do treinamento, o planejamento da temporada e as orientações para o treinamento de recuperação.

Efeitos do treinamento

O treinamento da Natação promove depleção do glicogênio muscular, gera acidose e provoca lesões no tecido muscular. Logo, os atletas perdem suas adaptações de treinamento, problema conhecido como *desadaptação* ou *excesso de treinamento,* caso não tenham tempo suficiente para recuperação de modo a repor o glicogênio, eliminar a acidose e reparar as lesões musculares. O nado em baixos níveis de intensidade pode acelerar a recuperação e o processo de reconstrução nos músculos e tecidos circunjacentes. O nado fácil mantém o fluxo sanguíneo em velocidade acelerada em todo o corpo, sem provocar qualquer depleção subsequente do glicogênio muscular, e nem lesão aos tecidos por causa da acidose. O melhor fluxo sanguíneo provocará maior aporte de glicose aos músculos, onde essa substância poderá se difundir e ser armazenada como glicogênio; também aumentará a quantidade de proteínas, vitaminas, minerais e hormônios que chegam aos músculos, que, com isso, poderão passar por reparo e reconstrução com maior rapidez. Finalmente, a aceleração do fluxo sanguíneo aumentará a velocidade de remoção do ácido lático dos músculos, e assim o pH muscular será restaurado mais rapidamente. Uma pesquisa indica que, com a utilização de procedimentos de recuperação passiva, 70% do ácido lático produzido durante o exercício ainda permanece nos músculos 6 minutos mais tarde (Nevill et al. 1996). Ao nadar em um ritmo fácil durante o período de recuperação, os nadadores podem cortar pela metade essa quantidade. Mencionei anteriormente, nesse capítulo, que o percentual de recuperação depois de um exercício exaustivo era 100% maior a 5 min e 400%

maior depois de 20 min para atletas que permaneceram ativos durante o período de recuperação (Belcastro e Bonen 1975). Consequentemente, parece razoável que a marcação de nados de recuperação, em seguida a um treinamento particularmente longo ou intenso, acelerará a recuperação e o processo de reparo.

Planejamento da temporada

O treinamento de recuperação deve ser marcado logo após quaisquer repetições de treinamento que venham a gerar acidose intensa. Nadadores e treinadores também devem devotar a maioria de certas sessões de treinamento semanais ao treinamento de recuperação quando sessões precedentes possam ter causado depleção intensa do glicogênio muscular ou lesão considerável aos tecidos.

Não é preciso que, nas sessões de recuperação, os nadadores deixem inteiramente de treinar. Sessões de treinamento devotadas principalmente à recuperação de algum treino intenso de resistência ou de velocidade longo, ainda podem ajudar no aprimoramento de outros aspectos do desempenho, sobretudo os tiros de velocidade. O treinamento de recuperação pode ser mesclado a pequenos volumes de tiros de velocidade para produção de lactato e para potência, sem que haja interferência com o processo de recuperação. Esses tiros de velocidade não geram acidose intensa nem utilizam grandes quantidades do glicogênio muscular, e assim não devem interferir com o processo de recuperação. Tendo em vista que a maior parte da acidose e da perda de glicogênio ocorrerá em fibras musculares de contração rápida, as sessões de treinamento de recuperação também podem incluir treinamento básico de resistência. As fibras musculares de contração lenta executarão a maior parte do trabalho durante o treinamento básico de resistência e, assim, as de contração rápida terão tempo para se recuperar enquanto os nadadores dão continuidade à melhora de aspectos da resistência aeróbica, como débito cardíaco, derivação do sangue e capilarização, ao mesmo tempo aumentando o número e as dimensões das mitocôndrias, a quantidade dos transportadores de lactato e, talvez, da mioglobina nas fibras musculares de contração lenta.

Exercícios separados de braçadas e pernadas e exercícios de tipo de nado podem ser marcados durante as sessões de recuperação, porque comumente os atletas fazem esses exercícios em velocidades de treinamento básico de resistência. Nadadores meio-fundistas e fundistas podem marcar exercícios de pernadas para as sessões de treinamento de recuperação, pois a maioria deles não usa muito as pernas durante o treinamento de resistência. Analogamente, atletas de Costas e Borboleta podem marcar exercícios de pernadas submersas para as sessões de recuperação, já que esses exercícios comumente são curtos, não utilizam grandes quantidades de glicogênio nem causam acidose intensa.

Pequenos volumes de um treinamento de resistência mais intenso também podem ser realizados em tipos de nado secundários, com o treinamento de recuperação, os quais estimularão os sistemas respiratório e circulatório, ao mesmo tempo em que darão tempo para a recuperação de muitas das principais fibras musculares utilizadas pelos nadadores em seu tipo de nado principal. Quanto mais diferente for o tipo de nado secundário do tipo de nado principal do atleta, melhor, pois diferentes fibras musculares executarão o trabalho, enquanto as fibras exauridas e lesionadas estarão em processo de recuperação.

Os nadadores sempre deverão fazer sessões de treinamento de recuperação depois das competições. A prática de um pouco de Natação de recuperação imediatamente depois da competição é um procedimento inteligente, particularmente se estiverem marcadas outras competições no mesmo dia, ou no dia seguinte. A Natação de recuperação deve ser marcada para o dia depois da competição. Os nadadores sempre devem fazer 1 a 3 dias de treinamento de recuperação depois de uma competição importante que se prolongue por vários dias, durante os quais competiram em diversos eventos. Os exercícios de recuperação serão particularmente necessários se os atletas já repousaram e se rasparam para essas competições.

Orientações para o treinamento de recuperação

As orientações a seguir podem ser utilizadas para a elaboração de séries de treinamento de recuperação.

Velocidade de treinamento O treinamento de recuperação deve ser completado em velocidades suficientemente rápidas para melhorar de forma significativa o fluxo sanguíneo, mas sem promover depleção do glicogênio muscular e nem aumentar muito a produção de ácido lático. As velocidades de nado que se encaixam nessa categoria se situam na faixa de 50 e 60% do $\dot{V}O_2$ máx e são suficientemente rápidas para manter elevado o débito cardíaco, porém não tão rápidas a ponto de causar grande envolvimento das fibras musculares de contração rápida. Outra razão para a prática do nado nessa faixa de velocidade é que a principal fonte de energia para a contração muscular será a gordura, e não o glicogênio muscular (Galbo e Stallknecht 1996). Por consequência, as reservas de glicogênio muscular não cairão ainda mais, e a produção de ácido lático será mínima. Obviamente, a prática da Natação em maior intensidade neutralizará a finalidade do treinamento de recuperação, porque as reservas de glicogênio muscular cairão ainda mais, e serão produzidas quantidades excessivas de ácido lático.

Para a maioria dos atletas, uma velocidade de nado que produza um percentual de consumo de oxigênio entre 50 e 60% do máximo corresponde aos esforços que são percebidos por eles como sendo de meia velocidade, ou ainda menos. Também podem ser utilizadas frequências cardíacas na faixa de 90 a 120 bpm como indicação da intensidade apropriada para o nado de recuperação, do mesmo modo que esforços percebidos de 7 a 12 em uma escala de 20 pontos. Mencionei anteriormente que um estudo de Cazorla et al. (1983) sugeriu que atletas escolheriam intuitivamente o nível correto de esforço ao serem instruídos a nadar em uma intensidade de recuperação; consequentemente, tão logo tenham compreendido o valor do treinamento de recuperação, quase todos os nadadores poderão selecionar sua própria velocidade para tal prática.

Distância das repetições e extensão das séries O treinamento de recuperação é efetivo ao máximo quando é praticado continuamente, com utilização do tipo (ou tipos) de nado utilizado pelos nadadores em competição. Para tal finalidade, os atletas também podem fazer repetições de qualquer distância.

A duração ideal para os nados de recuperação e séries de repetições de recuperação que se seguem às pro-

Sumário das orientações para o treinamento de recuperação

- Extensão das séries: 10 a 20 min no mínimo. São recomendáveis séries mais demoradas para as sessões de treinamento de recuperação.
- Distância das repetições: qualquer distância é aceitável, embora, para essa finalidade, nados contínuos mais longos sejam melhores do que repetições mais curtas.
- Intervalo de descanso: os intervalos de descanso devem ser curtos, para ganhar tempo. A duração deles tem pouca relação com a eficácia do treinamento de recuperação.
- Velocidade: as velocidades de nado devem corresponder a ritmos fáceis. Em geral, os atletas nadarão na velocidade certa se forem instruídos a nadar com intensidade de recuperação. Para aqueles nadadores que necessitarem de orientação, as frequências cardíacas devem se situar na faixa de 90 a 120 bpm, o esforço percebido deve estar entre 7 e 12 em uma escala de 1 a 20, ou os atletas devem sentir que nadam em meia velocidade, ou menos. O intercalamento de alguns tiros curtos de velocidade pode acrescentar um elemento de treino de velocidade à sessão de recuperação.
- Tipos de nado: os atletas devem nadar seus principais nados durante o treinamento de recuperação. Um treino mais intenso em outros nados pode fazer parte das sessões de treinamento de recuperação para incentivar outras adaptações circulatórias e respiratórias.

vas ou a períodos intensos de treinamento deve ficar entre 10 e 20 min, mas também pode ocupar o período inteiro do exercício quando for o enfoque principal de uma sessão de treinamento. Conforme já mencionei, o treinamento de recuperação pode ser intercalado com tiros curtos de velocidade e com o treinamento em tipos de nado diferentes durante sessões planejadas basicamente para recuperação; assim, os nadadores podem obter alguns ganhos colaterais com o treinamento.

Intervalo de descanso Para ganhar tempo, os atletas devem fazer repetições de recuperação com curtos intervalos de descanso, embora os tempos até a saída não devam ser tão curtos a ponto de haver necessidade de nadar rápido para que consigam cumpri-los.

EFEITOS CONFLITANTES DOS TREINAMENTOS DE RESISTÊNCIA E DE VELOCIDADE

A existência de efeitos conflitantes para os treinamentos de resistência e de velocidade é objeto de discussão considerável entre os cientistas do esporte. Alguns especialistas afirmam que nenhum desses tipos de treinamento interfere nos efeitos do outro, enquanto outros estudiosos acreditam que um tipo de treinamento, resistência ou velocidade, reduz definitivamente os efeitos do outro. Minha experiência profissional é que os nadadores perdem rendimento em seus tiros de velocidade ao fazer grandes volumes de trabalho de resistência. Menos conhecido é o fato de que nadadores podem perder resistência ao fazer volumes significativos de treinamento de velocidade. O treinamento de resistência tende a gerar mudanças nas fibras musculares de contração rápida e, em alguns casos, nas fibras musculares de contração lenta, o que diminui suas velocidades de contração e as taxas de metabolismo aeróbico. De maneira parecida, o treinamento de velocidade promove maior dependência no metabolismo anaeróbico, de modo que ocorrerá maior acúmulo de ácido lático nos músculos em velocidades mais lentas, e a acidose tende a ocorrer com maior facilidade.

Uma pesquisa recente e anos de experiência me mostraram que os atletas podem esperar pelos seguintes resultados conflitantes com a prática dos treinamentos de resistência e de velocidade:

■ *O treinamento de resistência diminuirá a velocidade nos tiros.* Em particular, os treinamentos de resistência limiar (En-2) e de resistência com sobrecarga (En-3) tendem a diminuir a taxa de metabolismo anaeróbico (potência anaeróbica), talvez por reduzirem a atividade das enzimas anaeróbicas e o tamanho e a força das fibras musculares de contração rápida. Portanto, atletas que nadam eventos nos quais é importante a prática de tiros de velocidade

devem reduzir o volume dos treinamentos de resistência limiar (En-2) e de resistência com sobrecarga (En-3) em seus programas, de modo que não venham a perder velocidade de contração nas fibras musculares de contração rápida. Ao mesmo tempo, eles devem incluir um volume razoável dos treinamentos de produção de lactato (Sp-1) e de potência (Sp-3) em seus programas, para melhorar a potência anaeróbica. Por outro lado, nadadores meio-fundistas e fundistas terão de arriscar alguma redução nos tiros de velocidade para melhorar suas capacidades aeróbica e de tamponamento a níveis máximos. Isso não ocorrerá, a menos que eles se envolvam em um volume razoável de treinamentos de resistência limiar (En-2) e com sobrecarga (En-3). Esses tipos de treinamento melhoram a capacidade aeróbica das fibras musculares de contração rápida, o que resulta em melhora adicional importante de $\dot{V}O_2$ máx e, portanto, em maior resistência aeróbica. Finalmente, os atletas melhorarão a capacidade de tamponamento tanto das fibras musculares de contração lenta como de contração rápida. Maior capacidade de tamponamento representará defesa adicional contra a acidose, de modo que esses atletas poderão nadar com maior rapidez e durante mais tempo, apesar do fato de que volumes elevados de ácido lático possam se acumular em seus músculos.

■ *O treinamento de velocidade reduzirá a resistência aeróbica.* Em particular, o excesso de treinamento de resistência com sobrecarga (En-3) e de tolerância ao lactato (Sp-1) leva à redução da capacidade aeróbica, talvez porque o treinamento aumenta a taxa de metabolismo anaeróbico, o que será extremamente lesivo para nadadores meio-fundistas e fundistas. Esses tipos de treinamento provocam maiores graus de produção e de acúmulo de lactato em velocidades submáximas, particularmente nas fibras musculares de contração rápida. Se o aumento da capacidade de tamponamento não contrabalançar esses efeitos, poderá ocorrer redução no percentual de $\dot{V}O_2$ máx à disposição desses nadadores durante provas mais longas. Portanto, para que seja mantido em nível máximo o valor de $\dot{V}O_2$ máx, os atletas meio-fundistas e fundistas devem incluir em seus programas volumes razoáveis de treinamento básico de resistência e de treinamento de resistência limiar, para que sejam contrabalançados os efeitos dos treinamento de resistência com sobrecarga e de tolerância ao lactato.

O treinamento de produção de lactato (Sp-2) também pode reduzir a capacidade aeróbica, pelas mesmas razões apresentadas nos casos dos treinamentos de resistência com sobrecarga e de tolerância ao lactato. Além disso, considerando os curtíssimos tiros de velocidade, o treinamento de produção de lactato pouco faz para melhorar a capacidade de tamponamento muscular. Consequentemente, mesmo nadadores velocistas podem contrabalançar esse tipo de prática com volumes razoáveis de treino de tolerância ao lactato, para que a capacidade de tamponamento seja mantida em um nível elevado. Em caso contrário, a resistência ficaria prejudicada. A Figura 14.5 apresenta um sumário desses efeitos conflitantes do treinamento.

Categoria de treinamento	Efeito		
	Resistência aeróbica	Potência anaeróbica	Resistência muscular anaeróbica
Treinamento básico de resistência	↑		→
Treinamento de resistência limiar	↑	↓	→
Treinamento de resistência com sobrecarga e de tolerância ao lactato	↑	↓	↑
Treinamento de produção de lactato	↓	↑	→

Legenda
↑ Aumento
↓ Diminuição
→ Pouca ou nenhuma mudança

Figura 14.5 Efeitos conflitantes dos treinamentos de resistência e de velocidade.

Capítulo 15

Treinamento para eventos diferentes

Novo nesta edição:

- Amostras de programas de alguns dos nadadores de maior sucesso na década passada.
- Informações atualizadas sobre treinamento, com base em pesquisas recentes.

Como seria bom se o processo de planejamento de programas de treinamento fosse o mesmo para todos os nadadores e para todos os eventos competitivos! Infelizmente, essa abordagem não funcionará, por ser uma supersimplificação de um processo complexo. Os planos de treinamento devem ser individualizados para eventos de distâncias variáveis e para atletas com características fisiológicas diferentes. Cada nadador chega ao ambiente de treinamento com um conjunto de características fisiológicas que diferem, em certa medida, das dos demais. Dessa forma, mesmo atletas que competem nos mesmos eventos precisarão de programas de treinamento individualizados, para que possam concretizar seu potencial máximo em competição.

Os treinadores precisam utilizar sua avaliação adquirida tanto pela experiência como pelo acompanhamento das pesquisas científicas, para que possam alcançar um equilíbrio que otimize as contribuições dos treinamentos de resistência e de velocidade para cada evento e para cada nadador. Essa não é uma tarefa pequena. Nenhum treinador, não importa o quão bem-sucedido seja, pode implementar um sistema que assegure o sucesso, porque a tarefa de individualização do treinamento é demasiadamente complexa, e nosso conhecimento é muito limitado. Dito isso, desejo oferecer algumas sugestões neste capítulo que podem melhorar a chance de sucesso. Fornecerei um guia para otimização dos efeitos do treinamento de resistência e de velocidade para diferentes eventos e para nadadores

com características fisiológicas distintas; também incluí no capítulo descrições dos programas de treinamento de alguns dos treinadores e nadadores mais bem-sucedidos da atualidade, para que o leitor possa tomar conhecimento dos diversos métodos de treinamento utilizados.

Essencialmente, dois fatores determinam o equilíbrio ideal entre o treinamento de resistência e o treinamento de velocidade:

1. A distância do evento ou eventos para os quais o nadador treina.

2. As características fisiológicas do nadador.

Obviamente, o treinamento de resistência será reforçado, à medida que aumentar a distância da competição. O treinamento de velocidade será o aspecto enfatizado para velocistas, e os treinamentos de resistência e de velocidade justificarão igual ênfase em programas para atletas que participem de eventos de distâncias médias.

As características fisiológicas de cada nadador considerado individualmente também desempenham um papel determinante no processo de planejamento, particularmente no que tange à distribuição relativa das fibras musculares de contração rápida e de contração lenta nos músculos. Atletas com grande percentual de fibras musculares de contração rápida tenderão a fornecer mais energia por meio do metabolismo anaeróbico e menos a partir do metabolismo aeróbico, qualquer que seja a distância da prova. Este deve ser um fator a ser levado em consideração na seleção dos volumes relativos de treinamento de resistência e de treinamento de velocidade em seus programas. Por outro lado, nadadores com grande percentual de fibras musculares de contração lenta dependerão mais do metabolismo aeróbico e menos do metabolismo anaeróbico para a obtenção de energia, qualquer que seja a distância da prova. No momento do planejamento dos programas de treinamento, esse aspecto deve ser levado em consideração.

TREINAMENTO DE NADADORES FUNDISTAS

Nadadores fundistas competem nos eventos mais longos do programa de competição − 800 m nado Crawl, 1.500 m nado Crawl e 1.650 jd nado Crawl. Também podem competir nos 400 m e nas 500 jd nado Crawl, embora estes sejam considerados eventos de média distância.

Características físicas

Em geral, nadadores fundistas exibem grande propensão inata para o metabolismo aeróbico, em comparação com os demais competidores de distâncias menores, além de, habitualmente, seu $\dot{V}O_2$ máx e seus limiares anaeróbicos serem maiores. Eles também exibirão maior potencial para obter progressos nessas áreas. Uma razão para que isso ocorra é que muitos atletas bem-sucedidos em eventos de longa distância têm maior percentual de fibras musculares de contração lenta, em comparação com a população em geral. Quase todos os seus músculos mistos exibirão em sua composição cerca de 60 a 70% de fibras musculares de contração lenta, o que não significa que atletas com percentuais aproximadamente iguais de fibras musculares de contração rápida e de contração lenta não possam se sobressair em eventos de longa distância. Tais nadadores podem efetivamente obter bons resultados, mas é duvidoso que atletas cujos músculos se compõem predominantemente de fibras musculares de contração rápida se saiam bem em eventos de longa distância.

Por outro lado, nadadores fundistas, em geral, terão um nível inato mais baixo de potência anaeróbica, por não exibirem elevado percentual de fibras musculares de contração rápida. Até certo ponto, isto é uma verdadeira benção para eles. Esses atletas possuem menor número de fibras do tipo que produz grandes quantidades de ácido lático durante as provas; portanto, podem nadar durante longos períodos em velocidades rápidas, porém submáximas, sem que ocorra uma acidose intensa. No entanto, essa vantagem tem seu preço: aqueles indivíduos com níveis muito baixos de potência anaeróbica podem não ser capazes de cumprir as distâncias de provas com suficiente rapidez para serem competitivos, sendo improvável que tenham a velocidade para uma boa conclusão da prova.

Os nadadores fundistas também podem ter capacidade de tamponamento potencial mais baixa, embora, pelo meu conhecimento, as pesquisas científicas ainda não tenham demonstrado essa proposição. Considerando que as fibras musculares de contração lenta tendem a possuir menor capacidade de tamponamento, parece razoável supor que os atletas fundistas tenham menor capacidade de evoluir nessa área, em comparação com nadadores possuidores de mais fibras musculares de contração rápida, que tendem a exibir maior potencial para tamponamento.

Comumente, nadadores fundistas não são muito musculosos. Podem ser magros ou robustos, altos ou baixos, mas não exibirão músculos salientes nem qualquer predisposição para ficarem musculosos com o treinamento de resistência. As fibras musculares de contração lenta tendem a ser menores do que as de contração rápida, respondendo menos à hipertrofia com o treinamento de resistência.

Uma forte pernada de adejamento é vantajosa para qualquer nadador, mas se houver uma classificação de eventos em que os atletas podem obter sucesso sem uma pernada efetiva, estaremos falando dos eventos de longa distância. Muitos nadadores fundistas utilizam uma pernada com ritmo quebrado e a utilizam mais para a manutenção do bom alinhamento lateral e horizontal e para o equilíbrio de suas braçadas do que para a propulsão. Entretanto, devo mencionar que atletas fundistas devem desenvolver uma forte pernada de seis batidas para utilizarem durante os tiros de velocidade finais em suas provas.

As características físicas de atletas que demonstram disposição genética para se transformarem em nadadores fundistas lhes permitem tolerar grandes volumes de treinamento em velocidades razoavelmente rápidas. Em geral, exibirão ritmos limiares mais rápidos do que nadadores de capacidade comparável em eventos mais curtos e podem treinar em frequências cardíacas e em percentuais de seus melhores tempos um pouco mais altos do que os demais durante as séries de resistência. Também nesse caso, sua habilidade é decorrente de um percentual geralmente maior de fibras musculares de contração lenta. Estas estão naturalmente bem equipadas para fornecer energia por meio do metabolismo aeróbico e geram quantidades menores de ácido lático em velocidades rápidas. Além disso, os nadadores fundistas tendem a utilizar o glicogênio muscular em menor velocidade, por terem menor número de fibras musculares de contração rápida, e porque a predominância de fibras musculares de contração lenta em seus músculos lhes permite maior metabolismo aeróbico da glicose e das gorduras. Consequentemente, atletas que estejam fisiologicamente equipados para eventos de longa distância podem nadar maiores distâncias antes que ocorra depleção do glicogênio muscular.

Sugestões de treinamento

Os nadadores fundistas devem maximizar a capacidade aeróbica, embora também devam ficar cientes de que precisam manter a capacidade de tamponamento em um nível razoável, para que seja reduzida a acidose durante as partes finais de suas provas. Devem também manter sua velocidade de tiro em níveis normais, para que ainda tenham uma velocidade confortável para a conclusão de suas provas e para que obtenham sucesso. Mas esses nadadores não desejam se exceder no treinamento de produção de lactato. O fato de se ter uma taxa elevada de metabolismo anaeróbico não traz necessariamente benefícios se seu sistema aeróbico não tem capacidade de oxidar a maior parte do piruvato produzido. O excesso de empilhamento de piruvato resultaria no acúmulo de mais ácido lático e em maior acidose em velocidades de prova. Esses nadadores não devem fazer nenhum tipo de treinamento de tolerância ao lactato; pela mesma razão, devem estar cientes de que não podem exagerar durante o treinamento de resistência com sobrecarga nem no treinamento em ritmo de prova. Consequentemente, nadadores fundistas devem trabalhar duro para otimizar, não maximizar, sua capacidade de tamponamento e de potência anaeróbica.

Em resumo, o principal objetivo do treinamento de nadadores fundistas, particularmente aqueles que se especializam nos eventos competitivos mais longos, é melhorar bastante a capacidade aeróbica, mantendo, ao mesmo tempo, uma quantidade razoável de capacidade de tamponamento e de potência anaeróbica (velocidade de tiro).

Os nadadores fundistas devem estar cientes de que a ênfase no treinamento de resistência pode diminuir a velocidade de contração de suas fibras musculares de contração rápida e, talvez, suas taxas de metabolismo anaeróbico. Essas qualidades devem retornar aos níveis normais durante as fases de preparação e de polimento para as provas durante a temporada, se os atletas realizaram volumes suficientes de treinamento de manutenção de velocidade. Sem manutenção adequada, sua velocidade de tiro deverá diminuir tanto que um polimento normal não fará com que retorne aos níveis inatos. Por essa razão, as velocidades de tiro dos nadadores devem ser monitoradas durante toda a temporada, para que estes e os treinadores se certifiquem de que elas não diminuíram a ponto de não ser mais possível fazer com que retornem ao nível normal dentro de 3 a 6 semanas. Se ocorrer um declínio súbito e intenso na velocidade de tiro durante a metade de uma temporada típica, o nadador deverá aumentar o volume dos treinamentos de resistência com sobrecarga, de ritmo de prova e de produção de lactato, reduzindo concomitantemente o volume e a intensidade dos treinamentos básicos de resistência e de resistência limiar. Recomendo que nadadores fundistas que treinam com quilometragens muito altas façam o maior volume de treinamento de resistência durante a segunda metade do início da temporada e a primeira metade da média temporada. Eles devem reduzir o volume durante a última parte da temporada, quando deverão se concentrar em fazer a capacidade de tamponamento e a velocidade de tiro voltarem ao normal.

Nadadores fundistas sérios precisam de, no mínimo, 2 horas diárias de treinamento de resistência durante 5 ou 6 dias, todas as semanas. Um treinamento desse tipo melhorará a capacidade aeróbica das fibras musculares de contração lenta e, até certo ponto, das fibras musculares CRa. Esses atletas devem realizar grande parte desse treinamento em velocidades lentas a moderadas, próximas a seus limiares aeróbicos individuais. O treinamento nessas velocidades lhes permite maior fornecimento de energia por meio do metabolismo das gorduras, não exaurindo rapidamente as reservas musculares de glicogênio.

Treinamento básico de resistência

A maior parte do treinamento de resistência realizado por nadadores fundistas deve recair na capacidade de resistência básica (En-1), mas eles também precisam realizar um volume substancial de treinamento de resistência limiar e de resistência com sobrecarga. O treinamento básico de resistência deve compor o grosso de sua quilometragem para obtenção de resistência, porque essa modalidade não promove redução significativa do pH muscular. Por consequência, o treinamento básico de resistência provocará pouca ou nenhuma lesão muscular. Esse tipo de treinamento também reduz o grau de utilização do glicogênio muscular, pois o metabolismo das gorduras fornece mais energia. O treinamento básico de resistência deve ser realizado em combinações de nados longos e de séries longas de repetições com intervalos de descanso curtos.

Treinamento de resistência limiar

Em comparação com os demais nadadores, os fundistas podem e devem nadar a maior parte de suas repetições nas proximidades das velocidades limiares (En-2). Esse treinamento proporcionará maior estímulo para melhorar o consumo de oxigênio e os níveis de remoção de lactato das fibras musculares CRa. Ao mesmo tempo, o treinamento nesse nível minimiza a acidose e seu efeito na lesão muscular. Uma pesquisa apresentada no Capítulo 9 sugere que as fibras musculares CRa de nadadores entram em ação em velocidades de treinamento na faixa entre 70 e 85% do $\dot{V}O_2$ máx, o que corresponde ao limiar anaeróbico para a maioria dos atletas.

Para cada nova temporada, as séries limiares devem ser marcadas dentro de poucas semanas após o início do treinamento. É recomendável que os nadadores pratiquem uma ou duas séries por semana durante o início da estação. O número de séries deve aumentar gradualmente até a metade da temporada; depois, os nadadores devem fazer menos séries limiares, abrindo espaço para maior volume de treinamento de resistência com sobrecarga e em ritmo de prova. Considerando que os atletas fundistas possuem mais fibras de contração lenta, eles não produzirão tanto ácido lático em velocidades limiares; consequentemente, sofrerão menos lesões musculares.

As fibras musculares de contração lenta utilizam glicogênio em velocidade mais lenta e o repõem mais rapidamente depois do exercício. Portanto, nadadores fundistas podem se dar ao luxo de nadar em uma velocidade de resistência limiar durante mais tempo e com maior frequência do que os velocistas durante cada semana de treinamento. Não obstante, uma série longa de repetições de resistência limiar promoverá depleção do glicogênio muscular dos nadadores fundistas em aproximadamente metade a 2/3 do total, havendo necessidade de 24 a 36 horas para que tal quantidade seja reposta. Portanto, a frequência e a duração do treinamento de resistência limiar devem ser marcadas cuidadosamente, para que seja evitado o completo esgotamento das reservas de glicogênio muscular. Os atletas devem intercalar séries de treinamento básico de resistência com séries de treinamento limiar, para que possam nadar esse segundo tipo de repetições durante não mais do que 4 sessões a cada semana, embora possam praticar todos os dias algumas repetições nas proximidades da velocidade limiar. Para nadadores juniores e seniores, a duração sugerida para a maioria das séries limiares é de 1.500 e 3.000 jd/m. No caso de nadadores ainda mais jovens, mais idosos da categoria master e outros atletas que precisem de mais de 20 a 40 min para nadar 1.500 a 3.000 jd/m, a duração sugerida para as séries de resistência limiar é de 20 a 40 min.

A capacidade aeróbica das fibras musculares de contração lenta e CRa melhora pela constante estimulação acima de determinada intensidade limiar, durante um período razoavelmente longo. A magnitude da adaptação aeróbica no interior dos músculos em funcionamento diminuirá se o estímulo do treinamento for interrompido com demasiada frequência. Por essa razão, repetições de médias e longas distâncias são melhores, em comparação com nados de curtas distâncias. Os períodos de descanso entre estes devem ser curtos para as séries de repetições de treinamento básico de resistência e de treinamento de resistência limiar. O efeito do treinamento será inferior, se a série for demasiadamente variada. Exemplificando, alternar a prática de nado Crawl com outros tipos de nado ou com treinos de braçadas e pernadas reduzirá o efeito do treinamento aeróbico. Portanto, longas séries diretas, séries decrescentes, séries com velocidades mistas, séries com períodos de descanso mistos e séries de repetições com descanso mais curto que incluam longos períodos de nado Crawl com interrupções muito curtas são mais apropriadas para melhorar a capacidade aeróbica.

Para obter os ganhos desse tipo de treinamento, não é preciso que o atleta treine exatamente em sua velocidade limiar anaeróbica individual. Para obter as vantagens do treinamento limiar sem que ocorram lesões musculares, o único aspecto a ser considerado é treinar nas proximidades da maior intensidade que não promova acidose intensa.

Treinamento de resistência com sobrecarga e em ritmo de prova

Grandes volumes de treinamento de resistência com sobrecarga e em ritmo de prova (En-3) causarão acidose intensa e lesão nos tecidos. Esses exercícios devem ser marcados cuidadosamente. Os dois tipos de treinamento são necessários, porque estimulam as fibras musculares CRa e CRb de limiar alto e melhoram sua capacidade aeróbica. É provável que velocidades básicas e mesmo limiares não envolvam essas fibras de maneira substancial, portanto, ocasionalmente, atletas fundistas precisam treinar com algum nado de resistência muito rápido, para que possam melhorar a capacidade de consumo de oxigênio por todas as fibras musculares durante as provas. Devo alertar que os atletas podem sofrer lesão tecidual, depleção hormonal, inibição do sistema nervoso central e outras manifestações do treinamento excessivo, caso treinem resistência com muita rapidez e com demasiada frequência. Por essa razão, nadadores fundistas não devem praticar qualquer série de sobrecarga ou em ritmo de prova durante as primeiras 2 a 3 semanas de cada temporada. Os atletas podem e devem reduzir essas velocidades a algumas repetições na maior parte dessas sessões de treinamento. A quantidade de treinamento de resistência com sobrecarga e em ritmo de prova pode aumentar durante a fase de preparação específica, depois que os atletas melhoraram sua capacidade aeróbica e o metabolismo das gorduras nas fibras musculares de contração lenta. A duração dessas séries deve ficar entre 800 e 2.000 jd/m, ou de 8 a 25 min. Devido a sua intensidade, as séries de repetições de resistência com sobrecarga e em ritmo de prova também melhorarão a capacidade de tamponamento.

Em geral, a distância das repetições para a maioria das séries de resistência com sobrecarga deve se situar entre 200 jd/m e 400 m ou 500 jd. Distâncias de repetições de 50 a 150 jd/m são mais apropriadas para o treinamento em ritmo confortável de competidores dos 1.500 m e 1.650 jd, pois esses atletas serão capazes de nadar suas repetições nas velocidades de prova, ou perto delas. Os atletas devem ter algum descanso adicional para as séries de resistência com sobrecarga e em ritmo de prova, para que possam nadar no ritmo de prova, ou em suas proximidades. Entretanto, o descanso não deve ser excessivo: para a maioria das repetições de distâncias curtas, será adequado um intervalo de descanso de 20 a 30 s; no caso de distâncias de repetições mais longas, o descanso poderá ser de 1 ou 2 min.

Não há necessidade de especificar as velocidades de treinamento ideais para o treino de resistência com sobrecarga. Os atletas devem nadar essas séries na velocidade média mais rápida possível. Qualquer declínio súbito e continuado nessas velocidades poderá ser indício de perda da capacidade aeróbica; nesse caso, eles devem reduzir a frequência e a duração das séries de treinamento de resistência limiar, resistência com sobrecarga e em ritmo de prova, substituindo-as por uma quilometragem para obtenção de resistência mais básica e para recuperação. Depois de cada série de treinamento de resistência com sobrecarga e de uma longa série de resistência limiar, sugiro que os nadadores façam 20 a 30 min de nado de recuperação, como incentivo para uma recuperação e uma adaptação mais rápidas.

Considerando que as séries de treinamento de resistência com sobrecarga e em ritmo de prova drenam rapidamente o glicogênio muscular, elas devem ser marcadas em lugar de (não em adição a) séries de resistência limiar. Uma série de treinamento de resistência com sobrecarga por semana será suficiente durante a primeira metade da temporada, e recomendo alguma combinação de duas a três séries de treinamento de resistência com sobrecarga e em ritmo de prova por semana durante as 6 a 8 últimas semanas antes do polimento. No planejamento do trabalho semanal, devemos considerar as séries de resistência limiar, de resistência com sobrecarga e em ritmo de prova na mesma categoria. Durante o início da temporada, a maioria dessas práticas deverá consistir em séries de resistência limiar, talvez com uma série de resistência com sobrecarga ou em ritmo de prova no esquema de trabalho semanal. Pode ser acrescentada mais uma série em sobrecarga ou em ritmo de prova durante a metade da temporada, sendo suprimida uma série de resistência limiar; além disso, os nadadores devem decrescer suas séries básicas de resistência para velocidades de resistência limiar e de resistência com sobrecarga várias vezes a cada semana. Os atletas também devem decrescer suas séries básicas e de resistência limiar para velocidades muito rápidas durante várias das sessões semanais nas quais não ocorram séries importantes de resistência limiar e de ritmo de prova. Tais repetições rápidas ao final de séries básicas e de resistência limiar devem totalizar algo entre 300 e 600 jd/m. Essa mudança no treinamento servirá como estímulo adicional para aumento da capacidade aeróbica das fibras musculares CRb, sem que sejam provocadas grandes perdas de glicogênio muscular. Ao planejar a escala de trabalho semanal, treinadores e atletas devem levar em consideração as competições marcadas nessa categoria combinada de treinamento de resistência limiar, resistência com sobrecarga e em ritmo de prova.

Treinamento de velocidade

Conforme já mencionei, nadadores fundistas não devem esperar melhoras de suas taxas de metabolismo anaeróbico ou da potência muscular além dos seus níveis inatos durante a temporada de nado. Na verdade, esses dois parâmetros provavelmente diminuirão um pouco, por causa do grande volume de treinamento de resistência que esses atletas precisam fazer. Não obstante, estes devem estar de posse de razoável quantidade de potência anaeróbica para realizar suas provas mais curtas em velocidades competitivas, e para que possam executar tiros de velocidade ao final de suas provas. O melhor que esses atletas podem esperar é evitar grandes perdas na potência e na velocidade, para que essas duas qualidades possam retornar aos níveis normais quando diminuírem o volume e a intensidade de seu treinamento de resistência, mais perto do final da temporada. Consequentemente, os nadadores fundistas devem fazer algum treinamento de produção de lactato ao longo de toda a temporada, para que sejam evitadas grandes perdas de potência anaeróbica. A finalidade desse treinamento é prevenir grandes quedas na velocidade de nado nos primeiros 2/3 de uma temporada típica, para que possam readquirir essa velocidade na parte final da temporada. A redução das perdas da velocidade de tiro e o retorno dessa velocidade aos níveis normais são tarefas relativamente simples de agendar: duas a quatro séries de produção de lactato semanalmente ao longo de toda a temporada.

O que acabei de dizer não significa que os nadadores fundistas não podem aumentar sua velocidade inata de tiro durante uma temporada de Natação. Efetivamente, eles podem fazê-lo, mas, em geral, tais progressos ocorrerão por causa do crescimento físico e da melhor mecânica de nado. Esses atletas precisam compreender que grandes volumes de nado em velocidade não resultarão em progresso da velocidade, por causa da magnitude muito maior de treinamento de resistência que precisam realizar para que possam otimizar sua capacidade aeróbica. Por consequência, eles devem concentrar suas tentativas no aumento da velocidade de tiro, aperfeiçoamento de sua mecânica de nado e redução do arrasto resistivo.

Os nadadores fundistas não precisam incluir treinamento de tolerância ao lactato nos seus esquemas semanais de trabalho. O treinamento de resistência com sobrecarga que utilizam para melhorar a capacidade aeróbica de suas fibras musculares CRa e CRb de alto limiar manterá e talvez venha mesmo a aumentar a capacidade de tamponamento dessas fibras, e mesmo das fibras musculares de contração lenta. A combinação do treinamento de tolerância ao lactato com o treinamento de resistência com sobrecarga pode até mesmo gerar uma sobrecarga de treinamento de velocidade, o que resultaria em desadaptação.

A Tabela 15.1 apresenta um sumário de sugestões para o treinamento de nadadores fundistas.

Estruturação das séries de repetições para nadadores fundistas

Nadadores fundistas devem praticar a maioria das repetições utilizando o nado Crawl, embora possam exagerar em tal prática. O principal problema em realizar grandes volumes do nado Crawl é a possibilidade de criar ou exacerbar uma tendinite do ombro. Uma consideração secundária é o enfado e a perda concomitante do interesse e da motivação. Nesse caso, a melhor orientação que posso dar é: inclua o máximo de nado Crawl no programa de nadadores fundistas, até onde suas articulações e seu interesse possam suportar.

Séries de repetições com tipos de nado mistos, embora sejam populares devido à sua variedade, não constituem um método efetivo de treinamento básico de resistência, de resistência limiar e de resistência com sobrecarga para nadadores fundistas, pois proporcionam um número excessivo de períodos de descanso para algumas fibras musculares, quando os nadadores realizam nados diferentes do nado Crawl. Não obstante, séries desse tipo podem melhorar a capacidade aeróbica das fibras musculares de contração rápida, particularmente fibras CRb, se os nadadores alternarem vários períodos prolongados de nado muito rápido com períodos de menor intensidade, ao praticarem outros tipos de nado, e durante seus treinamentos de braçadas ou pernadas. Períodos prolongados de nado Crawl rápido estimularão tanto o metabolismo anaeróbico como o metabolismo aeróbico das fibras musculares CRb e, em parte, servirão para a recuperação da acidose durante os períodos menos intensos, quando os atletas praticam outros tipos de nado. Certamente, os nadadores fundistas devem nadar o Crawl durante os períodos de treinamento intenso, com duração de pelo menos 2 a 3 min, para que seja proporcionada uma estimulação aeróbica adequada.

Os nadadores fundistas devem nadar mais e dar menos braçadas do que os demais nadadores, de tal modo que possam aprender a reduzir o custo energético das pernadas durante o nado. Entretanto, esses atletas não devem negligenciar as pernadas durante o treinamento, porque precisarão melhorar o consumo de oxigênio e as velocidades de remoção de lactato nos músculos das pernas, para adiar a acidose e melhorar a remoção de lactato por esses músculos durante as provas. Não será carga excessiva a prática de 1.000 a 1.500 jd/m, ou 20 a 30 min de pernadas de resistência durante a maioria das sessões de treinamento. Conforme já mencionei, os nadadores fundistas também precisam desenvolver uma forte pernada de 6 batidas, com o objetivo de proporcionar maior velocidade durante os tiros de velocidade no final das provas. Eles podem trabalhar esse objetivo dando pernadas em repetições de 25 ou 50 jd/m em velocidades rápidas, e também devem nadar os 50 jd/m finais de cada série de treinamento com uma pernada de 6 batidas, para seu condicionamento, isto é, para que façam o mesmo durante as provas.

Diferenças individuais entre nadadores fundistas

Geralmente, os treinadores terão duas categorias de nadadores fundistas em suas equipes: o primeiro tipo terá herdado potencial considerável para nadar com rapidez aerobicamente, mas terá pouca velocidade de tiro máxima, pois nadadores dessa categoria possuem pouca potência anaeróbica; o segundo tipo terá mais potência anaeróbica e, portanto, maior velocidade de tiro, embora não tenha a velocidade dos nadadores velocistas de capacidade relativa semelhante.

Nadadores fundistas batalhadores

Os nadadores enquadrados na primeira categoria serão aqueles com um percentual excepcionalmente grande de fibras musculares de contração lenta. Não é difícil reconhecê-los: são os *batalhadores* da equipe. Podem treinar com séries rápidas de resistência dia após dia sem demonstrar cansaço, pois podem fornecer maior percentual de energia por meio do metabolismo das gorduras;

Tabela 15.1 Sugestões de treinamento para nadadores fundistas

Categoria de treinamento	Início da temporada	Meio da temporada	Final da temporada
En-1	2 ou mais horas diariamente, 5-6 dias/semana	2 ou mais horas diariamente, 4-5 dias/semana	Reduza o volume semanal em 1/3
En-2	1 ou 2 séries/semana	2 ou 3 séries/semana	1 ou 2 séries/semana
En-3	Obtida com o decréscimo de séries de treinamento básico de resistência e de resistência limiar	1 ou 2 séries/semana + redução do trabalho	2 séries/semana + redução do trabalho
Produção de lactato	3-4 séries/semana	3-4 séries/semana	3-4 séries/semana

assim, ocorre lenta depleção de suas reservas de glicogênio muscular. Nadadores desse tipo são capazes de praticar longas séries de repetições e longos nados contínuos durante o treinamento em velocidades próximas às suas velocidades máximas, não serão capazes de nadar com rapidez muito maior durante as séries de velocidade, mesmo com maiores períodos de descanso, e não serão bons no nado de séries decrescentes. Sua velocidade nas últimas repetições não será muito mais rápida do que sua velocidade média para essas séries.

Outra indicação é que esses nadadores, em geral, têm melhor desempenho nas competições, à medida que aumentam as distâncias. Eles nadam muito bem em distâncias de 1.500 m e 1.650 jd, mas não conseguem manter o mesmo padrão em distâncias de 400 m e 500 jd, e seus desempenhos em distâncias de 100 e 200 jd/m são imensamente inferiores aos seus desempenhos nos eventos mais longos.

Comparativamente a outros nadadores, esses atletas podem participar de mais treinamentos nas categorias básica de resistência, limiar, com sobrecarga e em ritmo de prova, porque seu glicogênio muscular é exaurido mais lentamente e reposto com maior velocidade. Também tendem a padecer menos facilmente de acidose, por terem menor percentual de fibras musculares de contração rápida, e podem tolerar maior volume total de treinamento. Eles não precisam fazer treinamento de recuperação com a mesma frequência.

À primeira vista, aparentemente, a solução para o problema de nadadores fundistas com baixa potência anaeróbica seria aumentar sua velocidade ao máximo possível com treinamento de força e de potência em terra, e com treinamento de produção de lactato e de potência na água, mas a aplicação desse esquema de treinamento seria um equívoco. O aumento demasiado da potência anaeróbica pode reduzir sua resistência aeróbica. Esses atletas podem produzir mais ácido lático em velocidades menores, o que poderia provocar a ocorrência prematura de uma acidose intensa em suas provas. Outra razão pela qual eles não precisam de treinamento adicional de força e potência no solo e na água é, para começar, o fato de eles não possuírem muita potência anaeróbica nem terem grande potencial para melhorar essa situação; por consequência, séries de produção de lactato curtas, nadadas 3 a 5 vezes por semana, poderiam reduzir a perda de velocidade durante o período de ênfase na resistência aeróbica, permitindo-lhes readquirir o que perderam durante as fases de treinamento em ritmo de prova e de polimento.

Nadadores fundistas de elite

A segunda categoria de nadadores fundistas é constituída por aqueles cujo percentual de fibras musculares de contração lenta, embora ainda dominantes, situa-se mais perto dos 50%. Esses atletas fundistas de elite terão um pouco mais de potência anaeróbica, embora não exibam a potência anaeróbica e a velocidade dos velocistas. Eles podem competir satisfatoriamente em eventos de 1.500 m e 1.650 jd, mas com frequência são excepcionais em provas de 400 m e 500 jd. Além disso, em geral, podem nadar razoavelmente bem em provas de 100 e 200 jd/m.

Ao contrário dos nadadores incluídos na primeira categoria, esses atletas não serão capazes de treinar dia após dia sem demonstrar sinais de depleção de energia pois, por possuírem maior número de fibras musculares de contração rápida, sofrerão depleção mais rápida do glicogênio muscular, que será reposto com velocidade um pouco menor. Eles também não serão tão bons como aqueles enquadrados na primeira categoria nas séries longas de repetições com curtos períodos de descanso e nados longos e contínuos, mas seu desempenho será melhor nas séries de velocidade, embora sem a mesma excelência dos velocistas, e serão capazes de nadar com rapidez ao final das séries de repetições decrescentes.

Os nadadores fundistas classificados na categoria dos atletas de elite devem fazer volume ainda maior de treinamento de resistência com sobrecarga e em ritmo de prova, comparativamente aos nadadores fundistas considerados batalhadores, pois possuem mais fibras musculares de contração rápida e precisam melhorar a capacidade aeróbica dessas fibras de modo que possam dar sua necessária contribuição durante as provas.

Os nadadores nessa segunda categoria podem cumprir grandes volumes de treinamento básico de resistência, mas seu volume de treinamento de resistência limiar deve ser menor. Eles necessitam de um volume adequado, mas não excessivo, de treinamento de resistência com sobrecarga, para melhorar a capacidade aeróbica de suas fibras musculares CRa e CRb de alto limiar. Também precisarão de mais treinamento de recuperação para lhes dar tempo para a reposição de energia e reparo dos tecidos, porque tendem a sofrer acidose com maior facilidade, e também porque ocorre depleção mais rápida do glicogênio nas fibras musculares, sendo a reposição deste um pouco mais lenta. A redução do volume de treinamento de resistência limiar e sua substituição com nados básicos de resistência e nados de recuperação devem proporcionar o tempo extra que precisam para essas finalidades.

Como os nadadores fundistas enquadrados na primeira categoria, os atletas de elite não precisam fazer muito treinamento de velocidade; eles podem se permitir a perda de alguma potência anaeróbica durante a temporada, por já terem maior quantidade dela. Além disso, sua velocidade de tiro deve retornar mais rapidamente durante a parte da temporada que enfatiza o treinamento de resistência e o treinamento em ritmo de prova. Acredito mesmo que nadadores fundistas nessa categoria devem fazer um esforço em prol de alguma redução de sua potência anaeróbica, se estiverem se concentrando em provas de 1.500 m e 1.650 jd. Essa atitude lhes permitirá nadar com maior rapidez e em maiores distâncias com menor taxa de acúmulo de ácido lático. Porém, se forem especialistas de provas de 400 m e 500 jd, precisarão ser mais cuidadosos quanto à manutenção de uma quantidade razoável de potência anaeróbica; devem ser ainda mais cuidadosos se estiverem seriamente pensando em nadar boas provas de 200.

Treinamento para eventos de 400 m e 500 jd

Uma estimativa coloca a contribuição percentual da capacidade anaeróbica em 14% em eventos com duração de 15 a 20 min (Darabos, Bulbulian e Wilcox 1984). Para eventos de 400 m e 500 jd, provavelmente a contribuição anaeróbica fica mais próxima dos 30 ou 40%. Consequentemente, nadadores fundistas com maior potência anaeróbica terão vantagem nesses eventos de média distância. As sugestões que fiz para o treinamento das duas categorias de nadadores fundistas não precisam ser modificadas para os eventos de média distância. Progressos da capacidade aeróbica impedirão qualquer aumento significativo da capacidade de tamponamento e da potência anaeróbica, que poderia ocorrer com menor volume de treinamento de resistência e com maior volume de treinamento de velocidade.

A principal preocupação para nadadores fundistas que se especializam em provas de média distância é evitar qualquer redução permanente em sua capacidade de tamponamento e taxa de metabolismo anaeróbico inatas. Eles deverão monitorar cuidadosamente esses dois parâmetros, para terem certeza de que poderão fazê-los retornar aos níveis normais com um polimento ao final da temporada. Os nadadores especialistas em provas de 400 m ou 500 jd nado Crawl talvez precisem de um período mais demorado e um pouco mais intenso de treinamento de resistência com sobrecarga e em ritmo de prova mais para o final da temporada, para terem a certeza de que sua capacidade de tamponamento e de potência anaeróbica retornaram a seus níveis normais. Pela mesma razão, talvez tenham de passar por polimentos mais longos.

Treinamento para eventos de 800 m e 1.000 jd

Em comparação com os eventos mais longos, nas distâncias de 800 m e 1.000 jd, o metabolismo anaeróbico contribui ligeiramente mais para a necessidade de energia total. Provavelmente, a contribuição do metabolismo anaeróbico é apenas 5 a 10% maior; por consequência, as sugestões para treinamento de nadadores para provas de 1.500 m e 1.650 jd também se aplicam a atletas nesses eventos mais curtos, durante a maior parte de uma temporada de Natação típica. A diferença seria uma ênfase ligeiramente maior no treinamento de resistência com sobrecarga e em ritmo de prova, e um polimento um pouco mais longo durante a parte final da temporada.

Treinamento de resistência no solo para nadadores fundistas

Há controvérsia acerca da validade do treinamento de resistência em terra para nadadores fundistas, pois eles não precisam de muita potência muscular para nadar seus eventos. Além disso, a literatura científica nos fornece algumas indicações de que o aumento do tamanho das fibras musculares poderia interferir na resistência, por aumentar a distância a ser percorrida pelo oxigênio desde os capilares, através das fibras musculares, até as mitocôndrias (Gollnick et al. 1972; Nelson et al. 1984; Tesch, Hakkinen e Komi 1985). Ao mesmo tempo, algumas pesquisas indicam que o treinamento de resistência e de força realizado simultaneamente pode interferir nas adaptações aeróbicas (Jacobs, Sale e MacDougall 1987; Nelson et al. 1984; Tesch, Hakkinen e Komi 1985), embora alguns estudos tenham publicado resultados contrários (Dudley e Djamil 1985; Hickson et al. 1988; Jacobs, Sale e MacDougall 1987; MacDougall et al. 1987). Devo alertar para o fato de que, na maioria dos estudos que favorecem um treinamento simultâneo de força e de resistência, os voluntários não eram treinados. É provável que pessoas não treinadas melhorem tanto sua força como a resistência durante as primeiras semanas subsequentes ao início do treinamento porque seus níveis originais desses dois fatores estavam baixos. Apenas depois de transcorridas algumas semanas, ao ocorrer retardo nos níveis de adaptação, surgiria algum efeito prejudicial que o treinamento de força pudesse ter na resistência.

Talvez a melhor razão para que os nadadores fundistas pratiquem treinamento de força possa ser encontrada no estudo de Fitts, Costill e Gardetto (1989), citado no Capítulo 14. Com base na pesquisa desses autores, pode-se argumentar que o treinamento de força simultâneo poderia reduzir a perda do tamanho e da força das fibras musculares, que tende a ocorrer com o treinamento de resistência. No entanto, não vejo necessidade para envolver nadadores fundistas em programas abrangentes com o objetivo de aumentar a força e a potência; estes exigem empenho de tempo e de esforço que poderia reduzir seu tempo de treinamento de resistência na piscina. Se for desejável algum tipo de treinamento de resistência terrestre, sugiro que seja planejado simplesmente para a manutenção, não aumento, do volume e força musculares. O treinamento terrestre desse tipo dependerá de menos tempo e esforço, deixando mais tempo e energia para o treinamento de resistência.

Programas de treinamento de nadadores fundistas bem-sucedidos

Diversas fontes descrevem programas de treinamento de alguns dos mais bem-sucedidos nadadores fundistas da década passada. Tendo isso em vista, selecionei os programas de treinamento de Kieren Perkins, Janet Evans e Brooke Bennett. Também inclui o programa do treinador Jon Urbanchek da Universidade de Michigan, por causa do grande sucesso obtido com sua aplicação por nadadores fundistas.

Kieren Perkins

Kieren Perkins, nadador australiano (Carew 1994, 1998; Johnson 1998), é ex-recordista mundial para os 800 m e 1.500 m nado Crawl com tempos de 7'46"00 e 14'41"66, respectivamente. John Carew, de Brisbane, Austrália, é seu treinador. Kieren estabeleceu numerosos recordes mundiais e conquistou alguns títulos do Campeonato Mundial nas provas de 400, 800 e 1.500 m. Também foi o ganhador da medalha de ouro para os 1.500 m nado Crawl nos Jogos Olímpicos de 1992 e 1996.

Kieren passou 5 anos se preparando para os Jogos Olímpicos de 1992, onde estabeleceu seu recorde para os 1.500 m nado Crawl. Sua quilometragem semanal média progrediu ao longo dos 4 anos anteriores à competição. Kieren praticava 55 km semanais no 1º ano, 66 km no 2º ano, 77 km no 3º ano e 88 km durante o ano anterior aos Jogos Olímpicos de 1992. Durante esse período de 4 anos, ele deixou de treinar apenas durante 3 semanas.

Tipicamente, Kieren treinava 11 sessões por semana, nadando duas vezes por dia de segunda a sexta-feira e uma vez na manhã de sábado. A cada semana, ele apenas deixava de treinar nas tardes de sábado e no domingo. Tipicamente, a cada sessão de treinamento ele nadava entre 7.000 e 8.000 m. Esse nadador treinava em uma piscina longa pela manhã e em uma de 20 m à tarde. Nos quatro anos, em certas épocas, o atleta treinava em altitude.

Foram utilizadas as frequências cardíacas na monitoração de seu treinamento de resistência. Sua frequência cardíaca máxima foi de 181, mas raramente o nadador treinava com tal intensidade. A velocidade de suas repetições de treinamento era estabelecida de acordo com certo número de batimentos cardíacos abaixo do máximo.

Seu plano de treinamento anual era composto por duas temporadas de 26 semanas. O plano típico consistia em utilizar as primeiras 6 semanas de cada temporada como fase de ganho aeróbico, o que era composto por treinamento misto e por grande volume de treinamento de Medley individual (MI). A intensidade era moderada; Perkins nadava a maioria das repetições em frequências cardíacas 30 a 40 batimentos abaixo de sua frequência máxima.

As séries de resistência principais foram introduzidas depois das primeiras 6 semanas e continuaram ao longo do restante de cada temporada. Em geral, essas séries tinham extensões entre 1.200 e 3.000 m, e a intensidade solicitada era equivalente à frequência cardíaca máxima de Kieren, menos 20 a 40 bpm. Em geral, o programa semanal incluía 3 a 5 dessas séries. Seu treinador, John Carew, prefere que seus nadadores fundistas realizem séries de resistência de aproximadamente 3.000 m. Praticamente todas as séries de Kieren foram estruturadas na forma de *interval training*. Ele nadava distâncias contínuas de 1.500 a 2.000 m uma ou duas vezes a cada semana, mas sempre em velocidades submáximas. As repetições descritas anteriormente seriam classificadas como treinamento básico de resistência no esquema I apresentado no Capítulo 13.

Além do treinamento básico de resistência, Kieren devia completar duas (e em alguns casos três) séries de frequência cardíaca muito intensas a cada semana, em velocidades que geravam frequências cardíacas entre o máximo menos 10 bpm. Meu esquema de treinamento consideraria essas séries de batimento cardíaco como séries de resistência com sobrecarga. Alguns exemplos de séries de batimento cardíaco são: 30 × 100 em um tempo até a saída de 1'40", e 6 × (200, 150, 100, 50) com um tempo básico até a saída de 1'30" por 100.

Comumente, Carew marcava uma ou duas séries de treinamento de velocidade a cada semana. Um exemplo de uma dessas séries de velocidade de Kieren era 30 × 50 m em um tempo até a saída de 1'30". Durante algumas semanas, nados quebrados substituíam essas séries em ritmo de prova. O atleta fazia duas ou três sessões de recuperação por semana. Essas sessões sempre se seguiam a sessões nas quais o atleta australiano nadava séries de velocidade e de frequência cardíaca intensa. Perkins também praticava cerca de 1.000 m de pernadas por sessão de treinamento. Além disso, fazia algum exercício de braçadas durante cada sessão de treinamento, habitualmente em um nível bem baixo de esforço.

Uma sessão típica de treinamento para Kieren começava com 1.500 a 2.000 m de treinamento aeróbico confortável, seguido por uma série principal, que poderia ser uma série de frequência cardíaca intensa, uma série de velocidade ou treinamento em ritmo de prova. Essa série principal era seguida por 1.000 m de pernadas, e a sessão terminava com um exercício de braçadas ou com um nado de recuperação e, em alguns casos, algum treinamento de velocidade. A Tabela 15.2 mostra dois planos semanais típicos. Algumas das séries principais que Kieren utilizou no seu treinamento estão descritas nessa tabela; também indiquei entre parênteses quais dessas séries supostamente se encaixam no meu esquema de classificação de treinamento.

Perkins não fazia treinamento com pesos, mas utilizava tração com cordas elásticas durante 15 a 20 min todos os dias. Além disso, fazia 20 a 30 min diários de alongamento e abdominais até a exaustão 3 vezes por semana; também fazia exercícios de calistenia, inclusive com trabalho abdominal considerável, durante 30 min diários nos outros 3 dias da semana. Os exercícios calistênicos consistiam de flexões em barra até o queixo, abdominais pendentes, *crunches* (abdominais em supino) e saltos verticais em pé. Também pedalava uma bicicleta ergométrica durante 30 min diários, 3 dias por semana.

Janet Evans

Janet Evans (Schubert 1994) é uma das maiores nadadoras fundistas em nosso esporte. Seus recordes de 4'03"85 para os 400 m, 8'16"22 para os 800 m e 15'52"10 para os 1.500 m, todos para nado Crawl, ainda estão em vigor depois de transcorrida mais de uma década de seu estabelecimento. Em diversas ocasiões, Janet foi treinada por Bud McAllister, Don Watson e, mais recentemente, por Mark Schubert, treinador do Trojan Swim Club e da University of Southern California. O programa de treinamento detalhado nesta seção foi orientado por Mark Schubert, tendo resultado em uma medalha de ouro olímpica nos 800 m nado Crawl nos Jogos Olímpicos de 1992.

O ano de treinamento de Janet se dividia em duas temporadas, cada uma delas com aproximadamente 26 semanas. A nadadora passava 3 semanas em uma fase de desenvolvimento, aumentando gradualmente a quilometragem de treinamento de 4.000 m para algo entre 6.000 e 7.000 m por sessão. Durante essa fase, Janet treinava ao longo de 9 sessões a cada semana. Depois disso, foi introduzida uma fase aeróbica que se prolongou por aproximadamente 6 semanas; durante esse período, a atleta treinava 10 vezes por semana. Seguiram-se 9 semanas de treinamento de grande volume, e durante esse período Janet treinava 11 vezes por semana. Durante essa fase, a nadadora treinava duas vezes por dia na segunda, terça, quinta, sexta e sábado, e uma vez na quarta-feira; ela não treinava nas manhãs de quarta-feira e nos domingos. Em geral, sua quilometragem de treinamento era de 8.000 m por sessão, embora em alguns dias pudesse chegar a 9.000 ou 10.000

Tabela 15.2   Amostra de ciclos de treinamento para Kieren Perkins

Ciclo 1	Manhã	Tarde
Segunda-feira	Série de frequência cardíaca (En-2 a En-3) 3 × (400, 300, 200, 100)	Recuperação 10 × 100 com 1'40"
Terça-feira	Aeróbica (En-1 a En-2) 2 × (5 × 400) com 5 min	Aeróbica (En-1)
Quarta-feira	Série de frequência cardíaca (En-2 a En-3) 6 × (200, 150, 100, 50)	Recuperação 10 × 200 com 2'30"
Quinta-feira	Aeróbica (En-1 a En-2) 20 × 100 5 × 300	Nados quebrados (R-P)
Sexta-feira	Aeróbica (En-1 a En-2) Longa 4 × 800	Aeróbica (En-1)
Sábado	Tiros de velocidade (En-3) 30 × 50 em um tempo até a saída de 1'30"	
Ciclo 2	Manhã	Tarde
Segunda-feira	Série de frequência cardíaca (En-2 a En-3) 30 × 100 com 1'40"	Aeróbica longa (En-1 a En-2)
Terça-feira	Tiros de velocidade (En-3) 6 × (4 × 50 com 1'30" + 2 × 25 com 0'50")	Recuperação
Quarta-feira	Série de frequência cardíaca (En-2 a En-3)	Aeróbica longa (En-1 a En-2)
Quinta-feira	Tiros de velocidade (En-3)	Recuperação
Sexta-feira	Aeróbica (En-1)	Aeróbica longa (En-1 a En-2)
Sábado	Aeróbica de qualidade (En-3) 6 × 400 com 4'30"	

Adaptado de Carew 1994.

m, baixando para 6.000 ou 7.000 m em outros dias. Essa fase de grande volume envolvia muito treinamento misto, em que a nadadora utilizava todas as modalidades competitivas e diversos tipos de pernadas. Muitas das séries eram do tipo de nado misto.

As séries predominantemente de nado Crawl eram realizadas como longas séries diretas e como séries de distâncias mistas. Alguns exemplos de suas séries longas são 9×400, 3×1.500 e 20×200. Um exemplo de série com distâncias mistas foi o nado de 100, 200, 300, 400, 500, 500, 400, 300, 200, 100. Em geral, Janet fazia todas essas séries de modo decrescente, com breves repousos, e, na maioria das vezes, as séries tinham 3.000 a 6.000 m de extensão. Seu objetivo era nadar 3 séries de 5.000 a 6.000 por semana. Ocasionalmente, nadava continuamente durante 20 a 60 min. Também fazia algumas séries rápidas e curtas, como 5×100, 2×400 e 4×100.

As 6 semanas seguintes eram denominadas fase de qualidade específica. Seu treinamento era similar ao da fase precedente durante a maioria das sessões; a única diferença era que 3 ou 4 sessões de cada semana eram devotadas ao treinamento de resistência rápido com breves intervalos de descanso. As distâncias das repetições para essas séries de resistência rápida variavam entre 100 e 400 m, e as séries tinham 3.000 a 4.000 m de extensão. Supostamente, os tempos nessas séries ficavam próximos ao ritmo de prova. Duas vezes por semana, Janet também nadava séries de desafio no tempo mais curto possível até a saída.

Schubert tentou incluir 800 a 1.000 m de treinamento de velocidade todos os dias ao longo da temporada, para que Janet mantivesse a velocidade. Em geral, esses tiros de velocidade eram nadados em distâncias de 25, 50, 75 e 100 jd/m.

Janet praticou muitos exercícios de braçadas, com e sem nadadeiras grandes. Mais frequentemente, a atleta utilizava um flutuador durante os exercícios de braçadas, mas ocasionalmente executava as braçadas utilizando um tubo plástico para aumento da resistência. Ela fazia as pernadas com diversos tipos de nadadeiras e formas de exercícios, por exemplo, pernadas laterais. Os exercícios de pernadas não eram feitos em todas as sessões de prática.

O treinamento terrestre envolvia corridas durante 40 min antes da prática matinal, 4 ou 5 vezes por semana. Janet fazia 20 min de exercício em um aparelho Stairmaster ou em uma bicicleta ergométrica 3 dias por semana. Algumas vezes durante essas sessões, a nadadora usava um ergômetro de braço (uma bicicleta ergométrica modificada, de modo que o atleta impulsiona os pedais com os braços). Também fazia 300 a 400 abdominais diariamente.

Seu programa de treinamento com pesos consistia em diversos tipos de exercícios específicos para Natação realizados com pesos leves, para 12 a 20 repetições. Janet fazia esses exercícios 3 dias por semana; nos outros 3, exercitava-se com cordas elásticas, banco biocinético de Natação, Vasa trainer ou *medicine balls*, embora não utilizasse todos esses tipos de equipamentos na mesma sessão de treinamento.

Seu treinamento em ritmo de prova tinha uma característica singular: 3 vezes por semana, ela tentava nadar algumas séries de repetições curtas (abaixo das distâncias) com mais rapidez do que seu ritmo de prova desejado.

Janet fazia algum treinamento na altitude, em preparação para os Jogos Olímpicos. Durante esses períodos, vivia em uma localidade situada 8 mil pés acima do nível do mar e treinava a 5.500 pés. Schubert acreditava que a Natação em uma altitude ligeiramente inferior ajudava sua atleta a treinar com maior intensidade, e que a vida em maior altitude incentivava maior adaptação.

Brooke Bennett

Brooke Bennett (Banks 1997, 1998) conquistou a medalha de ouro nos 800 m nado Crawl para mulheres nos Jogos Olímpicos de 1996 e medalhas de ouro tanto nos 400 como nos 800 m nado Crawl nos Jogos Olímpicos de 2000. Brooke nadava pelo Blue Wave Swim Club em Bradenton, Flórida. Peter Banks, um irlandês, é seu treinador. A seguir, apresentarei um detalhamento de seus programas de treinamento para os Jogos Olímpicos e para os primeiros anos subsequentes.

Brooke treinou continuamente durante vários anos. Sua quilometragem de treinamento semanal aumentou de 65.000 para 86.000 m 4 anos antes de seu desempenho em 1996, que lhe valeu a medalha de ouro. Seu ano de treinamento tinha duas temporadas: uma se estendia de setembro a abril e a outra de abril a setembro. Brooke interrompia seu treinamento durante 1 a 1 semana e meia entre essas temporadas. A nadadora treinava 10 vezes por semana, nadando duas vezes por dia na segunda, terça, quinta e sexta, e uma vez por dia na quarta e no sábado; repousava na tarde de sábado e durante o domingo inteiro. Sua quilometragem habitual por sessão de treinamento se situava entre 8.000 e 9.000 m, embora geralmente nadasse 12.000 m nas manhãs de sábado.

Em geral, os ciclos de treinamento de Brooke duravam 6 semanas. A atleta utilizava uma série de repetições de 10×300 m nado Crawl com 20 s de descanso entre nados, para monitorar seu progresso e para selecionar velocidades de treinamento. Seu objetivo era melhorar o tempo médio para essa série a cada ciclo de treinamento.

O programa de treinamento de Brooke foi elaborado em torno da prática em seu limiar anaeróbico, e seu tempo médio para a série de 10×300 foi utilizado para designar sua velocidade de treinamento limiar. Suas séries limiares tinham extensões de 3.000 a 4.500 m, e Brooke tentava nadar de 1/3 à 1/2 de sua quilometragem semanal de treinamento em velocidades limiares.

O ciclo de treinamento semanal de Brooke consistia em duas sessões nas quais a principal ênfase recaia no treinamento limiar e em uma sessão de desafio na qual a atleta utilizava ritmo de prova ou uma série de repetições com mínimo descanso. Minha classificação consideraria essa última série como sendo um treinamento de resistência com sobrecarga. Durante algumas semanas, Brooke também fazia uma sessão adicional em ritmo de prova. A atleta executava a maior parte de seu treinamento em nado Crawl, mas duas das suas sessões semanais de treinamento básico de resistência eram devotadas ao nado Medley individual. A Tabela 15.3 ilustra um exemplo de seu ciclo semanal de treinamento.

Banks frequentemente desafiava Brooke com séries de repetições com mínimo descanso. Nessas séries, a atleta nadava repetições de 800 m em 9'30", de 400 m em 4'40", de 200 m em 2'15" e de 100 m em 1'05". Duas das sessões de treinamento de Brooke Bennett para 1996 estão listadas na Tabela 15.4.

Jon Urbanchek: Universidade de Michigan e Club Wolverine

Jon Urbanchek é o treinador responsável pelo Club Wolverine e pela Universidade de Michigan em Ann Arbor, Michigan. Ao longo dos anos, Urbanchek tem obtido notável sucesso treinando nadadores fundistas. Um dos seus melhores atletas foi Tom Dolan, que bateu dois recordes excepcionais (um norte-americano, outro da NCAA) para provas em jardas e em piscina curta. Essas provas foram nas 500 jd nado Crawl, em que seu tempo foi de 4'08"75, e

nas 1.650 jd também em nado Crawl, em que o atleta marcou 14'29"31. Urbanchek também treinou Chris Thompson. Esse atleta conseguiu um dos melhores tempos no mundo para os 1.500 m nado Crawl em 2000. O tempo de Chris foi 14'56"81, desempenho que lhe valeu a medalha de bronze nos Jogos Olímpicos daquele ano.

Urbanchek utiliza um sistema exclusivo, em que codifica a intensidade do treinamento com cores. O programa consiste em 3 níveis de resistência: nado básico de resistência, nado limiar e nado em $\dot{V}O_2$ máx (que corresponde ao treinamento de resistência com sobrecarga e ao treinamento em ritmo de prova no meu sistema). Cada uma dessas categorias principais de treinamento de resistência é composta por duas subcategorias. O treinamento básico de resistência consiste nas subcategorias branca e rosa, o treinamento limiar tem subcategorias vermelha e azul, e o treinamento em $\dot{V}O_2$ máx possui subcategorias roxa e verde. Além disso, ele reconhece três categorias de velocidade: treinamento de tolerância ao lactato, treinamento de produção de lactato e treinamento alático (que corresponde ao treinamento de potência em minha classificação). Essas categorias e subcategorias de treinamento estão listadas na Tabela 15.5. Também estão listados os níveis de intensidade de treinamento correspondente a cada uma delas, bem como alguns parâmetros sugeridos para a elaboração de séries de repetições.

Jon utiliza um nado de 3.000 m para monitorar o progresso na capacidade aeróbica e para estabelecer velocidades limiares de treinamento; usa uma série-teste de 6×100 com um tempo até a saída de 8'00", com o objetivo de monitorar progressos na potência anaeróbica e

Tabela 15.3 Amostra do ciclo de treinamento semanal de Brooke Bennett

Dia	Manhã	Tarde
Segunda-feira	En-1 Total = 8.000 m	En-2 Repetições de 200-400 m Total = 8.000 m
Terça-feira	Exercícios En-1 e de pernadas com nadadeiras Total = 7.500 m	En-1 Medley individual (MI) Total = 8.000 m
Quarta-feira	En-1 Total = 8.500 m	En-3 Repetições de 50, 100 e 200 m Total = 8.000 m
Quinta-feira	Recuperação Pernadas com nadadeiras Total = 7.500 m	En-2 Série de 3.000-6.000 m Total = 8.000 m
Sexta-feira	En-1 Total = 8.500 m	En-1 Exercícios e repetições de MI Total = 7.500 m
Sábado	En-3 Série de desafio, por exemplo, 100 em um tempo até a saída de 1'05" Total = 12.000 m	

Adaptado de Banks 1995.

Tabela 15.4 Duas sessões de treinamento para Brooke Bennett

Sessão de treinamento 1 13 de fevereiro de 1996		
Série de repetições	**Tempo até a saída**	**Nível de treinamento**
12 x 100 nado Crawl	1'30"	Recuperação
1 x 800 nado Crawl	10'00"	En-1
1 x 600 nado Crawl	7'30"	En-1
1 x 400 nado Crawl	5'00"	En-1
1 x 200 nado Crawl	2'30"	En-1
16 x 50 de pernadas com nadadeiras	0'50"	Recuperação
16 x 200 nado Crawl Decréscimo para 1-4, 5-8, 9-12, 13-16	2'40"	En-2
4 vezes 1 x 400 MI	6'00"	En-1
4 vezes 4 x 100 Borboleta	1'30"	En-2
40 x 50 nado Crawl	0'40"	En-2
Total = 12.400 m		

Sessão de treinamento 2 25 de junho de 1996		
Série de repetições	**Tempo até a saída**	**Nível de treinamento**
1 x 1.000 (600 MI + 400 nado Crawl)	15'00"	En-1
12 x 50 nado Crawl	0'45"	En-1
Repetir 2 vezes a série seguinte 1 x 800 nado Crawl	10'00"	En-1
Repetir 2 vezes a série seguinte 1 x 600 nado Crawl	7'30"	En-2
Repetir 2 vezes a série seguinte 1 x 400 nado Crawl	4'40"	En-2
Repetir 2 vezes a série seguinte 1 x 200 nado Crawl	2'20"	En-2
40 x 50 de braçadas de Crawl	0'40"	En-1
16 x 100 (alternar 2 repetições de nado Crawl com 2 repetições de pernadas com nadadeiras)	1'30"	En-1
Total = 9.200 m		

Adaptado de Banks 1997.

na capacidade de tamponamento. Os dois tipos de séries-teste são realizados aproximadamente uma vez por mês durante o ano de treinamento.

Suas equipes treinam 10 sessões por semana, e os atletas nadam entre 7.000 e 8.000 jd/m por sessão, de modo que seu total semanal é de aproximadamente 85.000 jd/m. Eles treinam duas vezes por dia na segunda, terça, quinta e sexta-feira e apenas uma vez na quarta-feira e no sábado, descansando no sábado à tarde e no domingo inteiro. Comumente, treinam em local de altitude duas vezes por ano durante 3 semanas.

A Tabela 15.6 ilustra uma amostra do ciclo de treinamento semanal dos atletas de Jon. Suas equipes nadam em velocidades limiares durante duas sessões a cada semana e fazem combinações de treinamento em $\dot{V}O_2$ máx e de treinamento de velocidade também durante duas sessões semanais. Duas das 6 sessões de treinamento restan-

tes consistem principalmente em treinamento básico de resistência, duas são compostas de combinações de treinamento de recuperação e de velocidade, e duas são devotadas ao nado de recuperação.

As séries de repetições limiares de Urbanchek geralmente duravam 50 a 60 min, e os atletas as nadavam em frequências cardíacas entre 150 e 180 bpm. Em geral, as séries de repetições em $\dot{V}O_2$ máx tinham extensões de 2.000 a 3.000 jd/m e eram nadadas em frequências cardíacas máximas. Séries em ritmo de prova, frequentemente feitas na forma de nados quebrados, tinham extensões de 800 a 1.600 jd/m. Os atletas também nadavam algumas séries anaeróbicas de 1.200 jd/m. As repetições eram praticadas com muita rapidez e com longos períodos de descanso (i. e., 6 × 200 com um tempo até a saída de 8'00"). Finalmente, os atletas nadavam algumas séries de repetições em velocidade que geralmente tinham apenas

Tabela 15.5 Intensidades de treinamento codificadas por cores, utilizadas por Jon Urbanchek

Categorias de treinamento	Subcategorias (cor)	Intensidade	Extensão da série	Intervalo de descanso
En-1	Branca	Baixa. Frequências cardíacas de 120-140 e lactatos sanguíneos de 1-2 mmol/L.	Variável	5-15 s
	Rosa	Moderada. Frequências cardíacas de 140-150 e lactatos sanguíneos de 2-3 mmol/L.	Variável	20-40 s
En-2	Vermelha	Forte, mas tolerável. Frequências cardíacas de 150-170 e lactatos sanguíneos de 3-5 mmol/L.	30-45 min	10-15 s
	Azul	Forte e desconfortável. Frequências cardíacas de 160-180 e lactatos sanguíneos de 4-6 mmol/L.	25-35 min	30-40 s
$\dot{V}O_2$ máx	Roxa	Forte e desconfortável. Frequências cardíacas de 180-190 e lactatos sanguíneos de 6-10 mmol/L. Utilizada para nadadores fundistas.	2.000-3.000 m	Variável
	Verde	Para velocistas. Forte e desconfortável. Frequências cardíacas de 180-190 e lactatos sanguíneos de 6-10 mmol/L.	800-1.600 m	Variável
Tolerância ao lactato	Verde	Frequências cardíacas de 190-200 e lactatos sanguíneos de 8-15 mmol/L.	1.600 m para nadadores fundistas e 400-800 m para velocistas	Longo
Produção de lactato	Verde	Muito rápida e difícil. Frequências cardíacas de 190-200 e lactatos sanguíneos de 8-15 mmol/L.	1.200 m para nadadores fundistas e 300-600 m para velocistas	Longo 8 min
Alático	N/D	Muito rápida.	100-200 m	Longo

Adaptado de Urbanchek 1985.

Tabela 15.6 Ciclo de treinamento semanal típico para a equipe de Natação da Universidade de Michigan, treinada por Jon Urbanchek

Dia	Manhã	Tarde
Segunda-feira	En-1. Braçadas e pernadas com intensidades branca e rosa. Total = 7.000 m	En-2. Série de 60 min, intensidades vermelha e azul. Total = 10.000 m
Terça-feira	Nado de recuperação. Pernadas e braçadas em baixas intensidades. Total = 7.500 m	Descanso ativo. Treinamento de resistência lento e tiros rápidos, intensidades branca e rosa. Total = 8.000 m
Quarta-feira	Folga	Treinamento em $\dot{V}O_2$ máx e tiros de velocidade, intensidades roxa e verde. Total = 8.000 m
Quinta-feira	Treinamento de recuperação em baixas intensidades. Exercícios de braçadas e pernadas com nadadeiras. Total = 7.500 m	En-2, intensidades vermelha e azul. Séries longas, duração de 50-60 min. Total = 8.000 m
Sexta-feira	Treinamento En-1 nas intensidades branca e rosa. Exercícios de braçadas, pernadas e nado. Total = 7.000 m	Descanso ativo, intensidades branca e vermelha. Total = 8.000 m
Sábado	Treinamento em $\dot{V}O_2$ máx e de velocidade, intensidades roxa e verde. Total = 8.000 m	Folga

Adaptado de Urbanchek 1985.

200 a 300 jd/m de extensão, por exemplo, 8 × 25 com 1 min de tempo até a saída. A Tabela 15.7 ilustra dois exemplos das sessões de treinamento diário para os nadadores de Jon Urbanchek.

TREINAMENTO DE VELOCISTAS

Defino velocista o nadador que compete em distâncias de 50 jd/m, 100 jd/m e 200 jd/m. Muitos velocistas que se sobressaem nas distâncias de 200 exibem porte físico mais parecido com o de nadadores meio-fundistas do que com o de outros velocistas.

Características físicas

Os velocistas se enquadram em três categorias. Um grupo tenderá a ter desempenho relativamente melhor na faixa dos 50; seu desempenho cairá um pouco na distância de 100 e despencará em provas de 200. Comumente, esses nadadores são chamados de velocistas *de pouco fôlego*. Acho que devemos procurar por uma definição mais positiva em substituição a esse termo um pouco depreciativo; assim, vou me referir a eles como velocistas *de provas curtíssimas*. Velocistas de provas curtíssimas possuem potência anaeróbica em alto nível, mas sua capacidade aeró-

Tabela 15.7 Exemplos de quatro sessões de treinamento da equipe de Natação da Universidade de Michigan, treinada por Jon Urbanchek

Manhã de 26 de janeiro, quarta-feira	Finalidade: Resistência básica	
Série de repetições	**Tempo até a saída**	**Finalidade**
4 × 300 (cada 300 consiste de 100 de exercício, 100 de pernadas e 100 de nado)	0'30"	Aquecimento
8 × 25 de pernadas (2 em cada tipo de nado)	0'30"	
8 × 25 de nado (2 em cada tipo de nado)	0'30"	
8 × 100 de nado (2 em cada tipo de nado na ordem do MI)	1'15"	En-1
800 MI (como 400 MI e 2 × 200 MI)	9'00"	En-1
8 × 100 nado Crawl	1'10"	En-1
800 nado Crawl (com decréscimo de 200 em 200)	8'30"	En-1
16 × 50 nado Crawl	0'35"	En-1
4 × 200 MI (com decréscimo de 1-4)	2'15"	En-2
100 de nado em esforço máximo		Tolerância ao lactato
Total = 7.500 jd		

Tarde de 26 de janeiro, quarta-feira	Finalidade: Ritmo de prova e $\dot{V}O_2$ máx		
Série de repetições		**Tempo até a saída**	**Finalidade**
Aquecimento, à vontade, para 1.500			
	200 a partir do mergulho	3'00"	
	100 a partir da impulsão contra a parede da piscina	1'30"	
4 × 500 nado quebrado como se segue:	100 a partir da impulsão contra a parede da piscina	1'30"	
	50 a partir da impulsão contra a parede da piscina	1'00"	
	50 a partir do mergulho	1'00"	En-3
150 nado em ritmo fácil entre cada 500		3'00"	Recuperação
300 de pernadas em ritmo fácil			Recuperação
6 × 50 de pernadas		1'00"	En-1
400 de braçadas que não sejam de Crawl			
300 de braçadas de Crawl			
200 de braçadas que não sejam de Crawl			
100 de braçadas de Crawl			Recuperação
Total = 5.700 jd			

(Continua)

Tabela 15.7 *(Continuação)*

Manhã de 4 de outubro, segunda-feira	Finalidade: Repouso ativo	
Série de repetições	**Tempo até a saída**	**Finalidade**
400 nado		
4 × 100 nado Crawl (diminuição 1-4)	1'15"	
8 × 50 nado (2 em cada tipo de nado, ritmo fácil e depois rápido)	0'45"	Aquecimento
6 × 100 nado com nadadeiras e palmares (nadar o 2º trecho de 25 com a cabeça acima do nível da água e o 4º trecho de 25 rápido)	1'20"	Produção de lactato
3 × 200 nado, treinamento hipóxico com nadadeiras e palmares	2'20"	En-1
8 × 100 de pernadas	1'40"	En-1
4 × 300 nado com nadadeiras, cada 300 com um tipo de nado diferente; o último trecho de 100 (de cada 300) rápido	0'15"	En-1 e tolerância ao lactato
8 x 50 de braçadas de Borboleta	0'40"	En-1
2 × 800 nado Crawl, treino de velocidade progressiva (i. e., nado em tempo negativo)	8'30"	En-1 e $\dot{V}O_2$ máx
4 × 500 nado (100 Borboleta, 100 Costas, 100 Peito e 200 Crawl) (diminuição 1-4)	5'30"	En-1 e $\dot{V}O_2$ máx
Total = 8.400 jd		
Tarde de 4 de outubro, segunda-feira	**Finalidade: Limiar**	
Série de repetições	**Tempo até a saída**	**Finalidade**
400 nado em ritmo fácil, 400 de pernadas em ritmo fácil		
8 × 50 Borboleta/Crawl	0'50"	
8 × 50 nado Crawl	0'50"	Aquecimento
6 × 150 (50 pernadas, 50 exercício, 50 nado)	2'30"	En-1
10 × 50 (25 pernadas, 25 nado)	0'45"	En-1
400, 300, 200, 100 de braçadas (use todos os quatro nados em qualquer ordem)		En-1
2 × 400 nado em ritmo branco	5'00"	En-1
4 × 400 nado em ritmo vermelho	4'55"	En-2
4 × 400 nado em ritmo azul	4'55"	En-2
200 nado		Recuperação
Total = 8.200 jd		

Adaptado de Urbanchek 1985.

bica é muito limitada, provavelmente por exibirem um percentual excepcionalmente alto de fibras musculares de contração rápida.

O segundo grupo de velocistas tende a exibir melhor desempenho nas provas de 100, embora também possam nadar boas provas de 50 e de 200. Também exibem níveis elevados de potência anaeróbica, embora não tão altos como os dos velocistas de provas curtíssimas. Seus percentuais de fibras musculares de contração rápida e de contração lenta ficam provavelmente nas proximidades de 50-50. Chamarei esses atletas de velocistas *normais*.

A categoria final é formada por nadadores que competem muito melhor nas categorias de 200 jd/m, em com-

paração com seus desempenhos nas distâncias de 50 e 100 jd/m. Idealmente, os nadadores de 200 devem ter a capacidade aeróbica dos nadadores fundistas e a potência anaeróbica dos velocistas. Mas essa feliz combinação não é possível em um atleta, porque a distribuição relativa de fibras musculares de contração rápida e de contração lenta que tornaria uma dessas vantagens possível excluiria a outra. Aqueles atletas que se especializam em provas de 200 geralmente exibem maior percentual de fibras musculares de contração lenta, em comparação com os velocistas das duas outras categorias. Na verdade, sua fisiologia está mais bem preparada para o nado de médias distâncias, embora venham a competir em distâncias que são consideradas próprias dos velocistas. Por essa razão, nadadores de Crawl nessa categoria também participam de provas de 400 m e de 500 jd. Infelizmente, 200 jd/m é a mais longa distância para nadadores de Costas, Borboleta e Peito; portanto, atletas com excelente habilidade em um desses tipos de nado se especializarão nessa distância, embora possam ter mais aptidão fisiológica para distâncias mais longas. Devido às suas características fisiológicas, eles devem treinar como nadadores meio-fundistas, e não como velocistas. Darei algumas sugestões para tais atletas em uma seção subsequente.

O $\dot{V}O_2$ máx em L/min de velocistas de provas curtíssimas e de velocistas normais pode ser igual ou maior do que o $\dot{V}O_2$ máx de nadadores meio-fundistas e fundistas com capacidade semelhante. No entanto, quando expressada com relação ao porte físico, a quantidade de oxigênio consumida por quilograma de peso corporal geralmente será um pouco mais baixa do que a consumida por nadadores meio-fundistas e fundistas.

Velocistas de provas curtíssimas e velocistas normais compensam essa deficiência de capacidade aeróbica com maior potência muscular e com o aumento da capacidade de repor ATP anaerobicamente. Essas qualidades dotam esses nadadores com potencial para maior velocidade de tiro, em comparação com nadadores meio-fundistas e fundistas. Aqueles atletas tendem a ser mais musculosos do que os nadadores fundistas; além disso, têm maior potencial para aumento da massa, força e potência musculares, pois possuem mais fibras musculares de contração rápida.

Em alguns casos, nadadores com grande potência e estatura, classificados como velocistas de provas curtíssimas e como velocistas normais, podem nadar 50 jd/m com excepcional rapidez, mesmo com graves defeitos de braçadas, pois mantêm um ritmo de braçadas muito rápido. Mas é preciso que esses atletas tenham uma mecânica de nado razoavelmente boa para manter velocidades médias elevadas para provas de 100 e 200 jd/m. Eles não podem manter o custo energético representado por um ritmo de braçadas acelerado durante o tempo necessário para o nado dos eventos mais longos, sem que venham a padecer prematuramente de acidose. Além disso, considerando que em geral esses velocistas têm maior estatura e são mais musculosos, devem superar maior quantidade de arrasto resistivo ao nadarem, e o esforço para a realização dessa tarefa aumenta ao longo de distâncias maiores. Por essas razões, velocistas de provas curtíssimas e velocistas normais, talvez mais do que qualquer outra categoria na Natação, devem ter uma mecânica de nado eficiente, para que possam estender seus desempenhos além de 50 jd/m.

Uma pernada de adejamento vigorosa constitui enorme vantagem para um velocista de nado Crawl. Em geral, os nadadores nesses eventos utilizam uma pernada de seis batidas. Essa pernada contribui relativamente mais para sua velocidade, em comparação com a velocidade de nadadores em provas de médias e longas distâncias. Certamente, as pernadas dos velocistas nos outros três tipos de nado competitivo também devem ser vigorosas.

As características físicas dos velocistas de provas curtíssimas e dos velocistas normais fazem com que estejam bem equipados para nadar com muita rapidez nos seus treinamentos, em curtas distâncias e curtas durações. Os atletas não serão capazes de treinar com rapidez em longas distâncias ou durante longas sessões de repetições com descansos curtos. Essa afirmação cabe mais para velocistas de provas curtíssimas do que para velocistas normais, embora esse último grupo também tenha dificuldade perceptível para manter um bom ritmo durante longas séries de repetições de resistência. Em qualquer velocidade de treinamento submáxima, nadadores de ambos os grupos recrutam mais fibras musculares de contração rápida do que meio-fundistas e fundistas, portanto, sofrem maior acidose, exaurindo com maior rapidez o glicogênio dos músculos nas séries mais longas.

O resultado de todos esses fatores é que, em comparação com velocistas normais, nadadores meio-fundistas e fundistas com capacidade semelhante, velocistas de provas curtíssimas e aqueles de provas normais irão, e deverão, nadar com muito mais lentidão nas séries de repetições de resistência básica e limiar. É provável que esses últimos atletas façam as repetições entre 3 e 5 s mais lentamente por 100 m do que nadadores meio-fundistas e fundistas em séries de resistência, durante o nado com a mesma intensidade relativa. Velocistas de provas curtíssimas e velocistas normais não serão capazes de tolerar o mesmo volume semanal de treinamento de resistência do que o suportado por nadadores meio-fundistas e fundistas, e precisarão de mais nado de recuperação a cada semana, para que tenham tempo de repor seu glicogênio muscular e de reparar o tecido muscular lesionado pela acidose.

Em geral, velocistas de provas curtíssimas e velocistas normais terão frequências cardíacas submáximas mais elevadas do que nadadores meio-fundistas e fundistas nas mesmas velocidades submáximas, porque essas velocidades representam maior esforço fisiológico para os velocistas. Por essa razão, para que possam evitar a acidose, é provável que os velocistas tenham de nadar as séries de treinamento de resistência básica e limiar em frequências cardíacas um pouco mais baixas do que seus colegas de equipe que participam de provas mais longas.

O mesmo fenômeno ocorre quando atletas nadam em certos percentuais da velocidade máxima durante o treinamento. Em geral, velocistas de provas curtíssimas e velocistas normais estarão produzindo e acumulando mais ácido lático do que nadadores meio-fundistas e fundistas, quando esses últimos nadam no mesmo percentual de suas velocidades máximas para determinadas distâncias de prova. Consequentemente, será preciso que os velocistas nadem em percentuais abaixo de suas velocidades máximas durante eventos de resistência básica e limiar, para que possam adiar a acidose.

Embora possam ter maior dificuldade durante o nado de séries de repetições de resistência básica e limiar, velocistas normais não precisam ficar atrás de nadadores meio-fundistas e fundistas ao nadarem séries de repetições de resistência com sobrecarga. Nessas séries, eles devem ser capazes de nadar em tempos semelhantes ou mesmo mais rápidos do que muitos nadadores meio-fundistas e fundistas de nado Crawl, se a distância total não for demasiadamente longa (menos de 2.000 jd/m). É provável que velocistas de provas curtíssimas encontrem dificuldade em manter velocidades rápidas em séries de repetições de resistência com sobrecarga, a menos que a distância total dessas séries seja bastante pequena, ou seja, menos de 600 jd/m.

Apesar de seus problemas com o treinamento de resistência, a maior potência e a maior velocidade dos velocistas devem lhes permitir desempenhos excepcionais durante o treinamento de velocidade. Definitivamente, eles são capazes de nadar mais rapidamente as séries de repetições de tolerância e produção de lactato do que atletas com habilidade similar que competem em eventos mais longos. Eles devem ser capazes de nadar repetições de 50 em alta velocidade 8 a 12 s mais rápido que as velocidades por eles mantidas para a mesma distância nas séries de resistência básica. Os tempos nas repetições rápidas de 100 podem ser 12 a 16 s mais rápidos do que suas velocidades nas séries de resistência básica.

Sugestões de treinamento

Em termos fisiológicos, os velocistas devem possuir elevada taxa de metabolismo anaeróbico e maior capacidade de tamponamento do ácido lático, para que possam obter sucesso em eventos curtos. Ainda assim, precisam contar com alto nível de capacidade aeróbica. Uma pesquisa publicada sugere que velocistas bem-sucedidos que se especializam em eventos de 100 e 200 jd/m possuem capacidade máxima de consumir oxigênio muito maior que a de velocistas menos bem-sucedidos (Olbrecht 2000). Essa condição é real, não importando se tal capacidade está expressa em litros de oxigênio consumido por minuto (LO_2/min) ou em relação ao porte físico, em mililitros de oxigênio consumido por quilograma de peso corporal por minuto (ml O_2/kg/min). Essa circunstância é vantajosa, pois uma pesquisa recentemente publicada sugere que o metabolismo aeróbico contribui com uma peque-

na, mas substancial quantidade de energia para a contração muscular durante eventos de velocidade. Por exemplo, há estimativas de que o metabolismo aeróbico contribui com algo entre 18 e 29% da energia total para tiros de velocidade de 50 (Ring et al. 1996), entre 25 e 35% da energia para eventos de 100 e entre 35 e 45% da energia para eventos de 200 (Trappe 1996). Obviamente, o metabolismo aeróbico dá contribuições substanciais para os eventos de velocidade. São verdadeiramente abençoados aqueles velocistas com capacidade de consumo de oxigênio e com potência anaeróbica acima da média.

Produção de lactato e treinamento de potência

Os velocistas precisam gastar boa parte de seu tempo fazendo repetições de produção de lactato e de potência, com o objetivo de aumentar a força e eficiência de nado. Além disso, precisam também fazer algum treinamento de tolerância ao lactato e em ritmo de prova, para aumentar a capacidade de tamponamento de seus músculos. Esses tipos de treinamento aumentarão a velocidade de contração e a capacidade de tamponamento das fibras musculares de contração rápida e também das fibras musculares de contração lenta (Troup, Metzger e Fitts 1986; Sharp et al. 1986). Os velocistas também precisam aumentar a força e a potência muscular com intenso treinamento de resistência no solo para então aprenderem a usar aquela força e potência adicional fazendo tiros de velocidade curtos em nado Crawl, repetições de velocidade contra resistência e repetições de velocidade com ajuda.

Todas as semanas, os velocistas devem fazer alguma combinação de três a cinco séries importantes de repetições de produção de lactato e de potência. Eles também devem incluir pequenos volumes de um ou de outro desses tipos de repetições na maioria das suas outras sessões de treinamento durante toda a semana e começar nadando essas séries de velocidade dentro de poucas semanas após o início de cada temporada, depois de terem completado seu período de ajustamento e continuar praticando-as ao longo do restante da temporada. A princípio, a finalidade será manter a velocidade e a potência durante o treinamento de resistência no início da temporada; mais tarde, a finalidade será aumentá-las. Os velocistas devem fazer suas séries de velocidade no tipo (ou tipos) de nado com que competirão. Os efeitos do treinamento que melhoram a velocidade ocorrem nas fibras musculares, e assim os nadadores devem ter certeza de que estão treinando as fibras musculares que serão utilizadas em competição.

Os atletas devem formular algum plano para sobrecarga progressiva que não envolva a simples ação de nadar com mais rapidez a cada vez que estiverem cumprindo séries de repetições de produção de lactato e de potência. Depender de aumentos da intensidade para uma sobrecarga progressiva é uma opção muito arriscada e, comumente, funciona apenas durante breve período. Em geral, esse método promove melhora pequena, mas rápida, na velocidade; contudo, logo a melhora se estabiliza. Um sistema mais adequado consiste em usar uma combinação de volume e intensidade para a sobrecarga progressiva. Exemplificando, inicialmente, os nadadores podem aumentar o número de repetições em uma série, até que tenham dobrado a distância total da série, sem que tenha ocorrido redução significativa na velocidade das repetições. Depois de terem alcançado essa meta, eles poderão retornar ao número original de repetições, quando tentarão nadá-las em uma velocidade média mais rápida. Agora, descreverei um exemplo de treinamento com esse método.

O nadador pode começar sendo testado para uma série de 6 × 50 tiros de velocidade com um tempo até a saída de 3 min. Os resultados desse teste permitirão a obtenção de um tempo médio para tais repetições; por exemplo, 27"00. Em seguida, o atleta pode tentar manter essa velocidade, ao mesmo tempo em que vai acrescentando repetições à série a cada três ou quatro execuções. Esse procedimento terá continuidade até que possa nadar 12 × 50 s na velocidade média especificada; nesse momento, ele poderá reduzir o número de repetições até o número original (i. e., 6), estabelecendo uma nova velocidade específica e reiniciando o processo.

Treinamento de tolerância ao lactato e em ritmo de prova

Os velocistas podem melhorar sua capacidade de tamponamento com treinamento de resistência com sobrecarga, treinamento em ritmo de prova ou treinamento de tolerância ao lactato. Conforme já mencionei, nadadores fundistas não precisam de repetições de tolerância ao lactato para essa finalidade; no entanto, os velocistas verificarão que o treino de tolerância ao lactato é, em certos aspectos, superior ao treinamento de resistência com sobrecarga para melhorar a capacidade de tamponamento. Isso se dá simplesmente porque o primeiro tipo de série de repetições enfatiza o nado rápido e, em alguns casos, proporciona períodos de descanso mais longos para tanto. Em certas épocas da temporada, devemos substituir repetições de tolerância ao lactato por repetições em ritmo de prova, pois o primeiro tipo de treinamento enfatiza o nado em velocidade de prova.

Acredito que os velocistas devam nadar uma série importante de tolerância ao lactato por semana no início da temporada e, ocasionalmente, uma série de repetições em ritmo de prova. A extensão dessas séries deve ser equivalente a 5 a 15 vezes a distância da prova. Exemplificando, os treinamentos em ritmo de prova e de tolerância ao lactato para os 50 podem consistir de tiros de velocidade de até 30 × 25 ou 60 × 12,5 jd/m em várias séries; já

para provas de 100, esses treinamentos devem consistir de até 20 × 50 ou 60 × 25 em várias séries. Acho que as séries de tolerância ao lactato para provas de 200 devem ter uma extensão de aproximadamente 800 a 1.200 jd/m, ou seja, 10 × 100 com um tempo até a saída de 2 min. Obviamente, os nadadores devem fazer a maior parte dessas repetições em seu tipo (ou tipos) de nado principal. Além de nadar séries importantes de tolerância ao lactato e em ritmo de prova, eles também devem acabar muitas de suas séries de resistência com algum treinamento de tolerância ao lactato, diminuindo-as para velocidades máximas ou próximas ao máximo durante a repetição final, ou durante as duas últimas repetições. Essas séries também ajudarão a melhorar a capacidade de tamponamento.

Durante a metade da temporada, o número combinado de séries de repetições de tolerância ao lactato e em ritmo de prova deve aumentar para duas por semana. Repetições em ritmo de prova devem substituir quase inteiramente as repetições de tolerância ao lactato durante as últimas 4 a 6 semanas antes da fase de polimento da temporada, para que sejam simuladas mais de perto as condições de prova.

O nado de recuperação sempre deverá se seguir imediatamente às séries de tolerância ao lactato e em ritmo de prova. Além disso, considerando que os velocistas sofrem acidose intensa mais frequentemente durante o treinamento, todas as semanas eles devem ter algumas sessões de treinamento devotadas principalmente ao nado de recuperação.

As frequências e os comprimentos das braçadas dos velocistas devem ser cuidadosamente monitorados durante as repetições de tolerância ao lactato e em ritmo de prova, para verificar se esses atletas estão utilizando frequências de braçadas semelhantes às utilizadas em competição.

Devemos suspeitar de uma dose excessiva de treinamento de tolerância ao lactato e em ritmo de prova no momento em que o desempenho de um velocista em competição ou no treinamento declina ao longo de um período de dias. Isto é particularmente verdadeiro se o atleta estiver na fase da temporada em que o volume e a intensidade do treinamento de distância diminuíram, enquanto o volume e a intensidade do treinamento de velocidade aumentaram. A solução para esse problema consiste em diminuir o volume e a intensidade do treinamento de velocidade durante alguns dias e acrescentar mais treinamento de recuperação ao plano do nadador.

Devo esclarecer que os atletas não precisam restringir seu treinamento inteiramente ao nado de recuperação nos casos em que possa ocorrer desadaptação. Também podem ser marcadas séries muito curtas de treinamento de tolerância ao lactato, para que seja avaliado o momento de retorno da velocidade de tiro do nadador. O atleta pode realizar séries curtas de potência e de produção de lactato, para que sua potência anaeróbica retorne aos níveis precedentes.

Treinamento básico de resistência

Mencionei anteriormente que os velocistas devem treinar visando ao aumento de suas capacidades aeróbicas, mas não à custa de sua potência anaeróbica e da resistência muscular aeróbica ou anaeróbica. O melhor modo de alcançar esse objetivo consiste em utilizar o treinamento básico de resistência. Se for realizado nas proximidades do limiar aeróbico, o nado básico de resistência aumentará a capacidade das fibras musculares de contração lenta dos velocistas, sem que haja grande envolvimento das fibras musculares de contração rápida. Volumes razoáveis de treinamento básico de resistência devem aumentar a capacidade aeróbica das fibras musculares de contração lenta, sem que ocorra retardo na velocidade de contração (Fitts, Costill e Gardetto 1989; Troup, Metzger e Fitts 1986).

Um dos benefícios mais importantes do treinamento básico de resistência realizado no início da temporada é permitir aos velocistas um treino posterior com maior intensidade. Tal treinamento aumentará a quantidade de glicogênio armazenada nos músculos e a quantidade de gordura utilizada pelos nadadores para obtenção de energia em velocidades de treinamento lentas a moderadas. Essas mudanças reduzirão a dependência pelo glicogênio muscular, de modo que haverá maior quantidade dessa substância para uso durante o nado intenso. Devido a seus efeitos no sistema cardiovascular, o treinamento básico de resistência abreviará o tempo de recuperação necessário entre períodos de treinamento intenso, de modo que os nadadores poderão conseguir maior volume de nado de qualidade por sessão e por semana. Além disso, o treinamento básico de resistência pode aumentar o volume de oxigênio consumido pelos velocistas em suas fibras musculares de contração lenta durante as provas, reduzindo um pouco a velocidade de produção de ácido lático. O treinamento de resistência mais básico deve ser marcado para a primeira metade da temporada, e o volume desse treinamento deverá baixar até níveis de manutenção (um terço a metade do volume habitual do início da temporada) durante a segunda metade da temporada, como salvaguarda contra o efeito prejudicial que tal prática poderia ter na velocidade de tiro.

Os velocistas devem fazer uma parte de seu treinamento básico de resistência na forma de repetições de braçadas e pernadas, e como prática de tipos de nado diferentes do tipo principal. Tais práticas serão tão efetivas quanto a do principal tipo (ou tipos) de nado, em termos da melhora da capacidade de fornecimento de oxigênio pelos sistemas respiratório e circulatório. Mas para que sejam promovidas as adaptações desejadas nas fibras musculares de contração lenta, os nadadores devem fazer algum treinamento básico de resistência em seu tipo (ou tipos) de nado principal.

Treinamento de resistência limiar e com sobrecarga

O treinamento de resistência mais rápido, em velocidades de resistência limiar ou com sobrecarga, aumentará o consumo de oxigênio das fibras musculares de contração rápida, ao mesmo tempo em que aumenta a quantidade de ácido lático que pode ser removido destas durante as provas. Mas devo reiterar que um excesso de treinamento de resistência pode reduzir a velocidade máxima do nadador.

No caso de velocistas, as séries de treinamento limiar e com sobrecarga devem ser utilizadas de maneira esparsa. Esses atletas devem ter o cuidado de não se exceder em tais práticas, já que não desejam aumentar a resistência de suas fibras musculares de contração rápida à custa da força, da potência anaeróbica e da velocidade de contração delas; eles devem ter o cuidado de manter um equilíbrio adequado entre as diversas categorias de treinamento de velocidade e de resistência. O que os velocistas desejam é aumentar a resistência de suas fibras musculares de contração rápida tanto quanto possível, porém sem interferir nas adaptações que melhorarão sua força e velocidade de contração. O equilíbrio entre os treinamentos de resistência e de velocidade será bastante diferente daquele sugerido para nadadores fundistas, porque velocistas desejam aumentar a potência muscular e a taxa de metabolismo anaeróbico em todas as suas fibras musculares, e não simplesmente manter esses fatores. Outro ponto complicador é que o excesso de treinamento de velocidade, particularmente o treinamento que acarrete uma acidose intensa e prolongada e lesões musculares, pode ser tão prejudicial para a velocidade de tiro quanto o excesso de treinamento de resistência.

As distâncias das repetições devem se situar entre 50 e 300 jd/m para a maioria das séries de resistência para velocistas; eles são capazes de manter melhor integridade das braçadas/pernadas com repetições de curta distância, enquanto tendem a deixar seus ombros caírem e encurtar as varreduras para cima ao praticarem longas distâncias de repetições para o treinamento de resistência.

Quilometragem para velocistas

Ainda não foi respondida a seguinte pergunta: qual quilometragem de resistência é excessiva para velocistas? Um ponto de vista razoável é que, como ocorre com os nadadores fundistas, 2 horas ou mais por dia desse tipo de treinamento, realizado ao longo de alguns meses, podem fazer com que haja necessidade de aumentar a capacidade aeróbica dos velocistas. Outro aspecto a ser levado em consideração é a possibilidade de os velocistas se envolverem em tão grande volume de treinamento de resistência sem reduzir sua velocidade. Com o que sabemos atualmente, a melhor orientação que posso dar é que os velocistas devem praticar tanto treinamento básico de resistência quanto possam, mas sem que ocorra grave retardo em sua velocidade de tiro e na resistência muscular aeróbica e anaeróbica. Por essa razão, sua velocidade nas séries de produção de lactato, tolerância ao lactato e em ritmo de prova deve ser meticulosamente monitorada. Ademais, deve-se manter cuidadosa vigilância nos níveis de glicogênio muscular, para que os atletas não acabem tentando nadar séries de velocidade quando essa substância estiver exaurida, ou praticamente exaurida. A marcação de novas sessões de treinamento de recuperação todas as semanas para velocistas deve evitar que isso venha a ocorrer, desde que eles não tentem frequentemente nadar as séries de resistência básica em níveis demasiadamente próximos aos de sua velocidade limiar anaeróbica.

A manutenção de um equilíbrio entre os treinamentos de resistência e de velocidade não é tarefa simples no caso de velocistas. Em minha opinião, treinadores e atletas devem errar para o lado da velocidade. Consequentemente, a pergunta mais importante a ser respondida, para que seja determinado o volume de treinamento de resistência para velocistas, é: os efeitos benéficos advindos desse treinamento de resistência serão mais importantes do que a redução parcial na velocidade de tiro que essa prática pode causar?

No que tange ao treinamento para tiros de velocidade de 50, a resposta a essa pergunta é um "não" retumbante. Os nadadores fazem apenas duas ou três respirações durante essas provas curtas; por consequência, qualquer aumento em sua capacidade máxima de consumo de oxigênio seria inútil. Além disso, a pequena quantidade adicional de ácido lático que poderiam remover de seus músculos depois de um treinamento de resistência, talvez 1 a 3 mmol dentro de 20 a 30 s, provavelmente é desprezível, no que diz respeito à melhora de seu desempenho. Metabolicamente, atletas que se especializam em provas de 50 devem se concentrar em melhorar a velocidade de tiro e a capacidade de tamponamento muscular. O papel do treinamento de resistência em seu desempenho é irrelevante.

Os velocistas realmente consomem um volume substancial de oxigênio e podem remover grande quantidade de ácido lático de seus músculos durante eventos de 100 e, em particular, de 200. Portanto, devem fazer maior volume de treinamento de resistência do que os velocistas especialistas em provas de 50. Assumindo uma melhora no $\dot{V}O_2$ máx entre 20 e 30%, que é a faixa típica de melhora com o treinamento, pode-se esperar um aumento no consumo de 6 a 10 ml de oxigênio por kg de peso corporal durante o tempo utilizado para nadar um evento de 100, e um aumento de talvez 20 a 30 ml por kg durante uma prova de 200. Os aumentos estimados na quantidade adicional de lactato que pode ser removido dos músculos durante provas de 100 e 200 são da ordem de 3 a 5 mmol no evento mais curto e 7 a 12 mmol no evento mais longo.

Esses aumentos no consumo de oxigênio e na remoção de lactato certamente podem melhorar os tempos do nadador naqueles poucos décimos de segundo que podem fazer a diferença entre vencer e perder provas de 100, desde que tal vantagem não seja obtida à custa de uma redução significativa na velocidade de tiro. O aspecto que desejo enfatizar aqui é que, embora um aumento na capacidade aeróbica seja importante para melhorar o desempenho de velocistas em provas de 100, o treinamento com essa finalidade fica em segundo plano com relação à manutenção e, se possível, à melhora de sua velocidade de tiro. Consequentemente, velocistas de provas de 100 devem fazer da velocidade de tiro sua mais alta prioridade no treino. O treinamento de resistência é importante apenas até o ponto em que melhora a habilidade dos velocistas em aumentar a capacidade aeróbica, sem interferência nos esforços no treinamento de velocidade. Eles devem tentar melhorar a capacidade aeróbica sem maximizá-la, pois tal tentativa poderia levar à perda da velocidade de tiro e da capacidade de tamponamento.

Os aumentos no oxigênio consumido e no lactato removido são muito mais substanciais nas provas de 200; portanto, nesses eventos o treinamento de resistência assume uma posição de importância praticamente igual ao treinamento de velocidade. Acredito que os velocistas devam se concentrar em melhorar sua resistência durante os estágios iniciais da temporada. Então, durante as partes mais avançadas da temporada, devem manter tais ganhos, trabalhando para melhorar a velocidade de tiro e a capacidade de tamponamento. Atletas que competem em provas de 200 precisam alcançar um delicado equilíbrio entre velocidade de tiro e resistência nessas distâncias. Na primeira metade da temporada, os treinadores devem ser extremamente cautelosos em sua decisão entre aumentar a capacidade aeróbica desses nadadores e manter sua velocidade de tiro. Mais adiante na temporada, os treinadores devem continuar com esse zêlo, ajudando seus nadadores a manter a resistência, enquanto aumentam a velocidade de tiro e a capacidade de tamponamento.

Séries decrescentes

Séries decrescentes constituem um modo efetivo de os velocistas realizarem treinamento de resistência. Os velocistas não devem fazer longas séries de treinamento básico de resistência ou de treinamento limiar em velocidades constantes. Esses métodos de treinamento podem promover certa depleção de glicogênio nas fibras musculares de contração lenta, e isso faz com que os atletas sejam forçados a realizar maior parte do trabalho com energia proveniente de fibras musculares de contração rápida, mesmo em baixas velocidades.

O treinamento de resistência decrescente até velocidades rápidas por breves períodos deverá ter continuidade durante toda a temporada. Inicialmente, o objetivo é aumentar a capacidade aeróbica das fibras musculares de contração rápida, com séries de repetições de resistência básica. Mais tarde, as séries de resistência decrescente podem ajudar a manter a capacidade aeróbica daquelas fibras, enquanto os nadadores se concentram em aumentar a potência anaeróbica e a velocidade de contração.

A Tabela 15.8 resume muito do que sugeri nesta seção para o treinamento desses atletas. As seções a seguir tratarão de diversos outros aspectos do treinamento de velocistas.

Pernadas

Os velocistas precisam fazer grande volume de pernadas de resistência porque necessitam de uma pernada de seis batidas em suas provas e devem fazer uma parte significativa desses exercícios de pernada na forma de repetições de resistência básica e de resistência limiar. Do mesmo modo que os nadadores meio-fundistas e fundistas, os velocistas tendem a minimizar suas pernadas durante o nado de resistência, mas, ao contrário daqueles, não minimizarão suas pernadas durante as provas. Portanto, precisam desenvolver a capacidade aeróbica tanto das fibras musculares de contração rápida como das fibras musculares de contração lenta durante a maior parte das sessões de treinamento. Eles devem realizar 20 a 30 min de exercícios de pernadas de resistência durante a maioria

das sessões de treinamento. Exercícios de pernadas de resistência também ajudarão a aumentar o fornecimento de oxigênio para os músculos e a remoção de lactato destes pelos sistemas respiratório e circulatório.

Os velocistas também devem fazer pernadas em algumas repetições de tolerância ao lactato com o objetivo de melhorar a capacidade de tamponamento dos músculos das pernas. Nesse aspecto, a prática do nado de tolerância ao lactato ajudará os atletas, porém um pouco mais de pernadas rápidas será prática benéfica, particularmente para aqueles nadadores com pernadas fracas.

Os velocistas podem fazer algumas repetições de pernadas em velocidade (do tipo de produção de lactato) para melhorar sua mecânica de pernada e a taxa de metabolismo anaeróbico nos músculos das pernas. Entretanto, esses atletas não precisam fazer muitas séries desse tipo, porque precisam dar pernadas rápidas ao nadarem as séries de velocidade. Essas repetições de nado contribuirão consideravelmente para melhorar a taxa de metabolismo anaeróbico nos músculos das pernas.

Treinamento hipóxico

Os programas de velocistas dos nados Crawl, Costas e Borboleta devem contar com um treinamento hipóxico. Esse tipo de treinamento permitirá que os nadadores de Crawl realizem menor número de respirações durante suas provas de velocidade e ajudará os nadadores de Costas e Borboleta a dar pernadas submersas por distâncias maiores depois de cada virada. Para que alcancem o efeito desejado, os nadadores não precisam fazer esse tipo de treinamento com muita frequência e durante muito tempo; eles podem melhorar a capacidade de tolerância ao acúmulo de dióxido de carbono com apenas 2 a 3 semanas de treinamento hipóxico.

Os atletas devem começar a nadar repetições hipóxicas no início da temporada, para que possam obter o resul-

Tabela 15.8 Sugestões de treinamento para velocistas

Categoria de treinamento	Início da temporada	Meio da temporada	Final da temporada
En-1	1-2 horas ou mais diariamente, 5-6 dias/semana	1-2 horas ou mais diariamente, 4-5 dias/semana	1 hora diariamente, 4-5 dias/semana
En-2	2 séries/semana	2 séries/semana	1 série/semana
	+ decréscimo até velocidades limiares e mais rápidas várias vezes/semana durante séries de resistência básica		
En-3	1 a 2 séries/semana apenas para nadadores de 200	Realizado com treinamento em ritmo de prova para o restante da temporada para todos os velocistas. Talvez 2-3 séries/semana	
Produção de lactato (Sp-1) e potência (P)	3-5 séries/semana o ano todo + algumas séries curtas de velocidade durante a maioria das demais sessões de treinamento		
Tolerância ao lactato (Sp-2) e ritmo de prova	1 série/semana para nadadores de 50 e 100	1 série importante de tolerância ao lactato/semana para nadadores de 50 e 100 + algumas séries curtas em ritmo de prova	2-3 séries de nado em ritmo de prova/semana para nadadores de 50 e 100

tado desejado antes do começo das competições principais. Tão logo tenham começado a nadar provas de competição, deverão utilizar sua maior tolerância ao acúmulo de dióxido de carbono para se condicionarem a fazer menor número de respirações e a passar mais tempo fazendo pernadas submersas. Quando velocistas de nado Crawl puderem nadar suas provas com o número desejado de respirações, e quando nadadores de Costas e Borboleta puderem dar pernadas submersas na distância desejada em cada comprimento de piscina, não precisarão mais do treinamento hipóxico.

Frequência de treinamento

Nadadores que competem em eventos de velocidade devem treinar com a mesma frequência que os meio-fundistas, porém com menos volume. Velocistas podem optar pela prática do nado duas vezes ao dia, caso haja disponibilidade de tempo e espaço para o treinamento, mas devem fazer mais nado de recuperação em seus esquemas semanais de treinamento, pois com maior percentual de fibras musculares de contração rápida, eles tendem a sofrer depleção mais veloz do glicogênio muscular e a substituí-lo mais lentamente. Além disso, esses atletas sofrem acidose com mais facilidade, o que pode acarretar lesão muscular. Se os velocistas incluírem suficiente treinamento de recuperação em seus programas semanais, aproveitarão bastante a prática do nado duas vezes ao dia. Entretanto, perderão velocidade e podem acabar em um estado de supertreinamento, se as sessões duplas acumularem grandes volumes de treinamento de resistência.

Treinamento de resistência no solo

O treinamento de resistência intenso é mais importante para velocistas do que para qualquer outra categoria de nadadores. Com esse treinamento, eles podem conseguir mais do que simplesmente manter a força muscular inata. Os velocistas precisam aumentar sua força muscular, porque isso os ajudará a aumentar a velocidade de nado. Consequentemente, precisam cumprir programas de resistência intensos, planejados para melhorar a massa e a força musculares em todos os grupos de músculos utilizados ao nadarem seu principal (ou principais) tipo(s) de nado. Esses atletas devem dar ênfase a tal prática no início da temporada, para que possam ter bastante tempo para treinar o sistema nervoso com vistas ao recrutamento desses grupos musculares, antes que ocorram as suas competições principais.

Treinamento para eventos de 50

As sugestões de treinamento oferecidas na seção precedente aplicam-se basicamente a nadadores que se especializam em eventos de 100 jd/m. Os atletas especializados em eventos de 50 jd/m ou 200 jd/m precisam fazer algumas modificações naquelas sugestões, para que seu desempenho seja maximizado. Esta seção descreverá tais modificações para nadadores que competem em provas de 50 jd/m. A seção sobre treinamento em média distância discutirá modificações para nadadores especializados em eventos de 200 jd/m.

No caso de velocistas especialistas em provas de 50 jd/m, é preciso ter boa braçada, boa saída e habilidade nas viradas, do mesmo modo que para os demais nadadores. A Parte I deste livro discutiu essas técnicas. Essa sessão discutirá as funções fisiológicas que são importantes para nadadores velocistas que se especializam em provas de 50. Do ponto de vista fisiológico, os principais objetivos para esses atletas devem ser os seguintes:

- Aumentar a força muscular, para que possam aplicar mais força propulsiva.
- Aumentar a taxa de metabolismo anaeróbico, para que possam aplicar essa força em velocidade mais rápida, gerando, assim, maior quantidade média de potência ao longo da prova.
- Aumentar a capacidade de tamponamento muscular, de modo a diminuir o efeito do pH muscular declinante na taxa de metabolismo anaeróbico.
- Aumentar a tolerância ao acúmulo de dióxido de carbono nos tecidos, para que possam respirar menos vezes durante as provas.

O aumento do metabolismo anaeróbico desempenha apenas papel secundário na melhora do desempenho em provas de 50. O treinamento de resistência pode melhorar a capacidade dos nadadores em fazer mais treinamento de velocidade com menos cansaço. Esse tipo de treinamento também pode melhorar a recuperação do treinamento de velocidade. Entretanto, esses efeitos, embora importantes, não devem comprometer o objetivo de aumentar a velocidade de tiro.

Por essa razão, velocistas especialistas em provas de 50 devem nadar apenas pequenos volumes de treinamento básico de resistência, a maior parte na forma de exercícios para seu tipo de nado, pernadas e braçadas; devem fazê-lo em velocidades lentas a moderadas que se aproximem de seus limiares aeróbicos, e não de seus limiares anaeróbicos. O treinamento básico de resistência reduzirá o tempo que precisam para a recuperação, sem o risco de diminuir a velocidade de tiro. Esses atletas não precisam decrescer suas séries de resistência básica até velocidades rápidas, por não haver necessidade de melhorar o consumo de oxigênio de suas fibras musculares de contração rápida, afinal, respirarão apenas uma ou duas vezes durante as provas. Portanto, o treinamento básico de resistência deve ser o mínimo necessário para melhorar a mecânica do tipo de nado do velocista, outras habilidades e a velocidade de recuperação. Esse mínimo ainda não foi quantificado, mas acredito que 1 hora ou menos de treinamento básico de resistência deve ser uma escolha adequada.

Os nadadores especializados em eventos de 50 não precisam fazer nenhum treinamento de resistência limiar ou com sobrecarga, não precisam melhorar a capacidade aeróbica de suas fibras musculares de contração rápida, e certamente não desejam arriscar uma perda da força e da velocidade de contração dessas fibras.

Velocistas especializados em provas de 50 realmente precisam nadar um volume adequado de séries de repetições de produção de lactato e de potência. Não é preciso que esses tipos de nado sejam maiores em volume ou frequência do que recomendei alguns parágrafos atrás, nesta seção. A qualidade do treinamento de velocidade desses atletas é muito mais importante do que a quantidade.

Nadadores especialistas em provas de 50 devem nadar duas a quatro séries de tolerância ao lactato a cada semana, porém tais séries devem ser muito mais curtas do que aquelas que recomendei para velocistas que competem em provas mais longas. Séries curtas evitam a ocorrência de uma *overdose* de acidose. Séries de 200 a 400 jd/m são adequadas para essa finalidade. As finalidades do treinamento de tolerância ao lactato são aumentar a capacidade de tamponamento e proporcionar estímulo adicional para melhorar a potência muscular.

Velocistas especialistas em provas de 50 devem fazer algum treinamento hipóxico, além de praticar alguns tiros de velocidade com a respiração presa. Seu objetivo deve ser realizar não mais do que uma ou duas respirações durante um tiro de 50 jd/m, sem sentir grande desconforto.

Atletas que nadam esses eventos curtos não precisam treinar duas vezes por dia, mas isso pode ser feito sem prejudicá-los. O treinamento de maiores distâncias a cada dia em um ritmo mais confortável pode ser uma opção preferível, em vez de congestionar um volume excessivo de treino em apenas uma sessão de prática. Exemplificando, especialistas de provas de 50 devem ter um tempo de descanso adequado entre seus exercícios de treinamento de resistência, para que possam realizá-los com máxima força; também precisam se certificar de que os períodos de descanso entre repetições de produção de lactato e de potência são suficientes para a reposição da maior parte do fosfato de creatina e para a eliminação de boa parte do ácido lático de seus músculos, de modo que possam nadar com maior rapidez as repetições subsequentes. Apenas nadando com rapidez, esses atletas poderão estimular sua taxa de metabolismo anaeróbico até níveis máximos. Essas sugestões para treinamento de velocistas especialistas em provas de 50 estão resumidas na Tabela 15.9.

Programas de treinamento de velocistas bem-sucedidos

Os programas de treinamento de alguns dos mais bem-sucedidos velocistas da atualidade foram descritos em diversos periódicos especializados em Natação, como *Swimming Technique* e *World Clinic Yearbooks* da American Swimming Coaches Association. Com base nessas publicações, descreverei os programas de Alexander Popov e Penny Heyns. Também descreverei o programa de treinamento de David Marsh, treinador da Auburn University, tendo em vista o notável sucesso que vem tendo com seus atletas velocistas.

Alexander Popov

Alexander Popov (Touretski 1994, 1997 e 1998), russo, é, até o momento da composição deste livro, o detentor do recorde mundial para os 50 m nado Crawl com 21"64. Popov venceu os 50 e 100 m nado Crawl nos Jogos Olímpicos de 1992 e 1996 e foi finalista nas duas provas nos Jogos Olímpicos de 2000. O atleta conquistou numerosos campeonatos mundiais nos 50 e 100 m nado Crawl, e muitos o consideram um dos maiores nadadores velocistas da história da Natação de competição. Gennadi Touretski foi treinador de Popov ao longo de toda a sua notável carreira de vitórias internacionais.

Tabela 15.9 Sugestões de treinamento para velocistas especialistas em provas de 50

Categoria de treinamento	Início da temporada	Meio da temporada	Final da temporada
En-1	1 hora/dia, 5-6 dias/semana	1 ou mais hora/dia, 4-5 dias/semana	1 hora/dia, 4-5 dias/semana
En-2 e En-3	Desnecessários em qualquer fase da temporada		
Produção de lactato (Sp-1) e potência (P)	3-5 séries/semana durante todo o ano + algumas séries curtas de velocidade durante a maior parte das demais sessões de treinamento		
Tolerância ao lactato (Sp-2) e treinamento em ritmo de prova (R-P)	1 ou 2 séries curtas/semana durante toda a temporada		
Treinamento de resistência no solo	Aumento da força muscular	Aumento da força muscular	Aumento da força muscular

Touretski utiliza sete níveis de treinamento. Esses níveis estão listados na Tabela 15.10 e acompanham a velocidade percentual de prova que representam, as frequências cardíacas recomendadas durante os treinamentos e os lactatos sanguíneos produzidos.

Durante vários anos, Popov treinou o ano inteiro. Seu ano de treinamento típico consistia em quatro ciclos, sendo que cada um deles tinha duração de 8 a 12 semanas e era composto de quatro fases. A Tabela 15.11 mostra um exemplo de um ciclo de treinamento. A primeira fase servia para o condicionamento geral, prolongando-se por 3 semanas. O atleta nadava aproximadamente 8.000 m por dia durante essa fase, ou 40 a 50 km por semana.

Em seguida, vinha uma fase de resistência de 3 a 4 semanas. O atleta treinava três vezes por dia durante esse período, completando entre 80.000 e 100.000 m por semana. Popov fazia esse treinamento em miniciclos, cada um com duração de 3 dias, e treinava três vezes por dia.

Ele chegava a nadar até 15.000 m diários durante 2 dias de cada miniciclo, seguidos por um dia durante o qual treinava duas vezes e nadava aproximadamente 8.000 m.

Nos dias em que treinava três vezes, a primeira sessão consistia em treinamento de resistência de baixa e média intensidade, a sessão intermediária consistia em uma série limiar anaeróbica importante e a sessão final era uma série de $\dot{V}O_2$ máx. O treinamento de velocidade também fazia parte do programa diário. Popov nadava grande volume de treinamento limiar, em comparação com o que fazia a maioria dos outros velocistas no mundo. A Tabela 15.12 ilustra um exemplo de um de seus ciclos de treinamento de resistência.

O período de resistência era seguido por 3 a 4 semanas de treinamento específico para a prova. Esse período consistia de diversos ciclos de 4 dias, durante os quais ele treinava duas vezes por dia durante 3 dias e, em seguida, tinha um dia de recuperação. O atleta fazia aproximada-

Tabela 15.10 Categorias de treinamento para Alexander Popov

Categoria de treinamento	Símbolo	% da velocidade de prova	Frequência cardíaca*	Lactato sanguíneo mmol/L
Aeróbico de baixa intensidade	A1	Até 75%	120-140	1-3
Aeróbico de intensidade moderada	A2	75-85%	140-160	1-3
Limiar anaeróbico	AT	85-95%	160-170	3-5
Absorção máxima de oxigênio	$M\dot{V}O_2$	85-105%	180-190	5-10
Tolerância ao lactato	LT	90-110%	190-200	8-15
Produção de lactato	LP	95-110%	190-200	8-12
Anaeróbico alático (velocidade)	SP	110-120%	160-170	3-6

*As recomendações para frequência cardíaca são baseadas em uma frequência cardíaca máxima de 200 bpm. (Adaptado de Touretski 1997.)

Tabela 15.11 Ciclo de treinamento típico para Alexander Popov (a duração do ciclo é de 8 a 12 semanas)

Fase do ciclo	Ciclo diário	Sessões de treinamento		
		Manhã	Tarde	Noite
Condicionamento geral 1-3 semanas	Diariamente	Treinamento aeróbico de intensidade baixa e moderada; alguma prática de velocidade. 4.000 m	Treinamento igual ao da manhã. 4.000 m	
Fase de resistência 2-4 semanas	Dias 1 e 2	Treinamento aeróbico de intensidade baixa e moderada; alguma prática de velocidade. 4.000 m	Série de treinamento no limiar anaeróbico. 6.000 m	Série de $\dot{V}O_2$ máx; algum treinamento de velocidade. 5.000 m
	Dia 3	Treinamento aeróbico de intensidade baixa e moderada; alguma prática de velocidade. 4.000 m	Treinamento igual ao da manhã. 4.000 m	Folga
Fase específica de prova 2-4 semanas	Dias 1 e 3	Série de treinamento no limiar anaeróbico. 5.000 m	Série de $\dot{V}O_2$ máx. 4.000 m	Velocidade. 3.000 m
	Dia 2	Treinamento aeróbico de intensidade baixa e moderada. 5.000 m	Velocidade. 3.000 m	Recuperação. 4.000 m
	Dia 3	Treinamento aeróbico de intensidade baixa e moderada. 4.000 m	Folga	Folga
Polimento e competição 1-3 semanas		3.000-4.000 m	3.000-4.000 m	Folga

Adaptado de Touretski 1994.

Tabela 15.12   Ciclo de treinamento de resistência de três dias para Alexander Popov

Dia	Manhã			Tarde			Noite		
1	Aparelho de remar			600 m de aquecimento			400 m de aquecimento		
	S	1.200 Crawl/pernadas Peito	A1	S	$6 \times 100/1'30''$	A2	S	$4 \times 50/60$	$M\dot{V}O_2$
		1.200 pernadas	A1	S	6×15 m/$1'15''$	SP	S	100 ritmo fácil	Rec
	S	1.200 Crawl	A1	2.000 nado		AT	S	$2 \times 50/1'30''$	$M\dot{V}O_2$
	Treinamento no solo – 40 min			S	$10 \times 100/1'45''$	AT	P	1.200	Rec
				S	$5 \times 25/2$	SP	S	$6 \times 50/0'45''$ (30 m rápido)	$M\dot{V}O_2$
				500 nado fácil		Rec	S	$4 \times 50/0'50''$ (25 m rápido)	$M\dot{V}O_2$
				Alongamento – 30 min			S	$2 \times 50/0'60''$ (20 m rápido)	$M\dot{V}O_2$
							600 nado fácil		Rec
2	Aparelho de remar			600 m de aquecimento			400 m de aquecimento		
		1.000 Crawl/pernadas Peito	A1	S	$12 \times 50/0'50''$	A2	K	$4 \times 100/1'45''$	A2
	K	1.000	A1	S	$4 \times 25/1'15''$	SP	P	$4 \times 150/2$	A2
	S	1.000	A1	S	$3 \times 200/2'30''$	A2	S	400 nado Crawl	A2
	Treinamento no solo – 40 min			S	$3 \times 200/2'45''$	AT	Repetir a série duas vezes		
				S	$3 \times 200/3'00''$	$M\dot{V}O_2$	S	300 Crawl/pernadas Peito	$M\dot{V}O_2$
				S	1×200	LT	S	$8 \times 100/2$ (15 rápido + 70 ritmo fácil + 15 rápido)	SP
				Alongamento – 30 min			300 nado fácil		Rec
3	Aparelho de remar			600 m de aquecimento			Sauna		
	S	$5 \times 600/1$	A2	S	$5 \times 400/5$	AT			
	S	$5 \times 50/3$	LP	S	$5 \times 400/5'30''$	$M\dot{V}O_2$			
	Alongamento – 30 min			Massagem					

Adaptado de Touretski 1998.

mente 12.000 m por dia durante os principais dias de treinamento e 4.000 m nos dias de recuperação. Durante esse tempo, fazia pouco treinamento de tolerância ao lactato, menos que uma série por semana.

O padrão típico para esses miniciclos de 4 dias consistia em sessões matinais devotadas ao treinamento de limiar anaeróbico nos dias 1 e 3. A sessão matinal no dia 2 compunha-se de treinamento aeróbico de intensidade baixa e moderada. A sessão da tarde consistia de treinamento de produção de lactato e de tolerância ao lactato nos dias 1 e 3, e a sessão da tarde do dia 2 era utilizada para treinamento de recuperação. A única sessão de treinamento no dia 4 estava devotada ao treinamento de resistência de baixa e média intensidades. A Tabela 15.13 ilustra um exemplo desses ciclos de treinamento específico para provas com duração de 4 dias.

Uma fase de polimento de aproximadamente 3 semanas se seguia ao período específico para as provas. Durante a fase de polimento, Popov gradualmente reduzia o volume de trabalho de 50 a 70 km por semana para algo entre 20 a 30 km nesse mesmo período. Ele fazia treinamento em altitude duas ou três vezes a cada ano.

Touretski utilizava um nado de 2.000 para tempo com o objetivo de testar melhoras na capacidade aeróbica e para estabelecer tempos para treinamento limiar. Além disso, esse treinador utilizava o teste de etapas de Natação, envolvendo treinamento de lactato sanguíneo, com o objetivo de avaliar o equilíbrio entre os treinamentos aeróbico e anaeróbico de Popov. O protocolo para esse tipo de teste era nadar 3×100 m, com 30 s de descanso entre nados, em baixa intensidade (A1). Era obtida uma leitura de lactato durante o período de descanso de 3 min que se seguia ao terceiro nado. Depois, Popov nadava 2×100 em velocidade limiar (AT) com um período de descanso de 45 s entre nados. Touretski obtinha outra leitura de lactato sanguíneo durante o período de descanso de 3 min subsequente ao segundo nado. Em seguida, Popov nadava 1×100 em velocidade de $\dot{V}O_2$ máx, seguindo-se outra leitura de lactato sanguíneo. As frequências de braçadas e frequências cardíacas de Popov eram anotadas para esses nados, e os dados dos lactatos sanguíneos e das frequências cardíacas eram lançados em um gráfico contra a velocidade de nado do atleta russo.

Algumas das séries de repetições típicas nadadas por Popov em ritmo limiar anaeróbico eram $4 \times 4 \times 400$ m em um tempo até a saída de 5'30'', com alternância dos nados Crawl e de Costas, e 8×400 m no mesmo tempo até a saída, com alternância dos nados Crawl e de Costas. Algumas séries de repetições típicas para treinamento de $\dot{V}O_2$ máx eram $2 \times 8 \times 100$ nado Crawl em um tempo até a saída de 2'00'' e $4 \times$ (800 m em velocidade limiar anaeróbica + 200 m em velocidade de $\dot{V}O_2$ máx). Uma série típica de velocidade era 6 a 8×50 m em um tempo até a saída de 2'00''. Popov nadava os quatro primeiros trechos em velocidades de 23+ a 24+ s e fazia os dois últimos trechos apenas com pernadas. O atleta era

Tabela 15.13 Ciclo de treinamento de quatro dias específico para provas, para Alexander Popov

Dia	Manhã		Tarde		Noite	
1	2.000 (300 Crawl/ pernadas de Peito, 200 MI)	A1	600 m de aquecimento		1.200 m de aquecimento	
	1.500 de braçadas	A1	S 4 × 100/1'30"	AT	4 × 50/3 nado	LP
	10 × 100/2 de pernadas	A2	S 200 exercício	Rec		
	4 × 25 nado	SP	2 × 50 nado	SP		
			S 2 × 400/5'30"	AT		
			S 2 × 100/1'30"	MV̇O$_2$		
			Série de repetição			
			S 10 × 50/0'50"	Rec		
2	600 m de aquecimento		600 m de aquecimento		600 m de aquecimento (Crawl/pernadas de Peito)	
	#1, 3, 5 Crawl/pernadas de Peito		S 2 × (400 AT + 100 MV̇O$_2$)		S 8 × 25 MI	Rec
	#2, 4 pernadas	A2	1.200 de pernadas/ braçadas	Rec	S 2.000 com nadadeiras	Rec
	S 20 × 100/1'45"	AT	S 4 × 25	SP	Massagem	
	S 2 × 50 DPS	SP				
3	Técnica por 90 min	Rec	200 m de aquecimento		Aquecimento	
			S 8 × 25	SP	S 6 × 50/2	LP
			8 × 100 pernadas	A2	600 nado fácil	Rec
			8 × 100 braçadas	A2		
			8 × 100 Crawl/ pernadas de Peito	A2		
			S 8 × 25	SP		
			200 nado fácil	Rec		
4	1.200 nado	Rec	Massagem		Sauna	
	800 de pernadas	Rec				
	1.000 de braçadas	Rec				
	30 min de treinamento no solo					

Adaptado de Touretski 1994.

capaz de nadar 50 m apenas com pernadas em 28'20". Outra série de velocidade frequentemente praticada por Popov consistia de 8 a 12 × 25 m com um tempo até a saída de 30 s. Ele era capaz de nadar aproximadamente 11'00" em cada repetição com uma frequência de braçadas de 47 ciclos por minuto.

O treinamento no solo de Alexander Popov consistia em 40 min de calistenia e de exercícios no aparelho de remar. O atleta não utilizava levantamento de pesos.

Penny Heyns

Penny Heyns (Bidrman 1997; 1998; 2000) nasceu na África do Sul. Essa nadadora conquistou a medalha de ouro nas provas de 100 e 200 m nado de Peito nos Jogos Olímpicos de 1996. Seu tempo para os 50 m Peito PL (piscina longa) foi 30'83", para os 100 m PL, 1'06"52, e para os 200 m Peito 2'23"64. Quando este capítulo estava sendo escrito, Jan Bidrman, natural da Checoslováquia, trabalhava em Calgary, Canadá, e era treinador de Penny.

O plano de treinamento anual para Penny para a temporada de 1995-1996 consistiu em uma estação curta que se prolongou de setembro até abril, e de uma estação prolongada começando no início de abril e terminando com

os Jogos Olímpicos. Cada temporada estava dividida em quatro fases: aeróbica, anaeróbica, pré-polimento e polimento. A Tabela 15.14 delineia o programa de treinamento anual de Penny. Essa atleta fazia algum treinamento em altitude a cada ano, quando retornava para sua casa em Joanesburgo, África do Sul.

O período aeróbico prolongou-se por 12 semanas durante a temporada curta e por 6 semanas durante a temporada longa. Penny treinava 9 sessões por semana com exercícios matinais nas segundas, quartas, sextas e sábados, e com exercícios à tarde de segunda à sexta. Sua quilometragem semanal ficava entre 55.000 e 65.000 jd/m. Os treinamentos básicos de resistência compunham a maior parte de sua quilometragem de treinamento, mas Penny nadava três séries limiares, uma série de resistência com sobrecarga, uma série de tolerância ao lactato e duas séries de produção de lactato ou de potência. A Tabela 15.15 ilustra um exemplo de seu plano semanal durante o período aeróbico.

Penny nadava a maior parte de suas séries limiares em nado Crawl ou com uma mistura de tipos de nado competitivos. Essas séries tinham extensões entre 2.000 e 3.000 jd/m. Raramente a atleta nadava Peito durante as séries limiares. As séries de resistência com sobrecarga ficavam entre 1.000 e 2.000 jd/m, e em boa parte dessas distâncias Penny praticava nado de Peito. Em geral, as séries de tolerância ao lactato, também praticadas em nado de Peito, tinham de 1.000 a 2.000 jd/m. Já as séries de produção de lactato mediam de 300 a 500 jd/m. A atleta completava essas séries em combinações de nado de Peito, pernadas e braçadas.

O período anaeróbico teve a duração de 6 semanas durante a temporada curta e de 5 semanas durante a temporada longa. Penny continuou a treinar com nove sessões semanais, novamente enfatizando o treinamento básico de resistência, mas diminuiu o volume de treinamento limiar, e o número de séries de tolerância ao lactato aumentou para três por semana. O número de séries combinadas de produção de lactato e de potência também aumentou para três por semana. Essas séries consistiam de Natação em um Power Rack e prática de combinações de treinamento de velocidade com ajuda e de treinamento de velocidade contra resistência, utilizando corda elástica tanto nas práticas com ajuda, como contra resistência. Penny fazia várias séries de 12 a 24 × 25 jd/m semanais, aliadas a tiros de 10 m no Power Rack. Ela praticava a maior parte dessas séries de velocidade em combinação de nado de Peito, pernadas e braçadas. Sua quilometragem semanal ficava entre 40.000 e 50.000 jd/m. A Tabela 15.16 ilustra um exemplo de seu planejamento semanal durante o período anaeróbico.

O período pré-polimento durava duas semanas. O treinamento de Penny era parecido com o período anae-róbico, exceto a diminuição da quilometragem semanal e da duração/extensão das séries anaeróbicas, para que a atleta pudesse ter mais tempo de recuperação. O período de polimento prolongava-se por 3 ou 4 semanas.

A seguir, algumas das séries de resistência com sobrecarga favoritas de Penny:

- 10 × 100 nado de Peito em um tempo até a saída de 1'45".
- 3 × 8 × 50 nado de Peito com tempos até a saída de 55, 50 e 45 s com um trecho de 100 em nado fácil entre séries.
- 12 × 75 pernadas de Peito com um tempo até a saída de 1'40".
- 3 × (200 com 3'20", 150 com 2'30", 100 com 1'40" e 50 com 0'50"). Penny praticava pernadas de Peito na série 1, dava braçadas de Peito com *zoomers* (dispositivo de flutuação para as pernas) e palmares na série 2, e nadava Peito na série 3.

A seguir, algumas das suas séries de tolerância ao lactato favoritas:

- 3 × 4 × 100 nado de Peito com tempo até a saída de 2'30". Cada série era mais rápida do que a precedente, e Penny nadava 200 jd depois de cada uma.
- 4 × 175 nado de Peito com um tempo até a saída de 4'30". A atleta fazia série decrescente até sua meta de tempo para a prova de 200.
- 2 × 10 × 50. Na primeira série, Penny dava pernadas de nado de Peito com um tempo até a saída de 1'30". A atleta mantinha seus tempos em 35 a 36 s. Na segunda

Tabela 15.14 Programa de treinamento anual para Penny Heyns

Fase da temporada	Temporada em piscina curta	Temporada em piscina longa
Aeróbica	12 semanas	6 semanas
Anaeróbica	6 semanas	5 semanas
Pré-polimento	2 semanas	2 semanas
Polimento	3 semanas	4 semanas

Adaptado de Bidrman 2000.

Tabela 15.15 Plano de treinamento semanal para Penny Heyns durante a fase aeróbica da temporada

Dia	Manhã	Tarde
Segunda-feira	Exercícios em En-1	En-2
Terça-feira	Folga	En-3
Quarta-feira	En-1 e tiros de velocidade	Exercícios em En-1
Quinta-feira	Folga	Tolerância ao lactato, En-2 e exercícios
Sexta-feira	En-1, séries decrescentes e exercícios	En-1, séries decrescentes e tiros de velocidade
Sábado	En-1, En-2 e exercícios	Folga

Adaptado de Bidrman 1997.

Tabela 15.16 Plano de treinamento semanal para Penny Heyns durante a fase anaeróbica

Dia	Manhã	Tarde
Segunda-feira	En-1, exercícios e séries decrescentes	En-1, En-3 e tolerância ao lactato
Terça-feira	Folga	En-1 e exercícios
Quarta-feira	En-1, tiros de velocidade e exercícios	En-1 e tolerância ao lactato
Quinta-feira	Folga	En-1 e exercícios
Sexta-feira	En-1, tiros de velocidade, séries decrescentes e exercícios	En-1 e produção de lactato
Sábado	En-1 e exercícios	

Adaptado de Bidrman 1997.

série, praticava braçadas do nado de Peito com um tempo até a saída de 1'20''. Mantinha tempos de 29 a 30 s, utilizando *zoomers* e palmares.

A seguir, algumas das suas séries favoritas de produção de lactato:

- 12 × 25 nado de Peito com tempo até a saída de 45 s, nado rápido por 12,5 m e nado fácil por 12,5 m.

- 3 × (4 nados no Power Rack com um tempo até a saída de 1 min, seguidos por 2 × 25 tiros de velocidade em nado de Peito a partir de um mergulho com um tempo até a saída de 1'00'').

- 10 × 50 braçadas de Peito com um tempo até a saída de 3'00'', todos a partir de um mergulho.

- 3 × 8 × 25 com um tempo até a saída de 1 min. Penny nadava a série 1 no nado Crawl com *zoomers* e palmares. Na série 2, dava braçadas de Peito, também com *zoomers* e palmares. Na série 3, nadava Peito.

O treinamento com pesos desempenhou grande papel no programa de treinamento de Penny. A nadadora começava a levantar pesos durante o período aeróbico de cada temporada, 4 dias por semana, enfatizando o treinamento de potência na segunda e na quinta. Os exercícios consistiam de agachamentos, *cleans* e *power presses* (impulsões de peso). Em geral, a atleta fazia cada exercício com três séries de 5 repetições. Penny executava *circuit training* na terça e na sexta, utilizando exercícios de rotina para grandes músculos, como *curls* (rosca), *lat pulls* (tração para os latíssimos) e abdominais. Em geral, fazia duas séries de 10 repetições.

Seu programa de treinamento com pesos permaneceu igual nas segundas e quintas-feiras durante as próximas 4 semanas, mas o *circuit training* tornou-se menos intenso nas terças e sextas-feiras. Penny descansou mais tempo entre os exercícios; além disso, passou a levantar pesos mais leves.

A potência continuou a merecer ênfase nas segundas e quintas-feiras durante o ciclo de treinamento com pesos, que se prolongou por 3 semanas. A atleta passou a fazer mais agachamentos e treinamento pliométrico nas segundas e quintas-feiras, tendo reduzido a intensidade até níveis de manutenção nas terças e sextas-feiras. Penny parou de levantar pesos 4 semanas antes dos Jogos Olímpicos.

Penny teve desempenhos fantásticos durante um ano e meio depois de suas vitórias nos Jogos Olímpicos, ao quebrar recordes mundiais nos 50, 100 e 200 m Peito em onze ocasiões diferentes, de maio de 1998 até agosto de 1999. A principal diferença na sua rotina de treinamento entre esse período e sua preparação para as Olimpíadas esteve relacionada com sua quilometragem de resistência básica. Bidrman afirmava que Penny se cansava e sofria lesões com frequência durante o ano olímpico porque praticava as etapas rotuladas como quilometragem de resistência básica em ritmos próximos ou iguais a seu limiar anaeróbico. Ela reduziu a intensidade de treinamento para velocidades realmente de resistência básica durante o período subsequente aos Jogos Olímpicos. Ela foi instruída para nadar a maior parte da quilometragem de resistência básica em uma intensidade que gerasse frequência cardíaca 50 batimentos abaixo do máximo. Tendo em vista que sua frequência cardíaca máxima era 200 bpm, Penny passou a fazer a maior parte de seu nado a 150 bpm ou menos.

A atleta também incluiu levantamentos olímpicos de peso em seu programa de treinamento pela primeira vez durante seu período de treinamento pós-Jogos Olímpicos. Ela fazia *hang cleans*, agachamentos rítmicos e agachamentos com caixa, além de supino militar, supino, remo na posição sentada, agachamentos e tração na barra; a atleta fazia três séries de cada exercício com 5 a 10 repetições por série.

David Marsh: programa de treinamento de velocidade da Auburn University

Optei por descrever o programa de treinamento de velocidade do treinador David Marsh (Marsh 1997) da

Auburn University, porque esse programa produziu um grande número de excepcionais nadadores velocistas nos últimos anos. Durante a redação desta obra, Auburn havia conquistado três campeonatos nacionais da NCAA, em grande parte como decorrência do desempenho excelente de seus velocistas. Além disso, foram estabelecidos recordes da NCAA para diversos revezamentos de provas de velocidade, como o revezamento das 200 jd nado Crawl com 1'16"63, o revezamento das 400 jd nado Crawl com 2'50"90 e o revezamento dos 200 m Medley com 1'25"24.

Na Auburn University, a temporada típica de nado em piscina curta tinha a duração de 26 semanas. O treinamento de potência recebia ênfase especial, tanto na água como no solo. No treinamento de velocidade, Marsh tinha especial cuidado com a prática das frequências de braçadas e das velocidades em níveis de prova e superiores. Os atletas treinavam nove sessões por semana, nadando duas vezes por dia nas segundas, terças, quintas e sextas-feiras, uma vez no sábado, e tinham folgas nas quartas e nos domingos.

A Auburn University utilizava seis categorias de treinamento. A Tabela 15.17 lista as categorias, com as frequências cardíacas e os níveis de lactato sanguíneo esperados para cada uma. Durante uma semana típica no meio da temporada, os atletas nadavam duas séries limiares anaeróbicas, três séries de tolerância ao lactato (duas nadando, uma dando pernadas) e quatro séries de produção de lactato ou de potência. A Tabela 15.18 ilustra um programa de treinamento semanal típico para o meio da temporada para Auburn.

O treinamento intenso de resistência desempenhava papel importantíssimo no programa de treinamento dos velocistas de Auburn. Esse treinamento era praticado cicli-camente ao longo de toda a temporada, começando com uma fase de condicionamento geral durante as primeiras três semanas, quando os nadadores utilizavam *circuit training* com pesos leves e muitas repetições. A próxima fase tinha a duração de 6 semanas, e o treinamento consistia no uso de grandes pesos e poucas repetições, ou seja, três séries de 5 a 10 repetições. As seis semanas seguintes eram devotadas ao treinamento de potência, durante o qual os nadadores faziam levantamentos olímpicos em velocidades rápidas. Durante as últimas quatro semanas da temporada, Marsh enfatizava a prática de exercícios pliométricos; nesse período, o programa de levantamento de pesos era reduzido até níveis de manutenção.

TREINAMENTO DE NADADORES MEIO-FUNDISTAS

Defino nadadores meio-fundistas como aqueles que se especializam em eventos entre 200 jd/m e 400 m ou 500 jd de extensão. Alguns desses atletas podem estender sua participação até eventos longos de 800 m, 1.000 jd, 1.500 m ou 1.650 jd, porém seu desempenho não acompanhará o mesmo padrão. Outros podem competir em eventos de 100 jd/m, mas também nesse caso seu desempenho não atingirá os padrões alcançados em distâncias de prova de 200 jd/m ou de 400 m ou 500 jd. Minha definição de nadadores meio-fundistas também inclui nadadores de Borboleta, Costas e Peito cuja melhor prova é 200 jd/m. Esses nadadores também podem competir em eventos de 100 jd/m, mas são nitidamente superiores nos eventos mais longos, não podendo ser considerados como velocistas. No que diz respeito ao treinamento, atletas que nadam em provas tanto de 200 como 400 jd/m Medley individual também se enquadram no grupo de distância média.

Tabela 15.17 Categorias de treinamento para os velocistas da Auburn University

Treinamento	Explicação	Frequência cardíaca (BPM)	Lactato sanguíneo (mmol/L)
Aeróbico de baixa intensidade	Curto intervalo de descanso e nado contínuo	< 130	< 2
Aeróbico de média intensidade	Nado com curto intervalo de descanso	130-150	1-3
Limiar	Nado com intervalo de descanso de 10-30 s	150-170	3-6
Tolerância ao lactato	Treinamento com longos intervalos de descanso	> 180	6-12
Pico de lactato	Treinamento com intervalos de descanso muito longos	Máxima	Máximo
ATP-CP	Tiros de velocidade curtos com longos períodos de descanso	N/D	1-5

Adaptado de Marsh 1997.

Tabela 15.18 Amostra de ciclo de treinamento semanal no meio da temporada para velocistas da Auburn University

Dia	Manhã	Tarde
Segunda-feira	Nado de baixa aeróbica, média aeróbica durante 1 hora; 5.000 m PL	Pesos na parte inferior do corpo e pernadas em pliometria; série curta de limiar (1.000 m) com repetições em curta distância de 75-125 m; série de braçadas de baixa aeróbica, 2.000 jd de extensão; viradas; todo treinamento em PC
Terça-feira	Pesos na parte superior do corpo e pliometria durante 1 hora; 20 min de tiros de velocidade de 25 e 12,5 jd; todo treinamento em PC	Série de tolerância ao lactato (12 × 50/2); braçadas hipóxicas por 2.000 jd; saídas e tiros curtos de revezamento; todo o treinamento em PC
Quarta-feira	Folga	Folga
Quinta-feira	Nado de baixa aeróbica; série limiar (20 × 100 com 20-30 s de descanso); 6.000 m; todo o treinamento em PL	Pesos na parte inferior do corpo e pliometria durante 1 hora; séries de média aeróbica (12 × 200 de braçadas e nado); série de pernadas de tolerância ao lactato (8 × 35/3'00"); todo treinamento em PC
Sexta-feira	Pesos na parte superior do corpo e pliometria durante 1 hora; 20 min de tiros de velocidade curtos	Exercício de baixa aeróbica e série de nado; série de braçadas em média aeróbica; saídas, viradas e tiros de velocidade; todo o treinamento em PC
Sábado	Série de pernadas/nado de média aeróbica; série de tolerância ao lactato (1 × 200, 1 × 150, 2 × 100 e 4 × 50), tudo em um tempo básico até a saída de 3'00" por 50 jd; treinamento em PC	Folga

PL = piscina longa; PC = piscina curta. (Adaptado de Marsh 1997.)

Características físicas

Em geral, nadadores especializados em provas de média distância terão capacidade aeróbica altamente desenvolvida e potência anaeróbica melhor do que a média, em decorrência de diversas características fisiológicas. Provavelmente, esses atletas terão percentuais aproximadamente iguais de fibras musculares de contração rápida e de contração lenta, ou a concentração desse último tipo de fibra poderá ser ligeiramente maior. Em parte, essa combinação de capacidades aeróbica e anaeróbica permite que nadadores meio-fundistas tenham a resistência para nadar em um ritmo médio rápido durante 2 a 5 min.

Em geral, nadadores meio-fundistas não terão a explosão dos velocistas, entretanto sua velocidade de tiro será adequada para que suas provas sejam realizadas em um ritmo de competição; além disso, poderão concluir as provas com uma forte pernada de finalização. Por outro lado, terão o potencial de desenvolver a capacidade de tamponamento, para que possam suportar o rápido acúmulo de ácido lático que inevitavelmente ocorre nessas provas.

Os nadadores meio-fundistas podem ter bom desempenho tanto no treinamento de resistência como no treinamento de velocidade, mas não serão capazes de treinar como os nadadores fundistas todos os dias, porque quase todos os meio-fundistas exibem percentual um pouco mais alto de fibras musculares de contração rápida, em comparação à maioria dos nadadores fundistas. Como resultado, em geral, aqueles atletas sofrerão depleção do glicogênio muscular com maior rapidez durante as repetições de resistência, particularmente aquelas nadadas em velocidades de treinamento limiares e com sobrecarga, e precisarão de mais tempo de recuperação durante cada semana de treinamento, para que ocorra a reposição de energia em seus músculos.

Atletas participantes de provas de nado Crawl de média distância podem utilizar pernadas de seis batidas ou algum ritmo reduzido de pernadas, por exemplo, a pernada de duas ou quatro batidas. Uma pernada forte é vantajosa, mas não é considerada necessária para que os nadadores obtenham êxito nesses eventos, pois nadadores de Crawl relaxam as pernadas na maior parte da prova. Apesar disso, todos os atletas de provas de nado Crawl de média distância devem treinar para utilizar uma pernada de seis batidas forte para as 50 jd/m finais de suas provas. Ao contrário dos nadadores de Crawl, nadadores de Borboleta, Costas e Peito devem possuir pernadas razoavelmente fortes, porque a pernada é um fator muito importante para o sucesso em suas provas.

Sugestões de treinamento

É preciso que nadadores meio-fundistas desenvolvam em alto nível sua capacidade aeróbica por meio do treinamento de resistência. Esses atletas devem concretizar esse objetivo durante os primeiros 2/3 das temporadas, mesmo que a potência e a resistência muscular anaeróbicas fiquem um pouco prejudicadas, por causa do grande volume de treinamento de resistência realizado. Eles devem treinar visando manter a capacidade aeróbica recém-adquirida durante o 1/3 final da temporada, ao mesmo tempo em que se concentram em melhorar tanto a capacidade de tamponamento como a potência anaeróbica.

Os nadadores meio-fundistas devem limitar suas tentativas de aumento da velocidade de nado para melhorar as técnicas de braçadas/pernadas. O volume de trabalho de resistência que precisam fazer provavelmente impossibilitará qualquer aumento (induzido pelo treinamento) em sua potência anaeróbica inata. O melhor que podem esperar é manter sua taxa de metabolismo anaeróbico nas proximidades do normal durante as fases da temporada em que estejam enfatizando o treinamento de resistência; em seguida, retornarão essa taxa ao normal durante a última parte da temporada, quando a ênfase passa a recair na quilometragem mais baixa e em mais treinamento em ritmo de prova.

Não é preciso que nadadores meio-fundistas façam treinamento de tolerância ao lactato, a menos que também estejam inscritos em competições de 100 jd/m. A combinação de resistência com sobrecarga e de treinamento em ritmo de prova será adequada para o aumento da capacidade de tamponamento.

Treinamento de resistência

Os nadadores meio-fundistas devem fazer duas ou mais horas diárias de treinamento básico de resistência durante cinco ou seis dias para cada semana durante a primeira metade da temporada de nado. Visto que o treinamento nesse nível implica mais energia proporcionada pelo metabolismo das gorduras, os nadadores melhorarão a capacidade aeróbica das suas fibras musculares de contração lenta e das fibras CRa de baixo limiar, sem que ocorra depleção do glicogênio muscular. O treinamento básico de resistência também aumentará o aporte de oxigênio pelos sistemas circulatório e respiratório. Recomendo combinações de nados longos e séries de repetições com intervalos de descanso longos para o treinamento básico de resistência.

Atletas que se especializam em eventos de média distância devem nadar uma combinação de três a quatro séries de resistência limiar e com sobrecarga todas as semanas durante a primeira metade da temporada, de modo que também possam melhorar a capacidade aeróbica de suas fibras musculares CRa e CRb de alto limiar. A frequência e duração dessas séries de repetições devem ser cuidadosamente planejadas, para que seja evitado o completo esvaziamento das reservas de glicogênio muscular. Séries de repetições de resistência limiar devem ser marcadas dentro de algumas semanas depois de iniciado o treinamento para cada nova temporada, e as séries de resistência com sobrecarga devem ter início algumas semanas depois. O volume do nado de resistência limiar deve

exceder em grau considerável o volume de treinamento de resistência com sobrecarga durante a primeira metade da temporada. Durante esse período, a maior parte do treinamento com o objetivo de melhorar a capacidade aeróbica das fibras musculares CRb deve ser realizada com o decréscimo das últimas repetições até tempos rápidos em algumas das séries de resistência básica e limiar.

O volume de treinamento de resistência limiar deve diminuir durante a segunda metade da temporada, e o volume dos treinamentos de resistência com sobrecarga e em ritmo de prova deve aumentar para dois ou três por semana. As séries de repetições de resistência com sobrecarga devem ter extensão de 1.000 a 2.000 jd/m. A maior parte das séries em ritmo de prova deve ser realizada na forma de repetições abaixo da distância e de nados quebrados, e sua extensão deve ser de uma a duas vezes a distância da prova que esteja sendo objeto de treinamento. O nadador pode repetir várias dessas séries durante uma sessão de treinamento; além disso, quase todas as sessões de treinamento devem incluir algum nado de resistência com sobrecarga e em ritmo de prova, mediante a continuação do decréscimo de séries de resistência básica até velocidades rápidas.

Conforme já mencionei, o nado de repetições de resistência com sobrecarga e em ritmo de prova também melhorará a capacidade de tamponamento muscular, por causa da acidose produzida nessas velocidades rápidas. Consequentemente, devemos incluir uma ou duas sessões de treinamento de recuperação no plano semanal para nadadores meio-fundistas, pois estes sofrerão acidose intensa e possível depleção do glicogênio muscular com maior frequência. Dentro de determinada sessão de treinamento, séries curtas de recuperação devem também se seguir àquelas com sobrecarga e em ritmo de prova.

Os nadadores podem fazer uma parte do treinamento básico de resistência com tipos de nado diferentes da sua especialidade, e também podem utilizar exercícios de braçadas e pernadas, porque o treinamento básico de resistência não específico melhorará os sistemas respiratório e circulatório do mesmo modo que o treinamento específico. No entanto, os atletas devem nadar parte dessa quilometragem em seu principal tipo (ou tipos) de nado. Os nadadores meio-fundistas devem fazer todo seu treinamento de resistência com sobrecarga e em ritmo de prova no seu principal tipo (ou tipos) de nado, já que a principal finalidade desse treinamento é melhorar a capacidade aeróbica das fibras musculares individuais.

Os nadadores meio-fundistas que competem em provas de nado Crawl precisam desenvolver uma forte pernada de seis batidas para a finalização de suas provas; portanto, devem incluir algumas séries de pernadas rápidas em seu planejamento, talvez uma vez por semana, e fazer com que se transforme em hábito o nado das últimas 50 jd/m de cada série de repetições com uma forte pernada de seis batidas.

Nadadores de Borboleta, Costas e Peito especialistas na distância de 200 precisarão fazer, a cada semana, grande volume de pernadas de resistência em seus principais nados, tanto em velocidades de resistência básica como de resistência limiar. Esse treinamento, com o estímulo que suas pernas receberão durante os nados de resistência com sobrecarga e em ritmo de prova, deverá ser suficiente para melhorar a resistência aeróbica e a capacidade de tamponamento dos músculos das pernas. Recomendo que todos os nadadores meio-fundistas, tanto de Crawl como de outros nados, incluam 1.000 a 2.000 jd/m, ou 20 a 30 min, de pernadas de resistência na maioria de suas sessões de treinamento.

Treinamento de velocidade

Especialistas em médias distâncias devem nadar três a quatro séries importantes de produção de lactato durante cada semana de treinamento com a finalidade de reduzir a perda da potência anaeróbica ao longo da maior parte da temporada. O treinamento desse tipo também os ajudará a readquirir sua forma normal, quando reduzem sua quilometragem de treinamento em uma parte mais avançada da temporada.

A Tabela 15.19 resume minhas sugestões para treinamento de nadadores meio-fundistas.

Treinamento de resistência no solo

Acredito que nadadores meio-fundistas devam fazer algum treinamento de resistência no solo ao longo de cada temporada com a finalidade de manter a força e a potência muscular, não aumentá-las. Como ocorre com os nadadores fundistas, o volume do treinamento de resistência que deve ser realizado pelos meio-fundistas provavelmente impedirá qualquer aumento significativo na força e na resistência. Além disso, a intensidade de um programa abrangente de treinamento com pesos objetivando aumento da massa e da potência musculares provavelmente interferiria em suas capacidades de tolerar o volume e a intensidade do treinamento com nado que precisam fazer, para que sejam bem-sucedidos em suas provas. Consequentemente, acredito que os programas de treinamento de resistência no solo devam incorporar um modelo que tenha como objetivo apenas a manutenção da massa e da força musculares.

Treinamento para provas de 200

Atletas especialistas em provas de 200 precisam melhorar sua capacidade aeróbica em alto nível. Ao contrário dos nadadores que se especializam em eventos de 50 e 100, aqueles precisam aumentar a capacidade aeróbica das fibras musculares de contração rápida, mesmo se a taxa de metabolismo anaeróbico diminuir, e mesmo se perderem alguma velocidade de contração e força nessas fibras. Os atletas também precisam se concentrar na melhora da capacidade de tamponamento de todas as fibras, nadando algumas séries de repetições de resistência com sobrecarga e em ritmo de prova. Atletas especialistas em provas de 200 não precisam nadar repetições de tolerância ao lactato, porque os nados de resistência com sobrecarga e em ritmo de prova aumentarão adequadamente a capacidade de tamponamento das fibras musculares, ao mesmo tempo em que melhorarão a capacidade aeróbica das fibras musculares de contração rápida.

Tabela 15.19 Sugestões de treinamento para nadadores meio-fundistas

Categoria de treinamento	Início da temporada	Meio da temporada	Final da temporada
En-1	2 ou mais horas/dia, 5-6 dias/semana	2 ou mais horas/dia, 3-4 dias/semana	1-2 horas/dia, 3-4 dias/semana
En-2	2-3 séries/semana + decréscimo até velocidades limiares e mais rápidas, várias vezes por semana, durante as séries de resistência básica	1-2 séries/semana	1 série/semana
		Os nadadores devem continuar com decréscimo até suas velocidades de resistência limiar mais para o final das séries de resistência básica	
En-3 e em ritmo de prova	1 série/semana + decréscimo até essas velocidades várias vezes por semana, durante as séries de resistência básica e de resistência limiar	2-3 séries/semana + decréscimo até essas velocidades durante algumas séries de repetições de resistência básica	2-3 séries/semana. Entretanto, as séries devem ser mais curtas do que as executadas durante a fase precedente
Produção de lactato e potência	3-4 séries/semana, durante o ano inteiro + algumas séries curtas de velocidade durante a maior parte das demais sessões de treinamento		
Tolerância ao lactato	1 série importante/semana apenas se o nadador também estiver competindo em eventos de 100 jd/m	Substituição por treinamento em ritmo de prova para o restante da temporada	

Para que seja alcançado um equilíbrio entre treinamento de resistência e treinamento de velocidade, os atletas especialistas em provas de 200 devem enfatizar a melhora da capacidade aeróbica durante a primeira metade da temporada e a capacidade de tamponamento e a velocidade de tiro durante a segunda metade da temporada. Além disso, devem fazer treinamento de velocidade suficiente na primeira metade da temporada, de modo a evitar uma perda muito intensa da capacidade de tamponamento e da velocidade de tiro; também precisam de suficiente treinamento de resistência durante a segunda metade da temporada, com o objetivo de manter a capacidade aeróbica. Durante a primeira metade da temporada, o objetivo é equilibrar os treinamentos de resistência e de velocidade de nadadores especialistas em provas de 200 de tal modo que venham a vivenciar apenas uma redução temporária na potência anaeróbica e na velocidade de contração muscular, sendo capazes de retornar aos seus níveis normais durante a segunda metade da temporada. Do mesmo modo, durante a segunda metade da temporada o equilíbrio entre os treinamentos de velocidade e de resistência permite melhora na velocidade e na capacidade de tamponamento, sem que ocorra redução significativa da resistência.

Os velocistas especializados em provas de 200 devem nadar um mínimo de 2 horas de treinamento básico de resistência por dia durante a primeira metade da temporada, com o objetivo de aumentar sua capacidade aeróbica. Esses atletas devem nadar alguma combinação de três a quatro séries de repetições limiares e com sobrecarga por semana e reduzir as séries de resistência básica até velocidades limiares e de sobrecarga durante a maioria das sessões de treinamento. Além de praticar séries importantes de produção de lactato durante quatro a cinco sessões de cada semana, com o objetivo de manter sua velocidade de nado, os atletas também devem nadar algumas séries curtas de velocidade superior durante a maior parte de suas outras sessões de treinamento.

Durante a segunda metade da temporada, o número de séries limiares deve diminuir para uma ou duas por semana. Essas séries devem ter menor extensão, talvez apenas 1.200 a 2.000 jd/m, e os nadadores devem continuar a diminuir muitas de suas séries de resistência básica até níveis limiares, para que possam manter a melhora obtida anteriormente na capacidade aeróbica. Durante a segunda metade da temporada, o treinamento em ritmo de prova deverá substituir as repetições de resistência com sobrecarga. Os nadadores devem fazer séries em ritmo de prova duas ou três vezes por semana, com o objetivo de manter a capacidade aeróbica das fibras musculares de contração rápida e aumentar a capacidade de tamponamento de todos os tipos de fibras musculares.

Durante as semanas em que ocorrerão as competições, pode haver substituição entre repetições em ritmo de prova e as provas, para que os atletas não se excedam nesse tipo de treinamento. As séries em ritmo de prova para nadadores especialistas em eventos de 200 devem ser cinco a seis vezes mais longas do que suas provas em competição. O volume de treinamento de produção de lactato deve permanecer no nível recomendado para a primeira metade da temporada. Essas sugestões para treinamento de velocistas especialistas na distância de 200 estão resumidas na Tabela 15.20.

Programas de treinamento de nadadores meio-fundistas bem-sucedidos

Esta seção descreve os programas de treinamento de Susan O'Neill e Mike Barrowman. O'Neill se especializou nos 200 m Borboleta e Barrowman nos 200 m Peito, embora os dois atletas também competissem em provas de 100.

Susan O'Neill

A australiana Susan O'Neill (Volkers 1997, 1998) conquistou a medalha de ouro nos 200 m Borboleta nos Jogos Olímpicos de 1996 em um tempo de 2'07"76. A nadadora ganhou também a medalha de prata nessa prova nos Jogos Olímpicos de 2000 e conquistou a medalha de ouro nos 200 m Crawl para mulheres. Scott Volkers, do Commercial Swim Club em Queensland, Austrália, era seu treinador.

A quilometragem de treinamento de Susan variava entre 40.000 e 50.000 m por semana, e ela treinava dez sessões por semana. A nadadora treinava duas vezes por dia nas segundas, terças, quintas e sextas, e uma vez por dia na tarde de quarta-feira e na manhã de sábado. Ela folgava nas tardes de sábado e no domingo inteiro. Volkers foi criterioso ao incluir vários níveis de treinamento em seu programa semanal, intercalando esses níveis com períodos de recuperação adequados.

Volkers utilizava cinco níveis de intensidade de treinamento: de recuperação aeróbica, aeróbica, de limiar anaeróbico, anaeróbica e de velocidade crítica. Esses níveis de treinamento estão definidos na Tabela 15.21, com exemplos dos tempos esperados, frequências cardíacas e concentrações de lactato sanguíneo em cada nível para essa nadadora.

O ciclo semanal típico de Susan consistia em uma série limiar, que comumente fazia nas manhãs de segunda-feira. A atleta nadava séries de frequência cardíaca duas vezes por semana, durante as sessões da tarde; também estavam marcadas duas séries semanais de tolerância ao lactato, durante o treinamento à tarde. Susan nadava uma sé-

Nadando o mais rápido possível | Parte II Treinamento

rie de velocidade importante nas manhãs de sábado. A cada semana, duas sessões de treino estavam devotadas ao treinamento aeróbico de baixa intensidade e à recuperação. A Tabela 15.22 apresenta um exemplo do ciclo de treinamento semanal de Susan.

O treinamento aeróbico de baixa intensidade de Susan consistia em exercícios de nado, braçadas e pernadas. A atleta fazia grande parte de suas pernadas aeróbicas com nadadeiras. Uma série de limiar anaeróbico típica consistia em 7 × 300 Borboleta em um tempo até a saída de 5'15", sendo praticada com nadadeiras.

As séries de frequência cardíaca de Susan geralmente mediam 2.000 a 3.000 m, e a atleta executava-as em uma estratégia decrescente, nadando a maior parte ou até todas as séries no nado Borboleta; o primeiro 1/4 de cada série era nadado em uma intensidade de 30 batimentos abaixo de sua frequência cardíaca máxima; o 1/4 seguinte em uma intensidade de 20 batimentos abaixo do máximo; o terceiro 1/4 era realizado em uma intensidade de 10 batimentos abaixo do máximo; e o último 1/4 com velocidade máxima. A seguir, dois exemplos das séries de frequência cardíaca de Susan:

Tabela 15.20 Sugestões de treinamento para velocistas especialistas em provas de 200

Categoria de treinamento	Início da temporada	Meio da temporada	Final da temporada
En-1	2 ou mais horas/dia, 5-6 dias/semana	2 ou mais horas/dia, 4-5 dias/semana	1-2 horas/dia, 4-5 dias/semana
En-2 e En-3	3-4 séries/semana + diminuição até velocidades limiares e mais rápidas, várias vezes por semana durante as séries de resistência básica	1-2 séries/semana Apenas En-2. Essas séries devem ser mais curtas do que eram durante o início da temporada. Os nadadores devem continuar com a diminuição até velocidades de resistência limiar nas proximidades do final das séries de resistência básica. Para o restante da temporada, o treinamento de resistência com sobrecarga deverá ser substituído por treinamento em ritmo de prova	1 série/semana
Produção de lactato e potência	3-5 séries/semana durante o ano todo + algumas séries curtas de tiro de velocidade durante a maioria das demais sessões de treinamento		
Tolerância ao lactato	1 série importante/semana	Substituído por treinamento em ritmo de prova para o restante da temporada	
Treinamento em ritmo de prova		2-3 séries/semana para o restante da temporada	

Tabela 15.21 Categorias de treinamento para Susan O'Neill

Categorias de treinamento	Parâmetros de treinamento	
Recuperação aeróbica	Tempos/100	> 1'11" nado Crawl
	Frequência cardíaca em bpm	> 164
	Lactato sanguíneo em mmol/L	> 2,0
Aeróbico	Tempos/100	1'09"-1'15" nado Crawl
	Frequência cardíaca em bpm	164-180
	Lactato sanguíneo em mmol/L	1,8-2,8
Limiar anaeróbico	Tempos/100	66-68 Borboleta com nadadeiras
	Frequência cardíaca em bpm	181-185
	Lactato sanguíneo em mmol/L	2,9
Anaeróbico	Tempos/100	< 66 Borboleta
	Frequência cardíaca em bpm	< 185
	Lactato sanguíneo em mmol/L	< 2,9
Velocidade crítica	Tempos/100	63,5 Borboleta
	Frequência cardíaca em bpm	205
	Lactato sanguíneo em mmol/L	6,9

Adaptado de Volkers 1997.

Capítulo 15 Treinamento para eventos diferentes **461**

Tabela 15.22 Plano de treinamento semanal para Susan O'Neill

Dia	Manhã	Tarde
Segunda-feira	Treinamento limiar anaeróbico Exemplo de série: 7 × 300/5'15'' Série com nado Borboleta e nadadeiras 5.000-6.000 m	Treinamento de tolerância ao lactato em produção de lactato Exemplo de série: 6 × 100/8, nado Borboleta. Susan tinha média de 61.+ nessa série. Também eram feitas algumas repetições de produção de lactato. 5.000 m
Terça-feira	Treinamento no solo, com pesos e calistenia Susan também corre 7 km, seguidos por 500-700 m de nado fácil.	Série de frequência cardíaca Treinamento básico de resistência na forma de exercícios de nado, pernadas e braçadas. 6.000 m
Quarta-feira	Folga	Treinamento aeróbico na forma de exercícios de nado, braçadas e pernadas. Série principal em 3.000 m ou mais. 6.000-7.000 m
Quinta-feira	A mesma prática de terça-feira pela manhã	Treinamento de produção de lactato A série principal tem 800 m de extensão. 5.000 m
Sexta-feira	Recuperação, exercícios e pernadas com nadadeiras. 5.000 m	Série de frequência cardíaca Treinamento básico de resistência. 5.000-6.000 m
Sábado	Treinamento no solo Treinamento de produção de lactato e de potência 4.000 m	Folga

Adaptado de Volkers 1998.

Série 1

- 5 × 100/1'40'' FC máx − 30 bpm
- 1 × 200/3 (primeiros 100 na velocidade dos cinco 100 precedentes, e os últimos 100 em velocidade igual ou maior)
- 1 × 50 ritmo fácil/1
- 5 × 100/1'50'' FC máx − 20 bpm
- 1 × 200/3 (nadando do mesmo modo que os 200 precedentes)
- 1 × 50 ritmo fácil/1
- 5 × 100/2'00'' FC máx − 10 bpm
- 1 × 200/3 (nadando do mesmo modo que os 200 precedentes)
- 1 × 50 ritmo fácil

Série 2

- 3 × 200/3 FC máx − 30 bpm
- 100 ritmo fácil/2
- 6 × 100/1'50'' FC máx − 20 bpm
- 100 ritmo fácil/2
- 6 × 100/2 FC máx − 10 bpm
- 100 ritmo fácil
- 1 × 100/2 esforço máximo

As séries de produção de lactato e de potência de Susan eram combinações de tiros de velocidade de 12,5, 25 e 50 m.

Volkers utilizava uma série decrescente de 7 × 200 nado Crawl com um tempo até a saída de 5 min, para testar os progressos no desempenho aeróbico e anaeróbico, e também para o estabelecimento de tempos de treinamento para as repetições aeróbicas da atleta. Nessa série, Volkers monitorava a frequência cardíaca de Susan, sua concentração de lactato sanguíneo, frequência de braçadas e contagem de braçadas por 50 m.

Volkers utilizava uma série decrescente de 6 × 50 Borboleta com um tempo até a saída de 2'00'' para avaliar a eficiência das braçadas de Susan. Nessa série, era monitorada a frequência de braçadas, contagem de braçadas e distância por braçada. Com base nesses dados, o treinador determinava a melhor combinação de frequência de braçadas e contagem de braçadas a ser utilizada por Susan durante sua participação nos 200 m Borboleta nas competições. Durante a fase de polimento, Volkers também fazia com que a atleta nadasse todos os dias uma série de 4 × 50 m Borboleta com um tempo até a saída de 1'30''; ele estimava sua velocidade de recuperação com base nessa série, comparando sua frequência de braçadas e distância por braçada contra seus níveis ideais predeterminados.

Susan fazia seu programa de treinamento no solo em três ciclos de nove semanas por temporada. Cada um desses ciclos era dividido em três miniciclos de três semanas. Susan passava as primeiras três semanas de cada ciclo fazendo levantamento de grandes pesos, para aquisição de força muscular; nas três semanas seguintes, a atleta se concentrava no treinamento de potência, com o levantamento de peso em velocidades rápidas; e as três semanas finais de cada ciclo eram dedicadas à prática de *circuit training,* com o objetivo de melhorar sua resistência muscular aeróbica e anaeróbica. Durante a fase de polimento, Susan não treinava com pesos e corria 7 km em manhãs alternadas durante a semana, para melhorar a resistência dos músculos das pernas. Suas sessões principais de treinamento com pesos eram realizadas nas manhãs de terça-feira e sábado. Na manhã de quinta, a nadadora fazia 30 min de alongamento, seguido por exercícios de calistenia especialmente planejados para melhorar os músculos do tronco e dos membros. Susan continuava com seu programa de calistenia até dois dias antes das suas principais competições.

Mike Barrowman

O norte-americano Mike Barrowman (Nagy 1994) conquistou a medalha de ouro para os 200 m Peito nos Jogos Olímpicos de 1992, sendo detentor do recorde mundial de 2'10"16 nesse evento. O nadador se formou na Universidade de Michigan, onde treinou com Jon Urbanchek durante o ano escolar. Ele competia pelo Curl-Burke Swim Club durante a temporada de longo percurso e, nessa ocasião, seu treinador era Jozsef Nagy. A sessão a seguir descreve o treinamento de Mike sob a responsabilidade de Nagy para as últimas 11 semanas antes dos Jogos Olímpicos de 1992.

Mike treinava 11 sessões por semana. Treinava duas vezes por dia de segunda a sexta e uma vez no sábado pela manhã. Ele fez a maior parte de seu treinamento em uma piscina de 25 jd, completou apenas 10 sessões de treinamento em piscina longa durante esse período e não fez treinamento em altitude.

Em geral, Mike nadava entre 6.500 e 7.500 jd por sessão de treinamento, a maior parte com nado de Peito. Além disso, grande parte de sua metragem restante consistia em exercícios de pernadas e braçadas do nado de Peito. Frequentemente, treinava braçadas de Peito com pequenos palmares. O nadador não usava flutuadores e, durante os exercícios de braçada, Nagy lhe permitia dar apenas uma golfinhada por ciclo de braçada. Mike também fazia grande volume de pernadas de Peito e boa parte desse treinamento era realizada sem prancha de pernada.

A seguir, uma série de repetições de resistência típica de Mike Barrowman:
- 8 × 4 × 100/1'40"
- 10 × 200 nado Crawl/2'30"
- 3 × 300 (com alternância de nado 100 Peito; braçadas 100 Peito e nado 100 Peito, para cada 300). Em geral, o tempo até a saída era escolhido de modo a permitir 30 a 40 s de descanso entre repetições.
- 2 × 400 (com alternância de quatro ciclos de nado de Peito na superfície, e quatro ciclos de nado de Peito submersos)

Uma das séries de velocidade favoritas desse nadador era 8 × 50 com um tempo até a saída de 1 min, durante o qual tentava manter tempos equivalentes ao tempo esperado para nadar durante os 50 m finais de sua principal prova de 200. Para simular as condições da prova, comumente ele fazia essa série ao final da sessão de treinamento, quando já estava cansado.

O polimento de Mike teve duração de duas semanas, mas o nadador continuou a fazer algum treinamento muito intenso até oito dias antes dos Jogos Olímpicos. A Tabela 15.23 fornece exemplos de quatro dias de treinamento diferentes: um dia de treinamento no início da temporada, um na metade da temporada, um no início do polimento e o último na metade do polimento.

Durante seu período de pico de treinamento, Mike fazia 30 a 60 min de treinamento no solo, seis dias por semana. O atleta não levantava pesos; em vez disso, usava cordas de alongamento e um circuito intenso com *medicine ball*, em combinação com saltos, agachamentos e alongamentos. Três semanas antes do início dos Jogos Olímpicos, a quantidade e a duração de seu treinamento no solo diminuíram para dois dias por semana e para 30 min por dia. Sua última sessão de treinamento no solo ocorreu 8 dias antes de seu nado olímpico.

OUTRAS SUGESTÕES DE TREINAMENTO PARA OS NADOS DE COSTAS, BORBOLETA E DE PEITO

Tendo em vista que muitas das adaptações do treinamento capazes de melhorar a resistência e a velocidade estão localizadas nas fibras musculares, os nadadores devem treinar em seu tipo de nado principal durante um período de tempo considerável em cada temporada. Por consequência, devem realizar mais da metade da quilometragem de treinamento em sua especialidade durante a segunda metade da temporada de nado, fazendo com que esse treinamento afete todos os sistemas de energia. Os atletas podem fazer nado Crawl em muitas (mas não em todas) séries de resistência básica, pois as adaptações circulatórias e respiratórias resultantes disso beneficiarão todos os demais tipos de nado. Definitivamente, os atletas devem nadar a maior parte de suas séries de repetições de resistência limiar e com sobrecarga, e a maior parte de suas séries em ritmo de prova, em tiros de velocidade e de potência em seu principal tipo (ou tipos) de nado, porque as adaptações almejadas com essas formas de treinamento residem principalmente nas fibras musculares assim utilizadas; além disso, praticamente toda a quilometragem de pernadas desses atletas deve ser realizada em suas especialidades. A finalidade das seções seguintes é dar algumas sugestões para fazer com que o treinamento de nadadores de Borboleta, Costas e Peito seja mais efetivo.

Treinamento de nadadores de Costas

Os nadadores de Costas devem usar um bom tempo, melhorando tanto a resistência como a velocidade de suas pernadas. Para tanto, devem fazer séries especiais de pernadas com repetições de resistência básica. A necessi-

Capítulo 15 Treinamento para eventos diferentes **463**

Tabela 15.23 Amostra de sessões de treinamento diárias para Mike Barrowman

Quinta-feira, 14 de maio de 1992 (11 semanas antes do início dos Jogos Olímpicos)

Manhã	Tarde
Treinamento no solo – 60 min 400 MI 10 × 400 Crawl/30 s de descanso 16 × 25/0'35", sem respirar em cada segundo trecho de 25 200 de recuperação Total = 5.000 jd	400 de aquecimento 200 de pernadas de Peito (alternar 25 jd de pernadas com a direita, a esquerda e as duas pernas, e 25 jd de pernadas com as duas pernas) 200 de braçadas de Peito (alternar 25 jd com a cabeça para cima e 25 jd com 4 braçadas e 4 braçadas submersas) 4 × 100 MI/1'30" + 100 ritmo fácil 8 × 50 Peito/1'00" + 100 ritmo fácil 4 × 75 Peito/1'15" (braçadas, pernadas, 25 nado) 4 × 100 Peito/1'40" (25 de braçadas, 25 de pernadas, 50 nado) 10 × 150 Peito/2'15" (braçadas, pernadas, 50 nado) 4 × 75 Peito/1'15" (braçadas, pernadas, 25 nado) + 100 ritmo fácil 400 à escolha com nadadeiras + 100 ritmo fácil 2 × 100 Peito/1'40" (25 de braçadas, 25 de pernadas, 50 nado) 2 × 150 Peito/2'15" (braçadas, pernadas, 50 nado) 3 × 300 Peito/4'15" (braçadas, pernadas, 100 nado) 2 × 150 Peito/2'15" (braçadas, pernadas, 50 nado) 2 × 100 Peito/1'40" (25 de braçadas, 25 de pernadas, 50 nado) + 100 ritmo fácil 8 × 50 Peito/1 em ritmo de 200 600 de recuperação Total = 7.900 jd

Terça-feira, 23 de junho de 1992 (5 semanas antes do início dos Jogos Olímpicos)

Manhã	Tarde
Treinamento no solo – 50 min 400 de pernadas de Peito (25 ritmo fácil, 25 rápido) 10 × 150 MI/2'00" (25 Borboleta, 75 Costas, 50 Crawl) + 100 ritmo fácil 10 × 100 de pernadas de Peito/1'45" + 100 ritmo fácil 8 × 50 de braçadas de Peito/1'00" + 100 ritmo fácil 4 × 200 MI/3'00" (25 Borboleta, 25 Costas, 125 Peito e 25 Crawl) + 100 ritmo fácil 3 × 400 Peito/5'45" (# 1 e 2, braçadas de Peito; 4 braçadas submersas e 4 braçadas acima da água; # 3 nado de Peito) 400 de recuperação Total = 6.900 jd	4 × 200 (50 Crawl, 50 de pernadas de Peito, 50 Borboleta, 50 à escolha) 400 à escolha, 200 Borboleta (1-1-2) 8 × 50 Costas/Crawl/0'45" 200 de pernadas de Peito, 200 de braçadas de Peito, 100 ritmo fácil 5 × 4 × 50 (série 1, pernadas de Peito com 1'00"; série 2, braçadas de Peito com 0'55"; série 3, Peito, 3 pernadas + 1 braçada com 0'55"; série 4, Peito, 2 pernadas + 1 braçada com 0'55"; série 5, nado de Peito com 0'50") 200 Peito + 50 ritmo fácil 200 nado fácil 200 Borboleta (1-1-2) 8 × 50 de pernadas, não de nado de Peito/1'00" + 100 ritmo fácil 8 × 100 Crawl com nadadeiras/1'20" + 100 ritmo fácil 2 × 400 Peito/5'45" (4 braçadas submersas e 4 braçadas acima da água) + 100 ritmo fácil 8 × 50 Peito/1'00" em ritmo de 200 + 100 ritmo fácil 1 × 100 Peito a 100% (25 de braçadas, 25 de pernadas, 50 nado) 400 de recuperação Total = 6.200 jd

Terça-feira, 21 de julho de 1992 (8 dias antes da prova Olímpica)

Manhã	Tarde
800 de aquecimento 800 nado de Peito (alternar 100 de pernadas e 100 de braçadas) 4 × 50 Peito/1'30" (alternar 4 pernadas submersas com 4 braçadas na superfície com esforço de 95-100%) + 100 ritmo fácil 2 × 200 MI/3'00" + 100 ritmo fácil 4 × 25 (exercício)/0'30" + 50 ritmo fácil 4 × 100 Crawl/1'30" + 100 ritmo fácil 8 × 50/1'00" (25 Borboleta sem respirar, 25 Costas) + 50 ritmo fácil 400 de recuperação Total = 3.900 jd	400 de aquecimento 200 Borboleta (1-1-2) 400 de pernadas de Peito (25 direita, esquerda, ambas, e 25 com as duas pernas) 200 Costas/Crawl por 25 4 × 75 Peito/1'15" (25 de braçadas, 25 de pernadas, 25 nado) 4 × 100 Peito/1'40" (25 de braçadas, 25 de pernadas, 50 nado) 2 × 150 Peito/2'15" (50 de braçadas, 50 de pernadas, 50 nado) 4 × 100 Peito/1'40" (25 de braçadas, 25 de pernadas, 50 nado) 4 × 75 Peito/1'15" (25 de braçadas, 25 de pernadas, 25 nado) + 100 ritmo fácil 400 à escolha, com nadadeiras 8 × 50 Peito/1'00" (25 de pernadas submersas, 25 de braçadas na superfície)

(continua)

Tabela 15.23 *(continuação)*

Terça-feira, 21 de julho de 1992 *(continuação)*

Manhã	Tarde
	8 × 50 Peito/1'00" (25 de braçadas submersas, 25 de braçadas na superfície)
	8 × 50 Peito/1'00 "(4 braçadas submersas, 1 braçada na superfície)
	200 ritmo fácil
	100 Peito (25 de braçadas, 4 submersas e 1 braçada na superfície; 25 de braçadas na superfície; 25 de braçadas, 4 submersas e 1 na superfície; 25 nado)
	600 de recuperação
	Total = 5.500 jd

Sábado, 25 de julho de 1992 (4 dias antes da prova Olímpica)

Manhã	Tarde
400 de aquecimento	800 de aquecimento
200 MI (25 de pernadas, 25 de braçadas)	400 de pernadas de Peito (alternar 50 com 10 pernadas em ritmo fácil e 5 pernadas rápidas, com 200 de pernadas de Peito [um trecho de 50 com pernadas em ritmo fácil])
200 Borboleta (1-1-2)	
400 (75 Costas em ritmo fácil e 25 Borboleta rápido)	400 de braçadas de Peito (alternar 10 braçadas em ritmo fácil e 5 braçadas rápidas durante todo o percurso)
200 de pernadas de Peito	200 à escolha
400 Crawl (75 em ritmo fácil, 25 rápido)	4 × 50 Peito/1'15" (alternar com 200 de pernadas de Peito)
8 × 25 de braçadas de Peito submersas	400 à escolha
800 de recuperação	2 × 100 Peito/2'00" (alternar 4 braçadas submersas, com 4 braçadas na superfície, esforço de 90-95%)
Total = 3.200 jd	400 de recuperação
	Total = 3.000 jd

Adaptado de Nagy 1994.

dade de uma pernada efetiva no nado de Costas é corroborada pelo fato de que praticamente todos os seus praticantes utilizam a pernada de seis batidas nas provas, e não os ritmos de pernadas com duas e quatro batidas utilizados por muitos nadadores de Crawl. É provável que a pernada contribua mais para a propulsão no nado de Costas do que no Crawl, porque a posição supina do nadador permite uma varredura propulsiva para cima mais longa com as pernadas.

Os nadadores de Costas não precisam realizar grande volume de pernadas de velocidade. A velocidade de tiro do nado em nível de competição exige uma pernada forte; assim, o treinamento deve ser suficiente para melhorar a potência anaeróbica dos músculos das pernas. Entretanto, esses nadadores devem fazer algumas séries de pernadas de velocidade para melhorar sua técnica e, portanto, a velocidade das pernadas. Uma ou duas dessas séries por semana seria suficiente. É claro que o aperfeiçoamento da técnica de pernadas é um modo produtivo de aumentar a velocidade.

Os modernos nadadores de Costas também precisam utilizar boa parte de seu tempo aumentando a velocidade de suas golfinhadas e a capacidade de dar pernadas submersas de maior alcance durante cada percurso de suas provas. O exercício com corda elástica (tubo cirúrgico) no nado de Costas, descrito no capítulo precedente, é um modo excelente para fazer com que os nadadores dessa modalidade tenham condições de percorrer maior trecho de cada comprimento de piscina executando pernadas submersas. Tal exercício deve ser praticado no início da temporada, para que os atletas se condicionem a ficar submersos durante pelo menos metade de cada comprimento de piscina. Tiros de velocidade de 50 de grande qualidade e com períodos de descanso longos também cumprem bem essa finalidade. Há vários modos de execução desses tiros de velocidade; um deles consiste em dar pernadas submersas ao longo de todo o trecho de 50; outro método possível em piscinas curtas consiste em executar pernadas por 15 m de cada comprimento de piscina em submersão, vindo à superfície apenas para a virada e na chegada.

Nadadores de Peito também devem praticar exercícios de pernadas de velocidade em submersão com o objetivo de melhorar sua técnica de golfinhadas submersas. Tiros de velocidade em submersão de 12,5 e 25 jd são excelentes para essa finalidade. O uso de nadadeiras e *monofins* (mononadadeiras utilizadas na golfinhada) em alguns desses tiros de velocidade também é um modo produtivo e interessante para melhorar as golfinhadas submersas; as nadadeiras ajudam os atletas a aperfeiçoar a técnica de *shimmey* rápida, que é essencial para a execução de golfinhadas submersas efetivas.

Treinamento de nadadores de Borboleta

Pernadas propulsivas são igualmente importantes para nadadores de Borboleta. Consequentemente, as sugestões para melhorar as pernadas de nadadores de Costas se aplicam ao treinamento de nadadores de Borboleta. Esses atletas devem ter boa resistência aeróbica nos músculos das pernas, desenvolvida por uma combinação de pernadas de resistência básica e de resistência limiar. Além disso, também precisam fazer algumas repetições de pernadas em velocidade com ênfase na boa técnica. Tais atletas podem lançar mão dos mesmos exercícios mencionados para essa finalidade na sessão do nado de Costas, para aumentar sua velocidade de pernadas. Certamente, os nadadores de Borboleta devem utilizar as golfinhadas na maioria dos exercícios de pernadas.

Nadadores de Borboleta que utilizam golfinhada submersas na maior parte de suas provas também precisam melhorar sua capacidade de manter uma pernada submersa potente durante maior trecho de cada comprimento de piscina. Para concretizar tal objetivo, devem utilizar os exercícios mencionados para a golfinhada submersa para o nado de Costas.

Nadadores de Borboleta precisam fazer algum treinamento de resistência em seu nado principal, porque este é o único caminho que lhes dará certeza de que melhorarão a capacidade aeróbica de todas as fibras musculares utilizadas ao praticarem sua especialidade nas provas. Certamente, é possível que eles façam uma parte considerável do treinamento básico de resistência em outros tipos de nado, particularmente no nado Crawl, pois esse treinamento gerará adaptações circulatórias e respiratórias que aumentarão o aporte de oxigênio para os músculos, como também ocorre com a prática do nado Borboleta. No nado Borboleta, o envolvimento das fibras musculares é também tão parecido com o envolvimento no nado Crawl, que a prática deste melhorará a capacidade aeróbica de muitas das fibras utilizadas naquele. Apesar disso, nadadores de Borboleta que se especializam na prova de 200 precisam nadar algumas séries de resistência limiar e de resistência com sobrecarga em seu tipo de nado principal, para que haja garantia de que treinaram todas as fibras musculares utilizadas nas suas provas.

As séries de resistência limiar e de resistência com sobrecarga podem ser um pouco mais curtas do que o habitual, talvez 800 a 1.600 jd/m para séries de resistência limiar, e 600 a 1.200 jd/m para séries de resistência com sobrecarga. Nessas séries, os atletas também devem ter um pouco mais de descanso entre repetições do que o habitual para que possam manter uma boa mecânica. Os períodos de descanso devem ficar entre 20 e 40 s nas repetições mais curtas de 50 a 100 jd/m e até 60 s para repetições de 200 a 400 jd/m. Acredito que os atletas devam nadar uma a duas dessas séries especializadas de Borboleta todas as semanas durante o início da temporada; mais adiante na temporada, serão válidas duas a quatro séries todas as semanas; e, na maioria dos casos, já no final da temporada, o treinamento em ritmo de prova poderá substituir o de resistência com sobrecarga.

Nadadores que se especializam nos eventos mais curtos do nado Borboleta não precisarão fazer tanto treinamento de resistência; eles devem nadar seu tipo principal de nado durante a maior parte das repetições de tolerância ao lactato e em ritmo de prova. Todos os nadadores de Borboleta devem nadar a maior parte das séries de treinamento de produção de lactato e de potência em seu principal tipo de nado.

Muitos treinadores e nadadores já perceberam que o treinamento de resistência para o nado Borboleta provoca certa desestruturação na mecânica de alguns atletas. Tal problema ocorre porque o custo energético para nadar Borboleta é maior do que para nadar Crawl e Costas, tanto em velocidades lentas como rápidas. Há necessidade de mais energia, pois as flutuações na velocidade frontal durante cada ciclo de braçadas do Borboleta são maiores do que as observadas nos nados Crawl e Costas.

A velocidade frontal, mesmo de nadadores habilidosos de Borboleta, desacelera significativamente durante cada ciclo de braçadas. Os nadadores desacelerarão até 1,0 m/s durante a recuperação dos braços e desacelerarão em nível parecido durante o intervalo entre o final da varredura para baixo da primeira golfinhada e o momento em que começam a acelerar o corpo para frente com a braçada. Por outro lado, nadadores de Crawl e Costas desaceleram muito menos durante o ciclo de braçadas, comumente não mais do que 0,2 a 0,3 m/s. Os nadadores de Borboleta precisam fornecer energia suficiente para obter uma grande aceleração à frente por duas vezes durante cada ciclo de braçadas, aumentando o custo energético além do custo observado em nadadores de Crawl ou Costas, mesmo em velocidades relativas parecidas. Principalmente por essa razão, os nadadores de Borboleta produzem mais ácido lático e têm frequências cardíacas mais elevadas do que os de Crawl e de Costas em velocidades que representem o mesmo nível de esforço nos três tipos de nado. Assim, é mais provável que o treinamento de resistência para o nado Borboleta venha a causar supertreinamento, em comparação com treinamentos similares no nado de Costas ou Crawl. Quero agora sugerir alguns modos de fazer o treinamento de resistência para o nado Borboleta sem que o atleta sofra perturbação em sua mecânica do nado.

Um método consiste em nadar Borboleta com nadadeiras. Outro método consiste em nadar um exercício

1-1-2, no qual os nadadores executam um número predeterminado de braçadas Borboleta, por exemplo, duas braçadas, com o braço direito, o mesmo número de braçadas com o braço esquerdo e igual número com os dois braços. Um terceiro método consiste em utilizar o exercício de pernada submersa, nado na superfície, em que o atleta executa duas ou três golfinhadas submersas, seguidas por duas ou três braçadas acima da água durante cada comprimento de piscina. Um quarto método consiste em nadar séries decrescentes, utilizando nado Crawl para a maior parte da série e, em seguida, trocando para Borboleta nos nados rápidos, mais para o final da série. Com o avanço da temporada, o nadador deverá sempre trabalhar com o objetivo de nadar a maior parte da distância total dessas séries com o nado Borboleta completo.

Não importa o grau de excelência dos planos de treinadores e nadadores, durante as séries de resistência do nado Borboleta ocorrerá certo grau de deterioração da mecânica do nado. Fundamentalmente, os nadadores tenderão a relaxar a golfinhada, ondular menos, deslizar por distância mais curta depois da entrada dos braços na água e abaixar os cotovelos. Se forem tomadas certas precauções, essa perda de forma não deve causar nenhum problema grave na mecânica do nado. À medida que os nadadores de Borboleta ficarem mais experientes e habilidosos, serão capazes de fazer maior volume de treinamento de resistência para esse tipo de nado sem prejudicar sua mecânica; um problema ocasional na mecânica durante o treinamento não prejudicará permanentemente um estilo que está bem sedimentado, graças às temporadas de bom treinamento. Nadar Borboleta até o ponto da ineficiência poderá mesmo ser benéfico em certos aspectos, particularmente se o nadador se concentrar em tentar manter uma boa mecânica, quando estiver começando a se cansar. Frequentemente, a mecânica dos nadadores sofre deterioração, tanto durante as provas como durante o treinamento de resistência para o nado Borboleta. É bastante provável que esses atletas sejam capazes de manter um nado eficiente durante as provas se estiverem concentrados em manter uma boa mecânica de nado durante as séries de treinamento, tornando-se mais bem-sucedidos nessa tarefa. Dito isso, quero alertar que nadadores de Borboleta que parecem piorar em vez de melhorar (com relação à manutenção da boa mecânica durante suas provas) podem estar com excesso de treinamento de resistência para esse nado; eles devem reduzir temporariamente o volume desse tipo de treinamento.

Treinamento de nadadores de Peito

Tudo o que disse até agora acerca da importância de nadar o tipo de nado principal durante o treinamento se aplica aos nadadores de Peito, talvez ainda mais do que se aplica aos demais nadadores, pois tal modalidade é a que mais se afasta dos outros três tipos de nado competitivos.

Certamente, nadadores de Peito podem praticar outros tipos de nado durante parte de seu treinamento básico de resistência, pelas mesmas razões citadas anteriormente. O nado de resistência básica em outros tipos de nado pode melhorar as funções respiratória e circulatória tão bem como o nado de Peito. Ainda assim, praticantes dessa modalidade devem nadar 50 a 75% de sua quilometragem total usando o nado de Peito, para melhorar a capacidade aeróbica e a potência anaeróbica de todas as fibras musculares envolvidas nessa prática. Entretanto, esses nadadores não podem nem devem utilizar o nado em limite máximo em toda essa quilometragem. As magnitudes de aceleração e desaceleração da velocidade frontal são maiores no nado de Peito, em comparação com qualquer outro: a velocidade frontal pode desacelerar em até 2 m/s durante a recuperação das pernas e, depois disso, os nadadores de Peito precisarão readquirir toda essa velocidade ao projetarem as pernas para trás. Obviamente, o esforço para concretizar tal tarefa será considerável e, assim, esses atletas, tal como os nadadores de Borboleta, produzirão mais ácido lático e terão frequências cardíacas mais elevadas do que nadadores de Crawl e de Costas em velocidades que representem o mesmo nível relativo de esforço. Por consequência, durante séries longas de resistência básica ou de resistência limiar, esses atletas não devem praticar o nado de Peito em esforço total com demasiada frequência.

O procedimento utilizado por alguns treinadores bem-sucedidos para melhorar a capacidade aeróbica de nadadores de Peito consiste em separar séries de resistência básica em séries alternadas de repetições de pernadas, braçadas e nados. As flutuações de velocidade não são tão grandes durante as braçadas; assim, essas séries proporcionam algum alívio. A descrição do programa de treinamento de Mike Barrowman deu alguns exemplos desse procedimento.

Nadadores de Peito que se especializam na prova de 200 podem e devem praticar algumas séries de resistência limiar e de resistência com sobrecarga em sua especialidade. Obviamente, devem também nadar em seu tipo de nado (i. e., Peito) durante a maior parte das séries em ritmo de prova. Já nadadores de Peito que se especializam em distâncias mais curtas devem evitar longas séries de resistência limiar e de resistência com sobrecarga; em vez disso, devem fazer decréscimo em muitas de suas séries de repetições de resistência básica até velocidades limiares e de sobrecarga, para proporcionar um estímulo de treinamento para as fibras musculares de contração rápida, sem que estas percam velocidade e potência.

Os treinadores não devem esperar que seus atletas praticantes do nado de Peito nadem tão perto de seus melhores tempos nas séries de resistência limiar e de resistência com sobrecarga, em comparação com os praticantes de outros tipos de nado. Devido às grandes flutuações de velocidade inerentes em seus ciclos de braçadas, os nadadores de Peito comumente exibirão menores velocidades de tolerância ao lactato anaeróbico, em relação a seus melhores tempos, e, em geral, nadarão em frequências cardíacas mais baixas e em menores esforços percentuais durante as séries limiares. Portanto, essas séries devem ser um pouco mais curtas do que as recomendadas para nadadores de Crawl e de Costas, e os intervalos de descanso devem ser ligeiramente mais longos, para retardar o cansaço e manter a integridade da mecânica do nado em um nível mais elevado, do início ao fim.

Tudo o que disse acerca da importância das pernadas para os nadadores de Costas e Borboleta vale em dobro ou em triplo para o nado de Peito. Todos os dias, os nadadores de Peito devem fazer grande metragem de pernadas dessa modalidade; embora tal recomendação possa ter boa base fisiológica, frequentemente seu cumprimento é difícil, por causa do esforço incidente nos joelhos. Infelizmente, as possibilidades de lesão aos tecidos moles dos joelhos faz com que seja preciso administrar a quilometragem das pernadas para os nadadores dessa especialidade tendo em mente o duplo objetivo de melhorar a resistência das pernas e de prevenir lesões no joelho. Por essa razão, nadadores de Peito não devem fazer grande volume de nado/pernadas de resistência para sua modalidade durante a mesma sessão de treinamento. A alternância de pernadas específicas do nado de Peito ou de um nado em esforço máximo com braçadas de Peito durante séries longas de resistência básica é um esquema que proporcionará intervalos de descanso periódicos para os joelhos do nadador. Com isso, ficam reduzidas as tensões incidentes nessas articulações.

Nadadores de Peito devem executar a maior parte das pernadas em velocidade de resistência básica. Em comparação com as demais modalidades competitivas, em que há predomínio dos braços, esse nado é dominado pelas pernas, portanto, durante o nado de esforço máximo, nadadores de Peito fazem tanto ou mais trabalho com as pernas, em comparação com a ação dos braços. Consequentemente, esses atletas não precisam executar pernadas em velocidades de resistência limiar ou de resistência com sobrecarga para melhorar a capacidade aeróbica das fibras musculares de contração rápida de pernas. Apesar disso, eles devem decrescer regularmente suas velocidades até níveis limiares e de sobrecarga mais para o final, quando estiverem praticando pernadas em séries de resistência básica.

Pela razão citada no parágrafo anterior, nadadores de Peito não precisam fazer grande volume de pernadas de velocidade. Suas pernas receberão o estímulo de treinamento adequado quando eles nadarem em esforço máximo durante as repetições de velocidade, pois suas pernadas são fundamentais para a modalidade.

A prática de pernadas com uma prancha é um bom método de treinamento das pernas de nadadores de Peito, mas estes não devem utilizar tal ajuda como método exclusivo para treinamento das pernas. Os nadadores devem fazer certo volume de pernadas sem a prancha, com o objetivo de praticar a hidrodinâmica dos braços, cabeça e tronco em submersão durante a execução das pernadas, do mesmo modo que fazem ao nadarem a modalidade com esforço máximo.

Conforme já mencionei, especialistas no nado de Peito tendem a privilegiar suas pernas ao nadarem a modalidade com esforço máximo, portanto, devem devotar parte considerável de sua quilometragem de treinamento às braçadas. Nadadores especialistas nos 200 Peito devem fazer essas braçadas em combinações de séries de repetições de resistência básica, resistência limiar e resistência com sobrecarga. Nadadores especialistas na prova de 100 buscam manter um grau elevado de velocidade e de potência nos braços; assim, devem executar a maior parte do treinamento de resistência em séries decrescentes, nas quais a maior parte da quilometragem é cumprida em velocidades de resistência básica.

O nado de Peito de velocidade deve proporcionar estímulo suficiente para o aperfeiçoamento da potência anaeróbica e da capacidade de tamponamento dos músculos dos nadadores. Não obstante, certos nadadores dessa modalidade devem fazer algumas séries de velocidade, apenas com braçadas, se não estiverem utilizando completamente os braços durante as provas.

Os treinadores devem desencorajar a prática de dar braçadas com uma golfinhada, exceto durante exercícios de nado e de contagem de tempo. Os nadadores não devem utilizar a golfinhada quando a finalidade de uma série de braçadas for o aperfeiçoamento da capacidade aeróbica e da potência anaeróbica dos braços. Nadadores de Peito com braçadas fracas podem compensar essa deficiência deixando que, nesses nados, suas pernadas façam a maior parte do trabalho; por causa disso, o estímulo de treinamento nos músculos dos braços poderá permanecer excessivamente limitado para que ocorram adaptações satisfatórias de qualquer tipo.

A prática de braçadas da modalidade Peito não é a única forma de melhorá-las. A metade anterior da braçada do nado Borboleta é parecida com a fase propulsiva da braçada do nado de Peito, portanto, o nado Borboleta é considerado um bom complemento para a prática das braçadas de Peito, além de proporcionar variedade ao treinamento.

TREINAMENTO PARA EVENTOS DE MEDLEY INDIVIDUAL

Nadadores de Medley individual devem consumir boa parte do seu tempo aperfeiçoando as técnicas de todos os quatro tipos de nado competitivo. Do ponto de vista fisiológico, os nadadores desses eventos também devem usar tempo considerável praticando as quatro modalidades competitivas em seu treinamento, realizando vários níveis diferentes de treino de resistência e de velocidade para cada modalidade. Contudo, não precisam enfatizar cada nível de treinamento ao mesmo grau em cada modalidade, já que as demandas metabólicas para cada modalidade de nado são um pouco diferentes, por causa de sua ordem na prova. A Tabela 15.24 lista os tipos mais importantes de treinamento que devem fazer parte dos programas de nadadores de 400 e 200 MI.

Planejamento de séries de repetições para treinamento do Medley individual

Séries com modalidades mistas são frequentemente utilizadas no treinamento de nadadores de Medley individual, sendo que o número de repetições de cada série é dividido igualmente entre as quatro modalidades competitivas. Esse método funciona bem para o treinamento de velocidade e em ritmo de prova, mas não é a melhor opção para o treinamento de resistência. O treinamento balanceado não proporciona estímulo contínuo de suficiente duração para melhorar o uso do oxigênio pelas fibras musculares utilizadas em certas modalidades de nado, mas não em outras. Por essa razão, oriento nadadores de Medley individual a praticar séries de resistência diretas mais longas em cada uma das três últimas modalidades das provas de Medley individual, Costas, Peito e Crawl. Cada série de repetição para determinada modalidade deve ter uma extensão de 800 a 2.000 m. Os atletas devem nadar a maioria dessas séries em velocidade de resistência básica, porém regularmente devem decrescer até a velocidade de resistência com sobrecarga para os últimos 300 a 600 m, de modo que possam também melhorar a capacidade aeróbica das fibras musculares de contração rápida. Regularmente, os atletas devem fazer séries decrescentes desse tipo durante o início da temporada. Especialistas nos 200 MI devem continuar o treinamento dessa forma ao longo de toda a temporada, para que não percam demasiada potência anaeróbica. Nadadores de Medley individual que se especializam na distância de 400 devem nadar gradualmente as séries de Costas, de Peito e Crawl em velocidade de resistência limiar e de resistência com sobrecarga durante a metade da temporada, com o objetivo de otimizar sua resistência nessas modalidades.

Não é preciso que nadadores de MI pratiquem as quatro modalidades em cada sessão de treinamento; em vez disso, devem alternar dias ao longo de toda a semana, quando certas modalidades serão enfatizadas. Isso deve ser planejado de modo que, no final da semana, os atletas tenham completado pelo menos duas séries importantes de resistência para cada uma das três modalidades finais da prova.

Os nadadores de Medley individual devem se concentrar no aprimoramento da resistência em sua(s) modalidade(s) mais fraca(s) durante a primeira metade da temporada. Para tanto, devem incluir mais treinamento para essa(s) modalidade(s) em seu planejamento semanal. Reco-

Tabela 15.24 Condições de treinamento para as quatro modalidades do Medley individual

Condições de treinamento mais importantes		Borboleta	Costas	Peito	Crawl
400 MI		En-1	En-1	En-1	En-1
		Treinamento em ritmo de prova	En-2	En-2	En-3
		Treinamento de produção de lactato	En-3	En-3	Treinamento em ritmo de prova
			Treinamento em ritmo de prova	Treinamento em ritmo de prova	Treinamento em ritmo de prova
200 MI		Treinamento de produção de lactato	Treinamento de produção de lactato	Treinamento de produção de lactato	Treinamento de produção de lactato
			En-1	En-1	En-1
		Treinamento em ritmo de prova	En-2	En-2	En-2
			En-3	En-3	En-3
			Treinamento em ritmo de prova	Treinamento em ritmo de prova	Treinamento em ritmo de prova

mendo que nadadores dos 200 MI incluam treinamento extra de produção de lactato para sua(s) modalidade(s) mais fraca(s) durante a primeira metade da temporada, visando a aumentar sua velocidade.

Apesar do que já disse anteriormente, em alguns casos o nado de repetições com modalidades mistas é uma boa ideia, pois auxilia os nadadores a melhorar sua capacidade de passar de uma modalidade para a seguinte sem perder o ritmo, ajudando-os com o ritmo durante as provas de MI. Os nadadores devem incluir algumas séries de repetições de MI em seu treinamento, como forma de ajudá-los a aperfeiçoar as viradas de troca de nado, de uma modalidade para a seguinte.

Séries de repetições com modalidades mistas também ajudam os atletas a passar de uma modalidade para a seguinte com uma distribuição de esforço homogênea. Em geral, os intervalos de descanso entre essas repetições devem ser curtos, embora possam ser prolongados durante as repetições de nado Crawl, com o objetivo de incentivar um nado mais rápido ao final das provas de MI. A ênfase deve recair no nado das três primeiras modalidades aerobicamente e a modalidade final anaerobicamente.

Atletas especialistas nessas provas devem também fazer algumas séries de repetições em que nadarão um Medley individual parcial ou completo durante cada repetição. Quando os atletas nadam Medleys individuais completos, devem fazer a maioria das séries de repetições em velocidades de treinamento de sobrecarga e de tiro de velocidade, para que possam aprender o ritmo apropriado. Muitos atletas tendem a nadar com excessiva velocidade em suas melhores modalidades com a noção equivocada de que, assumindo a liderança nessas etapas, evitarão que os demais competidores os alcancem em suas modalidades mais fracas. Outro erro cometido por esses atletas consiste em nadar com demasiada rapidez imediatamente depois da mudança de modalidade, apenas para se atrasarem mais adiante, ao perceberem que seu ritmo estava demasiadamente forte. Os nadadores de Medley individual devem aprender a nadar o trecho de Borboleta dessas provas com rapidez e facilidade, mantendo, em seguida, uma distribuição homogênea do esforço durante os segmentos de Costas e Peito, para que a taxa de acidose não acelere prematuramente durante a prova. O trecho de nado Crawl nas provas de Medley individual deve ser a única ocasião em que devem se esforçar para nadar com a maior rapidez possível.

Há dois métodos de planejamento de repetições para o Medley individual bastante adequados para melhorar a resistência nas duas modalidades intermediárias, melhorando ao mesmo tempo a velocidade fácil no segmento de nado Borboleta e a capacidade de tamponamento no segmento de nado Crawl. O primeiro consiste em au-

mentar a duração dos segmentos de Costas e de Peito com relação aos segmentos de Borboleta e Crawl, no âmbito de uma repetição de Medley individual; tal método recompensará a resistência nas duas modalidades precedentes e a velocidade nas duas modalidades finais. O segundo método consiste em nadar repetições que incluam apenas uma parte de um Medley individual completo. Exemplificando, os atletas podem nadar uma série de repetições de 8 × 250 da seguinte maneira:

- Nadar 4 × 250 (50 Borboleta, 100 Costas, 100 Peito).
- Nadar 4 × 250 (100 Costas, 100 Peito, 50 Crawl).

Pernadas durante provas de Medley individual

É preciso que os nadadores de Medley individual desenvolvam uma forte pernada de nado de Peito, porque a maioria desses atletas revela maior fraqueza nessa modalidade. Além de seu efeito positivo no trecho da prova percorrido com nado de Peito, uma boa pernada em tal modalidade permitirá que os nadadores descansem um pouco os braços para o nado Crawl a seguir. Certamente, uma boa pernada é vantajosa em qualquer das modalidades de nado, mas para os nadadores de Medley individual esse movimento é mais importante no nado de Peito do que em qualquer outro. A pernada de adejamento do nado Crawl vem em segundo lugar em termos de importância para esses nadadores, pois eles devem ser capazes de utilizar um estilo de seis batidas durante esse trecho da prova. Em suas provas, os nadadores de MI, particularmente aqueles especializados na prova de 400, não devem dar pernadas vigorosas durante os trechos de Borboleta e Costas, para que possam conservar energia.

Programas de treinamento de nadadores de Medley individual bem-sucedidos

Os programas de treinamento de Tom Dolan e Summer Sanders, que competiam em eventos de 200 e 400 MI, são exemplos de sucesso nessas provas.

Tom Dolan

Tom Dolan (Urbanchek 1998) foi o ganhador da medalha de ouro nos 400 MI nos Jogos Olímpicos de 1996 e 2000. Ele também conquistou a medalha de prata nos 200 MI nos Jogos Olímpicos de 2000. Seu tempo de 4'11"76 nos 400 MI nos Jogos Olímpicos de 2000 foi um novo recorde mundial; ele quebrou seu próprio recorde anterior de 4'12"30. Seu tempo de 1'59"77 para os 200 MI nos Jogos Olímpicos de 2000 foi recorde norte-americano. A seguir, revisaremos o programa de treinamento de Tom antes dos Jogos Olímpicos de 1996. Jon

Urbanchek, da Universidade de Michigan, e Rick Curl, do Curl-Burke Swim Club, orientaram o treinamento desse nadador em várias ocasiões no ano.

O volume de treinamento de Tom variava entre 75.000 e 85.000 jd/m por semana, sendo que ele treinava 10 vezes por semana. As sessões de treinamento eram realizadas duas vezes por dia nas segundas, terças, quintas e sextas, uma vez na tarde de quarta-feira e uma vez na manhã de sábado. O polimento de Tom durava 14 dias. A Tabela 15.25 apresenta um programa de treinamento semanal típico. Geralmente, o atleta treinava em altitude duas vezes por ano durante 3 semanas a cada vez, nos meses de dezembro e maio.

Em geral, as sessões matinais durante a semana eram devotadas ao treinamento básico de resistência na forma de nados, pernadas e braçadas. A sessão da manhã de segunda-feira enfatizava exercícios de braçadas e pernadas no nado Crawl; já as sessões matinais de terça e sexta-feira concentravam-se no nado de Peito e no nado de Costas. Frequentemente, Tom também fazia 2.000 m de exercícios de pernadas de Peito nesses dias sem a utilização de prancha. Também fazia combinações de treinamento de velocidade contra resistência e de velocidade com ajuda em todas as modalidades de nado durante essa sessão de trabalho. Um exemplo de seu treinamento de velocidade consistia em praticar uma série de 50 s, nadando contra a resistência das cordas elásticas nos primeiros 25 e nadando enquanto era tracionado de volta por elas no segundo trecho de 25. Tom tinha folga na manhã de quarta-feira; na manhã de quinta-feira, fazia braçadas de nado Crawl

em velocidades de resistência básica, exercícios de pernadas e treinamento hipóxico. Em geral, nadava uma série de velocidade de alta qualidade na manhã de sábado. Exemplificando, Tom podia fazer 6 × 100 com um tempo até a saída de 8 min, habitualmente nadando tipos variados de nado durante a série.

Tom nadava longas séries limiares nas tardes das segundas e quintas-feiras, as quais tinham durações entre 50 e 60 min. Comumente, o atleta nadava essas séries em nado Crawl, embora em algumas vezes utilizasse uma mescla de nados. Em tais séries, esperava-se que Tom mantivesse frequências cardíacas entre 150 e 180 bpm, e seus períodos de descanso entre repetições eram muito curtos, comumente 10 a 15 s; também se esperava que ele nadasse em maior intensidade nas tardes das quintas-feiras, em comparação com as tardes das segundas-feiras, e assim seus tempos de saída eram mais longos, para que isso pudesse ser feito. Esses tempos até a saída comumente permitiam descansos de 20 a 30 s entre repetições.

Seu treinamento para as tardes de terças e sextas-feiras foi descrito como de repouso ativo. As séries de repetições completadas por Tom eram combinações de nados longos em velocidade baixa a moderada intercaladas com séries de repetições ou nados rápidos e curtos. O atleta enfatizava repetições de nado de Peito nas terças e nado de Costas nas tardes das sextas-feiras.

Seu treinamento nas quartas-feiras consistia em uma série de $\dot{V}O_2$ máx ou em uma série decrescente de repetições, envolvendo todos os níveis de nado de resistência, desde um ritmo lento até outro muito rápido. Tom pra-

Tabela 15.25 Ciclo de treinamento semanal para Tom Dolan

Dia	Manhã	Tarde
Segunda-feira	Nado aeróbico de intensidade baixa a moderada, exercícios de braçadas e pernadas de Crawl. 7.000 jd	Treinamento limiar. 10.000 jd
Terça-feira	Nado aeróbico de intensidade baixa a moderada, ênfase no nado de Peito. Treinamento de pernadas com nadadeiras, treinamento de velocidade com ajuda e de velocidade contra resistência. 7.000 jd	Descanso ativo. Ênfase no nado de Peito. 9.000 jd
Quarta-feira	Folga	Série de $\dot{V}O_2$ máx ou série de resistência com decréscimo. 8.000 jd
Quinta-feira	Nado aeróbico de intensidade baixa a moderada, exercícios de pernadas com nadadeiras e treinamento hipóxico. 7.000 jd	Treinamento limiar. 9.000 jd
Sexta-feira	Nado aeróbico de intensidade baixa a moderada, ênfase no nado de Costas. Exercícios de pernadas de Peito, treinamento de velocidade com ajuda e de velocidade contra resistência. 7.000 jd	Descanso ativo, ênfase no nado de Costas. 8.000 jd
Sábado	Treinamento de $\dot{V}O_2$ máx ou de tolerância ao lactato. 8.000 jd	Folga

Adaptado de Urbanchek 1998.

ticava todos os tipos de nado nessa série. A Tabela 15.26 ilustra um exemplo de uma semana de treinamento de Tom à tarde; nela, também está descrita a sua principal carga de trabalho de alta intensidade na manhã de sábado.

Summer Sanders

Summer Sanders (Quick 1994) foi medalha de ouro para os 200 m Borboleta nos Jogos Olímpicos de 1992. Essa nadadora também estabeleceu um recorde norte-americano para os 200 MI com um tempo de 2'11"91. Nos mesmos Jogos, Summer também conquistou a medalha de prata nos 200 MI. Seu treinador na ocasião era Richard Quick, da Stanford University.

Summer treinava o ano todo. Seu treinamento estava dividido em duas temporadas: uma em piscina curta e a outra em piscina longa. A nadadora utilizou o plano a seguir para as 26 semanas que antecederam as competições eliminatórias norte-americanas para os Jogos Olímpicos de 1992.

Sua temporada em piscina curta se dividia em cinco partes. A primeira era uma fase de preparação, durante a qual a atleta treinava em altitude durante quatro semanas. Basicamente, o treinamento se compunha de nado de resistência de intensidade baixa a moderada. Summer treinava nove vezes por semana e, ao final desse período, nadava 6.000 a 7.000 m por sessão de treinamento.

A fase seguinte da temporada, que se prolongou por sete semanas, era denominada fase básica aeróbica geral, em que ela nadava dez vezes por semana. A finalidade do treinamento era melhorar sua capacidade aeróbica; por essa razão, a maior parte do treinamento estava orientada para a resistência com descansos curtos. Um exemplo de

duas séries de treinamento para essa fase da temporada está descrito a seguir:

Série 1

- 1 × 400 nado Crawl, 1 × 400 MI, 1 × 400 nado de Costas, 1 × 400 MI, 1 × 400 nado de Peito, 1 × 400 MI, 1 × 400 nado Crawl, 1 × 400 MI. Summer fazia 15 a 20 s de descanso depois de ter nadado cada 400.

Série 2

- 3 × 200 de braçadas, 4 × 150 (50 nado de Costas, 50 nado de Peito, 50 nado Crawl), 5 × 100 nado Crawl, 6 × 50 (2 nado Borboleta, 2 nado de Costas, 2 nado de Peito). Summer repetia essa série três vezes. A atleta descansava 10 s depois de cada repetição.

O treinamento de resistência representava algo entre 70 e 80% de sua quilometragem total; os 20 a 30% restantes eram devotados ao treinamento de velocidade. Durante esse período, Summer não media esforços para manter sua capacidade de execução de tiros de velocidade. Para tal finalidade, em três ou quatro vezes por semana a atleta nadava séries de tiros de velocidade parecidos com os descritos a seguir:

- 16 × 50/1 (25, nado fácil + 25, nado rápido, utilizando todas as modalidades)
- 6 × 50/1'30" em ritmo de prova − 2 s por 50

A fase a seguir estava devotada ao treinamento de resistência específico, embora também incluísse um volume considerável de treinamento de tiros de velocidade. A distribuição relativa para essa fase de cinco semanas era de, aproximadamente, 60% de resistência e 40% de velocidade. Durante esse período, o número de sessões de treina-

Tabela 15.26 Amostra de uma semana de séries de treinamento importantes para Tom Dolan*

Segunda-feira à tarde Limiar	4 × 100 à escolha/1'40", decréscimo 1-4, 1 × 400 MI/5'30", 4 × 100 Crawl/1'20" em velocidade moderada, 1 × 400 nado Crawl/4'40" em velocidade limiar anaeróbica. Repetir essa série mais três vezes, nadando Borboleta para o primeiro segmento da série 2, Costas na série 3 e Peito na série 4. Tom devia fazer decréscimo dos 400 MI de 90% até esforço máximo.
Terça-feira à tarde Repouso ativo	6 × 50 Borboleta, nado fácil/0'45" + 150/2'00" (100 Costas + 50 Peito). 6 × 50 Costas, nado fácil/0'45" + 150/2'00" (100 Peito + 50 Crawl). 6 × 50 Peito, nado fácil/0'50" + 150 Crawl/2'00". 4 × (50 Crawl, nado fácil + 50 Borboleta, nado rápido). 4 × (50 Crawl, nado fácil + 50 Costas, nado rápido). 4 × (50 Crawl, nado fácil + 50 Peito, nado rápido). 4 × (50 Crawl, nado fácil + 50 Crawl, nado rápido).
Quarta-feira $\dot{V}O_2$ máx	100 Borboleta/2'00" a partir do mergulho, 2 × 100 Costas/2, 3 × 100 Peito/2, 4 × 100 Crawl/2, 300 nado fácil. Repetir a série mais duas vezes.
Quinta-feira	2 × 400 Crawl/4'40" em velocidade moderada, 4 × 200 Crawl/2'30" em velocidade limiar, 8 × 100 Crawl/1'20" em nado mais rápido do que velocidade limiar. Repetir essa série.
Sexta-feira Repouso ativo	6 × (100 Costas + 100 nado fácil). Decrescer 1-3 até ritmo de 400 MI. 6 × (2 × 50 Costas/0'40" + 100 nado fácil). Decrescer 1-3 até ritmo de 400 MI. 6 × 100 Costas/Peito + 100 nado fácil). Decrescer 1-3 até ritmo de 400 MI. 6 × (100 Peito/Crawl + 100 nado fácil). Decrescer 1-3 até ritmo de 400 MI.
Sábado	6 × 200/8'00" (# 1 Borboleta, # 2 Costas, # 3 Peito, # 4-6 Crawl). Repetir a série. 8 × 50/1 (2 de cada modalidade de nado na ordem do MI).

*Todo o treinamento foi realizado em jardas e em piscina curta. Adaptado de Urbanchek 1998.

mento semanais foi reduzido para nove. Summer folgava nas manhãs das terças e quintas-feiras. A típica série de repetições durante esse período se parecia muito com a descrita a seguir:

- 1 × 100 nado Crawl em um esforço de 80%, 1 × 100 (50 nado Borboleta, 50 nado de Costas, nado em tempo negativo), 1 × 100 nado Crawl em um esforço de 80%, 1 × 100 (50 nado de Costas, 50 nado de Peito, nado em tempo negativo), 1 × 100 nado Crawl em um esforço de 80%, 1 × 100 (50 nado de Peito, 50 nado Crawl, nado em tempo negativo), 1 × 100 nado Crawl em um esforço de 80%, 1 × 200 MI em máximo esforço. Summer descansava 10 s entre os nados de 100.

A seguir, exemplos de suas séries de velocidade:
- 20 × 20 jd, descanso de 20 s, sem respirar
- 20 × 20 jd, 15 s de descanso, respiração conforme necessidade
- 10 × 20 jd, descanso de 40 s, esforço total, nado de todas as modalidades

O período seguinte foi planejado para melhorar a velocidade de tiro específica. Durante esse período de 4 semanas, o treinamento consistia em aproximadamente 50% de resistência e 50% de velocidade. Summer continuou a treinar nove vezes por semana. As tardes das terças e quintas passaram a ser sessões de treinamento de recuperação, para dar um descanso do treino intenso nas segundas, quartas e sextas.

A fase final foi o período de polimento, que também se prolongou por quatro semanas. A Tabela 15.27 resume a preparação de Summer para as eliminatórias norte-americanas para os Jogos Olímpicos.

Summer também fazia *circuit training* na água e no solo; a parte aquática teve início na 7ª semana da temporada, consistindo em uma série de procedimentos de treino de velocidade. Um deles era uma combinação de treinamentos de velocidade contra resistência e de velocidade com ajuda. Summer utilizava cordas elásticas para nadar 20 × 50 com um tempo até a saída de 1 min. A atleta fazia o treinamento de velocidade contra resistência nadando contra a corda elástica nos primeiros 25; em seguida, nadava de volta utilizando treinamento de velocidade com ajuda no segundo trecho de 25. Mais para o final da temporada, essa série passou a ter o formato de 4 × 6 × 25 com um tempo até a saída de 1 min. Summer fazia treinamento de velocidade contra resistência nas repetições ímpares, e treinamento de velocidade com ajuda nas repetições pares.

Outra estação no *circuit training* aquático consistia no uso do Power Rack. Summer nadava até que o peso chegasse à parte mais alta do aparelho e, em seguida, continuava a nadar por mais alguns segundos. A atleta nadava 7 × 12 a 15 s contra resistência e, em seguida, 7 × 6 a 8 s também contra resistência.

Também fazia parte do esquema do *circuit training* a prática de pernadas verticais. Summer mantinha um peso sobre o peito enquanto dava pernadas durante vários espaços de tempo: 15, 30, 45 e 60 s. A atleta repousava durante 15 s depois de cada prática de pernadas. Em outra estação, ela fazia séries de 5 × 3 × 100 com nadadeiras *zoomers* em um tempo até a saída de 1'15'' s.

Summer fazia levantamento de pesos três vezes por semana, progredindo de exercícios planejados para aumentar sua força, até aqueles projetados para aumentar sua potência muscular. Durante três dias em cada semana a nadadora também fazia *circuit training* no solo, o que incluía calistenia, pular corda, exercícios abdominais, *flexões de braço* e exercícios com *medicine ball*. Summer fez três vezes o circuito com seis estações. A nadadora consumia 2 min em cada estação, fazendo 1 min de exercício com 15 s de descanso e, em seguida, 30 s de exercício seguidos por 15 s de descanso, enquanto avançava para a estação seguinte.

Tabela 15.27 Fases de treinamento para Summer Sanders objetivando as eliminatórias norte-americanas para os Jogos Olímpicos de 1992

Fase	Semanas	Explicação
Preparação	4	Nove sessões de treinamento, cada qual com 6.000-7.000 m. A maior parte do treinamento tinha como objetivo a preparação para um treinamento subsequente mais intenso.
Aeróbica geral	7	Dez sessões de treinamento/semana, com o objetivo de melhorar a capacidade aeróbica, mas mantendo a velocidade. Introdução do *circuit training* aquático durante esse período. A distribuição dos volumes de treinamento foi: 70 a 80% aeróbico e 20 a 30% anaeróbico.
Aeróbica específica e base anaeróbica	5	Nove sessões de treinamento/semana. Treinamento de resistência mais intenso em todos os tipos de nado. Durante essa fase, também foi incluído um volume considerável de treinamento de velocidade. A distribuição dos volumes de treinamento foi: 60% aeróbico e 40% anaeróbico. O objetivo era aumentar a resistência muscular aeróbica específica.
Anaeróbica e treinamento de velocidade	4	Nove sessões de treinamento/semana. Foram introduzidos dois dias para recuperação (à tarde). O objetivo era aumentar a resistência muscular anaeróbica específica e a potência anaeróbica. A distribuição dos volumes de treinamento foi 50% aeróbico e 50% anaeróbico.
Polimento	4	

Adaptado de Quick 1994.

Capítulo 16

Monitoração do treinamento

Novo nesta edição:

- Seção sobre testes para potência anaeróbica e resistência muscular aeróbica e anaeróbica.
- Informação atualizada sobre procedimentos para testes sanguíneos.
- Seção ampliada sobre procedimentos para a monitoração da frequência cardíaca.

A administração efetiva de um programa de treinamento para Natação exige uma monitoração precisa das mudanças que ocorrem tanto nos desempenhos aeróbicos como anaeróbicos dos atletas, para que possamos determinar se estão melhorando e, em caso contrário, porque isso ocorre. Além disso, é importante que as velocidades de treinamento sejam monitoradas com precisão, para que venham a gerar os efeitos desejados. Atualmente, os testes sanguíneos constituem o método mais preciso para monitoração do treinamento à disposição de treinadores e atletas; no entanto, esse procedimento não está isento de problemas. Além disso, muitos treinadores não possuem equipamento, dinheiro, tempo ou experiência para utilização dos testes sanguíneos para tais finalidades. Por essa razão, fazem-se necessários outros procedimentos não invasivos para a monitoração do treinamento. Os métodos opcionais envolvem nado de séries de repetições padronizadas, monitoração da frequência cardíaca e pontuação do esforço percebido (PEP). Neste capítulo, discutirei esses procedimentos para monitoração do treinamento e também alguns procedimentos de uso comum que não têm precisão e, portanto, devem ser descartados.

TESTES SANGUÍNEOS

Muitas pessoas consideram a determinação do consumo de oxigênio o método mais preciso para a monitoração do treinamento. Esse procedimento exige equipamento caro e certo grau de experiência e treinamento científicos. Consequentemente, nos anos 1970, o dr. Alois Mader propôs os testes sanguíneos como alternativa para a determinação do consumo de oxigênio (Mader, Heck e Hollmann 1976). Até a presente data, esse método é o melhor procedimento, junto à piscina, disponível para a monitoração dos efeitos aeróbicos e anaeróbicos do treinamento. Muito se pode aprender com os testes sanguíneos acerca das respostas dos atletas ao treino, mesmo por aqueles que jamais pretendam fornecer amostras de sangue. Por essa razão, nas seções subsequentes descreverei como os testes sanguíneos podem ser utilizados na monitoração do treinamento de atletas. No entanto, em primeiro lugar descreverei a base fisiológica para o procedimento.

Base fisiológica para os testes sanguíneos

A premissa subjacente aos testes sanguíneos é que aumentos de lactato no sangue refletem aumentos de ácido lático nos músculos. Grande parte do ácido lático produzido durante o exercício se difunde e é transportada para fora dos músculos e até o sangue. Assim, pode-se inferir a extensão do metabolismo anaeróbico nos músculos pelo conteúdo de ácido lático no sangue.

Foi proposto que a maior velocidade em que a taxa de entrada de ácido lático no sangue e a taxa de saída dessa substância permanecem em equilíbrio é o limiar anaeróbico ou, mais precisamente, o limiar do lactato. Essa velocidade é equivalente à maior velocidade que um atleta pode manter sem que ocorra acidose intensa em seus músculos. Com o passar do tempo, se a concentração de lactato sanguíneo produzida por determinada velocidade de nado diminuiu, pode-se assumir a ocorrência de menor produção da substância nos músculos, maior eliminação por estes ou alguma combinação desses dois efeitos desejáveis do treinamento de resistência. Como resultado, o atleta seria capaz de nadar com maior rapidez sem sofrer acidose, e seu desempenho melhoraria.

Por outro lado, um aumento no lactato sanguíneo em determinada velocidade de nado foi considerado como sinal de que o metabolismo aeróbico havia deteriorado, e que estava sendo produzida maior quantidade de ácido lático nos músculos. O atleta sofreria acidose em velocidades mais lentas, e seu desempenho pioraria.

Os resultados de diversas pesquisas sugerem que as concentrações de lactato sanguíneo são indicadores de concentrações de ácido lático muscular até níveis de 4 a 5 mmol/L. Em intensidades de exercício que promovam concentrações mais elevadas de lactato sanguíneo, é provável que a velocidade de acúmulo de lactato no sangue seja mais lenta do que a velocidade de acúmulo nos músculos (Jacobs e Kaiser 1982; Jorfeldt, Julin-Dannfelt e Karlsson 1978; Roberts et al. 1989). Independentemente disso, evidências demonstram que uma elevação rápida do lactato sanguíneo é sinal de um acúmulo ainda mais rápido de ácido lático nos músculos. Portanto, parece razoável assumir que o rápido acúmulo de lactato no sangue indica que o atleta excedeu a velocidade limiar anaeróbica.

Obviamente, a própria determinação do ácido lático muscular durante o exercício seria mais precisa, mas tais determinações não são práticas, pois o ácido lático nos músculos pode ser medido apenas pela remoção de pequena amostra de tecido muscular durante alguma interrupção do exercício. O tecido deve ser imediatamente congelado e analisado posteriormente. O custo e a perícia necessários para esse procedimento dificultam seu uso pelos treinadores. Por tal razão, as determinações do lactato sanguíneo constituem a melhor maneira disponível para inferir a relação existente entre os metabolismos aeróbico e anaeróbico nos músculos durante o exercício.

Limiares aeróbico e anaeróbico

Um dos principais usos dos testes sanguíneos é a identificação dos limiares aeróbico e anaeróbico. A determinação das velocidades de nado correspondentes aos limiares aeróbico e anaeróbico pode atender a duas finalidades: primeiramente, essas determinações proporcionam boa estimativa da faixa ótima de velocidades para treinamento de resistência; em segundo lugar, a identificação de limiares pode ter utilidade na avaliação de mudanças na capacidade aeróbica. Especificamente, é provável que tenha ocorrido melhora na resistência, se o atleta se mostrar capaz de nadar mais rapidamente em seus limiares aeróbicos e anaeróbicos individuais. Em geral, esses limiares são expressos pela velocidade de nado em que ocorrem. Por

uma questão de facilidade de comunicação, comumente esses limiares são convertidos para "tempo por 100 jd" ou "tempo por 100 m", dependendo do tipo de piscina onde foram realizados os testes sanguíneos. Os procedimentos para a conversão das velocidades de nado para tempos de nado serão mostrados mais adiante, na Figura 16.15.

O método para determinar o limiar anaeróbico pela medição do consumo de oxigênio passou a ser conhecido como *limiar respiratório*. Foram propostas diversas denominações para o limiar anaeróbico medido por teste sanguíneo; todas essas nomenclaturas utilizam a palavra *lactato* em vez de *anaeróbico*, como parte do nome, para enfatizar o fato que esta é uma medida da resposta do lactato sanguíneo ao exercício. Algumas das denominações mais populares para esse conceito são *início do acúmulo de lactato sanguíneo* (IALS) (Sjodin e Jacobs 1981), *limiar do lactato* (Ivy et al. 1980), *ponto de mudança do lactato* (DiVico et al. 1989) e *estado de equilíbrio máximo do lactato* (MAXLASS; EEMAX, em português) (Griess et al. 1988). Desses nomes, estado de equilíbrio máximo do lactato provavelmente é o mais descritivo. Apesar disso, continuarei a utilizar o nome *limiar anaeróbico* ao me referir a esse fenômeno, por estar firmemente enraizado no acervo da terminologia dos treinadores.

O gráfico na Figura 16.1 ilustra o que se entende pelo nome *limiar anaeróbico*, conforme determinação com testes sanguíneos. Ele exibe a relação entre as concentrações de lactato sanguíneo e a velocidade de nado para um atleta que tentou três nados de 30 min em velocidades progressivamente mais rápidas. Essas velocidades variaram de 1,36 m/s (1'14" por 100 m) até 1,42 m/s (1'10" por 100 m). Observe que o nadador foi capaz de manter um nível constante de ácido lático em seus músculos, até uma velocidade de nado de 1,40 m/s. Na velocidade mais rápida a seguir, 1,42 m/s, o ácido lático aumentou significativamente desde o início do nado, produzindo uma acidose que fez com que o nadador não fosse mais capaz de manter o ritmo prescrito, depois de transcorridos aproximadamente 20 min. Os resultados demonstraram que esse limiar anaeróbico do nadador (ou a velocidade máxima na qual estavam em equilíbrio a velocidade de produção de lactato nos músculos e a velocidade de remoção de tal substância) se situava entre a velocidade de 1,40 m/s (1'11" por 100 m) e 1,42 m/s (1'10" por 100 m).

O método que acabei de descrever, embora excelente para a estimativa da velocidade de nado que corresponde ao limiar anaeróbico, é muito demorado e difícil de ser utilizado para tal finalidade. Consequentemente, foram desenvolvidos diversos outros métodos para a estimativa da localização do limiar anaeróbico, mais fáceis de administrar e que envolvem um exercício graduado, ou um procedimento de *step test*. Na próxima seção, descreverei um dos protocolos mais comuns de *step test* para o teste sanguíneo.

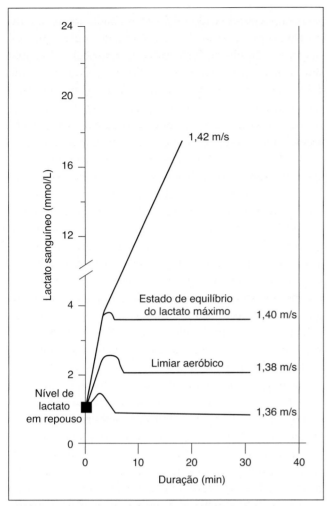

Figura 16.1 Relação entre as concentrações de lactato sanguíneo e velocidade de nado para um atleta que tentou três nados de 30 min em velocidades progressivamente mais rápidas.

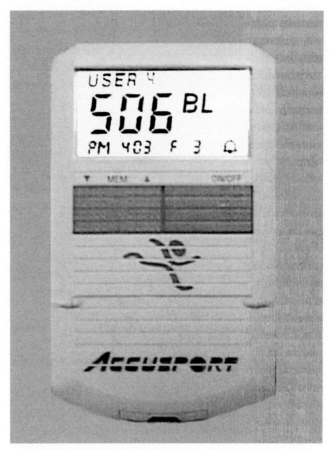

Figura 16.2 Analisador portátil de lactato Accusport. Depois da inserção de uma tira-teste no analisador, dentro de 1 min, esse aparelho determinará, por meio de procedimentos foto-ópticos, o conteúdo de lactato em uma pequena amostra de sangue.

Os analisadores portáteis de lactato Accusport e Accutrend são fabricados por Roche Diagnostics, Mannheim, Alemanha.

Procedimentos para efetuar um teste sanguíneo

Muitos testes sanguíneos envolvem a prática do nado de uma série de repetições em velocidades progressivamente mais rápidas. Uma pequena amostra de sangue (3 a 25 microlitros) é coletada do lóbulo da orelha ou da ponta do dedo depois de cada nado, sendo inserida em um aparelho que mede a quantidade de ácido lático na amostra.

Foram desenvolvidos diversos aparelhos que podem medir de forma rápida e precisa a quantidade de ácido lático nessas pequenas amostras de sangue. A Figura 16.2 mostra um desses aparelhos, o Accusport™, um analisador portátil de lactato. A amostra de sangue é depositada sobre uma pequena tira de amostragem, que, em seguida, é inserida no analisador Accusport. O valor de lactato surge na tela dentro de 1 min.

Na maioria dos casos, as determinações do lactato sanguíneo são plotadas em um gráfico contra a velocidade de nado que produziu as concentrações, para demonstrar a resposta do lactato sanguíneo do atleta. A linha resultante da conexão dos pontos plotados no gráfico é denominada curva de lactato-velocidade. O gráfico de lactato-velocidade na Figura 16.3 é um exemplo dos resultados de um desses testes.

Nesse protocolo em particular, o atleta foi orientado a completar cinco nados de 300 m com 1 min de repouso depois de cada nado. O tempo para o primeiro nado foi estabelecido de modo que o nadador pudesse realizá-lo com facilidade. O tempo para cada um dos quatro nados seguintes foi reduzido em aproximadamente 5 s, e o último nado era executado em máximo esforço. Foi obtida uma amostra de sangue durante o descanso em seguida ao aquecimento e antes do primeiro nado. O conteúdo de ácido lático na amostra de repouso foi de 1,0 mmol/L. Amostras de sangue foram coletadas durante o período de repouso, logo após cada um dos primeiros quatro nados. Na sequência, foram obtidas várias amostras de

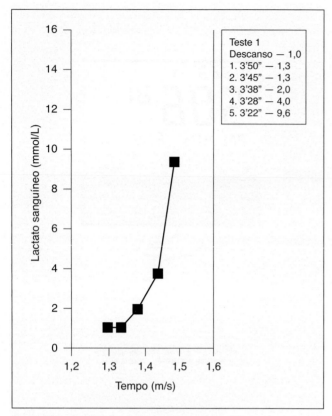

Figura 16.3 Resultados de um teste sanguíneo típico.

sangue em 1, 3, 5, 7 e 9 min após o término do quinto nado, como forma de assegurar a detecção da máxima concentração de lactato sanguíneo para o nado em questão. O ácido lático continua a se difundir dos músculos para o sangue durante vários minutos depois de esforços máximos e quase-máximos, até que se estabeleça o equilíbrio entre os compartimentos. Depois disso, o ácido lático sanguíneo declinará, porque ocorre redução na quantidade de eliminação dessa substância dos músculos.

Os tempos para esses nados, em minutos e segundos, e as concentrações de lactato sanguíneo produzidas nesses tempos, estão listados no lado direito do gráfico, para que o leitor tenha fácil referência. Por uma questão gráfica, os tempos de nado foram convertidos em metros por segundo. Esse método tem duas vantagens. A primeira delas é que o gráfico fica com uma orientação positiva, com o lactato sanguíneo aumentando com o incremento da velocidade de nado. A plotagem de tempos de nado daria ao gráfico uma orientação negativa, em que os lactatos sanguíneos aumentariam com o declínio dos tempos de nado. A segunda vantagem é que a velocidade associada a qualquer concentração de lactato sanguíneo específica pode ser convertida para um tempo, para qualquer distância de nado.

Não ocorreu aumento do lactato sanguíneo do primeiro para o segundo nado, apesar do fato de que o tempo para o segundo nado foi 5 s mais rápido do que o tempo para o primeiro nado. Esse resultado sugere que não ocorreu acúmulo de ácido lático nos músculos do nadador. A maior parte do piruvato que havia sido produzido foi oxidada e removida por outras vias, enquanto a pequena quantidade de ácido lático que pode ter sido produzida foi removida dos músculos e do sangue durante o nado. Esses resultados sugerem que o atleta foi capaz de nadar a uma velocidade de 1,33 m/s (3'45") sem acumular qualquer quantidade significativa de ácido lático no sangue. Em outras palavras, nessa velocidade o metabolismo anaeróbico forneceu a maior parte da energia para o nado.

O lactato sanguíneo aumentou entre o segundo e o quarto nado (de 1,3 para 4,0 mmol/L), sugerindo que algum ácido lático se acumulava nos músculos do nadador. O primeiro aumento significativo em relação ao nível de repouso ocorreu durante o 3º nado, em que o lactato sanguíneo aumentou para 2,0 mmol/L, com o aumento da velocidade de nado do atleta para 1,38 m/s (3'38"). Esse valor sugeriu que, nessa velocidade, estava ocorrendo acúmulo de algum ácido lático nos músculos do atleta; entretanto, a velocidade de acúmulo era lenta, o que ficou evidente com o exame da inclinação da curva entre os nados 2 e 3. O tempo do nadador melhorou quase 12 s; apesar disso, a concentração de lactato sanguíneo aumentou apenas 1 mmol/L. Esse resultado indica que o aumento no acúmulo de ácido lático estava dentro da capacidade do atleta de se expor a tal acúmulo, sem a ocorrência de uma acidose intensa. É provável que a maior parte do ácido lático produzido em seus músculos estivesse sendo removida desses locais e oxidada em outras áreas do corpo, e a quantidade que estava se acumulando era tamponada de tal modo que o pH muscular não estava declinando muito. É também provável que o atleta estivesse produzindo ácido lático em uma velocidade lenta, porque ainda se mostrava capaz de fornecer a maior parte da energia necessária para a contração muscular através do metabolismo anaeróbico. Ainda assim, o aumento gradual no lactato sanguíneo entre os nados 3 e 4 indica que o metabolismo aeróbico e os mecanismos de remoção de lactato estavam sendo sobrecarregados. Portanto, esse atleta devia ser capaz de melhorar esses dois mecanismos, mediante o treinamento entre a velocidade no nado 2 e a velocidade do nado 4.

Durante o quinto nado, a concentração de lactato sanguíneo do nadador aumentou de acima de 5,0 mmol/L para 9,6 mmol/L, mas seu tempo para 300 m melhorou apenas 6 s, de 3'28" para 3'22". Assim, a inclinação da curva de velocidade aumenta abruptamente, passando a ter uma trajetória linear entre os nados 4 e 5. Tal fato sugere que o ácido lático muscular também estava aumentando rapidamente, portanto, o metabolismo aeróbico não foi capaz de suprir grande parte da energia necessária para tal velocidade. Grande quantidade de energia estava sendo fornecida anaerobicamente, resultando em uma velocidade de produção de ácido lático nos músculos provavelmente bem acima da sua velocidade de remoção. Acredito que era iminente uma acidose intensa.

A relação entre tempos de nado e diversas medidas associadas a testes sanguíneos, por exemplo, limiares aeróbico e anaeróbico, é geralmente expressa na forma de tempo por 100 m, o que é calculado pela divisão da distância, 100 m, pela velocidade de nado em qualquer desses limiares.

Atenção! Testes sanguíneos podem ser perigosos

Estamos todos cientes de que o sangue pode conter o vírus da AIDS e pode assim transmiti-lo de uma pessoa para outra. Por essa razão, os testes sanguíneos devem ser feitos por profissionais da área médica e apenas dentro das condições sanitárias mais seguras. Devem ser utilizadas lancetas novas e esterilizadas a cada vez que uma amostra for coletada, e os atletas devem limpar suas mãos com uma compressa de gaze estéril depois de cada teste. Os administradores dos testes devem usar luvas de borracha, desinfetando-as com um produto adequado depois de cada coleta de amostra de sangue. Os profissionais responsáveis pela realização dos testes também devem usar luvas na análise das amostras, limpando completamente o equipamento de análise depois de cada uso. Todas as amostras de sangue deverão ser descartadas em recipientes separados, nitidamente rotulados, para indicar o conteúdo de produtos perigosos e suscetíveis a contaminação.

Interpretação dos resultados dos testes sanguíneos

Quatro partes de uma curva típica de lactato-velocidade fornecem informações importantes acerca do atleta. As duas primeiras partes são pontos de referência para capacidade aeróbica, limiar aeróbico e limiar anaeróbico ou de lactato (descritos anteriormente); o terceiro ponto de referência é a concentração de pico do lactato sanguíneo após um esforço máximo; e o quarto diz respeito ao grau de inclinação da fase íngreme da curva de lactato-velocidade. Essa parte da curva se prolonga desde o limiar anaeróbico até a concentração de pico do lactato sanguíneo. Nas seções seguintes, discutirei como cada um desses pontos de referência é localizado, começando com o limiar aeróbico.

Localização do limiar aeróbico

Quase todos os especialistas consideram limiar aeróbico a velocidade na qual ocorre o primeiro aumento do lactato sanguíneo acima do nível de repouso, o chamado *primeiro ponto de mudança* na curva de lactato-velocidade. Na Figura 16.3, o primeiro ponto de mudança ocorreu durante o nado 3. Assim, o limiar aeróbico para esse atleta caiu em algum ponto entre uma velocidade de 1,33 m/s (1'15" por 100 m) e 1,37 m/s (1'13" por 100 m). O limiar aeróbico se aproxima da velocidade mínima de treinamento que melhorará a resistência aeróbica. O raciocínio subjacente a essa suposição é que o aumento gradual do lactato sanguíneo na velocidade do limiar aeróbico indica a ocorrência de sobrecarga do processo de metabolismo aeróbico.

Obviamente, é difícil determinar a localização exata do limiar aeróbico. Para tal finalidade, sugiro o uso do primeiro aumento do lactato sanguíneo acima dos níveis de repouso, em vez de algum nível de lactato sanguíneo fixo ou algum aumento fixo acima do nível de repouso. O melhor conselho para uma estimativa precisa da localização do limiar aeróbico é o uso de um protocolo graduado em que as diferenças nos tempos são muito pequenas entre os primeiros nados. Essa estratégia deve permitir que o responsável pelo teste determine a velocidade de nado em que ocorre o primeiro aumento no lactato sanguíneo dentro de uma faixa de 1 a 2 s por 100 jd/m. O limite inferior dessa faixa de variação seria a velocidade mínima para o nado de resistência básica. Utilizando esse método, a velocidade limiar aeróbica seria 1,33 m/s, ou uma velocidade de nado de 1'15" por 100 m para o nadador na Figura 16.3.

Localização do limiar anaeróbico

Muito tempo e esforço já foram consumidos no desenvolvimento de métodos para a estimativa da velocidade limiar anaeróbica, devido a seu amplo uso. Do mesmo modo que ocorre com o limiar aeróbico, os membros da comunidade científica discordam acerca de como medir a velocidade limiar anaeróbica e qual é exatamente a sua localização ao longo da curva de lactato-velocidade. Os métodos propostos para a localização da velocidade limiar anaeróbica são: concentrações fixas de lactato sanguíneo, aumentos no lactato sanguíneo acima de algum nível basal predeterminado e pontos de interseções entre os componentes horizontal e vertical da curva de lactato-velocidade. Porém, quase todos os estudiosos concordam que a velocidade limiar anaeróbica se situa em algum ponto ao longo da parte curvilínea entre o limiar aeróbico e o ponto em que a curva passa a ser linear. O chamado *segundo ponto de mudança*, onde a forma da curva muda de curvilínea para linear, ocorre depois do nado 4, na Figura 16.3. Nas seções seguintes, discutirei alguns dos procedimentos mais populares para a determinação das velocidades limiares anaeróbicas.

Concentrações fixas de lactato sanguíneo Nos anos 1970 e no início da década seguinte, muitas pessoas acreditavam que uma concentração fixa de lactato sanguíneo de 4 mmol/L representava o limiar anaeróbico. Pesquisas demonstraram que muitos atletas podem manter velocidades de treinamento capazes de gerar um nível constante de lactato sanguíneo de 4 mmol/L durante aproximadamente 30 min, mas os estudiosos verificaram que esse método não tinha grande precisão. Em geral, os especialistas concordam que uma concentração fixa de lactato sanguíneo de 4 mmol/L superestima a velocidade limiar anaeróbica para a maioria dos atletas treinados para resistência. Diversas razões corroboram essa posição. E mais importante ainda, um nível fixo de lactato sanguíneo não representa a mesma relação entre os metabolismos aeróbico e anaeróbico para todos os atletas. Para alguns atletas de resistência, esse nível representa um nível de esforço muito intenso (Furian et al. 1998). Esses atletas são capazes de remover ácido lático de seus músculos e do sangue de maneira tão eficiente que podem nadar em velocidades próximas ao máximo antes que a concentração sanguínea chegue a 4 mmol/L. Consequentemente, nadariam bem além da intensidade na qual as velocidades de entrada e de saída de lactato no sangue estariam em equilíbrio, caso treinassem em velocidades geradoras de um lactato sanguíneo igual a 4 mmol/L. De fato, para muitos desses atletas, o lactato já poderá se acumular rapidamente nos músculos quando sua concentração de lactato sanguíneo tiver chegado aos 4 mmol/L. Por consequência, uma escolha melhor para determinar os ritmos de treinamento de resistência limiar consiste em utilizar um dos métodos para estimativa do limiar anaeróbico individual.

Nenhuma concentração fixa de lactato sanguíneo pode identificar a velocidade limiar anaeróbica. Portanto, tal método deu lugar a outros procedimentos para localização do *limiar anaeróbico individual*, mediante o exame da forma da curva de lactato-velocidade de cada nadador. Dois métodos sugeridos para essa finalidade foram:

1. Localizar o limiar em algum aumento do lactato sanguíneo acima de um valor basal predeterminado.

2. Localizar o limiar em conformidade com um ponto de intersecção entre os componentes horizontal e vertical da curva de lactato-velocidade.

Em geral, as relações entre limiares anaeróbicos individuais e desempenho têm se revelado mais altas do que aquelas para limiares fixos, estejam esses limiares em 2,0, 2,5, ou 4,0 mmol/L (Farrell et al. 1979; Hagberg e Coyle 1983). Nas duas seções seguintes, discutiremos esses procedimentos.

Aumentos de lactato acima do nível basal Um dos métodos nessa categoria consiste em posicionar o limiar anaeróbico em uma velocidade na qual o lactato sanguíneo aumenta 1,0 mmol/L acima de seu nível de repouso. Outro método localiza o limiar anaeróbico no ponto em que o lactato sanguíneo aumenta 1,0 mmol/L acima do primeiro ponto de mudança perceptível na curva de lactato-velocidade. Ainda outro método localiza o limiar anaeróbico em uma velocidade correspondente a um aumento de 1,5 mmol/L acima do primeiro ponto de mudança.

Os resultados do teste de lactato sanguíneo ilustrados na Figura 16.3 foram utilizados para estimar a localização do limiar anaeróbico com cada um desses três métodos. Os resultados estão projetados na Figura 16.4. Cada método resulta em uma velocidade de nado diferente, variando desde 1,38 m/s (1'13" por 100 m) para um aumento de 1,0 mmol/L acima do repouso, até 1,41 m/s (1'11" por 100 m) para um aumento de 1,5 mmol/L acima do primeiro ponto de mudança na curva de lactato-velocidade.

Esses métodos para a determinação das velocidades limiares anaeróbicas, como os limiares fixos, demonstraram uma relação significativa com o desempenho da resistência. Roecker et al. (1998) informaram ter observado correlações de 0,88 e 0,91 entre um limiar localizado em 1,5 mmol/L acima do limiar aeróbico e desempenhos em corridas de 1.500 e 5.000 m. Pfitzinger e Freedson (1998) informaram ter observado correlações de 0,96 e 0,97 entre velocidades nas quais o lactato sanguíneo aumentou 1,0 mmol/L acima do limiar aeróbico e outros

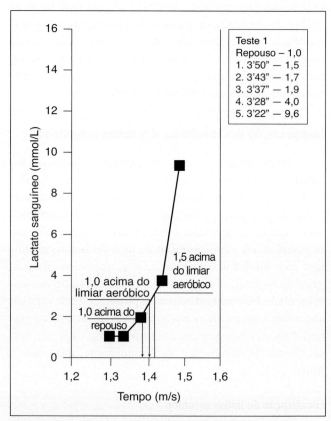

Figura 16.4 Diversos métodos para localização do limiar anaeróbico utilizando aumentos do lactato sanguíneo acima de certos valores basais predeterminados.

métodos para localização do limiar anaeróbico. Ao ser utilizado um aumento de 1,0 mmol/L acima do repouso, as correlações entre esse aumento e outras medidas do limiar anaeróbico variaram de 0,90 até 0,96.

Métodos de interseção O método mais simples para determinar o limiar anaeróbico individual pela interseção consiste em localizar a velocidade na qual a elevação da curva de lactato-velocidade muda da forma curvilínea para a forma linear. Conforme já mencionei, esse é o segundo ponto de mudança na curva de lactato-velocidade. O ponto de mudança ocorreu em uma velocidade de 1,44 m/s (1'09" por 100 m) na Figura 16.3, o que representa a velocidade mais alta na qual o equilíbrio entre a entrada do lactato e sua remoção do sangue permanecerá estável durante um período de tempo razoável.

Não há realmente necessidade de se fazer a representação dos resultados em um gráfico, com o objetivo de localizar a velocidade de nado que corresponderia ao segundo ponto de mudança. Os tempos de nado e níveis de lactato sanguíneo podem ser *analisados* para que se tenha a certeza do momento em que a velocidade de aumento do lactato sanguíneo se torna substancialmente maior do que a redução no tempo do nadador. Esse ponto deve se situar entre os nados 4 e 5 na Figura 16.3, porque o lactato sanguíneo aumentou 5,6 mmol/L enquanto o tempo do nadador melhorou em apenas 6 s.

Alguns especialistas pensam que o segundo ponto de mudança da curva de lactato-velocidade representa uma velocidade que é demasiadamente rápida para ser o verdadeiro limiar anaeróbico, por se situar muito perto do ponto em que ocorre o desequilíbrio. Um rápido aumento no acúmulo do lactato muscular pode ter começado antes do rápido aumento no lactato sanguíneo. Portanto, na realidade a velocidade de nado na qual o lactato sanguíneo começa a se acumular rapidamente pode estar acima do limiar anaeróbico. O outro problema é que, com frequência, é difícil determinar com precisão razoável o ponto no qual a curva de lactato-velocidade passa da forma curvilínea para a forma linear. Algumas curvas de lactato-velocidade permanecem um pouco curvilíneas em concentrações elevadas de lactato sanguíneo; outras exibem um aumento em degrau na linearidade em baixas concentrações de lactato sanguíneo, o que dificulta a determinação do ponto em que a linearidade realmente inicia. Por essa razão, diversos outros procedimentos de interseção localizam o limiar anaeróbico um pouco abaixo desse segundo ponto de mudança. Esses procedimentos tomam por base a localização desse limiar em algum ponto ao longo da parte curvilínea da curva de lactato-velocidade entre o primeiro e o segundo ponto de mudança, mediante a projeção dos componentes horizontal e vertical da curva até algum ponto de interseção.

A Figura 16.5 ilustra o mais simples desses procedimentos, utilizando os resultados do teste sanguíneo da Figura 16.3.

Observe na Figura 16.5 que uma linha reta foi prolongada ao longo da inclinação horizontal da curva de lactato-velocidade até fazer interseção com outra linha reta desenhada ao longo da inclinação vertical da curva. A velocidade de nado onde essas linhas retas fazem interseção é considerada o limiar anaeróbico. Nesse caso, o limiar anaeróbico corresponde a uma velocidade de nado de 1,44 m/s, ou 1'09" por 100 m.

Um segundo método de interseção utiliza a curva de lactato-velocidade inteira, em vez de usar simplesmente sua parte curvilínea, conforme está ilustrado na Figura 16.6.

Com esse procedimento, os pontos correspondentes ao primeiro e ao último nado são unidos, de modo a formar a letra D com a curva de lactato-velocidade. Em seguida, uma linha é prolongada desde a metade da linha reta até o ponto mais distante na parte curvilínea da curva de lactato-velocidade. A velocidade limiar anaeróbica corresponde ao ponto de interseção entre essa linha e a curva de lactato-velocidade. Utilizando tal procedimento, foi determinado que a velocidade no limiar anaeróbico era de 1,43 m/s, ou 1'10" por 100 m. Esse método

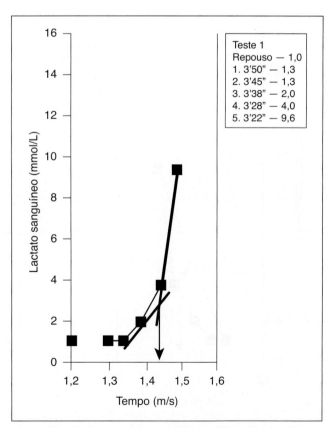

Figura 16.5 Método simples para determinar a localização do limiar anaeróbico.

para localização da velocidade limiar anaeróbica foi denominado método *D-max* (Bishop, Jenkins e MacKinnon 1998). Muitos acreditam que este é melhor do que o procedimento de interseção descrito previamente, por utilizar maior parte da curva de lactato-velocidade.

Uma modificação do método D-max pode ser ainda mais precisa para a determinação acurada de velocidades limiares anaeróbicas. Nesse método, prolongamos a linha reta desde o ponto mais alto na curva de lactato-velocidade até o ponto em que é percebido o primeiro aumento do lactato sanguíneo acima do nível basal de exercício. Em seguida, a velocidade correspondente ao limiar anaeróbico é localizada do mesmo modo descrito para o procedimento D-max. Por razões óbvias, esse método foi denominado procedimento *D-max modificado*. O método tem sido utilizado com nadadores no Australian Institute of Sport. O procedimento D-max modificado está ilustrado na Figura 16.7. Com esse procedimento, a velocidade de nado no limiar anaeróbico foi determinada: 1,44 m/s, ou 1'09" por 100 m. Acredita-se que o método D-max modificado seja superior aos demais métodos de interseção, por incluir apenas aquelas partes da curva de lactato-velocidade em que ocorreu aumento no lactato sanguíneo.

Teste do lactato mínimo O procedimento final que desejo apresentar para localização do limiar anaeróbico é bastante diferente dos já descritos. Desenvolvido por Griess (1988) e Tegtbur et al. (1992), esse método foi chamado *teste do lactato mínimo*.

Com esse procedimento, primeiramente os atletas nadam duas repetições de 50 m em esforço máximo com um intervalo de descanso de 10 s depois do primeiro trecho. A finalidade desses nados é promover uma concentração bastante alta de lactato sanguíneo. Essa ocorrência é verificada pela coleta de uma amostra de sangue 8 min depois do segundo trecho de 50 m. Depois disso, os atletas nadam uma série de cinco repetições de 300 m, começando em baixa velocidade e nadando cada repetição subsequente 6 s mais rapidamente do que o trecho anterior. Em seguida a cada nado, é coletada uma amostra de sangue, que será analisada para conteúdo de lactato. Os resultados de um teste do lactato mínimo estão ilustrados na Figura 16.8.

Nesse caso, a concentração de lactato sanguíneo da atleta era de 9,6 mmol/L, ao dar início ao primeiro nado de 300 m. Tendo em vista que seu nível de lactato sanguíneo estava elevado ao começar, qualquer velocidade mais lenta que a velocidade limiar resultaria em um nível ainda mais baixo de lactato ao final do nado. Nesse exemplo, foi exatamente o que ocorreu. Depois do primeiro nado, o lactato sanguíneo declinou para 7,0 mmol/L, indican-

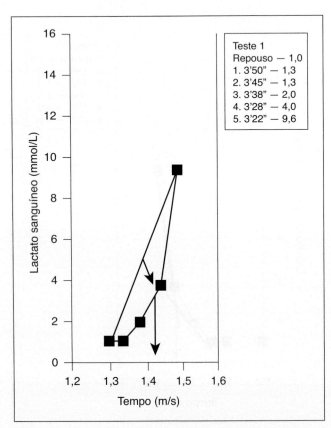

Figura 16.6 Método D-max para determinação da localização do limiar anaeróbico.

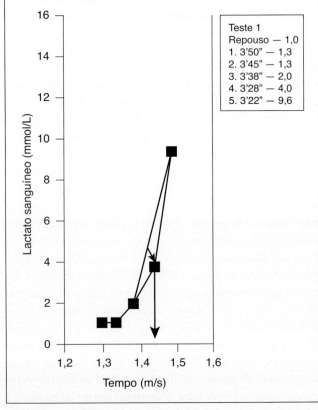

Figura 16.7 Método D-max modificado para determinação da localização do limiar anaeróbico.

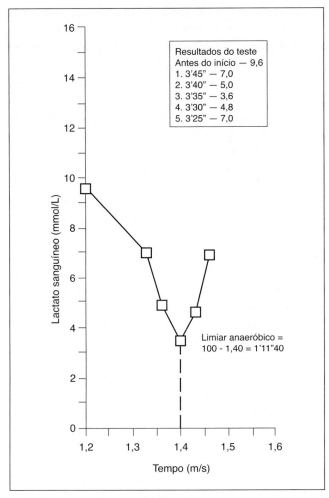

Figura 16.8 Teste do lactato mínimo.

do que estava sendo removido com maior rapidez do que seu nível de produção na velocidade do primeiro nado. Foi obtida uma determinação de limiar anaeróbico depois de cada um dos quatro nados subsequentes: o lactato sanguíneo continuou a declinar até a atleta estar nadando em um ritmo em que a velocidade de produção de lactato excedia sua velocidade de remoção; com isso, o lactato começou a aumentar, sinalizando que o limiar anaeróbico foi ultrapassado. A concentração de lactato sanguíneo dessa atleta aumentou durante o nado 4 na Figura 16.8, elevando-se de uma concentração de 3,6 mmol/L no nado precedente para 4,8 mmol/L ao final do quarto nado. A velocidade do terceiro nado foi registrada como velocidade limiar anaeróbica, por ter sido a velocidade mais rápida antes que o nível de lactato começasse a aumentar no sangue da atleta. A velocidade para esse nado foi de 1,40 m/s, ou 1'11" por 100 m.

Embora esse procedimento pareça ser um modo razoável de estimar a velocidade limiar anaeróbica do atleta, existe um problema decorrente de seu uso. O teste determina a velocidade mais rápida na qual a velocidade de remoção de lactato do sangue foi maior do que sua velocidade de entrada e não localiza a velocidade de nado mais rápida na qual tais velocidades estavam em equilíbrio. Portanto, a velocidade resultante do teste do lactato mínimo pode ser um pouco mais lenta do que a real velocidade limiar anaeróbica.

A localização do limiar anaeróbico com grande precisão é tarefa obviamente difícil, mas treinadores e atletas não devem ficar muito preocupados com tal precisão. Embora os diversos procedimentos produzam velocidades limiares anaeróbicas um pouco diferentes, todos demonstram elevada relação positiva com o desempenho e entre si. Consequentemente, todos geram valores próximos o bastante do real limiar anaeróbico de determinado atleta, que podem funcionar como pontos de referência válidos para a avaliação de mudanças na resistência aeróbica.

Lactatos sanguíneos de pico: o que esses indicadores revelam?

Tendo em vista que a velocidade de produção do ácido lático nos músculos se elevará em proporção com um aumento na velocidade do metabolismo anaeróbico, foi sugerido que os lactatos sanguíneos de pico, subsequentes a esforços máximos, indicam a taxa de metabolismo anaeróbico que ocorre nos músculos. Considerando que grande parte do ácido lático será transportada para a corrente sanguínea, tem-se assumido que concentrações de lactato sanguíneo de pico elevadas indicam uma taxa de metabolismo anaeróbico rápida. No entanto, não está claro quais aspectos do metabolismo anaeróbico são refletidos pelos altos lactatos sanguíneos de pico. Lactatos sanguíneos de pico após esforços máximos, como os valores de lactato em baixos níveis de esforço, constituem um modo indireto de avaliar a natureza da atividade metabólica nos músculos durante o exercício. Do mesmo modo, valores de pico altos poderiam representar uma taxa de metabolismo anaeróbico elevada, um nível elevado de tamponamento, ou ambos. Pretendo explicar em seguida essa colocação.

Comumente, lactatos sanguíneos de pico ocorrem nos músculos e no sangue após esforços máximos de 1 a 2 min. Esforços mais breves não proporcionam tempo suficiente para acúmulo máximo, enquanto esforços mais prolongados dão tempo para que uma quantidade significativa do ácido lático seja removida dos músculos e do sangue. Quando ocorre acúmulo de grande quantidade de ácido lático nos músculos durante um esforço máximo de 1 a 2 min, a causa é, sem dúvida, uma taxa de metabolismo anaeróbico rápida. Mas o metabolismo anaeróbico não pode continuar nessa taxa elevada, a menos que o tamponamento esteja retardando a queda do pH muscular. Portanto, é provável que lactatos sanguíneos de pico reflitam tanto a taxa de metabolismo anaeróbico como a eficácia dos tampões musculares.

Os velocistas regularmente obtêm valores mais elevados de lactato sanguíneo de pico do que atletas fundistas (Komi et al. 1977), e foram informadas relações significativas entre lactatos sanguíneos de pico e desempenhos em eventos de velocidade (Berg e Keul 1985; Cheetham e Williams 1987; Cheetham et al. 1986; Fujitsuka et al. 1982; LaCour, Bouvat e Barthelemy 1990; Ohkuwa et al. 1984).

Tal fato se dá porque os velocistas tendem a ter mais fibras musculares de contração rápida e taxas de metabolismo anaeróbico mais aceleradas. Por outro lado, nadadores fundistas exibem menos fibras musculares de contração rápida e taxas mais baixas de metabolismo anaeróbico; consequentemente, em geral seus lactatos sanguíneos de pico são mais baixos.

A extensão em que o treinamento pode mudar os lactatos sanguíneos de pico é um assunto debatido entre os cientistas. Sem dúvida, o treinamento de velocidade aumenta a taxa de metabolismo anaeróbico e, portanto, a quantidade de ácido lático produzida nos músculos durante esforços máximos. Um estudo informou um aumento de 20% (Nevill et al. 1989), mas não ficou claro se os valores de pico para o lactato sanguíneo também aumentam após o treinamento de velocidade. Diversos pesquisadores informaram ter observado aumentos (Cunningham e Faulkner 1969; Hermansen 1969; Jacobs 1986; Jacobs et al. 1987; Sharp et al. 1986), enquanto outros não observaram tal situação, apesar do fato de que os desempenhos melhoraram durante os testes em pico de velocidade (Cheetham e Williams 1987; Medbo e Burgers 1990; Roberts, Billeter e Howald 1982; Trappe 1996).

Evidências sugerem que as determinações de lactatos sanguíneos de pico têm algum valor prognóstico, no que tange a melhoras no desempenho da velocidade, porém a realização de medidas precisas é tarefa problemática. Em primeiro lugar, os atletas devem proporcionar um esforço máximo para que seja obtida uma medida real de sua concentração de pico do lactato sanguíneo. Além disso, devem mostrar-se desejosos de reproduzir esse esforço de um teste para outro, para que possa ser medida com precisão a magnitude das mudanças induzidas pelo treinamento na taxa de metabolismo anaeróbico, em função daqueles lactatos sanguíneos de pico. Os atletas devem estar altamente motivados, ao ser administrado um teste de lactato sanguíneo de pico. Por essa razão, o melhor momento para medir lactatos sanguíneos de pico pode ser em seguida a provas em competição. Nesse tocante, Sawka et al. (1979) informaram que, para um grupo de nadadores de competição, os lactatos sanguíneos pós-competição estavam mais elevados do que as concentrações de

lactato sanguíneo subsequentes a tomadas de tempo nas mesmas distâncias de prova.

Mencionei anteriormente que devem ser coletadas diversas amostras de sangue após um esforço máximo, para que se possa contar com uma medição precisa do lactato sanguíneo de pico, pois, ao término do nado, grande quantidade de ácido lático ainda estará presente nos músculos. Talvez tenham que transcorrer 3 a 12 min antes que uma quantidade suficiente de ácido lático tenha sido transportada para fora dos músculos e para a corrente sanguínea, para que ocorra equilíbrio entre as quantidades nos dois compartimentos.

Outro problema na determinação de um lactato sanguíneo de pico real é que a quantidade de glicogênio armazenado nos músculos dos atletas deve ser semelhante, de um teste para outro, para que se possa contar com uma comparação acurada de lactatos sanguíneos de pico. Uma redução no glicogênio muscular promoverá níveis mais baixos de lactato sanguíneo de pico, enquanto um aumento na quantidade do glicogênio armazenado nos músculos aumentará a quantidade de ácido lático que surge no sangue na sequência de um esforço máximo. Em um estudo envolvendo nadadores, os lactatos sanguíneos de pico sofreram redução de 25% em um cenário de dieta pobre em carboidratos e aumentaram em 25% quando os atletas consumiram uma refeição rica em carboidratos (Reilly e Woodbridge 1999).

Uma consideração final diz respeito ao nível de lactato no sangue do atleta, antes de um nado em esforço máximo. As concentrações de lactato sanguíneo devem se encontrar nos níveis de repouso antes do início de um esforço máximo. Qualquer aumento no nível de repouso resultante de nados precedentes aumentará a quantidade de lactato transportado para a corrente sanguínea durante o esforço máximo. Esse acréscimo provocará uma falsa elevação no lactato sanguíneo de pico, o que pode ser equivocadamente interpretado como uma melhora no metabolismo anaeróbico, quando, na verdade, nada disso ocorreu. Antes de tentar qualquer nado com a finalidade de medir lactatos sanguíneos de pico, os atletas devem repousar até que seus níveis de lactato sanguíneo em repouso tenham retornado ao normal. Comumente, haverá necessidade de um descanso de 30 min.

Para que sejam obtidos melhores resultados, a determinação dos lactatos sanguíneos de pico deve ser cuidadosamente controlada e interpretada. A seguir, algumas sugestões para a obtenção de medições precisas:

■ Os testes para determinação de lactatos sanguíneos de pico devem ser realizados depois que os atletas descansaram durante um ou dois dias, para que haja garantia de que as concentrações de glicogênio muscular estarão altas.

■ Os atletas devem estar altamente motivados para esses testes. Acredito que a realização dos testes em seguida a competições gerará resultados mais confiáveis, em comparação com os testes efetuados com tomadas de tempo.

■ Devemos padronizar a distância dos testes. Acredito que distâncias de 100 a 200 jd/m sejam mais apropriadas para a produção de lactatos sanguíneos de pico, embora possam ser utilizadas distâncias de 400 m e 500 jd, se os atletas competirem nessas distâncias.

■ Não se deve tentar testes de esforço máximo até que os atletas tenham se recuperado completamente de qualquer nado precedente, e até que as concentrações de lactato sanguíneo estejam nos níveis de repouso.

■ Finalmente, devem ser coletadas várias amostras de sangue a intervalos de 2 min, depois de um esforço máximo. A primeira amostra deve ser obtida dentro de 2 ou 3 min depois que o atleta completou o nado, e cada amostra subsequente deverá ser obtida 2 min mais tarde, até que ocorra uma queda no lactato sanguíneo entre uma amostra e outra. Para que nos certifiquemos do nível máximo de lactato na corrente sanguínea depois de um esforço máximo, pode haver necessidade da coleta de amostras a intervalos de 2 min por até 13 min depois do término de um nado.

■ Os treinadores devem utilizar as determinações de lactato sanguíneo de pico com algum outro teste (ou testes) de desempenho em tiro de velocidade; isso ajudará na realização de avaliações mais criteriosas.

Inclinação da curva de lactato-velocidade: o que isso significa?

A inclinação, ou ângulo de inclinação, da parte íngreme da curva de lactato-velocidade pode nos fornecer alguma informação acerca da resistência muscular aeróbica e anaeróbica de nadadores meio-fundistas e fundistas e acerca da capacidade anaeróbica de velocistas. Utilizarei os resultados do teste sanguíneo ilustrado na Figura 16.3 para ajudar a explicar o que significa a inclinação da curva de lactato-velocidade.

A inclinação de interesse está na parte íngreme da curva de lactato-velocidade, onde a elevação do lactato sanguíneo passa a ser linear, o que ocorre entre o segundo ponto de mudança do lactato e o último lançamento na curva, na Figura 16.3. O ângulo de inclinação para essa parte da curva é igual a 70°. Em termos gerais, um ângulo menor, isto é, uma inclinação mais plana, indica melhor resistência muscular aeróbica e anaeróbica, porque o lactato sanguíneo se acumulará em uma velocidade menor com relação aos aumentos na velocidade de nado. A suposição é que o lactato sanguíneo se acumula em uma velocidade mais lenta, porque o ácido lático se acumula também lentamente nos músculos; portanto, o pH muscular

não declinará em uma velocidade rápida. Por outro lado, uma elevação mais abrupta na curva, capaz de ficar mais perto da perpendicular, é indício do efeito oposto. É provável que o lactato muscular se acumule rapidamente para pequenos aumentos na velocidade de nado, sendo iminente uma acidose intensa. Considerando que, comumente, os nadadores se encontram na parte íngreme da curva de lactato-velocidade, alguns cientistas sugeriram o uso de mudanças na velocidade de nado em concentrações fixas de lactato sanguíneo de 6, 8 ou 10 mmol/L, para avaliar mudanças na resistência muscular aeróbica e anaeróbica.

O uso de valores fixos de lactato sanguíneo de pico é um modo simples de avaliar mudanças na inclinação da curva de lactato-velocidade, mas esses valores podem ser enganosos para alguns atletas, pelas mesmas razões que os valores fixos podem ser ilusórios quando são utilizados na localização dos limiares aeróbicos e anaeróbicos. Tais valores podem não significar a mesma condição para atletas com concentrações de pico de lactato sanguíneo excepcionalmente altas ou baixas, ou para aqueles que exibem valores de lactato sanguíneo excepcionalmente altos ou baixos em seus limiares anaeróbicos individuais. Atletas com baixos valores podem nadar em velocidades máximas antes que suas contrações de lactato sanguíneo atinjam 6 mmol/L, enquanto atletas com concentrações de lactato sanguíneo excepcionalmente altas podem apenas estar se aproximando de suas velocidades em limiar anaeróbico em concentrações de lactato sanguíneo de 6 ou 8 mmol/L. Com base nesse raciocínio, a velocidade de nado em 6 mmol/L deve funcionar melhor para a avaliação da resistência muscular aeróbica e anaeróbica de nadadores de provas longas do que para velocistas e meio-fundistas, porque a maioria daqueles não tem valores de picos de lactato sanguíneo muito acima de 8 a 12 mmol/L. Consequentemente, esse valor deve estar situado aproximadamente a meio-caminho entre suas concentrações de lactato sanguíneo em seus limiares anaeróbicos individuais e seus valores de pico de lactato sanguíneo. Velocidades de nado capazes de produzir um valor de lactato sanguíneo igual a 8 ou 10 mmol/L podem funcionar melhor para nadadores meio-fundistas e fundistas, porque habitualmente seus valores de lactato sanguíneo nos limiares anaeróbicos individuais e os valores de pico de lactato sanguíneo são elevados.

O Australian Institute of Sport tem utilizado um procedimento excelente para a interpretação das mudanças na inclinação da curva de lactato-velocidade. Seus profissionais calculam as diferenças entre as velocidades de nado do atleta em dois pontos ao longo da parte íngreme da curva de lactato-velocidade. Quanto maior a diferença, melhor o resultado. Uma grande diferença indica que a inclinação da curva não é muito abrupta, e que o atleta pode aumentar consideravelmente sua velocidade ao longo da parte anaeróbica da curva, antes que a acidose se instale. Para essa finalidade, é calculada a diferença em velocidades de nado entre concentrações de lactato sanguíneo de 5 e 10 mmol/L. Esse procedimento, chamado método dV5-10, está ilustrado na Figura 16.9.

O nadador completa um teste graduado de rotina nadando uma série de repetições em velocidades progressivamente maiores. As distâncias das repetições podem variar de 100 a 400 m. As distâncias mais curtas, de 100 e 200 m, são mais adequadas para velocistas, e as distâncias mais longas, de 300 e 400 m, são mais apropriadas para a avaliação de nadadores meio-fundistas e fundistas. No exemplo na Figura 16.9, foi utilizada a distância de repetições de 200 m. As amostras de sangue são coletadas e, em seguida, analisadas para concentração de lactato depois de cada um dos seis nados. Em seguida, as concentrações de lactato sanguíneo são lançadas em um gráfico, contra as velocidades de nado que geraram tais concentrações.

A seguir, é determinada a velocidade em concentrações de lactato sanguíneo de 5 mmol/L e 10 mmol/L com base nas velocidades de nado correspondentes aos pontos de interseção desses valores de lactato com a curva de lactato-velocidade; na sequência, essas velocidades de nado são convertidas em tempos para 200 m. Na Figura 16.9, o tempo em uma concentração de 5 mmol/L foi 2'18'', e em 10 mmol/L, 2'15''. Então, o tempo correspondente a uma concentração de lactato sanguíneo de 10 mmol/L é subtraído do tempo na concentração de 5 mmol/L, e a diferença é registrada como o tempo dV5-10. Esse tempo é igual a 3 s na Figura 16.9. Conforme já mencionei, as indicações são que o potencial de desempenho do atleta aumenta quando essa diferença fica maior. Acredito que o atleta esteja acumulando menos ácido lático nos músculos e que será capaz de nadar maiores distâncias em velocidade de prova antes que o pH muscular caia até níveis muito baixos, e uma acidose intensa ocorra. Por outro lado, uma diferença menor indica que a inclinação da curva de lactato-velocidade se tornou mais íngreme. Nesse caso, é provável que esteja ocorrendo acúmulo mais rápido de lactato sanguíneo em velocidades de prova, e o atleta se cansará mais rapidamente.

Uso de testes sanguíneos para o treinamento de nadadores

Resultados de testes sanguíneos como aqueles ilustrados na Figura 16.3 podem ser utilizados na monitoração do treinamento por diversos meios. O primeiro desses meios consiste em avaliar mudanças nos metabolismos aeróbico e anaeróbico; o segundo meio consiste em determinar velocidades ótimas para treinamento de resistên-

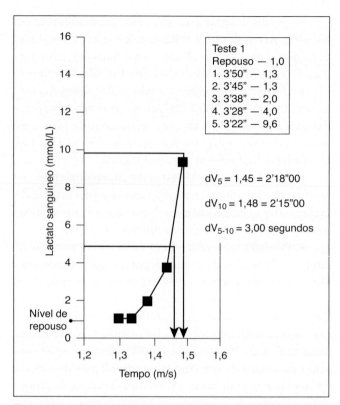

Figura 16.9 Método dV5-10 para estimativa da resistência muscular aeróbica e anaeróbica.

cia e de velocidade; e o terceiro consiste em determinar o potencial de desempenho. Discutirei nas seções seguintes como os testes sanguíneos podem ser utilizados para cada uma dessas finalidades, mas antes de fazê-lo, quero tecer comentários sobre o efeito exercido por diferentes distâncias de repetições nos resultados dos testes sanguíneos.

Efeito das distâncias das repetições nos limiares

Diferentes distâncias de repetições não resultarão nas mesmas velocidades de nado nos pontos de referência ao longo da curva de lactato-velocidade. Exemplificando, a velocidade de nado de qualquer concentração fixa de lactato sanguíneo será maior, se forem usadas distâncias de repetições de 100 jd/m no protocolo do teste; por outro lado, a velocidade de nado será mais lenta se forem utilizadas distâncias de repetições mais longas. Acredito que isso se dá porque pode ocorrer eliminação de mais ácido lático durante os nados mais longos. Em um estudo publicado, ao serem utilizadas repetições de 300 m no protocolo do teste, a velocidade de nado capaz de gerar uma concentração de lactato sanguíneo de 4 mmol/L foi de aproximadamente 1,38 m/s; porém, quando foram utilizadas repetições de 100 m, houve necessidade de uma velocidade de nado de aproximadamente 1,47 m/s para que fosse produzida a mesma concentração de lactato sanguíneo (Keskinen, Komi e Rusko 1989). Essa diferença é de aproximadamente 2,50 s por 100 m. Consequentemente, os protocolos de testes sanguíneos em que são utilizadas repetições curtas superestimarão as velocidades de limiar anaeróbico de cada atleta considerado individualmente. Observe que as velocidades de nado correspondentes ao limiar aeróbico foram praticamente idênticas, não importando se foram utilizadas repetições de 100 ou 300 no protocolo do teste.

Ao que parece, os *step tests* de lactato refletem com maior precisão o potencial de desempenho dos atletas, quando as distâncias das repetições se aproximam mais das distâncias de prova para as quais os nadadores estão treinando. Ou seja, um protocolo que utiliza repetições de 100 funciona melhor para velocistas; um protocolo com repetições de 200 é mais adequado para atletas especializados nessa distância; e um protocolo que utiliza repetições de 400 é melhor para nadadores meio-fundistas e fundistas. No entanto, protocolos que utilizam distâncias de 300 a 500 jd/m parecem funcionar melhor quando a finalidade é a identificação de velocidades individuais em limiar anaeróbico ou a prescrição de velocidades de treinamento de resistência. Distâncias de repetições mais curtas superestimarão essas velocidades.

Avaliação das mudanças nos metabolismos aeróbico e anaeróbico

Testes sanguíneos devem ser administrados a cada 3 a 4 semanas, e os resultados devem ser comparados com testes realizados anteriormente, com o objetivo de avaliar mudanças no metabolismo aeróbico e anaeróbico. Quando os resultados de dois ou mais testes sanguíneos foram lançados no gráfico e comparados, geralmente os julgamentos acerca da natureza das mudanças nos metabolismos aeróbico e anaeróbico tomam por base a direção do movimento da curva de lactato-velocidade nos testes mais recentes.

Nos primeiros dias dos testes sanguíneos, pensava-se que as interpretações poderiam ser feitas de maneira simples e direta. Era possível fazer três avaliações:

1. O atleta estava melhorando se a curva de lactato-velocidade se movia para a direita em um teste subsequente. Isso ocorria porque menor quantidade de lactato estava se acumulando no sangue, em velocidades similares àquelas no primeiro teste, ou porque o atleta estava nadando com maior rapidez sem aumentar o lactato sanguíneo.

2. O condicionamento físico do atleta estava ficando pior, se a curva de lactato-velocidade se movia para a esquerda em um teste subsequente. Isso ocorria porque as concentrações de lactato sanguíneo eram mais altas em velocidades similares àquelas do primeiro teste, ou porque as concentrações de lactato sanguíneo eram similares em velocidades menores.

3. O condicionamento físico do atleta não havia mudado se a curva não se movia nem para a direita e nem para a esquerda.

Essas interpretações simplistas deixam de levar em conta que o treinamento provoca mudanças complexas e conflitantes nas taxas dos metabolismos aeróbico e anaeróbico. Conforme já mencionei, o treinamento de resistência tende a reduzir a taxa de metabolismo anaeróbico, e o treinamento de velocidade aumentará essa taxa. Quando a taxa de metabolismo anaeróbico está alta, grande quantidade de ácido pirúvico será produzida rapidamente em velocidades de nado submáximas, e maior quantidade desse piruvato se combinará com íons hidrogênio para a formação de ácido lático. Como resultado, maior parte do ácido lático será transportada para fora dos músculos e para a corrente sanguínea, de modo que a concentração dessa substância no sangue será maior em níveis mais baixos de esforço. Quando isso ocorre, a curva de lactato-velocidade se deslocará para a esquerda, dando a aparência de que ocorreu declínio na capacidade aeróbica, mas a capacidade aeróbica pode não ter mudado nem um pouco, e pode até mesmo ter melhorado. Por outro lado, quando a taxa de metabolismo anaeróbico declina, menor quantidade de ácido pirúvico será produzida em velocidades de nado submáximas; portanto, menos ácido lático será produzido e transportado para a corrente sanguínea, e a concentração de lactato sanguíneo será mais baixa do que era nos testes precedentes. A curva de lactato-velocidade se deslocará para a direita, mesmo quando não tiver ocorrido real melhora na capacidade aeróbica. A Tabela 16.1 resume essa complexa relação entre os metabolismos aeróbico e anaeróbico.

Com base nessas reações, quando a concentração de lactato sanguíneo para determinada velocidade de nado diminui de um teste para o teste seguinte, a capacidade aeróbica pode ter melhorado, ou a taxa de metabolismo anaeróbico pode ter diminuído. Certamente a primeira adaptação seria considerada como efeito positivo do treinamento para qualquer atleta. Por outro lado, a segunda adaptação seria considerada negativa para velocistas e nadadores meio-fundistas, porque provavelmente seu desempenho sofreria, caso suas taxas de metabolismo anaeróbi-

Tabela 16.1 Efeitos das mudanças na capacidade aeróbica e na potência anaeróbica no lactato sanguíneo

Mecanismo fisiológico	Mudança	Efeito no lactato sanguíneo
Capacidade aeróbica	Melhora	Sofre redução
	Sofre redução	Aumenta
Potência anaeróbica	Melhora	Aumenta
	Sofre redução	Sofre redução

co diminuíssem; sua capacidade de disponibilizar energia em uma velocidade acelerada diminuiria, e assim é provável que sua velocidade também declinasse. Pela mesma razão, o desempenho de nadadores fundistas poderia mesmo ser prejudicado, se suas taxas de metabolismo anaeróbico caíssem com excepcional intensidade.

Para complicar ainda mais, diversos outros fatores podem causar resultados enganosos para os testes sanguíneos:

- Mudanças nas reservas do glicogênio muscular de um teste para o teste seguinte podem alterar os resultados. Pesquisas demonstraram que a curva de lactato-velocidade se desviará para a direita em um teste sanguíneo subsequente, quando o nível de glicogênio nos músculos estiver consideravelmente mais baixo do que estava em um teste precedente (Ivy et al. 1980; Reilly e Woodbridge 1999). Esse resultado pode ocorrer mesmo nos casos em que não ocorreu melhora da capacidade aeróbica. A curva desvia para a direita, porque o metabolismo anaeróbico não pode prosseguir em uma taxa rápida, a menos que exista um suprimento adequado de glicogênio nos músculos. Em um estudo, a velocidade de nado correspondente a uma concentração de lactato sanguíneo de 4 mmol/L aumentou 0,30 m/s depois de apenas alguns dias, quando o glicogênio muscular foi reduzido por uma combinação de dieta pobre em carboidratos e treinamento intenso (Reilly e Woodbridge 1999). O consumo de cafeína antes da realização do teste também aumentará o metabolismo das gorduras e fará com que aumente a velocidade de nado nos limiares aeróbico e anaeróbico, quando a capacidade aeróbica não melhorar.

Quantidades excepcionalmente grandes de glicogênio detectadas no músculo durante um teste subsequente podem provocar a reação oposta à de baixos níveis de glicogênio muscular. A curva de lactato-velocidade voltará a desviar-se para a esquerda, com aumento do lactato sanguíneo nas mesmas velocidades ou em velocidades menores nos casos em que não ocorreu mudança na capacidade aeróbica. O aumento do lactato sanguíneo ficaria particularmente evidente se o glicogênio muscular estivesse especialmente baixo no primeiro teste.

Ocorrência de aumento do glicogênio muscular em um teste subsequente fornece uma explicação provável para as falsas perdas de capacidade aeróbica que foram informadas durante períodos em que os nadadores fazem o polimento (Gullstrand 1985; Sharp 1984). Diversos pesquisadores e treinadores têm informado que a curva de lactato-velocidade se desviava de novo para a esquerda durante o polimento. A princípio, acreditava-se que esse efeito representava perda da capacidade aeróbica, mas tal avaliação foi reformada, depois que vários nadadores demonstraram bom desempenho apesar desse movimento

de desvio da curva de lactato-velocidade para a esquerda. É provável que o aumento do lactato sanguíneo em velocidades de nado mais lentas durante o polimento não indique perda de capacidade aeróbica. É mais provável que o aumento ocorra por causa de um efeito de supercompensação na quantidade de glicogênio armazenado nos músculos. O treinamento cotidiano durante fases prévias da temporada frequentemente promove depleção do glicogênio muscular, gerando um estímulo para que os músculos armazenem até o dobro da quantidade habitual dessa substância, quando a carga de trabalho diminui durante o polimento. Consequentemente, com maior quantidade de glicogênio nos músculos, aumenta a velocidade de produção de ácido lático durante nados lentos, e é por isso que o teste do lactato sanguíneo realizado durante esse período daria um resultado de mais lactato em velocidades mais lentas, mesmo quando a taxa de metabolismo aeróbico não diminui.

- O treinamento com pesos dentro de 24 horas da realização de um teste sanguíneo é outro fator que pode acarretar resultados enganosos. Exercícios dessa natureza praticados com intensidade podem causar lesão muscular, o que resultará em maior velocidade de acúmulo de lactato em velocidades mais lentas.

- O treinamento intenso praticado dentro de 24 horas da realização de um teste sanguíneo pode causar erros de interpretação. Um treinamento desse tipo reduzirá o glicogênio muscular e a velocidade de nado, nos limiares aeróbico e anaeróbico, fazendo com que o lactato sanguíneo aumente mais em uma velocidade de nado igual ou menor, pelas razões colocadas anteriormente, com respeito à depleção de glicogênio (Fric et al. 1988; McKenzie e Mavrogiannis 1986).

- Um tiro de velocidade durante o aquecimento que precede um teste sanguíneo pode fazer com que os valores do lactato sanguíneo aumentem para velocidades similares; com isso, a curva de lactato-velocidade se desvia de volta para a esquerda, mesmo nos casos em que não tenha ocorrido perda da resistência aeróbica. O tiro de velocidade fará com que os níveis de lactato sanguíneo aumentem acima dos níveis de repouso normal antes do início do teste sanguíneo. Assim, os valores de lactato sanguíneo durante o teste estarão mais elevados do que os obtidos em outras condições.

- O teste sanguíneo realizado pela manhã pode provocar um falso desvio para a esquerda da curva de lactato-velocidade. As concentrações de lactato sanguíneo tendem a ser mais altas em determinada velocidade de nado quando o teste é realizado pela manhã, em comparação com testes realizados à tarde. Comumente, os atletas podem nadar cerca de 1 s mais rápido por 100 m (cerca de 2%) à tarde sem que ocorra aumento nas concentrações de lactato sanguíneo, em comparação com o que podem nadar em um *step test* idêntico realizado pela manhã (Olbrecht et al. 1988).

■ Testes realizados em piscina curta resultarão em maior velocidade limiar, comparativamente a testes realizados em piscina longa. Por essa razão, não é possível comparar entre si resultados de testes obtidos em piscinas de 25 m e 50 m. As velocidades de nado que geram certas concentrações de lactato sanguíneo serão um pouco mais lentas quando o teste é realizado em piscinas longas; provavelmente isso ocorre porque os nadadores dão menos viradas. Olbrecht et al. (1988) verificaram que atletas produziam as mesmas concentrações de lactato sanguíneo em velocidades que, em média, eram 5,6% mais lentas (3 a 5 s mais lentos por 100 m), quando eram testados em uma piscina de 50 m, em comparação com seus resultados em uma piscina de 25 m.

Considerando essa discussão, deve ter ficado evidente o quão importante é fazer avaliações precisas das razões para mudanças na relação entre lactato sanguíneo e velocidade de nado, entre um teste e o teste seguinte. Em caso contrário, o desempenho potencial de determinado nadador poderá piorar, mesmo quando parece melhorar; por outro lado, na verdade o desempenho pode melhorar, quando parece piorar. Entretanto, quando foram cuidadosamente controladas as condições para os testes sanguíneos, com vistas à eliminação de possíveis más interpretações com base em fatores como os que acabamos de descrever, os resultados poderão fornecer informações úteis relativas aos efeitos do treinamento sobre os metabolismos aeróbico e anaeróbico.

Um procedimento simples pode ajudar a avaliar se mudanças no lactato sanguíneo realmente representam melhoras nos metabolismos aeróbico e anaeróbico, ou se, em vez disso, são causadas por um ou mais dos fatores que acabamos de citar. A solução é incluir uma tomada de tempo máximo ou próximo do máximo como parte do protocolo do teste sanguíneo. Depois de completado um *step test* típico, o atleta deverá repousar por 30 min ou mais; em seguida, completará um nado rápido de 100 a 200 m. Quando esse nado tem como resultado um pico alto de lactato sanguíneo e um tempo rápido, podemos ter razoável certeza de que os níveis de glicogênio muscular estavam altos durante o teste. Se o nado produz um pico alto de lactato sanguíneo com baixa velocidade, existe a possibilidade de que fatores como treinamento com pesos ou tiros de velocidade possam ter resultado em um nível elevado de lactato sanguíneo durante o *step test* precedente. Portanto, os dados devem ser analisados com cautela. Por outro lado, um pico baixo de lactato com baixa velocidade pode indicar que o glicogênio muscular estava baixo durante o *step test*. O acréscimo de um nado em esforço máximo ou próximo do máximo também pode ajudar a esclarecer o efeito do treinamento na potência anaeróbica do atleta. Os gráficos nas Figuras 16.10 até 16.14 ilustram algumas formas pelas quais a curva de lactato-velocidade de um *step test* típico pode mudar de tempos em tempos e o modo de utilizar picos de lactato sanguíneo para uma interpretação mais precisa dessas curvas. Começarei discutindo as possíveis interpretações para desvios para a direita e, em seguida, apresentarei algumas informações sobre o modo de interpretar certos desvios para a esquerda. Finalmente, discutirei alguns desvios confusos das curvas de lactato-velocidade que não podem ser descritos como sendo movimentos completamente para a esquerda nem completamente para a direita.

Avaliação dos desvios para a direita da curva de lactato-velocidade O gráfico na Figura 16.10 ilustra os resultados de dois testes sanguíneos em que a curva de lactato-velocidade desviou para a direita durante o segundo teste. O tempo transcorrido entre os testes foi 4 semanas. O atleta nadou 5 × 300 m em velocidades progressivamente maiores nos dois testes. Também nadou uma tomada de tempo de 200 m em esforço total 30 min depois de terminar o quinto nado de 300 m. Depois de cada nado, foram obtidas amostras de sangue e analisadas para conteúdo de lactato. Em seguida, as concentrações de lactato sanguíneo foram lançadas em um gráfico, contra as velocidades para os nados que as produziram.

Observe que, para cada nado no segundo teste, as concentrações de lactato sanguíneo foram mais baixas na mesma velocidade. Como resultado, a curva de lactato-velocidade para o segundo teste sanguíneo se deslocou para a direita e para baixo, com relação ao primeiro teste. O pico de lactato sanguíneo do atleta também aumentou do primeiro para o segundo teste, do mesmo modo que a velocidade para o nado de 200 m em esforço máximo, o que fez com que o gráfico para pico de lactato sanguíneo se deslocasse para a direita e para cima.

Uma comparação dos resultados do primeiro e segundo testes sanguíneos demonstra que esse atleta melhorou tanto o metabolismo aeróbico como o anaeróbico. O movimento da curva de lactato-velocidade para a direita e para baixo entre o primeiro e o segundo pontos de mudança do lactato no segundo teste sanguíneo indica melhora na capacidade aeróbica. O desvio para a direita na parte linear da curva de lactato-velocidade sugere que também melhorou a resistência muscular aeróbica e anaeróbica. O maior pico da concentração de lactato sanguíneo em uma velocidade mais rápida no segundo teste sugere que a potência anaeróbica desse atleta também melhorou.

O movimento da parte curvilínea da curva de lactato-velocidade para a direita e para baixo entre o primeiro e o segundo teste sugere que houve melhora da capaci-

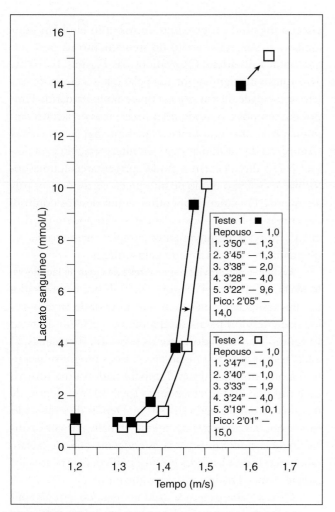

Figura 16.10 Resultados de dois testes sanguíneos realizados com um intervalo de quatro semanas, em que houve melhora tanto dos aspectos do metabolismo aeróbico como do metabolismo anaeróbico.

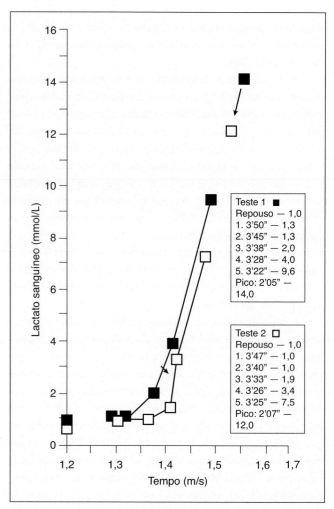

Figura 16.11 Resultados anteriores e posteriores a testes sanguíneos realizados com um intervalo de quatro semanas, em que o movimento da curva de lactato-velocidade para a direita no segundo teste provavelmente indica redução na taxa de metabolismo anaeróbico, ou baixo nível de glicogênio muscular, em vez de aumento na taxa de metabolismo aeróbico.

dade aeróbica. Esse movimento também poderia significar que a taxa de metabolismo anaeróbico diminuiu ou que o glicogênio muscular sofreu grande depleção no segundo teste. No entanto, o movimento para a direita da parte linear da curva e a combinação de um lactato sanguíneo mais elevado e de uma velocidade mais rápida no quinto nado nos dão uma indicação de que ocorreu real melhora na resistência muscular aeróbica e anaeróbica. O fato de que o pico de lactato sanguíneo foi mais alto e o tempo para o nado que produziu esse pico foi maior, sugere que também houve melhora na potência anaeróbica. Em si, este é um bom efeito. Além disso, o lactato sanguíneo mais elevado e a maior velocidade servem de evidência de que o movimento para a direita da curva de lactato-velocidade na Figura 16.10 resultou da melhora do metabolismo aeróbico, e não de um decréscimo do metabolismo anaeróbico.

A Figura 16.11 ilustra os resultados de dois testes sanguíneos em que é ilusório um movimento para a direita da curva de lactato-velocidade no segundo teste. Nesse caso, o atleta não melhorou sua capacidade aeróbica. A curva de lactato-velocidade se deslocou para a direita, porque o atleta perdeu potência anaeróbica. Perceba que o tempo do atleta foi mais lento e que sua concentração de lactato sanguíneo foi mais baixa no quinto nado do segundo teste. O tempo e a concentração de lactato sanguíneo foram, respectivamente, 3'25" e 7,5 mmol/L no segundo teste, em comparação com 3'22" e 9,6 no primeiro teste. Essa é a primeira indicação de que não ocorreu melhora no metabolismo aeróbico, embora isso não sirva por si mesmo como evidência conclusiva de perda da potência anaeróbica. Um baixo nível de glicogênio muscular pode ter causado o tempo mais lento, ou o atleta pode não ter se esforçado tanto durante o quinto nado no segundo teste, em comparação com o primeiro teste. O tempo mais lento e o lactato sanguíneo mais baixo do nadador na tomada de tempo de 200 m para o segundo teste nos proporcionam a evidência conclusiva de que, provavelmente, o atleta perdeu potência anaeróbica. Seu tempo foi 2'07", e sua concentração de lactato sanguíneo foi 12,0 mmol/L no segundo teste, em comparação com um tempo de 2'05" e uma concentração de lactato sanguíneo de 14,0 mmol/L no primeiro teste. Assumindo que o atleta estava igualmente motivado para os dois nados, esse resultado, aliado aos resultados dos nados de 300, sugere enfaticamente que o movimento para a direita da curva de lactato-velocidade no segundo teste foi causado não pela melhora no metabolismo aeróbico, mas por uma redução na taxa de metabolismo anaeróbico ou por um baixo nível de glicogênio muscular no segundo teste. Podemos eliminar um baixo nível de glicogênio muscular como causa para esse desvio para a direita se o atleta teve alguns dias de nado fácil antes do segundo teste. A explicação lógica seria que ocorreu diminuição de sua potência anaeróbica. Com um resultado como esse, o atleta deveria reduzir o treinamento de resistência e aumentar o treinamento de produção de lactato, até alcançar um pico alto de lactato sanguíneo em um teste subsequente.

Avaliação dos desvios para a esquerda da curva de lactato-velocidade Comumente, um desvio para a esquerda da curva de lactato-velocidade sinaliza redução da capacidade aeróbica, e certamente isso é indesejável, mas também pode significar que a taxa de metabolismo anaeróbico do atleta aumentou. Esse seria um efeito desejável para velocistas e, sob certas condições, para nadadores meio-fundistas e fundistas. As Figuras 16.12, 16.13 e 16.14 ilustram os resultados anteriores e posteriores aos testes sanguíneos nos quais os movimentos para a esquerda da curva de lactato-velocidade indicam respostas desejáveis e indesejáveis ao treinamento. Começarei com a curva de lactato-velocidade na Figura 16.12, que indica perda tanto da capacidade aeróbica como da capacidade anaeróbica.

Um movimento para a esquerda na parte curvilínea da curva de lactato-velocidade na Figura 16.12 sugere que mais ácido lático está sendo produzido e que está se acumulando nos músculos em velocidades semelhantes ou mais lentas durante o segundo teste. Certamente isso indica ser provável que a taxa de metabolismo aeróbico e a velocidade de remoção de lactato desse atleta deterioraram do primeiro para o segundo período de teste. É provável que o nadador não esteja oxidando piruvato ou removendo lactato dos músculos e da corrente sanguínea com a mesma rapidez que havia conseguido quatro semanas antes. Embora esse efeito possa ser causado por um aumento no metabolismo anaeróbico, dois aspectos da curva de lactato-velocidade para o segundo teste indicam que o fator causador do desvio para a esquerda foi uma perda da capacidade aeróbica, e não um aumento do metabolismo anaeróbico.

Em primeiro lugar, não ocorreu aumento no pico de lactato sanguíneo no segundo teste de 200. O valor de pico do lactato sanguíneo é o mesmo do primeiro teste, e o tempo para o nado foi mais lento. O tempo do nadador para a tomada de tempo de 200 foi 2'07" no segundo teste *versus* 2'05" no primeiro teste, enquanto as concentrações de lactato sanguíneo foram 14,0 mmol/L nos dois testes. Isso sugere que a taxa de metabolismo anaeróbico do atleta não havia aumentado no segundo teste. É provável que o pico do lactato sanguíneo tivesse sido mais alto se um aumento na taxa de metabolismo anaeróbico estivesse causando um falso desvio para a esquerda da curva de lactato-velocidade.

O segundo fator é que a curva de lactato-velocidade se movimentou para a esquerda em baixas velocidades de nado no segundo teste. O metabolismo aeróbico devia ter proporcionado a maior parte da energia nessas velocidades. Portanto, o lactato sanguíneo não deve aumentar, a menos que as taxas de metabolismo aeróbico e as velocidades de remoção do lactato tivessem deteriorado.

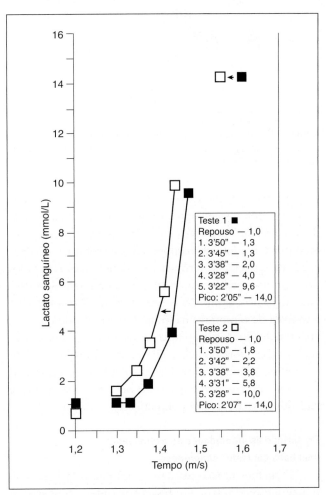

Figura 16.12 Resultados anteriores e posteriores a testes sanguíneos realizados com um intervalo de quatro semanas, indicando perda da capacidade aeróbica.

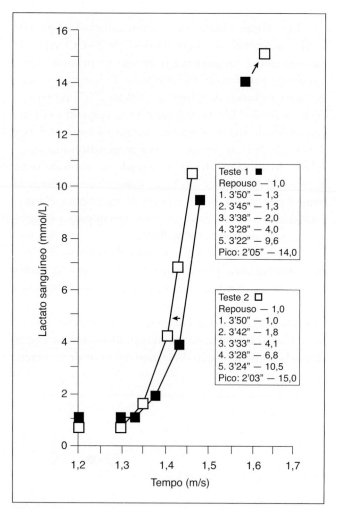

Figura 16.13 Resultados de dois testes realizados com intervalo de quatro semanas, nos quais provavelmente ocorreu aumento da taxa de metabolismo anaeróbico.

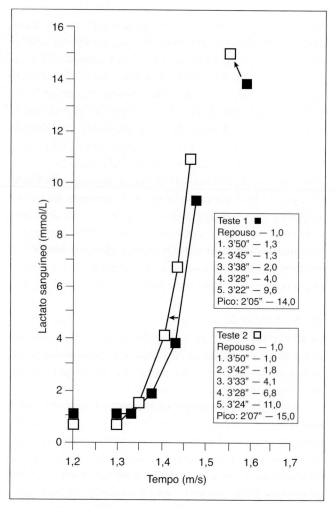

Figura 16.14 Resultados de dois testes realizados com intervalo de quatro semanas, indicando perda significativa da capacidade aeróbica e aumento na potência anaeróbica.

As curvas de lactato-velocidade na Figura 16.13 demonstram um caso em que um movimento para a esquerda da curva de lactato-velocidade foi provavelmente causado por um aumento na potência anaeróbica, e não por perda da capacidade aeróbica. Nessa figura, os resultados do segundo teste demonstram grandes aumentos de lactato sanguíneo, tanto para o nado final de 300 como para a tomada de tempo no nado de 200. O fato de que esse atleta melhorou sua potência anaeróbica sem perder resistência fica indicado pela melhora no tempo para o nado de 200 no segundo teste. Um resultado como esse não deve ser causa de preocupação. É bem provável que esse nadador se saia bem em competição.

Prescrição de velocidades de treinamento com base em testes sanguíneos

O melhor modo para a prescrição de velocidades de treinamento com base em testes sanguíneos consiste em utilizar um dos métodos descritos anteriormente para a determinação das velocidades de nado de atletas em seus limiares aeróbico e anaeróbico individuais. Essas velocidades podem ser expressas como velocidades de nado em m/s, sendo em seguida convertidas em tempos para as distâncias repetidas a serem utilizadas no treinamento. A Figura 16.15 ilustra o procedimento para que isso seja feito. Para esse nadador, o limiar aeróbico foi calculado como sendo 1,33 m/s (o primeiro ponto de mudança na curva de lactato-velocidade). O método D-max tem sido utilizado para localizar a velocidade em limiar anaeróbico individual do atleta, que era 1,43 m/s. A figura mostra os cálculos para conversão da velocidade em limiar anaeróbico em tempo por 100 m. O tempo calculado é 1'10". Se esse atleta deseja nadar repetições de 200, simplesmente basta dobrar a velocidade; para repetições de 300, a velocidade será triplicada, e assim por diante, para distâncias de repetições mais longas.

O atleta deve fazer a maior parte de seu treinamento de resistência na faixa de tempos englobada por seus limiares aeróbico e anaeróbico, além de fazer séries de repetições de resistência básica na metade inferior dessa faixa, e as repetições de resistência limiar na metade superior. O atleta deve nadar séries de repetições de resistência com sobrecarga e de tolerância ao lactato em velocidades superiores às correspondentes ao limiar anaeróbico, e fazer seu treinamento de recuperação em velocidades mais lentas do que as praticadas no limiar aeróbico.

Algumas pessoas acreditam que os resultados dos testes sanguíneos não podem ser utilizados para a prescrição das velocidades de treinamento, porque os nadadores exibem variações cotidianas na capacidade aeróbica e na potência anaeróbica que invalidam os resultados de testes precedentes (Johnson 1998). Na verdade, as respostas do lactato sanguíneo a certas velocidades de treinamento variam pouco de um dia para outro até que tenham ocorrido mudanças significativas na capacidade aeróbica ou anaeróbica. Essa conclusão foi demonstrada pelos resultados de um estudo no qual a velocidade de diversos métodos para determinação do limiar anaeróbico foi comparada com testes repetidos ao longo de um período de cinco dias (Pfitzinger e Freedson 1998). Os tempos e as concentrações de lactato sanguíneo correspondentes dos nadadores permaneceram notavelmente semelhantes de um dia para o outro. Ao longo do período de cinco dias, os coeficientes de correlação entre velocidades em cada limiar variaram entre 0,97 e 0,99.

Sobrecarga progressiva deve ser a pedra angular de qualquer programa de treinamento. Portanto, os nadadores devem estabelecer uma faixa mais rápida de velocidades para os três níveis de treinamento de resistência quando suas curvas de lactato-velocidade se deslocam para a direita em testes subsequentes. A capacidade aeróbica e a resistência muscular aeróbica e anaeróbica não melhorarão, se os atletas nadarem na mesma velocidade semana após semana, e de temporada após temporada, a menos que aumentem seu volume de treinamento ou reduzam o descanso entre repetições. Os pontos de referência, como velocidade de nado em limiares aeróbicos e anaeróbicos individuais, permitem que os atletas saibam quando estão prontos para treinar com maior rapidez.

Os treinadores devem estar cientes das diversas fontes de erro ao prescreverem os ritmos de treinamento com base nos testes de lactato sanguíneo, para que possam determinar tais ritmos com precisão. A primeira dessas fontes de erro foi mencionada anteriormente. As melhores distâncias de repetições para prescrição de velocidades de treinamento de resistência se situam entre 300 e 400 m e 400 e 500 jd. Distâncias de repetições mais curtas podem e devem ser utilizadas na avaliação de mudanças nos metabolismos aeróbico e anaeróbico, embora não tenham suficiente precisão para a prescrição de velocidades de treinamento. Outra fonte de erro é que distâncias de teste de 300 m a 500 jd são apenas efetivas para a prescrição

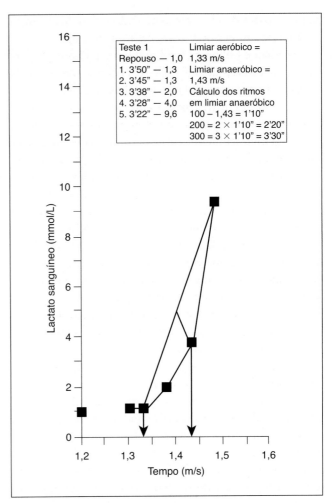

Figura 16.15 Cálculos para prescrição de tempos de treinamento com base nos resultados de testes sanguíneos.

de velocidades de treinamento para repetições em distâncias similares. Para distâncias mais curtas ou mais longas, essas velocidades devem receber certo ajuste. É preciso que as velocidades de treinamento sejam mais rápidas para distâncias de repetições mais curtas e um pouco mais lentas para repetições mais longas, porque a extensão das repetições tem certa influência na sua intensidade metabólica. Repetições mais curtas são mais fáceis de serem completadas, e os nadadores se recuperam com maior facilidade; por outro lado, é mais difícil completar repetições mais longas, necessitando de mais tempo para recuperação, mesmo quando a velocidade é a mesma para os dois tipos de repetições. Obviamente, a causa dessa diferença é que ocorre acúmulo gradual de ácido lático, à medida que aumentam as distâncias de repetições.

Intervalos de descanso entre repetições também têm influência na determinação do custo metabólico. A intensidade metabólica das repetições nadadas em determinada velocidade aumenta quando os intervalos de descanso são curtos e diminui quando são mais longos, pois os atletas são capazes de remover mais ácido lático dos músculos durante um período de descanso mais longo.

Madsen e Lohberg (1987) publicaram fatores de correção para diversas distâncias de repetições e intervalos de descanso. Esses fatores, listados na Tabela 16.2, tomam por base velocidades de treinamento previstas a partir de testes de lactato sanguíneo praticados com repetições de 400 m.

O gráfico na Figura 16.16 demonstra curvas de lactato-velocidade características para um velocista e para um nadador fundista. Os dois nadadores completaram cinco nados de 300 m em velocidades progressivamente mais rápidas; depois de cada nado, foram coletadas amostras de sangue que, subsequentemente, foram analisadas para conteúdo de lactato. Em seguida, esses resultados do lactato sanguíneo foram lançados em um gráfico contra os tempos geradores desses níveis e, logo após os cinco nados, os atletas nadaram uma tomada de tempo para 200 m em esforço máximo. Os picos de lactato sanguíneo derivados desses nados foram lançados em um gráfico contra os tempos geradores desses níveis.

Observe que a curva de lactato-velocidade para o nadador fundista se situa à direita da curva do velocista. Quando comparado com o velocista, o nadador fundista exibe velocidades de nado mais rápidas em concentrações de lactato sanguíneo similares ao longo de toda a curva. Também deve ser observado que o pico de lactato sanguíneo para o nadador fundista está mais baixo, embora seu tempo para o nado de 200 seja similar ao tempo do velocista.

Se um treinador orientasse os nadadores na Figura 16.16 para nadarem em velocidades que gerassem uma concentração de lactato sanguíneo de 4,0 mmol/L, o nadador fundista nadaria com maior rapidez do que seu ritmo de limiar anaeróbico e, portanto, trabalharia mais anaerobicamente do que o velocista. O nadador fundista nadaria a uma velocidade de resistência com sobrecarga, enquanto o velocista nadaria nas proximidades de sua velocidade limiar anaeróbica. Se o objetivo da série de treinamento

fosse nadar em velocidades de resistência limiar, obviamente a intensidade de treinamento para o nadador fundista teria sido diagnosticada de forma equivocada.

Os resultados na Figura 16.16 mostram o erro em prescrever velocidades de treinamento de diferentes atletas com base em concentrações de lactato sanguíneo fixas. Do mesmo modo, não é uma boa ideia utilizar concentrações de lactato sanguíneo fixas para a prescrição de velocidades de treinamento para um mesmo atleta em diferentes épocas do ano. A relação entre determinada concentração de lactato sanguíneo e a intensidade de nado pode mudar por causa do treinamento, ou por um controle inadequado das condições do teste, por exemplo, reservas de glicogênio muscular ou treinamento com pesos em um intervalo de 24 horas antes da realização do teste.

Em geral, as concentrações de lactato sanguíneo correspondentes aos limiares aeróbicos e anaeróbicos individuais dos atletas sofrem redução pelo treinamento de resistência, aumentando com o treinamento de velocidade. Tal fato se dá porque o treinamento de resistência reduz a velocidade de produção de ácido lático e aumenta a velocidade de remoção dessa substância dos músculos. Portanto, embora possa aumentar a velocidade de nado correspondente a esses limiares, na verdade a concentração na qual o lactato começa a se acumular com rapidez no sangue pode diminuir.

O treinamento de velocidade causará o efeito oposto. Esse tipo de treinamento aumentará as concentrações de lactato sanguíneo correspondentes aos diversos limiares, embora não tenha ocorrido mudança na capacidade aeróbica ou na capacidade anaeróbica. Entretanto, talvez não ocorra mudança nas velocidades de nado correspondentes a esses limiares, pois o treinamento de velocidade aumenta a velocidade de produção de ácido lático. Portanto, o sangue poderá conter maior quantidade de lactato em determinada velocidade de nado, quando as velocidades de movimento dessa substância para dentro e para fora da corrente sanguínea estiverem em equilíbrio. O uso

Tabela 16.2 Fatores de correção para diferentes distâncias de repetições e intervalos de descanso

A seguir, são fornecidos fatores de correção para o ajuste de velocidades limiares de 4 mmol/L para nadadores e nadadoras, determinados com base no teste de duas velocidades na distância de 400 m, com relação a outras distâncias de repetições, e para intervalos de descanso de 10 e 30 s.

Sexo	Intervalo de descanso	Distâncias de repetições			
		400	200	100	50
Mulheres	10 s	100,0%	101,5%	103,0%	110,0%
	30 s	100,5%	102,5%	106,5%	114,0%
Homens	10 s	99,5%	101,5%	103,0%	108,0%
	30 s	100,5%	102,5%	108,0%	115,0%

Adaptado de Madsen e Lohberg 1987.

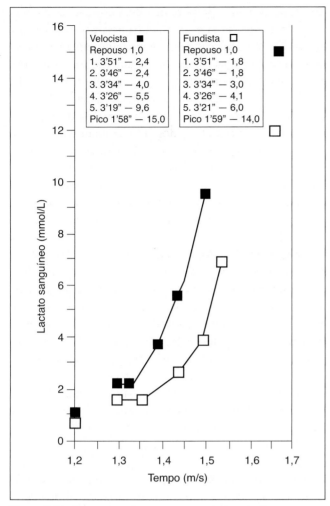

Figura 16.16 Testes sanguíneos para um nadador velocista e para um nadador fundista.

de um dos métodos de interseção, por exemplo, o método D-max modificado, poderá minimizar erros de interpretação, nos casos em que o treinamento de velocidade ou de resistência causem tais erros. Esse método identificará as velocidades de nado nas quais os limiares aumentaram ou diminuíram. Os pontos de mudança do lactato simplesmente terão início em concentrações de lactato sanguíneo mais baixas ou mais altas. Apesar disso, haverá precisão nas velocidades de nado correspondentes a esses limiares (McKenzie e Mavrogiannis 1986).

Verificação dos resultados dos testes sanguíneos

São tantos os erros que podem ser cometidos durante a administração e também na interpretação dos testes sanguíneos, que os treinadores jamais deverão prescrever velocidades de treinamento sem que tenham primeiramente verificado a precisão dos resultados que serviram de base para seus cálculos. Um modo de atingir esse objetivo consiste em coletar imediatamente uma amostra de sangue, quando os atletas estiverem nadando uma série de repetições em determinado ritmo prescrito. Se as distâncias de repetições, velocidades de treinamento e intervalos de descanso forem adequadamente corrigidos em conformidade com os números fornecidos na Tabela 16.2, a amostra de sangue, quando for analisada, deverá resultar na mesma concentração de lactato decorrente de uma velocidade similar durante o teste sanguíneo.

Outro modo de verificação dos resultados dos testes sanguíneos consiste em fazer com que os atletas nadem duas longas séries de repetições em seus ritmos limiares prescritos. A extensão da série deve ficar entre 2.000 e 4.000 jd/m. As distâncias das repetições devem ser similares às utilizadas durante o teste, e os tempos até a saída devem corresponder aos tempos até a saída típicos do treinamento. Se os tempos até a saída proporcionarem intervalos de descanso maiores que 10 a 30 s, os tempos das repetições deverão ser corrigidos de acordo com a Tabela 16.2. Se determinado nadador não pôde completar um desses testes de verificação, obviamente a velocidade média para as repetições foi mais rápida do que sua velocidade limiar anaeróbica atual; se o nadador pôde completar com facilidade a série, a velocidade média ficou abaixo da sua velocidade limiar anaeróbica atual. É provável que os nadadores que completaram a série com dificuldade estejam treinando muito perto de seus limiares anaeróbicos individuais; assim, poderão utilizar os resultados de seus testes sanguíneos com confiança, para a prescrição das velocidades para outras séries de repetições.

Os nadadores que não puderam completar suas séries de verificação podem determinar seus ritmos limiares reais se completarem séries similares em velocidades gradualmente mais lentas, em dias sucessivos, até que tenham descoberto a velocidade média mais rápida na qual podem completar a série. Essa velocidade será seu ritmo de treinamento limiar, e os atletas podem ajustá-la de modo a prescrever o treinamento de resistência para outras séries de repetições.

Os nadadores que completaram suas séries de verificação com facilidade devem lançar mão do procedimento oposto: devem repetir a série de verificação em dias sucessivos, em velocidades médias gradualmente crescentes, até que não consigam completar a série. É provável que a velocidade da última série completada se aproxime de sua velocidade limiar anaeróbica individual.

Esses testes de verificação podem parecer demasiadamente incômodos, por causa do grande tempo exigido para que seja determinado um ritmo limiar real, mas são altamente compensadores. As séries de verificação funcionam como bons veículos de treinamento de resistência, e sua natureza experimental funciona como uma meta que torna a prática mais interessante.

Comparação do desempenho potencial com testes sanguíneos

O uso final para os testes sanguíneos é a comparação dos potenciais de desempenho de dois nadadores. Ao ser tentada tal comparação, devemos estabelecer duas suposições gerais: a primeira suposição é que atletas que nadam mais rapidamente com níveis de lactato sanguíneo mais baixos serão mais rápidos do que competidores que produzem concentrações de lactato sanguíneo mais elevadas nas mesmas velocidades de nado; a segunda é que potenciais nadadores meio-fundistas e fundistas terão velocidades limiares aeróbicas e anaeróbicas mais rápidas do que nadadores velocistas.

Essa primeira suposição se justifica para grupos heterogêneos de nadadores, mas devemos ter cautela ao fazer julgamentos entre membros de grupos homogêneos. Sharp et al. (1984a) compararam as curvas de lactato-velocidade para membros da equipe olímpica norte-americana de 1984 com as curvas de nadadores não olímpicos. Os nadadores olímpicos tiveram velocidade significativamente mais rápida em uma concentração de lactato sanguíneo fixa de 4 mmol/L. Os nadadores olímpicos do sexo masculino tiveram desempenho médio de 1,54 m/s *versus* 1,44 m/s em favor dos atletas não olímpicos masculinos. Para as mulheres, a diferença foi de 1,47 m/s *versus* 1,29 m/s em favor das atletas olímpicas. Essas diferenças foram significativas, porém não foi possível selecionar os melhores em termos de desempenho dentro do grupo homogêneo de nadadores (homens e mulheres) olímpicos por sua velocidade de nado a 4 mmol/L, provavelmente porque a diferença nessa velocidade foi menor entre os atletas olímpicos do que no grupo que englobava nadadores olímpicos e não olímpicos.

Os treinadores devem ter cautela ao utilizar a velocidade limiar para comparar o potencial de desempenho para nadadores com capacidades similares. Embora seja bastante alta a relação entre desempenho e limiares anaeróbicos, tanto fixos como individuais, tal relação é responsável por apenas 80% da diferença nos tempos para eventos de 400 m e mais longos, e por apenas 60% da diferença para eventos de 100 e 200 jd/m. Esses dois percentuais não levam em conta uma parte considerável do desempenho. Assim, seria tarefa difícil prever qual dos dois nadadores olímpicos venceria determinado evento, com base exclusiva em suas velocidades limiares.

Outros protocolos para testes sanguíneos

Os exemplos de testes sanguíneos utilizados até agora envolveram, sem exceção, um *step test* com distâncias repetidas de 300 m seguidas por um nado de 200 m em esforço máximo. Venho utilizando esse protocolo há muitos anos e me sinto satisfeito com os resultados obtidos.

Esse procedimento proporciona boas estimativas das várias velocidades limiares e uma boa base para a avaliação de mudanças induzidas pelo treinamento nos metabolismos aeróbico e anaeróbico. Se o aumento na velocidade de um nado de 300 para o nado seguinte for mantido dentro de 6 s, é possível localizar os limiares aeróbico e anaeróbico dentro de uma faixa de variação de 1 ou 2 s por 100 m. O uso do teste dos 300s também reduz o número de correções necessárias para velocidades de repetições comuns. Portanto, esse teste consiste em um bom método para a prescrição de ritmos de treinamento, mas encontram-se em pleno uso muitos outros protocolos para testes sanguíneos; por isso, gostaria de descrever alguns destes nas seções que se seguem.

Step test de 5 × 200 Um dos *step tests* mais populares para a realização de testes sanguíneos é o 5 × 200. Esse teste é um protocolo excelente para a avaliação de mudanças nos metabolismos aeróbico e anaeróbico ao longo de toda a faixa de variação do esforço, desde a atividade lenta até o máximo possível. O teste tem um grande defeito: não tem utilidade para a prescrição de ritmos de treinamento, porque a distância das repetições é demasiadamente curta. Isso faz com que seja superestimada a velocidade do atleta nos limiares aeróbico e anaeróbico. A seguir, o protocolo para um *step test* 5 × 200:

1. O atleta nada 2 × 200 em velocidades aproximadamente 24 a 27 s mais lentas do que seu melhor tempo para a distância de 200. O atleta faz 1 min de descanso entre nados. A coleta da amostra de sangue é obtida dentro de 1 min após o segundo nado de 200.

2. O atleta nada 1 × 200 no melhor tempo mais 16 a 18 s, descansando durante aproximadamente 5 min depois do nado. São coletadas duas amostras de sangue durante o período de descanso: a primeira 1 min depois do término do nado e a segunda 3 min depois do nado.

3. O atleta nada 1 × 200 no seu melhor tempo mais 8 a 9 s, descansando durante 20 min após o término do nado. São coletadas três amostras de sangue: a primeira é coletada 3 min depois do término do nado, a segunda, 5 min depois e a terceira, 7 min depois.

4. O atleta nada 1 × 200 com esforço máximo. São coletadas 3 amostras de sangue (aos 3, 5 e 7 min depois do término do nado).

Step test 8 × 100 Outro teste excelente para a avaliação de mudanças nos metabolismos aeróbico e anaeróbico é o 8 × 100. É particularmente apropriado para uso com velocistas, por causa da curta distância das repetições; contudo, essas curtas distâncias invalidam o teste para a estimativa de limiares e para a prescrição dos ritmos de treinamento.

1. O atleta nada 3 × 100 com esforço de 75%, fazendo 1 min de descanso entre nados. Depois do terceiro nado, o atleta descansa por 3 min. Faz-se a coleta de uma amostra de sangue entre o 2º e 3º min desse período de descanso.

2. O atleta nada 2 × 100 com esforço de 85%, fazendo 1 min de descanso depois do primeiro nado e 4 min de descanso depois do segundo nado. Faz-se a coleta de uma amostra de sangue entre o 3º e 4º min depois do término do segundo nado.

3. O atleta nada 1 × 100 com esforço de 90%; em seguida, faz 6 min de descanso. Faz-se a coleta de uma amostra de sangue entre o 4º e 5º min do período de descanso.

4. O atleta nada 1 × 100 com esforço de 95%; em seguida, descansa por 20 min. Faz-se a coleta de uma amostra de sangue entre o 5º e 6º min do período de descanso.

5. O atleta nada 1 × 100 com esforço de 100%. São coletadas amostras de sangue aos 3, 5, 7 e 9 min depois do término do nado.

O mesmo protocolo pode ser aplicado utilizando repetições de 8 × 200. Esse procedimento é bastante apropriado para a avaliação de mudanças induzidas pelo treinamento nos metabolismos aeróbico e anaeróbico para nadadores de 200. Contudo, como ocorre com o *step test* 8 × 100, o uso de repetições de 8 × 200 não é um procedimento válido para a estimativa de velocidades limiares ou para a prescrição de ritmos de treinamento para atletas de competição em eventos de 200, ou em outras distâncias de provas.

Step test 6 × 400 Um bom teste para a avaliação de mudanças induzidas pelo treinamento nos metabolismos aeróbico e anaeróbico para nadadores meio-fundistas e fundistas é o *step test* 6 × 400. Ao contrário dos dois protocolos precedentes, este proporcionará estimativas razoavelmente precisas das diversas velocidades limiares, podendo ser utilizado na prescrição de ritmos de treinamento. O protocolo é realizado da seguinte maneira:

1. O atleta nada repetições de 3 × 400 com esforço de 85%, fazendo 1 min de descanso depois de cada nado. Depois do terceiro nado, o atleta descansa por 3 min. Faz-se a coleta de uma amostra de sangue entre o 2º e 3º min desse período de descanso.

2. O atleta nada 1 × 400 com esforço de 90%; em seguida, faz 6 min de descanso, depois de completar o nado. Faz-se a coleta de uma amostra de sangue entre o 5º e 6º min do período de descanso.

3. O atleta nada 1 × 400 com esforço de 95%; em seguida, descansa por 20 min. Faz-se a coleta de uma amostra de sangue entre o 5º e 6º min do período de descanso.

4. O atleta nada 1 × 400 com esforço de 100%. São coletadas amostras de sangue aos 5, 7 e 9 min depois do término do nado.

Protocolo V4 Mader et al. (1976) sugeriram o uso de um valor de lactato sanguíneo fixo de 4 mmol/L com o objetivo de avaliar mudanças na capacidade aeróbica e prescrever ritmos para treinamento de resistência. Eles chamaram a velocidade de nado que gerava essa concentração de *velocidade V4*. Contrariamente à crença popular, esses autores jamais pretenderam representar a velocidade V4 como o limiar anaeróbico individual. Em vez disso, acreditavam que este era um excelente ponto de referência para a medição de mudanças na capacidade aeróbica.

O protocolo para determinação da capacidade aeróbica por meio da velocidade V4 consiste em nadar dois percursos de 400 m ou 500 jd em velocidades progressivamente mais rápidas. Além disso, pode ser incluído no protocolo um nado em esforço máximo de 100 a 200 jd/m, de modo que também possam ser avaliados os efeitos do treinamento na capacidade anaeróbica. A combinação desses testes de capacidade aeróbica e de capacidade anaeróbica resulta em um excelente procedimento para avaliação de mudanças, tanto no metabolismo aeróbico como no metabolismo anaeróbico. Com apenas pequeno número de testes adicionais, o protocolo também pode ser utilizado na prescrição de velocidades de treinamento. O protocolo V4 é realizado da seguinte maneira:

1. A concentração de lactato sanguíneo do atleta é medida antes do primeiro nado. Em repouso, a concentração de lactato sanguíneo deve estar em um nível normal. Se isso não estiver ocorrendo, o atleta deverá nadar em um ritmo fácil até que a concentração baixe para esse nível.

2. O atleta nada dois percursos de 400 m ou 500 jd, descansando durante 15 min entre os nados, para evitar o acúmulo de lactato sanguíneo. O atleta nada em um ritmo fácil por 10 a 12 min durante o período de descanso, para baixar mais rapidamente as concentrações de lactato sanguíneo. O tempo para o primeiro nado deve ser aproximadamente 30 s mais lento que o melhor tempo do nadador para a distância das repetições, e o segundo nado deve ser executado com um tempo entre 15 e 20 s mais lento que o melhor tempo do nadador. São coletadas amostras de sangue para determinação do lactato a 1 e 3 min depois de cada nado. Entre os dois resultados de lactato obtidos, aquele mais elevado deve ser registrado como o valor oficial para o nado em questão. As leituras de lactato sanguíneo devem ficar nas proximidades ou acima de 4 mmol/L no primeiro nado, e acima de 4 mmol/L no segundo. Se as concentrações de lactato sanguíneo não estiverem suficientemente elevadas, o teste terá de ser repetido, com tempos de nado ajustados.

3. O atleta descansa durante 30 min após o segundo nado de 400 e nada em ritmo fácil durante 10 a 15 min desse tempo, para aumentar a remoção de lactato do sangue.

4. A concentração de lactato sanguíneo é mensurada, para que se tenha certeza de que o lactato retornou aos valores em repouso. Caso isso não tenha ocorrido, o nadador deverá descansar por mais tempo.

5. O atleta nada 1 × 100 na velocidade máxima. Começando 3 min depois do término desse nado, são coletadas amostras de sangue a intervalos de 2 min, até que os valores comecem a declinar. A concentração de lactato sanguíneo mais elevada é registrada como o valor de pico.

Nado ritmado de 200 David Costill desenvolveu o nado ritmado de 200. Apropriado para a avaliação de mudanças na capacidade aeróbica, esse procedimento é fácil de administrar e interpretar (Wilmore e Costill 1999), mas não pode ser utilizado para a prescrição de ritmos de treinamento.

O protocolo consiste em fazer com que os atletas completem um nado na distância de 200 jd/m. A distância deve ser nadada em um mesmo ritmo, e o teste deve ser repetido periodicamente durante toda a temporada, para que sejam avaliadas mudanças na capacidade aeróbica. Pode ser utilizado um ritmômetro, para assegurar que, de um teste para outro, os atletas nadarão no mesmo tempo com o mesmo ritmo regular. O tempo para o primeiro nado ritmado de 200 da temporada deve representar um esforço difícil para o nadador, completado em uma velocidade de 90 a 95% do atual melhor tempo do atleta para a distância. Devem ser coletadas amostras de sangue a intervalos de 2 min, começando 1 min depois de terminado o nado, até que tenha sido determinado o mais elevado lactato sanguíneo do atleta. De um teste para o outro, devem ser controlados fatores alheios ao treinamento, por exemplo, treinamento com pesos ou depleção do glicogênio muscular, que possam influenciar os resultados do teste. Os atletas não devem fazer levantamento de pesos no dia do teste ou na véspera, e devem ter permissão para nadar em ritmo fácil durante alguns dias antes de cada teste. O teste deve ser realizado à tarde.

Pode-se ter certeza da melhora da capacidade aeróbica do atleta, se seu pico de lactato sanguíneo diminuir depois do nado ritmado de 200 de um teste para o outro. Devemos examinar possíveis razões para deficiência adaptativa, se ocorrer aumento da concentração de lactato sanguíneo do atleta de um teste para outro.

O gráfico na Figura 16.17 ilustra como concentrações de lactato sanguíneo para um nado ritmado de 200 declinaram para determinado atleta ao longo de uma temporada de competição. Esse teste possui diversas vantagens, em comparação com outros procedimentos que envolvem testes sanguíneos. Uma dessas vantagens é que o tempo e o ritmo do nado são cuidadosamente controlados de um teste para o outro; portanto, é menos provável que variáveis como ritmo inadequado ou recuperação deficiente venham a influenciar as concentrações de lactato sanguíneo entre testes. Outra vantagem é a facilidade de administração: os atletas completam apenas um nado submáximo, havendo necessidade apenas de poucas amostras de sangue depois de cada nado. Uma última vantagem é a facilidade de interpretação: não há necessidade de lançamento dos resultados em um gráfico nem da interpretação dos valores limiares; o valor de pico do lactato sanguíneo em seguida ao nado simplesmente aumenta, ou não. Consequentemente, torna-se fácil avaliar se ocorreu ou não melhora na capacidade aeróbica do atleta.

OUTROS MÉTODOS PARA MONITORAÇÃO DO TREINAMENTO DE RESISTÊNCIA

A monitoração do treinamento de resistência é um aspecto importante para que os nadadores alcancem o sucesso. Embora tenhamos certeza de que a prática de testes sanguíneos é o melhor método para essa finalidade, essa opção não está imediatamente disponível para a maioria dos treinadores e atletas. Esses profissionais não possuem equipamento, experiência, dinheiro e, no caso de grandes equipes, tempo para a realização de testes sanguíneos. Devem ser mantidas condições estéreis durante a realização dos testes, para que não haja perigo de contrair o vírus HIV. Essas razões tornam imperativo o desenvolvimento de outros métodos para monitoração dos efeitos do treinamento e prescrição de velocidades de treinamento.

Os modos já consagrados pelo tempo e utilizados pelos treinadores na monitoração do treinamento são

1. com o cronômetro ou relógio de ritmo,

2. com frequências cardíacas e

3. por intuição.

Esses três métodos possuem suas vantagens e fraquezas. São vantajosos por serem de fácil administração; sua principal fraqueza é a falta de precisão. Apesar disso, esses métodos fornecem dados quantitativos e qualitativos que podem ajudar os treinadores a fazer melhores julgamentos acerca da eficácia de seu treinamento. As seções seguintes apresentarão alguns dos melhores testes; nelas, discutiremos alguns procedimentos em uso comum, mas que não gozam de grande precisão. Em uma seção especial, discutirei o uso de frequências cardíacas para a monitoração do treinamento, por ser este um método popular para tal verificação.

O primeiro procedimento não invasivo de monitoração para avaliação da natureza dos efeitos do treinamento e para a prescrição de velocidades de treinamento é simplesmente um dos melhores. O teste é conhecido como T-30 ou T-3.000. Utilizarei essa última denominação.

Teste T-3.000

Desenvolvido por Olbrecht et al. (1985) do Institute for Sports Medicine em Colônia, Alemanha, o teste

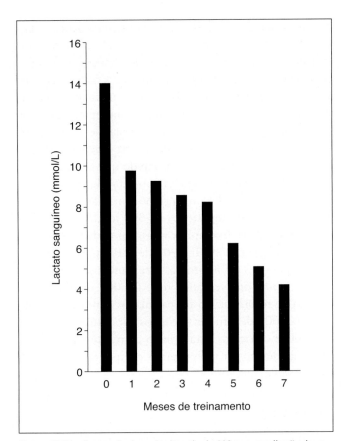

Figura 16.17 Protocolo do nado ritmado de 200 para avaliação de mudanças na capacidade aeróbica. Esse teste consiste de um nado ritmado de 200 administrado periodicamente ao longo da temporada de Natação com o objetivo de avaliar mudanças na capacidade aeróbica. O nado inicial deve representar um esforço de dificuldade razoável. Um declínio no lactato sanguíneo para esses nados ao longo da temporada, conforme ilustra o gráfico, sugere melhora da capacidade aeróbica. (Adaptado de Wilmore e Costill 1999.)

T-3.000 pode ser realizado de duas maneiras. No primeiro método, os atletas podem nadar durante 30 min e anotar a distância percorrida; no segundo, podem nadar uma tomada de tempo de 3.000 jd/m. Qualquer que seja o método escolhido, um nado durante 30 min ou um nado de 3.000, o esforço deve ser máximo e homogeneamente ritmado do início ao fim. Em seguida, os resultados são convertidos em uma velocidade média por 100 m, bastando dividir a distância nadada em 100 s pelo tempo para o nado inteiro (em segundos). O procedimento para cálculo de um ritmo limiar por 100 m, a partir de um nado de 3.000 m, está ilustrado na Figura 16.18.

Nesse caso, o nadador completou um nado de 3.000 m em 35 min (2.100 s), o que resulta em uma velocidade média de 1'10" por 100 m (2.100 ÷ 30 = 70 s).

Olbrecht et al. verificaram que a velocidade média para um nado de T-3.000 correspondia de perto ao ritmo que produzia uma concentração sanguínea de ácido lático de 4 mmol/L durante um teste sanguíneo típico.

Uma pesquisa subsequente demonstrou que o tempo para um T-3.000 correspondia ainda mais de perto ao limiar anaeróbico individual dos nadadores (Matsunami et al. 1999b). Minha pesquisa (inédita) também demonstrou que o teste T-3.000 corresponde de perto ao limiar anaeróbico individual dos nadadores.

O T-3.000 fornece uma estimativa precisa do ritmo em limiar anaeróbico individual do nadador, por ser efetuado em grande extensão. Na maioria dos casos, os nadadores não podem manter um ritmo acima de seus limiares anaeróbicos individuais durante muito mais tempo do que 30 min, sem que seja perturbado o equilíbrio entre a produção de ácido lático e a remoção do produto de seus músculos, com subsequente acidose (Stegmann e Kindermann 1982).

Embora seja fácil administrar o teste T-3.000, devem ser tomadas algumas precauções para melhorar o resultado. Em primeiro lugar, os nadadores devem ritmar o nado de maneira equilibrada. Aqueles atletas que iniciam com demasiada rapidez fracassarão mais adiante no nado por causa da acidose; como resultado, o tempo do nado representará um ritmo limiar mais lento que o ritmo correspondente ao limiar anaeróbico do atleta. Se os nadadores ritmarem a distância com equilíbrio e considerarem o teste T-3.000 como uma tomada de tempo de 3.000 em esforço máximo, os resultados espelharão com precisão seu ritmo limiar. O teste T-3.000 realizado em esforço máximo pode gerar um resultado mais preciso que o de um teste sanguíneo, porque o resultado não fica tão sujeito a interpretações equivocadas.

Os resultados de nados T-3.000 têm utilidade na avaliação de mudanças na capacidade aeróbica. Obviamente, uma melhora no tempo do atleta significa que suas taxas de metabolismo anaeróbico e suas velocidades de remoção de lactato dos músculos e da corrente sanguínea melhoraram. No entanto, o significado de tempos mais lentos é de interpretação mais difícil: um tempo mais lento

---

Teste T-3.000

Tempo para nadar 3.000 = 35 min (2.100 s)
Ritmo por 100 m = 2.100 ÷ 30 = 1'10"
Ritmo para outras distâncias de repetições = 1'10" × (distância em número de 100 s)
Exemplo: Tempo para 400 m = 1'10" × 4 = 4'40"
Fatores de correção: 200 s = tempo de T-3.000 − 2 s
100 s = tempo de T-3.000 − 1,5 s
50 s = tempo de T-3.000 − 1 s

Figura 16.18 Procedimento para cálculo de uma velocidade de treinamento limiar a partir de um nado de 3.000 m. O tempo para o nado, em segundos, é dividido por 30 (número de 100s nadados), e o ritmo limiar por 100 m é o quociente.

em um teste subsequente pode significar que a capacidade aeróbica piorou, ou que o nadador não se esforçou o suficiente. Por essa razão, os nadadores precisam estar motivados para completar a distância de 3.000 como uma tomada de tempo em esforço máximo.

O ritmo limiar calculado com base em um teste T-3.000 em esforço máximo também pode ser utilizado na prescrição de treinamento em outras distâncias de repetições e em outros níveis de treinamento de resistência. As outras distâncias de repetições para o treinamento limiar seriam simplesmente múltiplos do ritmo limiar. Exemplificando, se 1'10" é o ritmo limiar calculado com base em um teste T-3.000, repetições de 300 seriam nadadas em tempos próximos a 3'30" (3 × 1'10") e repetições de 800 seriam nadadas nas vizinhanças de 9'20" (8 × 1'10"). Ritmos para treinamento básico de resistência podem ser determinados mediante a adição de 3 a 6 s por 100 jd/m ao ritmo limiar, e ritmos para treinamento de resistência com sobrecarga devem ser mais rápidos do que o ritmo limiar.

Devo mencionar que ritmos limiares por 100 jd/m calculados a partir de um teste T-3.000 apenas terão precisão para distâncias de repetições de 300 m e mais longas, e para intervalos de descanso de 10 a 20 s. Há necessidade de se fazer um ajuste para distâncias mais curtas e para intervalos de descanso mais longos. A Figura 16.18 lista os fatores de correção para distâncias de repetições de 200 m e menores.

O teste T-3.000 é um método prático para a avaliação da capacidade aeróbica de nadadores seniores, podendo ser facilmente adaptado para nadadores mais jovens, nadadores mais velhos e nadadores com menor capacidade e que não sejam capazes de completar 3.000 jd/m em tempos próximos dos 30 min. Isso pode ser feito com o encurtamento da distância do nado, para uma distância que possam completar em aproximadamente 30 a 35 min.

Teste T-2.000

Esse teste foi desenvolvido como alternativa ao nado T-3.000, porque alguns nadadores preferiram uma distância menor de teste. Foi constatado que o teste T-2.000 produz tempos limiares por 100 jd/m semelhantes àqueles do teste T-3.000, apesar da sua distância mais curta. Em um estudo, o tempo médio por 100 m calculado para um grupo de nadadores de competição com base nos dois testes diferiu em apenas 0,20 s, 1'10"92 para o teste T-3.000 *versus* 1'11"12 para o teste T-2.000 (Matsunami et al. 1999).

Como o teste T-3.000, os resultados de um nado teste T-2.000 subsequente podem ser utilizados na avaliação de mudanças na capacidade aeróbica. O tempo médio dos 100 m para um teste T-2.000 pode também prever ritmos de treinamento, mas nesse caso, as distâncias para as repetições de 100 jd/m e inferiores devem sofrer ligeira redução, por causa do menor número de viradas, e os tempos para repetições de 200 jd/m e superiores devem ser ajustados para cima, por causa da distância mais curta percorrida nesse teste. Em geral, o tempo para repetições de 50 m deve ser igual à metade do ritmo limiar do teste T-2.000 por 100 m, menos 2 s, e o tempo para repetições na distância de 100 deve ser 1 s mais rápido que o ritmo limiar do teste T-2.000 para 100 jd/m. Em geral, devem ser acrescentados 2 a 4 s por 100 m ao ritmo limiar do teste T-2.000 para distâncias de repetições de 300 jd/m e superiores (Touretski 1994). Exemplificando, um nadador com um ritmo limiar para teste T-2.000 de 1'10" por 100 m nadaria repetições de 400 m nas vizinhanças de 4'56" (4 × 1'14"). Como ocorre com o teste T-3.000, os ritmos para o nado de resistência básica calculados com base em um teste T-2.000 devem ser ajustados para cima em 3 a 6 s por 100, e os ritmos para o nado de resistência com sobrecarga devem ser mais rápidos do que o ritmo limiar do T-2.000.

Teste T-1.000

Recentemente, Matsunami et al. (1999a) compararam a precisão de diversas distâncias de testes, de 3.000 m até 600 m, para a estimativa do limiar anaeróbico. Sua medida de critério foi um *step test* de lactato que estimava a velocidade na qual o lactato sanguíneo começava a se acumular de maneira linear. Esses autores informaram que uma distância de teste de 1.000 m forneceu a relação mais próxima para a velocidade do limiar anaeróbico, conforme previsão da medida de critério. Consequentemente, Matsunami et al. propuseram que seria possível usar uma tomada de tempo de 1000 jd/m, em vez de uma tomada de tempo de 2.000 ou de 3.000 jd/m na avaliação de mudanças na capacidade aeróbica e na prescrição de velocidades de treinamento.

Utilizando diversos desses testes ao longo de vários anos, constatei ser difícil aceitar tais resultados. Minha experiência é que atletas podem nadar mais rapidamente do que suas velocidades de limiar anaeróbico para uma distância de 1.000 m. Duvido que esse teste possa ser aplicado com confiança para a determinação de velocidades de treinamento em limiar anaeróbico, mas o procedimento pode ter algum valor na avaliação de mudanças na capacidade aeróbica. Tendo em vista sua distância, o T-1.000 pode ser um teste excelente para espelhar uma mudança na inclinação da curva de velocidade em concentrações de lactato sanguíneo entre 5 e 10 mmol/L. Nesses termos, o teste poderia ser utilizado na avaliação de mudanças na inclinação da parte linear da curva de lactato-velocidade.

Velocidade de nado crítica

Wakayoshi et al. (1992a, 1992b) desenvolveram o teste de velocidades de nado críticas com o objetivo de estimar o ritmo limiar para o treinamento de resistência. Esses autores definiram *velocidade crítica de nado (VCN)* como a mais rápida velocidade de nado que um nadador poderia manter continuamente, sem sofrer exaustão. Portanto, Wakayoshi et al. acreditam que essa velocidade representa a velocidade de nado que corresponde ao estado de equilíbrio do lactato máximo. A literatura especializada também apresenta referências a esse teste apenas como *velocidade crítica (V_{crit})*.

O procedimento para determinar a velocidade crítica de nado foi desenvolvido com base no conceito de potência crítica *(W_{crit})*, proposto originalmente por Monod e Scherrer (1965) para grupos musculares isolados. Esses pesquisadores definiram potência crítica como "a frequência máxima que pode ser mantida por um músculo, durante um longo tempo, sem que ocorra fadiga". Pesquisadores testaram o nível de trabalho em potência total para exercícios que envolvem o corpo inteiro na prática do ciclismo (Jenkins e Quigley 1990; Moritani et al. 1981), caiaque (Ginn e Mackinnon 1989) e corrida em esteira rolante (Hughson, Orok e Staudt 1984), e todos informaram que seus achados são similares ao nível de intensidade correspondente ao limiar anaeróbico individual.

Conforme já mencionei, Wakayoshi et al. (1992a, 1992b) adaptaram o conceito de potência crítica ao nado, mediante o desenvolvimento de diversos protocolos para determinação da velocidade crítica de nado que corresponderia ao limiar anaeróbico individual do nadador. Esses procedimentos envolvem o nado de no mínimo duas tomadas de tempo a partir de uma impulsão contra a parede da piscina, embora sejam recomendadas três ou mais tomadas de tempo. Para tal finalidade, já foram recomendadas todas as combinações das seguintes distâncias para tomada de tempo: 50, 100, 200 e 400 jd/m. Quando a opção foi por apenas duas tomadas de tempo, as distâncias devem ser consideravelmente diferentes. Exemplificando, a tomada de tempo nº 1 deve ser feita na distância de 50 ou 100 m e a tomada de tempo nº 2, em uma distância de 400 jd/m. Os nadadores devem descansar durante pelo menos 30 min depois de cada tomada de tempo, para que se tenha certeza de uma recuperação adequada.

Os desenvolvedores do teste recomendam que os nados sejam realizados ao longo de um período de 2 ou 3 dias, quando são empregadas três ou quatro tomadas de tempo. Exemplificando, quando são utilizadas três tomadas de tempo, os nadadores devem completar duas tomadas de tempo no primeiro dia e a terceira no segundo dia. Já quando são utilizadas quatro tomadas de tempo, os nadadores devem fazer duas no primeiro dia, a terceira no segundo dia e a quarta no terceiro dia.

Depois que os nadadores completaram as tomadas de tempo, podemos utilizar os tempos e distâncias para os nados no cálculo de uma equação de regressão padronizada. Essencialmente, essa equação de regressão é uma *linha de melhor ajustamento,* estabelecida entre as distâncias das tomadas de tempo e os tempos do atleta para esses nados. A inclinação da linha de regressão define a mudança esperada no tempo para cada mudança em distância; em outras palavras, representa o número médio de metros percorridos durante cada segundo de nado para distâncias entre 50 e 400 m. Portanto, a inclinação dessa linha de regressão é igual à velocidade crítica de nado. Essa velocidade pode ser representada como tempo por 100 m, bastando simplesmente dividi-la por 100.

A Figura 16.19 é uma representação gráfica do processo de cálculo da inclinação de uma linha de regressão com base nos resultados de tomadas de tempo de 50, 100, 200 e 400 m. O lançamento dos tempos *versus* distâncias para essas tomadas de tempo gera uma inclinação que expressa a velocidade crítica como 1,511 m/s. Supõe-se que essa seja a velocidade na qual ocorre o limiar anaeróbico do nadador. Para a prescrição de velocidades de treinamento, a velocidade crítica de nado (ou velocidade limiar) para qualquer distância de repetição pode ser calculada pela divisão dessa velocidade crítica em metros por segundo na distância de repetição desejada. Na Figura 16.19, foi calculada a velocidade crítica de nado para uma distância de 100 m, dando um resultado de 1'06"23 por 100 m.

A Figura 16.20 ilustra um procedimento mais simples para o cálculo da velocidade crítica de nado com base em duas tomadas de tempo. Nesse caso, a distância e o tempo da tomada de tempo mais curta foram subtraídos dos valores respectivos para a tomada de tempo mais longa; então, o restante da distância foi dividido pelo restante do tempo, e o quociente foi a velocidade crítica de nado em m/s – cujo cálculo foi 1,518 m/s no exemplo. O cálculo de um tempo por 100 m resultou em uma velocidade crítica de nado de 1'05"80.

Ao calcular a velocidade crítica de nado a partir da fórmula na Figura 16.20, é adequado o uso de tomadas de tempo de 200 e 400 m. O uso de distâncias de repetições mais curtas, como 50 e 100 m, levará a uma superestimativa da velocidade crítica de nado (Pelayo et al. 2000).

Uma vez calculada, a velocidade crítica de nado pode ser utilizada na prescrição de tempos de treinamento para

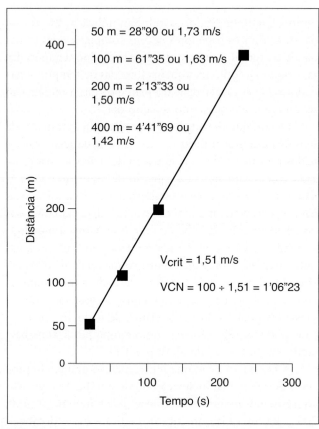

Figura 16.19 Representação gráfica do cálculo de uma linha de regressão com base nos resultados de tomadas de tempo de 50, 100, 200 e 400 m.

$$V_{crit} = \frac{d_2 - d_1}{t_2 - t_1}$$

$$\frac{400 - 200}{250{,}50 - 118{,}75} = \frac{200}{131{,}75}$$

$$\frac{200}{131{,}75} = 1{,}518$$

$$VCN = 100 \div 1{,}52 \text{ m/s} = 1'05''80$$

d_2 = 400 m
d_1 = 200 m
t_2 = tempo para 400 m = 4'10"50
t_1 = tempo para 200 m = 1'58"75

Figura 16.20 Método simplificado para cálculo da velocidade crítica de nado (VCN) com base em duas tomadas de tempo – a primeira a 200 m e a segunda a 400 m.

séries de repetições. Exemplificando, se o nadador representado pelos dados na Figura 16.20 quisesse completar uma série de repetições de 400 m na sua velocidade crítica de nado, ou velocidade limiar, seus tempos deveriam ser de aproximadamente 4'24" por nado (4 × 1'05"80). Seus tempos para o treinamento básico de resistência deveriam ser ajustados para cima em 3 a 6 s por 100 m, e seus tempos para treinamento de resistência com sobrecarga deveriam ser mais rápidos do que sua velocidade crítica de nado.

Minha experiência diz que a velocidade crítica de nado superestima o ritmo limiar anaeróbico individual. Portanto, se os resultados de testes de velocidade crítica de nado forem utilizados para a prescrição de ritmos de treinamento, sugiro que a velocidade dessas repetições de treinamento sejam 2 ou 3 s mais lentas por 100 m do que a própria velocidade crítica de nado.

Embora a velocidade crítica de nado possa superestimar o ritmo limiar anaeróbico individual, ainda assim é um indicador suficientemente sensível para utilização na avaliação de mudanças na resistência aeróbica. Em outras palavras, melhoras na velocidade crítica de nado provavelmente refletem melhoras na capacidade aeróbica dos atletas. MacLaren e Coulson (1999) informaram que nadadores de competição foram capazes de aumentar sua velocidade crítica de nado em aproximadamente 2 s por 100 m depois de um período de treinamento de resistência intenso.

Step test para nadadores

Outro teste desenvolvido com o objetivo de avaliar mudanças na capacidade aeróbica e determinar velocidades individuais de treinamento no limiar anaeróbico é o *step test*. O atleta nada várias séries curtas de repetições em velocidades progressivamente mais rápidas até que não possa mais completar a série no ritmo prescrito. Foram selecionadas para essa finalidade séries de 5 × 200 com um tempo até a saída que permitisse 10 a 15 s de descanso entre as repetições, embora pudessem ter sido utilizadas distâncias de repetições e séries mais longas ou mais curtas.

O nadador deveria nadar a primeira série em uma velocidade lenta, sabidamente abaixo de sua velocidade limiar. A velocidade média por 200 deveria ser aumentada em aproximadamente 4 s na série seguinte, e em mais 4 s por nado para cada série sucessiva, até que o nadador viesse a fracassar. O atleta não tem descanso adicional entre as séries.

Além de ser mais lenta do que a velocidade limiar do atleta, a velocidade inicial para a primeira série de repetições deve ser estabelecida de tal modo que o nadador seja capaz de completar pelo menos três séries antes de fracassar. Nesse contexto, fracasso é definido como a incapacidade de nadar na velocidade prescrita por duas repetições seguidas; tal definição melhora a precisão dos resultados do teste. A pessoa que está administrando o teste é responsável pelo registro da velocidade média para cada série de repetições realizada, e do número da repetição em que ocorreu o fracasso do nadador, durante a série final. Tão logo essa informação tenha sido compilada, será feita a estimativa do ritmo limiar do nadador, conforme o procedimento a seguir; se o fracasso ocorreu em uma fase avançada da série final, o ritmo limiar do nadador será a velocidade média da série precedente; se o fracasso ocorreu durante uma das duas primeiras repetições na série final, o ritmo limiar será o tempo médio do nadador das duas séries precedentes.

A suposição subjacente à seleção do ritmo limiar por esse procedimento é que nadadores que fracassaram em uma fase mais adiantada da série provavelmente excederam seu limiar anaeróbico e sofreram acidose durante aquela série. Consequentemente, o tempo médio da série precedente é a mais rápida velocidade que os nadadores podiam manter sem perturbar o equilíbrio entre a produção de ácido lático nos músculos e a eliminação dessa substância dos músculos. Por outro lado, é provável que atletas que fracassam prematuramente em uma série tenham excedido sua velocidade em limiar anaeróbico em algum ponto na segunda metade da série precedente. Apesar disso, foram capazes de completar a série antes que a acidose se tornasse intensa. No entanto, apenas depois da primeira ou das duas primeiras repetições da série seguinte a acidose se tornou intensa, e os nadadores não conseguiram mais acompanhar o ritmo prescrito. Portanto, provavelmente seu ritmo limiar estava mais perto do tempo médio das duas séries precedentes, antes da primeira perturbação do equilíbrio entre a produção e a remoção do lactato.

O *step test* aplicado à Natação é um procedimento excelente para a avaliação das mudanças no condicionamento físico dos atletas. É provável que tenha ocorrido melhora na resistência muscular aeróbica e anaeróbica e na capacidade aeróbica, se os nadadores puderem completar maior número de séries de repetições, antes de fracassar.

Normalmente, os atletas devem nadar a primeira série e as séries mais avançadas de um *step test* subsequente na velocidade média do teste precedente, para que sejam possíveis um melhor controle e uma interpretação mais precisa dos resultados. Entretanto, para poupar tempo, o tempo médio pode ser reduzido para a primeira série de um teste subsequente, quando os resultados do teste precedente demonstrarem que houve melhora na velocidade limiar do atleta. Exemplificando, quando um atleta se mostra capaz de completar mais uma série de repetições em um teste subsequente, o tempo inicial poderá ser reduzido em 4 s para a primeira série de nados de 200 no teste seguinte.

São recomendáveis distâncias de repetições de 200 jd/m para a maioria dos nadadores submetidos a esse *step test*. É provável que o ritmo limiar resultante dessa distân-

cia tenha precisão apenas para repetições de 200 jd/m ou inferiores. Acredito que o ritmo limiar deva ser aumentado em 1 a 2 s por 100, quando os atletas nadam distâncias de repetições mais longas em seu treinamento. Pode-se obter uma estimativa mais exata de ritmos limiares para repetições mais longas com o uso de distâncias de 300 até 400 jd/m nessas séries. Nesse caso, o número de repetições por série deve ser reduzido para quatro. O aumento no tempo, de uma série para a outra, deve ser mantido em 2 s por 100 m; assim, os tempos devem ser reduzidos em 6 s para cada série de repetições de 300 e em 8 s para cada série de repetições de 400.

Os resultados de dois *step tests* ilustrados na Figura 16.21 demonstram o procedimento para a estimativa de ritmos limiares. O nadador A teve um ritmo limiar de 1'12" para 100 m. Esse atleta fracassou durante a quarta repetição da terceira série de 200s, e assim seu ritmo limiar foi a velocidade média da série precedente, que foi 2'24", ou 1'12" por 100 m. O nadador B fracassou na primeira repetição da quarta série, e assim seu ritmo limiar foi a velocidade média da segunda série (2'24"), que também foi uma velocidade de 1'12" para 100 m.

A validade dos ritmos limiares derivados do *step test* foi examinada pela comparação desses ritmos com ritmos limiares anaeróbicos individuais estimados a partir de um típico teste sanguíneo de intensidade graduada (5 × 300). Os atletas formavam um grupo de 38 nadadores (homens e mulheres) universitários. Inicialmente, foi feito o teste sanguíneo; dois dias depois, foi realizado o *step test*. A relação foi calculada com um índice de 0,94, altamente significativo, indicando que os limiares anaeróbicos individuais dos nadadores podiam ser estimados com precisão com o uso do *step test*.

A principal vantagem do *step test* é a diminuição da probabilidade de que esforços substanciais afetem os resultados. Os treinadores podem ter um grau razoável de certeza de que seus nadadores terão dado o máximo esforço, ao nadarem até o fracasso. Uma desvantagem do teste é a impossibilidade de determinar com exatidão a velocidade em que o nadador ultrapassou seu ritmo limiar anaeróbico individual. A melhor estimativa que o teste pode proporcionar se situa dentro de uma faixa de 2 s por 100 jd/m. Porém, esta não é uma desvantagem séria, pois vários procedimentos que envolvem testes sanguíneos geram erros de amplitude similar.

Step tests nos quais as repetições têm 200 m ou mais de extensão podem intimidar a maioria dos nadadores e ser difíceis, senão impossíveis, para muitos nadadores de Borboleta. Consequentemente, alguns treinadores vêm utilizando distâncias de repetições de 100 jd/m em seus *step tests*. Séries de 4 a 8 × 100 com um tempo até a saída que permita 10 a 15 s de descanso têm sido utilizadas com essa

Step test
Séries de 5 × 200 com descanso de 10-15 s

Nadador A	Nadador B
Série 1 – 2'28" – completada	Série 1 – 2'28" – completada
Série 2 – 2'24" – completada	Série 2 – 2'24" – completada
Série 3 – 2'20" – fracassou na série 4	Série 3 – 2'20" – completada
	Série 4 – 2'16" – fracassou na série 1
Ritmo aeróbico = 1'12"00 para 100 m	Ritmo aeróbico = 1'12"00 para 100 m
2'24" ÷ 2 = 1'12"00	2'24" ÷ 2 = 1'12"00

Figura 16.21 Resultados de dois atletas que completaram *step tests*, ilustrando dois métodos para o cálculo de velocidades limiares com base nos resultados.

finalidade. As velocidades limiares resultantes de um *step test* com repetições de 100 provavelmente superestimarão a velocidade em limiar anaeróbico dos atletas. Consequentemente, esses testes não são apropriados para essa finalidade. No entanto, *step tests* com repetições de 100 podem ser utilizados com confiança para testar progressos na resistência muscular aeróbica e anaeróbica. Em outras palavras, esses testes provavelmente permitirão uma estimativa precisa de mudanças na curva de lactato-velocidade em valores de lactato sanguíneo entre 5 e 10 mmol/L.

Pouco se tem publicado sobre a relação entre *step tests* com repetições de 100 e o desempenho na Natação. Em um dos poucos estudos publicados, Barber et al. (1999) utilizaram um *step test* até o fracasso que consistiu de séries de 4 × 100 m, com o objetivo de estimar as velocidades em limiar anaeróbico de nadadores de Borboleta e Peito. Os resultados desse teste obtiveram comparação favorável com o limiar anaeróbico resultante de testes sanguíneos em que foi utilizada uma série decrescente de 4 × 200 nos mesmos tipos de nado. Os coeficientes de correlação entre as velocidades limiares anaeróbicas, estimados com base nas séries de 4 × 100 até o fracasso e a série decrescente de 4 × 200 foram iguais a 0,91 para nadadores de Peito e 0,94 para nadadores de Borboleta.

Em geral, esses resultados concordam com minha colocação anterior de que *step tests* superestimarão o verdadeiro ritmo limiar anaeróbico do atleta. O critério utilizado nesse estudo, isto é, uma série decrescente de nados de 4 × 200, provavelmente também superestimou os verdadeiros limiares anaeróbicos dos nadadores. Conforme já mencionei, há necessidade de distâncias de repetições de 300 m ou superiores para que seja obtida uma estimativa precisa do limiar anaeróbico.

O *step test* pode ser adaptado para nadadores mais jovens e para nadadores com capacidade inferior à média. Esses nadadores podem usar séries de repetições, como 5 × 150 ou 8 × 100, na avaliação de mudanças na resistência muscular aeróbica e anaeróbica, e também na determinação de velocidades limiares, pois seus tempos para tais repetições seriam parecidos com os tempos de nadadores seniores em repetições mais longas.

Séries de repetições padronizadas

Talvez o método mais simples de realizar testes para definir alterações na capacidade aeróbica e para prescrição de ritmos de treinamento consista em fazer com que os atletas nadem uma longa série de repetições com curtos períodos de descanso. A velocidade média para uma série de repetições que exija algo entre 30 e 40 min para sua realização deve corresponder de perto aos resultados de um nado T-3.000 e, portanto, às velocidades individuais no limiar anaeróbico. As melhores distâncias de repetições para séries como essas se situam entre 200 e 400 jd/m, porque, na prática, o ritmo limiar estimado se aplicará à faixa de variação habitual das distâncias de repetições. Tão logo tenham sido estabelecidos a distância de repetições, o número de repetições e o tempo até a saída para uma série de repetições padronizada, essa série poderá ser repetida periodicamente, com o objetivo de testar as possíveis mudanças na capacidade aeróbica. É provável que a capacidade aeróbica do atleta tenha melhorado, quando ele puder nadar a série em uma velocidade média mais rápida, e é também provável que essa velocidade esteja próxima do seu ritmo limiar anaeróbico individual.

Uma série de teste padronizada do tipo sugerido pode ser um método preciso para a prescrição de ritmos limiares para uma ampla faixa de outras distâncias de repetições, mas devem ser feitos alguns pequenos ajustes nas velocidades limiares para repetições de 100 jd/m e inferiores, e para repetições de 800 jd/m e superiores.

Séries de testes padronizadas têm diversas vantagens com relação aos demais métodos para prescrição de velocidades de treinamento. Evidentemente, sua administração é mais barata, e não dependem de nenhum tipo de experiência especial para sua aplicação ou interpretação. Outra vantagem importante é que a administração dos testes não depende de interrupções no treinamento, sendo que os ritmos limiares podem ser estabelecidos com base em séries típicas, nas sessões de treinamento normais. Outra vantagem desse método, com relação ao teste T-3.000, é que ele pode ser utilizado para testar nadadores de Borboleta e de Peito. As séries de testes padronizadas também podem ser adaptadas para utilização em nadadores mais jovens e em nadadores mais velhos, bastando simplesmente mudar o número ou a distância das repetições e alterar os intervalos de descanso, de modo a haver adequação aos níveis de capacidade dos nadadores. A seguir, as regras práticas para a adaptação de séries de testes para nadadores mais jovens e mais velhos:

- A série completa deve ficar entre 30 e 40 min.
- Cada repetição deverá ser completada em 2 a 5 min.
- Os intervalos de descanso entre repetições devem ser curtos, 30 s ou menos.

Um exemplo de boa série de teste para nadadores mais jovens seria 15 ou 20 × 100 em 1'50''. Essa série deve ser suficiente para um grupo de nadadores com 9 a 10 anos de idade, que geralmente repetem 100s em velocidades de 1'25'' a 1'40''.

Frequências cardíacas

Além dos tempos dos nados, as frequências cardíacas constituem o principal método utilizado por treinadores e atletas para a monitoração do treinamento. As frequências cardíacas são utilizadas de muitas formas para a medição da intensidade do treinamento e avaliação das mudanças no condicionamento físico. As frequências cardíacas têm as vantagens de serem imediatamente acessíveis e de contagem relativamente simples; porém, estão sujeitas a influências alheias ao treinamento, que podem levar a interpretações equivocadas. Minha finalidade nessa seção será descrever os diversos modos com os quais treinadores e atletas podem usar frequências cardíacas na monitoração do treinamento. Também discutirei erros de interpretação que podem ser resultantes do uso inadequado das frequências cardíacas.

As quatro categorias de medições da frequência cardíaca utilizadas na monitoração do treinamento são: frequência cardíaca em repouso, frequência cardíaca máxima, frequência cardíaca submáxima e frequência cardíaca em recuperação. Vamos discutir a relação de cada uma dessas categorias com o treinamento, começando com a frequência cardíaca em repouso.

Frequências cardíacas em repouso

Em geral, as frequências cardíacas em repouso de atletas bem treinados se situam nas vizinhanças de 30 a 70 batimentos por minuto (bpm). As frequências cardíacas em repouso de pessoas não treinadas comumente ficam na faixa de 60 a 80 bpm. O treinamento provoca uma redução na frequência cardíaca em repouso, habitualmente na base de um batimento por semana durante as primeiras semanas de treinamento. O treinamento faz com que o coração dos atletas fique maior e mais forte, para que possam bombear mais sangue para fora do órgão a cada batimento. Consequentemente, menor número de batimentos poderá fornecer a quantidade (i. e., volume) de sangue de que o corpo precisa em situação de repouso.

A frequência cardíaca em repouso pode ser utilizada na avaliação dos efeitos do treinamento sobre o volume sistólico do coração. Supõe-se que o volume sistólico aumenta com o declínio da frequência cardíaca em repouso; tal efeito é perceptível apenas nas primeiras semanas de treinamento. Depois desse período inicial, a frequência cardíaca em repouso estabiliza e não muda mais (Uusitalo, Uusitalo e Rusko 1998). Consequentemente, as frequências cardíacas em repouso são mais apropriadas para a medição de progressos no condicionamento físico, quando os atletas passam da condição destreinada para a condição treinada. Tão logo os atletas estejam razoavelmente bem condicionados, haverá necessidade de outros testes mais sensíveis para a avaliação de outras mudanças no condicionamento físico.

Tão logo tenha ocorrido sua estabilização, a frequência cardíaca em repouso oferece um modo efetivo de monitoração da possibilidade de treinamento excessivo, ou de enfermidade iminente. Um aumento consistente de 8 a 20 bpm ao longo de poucos dias é geralmente considerado um sinal de alerta, indicando que o atleta não está conseguindo se adaptar ao treinamento, ou que está ficando enfermo. Entretanto, devemos ter cautela ao fazer essa interpretação, porque outros fatores, além dos envolvidos com o treinamento e a enfermidade, podem provocar aumento na frequência cardíaca em repouso. Alguns desses fatores são: hora do dia, exercício praticado previamente, por exemplo, andar e correr, excitação emocional e frustração.

Ao utilizar a frequência cardíaca em repouso para testar a má adaptação, os atletas devem contar essa variável todos os dias nas mesmas condições, para que seja minimizado o efeito das influências não ligadas ao treinamento. Quase todos os especialistas recomendam a contagem da frequência cardíaca em repouso todas as manhãs, depois que o atleta acordou e antes que tenha deixado a cama. O atleta deve contar a frequência cardíaca em repouso durante pelo menos 30 s e, de preferência, durante 60 s, para que fique reduzido o erro de medida que poderia ocorrer com a conversão de contagens mais baixas (p. ex., 10 s) para uma frequência por minuto. Outro procedimento consiste na contagem da frequência cardíaca em repouso pelo atleta imediatamente antes de treinar, todos os dias. Se esse método for utilizado, o atleta deverá descansar em um local tranquilo durante 5 a 10 min antes de fazer a contagem; com isso, ficarão minimizados os efeitos das influências externas.

Frequências cardíacas máximas

A frequência cardíaca máxima para a maioria dos atletas varia entre 175 e 220 bpm. A frequência não muda apreciavelmente com o treinamento, embora alguns especialistas tenham sugerido que ocorrerá pequeno declínio depois de algumas semanas de treinamento de resistência (Wilmore e Costill 1999).

As frequências cardíacas máximas tendem a declinar com o envelhecimento e são maiores em crianças, que comumente exibem frequências máximas de 210. Depois, declinam durante os anos da adolescência e da vida adulta, comumente para uma faixa de 180 a 200 bpm. Geralmente, as frequências cardíacas máximas para atletas seniores ficam abaixo dos 180 bpm. Quero agora enfatizar que as frequências cardíacas máximas que acabei de citar são valores médios para os diversos grupos etários. Ficam evidentes amplas variações em todos os estágios do desenvolvimento; assim, é tarefa difícil prever a frequência cardíaca máxima de determinado indivíduo apenas com base em sua idade.

Em geral, frequências cardíacas máximas não fornecem qualquer informação útil sobre mudanças no condicionamento físico, embora uma queda súbita na frequência cardíaca máxima que persista durante alguns dias possa ser sinal de treinamento excessivo (Uusitalo, Uusitalo e Rusko 1998).

Todo atleta deve conhecer sua frequência cardíaca máxima, pois essa informação torna possível determinar, com precisão, as faixas de frequências cardíacas para cargas de trabalho submáximas. Um procedimento popular para a estimativa da frequência cardíaca máxima de determinado atleta consiste em subtrair sua idade de um valor máximo de 220 bpm, mas conforme já mencionei, esse método simplesmente não tem suficiente precisão para que possa ser utilizado em atletas. Portanto, estes devem determinar suas frequências cardíacas máximas durante ou imediatamente depois de diversos esforços máximos, com duração mínima de 1 a 2 min.

Certamente, o método de maior precisão para determinar uma frequência cardíaca máxima consiste em usar um dos diversos aparelhos de monitoração que podem determinar as frequências cardíacas durante o próprio nado, guardando os resultados em sua memória, para registro depois do término da prática. No entanto, se não for possível utilizar um desses aparelhos, os nadadores podem contar suas frequências cardíacas durante 10 s imediatamente depois de terem completado um esforço máximo. Os atletas devem começar a contagem imediatamente depois de terem terminado o nado, porque, em atletas bem condicionados, a frequência cardíaca de exercício começa a declinar na direção dos valores de repouso dentro dos primeiros 10 a 20 s de descanso. O período de contagem deve ter início simultaneamente com um batimento cardíaco, e esse batimento deve ser computado como 0. Os melhores locais para a contagem de frequências cardíacas imediata-

mente depois do exercício são o punho (no lado do polegar) e na artéria carótida, na parte lateral do pescoço, imediatamente abaixo do queixo.

Observe que a contagem da frequência cardíaca 10 s imediatamente depois do exercício tem um erro potencial de mais ou menos 6 bpm. Exemplificando, se a contagem da frequência cardíaca foi 30 batimentos por 10 segundos, e se o último batimento ocorreu ligeiramente antes do final do período, a estimativa mais próxima que o atleta poderá fazer da real frequência cardíaca máxima é aquela que se encaixa em uma faixa de variação entre 180 e 186 bpm.

Em geral, as pessoas terão uma frequência cardíaca máxima mais baixa durante um nado, em comparação com um exercício no solo. As frequências durante o nado serão entre 10 e 15 bpm mais baixas do que aquelas que podem ser alcançadas durante atividades terrestres que envolvem o corpo inteiro (DiCarlo et al. 1991; McArdle et al. 1978). Há duas razões possíveis para explicar essa diferença: em primeiro lugar, o nadador se encontra em uma posição horizontal, portanto, seu coração não tem de trabalhar tanto para bombear o sangue até as pernas; em segundo lugar, o efeito de resfriamento da água reduz a temperatura do corpo e diminui a desidratação, reduzindo a tensão incidente no sistema circulatório. Incluo essa informação, porque qualquer sistema para avaliação da intensidade do treinamento de nadadores com base em suas frequências cardíacas máximas depende de uma determinação precisa das frequências máximas quando os atletas estão nadando, e não quando estão realizando atividades no solo.

Os atletas devem contar suas frequências cardíacas depois de alguns esforços máximos ao longo de um período de alguns dias, até que se considerem satisfeitos por terem efetivamente determinado a frequência cardíaca máxima real que podem alcançar. Tendo em vista ser tão significativo o erro potencial da determinação da frequência cardíaca máxima, provavelmente será melhor obter uma média das várias tentativas de contagem da frequência, em vez de selecionar a mais alta frequência contada. Por essa razão, acredito que a frequência cardíaca máxima deva ser registrada como a mais alta frequência que determinado atleta pode reproduzir várias vezes durante o período de teste.

Frequências cardíacas máximas indicam que os atletas estão nadando com maior rapidez do que suas velocidades limiares, mas podem não estar nadando com a máxima rapidez possível. Frequência cardíaca máxima não significa velocidade máxima. Os atletas podem nadar com rapidez ainda maior depois que o coração atingiu sua frequência máxima, mas não serão capazes de cumprir essa tarefa durante muito tempo, porque o ácido lático se acumulará com rapidez em seus músculos. Muitos atletas podem manter um esforço que estimula uma frequência cardíaca máxima durante apenas 8 a 15 min, antes que a acidose os faça reduzir consideravelmente a velocidade.

Frequências cardíacas submáximas

As frequências cardíacas dos atletas durante nados completados com esforço submáximo podem servir como veículo excelente para:

1. Medir mudanças na capacidade aeróbica e na resistência muscular aeróbica e anaeróbica.

2. Avaliar a intensidade do treinamento.

Comumente, as frequências cardíacas em velocidades de nado submáximas diminuirão em 10 a 20 bpm ao longo de algumas semanas de treinamento. Embora um declínio na frequência cardíaca em velocidades de nado submáximas possa servir como uma boa indicação de que ocorreu melhora na capacidade aeróbica, é tarefa difícil medir com precisão a extensão do declínio da frequência cardíaca. O melhor procedimento consiste em utilizar um monitor de frequência cardíaca, pois o erro na contagem dos batimentos durante 10 s imediatamente depois de um nado pode ser de mais ou menos 6 bpm (conforme já mencionado). Um erro como esse poderia fazer com que uma melhora, ou falta de melhora da mesma magnitude, não fosse percebida.

Um segundo problema diz respeito à pouca confiabilidade decorrente da contagem de frequências cardíacas, mesmo nos casos em que é utilizado um monitor apropriado. O gráfico na Figura 16.22 ilustra os resultados de dois testes de frequência cardíaca realizados no mesmo nadador com intervalo de alguns dias (Peyrebrune e Hardy 1992). Nas duas ocasiões, foi utilizado um monitor de frequência cardíaca para medir as frequências cardíacas dos atletas. Em cada dia de teste, os atletas nadaram 500 jd continuamente, aumentando sua velocidade a cada segmento de 50 jd, até nadarem em velocidade máxima durante o trecho final de 50 jd. Os resultados dos dois testes foram inconsistentes, especialmente em velocidades lentas. As frequências cardíacas diferiram em até 20 bpm nas velocidades de nado mais lentas. As diferenças em frequências cardíacas foram muito menores nas velocidades próximas ao máximo. Esse achado indica que os atletas devem nadar com razoável rapidez em qualquer teste que utilize frequências cardíacas para avaliação de mudanças no condicionamento físico. Em velocidades lentas, influências exteriores, como estresse, temperatura do ar e da água, e umidade, facilmente comprometem a frequência cardíaca, enquanto em velocidades mais rápidas esses fatores influenciam menos essa variável.

A possibilidade de erro é tão grande no decorrer da contagem das frequências cardíacas durante e imediatamente após o exercício, que qualquer procedimento para avaliação de mudanças no condicionamento físico deve ser planejado e administrado com muita cautela. O procedimento deve consistir em várias medições em uma série de velocidades diferentes, para que as mensurações divergentes da maioria das demais contagens possam ser eliminadas do conjunto de dados. Para aprimorar essa capacidade de previsão, o teste também deve incluir medições de frequências cardíacas em situação de trabalho e em recuperação. Mais adiante, ainda neste capítulo, oferecerei algumas sugestões para o planejamento de séries em que as frequências cardíacas podem ser utilizadas na avaliação de mudanças no condicionamento físico.

Tradicionalmente, frequências cardíacas submáximas têm sido utilizadas para avaliar a intensidade do treinamento pelo procedimento listado na Tabela 16.3. Frequências cardíacas na faixa de 120 até 140 bpm indicam intensidade de nado baixa a moderada, enquadrando-se na extremidade inferior da faixa de resistência básica. Frequências cardíacas entre 140 e 160 bpm indicam intensidade de nado moderada, correspondendo à extremidade superior das velocidades de resistência básica. A intensidade de nado correspondente ao limiar anaeróbico individual do atleta se situa na faixa de 160 a 180 bpm. Frequências entre 180 bpm e o máximo indicam intensidade de nado na faixa de resistência com sobrecarga.

Faixas graduais de frequências cardíacas como as anotadas na Tabela 16.3 têm a vantagem da facilidade de entendimento, além de serem úteis para a prescrição de velocidades de treinamento. Treinadores e atletas podem utilizar a faixa mais baixa das frequências cardíacas com um grau razoável de confiança para a prescrição de velocidades para o treinamento básico de resistência de baixa intensidade. Entretanto, nas faixas mais altas, sua amplitude é simplesmente grande demais para que possam ser identificadas com suficiente precisão diferenças entre intensidades de treinamento básico de alto nível, intensidades limiares e intensidades com sobrecarga, embora (como explicarei um pouco mais adiante) essas faixas sejam razoavelmente precisas para atletas com frequências cardíacas máximas de 190 ou menos. Cada faixa de frequências cardíacas na Tabela 16.3 abrange 20 bpm, e a implicação disso é que o treinamento em qualquer frequência cardíaca dentro dessa faixa afetará o corpo de maneira similar. Na verdade, o treinamento em uma das extremidades da faixa poderá afetar o corpo de forma muito diferente do que o treinamento realizado na outra extremidade da faixa. Exemplificando, em um estudo a faixa de frequências cardíacas correspondente aos limiares anaeróbicos de um grupo de corredores ficava entre 142 e 172 bpm (Farrell et al. 1979). Obviamente, um atleta com uma frequência cardíaca limiar de 142 bpm trabalharia com intensidade muito maior do que um atleta com uma frequência car-

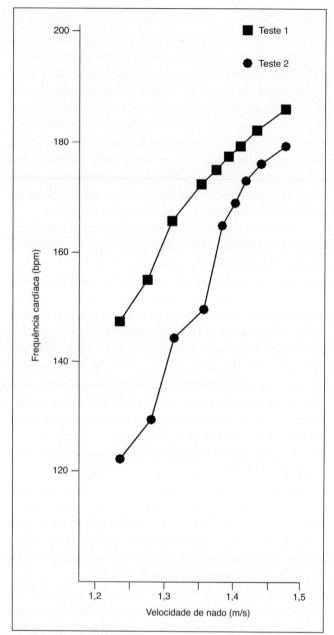

Figura 16.22 Os dados deste gráfico ilustram a variabilidade das determinações da frequência cardíaca submáxima. Nele estão os resultados de dois testes realizados com um intervalo de poucos dias. (Adaptado de Peyrebrune e Hardy 1992.)

Tabela 16.3 Método simples para prescrição de intensidades de treinamento de acordo com faixas de frequências cardíacas

Faixa de frequências cardíacas	Prescrição de treinamento
120-140 bpm	Baixa intensidade, equivalente ao nado na extremidade inferior de velocidades de resistência básica.
140-160 bpm	Intensidade moderada, equivalente ao nado na extremidade superior de velocidades de resistência básica.
160-180 bpm	Treinamento de resistência de alta intensidade, equivalente ao nado em velocidades de resistência limiar.
180-máximo	Treinamento de intensidade muito alta, equivalente ao nado em velocidades de resistência com sobrecarga.

díaca limiar de 172, se os dois indivíduos treinassem em uma intensidade que os posicionasse em uma faixa de frequências cardíacas entre 160 e 180 bpm. Em outro estudo, a diferença média entre frequências cardíacas para intensidades de exercício geradoras de concentrações de lactato sanguíneo de 2 e 4 mmol/L foi de apenas 10 bpm (173 *versus* 183 bpm) para um grupo de voluntários (Gullstrand, Sjodin e Svedenhag 1994). Assim, uma faixa de frequências cardíacas igual a 20 bpm poderia facilmente englobar intensidades de treinamento que difeririam de fácil a moderada ou de moderada a alta.

Outro problema com essas faixas de frequências cardíacas está relacionado à ampla variação na frequência cardíaca máxima entre atletas variados. Exemplificando, uma faixa de frequências cardíacas de 160 a 180 bpm poderia funcionar adequadamente para a prescrição do treinamento limiar para um atleta com frequência cardíaca máxima de 190 bpm, mas não é provável que um atleta com frequência cardíaca máxima de 210 bpm nadasse na velocidade limiar na mesma faixa. Para o segundo atleta, é mais provável que uma frequência cardíaca na faixa de 160 a 180 bpm indicaria treinamento básico de resistência de alta intensidade.

Tendo em vista que as frequências cardíacas perdem precisão nas faixas mais altas, foram sugeridos outros métodos para a prescrição de intensidade de treinamento. Esses métodos são baseados no nado em certo número de batimentos abaixo da frequência cardíaca máxima do atleta, ou no nado em frequências cardíacas submáximas que representam um percentual da frequência máxima. A escala na Tabela 16.4 foi desenvolvida com base nesses procedimentos. Frequências cardíacas de exercício 30 a 60 bpm abaixo do máximo, ou na faixa de 65 a 80% do máximo, indicam intensidade de treinamento baixa a moderada, e frequências 10 a 20 bpm abaixo do máximo, ou na faixa de 85 a 95% do máximo, provavelmente correspondem a velocidades de treinamento limiar para a maioria dos atletas. A Tabela 16.4 também indica os percentuais estimados do consumo de oxigênio máximo representados por esses procedimentos para a prescrição de velocidades de treinamento. Essas estimativas foram adaptadas de dados apresentados por McArdle, Katch e Katch (1996).

Karvonen sugeriu um procedimento que envolve a frequência cardíaca em repouso no cálculo da intensidade de treinamento, como percentual da frequência máxima. Karvonen desenvolveu esse procedimento, chamado *fórmula de reserva de frequência cardíaca,* por acreditar que se tratava de um método ainda mais preciso. O procedimento baseia-se no treinamento em um percentual da diferença entre as frequências cardíacas em repouso e máxima. Com a aplicação da fórmula de reserva de frequência cardíaca, a frequência cardíaca correspondente a qualquer intensidade de treinamento em particular pode ser calculada, adicionando-se um percentual da frequência cardíaca máxima à frequência cardíaca em repouso. O percentual da frequência cardíaca máxima utilizado para cada intensidade de treinamento foi igual ao listado na Tabela 16.4.

O exemplo de cálculo a seguir utiliza a fórmula de reserva de frequência cardíaca. Um atleta que pretenda treinar a 80% de sua reserva de frequência cardíaca deve adicionar a frequência cardíaca em repouso a um valor que é igual a 80% da diferença entre suas frequências cardíacas em repouso e máxima. Considerando que esse atleta tem uma frequência cardíaca em repouso de 40 bpm e uma frequência cardíaca máxima de 185 bpm, a frequência cardíaca de exercício que corresponde a 80% de sua reserva de frequência cardíaca é igual a 156 bpm. A fórmula de reserva de frequência cardíaca foi proposta como um procedimento de maior precisão para a individualização da seleção de faixas de frequências cardíacas que correspondam às diversas intensidades de treinamento, por incluir frequências cardíacas em repouso nos cálculos.

Em geral, o percentual da reserva de frequência cardíaca que corresponde a determinada intensidade de treinamento será aproximadamente 5% mais baixo do que o percentual da frequência cardíaca máxima indicativo da mesma intensidade.

Qualquer dos três métodos, FCM-, % FCM ou RFC, que leve em consideração a real frequência cardíaca máxima dos nadadores e, em alguns casos, também a frequência cardíaca em repouso, será superior à faixa de frequências cardíacas fornecida na Tabela 16.3 para a prescrição de velocidades de treinamento. Os valores na Tabela 16.5 demonstram diferenças na faixa de frequências cardíacas submáximas correspondentes a diferentes intensidades de treinamento, nos casos em que foi utilizado cada um dos métodos. Supôs-se que o atleta nesse exemplo tinha 16 anos de idade, com frequência cardíaca máxima de 185 bpm e frequência cardíaca em repouso de 50 bpm. O procedimento de menor precisão para a prescrição de velocidades de treinamento com frequências cardíacas é o método baseado em 220 menos a idade do atleta. Esse método dá um resultado que difere daqueles obtidos com outros métodos em 6 a 26 bpm para prescrição de velocidades de treinamento de resistência, tanto básica como limiar. Estimar as faixas de frequências cardíacas para o treinamento limiar por esse método poderá facilmente superestimar a intensidade apropriada de um grande número de nadadores. Surpreendentemente, todos os demais métodos, inclusive o esquema simples de igualar as faixas de frequências cardíacas com intensidades de treinamento apresentado na Tabela 16.3, possuem diferença de 3 a 5 bpm entre si. Portanto, qualquer desses procedimentos pode ser utilizado com igual grau de confiança, desde que os atletas tenham frequências cardíacas máximas na faixa entre 180 e 190 bpm. Uma frequência cardíaca máxima de 195 bpm ou mais faria com que as diferenças em frequências cardíacas entre o método simples e os outros três procedimentos diferissem em 10 ou 15 bpm, tanto para o nado de resistência básica como limiar. Consequentemente, seria uma medida mais precisa o uso do método FCM-, %FCM ou RFC na prescrição da intensidade de treinamento, nos casos em que a frequência cardíaca máxima do atleta exceder 195 bpm.

Frequências cardíacas de recuperação

Há muito tempo, o período necessário para que as frequências cardíacas dos atletas retornem aos níveis de repouso depois da prática do exercício vem sendo considerado uma medida excelente da adaptação ao treino. Um treinamento efetivo aumenta a velocidade de declínio na frequência cardíaca, ao término do exercício. Portanto,

---

Tabela 16.4 Faixas de frequências cardíacas para treinamento com base em um percentual da frequência cardíaca máxima (% FCM), ou frequência cardíaca máxima menos certo número de batimentos/min (FCM−)

%FCM	FCM−	%$\dot{V}O_2$ máx estimado	Intensidade de treinamento
65-80%	30-60 bpm	50-70%	Intensidade baixa a moderada, equivalente ao treinamento básico de resistência.
85-95%	10-20 bpm	80-90%	Alta intensidade, equivalente ao treinamento de resistência limiar.
100%	Máximo	100%	Intensidade muito alta, equivalente ao treinamento de resistência com sobrecarga.

Fórmula de reserva de frequência cardíaca de Karvonen

- RFC = FC em repouso + 0,80 + (FC máxima − FC em repouso)
- RFC = 40 + 0,80 + (185 − 40)
- RFC = 156 bpm
- Frequência cardíaca em repouso do nadador = 40 bpm
- Frequência cardíaca máxima do nadador = 185 bpm

Adaptado com permissão de M.J. Karvonen, E. Kentals e O. Mutala. 1957. "The effects of training heart rate: A longitudinal study". *Annales Medicinae Experimentalis et Biologiae Fenniae* 35:307-315.

um retorno mais rápido em seguida a um esforço padronizado indica melhora no condicionamento físico, e uma recuperação mais lenta indica má adaptação, ou enfermidade iminente. Por essas razões, a frequência cardíaca de recuperação nos proporciona um método excelente para monitoração dos efeitos do treinamento no condicionamento físico dos atletas.

Ao ser utilizada a frequência cardíaca em repouso na monitoração dos efeitos do treinamento, as condições mais importantes a serem atendidas são:

- A carga de trabalho deve ser suficiente para causar um grau razoável de fadiga.
- A carga de trabalho deve ser a mesma de um teste para outro.
- A frequência cardíaca em repouso deve ser medida no mesmo intervalo, em seguida ao término do exercício.
- A frequência cardíaca em repouso deve ser contada do mesmo modo de um teste para outro.
- O período de recuperação deve ser passivo.

Os atletas se recuperarão rapidamente de cargas de trabalho que sejam fáceis, não importando seu grau de treinamento (i. e., se estão bem ou mal treinados). Consequentemente, a carga de trabalho deve ser suficientemente intensa para criar alguma fadiga, de modo que as diferenças no tempo de recuperação se tornem evidentes à medida que o condicionamento físico melhore. Cargas de trabalho mais exigentes dependerão de períodos de recuperação mais longos do que aquelas mais leves, independentemente do condicionamento físico do atleta. Portanto, a carga de trabalho deve ser semelhante, de um teste para outro. Se não for assim, as mudanças na velocidade de recuperação não refletirão de modo preciso as mudanças no condicionamento físico.

Ao utilizar a frequência cardíaca de recuperação na monitoração dos efeitos do treinamento, não é preciso esperar até que a frequência cardíaca do atleta tenha retornado a seu nível de repouso normal. Isso levaria muito tempo. Comumente, transcorrerão vários minutos antes que a frequência cardíaca tenha retornado a seu nível de repouso, em seguida a um exercício extenuante. A contagem durante 1 ou 2 min depois do exercício fornecerá resultados igualmente precisos, pois a frequência cardíaca

declina em dois estágios depois do exercício. Durante o primeiro estágio, que geralmente dura 1 a 2 min, o declínio é rápido, e a frequência cardíaca frequentemente diminui em 40 a 60 bpm. Depois disso, a velocidade de declínio fica mais lenta. Poderão transcorrer vários minutos antes que a frequência cardíaca tenha declinado em mais 40 a 50 bpm, até alcançar o nível de repouso normal do atleta. Por essa razão, em geral as frequências cardíacas de recuperação são contadas depois de apenas 1 ou 2 min de descanso depois do término da tarefa. Para que o erro seja minimizado, comumente a contagem da frequência cardíaca de recuperação é obtida para 15 ou 30 s, começando por volta de 30 a 45 s após o término da tarefa, quando o período de recuperação já estiver em cerca de 1 min. Se o período de recuperação for de 2 min, a contagem será iniciada 1'30" a 1'45" a contar do início desse período.

A recuperação passiva faz com que a frequência cardíaca decline com mais rapidez do que a recuperação ativa, porque mesmo um nado fácil durante o período de recuperação proporciona algum estímulo para a frequência cardíaca. No entanto, a recuperação passiva não remove o ácido lático dos músculos com a mesma rapidez do que a recuperação ativa. Assim, embora a frequência cardíaca decline com maior rapidez, o ácido lático, fator que realmente precipita a fadiga, é removido com maior lentidão. Em um estudo, a frequência cardíaca de remadores caiu de uma média de 169 bpm ao final do exercício para uma média de 87 bpm depois de 12 min de recuperação (Koutedakis e Sharp 1985). Durante o mesmo período, os valores médios para o lactato sanguíneo caíram de 12,61 mmol/L para apenas 8,05 mmol/L. Uma concentração de lactato sanguíneo em repouso normal equivale a 1,00 mmol/L. Quando os atletas utilizaram procedimentos de recuperação ativa depois da mesma carga de trabalho, suas frequências cardíacas médias foram 138 bpm depois de 12 min, e suas concentrações de lactato sanguíneo médias foram de 6,08 mmol/L.

Pesquisas publicadas não estabelecem por que o treinamento faz com que o coração se recupere com mais rapidez até os níveis de repouso – indicam apenas que isso ocorre. Uma razão possível é que os pHs muscular e sanguíneo são restaurados com maior rapidez depois do treinamen-

Tabela 16.5 Comparação de alguns métodos para determinação da faixa de frequências cardíacas correspondente ao treinamento de resistência básico e limiar

Categoria de treinamento	220 – Idade	Faixa simples	FCM–	%FCM	RFC
Resistência básica	144-174	120-160	125-155	120-148	138-158
Resistência limiar	184-194	160-180	165-175	157-176	165-178

Dados do atleta: 16 anos de idade; frequência cardíaca máxima = 185; frequência cardíaca em repouso = 50.

to, o que se reflete no declínio na frequência cardíaca, se forem implementados procedimentos de recuperação passiva. Outra possibilidade é que como o treinamento reduz a resposta hormonal ao exercício, a frequência cardíaca se recupera para o nível de repouso com maior rapidez depois do término do exercício.

O limiar anaeróbico pode ser localizado com frequências cardíacas?

Ao longo dos anos, foram feitas muitas tentativas para o desenvolvimento de métodos que permitissem aos treinadores determinar velocidades de limiar anaeróbico com frequências cardíacas de exercício, mas nenhum desses métodos obteve sucesso. Há dois problemas a considerar. Primeiramente, as frequências cardíacas que correspondem às velocidades de treinamento em limiar anaeróbico podem variar consideravelmente de um atleta para outro; em segundo lugar, a frequência cardíaca correspondente ao limiar anaeróbico individual de um atleta muda com o treinamento. Em estudos realizados com ciclistas (Craig et al. 1993) e com corredores (Farrell et al. 1979), frequências cardíacas que correspondiam a velocidades de limiar anaeróbico variaram entre 142 e 187 bpm. Em outro estudo, foi constatado que frequências cardíacas entre 150 e 175 correspondiam ao estado de equilíbrio para lactato máximo em corredores treinados (Oyono-Enguelle et al. 1990).

Atualmente, não existe teste capaz de prever com precisão a velocidade de limiar anaeróbico do atleta, utilizando frequências cardíacas de exercício. Apesar disso, para muitos atletas bem treinados, frequências cardíacas dentro de 10 a 20 bpm do máximo ficam próximas das velocidades de treinamento limiar (Rutt et al. 1987). Essa faixa pode ter suficiente precisão para a monitoração do treinamento de resistência limiar, pois, conforme já foi dito na Parte II, não é essencial que o treinamento seja realizado exatamente nas velocidades limiares para que os atletas obtenham progressos máximos na capacidade aeróbica. Entretanto, devemos estar cientes de que essa faixa superestimará a velocidade de treinamento limiar de alguns atletas, particularmente velocistas, em margem considerável. Consequentemente, qualquer atleta que tenha problema em manter uma velocidade de treinamento capaz de gerar uma frequência cardíaca dentro de 10 a 20 batimentos de sua frequência máxima deverá ter permissão para reduzir o ritmo durante o treinamento limiar.

Uso de frequências cardíacas para a monitoração de intensidades de treinamento para braçadas, pernadas e outros tipos de nado

Atualmente, não existe evidência indicativa de que uma frequência cardíaca correspondente à velocidade em limiar anaeróbico individual de um atleta em um tipo de nado competitivo possa ser utilizada na estimativa do ritmo de treinamento limiar para outros tipos de nado, para pernadas ou para braçadas. Embora pareça lógico que uma frequência cardíaca indicativa de intensidade limiar para determinado tipo de nado indique também a mesma intensidade para outros tipos, essa suposição ainda está por ser comprovada. Na verdade, os resultados de um estudo sugerem que frequências cardíacas não podem ser utilizadas dessa forma (Kelly et al. 1992). Provavelmente, as frequências cardíacas serão mais altas em qualquer intensidade de relativa de nado para tipos de nado como Borboleta e de Peito, em comparação com o que ocorre com os nados Crawl e de Costas, porque os primeiros tipos de nado têm maior diferença entre suas velocidades mínima e máxima durante cada ciclo de braçadas. Essas diferenças intracíclicas de velocidade devem fazer com que as frequências cardíacas aumentem um pouco mais durante os nados Borboleta e de Peito, do que nos nados Crawl ou de Costas em intensidade similar. Portanto, os atletas devem exercer mais força para acelerar sua velocidade frontal na prática dos nados Borboleta e de Peito, mesmo quando estiverem nadando em velocidade limiar, ou mais lenta.

Analogamente, as frequências cardíacas durante o nado provavelmente não representam a mesma intensidade, quando os atletas estão praticando apenas pernadas. Durante a pernada de adejamento, os atletas podem esperar que suas frequências cardíacas sejam um pouco mais elevadas, pois as pernadas não constituem, nem de perto, um meio de propulsão tão eficiente quanto o nado. As frequências cardíacas também podem ser mais altas porque, em alguns tipos de nado, os nadadores precisam utilizar os grandes grupos musculares das pernas para que realmente possam manter um esforço submáximo durante suas pernadas, em comparação com a prática da Natação completa. Os atletas tendem a relaxar as pernas quando estão nadando em velocidades submáximas, particularmente quando estão praticando os nados Crawl e de Costas. O resultado desses dois efeitos é que as frequências cardíacas dos nadadores serão estimuladas com intensidade igual ou superior ao praticarem apenas pernadas, em comparação com o nado completo.

É provável que ocorra o efeito oposto quando atletas tendem a usar frequências cardíacas de nado para a monitoração das braçadas. As frequências cardíacas serão mais baixas em uma intensidade de treinamento submáxima similar quando os atletas praticam braçadas, em comparação com o que ocorre quando praticam nado completo, pois não estão utilizando os músculos das pernas.

Perfis de frequência cardíaca

Embora as frequências cardíacas tenham suas limitações para a prescrição de ritmos de treinamento, podem ser de grande utilidade na monitoração de mudanças no condicionamento físico. Sharp et al. (1984b) sugeriram um método prático para monitoração das mudanças na capacidade aeróbica, com o uso de frequências cardíacas. Com esse procedimento, cada nadador deve completar pelo menos duas tomadas de tempo a 90 e 100% do esforço máximo. Durante o desenvolvimento desse teste, foram utilizados nados de 200 jd, embora possa ser utilizada qualquer distância, se esta não mudar de um teste para outro. O nadador deve fazer 20 min de descanso, após cada tomada de tempo. Devem ser feitas três contagens de frequência cardíaca de 15 s; essas contagens serão anotadas depois de cada tomada de tempo. A primeira contagem deve começar 15 s depois do término do nado; a segunda contagem, 45 s depois do término, e a terceira, 90 s depois do término. Em seguida, as três contagens devem ser somadas e lançadas em um gráfico contra a velocidade de nado que as gerou. Os resultados de cada tomada de tempo podem ser expressos como tempo em segundos, ou como velocidade em metros ou jardas por segundo. A Figura 16.23 resume o protocolo para um perfil de frequências cardíacas.

Os resultados das tomadas de tempo e das contagens de frequência cardíaca devem ser lançados em um gráfico como o ilustrado na Figura 16.24. Essa figura mostra o procedimento gráfico para um perfil de frequências cardíacas em que os tempos para os nados de 200 m foram 2'20"35 e 2'11"15, e as somas das respectivas frequências cardíacas para esses nados foram 88 bpm e 105 bpm. A velocidade do atleta foi lançada no gráfico em metros por segundo.

Perfis de frequências cardíacas semelhantes podem ser traçados periodicamente durante uma temporada, com o objetivo de avaliar mudanças na capacidade aeróbica. Os resultados de três perfis de frequências cardíacas construídos durante o transcurso de uma temporada de Natação típica estão mostrados no gráfico na parte superior da Figura 16.25. Eles demonstram que a linha frequências cardíacas-velocidades se deslocou para a direita a cada teste subsequente. Esse desvio indica ter ocorrido melhora na capacidade aeróbica do atleta, do mesmo modo que um desvio para a direita de uma curva de lactato-velocidade. Para testar essa hipótese, Sharp et al. compararam os resultados de perfis de frequências cardíacas e testes sanguíneos realizados na mesma época da temporada para um grupo de nadadores, 12 membros de uma equipe de Natação universitária que foram testados durante as partes inicial, intermediária e avançada da temporada. Foram obtidos os perfis de frequências cardíacas com base nesses testes; para tanto, foi utilizado o procedimento anteriormente descrito. Além disso, foram coletadas amostras de sangue depois de cada nado de cada teste. As amostras foram coletadas a 1, 3, 5, 7 e 9 min depois do término de cada tomada de tempo, com o objetivo de determinar as mais altas concentrações sanguíneas de ácido lático produzidas por cada nado. Esses valores de lactato sanguíneo foram lançados em um gráfico contra as velocidades de nado que os geraram, de modo a ser possível comparar os movimentos das curvas de lactato-velocidade dos atletas com os movimentos dos seus perfis de frequência cardíaca-velocidade, de um teste para outro. Os resultados dessa comparação estão ilustrados na parte inferior da Figura 16.25.

Os dois perfis se deslocaram para a direita, do primeiro (T1) para o segundo (T2) teste e do segundo para o terceiro (T3) teste. Foram parecidas as magnitudes desses movimentos para a direita e as inclinações das linhas para os perfis de lactato-velocidade e de frequência cardíaca-velocidade. Com base nesses achados, os autores concluíram que os perfis de frequência cardíaca eram capazes de perceber mudanças na capacidade de desempe-

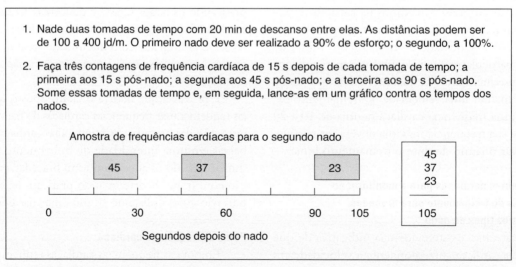

Figura 16.23 Protocolo para coleta de dados objetivando a construção de um perfil de frequências cardíacas.

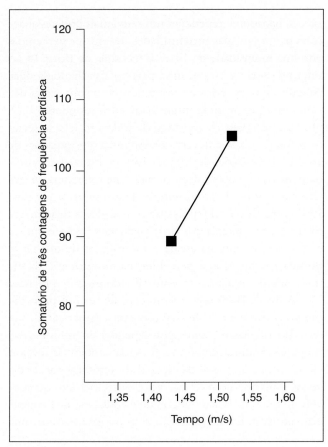

Figura 16.24 Perfil de frequências cardíacas construído com base em duas tomadas de tempo de 200 m.

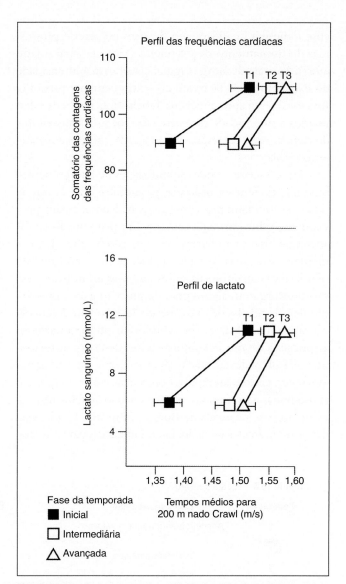

Figura 16.25 Comparação de perfis de frequências cardíacas e de perfis de lactato durante uma temporada de Natação. (Adaptado de Sharp et. al. 1984b.)

nho, do mesmo modo que os testes sanguíneos. Também informaram que os perfis de frequência cardíaca não poderiam ser utilizados na prescrição de velocidades de treinamento, nem gerariam qualquer informação acerca do equilíbrio entre treinamento de resistência e treinamento de velocidade.

Os responsáveis pelo desenvolvimento do teste observaram que os perfis de frequências cardíacas de alguns atletas tendiam a exibir maior variação do que seus perfis de lactato. Com base nessa observação, concluíram que a contagem de frequências cardíacas não era tão confiável como a determinação do lactato sanguíneo para a detecção de mudanças na capacidade aeróbica. Apesar disso, por serem de administração muito mais fácil em comparação com os testes sanguíneos, os perfis de frequências cardíacas podem servir aos treinadores como um instrumento barato, acessível e valioso para a monitoração do treinamento.

Esforço percebido

Talvez o modo mais direto de monitoração da intensidade de treinamento seja simplesmente avaliar o grau de esforço. Com esse método, os atletas avaliam o grau de esforço que acreditam empregar em sua carga de trabalho e, para tanto, designam um número para sua sensação de esforço. Esse método, conhecido como *pontuação do esforço percebido (PEP)*, foi desenvolvido originalmente com o objetivo de monitorar o treinamento durante a reabilitação cardíaca. Os pacientes eram ensinados a compatibilizar a intensidade de treinamento com um número constante em uma escala conhecida como *escala de Borg,* assim denominada em homenagem a seu autor. Ao ser utilizado esse procedimento, os pesquisadores constataram que seus pacientes cardíacos podiam aprender a monitorar a intensidade de seu treinamento com rapidez e precisão aceitável (Bellew, Burke e Jensen 1983; Purvis e Cureton 1981).

Devido à sua eficácia para a monitoração da intensidade de treinamento de pacientes cardíacos, atualmente treinadores e atletas estão utilizando a escala de Borg

Nadando o mais rápido possível | Parte II Treinamento

com a mesma finalidade em diversos esportes e programas de treinamento de exercícios (Simon, Segal e Jaffe 1987). A escala de Borg original classificava a intensidade do exercício de 1 (fácil) até 20 (extremamente puxado). Essa escala está apresentada na Tabela 16.6; também estão listados a intensidade do exercício e os prováveis efeitos do treinamento correspondentes a cada número constante na escala.

Devo esclarecer que as pontuações de esforço percebido não podem ser utilizadas na monitoração da intensidade de treinamento sem que os nadadores sejam previamente educados para seu uso. Em primeiro lugar, os atletas precisam familiarizar-se com as sensações físicas e mentais associadas ao nado abaixo, acima e ao nível de seus limiares anaeróbicos, antes que possam utilizar a escala de Borg com algum grau de precisão para a prescrição de velocidades de treinamento. Eles podem desenvolver tal familiaridade estabelecendo seu ritmo limiar com a aplicação de um dos muitos testes descritos anteriormente. Então, devem nadar algumas séries de repetições que sejam tanto mais rápidas como mais lentas do que seu ritmo limiar e, ao mesmo tempo, tentarão atribuir um valor (com base na escala de Borg modificada) a cada uma dessas intensidades de nado. Exemplificando, para a maioria dos nadadores, repetições nos seus atuais limiares anaeróbicos ou em suas proximidades devem ser percebidas em uma intensidade de 14 a 16 na escala de Borg, 14 no início da série e 16 em uma parte mais adiantada dela. Acredito que as séries de resistência com sobrecarga devam começar em uma intensidade correspondente a 17, progredindo para 18 ao longo de toda a série, e as séries de resistência básica devem corresponder a pontuações de 10 e 13. Pontuações de 6 e 9 devem ser associadas ao treinamento de recuperação, e os nados de tolerância ao lactato e em ritmo de prova sempre devem se situar em uma PEP entre 18 e 20. Depois que os nadadores ficaram aptos a associar a intensidade de treinamento com seu número correspondente na escala, serão capazes de utilizar as pontuações de esforço percebido na monitoração da intensidade de treinamento com elevado grau de precisão.

A escala Borg tem a vantagem de ser um procedimento conveniente e de fácil uso para a prescrição de intensidades de treinamento, por depender de mínimo treino para sua utilização efetiva. A escala também se revelou efetiva para o aumento da capacidade aeróbica, por ter diversas vantagens com relação aos demais métodos que envolvem testes de lactato sanguíneo e contagens de frequências cardíacas. Em comparação com outros métodos, uma

Tabela 16.6 Escala de Borg

Pontuação	Esforço percebido	Efeito provável	Categoria de treinamento
6	Absolutamente nenhum esforço		
7	Extremamente leve		
8			
9	Muito leve	Útil tanto para o aquecimento como para o relaxamento	Treinamento de recuperação (Rec)
10			
11	Leve	Mantém a resistência aeróbica e, ao mesmo tempo, ocorre recuperação de um treinamento mais intenso	Resistência básica (En-1)
12			
13	Um pouco puxado	Melhora a capacidade aeróbica	Resistência básica (En-1)
14			
15	Puxado (intenso)	Melhora a capacidade aeróbica Trabalho no limiar do atual limiar anaeróbico ou ligeiramente abaixo	Limiar (En-2)
16			
17	Muito puxado	Melhora a resistência muscular aeróbica e anaeróbica. A intensidade se situa acima do atual limiar anaeróbico	Resistência com sobrecarga (En-3)
18			
19	Extremamente puxado	Melhora o metabolismo anaeróbico	Tolerância ao lactato (Sp-1) e treinamento em ritmo de prova (R-P)
20	Esforço máximo		

G. Borg, 1998. *Borg's Perceived Exertion and Pain Scales* (Champaign, IL: Human Kinetics) p. 47.

vantagem da prescrição de treinamento com pontuações de esforço percebido é que as pontuações permitem aos nadadores compensarem as variações periódicas em sua capacidade fisiológica. Os atletas podem nadar com maior lentidão ou rapidez em dias de treinamento maus ou bons, quando as velocidades precedentes são percebidas como passíveis de serem pontuadas com um escore mais alto ou mais baixo do que antes. Talvez a vantagem mais importante do método PEP é que ele permite que nadadores motivados progridam em seu próprio ritmo, em vez de evoluírem conforme algum esquema de testes pré-selecionado. Ou seja, os atletas podem aumentar seu ritmo de treinamento quando se sentirem capazes de fazê-lo, em vez de esperar por novos resultados de testes que lhes indiquem o momento para aumentar sua velocidade de treinamento.

Quando utilizam pontuações de esforço percebido para monitorar condições de treinamento excessivo, os atletas não devem se preocupar ao perceberem que estão utilizando mais esforço para nadar em sua velocidade de treinamento habitual, a menos que essa sensação persista ao longo de alguns dias; caso isso aconteça, deverão se esforçar para que a causa seja imediatamente determinada. A explicação pode ser um problema de má adaptação por causa do excesso de treinamento, origens externas de tensão ou enfermidade iminente.

Esforços percentuais

O uso de esforços percentuais refere-se à monitoração da intensidade de treinamento de acordo com um percentual do melhor tempo do nadador, seja de toda a sua carreira, ou seja o melhor tempo até o momento da temporada em andamento. Exemplificando, um nadador com um melhor tempo de 2'00" para 200 m nado Crawl treinaria em um esforço de 80% quando nadasse repetições de 200 m em 2'24". A fórmula para obter essa determinação está no quadro ao lado; também estão listados os cálculos para um esforço de 80% em um percurso de 200 m com base no melhor tempo da temporada do nadador.

Embora na primeira edição deste livro eu tenha recomendado um esforço percentual para a prescrição de velocidades de treinamento, o desenvolvimento de alguns métodos melhores fizeram com que seu uso passasse a ser dispensável. Mesmo nas ocasiões em que havia recomendado esse método, fi-lo com reservas, devido à sua imprecisão. Diversos fatores eram responsáveis por essa falta de precisão.

- Esse método jamais tornou claro se deviam ser utilizados os melhores desempenhos da carreira ou da temporada, no cálculo dos esforços percentuais. Além disso,

---

Fórmula para determinar esforços percentuais com base em melhores tempos para toda a carreira e para a temporada

Com base em um melhor tempo da carreira de 2'00"
- Esforço de 80% = melhor tempo para 200 m + 0,20 + melhor tempo para 200 m
- Esforço de 80% = 120 s + 0,20 + 120 s
- Esforço de 80% = 2'24"

Com base em um melhor tempo da temporada de 2'05"
- Esforço de 80% = 125 s + 0,20 + 125 s
- Esforço de 80% = 2'30"

Nesse exemplo, o nadador tem um melhor desempenho da carreira de 2'00" para 200 m, e um melhor tempo da temporada de 2'05". Diante desses tempos, um esforço de 80% com base no melhor nado de 200 m da carreira do nadador seria 2'24". Um esforço de 80% com base no melhor nado de 200 m da temporada do nadador seria 2'30".

---

pesquisas publicadas por outros autores e também por mim (Maglischo, Maglischo e Bishop 1982) demonstraram que o esforço percentual correspondente às velocidades em limiar anaeróbico dos nadadores variava consideravelmente de um atleta para outro.

- À medida que sua capacidade aeróbica melhorava durante a temporada, os atletas deviam nadar em esforços percentuais progressivamente maiores, para que fossem mantidas as velocidades limiares. Esse resultado deveria ser esperado, porque os atletas são capazes de nadar com menos cansaço em tempos mais próximos aos seus melhores tempos, depois de ter ocorrido progresso em sua capacidade aeróbica.

- O esforço percentual associado a determinada intensidade de treinamento aumentava com o aumento da distância das repetições. Exemplificando, um esforço de 70% poderia corresponder à velocidade em limiar anaeróbico de determinado atleta para repetições de 100. No entanto, esse atleta teria de nadar a 85% de esforço para repetições de 400, para que pudesse alcançar a velocidade em limiar anaeróbico. Essa circunstância ocorre porque repetições mais longas têm componente aeróbico maior; portanto, os atletas podem nadar mais perto de seus melhores tempos durante repetições mais longas, sem perturbar o equilíbrio entre produção e eliminação de lactato.

Os esforços percentuais não podem ser utilizados na previsão da intensidade de treinamento com qualquer grau razoável de precisão. Apenas poderão ser prescritas velocidades de treinamento em faixas excessivamente amplas. Com isso, um número considerável de atletas terminará nadando com demasiada lentidão para que seja obtido o máximo progresso de sua capacidade aeróbica e, enquanto isso, outros estarão nadando com tamanha rapidez que poderiam treinar bem acima da velocidade limiar. Além disso, os atletas não podem treinar em qualquer esforço percebido padronizado e, ainda assim, ter a certeza de que esse esforço representa a mesma intensidade de treinamento durante diferentes fases da temporada, nem podem ter certeza de que qualquer esforço percentual padronizado representa a mesma intensidade de treinamento para diversas distâncias de repetições.

TESTES PARA POTÊNCIA AERÓBICA E RESISTÊNCIA MUSCULAR AERÓBICA E ANAERÓBICA

São utilizados muitos testes para monitoração e avaliação da capacidade aeróbica, mas poucos podem ser utilizados na avaliação de mudanças no metabolismo anaeróbico. Isso é lamentável, pois fica óbvio que o metabolismo anaeróbico desempenha papel importantíssimo na maioria dos eventos de Natação. Uma redução na taxa de metabolismo anaeróbico pode ser devastadora para nadadores em eventos de 400 m ou menos.

Alguns testes funcionam satisfatoriamente na avaliação de mudanças na resistência muscular aeróbica, particularmente aqueles que detectam mudanças de velocidade na parte íngreme da curva de lactato-velocidade. Descrevi alguns desses testes anteriormente e descreverei outros nesta seção. Alguns dos testes de potência anaeróbica e de resistência muscular aeróbica e anaeróbica demonstraram alta relação com o desempenho em velocidade, mas isso não ocorreu com outros testes. Discutirei alguns testes que foram sugeridos para medir a potência anaeróbica; em seguida, descreverei alguns testes para avaliação da resistência muscular aeróbica e anaeróbica.

Testes de potência anaeróbica

Mais para o início deste capítulo, sugeri determinações de picos de lactato sanguíneo com o objetivo de medir a potência anaeróbica. Embora as determinações de picos de lactato sanguíneo possam ser utilizadas para essa finalidade, os treinadores dependem de procedimentos não invasivos que sejam mais seguros, mais simples e menos caros para aplicação.

Muitos dos testes não invasivos desenvolvidos com o intuito de avaliar a potência anaeróbica envolvem atividades terrestres, como corrida, levantamento de peso, ciclismo, salto vertical, corrida em planos ascendentes e manivela de braço em um ergômetro especialmente projetado. Entretanto, nenhum desses testes pode informar muito acerca da potência anaeróbica dos nadadores, por carecerem de especificidade (Szogy 1988, Takahashi et al. 1992b). Por essa razão, alguns pesquisadores tentaram utilizar a prancha de Natação biocinética para mensurar a potência

anaeróbica, porque os nadadores podem simular seus tipos de nado durante a utilização desse aparelho. As tentativas de demonstrar alguma relação entre velocidade e potência em uma prancha de Natação deram resultados variáveis. Alguns pesquisadores informaram ter observado uma relação significativa entre esses dois indicadores (Hawley e Williams 1991; Sharp, Troup e Costill 1982), enquanto outros não conseguiram (Dopsaj et al. 1999; Johnson, Sharp e Hendrick 1993). Foram obtidos resultados semelhantes para comparações de velocidade de nado com testes de força envolvendo atividades de treinamento com pesos.

O modo mais preciso para avaliar a potência anaeróbica consiste em nadar na água contra resistência. Por essa razão, o Power Rack e o aparelho para nado com sobrecarga de tração são opções excelentes para mensuração da potência anaeróbica. Esses aparelhos possibilitam maneiras precisas para medição da quantidade de peso levantado, distância do levantamento e tempo necessário para o levantamento. Tão logo tenhamos essa informação, a potência gerada pelo nadador poderá ser calculada mediante o uso da fórmula padronizada, (força $\times$ distância) $\div$ tempo. A Figura 16.26 ilustra um exemplo de como essa fórmula pode ser utilizada na quantificação da potência do nado. Com o uso de um Power Rack, o nadador levantou um peso de 20 kg ao longo de uma distância de 2,0 m em 6,0 s, resultando em um índice de potência de nado igual a 6,67 kg/m/s.

Testes como esses que acabamos de descrever são boas maneiras de quantificar mudanças na potência de nado. No entanto, o método mais simples e mais direto para avaliação de mudanças na potência anaeróbica de nadadores consiste simplesmente em cronometrá-los para tiros de velocidade muito curtos. Nadadores que melhoram seus tempos para tiros de 10 a 50 jd/m provavelmente também terão melhorado sua potência anaeróbica, enquanto aqueles com tiros de velocidade mais lentos provavelmente tiveram suas taxas de metabolismo anaeróbico retardadas pelo treinamento ou por outros fatores, por exemplo, alguma mudança prejudicial na mecânica do nado, lesão, enfermidade, cansaço excessivo ou falta de empenho. Uma estruturação/administração cuidadosa desses tiros de velocidade pode minimizar a possibilidade de que esses fatores venham a influenciar os resultados. Mais adiante, ainda nesse capítulo, darei sugestões acerca de algumas séries de testes para avaliação da potência anaeróbica.

Testes de resistência muscular aeróbica e anaeróbica

O procedimento para teste sanguíneo dV5-10 descrito anteriormente neste capítulo pode ser, isoladamente, o melhor teste para avaliação de mudanças na resistência muscular aeróbica e anaeróbica. Uma grande vantagem

> ### Exemplo de cálculos para potência anaeróbica
>
> 1. Peso levantado = 20 kg
> 2. Distância do levantamento = 2,0 m
> 3. Tempo necessário para o levantamento do peso = 6,0 s
>
> Potência anaeróbica = 6,67 kg/m/s
>
> $$\frac{20\ kg \times 2,0\ m}{6,00\ s} = 6,67\ kg/m/s$$

Figura 16.26 Exemplos de cálculos para potência anaeróbica na Natação. O atleta nadou 12 jd em 6,0 s atrelado a um Power Rack. O atleta levantou 20 kg em uma distância de 2,0 m durante o nado.

é que esse teste não depende de um esforço total. Quase todos os testes com essa finalidade exigem máximo esforço do nadador, e os resultados podem ser enganosos, se os atletas não conseguirem realizar tal esforço.

Outro procedimento para a avaliação da resistência muscular aeróbica e anaeróbica que obtém resultados bastante significativos envolve o cálculo do déficit de oxigênio (déficit de O_2) (Green e Dawson 1993). Em um estudo em que esse procedimento foi utilizado para a previsão da capacidade de velocidade de nadadores por faixa etária, o déficit de O_2 medido durante os nados demonstrou forte relação com o desempenho dos nadadores para eventos de 100 m (Takahashi et al. 1992a). O procedimento para cálculo do déficit de oxigênio foi descrito no Capítulo 9.

Ao longo dos anos, também foram desenvolvidos diversos testes no solo para resistência muscular aeróbica e anaeróbica. Um dos mais populares é o teste de Wingate, mas não recomendo seu uso. Embora alguns estudos tenham demonstrado uma relação entre escores com esse teste e o desempenho de velocidade, muitos estudos questionaram sua validade para essa finalidade (Jacobs et al. 1983), ou informaram que o teste não era suficientemente específico para que fosse utilizado na determinação da capacidade anaeróbica de atletas em esportes diferentes (Ferris et al. 1989; Tamayo et al. 1984).

Todavia, esforços que simulam o nado em uma prancha de Natação biocinética podem ser utilizados na avaliação da resistência muscular aeróbica e anaeróbica. Ao que parece, a relação é mais significativa do que as relações entre escores na prancha de natação biocinética e a velocidade do nado em tiros de velocidade. Com essa finalidade, Takahashi et al. (1992b) testaram a eficácia de um esforço máximo de 45 s na prancha de Natação biocinética. Esses pesquisadores encontraram alta relação positiva (0,83) entre o trabalho que podia ser completado pelos nadadores nesse tempo e seu déficit de oxigênio, com medições realizadas na água.

Como também ocorre com a potência anaeróbica, talvez o método mais simples e mais direto para a avaliação de mudanças na resistência muscular aeróbica e anaeróbica dos nadadores seja a medição de sua capacidade em manter uma velocidade próxima ao máximo para uma série padronizada de repetições de nados. Na seção a seguir, darei algumas sugestões para a elaboração e aplicação desse tipo de teste.

MONITORAÇÃO DO TREINAMENTO COM SÉRIES DE TESTES

Os procedimentos para a realização de testes sanguíneos que descrevi neste capítulo apenas poderão ser aplicados quando houver equipamento especial disponível, quando treinadores e cientistas estiverem treinados em sua administração e quando for testado apenas pequeno número de nadadores. Alguns dos testes não invasivos são muito mais práticos no ambiente não ideal das típicas equipes de natação com muitos atletas, embora alguns desses testes também dependam de equipamento especial para sua realização. Por essas razões, os métodos mais diretos e práticos para a avaliação de mudanças nos metabolismos aeróbico e anaeróbico envolvem o nado de séries de repetições padronizadas, planejadas para refletir determinada capacidade fisiológica, seja a capacidade aeróbica, a potência anaeróbica, ou ainda a resistência muscular aeróbica e anaeróbica. Essas séries de repetições padronizadas têm a vantagem de dispensar equipamento especial. Treinadores e nadadores podem coletar os dados (dispensando a utilização de cientistas profissionais), e a interpretação dos resultados é relativamente fácil. Nas seções que se seguem, descreverei alguns procedimentos para construção e administração de séries de repetições para avaliação de mudanças na capacidade aeróbica, resistência muscular aeróbica e anaeróbica, e potência anaeróbica. Os treinadores descobrirão que a monitoração do treinamento com essas séries lhes proporcionará informações valiosas acerca da resposta de cada atleta ao programa de treinamento. Ao mesmo tempo, as séries de testes não prejudicarão significativamente o treinamento dos atletas. Nos testes, não haverá necessidade de aquisição de equipamento caro, ou da utilização de mão de obra especializada.

Séries de testes para a capacidade aeróbica

As mudanças na capacidade aeróbica podem ser monitoradas de duas maneiras. A primeira delas é fazendo com que o atleta nade uma série de repetições em velocidade submáxima; durante a prática, serão contadas tanto a frequência cardíaca de exercício como de recuperação. O segundo método consiste em fazer com que o atleta nade uma longa série de repetições em velocidade limiar. Esse método foi descrito anteriormente neste capítulo, na seção "Séries de repetições padronizadas". Descreverei aqui o método que envolve nados submáximos e contagem de frequências cardíacas.

Ao utilizar tal método, os atletas devem nadar uma série de repetições em uma velocidade razoavelmente intensa, mas controlável. A extensão de uma série de repetições padronizada planejada com esse objetivo deve se situar entre 3.000 e 4.000 jd/m. As melhores distâncias de repetições para essa finalidade se situam entre 200 e 800 jd/m, e os tempos até a saída da série devem permitir entre 10 e 20 s de descanso entre repetições. As repetições devem ser suficientemente rápidas para que sejam geradas frequências cardíacas de exercício acima de 140 bpm, mas abaixo de 180 bpm. Os nadadores devem ritmar cada repetição de maneira homogênea e nadar todas as repetições em velocidades parecidas. São exemplos de duas séries de repetições apropriadas para esse objetivo 15 × 200 e 8 × 500.

Os nadadores devem completar a série de teste selecionada com o intuito de avaliar a capacidade aeróbica uma vez a cada 3-6 semanas durante o ano de treinamento. Os resultados devem ser comparados com testes precedentes para que sejam determinadas quais foram as adaptações de treinamento que possivelmente ocorreram. Para que seja alcançada maior precisão, as condições de teste devem ser praticamente idênticas de um teste para outro. Os atletas devem praticar o mesmo número de repetições no mesmo tipo de nado, aproximadamente ao mesmo nível de esforço e com o mesmo tempo até a saída. Se possível, devem nadar essas séries no mesmo dia da semana, em seguida a um ou dois dias de treinamento fácil, para que uma situação incomum de fadiga ou de depleção de glicogênio não venha a afetar os resultados.

Devemos obter as médias dos tempos para cada uma das repetições na série e anotá-las em um livro de registro. As frequências cardíacas de exercício devem ser con-tadas por 10 s durante o período de descanso, após cada repetição. Também devemos obter as médias das frequências cardíacas; em seguida, serão anotadas no livro de registro. As frequências cardíacas de exercício podem ser registradas como contagens por 10 s ou multiplicadas por seis e registradas como contagens por 1 min. A frequência cardíaca de recuperação deve também ser contada e registrada. Devemos começar uma contagem durante 15 s exatamente 45 s depois do final da última repetição na série. As informações na Tabela 16.7 ajudarão na interpretação dos resultados de uma série de teste desse tipo.

Os resultados nesse exemplo estão apresentados com base em quatro séries de teste idênticas de 15 × 200 m com um tempo até a saída de 2'30", nadadas aproximadamente a intervalos de 4 semanas. O tempo médio para cada série de repetições está listado com a frequência cardíaca de exercício média e com a frequência cardíaca de recuperação gerada pela série. As frequências cardíacas estão apresentadas de duas formas: as frequências cardíacas convertidas para minuto, tanto as frequências cardíacas de exercício como de recuperação, estão ilustradas sem parênteses; a contagem média real para a série e a frequência cardíaca de recuperação real estão entre parênteses. Ao interpretar os dados, devemos utilizar as contagens reais das frequências cardíacas. Quando as contagens são convertidas em valores minuto, as diferenças nas contagens parecem ser muito maiores do que na realidade são. Exemplificando, o decréscimo de um batimento em uma contagem durante 10 s resulta em uma diferença de seis batimentos na conversão para uma frequência por minuto; contudo, essa diferença de um batimento poderia ser facilmente resultante de erro na medição.

Os resultados dessas quatro séries de teste podem ser interpretados da seguinte maneira: os resultados da segunda série de teste, realizada em 21 de fevereiro, demonstram que o tempo médio para as repetições de 200 melhorou em 2 s, de 2'18" no primeiro teste para 2'16" no segundo. A frequência cardíaca de trabalho média permaneceu a mesma no segundo teste, mas a frequência cardíaca de re-

Tabela 16.7 Resultados de quatro séries de teste planejadas com o objetivo de avaliar mudanças na capacidade aeróbica

Série de repetições	Data do teste	Tempo médio	Frequência cardíaca de trabalho	Frequência cardíaca de recuperação
15 × 200/2'30"	22/01	2'18"	162 (27)	120 (30)
15 × 200/2'30"	21/02	2'16"	162 (27)	112 (28)[+]
15 × 200/2'30"	17/03	2'15"	168 (28)	104 (26)*
15 × 200/2'30"	17/04	2'18"	168 (28)	124 (31)[−]

[+] Provavelmente melhor; [*] pode ser melhor; [−] provavelmente pior.

cuperação diminuiu em dois batimentos em 15 s, ou em 8 batimentos durante 1 min. Tais resultados indicam que o nadador obviamente está nadando com maior rapidez, sem que tenha ocorrido aumento na frequência cardíaca de trabalho e com uma recuperação mais rápida. Portanto, é provável que sua capacidade aeróbica tenha melhorado. Digo *provavelmente* porque este é o melhor julgamento que pode ser feito a partir de frequências cardíacas.

Já os resultados da terceira série de teste, em 17 de março, são de interpretação mais difícil. O tempo médio do atleta melhorou 1 s, de 2:16 no teste precedente para 2:15 nesse teste, mas sua frequência cardíaca de trabalho está 1 batimento mais elevada ao longo de 10 s (seis batimentos durante 1 min), e sua frequência cardíaca de recuperação está dois batimentos mais baixa ao longo de 15 s (oito batimentos durante 1 min). Esse nadador pode ter melhorado sua capacidade aeróbica. A dificuldade na interpretação provém do fato de que, embora seu tempo médio tenha melhorado, sua frequência cardíaca de exercício indica que ele teve de se esforçar mais para gerar esse aumento na velocidade de nado média. Seu tempo de recuperação indica que provavelmente ocorreu alguma melhora. O fato de que o atleta se recuperou mais prontamente, embora tenha nadado com maior rapidez, sugere melhora de sua capacidade aeróbica. Minha experiência ao longo de anos realizando testes como este é que, comumente, a frequência cardíaca de recuperação é o melhor indicador da intensidade do trabalho, em comparação com a frequência cardíaca de exercício.

Os resultados da quarta série de repetições, realizada em 17 de abril, indicam que esse atleta provavelmente está com problemas de má adaptação. Seu tempo médio para a série de repetições é mais lento em 3 s, em comparação com o teste precedente. Sua frequência cardíaca de exercício é a mesma, e sua frequência cardíaca de recuperação indica que ele está se recuperando mais lentamente. Esse atleta pode ter perdido parte de sua capacidade aeróbica com relação ao primeiro teste, ou pode estar no início de alguma enfermidade, por exemplo, resfriado ou gripe.

A inclusão de contagens das frequências cardíacas aumenta a complexidade da aplicação de séries de teste. Os nadadores devem ser capazes de contar suas frequências cardíacas com precisão, ou os dados se revelarão enganosos. A vantagem no uso de frequências cardíacas é que os atletas não precisam nadar em esforço máximo nessas séries, para testar mudanças em sua capacidade aeróbica; portanto, fatores motivacionais têm menor influência na interpretação dos resultados. Comparando vantagens e desvantagens, eu diria que a adição de contagens acuradas de frequências cardíacas melhorará a precisão da interpretação das mudanças que ocorrem na capacidade ae-

róbica, se os atletas, por qualquer razão, não se esforçarem honestamente nas séries de repetições subsequentes.

Uma vantagem final decorrente do uso de séries de repetições padronizadas como as sugeridas nesta seção é que a velocidade média para a série provavelmente ficará nas proximidades da velocidade em limiar anaeróbico individual dos atletas.

Quando esse método for utilizado, os atletas devem entender a importância de se esforçarem honestamente em cada teste. Um esforço que não seja honesto invalidará os resultados, eliminando a certeza de que ocorreu melhora na capacidade aeróbica.

Séries de testes para a resistência muscular aeróbica e anaeróbica

Com a realização de uma série de teste de resistência muscular aeróbica e anaeróbica, esperamos obter uma estimativa das mudanças que ocorrem acima do limiar anaeróbico, principalmente mudanças na capacidade de tamponamento. Esse tipo de série fornece as mesmas informações obtidas com uma determinação dV5-10 com base em um teste sanguíneo, ou seja, mostra-nos se a inclinação da curva de lactato-velocidade está achatando acima do limiar anaeróbico. Esse teste pode ser realmente a melhor medida do grau de sucesso que o atleta está obtendo em termos da manutenção do equilíbrio entre os treinamentos aeróbico e anaeróbico.

A série de repetições deve ter extensão de 1.200 a 2.000 jd/m, ou deve se prolongar por algo entre 15 e 20 min. Assim, haverá completo envolvimento dos metabolismos aeróbico e anaeróbico. A série deve ser realizada em um tempo até a saída padronizado, que proporcione entre 15 e 30 s de descanso depois de cada repetição. As melhores distâncias de repetições para essa finalidade se situam entre 150 e 400 jd/m. Alguns exemplos de boas séries de repetições para monitoração de mudanças na resistência muscular aeróbica e anaeróbica são 10 × 150 e 6 × 300.

A velocidade média das repetições para a série é o principal dado estatístico a ser utilizado na determinação da natureza de qualquer mudança na resistência muscular aeróbica e anaeróbica. Quando essa velocidade melhora, provavelmente também melhorou a resistência muscular aeróbica e anaeróbica do atleta. Devem ser contadas as frequências cardíacas de exercício, para que haja certeza de que o atleta está se esforçando honestamente, embora, para a finalidade da avaliação, não haja necessidade de tal procedimento. As frequências cardíacas de exercício devem ficar nas proximidades do máximo em todas as séries desse tipo; portanto, é provável que não mudem muito de um teste para outro. No entanto, devemos medir as frequências cardíacas de recuperação. Tempos lentos com recuperação mais lenta é indício quase certo de má adaptação, enquanto tempos lentos com recuperação rápida implicam falta de esforço.

Séries de testes para a potência anaeróbica

A finalidade das séries de teste para potência anaeróbica é a avaliação de mudanças na taxa de metabolismo anaeróbico do atleta. Devemos usar pequeno número de repetições muito curtas, de modo que a acidose e seu efeito retardador no metabolismo anaeróbico não venham a causar erros de interpretação.

As melhores distâncias de repetições são 25 e 50 jd/m. A série de repetições deve ter extensão de 100 a 300 jd/m. Os intervalos de descanso devem ser longos, para permitir a eliminação de grande parte do lactato produzido durante cada nado. Para essa finalidade, recomendo tempos até a saída de 2 a 3 min entre 25 s, e de 2 a 5 min entre 50 s. Os atletas devem praticar um nado fácil durante os períodos de recuperação entre repetições, para ajudar na eliminação do ácido lático dos músculos. Alguns exemplos de séries de repetições para monitoração das mudanças na potência anaeróbica são 6 $\times$ 25 jd/m com um tempo até a saída de 3 min e 4 $\times$ 50 jd/m com um tempo até a saída de 4 min.

A velocidade média das repetições para essas séries é o melhor dado estatístico a ser utilizado na avaliação das mudanças na potência anaeróbica. Havendo melhora do tempo médio para a série de repetições em velocidade, é provável que a potência anaeróbica do atleta também tenha melhorado.

Treinadores e atletas podem ficar tentados a usar apenas um tiro de velocidade para medir a potência anaeróbica, mas esse artifício não é recomendável, porque são muitos os fatores, como ondas e erros de cronometragem, que poderiam afetar o resultado. A obtenção da média da velocidade do nadador para várias repetições nos dará uma estimativa mais confiável de mudanças em sua potência anaeróbica.

A precisão da avaliação de mudanças de potência anaeróbica pode ser melhorada pela contagem das braçadas ou pelo cálculo das frequências de braçadas durante essas séries de teste. Quando atletas usam menor número de braçadas ou frequências de braçadas mais lentas, sua eficiência de nado pode ter melhorado, ainda que seus tempos não o tenham. Ao mesmo tempo, pode-se suspeitar de falta de esforço em um teste precedente, se os atletas melhoraram seus tempos no teste subsequente ao executarem mais braçadas e ao usarem frequências de braçadas mais altas. Nesse caso, pode não ter ocorrido melhora na

potência anaeróbica, ainda que os nadadores tenham melhorado sua velocidade média para a série de repetições.

Teste da resistência muscular aeróbica e anaeróbica de velocistas

A série de teste utilizada na avaliação do equilíbrio entre os treinamentos aeróbico e anaeróbico para velocistas de 50 e 100 deve ser mais curta do que as séries utilizadas para essa finalidade para nadadores meio-fundistas e fundistas. Uma distância de série mais longa implica maior importância da parte aeróbica da determinação; já uma distância de série mais curta enfatiza as mudanças na capacidade de tamponamento para os velocistas. Portanto, no caso de velocistas, uma série desse tipo deve ter 600 a 800 jd/m de extensão. As melhores distâncias de repetições para essa série se situam entre 50 e 200 m. O tempo até a saída deve permitir aproximadamente 30 s a 1 min de descanso entre repetições. Um descanso de 30 a 45 s entre repetições é a melhor opção para distâncias de 50 e 75 jd/m. O período de descanso deve ficar entre 30 s e 1 min para as repetições mais longas; com isso, os velocistas são incentivados a praticar nados mais rápidos e eficientes.

Alguns exemplos de séries de repetições para a monitoração de mudanças na resistência muscular aeróbica e anaeróbica de velocistas são 12 $\times$ 50 com um tempo até a saída de 1 min e 8 $\times$ 100 com um tempo até a saída que permita aproximadamente 1 min de descanso entre repetições. Os intervalos de descanso devem ser mais longos para nadadores muito jovens e nadadores mais experientes que não sejam capazes de repetir os nados na velocidade dos nadadores seniores. Nesses casos, são recomendáveis tempos até a saída de 1'00" a 1'30" para repetições de 50. Para repetições de 100, os tempos até a saída podem ser de 1'30" a 3'00".

Também nesse caso, o tempo médio para essas séries de repetições é o dado mais importante para a avaliação de mudanças na resistência muscular aeróbica e anaeróbica. Uma melhora observada na velocidade média é uma boa indicação de que provavelmente melhoraram a capacidade de tamponamento e a capacidade aeróbica do atleta, mas a motivação tem maior importância nos resultados. A menos que o atleta esteja altamente motivado em cada vez que completar uma dessas séries, os resultados poderão perder sua validade.

Podemos calcular contagens e frequências de braçadas durante essas séries, como forma de medir a eficiência do nado e também para que seja possível uma interpretação mais precisa dos resultados. Tempos mais rápidos com contagens e frequências de braçadas muito aumentadas em uma série de testes subsequente podem significar que os resultados foram mais decorrentes de maior motivação, do que de melhora na resistência muscular aeróbica e anaeróbica. Por outro lado, tempos mais rápidos com contagens e frequências de braçadas similares constituem boa indicação de que melhorará o desempenho do atleta nas provas.

Administração de séries de testes

Conforme já mencionei, nadadores meio-fundistas e fundistas devem utilizar séries de teste para capacidade aeróbica com o objetivo de avaliar a melhora no metabolismo aeróbico. Esses atletas devem utilizar séries de teste para resistência muscular aeróbica e anaeróbica visando a avaliar mudanças na interação dos metabolismos aeróbico e anaeróbico durante as provas, bem como mudanças em sua capacidade de tamponamento. Podem, com segurança, continuar com grandes volumes de treinamento de resistência, desde que seus resultados continuem a melhorar nos dois tipos de séries de teste. Comumente, melhora na capacidade aeróbica não acompanhada por melhora na resistência muscular aeróbica e anaeróbica sinaliza alguma perda da potência anaeróbica e, talvez, perda de capacidade de tamponamento. Essa circunstância poderia significar que os atletas estão fazendo um volume excessivo de treinamento de resistência, com uma intensidade igualmente excessiva. Por outro lado, poderia significar que estão fazendo um volume excessivamente pequeno de treinamento limiar e de treinamento de resistência com sobrecarga. Se for mantido um livro de registro, a comparação do volume relativo dos três tipos de treinamento de resistência completados pelo nadador durante o tempo transcorrido entre testes poderá servir de ajuda ao treinador, para que possa determinar qual das duas consequências antagônicas deve ser corrigida.

Nadadores meio-fundistas e fundistas podem utilizar séries de teste para avaliar a potência anaeróbica, com o objetivo de assegurar que seu treinamento de resistência não suprima irremediavelmente suas taxas de metabolismo anaeróbico. Os velocistas devem utilizar tais séries com o objetivo de avaliar progressos na potência anaeróbica, pelo menos durante a segunda metade da temporada.

Infelizmente, não posso fornecer nenhum tipo de estimativa, ou mesmo de conjectura, acerca do grau de per-

da de potência anaeróbica e de capacidade de tamponamento que os nadadores podem se dar ao luxo de ter, sem que seja afetada sua capacidade de reaquisição desses indicadores ao final da temporada. Haverá necessidade de tempo e de experiência com esses testes para que os treinadores possam fazer julgamentos abalizados desse tipo. Com o tempo, pode-se detectar tendências gerais para o grupo; por outro lado, a resposta da potência anaeróbica ao treinamento de resistência pode ser enormemente diferente para cada nadador considerado individualmente.

Os nadadores velocistas devem utilizar séries de teste para capacidade aeróbica, séries de teste para resistência muscular aeróbica e anaeróbica, e séries de teste para potência anaeróbica, com o objetivo de avaliar seu progresso durante a temporada. Esses atletas devem ter a expectativa de perder alguma resistência muscular aeróbica e anaeróbica e também potência anaeróbica durante a parte da temporada em que estejam enfatizando a resistência aeróbica. Também nesse caso, não é possível determinar o grau possível de deterioração no desempenho nesses testes, sem que ocorra prejuízo em seu potencial ao final da temporada. Posso apenas dizer que, ao contrário dos nadadores meio-fundistas e fundistas, os velocistas querem reservar algum tempo para melhorar sua potência anaeróbica e capacidade de tamponamento, não simplesmente para readquiri-las; portanto, eles devem ficar um pouco mais preocupados acerca de grandes reduções no desempenho nos testes de resistência muscular aeróbica e anaeróbica e de potência anaeróbica. Devem reservar mais tempo na temporada para melhorar seu desempenho nesses dois tipos de séries de teste.

As avaliações com séries de teste devem ser efetuadas por diversos métodos. Um método seria reservar uma semana de cada ciclo de treinamento para os testes, em que os atletas realizariam um teste diferente em cada grupo de três dias. Opcionalmente, os testes poderiam ser realizados de tal modo que não interfeririam no treinamento; para tanto, seriam administrados em ciclos de três semanas durante os períodos de treinamento intenso. Um teste poderia ser administrado durante cada uma das três semanas, até que tivessem sido aplicados todos os três tipos de testes. Depois disso, os atletas poderiam recomeçar o processo, ou esperar pela passagem de algumas semanas, antes de serem reiniciados os testes.

Capítulo 17

Planejamento da temporada

Novo nesta edição:

- Seção atualizada sobre planejamento semanal.
- Exemplos de planos de temporada para as diversas categorias de eventos de Natação.

A condução de um atleta até seu pico de rendimento para competições importantes é tarefa que exige um planejamento cuidadoso, o que pode e deve se estender ao longo de vários anos. Obviamente, essa enorme tarefa deve ser fracionada em unidades menores, mais controláveis. Minha finalidade neste capítulo é discutir a estrutura e a integração dessas unidades. Começarei com o planejamento plurianual. A segunda seção tratará do planejamento anual, e as demais seções descreverão o planejamento da temporada, o planejamento semanal e o planejamento diário.

PLANEJAMENTO PLURIANUAL

O planejamento plurianual pode englobar a carreira inteira do nadador, desde a infância até a vida adulta. Treinadores que acompanham nadadores muito jovens devem ter um plano geral elaborado para regular a natureza, o volume e a intensidade do treinamento ao longo das carreiras competitivas desses nadadores com o objetivo de alcançar desempenhos de pico em algum momento de suas vidas adultas.

O planejamento plurianual também pode envolver a preparação para eventos importantes, como os Campeonatos Mundiais e os Jogos Olímpicos, que são realizados a cada 2 a 4 anos. Para equipes em escolas de nível secundário e em universidades, os planejamentos plurianuais devem considerar os 3 a 4 anos que os nadadores se encontram sob orientação do treinador. Os planos para tais finalidades serão discutidos na seção a seguir.

Planejamento semestral e trimestral

Planejamento trimestral ou semestral refere-se à programação de um sistema de progressão em planos de 2 e 4 anos que coincide com as datas para os Campeonatos Mundiais de Natação e Jogos Olímpicos. Outros planejamentos plurianuais podem ser elaborados para o período de 3 ou 4 anos da carreira do atleta na sua escola secundária ou na faculdade. A finalidade é fazer com que os nadadores atinjam um pico de desempenho nos momentos adequados de suas carreiras.

Muitos treinadores e atletas não preparam planejamentos plurianuais bem organizados. Os atletas são simplesmente solicitados a treinar com intensidade e melhorar o máximo que puderem a cada ano, de modo que estarão rápidos quando chegar a ocasião de sua competição principal, qualquer que seja ela: Jogos Olímpicos, Campeonatos Estaduais entre escolas de nível secundário, Campeonatos Nacionais etc. Não há um sistema de progressão planejada, além da tentativa de nadar cada vez mais rápido nos treinamentos, a cada ano. Embora os atletas possam obter sucesso com um plano desse tipo, suas oportunidades de obter melhor desempenho aumentarão, se for seguido um planejamento plurianual cuidadosamente elaborado. O bom planejamento plurianual envolve, nos primeiros anos, um esforço concentrado na melhora de cada um dos pontos fracos de cada atleta; em seguida, esse esforço concentrado passa a incidir no aumento da resistência e da velocidade durante o ano em que ocorrerá a competição mais importante.

A Figura 17.1 nos dá um exemplo de plano de progressão semestral para um nadador de provas de 200 com

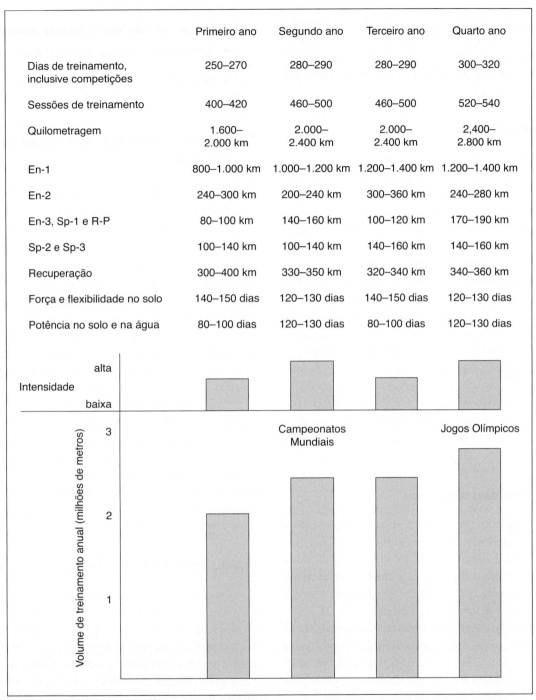

Figura 17.1 Exemplo de plano semestral para um nadador de provas de 200 preparado para alcançar o pico de seu desempenho nos Campeonatos Mundiais e Jogos Olímpicos.

o objetivo de bom desempenho nos Campeonatos Mundiais e nos Jogos Olímpicos. Os valores para treinamento ilustrados nessa figura são apenas aproximações que ilustram como o volume e a intensidade dos diferentes tipos de treinamento deverão mudar em seu avanço até o ano Olímpico. As faixas de valores ilustradas não simbolizam valores ideais.

O volume mais amplo e a maior intensidade de treinamento específico ocorrem durante os anos em que são realizados os Campeonatos Mundiais e os Jogos Olímpicos; durante os demais anos, será mais enfatizado o estabelecimento dos fundamentos para resistência e velocidade. O treinamento deve se concentrar mais no desenvolvimento da capacidade aeróbica e da potência anaeróbica durante esses anos, enquanto o treinamento durante os anos de competição deve enfatizar a melhora da resistência muscular aeróbica e anaeróbica. Os anos em que não há competições também são a ocasião apropriada para que os atletas possam se esforçar para melhorar seus pontos fracos na competição, por exemplo, defeitos em suas técnicas de nado, saídas e viradas; carências na força e potência de certos grupos musculares; e pouca flexibilidade em articulações importantes.

PLANEJAMENTO ANUAL

Utilizando a estrutura para o planejamento plurianual como orientação, a etapa seguinte consiste em planejar cada ano de treinamento. Muitos treinadores dividem o ano de treinamento em duas ou três temporadas. Habitualmente, a decisão de utilizar duas ou três temporadas baseia-se mais na localização e importância de competições, do que na eficácia fisiológica. Em geral, nos EUA os treinadores dividem o ano de treinamento em duas temporadas, por causa das demandas acadêmicas e também porque os dois maiores *meetings* do ano geralmente ocorrem no início da primavera e mais para o final do verão. Em outras partes do mundo, é comum a realização de três *meetings* de campeonatos importantes a cada ano: um em dezembro, um na primavera, e um terceiro no final do verão; consequentemente, muitos treinadores desses países utilizam planos de três temporadas. Nas duas próximas seções, serão descritos planos típicos com duas e três temporadas.

Plano anual com duas temporadas

Com esse plano, geralmente o ano de treinamento é separado em temporadas de piscina curta e de piscina longa. A temporada de piscina curta, ou de inverno, culmina em uma importante competição nacional ou internacional em algum ponto do mês de março ou abril. Comumente, o *meeting* é realizado em uma piscina de 25 jd/m. A temporada de piscina longa, ou de verão, termina com um *meeting* de igual ou maior importância em agosto ou setembro, em geral realizado em uma piscina de 50 m. É de praxe os nadadores terem uma ou duas semanas para repouso e recuperação depois de cada temporada.

Plano anual com três temporadas

O plano com três temporadas é utilizado em partes do mundo em que ocorre um importante campeonato internacional no final do inverno, seguido por outra importante competição nacional ou internacional na primavera, e ainda outro *meeting* competitivo importante no final do verão.

A primeira temporada, no outono, comumente vai de setembro até o final de dezembro, sendo que, em geral, o *meeting* de campeonato culminante para essa tempo-

Planejamento para um ano de duas temporadas

- Temporada em piscina curta – setembro a março (30 semanas).
- Temporada em piscina longa – abril a agosto (20 semanas).

Planejamento para um ano com três temporadas

- Temporada de outono – setembro a dezembro (16 semanas).
- Temporada de inverno – janeiro a abril (15 semanas).
- Temporada de verão – maio a agosto (16 semanas).

rada é realizado em piscina curta (em metros). A segunda temporada, no inverno, vai de janeiro a abril, e o *meeting* de campeonato para essa temporada pode ser disputado em piscinas curtas ou longas, dependendo da parte do mundo onde ocorrerá. A terceira temporada, no verão, estende-se de maio até agosto, culminando comumente em um importante campeonato em piscina longa. Também nesse esquema, é comum os nadadores terem uma folga de uma ou duas semanas depois de cada temporada.

O local de treinamento e a importância relativa das competições principais durante o ano comumente determinarão o número de temporadas planejadas pelos treinadores para cada ano de treinamento e a duração de cada temporada. Apesar disso, dados científicos sugerem que uma temporada deve consistir de, pelo menos, 20 semanas, nos casos em que seja importante melhorar a capacidade aeróbica (Denis et al. 1982).

PLANEJAMENTO DA TEMPORADA

No passado, uma prática comum consistia em estruturar um plano de temporada de maneira similar à ilustrada na Figura 17.2. Com esse plano, os nadadores avançam até sua quilometragem semanal máxima durante as primeiras semanas da treinamento; em seguida, permanecem nesse nível durante 10 a 15 semanas. Após esse estágio, reduzem ligeiramente a quilometragem e aumentam a intensidade de treinamento durante 4 a 6 semanas. Segue-se um polimento de 2 a 4 semanas, imediatamente antes da principal competição da temporada. O efeito desse plano no desempenho dos nadadores também está mostrado na Figura 17.2. Em geral, o desempenho na prova melhorará rapidamente durante as primeiras 4 a 6 semanas de cada nova temporada; depois disso, os nadadores não melhoram até o polimento. Nesse caso, eles melhoraram com relação aos seus melhores desempenhos prévios no *meeting* de final de temporada que se seguiu ao polimento.

Planos como o ilustrado na Figura 17.2 vêm sendo utilizados ao longo dos anos, apesar de terem alguns pon-

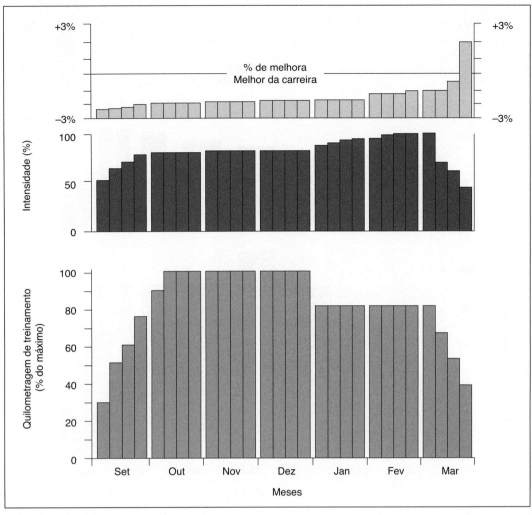

Figura 17.2 Plano típico para temporada.

tos fracos importantes. Talvez o principal ponto fraco seja o fato de o sistema de progressão tomar por base quase que inteiramente a motivação de cada atleta. Por causa disso, alguns atletas podem trabalhar além de sua capacidade, ficando supertreinados em algum ponto da metade da temporada; outros podem simplesmente executar mecanicamente os movimentos solicitados, jamais atingindo um nível ideal de condicionamento ao final da temporada. Outro ponto fraco é que a ausência de um sistema de progressão planejado pode fazer com que alguns atletas atinjam seu pico de desempenho na metade da temporada, e não durante os importantes *meetings* no final daquela. Por essas razões, muitos especialistas em treinamento de resistência defendem o uso de um plano diferente, que inclua um padrão de progressão que abranja todos os aspectos da preparação física do atleta, conduzindo a um pico de desempenho no momento desejado da temporada. Esses especialistas sugerem a separação da temporada de Natação em unidades menores e mais controláveis, que enfatizem de maneira sistemática o desenvolvimento de certos mecanismos fisiológicos. Um breve período de recuperação se segue a cada uma dessas unidades. A unidade a seguir é planejada para sobrecarregar de alguma forma o nadador, de modo que o plano da temporada seja estruturado à semelhança de uma *escadaria*. A Figura 17.3 ilustra esse método de planejamento.

O plano na Figura 17.3 foi desenvolvido para nadadores especialistas em provas de 200 jd/m e não é apresentado como um modelo ideal, mas com o objetivo de mostrar como um plano, tendo como meta o desempenho, pode ser superior ao modelo tradicional ilustrado na Figura 17.2. Esse procedimento em escadaria é considerado superior porque a carga de trabalho aumenta sistematicamente, em comum acordo com a capacidade dos nadadores em desempenhar o trabalho. Com um planejamento cuidadoso, os nadadores são frequentemente capazes, mais para o final da temporada, de trabalhar em níveis que não poderiam atingir com o uso do sistema tradicional. Por sua vez, isso os tornaria capazes de ter desempenho em um nível mais elevado por ocasião do *meeting* cul-

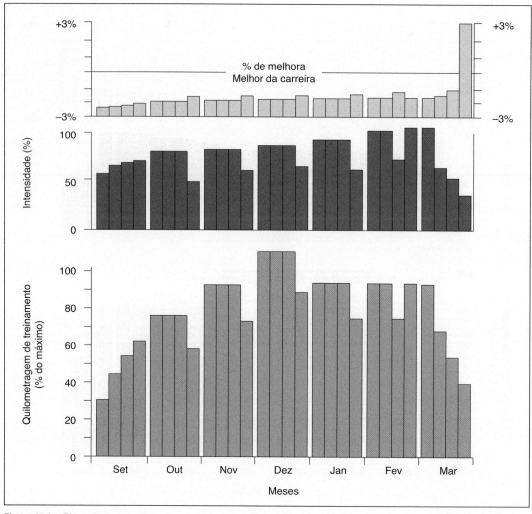

Figura 17.3 Plano de temporada mais recente, em que diversos tipos de treinamento são compartimentados em fases de desenvolvimento e de manutenção. O progresso é sistematicamente direcionado para um pico de desempenho no final da temporada.

minante da temporada. No modelo apresentado na Figura 17.3, as cargas de trabalho para volume e intensidade ultrapassam as retratadas na Figura 17.2 em certos pontos da temporada. Do mesmo modo, o grau de melhora ao final da temporada é maior do que o ilustrado na Figura 17.2. O atleta atinge um volume de treinamento igual a 110% na Figura 17.3, que é 10% superior ao volume ilustrado na Figura 17.2. Esse aumento no volume de treinamento de resistência é resultante de um processo sistemático de acúmulo que tornou possível ao nadador na Figura 17.3 ter desempenho e se adaptar à carga de trabalho adicional durante a temporada.

Um programa planejado de progressão sistemática é um dos melhores modos de assegurar que os nadadores atingirão seus picos fisiológicos na época certa da temporada. A progressão sistemática deve também ajudá-los a evitar estagnações e excessos de treinamento. Quando as temporadas são planejadas dessa maneira, o progresso inicial poderá ser mais lento, porém em última análise os nadadores acabarão alcançando níveis de adaptação mais elevados e, consequentemente, obterão melhores desempenhos.

Um plano como o ilustrado na Figura 17.3 permite aos treinadores compartimentarem os diversos tipos de treinamento realizados por seus atletas em períodos de ênfase e manutenção. Quando um programa para temporada como o dessa figura é planejado corretamente, todos os níveis de treinamento descritos nos capítulos precedentes poderão ser incorporados nas proporções apropriadas e administrados nos momentos certos da temporada. Além disso, mudanças periódicas na ênfase do treinamento fazem com que se torne menos provável que o efeito de um tipo de treinamento iniba o efeito de outro.

O primeiro passo no processo de passar da teoria à prática consiste em determinar os componentes treináveis e sua alocação no ano de treinamento com relação ao desenvolvimento e à manutenção. Alguns desses componentes, como capacidade aeróbica, serão prioritariamente físicos, porque envolvem grandes volumes de treinamento.

Componentes treináveis

Em primeiro lugar, estão os componentes metabólicos do treinamento: capacidade aeróbica, potência anaeróbica e resistência muscular aeróbica e anaeróbica. Esses componentes devem ser considerados fundamentais para a estrutura de cada macrociclo de todas as temporadas ao longo do ano. De igual importância é a melhora das técnicas de nado. Os tipos de nado devem ser corrigidos e automatizados no início de cada temporada, para que os atletas possam utilizá-los em competição sem que haja envolvimento de muito pensamento consciente. Os nadadores também devem ser exercitados para uma combinação ideal de frequência e comprimento das braçadas, para cada uma de suas provas. Depois que já dominaram uma boa mecânica de nado, eles precisam, na falta de melhor termo, ficar rijos, de modo que possam permanecer razoavelmente efetivos, apesar do cansaço e da dor que, subsequentemente, ocorrerão em suas provas.

Treinamento de força, potência e flexibilidade no solo e treinamento de potência na água também devem fazer parte do plano da temporada. Saídas e viradas devem receber atenção, por causa de sua importância para o desempenho. Os atletas devem ser instruídos sobre seu ritmo e estratégia de prova; além disso, devem ser também instruídos e exercitados no tocante à sua preparação emocional e na obtenção de fortalecimento mental durante as provas. Finalmente, aprenderão os princípios de uma nutrição adequada e o controle do tempo.

Depois de terem sido determinados os componentes treináveis, a próxima etapa no planejamento da temporada consiste em dividi-la em partes com finalidades específicas de treinamento e competição. Na sequência, cada fase da temporada deve ser fracionada em unidades ainda menores, quando será aplicado o princípio da sobrecarga progressiva, de uma unidade para a unidade seguinte. Chamamos de *treinamento em ciclos* o processo de estruturação de uma temporada em unidades menores com finalidades e objetivos específicos.

Treinamento em ciclos

Os ciclos de treinamento se enquadram em três categorias, popularmente conhecidas como *macrociclos, mesociclos* e *microciclos*.

Macrociclos

Macrociclos são segmentos importantes da temporada de nado. Habitualmente, cada um desses segmentos é planejado tendo em mente o desenvolvimento de aspectos fisiológicos específicos, por exemplo, capacidade aeróbica, potência anaeróbica ou resistência muscular ae-

Componentes treináveis que devem fazer parte de todos os planos de temporada

- Capacidade aeróbica.
- Potência anaeróbica.
- Resistência aeróbica e anaeróbica.
- Mecânica do nado.
- Frequência e comprimento das braçadas em nível ideal.
- Treinamento para força e potência no solo.
- Treinamento de flexibilidade.
- Treinamento de potência na água.
- Saídas e viradas.
- Ritmo e estratégia.
- Preparação emocional e enrijecimento mental.
- Nutrição.
- Controle do tempo.

Macrociclos, mesociclos e microciclos

- Macrociclo – importante componente da temporada, com 4 a 12 semanas de duração.
- Mesociclos – fases mais breves dentro de um macrociclo, nas quais ocorrem aumentos progressivos no volume, intensidade ou enfoque de treinamento. Os mesociclos podem durar de 2 a 8 semanas.
- Microciclo – planos semanais. Mesociclos são compostos por microciclos.

Estrutura de uma temporada de Natação típica

- Macrociclo 1: Período de preparação geral – 4 a 12 semanas.
- Macrociclo 2: Período de preparação específica – 4 a 8 semanas.
- Macrociclo 3: Período de preparação para provas – 4 a 6 semanas.
- Macrociclo 4: Polimento – 2 a 4 semanas.
- Macrociclo 5: Folga – 1 a 2 semanas.

róbica e anaeróbica. Também podem ser planejados de modo a coincidirem com determinadas partes da temporada, como os períodos de pré-temporada, temporada de competições e polimento. Além disso, podem ser planejados com base em outros aspectos da competição, como aperfeiçoamento das técnicas, aquisição de destreza durante as provas, força ou flexibilidade.

Macrociclos podem ter desde 4 até 12 semanas de duração. Comumente, macrociclos mais longos ocorrem no início da temporada, quando a ênfase recai no desenvolvimento da capacidade aeróbica e de destrezas básicas. Em geral, os macrociclos serão mais curtos durante as partes mais avançadas da temporada, quando a intensidade de treinamento é maior e a natureza das competições está mudando rapidamente, de certames menos significativos para competições mais importantes.

A seguir, descrevemos um padrão típico de elaboração de macrociclo durante uma temporada de 26 semanas. Nesse caso, a temporada contém quatro partes: um período de preparação geral, um período de preparação específica, um período de preparação para provas e um período de polimento, seguido por uma folga.

Fase de preparação geral A principal finalidade da fase de preparação geral é preparar os atletas no aspecto físico para o intenso treinamento que ocorrerá mais adiante na temporada. Os objetivos são melhorar a resistência, a velocidade, a força e a flexibilidade em geral. Idealmente, essa fase deve durar 8 a 12 semanas, no caso em que os atletas não estavam envolvidos em treinamento sério por algumas semanas; mas essa fase pode ser consideravelmente mais curta, no caso de atletas que treinam durante o ano inteiro, com folgas curtas e pouco frequentes. Sua capacidade aeróbica, força e velocidade já deverão estar em alto nível, como efeito da temporada prévia.

Todos os atletas devem se concentrar em melhorar a capacidade aeróbica. A ênfase principal desse treinamento deve recair na produção de adaptações respiratórias e circulatórias centrais que melhorarão o fornecimento de oxigênio e de nutrientes para os músculos. Os atletas podem atingir esse objetivo fazendo grande volume de trei-

Objetivos e procedimentos para a fase de preparação geral

Objetivos:

- Melhorar a capacidade aeróbica, particularmente as funções circulatória e respiratória que melhorarão o fornecimento de oxigênio para os músculos e aumentarão as velocidades de consumo de oxigênio e de remoção de lactato das fibras musculares de contração lenta.
- Melhorar a potência anaeróbica de velocistas e mantê-la para outros nadadores.
- Melhorar a mecânica do nado, saídas e viradas. Transformar os pontos fracos da técnica dos nadadores em pontos fortes.
- Aumentar a força muscular em geral.
- Aumentar a flexibilidade articular em determinadas articulações.
- Manter a resistência aeróbica e anaeróbica.
- Corrigir deficiências nutricionais e erros no controle do tempo.

Método sugerido para sobrecarga progressiva: aumento do volume. Avaliar mudanças de

- VO_2 máx (se possível),
- limiares aeróbicos e anaeróbicos,
- pico de lactato sanguíneo,
- velocidade,
- força muscular em geral, e
- amplitude de movimento em articulações específicas.

namento de resistência em diversos tipos de nado e realizando outras atividades de resistência no solo e na água. O treinamento básico de resistência na água também melhorará o consumo máximo de oxigênio das fibras de contração lenta. Esse efeito será particularmente importante para velocistas, porque esses nadadores não serão capazes de passar tanto tempo no treinamento de resistência durante as fases mais avançadas da temporada. Eles não querem pôr em risco uma perda da potência e da velocidade de contração muscular de suas fibras musculares de contração rápida envolvendo-se em um treinamento de resistência com intensidade excessivamente alta.

Durante essa fase, velocistas e especialistas em certos nados não devem praticar grande volume de pernadas de resistência. Todos os nadadores devem enfatizar os treinamentos de produção de lactato e de potência durante essa fase. Nadadores fundistas, meio-fundistas e especialistas em eventos de 200, devem se esforçar durante o treinamento de produção de lactato para que não ocorra perda significativa da velocidade enquanto fazem grandes volumes de treinamento de resistência. Já no caso de velocistas, a finalidade dos treinamentos de produção de lactato e de potência deve ser a melhora da velocidade de nado. Jamais deverão permitir que seu volume de treinamento de resistência seja grande a ponto de reduzir sua velocidade durante essa fase da temporada.

O treinamento que melhora a resistência aeróbica e anaeróbica - resistência com sobrecarga, ritmo de prova e treinamento de tolerância ao lactato - deve ser utilizado com pouca frequência durante a fase de preparação geral. Todas essas formas de treinamento devem ser consideradas como uma categoria, e os nadadores devem praticar apenas uma ou duas séries curtas de repetições por semana para tal categoria. Esse volume deve ser suficiente para evitar grandes declínios na capacidade de tamponamento, capacidade de remoção do lactato e capacidade aeróbica nas fibras musculares de contração rápida, ao mesmo tempo em que preparará os nadadores para o intenso treinamento de resistência que virá mais adiante, na temporada. Séries decrescentes também são úteis para tal finalidade. O nado de algumas repetições com muita rapidez mais para perto do final das séries de resistência básica várias vezes por semana ajudará a manter a capacidade de tamponamento, a capacidade de remoção do lactato e a capacidade aeróbica nas fibras musculares de contração rápida.

Durante essa fase, os atletas devem devotar grande parte do seu tempo no aperfeiçoamento da mecânica do nado, das saídas e das viradas. Atletas em todos os tipos de nado e participantes de todos os tipos de eventos treinarão com intensidade mais adiante na temporada; portanto, terão dificuldade em mudar alguma coisa em seus estilos nessa ocasião. Esses atletas devem fazer as necessárias correções durante a fase de preparação geral e, então, tentarão utilizar suas técnicas aperfeiçoadas durante os esforços de treinamento em ritmo de prova e nas competições ao longo de todo o restante da temporada; devem se esforçar para que essas técnicas fiquem automatizadas, de modo que possam utilizá-las com eficácia nas competições importantes ao final da temporada.

A fase de preparação geral é a melhor época para transformar os pontos fracos dos nadadores em pontos fortes, com a ênfase no trabalho dos pontos fracos. Exemplificando, nadadores de Borboleta com golfinhadas fracas devem certamente passar mais tempo executando pernadas do que os demais praticantes desse nado. Nadadores de Costas que não são capazes de dar pernadas submersas com rapidez ao longo de 15 m de cada comprimento de piscina devem fazer exercícios especiais, com o objetivo de melhorar essa habilidade. Determinado nadador de Medley com um nado de Peito fraco deve treinar frequentemente com os nadadores especialistas nesse nado, particularmente quando estiverem praticando exercícios de braçadas e nados de Peito para resistência; ao mesmo tempo, durante esse período, tal nadador deve passar mais tempo praticando nado de Peito em ritmo de prova, comparativamente com os demais nadadores de Medley.

Ao final dessa fase, os nadadores deverão ter atingido objetivos de desempenho específicos em seu tipo (ou tipos) de nado mais deficiente. Para um nadador de Borboleta com pernada fraca, esse objetivo poderia ser a execução de golfinhadas por 10×100 m abaixo de 1'40", com um tempo até a saída de 2 min. O objetivo para um nadador de Costas com pernada Golfinho submersa fraca poderia ser a execução de pernadas de Costas submersas por 6×50 m com um tempo até a saída de 2 min e com o somatório de todos os tempos abaixo de 34'00". O objetivo para aquele nadador de Medley citado no parágrafo anterior poderia ser a execução do nado de Peito por 10×100 m com um tempo até a saída de 2 min e com todos os tempos abaixo de seu melhor tempo para essa etapa (i. e., nado de Peito) em uma prova de 400 MI. Se esse atleta compete em provas de 200 Medley individual, o objetivo poderia ser o nado de 10×50 com um tempo até a saída de 1 min e com todos os tempos abaixo de seu melhor tempo para essa etapa (i. e., nado de Peito) em uma prova de 200 MI.

O treinamento no solo deve concentrar-se na melhora da força muscular em geral. Para essa finalidade, é ideal um programa básico de treinamento com pesos, com moderado número de séries e repetições. O programa deve envolver todos os grupos musculares principais. Nadadores fundistas podem optar por dispensar o treinamento com pesos em favor de mais treinamento de nado durante a fase de preparação geral.

Durante essa fase, todos os nadadores devem melhorar a flexibilidade de articulações específicas, mas não precisam se arriscar a sofrer lesões na tentativa de melhorar a flexibilidade em articulações já satisfatórias nesse aspecto; eles deverão fazer exercícios de flexibilidade especializados apenas para aquelas articulações em que uma amplitude de movimento limitada esteja interferindo em um nado eficiente.

Essa fase é também uma boa ocasião para apresentar preleções, talvez por especialistas de fora, sobre a importância da nutrição e do controle do tempo. Aprendendo mais sobre esses aspectos do treinamento no início da temporada, os atletas terão tempo para mudar seus hábitos alimentares, priorizando suas atividades externas antes que, mais adiante na temporada, o treinamento se intensifique e consuma muito tempo.

Comumente, mesociclos longos com configuração em escadaria são a melhor escolha para essa fase da temporada, porque os atletas melhorarão rapidamente e se esforçarão para construir uma base aeróbica forte e estável. O melhor sistema de sobrecarga progressiva consiste em aumentar o volume de treinamento com sessões que, gradualmente, vão se tornando mais longas e mais frequentes.

Fase de preparação específica   O período de preparação geral deve ser seguido por uma fase de preparação específica. Durante esse período, os atletas devem se concentrar no aprimoramento da resistência básica, resistência muscular aeróbica e anaeróbica, potência muscular e velocidade. A duração ideal dessa fase se situa entre 6 e 8 semanas. Períodos mais longos podem levar ao excesso de treinamento, por causa da intensidade do treinamento realizado durante essa fase. Devido à sua importância, a fase de preparação específica jamais deverá ser abreviada para menos de 4 semanas, mesmo nos casos em que a temporada seja muito curta.

Os objetivos para essa fase dependerão em grande parte dos eventos para os quais determinado nadador está treinando e dos pontos fracos e fortes da fisiologia do atleta. Durante essa fase, todos os nadadores devem passar mais tempo treinando em seu tipo (ou tipos) de nado principal, com o objetivo de melhorar as funções metabólicas das fibras musculares que serão utilizadas em competição.

Nadadores meio-fundistas e fundistas devem aumentar o volume de treinamento de resistência limiar e com sobrecarga que estão fazendo durante essa fase da temporada, de modo que possam aumentar o consumo de oxigênio e a remoção de lactato em suas fibras musculares de contração rápida; velocistas especialistas em provas de 200 devem proceder da mesma forma.

Objetivos e procedimentos para a fase de preparação específica

Objetivos:

- Nadadores meio-fundistas e fundistas devem se concentrar na melhora das velocidades de consumo de oxigênio e remoção de lactato em suas fibras musculares de contração rápida.
- Todos os nadadores, particularmente velocistas, devem continuar a melhorar as velocidades de consumo de oxigênio e remoção do lactato de suas fibras musculares de contração lenta.
- Os velocistas devem continuar a melhorar sua velocidade. Nadadores meio-fundistas e fundistas devem continuar as tentativas de manutenção da velocidade.
- Os nadadores devem tentar aumentar o comprimento das braçadas em velocidades de prova, sem que seja sacrificada a frequência das braçadas.
- O treinamento no solo deve ter como objetivo o aumento da força e da flexibilidade de articulações e músculos específicos para o nado.

Métodos sugeridos para sobrecarga progressiva:

- Aumentar o volume.
- Aumentar a intensidade (velocidade das repetições).

Avalie mudanças de

- $\dot{V}O_2$ máx (se possível),
- limiares aeróbico e anaeróbico,
- pico de lactato sanguíneo,
- velocidade de tiro,
- progressos no comprimento da braçada em velocidade de prova,
- potência de nado na água,
- força em grupos musculares específicos envolvidos no nado, e
- amplitude de movimento de articulações específicas.

Velocistas normais e de provas curtíssimas devem continuar enfatizando o treinamento básico de resistência, além de promover decréscimo de muitas de suas séries de resistência básica para tempos mais rápidos e marcar mais séries de resistência curtas e rápidas. Esses procedimentos devem ajudá-los a melhorar as velocidades de consumo de oxigênio e de remoção do lactato de suas fibras musculares de contração rápida, sem que ocorra inibição da potência anaeróbica de tais fibras. Os velocistas não devem fazer séries de resistência longas e sequenciadas em ritmos limiares, ou mais rápidos.

Velocistas que se especializam em provas de 50 e 100 também devem incluir um pouco mais de treinamento de tolerância ao lactato no esquema semanal, talvez mais uma série por semana. Esse treinamento ajudará a evitar perda da capacidade de tamponamento e a preparar esses nadadores para maiores volumes desse tipo de prática mais para adiante na temporada. Nadadores meio-fundistas e fundistas não precisam marcar nenhuma série de tolerân-

cia ao lactato; para eles, o treinamento de resistência com sobrecarga atenderá às mesmas finalidades, e de maneira mais específica para seus eventos.

Os velocistas devem continuar enfatizando a produção de lactato, com o objetivo de melhorar sua velocidade de tiro, além de incluir algum treinamento de potência na água em seus esquemas semanais. Nadadores meio-fundistas e fundistas também devem fazer algum treinamento de produção de lactato, com o objetivo de evitar perdas significativas de potência anaeróbica, enquanto estão envolvidos em um treinamento de resistência mais rápido.

Com a exceção dos velocistas que se especializam em provas de 50 e 100, todos os nadadores devem executar volumes crescentes de treinamento básico de resistência. Como objetivo, deverão continuar a melhorar a capacidade aeróbica por qualquer meio disponível. Velocistas e especialistas em determinado nado devem continuar enfatizando o treino de resistência com pernadas.

A necessidade de treinamento de recuperação aumentará durante a fase de preparação específica, por causa do maior volume do treinamento de grande intensidade que todos os nadadores irão praticar. Consequentemente, o esquema de treinamento semanal deve incluir algumas sessões de treinamento completas planejadas para aprimorar a recuperação, além do nado de recuperação que os atletas praticam em seguida a cada série intensa e ao final de cada sessão de treinamento.

Durante essa fase, o enfoque do treinamento da técnica deve se deslocar mais para o aprimoramento de um equilíbrio perfeito entre frequência e comprimento das braçadas. Os atletas devem consumir um tempo considerável na tentativa de melhorar o comprimento das braçadas, sem que sejam significativamente reduzidas as frequências daquelas.

A ênfase com o treinamento de resistência no solo deve ser transferida do aumento da força em geral para o aumento da força específica. Os atletas devem fazer um treinamento de resistência puxado com mais séries e menor número de repetições, em comparação com o que fizeram na fase precedente. O treinamento de resistência no solo deve se tornar mais específico, mediante a inclusão de mais exercícios planejados para melhorar a força dos músculos envolvidos no nado. Os exercícios podem até mesmo simular os movimentos da Natação, embora não seja necessário treinar dessa maneira.

Nadadores meio-fundistas e fundistas podem optar por dispensar o treinamento de resistência no solo para passarem mais tempo na água; ainda assim, devem treinar em um nível de manutenção na sala de pesos. Nadadores meio-fundistas e fundistas que sentem necessidade de treinamento de resistência no solo podem passar para um programa que enfatize a resistência muscular; pranchas de

Natação, uso de cordas elásticas e Vasa trainer são ideais para essa finalidade. Como ocorreu na fase precedente, os atletas devem praticar treinamento de flexibilidade específica.

Mesociclos mais curtos são a melhor escolha para essa fase da temporada, por proporcionarem mais períodos de progressão e de recuperação.

Todos os nadadores podem continuar a utilizar aumentos de volume como seu sistema de sobrecarga progressiva. Nadadores meio-fundistas e fundistas e nadadores de 200 talvez prefiram aumentar a intensidade ou a densidade, ou podem optar por sobrecarga com todos os três métodos. Os atletas devem utilizar aumentos de volume e densidade como seu sistema de sobrecarga progressiva para o nado de resistência; para o treinamento de produção de lactato e para o treinamento de potência, aumento da intensidade é o sistema mais apropriado para sobrecarga progressiva, para todos os nadadores.

Fase de preparação para as provas O principal objetivo da fase de preparação para as provas consiste em melhorar a resistência muscular aeróbica e anaeróbica, de tal modo que, ao término dessa fase, os atletas estejam preparados para competir em suas provas no pico de sua forma. A duração ideal desse período se situa entre 4 e 8 semanas. Tendo em vista que a intensidade de treinamento se encontra em seu ponto mais alto da temporada, a continuação por mais de 8 semanas poderia acarretar supertreinamento; porém, menos de 4 semanas nessa fase provavelmente resultaria em progressos inadequados.

Durante essa fase, os nadadores devem se concentrar absolutamente nas provas que desejam nadar ao final da temporada. Eles devem nadar as principais séries de cada treinamento semanal no ritmo de prova ou próximo a ele e, certamente, em seu principal tipo (ou tipos) de nado. Para todos os nadadores, as séries em ritmo de prova devem ser orientadas para a resistência, especialmente no caso de nadadores meio-fundistas e fundistas. Especificamente, as séries em ritmo de prova para nadadores meio-fundistas e fundistas devem ser mais longas do que as praticadas por velocistas. Apesar disso, o objetivo para todos os nadadores é aumentar sua carga de trabalho em ritmo de prova, ou aumentar sua velocidade média para aquelas repetições, desde o ritmo atual até o ritmo de prova desejado.

Todos os nadadores devem descontinuar os treinamentos de resistência com sobrecarga e de tolerância ao lactato, pois o treinamento em ritmo de prova alcançará os mesmos propósitos; todos devem também reduzir o volume do treinamento básico de resistência. Durante essa fase da temporada, o objetivo como treinamento básico de resistência deve ser a manutenção da capacidade aeróbica. Pela mesma razão, no caso de nadadores meio-fundistas e fundistas, o volume do treinamento no limiar deve

Objetivos e procedimentos para a fase de preparação para as provas

Objetivos:
- Melhorar a resistência aeróbica e anaeróbica.
- Aumentar a capacidade dos atletas de nadar durante mais tempo em ritmo de prova, ou de passar do ritmo presente para o ritmo de prova desejado.
- Aumentar a velocidade dos velocistas e otimizar a potência anaeróbica de nadadores meio-fundistas e fundistas.
- Aumentar a capacidade de manter boa mecânica de nado quando o nadador estiver cansado ao final das provas.
- Aumentar a potência muscular específica.
- Aumentar a potência dos velocistas na água.
- Aumentar a flexibilidade articular específica.
- Manter a capacidade aeróbica de todos os nadadores.
- Refinar a destreza de ritmo e de prova.

Métodos sugeridos para sobrecarga progressiva:
- Aumento da intensidade (aumento da velocidade das repetições).
- Aumento da densidade (redução dos intervalos de descanso).

Avaliar mudanças de
- $\dot{V}O_2$ máx (se possível),
- limiares aeróbico e anaeróbico,
- pico de lactato sanguíneo,
- mudanças positivas na relação entre frequência das braçadas e comprimento das braçadas em velocidades de prova,
- velocidade,
- potência no solo,
- potência na água, e
- amplitude de movimento em articulações específicas.

ser reduzido. Os velocistas devem praticar mais séries de resistência básica em velocidade moderada, fazendo decréscimo para velocidades mais rápidas com menor frequência durante a semana. O treinamento em ritmo de prova realizado por esses atletas deve ser apropriado para a manutenção da taxa de consumo de oxigênio e remoção de lactato sanguíneo em suas fibras musculares de contração rápida.

Todos os nadadores devem continuar com o treinamento de produção de lactato, embora este deva ser mais breve e menos frequente. Os velocistas devem continuar com seu treinamento de potência na água, embora com menor frequência. A natureza anaeróbica do treinamento em ritmo de prova ajudará todos os nadadores, particularmente os velocistas, a manter uma taxa elevada de metabolismo anaeróbico.

Durante essa fase, o volume e a frequência do treinamento de recuperação devem aumentar para todos os nadadores, os quais nadarão mais intensamente e com maior frequência. Consequentemente, necessitarão de mais nado de recuperação para ajudar no reparo dos tecidos.

A ênfase para o treinamento da técnica deverá se deslocar em favor da manutenção de combinações ideais de frequência de braçadas e de duração das braçadas quando os nadadores ficarem cansados; eles devem tomar conhecimento da frequência e duração das braçadas durante o nado em ritmo de prova e tentar mantê-las praticamente ao mesmo nível ao longo de todas as séries.

O treinamento de resistência no solo deve ter como enfoque o aprimoramento da potência muscular. Para tal finalidade, os atletas podem recorrer a levantamentos olímpicos; bancos de Natação, cordas elásticas e Vasa trainer também poderão ser utilizados, porque nesses aparelhos, os movimentos e as frequências reais do nado poderão ser parcialmente simulados contra o tempo. A prática de pliometria e o treinamento com *medicine ball* também melhorarão a potência do nado. Se praticantes de levantamento de peso, nadadores meio-fundistas e fundistas devem descontinuar o treinamento de resistência puxado durante essa fase, em favor da manutenção do treinamento com pesos e de resistência muscular com aparelhos simuladores de braçadas/pernadas. Como ocorreu nas fases precedentes, os nadadores devem se esforçar para melhorar a flexibilidade específica.

Durante esse período, devem ser enfatizadas a instrução e a prática em ritmo de prova e a estratégia para as provas. Repetições em ritmo de prova constituem um veículo ideal para o ensino do ritmo e da estratégia, do mesmo modo que a participação em competições. Tendo em vista que a frequência desses dois componentes geralmente aumenta durante essa fase, a fase de preparação para provas é um momento ideal para que o nadador se concentre nesses componentes do treinamento. Essa fase é também o momento ideal para revisar e reforçar instruções e práticas prévias nas áreas da preparação emocional e do enriquecimento mental.

Também nesse caso, mesociclos curtos constituem a melhor opção para essa fase, por proporcionarem mais períodos de progressão e de recuperação. Para obter sobrecarga progressiva durante essa fase da temporada, os nadadores devem aumentar a intensidade (aumento da velocidade de nado) ou a densidade (redução dos tempos até a saída).

Fase de polimento Deve estar previsto um período de polimento de 2 a 4 semanas imediatamente antes do *meeting* (ou *meetings*) mais importante da temporada, seguindo-se uma breve folga de 1 a 2 semanas. Durante o período de polimento, treinamentos de todos os tipos deverão decrescer até o nível de manutenção. Durante o período de folga, os atletas devem tentar manter um nível razoável de aptidão física. Devido a sua importância e complexidade, a fase de polimento será o tópico do capítulo que se segue.

Fases da temporada superpostas Treinamento de todos os tipos deverá ser incluído em todas as fases, apenas mudará o grau de ênfase dado a cada tipo. Além disso, deverá ser implementada uma transição entre fases, mediante um aumento gradual do tipo de treinamento que será enfatizado na próxima fase, durante as últimas duas semanas da fase atual. Esse processo prepara os nadadores para a fase seguinte. Ao começar a adaptação à nova ênfase de treinamento durante as últimas semanas da atual fase da temporada, os atletas deverão ser capazes de enfrentar maior volume ou intensidade desse treinamento (i. e., na próxima fase).

Outro tipo de plano para a temporada A Figura 17.4 ilustra outro tipo de plano para temporada que é utilizado com sucesso por muitos nadadores. Nesse plano, o ano de treinamento completo é dividido em vários macrociclos, cada um deles assemelhando-se a uma minitemporada, ou seja, cada macrociclo consiste de alguma combinação das fases que acabei de descrever. O exemplo na Figura 17.4 foi o plano anual utilizado pelo grande nadador soviético Vladimir Salnikov durante o ano de treinamento no qual se tornou o primeiro homem a vencer a barreira dos 15 min para os 1.500 m nado Crawl.

O ano de treinamento de Salnikov era dividido em cinco macrociclos de dez semanas. Cada novo macrociclo tinha início imediatamente depois do término do macrociclo precedente. O nadador fazia uma pausa de duas semanas ao final de cada ano.

Cada macrociclo consistia em cinco períodos de duas semanas (mesociclos) de mudança na ênfase do treinamento. Os treinamentos de velocidade e de técnica, inclusive com avaliação da mecânica do nado e implementação de correções, eram enfatizados durante o primeiro período de duas semanas. A quilometragem de treinamento semanal equivalia aproximadamente à metade do que o nadador praticaria mais tarde, durante a fase de pico de treinamento de cada macrociclo. A intensidade de treinamento era baixa no primeiro período, e a maior parte do nado era realizada no que eu consideraria como sendo em nível de resistência básico. O treinamento de Natação não era específico para o tipo de nado, e havia inclusão de todos os tipos de nado nas sessões de treinamento. Durante esse período, era enfatizado o treinamento no solo. Salnikov reservava duas horas por dia, quatro dias por semana, para a prática de exercícios que envolviam treinamento com pesos, braçadas na prancha de Natação e treinamento de flexibilidade. Com relação aos objetivos, esse período era similar ao de preparação geral descrito anteriormente.

Durante o segundo período de duas semanas de cada macrociclo, era enfatizado o desenvolvimento de força e potência. Essa fase era denominada período de força, mas

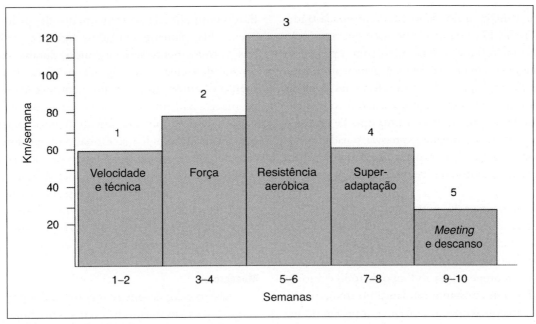

Figura 17.4 Plano alternativo para temporada no qual cada macrociclo consiste em períodos quinzenais com mudança de ênfase. (Adaptado de Koshkin 1984.)

o enfoque principal recaía na melhora da resistência muscular específica. A fase era parecida com o período de preparação específica que descrevi anteriormente, exceto que o nado era menos intenso. Salnikov cumpria um rigoroso programa de *circuit training* que envolvia pesos e braçadas em uma prancha de Natação. O tempo devotado para o treinamento no solo aumentava para aproximadamente duas horas por dia, seis dias por semana. Salnikov praticava nado travado contra corda elástica, com o objetivo de desenvolver força e potência, além de continuar o treinamento de flexibilidade. A quilometragem de treinamento de natação aumentava até aproximadamente 70% do valor semanal máximo que poderia ser alcançado mais adiante, na fase mais intensa de cada macrociclo. A intensidade não era fator de grande importância, e Salnikov nadava a maior parte da quilometragem em um nível de resistência básico. Grande parte dessa quilometragem era nadada com palmares e cordas elásticas. A quilometragem devotada às pernadas aumentava durante esse mesociclo.

O terceiro período de duas semanas era a fase mais intensa de cada macrociclo. O objetivo era gerar grande aumento na capacidade aeróbica. Desse modo, o treinamento durante esse período era semelhante ao período de preparação específica que descrevi anteriormente. A quilometragem de treinamento atingia um pico de 88 a 120 km por semana. A intensidade do nado também aumentava com um tipo de treinamento que envolvia todos os níveis do treinamento de resistência, desde o básico até aquele com sobrecarga, mas a maior parte desse treinamento ocorria em uma intensidade menor do que a da velocidade limiar. Nesse período, o treinamento no solo diminuía até o nível realizado no primeiro período.

A finalidade do quarto período de duas semanas era a de supercompensação. A quilometragem e intensidade de treinamento diminuíam, para permitir que Salnikov se recuperasse um pouco sem perda do condicionamento. A quilometragem semanal caía, retornando ao nível do primeiro período, mas a intensidade permanecia em um nível um pouco mais elevado. Todos os níveis de treinamento eram incluídos no plano semanal, embora as séries de repetições ficassem consideravelmente mais curtas do que haviam sido durante a fase precedente. O treinamento no solo diminuía para aproximadamente uma hora por dia. Esse período era extremamente parecido com a fase de competição que descrevi anteriormente.

A finalidade do quinto período de duas semanas era de repouso e recuperação. Comumente, seu treinador marcava um *meeting* importante nas proximidades do final dessa fase. Quanto à finalidade, essa fase era semelhante ao período de polimento descrito anteriormente. Nela, a quilometragem de treinamento atingia seu nível mais baixo, e a maior parte do nado era realizada em velocidades lentas. O treinamento no solo terminava, embora o alongamento permanecesse fazendo parte da prática diária. Essas duas semanas também serviam como período de repouso, precedendo o início do macrociclo subsequente.

Qual é o melhor plano? Provavelmente, a eficácia de um plano anual é determinada mais pela maneira com que se encaixa no esquema de determinado nadador, equipe ou país, do que por qualquer coisa inerente à sua estrutura. Uma vantagem do plano para temporada tradicional (ver Figura 17.3) é que ele permite que a duração de cada macrociclo fique na faixa ideal para o progresso de determinado sistema metabólico. A principal desvantagem desse plano é que o consumo de várias semanas enfocando um tipo de treinamento, seja aeróbico ou anaeróbico, pode levar à inibição do outro tipo. Se essa inibição tornar-se demasiadamente expressiva, o nadador talvez não se mostre capaz de retornar a capacidade aeróbica ou a potência anaeróbica ao nível ideal antes de competições importantes.

O plano de macrociclos mistos, como o plano de Salnikov na Figura 17.4, também tem suas vantagens e desvantagens significativas. Uma grande vantagem é permitir maior variação no treinamento e mais períodos para descanso e supercompensação ao longo de todo o ano de treino. A ênfase em constante mudança no treinamento deve permitir maior adaptação, com menor perigo de supertreinamento e menor chance de inibição da capacidade aeróbica ou da potência anaeróbica, ao ponto de tais fatores não poderem mais ser otimizados no final da temporada.

No lado negativo, o plano de macrociclos mistos não contém um período de ênfase continuada em certos aspectos do metabolismo, o que possibilita a ocorrência de uma melhora abaixo do ideal. Esse plano também exige que os nadadores treinem de forma consciente durante o ano inteiro. O volume total de treinamento aeróbico talvez não seja suficiente para que seja alcançado um pico de desempenho, caso os nadadores decidam pular um ou dois macrociclos, ou se treinarem erraticamente durante um ou dois macrociclos.

Acredito que o plano envolvendo macrociclos mistos, como o ilustrado na Figura 17.4, é bastante apropriado para o treinamento de velocistas, pois estes gostam de variar e demonstram maior tendência para o supertreinamento, em comparação com atletas orientados para provas mais longas. É menos provável que velocistas venham a perder potência anaeróbica e velocidade com o uso desse tipo de plano. Ao mesmo tempo, eles podem estar mais motivados para um treinamento mais consciente e com maior volume ou intensidade durante cada período de duas semanas, precisamente porque o período é curto. O plano na Figura 17.3 parece ser mais apropriado para o treinamento de nadadores meio-fundistas e fundistas, por permitir mais tempo para melhorar a resistência aeróbica durante os períodos de preparação geral e específica, e por dar mais tempo para melhorar a resistência muscular aeróbica e anaeróbica durante as fases de preparação específica e de preparação em ritmo de prova.

Não importa o que acabei de dizer pois, com um planejamento cuidadoso, qualquer sistema poderá ser utilizado com eficácia no treinamento de qualquer tipo de evento. Planejamento cuidadoso significa que todos os tipos de treinamento serão incluídos durante cada semana do ano de treinamento, alguns em níveis de desenvolvimento e outros em níveis de manutenção. Se um plano de macrociclos mistos tiver tal estrutura, haverá pouca chance de diminuir o desenvolvimento de determinado mecanismo fisiológico, se for dado tempo suficiente para esse tipo de treinamento ao longo de todo o macrociclo. Analogamente, haverá pouca chance de inibição da velocidade ou da resistência com um plano tradicional, se for proporcionado tempo suficiente para o treinamento de manutenção de determinado tipo, enquanto outro tipo de treinamento estiver sendo enfatizado.

Mesociclos

Macrociclos devem estar constituídos por mesociclos, isto é, fases mais curtas devotadas à melhora progressiva dos principais componentes do treinamento de determinado macrociclo. Mesociclos constituem os tijolos básicos para a sobrecarga progressiva. A cada novo mesociclo, deve ocorrer aumento na intensidade de treinamento, volume ou enfoque. Os mesociclos podem ter de 2 a 8 semanas de duração. O treinamento por período mais longo sem mudança significativa na ênfase poderá causar saturação; o potencial para melhora poderá diminuir, se o treinamento continuar durante muito tempo no mesmo nível. Ao mesmo tempo, poderá aumentar a possibilidade de tédio e supertreinamento por parte dos nadadores, quando continuarem em determinado mesociclo durante um tempo excessivo, sem que ocorra qualquer mudança.

Os mesociclos devem ser construídos de maneira cuidadosa, para que coincidam não só com os objetivos da temporada, mas também com os compromissos familiares, educacionais e sociais que porventura os atletas tenham. Os objetivos de cada mesociclo com relação ao tipo de treinamento, volume e intensidade devem ser determinados com respeito às finalidades do macrociclo. Em parte, a duração do mesociclo será determinada pelos mesmos fatores. Ao ser planejada a duração de cada mesociclo, também devem ser levadas em consideração as datas das competições e a ocorrência de possíveis atividades distrativas, como exames, férias e outros eventos. Por essa razão, macrociclos podem conter mesociclos com durações diferentes, mesmo que não sejam as ideais para o desenvolvimento fisiológico. Também deve ser determinado o sistema de progressão que será empregado e a extensão dessa progressão, de mesociclo para mesociclo. Finalmente, também devem ser decididos os testes que serão utilizados para avaliação da eficácia de cada mesociclo e macrociclo.

A vantagem do treinamento em ciclos com o uso de mesociclos é que os atletas podem melhorar em etapas controláveis durante a temporada, e não de uma só vez durante o polimento, ao final da temporada. O curto período de recuperação ao final de cada mesociclo proporciona um tempo em que o processo de adaptação fisiológica pode alcançar o desenvolvimento, de tal modo que os atletas se aproximam do mesociclo seguinte com maior capacidade de realização do trabalho. A teoria é que a adaptação periódica ao longo da temporada resulta em maior progresso geral na época das principais competições, com menor possibilidade de supertreinamento. Períodos de recuperação marcados periodicamente ao longo da temporada permitem a ocorrência de adaptações, permitindo que os atletas treinem com maior volume e intensidade, particularmente durante a segunda metade da temporada. Por sua vez, esse aumento na carga de trabalho deve permitir aos atletas a obtenção de níveis mais altos de condicionamento e, consequentemente, melhores desempenhos ao final da temporada.

Em geral, os mesociclos incluem uma fase de *trabalho* e uma fase de *recuperação*. O aumento gradual na intensidade de treinamento, volume ou enfoque ocorre na fase de trabalho, que pode se prolongar por 1 ½ até 6 semanas. A fase de trabalho dos mesociclos pode ser elaborada de duas formas: em um padrão *em escadaria* ou em um padrão *constante*, conforme ilustrado na Figura 17.5. A fase de recuperação é inserida no final de cada padrão de mesociclo.

No caso do padrão em escadaria, a fase de trabalho (nesse caso com 3 semanas de duração) se caracteriza por aumentos pequenos, porém contínuos, na carga de trabalho, de semana a semana. A Figura 17.5 demonstra que, em um mesociclo constante, a carga de trabalho permanece a mesma de semana a semana, durante a fase de trabalho. A carga de trabalho não aumenta até depois do término da fase de recuperação, e com o início do próximo mesociclo.

Mesociclos em escadaria são mais apropriados para os períodos iniciais em cada nova temporada, quando os atletas estão progredindo rapidamente. Sua capacidade de trabalho aumentará rapidamente durante esse período, e assim haverá necessidade de um padrão de progressão em escadaria para que seja mantido um ambiente de sobrecarga. Mesociclos constantes funcionam melhor durante as partes intermediárias e, em particular, mais avançadas da temporada, quando a velocidade de progresso não é tão rápida. Esses mesociclos constantes dão mais tempo para o desenvolvimento e estabilização dos efeitos de treinamento desejados e diminuem a possibilidade dos atletas ficarem supertreinados, ao tentarem progredir com demasiada rapidez.

Durante a fase de recuperação de um mesociclo, que pode ter a duração de ½ a 2 semanas, os nadadores têm tempo de se recuperar um pouco da fase de trabalho precedente. No entanto, o período de recuperação não deve ser uma época de completo descanso; a intensidade e o volume de treinamento devem ser planejados de modo a manter o nível de desempenho alcançado durante o atual mesociclo, sem causar mais cansaço. O período de recuperação é uma boa ocasião para fazer avaliações, confirmar eventos especiais e oferecer apresentações/palestras sobre outros aspectos do treinamento, como nutrição, provas e motivação.

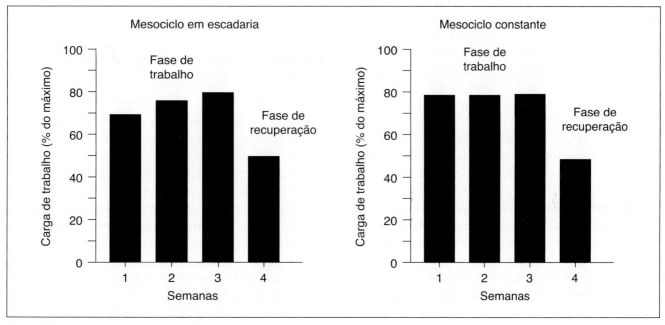

Figura 17.5 Configurações de mesociclos em escadaria e constante.

Muitos especialistas acreditam que as principais adaptações ao treinamento que ocorrem no âmbito de determinado mesociclo acontecem durante a fase de recuperação. Essa suposição baseia-se em uma teoria amplamente aceita de supercompensação, proposta por Yakolev (1967) e ilustrada na Figura 17.6. Foi utilizado um mesociclo com uma fase de trabalho de três semanas e com uma semana para recuperação como ilustração da teoria de supercompensação de Yakolev. O volume e a intensidade de treinamento estão indicados pelo gráfico em barras na parte inferior da Figura 17.6; o ciclo de cansaço e supercompensação está indicado pela linha contínua na parte superior da figura.

Segundo tal teoria, os efeitos cumulativos do treinamento provocam cansaço progressivo e perda do desempenho durante a fase de trabalho, o que fica indicado pela queda da linha representativa do nível de treinamento do atleta. A recuperação será incompleta, por causa do grande volume e intensidade do treinamento diário; portanto, durante esse período o desempenho do atleta poderá declinar. Acredita-se que esse acúmulo de fadiga forneça o estímulo para as necessárias adaptações fisiológicas, de natureza tanto aeróbica como anaeróbica, pois as fontes de energia sofreram depleção, e os tecidos ficam lesionados durante essa fase. Essas adaptações não são completamente percebidas até que uma redução no volume e intensidade de treinamento durante o período de recuperação permita que os processos de reposição e reparo alcancem os demais componentes. Em conformidade com o princípio da especificidade de treinamento, grande parte dessas adaptações deve ocorrer na fase do processo metabólico enfatizado pelo treinamento precedente.

A elaboração de mesociclos pode ocorrer de inúmeras maneiras. Os mesociclos podem variar, desde um período de trabalho de 1 a 1 ½ semanas com um período de recuperação de ½ semana indefinidamente, até um período de trabalho de 5 semanas combinado com um período de recuperação de 2 semanas. Diversos estudos sugeriram que 2 a 7 semanas é a duração ideal para um mesociclo.

Mesociclos que incentivam a adaptação também podem ser elaborados por diversas maneiras, mas em geral se enquadram em três categorias, as quais denominei *mesociclos longos, mesociclos curtos* e *mesociclos mistos*.

Mesociclos longos Mesociclos desse tipo têm 4 a 7 semanas de duração. O volume, a intensidade e a frequência de treinamento que já foram determinados para promover uma sobrecarga devem permanecer constantes durante a fase de trabalho de um mesociclo longo. Após o período de trabalho, deve seguir-se uma fase de recuperação de 1 a 2 semanas. As adaptações rápidas e grande parte da estabilização das adaptações ocorrerão durante o período

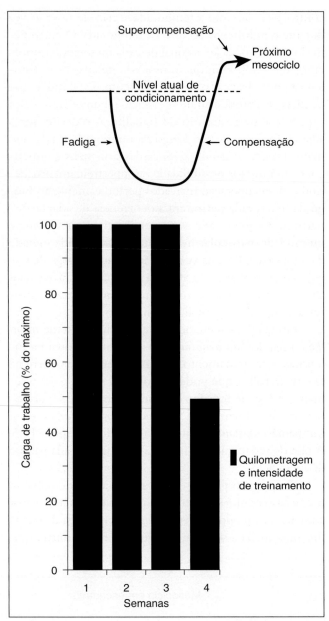

Figura 17.6 Teoria da supercompensação de Yakolev. (Adaptado de Bompa 1999.)

de trabalho. Uma fase de supercompensação (que permite a ocorrência dessas adaptações) se seguirá, durante a fase de recuperação. Deve-se planejar um mesociclo parecido, que ocorra imediatamente depois da fase de recuperação do mesociclo precedente; durante esse mesociclo, deve ocorrer um aumento substancial na carga de trabalho, o que será feito com o aumento do volume, da intensidade ou da frequência do treinamento.

Testes de avaliação realizados durante o período de recuperação serão úteis para o estabelecimento de um aumento na carga de trabalho para o mesociclo seguinte; esse aumento deve proporcionar sobrecarga suficiente, mas não excessiva.

Em geral, o aumento da carga de trabalho para o mesociclo seguinte pode ser maior quando a fase de trabalho do mesociclo precedente foi mais longa (3 a 5 semanas). São recomendáveis aumentos de 3 a 6% a cada mesociclo para atletas que treinam o ano todo, o que proporciona uma melhora duradoura, com pequena probabilidade de supertreinamento. Aumentos desse teor (3 a 6%) podem parecer insignificantes, mas ao longo de um ano se somarão, resultando em progressos substanciais no desempenho do trabalho. Ao mesmo tempo, a modesta mudança em cada estágio reduz o risco de lesão e de má adaptação. O aumento da carga de trabalho deve ser ainda menor quando a fase de trabalho do mesociclo precedente foi curta (1 ½ a 2 semanas), ou quando os atletas não estão treinando o ano inteiro; nessas circunstâncias, os atletas não tiveram a oportunidade de estabilizar suas adaptações. Um exemplo de progressão durante dois mesociclos sucessivos com configurações de 4 + 2 está ilustrado na Figura 17.7. Observe que a carga de trabalho aumenta durante o segundo mesociclo.

Mesociclos curtos Com esse método, o período de trabalho deve ter duração de 1 ½ a 3 semanas, sendo seguido por um período de recuperação de 3 a 7 dias. Conforme já mencionei anteriormente, quando o período de trabalho é curto, o aumento na carga de trabalho deve ser menor de um mesociclo para o mesociclo seguinte. O aumento total na carga de trabalho para a temporada deve ser parecido ao que ocorre em mesociclos mais longos; os aumentos simplesmente ocorrem com maior frequência. A Figura 17.8 ilustra três mesociclos curtos consecutivos com uma configuração de 2 + 1. O leitor deve observar que o aumento na carga de trabalho de um mesociclo para o seguinte é menor do que o mostrado na Figura 17.7.

Mesociclos mistos Configurações de mesociclos que se enquadram na categoria mista são parecidas aos do plano para Vladimir Salnikov, mostrado na Figura 17.4. Estrutura-se um grande macrociclo a partir de diversos mesociclos pequenos. Para nadadores meio-fundistas e fundistas, os macrociclos começam com uma fase de resistência e velocidade geral, progredindo para uma fase de resistência mais intensa e específica. Essas fases devem ser seguidas por uma fase em ritmo de prova, que, por sua vez, deve ser seguida por um período de recuperação.

Durante a fase de resistência e velocidade geral, o objetivo consiste em melhorar a capacidade aeróbica e manter a capacidade de tamponamento e a velocidade de nado nas proximidades dos níveis normais. A ênfase aplicada no treinamento básico de resistência, de produção de lactato e de potência concretiza esse objetivo. O treinamento deve ser geral e incluir uma mescla dos diversos tipos de nado competitivo, com exercícios de braçadas e pernadas. Durante essa fase, grande parte do treinamento deve ser com-

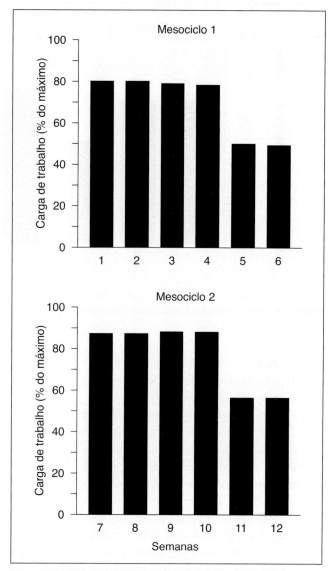

Figura 17.7 Dois mesociclos consecutivos com configuração de 4 + 2.

pletada em baixa intensidade, ou em velocidades de resistência básica. Portanto, os nadadores poderão passar para o mesociclo seguinte sem necessidade de período de recuperação.

Durante a fase de resistência específica, deve ser oferecido treinamento no limiar adicional e algum treinamento de resistência com sobrecarga. Os nadadores devem completar grande parte de sua quilometragem de resistência em seu principal tipo (ou tipos) de nado. Deve ocorrer um breve período de recuperação, de 3 a 7 dias, ao final da fase de trabalho desse mesociclo.

O treinamento de resistência com sobrecarga e o treinamento em ritmo de prova deverão ser aumentados durante a fase em ritmo de prova; também nesse período, os nadadores deverão completar grande parte de sua quilometragem no seu principal tipo (ou tipos) de prova. Um período de recuperação de duas semanas se seguirá ao me-

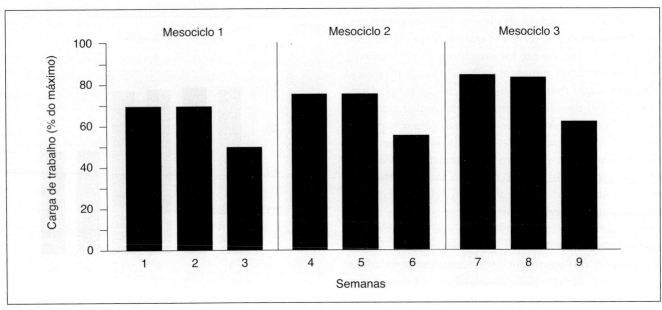

Figura 17.8 Três mesociclos consecutivos com configuração de 2 + 1.

sociclo em ritmo de prova. Essa fase poderá também conter um período de polimento, se nessa ocasião forem realizadas competições importantes.

O plano para velocistas também deve ter início com uma fase de resistência e velocidade geral, mas para esses atletas, a fase deve enfatizar mais o aumento da velocidade. Grande parte do treinamento de resistência deve ser realizada em níveis de resistência básica, ocasionalmente com séries decrescentes até velocidades limiares e com sobrecarga. Para os velocistas, o plano não prevê uma fase de resistência específica. O mesociclo seguinte deve ser uma fase em ritmo de prova que enfatize a melhora da resistência muscular aeróbica e anaeróbica por meio de treinamento em ritmo de prova e de treinamento de tolerância ao lactato, o que também ajudará a melhorar a velocidade. Os velocistas devem manter a resistência aeróbica com treinamento básico de resistência. A fase em ritmo de prova deve ser seguida por uma fase de velocidade que enfatize os treinamentos de produção de lactato e de potência e que inclua apenas suficiente treinamento de resistência e em ritmo de prova para que sejam mantidas as capacidades aeróbica e de tamponamento. A fase final fica reservada para a recuperação. Os gráficos em barra na Figura 17.9 ilustram exemplos de configurações de mesociclos mistos para nadadores fundistas e velocistas.

Que tipo de mesociclo é o melhor? A vantagem evidente de mesociclos mais longos é que as adaptações podem ser estabilizadas com menor probabilidade de ocorrência de supertreinamento. Os aumentos na carga de trabalho são menos frequentes e, portanto, há menor probabilidade de interferência na estabilização das adaptações.

A principal desvantagem desses mesociclos longos é que a velocidade de melhora pode ser mais lenta durante cada temporada específica, embora o progresso geral possa, em última análise, ser maior ao longo de alguns anos de treinamento.

Mesociclos mais curtos têm duas vantagens: a primeira é que a velocidade de melhora pode ser maior no âmbito de cada temporada, porque a carga de trabalho aumentará mais frequentemente; a segunda é que a probabilidade de ocorrência de erro de treinamento (perda de velocidade ou de resistência como resultado do treinamento que enfatiza a outra qualidade) será mais baixa, pois os períodos de recuperação serão mais frequentes. A principal desvantagem de mesociclos curtos é que aumentos frequentes na carga de trabalho, se forem excessivos, poderão causar má adaptação.

O ponto forte para mesociclos mistos é que essa estrutura reduz a possibilidade de erros de treinamento, por proporcionarem variedade. A desvantagem óbvia é que, para nadadores fundistas, o tempo devotado para a melhora da capacidade aeróbica é curto.

Com base nessas observações, é provável que mesociclos longos constituam uma opção mais adequada para melhorar a resistência, porque sua utilização proporciona maior oportunidade para a estabilização das diversas adaptações aeróbicas. Ao mesmo tempo, é provável que mesociclos mais curtos sejam mais apropriados para melhorar a velocidade e a resistência muscular aeróbica e anaeróbica, por proporcionarem períodos mais frequentes de recuperação. Pela mesma razão, mesociclos mistos também são apropriados para melhorar a velocidade. Essa opção é

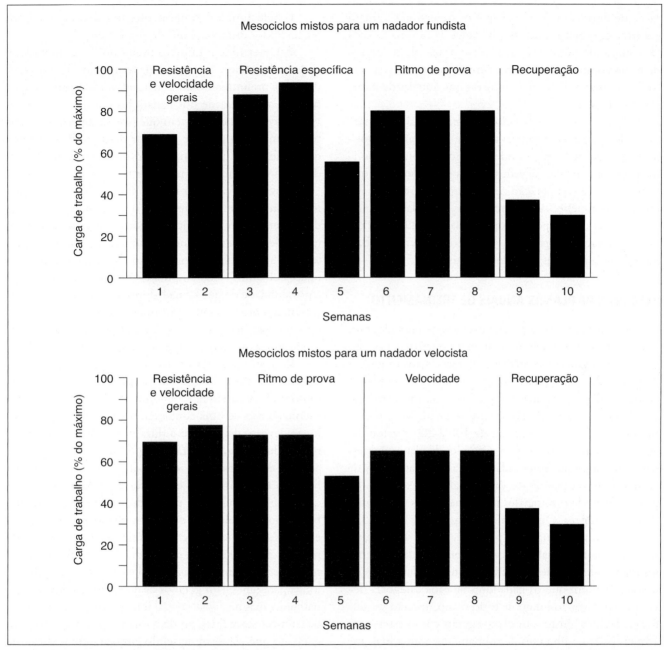

Figura 17.9 Configurações de mesociclos mistos para nadadores fundistas e velocistas.

também popular, pois a frequente mudança de ênfase reduz o tédio dos atletas.

Outras considerações no planejamento de mesociclos Ao planejar uma temporada, é importante que sejam levadas em consideração as respostas fisiológicas a tipos variados de mesociclos. Entretanto, mesmo o mais cuidadoso planejamento científico não será efetivo, se os nadadores faltarem ao treinamento; portanto, os treinadores devem levar em consideração outros aspectos das vidas dos nadadores durante o processo de planejamento. Compromissos familiares, sociais e acadêmicos devem receber peso igual, ou mesmo maior. Um plano que marque a fase de trabalho de um mesociclo para uma ocasião em que o absenteísmo será alto por causa de férias ou provas estará fadado ao fracasso. Por essa razão, os mesociclos devem ser planejados de tal modo que a fase de trabalho venha a coincidir com períodos em que se espera que os nadadores compareçam às práticas com regularidade, e quando os atletas estiverem relativamente livres de distrações que possam interferir nos seus esforços de treinamento. Ao mesmo tempo, os períodos de recuperação devem ser planejados para ocasiões em que possa ser alto o grau de absenteísmo e de distrações. A menos que os treinadores tenham controle completo sobre as atividades de seus nadadores (e nenhum de nós consegue isso!), é provável que considerações como estas sejam mais importantes para o sucesso de um plano de treinamento, do que aquelas de natureza fisiológica.

Outro ponto a ser levado em consideração é a marcação de competições suficientemente importantes a ponto de exigir um breve período de descanso, ou minipolimento. Os mesociclos devem ser elaborados de modo que os períodos de recuperação caiam durante as semanas em que essas competições serão realizadas. Um planejamento que considere esse aspecto proporcionará aos atletas o descanso que precisam para essas competições, sem que haja interferência nos seus períodos de trabalho.

EXEMPLOS DE PLANOS ANUAIS DE TREINAMENTO

A informação sobre planejamento de temporada apresentada até aqui foi de cunho altamente teórico. Essa seção coloca a teoria em prática e oferece vários exemplos de planos de temporadas. Formulei exemplos de planos de treinamento para duas temporadas para cada uma das seguintes categorias de competidores: nadadores meio-fundistas e fundistas, velocistas de 100 e 200 e velocistas de 50 e 100. Também ofereço exemplos de planos de treinamento para três temporadas, para as três categorias de competidores. Finalmente, ofereço alguns exemplos de planos anuais de macrociclos mistos para esses três grupos de competidores. Quero enfatizar que esses planos são apenas exemplos e não um plano técnico a ser seguido no treinamento anual. Embora eu tenha tentado torná-los representativos de quantidade, intensidade e tipos de treinamento em que os nadadores de cada categoria devem se envolver ao longo de todo o ano, deverão ser feitos os devidos ajustes em planos gerais como estes, para adaptá-los aos ambientes de treinamento individual, antes que possam utilizá-los efetivamente. Também incluí o raciocínio utilizado no desenvolvimento desses planos, para que treinadores e atletas possam ajustá-los a seus ambientes de treinamento específicos.

Etapas na estruturação de planos anuais de treinamento

Independentemente do tipo de plano anual preferido, seja um plano de duas ou de três temporadas, ou ainda um plano anual com macrociclos mistos, a implementação de certas medidas poderá ajudar a determinar a duração de cada temporada e a alocação dos macrociclos e mesociclos no âmbito delas. As etapas estão listadas na ordem em que devem ser levadas em consideração:

1. Selecione os componentes treináveis que devem ser incluídos durante o ano de treinamento.

2. Determine o número preferido de temporadas e as datas de início e fim para cada temporada. Essas considerações preliminares são as datas das principais competições e a capacidade dos nadadores em tolerar grandes volumes de treinamento sem que ocorra supertreinamento. A temporada pode se estender desde o final da folga que se seguiu a uma competição importante até o final da próxima competição importante.

Obviamente, marcar menor número de competições importantes dá mais tempo para o treinamento. Esse tipo de esquema representa nítida vantagem para os nadadores que podem enfrentar maior volume de treinamento, pois tendem a ser melhores com planos anuais de duas temporadas. Por outro lado, temporadas mais longas aumentam a possibilidade de que os nadadores que não toleram bem o treinamento acabem com supertreinamento. Frequentemente esses nadadores se saem melhor com planos anuais de três temporadas e de macrociclos mistos.

3. A próxima etapa consiste em determinar o tipo, a duração e a alocação dos macrociclos no âmbito de cada temporada. Essa tarefa é desempenhada mais adequadamente através de uma contagem regressiva. Em primeiro lugar, deve-se determinar a duração da fase de polimento. Sua duração dependerá da importância da competição ao final de determinada temporada e da duração do polimento necessária pela categoria de nadadores para os quais o plano está sendo projetado, ou seja, meio-fundistas e fundistas, velocistas de 100 e 200, ou velocistas de 50 e 100. Em seguida, deve ser determinada a duração de macrociclos específicos e de preparação para provas. A duração de cada uma dessas fases deve ser suficientemente longa para que sejam gerados os desejados efeitos de treinamento, mas não deve ser tão longa a ponto de haver interferência entre fases, ou de reduzir a fase de preparação geral até que ela termine sendo amplamente ineficaz. As durações mínima e máxima sugeridas são 2 e 8 semanas para a fase de preparação para provas e entre 4 e 12 semanas para a fase de preparação específica.

Também deve ser levada em consideração a importância do tipo de treinamento enfatizado em cada uma dessas fases da temporada, durante a seleção da duração da fase. Uma fase de preparação específica de duração razoável é particularmente importante para o sucesso de nadadores meio-fundistas e fundistas. Outra de preparação para as provas é igualmente importante para velocistas de 100 e 200. A fase de preparação para provas, e também a preparação geral, é importante para velocistas de 50 e 100. Quando houver necessidade, a fase de preparação específica poderá ser abreviada para nadadores velocistas, porque a melhora da capacidade aeróbica de suas fibras musculares de contração rápida não é nem de perto tão importante para seu sucesso como a melhora de sua velocidade e o aumento da velocidade de liberação de oxigênio para os músculos.

A fase de preparação geral deve ocupar o tempo restante em cada temporada. Exceto em casos extremos, essa fase não deve ter duração inferior a 3 semanas. É recomendável um período de 6 a 8 semanas, para que seja alcançado o melhor desenvolvimento da liberação de oxigênio. Devemos incluir uma fase de preparação geral de duração adequada em pelo menos uma das temporadas durante cada ano de treinamento, para que os nadadores desenvolvam uma sólida base anaeróbica das adaptações circulatórias e respiratórias, tão importantes para a liberação de oxigênio e dos agentes químicos que contêm energia para os músculos, como para as substâncias proteicas necessárias para o reparo do tecido muscular em geral. Essa fase pode ser mais curta durante uma temporada (ou temporadas) mais avançada, desde que os atletas tenham estabelecido essa base.

4. Em seguida, devem ser estabelecidos os objetivos do treinamento para cada macrociclo. Durante cada um, deverão ser incluídos todos os componentes treináveis; apenas diferirá o grau de ênfase. Portanto, os treinadores devem decidir quais componentes treináveis devem ser enfatizados no âmbito de determinado ciclo de treinamento, e quais devem ser praticados em um nível de manutenção.

5. Depois de ter sido formulada, cada fase da temporada, ou macrociclo, deve ser subdividida em mesociclos que contêm períodos de trabalho e de recuperação. Para possibilitar a progressão dentro de cada macrociclo, cada um desses períodos deve conter pelo menos dois mesociclos. Conforme já mencionei, a duração dos macrociclos dependerá de diversos fatores, alguns dos quais podem estar relacionados à competição, e muitos dos quais talvez não. A fase de trabalho desses mesociclos deve ser planejada para períodos nos quais os atletas, provavelmente, estarão relativamente livres de influências externas, de modo que possam comparecer regularmente ao treinamento e trabalhar de maneira consciente. Os períodos de recuperação devem ser marcados durante competições em que sejam desejáveis bons desempenhos, e durante ocasiões em que seja provável a interferência de influências externas no treinamento.

6. A etapa seguinte consiste em determinar os objetivos para volume e intensidade de treinamento para de mesociclo.

7. As próximas escolhas que deverão ser feitas dizem respeito à quantidade relativa de cada tipo de treinamento que será realizado em cada mesociclo. Essas decisões serão determinadas pelos objetivos do macrociclo no qual estão inseridos os mesociclos.

8. Tão logo tenham sido escolhidos os tipos e quantidades de treinamento, será preciso selecionar um sistema (ou sistemas) de progressão para cada mesociclo. O treinamento deve ficar progressivamente mais difícil, por algum tipo de ação, desde o início da temporada até o período de polimento.

9. A etapa final nesse processo consiste em estabelecer um sistema de avaliação para cada mesociclo e para cada macrociclo.

Planos anuais de treinamento com duas temporadas

Nesta seção, discutiremos planos anuais de treinamento com duas temporadas para nadadores meio-fundistas e fundistas, velocistas de 100 e 200, e velocistas de 50 e 100. Cada um desses planos envolve temporadas em piscinas curta e longa. Nesses exemplos, a temporada em piscina curta tem início em meados de setembro e continua até o final de março, culminando com a principal competição ou competições da primavera. Nos EUA, as principais competições da temporada em piscina curta são comumente o Campeonato da NCAA, os Campeonatos Mundiais, os campeonatos das escolas secundárias ou os campeonatos da YMCA. Em outros países, esse *meeting* final pode ser um campeonato nacional, um campeonato mundial regional ou um campeonato mundial. Para atletas que não competem em nível nacional ou internacional, o principal campeonato da temporada em piscina curta poderá ser um *meeting* setorial de clubes, universidades etc., de liga ou regional.

A temporada em piscina longa estende-se desde abril até o final de agosto. Para nadadores de nível nacional ou internacional, comumente a temporada termina com um campeonato internacional importante envolvendo alguns países, ou com um campeonato nacional. Para outros nadadores, a principal competição da temporada em piscina longa pode ser outro *meeting* de ligas ou campeonato regional.

Plano anual de treinamento com duas temporadas para nadadores meio-fundistas e fundistas

A Figura 17.10 ilustra um exemplo de plano anual de treinamento para nadadores meio-fundistas e fundistas de nível internacional. A temporada em piscina curta teve a duração de 26 semanas, de setembro até abril. O responsável pelo plano selecionou uma fase de preparação geral de 8 semanas de setembro até meados de novembro, para que os atletas adquirissem uma boa base aeróbica, e foi utilizado um plano com mesociclos em escadaria para as primeiras 4 semanas, porque os atletas se ajustam rapidamente ao treinamento durante esse período. Foi utilizado um mesociclo com configuração 3 + 1 constante

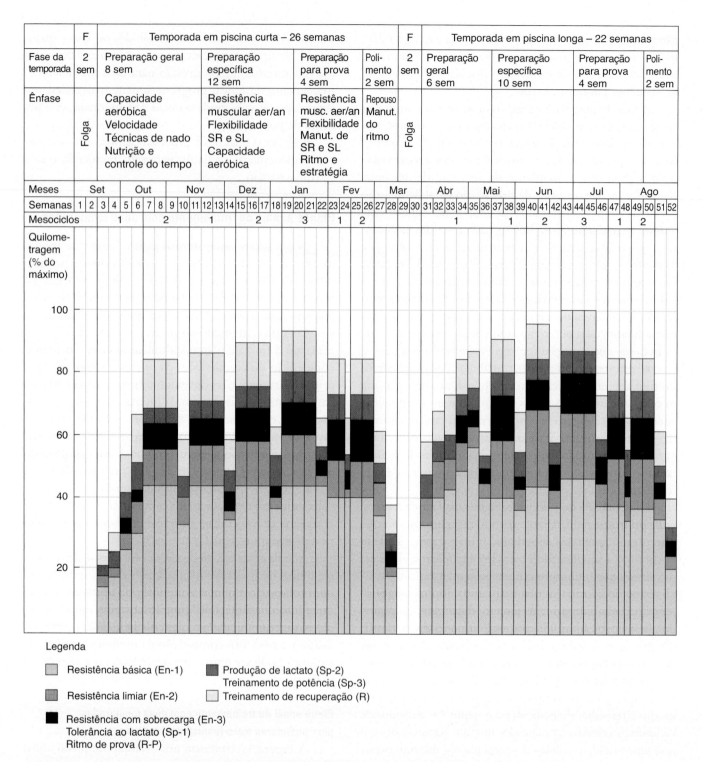

Figura 17.10 Plano anual de treinamento com duas temporadas para nadadores meio-fundistas e fundistas.

para as quatro semanas finais dessa fase. Nessa fase, aumentos de volume foi o sistema preferido para sobrecarga progressiva. A quilometragem de treinamento semanal aumentou de 25% do máximo para o ano até aproximadamente 80% desse máximo.

No início do período de preparação geral, a intensidade de treinamento foi baixa, tendo aumentado para níveis moderados ao final da fase. O aumento na intensidade ocorreu de forma mais ou menos não planejada. Ocorreu simplesmente porque o nível de condicionamento dos nadadores estava melhorando rapidamente. Durante esse período, o volume de treinamento semanal foi aumentado; para tanto, foi aumentada a frequência do treinamento semanal, de uma vez por dia para duas vezes por dia, e também foi aumentada a quilometragem por sessão de treinamento.

A maior parte da quilometragem, entre 60 e 70%, foi nadada no nível de resistência básica (En-1). Foram incluídos nas primeiras quatro semanas pequenos volumes de treinamento no limiar (En-2), que foi aumentado até aproximadamente 10% do total durante o segundo período de quatro semanas da fase de preparação geral. Também foi incluído algum treinamento de resistência com sobrecarga (En-3) durante o segundo mesociclo da fase de preparação geral. O treinamento de velocidade (treinamento de produção de lactato e treinamento de potência) foi mantido em níveis entre 5 e 7% do total ao longo de toda a fase de preparação geral, e o treinamento de recuperação foi mantido em aproximadamente 15% do total ao longo de todo o período.

Os limiares aeróbicos e anaeróbicos dos nadadores deviam ser avaliados a intervalos aproximados de 3 a 4 semanas, e suas velocidades de treinamento deviam ter aumentado com a melhora da velocidade de nado nesses limiares.

A fase de preparação específica da temporada em piscina curta durou 12 semanas, de meados de novembro até fevereiro. A quilometragem semanal aumentou a cada novo mesociclo, até chegar a algo 5 a 10% do máximo planejado para o ano (assumindo que o *meeting* mais importante do ano ocorreria durante o verão). Durante esse período, o maior volume da quilometragem total de Natação foi realizado no tipo ou tipos principais de nado. Os atletas nadaram a maior parte do treinamento no limiar (En-2), de resistência com sobrecarga (En-3) e de velocidade em seus principais tipos de nado, de modo que todas as fibras musculares utilizadas por eles nesses tipos recebessem estimulação adequada para seu desenvolvimento, tanto aeróbico como anaeróbico .

Durante essa fase, os métodos de sobrecarga progressiva utilizados consistiram em aumentos no volume e também na intensidade. A fase de preparação específica foi elaborada com três mesociclos constantes na configuração 3 + 1, de modo que uma grande parte das fases de trabalho dos dois últimos mesociclos caíssem durante os períodos de férias. As semanas de recuperação foram planejadas para cair na época do Natal e no início do segundo semestre para a maioria das universidades.

Durante esse período, os percentuais de cada tipo de treinamento tomaram por base uma quilometragem média de treinamento semanal de 75 km. O treinamento básico de resistência (En-1) continuou a ser a principal atividade, mas aumentaram consideravelmente os volumes de treinamento no limiar (En-2) e de resistência com sobrecarga (En-3), compreendendo aproximadamente 30% da quilometragem total. O treinamento de velocidade

(Sp-2 e Sp-3) continuou no volume da fase precedente. O volume de treinamento de recuperação permaneceu aproximadamente no mesmo percentual do total ocupado na fase da temporada precedente, porém aumentou um pouco, por causa do maior volume total de treinamento que estava sendo realizado pelos nadadores. O volume de treinamento devia alcançar aproximadamente 90% da quilometragem semanal máxima para o ano de treinamento durante o segundo mesociclo do período de preparação especial em piscina curta.

Devem ter sido obtidas avaliações dos limiares aeróbico e anaeróbico ao final de cada mesociclo do período de preparação específica, em que as velocidades de treinamento aumentaram com o aumento da velocidade nesses limiares, e deve ter sido utilizada alguma medida de resistência aeróbica e anaeróbica (i. e., dV5-10 ou uma série de repetições padronizadas) durante a fase de preparação específica. O treinamento devia ter continuidade em grande intensidade durante essa fase, desde que a resistência aeróbica e anaeróbica dos nadadores estivesse melhorando; entretanto, devia ser possibilitada alguma recuperação, caso ocorresse declínio de qualquer desses constituintes do treinamento.

Para a temporada em piscina curta, foi selecionada uma fase de preparação para as provas de apenas quatro semanas. Os treinamentos de resistência com sobrecarga (En-3) e em ritmo de prova (R-P) foram praticamente idênticos nas adaptações fisiológicas geradas para nadadores meiofundistas e fundistas, e assim a finalidade principal da fase de preparação para as provas foi simplesmente aprimorar o *feeling* dos nadadores para o ritmo de prova. Os atletas deviam ter melhorado sua resistência muscular aeróbica e anaeróbica durante a fase de preparação específica precedente e, portanto, deviam ser capazes de se adaptar com rapidez ao treinamento em ritmo de prova. A fase de preparação para as provas continuou ao longo de fevereiro, até que tivesse sido iniciado o polimento para o principal *meeting* da primavera. A quilometragem semanal diminuiu entre 10 e 15%, para permitir maior intensidade de treinamento durante o período de preparação para as provas.

A fase de preparação para as provas consistia em dois mesociclos constantes curtos. O primeiro mesociclo teve uma fase de trabalho de 1 ½ semana, seguida por uma fase de recuperação de ½ semana. Um dos *meetings* mais importantes da temporada estava marcado para o final dessa semana, e assim a fase de recuperação também funcionou como um período de minipolimento. O segundo mesociclo teve uma fase de trabalho de duas semanas, e a semana de recuperação que se seguiu funcionou como uma fase de polimento.

A intensidade de treinamento aumentou até seu ponto mais alto da temporada. Durante essa fase, os volumes de treinamento básico de resistência (En-1) e de treinamento no limiar (En-2) diminuíram até seus níveis de manutenção. O treinamento em ritmo de prova (R-P) aumentou consideravelmente, com o objetivo de que, no final dessa fase, os atletas pudessem nadar séries significativas de resistência abaixo da distância no ritmo de prova desejado. Não houve necessidade de treinamento de resistência com sobrecarga (En-3), porque as adaptações geradas pelo treinamento em ritmo de prova foram idênticas àquelas do tipo de treinamento precedente. O treinamento de velocidade permaneceu no nível das fases precedentes, e o volume do treinamento de recuperação aumentou um pouco, pois os nadadores treinavam mais frequentemente em grande intensidade. Durante essa fase, aumentos na intensidade ou na densidade são as melhores escolhas para a sobrecarga progressiva. Os percentuais para cada tipo de treinamento tomaram por base a quilometragem semanal média de 60 km.

Foram feitas avaliações do limiar anaeróbico e da resistência muscular aeróbica e anaeróbica durante cada mesociclo da fase de preparação para as provas. O limiar anaeróbico pode declinar um pouco, mas isto não deve ser preocupante, se a resistência muscular aeróbica e anaeróbica estiver melhorando. Deve-se dar aos nadadores mais tempo para recuperação, se sua resistência muscular aeróbica e anaeróbica não estiver melhorando.

O período de polimento de duas semanas que se seguiu à fase em ritmo de prova foi deixado de lado para a preparação para uma competição importante no final de março, no Campeonato da NCAA, no campeonato nacional para determinado país ou em um campeonato regional em alguma parte do mundo. Os procedimentos para o planejamento do treinamento durante a fase de polimento serão detalhados no Capítulo 18.

Seguiu-se à fase de polimento uma folga de duas semanas. Um período de folga como esse talvez deixe de existir no planejamento de muitas temporadas, por causa da proliferação de importantes *meetings* internacionais ocorrida nos últimos anos. Frequentemente exige-se dos atletas que estendam seus polimentos por duas ou mais semanas, para que possam competir nesses *meetings*.

A temporada de 22 semanas em piscina longa teve início em abril e terminou com a competição mais importante do ano de treinamento. Nesse caso, um período de seis semanas, de abril até meados de maio, foi selecionado para a fase de preparação geral. Essa fase teve duas semanas a menos do que a fase correspondente na temporada precedente, porque a temporada em piscina longa completa foi mais curta, e também porque os atletas já deviam estar com uma forte base aeróbica, adquirida na temporada de piscina curta. Os objetivos para essa fase da

temporada eram os mesmos perseguidos no período de preparação geral da temporada em piscina curta.

A fase de preparação geral em piscina longa foi elaborada na forma de um mesociclo em escadaria com um período de trabalho de cinco semanas e com um período de recuperação de uma semana. Na temporada em piscina longa, as quilometragens semanais inicial e final foram maiores nessa fase do que na temporada em piscina curta, pois, conforme já mencionei anteriormente, os atletas já deveriam ter conquistado uma forte base aeróbica.

A quilometragem de treino semanal começou em aproximadamente 60% do máximo para o ano de treinamento, tendo progredido para mais de 80% desse máximo ao final da fase; também aqui, os aumentos de volume foram utilizados como método de aplicação de sobrecarga progressiva. É provável que os nadadores estivessem também treinando em sobrecarga mediante o aumento de sua velocidade de nado, por terem retornado em bom condicionamento físico rapidamente depois da breve folga subsequente à temporada precedente.

Os percentuais de cada tipo de treinamento foram idênticos aos da fase de preparação geral da temporada em piscina curta, mas a quilometragem de treinamento semanal foi um pouco maior, porque os atletas não estavam em período de aula e tinham mais tempo para treinar e repousar.

Para a temporada em piscina longa, o período de preparação específica teve a duração de 10 semanas. Também nesse período, os métodos utilizados para sobrecarga progressiva foram aumentos no volume e na intensidade. Devido à sua duração, a fase de resistência específica para piscina longa foi elaborada com três mesociclos: os dois primeiros mesociclos tinham configurações de 2 + 1, e o mesociclo restante possuía uma fase de trabalho de 3 semanas seguida por uma fase de recuperação de 1 semana (3 + 1).

A quilometragem de treinamento semanal aumentou gradualmente a cada mesociclo da fase de preparação específica em piscina longa, até que, durante o terceiro mesociclo, atingiu 100% do máximo selecionado para o ano de treinamento. Os percentuais de cada tipo de treinamento e os métodos de avaliação foram idênticos àqueles descritos para a temporada em piscina curta.

A fase de preparação para provas teve duração de 4 semanas durante a temporada em piscina longa, igual ao que havia ocorrido na mesma fase durante a temporada em piscina curta. Essa fase estava constituída de dois mesociclos: o primeiro teve uma fase de trabalho de 1 ½ semana e um período de recuperação de ½ semana; o segundo teve uma fase de trabalho de 2 semanas, e o polimento funcionava como fase de recuperação para esse mesociclo. Durante a fase de preparação para as provas, a quilometragem semanal decresce algo entre 15 e 20%.

Os tipos e percentuais de treinamento, os métodos de sobrecarga progressiva e a quilometragem semanal foram idênticos àqueles utilizados na temporada em piscina curta. No entanto, durante o período de preparação para as provas em piscina longa, a intensidade do nado deve estar em seu nível mais alto para o ano de treinamento. A essa altura, os atletas devem nadar suas repetições mais rápidas do ano.

O período de polimento teve duração de duas semanas, como havia sido durante o polimento para a temporada em piscina curta. O período de polimento culminou com o *meeting* mais importante do verão e de todo o ano de treinamento. O polimento foi seguido por um período de folga de duas semanas, antes do início do ano escolar seguinte e do próximo ano de treinamento.

Plano anual de duas temporadas para velocistas de 100 e 200

A Figura 17.11 ilustra um exemplo de plano anual de treinamento para velocistas de 100 e 200. Esse plano exibe várias diferenças com relação ao plano para nadores meio-fundistas e fundistas na Figura 17.10, bem como algumas semelhanças. As duas primeiras diferenças diziam respeito à duração das fases de preparação específica e de preparação para as provas: a fase de preparação específica foi mais curta, e a de preparação para as provas foi mais longa. Esse esquema dava aos velocistas de 100 e 200 a oportunidade de fazer mais treinamento de velocidade e de tamponamento. Ao encurtar a fase de preparação específica, os velocistas tinham menor probabilidade de perder uma quantidade significativa de velocidade e potência em suas fibras musculares de contração rápida, porque o volume de treinamento de resistência limiar e com sobrecarga realizado não havia aumentado significativamente.

Uma diferença final no planejamento da temporada para velocistas de 100 e 200 se situou no volume dos treinamentos de tolerância ao lactato (Sp-1), de produção de lactato (Sp-2) e de potência realizados por esses nadores. Os velocistas nadaram mais repetições desses tipos, pois a velocidade e a capacidade de tamponamento eram muito mais importantes para o sucesso em suas provas.

Como fica evidenciado na Figura 17.11, o período de preparação geral teve a duração de nove semanas durante a temporada em piscina curta. O organizador do plano optou por essa duração para proporcionar aos nadores ampla oportunidade de aprimorar os mecanismos circulatórios e respiratórios responsáveis pelo fornecimento de oxigênio aos músculos, e como forma de melhorar a utilização de oxigênio pelas fibras musculares de contração lenta dos atletas. A quilometragem de treinamento se-

manal teve início a aproximadamente 30% do máximo para o ano de treinamento, tendo aumentado até além dos 80% desse máximo durante a fase de preparação geral em piscina curta.

A fase de preparação geral foi elaborada com dois mesociclos. O primeiro era do tipo em escadaria, com duração de quatro semanas, o qual não teve fase de recuperação, por causa do crescimento gradual que ocorre a partir do início da temporada. O segundo mesociclo teve uma fase de trabalho de quatro semanas, seguida por uma semana de recuperação; durante esse mesociclo, a quilometragem de treinamento alcançou 80% do máximo planejado para a temporada, além de ter ocorrido um desvio gradual da ênfase em favor de mais treinamento de resistência em cada tipo (ou tipos) de nado principal do nadador, o que serviu como preparação para um treinamento mais específico durante a fase seguinte da temporada.

Durante a fase de preparação geral, os atletas devotaram aproximadamente 50% da quilometragem semanal total ao treinamento básico de resistência (En-1). Os treinamentos de produção de lactato e de potência representavam aproximadamente 10% do total, e o de recuperação representava aproximadamente 15%. Durante a 3ª semana da fase de preparação geral, foi introduzido o treinamento no limiar, que aumentou até aproximadamente 10% da quilometragem total durante o segundo mesociclo dessa fase. O treinamento de resistência com sobrecarga (En-3) foi introduzido durante a 4ª semana, representando aproximadamente 5% da quilometragem total para o restante da fase de preparação geral. Os percentuais de treinamento sugeridos para esses nadores durante a fase de preparação geral tomaram por base uma quilometragem semanal média de 50 km. Aumento dos volumes foi o método preferido para a sobrecarga progressiva durante essa fase da temporada, embora os atletas também estivessem aumentando suas velocidades de repetições, à medida que adquiriam melhor condicionamento físico.

Com oito semanas de duração, a fase de preparação específica para velocistas de 100 e 200 foi mais curta que a fase correspondente para nadores meio-fundistas e fundistas. Essa fase foi abreviada com a finalidade de reduzir o volume de treinamento de resistência de grande intensidade e o efeito inibidor que poderia ter na velocidade de tiro dos nadores. Entretanto, os atletas que nadavam provas de 200 precisavam praticar um volume razoável de treinamento de resistência de grande intensidade em seus programas durante essa fase da temporada, porque precisavam melhorar as velocidades de consumo de oxigênio e de remoção de lactato por suas fibras musculares de contração rápida, para que fossem bem-sucedidos. No entanto, isso devia ser feito sem que houvesse qualquer efeito significativo e prolongado na velocidade e na potência.

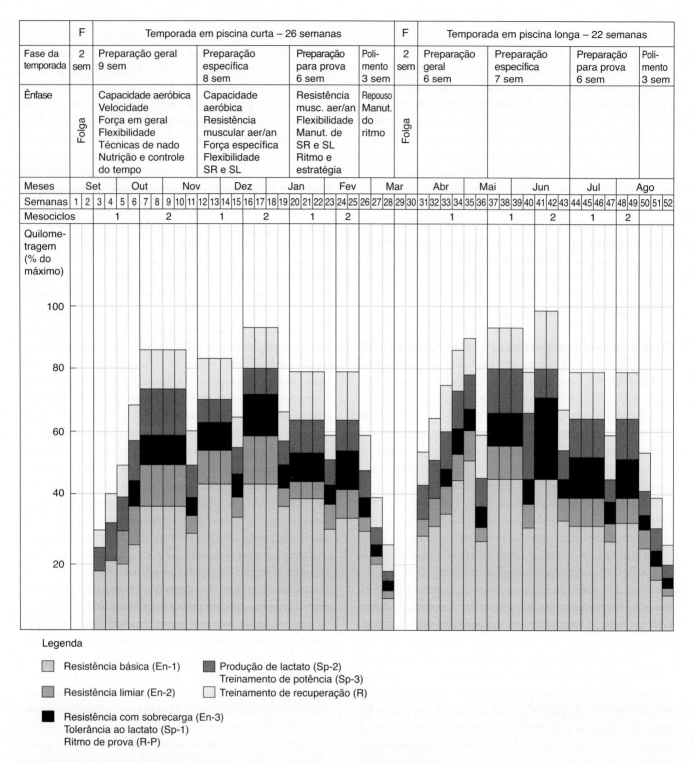

Figura 17.11 Plano anual de treinamento com duas temporadas para velocistas de 100 e 200.

Durante essa fase da temporada, os nadadores deviam completar a maior parte de seu treinamento de resistência em grande intensidade e seu treinamento de velocidade no principal tipo (ou tipos) de nado. Durante o segundo mesociclo do período de preparação específica em piscina curta, a quilometragem de treinamento semanal devia aumentar até algo entre 90 e 95% do máximo anual.

O período de preparação específica foi dividido em dois mesociclos de quatro semanas, cada qual com uma configuração de 3 + 1. A milhagem máxima planejada para a temporada foi atingida durante o segundo desses mesociclos. Aumentos no volume e na intensidade do treinamento foram os métodos utilizados durante essa fase para a sobrecarga progressiva.

Observe que os volumes dos treinamentos de resistência limiar (En-2), de resistência com sobrecarga (En-2) e de tolerância ao lactato (Sp-1) aumentaram consideravelmente durante o segundo mesociclo da fase de preparação específica. Nessa ocasião, os treinamentos de resistência limiar e de resistência com sobrecarga representavam aproximadamente 30% da quilometragem semanal total. Embora enfatizado, o volume da resistência limiar (En-2) e da resistência com sobrecarga (En-3) não foi tão grande como o volume para nadadores meio-fundistas e fundistas, porque velocistas de 100 e 200 nadavam menor número de metros por semana. Parte de seu treinamento de resistência limiar e de resistência com sobrecarga era feito em séries corridas, mas as séries não eram tão longas como o foram para nadadores meio-fundistas e fundistas. Porém, a maioria de seu treinamento de resistência de grande intensidade foi completada ao final de séries decrescentes.

Também foram incluídos pequenos volumes de treinamento de tolerância ao lactato para velocistas de 100 e 200 durante essa fase, porque tal treinamento enfatiza a capacidade de tamponamento. Como ocorreu na fase precedente, foram incluídos volumes adicionais de treinamento de velocidade para essa categoria de competidores, além de ter sido aumentado o volume de treinamento de potência. Durante a fase de preparação específica, o percentual de treinamento de velocidade permaneceu em aproximadamente 10% do total, mas o volume total de treinamento de velocidade foi maior, pois a quilometragem semanal aumentou durante essa fase da temporada.

O treinamento básico de resistência permaneceu em aproximadamente 50% do total semanal, e o percentual de treinamento de recuperação permaneceu em aproximadamente 15% do total. Os percentuais de cada tipo de treinamento durante a fase de preparação específica tomaram por base uma quilometragem média de treinamento semanal de 60 km.

O organizador do plano estabeleceu em seis semanas a fase de preparação para as provas para velocistas de 100 e 200; com isso, os atletas teriam mais tempo para melhorar sua resistência muscular aeróbica e anaeróbica e capacidade de tamponamento em condições similares às das provas. A fase de preparação para as provas mais longas foi marcada porque, em geral, os nadadores velocistas têm maior potência anaeróbica intrínseca, exigindo mais tempo para seu desenvolvimento. Nesse tocante, grande parte do treinamento em ritmo de prova realizado pelos nadadores durante esse período também contribuiu para melhorar sua potência anaeróbica, já que esse treinamento foi praticado em velocidades rápidas e em distâncias curtas. Assim, os percentuais de treinamento de produção de lactato (Sp-2) realizados pelos nadadores diminuíram para algo entre 5 e

7% do total durante a fase de preparação para as provas, por causa da superposição com os treinamentos de tolerância ao lactato e em ritmo de prova, mas o volume de treinamento de potência (Sp-3) aumentou. O decréscimo no treinamento de produção de lactato (Sp-2) não foi refletido pelos percentuais na Figura 17.11, pois estes foram baseados em uma quilometragem semanal total 20 a 25% abaixo do máximo da temporada.

O percentual de treinamento básico de resistência diminuiu para aproximadamente 40% da quilometragem semanal total, e o percentual de treinamento no limiar diminuiu para níveis de manutenção durante a fase de preparação para as provas. O percentual de treinamento de recuperação aumentou para aproximadamente 20% do total, porque os atletas nadavam em grande intensidade com maior frequência. Portanto, precisavam de mais tempo para o reparo dos tecidos musculares e para a reposição do glicogênio muscular.

O período de preparação para as provas para esses nadadores foi dividido em dois mesociclos: o primeiro mesociclo teve uma fase de trabalho de três semanas, e uma fase de recuperação de uma semana; o segundo mesociclo teve uma fase de trabalho de duas semanas, e o período de recuperação coincidiu com a primeira semana da fase seguinte, o polimento. A sobrecarga progressiva foi aplicada mediante o aumento da intensidade ou da densidade durante a fase de preparação para as provas da temporada em piscina curta.

As avaliações dos limiares aeróbicos e anaeróbicos devem ter sido realizadas durante os períodos de preparação geral e específica da temporada em piscina curta, com velocidades de treinamento aumentadas à medida que esses limiares aumentavam. Deve ter sido utilizada alguma medida da resistência muscular aeróbica e anaeróbica durante o período de preparação específica, e durante a fase de preparação para as provas que se seguiu, com o objetivo de avaliar mudanças nesse mecanismo fisiológico. A resistência aeróbica e anaeróbica deve melhorar significativamente durante essas duas fases da temporada; se isso não ocorreu, possivelmente os atletas estavam nadando com intensidade excessiva com demasiada frequência. Nesse caso, deveriam ser reduzidos os volumes de treinamento de resistência limiar (En-2), resistência com sobrecarga (En-3) e tolerância ao lactato (Sp-1), sendo substituídos por mais treinamento de resistência básico e por treinamento de recuperação.

A velocidade de tiro e, se possível, os picos de lactato sanguíneo devem ser avaliados durante o período de preparação específica da temporada em piscina curta, com o objetivo de determinar se os progressos nos limiares aeróbicos e anaeróbicos dos nadadores eram devidos a um aumento na capacidade aeróbica, ou se, em vez disso, foram causados por um decréscimo na potência anaeróbica. Em caso de suspeita desse último efeito, os volumes de treinamento de resistência limiar (En-2) e com sobrecarga (En-3) deviam ser reduzidos.

Também devem ser efetuadas avaliações da velocidade de tiro e da potência de nado durante as fases de preparação geral da temporada, mas apenas para que se tenha a certeza de que a potência muscular e as taxas de metabolismo anaeróbico dos atletas não declinaram demasiadamente.

As avaliações da velocidade de tiro e da potência de nado devem continuar durante a fase de preparação para as provas, e nessa ocasião esses dois componentes treináveis devem melhorar drasticamente. Caso isso não ocorra, a razão pode ser que os nadadores estão praticando um volume demasiadamente grande de nado de tolerância ao lactato, ou estão fazendo um volume excessivo de treinamento de resistência de grande intensidade.

O polimento para a temporada em piscina curta foi estendido para três semanas para os velocistas de 100 e 200, porque comumente eles dependem de um período de recuperação mais longo para ter o melhor desempenho possível. O polimento pode ser seguido por uma folga, ou por uma extensão do período de polimento de duas semanas, quando são realizados outros *meetings* antes do início da temporada em piscina longa.

A temporada em piscina longa para velocistas de 100 e 200 teve 22 semanas de duração. A fase de preparação geral foi abreviada para 6 semanas, porque os atletas haviam preservado uma base aeróbica razoável, adquirida na temporada em piscina curta precedente. Com 7 semanas de duração, a fase de preparação específica também foi mais curta do que havia sido durante a temporada em piscina curta. A fase de preparação para as provas teve 6 semanas de duração, mesmo período utilizado na temporada em piscina curta.

Durante a temporada em piscina longa, as quilometragens inicial e final foram um pouco maiores para os períodos de preparação geral e específica, em comparação com o que ocorreu durante a temporada em piscina curta precedente. Os atletas não estavam na escola durante os meses de verão, e assim tinham mais tempo para treinar e descansar. A quilometragem de treinamento teve início em um nível aproximadamente igual a 50% do máximo semanal para a temporada, tendo progredido para 90% do máximo anual ao final do período de preparação geral em piscina longa. A quilometragem de treinamento semanal aumentou para 100% do máximo anual durante o segundo mesociclo do período de preparação específica em piscina longa. A quilometragem de treinamento diminuiu para aproximadamente 80% do máximo da temporada durante a fase de preparação para as provas da tem-

porada em piscina longa, como já havia ocorrido durante a mesma fase da temporada em piscina curta.

Para o período de preparação geral da temporada em piscina longa foi selecionado um longo mesociclo em escadaria, com um período de trabalho de cinco semanas e um período de recuperação de uma semana, para que ficasse assegurado o retorno da capacidade aeróbica. O período de preparação específica foi elaborado com dois mesociclos: o primeiro teve uma configuração de 3 + 1 e o segundo teve uma fase de trabalho de duas semanas, seguidas por um período de recuperação de uma semana. A fase de preparação para as provas também foi elaborada com dois mesociclos: o primeiro teve uma configuração de 3 + 1 e o segundo teve uma fase de trabalho de duas semanas, em que a primeira semana do período de polimento funcionava como período de recuperação para esse mesociclo.

O período de polimento teve duração de três semanas, como já havia acontecido durante a temporada em piscina curta. Em seguida, os nadadores gozaram de uma folga de duas semanas, antecedendo o início do ano de treinamento subsequente.

Para a temporada em piscina longa, os percentuais de cada tipo de treinamento, os sistemas de sobrecarga progressiva e os métodos de avaliação devem ser idênticos aos utilizados e descritos para a temporada em piscina curta. Conforme já mencionei, a quilometragem de treinamento semanal deve ser um pouco maior durante a temporada em piscina longa, se o *meeting* ao final do verão for a principal competição do ano. Pela mesma razão, durante a temporada em piscina longa a intensidade de nado também deve estar em seu nível mais alto para o ano de treinamento.

Plano anual de treinamento com duas temporadas para velocistas de 50 e 100

A Figura 17.12 é um exemplo de plano anual de treinamento para velocistas que se especializam nas distâncias de prova de 50 e 100. A principal diferença entre esse plano e os dois planos precedentes é que o treinamento de velocidade foi prioridade durante cada fase de cada estação. Outra diferença foi que a quantidade semanal da quilometragem de resistência devia diminuir, em comparação com a quantidade de nadadores competindo em eventos mais longos, para a redução do efeito desse tipo de treinamento na velocidade de tiro.

Talvez a maior diferença no plano para velocistas de 50 e 100, em comparação com os outros dois planos, foi que os mesociclos na fase específica de resistência foram elaborados com o objetivo de aumentar a capacidade aeróbica e a resistência muscular aeróbica e anaeróbica, sem causar redução significativa na velocidade de tiro.

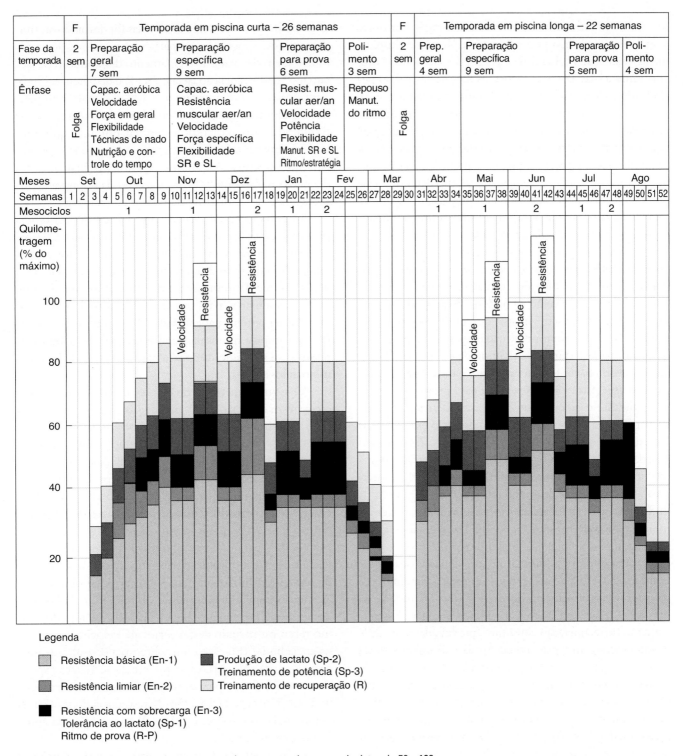

Figura 17.12 Plano anual de treinamento com duas temporadas para velocistas de 50 e 100.

Nadadores especialistas em eventos de 50 e 100 realmente precisam melhorar sua capacidade aeróbica, mas não à custa de sua velocidade de tiro. Grande parte dessa evolução pode ser realizada com nado de resistência básica, que não deve afetar a velocidade de contração e potência das fibras musculares de contração lenta. Entretanto, os atletas também devem devotar algum tempo nadando em velocidades limiares e mais rápidas, com o objetivo de aumentar tanto a velocidade de consumo de oxigênio como de remoção de lactato de suas fibras musculares de contração rápida. Para que esses nadadores tenham bom desempenho para distâncias de 100 jd/m, é essencial que ocorra aumento na capacidade aeróbica das fibras musculares de contração rápida, particularmente quando os eventos de 100 m são realizados em piscinas longas. Por outro lado, esses atletas não podem se dar ao luxo de simplesmente manter sua velocidade e potência anaeróbica; é preciso aumentá-las. Por essas razões, os mesociclos para o período de preparação específica foram planejados com o objetivo de enfatizar a capacidade aeróbica e a resistência muscular aeróbica e anaeróbica durante duas semanas, para então enfatizar a velocidade de tiro durante duas semanas, de modo que a resistência possa ser melhorada com menor chance de perda da velocidade de tiro. Para que esse objetivo seja concretizado, a fase de preparação específica foi planejada com uma duração consideravelmente maior do que as demais fases da temporada.

Como ocorre também nos planos para outras categorias de nadadores, a duração de cada temporada foi planejada de modo a coincidir com as principais competições de primavera e verão. O período de preparação geral foi estabelecido em sete semanas durante a temporada em piscina curta, mas foram destinadas apenas quatro semanas para essa fase durante a temporada em piscina longa; assim, deveria haver tempo suficiente para as fases de preparação específica e de preparação para provas.

Durante o treinamento em piscina curta, a fase de preparação geral consistia em um mesociclo em escadaria com duração de sete semanas. Ao longo dessa fase da temporada, a quilometragem de treinamento semanal progrediu de aproximadamente 30% para mais de 80% do máximo da temporada. Um percentual entre 50 e 60% da quilometragem de treinamento foi devotado ao treinamento básico de resistência. Foram acrescentados a esse total pequenos volumes de treinamento no limiar e com sobrecarga durante as últimas quatro semanas dessa fase. Durante cada uma dessas semanas, aproximadamente 10% da quilometragem foram devotados ao treinamento de produção de lactato e ao treinamento de potência, e o treinamento de recuperação constituiu aproximadamente 20% da quilometragem semanal total. Aproximadamente 8% da quilometragem semanal foram completados na forma de treinamento de tolerância ao lactato durante as quatro últimas semanas desse mesociclo. Os percentuais de cada tipo de treinamento tiveram por base uma quilometragem semanal média de 40 km. Para a sobrecarga progressiva, foi utilizado o método de aumento de volume.

Conforme já foi dito, o período de preparação específica foi a fase mais longa, tanto durante a temporada em piscina curta como durante a temporada em piscina longa. A duração de nove semanas durante as duas temporadas deu tempo para a dupla finalidade de melhorar a resistência e também a velocidade. O período de preparação específica foi dividido em dois mesociclos mistos, tanto durante a temporada em piscina curta como em piscina longa. Cada mesociclo se prolongou por quatro semanas.

O primeiro período de duas semanas foi devotado ao treinamento de velocidade; em particular, nessa ocasião a quilometragem devotada ao treinamento de produção de lactato (Sp-2), tolerância ao lactato (Sp-1) e de potência (Sp-3) aumentou até aproximadamente 12% do total. O aumento na quilometragem de velocidade total foi maior do que o indicado pelo aumento percentual, porque a quilometragem semanal também aumentou durante a fase de preparação específica. A quilometragem de treinamento foi de aproximadamente 80% do máximo da temporada durante a fase de velocidade de cada mesociclo misto.

O percentual de treinamento básico de resistência permaneceu em aproximadamente 45% do total, e o percentual de treinamento de recuperação em aproximadamente 20% do total durante esse mesociclo de velocidade. O volume de treinamento no limiar diminuiu durante essas duas semanas, para que fosse minimizado seu efeito inibidor na potência anaeróbica. O responsável pelo projeto optou pela intensidade, como sistema de sobrecarga progressiva utilizado durante a parte de velocidade desses mesociclos mistos.

O segundo período de duas semanas de cada mesociclo misto do período de preparação específica foi devotado à melhora da capacidade aeróbica e da remoção de lactato nas fibras musculares de contração rápida. Isso foi feito com o objetivo de preparar os nadadores para um bom nível de competição em seus eventos de 100, e também para expandir o volume de trabalho de velocidade em grande intensidade que seriam capazes de fazer durante a fase de preparação para as provas que se seguiu. No entanto, para que esse objetivo fosse concretizado, os nadadores não utilizaram séries corridas de treinamento de resistência limiar ou com sobrecarga; tal objetivo foi alcançado mediante o aumento do número e da duração das séries de resistência básica e pelo decréscimo do último terço ou metade dessas séries até velocidades de resistência limiar (En-2) e com sobrecarga (En-3) e, ocasionalmente, até velocidades de tolerância ao lactato (Sp-1). Durante essa fase, o percentual combinado de treinamento de tolerância ao lactato (Sp-2), resistência limiar (En-2) e resistência com sobrecarga (En-3) aumentou para aproximadamente 20%.

Os percentuais de treinamento básico de resistência e de treinamento de velocidade não mudaram durante a fase de resistência desse mesociclo misto, mas o percentual de treinamento de recuperação aumentou até aproximadamente 25%, pois as maiores quantidades de treinamento de resistência de grande intensidade e de treinamento de velocidade dependiam de maior tempo de recuperação.

A quilometragem semanal máxima planejada para cada temporada deveria ser alcançada durante a fase de resistência do segundo mesociclo de resistência durante a fase de preparação específica. Durante as duas temporadas, o período de preparação específica terminava com uma semana de recuperação, antes que os atletas avançassem para a fase de preparação para as provas. Um aumento no volume de treinamento foi o principal sistema de sobrecarga progressiva utilizado durante a fase de resistência de cada mesociclo misto da fase de preparação específica.

O período de preparação para as provas teve duração de seis semanas durante a temporada em piscina curta, e de apenas cinco semanas durante a temporada em piscina longa, porém o tempo devotado a cada tipo de treinamento foi praticamente idêntico nas duas temporadas.

A fase de preparação para as provas compunha-se de dois mesociclos, durante as duas temporadas. Na temporada em piscina curta, o primeiro mesociclo teve uma configuração de 2 + 1, e o segundo mesociclo teve duração de três semanas, em que o polimento funcionava como período de recuperação para o mesociclo. O primeiro mesociclo também teve um período de trabalho de duas semanas e um período de recuperação de uma semana durante a temporada em piscina longa. O segundo mesociclo teve duração de apenas duas semanas. A fase de polimento funcionou como período de recuperação para o segundo mesociclo em piscina longa da fase de preparação para as provas.

A ênfase durante a fase de preparação para as provas recaiu no aperfeiçoamento da resistência muscular aeróbica e anaeróbica e da velocidade de tiro. Foi utilizado o treinamento de tolerância ao lactato (Sp-1), em vez do treinamento de resistência com sobrecarga (En-3), com o objetivo de melhorar a resistência muscular aeróbica e anaeróbica, porque o primeiro tipo era mais efetivo para a melhora da capacidade de tamponamento. Por essa razão, o treinamento de tolerância ao lactato aumentou até seu maior volume, aproximadamente 20% da quilometragem total; o treinamento de velocidade permaneceu na faixa de 8 a 10% do total, e o limiar diminuiu drasticamente. O percentual de treinamento básico de resistência também diminuiu, mas apenas ligeiramente; já o volume de treinamento básico de resistência foi consideravelmente reduzido, porque os atletas treinavam com menos quilometragem semanal durante essa fase da temporada. Durante esse período, o percentual de cada tipo de treinamento tomou por base uma quilometragem média de treinamento semanal entre 40 e 45 km. A quilometragem de treinamento semanal diminuiu para aproximadamente 80% do máximo da temporada durante a fase de preparação para as provas, tanto na temporada em piscina curta como na temporada em piscina longa. Os sistemas de sobrecarga progressiva utilizados durante essa fase da temporada foram aumentos na intensidade e na densidade do treinamento.

Devem ter sido efetuadas avaliações da capacidade aeróbica, resistência muscular aeróbica e anaeróbica, e velocidade de tiro a intervalos aproximados de três semanas durante os períodos de preparação geral e de preparação específica. Os nadadores devem ter melhorado sua capacidade aeróbica com pouca perda de velocidade e potência. Os ritmos dos nadadores para treinamento de resistência devem ter sido baseados nos resultados de seus testes para capacidade aeróbica. A resistência muscular aeróbica e anaeróbica pode ter declinado um pouco durante a fase de preparação geral, mas deve ter aumentado durante o período de preparação específica.

Os responsáveis pelo projeto devem ter realizado medidas de resistência muscular aeróbica e anaeróbica, velocidade de tiro e potência muscular aproximadamente a cada três semanas durante a fase de preparação para as provas. A resistência muscular aeróbica e anaeróbica deve ter melhorado significativamente. Se isso não ocorreu, os nadadores devem ter praticado nado com intensidade e frequência excessivas; nesse caso, o volume de treinamento de tolerância ao lactato deveria diminuir, concomitantemente com o aumento do treinamento básico de resistência. Devem ter sido efetuadas avaliações da capacidade aeróbica, resistência muscular aeróbica e anaeróbica, e velocidade de tiro ao final de cada mesociclo de quatro semanas. A capacidade aeróbica e a velocidade de tiro podem ter declinado um pouco durante essa fase, mas provavelmente a resistência muscular aeróbica e anaeróbica aumentou.

As avaliações da velocidade de tiro e da potência de nado devem indicar melhora significativa durante a fase de preparação para as provas. Caso isso não tenha ocorrido, os nadadores podem ter exagerado no nado de tolerância ao lactato e/ou treinamento de resistência em grande intensidade. É preciso identificar a causa, sendo efetuada a devida correção.

A fase de polimento foi estendida para quatro semanas, tanto durante a temporada do ano em piscina curta como em piscina longa, porque os nadadores velocistas especialistas nas provas mais curtas comumente precisam de um período de recuperação mais longo para que seu desempenho seja máximo. Depois de cada temporada, a fase de polimento era seguida por uma folga, ou pela extensão do período de polimento de duas semanas.

Planos anuais de treinamento com três temporadas

Em geral, os planos anuais com três temporadas são subdivididos em temporadas de inverno, primavera e verão. A temporada de inverno tem início em setembro e comumente termina com um *meeting* regional, nacional ou internacional importante no início ou em meados de dezembro, realizado em piscinas curtas (em jardas ou em metros). A temporada de primavera começa em janeiro e termina com outro *meeting* regional, nacional ou internacional importante, realizado em algum momento entre o final de março e o início de abril. A temporada de verão começa em abril e termina com uma competição importante, comumente realizada em meados ou final de agosto.

As fases para cada temporada devem ser iguais às planejadas para os planos anuais com duas temporadas, exceto que habitualmente cada fase será mais curta; consequentemente, terá de ocorrer superposição dessas fases. Para que isso possa ser feito, o tipo de treinamento que será enfatizado na fase vindoura da temporada deverá ser aumentado um pouco durante as últimas duas semanas da fase precedente, para que seja reservado tempo adequado para promoção dos efeitos de treinamento desejados. Os tipos de treinamento que devem ser enfatizados durante cada fase da temporada, os percentuais de cada tipo de treinamento e os métodos para avaliação são idênticos àqueles descritos para os planos anuais com duas temporadas, e assim não serão discutidos nesta seção. A discussão que se segue diz respeito à duração das três temporadas, ao tamanho de cada fase do treinamento dentro de uma temporada em particular e à maneira em que mesociclos podem ser elaborados para cada fase de um ano com três temporadas.

Plano anual de treinamento com três temporadas para nadadores meio-fundistas e fundistas

A Figura 17.13 ilustra um plano com três temporadas para nadadores meio-fundistas e fundistas. A temporada de inverno teve 16 semanas de duração, de setembro até meados de dezembro, a qual foi seguida por uma folga de uma semana para os feriados do Natal. A temporada de primavera durou 13 semanas, começando em janeiro e tendo continuidade até o final de março, quando os

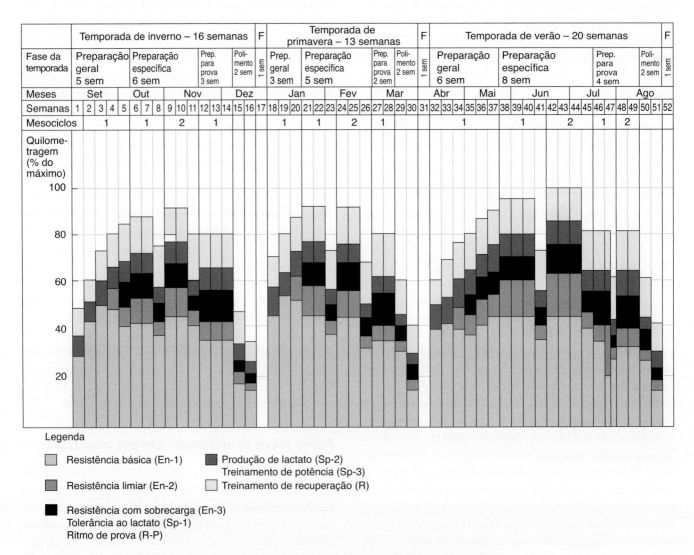

Figura 17.13 Plano anual de treinamento com três temporadas para nadadores meio-fundistas e fundistas.

nadadores tiveram uma folga de uma semana. A temporada de verão, a mais longa das três, teve início em abril e teve continuidade até o final de agosto. Então, os nadadores tiveram outra folga de uma semana e depois disso iniciaram seu novo ano de treinamento.

Plano anual de treinamento com três temporadas para velocistas de 100 e 200

A Figura 17.14 ilustra um exemplo de plano anual com três temporadas para velocistas especialistas em provas de 100 e 200. A principal diferença entre esse plano e o plano com três temporadas para nadadores meio-fundistas e fundistas foi a disponibilização de mais tempo na preparação para as provas nas temporadas de primavera e verão, quando são realizadas as competições mais importantes. O treinamento em ritmo de prova dos velocistas é substancialmente menos aeróbico e mais anaeróbico do que para nadadores meio-fundistas e fundistas, e, dessa forma, os velocistas precisavam de mais tempo para melhorar sua capacidade de tamponamento. O encurtamento dos períodos de preparação geral e específica proporcionou mais tempo para uma fase de preparação mais longa para as provas.

Plano anual de treinamento com três temporadas para velocistas de 50 e 100

A Figura 17.15 ilustra um exemplo de plano anual com três temporadas para velocistas especialistas em provas mais curtas. Como ocorreu com o plano com duas temporadas para essa categoria de velocistas, os mesociclos durante os períodos de preparação específica foram divididos em semanas que enfatizam o treinamento de velocidade e em semanas que enfatizam o treinamento de resistência. Esse arranjo diminui a possibilidade de os atletas perderem velocidade e potência durante a aquisição de resistência. Os períodos de preparação geral foram

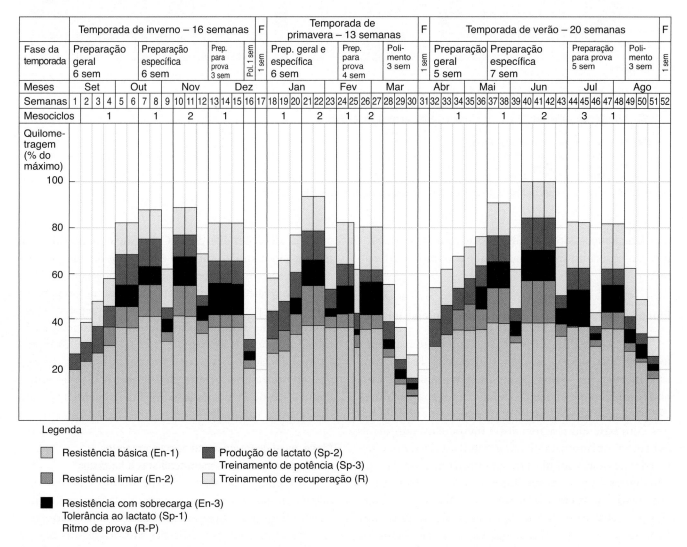

Figura 17.14 Plano anual de treinamento com três temporadas para velocistas de 100 e 200.

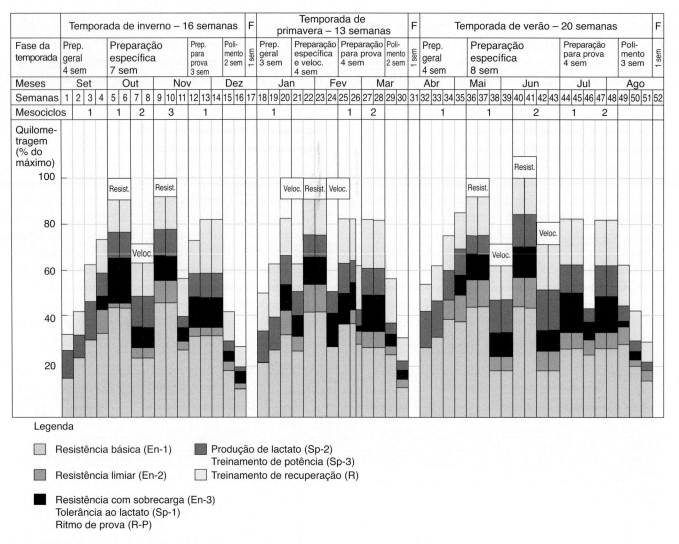

Figura 17.15 Plano anual de treinamento com três temporadas para velocistas de 50 e 100.

um pouco encurtados, para abrir espaço para fases de preparação específica mais longas durante o ano de treinamento.

Planos anuais de treinamento com macrociclos mistos

No caso de planos desse tipo, o ano de treinamento inteiro é estruturado em vários macrociclos. Por sua vez, cada macrociclo é elaborado com vários mesociclos, cada um com diferente ênfase de treinamento. Sua estruturação seria mais fácil se esses planos pudessem ser elaborados com base em macrociclos e mesociclos, conforme ocorreu no plano para Vladimir Salnikov, descrito anteriormente neste capítulo. No entanto, na maioria das circunstâncias, é praticamente impossível desenvolver planos em que os macrociclos e mesociclos tenham igual duração, por causa da marcação de competições importantes ao longo do ano de treinamento. Consequentemente, os planos descritos nesta seção frequentemente terão macrociclos de durações diferentes. Os mesociclos inseridos nos macrociclos também variarão em termos de duração, mas cada macrociclo abrangerá quatro mesociclos que irão englobar as quatro fases da temporada: fase de preparação geral, fase de preparação específica, fase de preparação para as provas e período de polimento ou de recuperação. As finalidades de cada uma dessas fases ou mesociclos, o percentual de cada tipo de treinamento, os sistemas de progressão utilizados e os métodos de avaliação serão semelhantes aos descritos para os anos de treinamento com duas e três temporadas.

Plano anual de treinamento com macrociclos mistos para nadadores meio-fundistas e fundistas

A Figura 17.16 ilustra os aspectos específicos de um plano com macrociclos mistos para nadadores meio-fundistas e fundistas. O plano anual consiste em quatro macrociclos. Em geral, os mesociclos situados dentro de cada um desses macrociclos tinham duração de quatro sema-

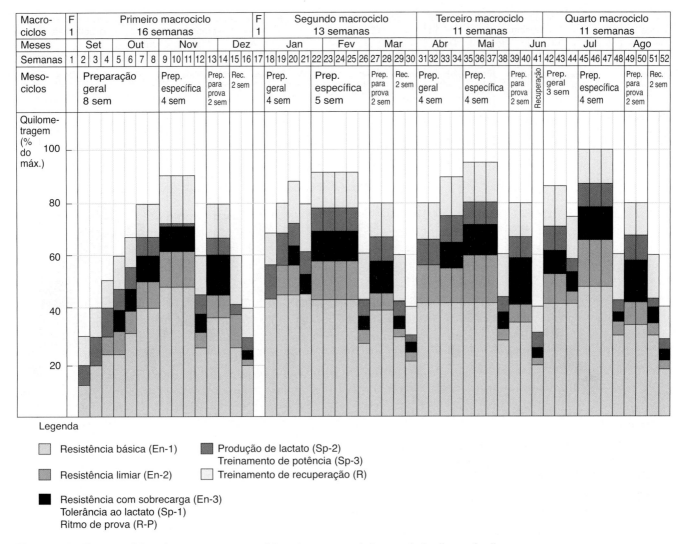

Figura 17.16 Plano anual de treinamento com macrociclos mistos para nadadores meio-fundistas e fundistas.

nas ou mais durante os períodos de preparação geral e específica; essa duração foi escolhida para dar tempo para o desenvolvimento da capacidade aeróbica. Com o objetivo de incentivar a superadaptação, também foram previstas semanas de recuperação ao final dos mesociclos de preparação específica e de preparação para as provas.

Plano anual de treinamento com macrociclos mistos para velocistas de 100 e 200

A Figura 17.17 ilustra os aspectos específicos de um plano com macrociclos mistos para nadadores especialistas nos eventos mais longos de velocidade. O plano consiste em quatro macrociclos: o primeiro macrociclo teve 14 semanas de duração, começando em meados de setembro e terminando no final de dezembro; o segundo macrociclo teve 12 semanas de duração, estendendo-se de janeiro até abril; o terceiro macrociclo teve 11 semanas de duração, começando em abril e terminando em meados de junho; e o macrociclo final, também com 11 se-

manas de duração, avançava de meados de junho até setembro.

Plano anual de treinamento com macrociclos mistos para velocistas de 50 e 100

A Figura 17.18 é um exemplo de programa anual de treinamento que pode ser utilizado para nadadores especialistas nos eventos mais curtos de velocidade. Como o plano com macrociclos mistos para velocistas de 100 e 200, esse plano consiste em quatro macrociclos. A principal diferença entre os dois planos é que aquele para velocistas de 50 e 100 exibe, no âmbito de cada macrociclo, um mesociclo de velocidade com duas semanas de duração, fazendo com que haja maior ênfase no desenvolvimento da velocidade de tiro.

O primeiro macrociclo teve 14 semanas de duração, transcorrendo desde meados de setembro até o final de dezembro; o segundo teve 13 semanas de duração, estendendo-se de janeiro até abril; o terceiro macrociclo teve

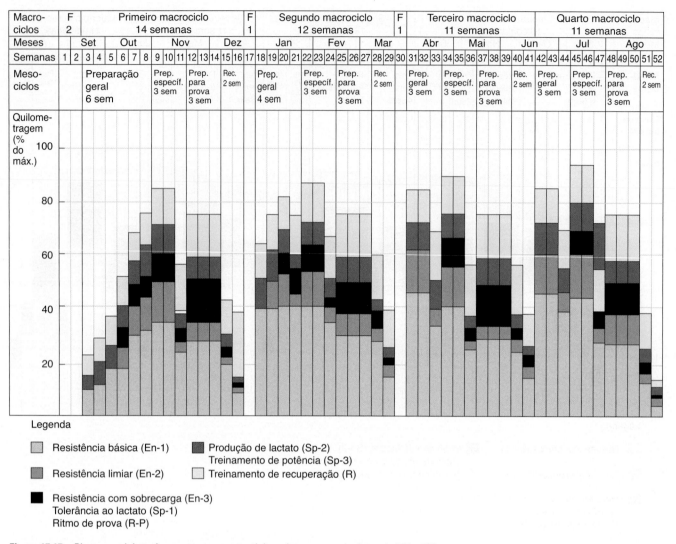

Figura 17.17 Plano anual de treinamento com macrociclos mistos para velocistas de 100 e 200.

11 semanas de duração, começando em abril e terminando em meados de junho; e o macrociclo final abrangeu o período de meados de junho até setembro, tendo 10 semanas de duração.

Planejamento de temporadas muito curtas

Nos EUA, treinadores de equipes de Natação de escolas secundárias e os profissionais que treinam equipes de Natação de nível recreativo e em ligas de verão comumente lidam com temporadas muito curtas e com atletas que não competem por mais do que alguns meses a cada ano. Frequentemente, esses profissionais se perguntam como poderão estruturar uma temporada de apenas 8 a 12 semanas para que seus nadadores extraiam algum benefício. Para oferecer algumas sugestões para o planejamento de temporadas curtas, utilizarei um exemplo de temporada com duração de 12 semanas. O plano ilustrado na Figura 17.19 foi projetado para nadadores especializados em distâncias de prova de 100 e 200 jd/m.

A primeira etapa no processo de planejamento, a determinação da duração da temporada, já foi decidida. A segunda etapa consiste em determinar a duração do polimento. Quando a temporada inteira é curta, o polimento também pode ser curto, provavelmente uma ou duas semanas. A etapa seguinte é estabelecer as fases de preparação para as provas e de preparação específica com duração razoável. Se o treinador optou por um polimento de duas semanas, restarão 10 semanas. Três semanas podem ser reservadas para a preparação para as provas e quatro semanas para a preparação específica. Isso deixa três semanas para a fase de preparação geral, um período adequado se os nadadores estivessem treinando em outros locais antes de se juntarem à equipe; mas se não estavam treinando, haverá necessidade de sobreposição dos períodos de preparação geral e de preparação específica. Isso

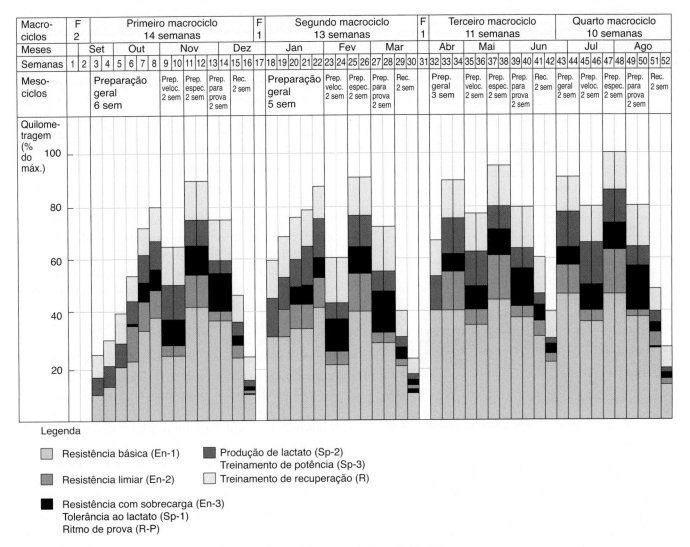

Figura 17.18 Plano anual de treinamento com macrociclos mistos para velocistas de 50 e 100.

pode ser feito combinando os dois períodos em uma fase com duração de sete semanas. A razão para a combinação dessas duas fases consiste em dar mais tempo para os nadadores dominarem as técnicas do nado de competição. Três semanas é simplesmente um período curto demais para que nadadores inexperientes possam levar a cabo essa tarefa; por essa razão, os objetivos da fase de preparação geral devem ser estendidos ao longo de toda essa fase combinada, para que os atletas possam devotar mais tempo ao aprendizado de tipos de nado, saídas, viradas e outras técnicas de competição. Na Figura 17.19, as fases de preparação geral e de preparação específica se sobrepõem.

Personalização dos planos de temporadas

É importante que os treinadores demonstrem desejo de fazer ajustes em qualquer plano sempre que a situação e as necessidades legítimas de certos nadadores exijam tais mudanças. Exemplificando, frequentemente diferenças individuais nos modos como certos nadadores respondem ao treinamento implicarão na necessidade de uma mudança na ênfase com relação àquilo que foi planejado para certa fase da temporada. Férias familiares, compromissos acadêmicos e de outro tipo, enfermidades ou lesões também podem provocar absenteísmo dos atletas em épocas nas quais estão previstas importantes sobrecargas de treinamento. Como resultado, seus planos precisarão ser ajustados, para que seja compensado o importante treinamento perdido pelos nadadores.

AVALIAÇÃO DO PROGRESSO

A motivação dos nadadores aumentará se eles tiverem metas para cada mesociclo da temporada e se for avaliado seu progresso em direção a essas metas. A lista a seguir contém alguns testes que podem ser utilizados dentro

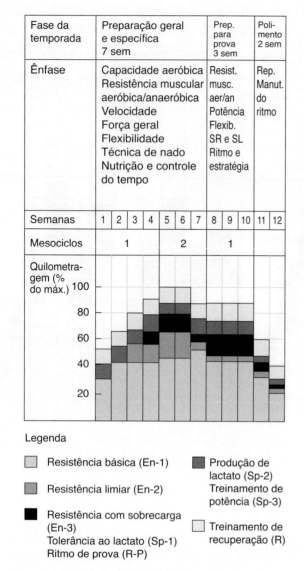

Figura 17.19 Exemplo de plano para uma temporada de Natação com 12 semanas de duração.

de cada categoria de avaliação. Uma descrição mais completa de muitos desses testes pode ser encontrada no Capítulo 16.

- *Força*. Levantamentos de uma repetição máxima e braçadas simulando o tipo de nado em uma prancha de Natação são modos excelentes para avaliação de mudanças na força. O progresso com base em exercícios rotineiros de treinamento de força também pode ser utilizado com essa finalidade.
- *Potência*. Braçadas simuladas em uma prancha de Natação, a prática do nado contra resistência na água e tempos para tiros de velocidade de 10 a 25 jd/m são meios que podem ser utilizados com essa finalidade. Tiros de velocidade de 10 a 12,5 jd/m devem ser praticados entre as bandeirolas para dar aos nadadores uma oportunidade de acelerar até a velocidade máxima antes que sejam cronometrados.
- *Composição e flexibilidade do corpo*. Devem ser utilizadas determinações da composição corporal para que sejam avaliadas mudanças no tecido muscular. Esses testes não devem ser utilizados para medir a gordura corporal.
- *Capacidade aeróbica*. Podem ser utilizados testes sanguíneos ou qualquer dos outros métodos não invasivos descritos no Capítulo 16 na avaliação da capacidade aeróbica. Também podem ser utilizados os tempos médios obtidos com o uso de séries de repetições de resistência padronizadas. No Capítulo 16, fornecemos exemplos de tais séries.
- *Resistência muscular aeróbica e anaeróbica*. Desvio nas curvas de lactato-velocidade ocorrentes acima de 5 mmol/L são excelentes para avaliar mudanças na resistência nesse elevado nível de intensidade. Os tempos médios obtidos em séries de repetições padronizadas que reflitam esse tipo de resistência também são meios excelentes para essa finalidade. No Capítulo 16, descrevemos alguns exemplos de séries desse tipo.
- *Potência anaeróbica*. Medidas de picos de lactato sanguíneo são excelentes para a avaliação de mudanças na taxa de metabolismo anaeróbico.
- *Velocidade*. Tiros de velocidade de 25 a 50 jd/m constituem o meio mais direto para avaliação da velocidade de tiro.
- *Mecânica do nado*. A repetição de videotapes é um bom método para avaliar mudanças nas braçadas/pernadas dos diversos tipos de nado. Outro bom método consiste em desenhar gráficos com as mudanças de comprimento das braçadas em frequências de braçadas de competição. O Capítulo 20 descreverá procedimentos para medição de frequências e durações das braçadas.
- *Saídas e viradas*. As técnicas de saídas e viradas dos nadadores podem ser avaliadas com a ajuda de videotapes. A velocidade para saídas e viradas pode ser avaliada com a cronometragem dos diversos aspectos dessas técnicas, por exemplo, tempo transcorrido desde o sinal de partida até uma distância de 5 m a contar do fim da saída.
- *Ritmo*. Os nadadores podem completar nados quebrados ou repetições abaixo da distância em várias velocidades para testar seu sentido de ritmo.

Não há necessidade de avaliar todos esses componentes depois de cada mesociclo. Apenas deverão ser medidos aqueles componentes que estejam sendo enfatizados, ou os considerados extremamente importantes em determinado momento da temporada.

FOLGAS DO TREINAMENTO

As folgas do treinamento dão tempo para que os nadadores descansem e se recuperem dos esforços despendidos na temporada precedente. Essas folgas são frequentemente mais importantes para o bem-estar emocional dos nadadores do que para seu estado físico. Em geral, os nadadores se sentem emocionalmente esvaziados depois das competições importantes da temporada e ficam esperando ansiosos por alguma folga do treinamento para descansar, ir ao encalço de outros interesses e buscar novas energias para a temporada vindoura. Uma folga de uma a duas semanas é suficientemente longa para que o atleta se recupere tanto no seu aspecto físico como emocional, embora não seja tão longa a ponto de fazer com que perca um volume significativo de condicionamento.

Os problemas começam a surgir quando os nadadores tiram folgas de quatro semanas a nove meses. Folgas tão prolongadas não são incomuns para nadadores recreativos de verão e para alguns atletas de nível secundário e universitários. Nadadores que têm uma atitude de seriedade com relação a seu melhor desempenho não podem se dar ao luxo de tirar férias tão longas de seu treinamento, porque todas as adaptações de treino que adquiriram durante a temporada precedente terão se dissipado no início da temporada seguinte. Como resultado, terão de consumir a maior parte de seu tempo readquirindo tais adaptações, em vez de consolidar suas variadas capacitações fisiológicas.

Os nadadores devem tomar conhecimento da estrutura de tempo envolvida na perda de certos mecanismos, de modo que possam evitar a perda do que já conquistaram. Diversos pesquisadores mediram o período durante o qual os atletas perdem e readquirem os vários mecanismos fisiológicos. Os resultados de alguns desses estudos estão listados na Tabela 17.1.

Nadadores de competição jamais devem parar inteiramente de nadar por mais de uma ou duas semanas a cada vez, se pretenderem seriamente manter um alto nível de condicionamento de uma temporada para a temporada seguinte. Os atletas podem reduzir volume, intensidade e frequência do treinamento durante um breve período, mas não devem parar completamente de treinar. Nadadores que tiram longas folgas e deixam de treinar, seja por opção ou por qualquer outra circunstância, devem nadar pelo menos três ou quatro dias por semana, e o nado deve ser adequado em duração e intensidade para reduzir as perdas de treinamento durante essas ocasiões. Estudos de Houmard et al. (1989) e de Hickson et al. (1982) indicam que a quilometragem diária de treinamento deve ser mantida acima de 50% dos níveis habituais da temporada. É preciso manter a intensidade do treinamento dentro de 70% dos níveis normais da tem-

Tabela 17.1 Efeitos do destreinamento em várias medidas fisiológicas de capacidade aeróbica, resistência muscular aeróbica e anaeróbica, potência anaeróbica e potência muscular

Medida	% de perda com o destreinamento	Tempo para perda em semanas	Fontes
Capacidade aeróbica ($\dot{V}O_2$ máx)	7%	2	Coyle, Martin e Holloszy 1983
	16%	12	Drinkwater e Horvath 1972
Limiar anaeróbico	17%	12	Coyle et al. 1985
	8–10%	4	Costill et al. 1985
Capacidade de tamponamento	25%	3	Costill et al. 1985
Glicogênio muscular	39%	4	Costill et al. 1985
Enzimas aeróbicas	10–50%	2–6	Wilmore e Costill 1988
	40%	8	Coyle et al. 1985
Glicogênio muscular	40%	4	Costill et al. 1985
Volume sistólico	12%	4	Coyle, Martin e Holloszy 1983
Capilarização	14–25%	1–7	Klausen, Andersen e Pelle 1981
Volume sanguíneo	9%	4	Coyle, Hemmert e Coggan 1986
Resistência muscular aeróbica e anaeróbica	50%	3	Troup 1989
Enzimas anaeróbicas	0	4	Costill et al. 1985
	0	12	Coyle et al. 1985
Força e potência	7–13%	1–4	Costill et al. 1985
Flexibilidade	100%	4	Maglischo, 1990
Desempenho	2–3 s por 200 m	1	Troup 1989
	6–8 s por 200 m	3	Troup 1989

porada (Hickson et al. 1985). Os nadadores devem ser orientados a praticar seus principais tipos de nado durante esses períodos de redução do treinamento para ajudar a evitar perdas de resistência nas fibras musculares que sejam mais importantes para seu desempenho. Durante esse período, também devem praticar treinamento de força e flexibilidade no solo: o treinamento de força evitará perda de tecido muscular e os exercícios de alongamento impedirão decréscimos na amplitude e facilidade dos movimentos.

Podemos calcular as necessidades calóricas do treinamento reduzido, e os nadadores devem receber alguma orientação nutricional para ajudá-los a reduzir o consumo de calorias para seus novos níveis de gasto durante as folgas do treinamento regular. Terá utilidade a realização de verificações periódicas da composição corporal, para uma estimativa da extensão da perda de tecido muscular e ganho de gordura.

Apesar do que acabei de dizer, alguns atletas optarão por não fazer treinamento de Natação durante seus períodos de folga. Durante esse período, eles podem utilizar, como substituição, outras atividades vigorosas de resistência e de potência, mas devem estar cientes de que o grau de impedimento da perda de condicionamento com atividades alheias à Natação dependerá da similitude no uso dos músculos entre essas atividades e o nado de competição. Glina et al. (1984) demonstraram a rapidez com que os efeitos do treinamento diminuem quando as atividades durante uma folga não envolvem os mesmos músculos utilizados durante o treinamento habitual. Na primeira parte de seu estudo, os autores treinaram as pernas de um grupo de voluntários com bicicleta ergométrica; depois disso, designaram os voluntários para dois grupos: um que treinava apenas os braços, e outro, apenas as pernas, durante um período contínuo de quatro semanas. O grupo que treinava apenas as pernas continuou com a bicicleta ergométrica, enquanto o grupo que treinava apenas os braços utilizou um ergômetro de manivela para os braços. Como seria de se esperar, o grupo que treinou apenas as pernas continuou a melhorar a capacidade aeróbica dos músculos destas, ao passo que o grupo que treinou apenas os braços perdeu aproximadamente 3% da capacidade aeróbica nas pernas durante os testes na bicicleta ergométrica. Esses resultados sugerem que provavelmente ocorreria a situação inversa com nadadores que utilizassem corrida e ciclismo, ou outra atividade dominante das pernas como seu meio de exercício durante as folgas do treinamento de Natação, ou seja, provavelmente perderiam resistência nos músculos dos braços, ombros e tronco.

O segundo melhor tipo de treinamento para nadadores é o *water-polo*, uma atividade que manterá muitas adaptações anaeróbicas e aeróbicas. Aconselho aos nadadores que não desejam treinar na água durante as folgas a participarem de programas mistos de exercício que incluam atividades de resistência para as pernas, como corrida, ciclismo ou esqui, e atividades de resistência para os braços como remo ou escalada com cordas. Além disso, devem participar de atividades que exijam potência e capacidade anaeróbica. Esportes como basquetebol, tênis, voleibol, handebol e raquetebol são excelentes para essa finalidade, assim como o *circuit training*. Esses atletas devem devotar pelo menos três dias por semana a atividades que tenham orientação para a resistência, e igual período de tempo a atividades que envolvam potência e velocidade. Conforme já mencionei, eles devem também continuar o treinamento com pesos e de flexibilidade.

PLANEJAMENTO SEMANAL

Macrociclos (fases da temporada) são compostos de mesociclos. Por sua vez, cada mesociclo se compõe de vários microciclos, que são os planos de treinamento semanal. Tão logo tenham sido elaborados os macrociclos e os mesociclos de um plano de temporada, o planejamento dos programas de treinamento semanal e diário é a próxima tarefa a ser cumprida.

O planejamento semanal envolve duas considerações importantes: a primeira consiste em incluir todos os tipos necessários de treinamento em quantidade apropriada no âmbito da semana de treinamento, e a segunda é a distribuição desses tipos de treinamento ao longo da semana, de modo a resultar no máximo benefício para o processo de treinamento. Os objetivos do macrociclo e do mesociclo em curso durante determinada semana determinarão o volume semanal de cada tipo de treinamento. A alocação dos diversos tipos de treinamento deverá levar em consideração o tempo necessário para a reposição do glicogênio muscular e para o reparo das lesões teciduais.

Importância da reposição de energia e do reparo dos tecidos

As taxas de uso de energia e o tempo necessário para a reposição de glicogênio, bem como a distribuição do tempo para o reparo dos tecidos, são fatores que afetam a capacidade de desempenho e adaptação às cargas de treinamento pelos atletas. Nesse ponto, discutirei o papel do uso da energia e de sua reposição. A fonte mais importante de energia a ser considerada é o glicogênio muscular.

Uso e reposição do glicogênio muscular

O glicogênio é uma fonte importante de energia para o treinamento, por haver imediata disponibilidade dessa substância nos músculos e porque ela pode ser metabolizada para obtenção de energia por meio de processos tanto anaeróbicos como aeróbicos. Diversos estudos publicados demonstraram que a capacidade de trabalho dos atletas aumenta quando eles possuem uma reserva adequada de glicogênio em seus músculos, e que ocorre declínio de sua capacidade de trabalho em uma situação de depleção completa ou parcial dessa substância (Bergstrom et al. 1967; Costill et al. 1971; Kirwan et al. 1988). Isso ocorre porque, como foi explicado em capítulo anterior, os nadadores devem depender da gordura e da proteína para obtenção de energia quando suas reservas de glicogênio estão baixas; o problema com o uso da gordura para essa finalidade é que esse tipo de energia apenas pode ser liberado por processo aeróbico, em uma velocidade demasiadamente lenta para sustentar um nado rápido. O mesmo problema acontece quando a proteína é utilizada para obtenção de energia: a energia apenas pode ser liberada lentamente da proteína, por causa das etapas adicionais necessárias para convertê-la em substâncias que possam ser metabolizadas. Ocorre um problema adicional se uma quantidade demasiada de proteína for metabolizada

para a obtenção de energia; se isso ocorrer, os atletas perderão parte dos elementos formadores da proteína (i. e., aminoácidos) responsáveis pela força e pela resistência dos músculos. Consequentemente, no planejamento semanal, é extremamente importante que se tome conhecimento de duas considerações:

1. A extensão em que o glicogênio sofrerá depleção dos músculos por certos tipos de treinamento

2. O tempo necessário para a reposição do glicogênio nesses músculos

De posse dessa informação, os treinadores podem planejar ciclos de treinamento semanais para assegurar que os atletas tenham níveis elevados de glicogênio muscular quando forem necessários para séries principais de treinamento aeróbico e anaeróbico intenso. A informação fornecida na Tabela 17.2 reflete os resultados de diversos estudos publicados em que o percentual de depleção de glicogênio muscular foi medido durante alguns tipos comuns de treinamento aeróbico e anaeróbico.

Esses dados demonstram claramente que os músculos podem perder entre 50 e 85% de seu glicogênio de-

Tabela 17.2   Depleção de glicogênio muscular durante o exercício de duração, tipo e intensidade diferentes

Tipo de exercício	% de depleção de glicogênio muscular	Fontes
Exercício anaeróbico		
1. 1 × 30 s de esforço máximo em uma bicicleta ergométrica	25%	Jacobs et al. 1983
2. 1 × 30 s de corrida em ritmo máximo	25%	Cheetham et al. 1986
3. 6 × 1 min de esforço máximo em uma bicicleta ergométrica	40%*	Gollnick et al. 1973
4. 2.200 m de repetições de nado em grande intensidade de 25 e 100 m	35%**	Houston 1978
Exercício aeróbico		
1. 6 × 500 jd nado com descanso de 1 min entre as repetições	54%	Costill et al. 1988
2. 30 × 100 nado com 20 s de descanso entre as repetições	69%	Costill et al. 1988
3. 12 × 500 nado com 1 min de descanso entre as repetições	62%	Costill et al. 1988
4. 60 × 100 nado com 20 s de descanso entre as repetições	85%	Costill et al. 1988
5. 9.000 m de repetições de corrida com breve descanso em distâncias de 50 até 400 m	62%	Houston 1978
6. Corrida de 30 km	60%***	Costill et al. 1973
7. 2 horas de bicicleta ergométrica	75%	Bovens, Keizer e Kuipers 1985

   * Aproximadamente 50% de fibras GOR e GR estavam completamente esgotadas, e 20% estavam parcialmente esgotadas. Apenas 25% das fibras musculares CL estavam esgotadas, e 5% estavam parcialmente esgotadas.

 ** Aproximadamente 25% das fibras musculares GOR e GR estavam completamente esgotadas, e 70% estavam parcialmente esgotadas. Apenas 10% das fibras musculares CL estavam esgotadas, e 85% estavam parcialmente esgotadas.

*** 70% das fibras musculares LC estavam quase completamente esgotadas, e 25% estavam parcialmente esgotadas. 40% das fibras musculares CR estavam parcialmente esgotadas.

pois de 30 a 90 min de exercício de resistência intenso; também podem perder até 40% de seu glicogênio depois de apenas 6 a 30 min de treinamento anaeróbico. Esses dados também sugerem que, em geral, os nadadores perderão 70 a 85% de seu glicogênio muscular durante uma sessão de treinamento típica de duas horas, durante a qual completarão 6.000 a 8.000 m em uma gama de velocidades de nado, desde lentas até rápidas.

E sobre a velocidade de reposição do glicogênio, depois que ocorreu sua perda dos músculos durante o treinamento? O gráfico na Figura 17.20 nos dá um exemplo da estrutura de tempo para reposição do glicogênio muscular depois do treinamento. Os dados foram obtidos de um estudo de Costill et al. (1988).

Foram utilizadas biópsias musculares com o objetivo de medir a quantidade de glicogênio muscular nos músculos deltoides de nadadores depois de alguns dias de descanso. A média para os nadadores foi de 160 mmol/kg de tecido muscular úmido, um nível muito alto de reserva de glicogênio. Tal valor indica que esses nadadores estavam bem treinados. Em seguida, foi solicitado que os atletas nadassem uma série de 40 × 100 jd/m nado Crawl com 15 s de descanso entre repetições; solicitou-se a eles que nadassem essas repetições na velocidade média mais rápida possível para a série inteira. Também foram obtidas biópsias musculares depois que os nadadores completaram a série. Os resultados na Figura 17.20 demonstram que, em média, os nadadores perderam mais da metade de suas reservas de glicogênio enquanto nadavam essa série de repetições. Foram obtidas novas biópsias musculares depois que os nadadores haviam descansado durante 24 horas, com o objetivo de determinar a quantidade de glicogênio muscular que foi reposta. Conforme ilustra a figura, os nadadores foram capazes de repor apenas aproximadamente metade da quantidade de glicogênio perdida em seus músculos depois do período de descanso de 24 horas.

Devido a resultados como os ilustrados na Figura 17.20, muitos especialistas acreditam que são necessárias entre 24 e 48 horas para a reposição do glicogênio muscular que é comumente consumido durante apenas uma sessão de treinamento de duas horas. O problema da reposição fica exacerbado pelo fato de que a maioria dos nadadores juniores e seniores de nível nacional treinam duas vezes por dia. Portanto, raramente esses atletas terão mais do que 12 horas entre sessões de treinamento para a reposição do glicogênio muscular. O gráfico de barra na Figura 17.21 ilustra o provável padrão de uso e de reposição do glicogênio muscular que ocorre nos nadadores ao longo de dois dias de treinamento.

Assume-se que os nadadores representados pelo gráfico estejam treinando duas vezes por dia, pela manhã e à tarde. O gráfico começa com a sessão de treinamento ma-

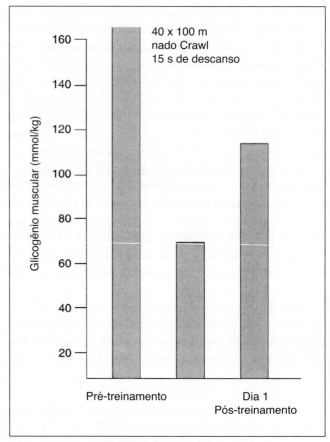

Figura 17.20 Uso e reposição de glicogênio nos músculos deltoides de nadadores. (Adaptado de Costill et al. 1988.)

tinal na segunda-feira. Habitualmente, os níveis de glicogênio muscular dos nadadores estarão muito altos nessa ocasião, porque tiveram 1 ½ dia de descanso. Em geral, as sessões matinais não são de grande intensidade, e assim ficou demonstrada uma perda de 20% do glicogênio muscular ao final da sessão de duas horas. Os nadadores haviam reposto aproximadamente metade dessa quantidade no início da sessão de treinamento da tarde de segunda-feira, seis horas mais tarde. Os dados na Tabela 17.2 sugerem uma redução percentual de 70 e 80% depois de uma sessão típica de treinamento de duas horas. Consequentemente, na Figura 17.21, é apresentada uma redução de 70% após a sessão de treinamento da tarde na segunda-feira; além disso, sugerem ainda um percentual de reposição de aproximadamente 50 a 60% dentro de 24 horas, sendo que, desse percentual, aproximadamente 35% serão repostos dentro das primeiras 12 horas. Portanto, o gráfico mostra os nadadores com aproximadamente 60% de seu glicogênio muscular restaurado antes do treinamento na manhã de terça-feira. Novamente assumindo uma sessão de treinamento de baixa intensidade, os nadadores perdem apenas 20% dessa quantidade, dos quais 10% terão sido repostos no início da sessão de treinamento da tarde de terça-feira. Isso significa que os nadadores começam a sessão de treinamento da tarde de terça-feira com apenas metade da quantidade de glicogênio muscular que exibiam na segunda-feira. É provável que essa quantidade sofra depleção antes que a sessão de treinamento tenha terminado, se essa sessão for tão intensa como aquela realizada na tarde de segunda-feira. A capacidade dos nadadores de treinar em velocidades rápidas provavelmente precisará ser limitada na tarde de terça-feira, e durante pelo menos um dia.

O padrão ilustrado na Figura 17.21 é apenas uma estimativa dos percentuais de uso e reposição do glicogênio muscular durante sessões de treinamento típicas. O padrão reforça o fato de que os nadadores não podem realizar grandes volumes de nado intenso dia após dia, sem que ocorra depleção de suas reservas de glicogênio muscular. Na verdade, muitos fatores estranhos à intensidade de treinamento determinam os percentuais de depleção e reposição do glicogênio muscular entre atletas. Um desses fatores é a dieta. Nadadores que consomem dietas ricas em carboidratos serão capazes de repor o glicogênio muscular com maior rapidez do que aqueles que se alimentam com dietas ricas em gordura ou proteína. Os atletas irão repor o glicogênio muscular com maior rapidez se suas dietas contiverem pelo menos 500 g diários de carboidratos e poderão ser capazes de repor todo o glicogênio muscular que utilizaram durante uma sessão de treinamento dentro de 24 horas. Por outro lado, em geral a dieta típica dos atletas contém quantidades excessivas de gordura e pouquíssimos carboidratos; consequentemente, muitos precisarão de 36 a 48 horas para que seja reposto todo o glicogênio que utilizaram durante a sessão de treinamento.

Outro fator que influencia os percentuais de uso e reposição de glicogênio é o percentual de fibras musculares de contração rápida e fibras musculares de contração lenta nos principais músculos da Natação. Nadadores fundistas, por terem geralmente mais fibras musculares de contração lenta, utilizarão menos glicogênio muscular durante o treinamento, repondo-o com maior rapidez durante o período de recuperação. Por outro lado, velocistas, por terem geralmente mais fibras musculares de contração rápida, perderão mais glicogênio muscular durante o treinamento, repondo-o de forma mais lenta.

Tão logo tenha ocorrido grande depleção de glicogênio muscular, o treinamento passa a ser ineficaz para a melhora do desempenho, porque os nadadores necessariamente terão de reduzir sua ação para um ritmo de treinamento que possa ser sustentado principalmente pelo metabolismo das gorduras e proteínas. O treinamento em

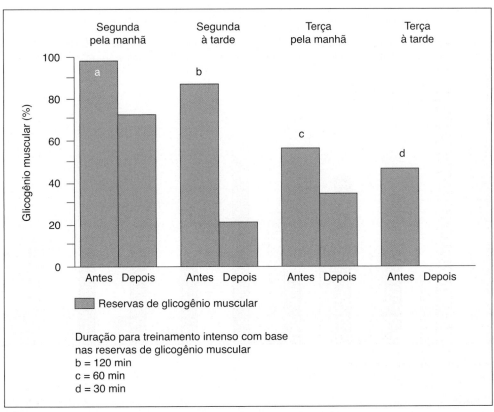

Figura 17.21 Padrão estimado de uso e reposição de glicogênio muscular ao longo de dois dias de treinamento.

velocidades tão lentas não é apenas menos efetivo para o aprimoramento da capacidade aeróbica, mas também muito ineficaz para a melhora da resistência muscular aeróbica e anaeróbica, e absolutamente ineficaz para a melhora da potência anaeróbica. Por essa razão, os atletas precisam descobrir maneiras de repor o glicogênio muscular enquanto treinam, o que pode ser feito pelo revezamento dos tipos e da intensidade de treinamento ao longo de toda a semana. Os atletas intercalam sessões de treinamento muito intenso, que utilizam glicogênio muscular em altos percentuais, com períodos de menor intensidade, que usam apenas pequenas quantidades de glicogênio muscular para obtenção de energia.

Nesse ponto, quero esclarecer por que os atletas não podem se dar ao luxo de descansar por tempo suficiente depois de uma sessão de treinamento com o objetivo de restaurar completamente o glicogênio muscular: eles realizariam pouquíssimo treinamento se assim procedessem. Em vez disso, é preciso que alternem os diversos tipos e estilos de treinamento ao longo de toda a semana, com o objetivo de possibilitar a restauração parcial do glicogênio muscular para aqueles momentos em que houver necessidade dessa substância no treinamento.

Muitos treinadores, devido a experiência, têm gravitado na direção de um sistema em que seus nadadores praticam a maior parte das sessões de treinamento matinais em menor intensidade, com o objetivo de reduzir o esgotamento do glicogênio muscular. A disparidade entre os percentuais de uso e de reposição do glicogênio é também a razão principal pela qual muitos especialistas em treinamento sugerem que cada semana de treinamento deve consistir de apenas duas ou três sessões em que o volume e a intensidade de treinamento sejam muito altos (Bompa 1999). Esse tipo de esquema possibilita 36 a 48 horas de treinamento em menor intensidade depois de cada sessão de grande intensidade para reposição do glicogênio muscular. O gráfico na Figura 17.22 é um exemplo do padrão provável de uso e reposição do glicogênio muscular ao longo de uma semana, ao ser incluído um período de recuperação de 48 horas depois de cada sessão principal de treinamento.

O gráfico de barras nessa figura demonstra que os nadadores poderão cumprir não mais de três sessões de treinamento principal por semana e ainda assim terem tempo para a reposição adequada do glicogênio muscular. A Figura 17.22 representa um esquema em que essas sessões principais de treinamento, conhecidas como sessões de treinamento *de pico*, ocorreram na tarde de segunda-feira, na tarde de quarta-feira e na manhã de sábado. O objetivo do mesociclo/macrociclo em curso deve ser enfatizado nessas sessões de treinamento de pico; exemplificando, se o objetivo é melhorar a capacidade aeróbi-

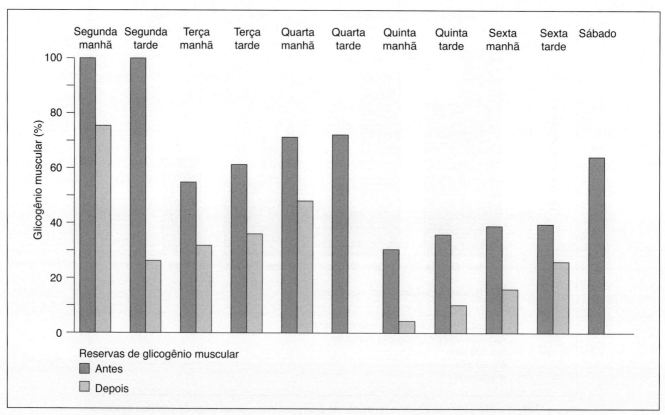

Figura 17.22 Uso e reposição de glicogênio muscular com a intensidade de treinamento revezada ao longo da semana.

ca, as sessões de treinamento de pico devem consistir em séries principais de treinamento de resistência básico (En-1), limiar (En-2) ou com sobrecarga (En-3), e quando o objetivo é melhorar a potência anaeróbica, as sessões de treinamento de pico devem conter séries principais de produção de lactato. Já se o objetivo é melhorar a resistência muscular aeróbica e anaeróbica, as sessões de treinamento de pico devem incluir grande volume de treinamento de resistência com sobrecarga (En-3), em ritmo de prova (R-P), ou de tolerância ao lactato (Sp-1), dependendo dos eventos para os quais o nadador se prepara.

Uma finalidade das sessões de treinamento restantes durante a semana é a reposição do glicogênio muscular perdido durante as sessões de pico. Esses dias de recuperação devem consistir, em grande parte, em treinamento básico de resistência (En-1) e de recuperação (R). O volume de cada tipo de treinamento dependerá do grau desejado de reposição de glicogênio. Obviamente, durante a recuperação e o nado de resistência básica com baixa intensidade, a gordura fornecerá mais energia, e o glicogênio muscular fornecerá menos; por consequência, os atletas irão repor mais glicogênio do que a quantidade utilizada, resultando em um ganho líquido deste ao final do dia. Esse ganho deve ser particularmente perceptível nas fibras musculares de contração rápida dos nadadores, que não serão tão usadas durante os dias de recuperação.

O que acabei de dizer não significa que as sessões de recuperação devam consistir apenas em treinamento de recuperação de baixa intensidade. Mesmo nos dias marcados para recuperação, o treinamento poderá prosseguir de muitas maneiras benéficas para melhorar o desempenho dos atletas. Um modo pelo qual os nadadores podem aumentar a reposição de glicogênio, ao mesmo tempo em que melhoram a capacidade aeróbica, consiste em nadar parte da quilometragem diária em outros tipos de nado durante os dias em que não haja treinamento de pico. Essa estratégia permitirá maior percentual de reposição de glicogênio em muitas das fibras utilizadas intensamente pelos nadadores em seus tipos de nado principais, mas que são menos utilizadas em outros tipos de nado. Maior ênfase nas pernadas é outro método que aumentará a reposição de glicogênio muscular nos músculos dos braços e tronco e, ao mesmo tempo, serão aprimorados os mecanismos de liberação de oxigênio. A inclusão de maior volume de pernadas durante as sessões de treinamento que não sejam de pico continuará a estimular os mecanismos de liberação de oxigênio dos sistemas circulatório e respiratório e, simultaneamente, permitirá reposição de maior percentual de glicogênio nos músculos dos braços, ombros e tronco, pois essas estruturas estarão menos ativas.

Os nadadores também podem realizar curtos períodos de treinamento de resistência limiar (En-2) e com sobrecarga (En-3), mesmo em seu tipo (ou tipos) de nado principal, durante algumas das sessões de treinamento que não sejam de pico em cada semana. Embora esses tipos de treinamento dependam de maior taxa de metabolismo do glicogênio, a quantidade total utilizada de tal substância pode ser mantida em um mínimo, mediante a limitação do volume de treinamento. A realização de um volume de trabalho relativamente pequeno não interferirá na reposição de glicogênio, se, ao final do segundo dia, o ganho líquido dessa substância estiver bem acima do seu uso. Séries de treinamento de tolerância ao lactato (Sp-1) e de ritmo de prova (R-P) podem ser marcadas nos dias sem atividades de pico, se essas séries forem curtas (100 a 300 jd/m). O percentual de uso de glicogênio é elevado durante esses tipos de treinamento, porém será modesto se as séries forem pouco extensas; também pode ser incluído o treinamento de produção de lactato (Sp-2) e de potência (Sp-3). Esses tipos de treinamento também envolvem alto percentual de uso de glicogênio, mas geralmente as distâncias das repetições são tão curtas que a quantidade total de glicogênio perdido pelos músculos durante esse tipo de treinamento será pequena em relação à quantidade que será reposta ao longo do dia.

Ao planejar o treinamento semanal, também devemos levar em consideração os tipos de fibras musculares utilizados em dias com treinamento de pico e em dias sem esse tipo de treino. Exemplificando, sessões que não são de pico constituem um momento excelente para que os nadadores meio-fundistas e fundistas façam algum tipo de treinamento de velocidade. Durante as sessões de pico, eles dependem mais de suas fibras musculares de contração lenta, e assim podem se dar ao luxo de esgotar mais completamente as fibras musculares de contração rápida nos dias em que não há treinamento de pico.

Ocorre o inverso para velocistas, quando realizam grande volume de treinamento em ritmo de prova e de treinamento de velocidade durante suas sessões de pico; eles precisarão repousar mais suas fibras musculares de contração rápida durante as sessões sem treinamento de pico. Portanto, deverão ter um volume muito menor de treino de velocidade nesses dias, devotando seu tempo à recuperação e ao treinamento básico de resistência de baixa intensidade.

A Figura 17.23 mostra exemplos de esquemas de treinamento semanal com dois e três picos.

Treinamento semanal com dois picos, como o termo indica, possui dois dias de treinamento de pico a cada semana. Comumente, as semanas de treinamento com dois picos são seguidas por um dia em que o volume ou a intensidade se encontra em seu nível mais baixo. Esses dias devem conter grandes volumes de treinamento de recuperação (R) e de resistência básica (En-1), talvez com cur-

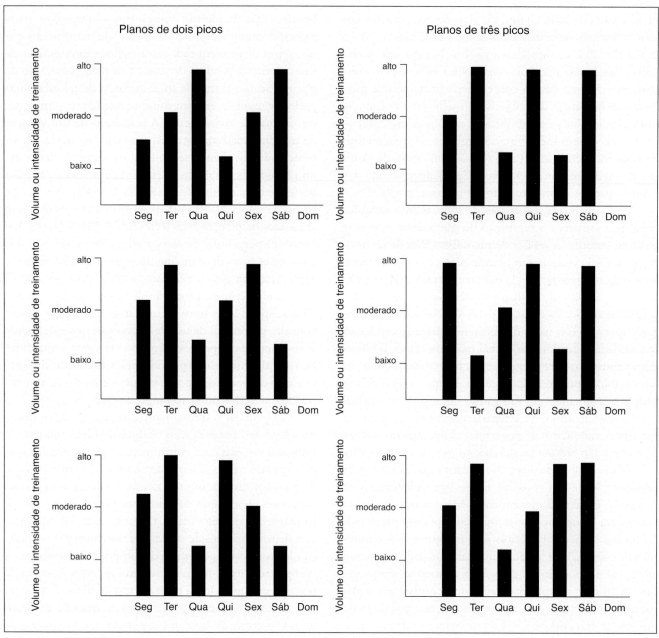

Figura 17.23 Exemplos de planejamento para microciclos com dois e três picos.

tos períodos de treinamento de velocidade e de treinamento de resistência mais intenso. Os dois dias restantes serão marcados como sessões de treinamento intermediárias, em que o volume e a intensidade serão moderados; nesses dias, poderá ser marcada mais prática de velocidade. Também podem ser marcados volumes um pouco maiores de treinamento de resistência intenso, particularmente nos tipos de nado diferentes do tipo principal do nadador.

Sessões de recuperação de baixo volume e de baixa intensidade também são apropriadas depois de cada sessão de pico em uma semana com três picos. Tal esquema deixa apenas um dia da semana para treinamento com volume ou intensidade moderada.

Planos com dois e três picos, nos quais os dias de treinamento de pico são marcados para dois dos dias que vão desde segunda-feira até quinta-feira, são ideais para semanas com competições aos sábados ou domingos, porque o treinador poderá marcar para sexta-feira uma sessão de treinamento de baixa intensidade ou volume.

Reparo dos tecidos

O treinamento, em particular o treinamento intenso, faz com que alguns componentes estruturais dos tecidos sejam metabolizados ou lesionados. Durante a recuperação, os nutrientes são transportados pelo sangue até esses tecidos, sendo utilizados no reparo, na reposição e mesmo na melhora da qualidade durante períodos de recuperação. Obviamente, a melhor qualidade dos tecidos é uma forma importante de ocorrência de adaptação e de aprimoramento do desempenho. Infelizmente, é limitado nosso conhecimento com relação aos períodos de tempo necessários para a ocorrência de reparo e melhora da qualidade dos tecidos. Apesar disso, devemos levar em consideração esse processo, para que os nadadores melhorem seu condicionamento físico, e não ocorra deterioração por causa do treinamento.

No planejamento do treinamento, são muitas as dúvidas que surgem com relação a esse processo. Qual é o lapso de tempo necessário para reparo, reconstrução e melhora da qualidade dos tecidos? O processo deve completar-se depois de cada sessão de treinamento? Ou o processo de reparo dos tecidos atrasa depois da ocorrência da lesão durante a fase de trabalho de um mesociclo? Se for possível atrasar o reparo dos tecidos com relação à ocorrência da lesão, o período de recuperação passa a ser o momento em que o processo de reparo compensará e talvez supercompensará a lesão, de modo a melhorar a estrutura e o funcionamento desses tecidos.

Com relação à primeira dúvida, temos indicações de que o reparo dos tecidos pode prolongar-se por vários dias, ao passo que o processo de melhora pode levar algumas semanas. Portanto, uma suposição razoável é que o processo de danificação dos tecidos precisa necessariamente exceder a velocidade de reconstrução durante o treinamento, mas isso não significa que atletas possam treinar intensamente dia após dia, sem se preocupar em reservar um tempo para o reparo parcial dos tecidos. Se assim procederem, a extensão dos danos teciduais poderá ser tão grande que, em breve, os atletas deteriorariam e regrediriam para um estado de destreinamento. Por essa razão, parece razoável marcar alguns dias para recuperação ao final de cada período de treinamento principal (mesociclo), para permitir que se completem os processos de reparo e de melhora. Alguns dias de recuperação também podem incentivar a superadaptação (melhora desses tecidos).

A teoria de supercompensação de Yakolev, discutida anteriormente neste capítulo, baseia-se na premissa de que a permissão para que o processo de danificação dos tecidos exceda a velocidade de construção durante um curto tempo, resultará em adaptações de maior magnitude ao ser introduzido um período mais amplo de recuperação. Embora essa teoria ainda careça de comprovação, ela é apoiada por alguma evidência científica considerável, como a indicação de que a supercompensação acontece depois de longos períodos de privação, com relação à carga de carboidratos e creatina. O procedimento para a geração de uma carga de carboidratos e creatina consiste em criar a necessidade desses nutrientes ao longo de alguns dias,

por meio da depleção dessas substâncias sem, entretanto, permitir uma reposição adequada; então, quando sua taxa de uso diminui, e é introduzido um aporte adequado, as pessoas tendem a acumular nos músculos quantidades muito maiores dessas substâncias, em comparação com o que normalmente ocorreria. Analogamente, quando o aporte de nutrientes permanece inadequado durante certo período, pode acontecer de os tecidos absorverem mais e, por ocasião da recuperação, ultrapassarem a fase do simples reparo e os tecidos se tornarem mais volumosos, mais numerosos e mais efetivos do que jamais havia ocorrido anteriormente.

Infelizmente, a informação disponível não me permite avançar em recomendações específicas no que tange ao revezamento do treino para o reparo dos tecidos, mas posso oferecer duas recomendações gerais: a primeira é que os atletas devem permitir 24 a 72 horas de recuperação sempre que completarem uma ou duas séries em que tenha ocorrido um grau significativo de acidose, e resultante lesão aos tecidos; a segunda é que deve ser incluído algum tempo adicional para recuperação em seu treinamento, sempre que os sinais de má adaptação persistam por alguns dias. Os sinais comuns de má adaptação são deterioração do desempenho, perda de peso, pouco apetite, insônia, irritabilidade e depressão. O tópico da má adaptação ou do excesso de treinamento será estudado detalhadamente no Capítulo 19.

Sugestões para o planejamento do treinamento semanal

Nesta seção, minha finalidade é reunir todos os fragmentos de informação acerca do planejamento semanal apresentados até aqui e apresentar um conjunto de sugestões concretas para o planejamento de microciclos.

- *Todos os tipos de treinamento – de resistência, velocidade e recuperação – devem ser incluídos em cada plano semanal.* O objetivo do macrociclo/mesociclo em curso determinará os volumes relativos de cada tipo de treinamento.
- *Séries principais de treinamento intenso de resistência ou de treinamento de velocidade devem ser marcadas pelo menos duas vezes por semana durante os mesociclos, quando não estiverem sendo enfatizados, e três a quatro vezes por semana durante mesociclos objetivando o máximo desenvolvimento.* Essas séries principais devem ser posicionadas ao longo de toda a semana, de modo que haja tempo adequado para a reposição do glicogênio muscular e do reparo dos tecidos musculares.

A intenção dessa sugestão pode facilmente ser malinterpretada; por isso, quero explicá-la mais completamente. O que eu disse não significa que duas ou mais séries de cada um dos oito tipos de treinamento de resistência e de velocidade devem ser incluídas em cada semana de treinamento; a inclusão de tamanho número de séries seria imprudente e praticamente impossível: imprudente porque diversos desses tipos de treinamento promovem efeitos de treinamento parecidos, e impossível porque o tempo para reposição da energia e para o reparo dos tecidos seria inadequado.

Os diversos tipos de treinamento intenso devem ser considerados em apenas quatro categorias, para as finalidades do planejamento semanal: a primeira categoria é o treinamento de capacidade aeróbica, que envolve séries de repetições de resistência básica (En-1), por exemplo, 6 a 10 × 400, e séries de treinamento de resistência limiar (En-2); a segunda categoria refere-se ao treinamento que é planejado para melhorar a resistência muscular aeróbica e anaeróbica, e inclui treinamento de resistência com sobrecarga (En-3), treinamento de tolerância ao lactato (Sp-1) e treinamento em ritmo de prova (R-P); a terceira categoria é o treinamento que visa a melhorar a potência anaeróbica. A produção de lactato (Sp-2) e o treinamento de potência (Sp-3) são os dois tipos presentes nessa categoria. A quarta categoria é o treinamento de recuperação (R). Em uma seção anterior desse capítulo, essas categorias foram utilizadas no planejamento de mesociclos.

■ *Embora determinada sessão de treinamento deva enfatizar apenas uma ou duas dessas categorias de treinamento, cada sessão deve incluir um curto período de tempo na categoria restante.* Esse objetivo pode ser concretizado pela marcação de séries curtas de determinado tipo de treinamento em dias nos quais esse tipo não estiver incluído em uma série principal; ou por séries de repetições decrescentes de mais baixa intensidade, para que a prática termine com algumas repetições de categorias mais intensas de treinamento. Exemplificando, uma série de resistência básica de 20 × 100 pode ser decrescida até a velocidade limiar (En-2), com sobrecarga (En-3) ou de tolerância ao lactato (Sp-1) durante as últimas repetições (1 até 5) da série. Outro modo de cumprir esse objetivo consiste em nadar as repetições de resistência básica na forma de quatro séries de 5 × 100 com a última ou duas últimas repetições de cada série em maior velocidade.

■ *O treinamento básico de resistência deve ser incluído em praticamente todas as sessões de treinamento da semana.* Em geral, esse tipo de treinamento representará o maior volume de treinamento durante a maioria das sessões, embora a ênfase possa não recair nele.

■ *Séries curtas de treinamento de recuperação devem ser incluídas no esquema diário, depois de cada série principal de nado anaeróbico intenso.* Além disso, em cada semana, deve-se devotar uma ou duas sessões de treinamento principalmente ao treinamento de recuperação.

Exemplos de planos de treinamento semanais

Tendo em mente as sugestões da seção precedente, sugiro as seguintes etapas para o planejamento de um microciclo de treinamento semanal.

1. Escolha um ciclo semanal com dois ou três picos.

2. Determine a alocação das sessões de treinamento de pico ao longo da semana. Essas sessões devem ser localizadas de tal modo que não ocorram em dias sucessivos. Uma sessão de pico deve ser seguida por 1 ½ a 3 dias de sessões de treinamento que não sejam de pico. As sessões de pico devem ser marcadas em dias sucessivos apenas quando não houver outra maneira de distribuí-las dentro da semana. Em alguns casos, há necessidade de sessões de pico consecutivas, diante de fatores como competições de final de semana, férias e provas, mas quando for possível, deverão ficar distanciadas por 24 a 72 horas de treinamento que não seja de pico.

3. Determine os tipos de treinamento que serão enfatizados durante essas sessões de pico.

4. Posicione os tipos de treinamento enfatizados em momentos na semana em que seja mais provável que os atletas estejam motivados e fisicamente prontos para cumprir corretamente o treinamento.

5. Inclua algum treinamento básico de resistência (En-1) e de recuperação (R) em praticamente todas as sessões de treinamento.

Alguns exemplos de programas de treinamento semanais para nadadores meio-fundistas e fundistas, para velocistas de 100 e 200, e para velocistas de 50 e 100 serão descritos nas seções seguintes. Nelas, há explicações para a alocação dos diversos tipos de treinamento ao longo de toda a semana, para que treinadores e atletas ganhem algumas ideias para a estruturação de microciclos para seus próprios programas de treinamento.

Plano de treinamento semanal para nadadores meio-fundistas e fundistas

O modelo na Figura 17.24 é um modo de planejamento de um ciclo de treinamento semanal para nadadores meio-fundistas e fundistas. Esse plano semanal serve para o período de preparação específica.

A semana abrange três sessões de treinamento de pico, marcadas para a tarde de terça-feira, tarde de quinta-feira e manhã de sábado. Uma série de resistência básica (En-1) extralonga é a principal série da terça-feira, que tem como finalidade aplicar sobrecarga para a capacidade aeróbica. Nesse dia, as fibras musculares de contração lenta devem ser responsáveis pela maior parte do trabalho, embora algumas fibras musculares de contração rápida também sejam convocadas para o esforço despendido, porque a sé-

	Seg	Ter pico	Qua	Qui pico	Sex	Sáb pico	Dom
Manhã	Ênfase: Capacidade aeróbica Resistência aer/an Série principal: Mista En-1, En-2 e En-3 Quilometragem: 8.000 m	Ênfase: Capacidade aeróbica Série principal: En-1 4.000– 6.000 m Quilometragem: 8.000 m	Ênfase: Recuperação Série principal: Recuperação Quilometragem: 6.000 m	Ênfase: Capacidade aeróbica Resistência aer/an Série principal: Mista En-1, En-2 e En-3 2.000– 3.000 m Quilometragem: 8.000 m	Ênfase: Capacidade aeróbica Série principal: En-1 4.000– 5.000 m Quilometragem: 6.000 m	Ênfase: Resistência aer/an Série principal: En-3 2.000 m Quilometragem: 6.000 m	Folga
Tarde	Ênfase: Capacidade aeróbica Velocidade Série principal: En-1 longa 4.000– 5.000 m Sp-2 400–600 m Quilometragem: 8.000 m	Ênfase: Capacidade aeróbica Série principal: En-1 4.000– 6.000 m Quilometragem: 10.000 m	Ênfase: Recuperação Velocidade Série principal: Recuperação Sp-2 400–600 m Quilometragem: 6.000 m	Ênfase: Capacidade aeróbica Resistência aer/an Série principal: Mista En-2 e En-3 3.000 m Quilometragem: 10.000 m	Ênfase: Capacidade aeróbica Velocidade Série principal: En-1 3.000– 4.000 m Sp-2 400–600 m Quilometragem: 7.000 m	Folga	Folga

Resistência básica = En-1   Tolerância ao lactato = Sp-1
Resistência limiar = En-2   Produção de lactato = Sp-2
Resistência com   Potência = Sp-3
sobrecarga = En-3   Ritmo de prova = R-P

Figura 17.24 Exemplo de plano de treinamento semanal para nadadores meio-fundistas e fundistas. Esse plano serve para o período de preparação específica.

rie é tão longa que, depois de sua realização, algumas fibras musculares de contração lenta devem ter ficado praticamente exauridas de glicogênio.

A segunda série de resistência principal é planejada para a tarde de quinta-feira; com isso, os atletas têm 48 horas para reposição do glicogênio muscular utilizado na terça-feira. O principal nado de resistência para a quinta-feira é estruturado como uma série decrescente que combina treinamento de resistência limiar (En-2) e com sobrecarga (En-3). As finalidades são: melhorar a taxa de consumo de oxigênio e de remoção de lactato, tanto das fibras musculares de contração rápida como das fibras musculares de contração lenta, e melhorar a resistência muscular aeróbica e anaeróbica nessas fibras. A série principal no final da semana deve ser marcada para 36 horas depois, na manhã de sábado. A série de resistência com sobrecarga (En-3) foi planejada para melhorar a capacidade aeróbica e a resistência muscular aeróbica e anaeróbica, particularmente nas fibras musculares de contração rápida. As repetições de resistência com sobrecarga devem ser nadadas como uma série corrida no melhor tipo de nado de cada nadador. A maior parte da quilometragem restante durante as sessões de treinamento de pico tem por objetivo melhorar a capacidade aeróbica, o que é feito pela prática de repetições de braçadas, pernadas e nado em velocidade de resistência básica (En-1); tais séries devem ser realizadas no principal tipo de nado do atleta, ou em nados mistos. As sessões matinais na terça e na quinta-feira se compõem dos mesmos tipos de treinamento básico de resistência (En-1).

Também devem ser planejadas três séries de velocidade para a semana, com o objetivo de reduzir o efeito retardador do treinamento de resistência nas taxas de metabolismo anaeróbico dos nadadores. Essas séries de produção de lactato (Sp-2) são marcadas para sessões nas tardes de segunda, quarta e sexta-feira. As séries de velocidade são posicionadas nesses dias por duas razões: a primeira razão é a redução de qualquer interferência que as séries poderiam ter na reposição do glicogênio muscular, ao posicioná-las pelo menos 24 horas depois de séries principais de resistência; a segunda razão é dar aos atletas uma oportunidade de nadar trechos de velocidade com qualidade, em dias nos quais o treinamento de resistência é menos volumoso e menos intenso.

Um dia completo de treinamento de recuperação (R) é marcado para quarta-feira, com o objetivo de permitir maior reposição de glicogênio muscular na metade da semana, quando é bastante provável que as reservas estejam baixas. O treinamento de recuperação consiste em exercícios de nado, pernadas, braçadas e de tipos mistos de nado – tudo com baixa intensidade. Também deve ser marcado um pequeno volume de treino de velocidade para quarta-feira, mas este não deve interferir na velocidade de reposição de glicogênio muscular nesse dia.

O responsável por esse planejamento deve marcar duas séries decrescentes, combinando treinamento de resistência básica (En-1), limiar (En-2) e com sobrecarga (En-3), ao longo da semana, com o objetivo de enfatizar as velocidades de consumo de oxigênio e de remoção de lactato nas fibras musculares de contração rápida dos atletas. Tendo em vista que essas séries reduziriam o glicogênio muscular tanto nas fibras musculares de contração rá-

pida como nas fibras musculares de contração lenta, elas foram marcadas para a manhã de segunda-feira, depois do período de repouso de 1 ½ dia, e para a manhã de quinta-feira, em seguida ao dia do nado de recuperação na quarta-feira. Essas séries decrescentes devem ser nadadas no tipo (ou tipos) de nado principal dos nadadores.

São marcadas mais quatro séries de treinamento de resistência básica (En-1) para a manhã e a tarde de terça-feira, e para a manhã e a tarde de sexta-feira. Essas séries devem ser completadas em baixa intensidade, utilizando tipos de nado variados; devem também incluir exercícios de técnica de nado e repetições de pernadas e braçadas. Tal forma de trabalho pode melhorar o fornecimento de oxigênio para os músculos, sem que ocorra excessiva redução da reserva de glicogênio muscular.

Plano de treinamento semanal para velocistas de 100 e 200

A Figura 17.25 ilustra um exemplo de plano de treinamento semanal para velocistas de 100 e 200 para a fase de preparação específica. Durante a semana, ocorrem dois dias de treinamento de pico: o primeiro na terça-feira e o segundo no sábado. Para velocistas, as sessões de treinamento de pico não são definidas da mesma maneira como para nadadores meio-fundistas e fundistas; estas não são as sessões que contêm o maior volume de treinamento de resistência. Em vez disso, essas sessões contêm o maior volume de treinamento anaeróbico longo, por exemplo, treinamento de resistência com sobrecarga (En-3), de tolerância ao lactato (Sp-1) e em ritmo de prova (R–P). A quilometragem é menor durante tais sessões, mas são maiores os graus de acidose e de lesão muscular. A quilometragem de treinamento pode ser maior durante outras sessões de treinamento, mas aquelas terão menor intensidade de treinamento básico de resistência (En-1) e limiar (En-2), bem como de treinamento de produção de lactato (Sp-2) e de potência (Sp-3).

A sessão de treinamento de pico na tarde de terça-feira consiste em uma série de resistência com sobrecarga (En-3) que os nadadores devem realizar em seu tipo (ou tipos) de nado principal. Essa série é planejada para melhorar a resistência muscular aeróbica e anaeróbica dos nadadores, com maior ênfase no lado aeróbico. É marcada uma série principal em ritmo de prova para a segunda sessão de pico na manhã de sábado. Nesse caso, a finalidade é também melhorar a resistência muscular aeróbica e anaeróbica, enfatizando o lado anaeróbico. A alocação dessas séries permite aos nadadores 72 a 80 horas depois de cada série, para o devido reparo de possível lesão aos tecidos.

Também são marcadas três séries de produção de lactato (Sp-2) ao longo da semana, nas tardes de segunda, quarta e sexta-feira. Obviamente, a principal finalidade dessas séries de velocidade é melhorar a velocidade de nado.

	Seg	Ter pico	Qua	Qui	Sex	Sáb pico	Dom
Manhã	Ênfase: Capacidade aeróbica Resistência aer/an Série principal: Mista En-1, En-2 e En-3 2.000– 3.000 m Quilometragem: 6.000 m	Ênfase: Capacidade aeróbica Série principal: En-1 Quilometragem: 5.000 m	Ênfase: Recuperação Série principal: Recuperação Quilometragem: 6.000 m	Ênfase: Capacidade aeróbica Resistência aer/an Série principal: Mista En-1, En-2 e En-3 3.000– 4.000 m Quilometragem: 5.000 m	Ênfase: Recuperação Série principal: Recuperação Quilometragem: 5.000 m	Ênfase: Resistência aer/an Série principal: Ritmo de prova 800– 1.200 m Quilometragem: 6.000 m	Folga
Tarde	Ênfase: Capacidade aeróbica Resistência aer/an Velocidade Série principal: Sp-2 1.000– 1.500 m Mista En-1, En-2 e En-3 3.000– 4.000 m Quilometragem: 5.000 m	Ênfase: Resistência aer/an Série principal: En-3 1.500 m Quilometragem: 6.000 m	Ênfase: Capacidade aeróbica Velocidade Série principal: En-1 Sp-2 800– 1.200 m Quilometragem: 6.000 m	Ênfase: Capacidade aeróbica Resistência aer/an Série principal: Mista En-1, En-2 e Sp-1 Quilometragem: 6.000 m	Ênfase: Capacidade aeróbica Velocidade Série principal: En-1 Sp-2 1.000– 1.500 m Quilometragem: 6.000 m	Folga	Folga

Resistência básica = En-1	Tolerância ao lactato = Sp-1
Resistência limiar = En-2	Produção de lactato = Sp-2
Resistência com sobrecarga = En-3	Potência = Sp-3 Ritmo de prova = R-P

Figura 17.25 Exemplo de plano de treinamento semanal para velocistas de 100 e 200 durante o período de preparação específica.

São marcadas quatro séries de treinamento de resistência misto, combinando treinamento básico de resistência (En-1), de resistência limiar (En-2) e de resistência com sobrecarga (En-3), para a manhã e tarde da segunda e da quinta-feira. Essas séries não são planejadas para serem particularmente longas, e a maior parte da distância total deve ser percorrida com nado de resistência básica (En-1). Os nadadores devem ser instruídos para decrescer até velocidades limiares (En-2), com sobrecarga, e mesmo de prova para os 400 a 800 m finais dessas séries; supõe-se que eles nadem essas repetições rápidas em seu tipo (ou tipos) de nado principal. A finalidade da inclusão dessas séries decrescentes é melhorar a capacidade aeróbica e as taxas de remoção de lactato de todos os tipos de fibras musculares dos nadadores, particularmente as fibras musculares de contração rápida.

Nesse planejamento, duas sessões são devotadas ao treinamento de recuperação: a primeira sessão é marcada para a manhã de quarta-feira, e a segunda para a manhã de sexta-feira. A primeira sessão de treinamento de recuperação se segue aos dois dias de treinamento no início da semana e a segunda sessão, à intensa sessão de treinamento da quinta-feira.

São marcadas para a manhã de terça, tarde de quarta e tarde de sexta-feira séries de treinamento básico de resistência (En-1), com a finalidade combinada de melhorar a capacidade aeróbica e dar tempo para a reposição do glicogênio muscular e do reparo dos tecidos. Essas séries permitem algum tempo de recuperação, em preparação para o intenso treinamento que estava marcado para a tarde de terça-feira, para as duas sessões na quinta-feira e para a manhã de sábado. Essas séries devem ser nadadas no limite baixo da faixa de intensidade para treinamento básico de resistência, e os nadadores devem utilizar tipos de nado e exercícios variados.

Plano de treinamento semanal para velocistas de 50 e 100

O plano semanal para velocistas de 50 e 100 deve conter mais treinamento de velocidade e menos treinamento de resistência de alta intensidade porque, conforme dito anteriormente, é mais importante que esses atletas melhorem sua velocidade de tiro e, ao mesmo tempo, adquiram uma quantidade razoável de resistência, em vez de adquirir grande quantidade de resistência à custa da velocidade de tiro. A Figura 17.26 ilustra um exemplo de uma semana de treinamento para velocistas de 50 e 100, planejada também para o período de preparação específica.

São marcados dois dias de treinamento de pico para a semana: o primeiro treinamento escolhido recai na tarde de quarta-feira, e o segundo, na manhã de sábado, para que os nadadores possam usufruir 60 a 72 horas depois de cada dia para recuperação e reparo dos tecidos. A ênfase na tarde de quarta-feira recai na melhora da resistência muscular aeróbica e anaeróbica, o que pode ser feito com uma série de tolerância ao lactato (Sp-1). A série na manhã de sábado deve ser praticada em velocidade em ritmo de prova e os atletas devem nadar essas séries em seu tipo (ou tipos) de nado principal. Devo mencionar que as duas séries principais podem ser intercambiadas no esquema semanal, sem que ocorra alteração no efeito do treinamento. Nessa época da temporada, também podem ser marcadas séries de tolerância ao lactato tanto para quarta-feira como para sábado, e o nado em ritmo de prova pode ficar reservado para uma época mais adiantada da temporada.

Nesse plano, uma série principal de produção de lactato (Sp-2) está localizada na tarde de segunda feira, e outra na tarde de sexta-feira. Também há planejamento para mais duas séries de velocidade de potência (Sp-3) para a semana, as quais estão marcadas para a tarde de terça-feira e manhã de quinta-feira. As séries de Sp-2 e Sp-3 estão marcadas para sessões em que o restante da quilometragem de treinamento vai ser praticado em baixa intensidade, de modo que haja maior probabilidade da prática de tiros de velocidade em esforço máximo. Os atletas devem nadar essas séries em seu tipo (ou tipos) de nado principal.

Ao longo da semana, são marcadas duas séries de resistência decrescentes, combinando treinamento básico de resistência (En-1), treinamento de resistência limiar (En-2), treinamento de resistência com sobrecarga (En-3) e algumas repetições finais em velocidade de treinamento de tolerância ao lactato (Sp-1), para estimular a melhora do consumo de oxigênio e da remoção de lactato nas fibras musculares de contração rápida dos atletas. Essas séries estão marcadas para prática na manhã de segunda e na tarde de quinta-feira. As partes mais rápidas dessas séries devem ser nadadas no tipo (ou tipos) de nado principal de cada atleta. As séries decrescentes também poderiam ser facilmente marcadas em qualquer dia durante a semana, sem que houvesse interferência na recuperação, porém sua marcação imediatamente antes ou depois das séries principais de tolerância ao lactato ou em ritmo de prova não seria uma opção sensata.

As sessões de recuperação estão marcadas para as manhãs de terça, quinta e sexta-feira. Sua marcação nessas ocasiões ajudaria na reposição do glicogênio muscular e no reparo das lesões aos tecidos, depois do treinamento intenso realizado durante as sessões precedentes. Os atletas completam uma série decrescente intensa na manhã de segunda-feira e uma série de velocidade longa na tarde desse mesmo dia, e nadam uma série intensa de tolerância ao lactato (Sp-1) na tarde de quarta-feira e outra série decrescente intensa na tarde de quinta-feira.

O treinamento básico de resistência está combinado com o treinamento de velocidade nas tardes de segunda, terça e sexta-feira, sendo a principal forma de treinamento na manhã de quarta-feira. Essas séries de resistência básica devem ser completadas no limite baixo da faixa de intensidade. Elas também poderiam ser inespecíficas, incluindo uma variedade de repetições de tipos de nado, exercícios, braçadas e pernadas.

Exceções para os planos semanais gerais

Normalmente, planos cíclicos de treinamento semanal como os que acabamos de apresentar devem ser utilizados durante toda a temporada, por terem sido estruturados principalmente com vistas à reposição de energia e

	Seg	Ter	Qua pico	Qui	Sex	Sáb pico	Dom
Manhã	Ênfase: Capacidade aeróbica Resistência aer/an Série principal: Mista En-1, En-2 e En-3 2.000–3.000 m Quilometragem: 5.000 m	Ênfase: Recuperação Série principal: Recuperação Quilometragem: 4.000 m	Ênfase: Capacidade aeróbica Série principal: En-1 2.000–3.000 m Quilometragem: 5.000 m	Ênfase: Recuperação Potência Série principal: Recuperação Sp-3 300–600 m Quilometragem: 4.000 m	Ênfase: Recuperação Série principal: Recuperação Quilometragem: 4.000 m	Ênfase: Resistência aer/an Série principal: Ritmo de prova 800–1.200 m Quilometragem: 6.000 m	Folga
Tarde	Ênfase: Capacidade aeróbica Velocidade Série principal: Sp-2 1.000–1.500 m En-1 2.000–3.000 m Quilometragem: 5.000 m	Ênfase: Capacidade aeróbica Potência Série principal: En-1 2.000–3.000 m Sp-3 300–600 m Quilometragem: 6.000 m	Ênfase: Capacidade aer/an Série principal: Sp-1 600–800 m Quilometragem: 4.000 m	Ênfase: Capacidade aeróbica Resistência aer/an Série principal: Mista En-1, En-2 e Sp-1 2.000–3.000 m Quilometragem: 6.000 m	Ênfase: Capacidade aeróbica Velocidade Série principal: Sp-2 1.000–1.500 m En-1 Quilometragem: 5.000 m	Folga	Folga

Resistência básica = En-1
Resistência limiar = En-2
Resistência com sobrecarga = En-3

Tolerância ao lactato = Sp-1
Produção de lactato = Sp-2
Potência = Sp-3
Ritmo de prova = R-P

Figura 17.26 Exemplo de plano de treinamento semanal para velocistas de 50 e 100 durante o período de preparação específica.

ao reparo dos tecidos. Entretanto, ocasionalmente, esses planos devem ser alterados com o intuito de preparar os atletas para competições em diversos dias, e para competições em que as provas eliminatórias são seguidas pelas finais no mesmo dia. Exemplificando, em certas ocasiões, nadadores meio-fundistas e fundistas devem nadar duas séries de resistência com sobrecarga (En-3) ou em ritmo de prova (R-P) durante práticas sucessivas, como forma de autopreparação para a participação nas provas eliminatórias e para as finais no mesmo dia. Os nadadores também podem ter de nadar duas séries com sobrecarga (En-3) ou em ritmo de prova (R–P) em dias sucessivos, como forma de preparação para competições que se desenrolem em vários dias. Analogamente, os velocistas podem ter que nadar duas séries sucessivas de tolerância ao lactato (Sp-1) ou em ritmo de prova (R–P) quando estão se preparando para nadar provas eliminatórias e finais no mesmo dia, ou em caso de competições realizadas em vários dias.

Exceções como estas devem ser utilizadas com pouca frequência, pois não constituem a melhor forma de treinamento para aprimoramento fisiológico. Os nadadores podem desenvolver com razoável rapidez a concentração, a confiança e o rigor mental necessários para boas competições em várias provas realizadas ao longo de alguns dias; portanto, poderão alcançar os resultados desejados com a marcação de séries de acordo com o esquema descrito no parágrafo precedente – uma vez a cada semana durante as últimas 3 ou 4 semanas que antecedem a fase de preparação para provas.

Planejamento semanal para uma sessão de treinamento por dia

Não é provável que nadadores que treinam uma vez por dia sofram depleção de glicogênio, porque terão aproximadamente 22 horas para a recuperação em seguida a cada sessão de treinamento. O problema que eles enfrentarão é a distribuição dos diversos tipos de treinamento em seis sessões por semana. O plano na Figura 17.27 é um exemplo de como os diversos tipos de treinamento podem ser marcados ao longo da semana, quando o nadador estiver treinando uma vez por dia.

PLANEJAMENTO DIÁRIO

Os tipos de séries principais de treinamento que devem ser incluídos em um dia de treinamento específico serão estabelecidos de maneira razoavelmente satisfatória tão logo tenha sido formulado o plano semanal, mas cada plano de treinamento diário também deverá incluir séries pequenas e outras atividades de treinamento. A seguir, descrevo uma lista dos tipos de séries de treinamento e atividades que devem ser incluídos na maioria das sessões de treinamento.

- Exercícios no solo para melhorar a força, a resistência, a flexibilidade ou a destreza muscular.
- Aquecimento adequado para a Natação.
- Instrução e exercícios.
- Uma série principal planejada para melhorar a capacidade aeróbica, a resistência muscular aeróbica e anae-

	Seg	Ter (pico)	Qua	Qui (pico)	Sex	Sáb (pico)	Dom
Tarde	Ênfase: Capacidade aeróbica Resistência aer/an	Ênfase: Resistência aer/an Velocidade	Ênfase: Recuperação	Ênfase: Resistência aer/an Velocidade	Ênfase: Capacidade aeróbica Resistência aer/an	Ênfase: Resistência aer/an Velocidade	Folga
	Série principal: Mista En-1, En-2 e En-3	Série principal: Sp-2 600–800 m En-3 1.500 m	Série principal: Recuperação	Série principal: Sp-2 600–800 m En-3 1.500 m	Série principal: Mista En-1, En-2 e En-3	Série principal: Sp-2 400–600 m R-P 800–1.200 m	
	Quilometragem: 8.000 m	Quilometragem: 8.000 m	Quilometragem: 6.000 m	Quilometragem: 8.000 m	Quilometragem: 7.000 m	Quilometragem: 6.000 m	

Resistência básica = En-1
Resistência limiar = En-2
Resistência com sobrecarga = En-3

Tolerância ao lactato = Sp-1
Produção de lactato = Sp-2
Potência = Sp-3
Ritmo de prova = R-P

Figura 17.27 Exemplo de um plano de treinamento semanal para nadadores que treinam uma vez por dia. Esse plano foi particularmente desenvolvido para velocistas de 100 e 200 durante a fase de preparação específica da temporada.

róbica, a potência anaeróbica ou alguma combinação desses três componentes do treinamento.

- Séries secundárias adicionais planejadas para melhorar os pontos fracos fisiológicos ou biomecânicos, ou seja, braçadas e pernadas.
- Séries secundárias adicionais planejadas para o trabalho de algumas habilidades importantes para a competição, por exemplo, golfinhada submersa.
- Algumas séries secundárias planejadas para melhorar a capacidade aeróbica, resistência muscular aeróbica e anaeróbica, e potência anaeróbica.
- Treinamento de recuperação.
- Uma prática de nado fácil.

Depois que as diversas séries e atividades foram selecionadas para um dia de treinamento, sua alocação se torna a próxima tarefa no planejamento diário. Embora geralmente a alocação de séries e atividades deva estar de acordo com princípios fisiológicos consistentes, em alguns casos deverão ser levados em consideração outros fatores no planejamento do dia de treinamento; essas exceções atendem à finalidade de preparar os atletas para situações de competição. Tanto as regras gerais para o planejamento do treinamento diário, como o momento e o local para o estabelecimento das exceções, são os tópicos que serão descritos nesta seção.

Como regra, as sessões de treinamentos matinais devem ser de menor intensidade do que as realizadas à tarde. As sessões matinais devem consistir em treinamento básico de resistência, exercícios de tipo de nado e exercícios de pernadas e braçadas. Também devemos inserir algum treinamento de resistência rápido e tiros de velocidade em algumas das sessões matinais de cada semana de treinamento, com o objetivo de preparar os atletas para esforços máximos durante as provas eliminatórias, que comumente são realizadas pela manhã.

Certamente o aquecimento deve ser o primeiro item planejado para qualquer sessão de treinamento. O aquecimento deve ter duração suficiente para estimular o fornecimento de oxigênio para os músculos, aumentar a elasticidade e amplitude de movimento e, havendo necessidade, permitir a recuperação do treinamento no solo. No mínimo, devemos reservar 10 a 15 min para o aquecimento.

Instruções e exercícios de nado devem ocorrer com maior frequência no início da sessão de treinamento, quando os atletas não estão cansados, e quando estão elevadas suas motivação e concentração. A exceção deve ocorrer quando a finalidade da instrução e dos exercícios é ajudar os nadadores a manter sua destreza em um cenário de acúmulo de acidose; nesse caso, a instrução e os exercícios devem ocorrer mais adiante no treinamento, depois que os nadadores já ficaram fatigados. Os atletas devem ser incentivados a nadar em velocidade de prova e, ao mesmo tempo, a se concentrarem no uso da técnica correta.

Comumente, a série principal deve ocorrer mais perto do final da sessão de treinamento, particularmente se esta for longa ou intensa. Em geral, essa série não deve ser alocada no início da sessão de treinamento. O esforço exigido em uma série principal comumente gerará acidose, podendo ocorrer depleção substancial do glicogênio muscular; portanto, em seguida haverá necessidade de uma série longa de treinamento de recuperação, antes que os atletas estejam prontos para mais treinamento intenso. Nados de recuperação longos no meio de uma sessão de treinamento roubam tempo valioso, que pode ser mais bem aplicado quando a série principal ocorre em uma ocasião mais avançada na sessão de treinamento.

Geralmente, séries secundárias planejadas para melhorar a velocidade ou a potência (i. e., Sp-2 e Sp-3) devem ser alocadas no início da sessão de treinamento, de modo que a acidose ou a depleção do glicogênio muscular não interferirá nos esforços dos atletas em nadar com rapidez. Porém, muitos treinadores e atletas gostam de terminar suas práticas com exercícios de velocidade. Um volume adequado de treinamento básico de resistência de baixa intensidade (En-1) ou de treinamento de recuperação deve preceder o treinamento de velocidade marcado mais para o final da sessão de treinamento. Consideramos como volume adequado 10 a 20 min de nado de baixa intensidade.

Habitualmente, séries secundárias planejadas para melhorar a resistência muscular aeróbica e anaeróbica, por exemplo, treinamento de resistência com sobrecarga (En-3) e treinamento de tolerância ao lactato (Sp-1), devem ser alocadas no final da sessão de treinamento. A única exceção seria quando a sessão de treinamento foi planejada para simular e preparar os atletas para uma situação de competição, em que deverão nadar várias provas durante a mesma competição; nesse caso, cada série com sobrecarga ou de tolerância ao lactato deverá ser seguida por 10 a 20 min de treinamento de recuperação, antes que venha a ocorrer outro nado rápido.

O treinamento básico de resistência completado em outros tipos de nado, ou na forma de exercícios de pernadas ou braçadas, deve ser alocado no início da sessão de treinamento, para que os atletas possam nadar perto dos níveis máximos da faixa de intensidade. Esse treinamento poderá ficar alocado no meio ou na parte final da sessão se os atletas tiverem de nadar no limite baixo da faixa de intensidade. O treinamento básico de resistência de baixa intensidade reduzirá a acidose nas fibras musculares dos nadadores, particularmente em suas fibras musculares de contração rápida; ao mesmo tempo, será estimulada a liberação de oxigênio pelos sistemas circulatório e respiratório, e também o consumo de oxigênio pelas fibras musculares de contração lenta. Por essa razão, podemos utilizar o treinamento básico de resistência em baixa intensidade realizado perto do limiar aeróbico para recuperação e treinamento.

Os atletas podem fazer treinamento de recuperação entre séries principais e entre séries secundárias intensas, com o intuito de diminuir a acidose antes que venham a nadar séries intensas adicionais. Toda sessão de treinamento deverá terminar com um período de nado fácil com duração de 10 min ou mais de nado de recuperação, para que seja acelerada a remoção do ácido lático dos músculos e a liberação de nutrientes para estes.

Exercícios no solo com o objetivo de melhorar a flexibilidade e a destreza terão maior eficácia se forem realizados antes do início do treinamento na água. Os atletas devem estar bem-dispostos no aprendizado de destreza, de modo que possam ter melhor concentração, e o treinamento de flexibilidade os preparará para a realização das atividades de Natação com maior eficiência.

Não é fácil determinar a alocação de exercícios terrestres de força e de resistência. Uma vantagem da marcação desse tipo de treinamento antes do treinamento na água é que os nadadores não estarão cansados e, portanto, serão capazes de treinar com mais intensidade. A principal desvantagem em fazer treinamento de resistência no solo antes do treinamento na água é que o treinamento terrestre tende a aumentar a acidose, consequentemente, poderá afetar adversamente a qualidade da prática na água.

A realização do treinamento de resistência no solo depois da parte aquática do treino em uma sessão traz consigo um problema diferente. Comumente, os atletas não são capazes de treinar em 100% durante o treinamento no solo, em seguida a uma sessão intensa de nado; a vantagem, evidentemente, é que o treinamento de resistência no solo não interferirá na qualidade do treinamento em água.

As desvantagens em realizar treinamento de resistência no solo, tanto antes como depois do treinamento aquático, podem ser contornadas simplesmente pela previsão de tempo de recuperação adequado. Se o treinamento terrestre for realizado antes da parte aquática da sessão de treinamento, os atletas deverão ter tempo suficiente para a recuperação da acidose. Um bom aquecimento e algumas repetições de resistência básica em baixa intensidade no início da sessão de treinamento aquática poderão cumprir esse objetivo. Analogamente, a intensidade do treinamento de resistência terrestre realizado depois do treinamento na água pode ser aumentada, bastando proporcionar um longo período de nado fácil de recuperação após o treinamento aquático; assim, a maior parte do ácido láti-

co será removida dos músculos dos atletas, antes que comecem o treinamento no solo. Frequentemente, é a disponibilidade de equipamento, e não a eficácia fisiológica, que determina o momento de realização do treinamento de resistência no solo. Portanto, é bom saber que a previsão de tempo de recuperação adequado pode contornar as desvantagens da realização desse treinamento, seja antes ou depois das sessões aquáticas.

Um exemplo de sessão de treinamento diária típica está ilustrado na Figura 17.28. Essa sessão foi planejada principalmente para melhorar a resistência muscular aeróbica e anaeróbica de nadadores meio-fundistas e fundistas, com inclusão de algum treinamento básico de resistência (En-1) e de produção de lactato (Sp-2).

A sessão tem início com um aquecimento de 800 m realizado em segmentos, começando com duas repetições

---

1. Aquecimento:
   300 m nado
   300 m braçadas
   4 × 50 nado em 1 min

   800 m

2. Exercício de aprimoramento de nado:
   10 × 100 em 2 min
   25 lado direito, 25 esquerdo, 100 ambos

   1.000 m de nado de resistência básica

3. Treinamento de produção de lactato:
   6 × 50 nado em 3 min
   150 m nado em ritmo fácil depois de cada 50
   300 m de treinamento de produção de lactato

   750 m de nado de recuperação

4. Pernadas em velocidade de resistência básica:
   6 × 200 em 4 min

   1.200 m

5. Braçadas em resistência básica:
   2 × 1.000 em 12 min

   2.000 m

6. Nado em resistência com sobrecarga:
   8 × 200 m em 2'45"

   1.600 m

7. Nado de recuperação:
   4 × 200 em 2'45"
   Comece em velocidade de resistência básica e nade cada 200 com mais lentidão, até se recuperar

   800 m de nado de recuperação

   Total = 8.450 m

Figura 17.28 Exemplo de sessão de treinamento diário para nadadores meio-fundistas e fundistas.

de 300, uma com nado e a outra com braçadas. Essa prática é seguida por quatro repetições de 50 m com um tempo até a saída de 1 min. A velocidade de nado deve progredir para um nível de resistência básica durante as repetições de 300, para que o aquecimento atenda também as finalidades de treinamento. Os atletas devem decrescer os 50 s até uma velocidade razoavelmente rápida, para preparar seus corpos para o nado rápido que será praticado subsequentemente.

A série a seguir consiste de exercícios de aprimoramento da técnica, completados em velocidade de resistência básica a baixa intensidade. A finalidade dessa série é melhorar a mecânica do nado e a resistência, sem que os nadadores fiquem extremamente cansados. A série foi alocada no início da sessão de treinamento, e não mais tarde, para que os atletas pudessem se concentrar em praticar corretamente seus tipos de nado e não nadassem a série em velocidade de recuperação; isto poderia ocorrer, se essa série tivesse sido alocada depois de uma das séries de repetições mais intensas planejadas para mais tarde.

A seguir, foi alocada uma série de produção de lactato, de modo que os atletas pudessem nadar em velocidade antes que ficassem muito cansados para nadar em velocidade máxima. Em seguida, foi marcado um exercício de pernadas de resistência por 1.200 m. A finalidade foi melhorar a resistência das pernas. A série a seguir consistia em 2.000 m de braçadas de resistência básica. A finalidade foi melhorar a capacidade aeróbica, sem sobrecarregar as fibras musculares de contração rápida.

A série principal para essa sessão consistia em 8 nados de 200 m em velocidade de resistência com sobrecarga (En-3). Essa série foi alocada em um ponto mais avançado da sessão, para que a acidose e a fadiga geradas por ela não interferissem no desempenho correto nas séries precedentes. A série poderia ter sido posicionada mais cedo, se tivesse sido seguida por uma série de recuperação; tal arranjo teria permitido que os nadadores reduzissem sua acidose antes que tivessem de nadar rapidamente de novo. O segmento final da sessão de treinamento consistiu em 800 m de nado fácil, para ajudar na recuperação.

Capítulo 18

Polimento

Novo nesta edição:

- Interpretação de estudos recentes sobre a duração do polimento e a intensidade, frequência e volume do treinamento durante o polimento.

Antes de 1960, o ponto de vista prevalecente era o de que os atletas deveriam aumentar o treinamento até seu maior volume/intensidade imediatamente antes de seu *meeting* mais importante da temporada. Os treinadores acreditavam que esse procedimento faria com que os atletas atingissem o pico de desempenho físico para o *meeting*. Hoje em dia, percebemos que essa prática funcionava ao contrário. Ela fazia com que os nadadores entrassem nesses *meetings* em um estado de fadiga no qual era improvável que ocorresse um desempenho de pico. Durante as últimas três décadas, vem sendo posto em prática um sistema diferente. Atualmente, os nadadores terminam seu treinamento mais intenso algumas semanas antes do *meeting* mais importante da temporada e depois passam por um período de redução do treinamento que, supostamente, lhes permite recuperar-se e fazer superadaptação. Esse período de redução do treinamento é conhecido como *polimento*.

Hoje em dia, os procedimentos do polimento estão mais cercados por uma atmosfera de mistério do que por fatos. Apenas na última década foi publicado um conjunto significativo de pesquisas sobre polimento. Como resultado desse esforço, estamos começando a saber mais acerca das reações fisiológicas associadas a ele. Ainda assim, continua a ser um mistério a exata natureza das alterações fisiológicas que resultam em melhor desempenho depois de um período de polimento. As finalidades deste capítulo são articular os resultados de alguns estudos publicados sobre polimento e sugerir alguns procedimentos de polimento.

TIPOS DE POLIMENTO

Os diversos tipos de polimento utilizados por nadadores de competição podem ser separados em três categorias. A primeira é o *polimento principal*, um procedimento empregado para preparar nadadores para os *meetings* mais importantes, quando são desejados seus melhores desempenhos do ano de treinamento. Comumente com 2 a 4 semanas de duração, o polimento principal é o mais longo dos três tipos.

A prática habitual consiste em planejar um polimento principal por temporada. Especialistas sugerem que os atletas planejem apenas dois a três polimentos principais para um ano de treinamento (Bompa 1999). Esse é um conselho lógico, pois o polimento durante 2 a 4 semanas várias vezes por ano pode fazer com que os nadadores sejam privados de valioso tempo de treinamento. Exemplificando, a realização de cinco polimentos principais por ano, em vez de três, reduziria o tempo de treinamento anual em cerca de 30%.

A segunda categoria é o *polimento secundário*, que comumente tem duração de 1 semana ou menos, sendo utilizado nos casos em que é desejável bom desempenho na metade de determinada temporada. Os treinadores têm opiniões conflitantes sobre a conveniência de polimentos secundários. Alguns acreditam que tal prática interfere no treinamento e impede que os nadadores alcancem desempenhos de pico ao final da temporada. Outros são da opinião de que, ao permitirem folgas ocasionais do treinamento e do nado rápido na metade da temporada, estão fazendo um bem aos seus nadadores, tanto em termos fisiológicos como psicológicos. Polimentos secundários dão oportunidade para a recuperação e a adaptação fisiológica. Psicologicamente, em alguns casos o nado rápido no início e na metade da temporada pode melhorar a confiança e a motivação do atleta.

A terceira categoria é o *repolimento,* o qual é utilizado quando dois *meetings* importantes são realizados dentro de um período de 3 a 5 semanas. A capacidade de fazer o repolimento e de manter, ou mesmo de melhorar, os desempenhos depois de um polimento principal vem se tornando cada vez mais importante para os nadadores. Os padrões de qualificação para competições importantes se tornaram tão altos que muitos atletas precisam passar por um polimento principal para uma competição em determinado período, a fim de se qualificarem para uma competição mais importante a ser realizada mais tarde. Por exemplo, muitos nadadores universitários norte-americanos devem passar por um polimento principal em seu campeonato interuniversitário para que possam obter o padrão de qualificação para o campeonato da NCAA, que comumente é marcado para 2 a 4 semanas depois. Além disso, o número de competições importantes realizadas em uma mesma temporada aumentou consideravelmente nos últimos anos. Frequentemente os atletas acabam participando de campeonatos nacionais, em seguida das regionais dos campeonatos mundiais e, finalmente, dos campeonatos internacionais importantes em um período de 1 a 2 meses. Outrora, os treinadores acreditavam que os atletas podiam manter sua capacidade de nadar em nível de pico apenas durante algumas semanas. A proliferação de *meetings* importantes demonstrou que os nadadores podem manter um desempenho de pico por um período consideravelmente maior.

Pesquisadores sugeriram que a duração de um desempenho de pico pode ser mantida por cerca de 7 a 10 dias, sem necessidade de treinamento adicional (Ozolin 1971, citado em Bompa 1999), e que poderão ser atingidos dois ou três picos subsequentes dentro de 1 a 2 meses consecutivos, se houver tempo disponível para algum treinamento entre picos (Matveyev, Kalinin e Ozolin 1974). Mas é preciso que os atletas compreendam que é fundamental uma sólida estrutura de treinamento para que sejam mantidos níveis de desempenho de pico ao longo de um período de algumas semanas. Nadadores que treinam o ano todo serão capazes de manter um desempenho de pico por mais tempo e também de atingir maior número de picos em um curto período, em comparação com aqueles que treinam apenas em uma parte do ano.

MELHORA DO DESEMPENHO COM O POLIMENTO

Tipicamente, os tempos de nado irão melhorar 2 a 4% em relação aos desempenhos precedentes depois de um polimento principal. Certos atletas apresentarão melhora consideravelmente maior. Em estudos independentes, foi constatado que a melhora média para nadadores em diversos eventos de 100 a 1.500 m fica entre 2,8 (Anderson et al. 1992) e 3% (Costill et al. 1985). Nesses estudos, os nadadores também raspavam o corpo ao final do polimento; consequentemente, é difícil determinar a parte da melhora que foi resultante do polimento e a que se deveu simplesmente ao ato de raspar o corpo. Houmard et al. (1994) tentaram solucionar essa dúvida estudando os efeitos do polimento em corredores. Esses autores perceberam uma melhora média de 3% para um grupo de corredores que competiu em uma prova de 5 km. D'Acquisto et al. (1992) lançaram mão de outra abordagem. Esses pesquisadores fizeram polimento em um grupo de nadadores que, em seguida, competiu sem raspar o corpo. Os atletas nesse estudo melhoraram entre 4 e 8% para distâncias de 100 e 400 m.

MUDANÇAS FISIOLÓGICAS DURANTE O POLIMENTO

Alguns especialistas atribuíram uma parte importante do efeito do polimento à supercompensação das reservas de glicogênio muscular. Provavelmente essa avaliação é incorreta. A quantidade de glicogênio armazenada nos músculos aumentará entre 8 e 35% mesmo na ausência de procedimentos especiais de carga de carboidratos (Neary et al. 1992; Sheply et al. 1992), mas é provável que isso não tenha grande influência nos ganhos de desempenho que acompanham o polimento na Natação. Embora tenha sido demonstrado que a supercompensação de glicogênio melhora o desempenho em eventos de corrida de resistência (Bergstrom et al. 1967), não é provável que ocorra o mesmo efeito em nosso esporte, porque os eventos de nado competitivo são consideravelmente mais curtos. A redução de glicogênio dos músculos deve ficar em torno de somente 30 a 40%, mesmo durante o mais longo evento de Natação competitiva, os 1.500 m. Consequentemente, atletas com quantidades apenas normais de glicogênio armazenadas em seus músculos seriam capazes de fornecer energia suficiente para esses eventos. Além disso, os aumentos de glicogênio muscular não poderiam explicar por que os nadadores precisam de pelo menos uma semana para a produção de um efeito de polimento. Um descanso de 2 a 3 dias é adequado para que ocorra carga de glicogênio nos músculos.

Embora seja provável que a supercompensação de glicogênio não explique o melhor desempenho dos nadadores depois de um polimento, ela pode explicar a sensação de peso e moleza comumente relatada por esses atletas ao longo da primeira semana de polimento. Três gramas de água são armazenados com cada grama de carboidrato adicional. Como consequência, um aumento de 30% no glicogênio muscular, que poderia facilmente ocorrer durante a primeira semana de polimento, pode causar o armazenamento adicional de 108 g de água, o que, por sua vez, poderia ser acompanhado por aumento de peso e pela sensação de pressão e inchaço.

Alguns especialistas sugeriram que o efeito do polimento pode ser decorrente de efeitos de supercompensação de outros mecanismos fisiológicos, que são parecidos com aqueles responsáveis pela carga de glicogênio. Embora essa explicação seja vaga, ela pode, no entanto, ser a melhor atualmente disponível.

O efeito de supercompensação que acompanha o polimento e que tem sido relatado com mais frequência na literatura científica é um aumento na potência muscular. Costill et al. (1985) observaram aumento de 24,6% na potência muscular depois de 14 dias de polimento. A potência era medida na água com um instrumento para nado travado. Esses pesquisadores também observaram um aumento da potência com movimentos de nado simulados no solo. A potência medida em uma prancha biocinética de Natação aumentou 17,7% em média. Outros estudos realizados com aparelhos simuladores da Natação revelaram aumentos na potência muscular da ordem de 5 a 19% depois do polimento (Anderson et al. 1992; Sheply et al. 1992).

Uma mudança fisiológica final observada durante o período de polimento é um decréscimo na creatina quinase (Costill et al. 1985; Yamamoto, Mutoh e Miyashita 1988). Acredita-se que grande concentração de creatina quinase nos músculos seja indicativa de lesão muscular; portanto, a redução na concentração dessa enzima poderia significar que ocorreu reparo das lesões musculares e que a força e a potência dos músculos aumentaram durante o polimento.

Um estudo recentemente realizado por Trappe et al. (1998) lançou alguma luz nos mecanismos que podem ser responsáveis por esse aumento na força e na potência muscular. Esses pesquisadores verificaram que, sem exceção, a velocidade de contração, a força e a potência muscular aumentaram depois de um período de polimento de 21 dias. A velocidade de contração muscular aumentou 37% nas fibras musculares de contração lenta e 55% nas de contração rápida. A força e a potência não mudaram nas fibras de contração lenta, mas a força muscular aumentou 15% nas fibras musculares de contração rápida; e a potência, 114%. Depois do polimento, os tempos de desempenho dos nadadores em seus eventos melhoraram cerca de 4%.

Os resultados obtidos nas pesquisas têm se revelado contraditórios no que se refere às mudanças durante o polimento capazes de melhorar a capacidade aeróbica e a resistência muscular aeróbica e anaeróbica. Aparentemente, a absorção máxima de oxigênio não aumenta durante o polimento (Anderson et al. 1992; Houmard et al. 1994; Sheply et al. 1992; van Handel et al. 1988). A capacidade de tamponamento dos músculos também não aumenta durante o polimento (Costill et al. 1985), mas esse indicador em particular foi relatado em apenas um estudo com nadadores. O resultado não pode ser considerado conclusivo até que tenha sido verificado por outras pesquisas.

A literatura científica recente apresenta mais duas mudanças fisiológicas que acontecem depois de um polimento: aumento do volume sanguíneo e aumento das hemácias (Burke et al. 1982; Rushall e Busch 1980; Sheply et al. 1992; Yamamoto, Mutoh e Miyashita 1988). Esses dois tipos de aumento devem melhorar a liberação de oxigênio para os músculos. Portanto, entram em conflito com o achado de que o consumo máximo de oxigênio não sofre elevação depois de um polimento.

Os resultados têm se mostrado contraditórios com relação ao efeito do polimento no limiar anaeróbico. Em dois estudos (Anderson et al. 1992; van Handel et al. 1988), os níveis sanguíneos de lactato para esforços submáximos padronizados não mudaram durante o polimento. Entretanto, Costill et al. (1985) relataram uma redução de 13% no lactato sanguíneo para um nado de 200 jd em esforço submáximo padronizado depois do polimento. Do mesmo modo, D'Acquisto et al. (1992) verificaram reduções no lactato sanguíneo de 25 e 32% em duas velocidades de nado diferentes, também depois do polimento. O grupo de pesquisadores liderado por D'Acquisto (1992) também comunicou ter ocorrido melhora de 7 a 15% na economia do nado e que as frequências cardíacas caíram 8 a 26% em velocidades de nado submáximas padronizadas. Os nadadores não foram raspados no estudo de D'Acquisto et al. (1992); portanto, esses resultados não aconteceram por causa da redução do arrasto; ao contrário, eles sugerem que o custo energético para o nado em velocidades submáximas diminui durante o polimento. E, por outro lado, esse efeito pode proporcionar maior resistência para esforços máximos.

Quero agora resumir os resultados das investigações que acabei de mencionar. Hoje em dia, tem-se a impressão de que o polimento aumenta a força e a potência das fibras musculares. Esse efeito é mais pronunciado nas fibras musculares de contração rápida. O consumo máximo de oxigênio não aumenta com a prática do polimento. Contudo, as indicações são de que a resistência aeróbica melhora, talvez porque a eficiência do nado melhore depois do descanso, de modo que ocorre uma queda na necessidade de oxigênio para o nado a determinada velocidade. Ainda precisam ser determinados os efeitos do polimento na remoção de lactato durante o exercício e sobre a capacidade de tamponamento. Qualquer melhora nesses fatores deve melhorar o desempenho.

PROCEDIMENTOS DE POLIMENTO

A essência de um bom polimento é ter folga suficiente para que ocorra restauração e talvez também supercompensação de certos mecanismos fisiológicos; no entanto, não se deve descansar por muito tempo a ponto de causar a perda das importantes adaptações ao treinamento. Nesse contexto, surgem várias perguntas. Qual deve ser a duração do polimento, sem que ocorra perda das adaptações? Qual o nível de redução dos volumes de treinamento semanal e diário, sem que ocorra perda das adaptações? Qual o nível possível de redução da intensidade e da frequência de treinamento, sem que ocorra perda das adaptações? Nas cinco seções seguintes, discutirei essas questões.

Duração do polimento

Tem sido relatado que polimentos com duração de 1 a 4 semanas geram bons resultados para os nadadores. Yamamoto, Mutoh e Miyashita (1988) constataram que as mudanças fisiológicas positivas no volume sanguíneo, nas hemácias e na creatina quinase ocorridas durante um polimento acontecem nos primeiros 7 dias de um período de 14 dias. D'Acquisto et al. (1992) reportaram não terem observado diferença no grau de melhora do desempenho nem perda significativa de certas medidas fisiológicas em dois grupos de nadadores que fizeram polimento de 2 e de 4 semanas, respectivamente. Em contraste com esse achado, Costill et al. (1985) apontaram que o VO_2 máx, o limiar anaeróbico e a potência muscular deterioraram-se depois que um grupo de nadadores fez polimento por 4 semanas. Em concordância com esses resultados, Neufer et al. (1988) informaram terem observado aumento significativo de 1,8 mmol/L no lactato sanguíneo depois de um nado padronizado de 200 jd após 4 semanas de redução do treinamento. Nesse estudo, a quilometragem do treinamento foi reduzida em aproximadamente 80% durante 4 semanas, e a frequência de treinamento foi cortada pela metade. O total semanal normal de 54.000 jd para os nadadores (9.000 jd por dia, 6 dias por semana) foi reduzido para 9.000 jd (3.000 jd por dia, 3 dias por semana). Em oposição a esses resultados, Mujika et al. (1996) estudaram o efeito de períodos de polimento de 3, 4 e 6 semanas no desempenho do nado. Os nadadores melhoraram significativamente seu desempenho com os polimentos de 3 e 4 semanas, mas sofreram decréscimo no desempenho depois de 6 semanas de polimento.

Com base nesses achados, parece ser possível obter resultado com o polimento dentro de 7 a 14 dias, com manutenção por mais 14 dias. Essas generalizações, no entanto, não levam em conta as reações individuais dos atletas. Nadadores que se recuperam com rapidez e aqueles que vêm mantendo um bom equilíbrio de treinamento provavelmente poderão conseguir efeitos com o polimento dentro de 7 a 14 dias. Já os atletas, em particular os velocistas, que não se recuperam com tanta rapidez e que já vivenciaram reduções intensas na potência anaeróbica, podem precisar de períodos mais longos de polimento, para a obtenção de desempenho máximo. Na verdade, no estudo citado anteriormente (Mujika et al. 1996), a duração ideal do polimento para vários atletas se situou entre 12 e 32 dias.

Equilíbrio entre treinamento e polimento

Em minha experiência, desequilíbrios no treinamento que ocorreram durante a estação normal fizeram com que alguns atletas precisassem de polimentos mais longos em comparação com outros atletas. Os nadadores, especificamente, podem fazer um treinamento de resistência excessivamente puxado ou tiros de velocidade intensos demais durante a temporada. Qualquer um desses desequilíbrios no treinamento pode resultar em alguma das seguintes reações. Aqueles atletas que fazem treinamento de resistência e de velocidade excessivamente intenso podem reduzir sua potência anaeróbica ao ponto de não possuírem velocidade para nadar as primeiras partes de suas provas em velocidades competitivas. A segunda reação é o contrário da primeira. Nadadores que fazem um volume muito pequeno de treinamento de resistência podem aumentar tanto sua potência anaeróbica que tenderão a produzir níveis elevados de ácido lático em velocidades lentas. Quando isso ocorre, os atletas sofrem acidose intensa em velocidades mais lentas.

Todos nós conhecemos atletas que nadaram com rapidez muito maior por vários dias, ou mesmo várias semanas, depois de uma competição importante. Comumente, esses atletas haviam vivenciado um dos dois desequilíbrios no treinamento que acabei de mencionar. No primeiro caso, a potência anaeróbica pode ter sofrido tal depressão, que o atleta não pôde recuperá-la até um nível normal por ocasião do primeiro *meeting* importante. Como consequência, esses nadadores não foram capazes de realizar o melhor desempenho da temporada nesse *meeting*. Mas, depois de transcorridas algumas semanas, a potência anaeróbica retornou ao normal, e assim foram capazes de nadar com rapidez consideravelmente maior. Mais frequentemente esse resultado aconteceu quando atletas mal treinados fizeram algum treinamento básico de resistência ao longo de algumas semanas depois de sua competição principal. É provável que esse treinamento básico de resistência tenha mantido a capacidade aeróbica desses nadadores com intensidade reduzida, e assim eles foram capazes de atingir o melhor desempenho da temporada depois de terem readquirido sua potência anaeróbica.

A mesma situação pode ocorrer quando um treinamento de resistência demasiadamente intenso suprime a resistência muscular aeróbica e anaeróbica. A superabundância de treinamento de resistência de grande intensidade pode fazer com que alguns nadadores entrem em sua primeira competição importante com uma taxa tão elevada de metabolismo anaeróbico, que acumulam grandes quantidades de ácido lático nos músculos em velocidades de nado lentas. No caso desses atletas, algumas semanas a mais de treinamento básico de resistência podem reduzir a taxa de metabolismo anaeróbico até o ponto em que eles serão capazes de nadar as primeiras partes de sua prova na mesma velocidade, mas com menos acidose. Como resultado, esses nadadores serão capazes de nadar as últimas partes da prova com uma velocidade média maior.

Se o delicado equilíbrio entre os treinamentos de resistência e de velocidade for bem controlado durante a temporada normal, os nadadores, com grande probabilidade, poderão fazer um bom polimento dentro de 1 a 3 semanas. Quando isso não acontece, talvez os atletas precisem de mais 1 ou 2 semanas de polimento, antes que possam fazer bons tempos.

Intensidade, volume e frequência de treinamento durante o polimento

Durante o polimento, o volume, a frequência e a intensidade devem diminuir, para que os atletas possam se recuperar das semanas e meses de treinamento. Mas eles não podem descansar completamente, ou perderão as adaptações adquiridas com o treinamento. Treinadores e atletas devem decidir a quantidade de redução, bem como o tempo, para cada um desses três fatores.

Intensidade de treinamento

A manutenção da intensidade de treinamento nos mesmos níveis pré-polimento ou em níveis próximos a esses parece ser o fator mais importante para a obtenção de desempenhos de pico ao final do polimento. Em outras palavras, os atletas não podem simplesmente praticar nado fácil durante o polimento. Eles precisam devotar algum tempo ao treinamento na velocidade da temporada normal, para que possam manter as adaptações adquiridas com o treinamento. Sheply et al. (1992) submeteram três grupos de corredores *cross-country* e fundistas a três procedimentos de polimento. Todos os grupos ficaram em regime de polimento por 7 dias. Os corredores do primeiro grupo, que haviam passado por um polimento de grande intensidade, reduziram seu volume de treinamento em 90% durante esse período, mas correram uma série curta de corridas de 500 m todos os dias a 120% do $\dot{V}O_2$ máx. O segundo grupo, que teve um polimento de grande volume, reduziu seu volume de treinamento em apenas 65% e não praticou corridas rápidas. Em vez disso, os membros desse grupo completaram sua quilometragem de treinamento reduzida em uma intensidade de aproximadamente 60% de suas taxas de consumo máximo de oxigênio. O terceiro grupo descansou completamente e não correu durante todo o polimento. Todos os grupos foram testados com corridas até a exaustão antes e depois da realização do polimento. O grupo de grande intensidade melhorou 22% depois do período de polimento. Os outros grupos não demonstraram melhora, apesar do fato de terem aumentado o glicogênio muscular e a potência muscular em graus equivalentes aos do grupo de grande intensidade. Este grupo aumentou ainda seu volume sanguíneo e suas hemácias, algo que não ocorreu nos outros dois grupos. Essas mudanças podem explicar, em parte, a melhora apresentada pelo grupo de grande intensidade.

Resultados de diversos outros estudos corroboram o achado de que os atletas precisam manter certo nível mínimo de intensidade de treinamento durante o polimento. Em outros estudos feitos com corredores e nadadores, os atletas melhoraram seu desempenho depois do polimento apenas nos casos em que mantiveram a intensidade de seu treinamento de resistência acima dos 90% do $\dot{V}O_2$ máx. Isso significa a prática de velocidades em limiar anaeróbico ou superiores (Anderson et al. 1992; Costill et al. 1985; Houmard 1991; Houmard et al. 1994; Sheply et al. 1992). Em uma série de estudos realizados por Hickson et al. (Hickson e Rosenkoetter 1981; Hickson et al. 1982; Hickson et al. 1985), o desempenho deteriorou para os grupos de atletas que reduziram suas velocidades de treinamento em um a dois terços. O grupo que diminuiu a velocidade de treinamento em um terço apresentou redução de 21% nos tempos de corrida e na bicicleta ergométrica até a exaustão (184 min antes *vs* 145 min depois). O grupo que diminuiu a velocidade de treinamento em dois terços apresentou uma redução do tempo de 30% (202 antes *vs* 141 min depois), embora esse efeito não tenha ocorrido até que o grupo já estivesse no polimento há 5 semanas.

Ao que parece, a manutenção da intensidade de treinamento nas proximidades do limiar anaeróbico (superior a 70% do $\dot{V}O_2$ máx) pode manter a resistência por até 5 semanas. É claro que o objetivo é melhorar o desempenho, assim provavelmente a melhor opção é fazer com que os atletas mantenham uma certa intensidade no treinamento de resistência acima do limiar anaeróbico (superior a 90% do $\dot{V}O_2$ máx), porque esse procedimento parece resultar em melhor desempenho depois do polimento. Troup (1989) sugere que, durante o polimento, os nadadores devam ter um desempenho entre 12 e 15% do volume de treinamento diário acima da velocidade em limiar anaeróbico.

Volume de treinamento semanal

Os treinadores vêm intuitivamente utilizando reduções de 30 a 90% durante os polimentos. Em estudos nos quais o desempenho dos nadadores melhorou depois de um polimento, as reduções no volume de treinamento ficaram entre 60 e 90% dos máximos da temporada (Costill et al. 1985; D'Acquisto et al. 1992). A pesquisa sugere que os volumes de treinamento devem diminuir 80 a 90% durante polimentos curtos (menos de 10 dias), sendo mantidos em 60 a 70% do normal em polimentos mais longos. Em um estudo, uma redução de 62% no volume de treinamento semanal não melhorou o desempenho depois de um polimento de 7 dias. Por outro lado, ocorreu melhora de 22% no desempenho em uma corrida até a exaustão, quando o volume de treinamento foi reduzido 90% ao longo do mesmo período (Sheply et al. 1992). Em um outro estudo, uma redução de 85% no volume de treinamento durante 7 dias melhorou o desempenho em 3% em uma corrida de 5 km (Houmard et al. 1994). Contrastando com esses resultados, o desempenho de nadadores melhorou em diversos estudos nos quais o volume de treinamento foi reduzido entre 65 e 80% em polimentos que tiveram duração de 2 a 4 semanas (Anderson et al. 1992; Costill et al. 1985; D'Acquisto et al. 1992; Mujika et al. 1996).

Volume de treinamento diário

Troup (1989) apurou que o desempenho pode ser mantido por até 5 semanas, mesmo quando a duração do treinamento diário é reduzida de 3 horas por dia para 1 hora por dia, caso a frequência de treinamento permaneça 6 dias por semana e se uma parte deste for realizada com maior intensidade do que a velocidade em limiar anaeróbico. Os resultados de um estudo realizado por Hickson et al. (1982) apoiam esse achado. Esses autores demonstraram que a resistência pode ser mantida com uma redução de 35% na duração do treinamento diário, se a frequência semanal de treinamento permanecer 6 dias por semana. A resistência também foi mantida para eventos com duração de 2 min ou menos, quando a duração do treinamento havia sido reduzida em 68%, mas o desempenho em provas mais longas piorou 10%. Hickson et al. também observaram que os atletas podiam manter seu desempenho por até 15 semanas, contanto que mantivessem um treinamento de 60 min por dia, 4 dias por semana.

Frequência de treinamento

Os achados de pesquisas acerca da frequência de treinamento e do polimento são mais ambíguos do que os de estudos sobre os outros dois fatores. Os resultados de diversos estudos demonstram que as adaptações do treinamento de resistência podem ser preservadas por algumas semanas se a frequência do treinamento for mantida na base de 3 ou mais dias por semana (Bryntesson e Sinning 1973; Hickson e Rosenkoetter 1981; Houmard et al. 1989; Neufer et al. 1987). Entretanto, aparentemente, a força muscular e a potência anaeróbica podem ser mantidas com uma frequência de treinamento mais baixa. No solo, a força muscular pode ser preservada ao longo de várias semanas com apenas uma sessão de treinamento por semana (Graves et al. 1988); e a capacidade anaeróbica, por até 15 semanas quando a frequência de treinamento é reduzida para duas sessões por semana (Hickson e Rosenkoetter 1981).

Apesar desses achados, Neufer et al. (1987) verificaram que a potência de nado declinava quando a frequência de treinamento caía para menos de 3 dias por semana. Para um grupo de nadadores, os pesquisadores reduziram a frequência de treinamento de 6 para 3 dias por semana e para outro grupo, a frequência de treinamento foi reduzida para apenas 1 dia por semana. Depois de 4 semanas, a potência de nado e a distância por braçada estavam significativamente menores no grupo que estava treinando apenas 1 dia por semana, mas o grupo que treinava três vezes por semana manteve a potência e a distância por braçada nos níveis anteriores ao polimento. Os autores acreditam que os nadadores podem perder a familiaridade com a água quando a frequência de treinamento diminui de forma tão drástica.

Embora a pesquisa até agora publicada indique que os nadadores podem manter as adaptações adquiridas com o treinamento se continuarem treinando 3 dias por semana, sugiro que a frequência seja 5 a 6 dias por semana, como forma de proteção contra perdas e talvez para gerar efeitos de supercompensação. O raciocínio subjacente a essa recomendação é que, embora as adaptações conquistadas com o treinamento possam ser mantidas pelos atletas se estes treinarem três vezes por semana, o acréscimo de 1 a 3 dias de treinamento por semana poderá gerar efeitos de supercompensação que melhorarão o desempenho. Em estudos que observaram melhora no desempenho depois do polimento (Anderson et al. 1992; Costill et al. 1985; Houmard 1991; Sheply et al. 1992), as frequências de treinamento permaneceram na base de 4 a 6 dias por semana.

Polimentos graduais *vs* polimentos de queda abrupta

Polimentos graduais são aqueles nos quais a quilometragem diminui progressivamente, desde o início até o final do polimento. Já em um polimento de queda abrupta, a quilometragem de treinamento é reduzida drasticamente no início, permanecendo nesse nível baixo o resto do tempo. Grande parte dos estudos citados na seção anterior utilizava polimentos de queda abrupta, embora esse talvez não tenha sido o melhor procedimento. Um estudo comparou polimentos graduais com os de queda abrupta e constatou a superioridade dos primeiros. Um grupo de triatletas melhorou 11,8% em uma corrida de 5 km depois de um polimento gradual de 10 dias, enquanto um segundo grupo melhorou apenas 3% com o uso do polimento de queda abrupta (Zarkadas, Carter e Bannister 1994).

Apesar desses resultados, em algumas situações o polimento de queda abrupta pode ser superior ao polimento gradual. É provável que o polimento de queda abrupta seja o melhor procedimento para uso em polimentos curtos, com duração de 7 dias ou menos, por ser pouco provável que uma redução de 80 ou 90% na quilometragem venha a causar perda de resistência em tão pouco tempo (Houmard et al. 1994; Sheply et al. 1992). O procedimento gradual talvez seja a melhor escolha para polimentos mais longos, porque os atletas terão maior probabilidade de manter a resistência se sua quilometragem de treinamento for mantida em um nível moderado durante a primeira e/ou segunda semana do polimento. Além disso, a redução gradual na quilometragem de treinamento poderá ajudar os atletas a atingir seus picos ao final do polimento, momento em que ocorre a maior redução na quilometragem.

SUGESTÕES PARA O POLIMENTO

A seguir, darei algumas sugestões para a realização de polimentos, as quais aparecem resumidas na Tabela 18.1.

Acredito que um polimento principal deva ter 2 a 3 semanas de duração para nadadores fundistas e meio-

fundistas e também para velocistas, mas sugiro que ele seja precedido por um período pré-polimento de 1 a 2 semanas. A finalidade do pré-polimento é ajudar os treinadores na avaliação do nível de fadiga e de possíveis desequilíbrios no treinamento para cada nadador. Em seguida, os treinadores poderão estabelecer a duração e a estrutura do polimento principal, de modo a proporcionar um equilíbrio entre descanso e trabalho, com o objetivo de permitir a cada nadador atingir seu pico de desempenho ao final do período. Obviamente, o pré-polimento só será viável quando os nadadores tiverem completado uma temporada de duração razoável, superior a 17 semanas. Quando as temporadas são curtas, as últimas 2 semanas antes do polimento precisam ser utilizadas para mais treinamento. Os procedimentos de treinamento para cada semana do pré-polimento e para o polimento principal serão descritos nas próximas seções.

Pré-polimento

O pré-polimento é um período de redução do treinamento que funciona como uma válvula de segurança para os nadadores que possam precisar de mais do que 2 a 3 semanas para completar todo o polimento e obter um desempenho de pico. Nesse período, a quilometragem e a intensidade do treinamento são reduzidas um pouco, embora não ao nível do polimento. A frequência de treinamento deve permanecer com seu número normal de sessões por semana. A finalidade do pré-polimento é avaliar com que rapidez cada nadador provavelmente irá se recuperar de seus meses precedentes de treinamento intenso.

A quilometragem de treinamento deve diminuir 15 a 20% se os atletas estiverem nadando 9.000 jd/m ou mais. Atletas que estejam treinando uma vez por dia com 5.000 ou 6.000 jd/m devem manter essa quilometragem normal, mas devem reduzir a intensidade habitual de treina-

Tabela 18.1 Resumo das pesquisas sobre parâmetros de polimento

Variável do treinamento		Sugestões para eventos mais curtos e mais longos	
		Eventos curtos 19 s-2 min	Eventos longos 4-20 min
Duração		14-21 dias	7-14 dias
Quilometragem semanal		30-40% do máximo do pré-polimento	40-60% do máximo do pré-polimento
Quilometragem diária		1/3-1/2 do máximo do pré-polimento	1/2-2/3 do máximo do pré-polimento
Intensidade	Quilometragem nadada acima do limiar anaeróbico	25-40% da quantidade habitual do pré-polimento	40-50% da quantidade habitual do pré-polimento
	Redução das velocidades de treinamento habituais	Não mais do que 20% das velocidades do pré-polimento	Não mais do que 20% das velocidades do pré-polimento
Frequência semanal		4-6 dias/semana	5-6 dias/semana

mento básico de resistência em aproximadamente 2 a 3 s por 100 jd/m. A velocidade das séries limiares e com sobrecarga deve permanecer nos níveis normais da temporada, embora nesses níveis a quilometragem também deva diminuir 15 a 20%. A quantidade, mas não a qualidade, do treinamento de velocidade também deve ser reduzida. O treinamento de resistência e de flexibilidade no solo deve retornar aos níveis de manutenção.

As taxas de recuperação dos nadadores devem ser avaliadas ao final de cada uma das 2 semanas de pré-polimento. Nadadores que estejam respondendo satisfatoriamente ficarão mais motivados ao final da primeira semana. Esses atletas poderão ter melhor desempenho em *meetings* e provavelmente terão velocidades mais rápidas no treinamento. Seus resultados em diversos testes de desempenho, testes sanguíneos ou séries padronizadas também deverão melhorar drasticamente. Esses nadadores podem retornar com segurança ao treinamento normal na semana seguinte (ou em duas semanas).

Nadadores que aparentemente não estão se recuperando depois da primeira semana devem iniciar o polimento na semana seguinte. Ou seja, devem começar o polimento na segunda semana do período de pré-polimento. O programa durante essa semana deve ser como o que descreverei a seguir para a primeira semana do polimento.

Período de polimento

O polimento deve se prolongar por 2 ou 3 semanas. A quilometragem de treinamento deve diminuir gradualmente durante cada semana, de modo que os nadadores não se arrisquem a perder resistência enquanto estão se recuperando. O volume do treinamento de recuperação deve aumentar consideravelmente, enquanto os volumes dos treinamentos básico (En-1), limiar (En-2), com sobrecarga (En-3) e de velocidade devem diminuir gradualmente. Nessas séries, espera-se que os atletas mantenham a velocidade de nado próxima aos níveis de pré-polimento. Eles não devem responder ao volume reduzido com um nado

a velocidades médias mais rápidas, exceto em séries curtas de velocidade. Nadar com rapidez excessiva é um erro comum que retardará o processo de recuperação. Os nadadores precisam entender que estão tentando se recuperar; portanto, não devem aumentar a intensidade de treinamento durante o polimento.

A Tabela 18.2 delineia um plano geral para o polimento de nadadores seniores velocistas, meio-fundistas e fundistas que estejam treinando duas vezes por dia, 5 a 6 dias por semana. Estou assumindo a quilometragem pré-polimento semanal usual de 40 a 50 km para velocistas e de 70 a 85 km para nadadores fundistas e meio-fundistas.

Primeira semana

A frequência de treinamento deve ficar próxima do nível normal, mas os nadadores podem deixar de fazer duas ou três sessões de treinamento matinais, para obter algum descanso adicional que possa ajudar no processo de recuperação.

A quantidade de treinamento de recuperação deve aumentar dos usuais 10 a 15% da quilometragem semanal para algo entre 30 e 40% do total. A quilometragem de resistência básica (En-1) deve diminuir para algo entre 30 e 40% do total, e a velocidade média para o treinamento básico de resistência pode ser reduzida, com segurança, em 1 a 3 s por 100, sem que ocorra perda de resistência. Ainda assim, a resistência pode ser mantida da melhor forma se os atletas nadarem repetições de resistência básica à velocidade de pré-polimento, permitindo a redução da quilometragem total de treinamento, para que a recuperação seja estimulada.

As sessões matinais devem ser abreviadas para aproximadamente 2.000 jd/m para velocistas e para 3.000 ou 4.000 jd/m para nadadores meio-fundistas e fundistas. A maior parte da quilometragem matinal deve ser praticada na forma de nado de recuperação e de resistência básica, com exercícios para aperfeiçoamento do nado, das pernadas e das braçadas. Se for possível, o treinamento matinal deve ser realizado no mesmo horário em que ocorrerão as provas eliminatórias, para ajudar a orientar o re-

Tabela 18.2 Frequência de treinamento e quilometragem durante o polimento

	Fase de polimento	Frequência	Quilometragem/dia		Quilometragem/semana	
			Velocistas	Meio-fundistas e fundistas	Velocistas	Meio-fundistas e fundistas
	Pré-polimento		8.000-10.000	14.000-16.000	50 km	85 km
Período de polimento	Primeira semana	10-11/semana	4.000-5.000	8.000-9.000	25 km	40 km
	Segunda semana	8-10/semana	2.000-3.000	4.000-6.000	15 km	25 km
	Terceira semana (o *meeting* começa na metade da semana)	Duas sessões/dia até o início do *meeting*	Apenas aquecimento			

lógio biológico dos nadadores, preparando-os para a competição a essa mesma hora do dia. Marcar o nado matinal para esse horário também proporcionará algum descanso adicional, porque a maioria dos nadadores será capaz de treinar mais tarde do que o habitual pela manhã. Analogamente, a segunda sessão do dia deverá ser realizada na hora das finais, se for viável a implantação desse esquema.

Os velocistas devem nadar 2.000 a 3.000 jd/m na sessão da tarde, e os fundistas e meio-fundistas, 4.000 a 5.000 jd/m. Velocistas de provas mais longas e também meio-fundistas e fundistas devem reservar três sessões à tarde para manutenção da resistência muscular aeróbica e anaeróbica, completando uma série mista de nado no limiar (En-2) e em ritmo de prova a cada sessão. Essa série pode ter a extensão de 800 a 1.200 jd/m para velocistas e de até 2.000 jd/m para nadadores meio-fundistas e fundistas. Os atletas podem fazer o nado como uma série decrescente; para tanto, devem decrescer o tempo até o ritmo de prova mais perto do final, ou podem fazer duas séries, nadando a primeira em velocidade limiar e a segunda em ritmo de prova. O restante da quilometragem de resistência da tarde deve ser realizado nas categorias de resistência básica e de recuperação. Nesse momento, os velocistas de provas mais curtas não precisam nadar em resistência limiar ou com sobrecarga. Eles podem manter sua resistência aeróbica com séries diárias curtas de treinamento básico de resistência.

Durante essa semana, os velocistas devem incluir em seu programa duas séries curtas em ritmo de prova, nas quais podem nadar com a maior rapidez possível. Um ou dois nados quebrados ou uma série curta de repetições na velocidade de prova desejada será o procedimento adequado para essa finalidade. Séries como 4 a 6 × 50 com 2 a 3 min de descanso ou 3 a 4 × 100 com 2 a 5 min de descanso são apropriadas para esse propósito.

Ao longo dessa semana, todos os nadadores devem fazer algum treinamento de velocidade. Para isso, meio-fundistas e fundistas podem utilizar séries de 4 a 6 × 25 com tempo de 2 min até a saída ou 3 a 4 × 50 com tempo de 3 min até a saída. Velocistas de distâncias mais longas e mais curtas podem utilizar um trabalho de ritmo para o treinamento de velocidade. Esses atletas podem nadar séries curtas, por exemplo, 4 a 6 × 25 à velocidade de 100, ou 3 a 4 × 50 à velocidade de 200. Eles devem também fazer uma série curta de nados de velocidade ou em ritmo de prova durante duas manhãs dessa semana, a fim de manterem o hábito de nadar rápido no início do dia.

Os nadadores devem fazer um bom aquecimento antes de cada sessão de treinamento e praticar nado fácil por 800 a 1.500 jd/m depois dela. O alongamento deve sempre preceder os períodos de prática, e o treinamento de resistência no solo deverá ser interrompido. Alguns po-

dem não concordar com esse último conselho, mas um estudo sugere que a força e a potência no solo aumentarão durante um polimento com duração de pelo menos 15 dias sem mais treinamento (Costill et al. 1985). A prática de velocidade deve dar o estímulo necessário para a manutenção da força e da potência na água, de modo que não será preciso mais treinamento no solo.

A única exceção ao plano que acabei de delinear são os nadadores, em geral velocistas, que demonstram sinais de fadiga excessiva ao final do período de pré-polimento. Sua potência anaeróbica provavelmente ainda está deprimida, e talvez esses atletas precisem de uma importante redução na quilometragem do treinamento para que possam recuperar sua velocidade. Como consequência, eles devem diminuir drasticamente a quilometragem e a intensidade de treinamento durante a primeira semana do polimento. Além disso, devem treinar apenas uma vez por dia por 3.000 a 4.000 jd/m, e a maior parte como nado de aquecimento, recuperação e resistência básica de baixa intensidade. Os atletas precisam praticar exercícios de aperfeiçoamento do nado e também de saídas e viradas. Durante essa semana, devem manter a intensidade de treinamento nadando apenas uma ou duas séries decrescentes mistas em velocidades limiares (En-1) e com sobrecarga (En-3). Cada série não deve totalizar mais de 800 jd/m. Os atletas precisam ainda fazer algum treinamento de ritmo por 2 ou 3 dias, mas devem fazer apenas uma série curta em ritmo de prova nessa primeira semana.

Segunda semana

O plano sugerido para essa semana é praticamente idêntico ao da primeira semana, exceto pelo fato de que a quilometragem do treinamento deve diminuir ainda mais. Velocistas não podem treinar mais do que 3.000 a 4.000 jd/m por dia, e fundistas e meio-fundistas devem reduzir sua quilometragem diária para algo entre 4.000 e 6.000 jd/m. A frequência de treinamento deve ser igual à da semana precedente. Aqueles que pareciam estar excessivamente cansados na primeira semana devem seguir o programa regular nessa segunda semana, se demonstrarem sinais de recuperação. Caso contrário, deverão continuar com o programa reduzido da semana precedente.

Nadadores meio-fundistas, fundistas e velocistas especialistas em provas mais longas devem nadar entre 2.000 e 3.000 jd/m pela manhã, sendo a maior parte da quilometragem praticada em velocidade de recuperação e de resistência básica (En-1). Durante essa semana, os atletas devem nadar duas séries mistas de treinamento no limiar e em ritmo de prova. Essas séries devem ser parecidas, tanto em extensão como em intensidade, com aquelas da semana anterior. O restante da quilometragem deverá consistir em nados de aquecimento, recuperação e resistência básica (En-1), na forma de exercícios de aperfeiçoamento do nado, das braçadas e das pernadas e de séries de nados que não ultrapassem 2.000 jd/m.

Velocistas especialistas em provas mais curtas devem nadar 1.000 a 2.000 jd/m pela manhã e 2.000 a 3.000 jd/m à tarde. A maior parte da quilometragem deverá continuar sendo praticada na forma de nados de aquecimento, de recuperação e de resistência básica (En-1), em séries de 1.000 a 1.200 jd/m. Durante essa semana, os atletas devem nadar duas vezes séries em ritmo de prova de 400 a 800 jd/m.

Fundistas e meio-fundistas devem praticar tiros de velocidade do mesmo modo e com o mesmo volume praticado na semana precedente. Velocistas especialistas em provas longas e curtas devem fazer algum trabalho de ritmo duas ou três vezes durante essa semana. Esses esforços funcionarão como seu treinamento de velocidade. Como na primeira, nessa segunda semana os nadadores também devem fazer pequeno volume de trabalho de ritmo em duas ou três manhãs para que fiquem acostumados com a prática do nado rápido no início do dia. Os atletas precisam continuar a fazer alongamento antes de cada sessão de treinamento, a fim de manter a maior amplitude de movimento possível.

Terceira semana

O esquema que recomendo para a terceira semana baseia-se na suposição de que a competição será realizada em qualquer um dos quatro últimos dias da semana. Os nadadores devem continuar praticando na piscina duas vezes por dia, treinando como faziam durante a semana precedente, até que faltem apenas 3 dias para o início da competição. Depois disso, o treinamento poderá consistir apenas em longos aquecimentos, exercícios de aperfeiçoamento do nado e nados fáceis com pequeno volume de trabalho de ritmo. Os atletas podem reduzir o treinamento nos últimos 3 dias antes do *meeting*, sem medo de perder a resistência. O descanso adicional poderá restaurar ou supercompensar mais completamente a capacidade anaeróbica e a potência muscular.

Comentários gerais sobre o polimento

Deve-se focar a atenção no aperfeiçoamento das saídas, viradas e saídas de revezamento durante o polimento. Os nadadores devem praticar saídas e viradas pelo menos em sessões alternadas (uma sim, uma não). Também é importante priorizar o treinamento de ritmo. Os atletas devem nadar repetições abaixo da distância da prova até que possam replicar seu ritmo ideal para as provas dentro de 0,20 a 0,50 s por segmentos de 50 e 100, respectivamente. Em alguns casos, o nado na velocidade ideal para a prova pode não ser uma opção realista quando os nadadores não estão raspados. Nesse caso, quando estiverem fazendo trabalho de ritmo, talvez os atletas prefiram nadar com suas frequências de braçadas ideais para a prova, em vez de nadar nas velocidades de prova.

Treinadores e nadadores devem devotar algum tempo para discutir a estratégia do *meeting* e das provas. Os treinadores devem orientar seus nadadores acerca de um aquecimento apropriado, particularmente nas condições de grande movimentação/aglomeração que irão encontrar na maioria dos *meetings* importantes. Além disso, os nadadores também devem ser instruídos a passar 15 a 20 min praticando um nado fácil depois das provas, a fim de que possam se recuperar com maior rapidez e mais completamente. Treinadores e nadadores devem ainda discutir a estratégia para o nado das provas eliminatórias e finais, sobretudo no que se refere a assuntos como a dificuldade de qualificação para as finais e as posições de raia de sua preferência, caso se qualifiquem. Os nadadores também devem ser orientados acerca de seus planos de prova contra certos competidores nas finais.

Uma boa parte dos aquecimentos, nados fáceis e treinamentos básicos de resistência e de recuperação dos nadadores deve ser praticada na forma de exercícios de aperfeiçoamento do nado. Os nadadores devem ainda se concentrar no uso da melhor mecânica possível em todos os seus nados de ritmo, de velocidade e de resistência intensa. Algumas vezes, a fadiga decorrente do treinamento intenso faz com que ocorra certa deterioração do estilo dos nadadores, e assim o polimento é uma excelente ocasião para que a técnica seja polida.

A essa altura, os nadadores não devem tentar fazer importantes mudanças em seu estilo. Muitos deles não são capazes de mudar seu estilo em competições sem que tenham passado por semanas de prática. Consequentemente, a tentativa de uma mudança importante no estilo a essa altura da temporada pode ter efeito prejudicial, porque os atletas poderão ir para as competições com estilos que não são percebidos como naturais, com possível perda da eficiência.

Polimentos mais curtos

O plano geral de polimento com duração de 3 semanas que acabei de apresentar pode precisar de ajustes para adaptar-se a certos nadadores e a certas situações. Alguns nadadores podem responder melhor a polimentos que tenham duração de 1 ou 2 semanas. O plano geral, então, pode ser adaptado e transformado em um polimento de 2 semanas; basta apenas utilizar o formato descrito para as 2 semanas finais do plano de 3 semanas.

O formato de 3 semanas também pode ser modificado para um polimento mais curto por meio de ajustes adicionais. Um polimento mais curto pode começar 7 a 10 dias antes da competição. Nessa ocasião, a quilometragem de treinamento deve ser reduzida 80 a 90%. O treinamento de recuperação deve aumentar, do mesmo modo que no plano geral, e a maior parte da quilometragem restante deve ser praticada na forma de treinamento básico de resistência (En-1). Devem ser marcadas duas séries de manutenção da resistência que incluam treinamento no limiar (En-2) e em ritmo de prova, entre o 3º e o 7º dia desse polimento curto. Essas séries podem ser similares àquelas descritas para a 2ª semana de um polimento de 3 semanas. Os nadadores que estiverem passando por um polimento curto devem, como os demais, simplesmente fazer o aquecimento e nadar um pequeno volume de trabalho de ritmo durante os 3 dias finais antes do início da competição.

Excesso de velocidade

Muitos nadadores cometem o erro de nadar com demasiada velocidade durante o polimento, talvez porque se sintam bem com a recuperação, ou porque esperam ganhar confiança com alguns nados rápidos. Quaisquer que sejam suas razões, o nado com velocidade excessiva pode interferir na recuperação da potência anaeróbica. Se os nadadores tiverem feito suficiente treinamento de velocidade ao longo da temporada, deverão reduzir, e não aumentar, o volume de nado em velocidade, a fim de possibilitar a recuperação ou a superadaptação da velocidade de contração muscular e da taxa de metabolismo anaeróbico.

Ganho de peso

Durante o polimento, os nadadores devem reduzir a ingestão de calorias, de modo a evitar o acúmulo de excesso de tecido adiposo por causa dessa redução do volume de treinamento. Contudo, devemos esperar um ganho de peso de 1 a 2 kg, porque muitos nadadores poderão ter ficado um pouco desidratados durante a temporada, em decorrência dos níveis cronicamente baixos de glicogênio muscular. Os atletas irão ganhar peso (de água) ao longo do polimento, porque a reposição e a supercompensação do glicogênio muscular farão com que eles fiquem super-hidratados. Seus corpos armazenarão aproximadamente 3 g de água para cada grama de glicogênio depositado (Wilmore e Costill 1999). Como consequência, o primeiro ganho de peso (1 a 2 kg) durante o polimento será decorrente sobretudo da reserva de água adicional, e não de um aumento do tecido adiposo. Os nadadores devem evitar o ganho de peso além desse nível; para tanto, deverão reduzir a ingestão de calorias com o objetivo de ficarem compatíveis com a nova carga de trabalho, que é menos intensa.

Individualização dos polimentos

Os seres humanos são tão complexos, que inúmeros fatores podem afetar o delicado equilíbrio entre os diversos tipos de treinamento que farão com que determinado atleta tenha um desempenho excepcional. Idade, sexo, duração e extensão dos eventos, volume do treinamento precedente e a capacidade individual de responder ao treinamento e de obter recuperação são fatores que, sem exceção, irão influenciar esse equilíbrio. Portanto, muitos nadadores precisarão utilizar polimentos em certa medida individualizados. A lista que se segue descreve alguns dos ajustes individuais mais comumente necessários durante o polimento.

- Nadadores adultos jovens parecem precisar de mais tempo para a recuperação em comparação com nadadores muito jovens. Isso ocorre provavelmente porque nadadores de mais idade possuem mais tecido muscular e maior potência anaeróbica. Consequentemente, talvez precisem de mais tempo para reparar e melhorar esse tecido durante o polimento.

- Aparentemente, as mulheres precisam de menos tempo para a recuperação do que os homens.

- Em geral, os nadadores meio-fundistas e fundistas devem manter maior volume de treinamento durante seus polimentos, e provavelmente a duração desses polimentos deverá ser mais curta do que para os velocistas. É comum os nadadores de distâncias maiores se recuperarem do treinamento com mais rapidez; eles não podem se dar ao luxo de arriscar a perda de sua capacidade aeróbica por excesso de repouso ou pela demasiada redução do volume de treinamento.

- Frequentemente, os velocistas precisam reduzir mais o volume de treinamento e devem ter polimentos mais longos, a fim de otimizar sua potência anaeróbica.

- Nadadores que treinam durante 10 ou 11 meses do ano parecem se recuperar com mais rapidez do que aqueles que treinam apenas alguns meses por ano. Atletas que treinam regularmente ao longo do ano são em geral mais bem adaptados e, assim, tendem a recuperar-se com maior rapidez, sejam eles velocistas ou nadadores de distâncias maiores.

Essa lista torna claro que o tempo necessário para a realização do polimento pode diferir de uma pessoa para outra. Treinadores adeptos da arte do polimento sabem como determinar e corrigir as respostas indesejáveis de certos atletas a essa etapa do treinamento. Os treinadores devem estar preparados para modificar o plano geral de polimento para qualquer nadador que não esteja respondendo adequadamente. Nesses casos, será preciso que os treinadores se baseiem em sua experiência pessoal e no conhecimento que têm da resposta individual dos nadadores a um polimento para poderem determinar quais as mudanças que deverão ser feitas.

Raspagem do corpo

Os atletas devem raspar o corpo antes de competições importantes. O corpo raspado causa um arrasto significativamente menor, o que fica evidenciado pelo fato de os comprimentos das braçadas aumentarem quando os nadadores raspam o corpo. Em um estudo, a distância média coberta pelos nadadores a cada ciclo de braçadas aumentou 5% depois de ter sido feita a raspagem dos pêlos (Anderson et al. 1992). Quando esses nadadores foram testados para um nado submáximo de 200 jd, suas frequências de braçadas foram significativamente mais baixas depois da raspagem. Esse resultado indicou maior comprimento das braçadas, porque os nadadores completaram o nado de 200 na mesma velocidade, antes e depois da raspagem do corpo. A redução na frequência das braçadas foi mais perceptível durante o trecho final de 100 jd do nado, indicando também que os atletas estavam menos cansados nessa etapa do teste.

Fatores psicológicos

O sucesso dos polimentos está relacionado não só às mudanças fisiológicas que ocorrem, mas também ao estado de espírito do atleta. Os nadadores devem acreditar que irão nadar bem, para que o polimento tenha seu efeito integral. O axioma "Desempenho é 90% mental e 10% físico" provavelmente subestima a contribuição fisiológica em determinado aspecto, mas está certíssimo nos demais aspectos. Atletas com mau condicionamento não podem ter autodeterminação para atingir um desempenho de pico, não importa o quão fortes sejam mentalmente. Porém, quando estão bem condicionados, o axioma passa a refletir a verdade. Entre atletas bem condicionados, o estado de espírito de cada indivíduo determina em grande parte seu sucesso ou fracasso.

Durante o polimento, os atletas podem ficar extremamente ansiosos por conta da competição que está por vir. Essa ansiedade pode afetar sua recuperação e, portanto, seu estado de espírito. As incertezas do polimento, e em particular os sentimentos dos nadadores acerca do alto ou baixo grau de descanso que terão podem fazer com que os atletas percam a confiança. Quando isso acontece, eles devem ser apoiados e orientados por seus treinadores; precisam ser convencidos de que seus programas de treinamento foram consistentes e que todos os sinais indicam que eles terão bom desempenho em suas provas de Natação. Especialistas do mundo todo são unânimes ao aconselhar que os treinadores precisam se manter calmos

e deixar transparecer uma atitude de confiança durante o polimento, mesmo que estejam tão ansiosos quanto seus atletas. Isso não significa que os treinadores devam mentir para os nadadores. Estes devem saber a verdade, caso o treinador sinta que o polimento não está transcorrendo satisfatoriamente. Mas essa avaliação deve ser acompanhada de sugestões para remediar a situação, de modo que os nadadores possam se sentir confiantes de que terão feito um bom polimento ao final desse processo.

Um bom desempenho em nados ritmados ou quebrados dará confiança aos nadadores durante o polimento. Boas pontuações nas medidas de avaliação (testes sanguíneos, testes de potência, tiros de velocidade e medições do comprimento e frequência das braçadas) exercerão o mesmo efeito. Mas, infelizmente, alguns nadadores não demonstram bom desempenho nesses testes durante o polimento. Por razões ainda amplamente desconhecidas, alguns nadadores deixam muito a desejar em seus nados durante o polimento, embora, com muita frequência, tais atletas se saiam bem no *meeting*. Suspeito que esses atletas percebam intuitivamente que precisam reduzir o volume e a intensidade do nado para que sua potência anaeróbica seja restaurada. Portanto, os atletas se retraem em seus esforços, frequentemente sem perceber que estão tendo tal atitude. Acredito que nadadores que reagem dessa forma não devem tomar parte em nados e testes de avaliação durante o polimento. Os resultados apenas provocarão ansiedade, fazendo com que esses nadadores cheguem com pouca confiança ao *meeting*.

Preparação dos nadadores para o local da competição

Os nadadores devem estar preparados para os problemas que possam vir a encontrar no local do *meeting*. Piscinas lotadas, trechos longos para chegar até o local do *meeting* ou na sala de refeições, diferentes maneiras de preparação dos alimentos, diferentes fusos horários, sistemas de calhas inadequados, calhas com paredes planas, má visibilidade nas viradas, construção imprópria dos blocos de largada e piscinas rasas são algumas das circunstâncias desalentadoras e enervantes comumente enfrentadas pelos nadadores em locais de *meetings*. Os treinadores devem discutir esses problemas e outros tópicos pertinentes com seus nadadores antes da chegada ao local do *meeting*. Em alguns casos, os nadadores devem passar por um treinamento de simulação como preparação para determinadas condições das piscinas que talvez tenham que ser enfrentadas no *meeting*. Os treinadores devem investigar o local do *meeting*, de modo que possam informar a seus atletas o que esperar. Os nadadores terão confiança em sua preparação se souberem que seus treinadores levaram em consideração todas as contingências possíveis. Quando possível, a equipe deverá chegar ao local do *meeting* alguns dias antes, para que os nadadores possam se ajustar ao ambiente da competição.

Diferentes polimentos para homens e mulheres

Muitos treinadores acreditam que as mulheres precisam de polimentos mais curtos que os homens. Até onde vai meu conhecimento, não foi publicado nenhum estudo científico controlado que investigasse essa suposição. Não obstante, ela pode ser muito correta. Millard et al. (1985) detectaram níveis de creatina fosfoquinase (CPK) mais baixos em mulheres do que em homens depois de um treinamento intenso, embora os nadadores dos dois sexos tivessem nadado os mesmos exercícios. Esse achado sugere que um treinamento semelhante provocou lesões musculares maiores nos homens do que nas mulheres. Elas talvez estejam melhor aparelhadas para uma rápida recuperação, por terem menos lesões musculares para reparar.

Em um dos poucos estudos sobre polimento em que os atletas eram mulheres, Kenitzer (1998) relatou que um grupo de nadadoras teve melhor desempenho depois de um polimento com duração de 2 semanas. O grupo de 15 nadadoras foi dividido equitativamente entre velocistas (5), meio-fundistas (5) e fundistas (5). Essas atletas fizeram polimento por 4 semanas, reduzindo sua quilometragem 25% por semana. Ao final de cada semana, seu desempenho e seus picos de lactato sanguíneo foram medidos para uma série de 4×100. Essas atletas obtiveram seus melhores valores ao final da segunda semana, tendo demonstrado sinais de declínio nas duas semanas finais. Esse pequeno apoio científico, além do grande montante de evidências colhidas das experiências e relatos pessoais, sugere que, de fato, as mulheres precisam de polimentos mais curtos do que os homens.

REPOLIMENTO

Recentemente, verificou-se um aumento no número e na proximidade de competições importantes. Hoje em dia, os nadadores devem passar por um polimento principal para um *meeting* importante e, em seguida, devem fazer um ou mais repolimentos para *meetings* subsequentes. Os procedimentos de treinamento utilizados durante um repolimento dependem em grande parte do intervalo de tempo existente antes da próxima competição importante. Se o segundo *meeting* for ocorrer dentro de 2 ou 3 dias, os nadadores simplesmente deverão continuar repousando. Quando o intervalo entre *meetings* é maior, os atletas deverão retomar algum tipo de treinamento consistente, antes de começarem novamente o polimento. Os parágra-

fos que se seguem descreverão procedimentos para o repolimento visando competições realizadas em uma ou mais semanas depois da competição precedente.

Repolimento de uma semana

Quando *meetings* importantes estão separados por apenas 1 semana, os nadadores devem praticar algum nado de recuperação 2 dias depois do primeiro *meeting,* treinar durante 2 dias e, em seguida, descansar novamente. O volume deve ser 50 a 60% do normal nos dois dias de treinamento, e a maior parte desse volume deve ser praticada em velocidade de resistência básica (En-1), na forma de exercícios de aperfeiçoamento do nado, das pernadas e das braçadas. Nesses dias, os nadadores devem fazer alguns tiros de velocidade ou alguns trechos de 50 s e 100 s para treino de ritmo. Eles devem fazer o aquecimento como o fariam para o *meeting* e, nos 2 dias que antecedem o início do *meeting*, alguns nados ritmados abaixo da distância de suas provas.

Repolimento de duas semanas

Quando o tempo entre dois *meetings* importantes é de 2 semanas, os nadadores devem treinar em níveis de recuperação por 3 dias, então treinar normalmente durante 5 a 6 dias e, em seguida, fazer o repolimento por 4 a 5 dias. Os dias de treinamento devem ser parecidos com aqueles realizados durante uma semana típica da fase de preparação para as provas da temporada, exceto pelo fato de que a quilometragem semanal deve equivaler a 60-70% do normal para essa fase. Durante esse período de treinamento, devem ser planejados dois dias de pico. Nesses dias, os nadadores devem fazer algum nado em velocidade limiar ou em ritmo de prova. Os dias de treinamento restantes devem ser completados com nados de resistência básica e nados ritmados em distâncias inferiores às das provas dos atletas. O plano para os 4 a 5 dias finais do repolimento deve ser parecido com o dos 4 a 5 dias finais de um polimento completo.

Repolimentos de três e quatro semanas

Para repolimentos mais longos de 3 a 4 semanas, os nadadores também devem reservar 3 dias para o nado de recuperação imediatamente depois da primeira competição. Em seguida, eles devem treinar até que falte uma semana para o início da próxima competição. O repolimento deve ocorrer durante os 5 a 7 dias finais, antes do início dessa segunda competição. O treinamento deve ser semelhante àquele sugerido para a última semana de um polimento principal.

Durante o período de treinamento, a quilometragem semanal deve ser mantida em 60 a 70% do volume de treinamento normal da temporada. Os planos para as semanas de treinamento devem ser semelhantes àqueles utilizados na fase de preparação para as provas, com um pouco mais de treinamento básico de resistência. Durante esse período, é importante que os atletas façam planos para terem 2 dias de treinamento de pico a cada 5 dias e também que nadem séries de resistência limiar e de resistência com sobrecarga, mas a duração dessas séries deve ser 20 a 30% menor do que sua duração normal nas fases de preparação específica e de preparação para as provas da temporada normal. Os atletas precisam lembrar-se de que não podem correr o risco de ficar excessivamente cansados, por fazerem um treinamento intenso demais durante o repolimento. O objetivo é manter os efeitos do treinamento aeróbico e anaeróbico, e não melhorá-los. Os atletas também devem nadar séries de velocidade e em ritmo de prova ao longo do repolimento. Essas séries podem ter sua extensão normal, porque já não são mesmo muito longas.

Os nadadores podem retomar o treinamento no solo caso o intervalo entre *meetings* importantes seja de 3 semanas ou mais; entretanto, devem manter esse treinamento em um nível de manutenção. O treinamento durante a semana final do repolimento deve ser parecido com aquele sugerido para os últimos 7 dias de um polimento principal.

Repolimento depois de seis semanas ou mais

Os atletas devem ser capazes de manter seus desempenhos por 4 a 5 semanas nos programas de repolimento que acabei de descrever. Se o intervalo entre os *meetings* for de 6 a 10 semanas ou um pouco mais, os nadadores deverão retomar seu treinamento normal até que faltem cerca de 2 semanas para a próxima competição.

Durante esse período, os atletas devem planejar seu treinamento como uma minitemporada. As primeiras 1 ½ a 2 semanas devem ser como o período de preparação geral, e o tempo restante deve ser dividido entre um período de preparação específica e um período de preparação para as provas. Volume, frequência e intensidade do treinamento devem ser iguais ao que seriam durante uma temporada normal. Ao final desse período, os nadadores devem reservar 7 a 14 dias para um polimento, o qual deve ser realizado conforme descrevi para as 2 semanas finais de um polimento principal.

POLIMENTOS SECUNDÁRIOS

Comumente, polimentos secundários têm duração de 2 a 5 dias. Esse tipo de polimento é utilizado quando se pretende alcançar um bom desempenho em *meetings* no início ou na metade da temporada. Habitualmente, os nadadores não raspam o corpo para esses *meetings*, e, assim, é comum que seus desempenhos não sejam tão rápidos quanto serão mais tarde. As semanas de recuperação dos mesociclos precisam ser planejadas de modo a coincidirem com períodos em que são desejáveis polimentos secundários; assim, essas semanas não interferem no treinamento normal.

O método para implementação de um polimento secundário consiste em reduzir drasticamente a quilometragem de treinamento durante 2 a 5 dias. Para tanto, utiliza-se mais comumente um total diário de 3.000 a 6.000 jd/m. Nesses dias, os nadadores devem fazer treinamento de recuperação adicional, evitando realizar séries principais de velocidade ou de resistência de alta intensidade. Uma sessão de treinamento típica pode consistir em 1.000 a 2.000 jd/m de nado de recuperação, 1.000 a 2.000 m de treinamento básico de resistência e alguns nados de velocidade ou ritmados.

Capítulo 19

Supertreinamento

Novo nesta edição:

- Discussão das diferenças entre o treinamento intenso mas necessário, *overreaching* e supertreinamento.
- Exame dos possíveis papéis do sistema imune e dos antioxidantes no supertreinamento.
- Seção sobre testes para o diagnóstico do supertreinamento.

Supertreinamento é a palavra utilizada para a identificação de uma condição que surge quando os atletas têm desempenho insatisfatório por causa do treinamento. A condição é também chamada *desadaptação*, por ocorrer autorreversão do processo de adaptação, causando a perda dos efeitos previamente adquiridos do treinamento. Em outras palavras, os atletas ficam piores, em vez de melhorar, por causa do treinamento. As razões para a condição de desadaptação ainda não foram claramente identificadas. Alguns acreditam que a desadaptação é causada quando o atleta excede sua tolerância a um determinado tipo de treinamento, ou pelos efeitos cumulativos do treinamento normal que não são contrabalançados por uma nutrição adequada ou por tempo suficiente para repouso e recuperação. Ansiedade e problemas emocionais são outros fatores envolvidos. Ansiedade intensa causada por uma crise na vida emocional do atleta também pode ser um fator estressante e importante, que, ao se somar às tensões do treinamento normal, pode causar desadaptação.

A capacidade de treinar atletas sem que ocorra supertreinamento é um dos talentos inerentes a grandes treinadores. Mesmo o treinador mais informado encontrará dificuldade em planejar um programa de treinamento que não resulte no supertreinamento de alguns membros de uma equipe durante a temporada. Morgan et al. (1987) informaram que 10% dos nadadores (homens e mulheres) universitários estudados entraram em uma condição grave de supertreinamento em algum momento durante uma temporada de nado típica. Testes físicos e bioquímicos podem ajudar no diagnóstico de supertreinamento, porém nenhum desses procedimentos se revelou mais confiável que a intuição de um treinador sensível, que conhece bem seus nadadores. Os testes científicos não podem evitar o supertreinamento, podem apenas alertar sua ocorrência. Infelizmente, tais testes fornecem informação depois do fato ocorrido. O bom treinador é capaz de treinar seus atletas conduzindo-os a um desempenho de pico, sem permitir que ocorra supertreinamento.

Os tópicos principais deste capítulo serão uma discussão da base fisiológica para o supertreinamento, como esse problema deve ser tratado e como pode ser evitado.

O QUE É SUPERTREINAMENTO?

O supertreinamento parece estar associado a mudanças nas funções dos sistemas neuromuscular, hormonal e imunológico que reduzem a capacidade de tolerância do treinamento pelos atletas. A base para o supertreinamento foi apresentada há algumas décadas por Hans Selye (1956) em seu famoso discurso sobre a síndrome do estresse. Selye definiu estresse simplesmente como o desgaste do corpo. Os fatores que podem causar estresse são chamados *estressores*, por razões óbvias; exercício físico, enfermidade, lesão, problemas emocionais e ansiedade foram identificados como estressores primários. Os fatores que aparentemente reduzem a tolerância do atleta aos estressores são má alimentação, falta de sono, repouso e recuperação inadequados.

Selye teorizou que os recursos para enfrentamento do estresse são provenientes de uma reserva de energia de adaptação geral. Esse conceito era uma abstração, porque não existe uma área em particular em nosso corpo capaz de armazenar energia de adaptação geral. Não obstante,

Selye acreditava que os seres humanos reagiam ao estresse como se possuíssem uma reserva finita de energia de adaptação geral para lidar com esse fenômeno. O pesquisador acreditava que a hereditariedade determinava as dimensões dessa reserva.

Além de ter uma reserva de energia de adaptação geral para o enfrentamento de todos os estressores, os seres humanos reagiriam a estressores específicos como se também tivessem reservas de energia de adaptação específica para cada tipo. Selye acreditava que o treinamento apropriado poderia aumentar as reservas de energia específica, que também eram hereditárias. Em outras palavras, os atletas poderiam aumentar sua tolerância ao estresse do exercício físico, e talvez a outros estressores, com um treinamento adequado. Os estressores específicos mais comuns que atuam em nadadores são: treinamento, demandas acadêmicas, demandas sociais, demandas emocionais, enfermidade e lesão. As fontes para reposição das reservas de energia de adaptação geral são repouso e boa nutrição.

A Figura 9.1 ilustra um esquema da teoria do estresse de Selye. O reservatório de energia de adaptação geral está indicado pelo grande reservatório com essa indicação. A energia flui para baixo, saindo do reservatório, para reposição da energia consumida diariamente por cada um dos estressores específicos. O diagrama também mostra que dieta e repouso podem reabastecer o reservatório da energia de adaptação geral. Selye acreditava ser possível a depleção (ou quase esgotamento) das reservas de energia de adaptação geral quando:

1. As exigências decorrentes de qualquer atividade específica tornam-se excessivamente altas.

2. A demanda de diversas áreas aumentou inesperadamente.

3. A alimentação e o repouso não estão repondo adequadamente a energia de adaptação geral.

As reações demonstradas por alguns nadadores ao treinamento e à competição apoiam a teoria do estresse de Selye. Frequentemente os atletas exibem sintomas de supertreinamento ao aumentarem de maneira súbita e drástica seu volume ou intensidade de treinamento. Da mesma forma, frequentemente exibem sintomas de supertreinamento em seguida a aumentos súbitos e drásticos nas demandas decorrentes de outros estressores; exemplificando, sua capacidade em treinar comumente declina quando vivenciam uma crise pessoal ou quando aumentam outras demandas de seu tempo. Nesse aspecto, muitos treinadores perceberam que a capacidade de tolerância ao treinamento pelos atletas diminui se estiverem com graves conflitos emocionais. Do mesmo modo, habitualmente sua tolerância ao treinamento cai quando estão em provas finais ou participando de muitas atividades sociais. No caso dos exames, não está certo se é a ansiedade acerca do resultado ou a falta de repouso e de sono o causador da depleção das reservas da energia de adaptação geral. É provável que a falta de repouso e de sono seja a culpada ao aumentarem as demandas sociais. Atletas que desempenham muitas funções sociais ou que participam de muitas atividades externas frequentemente não dormem o suficiente, ou não conseguem suficientes períodos de quietude, para a reposição da energia perdida.

Infelizmente, o termo *supertreinamento* foi associado a essa condição. A conotação é que os atletas estão treinando excessivamente. Na realidade, a teoria de Selye implica muitos outros fatores causais. O treinamento é apenas um desses fatores, o mais necessário para o sucesso do atleta na competição. A última coisa que quero fazer é dar a impressão de que os nadadores não devem pegar pesado por temor de supertreinamento; pelo contrário. Há necessidade de cargas de trabalho para que sejam estimulados os sistemas fisiológicos com vistas à obtenção de níveis ideais de adaptação. Apenas quando essas cargas de trabalho excedem a tolerância do atleta é que elas passam a ser contraproducentes. Quando isso ocorre, as consequências do treinamento se desviam de seus efeitos anabólicos (i. e., de construção) habituais para resultados catabólicos. Em outras palavras, os efeitos do treinamento promovem depleção do atleta.

É triste, mas casos de supertreinamento são mais frequentes entre atletas altamente motivados, por estarem

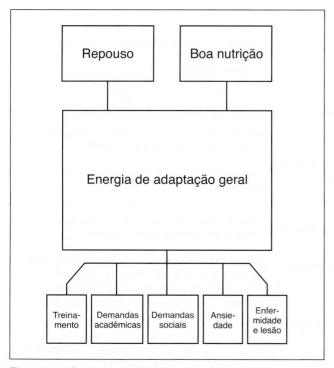

Figura 19.1 Teoria da adaptação geral de Selye aplicada a nadadores de competição.

sempre se esforçando um pouco mais (i. e, *overreaching*) em busca de excederem seus limites, frequentemente antes que seus corpos estejam prontos para fazê-lo. Uma das mais tristes experiências no esporte é testemunhar o fracasso de um atleta dedicado, depois de ter feito sacrifícios incontáveis na busca do sucesso. Os atletas devem caminhar por uma trilha bastante estreita em seu treinamento, e este deve ser suficientemente intenso e volumoso para gerar sobrecarga, mas não tão intenso ou volumoso a ponto de causar desadaptação. Frequentemente os nadadores devem sobrecarregar cada sistema energético com séries de nado intensas e desafiadoras, ao mesmo tempo em que proporcionarão tempo suficiente para repouso e recuperação, de modo que o estresse não se torne intolerável. Os atletas precisam repor com regularidade as calorias utilizadas e controlar outras fontes potenciais de estresse, de modo que não venham a interferir no treinamento.

Treinamento puxado *vs* supertreinamento

Um treinamento puxado normal causa sintomas físicos e emocionais de estresse que podem persistir por 2 até 48 horas. Os atletas podem se sentir cansados, pesados, en-

rijecidos e mesmo doloridos, particularmente se ocorreu *overreaching* durante determinada sessão de treinamento, e se sofreram depleção de glicogênio muscular ou lesão tecidual; também podem ficar irritadiços, emocionalmente perturbados e desmotivados. Esses sintomas serão mais agudos durante o treinamento, desaparecendo durante o período de recuperação. Em casos extremos de *overreaching*, esses sintomas podem se prolongar até a sessão de treinamento seguinte, ou mesmo nas duas próximas sessões, antes que desapareçam. Se o treinamento for adequadamente revezado, os sintomas desaparecerão ou ficarão muito reduzidos dentro de 24 a 48 horas.

Os atletas não sentirão efeitos prejudiciais com o treinamento puxado normal. Na verdade, conforme já dissemos antes, esse treinamento provavelmente provocará melhora de certos mecanismos fisiológicos. Mesmo quando os atletas fazem *overreaching*, o efeito é temporário e não causa necessariamente prejuízo se reservarem tempo adequado para a recuperação antes que seja tentada outra sessão de treinamento similar.

Por outro lado, o supertreinamento é uma condição em que esses sintomas persistem por alguns dias e parecem aumentar em gravidade a cada dia que passa. O de-

Tabela 19.1 Diferenças no modo de reação dos atletas ao treinamento puxado, quando não estão supertreinados e quando estão supertreinados

Parâmetros de treinamento	Reação normal ao treinamento puxado	Reação no caso de supertreinamento
Sensações de fadiga	Cansado, mas alegre pelo desempenho.	Exausto; sente-se desapontado com o esforço. Incapaz de nadar em esforço máximo durante qualquer lapso de tempo. Maior dificuldade ao nadar em velocidades submáximas.
Integridade da técnica	Alguma perda de técnica, indicada por frequência mais alta das braçadas e comprimento mais curto destas durante esforços máximos.	As frequências das braçadas estão aumentadas e o comprimento destas diminuiu praticamente desde o início do treinamento. Ocorre durante esforços máximos e submáximos.
Medidas fisiológicas	Frequências cardíacas e lactatos sanguíneos estão normais para o esforço despendido.	Dificuldade para alcançar a frequência cardíaca máxima. As frequências cardíacas são mais elevadas durante esforços submáximos. Os lactatos sanguíneos de pico estão mais baixos. Os lactatos sanguíneos estão mais altos para esforços submáximos.
Sentimentos de bem-estar	Chega a cada nova sessão de treinamento sentindo-se cansado, mas razoavelmente recuperado do treinamento precedente.	Sente-se exausto desde o início de cada nova sessão de treinamento.
	Pode sentir os músculos enfraquecidos e fatigados ao final da sessão de treinamento, mas não de forma incomum.	Sente os músculos pesados, enfraquecidos e doloridos, praticamente desde o início do treinamento.
	Podem ocorrer dores de cabeça, náusea e mesmo vômito durante sessões de treinamento particularmente difíceis.	As dores de cabeça e a náusea são mais frequentes, mesmo quando o treinamento não é mais intenso que o habitual. Pode ocorrer vômito em intensidades de treinamento que comumente são bem toleradas.
Atitude e motivação	Pode estar cansado, mas é alta a motivação para o treinamento. Demonstra estar à altura do desafio. Agradável e cortês com os colegas de equipe. Parece estar feliz e pode se divertir ao ocorrer alguma coisa engraçada.	Demonstra desprazer com o treinamento. Ao ser desafiado, queixa-se. Atitude negativa e irritadiça com relação aos colegas de equipe.

sempenho no treinamento e na competição piora progressivamente com o passar do tempo. Frequentemente os atletas se queixam, sentem-se como se estivessem perdendo condicionamento, e, na verdade, estão. Muitas das adaptações ao treinamento previamente adquiridas estão agora diminuindo com o catabolismo, e os atletas estão retornando ao estado físico de pessoas destreinadas, apesar do fato de estarem treinando de maneira regular e consciente. A informação na Tabela 19.1 talvez ajude a determinar as diferenças entre reações normais ao treinamento e reações indicativas de supertreinamento.

Overreaching e supertreinamento

Overreaching é uma condição em que os atletas treinam além de sua capacidade de adaptação ao treinamento. Em outras palavras, os atletas se forçam a atingir o ponto em que os processos de reconstrução (anabólicos) ou o metabolismo e o reparo dos tecidos não podem mais acompanhar os processos catabólicos, ou de degradação. *Overreaching* pode ser considerado uma forma, a curto prazo, de supertreinamento, em que a adaptação fica comprometida, mas não ocorre perda das adaptações prévias.

Os atletas demonstram tendência para *overreaching* no treinamento imediatamente depois de terem obtido progresso significativo em seu condicionamento. São capazes de treinar com maior rapidez, e cada sessão de treinamento transforma-se em uma festa, durante a qual seus desempenhos ficam cada vez melhores. Consequentemente, ficam altamente motivados e treinam em um nível supramáximo, ignorando ao mesmo tempo a necessidade de recuperação periódica. Esses atletas levarão um tombo do céu depois de transcorridos alguns dias e, em alguns casos, depois de apenas poucos dias treinando dessa maneira. Subitamente, suas repetições de treinamento se tornam mais lentas e sua realização mais difícil; se nesse ponto os atletas nadarem em velocidades de resistência básica durante alguns dias, a situação se corrigirá sozinha. Não ocorrerá perda significativa das adaptações ao treinamento obtidas previamente, e os atletas serão capazes de retomar o treinamento regular. No entanto, se prosseguirem nesse treinamento excessivo, apesar do óbvio declínio em sua velocidade de treinamento, dentro de algumas semanas poderão terminar gravemente supertreinados.

Treinadores e atletas podem ter a curiosidade de saber se o *overreaching* ocasional estimula maiores aumentos na função fisiológica, em comparação com o treinamento nos limites da atual capacidade. Com o que sabemos atualmente, essa pergunta não pode ser respondida. Certamente esse é um ponto a considerar: a prática ocasional do *overreaching* pode proporcionar a estimulação extra que leva a maiores progressos, particularmente quando os atle-

tas se encontram nas proximidades de seus limites genéticos para certas funções fisiológicas. Por outro lado, a ocorrência demasiadamente frequente ou excessivamente longa do *overreaching* certamente resultará em desadaptação. Acredito que os atletas não devam ser desencorajados a praticar *overreaching*, porque há a possibilidade daquela estimulação extra no condicionamento físico; mas os treinadores devem fazer com que seja cumprido obrigatoriamente algum tempo de recuperação depois de uma ou duas dessas sessões e devem permitir que seus atletas façam *overreaching* apenas durante uma ou duas sessões de treinamento a cada semana.

O QUE CAUSA SUPERTREINAMENTO?

Em nadadores, o supertreinamento pode ser causado por:

1. Alguns dias ou semanas de treinamento intenso ou volumoso, que não é equilibrado com períodos de redução da intensidade e de treinamento de recuperação.

2. Um aumento importante e prolongado em um ou mais estressores, reduzindo a tolerância do atleta ao treinamento normal, até o ponto em que ingressará em um período de desadaptação.

Treinamento intenso com recuperação inadequada

O treinamento intenso, ou grande volume de treinamento, provoca lesão às estruturas nos músculos e em suas vizinhanças, além de promover depleção de suas reservas de glicogênio. Quando o treinamento é revezado adequadamente, períodos de recuperação entre uma a três sessões de treinamento intenso e curtos períodos de recuperação ao final de cada macrociclo de treinamento podem corrigir tais situações. As estruturas musculares serão reparadas e melhoradas durante os períodos de recuperação, ocorrendo reposição do glicogênio. Entretanto, quando os mesmos tecidos musculares estão expostos à acidose dia após dia, na melhor das hipóteses o reparo será mínimo e a extensão dos danos poderá aumentar até ocorrer perda do tecido muscular e, com isso, redução da força e da potência anaeróbica. A lesão tecidual pode mesmo reduzir a resistência. VanHeest (1997), em um estudo envolvendo nadadores de classes nacional e mundial, informou que reduções na capacidade aeróbica estavam associadas a aumento na lesão aos tecidos. O Capítulo 17 forneceu sugestões para o treinamento revezado, com o objetivo de prevenir depleções prolongadas do glicogênio muscular e grandes lesões musculares.

Ao que parece, a intensidade de treinamento é um estressor mais potente que o volume de treinamento, no que diz respeito às lesões musculares. Os atletas podem realizar grande volume de treinamento de intensidade baixa a moderada sem produzir acidose e lesão muscular, mas o treinamento intenso tem efeito oposto. O treinamento em alta intensidade produz acidose, que pode destruir as membranas musculares, possibilitando o vazamento de substâncias proteicas desses locais para os espaços intercelulares. Porém, devemos estar cientes de que aumentos grandes e súbitos no volume de treino podem causar supertreinamento, particularmente se os atletas não reduzirem sua intensidade de treinamento para compensar o aumento da quilometragem.

Embora haja controvérsia, pesquisas sugerem que o treinamento com reservas inadequadas de glicogênio pode também causar supertreinamento. Como sabemos, o glicogênio muscular é a fonte preferida de energia para treinamento nas proximidades e além das velocidades limiares anaeróbicas. Conforme descrito no Capítulo 17, dias a fio de treinamento puxado causam redução gradual do glicogênio muscular; também nesse caso, a intensidade de treinamento superior ao volume de treinamento provoca essa redução. O metabolismo das gorduras pode suportar grande volume de treinamento de intensidade baixa a moderada, portanto, não é provável que o glicogênio muscular venha a sofrer depleção. Por outro lado, somente 30 min de nado intenso promoverá depleção muscular em mais da metade de seu glicogênio, sendo provável que uma sessão de treinamento mista típica, que inclua quantidade significativa de nado intenso, venha a promover depleção do glicogênio muscular em aproximadamente 75%. Quando isso ocorre, o atleta precisa de 24 a 36 horas para a reposição dessa fonte de energia nos músculos. Atletas que treinam intensamente durante vários dias seguidos não irão repor o glicogênio muscular com a mesma rapidez com que ocorre sua depleção, o que reduzirá o glicogênio muscular até um ponto em que serão forçados a utilizar outras fontes de energia durante o treinamento.

Uma dessas fontes será a proteína que compõe as partes sólidas das fibras musculares. Quando o glicogênio muscular está baixo e o atleta necessita de energia para treinamento, os músculos reagem consumindo seu próprio material proteico em busca de energia. Aumento no uso de proteína pode ser particularmente lesivo. Pesquisas demonstram que um aumento no fornecimento de proteína dos músculos regula tanto a hipertrofia muscular (Goldspink, Garlick e McNurian 1983; Laurent e Milward 1980) como o tamanho e o número de mitocôndrias (Booth e Holloszy 1977). Consequentemente, um aumento no catabolismo das proteínas musculares pode fazer com que os atletas percam força com a diminuição do volume muscular e resistência quando ocorre declínio do número e do tamanho das mitocôndrias. Literalmente, os atletas podem canibalizar seu tecido muscular para a obtenção de energia, perdendo a força e a resistência musculares obtidas à custa de tanto esforço.

Costill et al. (1988) apresentaram evidência conectando baixos níveis de glicogênio muscular com supertreinamento em nadadores. Esses autores submeteram 12 nadadores universitários do sexo masculino a 10 dias de treinamento, com uma quilometragem diária média de 9.000 m. Durante o período de treinamento, quatro desses nadadores demonstraram sinais de supertreinamento; eles tiveram dificuldade em terminar as sessões e não foram capazes de manter sua velocidade de treinamento habitual. Aparentemente, seis nadadores toleraram o treinamento sem qualquer perturbação ou disfunção. Embora fossem obtidas várias medidas fisiológicas, a única que diferenciou os quatro nadadores que tiveram dificuldades, em comparação com os outros seis, foi um baixo nível de glicogênio muscular. Depois de 10 dias, seus níveis de glicogênio muscular estavam aproximadamente 40% mais baixos do que os dos demais participantes no estudo. Os seis nadadores que se mostraram capazes de tolerar o aumento do treinamento mantiveram níveis elevados de glicogênio muscular do início ao fim do período de treinamento.

A análise da dieta demonstrou que os quatro nadadores que tiveram problemas com o treinamento consumiram aproximadamente 1.000 calorias a menos por dia, em comparação com o que estavam consumindo. Em contraste, a ingestão calórica dos seis nadadores que toleraram o treinamento equilibrou seu dispêndio calórico diário. Os quatro nadadores que demonstraram dificuldades durante o treinamento não exibiram um dos sintomas mais importantes do supertreinamento: seu desempenho não deteriorou nos tiros de 25 jd e nas tomadas de tempo para 200 jd; entretanto, o programa de treinamento teve apenas 10 dias de duração. É provável que seu desempenho viesse a deteriorar, caso continuassem treinando durante mais algumas semanas com baixos níveis de glicogênio muscular.

A essa altura, treinadores e atletas devem estar se perguntando por que o corpo não consome gordura para obtenção de energia, de preferência à proteína, quando as reservas de glicogênio muscular estão baixas. Isso não pode acontecer porque baixos níveis de glicogênio muscular limitam seriamente a transferência de energia da gordura, mesmo quando existem grandes reservas de gordura no corpo (McArdle, Katch e Katch 1996). Quando ácidos graxos livres são convertidos até acetil-CoA, precisam combinar-se com ácido oxaloacético para ingressar no ciclo de Krebs, para sua oxidação. Basicamente, o metabolismo da glicose é responsável pela produção de ácido oxaloacético; assim, é preciso que haja uma quantidade suficiente de glicose para a produção do ácido oxaloacético antes que a gordura possa ser metabolizada no ciclo de Krebs. O significado dessa observação é que os nadadores não serão capazes de metabolizar a gordura para obtenção de energia quando suas reservas de glicogênio muscular e de glicose sanguínea estiverem baixas; consequentemente, terão de depender da proteína existente em seus músculos. Com o passar do tempo, os atletas perderão resistência e potência.

A informação constante nesta seção apoia a suposição de que a desadaptação pode ser resultante de lesão muscular e depleção do glicogênio muscular, que ocorrem lentamente ao longo de algumas semanas. É preciso que tenha transcorrido algum tempo antes de os atletas perderem tecido muscular suficiente a ponto de causar uma queda perceptível no seu desempenho. Observações de nadadores em treinamento apoiam essa suposição. Muitos atletas parecem responder de forma bastante satisfatória ao treinamento durante as primeiras 4 a 8 semanas de uma temporada, mas depois de transcorrido esse período, aqueles que nadavam intensamente sem suficiente tempo de recuperação e aqueles que não repunham com regularidade o glicogênio e a proteína perdidos começarão a exibir sinais de supertreinamento.

Nadadores que reservam tempos de recuperação adequados em suas semanas de treinamento e mantêm seu glicogênio muscular com a ingestão adequada de calorias e carboidratos podem ser capazes de tolerar grandes quilometragens de treinamento sem que venha a ocorrer supertreinamento. Por outro lado, os atletas podem ficar supertreinados quando a dieta é inadequada e quando treinam com demasiada intensidade e com excessiva frequência, sem que haja suficiente tempo de recuperação. Tão logo fiquem supertreinados, os atletas precisarão reduzir o volume e a intensidade de treinamento e deverão melhorar a dieta.

Acúmulo de vários estressores

O acúmulo de vários estressores também pode causar supertreinamento. Um estressor pode não ser suficiente para causar desadaptação, porém quando vários estressores ocorrem simultaneamente, passam a ser suficientes para causar fadiga e mau desempenho. Aparentemente, são os problemas nos sistemas nervoso central e hormonal, e não a lesão muscular ou baixas reservas de glicogênio muscular, os reais causadores desse tipo de supertreinamento. Infelizmente, ainda não foi identificada a natureza exata desses problemas. O supertreinamento desse tipo parece ocorrer mais rapidamente do que o supertreinamento causado por lesão muscular e depleção de glicogênio, talvez por causa do maior envolvimento dos sistemas nervoso e endócrino.

Secreções hormonais excessivas, em decorrência da ansiedade e de problemas emocionais, foram relacionadas como fator contributivo para essa forma de supertreinamento. Ansiedade está associada com a reação de lutar ou fugir: quando as pessoas ficam agudamente ansiosas, a glândula adrenal secreta maiores quantidades de epinefrina (adrenalina) e noradrenalina; exercício, em particular o praticado intensamente, tem o mesmo efeito. Esses hormônios estimulam o coração, o sistema respiratório e a taxa metabólica, preparando o indivíduo para uma crise real ou percebida. A resposta psicológica é aquela de estar pronto, ou preparado, para um esforço importante.

A glândula adrenal também secreta cortisol, outro hormônio que pode estar envolvido no supertreinamento. Secreções desse hormônio também aumentam durante períodos de treinamento intenso. O cortisol aumenta a degradação da proteína, o que, com o passar do tempo, pode causar perda das adaptações obtidas com o treinamento se a situação não for equilibrada pela reposição de proteínas nos músculos.

Resultados como estes sugerem que a ansiedade acompanhada com a prática de exercício intenso, ou superabundância de qualquer desses fatores durante um período prolongado, pode reduzir a concentração circulante desses hormônios no sangue. Disso resultaria pouca motivação, lesão aos tecidos e incapacidade de atingir um esforço máximo, o que também pode ocorrer com o estresse excessivo proveniente de fora do ambiente de treinamento. Uma ruptura nas relações familiares, por exemplo, divórcio eminente ou morte na família, pode resultar em um nível de perturbação emocional que faz com que os efeitos do treinamento normal passem a ser excessivos. Rompimentos sérios entre amigos (qualquer que seja o sexo) podem causar reação semelhante.

A superabundância de responsabilidades e atividades extrínsecas também pode causar supertreinamento desse tipo. Mesmo quando as responsabilidades solicitam do atleta apenas tempo e atividade mental, podem ter um conteúdo emocional que estimula os sistemas nervoso e endócrino; por consequência, a participação em um número excessivo de atividades, particularmente aquelas que envolvam responsabilidades, pode interferir na recuperação do treinamento. Falta de sono pode ter efeito similar. Os atletas precisam de tempo para repouso e recuperação, bem como uma quantidade adequada de sono para que possam se recuperar dos efeitos do treinamento puxado efetuado durante o dia. Permanecer em festas até tarde com demasiada frequência pode comprometer seriamente a recuperação e precipitar a desadaptação; tal problema pode ficar exacerbado quando essas atividades envolvem consumo excessivo de bebidas alcoólicas ou de drogas. Além de seu efeito tóxico nos tecidos do corpo, esses dois costumes estimulam o catabolismo das proteínas, por meio de seu efeito estimulante nos processos do organismo. Tanto o álcool como as drogas retardarão o processo de recuperação, o que, com o tempo, poderá levar à desadaptação.

Alguns atletas são menos sensíveis aos estresses emocionais do treinamento e das atividades extrínsecas, em comparação com outros, portanto, podem tolerar maiores quantidades desses tipos de estresse sem que venha a ocorrer supertreinamento. Comumente, esses atletas são extrovertidos, positivos e confiantes. Eles possuem a capacidade de compartimentar suas atividades e responsabilidades, de modo que não ocorre intrusão da ansiedade gerada por determinada atividade nos seus demais compromissos. Não se incomodam demais com seus erros ou maus desempenhos, e não ficam mal-humorados ou deprimidos por causa disso. Eles aprendem o que podem com seus erros e maus desempenhos, tomam a resolução de corrigi-los, e logo já estarão olhando para o futuro.

Alguns atletas reagem de modo muito diferente. Não compartimentam satisfatoriamente suas atividades e responsabilidades, e permitem que erros e maus desempenhos interfiram em seu humor durante longos períodos. Esses atletas, por causa de sua tolerância mais baixa diante de problemas emocionais, são mais propensos ao supertreinamento. Devem reduzir suas atividades externas. Certas formas de treinamento de relaxamento poderão ajudá-los. Eles talvez julguem que melhorarão ainda mais com certa redução no grau de treinamento intenso e no número de competições em que estão envolvidos durante cada temporada.

Reações imunes e supertreinamento

Muitos treinadores comentam que atletas parecem ser mais suscetíveis às infecções, em comparação com pessoas que não são atletas. Provavelmente essa observação não reflete a verdade quando atletas têm suficiente tolerância para enfrentar o treinamento e outros estressores. Por causa de seu efeito no sistema imune, o estresse excessivo, o tipo que resulta em supertreinamento, tende a reduzir a resistência dos nadadores às enfermidades, particularmente gripes, resfriados e outros tipos de infecções respiratórias (Pyne e Gleeson 1998; Wigermaes et al. 1998). O gráfico na Figura 19.2 ilustra a reação do sistema imune ao exercício. Ao que parece, a prática de exercício moderado aumenta a resistência às infecções do trato respiratório superior, enquanto o exercício excessivo diminui tal resistência.

Atletas em treinamento devem ser vacinados contra gripe para aumentar sua resistência às diversas cepas virais que podem vir a infectá-los. Ao primeiro sinal de um resfriado, devem tomar alguns dos novos medicamentos que reduzem a gravidade e duração dessa infecção. Os atletas também devem reduzir seu treinamento para níveis de recuperação, ou devem se abster de treinar durante os períodos em que estejam com infecções do trato respiratório superior. Doses diárias de treinamento de recuperação também podem reduzir a incidência de infecções virais. Os resultados de um estudo sugerem que o nado de recuperação depois de um treinamento intenso pode reduzir o efeito supressor desse treinamento no sistema imune; ao fazê-lo, esse tipo de nado confere proteção contra bactérias, agentes virais e germes invasores. Wigermaes et al. (1998) constataram que a concentração de leucócitos estava suprimida em corredores durante o período de recuperação, após um treinamento intenso, mas o grau de supressão foi muito menor quando eles se envolviam em atividades de recuperação ativas, em vez de passivas. Esses autores concluíram que a recuperação ativa minimiza a queda na contagem de leucócitos em seguida ao treinamento intenso, podendo diminuir a vulnerabilidade dos atletas às infecções. A suplementação da dieta com proteína,

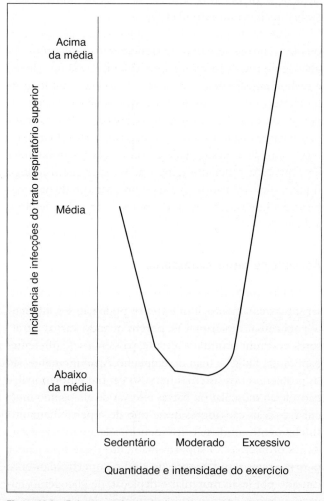

Figura 19.2 Relação em forma de J entre exercício e incidência de infecção do trato respiratório superior.

particularmente glutamina, pode também proteger os nadadores contra a imunossupressão. Em um estudo no qual um grupo de nadadores de competição treinaram durante 25 semanas, foi informado que a supressão de linfócitos podia ser evitada pela administração de suplementos contendo aminoácidos de cadeia ramificada e glutamina (Kreider, Miriel e Bertun 1993).

Antioxidantes e supertreinamento

Como sabemos, o oxigênio é essencial para o bom desempenho nas atividades de resistência. Então, aparentemente nunca seria demasiado o aporte de oxigênio para os atletas. No entanto, em certas circunstâncias, o oxigênio pode precipitar lesões aos tecidos, por meio da formação de *radicais livres*. A maior parte do oxigênio consumido combina-se com hidrogênio para formar água na cadeia de transporte de elétrons, mas parte desse oxigênio, cerca de 2 a 5%, vaza da cadeia de transporte de elétrons na forma de radicais livres. Estes são os mesmos radicais livres transportados na fumaça de cigarro e nos poluentes ambientais. Em certo sentido, os radicais livres são restos da oxidação. Eles são substâncias que contêm oxigênio, como o superóxido, o peróxido de hidrogênio e os radicais hidroxila. Normalmente, a maior parte dos radicais livres produzidos no corpo é rapidamente reconvertida para oxigênio e água; além disso, o corpo dispõe de um sistema de defesa natural contra os efeitos lesivos dos radicais livres, inclusive com enzimas para sua remoção. As vitaminas antioxidantes A, C, E e beta-caroteno, um precursor da vitamina A, também participam na remoção dos radicais livres. Porém, nem todos os radicais livres produzidos são removidos; com o passar do tempo, pode ocorrer acúmulo no corpo. Quando isso ocorre, os radicais livres aumentam o potencial para lesão celular, por causa da lesão que podem causar ao DNA, às proteínas e às gorduras no interior dessas células.

Alguns cientistas sugeriram que atletas em treinamento poderiam estar em maior risco para lesão tecidual em comparação com pessoas sedentárias. O treinamento faz com que os atletas consumam grandes volumes de oxigênio todos os dias, resultando na produção e no acúmulo de maior quantidade de radicais livres (Ji 1995; Kanter, Nolte e Holloszy 1993; Starnes et al. 1989). No entanto, a opinião prevalecente é que o treinamento normal também aumenta as enzimas antioxidantes, de modo que uma quantidade adicional de radicais livres poderá ser removida antes que tenham oportunidade de causar qualquer dano (Alessio 1993; Higuchi et al. 1985; Quintanilha 1984). Todavia, as indicações são que um treinamento muito intenso e não equilibrado por períodos adequados de recuperação poderá resultar em um acúmulo de grandes quantidades de radicais livres, o que pode causar lesão aos tecidos e desadaptação (McArdle, Katch e Katch 1996). Exemplificando, a produção de radicais livres fica aumentada pela produção de ácido lático (Demopoulos et al. 1986) e por aumentos na secreção de adrenalina e noradrenalina (Cohen e Heikkila 1974).

Devido à possibilidade de acúmulo de radicais livres durante o treinamento, alguns especialistas sugeriram que os atletas devem suplementar suas dietas com vitaminas antioxidantes, particularmente vitaminas C e E, e beta-caroteno. Essa sugestão pode ter algum mérito. O corpo não pode sintetizar essas vitaminas, portanto, devemos fazer sua reposição por meio do alimento que consumimos.

Estudos com seres humanos sugerem também que a suplementação da dieta com antioxidantes pode reduzir a lesão aos tecidos causada por radicais livres. Em um estudo, uma suplementação nutricional com 200 mg de vitamina E por dia reduziu a concentração de radicais livres após o exercício (Pincemail et al. 1987). Pessoas que suplementaram suas dietas com beta-caroteno, vitamina C e alfa-tocoferol, um ingrediente ativo da vitamina E, também reduziram a concentração de radicais livres em seguida ao exercício (Kanter et al. 1993).

Selênio e coenzima Q10 também foram mencionados como tendo propriedades antioxidantes. Embora sejam pouco numerosos os estudos publicados, a informação disponível sugere que não há necessidade de suplementação da dieta com coenzima Q10, porque sua eficácia como antioxidante está aberta à discussão. Mas a suplementação com pequenas quantidades de selênio pode trazer benefícios, pois esse mineral funciona como antioxidante em combinação com a vitamina E. Deficiências são raras, mas os atletas podem necessitar de maior quantidade desse micromineral.

Considerando a pesquisa citada e outros estudos semelhantes, alguns especialistas sugeriram que os atletas deveriam suplementar suas dietas com quantidades adicionais de vitaminas antioxidantes, para ser possível maior remoção de radicais livres. Assim procedendo, os atletas podem reduzir o grau de lesão tecidual decorrente do treinamento, construindo uma defesa contra a desadaptação. Uma opção interessante para os atletas seria a suplementação diária de suas dietas com 400 a 800 mg de vitamina C, 400 mg de vitamina E, 30 mg de beta-caroteno e 60 a 100 μg de selênio. Qualquer dessas substâncias poderá ter efeito tóxico, caso seja consumida em quantidade excessiva. Mas na quantidade por mim recomendada, não há perigo de tal ocorrência. Exemplificando, foram utilizados suplementos de vitamina E com 200 vezes a ingestão dietética diária recomendada, sem que ocorressem complicações (Bendich e Machlin 1988); porém, quero alertar que não estou recomendando megadoses de vitaminas antioxidantes. Os suplementos que recomendei serão adequados para remoção dos radicais livres adicionais produzidos durante o treinamento. Megadoses não proporcionarão nenhum tipo de proteção adicional e podem causar complicações por causa de sua toxidez.

Se determinado atleta preferir não fazer suplementação, os seguintes alimentos contém vitaminas antioxidantes e micromineral selênio:

- *beta-caroteno:* batata-doce, espinafre, brócolis, cenoura, abricó, manga e mamão;
- *vitamina C:* brócolis, toranja, manga, laranja, mamão e morango;
- *vitamina E:* amêndoa, sementes de girassol, germe de trigo, margarina e maionese;
- *selênio:* carnes, frutos do mar e produtos de trigo integral.

SINTOMAS DO SUPERTREINAMENTO

Os sintomas mais comuns de supertreinamento estão listados na Tabela 19.2. Lembre-se de que todas elas são reações comuns ao treinamento e à competição. Apenas quando tais reações parecem ser exageradas e persistem por alguns dias, deveremos suspeitar de supertreinamento. Os sintomas podem ser colocados em três categorias: os que envolvem o desempenho, aqueles que são de fundo basicamente físico e os que são de natureza emocional.

Sintomas de desempenho

O primeiro sinal de supertreinamento que deve ser percebido por treinadores e atletas é o mau desempenho em *meetings* e no treinamento. Quando os atletas vêm nadando de forma consistentemente mais lenta durante o treinamento ao longo de alguns dias, talvez estejamos diante de um caso de supertreinamento. A mesma coisa pode acontecer quando seus desempenhos nos *meetings* vão ficando cada vez piores ao longo de um período de algumas semanas.

Diagnosticar o supertreinamento através do desempenho é uma tarefa complicada pela expectativa de tempos mais lentos em competição e nos treinamentos durante a metade da temporada, quando os atletas nadam em um estado de cansaço. Outro fator complicador é que o desempenho durante o treinamento pode ser normal, ou mesmo bom, durante séries longas de resistência, quando os nadadores estão supertreinados. Alguns nadadores, particularmente os fundistas, ficam tão bem treinados aerobicamente que podem nadar muito bem durante os treinamentos, mesmo quando estão extremamente fatigados. Apenas depois que repousaram e não conseguiram melhorar seu desempenho é que fica evidenciado que algo deu errado no processo de treinamento.

São diversos os modos de diferenciar entre desempenhos normais na metade da temporada e desempenhos que sinalizam supertreinamento. Conforme mencionei anteriormente, atletas supertreinados podem ser capazes de ter bom desempenho em séries longas de resistência com intensidade baixa a moderada. O indício revelador surge quando esses nadadores tentam realizar nados de qualidade durante o treinamento, quando nadam em eliminatórias ou competem em provas. Eles não serão capazes de nadar muito mais rapidamente do que conseguiram durante suas séries de resistência no treinamento. Em minha experiência, a incapacidade de nadar em velocidade normal durante repetições em velocidades limiares e mais rápidas é o melhor indicador de que os atletas estão entrando em um estado de desadaptação.

Mesmo essa resposta pode não ficar evidente nos estágios iniciais do supertreinamento. Simplesmente por tentar com maior afinco, muitos atletas são capazes de manter seu desempenho apesar da desadaptação. Portanto, outro modo de detectar o supertreinamento consiste em avaliar se os atletas parecem necessitar de um esforço maior do que o normal para alcançar tempos normais durante o treinamento. Se precisarem de maiores frequências cardíacas e frequências de braçadas mais rápidas para obter determinado tempo, se queixarem de fadiga durante nados em velocidade moderada ou se não forem capazes

Tabela 19.2 Sintomas do supertreinamento

Desempenho	Físicos	Emocionais
Tempos mais lentos durante o esforço máximo	Perda de peso	Depressão
Frequências cardíacas mais altas em velocidades submáximas	Articulações e músculos doloridos	Irritabilidade
	Reações alérgicas	Insônia
Aumento das frequências de braçadas para esforços submáximos e máximos	Perda do apetite	Ansiedade
	Resfriados e sinusite	Retração
	Náusea	Dificuldade em se concentrar
	Falta de energia	Perda de confiança
		Falta de motivação

de nadar séries no ritmo limiar (ou superior) sem ficar excessivamente cansados, poderão estar supertreinados.

Sintomas físicos

Os sintomas físicos mais comuns do supertreinamento são: perda de peso que não pode ser explicada apenas com base nos hábitos alimentares ou volume de treinamento, perda de apetite, articulações ou músculos doloridos, sensação de fraqueza que persiste mesmo durante os períodos de recuperação e reações alérgicas. Vamos discutir detalhadamente cada um desses sintomas.

Normalmente, nadadores perderão algum peso durante as primeiras semanas da temporada, mas, depois disso, deverá ocorrer estabilização de seu peso. Uma súbita perda de peso durante a metade da temporada deve servir de alerta para iminente supertreinamento, mas nem sempre é fácil diagnosticar supertreinamento com base nesse sintoma. São comuns as flutuações diárias de peso; normalmente isso ocorre quando o treinamento é revezado adequadamente. Como rotina, os nadadores perderão 0,5 a 1,5 kg, do início ao final de um dia de treinamento. A maior parte dessa perda de peso será resultante da desidratação causada pelo suor e pela perda do glicogênio muscular, e normalmente os atletas reporão essa perda em um ou dois dias seguintes de treinamento. A perda de peso persistente ao longo de vários dias, com pouco ou nenhum sinal de recuperação, deve servir como alerta para a possibilidade de supertreinamento.

Frequentemente os atletas perdem o apetite quando estão supertreinados. Como resultado, deixarão de repor seu glicogênio muscular de um dia para outro e se queixarão de falta de energia. Com a íntima associação entre falta de energia e nutrição, pode-se assumir que atletas supertreinados comeriam mais do que o habitual, mas não é o que ocorre. Em geral, eles perdem o interesse pela comida e não sentem fome, embora possam estar perdendo peso.

É difícil conferir se a astenia muscular e o enfraquecimento das articulações são decorrentes do uso excessivo, ou se são sintomas do supertreinamento, o que também vale para as reações alérgicas. Tais achados podem indicar um problema médico real, ou podem ser um sinal de que o atleta está ingressando em um período de desadaptação. Músculos pesados e uma sensação de enfraquecimento podem acompanhar uma sessão de treinamento particularmente intensa, mas os sintomas devem desaparecer rapidamente. Entretanto, vários dias consecutivos de sensação de peso e fraqueza podem ser sinal de supertreinamento. Articulações e músculos doloridos, como a perda de peso, são ocorrências normais durante as primeiras semanas de treinamento e em seguida a ses-

sões de treinamento intensas. Os nadadores também podem se sentir doloridos ao ser acrescentado ao programa uma nova forma de treinamento. Mas quando se queixam de articulações ou músculos doloridos ao longo de alguns dias na metade da temporada, particularmente em seguida a sessões de treinamento normais ou relativamente fáceis, devemos suspeitar de supertreinamento.

Atletas que se queixam de ombros ou joelhos doloridos não estão necessariamente supertreinados. Alguns podem estar sofrendo sintomas de movimentação excessiva, tendo mais a ver com sua anatomia e mecânica do que com o supertreinamento. O médico ou o treinador deve tratar desses nadadores. Não devemos suspeitar de supertreinamento, a menos que o atleta não tenha histórico de tendinite, e a menos que estejam presentes outros sintomas de desadaptação.

Os nadadores demonstram sintomas similares às reações alérgicas quando ficam supertreinados. Urticária, erupções, resfriado e nariz entupido são os sinais mais comuns. Certamente, esses sintomas também podem indicar reações alérgicas reais; portanto, ao surgirem, os nadadores devem consultar o médico. Devemos suspeitar de supertreinamento quando houver persistência dos sintomas e se não houver explicação médica para sua ocorrência.

Sintomas emocionais

As reações físicas e emocionais de atletas ao supertreinamento estão tão entrelaçadas que se torna impossível separá-las. Aparentemente, algumas perturbações negativas na disposição do atleta constituem resposta normal ao treinamento intenso (Morgan et al. 1987). Apenas quando tais perturbações passam a ser excepcionalmente intensas e persistentes deveremos suspeitar de supertreinamento. Raglin e Morgan (1989) e Morgan et al. (1987), citando pesquisas publicadas durante mais de 10 anos, declararam que, quase sempre, o supertreinamento se faz acompanhar por depressão e ansiedade. Essa reação é interessante à luz do fato de que foi demonstrado um efeito oposto com a prática de exercício leve (Morgan 1985). Atletas supertreinados podem ficar excepcionalmente irritadiços; podem ter um aspecto preocupado, demonstrando sinais de dificuldade em se concentrar na prática e em outras ocasiões durante o dia. Seu modo de agir pode sugerir perda de confiança, e podem se ausentar em reuniões sociais. Na prática, talvez prefiram nadar sozinhos, em uma raia vazia. Outro modo que esses atletas utilizam para evitar a interação com os colegas de equipe consiste em chegar imediatamente antes do início da prática e ir embora imediatamente depois de seu término. Também podem demonstrar insônia e inquietude, ou sono interrompido. Especificamente, terão dificuldade em pegar no sono, e quando chegam a dormir, ficam agitados e se viram ou despertam várias vezes durante a noite. Como ocorre com os demais sintomas, um período ocasional de depressão, uma reação emocional ocasional, ou uma noite ocasional de inquietude talvez não tenham maior significado; porém, quando essas condições persistem por alguns dias, poderá estar ocorrendo supertreinamento. Infelizmente, quando esses sintomas se tornam persistentemente perceptíveis, o nadador já terá entrado em um estado de desadaptação. Não obstante, se o supertreinamento for descoberto precocemente, poderá ser corrigido dentro de 3 a 7 dias de treinamento de recuperação. Se esse estado persistir sem tratamento até certo grau de gravidade, haverá necessidade de algumas semanas para que ocorra recuperação e, depois, reaquisição dos efeitos do treinamento que foram perdidos.

DIAGNÓSTICO DE SUPERTREINAMENTO COM TESTES FÍSICOS E PSICOLÓGICOS

Considerável volume de pesquisas concentrou-se na identificação de marcadores fisiológicos que pudessem identificar atletas supertreinados, antes que esse problema fique grave. As tentativas têm sido: medidas de consumo de oxigênio, lactato sanguíneo, frequência cardíaca, frequência de braçadas, potência muscular, capacidade anaeróbica, pressão arterial, eritrócitos e leucócitos, ECGs, proteínas urinárias e sanguíneas, enzimas musculares e estados psicológicos do humor. Nenhum desses métodos se revelou completamente preciso. Individualmente, os níveis normais variam amplamente para essas medidas. As medidas basais podem variar amplamente entre essas categorias; consequentemente, é difícil saber se mudanças nos níveis são reações anormais que indicam supertreinamento, ou se são simplesmente reações normais ao treinamento puxado. Não obstante, algumas dessas medidas demonstraram certo grau de previsibilidade, que poderia torná-las úteis para a especificação do supertreinamento nos primeiros estágios. Esses aspectos serão discutidos nas linhas seguintes.

Consumo de oxigênio

O indicador mais confiável do supertreinamento pode ser uma deterioração da economia do nado. Em outras palavras, os nadadores podem depender de mais oxigênio para nadar a uma velocidade específica quando estão supertreinados. Costill (1986) informou o que ocorreu com um corredor especializado em *cross-country* que tinha necessidade de 14% a mais de oxigênio para correr a uma velocidade submáxima particular quando ficou supertreinado. O consumo de oxigênio do corredor era de 49 mL/

kg/min para uma corrida submáxima no tempo de seu melhor desempenho competitivo, mas aumentou para 56 mL/kg/min mais tarde na temporada, quando seu desempenho deteriorou. Miller et al. (1989) também informaram ter observado decréscimos na economia para um grupo de nadadores que estavam supertreinados.

No entanto, uma redução na economia do nado não é indicação perfeitamente segura de supertreinamento. A dificuldade inerente ao diagnóstico de supertreinamento com essa medida é que a economia também declina quando os atletas estão treinando em ritmo puxado. Antes que a economia possa ser utilizada como marcador para supertreinamento, devem ser estabelecidos critérios que diferenciem a quantidade de declínio que sinaliza o supertreinamento do declínio normal que ocorre durante o treinamento puxado. Outra sugestão consiste em permitir alguns dias de recuperação antes da administração de um teste de economia do nado. Então, apenas os nadadores supertreinados demonstrarão decrementos no desempenho.

Os principais percalços do uso do consumo de oxigênio na avaliação do supertreinamento são os custos e a experiência necessária para sua realização. O consumo de oxigênio dos nadadores deve ser medido enquanto estes estiverem nadando; para que isso seja feito, há necessidade de analisadores caros e de administradores de teste bem treinados, além de ocorrer redução do tempo de treinamento. Esse procedimento pode funcionar com nadadores de nível nacional em unidades de treinamento onde existam instalações, equipamento e pessoal treinado, mas para a maioria dos treinadores, os gastos e a falta de experiência não permitem que esse procedimento seja posto em prática.

Lactatos sanguíneos

Lactatos sanguíneos também têm sido utilizados na avaliação do treinamento. Foram projetados testes que utilizam tanto esforços submáximos como esforços máximos. Os exames de sangue realizados depois de esforços submáximos funcionam de maneira parecida às medidas de consumo de oxigênio para mensuração de mudanças na economia do nado. Um nadador pode ficar supertreinado quando a concentração do lactato sanguíneo está mais elevada em uma velocidade submáxima padronizada; ou, por outro lado, quando o nadador obtém determinada concentração de lactato sanguíneo em uma velocidade mais baixa. Uma redução na concentração de lactato sanguíneo em seguida a um nado em esforço máximo também pode ser indício de estado de supertreinamento.

Como o consumo de oxigênio, essas medidas não são absolutamente seguras. Depleção de glicogênio é um fator que pode causar erros diagnósticos. Concentrações de lactato sanguíneo mais baixas podem ocorrer em velocidades submáximas e máximas quando os atletas estão com depleção de glicogênio; dessa forma, podem dar a impressão de melhorar sua capacidade aeróbica, quando na verdade estão ficando supertreinados (Frohlich et al. 1988). Analogamente, atletas com maiores concentrações de oxigênio em seus músculos em um teste subsequente, também exibirão concentrações de lactato sanguíneo mais elevadas em velocidades semelhantes. Consequentemente, talvez dêem a impressão de estarem supertreinados, quando, na verdade, não estão.

Um estudo de Tegtbur et al. (1988) poderá ajudar quando forem feitos julgamentos acerca do supertreinamento com base em exames de sangue. O estudo demonstrou a necessidade de corrigir velocidades no limiar anaeróbico para reduções nos valores de pico do lactato sanguíneo antes que tais valores possam ser utilizados no diagnóstico dos efeitos do treinamento. Em outras palavras, se determinado nadador exibisse uma redução de 15% no lactato sanguíneo máximo, sua velocidade no limiar anaeróbico ou em algum limiar fixo teria de ser aumentada em 15% antes que passasse a refletir com precisão o ritmo limiar do atleta. Se esse aumento resultasse em um ritmo limiar mais lento do que o nadador havia obtido em testes precedentes, esse nadador poderia estar supertreinado. É provável que ele estivesse respondendo bem ao treinamento, se tal redução não ocorresse.

Quando lactatos sanguíneos são utilizados no diagnóstico de supertreinamento, antes da realização dos exames, os nadadores devem ter alguns dias de repouso, para que sejam reduzidos os efeitos temporários do treinamento puxado e da depleção do glicogênio muscular. Também deve ser incluído no exame um nado de esforço máximo, com o objetivo de determinar se ocorreu qualquer mudança no lactato sanguíneo de pico do atleta.

A principal desvantagem dos exames de sangue é que tais testes dependem de equipamento caro e de um administrador experiente, embora essas necessidades sejam menos críticas do que as exigidas para a determinação do consumo de oxigênio. Os exames de sangue são considerados menos dispendiosos, necessitando de menos treinamento, e os treinadores podem aprender o procedimento em um curto período, administrando os exames nos locais de treinamento, desde que exista acompanhamento médico disponível para garantir a segurança dos nadadores.

Pode ser possível determinar com rigor o supertreinamento iminente, bastando medir lactatos sanguíneos de pico em seguida a nados de esforço máximo realizados na mesma distância de um teste para outro. Atletas supertreinados terão concentrações máximas de lactato sanguíneo similares ou mais baixas para esforços máximos em determinada distância, mas seus tempos serão mais lentos do que em testes precedentes.

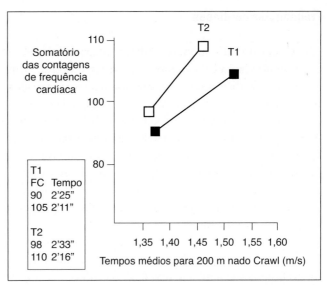

Figura 19.3 Perfil de frequência cardíaca sugestivo de supertreinamento.

Os valores máximos de lactato sanguíneo dependem da interpretação para que seja melhorada sua precisão no diagnóstico de supertreinamento. Normalmente, esses valores estarão um pouco reduzidos durante períodos de ênfase no treinamento de resistência; portanto, é preciso que os treinadores avaliem o grau de redução nos lactatos sanguíneos de pico que diferencia o supertreinamento de uma redução normal induzida pelo treinamento.

Aumentos nas concentrações de lactato sanguíneo em repouso também foram utilizados para indicar supertreinamento. Lactatos sanguíneos em repouso normais situam-se nas vizinhanças de 1,0 mmol/L, portanto, foram sugeridos valores em repouso de 2,5 a 4 mmol/L como indicativos de supertreinamento. Esse método também tem suas deficiências. As concentrações de lactato sanguíneo em repouso podem estar normais para alguns nadadores, mesmo quando estão supertreinados. As medidas de lactato sanguíneo em repouso utilizadas na triagem de supertreinamento devem ser efetuadas antes do treinamento e depois que os nadadores já repousaram durante 5 a 10 min. As determinações devem ser obtidas no dia subsequente ao dia de treinamento de baixa intensidade ou de treinamento de recuperação, na mesma hora do dia para cada teste. Se essas sugestões forem seguidas, ocorrerá redução da possibilidade de contaminação com um treinamento puxado realizado anteriormente e com outras atividades nas quais o nadador possa ter se envolvido antes de ter chegado ao local de treinamento.

Frequências cardíacas

O perfil de frequência cardíaca (Sharp et al. 1984) descrito no Capítulo 16 também pode ser utilizado com o objetivo de diagnosticar supertreinamento. O nadador pode estar supertreinado quando sua frequência cardíaca está mais elevada em determinada velocidade submáxima. A frequência cardíaca do corredor de *cross-country* no estudo de Costill (1986) aumentou em 24 bpm (aumento de 18%) para a mesma velocidade de corrida submáxima quando foi testado em um estado supertreinado. A Figura 19.3 ilustra um perfil de frequência cardíaca que pode indicar supertreinamento.

Nesse exemplo, o atleta nadou tempos de 2'25" e 2'11" para cada um dos dois nados de 200 m em seu primeiro teste. A soma de suas frequências cardíacas de trabalho e de recuperação foram 90 e 105, respectivamente. Observe que, em seu segundo teste, o atleta nadou tempos mais lentos com contagens mais aceleradas de frequência cardíaca; seus tempos foram 2'33" e 2'16" com contagens de frequência cardíaca de 98 e 110. Essas combinações de tempos e de contagens de frequência cardíaca indicam maior esforço para tempos mais lentos no segundo teste. Tais resultados não indicam necessariamente supertreinamento, pois muitas razões podem explicá-los. Exemplificando, o atleta pode ter treinado um volume demasiadamente pequeno, ou com demasiada facilidade, durante o tempo transcorrido entre os dois testes, ou pode ter ficado enfermo antes do segundo teste; mas se esses diagnósticos puderem ser descartados, então devemos suspeitar de supertreinamento.

Também têm sido utilizadas frequências cardíacas em repouso para diagnóstico de supertreinamento. Na literatura (Dressendorfer, Wade e Schaff 1985; Stray-Gunderson, Videman e Snell 1986), relatos de aumentos de 6 a 10 bpm foram associados com supertreinamento. Para melhorar a precisão dessa determinação, os atletas devem repousar de maneira tranquila durante 5 a 10 min antes da contagem de suas frequências cardíacas em repouso.

Como ocorre com lactatos sanguíneos em repouso, um atleta que exibe grande aumento em sua frequência cardíaca em repouso poderá estar supertreinado. Entretanto, também nesse caso, a ausência de aumento na frequência cardíaca em repouso não é prova positiva de que o atleta *não* está supertreinado, já que nem todos os atletas supertreinados exibem aumento na frequência cardíaca em repouso.

Para complicar ainda mais essa questão, na verdade frequências cardíacas em repouso podem declinar nos casos em que o supertreinamento foi se instalando lentamente, durante um período prolongado, porque os atletas podem ter reduzido involuntariamente seu treinamento ao terem ficado supertreinados. Frequências cardíacas reduzidas em repouso, acompanhadas por incapacidade ou falta de vontade de reproduzir seus esforços máximos precedentes, constituem indício de supertreinamento, mas uma frequência cardíaca em repouso diminuída acompanhada por esforços máximos adequados indica melhora no estado físico.

Outro método sugerido para o diagnóstico do supertreinamento iminente consiste em medir a diferença entre frequências cardíacas em repouso e na posição de pé. Uma diferença grande pode ser indício de recuperação insatisfatória do treinamento; com o passar do tempo, essa situação pode resultar em supertreinamento. As frequências cardíacas aumentam quando as pessoas se levantam de uma posição reclinada, porque o coração precisará trabalhar mais intensamente para impulsionar o sangue das pernas de volta ao coração, contra a gravidade. Comumente, a quantidade de aumento é menor em pessoas bem treinadas, pois seus vasos reagem rapidamente, dilatando-

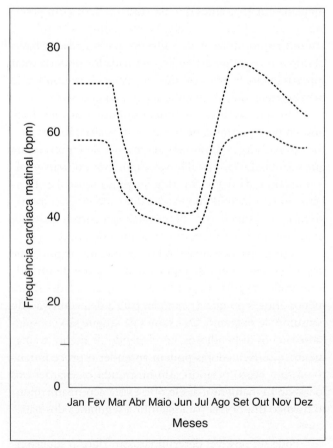

Figura 19.4 Método para diagnóstico de resposta ao treinamento. Foram lançadas mudanças nas frequências cardíacas nas posições deitada e em pé obtidas pela manhã durante vários dias de cada mês. (Adaptado de Czajowski 1982.)

se e reduzindo a pressão contra a qual o coração deve bombear. A dilatação dos vasos pode ser mais lenta quando os atletas ficam excessivamente fatigados; portanto, ocorrerá aumento da diferença entre frequências cardíacas nas posições deitada e de pé. O gráfico na Figura 19.4 ilustra a resposta de um atleta que ficou supertreinado. O gráfico tem início em janeiro, quando o atleta estava destreinado. Observe que tanto sua frequência cardíaca na posição deitada como na posição em pé declinam ao longo de alguns meses de treinamento, e que a diferença entre as duas frequências também fica menor. Aparentemente, esse atleta ficou supertreinado em algum momento de julho, conforme indica um aumento na diferença entre as duas frequências. Finalmente, observe que, ao lhe ser permitido algum tempo para recuperação, suas frequências cardíacas começam a declinar na direção dos níveis prévios.

Frequências cardíacas de recuperação também podem ser bons marcadores de supertreinamento. Devemos suspeitar de supertreinamento quando os atletas necessitam de mais tempo para se recuperar de um nado submáximo padronizado, ou de uma série de repetições. A validade desse método melhorará quando a velocidade do nado (ou nados) for suficiente para elevar a frequência cardíaca do atleta para as proximidades do máximo (acima de 160 bpm). Para maior precisão, os tempos de nado e recuperação devem ser padronizados de um teste para outro. Um tempo de recuperação de 45 s a 2 min é suficiente para avaliar a recuperação de atletas bem treinados. Embora suas frequências cardíacas possam não retornar ao normal durante esse período, a quantidade de retardo nos batimentos proporcionará uma boa indicação do estado de fadiga dos nadadores. Recuperação mais lenta da frequência cardíaca, por volta de 8 a 10 bpm, pode ser indicação de supertreinamento.

O gráfico na Figura 19.5 ilustra as mudanças nas frequências cardíacas em repouso, de exercício e de recuperação que podem ocorrer quando um atleta fica supertreinado. Observe que, em condições normais de treinamento (atleta bem treinado), os valores são 70 e 140 bpm para frequências cardíacas em repouso e de exercício. Os valores foram 120 depois de 1 min de recuperação e 100 depois de 2 min de recuperação. Quando supertreinado, o mesmo atleta demonstrou aumento de 10 bpm na frequência cardíaca em repouso (80 bpm) e aumento de 20 bpm na frequência cardíaca de exercício (160 bpm). As frequências cardíacas de recuperação também foram aproximadamente 10 bpm mais elevadas depois de 1 e 2 min do exercício.

As frequências cardíacas são um pouco mais erráticas do que as determinações da economia do nado e do lactato sanguíneo. Consequentemente, podem não ser tão confiáveis para o diagnóstico de supertreinamento. Porém, um aspecto positivo é que essas determinações dispensam equipamento caro, e sua administração e avaliação são procedimentos fáceis. Os resultados mais válidos e confiáveis serão obtidos com o uso de um bom monitor de frequência cardíaca. A menos que utilizem a técnica apropriada, os atletas e treinadores tenderão a errar nas contagens manuais da frequência cardíaca. Não obstante, mesmo frequências cardíacas manualmente contadas proporcionarão uma medida que os treinadores podem utilizar no diagnóstico do supertreinamento, desde que tenham ciência do grau de possibilidade de má interpretação das diversas medições da frequência cardíaca.

Frequências e comprimentos de braçadas

Um método excelente para identificação do supertreinamento que ainda não recebeu grande atenção é a medição de diferenças de frequências e comprimentos de

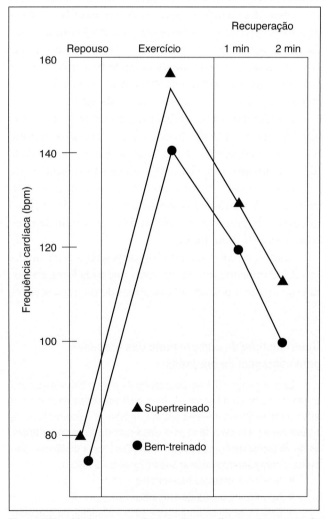

Figura 19.5 Mudanças nas frequências cardíacas em repouso, de exercício e de recuperação que podem ocorrer quando um atleta fica supertreinado.

braçadas. Uma pesquisa recentemente publicada sugere que aumentos nessas duas variáveis podem constituir um método preciso para identificação do supertreinamento. Atletas que se tornam menos eficientes (economia de nado mais baixa) precisam nadar em determinada velocidade com maior frequência de braçadas, para compensar um comprimento menor destas; também pode ser contado o número de braçadas praticadas por comprimento de piscina, em vez de medir a frequência de braçadas. Obviamente, o comprimento de braçadas de determinado nadador será mais curto, caso ele precise de mais braçadas para nadar uma distância padrão.

Frequências de braçadas podem ser utilizadas no diagnóstico do supertreinamento pela seleção de um nado em velocidade padrão de 200 a 500 jd/m. A velocidade do nado deve ficar nas vizinhanças de 85 a 95% do melhor tempo do atleta, de modo que seja suficientemente rápida para causar algum cansaço, sem que haja necessidade de esforço máximo. Um nadador cansado pode fazer um nado fácil sem mudança na frequência ou no comprimento de braçadas quando o esforço despendido não é excessivo. O esforço deve ser suficiente para fazer com que nadadores supertreinados compensem a redução na economia com o aumento de suas frequências de braçadas. Weiss et al. (1988) demonstraram que velocidades acima do limiar anaeróbico são suficientes para tal finalidade.

Atualmente, existem diversos aparelhos que permitem a determinação das frequências de braçadas durante repetições e competições. Certamente, não há necessidade de equipamento especial para contagem do número de braçadas que os nadadores executam por comprimento de piscina. A relação entre frequência de braçadas e comprimento de braçadas será discutida mais detalhadamente na Parte III deste livro.

Também existem aparelhos disponíveis para medição dos comprimentos das braçadas dos nadadores, embora essas medidas possam ser calculadas de maneira simples,

bastando contar as braçadas. A distância coberta durante cada ciclo de braçadas pode ser determinada com base no número de ciclos necessários para cobrir determinada distância. Essas computações devem ser efetuadas entre as bandeirolas no meio da piscina, de modo que o comprimento e a velocidade da saída do nadador não introduzam erros.

Embora sem tanta precisão, um método mais fácil consiste na simples contagem do número de braçadas executadas pelo atleta para nadar determinada distância. Quando esse número aumenta, o comprimento de braçadas diminuiu, embora seja quantitativamente desconhecido esse decréscimo. Comumente, distâncias de 25 jd/m são demasiadamente curtas para que se possa perceber alguma diferença no comprimento de braçadas com a contagem destas. Quando estão supertreinados, nadadores habilidosos e maduros comumente não aumentam sua contagem de braçadas, nem mesmo em um ciclo. O aumento de um ciclo de braçadas poderia representar enorme perda no comprimento de braçadas, uma perda maior do que um nadador supertreinado provavelmente sofreria. Uma mudança na contagem de braçadas transforma-se em uma medida mais confiável em distâncias mais longas, porque pequenos decréscimos no comprimento das braçadas se manifestarão com contagens de maior número de braçadas.

A dificuldade em obter uma determinação completamente confiável com essas medidas é que provavelmente ocorrerá alguma perda no comprimento de braçadas e um aumento simultâneo na frequência de braçadas durante períodos de treinamento puxado e entre o início e o final de semanas em que ocorreu uma depleção continuada do glicogênio muscular. Portanto, os resultados serão mais precisos se o teste for administrado depois que os atletas gozaram de alguns dias de repouso. Os treinadores terão de confiar em seu julgamento e experiência para diferenciar entre aumentos na frequência, decréscimos no comprimento de braçadas normais, induzidos pelo treinamento, aumentos e decréscimos que são excessivos, e indicativos de supertreinamento.

Em seguida às frequências cardíacas, provavelmente as determinações das frequências e comprimentos das braçadas constituem a medida de mais fácil uso para identificação do supertreinamento. Esses métodos podem ser mais confiáveis que as frequências cardíacas. Quando os atletas precisam dar braçadas com maior rapidez para nadar determinado tempo-padrão, há uma boa possibilidade de que precisarão de algum repouso e/ou recuperação, ou logo estarão supertreinados. Ainda não foram investigadas a confiabilidade e a validade dessas determinações no diagnóstico do supertreinamento, mas tais indicadores são extremamente promissores para essa finalidade.

Determinação do comprimento das braçadas pela contagem de braçadas

Esta seção explica um procedimento para o cálculo do comprimento de braçadas com base na contagem das braçadas. O atleta está nadando em uma piscina de 50 m, e a distância entre as bandeiras é igual a 40 m para cada piscina. O nadador precisa de 20 ciclos de braçadas para completar essa distância; portanto, o comprimento de braçadas é igual a 2,0 m/ciclo.

- Distância entre as bandeirolas = 40 m
- Número de ciclos de braçadas = 20
- Comprimento de braçadas = 40 m ÷ 20 ciclos de braçadas = 2,0 m/ciclo de braçadas

Séries padronizadas de repetições

Frequências cardíacas, frequências de braçadas e contagens de braçadas são provavelmente os melhores métodos disponíveis ao treinador mediano para avaliação do supertreinamento. Tais métodos dispensam equipamento caro ou pessoal treinado, e as medições podem ser feitas sem que ocorra interrupção do treinamento normal. Portanto, aconselho que os treinadores estruturem séries padronizadas de repetições, como aquelas descritas no Capítulo 16, com o objetivo de medir os progressos no condicionamento físico e para a avaliação dos atletas com vistas ao supertreinamento. Séries de repetições estruturadas com essa finalidade devem medir o desempenho na área de resistência com sobrecarga, de modo que haja intenso envolvimento dos metabolismos aeróbico e anaeróbico. Por consequência, é provável que as séries tenham comprimento de 1.000 a 3.000 jd/m. Os nadadores devem executar repetições de 100 a 500 jd/m com breves períodos de repouso. Nados de 50 m, mesmo com breves repousos, não proporcionam tempo suficiente para a coleta das informações necessárias para a avaliação. Pela razão apresentada anteriormente, a velocidade dos nados deve ser mais rápida que a velocidade do limiar anaeróbico; se essa velocidade não for conhecida, frequências cardíacas de 160 a 170 bpm ou esforços percebidos de 17 a 18 em uma escala de Borg indicam velocidade de nado adequada.

Devemos medir alguma combinação dos seguintes indicadores durante essas séries padronizadas de repetições de treinamento: frequências cardíacas de exercício e de recuperação, frequência de braçadas, contagem de braçadas e velocidade média das repetições. Como ocorre com os perfis de frequência cardíaca, quando as frequências cardíacas de exercício e de recuperação estão mais altas para nados semelhantes ou mais lentos, o atleta poderá entrar em um período de desadaptação. Do mesmo modo, pode haver indicação de desadaptação nos casos em que há necessidade de uma frequência de braçadas mais elevada ou maior número de braçadas para que o atleta nade em tempos de repetições parecidos ou mais lentos. Os dados listados na Tabela 19.3 revelam um atleta que pode estar supertreinado. As frequências cardíacas de exercício e de recuperação estavam mais elevadas para tempos mais lentos, e o atleta nadava com uma frequência de braçadas mais rápida e executando mais braçadas por repetição. Essas medidas indicam maior esforço para a obtenção de tempos mais lentos no segundo teste, em comparação com o primeiro. Se outros fatores puderem ser descartados, a causa poderá ser supertreinamento.

Contudo, é muito problemática a inclusão de todas essas medidas em um teste, e os resultados raramente serão tão arrumados e nítidos como os apresentados na Tabela 19.3. Consequentemente, a precisão desses testes para o diagnóstico de supertreinamento melhorará com a inclusão de diversas medições. Anteriormente, expliquei como cada uma dessas medidas por si mesma poderia levar a uma análise equivocada, mas quando várias dessas medidas apontam para a mesma direção, aumenta a probabilidade de um diagnóstico correto de supertreinamento. Exemplificando, um atleta pode nadar com tempos ligeiramente mais rápidos com uma frequência cardíaca de exercício mais elevada e com uma velocidade de recuperação mais lenta em um teste subsequente. Nesse caso, será difícil determinar se os aumentos nas frequências cardíacas de exercício e de recuperação foram decorrentes do supertreinamento ou simplesmente de um nado mais rápido. Uma boa indicação de que o nadador não está supertreinado seria a não ocorrência de mudança na frequência de braçadas, ou na contagem delas. Se qualquer dessas medidas (ou ambas) estiver excepcionalmente elevada, o atleta poderá entrar em desadaptação. No Capítulo 16, há uma descrição mais completa do significado de diversas combinações dessas medições em testes padronizados.

Testes de flexibilidade

O supertreinamento pode causar redução na amplitude de movimento em certas articulações. Medidas da flexibilidade dos ombros e tornozelos ao longo de várias décadas me convenceram que este é um indicador confiável de supertreinamento. Outras fontes também aludiram a essa resposta. Kibler, Chandler e Stracener (1992)

Tabela 19.3 Resultados de duas séries padronizadas de repetições

Data do teste	Série de repetições	Tempo médio	Frequência cardíaca de exercício bpm	Frequência cardíaca de recuperação depois de 45 s bpm	Frequência de braçadas ciclo/m	Braçadas por repetição
20/1/99	20 × 100/1'20″	1'06″00	160	97	38	56
12/2/99	20 × 100/1'20″	1'07″50	170	110	40	60

Os resultados do segundo teste podem indicar supertreinamento caso seja possível excluir as possibilidades de falta de treinamento e de enfermidade. Observe que o tempo médio do nadador está mais lento, mas suas frequências cardíaca de exercício e de recuperação e a frequência e a contagem de braçadas estão, sem exceção, mais elevadas. Todas essas medidas indicam a necessidade de mais esforço para nadar com mais lentidão no segundo teste, em comparação com o primeiro. Portanto, o atleta pode estar em desadaptação.

informaram que, com frequência, um decréscimo de flexibilidade precedia os sintomas de lesão muscular (sensibilidade, dores e inchaço) sinalizadores de supertreinamento. O teste periódico da flexibilidade a intervalos semanais ou quinzenais poderá ajudar os treinadores a determinar mais acertadamente um supertreinamento iminente, antes que o problema se torne grave e venha a causar reduções significativas no desempenho.

Sugiro a medição e a comparação da amplitude de movimento para extensão horizontal na articulação do ombro, capacidade de extensão (flexão plantar) ou flexão (dorsiflexão) do tornozelo, e hiperextensão da região lombar. As medidas basais da amplitude de movimento nessas articulações devem ser estabelecidas desde cedo, no início da temporada. A flexibilidade pode aumentar durante a temporada, particularmente se forem incluídos exercícios de alongamento no programa de treinamento. Em uma parte mais adiantada da temporada, poderá haver suspeita de supertreinamento se, em combinação com outros indicadores, vier a ocorrer redução significativa na amplitude de movimento em duas ou três articulações. As medidas de flexibilidade devem ser realizadas em seguida a alguns dias de nado fácil ou de recuperação. Normalmente ocorrerá um enrijecimento ocasional no dia seguinte a uma sessão de treinamento intenso. Apenas se esse enrijecimento vier a persistir depois de um ou dois dias de recuperação, deveremos suspeitar de supertreinamento.

Testes de potência e capacidade de tamponamento

Algumas pessoas especulam que há declínio da potência e da capacidade de tamponamento ao ocorrer supertreinamento. Por causa disso, foram propostos testes, como uma repetição de um exercício de levantamento de peso com máxima resistência, uma braçada em uma prancha de Natação ou um salto vertical, com o objetivo de diagnosticar supertreinamento. Mas é duvidosa a validade de tais testes, por serem demasiadamente curtos para que possam refletir importantes alterações no desempenho do nado e, exceto no caso do teste na prancha de Natação, não são procedimentos específicos para a Natação. Mesmo esse teste (i. e., prancha de Natação) não é realmente específico para a Natação, conforme foi demonstrado por Costill et al. (1985). Um método melhor consiste em nadar séries de 50 ou 100 m. Essa prática é suficientemente longa para refletir tanto mudanças aeróbicas como anaeróbicas, e não é provável que os atletas possam manter seu desempenho nessas séries exclusivamente graças à motivação. Atletas motivados podem reunir forças suficientes para ter um bom desempenho durante esforços breves, mesmo quando estão supertreinados.

Pressão arterial

Kirwan et al. (1988) informaram ter observado elevação pronunciada na pressão arterial diastólica em repouso quando atletas estavam tendo dificuldade em tolerar o treinamento. Isso foi informado no estudo (descrito anteriormente), em que o volume de treinamento dos nadadores foi deliberadamente dobrado durante 10 dias. Embora não conclusivos, seus resultados sugerem que aumentos nas pressões diastólicas de 10 mmHg em repouso podem sinalizar supertreinamento.

Hormônios

Diversos hormônios foram relacionados ao supertreinamento. O primeiro é o cortisol, que é secretado pelo córtex da glândula adrenal. O cortisol tem como função ajudar na manutenção da glicemia normal e nos níveis de ácidos graxos livres. Também estão relacionadas a adrenalina (epinefrina) e a noradrenalina (norepinefrina). A epinefrina estimula o fluxo sanguíneo, o consumo de oxigênio e a degradação do glicogênio; a norepinefrina aumenta a frequência cardíaca e a pressão arterial. A resposta normal ao treinamento é uma redução das secreções de cortisol, adrenalina e noradrenalina em uma carga de trabalho padronizada (Winder et al. 1979). Devido a isso, alguns especialistas especularam que níveis sanguíneos acima do normal para esses hormônios podem sinalizar supertreinamento.

O cortisol tem recebido maior atenção como marcador do supertreinamento. O'Connor et al. (1989) informaram que um nível de cortisol em repouso elevado estava relacionado de maneira significativa com supertreinamento. No entanto, os resultados do estudo de Kirwan et al. (1988) sugerem outra coisa: eles informaram que um aumento no cortisol era resposta normal ao treinamento puxado e, por isso, essa variável não poderia ser utilizada para identificar atletas supertreinados.

Estados psicológicos

Nos últimos anos, vêm ganhando aceitação os testes em papel e lápis indicativos do estado de espírito dos atletas com o objetivo de diagnosticar supertreinamento. Esses testes são de administração e avaliação mais fáceis do que aqueles que medem o consumo de oxigênio, lactato sanguíneo, hormônios e enzimas. Morgan et al. utilizaram em diversos estudos um dos melhores desses testes para diagnosticar supertreinamento. Chamado *perfil de estados de humor* (*profile of mood states* - POMS), o teste foi desenvolvido por McNair, Lorr e Droppleman

(1971). Ele consiste em 65 itens que medem níveis de tensão, depressão, raiva, vigor, fadiga e confusão. Vigor é considerado um estado de humor positivo, então recebe pontuação positiva. Os outros cinco níveis são considerados estados de humor negativos; por isso, escores elevados recebem um valor negativo. Um escore composto é computado mediante a subtração do escore para vigor da soma dos escores atribuídos às cinco medidas negativas. Esse escore é multiplicado por 100, para que sejam eliminados os valores negativos, e o número positivo resultante revela se o atleta está com pouco interesse e vigor, ou se tem uma perspectiva otimista da vida. Escores altos refletem tendência para depressão, falta de interesse, baixo nível de energia e pouca motivação, enquanto escores baixos manifestam uma visão otimista.

Morgan et al. administraram esse teste a mais de 186 nadadores (homens e mulheres) ao longo de vários anos. Esses pesquisadores chegaram a escores excepcionalmente elevados no teste POMS, característicos de nadadores considerados por seus treinadores como supertreinados. Com o passar do tempo, o teste POMS foi capaz de identificar 74% dos nadadores e 89% das nadadoras que foram considerados supertreinados (Raglin e Morgan 1989).

Em um estudo pertinente ao efeito de um aumento súbito na quilometragem de treinamento para nadadores, Morgan et al. (1988) utilizaram o teste POMS como um dos marcadores do supertreinamento. A Figura 19.6 apresenta os resultados desse estudo. Dos dez nadadores testados, seis toleraram bem o aumento do treinamento, e quatro não. Os participantes no primeiro grupo foram chamados respondentes, e aqueles do segundo grupo foram identificados como não respondentes. Embora os escores no teste POMS tenham aumentado para os dois grupos, os quatro nadadores que tiveram dificuldade com o programa de treinamento aumentaram significativamente seus escores em comparação com os demais atletas.

Com base nesses resultados, o teste POMS pode ser um instrumento valioso para o diagnóstico de supertreinamento iminente. O teste POMS pode ser um bom instrumento para a identificação de supertreinamento se houver possibilidade de estabelecer normas para aumentos normais e extranormais em atletas em treinamento puxado. Os treinadores devem ser capazes de diferenciar a redução normal no visual agradável de determinado nadador que acompanha um aumento na quilometragem de treinamento de um movimento tendente à depressão que está sinalizando supertreinamento. Uma pesquisa da literatura disponível sugere que escores absolutos no teste POMS acima de 150 ou aumentos relativos dos escores superiores a 25% significam que o supertreinamento pode estar iminente.

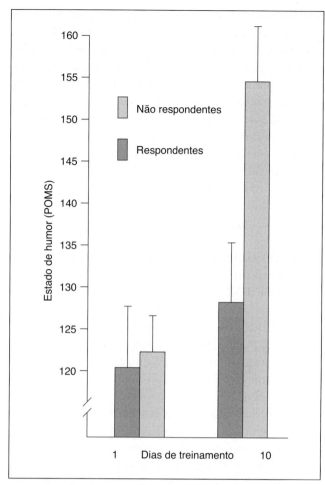

Figura 19.6 Efeito de dez dias de treinamento de nado intensificado nos escores para um perfil de estados de humor. (Adaptado de Morgan et al. 1988.)

Embora o teste POMS identifique pessoas que estão mais deprimidas que a média, escores elevados não devem ser considerados sintomáticos de depressão clínica. Escores altos significam apenas que determinado atleta pode estar supertreinado, necessitando talvez de algum repouso e recuperação do treinamento. Esses escores elevados não significam que o atleta está padecendo de algum transtorno psicológico neurótico. Por essa razão, esse teste não deve ser aplicado para prognosticar distúrbios psicológicos graves. O treinador deve se apoiar em alterações disruptivas no comportamento, e não no resultado de um inventário psicológico, para recomendar que seu nadador vá procurar ajuda profissional.

Lista de verificação de sintomas

Bompa (1999) desenvolveu outro teste de papel e lápis que pode ter utilidade na determinação mais exata de uma possível situação de supertreinamento. O teste consiste em uma lista de verificação autoaplicada que pode ser utilizada na avaliação de um estado crônico de recuperação inadequada, que frequentemente precede o supertreinamento. Com a aplicação desse teste, os atletas informam suas reações a vários sintomas durante cada dia de treinamento. As reações são plotadas para revelar um padrão de ajustamento ao treinamento. Diversos sintomas podem ser diariamente plotados:

- frequência cardíaca em repouso em bpm;
- peso corporal em lb ou kg;
- horas de sono;
- qualidade do sono, informada como: sono profundo, normal, inquieto, ruim com interrupções ou insônia completa;
- cansaço, informado como: muito repousado, cansaço normal, muito cansado e dolorosamente cansado;
- vontade de treinar, informada como: muita vontade, boa, pouca, sem vontade ou não está treinando;
- apetite, informado como: muito bom, bom, pouco, come porque é preciso ou não está comendo;
- vontade de competir, informada como: grande, média, pouca ou nenhuma;
- sensibilidade muscular, informada como: indolor, pouca dor, dor moderada ou dor intensa.

A Figura 19.7 ilustra uma amostra de gráficos para duração do sono, qualidade do sono, vontade de treinar e apetite. Obtidos do trabalho de Bompa (1999), esses gráficos são referentes a um atleta que treina para os Jogos Olímpicos. Obviamente, ele não estava respondendo bem ao treinamento do 11º ao 16º dia do mês.

A lista de verificação é válida porque os treinadores podem adaptá-la às suas filosofias e seus ambientes de treinamento. O treinador pode elaborar uma lista de verificação sob medida, levando em consideração todos esses sintomas, ou apenas parte deles; em seguida, os sintomas escolhidos serão plotados nos gráficos. Para que sejam estabelecidos dados normativos, o treinador deve iniciar esse procedimento logo no começo da temporada, quando os atletas não estão supertreinados. Os atletas devem receber instruções acerca do que significam as diferentes pontuações para que eles próprios possam utilizar a mesma escala. Tão logo os dados normativos tenham sido coletados e avaliados, qualquer redução temporária dessas pontuações deverá ser considerada como um ajuste insatisfatório ao treinamento. Reduções significativas que persistam ao longo de vários dias podem indicar supertreinamento iminente.

Sumário de testes para diagnóstico de supertreinamento

Os melhores métodos para diagnóstico de supertreinamento em seus estágios iniciais são aqueles que estejam prontamente à disposição dos treinadores, por exemplo, contagem de frequências cardíacas, contagem de frequências de braçadas, contagem de braçadas e medidas de flexibilidade. A sensibilidade aos sintomas de aviso listados na Tabela 19.1 pode também ajudar o treinador no reconhecimento desse problema antes que ele se torne grave. Testes de papel e lápis e listas de verificação que avaliam os estados de humor psicológico também parecem ser altamente confiáveis para a avaliação do supertreinamento. Determinações de enzimas, hormônios, ureia e 3-metil-histidina não são mais confiáveis ou válidos do que as medidas simples quando o assunto é determinar com maior precisão o supertreinamento. As possibilidades de erro diagnóstico são simplesmente idênticas quando se tenta determinar se as mudanças percebidas nas medidas representam reações ao treinamento puxado, normal ou são indicadores de supertreinamento. E certamente as determinações de enzimas, hormônios, ureia e 3-metil-histidina custam caro, consomem tempo e dependem de muito treinamento.

MINIMIZAÇÃO DO SUPERTREINAMENTO

Comumente, bastam 3 a 7 dias de treinamento de recuperação para a redução dos sintomas do *overreaching*, se o problema for percebido antes que tenha ocorrido grande perda das adaptações do treinamento (Urhausen, Kullmer e Kindermann 1987). A situação é diferente se o atleta estava em um estado de *overreaching* durante um longo período e perdeu parte significativa dos efeitos do treinamento adquiridos previamente. O atleta estará em um estado de supertreinamento, havendo talvez necessidade de um período de duas a três semanas até três meses para sua recuperação. Morgan et al. (1987) descreveram diversos nadadores que precisaram de várias semanas para que pudessem retornar aos seus estados de humor normais depois de terem entrado em supertreinamento. Esses autores também escreveram sobre outros atletas que não se recuperaram completamente durante quatro a seis semanas de repouso.

Quando os atletas exibem sinais de *overreaching* depois de algumas semanas de treinamento intenso, sua intensidade e seu volume de treinamento devem ser reduzidos por dois a três dias. Durante esse período, os atletas devem nadar em níveis de resistência básica e de recuperação, fazendo algumas séries de treinamento de velocidade para sua manutenção. Esse procedimento deve minimizar o problema se este for resultante de um estado de *overreaching* de curta duração.

Haverá necessidade de um período mais longo de recuperação se os atletas não conseguirem se recuperar. Uma recuperação insatisfatória indica supertreinamento e perda

Nome _____ Mês _____

Duração do sono (horas)

Duração do sono (horas)	1	2	3	4	5	6	7	8	9	10	11	12	13	14	15	16	17	18	19	20	21	22	23	24	25	26	27	28	29	30	31
12+																															
11																															
10						●																									
9				●			●	●	●	●																					
8	●	●	●		●						●																				
7																															
6												●		●																	
5													●		●	●															
4																															
Sem dormir																															

Qualidade do sono

Qualidade do sono	1	2	3	4	5	6	7	8	9	10	11	12	13	14	15	16	17	18	19	20	21	22	23	24	25	26	27	28	29	30	31
Profundo		●					●																								
Normal	●		●	●	●	●		●	●	●																					
Inquietude											●																				
Ruim, com interrupções												●	●	●		●															
Sem dormir															●																

Vontade de treinar

Vontade de treinar	1	2	3	4	5	6	7	8	9	10	11	12	13	14	15	16	17	18	19	20	21	22	23	24	25	26	27	28	29	30	31
Muita vontade	●	●	●		●	●	●	●																							
Boa				●					●	●																					
Pouca											●																				
Sem vontade												●	●	●		●															
Não treinou															●																

Apetite

Apetite	1	2	3	4	5	6	7	8	9	10	11	12	13	14	15	16	17	18	19	20	21	22	23	24	25	26	27	28	29	30	31
Muito bom		●	●	●	●	●	●																								
Bom	●								●	●	●																				
Pouco												●																			
Come porque é preciso													●		●	●	●														
Não comeu														●																	

Figura 19.7 Lista de verificação para avaliação das respostas ao treinamento. (Adaptado de Bompa 1999.)

das adaptações do treinamento. Nesse caso, os atletas devem ser dispensados do treinamento durante três a cinco dias. Ao retornarem, devem treinar com intensidade e volume reduzidos, até que tenham se recuperado. Conforme já foi dito anteriormente, talvez haja necessidade de duas semanas até alguns meses, dependendo da gravidade do problema.

A frequência de treinamento deve ser reduzida para uma vez/dia, de modo que o atleta terá mais tempo para repousar, para recuperação do glicogênio muscular e para regeneração do tecido muscular. A maior parte do treinamento deve ser completada em velocidades de resistência básica e de recuperação. Além disso, os atletas devem completar algumas séries curtas de tiros de velocidade em vários dias durante a semana com o objetivo de manter a velocidade. Eles não devem fazer nenhuma série estendida em velocidades de resistência limiar ou com sobrecarga, nem devem fazer qualquer série longa de treinamento em ritmo de prova ou de tolerância ao lactato. Entretanto, os atletas podem testar seu progresso em direção à recuperação nadando séries curtas de repetições (600 a 800 jd/m) em velocidades de resistência limiar ou com sobrecarga, ou pelo rebaixamento até essas velocidades mais para o final das séries de resistência básica. Eles estarão no caminho da recuperação quando puderem fazer esses nados com frequências de braçadas, comprimentos de braçadas e frequências cardíacas similares àquelas exigidas para as mesmas velocidades anteriores ao estado de supertreinamento. Os nadadores devem ser capazes de ter tal desempenho sem sofrer recaídas durante a sessão de treinamento seguinte.

O estado físico ou emocional dos atletas deve ser monitorado com quaisquer dispositivos de avaliação à escolha do treinador: listas de verificação autoaplicadas, séries padronizadas de repetições, frequências cardíacas etc. Os treinadores devem ter o cuidado de não fazer com que seus atletas retornem prematuramente ao treinamento puxado, ao começarem a exibir sinais de recuperação. Resultados de testes, atitude, peso corporal, frequências cardíacas etc. devem indicar a recuperação durante 3 a 5 dias antes que o atleta retorne ao treinamento intenso depois de um episódio grave de supertreinamento. Se o atleta retornar ao treinamento puxado antes de ter-se recuperado completamente, poderá haver recaída dessa condição.

Atletas que entram em supertreinamento por causa de estressores externos de natureza emocional devem ter algum tempo de afastamento do treinamento, mesmo sabendo que o fator precipitante não foi trabalho excessivo. Esses atletas devem utilizar seu tempo livre para a resolução de qualquer conflito pessoal que porventura esteja ocorrendo; conversas francas com instrutores, amigos e pais podem ajudar. Também devem utilizar o tempo para colocar em dia as tarefas escolares e caseiras e os deveres com seu clube negligenciados que podem ter gerado estresse excessivo. Esses nadadores talvez precisem ter uma conversa com pessoas que eles respeitam (p. ex., o treinador e outros nadadores) se a ansiedade acerca de seu desempenho é o fator que está causando desequilíbrio emocional.

Nadadores que tentam se recuperar do supertreinamento devem prestar muita atenção ao repouso e à dieta. Devem envidar todos os esforços possíveis para dormir um mínimo de 8 horas por noite. Outra boa ideia é marcar períodos de 30 min ou 1 hora para repouso, uma ou duas vezes durante o dia. Suas dietas devem consistir de (1) uma quantidade adequada de calorias, (2) quantidades extras de carboidratos complexos e simples e (3) quantidades adequadas de vitaminas e minerais. Esses atletas precisarão corrigir deficiências em todas essas áreas antes que possam se recuperar.

PREVENÇÃO DO SUPERTREINAMENTO

O fato de que nadadores ficam supertreinados não significa necessariamente que terão desempenho sofrível ao final da temporada. Minha experiência indica que muitos nadadores que seguiram os procedimentos delineados nos parágrafos precedentes depois de terem entrado em supertreinamento terminaram alcançando melhores tempos pessoais. Apesar disso, é sempre preferível evitar o supertreinamento, em vez de ter de curar esse problema depois de sua ocorrência.

As probabilidades de ocorrência de supertreinamento podem ser reduzidas pela adequação dos programas de treinamento a cada estilo de vida individual do nadador e à sua capacidade de tolerância ao treinamento e a outros fatores estressores. Programas individualizados exigem que os treinadores conheçam seus atletas e suas reações ao treinamento; isso apenas ocorrerá depois de alguns anos de trabalho conjunto. Complicando o problema, há um limite de adequação dos programas que o treinador pode fazer diante de um grupo de nadadores. Comumente, há necessidade de certo grau de conformismo, por causa das condições de aglomeração vigentes normalmente nas piscinas e do número limitado de horas de treinamento; mas os treinadores podem modificar o treinamento de certos atletas, quando sua experiência pessoal indica que uma mudança é a abordagem correta a ser implementada para que não venha a ocorrer supertreinamento. Os treinado-

Minimização do supertreinamento

- Reduza a quilometragem e a intensidade diárias de treinamento.
- Treine uma vez por dia.
- Nade 80% da quilometragem em um nível de resistência básica.
- Repouse fora da piscina.
- Resolva os conflitos que possam ser responsáveis pelo estresse.
- Aumente a ingestão de carboidratos.
- Verifique possíveis deficiências de vitaminas, minerais e calorias.
- Tire uma folga de uma semana do treinamento caso o problema seja grave.

res também podem modificar o treinamento de qualquer atleta que exiba sinais precoces de supertreinamento.

A variação da intensidade de treinamento de um dia para outro também reduzirá a incidência de supertreinamento. É preciso que sejam incorporados períodos de recuperação no programa de treinamento ao longo de cada semana e em cada fase da temporada. Ciclos semanais, como os descritos no Capítulo 17, devem ser elaborados tendo em mente o objetivo de proporcionar 24 horas ou mais de recuperação a cada uma ou duas sessões de treinamento intenso de resistência para que ocorra reposição do glicogênio muscular. Os mesociclos devem ser planejados de modo a proporcionar três a sete dias de treinamento reduzido depois de cada duas a quatro semanas de esforço intenso. Como já afirmei várias vezes, esses períodos de recuperação são *válvulas de segurança* que dão tempo para que o corpo acompanhe a reposição de energia e o reparo necessário dos tecidos do organismo, para que haja menor probabilidade de ocorrência de um supertreinamento sério. Os atletas devem contar com uma pausa de uma a duas semanas depois de cada temporada do ano de treinamento para que possam se recuperar das respostas dos sistemas nervoso central e endócrino, ativadas ao longo de todo o período, ao efeito emocional representado pelo treinamento e pelas competições.

Talvez a coisa mais importante que os atletas possam fazer para reduzir a possibilidade de ficarem supertreinados é consumir uma dieta adequada; eles precisam consumir calorias suficientes para suportar o trabalho que estão fazendo. A dieta deve conter 500 a 600 g de carboidratos complexos todos os dias; ou, para ser mais específico, 10 g de carboidrato por kg de peso corporal (Sherman e Maglischo 1991). Colocando em termos mais simples, 2.000 a 3.500 das calorias que um atleta consome todos os dias devem ser ingeridas na forma de carboidratos. Uma dieta com essa ingestão diária de carboidratos reporá o glicogênio muscular em metade do tempo de uma dieta convencional.

Outro método que pode ajudar a evitar a depleção de glicogênio que precede a maioria dos casos de supertreinamento consiste em beber soluções de carboidratos durante as sessões de treinamento. Existem diversos produtos comercializados com tal finalidade. Alguns são produtos *premix*, outros são vendidos em pó, devendo ser misturados com água para formar uma solução a 10%. Essas bebidas devem ser mantidas ao lado das raias dos nadadores, onde poderão bebê-las sempre que sentirem sede durante a prática. A glicose presente nessas bebidas manterá a taxa sanguínea dessa substância em um nível mais alto, de modo que maior quantidade de glicose será transpor-

Prevenção do supertreinamento

- Proporcione 24 a 36 horas de treinamento de resistência básica e de treinamento de velocidade depois de cada dia ou dois de treinamento de resistência limiar e com sobrecarga.
- Proporcione três a sete dias de treinamento de recuperação depois de cada duas a quatro semanas de treinamento puxado.
- Aconselhe os nadadores a ingerir uma dieta rica em carboidratos.
- Incentive os atletas a beber uma solução carboidratada durante as sessões de treinamento.
- Oriente os nadadores para que reduzam outras origens de estresse, ou que reduzam o treinamento, se esperarem por novos estressores.
- Não permita que os atletas fiquem excessivamente estressados por assumirem responsabilidades demais.

tada até os músculos, onde poderá ser utilizada para obtenção de energia durante o treinamento. Essa prática reduzirá a rápida combustão da proteína muscular que pode ser responsável pelo supertreinamento.

Finalmente, a prevenção do supertreinamento também exige a antecipação dos efeitos de outros agentes estressores nas vidas dos nadadores, para que possam ser minimizados antes que seu efeito acumulado atinja níveis desagregadores. O treinamento deve ser motivador, mas a atmosfera não deve pressionar os atletas a ponto de deixá-los continuamente ansiosos com relação ao seu desempenho. É preciso que os nadadores aprendam que o processo de treinamento consistirá em pontos altos e baixos, e que devem lutar para alcançar os picos, sem se preocupar excessivamente com os vales. Os atletas devem tentar manter seu esforço em níveis elevados e sua ansiedade em um nível mínimo durante as sessões de treinamento intenso. Devem também revezar a intensidade emocional dessas sessões com períodos de treinamento mais relaxante.

Frequentemente os nadadores assumem responsabilidades externas além de sua capacidade de enfrentamento quando estão em regime de treinamento. Essa situação pode resultar em um quadro de estresse excessivo. Os treinadores devem orientar seus atletas para que diminuam sua participação em outras atividades que estejam reduzindo o tempo disponível para repouso, sono e recuperação. Eles também devem reduzir sua participação em atividades que exijam gasto de energia emocional. Ao mesmo tempo, os treinadores devem se mostrar sensíveis a outros envolvimentos que seus nadadores possam ter, demonstrando disposição para, ocasionalmente, dar-lhes alguns dias de folga para que possam pôr em dia suas tarefas escolares e demais atribuições.

Parte III
Participação em provas

Os tópicos de frequências e comprimentos das braçadas, ritmo, estratégia de prova, aquecimento, massagem, hiperventilação e relaxamento têm, sem exceção, apenas um objetivo: o sucesso dos nadadores durante as competições. Os três capítulos que se seguem discutirão esses tópicos importantes, mas frequentemente negligenciados.

Cada vez mais os treinadores utilizam medidas de frequências e comprimentos das braçadas no treinamento dos nadadores. Seu objetivo é encontrar a combinação ideal dessas duas medidas, que resultará no melhor desempenho em cada distância de prova em particular. O Capítulo 20 apresenta a pesquisa mais recente sobre essas medidas de desempenho, com sugestões para melhora de cada um desses parâmetros.

Ritmo e estratégia são aspectos muito importantes para o sucesso nas competições; ainda assim, com frequência os nadadores não recebem instrução pertinente. O Capítulo 21 fornece alguns tempos parciais para nados excepcionais em cada distância de prova e para cada tipo de nado. Análises de dados sobre frequências e comprimentos das braçadas, velocidades de nado, tempos de saída e tempos de virada são metodologias importantes para o aprimoramento do nado em competições. Esse capítulo contém informações sobre a interpretação e utilização desses dados.

O capítulo final desta seção trata dos procedimentos para aquecimento antes das provas e relaxamento depois da competição. Os resultados de alguns dos estudos mais pertinentes sobre procedimentos como aquecimento, hiperventilação e massagem estão detalhados no Capítulo 22. Também foram incluídas sugestões para a aceleração da recuperação depois das provas e para o relaxamento.

Capítulo 20

Frequências e comprimentos das braçadas

Novo nesta edição:

- Abordagem mais detalhada da relação entre frequências e comprimentos das braçadas, e velocidades de nado.
- Refutação da opinião de que os melhores nadadores possuem as braçadas mais longas, com dados extraídos de recentes Campeonatos Mundiais e Olímpicos.
- Seção sobre ensino das frequências das braçadas.
- Vários exercícios novos para aperfeiçoar a relação entre frequências e comprimentos das braçadas, e velocidade de nado.
- Seção sobre a forma da mudança da relação entre frequências e comprimentos das braçadas, e velocidade de nado durante as provas.
- Seção sobre o uso de frequências das braçadas para ritmar as provas.

As medidas de frequências e de comprimentos das braçadas estão rapidamente se tornando lugar comum no nado de competição. Os relatos da maioria dos principais *meetings* atualmente incluem computações de frequências e comprimentos das braçadas aliados à velocidade de nado e aos tempos parciais para as provas. Frequência de braçadas refere-se à frequência de ciclos ou de *turnover* do nadador nas provas, as quais podem ser expressas em conformidade com o número de ciclos de braçadas executado pelos nadadores em cada minuto (ciclo/min), ou o tempo necessário para completar um ciclo de braçadas (tempo/ciclo). Para os nados Crawl e de Costas, um ciclo de braçadas consiste em duas braçadas, uma com o braço direito e a outra com o braço esquerdo; já para os nados de Peito e Borboleta, em que as partes do corpo se movimentam simultaneamente, um ciclo de braçadas consiste em uma braçada completa.

Comprimento das braçadas, também conhecido como distância por braçada, refere-se à distância de deslocamen-to do nadador durante cada ciclo de braçadas e é calculado como o número de metros que o corpo do nadador se movimenta para frente, durante um ciclo de braçadas. Velocidade de nado refere-se à velocidade frontal do nadador.

CÁLCULO DE FREQUÊNCIAS DE BRAÇADAS, COMPRIMENTOS DAS BRAÇADAS E VELOCIDADE DE NADO

Cada uma dessas medidas pode fornecer informações importantes para os nadadores sobre a prova. Nesse ponto, descreverei como calcular cada uma dessas variáveis, começando com o comprimento das braçadas.

Cálculo do comprimento das braçadas

O comprimento das braçadas (CB) do nadador pode ser calculado de diversos modos. O método mais preciso consiste em utilizar um videoteipe para medir a distância de deslocamento do corpo para frente durante um ciclo de braçadas; mas o método mais comum consiste em contar o número de ciclos de braçadas necessários para que o nadador complete uma distância conhecida; em seguida, a distância é dividida pelo número de ciclos computado. Exemplificando, se um nadador precisa de 20 ciclos de braçadas para nadar 40 m, o comprimento médio das braçadas nessa distância deve ser de 2,0 m/ciclo (40 ÷ 20 = 2,0).

Ao calcular o comprimento das braçadas por esse método, haverá maior precisão se for selecionada uma distância no meio da extensão da piscina, de modo que a distância nadada pelo atleta sem dar braçadas durante a virada e a saída não afete os cálculos. O método de uso mais comum consiste em contar o número de ciclos de braçadas executados pelos nadadores entre as bandeiras no meio da piscina.

Cálculo da frequência de braçadas

Um método fácil para o cálculo da frequência de braçadas (FB) com um cronômetro comum consiste em cronometrar um ciclo de braçadas, sendo o valor resultante expresso em tempo por ciclo (tempo/ciclo). Um valor típico dessa medida pode ser 1,10 s/ciclo de braçadas. A precisão da determinação da frequência de braçadas por esse método pode ser melhorada pela cronometragem de dois ou mais ciclos e, em seguida, pela obtenção da média, dividindo-se o tempo cronometrado pelo número de ciclos. Exemplificando, se o tempo para 3 ciclos é 3,30 s, divida o tempo por 3, obtendo o resultado de 1,10 s/ciclo de braçadas.

As frequências de braçadas também podem ser expressas como ciclos de braçadas por minuto. Os valores são obtidos dividindo-se 60 segundos pelo tempo médio por ciclo de braçadas. A fórmula no quadro à direita demonstra como o tempo medido para três ciclos de braçadas pode ser convertido em ciclos de braçadas por minuto. Foram computados três ciclos de braçadas, e o tempo cronometrado foi igual a 3,2 s; assim, o nadador executava braçadas na frequência de 1,067 s por ciclo de braçadas, o que equivalia a 57 ciclos por minuto.

Cada método para representação de frequências de braçadas tem seus defensores. Prefiro representar as frequências como ciclos de braçadas por minuto (ciclo/min) por diversas razões. Primeiramente, o método dos ciclos de braçadas por minuto permite fácil comunicação com os nadadores; com esse método, não há necessidade de frações para a expressão das frequências, e as diferenças nas frequências de braçadas de uma parte de uma prova para outra, ou de uma prova para outra, também podem ser comunicadas em números inteiros, em vez de frações. Exemplificando, é melhor dizer ao nadador que sua frequência de braçadas diminuiu 4 ciclos/min, de 54 para 50, durante uma prova, pois tal modo de comunicação enfatiza a magnitude do efeito desse declínio no desempenho na prova mais adequadamente do que informar que a frequência de ciclos variou de 1,11 s/ciclo para 1,20 s/ciclo durante a prova.

Método para cálculo de ciclos de braçadas por minuto a partir do tempo médio por ciclo de braçadas

O nadador completou três ciclos de braçadas em 3,2 s.
- 3,2 s ÷ 3 ciclos de braçadas = 1,067 s/ciclo de braçada
- 60 s ÷ 1,067 ciclos de braçadas/s = 57 ciclos/min

Cálculo da velocidade de nado

A velocidade de um nadador durante qualquer parte da prova pode ser calculada pela divisão do comprimento das braçadas pela frequência destas. Nesse cálculo, devemos usar o tempo por ciclo de braçadas, em vez de ciclos de braçadas por minuto. O desenho na Figura 20.1 ilustra a relação entre frequência de braçadas, comprimento das braçadas e velocidade de nado. Nele, o comprimento das braçadas da nadadora foi de 2,09 m/ciclo durante a parte da prova que foi objeto dos cálculos, e seu tempo por ciclo de braçadas foi 1,13 s/ciclo (53 ciclos/min). A divisão do comprimento das braçadas pela frequência de braçadas deu como resultado uma velocidade de nado de 1,85 m/s.

Mencionei anteriormente que, hoje em dia, frequências e comprimentos das braçadas estão sendo medidos na maioria dos *meetings* principais, porém o procedimento para sua obtenção é demorado, caro e depende de muito trabalho. Até cinco câmaras de vídeo são posicionadas ao longo da piscina, para que as provas sejam filmadas. Depois de terminada a prova, uma equipe de funcionários deve trabalhar aceleradamente para calcular as frequências

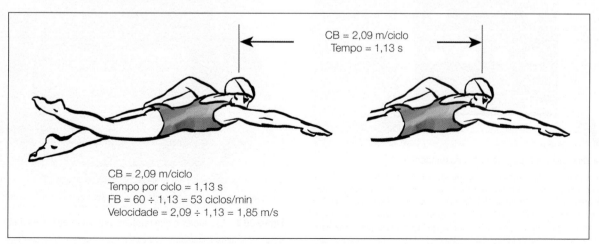

Figura 20.1 A velocidade de nado pode ser calculada com base no comprimento e na frequência de braçadas da nadadora.

de braçadas, comprimentos das braçadas e velocidades de nado de várias partes da prova, para que as frequências sejam disponibilizadas para os nadadores com a maior rapidez possível.

Instrumentos para medição de frequências de braçadas, comprimentos das braçadas e velocidades de nado

Recentemente, foram comercializados diversos instrumentos de contagem de tempo que permitem que os treinadores meçam as frequências de braçadas e, em alguns casos, os comprimentos das braçadas de maneira rápida e fácil. Um dos melhores desses instrumentos, um monitor de vídeo para desempenho desenvolvido pela empresa YSDI, ilustrado na Figura 20.2, permite que o treinador não só obtenha tempos parciais para as diversas partes de uma prova, mas também possibilita a cronometragem dos ciclos de braçadas. A distância de cada parte da prova para a qual o treinador pretende obter tempos parciais, os comprimentos e as frequências de braçadas, e o número de ciclos de braçadas que serão cronometrados por segmento são programados antecipadamente no monitor de vídeo para desempenho. Com isso, depois de terem sido tomados os tempos parciais e dos ciclos, o monitor poderá fazer e exibir imediatamente os cálculos. Os valores exibidos são: tempo parcial, frequência de braçadas, comprimento das braçadas e velocidade de nado. O monitor de vídeo para desempenho pode também fazer interface com uma câmera de vídeo, de modo que os valores poderão ser exibidos na fita exposta enquanto vão sendo calculados, junto com um registro visual da prova.

No mercado, existem muitos cronômetros com capacidade de calcular frequências de braçadas em ciclos/min, com tempos parciais para segmentos escolhidos de determinada prova. Depois de obtida essa informação, poderemos calcular o comprimento das braçadas e a velocidade de nado para vários segmentos da prova. Conhecendo-se a frequência de braçadas para determinado segmento da prova, é possível determinar o número de ciclos de braçadas necessários para percorrer determinado segmento. Para tanto, calcula-se o tempo por ciclo de braçadas e, em seguida, o tempo cronometrado para a distância do segmento é dividido pelo tempo por ciclo. A velocidade de nado pode ser calculada, dividindo-se o comprimento das braçadas pelo tempo por ciclo de braçadas. Quase todas as revistas especializadas em natação contêm propaganda desses cronômetros, um dos quais está ilustrado na Figura 20.3.

RELAÇÃO ENTRE FREQUÊNCIA DE BRAÇADAS, COMPRIMENTO DAS BRAÇADAS E VELOCIDADE DE NADO

A relação entre frequência de braçadas, comprimento das braçadas e velocidade de nado é complexa. Um as-

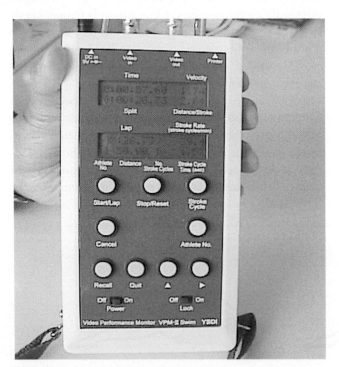

Figura 20.2 Monitor de vídeo para desempenho.
Esse aparelho é manufaturado e comercializado pela YSDI Company, Tóquio, Japão. O aparelho pode ser adquirido de YSDI Ltd., Nishiya-Cho 701-32, Hodogaya-Ku, Yokohama, Japan 240, ou de U.S. Speed Matrix Corp., 8911 East Palm Tree Drive, Scottsdale, AZ 85255. Além de funcionar como cronômetro para o registro dos tempos parciais das provas, o aparelho também fornece valores para frequência e comprimento das braçadas e velocidade de nado para qualquer segmento da prova.

Figura 20.3 Cronômetro que também calcula frequências de braçadas.
Esse cronômetro é manufaturado e comercializado por Neilsen-Kellerman Co., 104 West 15th Street, Chester, PA 19013.

pecto dessa complexidade é que a relação é negativa. O comprimento das braçadas do nadador diminuirá com o aumento da frequência de braçadas, e vice-versa. Os atletas nadarão com maior rapidez se utilizarem alguma combinação ideal dessas duas variáveis, ao passo que valores máximos ou mínimos em qualquer das variáveis resultarão em tempos lentos (Craig e Pendergast 1979; Pai et al. 1984).

Comprimentos das braçadas longos são possíveis apenas em frequências muito lentas. Por outro lado, o comprimento das braçadas necessariamente diminui com o aumento da frequência. A relação entre frequência de braçadas, comprimento das braçadas e velocidade de nado forma o clássico *U invertido*, ilustrado na Figura 20.4. O gráfico demonstra que, embora o comprimento das braçadas seja muito alto em frequências de braçadas lentas, a velocidade de nado será lenta. Ao mesmo tempo, com uma frequência de braçadas muito alta, o comprimento das braçadas do nadador decrescerá tanto que a velocidade de nado também será lenta. Uma combinação de uma frequência de braçadas submáxima e de um comprimento das braçadas submáximo gerará uma velocidade de nado rápida, embora essa combinação possa ser diferente para cada atleta e tipo de nado.

No exemplo da Figura 20.4, determinado atleta foi solicitado a nadar uma série de nados de 50 m em frequências de braçadas progressivamente mais rápidas. Na frequência mais lenta, 20 ciclos/min (3,0 s/ciclo), o nadador foi capaz de percorrer 3,5 m a cada ciclo de braçadas, mas a velocidade foi muito lenta, 1,16 m/s (3,5 ÷ 3,0 = 1,16). Na execução de braçadas na frequência mais rápida (80 ciclos/min), o nadador poderia percorrer apenas 1,00 m por ciclo (0,75 s/ciclo). A velocidade de nado foi calculada: 1,33 m/s (1,00 ÷ 0,75 = 1,33). Essa velocidade de nado mais rápida do nadador, de 2,06 m/s, foi obtida com uma frequência de braçadas de 62 ciclos/min (0,97 s/ciclo), e com um comprimento das braçadas de 2,0 m/ciclo (2,0 ÷ 0,97 = 2,06).

Quando os nadadores desejam avançar com maior rapidez, aumentam a frequência de braçadas, embora ocorra diminuição do comprimento destas. A princípio, o comprimento das braçadas diminuirá em apenas pequena quantidade a cada aumento na frequência, portanto, a velocidade de nado continuará a aumentar, até que a frequência de braçadas esteja muito alta, acima de 60 ciclos/min na maioria dos casos. No entanto, depois disso, a queda no comprimento das braçadas será tão grande a cada aumento adicional na frequência de braçadas, que a velocidade de nado diminuirá.

Frequências de braçadas extremamente rápidas exigem grandes e rápidos aportes de energia, e a maior parte dessa energia terá de vir do metabolismo anaeróbico. Quando os nadadores utilizam o metabolismo anaeróbico, há rápido acúmulo de ácido lático, acarretando acidose e incapacidade de manter essas frequências. Consequentemente, os nadadores poderão manter frequências de braçadas superiores a 60 ciclos/min apenas para provas de 50 jd/m. As frequências de braçadas que podem ser mantidas pelos nadadores ficam progressivamente mais lentas, à medida que as distâncias das provas aumentam em comprimento.

Para cada distância de prova e para cada nadador, provavelmente existe uma combinação ideal de frequência e comprimento das braçadas que gerará o melhor desempenho. Qualquer que seja o caso, essas duas variáveis es-

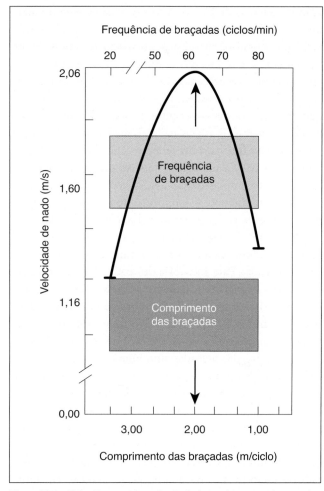

Figura 20.4 Relação entre frequência de braçadas, comprimento das braçadas e velocidade de nado. A velocidade mais rápida para qualquer distância de prova considerada é obtida pelo uso de uma combinação ideal de frequência e comprimento das braçadas. Nesse exemplo, a velocidade mais rápida do nadador, de 2,06 m/s, é obtida pela execução de braçadas em uma frequência de 62 ciclos/min com um comprimento das braçadas de 2,00 m/ciclo. A velocidade cai em frequências de braçadas mais altas, por causa de uma perda no comprimento das braçadas. A velocidade também cai em frequências de braçadas mais lentas, pois, por serem tão lentas, nem mesmo um aumento importante no comprimento das braçadas poderá resultar em uma velocidade rápida.

tarão mais lentas do que o máximo possível para o nadador que dá braçadas com a maior rapidez possível ou que nada com a braçada mais longa possível. Em provas de 50, a finalidade é encontrar a combinação de frequência e comprimento das braçadas que resulte na mais rápida velocidade de nado possível. O elemento ritmo entra em ação em todos os demais eventos. Propositalmente, no início dessas provas os atletas nadarão abaixo da velocidade máxima, para que possam retardar a acidose e manter a mais rápida velocidade média possível para a distância inteira da prova; por consequência, deverão utilizar a combinação mais eficiente e econômica (em termos de energia) que lhes permita nadar na velocidade desejada.

Em geral, em provas mais longas, os comprimentos das braçadas aumentarão com a diminuição das frequências de braçadas. Para a maioria dos nadadores, os comprimentos das braçadas aumentarão ao passarem de eventos de 50 para 100, porque as frequências de braçadas podem diminuir em até 10 ciclos/min. Do mesmo modo, quando os nadadores passarem de eventos de 100 para 200, os comprimentos das braçadas aumentarão, e as frequências de braçadas diminuirão, pelo menos no início da prova. Em geral, os comprimentos das braçadas permanecerão inalterados, ou aumentarão apenas ligeiramente na passagem dos eventos de 200 para 400 ou 500, embora comumente a frequência de braçadas do nadador decline em 4 a 5 ciclos/min. É provável que isso ocorra porque os nadadores estão preservando energia, ao não exercer tanta força por braçada no evento mais longo. O mesmo padrão fica evidente quando os nadadores passam de provas de 400 para 800 e 1.500 m: os comprimentos das braçadas permanecem basicamente iguais, embora as frequências de braçadas diminuam em 2 a 5 ciclos/min; também nesse caso, provavelmente os nadadores pouparão energia ao exercerem menos força por braçada.

Frequentemente, diz-se que os nadadores mais rápidos exibem os comprimentos das braçadas mais longos para determinada distância de prova (Craig et al. 1985; Letzlter e Freitag 1983). A suposição é que os nadadores mais rápidos podem percorrer maior distância a cada ciclo de braçadas, não importando qual seja a frequência de braçadas, o que levou a um excesso de preocupação com a execução de longas braçadas em todas as provas. Uma pesquisa publicada recentemente sugere que a combinação apropriada de frequência e comprimento das braçadas é mais importante para o sucesso do nado, do que a simples execução de braçadas longas (Mason e Cosser, 2000). Diante da disponibilidade cada vez maior das medidas de frequências e comprimentos das braçadas em competições internacionais importantes, tornou-se evidente que os competidores de elite nem sempre possuem os maiores comprimentos das braçadas, em comparação com nadadores com piores classificações ou que nem chegam às finais. Exemplificando, Brooke Bennett venceu os 800 m Crawl nos Jogos Olímpicos de 1996, e o comprimento das braçadas variou entre 1,65 e 1,83 m/ciclo ao longo de toda a prova. Os comprimentos das braçadas das outras sete finalistas variaram entre 1,76 e 2,19 m/ciclo, e a maioria delas se situava na faixa de 1,90 e 2,09 m/ciclo. Bennett foi capaz de nadar com maior rapidez na distância de 800 m porque manteve frequências de braçadas entre 51 e 54 ciclos/min durante toda a prova; em contraste, as frequências de braçadas das outras sete finalistas geralmente se situaram entre 43 e 48 ciclos/min.

Cada um dos medalhistas nos 1.500 m Crawl nos Jogos Olímpicos de 1996 utilizou frequências de braçadas mais altas do que os cinco competidores restantes. As frequências de braçadas de Kieren Perkins, Daniel Kowalski e Graeme Smith variaram entre 43 e 48 ciclos/min durante toda a prova, enquanto as frequências dos outros cinco nadadores se situaram entre 35 e 45 ciclos/min; quase todos os competidores nadaram em frequências entre 38 e 43 ciclos/min. Os comprimentos das braçadas dos medalhistas dos 1.500 m também tenderam a ser mais curtos, geralmente entre 2,14 e 2,24 m/ciclo. Em contraste, os comprimentos das braçadas de três dos cinco nadadores remanescentes se situaram entre 2,35 e 2,70 m/ciclo.

A ausência de uma relação entre comprimento das braçadas e sucesso fica também evidente em eventos de velocidade. O comprimento das braçadas médio para Jingyi Le, vencedora dos 100 m Crawl, foi de 1,99 m/ciclo, enquanto quatro outras competidoras na prova tiveram comprimentos das braçadas médios mais longos. Analogamente, o comprimento das braçadas médio de Alexander Popov, vencedor dos 100 m Crawl nos Jogos Olímpicos de 1996, foi de 2,38 m/ciclo, enquanto três dos demais finalistas tiveram comprimentos das braçadas médios entre 2,39 e 2,60 m/ciclo.

Uma colocação mais precisa acerca da influência do comprimento das braçadas na velocidade de nado seria dizer que um nadador pode aumentar a velocidade aumentando o comprimento destas, desde que isso não resulte em um declínio excessivo na frequência de braçadas. Mesmo depois de aumentar o comprimento das braçadas, o nadador poderia exibir uma braçada mais curta do que a dos demais competidores. O tempo do nadador melhorará por causa desse aumento no comprimento, desde que a frequência de braçadas não diminua significativamente.

A influência do comprimento das braçadas na velocidade de nado não pode ser desvinculada da influência da frequência de braçadas, pois essas variáveis estão intrinsecamente ligadas. Alguns nadadores podem achar mais fácil melhorar seu desempenho aumentando os comprimentos de suas braçadas; já outros preferem aumentar as frequências de braçadas. Independentemente de qual seja escolhido, qualquer método para melhorar um desses parâmetros das braçadas deve envolver seu efeito no outro parâmetro. Ainda falarei um pouco mais acerca desse tópico em uma seção subsequente sobre o uso de frequências e comprimentos das braçadas para melhorar a velocidade de nado. Por agora, vamos retornar à relação entre frequência de braçadas, comprimento das braçadas e velocidade de nado.

Uma tarefa do treinador é ajudar os atletas a encontrar a combinação de frequência e comprimento das braçadas que lhes permita nadar na velocidade desejada com o menor consumo de energia. Indubitavelmente, a combinação ideal de frequência e comprimento das braçadas será diferente para cada nadador e para cada evento. Apesar disso, a variação das diferenças é suficientemente pequena para que nos permita fazer generalizações concernentes às melhores frequências para cada evento. Exemplificando, quase todos os nadadores de classe mundial utilizam frequências de braçadas entre 40 e 45 ciclos/min durante provas de 1.500 m; em contraste, quase todos utilizam frequências de braçadas entre 60 e 65 ciclos/min em provas de 50 m. Ocorre o efeito oposto com relação aos comprimentos das braçadas: são maiores durante provas mais longas, declinando gradualmente à medida que as distâncias das provas encurtam. Muitos nadadores fundistas (homens) de classe mundial têm comprimentos das braçadas entre 2,25 e 2,50 m/ciclo durante suas competições de 1.500 m. Os comprimentos das braçadas para velocistas homens de classe mundial variam entre 1,90 e 2,15 m/s em provas de 50 m.

Nadadores homens e mulheres utilizam frequências de braçadas similares em suas provas, embora geralmente os comprimentos das braçadas das mulheres sejam um pouco mais curtos. Nadadoras de classe mundial utilizam comprimentos das braçadas de 1,90 a 2,20 em provas de 1.500 m e comprimentos das braçadas de 1,71 a 1,96 em provas de 50 m. A Tabela 20.1 dá exemplos de frequências e comprimentos das braçadas utilizados por nadadores de classe mundial (tanto homens como mulheres), compilados com base nos resultados das finais de campeonatos e nas provas de Consolação nos Jogos Olímpicos de 1996 e nos Campeonatos Mundiais de Natação de 1998. As frequências e os comprimentos das braçadas foram aqueles utilizados pelos nadadores na primeira metade de suas provas; assim, os efeitos da fadiga não influenciarão as comparações. Os nadadores podem utilizar essas informações para determinarem a faixa correta de frequências de braçadas para cada evento.

Tabela 20.1 Faixa de frequências e comprimentos das braçadas para nadadores de classe mundial (homens e mulheres) em cada evento competitivo

Eventos	Frequência de braçadas em ciclos/min	Comprimento das braçadas em m/ciclo
Mulheres		
50 Crawl	60-65	1,79-1,96
100 Crawl	53-56	1,80-2,05
200 Crawl	48-54	2,10-2,20
400/500 Crawl	42-55	1,75-2,20
800/1.000 Crawl	44-54	1,75-2,10
1.500/1.650 Crawl	NA	NA
100 Costas	50-56	1,75-2,03
200 Costas	42-44	1,90-2,08
100 Peito	47-53	1,60-1,90
200 Peito	34-45	1,97-2,48
100 Borboleta	52-56	1,77-1,85
200 Borboleta	45-54	1,74-1,90
Homens		
50 Crawl	56-67	1,88-2,16
100 Crawl	50-56	2,17-2,50
200 Crawl	43-51	2,25-2,41
400/500 Crawl	38-46	2,20-2,60
800/1.000 Crawl	NA	NA
1.500/1.650 Crawl	39-43	2,26-2,53
100 Costas	48-53	2,05-2,20
200 Costas	42-44	2,27-2,46
100 Peito	52-55	1,50-1,88
200 Peito	38-42	2,14-2,28
100 Borboleta	52-56	1,90-2,15
200 Borboleta	48-54	1,91-2,18

Fontes: Análises de competições de eventos de Natação, Jogos Olímpicos, Atlanta, GA, 1996, preparadas pela Subcomissão de Biomecânica e Fisiologia do Esporte do COI. Análise biomecânica, Campeonato Mundial de Natação, 1998, Perth, Austrália, preparada pelo Departamento de Biomecânica, Instituto Australiano do Esporte.

Os dados sobre frequências e comprimentos das braçadas para finalistas das Eliminatórias Olímpicas dos EUA em 1984 foram listadas na edição anterior deste livro. A comparação daqueles dados com os dados listados na Tabela 20.1 indica que as frequências de braçadas utilizadas nos diversos eventos mudaram muito pouco nos últimos 12 a 14 anos. A exceção foi na prova de 200 m Peito, em que os homens nadavam 2 a 6 ciclos/min mais lentos em 1984. Os comprimentos das braçadas não mudaram muito também, sendo exceções apenas os 200 Peito, tanto para homens como para mulheres, e os 100 e 200 m Costas para homens. Os comprimentos das braçadas para 200 m Peito melhoraram 0,20 a 0,60 m/ciclo para mulheres e 0,10 a 0,26 m/ciclo para homens nesse intervalo de 12 a 14 anos. Os comprimentos das braçadas dos nadadores (homens) de Costas aumentaram aproximadamente 0,23 m/ciclo na prova de 100 e 0,37 m/ciclo na prova de 200, nesse mesmo intervalo de tempo.

Outro ponto de interesse diz respeito aos modos de ajuste, por parte dos nadadores, da relação entre suas frequências e comprimentos das braçadas, ao passarem de um evento para outro. A Tabela 20.2 fornece alguns dados sobre esses ajustes. A frequência e o comprimento das braçadas para a mesma pessoa competindo em duas distâncias de prova diferentes foram compilados para competidores homens e mulheres nos Jogos Olímpicos de 1996 e nos Campeonatos Mundiais de 1998; também foi comparado o efeito dessas mudanças nas velocidades dos nadadores. Todas as comparações foram estabelecidas no primeiro quarto de suas provas, para que a fadiga não fosse fator interveniente. As frequências e os comprimentos das braçadas foram comparados para nadadores que competiram no nado Crawl, tanto na distância de 50 como na de 100 m. Foram feitas comparações semelhantes para nadadores que competiram nos 100 e 200 m Crawl e nos eventos de 100 e 200 m em outros tipos de nado. Além disso, foram feitas comparações de frequências e comprimentos das braçadas para nadadores que competiram nos 200 e 400 m Crawl e para aqueles que competiram nos 400 e 800 m Crawl para mulheres ou nos 400 e 1.500 m Crawl para homens.

À medida que os nadadores de Crawl progrediram de 50 para 100 m, as frequências de braçadas tenderam a diminuir em 5 a 10 ciclos/min, e os comprimentos das braçadas aumentaram em 0,10 a 0,30 m/ciclo. Isso resultou em diminuições nas velocidades de 0,03 a 0,09 m/s. Na passagem dos nadadores do evento de 100 m para 200 m Crawl, as frequências de braçadas tenderam a diminuir em 6 a 11 ciclos/min, e os comprimentos das braçadas aumentaram entre 0,26 e 0,44 m/ciclo. As velocidades de nado diminuíram entre 0,03 e 0,22 m/s. As frequências de braçadas dos nadadores diminuíram menos quando passaram dos eventos de 200 para 400 m Crawl. As diminuições se situaram entre 4 e 7 ciclos/min. Os comprimentos das braçadas mudaram, de um pequeno decréscimo de 0,03 para um aumento de 0,35 m/ciclo, quando os atletas passaram do evento mais curto para o mais longo. As velocidades de nado diminuíram mais para as mulheres do que para os homens quando os nadadores passaram do evento de 200 m para o de 400 m. O decréscimo para mulheres situou-se na faixa de 0,14 a 0,18 m/s, enquanto para homens o decréscimo ficou na faixa entre 0,03 e 0,10 m/s. As reduções nas frequências de braçadas foram ainda menores, tanto para homens como para mulheres, quando os atletas passaram das provas de 400 m para 800 m ou 1.500 m. As frequências declinaram em apenas 2 a 5 ciclos/min. Os comprimentos das braçadas aumentaram pouquíssimo, entre 0,06 e 0,14 m/ciclo. Os decréscimos na velocidade também foram pequenos, entre 0,03 e 0,10 m/s.

Tabela 20.2 Mudanças nas frequências e nos comprimentos das braçadas para os mesmos nadadores em diferentes eventos

Faixa dos eventos	Sexo	Frequência de braçadas em ciclos/min	Comprimento das braçadas em m/ciclo	Velocidade de nado em m/s
50 a 100 m Crawl	F	−3 a 10	+0,10 a 0,28	−0,04 a 0,09
	M	−5 a 10	+0,15 a 0,30	−0,03 a 0,09
100 a 200 m Crawl	F	−6 a 10	+0,26 a 0,36	−0,10 a 0,22
	M	−7 a 11	+0,21 a 0,44	−0,03 a 0,07
200 a 400 m Crawl	F	−5 a 7	−0,03 a 0,15	−0,14 a 0,18
	M	−4 a 7	+0,20 a 0,35	−0,03 a 0,10
400 a 800/1.500 m Crawl	F	−3 a 5	+0,11 a 0,13	−0,06 a 0,10
	M	−2 a 3	+0,06 a 0,14	−0,03 a 0,09
100 a 200 m Borboleta	F	−4 a 8	+0,05 a 0,16	−0,13 a 0,20
	M	−4 a 8	+0,08 a 0,27	−0,05 a 0,17
100 a 200 m Costas	F	−2 a 4	+0,05 a 0,08	−0,04 a 0,14
	M	−5 a 9	+0,09 a 0,21	−0,04 a 0,15
100 a 200 m Peito	F	−7 a 11	+0,21 a 0,44	−0,03 a 0,07
	M	−9 a 10	+0,26 a 0,29	−0,06 a 0,08

Fonte: Análises de competições de eventos de Natação, Jogos Olímpicos, Atlanta, GA, 1996, preparadas pela Subcomissão de Biomecânica e Fisiologia do Esporte do COI. Análise biomecânica, Campeonato Mundial de Natação, 1998, Perth, Austrália, preparada pelo Departamento de Biomecânica, Instituto Australiano do Esporte.

As frequências de braçadas diminuíram em 4 a 8 ciclos/min para nadadores de Borboleta, ao progredirem de distâncias de 100 para 200. Os comprimentos das braçadas aumentaram entre 0,05 e 0,27 m/ciclo durante o mais longo dos dois eventos. Suas velocidades de nado diminuíram entre 0,05 e 0,20 m/s para a distância de 200.

Em competições de nado de Costas, as frequências de braçadas para homens declinaram 5 a 9 ciclos/min entre as distâncias de prova de 100 e 200, mas para mulheres a redução foi de apenas 2 a 4 ciclos/min. Os aumentos nos comprimentos das braçadas para homens foram consideravelmente maiores, com sua passagem da prova de 100 para 200, variando entre 0,09 e 0,21 m/ciclo, enquanto as mulheres aumentaram apenas seus comprimentos das braçadas entre 0,05 e 0,08 na distância de 200. Apesar dessas diferenças, a queda nas velocidades de nado foi parecida para ambos os sexos, com a passagem das provas de 100 para 200. As velocidades diminuíram entre 0,04 e 0,15 m/s para homens, e entre 0,04 e 0,14 m/s para mulheres durante suas provas de 200.

As frequências de braçadas diminuíram entre 7 e 11 ciclos/min com a passagem dos nadadores de Peito da distância de 100 para 200, e os comprimentos das braçadas aumentaram entre 0,21 e 0,44 m/ciclo na prova mais longa. Essas mudanças resultaram em maiores diminuições na velocidade para os homens, em comparação com as mulheres. A velocidade para os homens diminuiu em 0,06 a 0,08 m/s na distância de 200, enquanto a velocidade das mulheres diminuiu apenas 0,03 a 0,07 m/s.

Alguns pesquisadores sugeriram que os nadadores usem frequências de braçadas ligeiramente mais rápidas para as mesmas distâncias de provas em piscinas curtas, em comparação com o que ocorre em piscinas longas (Wirtz, Wilke e Zimmerman 1992). Outros questionam essa recomendação (Keskinen, Keskinen e Mero 1996). Todos concordam que os nadadores são capazes de manter comprimentos das braçadas ligeiramente maiores em piscinas curtas, provavelmente porque as viradas mais frequentes proporcionam repouso adicional, o que lhes permite manter um nível um pouco mais alto de esforço ao longo das piscinas curtas.

FATORES QUE INFLUENCIAM A COMBINAÇÃO IDEAL DE FREQUÊNCIA E COMPRIMENTO DAS BRAÇADAS

A Tabela 20.1 mostra que a faixa de frequências e comprimentos das braçadas utilizados pelos finalistas nos Jogos Olímpicos de 1996 e nos Campeonatos Mundiais de Natação de 1998 foi bastante ampla em todos os eventos. Em cada evento, as frequências de braçadas utilizadas por esses nadadores frequentemente diferiam em 4 a 10 ciclos/min, e os comprimentos das braçadas variaram em

0,10 a 0,50 m/ciclo. É provável que diferenças de estatura e eficiência das braçadas dos nadadores tenham sido responsáveis pelas variações. Nadadores mais altos tipicamente utilizarão menores frequências de braçadas e percorrerão maiores distâncias a cada braçada, em comparação com o desempenho de nadadores mais baixos. O simples fato de que tais nadadores são mais altos contribui para suas frequências de braçadas mais lentas e comprimentos das braçadas maiores; além disso, geralmente seus membros são mais longos (também em comparação com nadadores mais baixos), o que lhes permite nadar maior distância a cada braçada. Seus membros mais longos também precisam de mais tempo para se movimentarem através da água, o que explica suas frequências de braçadas mais lentas.

Muitos (mas não todos) nadadores de menor estatura terão braçadas mais rápidas e comprimentos das braçadas mais curtos, em comparação com os competidores mais altos. Entretanto, alguns nadadores têm se mostrado capazes de obter as mesmas frequências e comprimentos das braçadas dos nadadores mais altos, por meio de braçadas mais eficientes. O ato de nadar com maior eficiência envolve o uso de movimentos que geram mais força propulsiva a cada braçada e a redução do arrasto pelo posicionamento corporal mais efetivo e pelo uso de movimentos mais dinâmicos. Nadadores com pernadas excelentes e nadadores com mãos muito grandes provavelmente também utilizarão frequências de braçadas mais lentas e exibirão maiores comprimentos das braçadas.

DEVE-SE ENSINAR FREQUÊNCIAS DE BRAÇADAS?

As opiniões diferem com relação à necessidade, ou não, de orientar os nadadores a utilizar alguma combinação ideal de frequências e comprimentos das braçadas para cada distância de prova e com relação à possibilidade, ou não, de os nadadores selecionarem intuitivamente a melhor combinação pessoal (McArdle e Reilly 1992). Há alguma verdade nos dois lados dessa questão. Os nadadores realmente tendem a selecionar frequências de braçadas para cada distância de prova, com base no que sentem e intuem, mas nem sempre essas frequências são as mais eficientes. Chollet et al. (1996) investigaram se as tentativas de alteração de frequências de braçadas selecionadas pelos próprios nadadores aumentariam o custo energético. A hipótese desses pesquisadores era de que, mesmo que determinada combinação de frequência e comprimento das braçadas possa ser mais eficiente, o esforço consciente exigido para obtenção e manutenção de uma frequência que não é percebida como normal aumentaria o custo energético do nado. Chollet et al. mediram as frequências cardíacas de exercício reais e os lactatos sanguíneos pós-nado com o objetivo de avaliar o custo energético do nado. Eles ficaram surpresos em constatar que as frequências cardíacas de exercício e os lactatos sanguíneos pós-nado tendiam a ser ligeiramente mais baixos quando os atletas se concentravam em manter uma frequência de braçadas prescrita, em vez de utilizar uma frequência considerada intuitivamente como correta. Uma revisão das frequências selecionadas por nadadores de classe mundial e utilizadas em suas provas também sugere que mesmo alguns desses atletas de alto nível cometem erros ao executarem braçadas muito rápidas ou muito lentas. Exemplificando, um nadador foi capaz de alcançar uma velocidade de apenas 2,09 m/s utilizando uma frequência de braçadas de 61 ciclos/min durante os primeiros 25 a 50 m da prova de nado Crawl nos Jogos Olímpicos de 1996; o comprimento das braçadas era de 2,06 m/ciclo. O mesmo atleta foi capaz de nadar em velocidade mais acelerada, de 2,14 m/s, nos primeiros 25 m da prova de 100 m Crawl, mediante o retardo da frequência de braçadas para 56 ciclos/min, o que lhe permitiu nadar com um comprimento das braçadas de 2,31 m/ciclo. É provável que ele fosse capaz de nadar mais com maior rapidez no evento de 50, se tivesse utilizado uma frequência de braçadas situada em algum ponto entre 56 e 60 ciclos/min.

A comparação dos resultados por esse procedimento demonstrou que muitos competidores nos Jogos Olímpicos de 1996 cometeram erros semelhantes nas combinações de frequência e comprimento das braçadas utilizadas durante suas provas. O erro habitual foi nadar com uma frequência de braçadas demasiadamente alta em eventos mais curtos. Muitos especialistas em provas de 100 movimentaram seus braços com excessiva rapidez quando nadaram as provas de 50, e alguns especialistas em provas de 200 movimentaram seus braços com excessiva rapidez quando nadaram as provas de 100. Por outro lado, alguns velocistas tenderam a executar braçadas demasiadamente rápidas no início da prova, ao competirem em eventos de 200. Os nadadores fundistas não ficaram imunes a esses erros: alguns especialistas de 1.500 movimentaram seus braços com excessiva rapidez ao competirem no evento de 400, e particularmente quando nadaram a prova de 200 Crawl.

São possíveis duas abordagens que visam melhorar a velocidade de nado mediante a manipulação da relação entre frequência e comprimento das braçadas: a primeira consiste em aumentar o comprimento das braçadas para determinada distância de prova, sem reduzir excessivamente a frequência de braçadas; e a segunda consiste em aumentar a frequência de braçadas sem diminuir excessivamente o comprimento delas. Os cálculos a seguir demonstram como a velocidade de nado pode ser aumentada

para provas de 50 m com as duas abordagens. Desconsideramos a influência da saída para facilitar a compreensão dos cálculos.

Nesse exemplo, a nadadora exibe valores anteriores ao treinamento de 60 ciclos de braçadas por minuto e um comprimento das braçadas de 1,75 m/braçada nessa frequência. Portanto, seu tempo para 50 m foi calculado em 28,57 (50 ÷ 1,75 m/s = 28,57). Os cálculos demonstram que a atleta poderia melhorar seu tempo para 27,77 se aumentasse a frequência de braçadas para 63 braçadas/min apenas com pequeno decréscimo no comprimento das braçadas. Alternativamente, a melhora no comprimento das braçadas para 1,84 m/ciclo de braçadas também resultaria em um tempo de 27,77, desde que sua frequência de braçadas não diminuísse em mais de 1 ciclo/min.

O bom-senso tradicional ensina que os atletas devem se concentrar na melhora de seus comprimentos das braçadas, para que possam nadar com maior rapidez. Em geral, é o que ocorre. Um aumento no comprimento das braçadas adquirido pelo aumento da potência muscular, pelo uso de um padrão de braçadas mais efetivo ou pela redução do arrasto de forma deve melhorar o tempo do

---

Duas abordagens para melhorar a velocidade de nado, mediante manipulação da frequência e do comprimento das braçadas

Antes do treinamento

- Frequência de braçadas = 60 braçadas/min
- Comprimento das braçadas = 1,75 m/ciclo de braçadas
- 60 braçadas/min = 1,00 s/ciclo de braçadas
- 1,75 m/ciclo de braçadas ÷ 1,00 s/ciclo de braçadas = 1,75 m/s
- 50 m ÷ 1,75 m/s = 28,57 s

Abordagem 1: Aumento da frequência de braçadas
Depois do treinamento

- Frequência de braçadas aumentada para 63 braçadas/min
- Comprimento das braçadas reduzido para apenas 1,71 m/ciclo
- 63 braçadas/min = 0,95 s/ciclo de braçadas
- 1,71 m/ciclo ÷ 0,95 s/ciclo de braçadas = 1,80 m/s
- 50 m ÷ 1,80 m/s = 27,77 s

Abordagem 2: Aumento do comprimento das braçadas
Depois do treinamento

- Comprimento das braçadas aumentado para 1,84 m/ciclo
- Frequência de braçadas reduzida para apenas 59 ciclos/min
- 59 braçadas/min = 1,02 s/ciclo de braçadas
- 1,84 m/ciclo ÷ 1,02 s/ciclo de braçadas = 1,80 m/s
- 50 m ÷ 1,80 m/s = 27,77 s

nadador, sem que haja aumento do custo de energia do nado. No entanto, essa generalização simplifica muito a complexa relação entre FB, CB e velocidade de nado. Nem todos os nadadores podem aumentar seu comprimento das braçadas sem que ocorra perda da velocidade; em alguns casos, suas frequências de braçadas simplesmente exibem excessivo declínio. Outros atletas podem consumir excessiva quantidade de energia ao executarem braçadas mais lentas, com maior força. Não existe solução fácil. Cada nadador deverá buscar a relação ideal entre frequência de braçadas e esforço consumido nestas, que proporcionará a velocidade média desejada para determinada distância de prova com o menor dispêndio de energia. Alguns nadadores podem considerar mais fácil aumentar essa velocidade máxima aumentando as frequências de braçadas, em vez dos comprimentos delas; já outros atletas podem constatar que a outra abordagem é a melhor solução. Os treinadores devem experimentar as duas abordagens para melhorar a velocidade de nado. A princípio, seus esforços devem ser direcionados para a melhora da velocidade de nado, aumentando o comprimento das braçadas; mas devem também ficar abertos para experimentar maiores frequências de braçadas, se aparentemente aquela abordagem não funcionar.

DETERMINAÇÃO DA RELAÇÃO IDEAL ENTRE FREQUÊNCIA E COMPRIMENTO DAS BRAÇADAS

A probabilidade de um atleta reproduzir nados rápidos pode ser aumentada pela determinação de sua combinação ideal da frequência e do comprimento das braçadas para cada um de seus eventos. Um procedimento que pode ser utilizado para tal finalidade consiste em nadar uma série de 25 a 100 repetições em velocidade de prova, utilizando diversas frequências de braçadas diferentes. As frequências de braçadas podem ser calculadas com um cronômetro comum, pela contagem de tempo de três ciclos de braçadas, ou podem ser calculadas em ciclos de braçadas por minuto utilizando um dos cronômetros especiais projetados para essa finalidade. A informação na Tabela 20.1 pode ser utilizada para identificar a faixa provável de frequências de braçadas em cada prova, para determinação do nível ideal do nadador.

A princípio, o atleta deve tentar nadar na extremidade inferior da faixa provável de frequências de braçadas; então, deve aumentar gradualmente a frequência de braçadas, até que tenha determinado aquela frequência que lhe pareça gerar o mesmo tempo com menos esforço, ou a frequência que resulte em um tempo mais rápido sem aumentar o esforço. Treinadores e nadadores devem lançar mão de frequências cardíacas obtidas imediatamente depois do nado, frequências cardíacas de recuperação ou esforços percebidos, para que seja avaliado o custo energético dos nados.

Outro método para determinar frequências de braçadas ideais para determinada distância de prova consiste em calcular aquelas frequências durante várias competições. É provável que a estreita faixa de frequências de braçadas que consistentemente gera os melhores tempos em determinado evento constitua a faixa ideal para o nadador.

Curiosamente, em geral as frequências de braçadas ideais dos nadadores para determinada distância de prova não mudam quando os atletas raspam o corpo e fazem o polimento. Os comprimentos das braçadas podem aumentar ao repousarem, e certamente aumentarão depois de os nadadores terem raspado o corpo; no entanto, as frequências de braçadas não mudarão consideravelmente. Alguns nadadores aumentam um pouco suas frequências de braçadas depois de terem repousado e raspado o corpo, mas, pelo meu conhecimento, nenhum diminui suas frequências de braçadas depois de terem repousado e feito a raspagem do corpo.

EXERCÍCIOS PARA MELHORAR A RELAÇÃO ENTRE FREQUÊNCIA DE BRAÇADAS, COMPRIMENTO DAS BRAÇADAS E VELOCIDADE DE NADO

Conforme coloquei anteriormente, os atletas podem tentar duas abordagens para melhorar a relação entre frequências e comprimentos das braçadas, para que possam ser capazes de nadar com maior rapidez ou com menor esforço: a primeira consiste em aumentar os comprimentos das braçadas com manutenção das frequências das braçadas nos níveis prévios ou em suas proximidades; e a segunda consiste em aumentar as frequências de braçadas sem reduzir consideravelmente os comprimentos delas.

A contagem das braçadas é um dos modos menos complicados de melhorar essa relação. Os exercícios para aumento dos comprimentos das braçadas devem enfatizar o percurso de distâncias repetidas em menos tempo e com menor número de braçadas, e com pouca ou nenhuma redução nas frequências de braçadas. Lembre-se de que aumentos no comprimento das braçadas, obtidos à custa de reduções em sua frequência, podem resultar em tempos mais lentos, embora seja executado menor número de braçadas. A velocidade de nado também poderá ser aumentada pelo aumento das frequências de braçadas, desde que tal aumento não se faça acompanhar por um decréscimo excessivo nos comprimentos das braçadas. A Tabela 20.3 resume a relação de mudanças nas frequências e nos comprimentos das braçadas com relação aos tempos para repetições e ao número de braçadas executadas durante essas repetições.

Tabela 20.3 Influência de mudanças na frequência e no comprimento das braçadas nos tempos das repetições e no número de braçadas executadas durante as repetições

	Número de braçadas	Velocidade de nado	Efeito na frequência de braçadas	Efeito no comprimento das braçadas
Efeitos desejáveis	Sem alteração	Mais rápida	Aumenta	Sem alteração
	Menor	Mais rápida	Sem alteração	Aumenta
	Menor	Mesmo tempo	Diminui	Aumenta
Efeitos indesejáveis	Sem alteração	Mais lenta	Diminui	Sem alteração
	Maior	Mais lenta	Sem alteração	Diminui
	Maior	Mesmo tempo	Aumenta	Diminui

O efeito será considerado positivo quando o número de braçadas executadas durante a repetição permanecer inalterado, porém ocorrerá melhora do tempo. Isso indica que a frequência de braçadas do nadador aumentou, mas sem redução significativa do seu comprimento. Se o número de braçadas por repetição diminuir e se o tempo do nado permanecer igual ou ficar mais rápido, então houve aumento no comprimento das braçadas, também um efeito positivo; um tempo mais lento sem mudança no número de braçadas indica efeito negativo. A frequência de braçadas provavelmente diminuiu demais, sendo acompanhada por pouco ou nenhum aumento no comprimento das braçadas. O efeito será ainda mais negativo se o número de braçadas aumentar e o tempo para a distância repetida permanecer idêntico, ou ficar mais lento, sendo indício de perda significativa de distância por braçada (comprimento das braçadas), com aumento ou manutenção da frequência de braçadas. Nas seções seguintes, apresentarei alguns exercícios para aumento do comprimento e frequência de braçadas.

Exercícios para contagem de braçadas

Um dos exercícios mais comuns para aumento do comprimento das braçadas consiste em contá-las na distância de uma piscina, repetindo o exercício com o atleta tentando nadar a distância com menor número de braçadas. Todo o exercício é realizado em baixa velocidade e é bom para nadadores jovens e inexperientes. A eficiência de suas braçadas e seus desempenhos melhorarão quando tentarem nadar cada comprimento de piscina com menor número de braçadas, independentemente da velocidade de seus nados.

Embora um exercício como este que acabei de descrever seja excelente para nadadores inexperientes, terá valor limitado assim que os atletas puderem nadar com boa coordenação e eficiência razoável. Nesse ponto, as velocidades de nado e frequências de braçadas deverão ser consideradas em exercícios planejados para aumentar o comprimento das braçadas. Considerando que a relação

entre a combinação de frequência e comprimento das braçadas que gerará a mais eficiente velocidade de nado será diferente para cada distância de prova e para cada nadador, os três elementos deverão ser incluídos nos exercícios, para que haja melhora nos comprimentos das braçadas. A seguir, são descritos alguns exercícios que incluem os três elementos.

Swolf

O exercício foi batizado com esse nome por envolver a Natação (*Swim*) e por ser pontuado como se faz no Golfe (*Golf*). O mérito desse exercício é que ele permite a cada nadador descobrir o melhor modo de melhorar a relação entre comprimento e frequência de braçadas na obtenção de determinada velocidade de nado, seja por meio do aumento do comprimento das braçadas, aumento da frequência de braçadas ou pelo uso de alguma combinação desses dois elementos. O exercício é realizado da seguinte maneira: os atletas nadam determinada distância de repetição, digamos 25 ou 50 jd/m, e durante o deslocamento vão contando suas braçadas. Os tempos são anotados, e as duas medidas, número de braçadas e tempo para nado, são combinadas para obtenção de um escore. Exemplificando, um tempo de 30"00 para 50 m com uma contagem de braçadas igual a 40 resultaria num escore de 70.

Tão logo tenham estabelecido um escore básico, os nadadores poderão utilizar qualquer das diversas variações do jogo para melhorar a relação entre suas frequências e seus comprimentos das braçadas. O objetivo é reduzir o escore (1) nadando mais rapidamente com menor número de braçadas, (2) nadando mais rapidamente com pouco ou nenhum aumento no número de braçadas dadas, ou (3) nadando no mesmo tempo (ou quase) com menor número de braçadas. Se o nadador no exemplo anterior viesse a nadar 29"00 com a mesma contagem de braçadas, sua pontuação seria melhorada para 69. Indubitavelmente, a frequência de braçadas desse nadador melhorou com pouca ou nenhuma perda do comprimento das braçadas, o que explica o tempo melhorado. Analogamente, o mesmo tempo de 30"00 em conjunto com uma redução na contagem de braçadas de 38 resultaria em um escore melhor, de 68. Nesse caso, o comprimento das braçadas do nadador teria melhorado, e a frequência de braçadas teria diminuído, mas sem efeito prejudicial na velocidade de nado.

Será mais difícil avaliar os resultados quando forem obtidos escores mais baixos em decorrência de tempos mais rápidos em combinação com maior número de braçadas. Em geral, este é um efeito desejável, porque o escore mais baixo é resultante de reduções no tempo que são proporcionalmente maiores do que o grau de declínio dos comprimentos das braçadas. Certamente esse efeito pode ser considerado benéfico, por melhorar a velocidade de nado. Aumentos nas frequências de braçadas e a redução dos comprimentos destas talvez não sejam vantajosos para tiros de velocidade mais longos, provas de meia distância e eventos de longas distâncias, se o esforço percebido que produziu os escores mais baixos estiver além do que os nadadores sentem que podem suportar na distância da prova em questão.

Exercício de completar com pernadas

O exercício de completar com pernadas funciona melhor para aumentar o comprimento das braçadas. Para se exercitarem, os atletas nadam uma série de repetições de 50 ou 100, contando o número de ciclos de braçadas necessários para completar cada repetição. Antes de começar, o treinador deve designar para cada nadador o número máximo de ciclos permitidos para a distância da repetição no tempo determinado; tal número deve ser um ou dois ciclos inferior ao que os atletas geralmente precisam para completar a distância. Então, o objetivo é completar as repetições com o menor número de braçadas. Se os nadadores não terminarem a repetição quando tiverem completado seu número designado de ciclos de braçadas, deverão completar a distância restante com pernadas, até a chegada. Nas repetições, o tempo até a saída deve ser estabelecido de modo a servir como desafio, mas ainda assim controlável, se os nadadores puderem completar as repetições sem necessidade de terminar o percurso com pernadas. A meta de tempo motivará os nadadores em suas tentativas de reduzir o número de braçadas, sem entretanto sacrificar a velocidade de nado. Esse exercício busca recompensar o aumento do comprimento das braçadas, de tal forma que não ocorra aumento do custo energético do nado.

Contagem das braçadas em velocidade de tiro

Esse exercício pode ajudar os velocistas a aumentar seus comprimentos das braçadas, enquanto nadam em velocidades de prova. O exercício pode ser executado de diversas maneiras. Em um dos métodos, os atletas nadam tiros de velocidade de 25 jd/m na velocidade máxima; ao mesmo tempo, tentam reduzir a contagem de braçadas.

Esse método recompensa o nado rápido com um comprimento das braçadas mais longo. Outro método consiste em tentar nadar cada repetição com maior rapidez, sem aumentar a contagem de braçadas, o que incentiva os atletas a aumentarem suas frequências de braçadas sem diminuir o comprimento destas. A distância nadada por eles em decorrência do impulso para a saída pode funcionar como variável causadora de confusão nesses dois exercícios; portanto, devem tentar manter essa distância parecida de um nado para outro. A influência do impulso da saída para diferentes distâncias pode ser eliminada desse exercício, bastando contar apenas o número de braçadas necessárias para nadar de uma linha de bandeirolas para a outra.

Há ainda outro método para aumento do comprimento das braçadas em velocidades de tiro; nesse caso, os atletas devem nadar apenas um número especificado de ciclos de braçadas, tentando percorrer maior distância a cada nado. Exemplificando, o treinador pode medir a distância que pode ser coberta pelo nadador com dois ou três ciclos de braçadas e, em seguida, o atleta poderá tentar aumentar essa distância. A distância deve ser medida na metade da piscina, para que seja descartada a influência da impulsão contra a base (parede da piscina).

Contagem de braçadas em velocidade de prova

A finalidade desse exercício também é aumentar o comprimento das braçadas. O exercício consiste em nadar uma série de repetições de 25 ou 50; a distância total da série deve ser curta, talvez de apenas 150 a 300 jd/m; e o tempo até a saída para cada repetição deve ser suficientemente longo, de modo que os atletas possam nadar em velocidades de prova sem ficarem cansados. Eles devem nadar as repetições em velocidade de prova, tentando reduzir suas contagens de braçadas desde o início até o fim da série. Deve ser estabelecido um escore básico nas primeiras repetições. Em seguida, os atletas devem tentar nadar o mesmo tempo com menor número de braçadas ou, então, nadar em tempo mais rápido sem aumentar o número de braçadas executadas.

Nados mais lentos, mais rápidos

Esse é outro exercício no qual os atletas nadam uma série de repetições, enquanto contam as braçadas. Esse exercício pode ajudá-los a aumentar o comprimento das braçadas, aumentar a frequência de braçadas ou melhorar a relação entre as duas medidas e a velocidade de nado. As distâncias repetidas devem ser de 50 ou 100 jd/m. Os atletas começam a série nadando as primeiras duas a quatro repetições em velocidade moderada; durante essa fase, o nadador deverá contar suas braçadas. Em seguida, deve tentar aumentar seus comprimentos das braçadas nadando a mesma velocidade com menor número de braçadas nas próximas duas a quatro repetições. Finalmente, o nadador deve tentar aumentar suas frequências de braçadas nadando de duas a quatro repetições finais em uma velocidade mais rápida, sem entretanto aumentar suas contagens de braçadas. Os tempos transcorridos até a próxima repetição nessas séries devem proporcionar um nível moderado de descanso, para que a fadiga não venha a influenciar os resultados.

Um exemplo de série desse tipo consistiria em nadar 12 repetições de 50 m com um tempo até a saída de 1 min. As primeiras quatro repetições devem ser nadadas em uma velocidade que seja moderada para os nadadores envolvidos. Os atletas devem contar suas braçadas em cada uma das repetições para estabelecer uma contagem de braçadas de base. Em seguida, devem tentar reduzir suas contagens de braçadas em um ou dois ciclos por repetição, sem perda da velocidade na próxima série de quatro nados. Finalmente, devem tentar nadar a série final de quatro repetições 1 a 2 s mais rapidamente, sem que ocorra aumento de suas contagens de braçadas, em comparação com o número praticado nos primeiros quatro nados.

Exercícios que utilizam frequências e comprimentos de braçadas calculados

Os exercícios precedentes envolveram contagem de braçadas. Nesta seção, os exercícios utilizam cálculos de frequências e comprimentos das braçadas que podem ser efetuados com um cronômetro ou com um dos aparelhos de contagem de tempo mencionados anteriormente neste capítulo. Os exercícios mais simples são aqueles nos quais os nadadores tentam completar certa distância de repetição com maior rapidez, sem entretanto aumentar suas frequências de braçadas. As distâncias devem ser de 12,5 a 50 jd/m, e o descanso entre cada nado deve ser suficientemente longo para que a fadiga não afete seus esforços. As distâncias das repetições devem se situar entre 50 e 100 jd/m, quando a finalidade é melhorar os comprimentos das braçadas em velocidades de prova, ou nas suas proximidades. Os nadadores devem tentar nadar os mesmos tempos com frequências de braçadas mais lentas, ou com tempos mais rápidos, sem aumentar suas frequências de braçadas. Qualquer dessas mudanças significará que os nadadores aumentaram seus comprimentos das braçadas.

Para orientar um exercício desse tipo para velocistas, o treinador deve, em primeiro lugar, medir a distância que cada nadador pode percorrer em 10 s no meio da piscina. Os nadadores tentam:

■ Percorrer maior distância sem aumento da frequência de braçadas (e nesse caso, ocorre aumento do comprimento das braçadas).

■ Percorrer maior distância com uma frequência de braçadas mais rápida (indicando que não ocorreu decréscimo significativo no comprimento das braçadas).

Se as frequências de braçadas dos nadadores aumentam sem que ocorra aumento na distância nadada, provavelmente ocorreu diminuição dos comprimentos das braçadas, e o efeito será negativo. Correspondentemente, não haverá aumento dos comprimentos das braçadas dos atletas quando as distâncias nadadas e suas frequências de braçadas permanecerem inalteradas.

Também podem ser utilizadas medidas de frequência de braçadas em combinação com vários dos exercícios de contagem de braçadas descritos anteriormente. Nesse caso, não há necessidade de cronometrar os nadadores durante seus exercícios. Os atletas podem simplesmente tentar nadar uma distância específica com menor número de braçadas, enquanto nadam em frequências de braçadas especificadas. Sua cooperação com essas frequências de braçadas deve ser monitorada pelos treinadores ou por outros nadadores; para tanto, será utilizado um cronômetro ou aparelho para contagem de frequências de braçadas. Exemplificando, um atleta pode tentar reduzir sua contagem de braçadas enquanto nada com velocidade uma série de nados de 25 m em uma frequência de braçadas que chegue perto daquela utilizada em provas de 100 m.

Os nadadores podem fazer uma variação desse exercício, tentando nadar as repetições com uma frequência de braçadas mais rápida, sem aumentar o número de braçadas executadas para nadar a distância. Os treinadores devem avaliar o custo energético dessas repetições, registrando tempos e frequências cardíacas ou esforços percebidos com o objetivo de garantir que as frequências de braçadas mais rápidas não aumentem excessivamente os esforços dos nadadores. Provavelmente não representará benefício qualquer aumento nas frequências cardíacas imediatamente após o nado ou obtidas com o atleta em repouso. Isso também vale para qualquer aumento na sensação subjetiva do esforço.

EFEITOS DA FADIGA NA FREQUÊNCIA DE BRAÇADAS, COMPRIMENTO DAS BRAÇADAS E VELOCIDADE DE NADO DURANTE AS PROVAS

O comprimento das braçadas do nadador diminuirá se ele ficar cansado. Por essa razão, devem ser efetuados exercícios planejados para melhorar a relação entre frequência e comprimento das braçadas, quando os atletas estão em repouso ou fatigados. Os esforços em repouso ajudarão a melhorar a eficiência das braçadas, e exercícios em situação de fadiga ajudarão os nadadores a manter melhor relação entre seus comprimentos e frequências de braçadas nas partes mais avançadas de suas provas. Wakayoshi et al. (1993)

informaram que uma das adaptações ao treinamento de resistência foi o aumento da capacidade de manter um comprimento das braçadas mais longo no final das provas.

Conforme já informei, não há garantia de que os nadadores selecionem a melhor combinação de frequência e comprimento das braçadas, quando estão descansados; na verdade, há indicações de que muitos atletas não procedem assim. Analogamente, na maioria dos casos não é provável que seja preservada uma boa relação entre esses dois fatores (i. e., frequência e comprimento das braçadas) se os atletas estiverem cansados. Alguns nadadores podem aumentar suas frequências de braçadas à custa de seus comprimentos das braçadas, e outros podem cometer o erro oposto, retardando excessivamente suas frequências de braçadas, para que suas braçadas permaneçam longas. Por essa razão, todos os nadadores devem fazer experiências com diferentes combinações de frequência e comprimento das braçadas quando estiverem fatigados, e também quando estiverem descansados.

Uma pesquisa desenvolvida com finalistas nos Campeonatos Mundiais de Natação de 1998 revelou amplas variações nas relações mantidas pelos nadadores entre seus comprimentos e frequências de braçadas, desde o início até o final das provas. A informação na Tabela 20.4 indica como a frequência de braçadas, comprimento das braçadas e velocidade de nado mudaram para alguns desses nadadores, desde o início até o fim das diversas provas.

Pessoalmente, esperava visualizar certas tendências nesses dados, mas tais tendências não ficaram evidentes. Exemplificando, assumi que os medalhistas demonstrariam menores diminuições em suas frequências de braçadas, comprimentos das braçadas e velocidades de nado desde o início até o final de suas provas. Entretanto, alguns medalhistas exibiram grandes aumentos nos três fatores, e apenas sua velocidade inicial foi responsável pela diferença. Por outro lado, alguns nadadores aumentaram suas frequências de braçadas e diminuíram os comprimentos destas perto do final de suas provas, enquanto outros retardaram suas frequências e aumentaram seus comprimentos das braçadas. Suspeito que os nadadores não planejaram todas as mudanças, e que nem sempre fizeram as escolhas mais efetivas, apesar do fato de terem conquistado medalhas. As variações na frequência de braçadas, comprimento das braçadas e na velocidade foram similares, tanto para competidores homens como mulheres; por isso, as informações apresentadas na Tabela 20.4 não foram apresentadas separadamente para homens e mulheres.

Como mostra a tabela, na maioria dos eventos as frequências de braçadas diminuíram desde o início até o final das provas para nadadores, embora haja algumas exceções. Grande parte dos nadadores fundistas mantiveram

Tabela 20.4 Efeitos da fadiga nas frequências e nos comprimentos das braçadas e na velocidades de nado entre competidores nos Campeonatos Mundiais de Natação de 1998

Evento	Faixas de mudança		
	Frequência de braçadas ciclos/min	Comprimento das braçadas m/ciclo	Velocidade m/s
50 m Crawl	0 a –7	+ 0,28 a –0,06	–0,01 a –0,15
100 m Crawl	0 a –10	+0,21 a –0,30	–0,11 a –0,39
200 m Crawl	–1 a –9	+0,26 a –0,32	–0,03 a –0,30
400 m Crawl	+3 a –12	+0,36 a –0,32	0 a –0,12
800/1.500 m Crawl	+3 a –5	+0,07 a –0,23	–0,02 a –0,14
100 m Costas	–3 a –8	+0,15 a –0,26	–0,03 a –0,06
200 m Costas	+2 a –9	+0,13 a –0,27	–0,08 a –0,27
100 m Peito	+10 a –4	–0,03 a –0,31	–0,03 a –0,22
200 m Peito	+14 a –4	–0,01 a –0,88	–0,03 a –0,24
100 m Borboleta	+2 a –8	+0,08 a –0,30	–0,11 a –0,42
200 m Borboleta	0 a –6	+0,06 a –0,38	–0,09 a –0,32

Fonte: Análise biomecânica, Campeonato Mundial de Natação, 1998, Perth, Austrália, preparada pelo Departamento de Biomecânica, Instituto Australiano do Esporte.

frequências de braçadas similares desde o início até o final das suas provas. Um dos achados interessantes foi que a maioria das finalistas do nado de Peito aumentou suas frequências de braçadas desde o início até o final de suas provas de 100 e 200; outro achado foi que a maioria dos homens aumentou suas frequências de braçadas tardiamente nas provas de 200 m Peito. As demandas de energia do nado de Peito podem exigir um ritmo mais cuidadoso, mesmo em provas de 100. Portanto, os nadadores pisam no freio até que tenham atingido a parte mais adiantada de suas provas. Não tenho explicação para o fato de que nadadores de Peito homens aumentaram suas frequências de braçadas apenas nos eventos de 200.

Durante suas provas, muitos nadadores diminuíram seus comprimentos das braçadas e também suas frequências de braçadas. Fadiga é a explicação provável para essa reação; mas alguns nadadores aumentaram seus comprimentos das braçadas desde o início até o final de suas provas, talvez para compensar o declínio ocorrido nas frequências de braçadas. Isso ocorreu com a maioria das velocistas, tanto nos eventos de 50 como nos de 100. Os comprimentos das braçadas também diminuíram drasticamente para nadadores de Peito que aumentaram suas frequências de braçadas desde o início até o final de suas provas. O padrão de aumentos ou diminuições dos comprimentos das braçadas exibiu distribuição aleatória na maioria dos demais eventos, com exceção das provas de 800 e 1.500 m Crawl, em que o comprimento das braçadas mudou pouco para a maioria dos nadadores ao longo das provas.

A velocidade de nado declinou desde o início até o final da prova para todos os nadadores em todas as provas, exceto uma: a prova de 1.500 m Crawl. Durante essa prova, muitos nadadores aumentaram sua velocidade nos 50 m finais. Por essa razão, o segmento da prova entre 1.400 e 1.450 m foi comparado com os primeiros 50 m dessa prova na Tabela 20.4, para que ficassem mais evidenciados os efeitos da fadiga. Ainda assim, o declínio na velocidade de nado desde o início até o fim da prova foi inferior nos eventos de maiores distâncias, em comparação com qualquer outra prova.

Cinco nadadores conquistaram medalhas de ouro, apesar do fato de que sua velocidade de nado exibiu maior redução do que a velocidade de nado dos demais finalistas, desde o início até o final das suas provas. Isso ocorreu na prova de 50 m Crawl para homens, nas provas de 200 m Crawl tanto para homens como para mulheres, nos 100 m Peito para mulheres e nos 200 m Borboleta para mulheres.

RITMO COM FREQUÊNCIAS DE BRAÇADAS

Os nadadores podem contar com as frequências de braçadas como um dos melhores modos de controle da distribuição do esforço durante suas provas. Os padrões recomendados para ritmar as provas são ritmo uniforme e ritmo de parciais negativas. Diz-se que o ritmo é uniforme quando o nadador inicia as provas na velocidade mais rápida que possa ser mantida durante todo o percurso, sem que ocorra diminuição ao final; já o ritmo de parcias negativas implica o nado das primeiras partes das provas com uma velocidade ligeiramente menor e o aumento desta nas partes finais. Entretanto, na prática a maioria dos atletas usa um ritmo rápido-lento, nadando as primeiras partes das provas mais rapidamente do que as partes finais. Muitos atletas nadam as primeiras partes de suas provas com excessiva rapidez, sendo acometidos por acidose prematuramente, fazendo com que diminuam demasiadamente sua velocidade nas partes finais. Frequências de braçadas constituem um método excelente para orientar os nadadores a controlarem as partes iniciais de suas provas. Apenas praticando um pouco, esses atletas poderão aprender a controlar sua velocidade no início das provas, simplesmente utilizando uma frequência de braçadas mais lenta do que aquela que usarão mais tarde.

Embora alguns nadadores de classe mundial pareçam utilizar esse método para ritmar suas provas, outros não o fazem, particularmente nos eventos mais curtos. Há diversas razões para tal estratégia: uma possibilidade é que o efeito de uma saída mais lenta é demasiadamente difícil para contornar mais tarde na prova; outra é que nada-

dores com maior capacidade aeróbica podem suportar um nado mais rápido no início das provas, sem que venha a ocorrer uma acidose grave; uma terceira explicação é que alguns nadadores vencem provas apesar do fato de que não distribuem seu esforço da maneira mais econômica ao longo do percurso da prova.

Os gráficos de barras na Figura 20.5 ilustram os padrões típicos de mudanças na frequência e no comprimento das braçadas durante a maioria das provas; nesse exemplo, foi utilizada uma prova de 200 m. Em outras distâncias de provas, os nadadores utilizaram padrões de mudança semelhantes para essas duas variáveis.

Os gráficos de barras na Figura 20.5 demonstram as mudanças nas frequências e nos comprimentos das braçadas para Susan O'Neill durante cada segmento de 50 m da prova de 200 m Borboleta quando ela conquistou a medalha de ouro nos Jogos Olímpicos de 1996. Estão registrados os valores tanto para os primeiros 25 m como para os 25 m seguintes dos primeiros 50 m da prova, por ter ocorrido grande mudança na FB, CB e velocidade entre esses dois segmentos.

A frequência de braçadas de Susan foi mais elevada, 56 ciclos/min, durante os primeiros 25 m da prova. Em seguida, a FB declinou para algo entre 50 e 51 ciclos/min, tendo permanecido nessa faixa até os 50 m finais da prova, quando aumentou para 52 ciclos/min. Durante os primeiros 25 m da prova, seu comprimento das braçadas desceu a seu valor mais baixo, 1,77 m/ciclo. O CB aumentou para 1,88 m/ciclo durante o segundo segmento de 25 m, talvez por causa da redução em sua frequência de braçadas. Seu comprimento das braçadas caiu durante a metade da prova, apesar do fato de que sua frequência de braçadas não mudou de maneira apreciável. Esse parâmetro declinou para 1,84 e em seguida para 1,79 m/ciclo durante os dois segmentos intermediários de 50 m, provavelmente por causa do cansaço progressivo. O comprimento das braçadas de Susan atingiu seu ponto mais baixo, 1,70 m/ciclo, durante os 50 m finais, apesar (ou talvez por causa) de um aumento em sua frequência de braçadas.

O tempo de Susan O'Neill foi consideravelmente mais rápido durante os primeiros 50 m da prova por causa da saída e porque sua velocidade de nado estava em seu nível mais elevado durante essa parte da prova. A velocidade da nadadora caiu ligeiramente durante cada um dos dois segmentos seguintes de 50 m, tendo diminuído mais durante os 50 m finais.

Susan começou sua prova com uma combinação de frequência de braçadas, comprimento das braçadas e velocidade de nado que não poderia manter até o final. A nadadora poderia ser capaz de manter uma velocidade média mais rápida ao longo de toda a prova se tivesse reduzido um pouco sua frequência de braçadas durante os

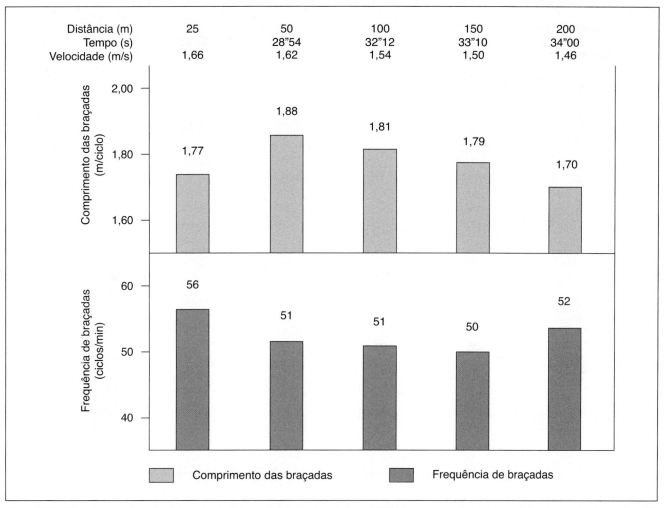

Figura 20.5 Mudanças na frequência e no comprimento das braçadas de Susan O'Neill em sua conquista da medalha de ouro na prova dos 200 m Borboleta nos Jogos Olímpicos de 1996, com o tempo de 2'07"76.

primeiros 25 m da prova. Certamente, essa é apenas uma especulação que faço, mas tal especulação baseia-se na experiência, mostrando que quase todos os nadadores obtêm melhor desempenho quando distribuem seu esforço equitativamente ao longo da distância da prova. Alguns estudos sugerem a mesma conclusão.

Os gráficos de barras na Figura 20.6 ilustram os resultados de um nadador que utilizou uma distribuição mais uniforme do seu esforço ao longo do percurso da prova; tais resultados são de Ian Thorpe, quando conquistou os 400 m Crawl no Campeonato Mundial de Natação de 1998. Ele utilizou uma frequência de braçadas de 37 a 38 ciclos/min para os primeiros 350 m da prova, aumentando-a para 41 ciclos/min durante os 50 m finais. Seu comprimento das braçadas foi de 2,84 m/ciclo nos primeiros 50 m da prova, tendo em seguida se estabilizado em uma distância de aproximadamente 2,6 m/ciclo até os 50 m finais, quando ocorreu uma queda para 2,52 m/ciclo. É provável que a queda nesse comprimento das braçadas durante os 50 m finais da prova tenha ocorrido porque Ian aumentou sua frequência de braçadas.

Depois dos primeiros 50 m da prova, a velocidade de nado de Ian permaneceu entre 1,60 e 1,70 m/s até os 50 m finais, quando o aumento de sua frequência de braçadas melhorou sua velocidade para 1,72 m/s. Seus tempos parciais ficaram entre 28"38 e 29"32 s por 50 m ao longo da maior parte da prova, depois dos primeiros 50 m. O aumento de sua frequência de braçadas e da velocidade durante os 50 m finais melhorou seu tempo para 27"09 para esse último segmento.

O padrão demonstrado por Ian Thorpe na Figura 20.6 representou um modo econômico de nadar. É provável que o uso de frequências e comprimentos de braçadas praticamente constantes durante toda a prova tenha resultado em conservação de energia; ao mesmo tempo, sua saída mais lenta provavelmente retardou a acidose. Como resultado, Ian foi capaz de nadar com maior rapidez nas partes finais da prova.

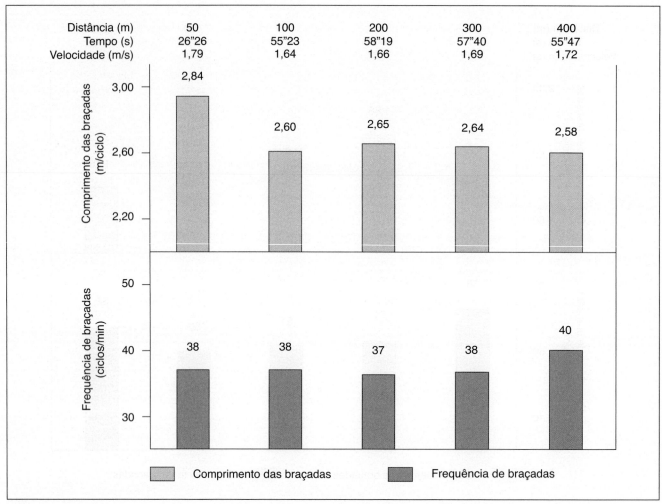

Figura 20.6 Mudanças na frequência e no comprimento das braçadas de Ian Thorpe em sua conquista da medalha de ouro na prova dos 400 m Crawl no Campeonato Mundial de Natação de 1998, com o tempo de 3'47"48.

Os nadadores podem utilizar duas estratégias que envolvem frequências de braçadas para melhorar seu ritmo nas provas. Na primeira estratégia, devem determinar a combinação ideal de frequência e comprimento das braçadas que lhes permitirá nadar na velocidade de prova desejada com o menor esforço. Em seguida, os nadadores devem treinar para que possam utilizar essas frequências durante toda a prova, até o segmento final de 25 ou 50, quando poderão aumentar suas frequências de braçadas; também podem utilizar a estratégia de começar as provas com uma frequência de braçadas ligeiramente mais baixa, para que possam manter sua velocidade mediante o aumento das frequências no ponto da prova em que a fadiga fizer com que seus comprimentos das braçadas diminuam. Os atletas devem experimentar os dois métodos, para determinar qual deles funciona melhor nos seus casos particulares. Penso que é seguro afirmar que os nadadores não devem começar suas provas com frequências de braçadas que não possam manter desde o início até o final da competição.

Capítulo 21
Ritmo e estratégia

Novo nesta edição:

- Justificativa para o ritmo.
- Análises atualizadas de provas, com a inclusão dos resultados dos Jogos Olímpicos de 1996, do Campeonato Mundial de Natação de 1998 e, em alguns casos, dos Jogos Olímpicos de 2000.
- Análises de provas ampliadas, com a inclusão de dados sobre frequências de braçadas, comprimentos das braçadas e velocidades de nado.

Ritmo e estratégia de provas são aspectos mal interpretados e frequentemente negligenciados em muitos programas de treinamento. Isso é lamentável, porque esses dois aspectos exercem papel significativo no desempenho dos atletas. O estabelecimento de um ritmo será o primeiro tópico deste capítulo e, em seguida, apresentarei uma descrição das estratégias e contraestratégias de provas.

ESTABELECIMENTO DO RITMO

Em geral, uma prova adequadamente ritmada será 0"50 mais rápida por 100 jd/m do que uma prova com ritmo inadequado. O estabelecimento de um ritmo de prova envolve o nado da primeira metade até três quartos das provas mais lentamente, para que o restante da prova possa ser nadado com maior rapidez; os nadadores verificarão que o tempo total para as provas será mais rápido, se assim procederem. O ritmo é particularmente perceptível em provas de 400 m e mais longas. Os eventos de 100 e 200 m também devem ser ritmados, embora a segunda metade dessas provas em geral seja ligeiramente mais lenta do que a primeira metade.

Por que o ritmo funciona?

Os atletas podem competir em suas provas com esforço máximo durante apenas 40"00 a 45"00 antes da instalação de uma acidose grave, o que não significa que eles possam manter uma velocidade máxima durante 40"00. Na verdade, os efeitos da acidose progressiva começam a reduzir a taxa de glicólise anaeróbica depois de aproximadamente 15"00 de esforço total (Jacobs et al. 1983; Song et al. 1988). Essa taxa, e consequentemente a velocidade do nadador, continuará a diminuir ao longo dos próximos 25"00 a 30"00, até que ele praticamente não possa movimentar os braços.

Em provas de 100 m ou mais longas, os atletas retardam a acidose nadando mais lentamente nos estágios iniciais. O nado mais lento nos estágios iniciais de uma prova reduz a taxa de metabolismo anaeróbico, de modo que o ácido lático se acumula mais lentamente e a acidose não ocorre de forma mais rápida. Comumente, os nadadores podem compensar a velocidade perdida no início da prova pelo aumento da velocidade mais adiante; com isso, conseguem um tempo geral mais rápido para a prova. Por outro lado, nadadores que cometem o erro de nadar com excessiva velocidade no início de suas provas, em geral constatam que a desaceleração na parte final da prova é tão grande que desfaz qualquer vantagem que tenham obtido no início.

Planos para estabelecimento do ritmo

Uma das decisões mais importantes tomadas por nadadores é a escolha de um ritmo, ou velocidade de nado, para cada prova. Ao longo dos anos, os nadadores têm utilizado três planos de prova gerais – ritmo uniforme, ritmo rápido-lento e ritmo lento-rápido, também conhecido como ritmo de *parciais negativas*. No ritmo uniforme, o nadador mantém um ritmo regular durante toda a prova. Ritmo rápido-lento indica um nado mais rápido na parte inicial da prova, em comparação com a parte final; a estratégia consiste em pular na frente dos demais competidores e se esforçar para vencer no final. No ritmo lento-rápido, ou ritmo de parciais negativas, os atletas nadam a primeira parte de uma prova mais lentamente do que a parte final; com esse planejamento do ritmo, a estratégia consiste em adiar a acidose no início da prova; para tanto, o nadador avança em um ritmo mais lento e, em seguida, recupera o tempo nadando mais rapidamente no final. Pesquisas demonstraram que o ritmo rápido-lento é o menos efetivo dos três métodos, mas os estudos foram inconclusivos acerca de qual dos outros dois métodos é o melhor (Mathews et al. 1963; Robinson et al. 1958).

Trinta anos de estudo dos ritmos de provas de campeonatos mundiais e nacionais demonstraram que os nadadores mais bem-sucedidos têm utilizado um padrão rápido-lento em eventos de 100. Alguns também têm utilizado um ritmo rápido-lento em provas de 200, com apenas ligeira diminuição das primeiras para as últimas partes de suas provas. Contudo, a maioria utiliza um ritmo uniforme nessas competições. O ritmo uniforme é utilizado pela maioria dos nadadores bem-sucedidos em provas de 400, 800 e 1.500 m Crawl, embora alguns nados excepcionais tenham sido realizados em provas de 400 por atletas que utilizaram um plano de ritmo de parciais negativas. Os participantes de provas de 50 m nadam com velocidade desde a saída até a chegada, sendo que o único elemento do ritmo interveniente nessa prova é a seleção da combinação de frequência e comprimento das braçadas que resultará na mais rápida velocidade de nado.

Revisarei alguns aspectos das provas de nado antes de discutir como os nadadores utilizam esses diferentes planos de ritmo. Frequentemente os tempos parciais dão uma impressão errada, por causa da influência positiva das saídas e viradas. A saída fará com que a primeira parcial seja 1"00 a 2"00 mais rápida que as parciais subsequentes, mesmo quando os atletas nadam a uma velocidade constante ao longo de toda a prova. Certamente, isso ocorre porque os voos dos nadadores no ar serão mais rápidos do que qualquer velocidade de nado que possam atingir; além disso, os atletas serão capazes de manter parte da velocidade durante um curto tempo depois de terem entrado na água, durante o deslizamento, antes que realmente comecem a nadar. Nadadores de Crawl, Borboleta e Peito obtêm maior vantagem nas saídas de seus blocos, em comparação com os nadadores de Costas, pois estes dão a saída dentro da água; consequentemente, os voos dos nadadores de Costas através do ar serão mais curtos, e seus deslizamentos depois da entrada na água ocorrerão em velocidade mais baixa.

Nas provas dos nados Crawl e de Costas, o tempo para a virada é adicionado ao tempo parcial; portanto, a única vantagem obtida pelos nadadores nas viradas provém do aumento conseguido na velocidade durante breve período depois da impulsão contra a parede da piscina. O tempo de virada adicional acrescentado ao tempo parcial e o aumento na velocidade em decorrência da impulsão contra a parede da piscina tendem a se cancelar; assim, nessas provas a diferença em tempo entre a primeira e a última parcial será decorrente da influência da saída.

No entanto, nos nados Borboleta e de Peito, o tempo necessário para executar a virada aumentará a diferença entre a primeira e a última parcial. Depois da saída, todas as parciais nas provas dos nados Borboleta e de Peito começam com uma virada que aumentará em praticamente 1"00 os tempos parciais, e isso representa mais do que o nadador ganha com a impulsão contra a parede da piscina. Por consequência, a saída aumentará a velocidade do nadador para a primeira parcial, mesmo quando ele nadar a uma velocidade constante ao longo de toda a prova, e o tempo necessário para a virada diminuirá a velocidade da segunda parcial e das parciais seguintes, mesmo quando o atleta nadar a uma velocidade constante. A influência combinada da saída e das viradas faz com que a primeira parcial das provas dos nados Borboleta e de Peito seja 2"00 a 3"00 mais rápida do que as parciais subsequentes, quando o atleta nadar em velocidade constante. Por outro lado, as primeiras parciais das provas dos nados Crawl e de Costas serão apenas 1"00 a 2"00 mais rápidas do que as parciais subsequentes, quando o atleta nadar na mesma velocidade, porque apenas a saída influenciará os tempos parciais.

Por essas razões, as velocidades de nado proporcionam um método melhor do que os tempos das parciais para a avaliação dos planos de ritmo para as provas. Portanto, nas próximas análises fornecerei velocidades de nado com os tempos parciais para cada segmento de prova, de modo a permitir uma avaliação mais precisa das diferenças em velocidade entre a primeira e as últimas partes das provas. Nessas análises, também levarei em consideração frequências e comprimentos de braçadas, para que fique indicado como os nadadores ajustaram esses parâmetros ao longo de suas provas.

Outra informação necessária para avaliar os planos de ritmo diz respeito ao nível de velocidade dos nadadores na primeira parte de uma prova, com relação à sua velocidade máxima para a distância percorrida. A frase "levar a prova" refere-se à velocidade do primeiro quarto até a primeira metade das provas. Comumente, o ritmo ideal para "levar a prova" é a velocidade mais lenta que o atleta pode nadar e, ainda assim, estar em posição para vencer a prova ou obter um tempo-alvo. Um modo de estimar a velocidade apropriada para "levar a prova" consiste em comparar a primeira parcial com o melhor tempo do atleta para a distância nadada; essa avaliação indica como o nadador controlou a prova. Ao longo dos anos, comparações entre tempos parciais e melhores tempos para a primeira parte de uma prova revelaram a existência de uma relação consistente. Quero, nesse ponto, oferecer um exemplo de como determinar, com base no melhor tempo de um nadador, a velocidade apropriada para "levar uma prova".

Suponhamos que uma atleta nade 200 m em 1'58"00 com parciais de 58"50 e 59"50. Se essa nadadora tem um melhor tempo de 56"00 para 100 m, deveria nadar a primeira metade da prova 2"50 mais lentamente do que seu melhor tempo. Como demonstrarei mais adiante, um nadador está ritmando satisfatoriamente uma prova de 200 quando nada a primeira parcial 2"00 a 3"00 mais lentamente do que seu melhor tempo para 100 m.

Embora os tempos para os nados dos recordes mundiais e nacionais (EUA) mais antigos fossem consideravelmente mais lentos do que os registrados atualmente, as diferenças entre os tempos para as primeiras parciais desses nadadores mais antigos e seus melhores tempos para a mesma distância são parecidas com as diferenças dos nadadores atuais. Exemplificando, Frank Heckl venceu as 200 jd Crawl no Campeonato Nacional em Piscina Curta dos EUA em 1971 com um tempo de 1'40"55; sua parcial para 100 jd foi 48"80, ou seja, 3"24 mais lenta do que seu tempo vencedor nas 100 jd Crawl (45"56) no mesmo *meeting*, e a sua redução de velocidade entre o primeiro e o segundo segmento de 100 jd da prova foi 2"95. Compare esses números com o tempo do recorde norte-americano de Matt Biondi em 1987, de 1'33"03 no mesmo evento. Esse atleta nadou tal prova com parciais de 45"34 e 47"69; o tempo de Biondi para as 100 jd Crawl foi um recorde norte-americano de 41"80, no mesmo *meeting*. Produzindo resultados praticamente idênticos aos de Heckl, Biondi nadou as primeiras 100 jd da prova de 200 jd 3"46 mais lentamente do que seu melhor tempo

para 100 jd, e a redução na velocidade entre o primeiro e o segundo segmento de 100 jd foi 2"35.

Os melhores planos de ritmo para provas específicas podem ser aprendidos com o estudo das parciais de tempos vencedores em campeonatos mundiais e nacionais (EUA). Os ritmos utilizados nessas provas nem sempre são ideais, o que fica evidenciado pelo fato de que alguns nadadores obtiveram tempos mais rápidos para a mesma distância de prova com planos de ritmo diferentes. Não obstante, frequentemente os planos utilizados pelos nadadores nos *meetings* de campeonato ficam próximos dos planos de ritmo ideais. Nas seções subsequentes, encontram-se provas selecionadas que exemplificam planos de ritmo bem-sucedidos ao longo dos anos; tais exemplos representam padrões que foram utilizados por nadadores recordistas na maioria dos nados. Por isso, sinto-me capaz de afirmar que esses exemplos representam os melhores métodos para o nado de tais provas. Quando nadadores de sexos diferentes, de diferentes partes do mundo e de diferentes épocas ritmam suas provas mais excepcionais praticamente da mesma maneira, a conclusão torna-se inequívoca: os métodos utilizados por esses vencedores são dignos de ser imitados.

Nas análises de provas selecionadas, estão presentes as seguintes informações, a começar pelos tempos parciais dos nadadores para certos segmentos. Além disso, sempre que disponível, listarei as velocidades de nado e as frequências e comprimentos das braçadas para esses segmentos. Incluí também seus tempos de saída para os primeiros 10 a 15 m de suas provas e, quando disponíveis, seus tempos de virada. Os tempos de virada abrangem uma distância de 15 m, começando 7,5 m antes da virada e incluindo o tempo para nadar a distância, o tempo da virada e o tempo necessário para completar os 7,5 m depois da virada. A primeira análise é para a prova dos 50 Crawl.

50 Crawl

Selecionei o nado medalha de ouro de Amy Van Dyken dos Jogos Olímpicos de 1996 como exemplo para essa prova. O tempo da atleta foi 24"87. A Tabela 21.1

Tabela 21.1 Plano de ritmo para 50 m Crawl, piscina longa

Amy Van Dyken – 50 m Crawl – 24"87 Primeiro lugar – Jogos Olímpicos de 1996					
Distância	Tempo (s)	Parcial (s)	Velocidade (m/s)	Frequência de braçadas (ciclos/min)	Comprimento das braçadas (m/ciclo)
25	11"73		1,97	61	1,92
50	24"87	13"14	1,90	62	1,83
Tempo de saída	4"13 (10 m)				

Fonte: Análises de competições de eventos de Natação, Jogos Olímpicos, Atlanta, GA, 20-26 de julho de 1996, preparadas pela Subcomissão de Biomecânica e Fisiologia do Esporte do COI.

apresenta as informações pertinentes. O tempo de Amy para os primeiros 25 m daquela prova foi 11"73, sua velocidade foi 1,97 m/s, sua frequência de braçadas foi 61 ciclos/min e o comprimento de suas braçadas foi 1,92 m/ciclo. Ela nadou o segundo trecho de 25 m da prova em 13"14; sua velocidade nesse trecho caiu ligeiramente para 1,90 m/s. A frequência de braçadas aumentou ligeiramente para 62 ciclos/min, mas o comprimento das braçadas caiu para 1,83 m/ciclo. O tempo da nadadora para cobrir os primeiros 10 m da prova (a partir do mergulho) foi 4"13, um dos tempos de saída mais lentos na prova. O tempo mais rápido foi 3"83, e os tempos de saída para a maioria dos nadadores foram aproximadamente 4"10.

Além da velocidade, o ponto forte da prova de Amy foi sua capacidade de manter a velocidade próxima ao máximo durante a distância inteira. Provavelmente isso foi resultado de sua capacidade de manter a frequência de braçadas mesmo com o aumento do cansaço. As velocidades da maioria dos nadadores declinam em 0,10 m/s ou mais do primeiro para o segundo trecho de 25 m das provas de 50. Em geral, suas frequências de braçadas caem em 2 ou 3 ciclos/min, e seus comprimentos das braçadas comumente diminuem em 0,12 m/ciclo ou mais.

O melhor plano para uma prova de 50 Crawl parece ser nadar com a máxima velocidade do início ao fim. Os nadadores devem selecionar uma combinação de frequência e comprimento das braçadas que proporcione sua máxima velocidade e devem tentar manter essa velocidade durante toda a prova, buscando minimizar a diminuição nos comprimentos das braçadas. Embora sua velocidade venha a cair ligeiramente do primeiro para o segundo trecho de 25 m da prova, essa queda não deve ser superior a 0,30 a 0,50 m/s, o que significa uma diferença de aproximadamente 1"00 entre o primeiro e o segundo trecho de 25 m para as provas de 50 m em piscina longa. A diminuição será ligeiramente menor, entre 0,70 e 0,90 nas provas em piscina curta, provavelmente por causa da velocidade adicional que os nadadores adquirem com a impulsão contra a parede da piscina após as viradas.

Os tempos parciais do antigo recordista norte-americano e do NCAA para as 50 jd Crawl, Matt Biondi, estão listados na Tabela 21.2, como orientação para determinar a diferença ideal em tempo entre a primeira e a segunda metade das provas de 50 em piscina curta. Biondi nadou o primeiro trecho de 25 jd, inclusive a virada e a colocação dos pés na parede da piscina, em 9"15, e nadou o segundo trecho de 25 jd em 10"00. Assim, a diminuição entre o primeiro e o segundo segmento da prova foi igual a 0"85.

Quando este livro estava sendo redigido, não estavam disponíveis análises de provas como a ilustrada na Tabela

Tabela 21.2 Dados da vitória de Matt Biondi nas 50 jd Crawl no Campeonato Mundial de Natação de 1987

Matt Biondi – 50 jd Crawl – 19"15 Ex-recordista norte-americano – Campeonato de Natação do NCAA de 1987		
Distância	Tempo (s)	Parcial (s)
25	9"15	
50	19"15	10"00 (queda = 0"85)

21.2 para provas de 50 nos nados Borboleta, de Costas e de Peito. Provavelmente os atletas nadavam com rapidez as provas de 50 (do mesmo modo que os nadadores de Crawl), embora a queda entre o primeiro e o segundo trecho de 25 fosse um pouco maior nas provas de Borboleta e de Peito em piscina curta, porque a segunda parcial inclui o tempo para a virada.

100 Crawl

A Tabela 21.3 ilustra os dados do nado vencedor de Pieter van den Hoogenband de 48"30 nos Jogos Olímpicos de 2000. Ele nadou com um tempo de recorde mundial de 47"84 nas semifinais desse evento, mas não foram computados os dados desse nado. As informações na Tabela 21.3 representam um padrão de estabelecimento de ritmo típico. Pieter nadou os primeiros 50 m de sua prova em 23"32, que foi 1"29 mais lento que seu tempo para 50 m no mesmo *meeting*. A diferença na velocidade de nado foi provavelmente mais próxima de 0"50 ou 0"80, pois uma prova de 50 Crawl termina com um toque da mão, e a parcial de 50 para uma prova de 100 inclui uma virada.

Pieter nadou o segundo trecho de 50 m de sua prova em 24"98; portanto, a diferença em tempo entre o primeiro e o segundo trecho de 50 m da prova foi 1"66. Em contraste, muitos dos outros nadadores nessa prova nadaram seus primeiros 50 m apenas 1"00 mais lento que seu melhor tempo para 50 m, e seu segundo trecho de 50 da prova foi mais de 2"00 mais lento do que o primeiro trecho. Os tempos parciais de 25 m de Pieter foram 10"74, 12"58, 12"10 e 12"88 do primeiro até o quarto trecho de 25 m, respectivamente.

A frequência de braçadas de Pieter foi 56 ciclos/min para os primeiros 25 m da prova. O atleta manteve uma frequência de braçadas praticamente constante de 51 a 52 ciclos/min para os 50 m intermediários da prova, e sua frequência de braçadas foi de 50 ciclos/min durante os 25 m finais.

O comprimento das braçadas de Pieter foi 2,28 m/ciclo nos primeiros 25 m dessa prova, e 2,38 m/ciclo no segundo trecho de 25 m. Em seguida, ocorreu uma queda para 2,28 m/ciclo novamente no terceiro trecho de 25

Tabela 21.3 Plano de ritmo para 100 m Crawl, piscina longa

Pieter van den Hoogenband – 100 m Crawl – 48"30 Primeiro lugar – Jogos Olímpicos de 2000 Tempo para 50 m – 22"03					
Distância	Tempo (s)	Parciais (s)	Velocidade (m/s)	Frequência de braçadas (ciclos/min)	Comprimento das braçadas (m/ciclo)
25	10"74		2,15	56	2,28
50	23"32	12"58	2,04	51	2,38
75	35"42	12"10	1,99	52	2,28
100	48"30	12"88	1,90	50	2,30
Tempo de saída	NA				
Tempo de virada	7"28				
Tempo de finalização	2"74				

Fonte: Análises de competições de eventos de Natação, Jogos Olímpicos, Sydney, Austrália, 16-23 de setembro de 2000, preparadas pela Subcomissão de Biomecânica e Fisiologia do Esporte do COI.

m, antes de aumentar ligeiramente para 2,30 m/ciclo nos 25 m finais. Os comprimentos das braçadas da maioria dos nadadores diminuirão em 0,10 a 0,20 m/s, como ocorreu com Pieter, ao ficarem cansados na etapa mais avançada dessa prova. Esse declínio poderá aumentar seus tempos em 2"00 a 4"00 em um trecho de 50 m.

A velocidade de nado de Pieter foi 2,15 m/s nos primeiros 25 m dessa prova. E ela caiu para 2,04 m/s no segundo trecho de 25 m, para 1,99 m/s no terceiro trecho de 25 m e finalmente para 1,90 m/s nos 25 m finais da prova.

Seu tempo de saída não foi computado, mas seu tempo de virada foi de 7"28. Esse foi um dos tempos mais lentos para a virada entre os competidores finais; muitos dos finalistas tiveram tempos de virada entre 7"00 e 7"13. O tempo de finalização de Pieter foi 2"35, um dos melhores entre os finalistas. Quase todos os atletas terminaram sua prova em tempos de 2"38 a 2"55.

Pode-se argumentar que Pieter deveria ter utilizado uma frequência de braçadas ligeiramente mais lenta durante os primeiros 25 m dessa prova, quando esta estava em 56 ciclos/min. O atleta poderia ter sido mais efetivo se tivesse utilizado uma frequência de braçadas de 50 a 52 durante aquele trecho de 25 m, e seu tempo poderia ter piorado ligeiramente, porque sua velocidade de nado teria sido um pouco mais lenta, mas ele poderia ter mais energia para os 50 m finais, o que talvez lhe permitisse manter um comprimento das braçadas superior a 2,30 m/ciclo e uma velocidade mais próxima dos 2,0 m/s para os 25 m finais. Certamente, isso é mera especulação. Muitos nadadores, mesmo atletas de classe mundial, começam suas provas de 100 com frequências de braçadas ligeiramente mais altas que a média, como foi o caso de Pieter. A excitação da prova pode fazer com que os atletas assim procedam, ou talvez estejam tentando manter a velocidade de sua saída durante mais tempo; consequentemente, é difícil ter certeza se não será um erro nadar em uma frequência de braçadas ligeiramente mais rápida do que a média no primeiro trecho de 25 m da prova.

A velocidade de Pieter caiu bastante no final de sua prova. Essa queda é típica da maioria dos nadadores de provas de 100. Aparentemente, esses atletas não podem se permitir um controle demasiado no início de uma prova tão curta; devem tolerar alguma queda em sua velocidade no final da prova, para que permaneçam competitivos em seu início. Há queda das frequências de braçadas da maioria dos nadadores, como foi o caso de Pieter. Comumente, as frequências diminuem em 3 a 5 ciclos/min desde a saída até o término da prova, mas Pieter manteve seu comprimento das braçadas melhor do que a maioria de seus adversários.

Um plano sugerido para nadar uma prova de 100 m Crawl em uma piscina longa consiste em nadar os primeiros 25 m da prova dentro de 0"50 da velocidade máxima; o tempo nos 50 m deve ser ligeiramente superior a 1"00 acima do melhor tempo do nadador para os 50 m. Em outras palavras, nessa prova os atletas devem sair com rapidez, porém não com a maior rapidez possível. Aparentemente, os atletas reduzem sua velocidade em aproximadamente 0,10 m/s, ou em 0"50, durante os primeiros 25 m. A perda no tempo do primeiro para o segundo trecho de 50 m da prova deve ser inferior a 2"00.

Os nadadores devem selecionar a frequência de braçadas mais rápida que possam manter para a distância inteira da prova, desde que, obviamente, tal combinação de frequência e comprimento das braçadas seja ideal para essa distância. Os nadadores podem executar braçadas com rapidez ligeiramente maior nos primeiros 10 a 15 m da prova, mas devem se acomodar em suas frequências ideais antes que tenham completado os primeiros 25 m. Podem aumentar ligeiramente suas frequências de braçadas nos 25 m finais, se puderem fazê-lo sem que ocorra uma perda muito significativa do comprimento das braçadas e da velocidade de nado.

Os nadadores devem esperar alguma redução da velocidade durante os últimos 25 m das provas de 100, provavelmente porque um bom nado de 100 depende de uma rápida velocidade inicial. Nessas provas, é provavelmente melhor que os nadadores as iniciem com rapidez, diminuindo ligeiramente sua velocidade mais para o final, em vez de nadar com excessiva lentidão no início, tentando a recuperação no final.

Ao que parece, os nadadores seguem os mesmos padrões nas provas de 100 Crawl em piscina longa e em piscina curta. As parciais de Matt Biondi para seu recorde norte-americano para as 100 jd Crawl de 41"80 estão ilustradas na Tabela 21.4. Ele nadou as primeiras 50 jd 1"10 mais lentamente do que seu tempo para 50 jd no mesmo *meeting*, e a diferença no tempo entre o primeiro e o segundo trecho de 50 dessa prova foi 1"30. Infelizmente, não existem informações disponíveis sobre comprimentos das braçadas, frequências de braçadas e velocidades para esse nado.

O descanso adquirido com as viradas adicionais deve possibilitar que os nadadores "levem as provas" de 100 em

piscina curta um pouco mais rápido, completando-as com uma redução ligeiramente menor da velocidade, o que fica evidenciado pelas parciais de Biondi para essa prova de 100 jd em piscina curta. Evidências de que os nadadores podem manter maior comprimento das braçadas em provas realizadas em piscina curta *versus* piscina longa reforçam essa colocação (Keskinen, Keskinen e Mero 1996), embora as diferenças não sejam grandes.

100 Borboleta

O ritmo nos 100 Borboleta é parecido com o ritmo dos 100 Crawl. Os atletas devem nadar os primeiros 50 da prova aproximadamente 0"50 a 0"80 mais lentamente do que sua velocidade máxima para uma prova nessa mesma distância. O retardo entre o primeiro e o segundo trecho de 50 será maior do que o das provas de nado Crawl, geralmente entre 3"00 e 3"50. Contudo, é provável que a diferença real fique mais perto dos 2"00, porque a parcial para o segundo trecho de 50 da prova de nado Borboleta tem início com uma virada que leva cerca de 1"00 para ser completada, enquanto a primeira parcial na prova de nado Crawl inclui uma virada.

As parciais do nado de 56"61 que proporcionaram a medalha de ouro e o recorde mundial a Inge de Bruijn nos 100 m Borboleta nos Jogos Olímpicos de 2000, ilustradas na Tabela 21.5, exemplificam esse padrão de ritmo. Suas parciais foram 26"67 para os primeiros 50 m e 29"94 para os 50 m finais. O melhor tempo de Inge para os 50 m Borboleta é de 25"64, então a atleta nadou os primeiros 50 m 0"97 mais lentamente do que seu melhor tempo para essa mesma distância. Seu retardo foi de 3"27 entre o primeiro e o segundo trecho de 50 na prova. Suas parciais de 25 para a prova foram 12"39, 14"28, 14"54 e 15"40 para o primeiro até o quarto segmento de 25 m, respectivamente.

Tabela 21.4 Plano de ritmo para 100 jd Crawl

Matt Biondi – 100 jd Crawl – 41"80 Recorde norte-americano – Campeonatos de Natação para Homens da NCAA – 1987 Tempo para 50 jd – 19"15		
Distância	**Tempo (s)**	**Parcial (s)**
50	20"25 (–1"10)	
100	41"80	21"55 (+1"30)

Fonte: Site oficial da USA Swimming. www.usswim.org

Tabela 21.5 Plano de ritmo para 100 m Borboleta, piscina longa

Inge de Bruijn – 100 m Borboleta – 56"61 Recorde mundial – Jogos Olímpicos de 2000 Tempo para 50 m – 25"64					
Distância	**Tempo (s)**	**Parciais (s)**	**Velocidade (m/s)**	**Frequência de braçadas (ciclos/min)**	**Comprimento das braçadas (m/ciclo)**
25	12"39		1,74	54	1,93
50	26"67	14"28	1,79	57	1,79
75	41"21	14"54	1,76	56	1,76
100	56"61	15"40	1,67	56	1,67
Tempo de saída	6"73 (15 m)				
Tempo de virada	8"64				
Tempo de finalização	2"92				

Fonte: Análise Biomecânica, Campeonato Mundial de Natação de 2000, Sydney, Austrália, 16-23 de setembro de 2000, preparada pelo Departamento de Biomecânica, Instituto Australiano do Esporte.

Sua frequência de braçadas nos primeiros 25 m (59 ciclos/min) foi mais rápida do que sua frequência para qualquer outro segmento da prova. A nadadora reduziu a frequência de braçadas para 55 ciclos/min no segundo trecho de 25 m, aumentou para 58 ciclos/min no terceiro trecho de 25 m e reduziu para 56 ciclos/min nos 25 m finais.

Os comprimentos das braçadas de Inge foram praticamente idênticos nos primeiros 50 m: 1,92 m/ciclo para os primeiros 25 m e 1,90 m/ciclo para o segundo trecho de 25 m. O comprimento das braçadas caiu para 1,76 m/ciclo no terceiro trecho de 25 m e, em seguida, para 1,73 m/ciclo nos 25 m finais.

A velocidade de nado dessa nadadora foi mais rápida ao longo dos primeiros 25 m da prova, em 1,81 m/s. A velocidade de Inge permaneceu razoavelmente constante durante todo o trecho intermediário de 50 m da prova, em 1,73 m/s para o segundo trecho de 25 m e 1,72 m/s para o terceiro trecho. Em seguida, sua velocidade caiu para o nível mais baixo, 1,60 m/s, durante os 25 m finais.

Seu tempo de saída para os primeiros 15 m da prova foi 6"73, um dos tempos mais rápidos das finalistas. Muitas tiveram tempos de saída entre 6"80 e 7"30. Seu tempo de virada foi 8"64, o mais rápido na faixa das finalistas, de 8"64 a 9"33. Seu tempo de finalização foi 2"92; muitas das finalistas terminaram em tempos entre 2"80 e 3"50.

Também nesse caso pode-se argumentar que o nado de Inge teria sido mais adequadamente ritmado se ela tivesse reduzido ligeiramente sua frequência de braçadas e velocidade de nado durante os primeiros 25 m da prova. A nadadora manteve bem sua frequência de braçadas desde o início até o término da prova, mas sua velocidade de nado caiu drasticamente durante os 25 m finais. Inge poderia ter sido capaz de manter uma braçada ligeiramente mais longa e uma velocidade mais rápida no trecho dos 25 m finais, caso tivesse iniciado a prova com um pouco menos de esforço.

As provas de 100 Borboleta em piscina curta são nadadas com um plano de ritmo similar. Os atletas nadam os primeiros 50 m aproximadamente 0"50 a 1"00 mais lentamente do que seu melhor tempo para uma prova de 50. Em geral, seus tempos de retardo serão ligeiramente menores do que a passagem do primeiro para o segundo trecho de 50 nas provas de 100 Borboleta em piscina curta. É provável que isso ocorra devido ao aumento da velocidade e do repouso obtidos com mais duas viradas. O tempo de retardo habitual nessas provas fica entre 2"40 e 3"00.

100 Peito

Os atletas nadam essa prova de maneira parecida com a que nadam outras provas de 100. Eles nadam os primei-

ros 50 m em aproximadamente 0"50 a 0"80 mais lentamente do que sua velocidade máxima para os 50 m. Em geral, o retardo entre o primeiro e o segundo trecho fica entre 3"50 e 4"00, ligeiramente acima do que ocorre em provas de nado Crawl. Alguns nadadores executam braçadas em uma frequência uniforme durante toda a prova, enquanto outros aumentam suas frequências em 2 a 5 ciclos/min durante a segunda metade da prova. Os comprimentos das braçadas e velocidades de nado dos atletas geralmente decrescem durante a segunda metade da prova. Uma pesquisa de resultados dos Jogos Olímpicos de 1996 e do Campeonato Mundial de Natação de 1998 demonstra que os nadadores de Peito que aumentam suas frequências de braçadas durante a segunda metade da prova não perdem tanta velocidade como os atletas que começam com frequências de braçadas mais altas. Nadadores que aumentam as frequências de braçadas perdem aproximadamente a mesma quantidade de velocidade que aqueles que mantêm uma frequência de braçadas relativamente constante ao longo de todo o evento.

A análise do desempenho medalha de ouro de Penny Heyns nos 100 m Peito nos Jogos Olímpicos de 1996 está ilustrada na Tabela 21.6. Essa atleta nadou os primeiros 50 m da prova em 31"65. Seu melhor tempo para os 50 m Peito, que ela nadou 3 anos mais tarde, foi listado como 30"83. A diferença entre esse tempo e seu tempo para os primeiros 50 m foi 0"82. Seu tempo para o segundo trecho de 50 m da prova foi 36"08, uma queda de 4"08 com relação ao tempo dos primeiros 50 m da prova. Suas parciais por 25 m foram 14"50, 17"15, 17"42 e 18"66, desde o início até o fim da prova.

Durante essa prova, as frequências de braçadas de Penny foram excelentes. A nadadora exibiu uma frequência constante de esforço que, segundo acredito, representa o modo mais eficiente de nadar essa prova. Ela manteve uma frequência de braçadas constante de 51 ciclos/min ao longo dos três primeiros trechos de 25 m, tendo aumentado ligeiramente para 52 ciclos/min durante os 25 m finais. O comprimento das braçadas permaneceu constante durante os primeiros 50 m, na base de 1,76 m/ciclo; em seguida, caiu para 1,61 m/ciclo no terceiro trecho de 25 m e para 1,52 m/ciclo nos 25 m finais, talvez por causa do cansaço. Sua velocidade de nado também permaneceu constante em 1,49 m/s durante os primeiros 50 m da prova. A velocidade caiu para 1,38 m/s durante o terceiro trecho de 25 m. Sua maior queda na velocidade ocorreu durante os 25 m finais, quando terminou a competição com uma velocidade de 1,33 m/s. Essa sequência é semelhante ao que ocorre em outros eventos de 100 jd/m, favorecendo a noção de que, embora os nadadores se preservem um pouco durante as primeiras 25 jd/m dessas provas, ainda nadarão com rapidez no início, gerando maior velocidade do que podem manter até o final. Aparentemente, é melhor nadar com mais rapidez no início, aceitando algum retardo no final. Se o nadador se preservar demais, provavelmente se tornará impossível superar os competidores em uma distância tão curta.

O tempo de saída de Penny, de 7"77 para os primeiros 15 m da prova, foi o melhor entre todas as competidoras nas finais; a maioria das demais participantes da prova ficou com tempos entre 8"00 e 8"30. Seu tempo de virada de 13"57 também foi o melhor na final; os tempos de virada para as demais competidoras ficaram entre 13"60 e 13"93. Seu tempo de finalização da prova não foi fornecido.

Como ocorre com outros eventos de 100 jd/m, em geral a redução de tempo entre o primeiro e o segundo trecho de 50 nas provas de nado de Peito será menor durante os eventos em piscina curta. Geralmente o retardo fica entre 2"70 e 3"50 para os nados de 100 Peito em piscina curta. A redução na velocidade é controlada do mesmo modo que nas provas em piscina longa. Em geral, a queda é de 0"50 a 0"80 em relação ao melhor tempo do nadador para uma prova de 50 em piscina curta. Em provas realizadas em piscina curta, os nadadores devem tentar manter frequências de braçadas praticamente constantes desde a saída até o término da prova. É comum os comprimentos das braçadas não declinarem muito em provas em piscina curta, por causa do momento e do repouso proporcionado pelas duas viradas adicionais.

100 Costas

Para esse evento, selecionamos o nado medalha de ouro de Jeff Rouse nos 100 m Costas nos Jogos Olímpicos de 1996. A Tabela 21.7 mostra uma análise do nado. Jeff nadou os primeiros 50 m da prova em 26"30. Não era conhecido seu melhor tempo para os 50 m Costas, mas provavelmente estava na faixa abaixo dos 25"00; consequentemente, seu tempo durante os primeiros 50 m dessa prova foi aproximadamente 1"00 a 1"30 mais lento do que seu melhor tempo para 50 m. Esses dados se comparam favoravelmente à diferença em tempo informada para

Tabela 21.6 Plano de ritmo para 100 m Peito, piscina longa

Penny Heyns – 100 m Peito – 1'07"73 Primeiro lugar – Jogos Olímpicos de 1996 Tempo para 50 m – 30"83					
Distância	Tempo (s)	Parciais (s)	Velocidade (m/s)	Frequência de braçadas (ciclos/min)	Comprimento das braçadas (m/ciclo)
25	14"50		1,49	51	1,76
50	31"65	17"15	1,49	51	1,76
75	49"07	17"42	1,38	51	1,61
100	1'07"73	18"66	1,33	52	1,52
Tempo de saída	7"77 (15 m)				
Tempo de virada	13"57 (20 m)				

Fonte: Análises de competições de eventos de Natação, Jogos Olímpicos, Atlanta, GA, 20-26 de julho de 1996, preparadas pela Subcomissão de Biomecânica e Fisiologia do Esporte do COI.

Tabela 21.7 Plano de ritmo para 100 m Costas, piscina longa

Jeff Rouse – 100 m Costas – 54"10 Primeiro lugar – Jogos Olímpicos de 1996 Tempo para 50 m – NA					
Distância	Tempo (s)	Parciais (s)	Velocidade (m/s)	Frequência de braçadas (ciclos/min)	Comprimento das braçadas (m/ciclo)
25	11"97		1,81	50	2,17
50	26"30	14"33	1,77	50	2,13
75	39"17	12"87	1,79	49	2,18
100	54"10	14"93	1,66	51	1,97
Tempo de saída	6"43 (15 m)				
Tempo de virada	10"37 (20 m)				

Fonte: Análises de competições de eventos de Natação, Jogos Olímpicos, Atlanta, GA, 20-26 de julho de 1996, preparadas pela Subcomissão de Biomecânica e Fisiologia do Esporte do COI.

nadadores de 100 m Crawl, provavelmente porque a primeira parcial inclui uma virada nas duas provas. Como ocorre em todos os eventos de 100, a real diferença entre o tempo de um nadador de Costas para provas de 50 e o tempo em que o atleta nada as primeiras 50 jd/m de uma prova de 100 jd/m seria igual a 0"50 a 0"80, se fosse excluído o efeito da virada.

O tempo de Jeff de 27"80 durante o segundo trecho de 50 m dessa prova representa um retardo de 1"50. Nadadores de Costas não ganham tanta vantagem na saída como os praticantes de outros tipos de nado, o que provavelmente explica o retardo ligeiramente menor no tempo entre o primeiro e o segundo trecho de 50 em suas provas. As parciais de Jeff para os 25 m foram 11"97, 14"33, 12"87 e 14"93 para o primeiro até o quarto trecho de 25 m dessa prova.

Em geral, o retardo do primeiro para o segundo trecho de 50 m nessas provas para nadadores de classe mundial será parecido com o retardo de Rouse, cerca de 1"50 ou menos. Entretanto, o retardo de Kristina Egerzegi foi de apenas 0"57 do primeiro para o segundo trecho de 50 m de seu nado recordista mundial em 1991 para os 100 m Costas. Conforme mencionado anteriormente, o retardo para os 100 m Crawl e Costas é inferior ao retardo para eventos de 100 Borboleta e Peito, pois os dois primeiros tipos de prova começam com um impulso contra a parede da piscina depois da virada, enquanto que nos dois últimos tipos de nado, a parcial final inclui uma virada.

Os primeiros 50 m de provas de 100 m Costas em piscina curta devem ser nadados do mesmo modo que nas provas de 100 em piscina longa. As frequências de braçadas devem ser mantidas constantes, com ligeiro aumento no final. Os nadadores podem esperar ligeiro retardo, entre 0"80 e 1"40, da primeira para a segunda parcial de 50 em provas em piscina curta, porque a virada extra permite aos atletas manterem um comprimento das braçadas ligeiramente maior durante o segundo trecho de 50 da prova.

Sumário dos planos de ritmo para eventos de 100

Em provas de 100 jd/m, o padrão de ritmo habitual utilizado pelos nadadores consiste em nadar o primeiro trecho de 50 m aproximadamente 0"50 a 0"80 mais lentamente que um esforço máximo para essa distância. A diferença entre seus tempos mais rápidos para 50 m e seus tempos para o primeiro trecho de 50 m de uma prova de 100 é habitualmente maior do que 1"00 para provas de nado Crawl e de Costas, pois nessas provas a parcial para os primeiros 50 m inclui uma virada.

O retardo na segunda metade das provas dos nados Crawl e de Costas deve ser de aproximadamente 1"50 a 2"00 para nadadores de Crawl e entre 0"70 e 1"50 para nadadores de Costas. No nado Borboleta, o retardo do

primeiro para o segundo trecho de 50 m deve ficar em 2"50 a 3"00, e no nado de Peito pode ser ligeiramente maior: 3"50 a 4"00.

Os primeiros 50 m de provas em piscina curta também devem ser aproximadamente 0"50 a 0"80 mais lentos do que o melhor tempo do nadador para 50. Os tempos de retardo da primeira para a segunda metade dessas provas devem ser menores do que para provas em piscina longa, por causa das viradas adicionais. As diferenças devem ser de 1"30 ou menos para 100 Costas em piscina curta, entre 1"30 e 1"70 para 100 Crawl em piscina curta, entre 2"40 e 3"00 para 100 Borboleta em piscina curta, e entre 2"70 e 3"00 para 100 Peito, também em piscina curta.

Os nadadores devem iniciar as provas de 100 com frequências de braçadas que possam manter ao longo dos três quartos iniciais desses eventos; em seguida, devem aumentá-las em 1 ou 2 ciclos/min no segmento final de 25 m. O início dessas provas com frequências de braçadas demasiadamente elevadas fará com que os nadadores se cansem prematuramente, retardando sua velocidade de tal maneira no final da prova que, em geral, seus tempos totais possam ser mais lentos.

Apesar do que acabei de dizer, os atletas precisam nadar em uma velocidade ligeiramente superior durante a primeira metade das provas de 100, em comparação com a velocidade que podem manter ao longo de todo o evento; eles devem esperar por uma queda na velocidade de aproximadamente 0,10 m/s, ou cerca de 0"50 ao longo dos 25 m finais da prova por causa dessa velocidade inicial. Se os nadadores se preservarem demasiadamente, poderão não ser capazes de descontar a diferença ao final, mas ao mesmo tempo, não devem nadar em velocidade máxima do início ao fim.

200 Crawl

Em geral, nadadores bem-sucedidos nas provas de 200 jd/m utilizam duas variações de um plano de ritmo uniforme. Alguns começam a prova nadando na velocidade mais rápida que podem manter até o final do evento. Outros começam de forma ligeiramente mais lenta, mantêm um ritmo uniforme durante 150 m e, em seguida, terminam os 50 m finais com um tiro de velocidade que é um pouco mais rápido do que sua velocidade média na metade da prova. A maioria dos nados excepcionais nas provas de 200 m Crawl tem sido praticada com um ritmo uniforme, e com uma saída mais rápida.

Em geral, os atletas nadam os primeiros 50 m da prova aproximadamente 2"00 mais lentamente do que seu melhor tempo para um evento de 50; comumente, seu tempo na metade da prova é de 2"50 a 3"00 mais lento do que seu tempo mais rápido para um nado de 100 m

Crawl. Em seguida, esses nadadores mantêm uma velocidade relativamente constante ao longo do restante da prova. Em geral, os tempos de retardo entre a primeira e a segunda metade da prova situam-se entre 1"00 e 2"00.

Ao nadar uma prova de 200 m Crawl, os atletas devem selecionar uma combinação de frequência e comprimento das braçadas que possam manter durante toda a prova, sem que ocorra decréscimo significativo para qualquer dessas variáveis antes do término desta. Na maioria dos casos, os nadadores aumentarão suas frequências de braçadas em 1 ou 2 ciclos/min durante as últimas 50 jd/m da prova.

O nado de Pieter van den Hoogenband na prova de 200 m Crawl que lhe rendeu a medalha de ouro e o recorde mundial nos Jogos Olímpicos de 2000 foi selecionado como plano de ritmo representativo para esse evento. A Tabela 21.8 apresenta uma análise dessa prova.

Seu tempo para os primeiros 50 m da prova foi 24"44, e para os 100 m foi 50"85. Nesse *meeting*, os melhores tempos de Pieter para os 50 e 100 m Crawl foram 22"03 e 47"84. Portanto, seu tempo nos 50 m foi aproximadamente 2"50 mais lento do que seu melhor tempo, e seu tempo na altura dos 100 m foi cerca de 3"00 mais lento do que seu melhor tempo. Pieter estava se preservando basicamente no mesmo nível de um velocista durante as primeiras 100 jd/m de uma prova de 200 jd/m. Frequentemente, atletas fundistas e meio-fundistas nadarão as primeiras metades de suas provas dentro de aproximadamente 2"00 de seus melhores tempos, provavelmente porque dependem mais de sua capacidade aeróbica, ao longo da distância dessa prova.

O segundo trecho de 50 m nadado por Pieter foi aproximadamente 2"00 mais lento do que o primeiro trecho, em 26"41. Em seguida, esse tempo caiu para 27"36 durante o terceiro segmento de 50 m da prova. O atleta aumentou ligeiramente sua velocidade para 27"14 ao longo dos 50 m finais. Os retardos de Pieter, desde o primeiro até o último trecho de 50 m de sua prova situaram-se entre 2"00 e 3"00, e seu tempo de retardo do primeiro para o segundo trecho de 100 m da prova foi 4"50. Esses retardos são ligeiramente maiores do que o recomendado. Com base em outros grandes nados em provas de 200 m Crawl, pode-se argumentar que Pieter deveria ter nadado os primeiros 100 m da prova com velocidade ligeiramente menor, para reduzir seu retardo da primeira para a segunda metade da prova.

A velocidade de nado, as frequências de braçadas e os comprimentos das braçadas de Pieter foram listados para cada segmento de 25 m de sua prova. Sua velocidade de nado situou-se entre 1,87 e 1,95 m/s durante os primeiros 75 m da prova. Ele manteve sua velocidade entre 1,79 e 1,83 m/s ao longo dos 100 m seguintes e, em seguida, caiu para 1,74 m/s nos 25 m finais da prova.

A frequência de braçadas de Pieter nos primeiros 25 m, de 51 ciclos/min, foi ligeiramente mais alta do que sua frequência em qualquer outro momento durante a prova. Depois desse trecho, Pieter se estabilizou em uma faixa entre 43 e 48 ciclos/min. Também nesse caso, pode-se argumentar que o atleta poderia ter nadado a prova de maneira mais econômica, bastando manter uma frequência de braçadas na faixa de 44 a 46 ciclos/min ao longo de toda a prova.

O comprimento das braçadas alcançou o nível mais baixo durante os primeiros 25 m dos 200, quando sua frequência de braçadas estava mais alta. Pieter manteve o comprimento das braçadas entre 2,35 e 2,49 m/ciclo na metade da prova, diminuindo-o ligeiramente para 2,31 m/ciclo e, em seguida, para 2,26 m/ciclo durante os 50 m finais; nesse trecho, Pieter aumentou ligeiramente a frequência de braçadas.

Tabela 21.8   Plano de ritmo uniforme para 200 m Crawl, piscina longa

Pieter van den Hoogenband – 200 m Crawl – 1'45"35 Recorde mundial e medalha de ouro – Jogos Olímpicos de 2000 Tempo para 100 m – 47"84					
Distância	**Tempo (s)**	**Parciais (s)**	**Velocidade (m/s)**	**Frequência de braçadas (ciclos/min)**	**Comprimento das braçadas (m/ciclo)**
50	24"44		1,95	51/46	2,29/2,56
100	50"85	26"41	1,87	48/44	2,37/2,48
150	1'18"21	27"36	1,80	46/43	2,35/2,49
200	1'45"35	27"14	1,80	47/46	2,31/2,26
Tempo de saída	6"05 (15 m)				
Tempo de virada	7"40, 7"60, 7"88				
Tempo de finalização	2"92				

Fonte: Análises de competições de eventos de Natação, Jogos Olímpicos, Sydney, Austrália, 16-23 de setembro de 2000, preparadas pela Subcomissão de Biomecânica e Fisiologia do Esporte do COI.

O tempo de saída de 6"05 foi excelente. Em sua maioria, os competidores homens percorrem os primeiros 15 m dessa prova em tempos de 6"10 a 6"70. Seus tempos para as três viradas foram 7"40, 7"60 e 7"88. Nessa prova, esses tempos foram ligeiramente melhores do que os tempos da maioria de seus competidores: os tempos das viradas variaram de 7"40 até 7"90. O tempo de finalização da prova para Pieter foi 2"58, também um dos melhores tempos para o grupo: a faixa para todos os competidores foi de 2"30 a 2"80.

Pieter começou sua prova ligeiramente mais veloz do que o recomendável e, como resultado, sua queda de velocidade foi um pouco maior.

200 Borboleta

As provas de 200 Borboleta também devem ser uniformemente ritmadas. Em geral, os atletas nadam os primeiros 50 m da prova aproximadamente 2"00 mais lentamente do que seu melhor tempo para um evento de 50. Seu tempo no ponto médio da prova geralmente é 2"50 a 3"00 mais lento do que seu melhor tempo para um nado de 100 Borboleta. Esses nadadores mantêm uma velocidade relativamente constante ao longo de toda a prova, embora sua velocidade possa ser ligeiramente maior nos primeiros 50 e um pouco menor nos últimos 50 m em comparação com a velocidade na parte intermediária da prova. Em geral, a diferença de queda entre a primeira e a segunda metade da prova é de 3"00 a 4"50, maior do que a diferença na prova de nado Crawl. Essa maior queda se deve em parte ao fato de que a parcial para os 100 m finais inclui uma virada no nado Borboleta, enquanto isso não ocorre no nado Crawl, o que pode explicar 1"00 da diferença; provavelmente o restante se deve à natureza rigorosa desse tipo de nado. As flutuações de velocidade intraciclos são maiores no nado Borboleta do que no nado Crawl. Portanto, o nado Borboleta provavelmente exige mais esforço do que o nado Crawl para que seja mantida uma velocidade competitiva ao longo da primeira metade da prova.

Os nadadores de Borboleta, como os especialistas no nado Crawl, devem tentar nadar com velocidade constante durante toda a prova, em vez de começar com velocidade alta e reduzi-la mais tarde. Devem selecionar uma combinação de frequência e comprimento das braçadas que possam manter durante toda a prova, sem diminuir significativamente nenhum destes no final do evento. Muitos nadadores de Borboleta aumentarão suas frequências de braçadas em 1 ou 2 ciclos/min durante os últimos 50 da prova, na tentativa de manter sua velocidade de nado diante de um comprimento de braçadas em declínio.

O nado medalhista de ouro de Susan O'Neill no Campeonato Mundial de Natação de 1998 é representativo do plano de ritmo utilizado pela maioria dos nadadores bem-sucedidos nos 200 Borboleta. A Tabela 21.9 oferece uma análise de sua prova.

Esses dados mostram elementos tanto do padrão de ritmo rápido-lento, como de ritmo uniforme. Susan começou a prova com uma frequência de braçadas ligeiramente mais elevada do que era capaz de manter; como resultado, ao final da prova sua velocidade caiu ligeiramente. Seu ritmo foi relativamente uniforme do segundo até o sétimo segmento de 25 m da prova. Obviamente, a nadadora se poupou um pouco no início. Susan poderia ter sido capaz de nadar em um tempo mais rápido se tivesse reduzido sua frequência de braçadas para 50 ciclo/min durante os primeiros 25 m da prova; Mary T. Meagher, cujas parciais estão ilustradas na Tabela 21.10, seguiu esse planejamento quando estabeleceu o recorde mundial prévio nesse evento. Não foi divulgada informação acerca dos parâmetros de braçadas para esse nado vencedor.

Tabela 21.9 Plano de ritmo típico para 200 m Borboleta

Susan O'Neill – 200 m Borboleta – 2'07"93 Primeiro lugar – Campeonato Mundial de Natação de 1998 Tempo para 100 m – 29"27					
Distância	Tempo (s)	Parciais (s)	Velocidade (m/s)	Frequência de braçadas (ciclos/min)	Comprimento das braçadas (m/ciclo)
50	29"08		1,63/1,57	54/50	1,82/1,90
100	1'01"71	32"63	1,52	50	1,85
150	1'34"56	32"85	1,51	50	1,81
200	2'07"93	33"37	1,48	51	1,73
Tempo de saída	7"27 (15 m)				
Tempo de virada	9"49 (média de três viradas)				

Fonte: Análise Biomecânica, Campeonato Mundial de Natação de 1998, Perth, Austrália, 8-18 de janeiro de 1998, preparada pelo Departamento de Biomecânica, Instituto Australiano do Esporte.

Tabela 21.10 Parciais para o recorde mundial prévio de Mary T. Meagher para os 200 m Borboleta, piscina longa

Mary T. Meagher 200 m Borboleta – 2'05"96 Recorde mundial anterior – 1981 Tempo para 100 m – 57"93		
Distância	Tempo (s)	Parciais (s)
50	29'53	
100	1'01"41	31"88
150	1'33"69	32"28
200	2'05"96	32"27 (queda +3"14)

Fonte: Site oficial da USA Swimming. www.usswim.org

Mary T. ritmou sua prova nadando os primeiros 100 m 3"48 mais lentamente do que seu melhor tempo para os 100 m. Essa baixa velocidade provavelmente permitiu que a atleta nadasse os 50 m finais praticamente na mesma velocidade que nadou nos dois trechos intermediários de 50 m da prova.

Para que seja obtida máxima eficiência, é provável que os nadadores devam começar as provas de 200 com uma frequência de braçadas e velocidade que possam manter até o final. Esse padrão pode resultar em uma finalização de prova mais rápida, como ocorreu com Mary T., e com um tempo total mais rápido. Provavelmente não é boa ideia seguir um plano de ritmo com início mais lento e com o uso do ritmo de parciais negativas; os atletas não devem nadar atrás, passando pela turbulência deixada por seus competidores. Além disso, esse tipo de nado é tão rigoroso que provavelmente os nadadores passariam por dificuldades para aumentar sua velocidade o suficiente nos 50 m finais para que fosse compensado o início de prova com velocidade mais lenta. Por essas razões, recomendo que nadadores especializados em Borboleta tentem manter um ritmo uniforme durante todo o percurso da prova, como Mary T. fez, ou comecem a prova com uma primeira metade ligeiramente mais rápida e usem um fim de prova um pouco mais lento, como fez Susan O'Neill. Nadadores de Borboleta jamais devem tentar nadar essa prova com um tiro de velocidade do início ao fim do evento.

As parciais de Susan O'Neill para seu nado nos 200 m Borboleta que resultou no recorde mundial estão descritas na Tabela 21.11 como outro exemplo de um plano de ritmo uniforme com uma saída forte. Susan utilizou um plano parecido com o mostrado na Tabela 21.9. Infelizmente, não foi possível coletar seus parâmetros de braçadas para esse nado. Em seu lugar, utilizei os resultados do nado de Susan no Campeonato Mundial como exemplo para essa prova, pois pude obter esses parâmetros para o nado em questão.

Susan praticou os primeiros 100 m de seu nado recordista 1"47 mais rapidamente do que no seu nado no Campeonato Mundial de Natação de 1998. Naquela ocasião, seu tempo para 100 m tinha melhorado em praticamente 0"50, de modo que a atleta nadou seu primeiro segmento de 100 m da prova 1"52 mais lentamente do que seu tempo mais rápido para os 100 m Borboleta. Sua queda entre o primeiro e o segundo segmento de 100 m da prova foi de 5"57.

Os atletas nadam provas de 200 m Borboleta em piscina curta com planos de ritmo parecidos com os descritos para provas em piscina longa e tendem a nadar os primeiros 100 m 2"00 a 3"00 mais lentamente do que seu melhor tempo para 100 m. Comumente, a queda de velocidade entre o primeiro e o segundo segmento será inferior a que ocorre em uma prova em piscina longa, por causa das viradas extras em provas realizadas em piscina curta. Geralmente, os tempos de queda se situam nas vizinhanças de 3"50 a 4"50. As parciais para o recorde mundial dos 200 m Borboleta de James Hickman são mostradas, como exemplo, na Tabela 21.12.

O primeiro trecho de 100 m de Hickman foi 2"71 mais lento do que seu melhor tempo para os 100 m de

Tabela 21.11 Parciais para o recorde mundial de Susan O'Neill para os 200 m Borboleta, piscina longa

Susan O'Neill 200 m Borboleta – 2'05"81 Recorde mundial – 2000 Tempo para 100 m – 58"71		
Distância	Tempo (s)	Parciais (s)
50	28"51	
100	1'00"24	31"73
150	1'32"71	32"47
200	2'05"81	33"10 (queda +5"57)

Fonte: Swimnews Online. www.swimnews.com

Tabela 21.12 Parciais para o recorde mundial de 1998 de James Hickman para os 200 m Borboleta, piscina curta

James Hickman 200 m Borboleta – 1'51"76 Recorde mundial em piscina curta – 1998 Tempo para 100 m – 51"20		
Distância	Tempo (s)	Parciais (s)
50	25"53	
100	53"91	28"38
150	1'22"71	28"80
200	1'51"76	29"05 (queda +3"94)

Fonte: Swimnews Online. www.swimnews.com

nado Borboleta em piscina curta; essa redução na velocidade é parecida com aquela utilizada em provas de 200 m Borboleta em piscina longa. Hickman nadou o restante da prova a uma velocidade praticamente constante, com ligeira redução da velocidade nos 50 m finais, equiparando um padrão que ocorre em provas realizadas em piscina longa. Esse tempo de queda entre o primeiro e o segundo trecho de 100 m nessa prova em piscina curta foi 3"94, ligeiramente menor do que comumente observamos em provas de 200 m Borboleta em piscina longa.

200 Peito

Nesse evento, quase todos os nadadores bem-sucedidos também utilizam um plano de ritmo uniforme. Comumente, os atletas nadam o primeiro trecho de 50 da prova cerca de 2"00 mais lentamente do que seu melhor tempo para uma prova de 50. Em geral, o tempo na metade da prova é 2"00 a 3"00 mais lento do que o melhor tempo para um nado de 100 Peito. A queda entre o primeiro e o segundo trecho de 100 da prova fica habitualmente em 3"50 a 4"50. Os nadadores de Peito perdem mais tempo entre a primeira e a segunda metade das provas de 200, em comparação com nadadores de Crawl e de Costas, pelas mesmas razões mencionadas com relação às provas de 200 Borboleta: em primeiro lugar, a parcial para o primeiro trecho de 100 inclui uma virada, o que não ocorre no segundo trecho de 100; e em segundo lugar, o nado de Peito envolve grandes flutuações de velocidade intraciclos, maiores do que as variações de qualquer outro tipo de nado competitivo.

Os especialistas no nado de Peito devem nadar a uma velocidade constante ao longo dos primeiros 150 m da prova. Também devem utilizar uma frequência de braçadas constante durante esse trecho e fazer o máximo possível para aumentá-la no segmento final de 50. Em eventos recentes, muitos nadadores de Peito de classe mundial aumentaram significativamente suas frequências de braçadas nos 50 m finais de suas provas de 200 m. No Campeonato Mundial de Natação de 1998, seis dos oito finalistas aumentaram suas frequências de braçadas em 2 ciclos/min ou mais durante os últimos 50 m da eliminatória final da prova de 200 m Peito para homens. Todas as oito finalistas da prova de 200 m Peito para mulheres também seguiram essa estratégia nesse *meeting*; seis dessas atletas aumentaram suas frequências em mais de 5 ciclos/min.

Os comprimentos das braçadas devem ser razoavelmente constantes ao longo dos primeiros três quartos dessa prova e declinarão durante o trecho final de 50 m, quando os nadadores aumentam suas frequências de braçadas. A velocidade de nado deve permanecer razoavelmente constante ao longo de toda a prova.

Posso apenas especular sobre o motivo pelo qual atualmente tantos nadadores de Peito aumentam suas frequências de braçadas durante as partes finais de suas provas. As grandes variações da velocidade de nado intraciclo aumentam o consumo de energia no nado de Peito, em relação às provas nos nados Crawl e de Costas, mesmo quando os atletas nadam de maneira ritmada. Por essa razão, os nadadores de Peito podem optar intuitivamente por um nado com braçadas mais longas e frequências mais lentas na primeira metade ou nos três quartos iniciais de suas provas com o objetivo de conservar energia. Então, esses atletas aumentam significativamente suas frequências de braçadas na tentativa de manter sua velocidade de nado diante da iminente fadiga durante a parte final de suas provas.

Uma análise de prova para o nado vencedor de Agnes Kovacs nos 200 m Peito no Campeonato Mundial de Natação de 1998 foi selecionada como exemplo do plano de ritmo utilizado por muitos nadadores nessa prova. A Tabela 21.13 mostra uma análise da prova de Agnes.

Tabela 21.13 Plano típico de ritmo uniforme para provas de 200 m Peito

Agnes Kovacs – 200 m Peito – 2'25"45 Primeiro lugar – Campeonato Mundial de Natação de 1998 Tempo para 100 m – 1'08"68					
Distância	Tempo (s)	Parciais (s)	Velocidade (m/s)	Frequência de braçadas (ciclos/min)	Comprimento das braçadas (m/ciclo)
50	33"60		1,40	36	2,36
100	1'11"66	38"06	1,31	35	2,30
150	1'47"78	36"12	1,38	37	2,18
200	2'25"45	37"67	1,33	40/42	1,99/1,88
Tempo de saída	8"67 (15 m)				
Tempo de virada	10"94 (média de três viradas)				

Fonte: Análise Biomecânica, Campeonato Mundial de Natação de 1998, Perth, Austrália, 8-18 de janeiro de 1998, preparada pelo Departamento de Biomecânica, Instituto Australiano do Esporte.

Essa atleta utilizou um plano de ritmo uniforme, e suas frequências de braçadas foram razoavelmente constantes durante os primeiros 150 m da prova. Em seguida, ela aumentou a frequência substancialmente durante os 50 m finais. Listei suas frequências e seus comprimentos das braçadas para cada segmento de 25 m dos 50 m finais da prova como ilustração de seu desempenho no tiro de velocidade final.

A parcial de Kovacs para os primeiros 50 m da prova foi 33"60. Provavelmente esse tempo foi cerca de 2"26 mais lento do que seu melhor tempo para 50 m. Seu tempo nos 100 m foi 1'11"66, aproximadamente 3"00 mais lento do que seu tempo na prova de 100 m nesse mesmo *meeting*. Ela nadou o segundo trecho de 100 m da prova em 1'13"79, uma queda de 2"13 com relação aos primeiros 100 m. Suas parciais foram um pouco desiguais durante os 100 m intermediários da prova, com 38"06 no segundo trecho de 50 m e 36"12 no terceiro trecho de 50 m. Essa distribuição das parciais sugere que ela pode ter tentado fazer um ritmo de parciais negativas em sua prova, nadando fácil ao longo dos primeiros 100 m e, em seguida, recuperando substancialmente sua velocidade no terceiro trecho de 50 m. Isso foi um erro, porque resultou em um aumento do tempo para 37"67 durante os 50 m finais da sua prova. Teria sido melhor se ela tivesse mantido uma velocidade constante de cerca de 37"00 durante o trecho intermediário de 100 m e, em seguida, feito um esforço para aumentar sua velocidade durante os 50 m finais. Aumentos súbitos na velocidade antes do tiro de velocidade final exigem muito esforço e, comumente, não podem ser mantidos até o final da prova.

Kovacs utilizou uma frequência de braçadas razoavelmente constante entre 35 e 37 ciclos/min para os primeiros 150 m da prova. O comprimento das braçadas da nadadora foi 2,36 m/ciclo nos primeiros 50 m e 2,30 m/ciclo no segundo trecho de 50 m; em seguida, caiu para 2,18 m/ciclo durante o terceiro trecho de 50 m. Essa perda do comprimento das braçadas durante o terceiro trecho de 50 m provavelmente foi decorrente do aumento na frequência de braçadas da nadadora, porque sua parcial foi rápida nesse segmento da prova.

Durante os primeiros 50 m, sua velocidade foi de 1,40 m/s; em seguida, esta caiu muito, indo para 1,31 m/s no segundo trecho de 50 m e aumentou muito novamente para 1,38 m/s no terceiro trecho de 50 m.

Ela aumentou progressivamente sua frequência de braçadas para 40 e, em seguida, para 42 ciclos/min ao longo dos 50 m finais, em um esforço de tiro de velocidade até o final. O comprimento de suas braçadas despencou drasticamente assim como sua velocidade. Os comprimentos das braçadas foram 1,99 e 1,88 m/ciclo no primeiro e no segundo trecho de 25 m desses 50 m finais, e sua velocidade de nado caiu para 1,33 m/s durante esse mesmo segmento. A nadadora poderia ter sido mais prudente, no que tange ao estabelecimento do ritmo, em manter uma velocidade uniforme ao longo dos 100 m intermediários, aumentando em seguida sua frequência de braçadas nos 50 m finais. Ela poderia ter sido capaz de manter um comprimento das braçadas maior durante os 50 m finais se tivesse mantido sua frequência em 35 e 36 ciclos/min e se não tivesse se esforçado para manter sua velocidade durante o terceiro trecho de 50 m da prova.

O tempo de saída de Kovacs, de 8"67 para os primeiros 15 m da prova, foi a média de todas as finalistas; o tempo mais rápido foi 7"91 e o mais lento 8"99. Seu tempo médio para três viradas foi 10"94, a média mais lenta entre todas as finalistas. A melhor média foi 10"34, e quase todas as nadadoras tiveram tempos médios entre 10"51 e 10"67.

A prova de Kovacs não foi perfeitamente dividida, mas demonstra uma distribuição razoavelmente boa do esforço ao longo da distância total. O único erro cometido por ela é típico de nadadores que tentam fazer um ritmo de parciais negativas, porém é menos grave do que tentar nadar com demasiada rapidez no início da prova. As parciais de Mike Barrowman para seu recorde mundial de 1992 para os 200 m Peito, ilustradas na Tabela 21.14, demonstram melhor distribuição do esforço ao longo da extensão da prova. Não foi possível obter dados de frequência de braçadas, comprimento das braçadas e velocidade de nado para essa prova.

Mike nadou os primeiros 50 m em 30"43, o que provavelmente se situou na faixa entre 2"00 e 2"50 mais lenta do que seu melhor tempo para 50 m. Sua parcial para 100 m, 1'03"91, foi 1"79 mais lenta do que seu melhor tempo para 100 m. Na verdade, esse tempo está mais perto do seu melhor tempo para 100 m, em relação ao que a maioria dos atletas pode ou deve nadar na primeira metade de uma prova de 200 m. No entanto, esse tempo não foi rápido demais para Barrowman, pois ele foi capaz de

Tabela 21.14 Parciais para o nado recorde mundial dos 200 m Peito de Mike Barrowman nos Jogos Olímpicos de 1992, piscina longa

Mike Barrowman 200 m Peito – 2'10"16 Recorde mundial – Jogos Olímpicos de 1992 Tempo para 100 m – 1'02"12		
Distância	Tempo (s)	Parciais (s)
50	30"43	
100	1'03"91	33"48
150	1'37"12	33"21
200	2'10"16	33"04

Fonte: Site oficial da USA Swimming. www.usswim.org

nadar o restante da prova sem perder velocidade. Seus tempos de 33"48, 33"21 e 33"04 para os três trechos seguintes de 50 m representam velocidades de nado que foram parecidas com sua velocidade nos primeiros 50 m da prova, porque a primeira parcial incluiu um mergulho e não incluiu uma virada. A vantagem adquirida na saída e a ausência de uma virada provavelmente explicam toda (ou quase toda) a diferença de cerca de 3"00 entre os tempos para o primeiro trecho de 50 m e seus tempos para cada um dos segmentos seguintes de 50 m dessa prova.

Mike nadou a segunda metade da prova de 200 m Peito em 1'06"25. Assim, a queda na velocidade entre a primeira e a segunda metade da prova foi 2"24. Esse também foi um resultado excelente; quase todos os nadadores exibem quedas de 3"00 a 4"00 entre a primeira e a segunda metade dessa prova, mesmo quando ela é completada em bom ritmo.

Os atletas também devem nadar provas de 200 m Peito em piscina curta com um plano de ritmo uniforme: devem nadar os primeiros 50 e 100 m aproximadamente 2"00 a 3"00 mais lentamente do que seus melhores tempos para essas distâncias, como ocorre nas provas em piscina longa; os tempos de queda de velocidade entre a primeira e a segunda metade de suas provas comumente se situarão abaixo dos 3"50, por causa da velocidade e do descanso que conseguem com as viradas adicionais.

200 Costas

O melhor plano para essa prova é um ritmo uniforme, do mesmo modo que nos demais eventos de 200. Os atletas devem nadar os primeiros 50 m 2"00 a 3"00 mais lentamente que seu tempo mais rápido para os 50 m Costas. Os primeiros 100 m devem ser 2"00 a 3"00 mais lentos que seu melhor tempo para essa distância. A queda na velocidade entre o primeiro e o segundo trecho de 100

m da prova será menor do que em outros eventos na distância de 200, porque nadadores de Costas não ganham tanta velocidade com a saída na água em comparação com o ganho de velocidade para os especialistas nos outros tipos de nado, que saem do bloco de partida. Além disso, a parcial para os primeiros 100 m de sua prova inclui uma virada, enquanto isso não ocorre na parcial para o último trecho de 100 m. Portanto, a queda na velocidade entre o primeiro e o segundo segmento de 100 da prova de 200 Costas deve se situar na faixa de 1"20 a 2"00.

Os atletas devem tentar nadar em velocidade constante desde o início até o final dessa prova, mas em geral, sua velocidade cairá apenas um pouco nos 50 m finais, por causa do cansaço. Os nadadores devem optar pela frequência de braçadas mais rápida que possam manter durante toda a prova e, se possível, aumentá-la em 2 a 3 ciclos/min durante os 50 m finais. Seu comprimento das braçadas deve permanecer constante ao longo dos primeiros três quartos da prova. O comprimento declinará um pouco durante os 50 finais quando os competidores aumentam suas frequências de braçadas. Não obstante, suas parciais para os 50 finais devem ser tão rápidas quanto ou mais rápidas ainda que suas parciais para os 50 intermediários da prova.

A informação na Tabela 21.15 é para o nado primeiro lugar dos 200 m Costas de Lenny Krazelburg no Campeonato Mundial de Natação em Piscina Longa de 1998. A tabela ilustra a maioria dos fatores que devem ser incluídos em um plano de ritmo uniforme para esse evento. Foram indicados tanto a frequência como o comprimento de suas braçadas para cada um dos dois primeiros trechos de 25 da prova, com o objetivo de demonstrar como tais valores mudaram durante os primeiros 50 m. Também foram indicados a velocidade de nado, a frequência de braçadas e o comprimento das braçadas para cada um dos dois segmentos finais de 25 m da prova para mostrar como

Tabela 21.15   Plano típico de ritmo uniforme para provas de 200 m Costas

Lenny Krazelburg – 200 m Costas – 1'58"84 Primeiro lugar – Campeonato Mundial de Natação de 1998 Tempo para 100 m – 55"00					
Distância	Tempo (s)	Parciais (s)	Velocidade (m/s)	Frequência de braçadas (ciclos/min)	Comprimento das braçadas (m/ciclo)
50	28"66		1,61	46/40	2,11/2,41
100	58"81	30"15	1,57	40	2,33
150	1'28"74	29"93	1,59	43	2,23
200	1'58"84	30"10	1,57/1,54	45/46	2,11/1,99
Tempo de saída	7"03 (15 m)				
Tempo de virada	7"87 (média de três viradas)				

Fonte: Análise Biomecânica, Campeonato Mundial de Natação de 1998, Perth, Austrália, 8-18 de janeiro de 1998, preparada pelo Departamento de Biomecânica, Instituto Australiano do Esporte.

ele completou seu tiro de velocidade final até o término da prova.

Krazelburg nadou os primeiros 50 m da prova em 28"66, aproximadamente 3"50 mais lento do que seu melhor tempo para os 50 m Costas. No ponto médio da prova, seu tempo foi 58"81, 3"81 mais lento do que seu tempo vencedor nos 100 m Costas no mesmo *meeting*. Ele nadou o segundo trecho de 100 m da prova em 1'00"03, e assim seu tempo de queda da velocidade foi 1"22 do primeiro ao segundo trecho de 100 m. Suas parciais de 50 foram 28"66, 30"15, 29"93 e 30"10 para o primeiro até o quarto trecho de 50 m da prova, respectivamente.

Sua velocidade de nado foi constante até a parte média da prova; foi ligeiramente mais elevada nos primeiros 50 m, em 1,61 m/s, e permaneceu praticamente a mesma, entre 1,57 e 1,59 m/s, nos 125 m seguintes. A velocidade do nadador caiu ligeiramente para 1,54 m/s nos 25 m finais; provavelmente ele minimizou essa perda de velocidade nos 50 m finais dessa prova, mediante o aumento da sua frequência de braçadas.

A frequência de braçadas de Krazelburg foi mais alta nos primeiros 25 m, em comparação com a frequência praticada na metade da prova. Sua frequência de braçadas foi 46 ciclos/min no primeiro trecho de 25, e em seguida caiu para 40 ciclos/min no restante do primeiro trecho de 100 m. Em seguida, ele aumentou sua frequência de braçadas para 43 ciclos/min durante o terceiro trecho de 50 da prova, e para 45 e 46 ciclo/min em cada um dos dois últimos segmentos de 25 m. A frequência de braçadas mais elevada no início pode ter ocorrido porque o nadador estava nervoso, ou porque tentava manter o momento de sua pernada submersa quando atingiu a superfície. Ele poderia ter sido capaz de poupar energia sem perda de tempo se diminuísse sua frequência para aproximadamente 40 ciclos/min no segundo trecho de 25 m. É difícil dizer se o aumento de sua frequência de braçadas para 43 ciclos/min no terceiro trecho de 50 foi uma estratégia inteligente; ele poderia ter sido capaz de terminar a prova com mais força e com um tempo total melhor, se mantivesse uma frequência de braçadas de 40 ciclos/min nesse trecho de 50 m. Por outro lado, o atleta pode ter pensado que o comprimento de suas braçadas estava declinando e, assim, aumentou sua frequência de braçadas, como compensação.

O comprimento de suas braçadas foi curto, 2,11 m/ciclo, nos primeiros 25 m da prova e, em seguida, aumentou consideravelmente quando diminuiu sua frequência para 40 ciclos/min. Seu comprimento das braçadas estava em 2,41 m no segundo trecho de 25 m da prova, e em 2,33 m/ciclo durante o segundo trecho de 50 m, antes de cair para 2,23 m/ciclo no terceiro trecho de 50 m. Seu comprimento das braçadas caiu drasticamente para 2,11

e em seguida para 1,99 m/ciclo durante os dois segmentos finais de 25 m na prova, embora sua velocidade tenha permanecido alta, pois ele aumentou sua frequência de braçadas.

O tempo de saída de Krazelburg, de 7"03, foi o segundo melhor dos competidores da final. O melhor tempo foi 6"88, e os demais nadadores na final tiveram tempos de saída entre 7"16 e 7"52. Seu tempo de virada médio de 7"87 foi o melhor de todos os nadadores na prova. Os outros atletas tiveram tempos de virada médios entre 7"96 e 8"41.

O plano de ritmo para provas de 200 m Costas em piscina curta deve ser o mesmo para a mesma prova em piscina longa. Os atletas devem nadar a prova cerca de 2"00 a 3"00 mais lentamente do que seu melhor tempo para uma prova de 100 Costas em piscina curta. Ao contrário do que ocorre em outros eventos de 200 m, as quedas de tempo dos nadadores de Costas da primeira para a segunda metade da prova são aproximadamente idênticas, 1"20 a 2"00, independentemente de o evento ocorrer em piscina longa ou curta.

Sumário dos planos de ritmo para eventos de 200

Ao que parece, os planos de ritmo são parecidos para todos os eventos de 200. Idealmente, os nadadores devem começar no ritmo mais rápido que puderem manter ao longo de toda a prova, sem perda de velocidade no final. Devem nadar os primeiros 50 m dessas provas 2"00 a 3"00 mais lentamente que seu tempo mais rápido para os 50 m. Os primeiros 100 devem também ser 2"00 a 3"00 mais lentos que seu melhor tempo para tal distância. Suas quedas de tempo entre a primeira e a segunda metade dos eventos de nado Crawl e de Costas devem situar-se entre 1"00 e 2"00. Essas quedas de tempo devem ficar entre 3"00 e 4"50 nos eventos de Borboleta e de Peito. São duas as razões para a maior diferença de tempos nesse último par de eventos. Em primeiro lugar, as flutuações da velocidade são maiores nos nados de Peito e Borboleta em comparação com os outros dois nados competitivos; portanto, há necessidade de maior esforço para nadadores desses tipos de nado para que seus corpos sejam acelerados durante cada ciclo de braçadas. Em segundo lugar, a parcial para o primeiro trecho de 100 m não inclui uma virada nas provas de Borboleta e de Peito, enquanto a parcial para o segundo trecho de 100 m inclui uma virada.

Para que sua energia seja uniformemente distribuída ao longo de toda a distância da prova, os nadadores de provas de 200 devem manter uma velocidade de nado constante, desde o início até o final da prova. É difícil ter tal atitude em situações de competição, e quase todos os atletas nadarão um pouco mais rapidamente nos primeiros três quartos da prova e um pouco mais lentamente no último quarto. Talvez eles tenham de nadar dessa forma para permanecer com os líderes, evitando ter de nadar na turbulência, mas é provável que quase todos se sairiam melhor distribuindo seu esforço de modo que pudessem manter no trecho final de 50 m a mesma velocidade conseguida nos trechos de 50 m precedentes.

Muitos nadadores de 200 começam com uma frequência de braçadas mais alta do que a frequência que podem manter durante toda a prova. Em seguida, diminuem a frequência na metade da prova, voltando a aumentá-la no final. Em geral, mudanças súbitas na velocidade e no esforço aumentam desproporcionalmente a necessidade de energia; dessa maneira, os nadadores devem poupar esses esforços para o tiro de velocidade final. É provável que os nadadores sejam mais econômicos em seu uso de energia se selecionarem uma combinação de frequência de braçadas e de comprimento das braçadas que possam manter durante os primeiros três quartos da prova, aumentando ainda suas frequências de braçadas em 1 ou 2 ciclos/min durante o trecho final de 50. Nadadores de Peito talvez prefiram começar de forma ainda mais lenta, aumentando suas frequências de braçadas em 3 a 5 ciclos/min durante o trecho final de 50 m de suas provas. Talvez precisem estabelecer um ritmo mais cuidadoso do que os demais nadadores, por causa do elevado custo energético de seu tipo de nado.

Eventos de 400 m e 500 jd Crawl

Nesses eventos, grandes nados já foram realizados tanto com planos de ritmo uniforme como com parciais negativas. Alguns nados de Jogos Olímpicos, de Campeonatos Mundiais de Natação que resultaram em recordes mundiais foram realizados por nadadores que mantiveram uma velocidade relativamente constante ao longo dos primeiros 350 m da prova e, em seguida, passaram para um tiro rápido de velocidade no final. Atletas que nadaram a segunda metade da prova a uma velocidade relativamente mais rápida do que na primeira metade também realizaram nados excepcionais. A análise da prova que resultou no primeiro recorde mundial e na medalha de ouro dos Jogos Olímpicos de 2000 de Ian Thorpe, mostrada na Tabela 21.16, ilustra um plano de ritmo uniforme com final de prova rápido.

As parciais de Ian foram 1'48"86 para os primeiros 200 m e 1'51"73 para o segundo trecho de 200 m dessa prova. À primeira vista, essas parciais parecem ser um exemplo de nado em ritmo alternado (rápido-lento) e não de nado em ritmo uniforme. Quando as parciais são examinadas por trechos de 100 m, passa a ser mais evidente o plano de ritmo uniforme. Depois dos primeiros 100 m, nadados em 52"64, ele nadou a uma velocidade relativamente constante de aproximadamente 56"00 para os dois trechos seguintes de 100 m. Ian acelerou o ritmo nos 100 m finais, que foram nadados pelo atleta em 55"50.

É provável que seu tempo para os primeiros 100 m dessa prova tenha ficado cerca de 3"00 mais lento do que seu melhor tempo para os 100 m em piscina longa. Seu tempo de 1'48"86 nos 200 m foi aproximadamente 3"50 mais lento que seu melhor tempo para 200 m Crawl nesse ponto de sua carreira.

A velocidade de nado de Ian nos primeiros 50 m da prova, 1,91 m/s, foi mais rápida do que em qualquer outra ocasião; o nadador diminuiu para uma velocidade entre 1,73 e 1,76 m/s para o restante da prova. Como outra prova do ritmo uniforme, sua frequência de braçadas foi constante, entre 35 e 38 ciclos/min para os 350 m finais da prova. Sua frequência foi mais alta durante os primeiros 50 m da prova, em 46 ciclos/min.

Tabela 21.16 Plano típico de ritmo uniforme para provas de 400 m Crawl

Ian Thorpe – 400 m Crawl – 3'40"59 Recorde mundial e medalha de ouro – Jogos Olímpicos de 2000 Tempo para 200 m – 1'45"37					
Distância	**Tempo (s)**	**Parciais (s)**	**Velocidade (m/s)**	**Frequência de braçadas (ciclos/min)**	**Comprimento das braçadas (m/ciclo)**
100	24"48/52"64		1,91/1,75	46/35	2,66/2,97
200	1'48"86	56"22	1,74	35	2,89
300	2'45"09	56"23	1,73	37	2,82
400	3'40"59	55"50	1,76	38	2,76
Tempo de saída	NA				
Tempo de virada	7"86 (média de sete viradas)				
Tempo de finalização	NA				

Fonte: Análise Biomecânica, Campeonato Mundial de Natação de 2000, Sydney, Austrália, 16-23 de setembro de 2000, preparada pelo Departamento de Biomecânica, Instituto Australiano do Esporte.

A distância de Ian por braçada nos primeiros 50 m, 2,66 m/ciclo foi curta, provavelmente por causa de sua alta frequência de braçadas. O comprimento de suas braçadas foi longo, 2,97 m/ciclo, no segundo trecho de 50 m da prova, quando sua frequência de braçadas estava em 35 ciclos/min. Depois desse trecho, sua distância por braçada permaneceu entre 2,79 e 2,89 m/ciclo (média, 2,86) ao longo da parte intermediária da prova. O comprimento das braçadas caiu ligeiramente para 2,76 m/ciclo durante o trecho final de 100 m quando sua frequência de braçadas aumentou para 38 ciclos/min.

Não foram disponibilizados os tempos de Ian para saída e término dessa prova. Seu tempo médio para sete viradas foi 7"86, uma das melhores médias entre os finalistas. A maioria destes utiliza mais de 8"00 para percorrer os 15 m da entrada e da saída de suas viradas. Nesse evento, a maioria dos atletas homens geralmente fica com tempos de saída na faixa entre 6"30 e 7"00. Seus tempos de término da prova situaram-se geralmente em uma faixa entre 2"30 e 2"90.

Os planos de ritmo de Ian representam um modo efetivo para nadar essa prova. Ao longo dos anos, a maioria dos grandes nados da prova de 400 m Crawl em piscina longa tem sido realizada com planos de ritmo uniforme parecidos com o plano de Ian, embora muitos tenham ritmado os primeiros 50 m com velocidade ligeiramente menor. Consequentemente, suas parciais durante os primeiros segmentos de 100 e 200 m das provas de 400 m foram aproximadamente 5"00 a 6"00 mais lentas que seus melhores tempos para essas distâncias. Então, esses atletas nadaram o segundo trecho de 200 m em um tempo que foi apenas 1"00 a 2"00 mais lento que o primeiro trecho. Suas frequências de braçadas e velocidades, como no caso de Ian, permaneceram constantes ao longo de toda a prova depois dos primeiros 50 m, e eles foram capazes de aumentar ligeiramente suas frequências de braçadas, e consequentemente suas velocidades de nado, durante os 50 ou 100 m finais.

Atletas fundistas podem nadar mais perto de seus melhores tempos na primeira metade da prova; muitos podem nadar os primeiros 100 e 200 m dessa prova em menos de 3"00 a 4"00 além de seus melhores tempos para essas distâncias. Nadadores meio-fundistas comumente têm de desacelerar um pouco mais, porque obtêm a maior parte de sua energia do metabolismo anaeróbico.

Nesse evento, os nadadores devem selecionar uma frequência de braçadas que lhes permita nadar em velocidade constante por 350 m e que, em seguida, permita-lhes aumentar sua velocidade nos 50 a 100 m finais em aproximadamente 1"00 por 100 m. Provavelmente esses atletas deveriam nadar muito devagar no início da prova para que fossem capazes de nadar os 100 m finais 2"00 ou 3"00 mais rapidamente do que faziam durante a metade da prova.

Aqueles nadadores que preferem utilizar um ritmo de parciais negativas nesse evento comumente nadam os primeiros 200 m um pouco mais lentamente do que os nadadores que optam pelo ritmo uniforme; então, aqueles atletas aumentarão gradualmente sua velocidade ao longo dos 150 m seguintes, fazendo um tiro de velocidade nos 50 m finais. Nadadores que optam pelo ritmo de parciais negativas não devem tentar aumentar subitamente sua velocidade na altura dos 200 m. O esforço para tal desempenho será excessivo, e eles terão dificuldade em terminar a prova com um tiro de velocidade vigoroso. Seu aumento na velocidade deve ser gradual dos 200 até os 350 m, trabalhando para um tiro de velocidade nos 50 m finais. Suas frequências de braçadas devem aumentar apenas ligeiramente durante a segunda metade da prova. O aumento de 1 ciclo/min seria satisfatório até o tiro de velocidade nos 50 m finais, quando a frequência de braçadas poderá aumentar em mais 1 a 2 ciclos/min. Nadadores que optam pelo ritmo de parciais negativas também podem dar suas braçadas com um pouco mais de força até o tiro de velocidade final.

O excepcional nado de Janet Evans, que resultou no seu recorde mundial e na medalha de ouro dos 400 m Crawl nos Jogos Olímpicos de 1988, é um exemplo excelente de prática do ritmo de parciais negativas. A Tabela 21.17 lista suas parciais.

Janet nadou os primeiros 200 m dessa prova em 2'02"14 e os 200 m finais em 2'01"71. Obviamente, sua velocidade foi mais rápida no segundo trecho de 100 m, pois ela não teve a vantagem de uma saída do bloco. Suas parciais foram 59"99 e 1'02"15 para os dois primeiros segmentos de 100 m dessa prova. Em seguida, ela aumentou ligeiramente seu ritmo para 1'01"26 durante o terceiro segmento de 100 m e nadou os 100 m finais em um tempo rápido de 1'00"45.

Tabela 21.17 Nado recorde mundial de Janet Evans para os 400 m Crawl

Janet Evans 400 m Crawl – 4'03"85 Recorde mundial e medalha de ouro Jogos Olímpicos de 1988 Tempo para 200 m – NA		
Distância	Tempo (s)	Parciais (s)
100	59"99	
200	2'02"14	1'02"15
300	3'03"40	1'01"26
400	4'03"85	1'00"45

Os planos de ritmo para os eventos de 400 m e 500 jd Crawl em piscina curta devem ser similares aos padrões para piscina longa que acabei de descrever. O ritmo deve ser uniforme para os primeiros 350 m da prova de 400 m e para as primeiras 450 jd da prova de 500 jd. Os segmentos finais de 50 jd/m das duas provas devem ser nadados a uma velocidade ligeiramente mais rápida do que nas partes intermediárias. Um exemplo de prova de 400 m Crawl em piscina curta ritmada com estratégia excelente é o nado recordista mundial de Grant Hackett nesse evento, cuja descrição está na Tabela 21.18.

Hackett nadou os primeiros 200 m dessa prova em 1'47"11, e os 200 m finais em 1'47"90. Não foi fornecido seu melhor tempo para uma prova de 200 m Crawl em piscina curta, mas ele nadou 1'46"67 em uma prova de 200 m em piscina longa. Consequentemente, com certeza ele está ritmando no início da prova. Provavelmente esse atleta nadou os primeiros 200 m aproximadamente 5"00 a 6"00 mais lentamente do que era capaz de nadar em um evento de 200 m em piscina curta com máximo esforço.

As parciais de Hackett para cada segmento de 200 m dessa prova dão a impressão de que o nadador estava utilizando um plano de ritmo com parciais negativas. O atleta ganhou uma vantagem de 1"00 ou 2"00 nos primeiros 200 m dessa prova, por causa de seu início com saída em um bloco. Consequentemente, Hackett nadou o segundo trecho de 200 m em uma velocidade média mais rápida do que no primeiro trecho. Uma análise de suas parciais por segmentos de 100 m revela que ele nadou aproximadamente na mesma velocidade por 300 m; em seguida, terminou a prova com um tiro de velocidade. Ele nadou os primeiros 100 m em 52"40, e os próximos dois trechos em 54"71 e 54"99; em seguida, nadou os 100 m finais em 52"93, o que é ligeiramente mais rápido do que havia nadado nos dois segmentos intermediários de 100 m. O tempo de Hackett de 52"40 para os primeiros 100

Tabela 21.18 Parciais para o nado de Grant Hackett, recorde mundial dos 400 m Crawl em piscina curta em 1999

Grant Hackett 400 m Crawl – 3'35"01 Nado recorde mundial em piscina curta de 1999 Tempo para 200 m – NA na época		
Distância	Tempo (s)	Parciais (s)
100	52"40	
200	1'47"11	54"71 (queda +2"31)
300	2'42"08	54"99
400	3'35"01	52"93 (1'47"90)

A diferença entre o primeiro e o segundo trecho de 200 m foi +0"79.
Fonte: Swimnews Online. www.swimnews.com

Tabela 21.19 Parciais para o recorde norte-americano de Tom Dolan para as 500 jd Crawl no Campeonato de Natação para Homens da NCAA de 1997

Tom Dolan 500 jd Crawl – 4'08"75 Nado recorde norte-americano de 1997 Tempo para 200 m – NA na época		
Distância	Tempo (s)	Parciais (s)
100	47"07	
200	1'37"51	50"45 (queda +3"44)
300	2'27"93	50"41
400	3'18"33	50"40 (1'50"81)
500	4'08"75	50"42

Fonte: Site oficial da USA Swimming. www.usswim.org

m representa a mesma velocidade utilizada na metade de sua prova. O tempo foi mais rápido apenas por causa da influência da saída. Essa distribuição de parciais representa um plano de ritmo uniforme para a maior parte da prova, com um tiro de velocidade rápido no final.

O ritmo utilizado por Tom Dolan durante seu nado recorde norte-americano de 1997 para as 500 jd Crawl está ilustrado na Tabela 21.19. Para essa prova, seu tempo foi notável: 4'08"75. Dolan utilizou um plano de ritmo uniforme, embora tenha nadado as primeiras 100 jd a uma velocidade ligeiramente mais rápida do que fez no restante da prova. Seu tempo foi 47"07 para as primeiras 100 jd; depois disso, sua velocidade foi razoavelmente constante em cerca de 50"40 para cada um dos trechos de 100 jd restantes da prova. Suspeito que o atleta poderia ter sido capaz de nadar com velocidade ligeiramente mais rápida nas 100 jd finais da prova, e talvez tivesse alcançado um tempo geral ligeiramente mais rápido se tivesse nadado as primeiras 100 jd a uma velocidade um pouco menor.

Não foi informado o melhor tempo de Dolan para as 200 jd Crawl, mas provavelmente ficou nas vizinhanças de 1'33 a 1'34. Portanto, o atleta nadou as primeiras 200 jd da sua prova de 500 jd aproximadamente 4"00 mais lento do que seu melhor tempo provável para essa distância.

Eventos de 800 m e 1.000 jd Crawl

Um ritmo uniforme durante toda a prova com uma finalização rápida parece ser a estratégia preferida dos nadadores especialistas nesses eventos. As parciais para o nado recorde mundial de Janet Evans na prova de 800 m Crawl em piscina longa, ilustradas na Tabela 21.20, representam um bom exemplo de padrão em ritmo uniforme. Janet nadou os primeiros 100 m dessa prova em 1'00"20 e os próximos seis segmentos de 100 m aproximadamente na mesma velocidade do primeiro trecho, excluindo a influência da saída; ela nadou aqueles segmentos em tempos entre 1'02"33 e 1'02"80. Seu tempo de 1'00"68 para os 100 m finais representa sua velocidade maior na prova.

Em geral, os atletas nadam os primeiros 200 m desse evento entre 3"00 e 5"00 mais lentamente do que seu melhor tempo para os 200 m Crawl. Seu ritmo ao longo dos primeiros 400 m situa-se entre 4"00 e 6"00 mais lentamente do que seu melhor tempo para os 400 m Crawl. Os tempos para cada metade da prova devem ser praticamente idênticos.

A Tabela 21.21 ilustra uma análise da prova de 800 m Crawl de Brooke Bennett durante o Campeonato Mundial de Natação de 1998 em piscina longa. Essa análise inclui dados sobre o comprimento e a frequência de braçadas, e a velocidade de nado dessa nadadora, o que pode ajudar na demonstração da natureza do ritmo uniforme dessa prova.

Bennett nadou os primeiros 400 m dessa prova 5"50 mais lentamente que seu tempo para 400 m no mesmo *meeting* e os sete trechos seguintes de 100 m em tempos entre 1'03"40 e 1'04"60. Sua velocidade e frequência de braçadas foram razoavelmente constantes durante todo o percurso. A atleta manteve uma velocidade de nado entre 1,49 e 1,55 m/s na parte intermediária da prova, e sua frequência de braçadas ficou entre 54 e 55 ciclos/min. Sua velocidade aumentou para 1,69 m/s, embora sua frequência de braçadas tenha caído para um valor médio de 53 ciclos/min durante os 100 m finais da prova. O comprimento das braçadas diminuiu ligeiramente desde a saída até o final da prova, começando em 1,73 m/ciclo e diminuindo para apenas 1,60 m/ciclo na altura dos 500 m. Esse parâmetro aumentou novamente para algo entre 1,69 e 1,72

m/ciclo quando ela reduziu sua frequência de braçadas durante os 150 m finais.

Suas perdas de comprimento das braçadas, velocidade e tempo na última parte da prova sugerem que ela poderia ter tido melhor desempenho se tivesse nadado os primeiros 200 m da prova com esforço ligeiramente menor. Não obstante, a prova ilustra um plano de ritmo uniforme bem executado, com forte finalização de prova, característica da maioria dos nados bem-sucedidos nessa distância.

O tempo médio para as viradas de Brooke foi 8"93, um dos melhores entre as finalistas. Os tempos médios para

Tabela 21.20 Parciais para o nado recorde mundial de Janet Evans para os 800 m Crawl em piscina longa

Janet Evans 800 m Crawl – 8'16"22 Recorde mundial – 1989 Tempo para 400 m – 4'03"85		
Distância	**Tempo (s)**	**Parciais (s)**
100	1'00"20	
200	2'02"53	1'02"33
300	3'05"12	1'02"59
400	4'07"92	1'02"80
500	5'10"27	1'02"35
600	6'12"82	1'02"55
700	7'15"54	1'02"72
800	8'16"22	1'00"68

Parciais por trechos de 200 m: 2'02"53, 2'05"39, 2'04"90, 2'03"40
Parciais por trechos de 400 m: 4'07"92, 4'08"30
Fonte: Swimnews Online. www.swimnews.com

Tabela 21.21 Plano típico de ritmo uniforme para 800 m Crawl em piscina longa

Brooke Bennett – 800 m Crawl, piscina longa – 8'29"19 Primeiro lugar – Campeonato Mundial de Natação de 1998 Tempo para 400 m – 4'06"85					
Distância	**Tempo (s)**	**Parciais (s)**	**Velocidade (m/s)**	**Frequência de braçadas (ciclos/min)**	**Comprimento das braçadas (m/ciclo)**
100	1'01"53		1,57	54	1,73
200	2'04"93	1'03"40	1,55	54	1,71
300	3'08"74	1'03"61	1,52	54	1,68
400	4'12"35	1'03"61	1,51	55	1,65
500	5'16"01	1'03"66	1,52	55	1,60
600	6'20"61	1'04"60	1,49	54	1,65
700	7'25"27	1'04"58	1,49	53	1,72
800	8'29"19	1'03"92	1,69	52/54	1,69/1,70
Tempo de virada	8"93 (média de 15 viradas)				

Fonte: Análise Biomecânica, Campeonato Mundial de Natação de 1998, Perth, Austrália, 8-18 de janeiro de 1998, preparada pelo Departamento de Biomecânica, Instituto Australiano do Esporte.

as viradas das oito nadadoras variaram entre 8"80 e 9"20. Não foram disponibilizados os tempos de saída e de finalização da prova para a atleta, mas um exame atento dos resultados do Campeonato Mundial de Natação de 1998 demonstrou que as finalistas nessa prova tiveram tempos de saída que variaram entre 5"48 e 8"17. A faixa para os tempos de finalização ficou entre 2"68 e 3"12.

Os nadadores utilizam o mesmo plano de ritmo uniforme nas provas de 1.000 jd Crawl: nadam a uma velocidade constante durante 900 jd, aumentam gradualmente sua velocidade durante o segmento seguinte de 50 jd, e fazem um tiro de velocidade para as 50 jd finais. Em geral, as parciais nas 200 e 500 jd ficam entre 4"00 e 5"00 mais lentas do que seu melhor tempo para essas distâncias. As primeiras 100 jd comumente serão cerca de 4"00 mais lentas do que o melhor tempo do nadador para essa distância. Em geral, as outras parciais para a prova serão 2"00 mais lentas do que a primeira parcial, e o tempo para as 100 jd finais em uma prova de 1.000 jd ficará perto do tempo de cada nadador durante as primeiras 100 jd da prova.

Provas de 1.500 m e 1.650 jd Crawl

Como ocorre com as provas em distâncias diferentes, muitos nadadores utilizam um plano de ritmo uniforme durante praticamente toda a prova, terminando com um tiro de velocidade rápido. Os atletas nadam aproximadamente na mesma velocidade desde o início da prova até as 100 ou 200 jd/m finais, quando aumentam gradualmente a velocidade até executarem um tiro de velocidade durante as 50 jd/m finais. Muitos nadam os primeiros 400 m de uma prova de 1.500 m entre 8"00 e 10"00 mais lentamente do que seu melhor tempo para os 400 Crawl. A Tabela 21.22, com a análise do nado de 1.500 m de Grant Hackett, quando esse atleta conquistou o Campeonato Mundial de 1998, demonstra adequadamente esse padrão.

Grant nadou os primeiros 200 m da prova cerca de 6"00 mais lentamente do que seu melhor tempo para a mesma distância e os primeiros 400 m cerca de 9"00 mais lentamente do que seu melhor tempo para a distância. Ele nadou os primeiros 100 m em um tempo de 55"67 e os 100 m restantes da prova aproximadamente 4"00 mais lentamente que os primeiros 100 m, exceto os 100 m finais, quando aumentou sua velocidade para 57"31.

A velocidade e a frequência de braçadas de Grant foram ligeiramente mais altas durante os primeiros 50 m em comparação com os parâmetros obtidos mais adiante na prova. No entanto, depois disso, o atleta nadou suas par-

Tabela 21.22 Plano típico de ritmo uniforme para 1.500 m Crawl em piscina longa

Grant Hackett – 1.500 m Crawl, piscina longa – 14'51"70 Primeiro lugar – Campeonato Mundial de Natação de 1998 Tempo para 400 m – 3'44"88					
Distância	Tempo (s)	Parciais (s)	Velocidade (m/s)	Frequência de braçadas (ciclos/min)	Comprimento das braçadas (m/ciclo)
100	55"67		1,75/1,66	42/40	2,53/2,49
200	1'54"62	58"95	1,63	40	2,47
300	2'54"04	59"42	1,62	40	2,46
400	3'53"99	59"95	1,60	40	2,43
500	4'53"80	59"81	1,61	39	2,45
600	5'53"69	59"89	1,60	40	2,41
700	6'53"53	59"84	1,60	39	2,45
800	7'53"73	1'00"20	1,59	39	2,44
900	8'53"78	1'00"05	1,59	39	2,44
1.000	9'54"84	1'00"06	1,59	39	2,44
1.100	10'54"88	1'00"04	1,59	39	2,44
1.200	11'54"98	1'00"10	1,59	39	2,43
1.300	12'55"04	1'00"06	1,59	39	2,44
1.400	13'55"39	1'00"35	1,58	38	2,45
1.500	14'51"70	57"31	1,67	40	2,51
Tempo de virada	8"08 (média de 29 viradas)				

Fonte: Análise Biomecânica, Campeonato Mundial de Natação de 1998, Perth, Austrália, 8-18 de janeiro de 1998, preparada pelo Departamento de Biomecânica, Instituto Australiano do Esporte.

ciais a uma velocidade relativamente constante entre 1,59 e 1,60 m/s e em uma frequência de braçadas constante, entre 39 e 40 ciclos/min. Ele nadou mais rapidamente os 100 m finais, em 1,67 m/s; para tanto, aumentou ligeiramente sua frequência de braçadas para 40 ciclos/min e seu comprimento das braçadas para 2,51 m/ciclo.

O tempo médio de Grant para 29 viradas durante a prova foi 8"08. Essa foi a segunda melhor média entre os finalistas do Campeonato Mundial de Natação de 1998. A melhor média foi 7"99, e os demais finalistas tiveram tempos médios de virada entre 8"12 e 8"64. Não foram informados seus tempos de saída e finalização da prova. Tipicamente, os tempos de saída variam entre 6"50 e 7"50 para competidores homens nesse evento. Em geral, os tempos de finalização da prova ficam entre 2"40 e 3"00.

As provas de 1.500 m Crawl e 1.650 jd Crawl em piscina curta também devem ser nadadas com um ritmo uniforme e uma finalização rápida. As parciais para o nado recorde norte-americano de 1997 de Tom Dolan para as 1.650 jd, listadas na Tabela 21.23, demonstram o plano de ritmo uniforme que a maioria dos nadadores bem-sucedidos têm utilizado nessa prova.

Depois de uma saída rápida nas primeiras 100 jd, quando teve uma parcial de 48"96, Dolan nadou uma prova equilibrada com tempos de aproximadamente 53"00 por 100 jd para as primeiras 1.200 jd. Nesse ponto, ele acelerou ligeiramente o ritmo, para cerca de 52"50. Suas últimas 50 jd da prova foram nadadas com um tempo rápido de 24"13.

As primeiras 200 jd dessa prova foram aproximadamente 8"00 mais lentas que seu melhor tempo provável para 200 jd. Seu tempo nas 500 jd foi aproximadamente 8"00 mais lento do que seu melhor tempo para essa distância. Seus tempos para os dois segmentos seguintes de 500 jd foram 4'27 e 4'23.

Eventos de Medley individual

É difícil calcular os melhores padrões de ritmo para provas de Medley individual, porque as reduções de tempos são inconclusivas quando os nadadores mudam de tipos de nado durante cada quarto da prova. Apesar disso, a duração desses eventos torna imperativo que os nadadores utilizem algum tipo de ritmo para que possam ser bem-sucedidos. Com base em outros eventos, acredito que uma distribuição do esforço em ritmo uniforme ao longo da distância da prova deve ser o melhor método a ser utilizado.

Outro problema na determinação do modo como os atletas estabelecem o ritmo das provas de Medley individual é que se torna impossível dizer o ritmo de cada segmento com base nos tempos, frequências de braçadas, comprimentos das braçadas ou velocidades de nado. Certamente, esses parâmetros diferem de um tipo de nado

para outro e de atleta para atleta, mesmo quando os atletas nadam com o mesmo efeito relativo. Consequentemente, minhas sugestões com relação à velocidade para a execução de cada tipo de nado durante uma prova de Medley individual tomaram por base minhas experiências com nadadores nesses eventos.

200 Medley individual

Atletas que nadam provas de 200 Medley individual comumente completam as primeiras 50 jd/m Borboleta cerca de 1"00 mais lentamente que seu melhor tempo para um tiro de velocidade para a mesma distância; a parcial do nado de Costas é aproximadamente 3"00 mais lenta do que seu melhor tempo para 50 jd/m desse tipo de nado; o nado de Peito é 5"00 a 6"00 mais lento; e o nado Crawl é aproximadamente 4"00 mais lento.

Outro modo de examinar o ritmo nesse evento consiste em considerar a diferença entre tempos para cada segmento. Essas diferenças não serão idênticas para todos os nadadores, pois cada um deles será relativamente mais forte ou mais fraco do que outros atletas nos diversos tipos de nado. Contudo, a experiência demonstrou que es-

Tabela 21.23 Parciais para o nado de Tom Dolan, recorde norte-americano das 1.650 jd Crawl no Campeonato de Natação para homens da NCAA de 1997

Tom Dolan 1.650 jd Crawl – 14'29"31 Recorde norte-americano – Campeonato de Natação para Homens da NCAA de 1997 Tempo para 500 jd – 4'08"75		
Distância	**Tempo (s)**	**Parciais (s)**
100	48"96	
200	1'41"25	52"29
300	2'34"11	52"86
400	3'27"26	53"15
500	4'20"79	53"53
600	5'14"11	53"32
700	6'07"32	53"21
800	7'00"79	53"47
900	7'54"46	53"67
1.000	8'48"16	53"70
1.100	9'41"56	53"40
1.200	10'34"71	53"15
1.300	11'27"28	52"57
1.400	12'20"04	52"76
1.500	13'12"54	52"50
1.600	14'05"18	52"64
1.650	14'29"31	24"13

Fonte: Site oficial da USA Swimming. www.usswim.org

sas diferenças são notavelmente semelhantes de nadador para nadador, mesmo levando em consideração esse fator complicador; portanto, nessa prova a comparação das diferenças em tempo de uma parcial para outra pode servir como orientação sobre o que os nadadores devem esperar entre suas parciais, de um tipo de nado para o nado seguinte. Com base nessa colocação, a parcial do nado de Costas em uma prova de 200 m Medley individual comumente será 3"00 a 4"00 mais lenta que a etapa de Borboleta. Comumente, o nado de Peito será 4"00 a 5"00 mais lento que o nado de Costas. A parcial final de nado Crawl em geral será 5"00 a 7"00 mais rápida que o tempo para o segmento de Peito e similar ao tempo para a etapa de Borboleta da prova. Essas relações entre segmento são válidas tanto para eventos em piscina longa, como em piscina curta. A Tabela 21.24 ilustra uma análise de uma prova de 200 m Medley individual em piscina longa que se encaixa nesse padrão; tal análise foi preparada para o nado medalha de ouro de Yana Klochkova nos Jogos Olímpicos de 2000.

Os nadadores tendem a utilizar frequências de braçadas um pouco mais altas para cada tipo de nado nos 200 MI, em comparação com o que atletas de provas de 200 m tipicamente utilizam em cada um desses tipos de nado. Ao mesmo tempo, as frequências de braçadas dos nadadores de MI são ligeiramente menores do que aquelas utilizadas por nadadores de provas de 100. Essa tendência não ficou evidente em cada uma das parciais de Klochkova, mas tem sido característica da maioria dos nadadores de classe mundial na prova de 200 Medley individual. Seu uso de frequências de braçadas mais altas nessa prova indica que os atletas nadam em um nível superior de esforço pelo menos durante os primeiros três quartos dessa prova, em comparação com o esforço despendido se estivessem competindo em uma prova de 200 em um nado simples. O descanso proporcionado às fibras musculares com a mudança de tipos de nado é o fator que, provavelmente, permite-lhes nadar com mais esforço durante os eventos de Medley individual.

O tempo de Yana foi 9"20 para a virada de Borboleta para Costas; a faixa ficou entre 9"10 e 9"50 para as demais competidoras. Seu tempo foi 10"08, tanto para a virada de Costas para Peito, como para a virada de Peito para nado Crawl. Estes foram bons tempos; a faixa entre competidoras de classe mundial nessa prova fica entre 10"00 e 10"50. Os tempos de saída variaram entre 7"30 e 7"80 para as nadadoras nesse evento no Campeonato Mundial de 1998, e os tempos de finalização da prova para essas nadadoras variaram entre 2"74 e 3"02.

Infelizmente, não dispomos de informações acerca da frequência de braçadas, do comprimento das braçadas e da velocidade de nado utilizados pelas nadadoras nas

Tabela 21.24 Análise do nado medalha de ouro de Yana Klochkova na prova de 200 m Medley individual nos Jogos Olímpicos de 2000

Yana Klochkova – 200 m Medley individual – 2'10"68 Primeiro lugar – Jogos Olímpicos de 2000					
Distância	Tempo (s)	Parciais (s)	Velocidade (m/s)	Frequência de braçadas (ciclos/min)	Comprimento das braçadas (m/ciclo)
Borboleta 25	13"34		1,65	55	1,81
Borboleta 50	28"70	15"36	1,60	53	1,83
Costas 75			1,47	42	2,09
Costas 100	1'01"78	33"08	1,48	42	2,13
Peito 125			1,33	46	1,74
Peito 150	1'40"05	38"27	1,26	46	1,66
Crawl 175			1,63	48	2,02
Crawl 200	2'10"68	30"63	1,61	46	2,08
Tempos das viradas	(15 m) 9"20 Borboleta/ Costas, 10"08 Costas/ Peito, 10"08 Peito/Crawl				
Tempo de saída	7"62 (15 m)				
Tempo de finalização	2"70				

Fonte: Análises de competições de eventos de Natação, Jogos Olímpicos de 2000, Sydney, Austrália, 16-23 de setembro de 2000, preparadas pela Subcomissão de Biomecânica e Fisiologia do Esporte do IOC.

provas de 200 Medley individual em piscina curta, porém as parciais do recorde norte-americano de Summer Sanders indicam um plano de ritmo semelhante ao da prova em piscina longa. (Suspeito que essas nadadoras têm como possibilidade fazer uma prova de Medley individual em piscina curta com velocidade ligeiramente mais rápida do que em uma prova em piscina longa, porque farão mais viradas.) As parciais de Summer Sanders estão ilustradas na Tabela 21.25.

400 Medley individual

Os atletas devem nadar a parte de Borboleta dessa prova aproximadamente 2"50 a 3"00 mais lentamente do que seus tempos mais rápidos para 100 jd/m Borboleta. Em geral, as etapas de Costas e Crawl são 6"00 a 7"00 mais lentas do que os melhores tempos de determinado nadador para esses tipos de nado e distâncias. É comum a etapa de Peito ser 8"00 a 10"00 mais lenta. Por sua vez, geralmente o tempo da etapa de nado Crawl é semelhante ao tempo para a etapa de abertura (Borboleta).

Um atleta com habilidade aproximadamente igual em todos os tipos de nado executaria a etapa de Costas dessa prova 4"00 a 5"00 mais lentamente do que seu tempo para a etapa de abertura (Borboleta). A etapa de Peito seria 5"00 a 12"00 mais lenta do que a etapa de Costas, e a finalização com a etapa de Crawl seria 10"00 a 15"00 mais rápida que o segmento com nado de Peito. Aparentemente, essas relações parecem ser válidas tanto para provas de 400 Medley individual em piscina longa como em piscina curta.

O nado vencedor de Tom Dolan no Campeonato Mundial de 1998 foi selecionado como exemplo de um bom plano de ritmo para os 400 MI. A Tabela 21.26 ilustra uma análise para essa prova e lista os dados para cada

Tabela 21.25 Parciais para o recorde norte-americano de Summer Sanders para o nado de 200 jd Medley individual no Campeonato de Natação para Mulheres da NCAA

Summer Sanders 200 jd Medley individual – 1'55"45 Recorde norte-americano – Campeonato de Natação para Mulheres da NCAA de 1992			
Distância	Tempo (s)	Parciais (s)	
Borboleta	50	25"08	
Costas	100	54"59	29"51 (+4"51)
Peito	150	1'27"70	33"11 (+3"60)
Crawl	200	1'55"45	27"75 (–5"36)

Fonte: Site oficial da USA Swimming. www.usswim.org

segmento de 50 m da prova, com o objetivo de demonstrar o modo uniforme de distribuição dos esforços do nadador ao longo de cada segmento de 50 m para determinado tipo de nado.

A parcial de Tom para os primeiros 100 m (nado Borboleta) foi 58"54, e sua frequência de braçadas foi 53 ciclos/min para os primeiros 50 m e 50 ciclos/min para o segundo trecho de 50 m Borboleta. A velocidade e o comprimento das braçadas foram mais altos durante os primeiros 50 m da etapa de nado Borboleta, em 1,70 m/s e 1,94 m/ciclo. Esses parâmetros caíram para 1,57 m/s e 1,89 m/ciclo durante o segundo segmento de 50 m. Obviamente, Tom ritmava a etapa de Borboleta dessa prova. Suas frequências foram ligeiramente mais rápidas do que aquelas dos nadadores de classe mundial da prova de 200 m Borboleta, mas foram mais lentas do que as frequências que os nadadores de classe mundial utilizam nas provas de 100 m Borboleta.

O atleta nadou sua etapa de Costas em 1'03"77 com frequências de braçadas de 40 e 39 ciclos/min para cada

Tabela 21.26 Análise do nado vencedor de Tom Dolan na prova de 400 m Medley individual no Campeonato Mundial de Natação de 1998

Tom Dolan – 400 m Medley individual – 4'14"95 Primeiro lugar – Campeonato Mundial de Natação de 1998					
Distância	Tempo (s)	Parciais (s)	Velocidade (m/s)	Frequência de braçadas (ciclos/min)	Comprimento das braçadas (m/ciclo)
Borboleta	50	27"29		1,70	53	1,94
	100	58"54	31"26	1,57	50	1,89
Costas	150	1'31"14	32"60	1,53	40	2,29
	200	2'02"31	31"17	1,60	39	2,35
Peito	250	2'38"32	36"01	1,34	45	1,79
	300	3'15"16	36"84	1,30	46	1,70
Crawl	350	3'45"83	30"67	1,63	43	2,29
	400	4'14"95	29"12	1,68	43	2,36

Fonte: Análise Biomecânica, Campeonato Mundial de Natação de 1998, Perth, Austrália, 8-18 de janeiro de 1998, preparada pelo Departamento de Biomecânica, Instituto Australiano do Esporte.

trecho de 50 daquele segmento de 100 m. Essas frequências foram aproximadamente idênticas às utilizadas por muitos nadadores homens especialistas nos 200 m Costas. O comprimento das braçadas de Tom foi 2,29 m/ciclo no primeiro segmento de 50 m dessa parcial e 2,35 m/ciclo no segundo trecho. Sua velocidade aumentou de 1,53 m/s para 1,60 m/s no segundo trecho de 50, quando o nadador reduziu sua frequência de braçadas para 39 ciclos/min e aumentou seu comprimento das braçadas para 2,35 m/ciclo.

Sua parcial para a etapa de Peito da prova foi 1'12"85. Suas frequências de braçadas foram 45 e 46 ciclos/min no primeiro e segundo trechos de 50 da etapa de Peito, que foram consideravelmente mais rápidas do que as frequências utilizadas pela maioria dos nadadores homens dos 200 m Peito, mas 3 a 5 ciclos/min mais lentas do que as frequências utilizadas nos eventos de 100 Peito. O comprimento das braçadas de Tom caiu de 1,79 m/ciclo para 1,70 m/ciclo, do primeiro para o segundo segmento de 50 m dessa etapa. Como resultado, sua velocidade de nado diminuiu de 1,34 para 1,30 m/s.

Ele nadou os 100 m finais de nado Crawl em 59"79. Sua frequência de braçadas foi idêntica para os dois segmentos de 50 m da etapa de nado Crawl, em 43 ciclos/min; tal frequência é semelhante àquela utilizada por muitos nadadores de classe mundial dos 400 m Crawl. O comprimento das braçadas aumentou de 2,29 para 2,36 m/ciclo entre o primeiro e o segundo segmento de 50 m, e sua velocidade de nado também aumentou, de 1,63 para 1,68 m/s.

Não foram informados os tempos de saída, virada e finalização da prova de Dolan. Uma revisão dos resultados para o Campeonato Mundial de Natação de 1998 demonstrou que os nadadores homens nessa prova tiveram tempos de saída entre 6"53 e 6"92. Os tempos de virada variaram de 8"72 a 9"36 para a virada de Borboleta para Costas, de 9"32 a 10"20 para a virada de Costas para Peito, e de 9"64 a 9"92 para a virada final de Peito para Crawl. Nessa prova, os tempos de finalização ficaram entre 2"60 e 2"93 para os competidores homens.

Ao competir nos 400 MI, os nadadores parecem utilizar frequências de braçadas em cada tipo de nado semelhantes às frequências que os nadadores utilizam para os mesmos tipos de nado em provas de 200; nem sempre isso ficou evidente com Dolan. Esse atleta tendia a ter uma frequência de ciclos (*turnover*) mais lenta em alguns tipos de nado, mas outros finalistas nessa prova utilizaram frequências de braçadas para cada tipo de nado semelhantes às frequências de braçadas utilizadas em provas de 200. Como ocorre na prova de 200 MI, a mudança de tipos de nado provavelmente proporciona algum alívio, permitindo que os atletas tenham um ritmo mais intenso nessa prova do que utilizariam se tivessem que nadar todos os 400 m utilizando apenas um tipo de nado. É também provável que algumas fibras musculares cansadas tenham oportunidade de descansar quando os atletas mudam de tipo de nado. Então, as fibras que estavam descansando assumem a carga de trabalho.

Ensinando nadadores a estabelecer um ritmo

O método mais comumente utilizado por treinadores para ensinar ritmo consiste em fazer com que os atletas nadem repetições em trechos abaixo das distâncias das provas com as velocidades de prova desejadas. Lamentavelmente, os atletas, em geral, nadam essas velocidades sem distribuir uniformemente seu esforço ao longo da distância da repetição. Comumente, os atletas nadam a primeira metade da repetição com uma frequência de braçadas mais elevada e com velocidade mais rápida do que fazem na segunda metade. Os nadadores precisam se concentrar na distribuição equitativa de seus esforços ao longo da extensão dos nados ritmados, de modo que aprendam a nadar na velocidade correta e da maneira mais econômica; devem também fazer experiências com diferentes frequências e comprimentos das braçadas para encontrar a combinação que lhes permita nadar em seu ritmo desejado e com o menor esforço. Na época em que ocorrerão os principais *meetings* dos nadadores, estes deverão ser capazes de nadar repetições de um quarto ou menos da distância, abaixo de 0"20 a 0"50, de seu ritmo ideal para determinada prova.

Nos exemplos de estabelecimento de ritmo apresentados nas Tabelas 21.1 a 21.26, muitos atletas nadaram mais rapidamente e com frequências de braçadas mais elevadas no início de suas provas. Uma saída demasiadamente rápida é um erro comum. Os atletas devem ser treinados para utilizar as frequências de braçadas e velocidades que utilizarão ao longo de todas essas provas; assim procedendo, ocorrerá atraso na acidose, e os nadadores poderão terminar suas provas com tempos mais rápidos. Por essa razão, os nadadores devem praticar o ritmo para que a prova seja iniciada desde a saída do bloco com maior precisão e devem restringir suas frequências de braçadas e velocidades àqueles valores que serão utilizados durante toda a prova.

Nados ritmados para as partes intermediárias das provas devem ter início a partir de uma virada entre as etapas de Borboleta e de Peito, de modo que os tempos reflitam com precisão seu verdadeiro ritmo. Os nadadores podem utilizar uma impulsão de saída para provas dos nados Crawl e de Costas, embora, nesses tipos de nado, a saída com uma virada proporcione melhor percepção do ritmo para a metade da prova.

Nados quebrados também são um modo excelente para ensinar ritmo. Os atletas podem partir a prova em partes, praticando o nado no ritmo apropriado durante cada segmento; também devem praticar a Natação com uma distribuição uniforme do esforço ou com um aumento gradual na velocidade, em conformidade com o plano de ritmo preferido. Os nadadores sempre deverão fazer um tiro de velocidade nos 50 finais de seus nados quebrados, para que se condicionem a aumentar sua velocidade durante o segmento final de suas provas.

Frequências de braçadas podem proporcionar outro modo excelente para que os nadadores avaliem seus ritmos para eventos de Natação. Aprender a controlar a frequência de braçadas é o modo mais rápido e fácil de aprender a ritmar as provas. O capítulo anterior tratou desse tópico; portanto, neste ponto revisarei apenas algumas das sugestões.

Os nadadores devem determinar a combinação ideal de frequência e de comprimento das braçadas para cada prova em que competirão, o que lhes permitirá nadar na velocidade de prova desejada com o menor esforço. Depois de terem determinado a melhor combinação de frequência e comprimento, poderão ritmar suas provas de maneira eficiente, aprendendo a controlar e manter essa combinação praticamente ao longo de toda a distância da prova. Um número surpreendentemente pequeno de nadadores demonstra estar consciente da relação entre manutenção de uma frequência de braçadas constante e minimização dos gastos de energia. Nadar com uma frequência de braçadas e velocidade constantes durante a maior parte da prova resultará em menor uso de energia do que uma mudança de velocidade. O modo de utilização da energia pelo corpo é parecido com o modo de consumo de gasolina por um automóvel: se uma pessoa dirigir determinada distância a uma velocidade constante de 65 km/h, isso resultará em pequeno consumo de gasolina; porém, se essa pessoa dirigir a mesma distância na mesma velocidade média, mas variando a velocidade do automóvel entre 40 e 90 km/h, ocorrerá consumo muito maior de gasolina. Os nadadores devem aprender a percorrer suas distâncias de prova da maneira mais econômica, o que deve ocorrer com uma distribuição uniforme do esforço.

Os atletas podem utilizar frequências de braçadas de maneira efetiva com nados quebrados, para praticarem a distribuição adequada do esforço ao longo de toda a extensão da prova e para descobrirem a combinação ideal de frequência de braçadas e comprimento das braçadas. O cálculo das frequências de braçadas para cada segmento de um nado quebrado pode tornar os nadadores mais conscientes da manutenção de uma velocidade constante; eles também podem experimentar diferentes combinações de frequências e comprimentos das braçadas, para determinar o modo mais econômico de nadar determinada prova.

Mencionei anteriormente que os nadadores devem iniciar suas provas com uma frequência de braçadas que possam manter desde a saída até o término do evento. Um método ainda melhor seria nadar os primeiros trechos das provas com uma frequência de braçadas ligeiramente mais lenta e, em seguida, aumentá-la gradualmente nas partes finais das provas, à medida que ocorre declínio do comprimento das braçadas. Conforme foi demonstrado pelas análises de nados excepcionais, os comprimentos das braçadas realmente tendem a declinar mais para o final das provas, à medida que o cansaço vai se instalando. É possível que os nadadores sejam capazes de neutralizar a tendência de redução no comprimento das braçadas, com a redução de sua velocidade por meio do autotreinamento, objetivando o aumento progressivo de suas frequências de braçadas durante todas as provas.

O método que acabei de descrever é provavelmente uma boa opção de uso em provas com distâncias de 200 jd/m e mais longas. O melhor modo para nadar eventos de 100 jd/m pode consistir no uso de uma frequência de braçadas constante durante toda a prova, porque a velocidade inicial é o fator mais importante durante provas mais curtas. Provavelmente os nadadores devem experimentar os dois métodos, até saberem qual deles funciona melhor para cada caso.

ESTRATÉGIA

Embora geralmente o estabelecimento de um ritmo resulte em tempos mais rápidos, nem sempre esses tempos ganharão competições. Em provas entre competidores com tempos parecidos, frequentemente o nadador que fizer um movimento inesperado, que complique o plano da prova dos seus competidores, vencerá. Um movimento surpreendente pode assustar ou desmoralizar um competidor, fazendo com que ele responda com um desempenho ruim. Por essas razões, os nadadores devem tomar conhecimento das estratégias ofensivas e defensivas para a realização da prova; devem saber quando fazer movimentos inesperados que desconcertarão seus oponentes e aprender como reagir quando um oponente nada sua prova de maneira não prevista.

Táticas ofensivas

Os nadadores podem lançar mão de diversas táticas ofensivas para ajudá-los, ou a seus companheiros de equipe, a ter êxito em suas provas. Descreverei essas táticas nas seções seguintes.

Iniciar uma prova com maior rapidez do que o esperado

Contra oponentes inexperientes e contra aqueles com um forte tiro de velocidade no final da prova, começar a prova com maior rapidez do que o esperado pode funcionar bem. Essa tática também é útil para nadadores, particularmente os fundistas, que não têm uma forte pernada de finalização da prova quando nadam provas de média distância contra atletas que têm pernada de finalização forte.

Nadadores inexperientes podem ficar desmoralizados quando um oponente assume inesperadamente a liderança no início da prova. Embora o líder possa se cansar mais rapidamente por causa do súbito aumento de velocidade, ainda assim conseguirá vencer a prova, porque a liderança inicial pode fazer com que os oponentes desistam antes do final.

Começar uma prova com maior rapidez do que o esperado também funciona bem contra nadadores que gostam de usar um ritmo de parciais negativas em suas provas. Frequentemente, esses nadadores não conseguem acelerar sua velocidade mais tarde, a menos que tenham nadado lentamente no início da prova. Um começo rápido pode complicar o plano de prova dos nadadores praticantes do ritmo de parciais negativas. Se esses nadadores forem forçados a nadar com mais rapidez do que haviam planejado manter no início da prova, talvez não possam completar a prova da maneira forte com que habitualmente finalizam. Portanto, nadadores que dependem mais da capacidade aeróbica do que da velocidade podem ser capazes de equiparar-se a um oponente comumente mais rápido durante o tiro de velocidade final.

Iniciar uma prova com menor rapidez do que o esperado

A tática de iniciar provas mais lentamente do que o esperado pode ser utilizada vantajosamente por um nadador que esteja competindo contra alguém que tenha um tempo mais rápido. O nado lento no início das provas pode iludir um oponente, fazendo com que este nade mais lentamente do que havia planejado; como resultado, um nadador mais lento pode ser capaz de acompanhar outro mais rápido, sem ficar cansado. Consequentemente, o tiro de velocidade final até o término da prova oferecerá uma oportunidade para vencê-la.

Uso de um tiro de velocidade para desgarrar na metade da prova

Contra um oponente que tenha tempo similar, um tiro de velocidade na metade da prova, com o objetivo de desgarrar os oponentes, pode ser uma boa tática. Essa estratégia pode desmoralizar um oponente, o qual pode achar que sua chance de vencer desapareceu e, com isso, desacelera.

Assumir a liderança

Assumir a liderança no início de uma prova é vantajoso, particularmente em piscinas turbulentas e em provas de nado Borboleta. Os líderes podem criar turbulência

significativa em qualquer tipo de nado, particularmente quando as raias são estreitas e quando as linhas das raias e quebra ondas da piscina não estão bem construídas. A Natação na esteira dos competidores aumenta a energia que o nadador precisa consumir para combater o arrasto das ondas; portanto, os nadadores devem assumir a liderança quando perceberem que podem fazê-lo sem perder demasiada velocidade no final da prova. No entanto, quando o ritmo parece ser rápido demais para que o nadador assuma a liderança, ele deve permanecer o mais próximo possível dos líderes para que seja reduzida a distância de rabeira que deve descontar, mesmo se isso significar um nado ligeiramente mais rápido do que havia planejado.

Nadar no vácuo

Nadar no vácuo significa nadar na esteira de um competidor. Os nadadores dizem que nadar no vácuo reduz seu gasto de energia para uma prova, porque são tracionados para frente pelos nadadores posicionados imediatamente ao lado. Devido à cavitação, a pressão da água será mais baixa na área imediatamente atrás do oponente; por causa disso, atletas que nadam junto ao lado da raia, perto das pernas ou imediatamente atrás dos pés de um competidor em uma raia adjacente, executarão braçadas em uma área de baixa pressão criada pela esteira das pernadas de seu oponente. Ao fazê-lo, serão tracionados para frente, na direção da área de alta pressão à frente daquele nadador, consumindo menos energia para suplantar a resistência da água. Essa tática fará com que os nadadores fiquem com mais energia para suplantar seus competidores durante o tiro de velocidade final. Chatard et al. (1998) calcularam que o nado no vácuo (i. e., atrás) de outro nadador pode melhorar o tempo do atleta em 9"50 em um trecho de 400 m. Ainda está por ser confirmado se esses cálculos são precisos. Apesar disso, a experiência dos nadadores de competição tem sido universal: o nado no vácuo realmente poupa energia.

Proteção de um colega de equipe

Nas competições duplas (*dual meet*), em algumas situações os nadadores utilizam a técnica de proteção do colega de equipe. Um nadador de determinada equipe no meio da piscina nadará deliberadamente em um ritmo lento no início da prova, para fazer com que o oponente que nada em uma raia interna adjacente aja da mesma forma. Enquanto isso, um dos primeiros colegas de equipe do atleta, que nada em uma raia externa, assumirá a liderança e tentará vencer a prova, ou pelo menos ultrapassará os nadadores da outra equipe. Essa tática funciona melhor quando o nadador que está fazendo a proteção tem, de longe, o melhor desempenho na piscina. Frequentemente o competidor fica com temor de assumir a liderança; portanto, os adversários podem nadar uma prova lenta e perder, não apenas para o nadador que está fazendo a proteção mas também para seu colega de equipe.

Esconder-se do oponente

Alguns nadadores se qualificarão de propósito em uma velocidade lenta, para que possam nadar em uma raia externa, longe dos principais competidores em um evento de campeonato ou de atletas convidados. É muito provável que esses nadadores assim procedam quando é sabido que seu oponente é um bom competidor, ou é um nadador que gosta de deixar os competidores na rabeira. A competição em uma raia externa permite que o nadador que está escondido nade a prova em seu melhor ritmo. Ao mesmo tempo, o oponente poderá estar apostando corrida com competidores mais lentos no meio da piscina, sem perceber que o nadador em uma raia externa está liderando a prova.

Táticas defensivas

Os nadadores podem utilizar diversas estratégias defensivas para contra-atacar as táticas ofensivas que acabei de descrever.

Neutralização de um competidor que inicia a prova mais rapidamente do que o esperado

Um nadador jamais deve permitir que um competidor consiga grande dianteira durante as partes iniciais de uma prova. O oponente pode ficar motivado e energizado, se lhe for permitido obter uma dianteira substancial; mais tarde, poderá ficar mais difícil tirar a diferença. O nadador deve permanecer perto o bastante para superar seu rival, mesmo que isso signifique nadar com maior rapidez do que o planejado no início da prova. Se o nadador e um oponente têm tempos parecidos, o oponente trabalhará intensamente para ficar na frente e não terá condições de finalizar a prova com maior rapidez. O fato de que o oponente não pode desgarrar na prova poderá também causar sua desmoralização. Consequentemente, se o nadador permanecer atrás, mas perto do competidor, poderá ser capaz de assumir a liderança quando este começar a cansar.

Neutralização de um competidor que inicia a prova mais lentamente do que o esperado

O nadador não deve ter medo de assumir a liderança quando um competidor começa a prova com maior lentidão do que o esperado. Alguns nadadores são tão devotados a um plano de ritmo de parciais negativas que sua expectativa é permanecer atrás nos primeiros estágios das provas, recusando-se a assumir a liderança, mesmo quando o ritmo da prova está demasiadamente lento. Nadadores com boa resistência aeróbica, particularmente aqueles com velocidade de tiro marginal, não devem deixar que sejam iludidos a nadar lentamente durante as primeiras partes de uma prova; eles devem conhecer suficientemente seu melhor ritmo para cada prova, de modo que não venham a ser induzidos a cometer esse erro. Caso isso ocorra, poderão ser superados no tiro de velocidade final por um oponente mais rápido, porém com menor resistência, se não obtiverem logo uma dianteira naquele momento da prova em que isso era possível.

Neutralização de um tiro de velocidade na metade da prova para desgarrar

O nadador não deve deixar um competidor desgarrar em qualquer ponto da prova, mesmo se o ritmo exigido para permanecer com ele pareça ser demasiadamente rápido. Se o nadador e seu oponente tiverem tempos parecidos, provavelmente o oponente usará mais energia tentando avançar, em comparação com a energia consumida pelo nadador na tentativa de permanecer perto. O oponente que puder desgarrar poderá ganhar confiança. Por outro lado, um oponente que esteja tentando desgarrar poderá ficar desencorajado se essa tentativa fracassar; nesse caso, o nadador que ficou nas proximidades poderá ser capaz de suplantá-lo, vencendo a prova.

Neutralização do competidor no vácuo

Defensivamente, os nadadores devem tentar nadar no centro de suas raias, para que os competidores não possam ficar no vácuo. Quando um oponente tenta ficar no vácuo do nadador, este deverá se movimentar para o outro lado da raia, para reduzir o arrasto. Esse movimento deve ocorrer durante uma virada, quando o nadador puder trocar de lado sem nadar grande distância. Os nadadores sempre deverão ter domínio das posições dos oponentes nas raias contíguas.

Neutralização de um oponente que tenta proteger um colega de equipe

Os nadadores devem estar bem treinados, para que saibam quando nadam com demasiada lentidão em determinada prova. Não devem ficar com medo de assumir a liderança quando um oponente, mesmo se este tiver um tempo mais rápido, nadar em um ritmo lento no início da prova; devem avançar de modo a ficarem atentos àqueles oponentes nas raias externas que possam tentar assumir a liderança no início da prova.

Neutralização da tentativa do oponente de se esconder

Os nadadores devem se esforçar para conhecer as raias onde nadarão seus principais competidores para que possam vigiá-los durante a prova. Para tanto, devem ler as listas de designação das raias ou ouvir as designações de raias anunciadas antes da prova. Os nadadores jamais devem se encaminhar para o bloco de partida sem saber a posição de seus principais competidores em uma prova.

Ensino de estratégias ofensivas e defensivas em uma prova

Um bom procedimento de treinamento para preparação dos nadadores com relação ao uso de táticas ofensivas e neutralização das táticas defensivas durante as provas consiste em fazer com que os atletas nadem algumas das suas repetições de práticas em velocidades que sejam tanto mais rápidas como mais lentas do que o ritmo planejado para uso em certas provas. Nadando com maior rapidez do que o ritmo da prova durante o treinamento, os nadadores aprenderão até onde podem desviar-se de seu ritmo previsto sem perder demasiada velocidade mais para o final de suas provas. Dentro desse mesmo raciocínio, exercícios de nados mais lentos do que o ritmo de prova ajudarão os atletas a perceber aquelas ocasiões em que estão sendo manipulados para nadar com demasiada lentidão nas provas.

Os treinadores devem orientar os nadadores quando estes cometerem erros ofensivos ou defensivos durante as provas e, então, devem projetar exercícios para que eles sejam treinados na utilização da tática apropriada. Para essa finalidade, são excelentes as tomadas de tempo e os nados quebrados.

Capítulo 22

Aquecimento e relaxamento

Novo nesta edição:

- Análise dos últimos achados científicos sobre aquecimento e relaxamento.

O aquecimento é um procedimento consagrado pelo uso e considerado como prelúdio necessário para todas as atividades físicas. Acredita-se que o aquecimento ajudará os atletas a se prepararem tanto fisiologica como mentalmente para a competição ou o treinamento vindouro. O nado de relaxamento, ou simplesmente relaxamento, como é também conhecido, permite que os atletas se recuperem com mais rapidez depois de uma prova ou uma sessão de treinamento.

AQUECIMENTO

Nesta seção, descreverei o valor do aquecimento e os procedimentos que devem ser utilizados pelos nadadores para sua realização. Como parte desse mesmo tópico, também discutirei o valor da massagem, tanto antes como depois da competição, e o valor da hiperventilação imediatamente antes da saída das provas.

Valor do aquecimento

Como já disse, o aquecimento traz benefícios tanto fisiológicos como mentais. Fisiologicamente, um bom aquecimento prepara o sistema circulatório para fornecer mais oxigênio para os músculos, além de prepará-los para utilização mais rápida do oxigênio. O aquecimento promove o alongamento das articulações e dos músculos, aumentando sua amplitude de movimento de modo que o atleta possa praticar a Natação com mais eficiência e habilidade; além disso, aumenta a velocidade da contração

muscular, de modo que o nadador possa executar movimentos poderosos imediatamente no início da prova. Outro fator positivo é que a prática do aquecimento diminui a possibilidade de ocorrência de lesões musculares e articulares.

O aquecimento pode funcionar como período de ensaio físico e mental para a competição vindoura, podendo ajudar os nadadores a se ajustarem ao ambiente de diferentes locais de competição. Os nadadores podem utilizar o aquecimento para um ensaio físico, ao trabalharem suas técnicas de braçadas, refinarem saídas e viradas para a competição que está por vir, e ao praticarem ritmos e frequências de braçadas para os vários eventos como forma de se prepararem para a realização desses procedimentos com precisão e eficiência durante a competição.

Os nadadores também podem fazer um ensaio mental de suas provas durante o aquecimento. Enquanto nadam em um ritmo fácil na piscina, ou ao praticarem tiros de velocidade e nados ritmados, podem planejar suas provas, concentrando-se nos aspectos de seu desempenho que os conduzirão ao sucesso.

Os nadadores podem ficar acostumados ao ambiente que os cerca durante o aquecimento. Cada piscina é percebida de forma peculiar pelo nadador, apresentando problemas específicos com os pontos de referência de identificação, como bandeirolas para o nado de Costas, blocos de partida e outros itens utilizados pelos nadadores durante as provas. Os nadadores devem utilizar o período de aquecimento para que fiquem acostumados com esse ambiente circunjacente, de modo que possam executar suas saídas e viradas com precisão.

Parâmetros do aquecimento

Treinadores e atletas devem compreender diversos aspectos sobre o aquecimento, antes que possam estabelecer um protocolo inteligente. Esses aspectos dizem respeito à intensidade, à duração e ao momento de realização do aquecimento.

Intensidade

Outrora, a opinião predominante era que o aquecimento seria efetivo apenas se fosse suficientemente vigoroso para elevar as temperaturas dos músculos acima do normal (DeVries 1974). Atualmente, sabemos que aquecimentos vigorosos podem prejudicar o desempenho, caso resultem em fadiga pré-competição. Hermiston e O'Brien (1972) chegaram a essa conclusão quando testaram um grupo de voluntários para duas corridas de 220 jd simuladas em esteira rolante. Os voluntários fizeram uma corrida depois de 10 min de aquecimento a 60% do $\dot{V}O_2$ máx e uma segunda corrida depois do aquecimento na intensidade de 30% do $\dot{V}O_2$ máx. O dispêndio de oxigênio da corrida depois do aquecimento mais intenso foi maior do que para a corrida precedida pelo aquecimento de baixa intensidade.

Houmard et al. (1991) também informaram que um aquecimento que consiste em um nado de baixa intensidade funcionou melhor do que procedimentos mais vigorosos para nadadores de competição. Esses autores compararam os efeitos dos seguintes procedimentos de aquecimento no desempenho durante tomadas de tempo para as 400 jd: (1) sem aquecimento, (2) um aquecimento com um nado de 1.500 m em baixa intensidade, (3) um aquecimento com 4 tiros de velocidade $\times$ 50 m em 1 min e (4) uma combinação de nado de 1.500 m em baixa intensidade e 4×50 em 1 min. Eles concluíram que o nado em baixa intensidade melhorou o desempenho e que a inclusão de algum nado em alta intensidade não melhorou o efeito. Diversos outros estudos publicados (DeBruyn-Prevost e Lefebvre 1980; Genovely e Stanford 1982) informaram resultados similares.

Com base nessa e em outras pesquisas, a opinião da maioria dos pesquisadores contemporâneos é que os atletas devem fazer aquecimentos com esforço moderado. O esforço deve ser suficiente para incentivar o fluxo sanguíneo, o aquecimento da pele e o aquecimento dos vasos sanguíneos superficiais, mas sem ser tão vigoroso a ponto de causar fadiga. Aquecimentos planejados para elevar as temperaturas musculares causarão fadiga, porque precisam ser intensos a ponto de causar acúmulo de ácido lático nos músculos. Por sua vez, isso poderá reduzir o pH muscular abaixo de seu nível neutro de 7,0, de modo que os atletas ficarão ligeiramente acidóticos ao darem início às suas provas, acelerando o declínio do pH muscular até níveis que causarão fadiga e interferirão no desempenho. Por essa razão, os atletas devem completar o aquecimento em um ritmo abaixo de seus limiares aeróbicos; esse ritmo deve ser suficientemente intenso para aumentar o fluxo sanguíneo, mas sem causar acúmulo de ácido lático em seus músculos.

A intensidade ideal para tal aquecimento parece situar-se entre 30 e 50% do $\dot{V}O_2$ máx, o que é parecido com os esforços fáceis em 20 a 40% da velocidade máxima (Chwalbinska-Moneta e Hanninen 1989; Ingjer e Strommer 1979; Martin et al. 1975).

Embora os atletas devam fazer a maior parte de um aquecimento em baixa intensidade, deve-se incluir algum nado vigoroso em ritmo de prova com a finalidade de ensaiar, mesmo que esse nado provoque acúmulo de certa quantidade de ácido lático. O ensaio do ritmo apropriado para as provas é uma tarefa importante para o desempenho para se constituir em exceção à regra de manter os aquecimentos em baixa intensidade. No entanto, os atletas devem manter ao mínimo o nado em ritmo de prova, completando-o pelo menos 20 min antes do início de seu primeiro evento, para que tenham tempo suficiente de remover o ácido lático que se acumulou.

Duração

Há pouca informação científica disponível para ajudar a determinar a quantidade de tempo ideal a ser gasto pelos atletas no aquecimento. DeVries (1974) e outros especialistas recomendam uma duração de 15 a 30 min. Recomendo 30 min ou mais, porque esse tempo será necessário para que sejam concluídos todos os procedimentos que devem fazer parte de um bom aquecimento.

Proximidade da competição

Os nadadores devem completar as partes vigorosas do aquecimento, os tiros de velocidade e o trabalho em ritmo de prova 15 a 30 min antes do início do evento. Assim procedendo, terão tempo suficiente para a remoção do ácido lático dos músculos, restaurando o pH muscular à normalidade. Os atletas devem continuar com as partes menos vigorosas do aquecimento até que não restem mais de 5 min antes da competição. O melhor método pode mesmo consistir em nadar em ritmo fácil até que os atletas sejam chamados para os blocos.

Procedimentos de aquecimento

A principal parte do aquecimento deve ser um período razoável de nado fácil. Essa atividade permitirá que os mecanismos de consumo de oxigênio dos nadadores respondam com maior rapidez no início da prova, o que fará com que os atletas atinjam mais rapidamente o nível ideal de consumo de oxigênio. Como resultado, devem ser capazes de nadar maior distância e mais rapidamente antes de ficarem cansados.

Além de aumentar o fluxo sanguíneo e o consumo de oxigênio, os nadadores devem incluir atividades em seu aquecimento que aumentem a amplitude de movimento, a mecânica das braçadas e o sentido de ritmo. Outra finalidade consiste em se concentrar na estratégia para a prova. Uma pesquisa publicada e as experiências informadas de treinadores e atletas bem-sucedidos sugerem os seguintes procedimentos de aquecimento: o nado em baixa intensidade para aumento do fluxo sanguíneo e do consumo de oxigênio, e também atividades que visam o aumento da amplitude de movimento e eficiência das braçadas. Também é dada atenção à prática de saídas e viradas. Finalmente, os atletas devem fazer ensaios físicos para a prova na forma de nados ritmados.

1. *Alongamento.* Antes de entrar na água, os atletas devem gastar 5 ou 10 min fazendo alguns exercícios de flexibilidade; devem prestar atenção particularmente ao aumento de sua amplitude de movimento nas articulações dos tornozelos, ombros e região lombar. Os nadadores de Peito devem também fazer alongamento das virilhas e dos joelhos.

2. *Nado fácil.* A etapa seguinte consiste em nadar fácil durante 10 a 20 min, em 20 a 40% de esforço. Durante esse nado, devem ser incluídos exercícios de braçadas, pernadas e aprimoramento de nado, que ajudam os atletas a treinar a mecânica do nado. Os atletas devem nadar até que se sintam soltos, eficientes e potentes. Esta é uma boa ocasião para que os nadadores ensaiem mentalmente suas provas: devem planejar o ritmo que pretendem utilizar (seja um ritmo uniforme ou do tipo rápido-lento); também devem planejar qualquer estratégia ofensiva que pretendem usar e revisar seus procedimentos para neutralizar estratégias defensivas que seus oponentes possam utilizar; devem visualizar seus próprios nados na prova, de forma adequada e bem-sucedida; e devem se concentrar intensamente, aprimorando seu enfoque para a prova iminente e, ao mesmo tempo, bloqueando os fatores que possam interferir no seu objetivo de ter um bom desempenho.

3. *Saídas e viradas.* Os nadadores devem praticar essas duas habilidades em algum ponto no início do aquecimento; também devem praticar saídas de revezamento se estiverem participando de alguma prova desse tipo. Devem praticar saídas com uma hidrodinâmica apropriada, executando golfinhadas se for o caso, e com um bom impulso para a superfície. A prática das saídas e viradas entre os espaços das bandeirolas até a borda não é a melhor maneira de executar essas técnicas. Os nadadores podem aprender a ajustar sua abordagem às viradas enquanto nadam fácil durante o aquecimento; então, devem fazer seus nados ritmados com boas saídas e viradas. Não devem sair da piscina até que estejam se sentindo confiantes de que serão capazes de executar saídas e viradas satisfatórias em velocidades de prova.

4. *Nados ritmados e em tiro de velocidade.* Em seguida, os atletas devem fazer alguns nados ritmados para ensaiar os ritmos que utilizarão em suas provas. Distâncias de 25 m são ideais para provas de 50 e 100, e nados de 50 a 100 m são suficientes para praticar seus ritmos para eventos mais longos. Durante esses nados, devem ser obtidas as frequências e as contagens de braçadas, se os atletas utilizarem tais medidas para ajudá-los a ritmar suas provas. Não há necessidade do rito habitual do nado de alguns tiros de velocidade de 25. Ainda assim, muitos nadadores gostam de executar tiros rápidos antes da competição; eles devem completar todos os nados ritmados e em tiro de velocidade pelo menos 15 min antes do início da primeira prova.

5. *Manutenção do efeito de aquecimento.* O procedimento sugerido consiste em terminar o aquecimento imediatamente antes do comparecimento aos blocos de partida para a prova. A última parte do aquecimento deve consistir em um nado fácil. Nem sempre é possível terminar o aquecimento imediatamente antes do nado de competição, o que é lamentável, pois o efeito do aquecimento pode diminuir se o lapso de tempo entre seu término e o início do primeiro evento for demasiadamente longo. Portanto, sempre que possível, os nadadores devem entrar novamente na água para cerca de 5 ou 10 min de nado fácil, antes do momento da prova. Essa atividade irá prepará-los para a prova, aumentando seu fluxo sanguíneo e consumo de oxigênio sem causar fadiga.

MASSAGEM

Massagens ou fricções antes e depois da prova são procedimentos populares entre os nadadores, mas a evidência científica não é universalmente favorável aos benefícios desses procedimentos (Asmussen e Boje 1945; Karpovich 1965). Apesar disso, pode-se reunir um corpo teórico significativo sobre os benefícios da massagem. Segue-se uma lista de algumas razões para o uso da massagem como procedimento pré-competição:

■ A temperatura muscular pode aumentar sem que ocorra fadiga, mediante o calor gerado com o uso do bálsamo e da fricção com as mãos da pessoa que faz a massagem.

■ A manipulação dos membros dos atletas pelo massoterapeuta deve aumentar a flexibilidade.

■ A tensão muscular e a ansiedade que precedem a prova podem diminuir diante das combinações relaxantes de aumento do calor corporal e manipulação das articulações.

Procedimentos sugeridos para aquecimento

1. Faça alongamento dos tornozelos, ombros e região lombar durante 5 ou 10 min. Os nadadores de Peito também devem alongar as virilhas e os joelhos.

2. Nade com braçadas fáceis e longas durante 10 a 20 min. Use exercícios de nado/braçadas para ensaiar as técnicas.

3. Pratique partidas e viradas.

4. Nade trechos de 25, 50 ou 100 em ritmo de prova.

5. Nade alguns tiros de velocidade de 25, caso desejar.

6. Faça um nado de relaxamento com braçadas fáceis e longas durante 2 a 5 min. Termine 15 min antes do momento da prova.

7. Volte a entrar na água 5 ou 10 min antes do momento da prova e nade em um ritmo fácil até que seja chamado a comparecer no bloco de partida.

A massagem também tem sido utilizada para facilitar a recuperação depois das competições, na crença de que esse procedimento aumenta a remoção de ácido lático dos músculos e da corrente sanguínea para outras partes do corpo onde esse produto poderá ser metabolizado. Esta parece ser uma conclusão razoável. Quando adequadamente aplicada, a massagem deve ajudar a "espremer" o ácido lático para fora dos músculos, mobilizando-o para longe do seu local de origem; porém as pesquisas não favorecem a massagem como procedimento de recuperação. Em um estudo, os pesquisadores compararam recuperação ativa, recuperação passiva e massagem para observar suas velocidades de remoção de ácido lático depois do exercício (Gupta et al. 1996). A recuperação ativa removeu metade do lactato sanguíneo acumulado em aproximadamente 15 min, já a massagem e a recuperação passiva necessitaram de aproximadamente 22 min para obter o mesmo resultado. Consequentemente, os autores informaram que a massagem não foi mais efetiva para remoção do lactato do que o simples repouso depois do exercício. Apesar da falta de embasamento científico, são impressionantes os possíveis benefícios da massagem. Portanto, meu conselho para os nadadores é: utilizem a massagem antes e depois das competições. A massagem também pode ter utilidade na promoção da recuperação após o treinamento.

HIPERVENTILAÇÃO

Muitos nadadores e treinadores acreditam que a hiperventilação ajuda o desempenho. Por isso, os atletas fazem várias inspirações profundas enquanto esperam pelo início de suas provas. Há algum embasamento fisiológico para essa prática, embora não pelas razões habitualmente colocadas.

A inspiração profunda não aumenta o fornecimento de oxigênio antes das provas, já que este não pode ser armazenado; em vez disso, o oxigênio é simplesmente expirado com o próximo ciclo respiratório. A hiperventilação é benéfica porque reduz o nível de dióxido de carbono no sangue, de modo que os atletas não sentirão necessidade de respirar até um ponto mais adiantado de suas provas. Isso permite que os atletas nadem provas de velocidade com menor número de respirações, e, visto que a respiração pode aumentar o arrasto, a redução do número de respirações pode resultar em tempos mais rápidos. Uma redução na necessidade de respirar também pode ajudar no desempenho, ao reduzir o estresse sentido pelos nadadores. O acúmulo de dióxido de carbono, não a privação de oxigênio, precipita os sentimentos de falta de fôlego e necessidade de ar que os nadadores sentem no início de suas provas.

Os atletas podem reduzir o conteúdo de dióxido de carbono do sangue ao fazerem diversas expirações longas e forçadas imediatamente antes do início de uma prova. Se começarem uma prova com baixa concentração de dióxido de carbono em seu sangue, mais tempo transcorrerá antes que haja aumento da concentração da substância até o nível em que os atletas passarão a sentir uma vontade angustiante de respirar. A hiperventilação antes da largada da prova pode ser particularmente benéfica para provas de 25 e 50 nos nados Crawl e Borboleta, pois os atletas tentam nadá-las com uma a três respirações. A hiperventilação também pode ser benéfica em provas de 50 Costas, porque atualmente muitos nadadores utilizam uma golfinhada submersa durante parte considerável dessa prova. Atletas que competem em provas de 100 Crawl, Borboleta e Costas também podem ser beneficiados com a hiperventilação antes do início de suas provas, particularmente se planejam restringir sua respiração no início delas.

Os nadadores devem começar a hiperventilação enquanto esperam atrás dos blocos, continuando com a prática ao subir até a parte de trás do bloco de partida. Eles devem fazer várias inspirações longas, mas não forçadas, seguidas por expirações longas e completas; devem ser suficientes cinco ou seis dessas expirações. Os atletas não devem exagerar, pois podem ficar tontos; alguns chegam mesmo a desmaiar por um excesso de hiperventilação.

Os nadadores não devem prender a respiração quando são convocados ao bloco, depois de terem praticado hiperventilação. Em vez disso, devem respirar normalmente depois de terem sido chamados às suas marcas. Ao sinal de partida, devem fazer uma grande inspiração durante o mergulho na água; esta, aliada à redução do nível de dióxido de carbono por causa da hiperventilação, deve permitir que os atletas nadem até um ponto mais distante, antes que possam sentir a necessidade de respirar.

Embora a hiperventilação possa proporcionar certo benefício em provas de 25, 50 e 100, provavelmente essa técnica não tem efeito benéfico em provas mais longas. Ao participarem de provas mais longas, os nadadores devem começar respirando em um ritmo normal imediatamente depois de terem mergulhado na água. Consequentemente, não terão necessidade de prender a respiração em qualquer momento durante a prova, exceto imediatamente antes de terminá-la.

RELAXAMENTO

Um dos procedimentos mais importantes e mais frequentemente negligenciados depois de provas e treinamentos para nadadores é o relaxamento. Os atletas devem sempre nadar em um ritmo fácil por 800 a 1.200 jd/m (10 a 20 min) depois de terem terminado uma prova. Assim procedendo, sua recuperação será mais rápida. Diversos estudos demonstraram que os atletas irão se recuperar com o dobro de rapidez se praticarem o nado fácil, em vez de simplesmente pararem e repousarem ao lado da piscina (Bond et al. 1987; Bonen e Belcastro 1976; Krukau, Volker e Liesen 1987). O nado fácil depois de determinado evento é chamado *recuperação ativa,* em comparação com o repouso, que é chamado *recuperação passiva.*

O gráfico na Figura 22.1 demonstra que os atletas podem se recuperar em praticamente metade do tempo, se optarem por um procedimento de recuperação ativa, em vez de recuperação passiva.

Conforme ilustra o gráfico, o lactato sanguíneo baixou para níveis próximos aos valores de repouso em 30 min, quando os atletas realizaram alguma atividade leve imediatamente depois do exercício. Quando simplesmente repousaram sem se exercitar, foram necessários 60 min para a remoção da mesma quantidade de ácido lático.

A recuperação é mais rápida quando os atletas praticam exercício de baixa intensidade, porque a velocidade de remoção do ácido lático aumenta por meio de um mecanismo chamado *bomba muscular.* A contração dos músculos exerce um efeito de compressão nas veias, impulsionando o sangue de volta para o coração em velocidade acelerada. Devido a essa ação, o ácido lático será removido do sangue que vai para o coração, fígado e certos músculos, onde poderá ser metabolizado. Assim, maior quantidade de ácido lático deixa os músculos nos quais foi produzido, ingressando no sangue, onde poderá ser removido com maior rapidez.

A prática de exercício leve também permite uma recuperação mais rápida, mediante a remoção de dióxido de carbono dos músculos e fornecimento de oxigênio em maior velocidade para estes. A elevada velocidade de fluxo mantida durante o exercício leve fará com que maior

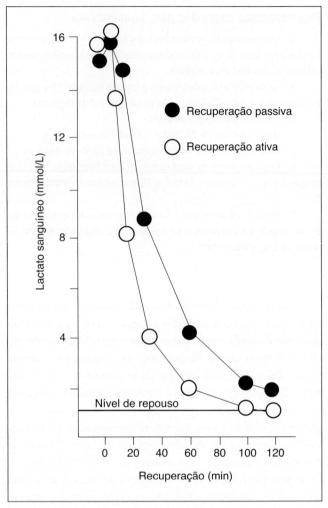

Figura 22.1 Efeitos das recuperações ativa e passiva na remoção do ácido lático sanguíneo. (Adaptado de Wilmore e Costill 1988.)

volume de sangue chegue aos pulmões por minuto, onde liberará seu dióxido de carbono e absorverá oxigênio. Então, o oxigênio pode ser transportado para os músculos, onde aumentará a velocidade de remoção do ácido lático, ao ajudar no metabolismo dessa substância até glicose.

Embora houvesse necessidade de 30 min de recuperação ativa para o retorno do ácido lático sanguíneo até seu nível de repouso, a informação na Figura 22.1 revela que a maior parte do ácido lático pode ser removida dentro dos primeiros 10 a 20 min subsequentes a uma prova. Consequentemente, é provável que, nesse lapso de tempo, ocorra normalização do pH muscular. Por essa razão, recomendo 10 a 20 min como a duração ideal para nados de recuperação.

Os treinadores têm dificuldade em persuadir os atletas a nadarem durante muito tempo depois de realizadas as provas, quando seus companheiros de equipe nadam em outros eventos e quando são distribuídas as premiações. Apesar disso, os nadadores devem ser incentivados a fazê-lo, pois aumentarão suas chances de nadar bem na competição seguinte. Um estudo apontou que os atletas demonstravam tendência de parar antes que estivessem completamente recuperados, a menos que fossem orientados para fazer o relaxamento durante um período prolongado (Strozberg e Klar 1998). Portanto, os treinadores devem convencer seus nadadores acerca da importância de completar um relaxamento inteiro.

A velocidade de nado durante o relaxamento deve ser suficiente para manter uma velocidade elevada de fluxo sanguíneo, sem provocar uso adicional do glicogênio muscular e sem que ocorra maior produção de ácido lático. É provável que atletas bem condicionados nadem em 30 a 50% de sua velocidade máxima sem produzir mais ácido lático e sem utilizar qualquer quantidade significativa de glicogênio. Provavelmente não há necessidade de selecionar qualquer velocidade em particular para o relaxamento. Um estudo de Bonen e Belcastro (1976) indicou que os atletas geralmente optarão pela velocidade adequada para o relaxamento, caso fiquem por conta própria.

Referências bibliográficas

CAPÍTULO 1

Barthels, K., and M.J. Adrian. 1974. Three-dimensional spatial hand patterns of skilled butterfly swimmers. In *International Series on Sport Sciences*. Vol. 2, *Swimming II*, edited by J.P. Clarys and L. Lewillie, 154–160. Baltimore: University Park Press.

Belokovsky, V., and E. Ivanchenko. 1975. A hydrokinetic apparatus for the study and improvement of leg movements in breaststroke. In *International Series on Sport Sciences*. Vol. 2, *Swimming II*, edited by J.P. Clarys and L. Lewillie, 64–69. Baltimore: University Park Press.

Berger, M.A.M., G. de Groot, and A.P. Hollander. 1995. Hydrodynamic drag and lift forces on human hand/arm models. *Journal of Biomechanics* 28 (2): 125–33.

Bixler, B. 1999. The computational fluid dynamics analysis of a swimmer's hand and arm. Report presented to the Sports Medicine Committee of U.S.A. Swimming, Colorado Springs.

Brown, R.M., and J.E. Counsilman. 1971. The role of lift in propelling swimmers. In *Biomechanics*, edited by J.M. Cooper, 179–88. Chicago, IL: Athletic Institute.

Cappaert, J. 1992. Fluid forces on the hands and forearms. Chap. 12 in *International Center for Aquatic Research Annual: Studies By The International Center for Aquatic Research 1991–92*, edited by J. Troup, 93–98. Colorado Springs: United States Swimming Press.

Cappaert, J. 1993. *Biomechanical Analysis of the Swimming Events in the 1992 Summer Olympic Games*. Report, published and distributed by U.S.A. Swimming, Colorado Springs.

Colwin, C. 1984. Fluid dynamics: Vortex circulation in swimming propulsion. In *ASCA World Clinic Yearbook*, edited by T.F. Welsh, 38–46. Fort Lauderdale, FL: American Swimming Coaches Association.

Colwin, C. 1992. *Swimming Into the 21st Century*. Champaign, IL: Leisure Press.

Counsilman, J.E. 1968. *The Science of Swimming*. Englewood Cliffs, NJ: Prentice-Hall.

Counsilman, J.E. 1977. *Competitive Swimming Manual for Coaches and Swimmers*. Bloomington, IN: Counsilman Co.

Czabanski, B., and T. Koszyczyc. 1979. Relationship between stroke asymmetry and speed of breaststroke swimming. In *International Series on Sport Sciences*. Vol. 8, *Swimming III*, edited by J. Terauds and E.W. Bedingfield, 148–52. Baltimore: University Park Press.

Deschodt, V.J., A.H. Rouard, and K.M. Monteil. 1996. Relationships between the three coordinates of the upper limb joints with swimming velocity. In *Biomechanics and Medicine in Swimming*, edited by J.P. Troup, A.P. Hollander, D. Strasse, S.W. Trappe, J.M. Cappaert, and T.A. Trappe, 53–58. New York: E & FN Spon.

Ferrell, M.D. 1991. An analysis of the Bernoulli lift effect as a propulsive component of swimming strokes. Masters thesis, State University of New York at Cortland, Cortland.

Hay, J.G., and J.G. Reid. 1988. *Anatomy, Mechanics, and Human Motion*. Englewood Cliffs, NJ: Prentice-Hall.

Hinrichs, R. 1986. Biomechanics of butterfly. In *ASCA World Clinic Yearbook*, edited by T. Johnston, J. Woolger, and D. Scheider, 94. Fort Lauderdale, FL: American Swimming Coaches Association.

Hollander, A.P., G. de Groot, G.J. van Ingen Schneau, R. Kahman, and H.M. Toussaint. 1988. Contributions of the legs to propulsion in front crawl swimming. In *International Series on Sport Sciences*. Vol. 18, *Swimming science V*, edited by B. Ungerechts, K. Wilkie, and R. Reischle, 39–43. Champaign, IL: Human Kinetics.

Holt, L.E., and J.B. Holt. 1989. Swimming velocity with and without lift forces. Unpublished paper, Sports Science Laboratory, Dalhousie University, Dalhousie, Canada. Reported in B. Rushall, E.J. Sprigings, L.E. Holt, and P.R. Francis, Forces in swimming—Current status, *Swimming Coaching Science Bulletin*, 1994, 2 (4): 1–24.

Luedtke, D. 1986. Backstroke biomechanics. In *ASCA World Clinic Yearbook*, edited by T. Johnston, J. Woolger, and D. Scheider, 95. Fort Lauderdale, Fla.: American Swimming Coaches Association.

Lyttle, A., B. Blanksby, B. Elliott, and D. Lloyd. 1999. The effect of depth and velocity on drag during the streamlined glide. *Journal of Swimming Research* 13:15–22.

Maglischo, C.W., E.W. Maglischo, J. Higgins, R. Hinrichs, D. Luedtke, R.E. Schleihauf, and A. Thayer. 1986. A biomechanical analysis of the 1984 U.S. Olympic swimming team: The distance freestylers. *Journal of Swimming Research* 2 (3): 12–16.

Plagenhoff. S. 1971. *Patterns of Human Motion.* Englewood Cliffs, NJ: Prentice-Hall.

Reischle, K. 1979. A kinematic investigation of movement patterns in swimming with photo-optical methods. In *International Series on Sport Sciences.* Vol. 8, *Swimming III,* edited by J. Terauds and E.W. Bedingfield, 97–104. Baltimore: University Park Press.

Schleihauf, B. 1978. Swimming propulsion: A hydrodynamic analysis. In *ASCA World Clinic Yearbook,* edited by R.M. Ousley, 49–85. Fort Lauderdale, FL: American Swimming Coaches Association.

Schleihauf, R.E., Jr. 1979. A hydrodynamic analysis of swimming propulsion. In *International Series on Sport Sciences.* Vol. 8, *Swimming III,* edited by J. Terauds and E.W. Bedingfield, 70–109. Baltimore: University Park Press.

Schleihauf, R.E. 1984. The biomechanical analysis of swimming propulsion in the sprint front crawl stroke. Doctoral dissertation, Columbia University, New York.

Schleihauf, R.E., J. Higgins, R. Hinrichs, D. Luedtke, C.W. Maglischo, E.W. Maglischo, and A. Thayer. 1984. Biomechanics of swimming propulsion. In *ASCA World Clinic Yearbook,* edited by T.R. Welsh, 19–24. Fort Lauderdale, FL: American Swimming Coaches Association.

Silvia, C.E. 1970. *Manual and Lesson Plans for Basic Swimming, Water Stunts, Lifesaving, Springboard Diving, Skin and Scuba Diving.* Springfield, Mass.: published by the author.

Thayer, A.M. 1990. Hand pressures as predictors of resultant and propulsive hand forces in swimming. Doctoral dissertation, University of Iowa, Iowa City.

Toussaint, H.M. 1988. *Mechanics And Energetics of Swimming.* Amsterdam: published by the author.

Toussaint, H.M., C. van den Berg, and W.J. Beek. 2000. *Pumped-Up Propulsion During Front Crawl Swimming.* ISBS 2000 [Online]. Edited by R. Sanders.

Watkins, J., and A.T. Gordon. 1983. The effects of leg action on performance in the sprint front crawl stroke. In *International Series on Sport Sciences.* Vol. 14, *Biomechanics and medicine in swimming,* edited by A.P. Hollander, P.A. Huijing, and G. de Groot, 310–314. Champaign, IL: Human Kinetics.

CAPÍTULO 2

Cappaert, J.M., D.L. Pease, and J.P. Troup. 1996. Biomechanical highlights of world champion and Olympic swimmers. In *Biomechanics and Medicine in Swimming VII,* edited by J.P. Troup, A.P. Hollander, D. Strasse, S.W. Trappe, J.M. Cappaert, and T.A. Trappe, 76–80. New York: E & FN Spon.

Chatard, J.C., D. Chollet, and G. Millet. 1998. Effects of draft swimming on performance and drag. In *Abstracts, VIII International Symposium on Biomechanics And Medicine In Swimming,* edited by K.L. Keskinen, P.V. Komi, and P.L. Pitkanen, 46. Helsinki, Finland: University of Jyvaskyla.

Clarys, J.P. 1979. Human morphology and hydrodynamics. In *International Series on Sport Sciences.* Vol. 8, *Swimming III,* edited by J. Terauds and E.W. Bedingfield, 3–41. Baltimore: University Park Press.

Counsilman, J.E. 1955. Forces in swimming two types of crawl stroke. *Research Quarterly* 26 (2): 127–139.

Glazkov, A.B., and A.N. Denentyev. 1977. Determining tractive force and hydromechanical resistance operating during swimming. *Teoriya i Praktika Fizicheskoi Kultury* 9: 20–23. Translated in *Yessis Review* 13 (2): 48–51.

Hay, J.G. 1985. *The Biomechanics of Sports Techniques.* Englewood Cliffs, NJ: Prentice-Hall.

Hay, J.G. 1986. The status of research on the biomechanics of swimming. In *Starting, Stroking & Turning,* edited by J.G. Hay, 53–76. Iowa City: Biomechanics Laboratory, University of Iowa.

Hay, J.G. 1988. The status of research on the biomechanics of swimming. In *International Series on Sport Sciences.* Vol. 18, *Swimming V,* edited by B.E. Underechts, K. Wilkie, and K. Reischle, 3–14. Champaign, IL: Human Kinetics.

Hay, J.G., and A.M. Thayer. 1989. Flow visualization of competitive swimming techniques: The tufts method. *Journal of Biomechanics* 22 (1): 11–19.

Kolmogorov, S.V., and O.A. Duplishcheva. 1992. Active drag, useful mechanical power output and hydrodynamic force coefficient in different swimming strokes at maximal velocity. *Journal of Biomechanics* 25 (3): 311–318.

Kolmogorov, S.V., and O.A. Rumyantseva. 1998. Measurement of active drag. In *Abstracts, VIII International Symposium on Biomechanics And Medicine in Swimming,* edited by K.L. Keskinen, P.V. Komi, and P.L. Pitkanen, 83. Helsinki, Finland: University of Jyvaskyla.

Miyashita, M. 1997. Water resistance in relation to body size. In *The Bio-Physics of Swimming: Three Decades of Research,* 4–9. Tokyo: University of Tokyo.

Northrip, J.W., G.A. Logan, and W.C. McKinney. 1974. *Introduction to Biomechanic Analysis of Sport.* Dubuque: Wm. C. Brown.

Ohmichi, H., M. Takamoto, and M. Miyashita. 1983. Measurement of waves caused by swimmers. In *International Series on Sport Sciences.* Vol. 14, *Biomechanics and Medicine in Swimming,* edited by A.P. Hollander, P.A. Huijing, and G. de Groot, 103–107. Champaign, IL: Human Kinetics.

Pendergast, D.R., P.E. diPrampero, A.B. Craig, D.R. Wilson, and D.W. Rennie. 1977. Quantitative analysis of the front crawl in men and women. *Journal of Applied Physiology* 43: 475–79.

Prandtl and O. G. Tietgens. 1957. *Applied Hydro- and Aerodynamics.* New York: Dover Press.

Rouard, A.H., and R.P. Billat. 1990. Influences of sex and level of performance on freestyle stroke: An electromyography and kinematic study. *International Journal of Sports Medicine* 11: 150–155.

Sharp, R.L. and D.L. Costill. 1989. Influence of body hair removal on physiological responses during breaststroke swimming. *Medicine and Science in Sports and Exercise* 21 (5), 576–580.

Sidney, M., G. Falgairette, B. Fustier, B. Morlon, and B. Ria. 1997. Biomechanic analysis of swimming performances. *Perceptual and Motor Skill* 85 (1): 167–177.

Strojnik, V., J. Bednarik, and B. Strombelj. 1998. Active and passive drag in swimming. In *Abstracts, VIII International Symposium on Biomechanics and Medicine In Swimming,* edited by K.L. Keskinen, P.V. Komi, and P.L. Pitkanen, 132. Helsinki, Finland: University of Jyvaskyla.

Toussaint, H.M., G. de Groot, H.H.C.M. van de Savelberg, K. Vervoorn, A.P. Hollander, and G.J. van Ingen Schneau. 1988. Active drag related to velocity in male and female swimmers. *Journal of Biomechanics* 21: 435–438.

Vaart, A.J.M., H.H.C.M. van de Savelberg, G. de Groot, A.P. Hollander, H.M. Toussaint, and G.J. van Ingen Schneau. 1987. An estimation of active drag in front crawl swimming. *Journal of Biomechanics* 20: 543–546.

Watkins, J., and A.T. Gordon. 1983. The effects of leg action on performance in the sprint front crawl stroke. In *International Series on Sport Sciences.* Vol. 14, *Biomechanics and medicine in swimming,* edited by A.P. Hollander, P.A. Huijing, and G. de Groot, 310–314. Champaign, IL: Human Kinetics.

CAPÍTULO 3

Cappaert, J. 1993. *Biomechanical Analysis of the Swimming Events In The 1992 Summer Olympic Games.* Report, published and distributed by U.S.A. Swimming, Colorado Springs.

Cappaert, J. 1997. Increasing arm power: Hip rotation and its relationship to pulling pattern force during the freestyle. *Coaches' Quarterly* 4 (1): 8–9. Colorado Springs: U.S.A. Swimming.

Counsilman, J.E. 1968. *The Science of Swimming.* Englewood Cliffs, NJ: Prentice-Hall.

Counsilman, J., and J. Wasilak. 1982. The importance of hand speed and hand acceleration. In *1981 ASCA World Clinic Yearbook,* edited by R.M. Ousley, 41–45. Fort Lauderdale, FL: American Swimming Coaches Association.

Kennedy, J.C. 1978. Orthopaedic manifestations. In *International Series on Sport Sciences.* Vol. 6, *Swimming Medicine IV,* edited by B. Eriksson and B. Furberg, 94–97. Baltimore: University Park Press.

Maglischo, C.W., E.W. Maglischo, J. Higgins, R. Hinrichs, D. Luedtke, R.E. Schleihauf, and A. Thayer. 1986. A biomechanical analysis of the 1984 U.S. Olympic swimming team: The distance freestylers. *Journal of Swimming Research* 2 (3): 12–16.

Mason, B.R., Z. Tong, and R.J. Richards. 1992. Propulsion in the butterfly stroke. In *Biomechanics and Medicine in Swimming: Swimming Science VI,* edited by D. Maclaren, T. Reilly, and A. Lees, 81–86. New York: E & FN Spon.

Payton, C.J., J.G. Hay, and D.R. Mullineaux. 1997. The effect of body roll on hand speed and hand path in front crawl swimming: A simulation study. *Journal of Applied Biomechanics* 13: 300–315.

Payton, C.J., R.M. Bartlett, and V. Baltzopoulos. 1998. The contribution of body roll to hand speed in front crawl swimming: An experimental study. In *Abstracts, VIII International Symposium on Biomechanics and Medicine in Swimming,* edited by K.L. Keskinen, P.V. Komi, and P.L. Pitkanen, 109. Helsinki, Finland: University of Jyvaskyla.

Prichard, B. 1993. A new swim paradigm: Swimmers generate propulsion from the hips. *Swimming Technique* 30(1): 17–23.

Sanders, R.H. 1996. Breaststroke technique variations among New Zealand Pan Pacific squad members. In *Biomechanics and Medicine in Swimming VII,* edited by J.P. Troup, A.P. Hollander, D. Strasse, S.W. Trappe, J.M. Cappaert, and T.A. Trappe, 64–69. New York: E & FN Spon.

Sanders, R.H., J.M. Cappaert, and R.K. Devlin. 1995. Wave characteristics of butterfly swimmers. *Journal of Biomechanics* 28 (1): 9–16.

Schleihauf, R.E., Jr. 1986. Biomechanics. In *ASCA World Clinic Yearbook,* edited by T. Johnston, J. Woolger, and D. Scheider, 88–93. Fort Lauderdale, FL: American Swimming Coaches Association.

Silvia, C.E. 1970. *Manual and Lesson Plans for Basic Swimming, Water Stunts, Life Saving, Springboard Diving, Skin and Scuba Diving: Methods of Teaching.* Springfield, MA: published by the author.

Van Tilborgh, L., E.J. Willens, and U. Persyn. 1988. Evaluation of breaststroke propulsion and resistance-resultant impulses from film analysis. In *International Series on Sports Sciences.* Vol. 8, *Swimming Science V,* edited by B. Ungerechts, K. Wilkie, and K. Reischle, 67–71. Champaign, IL: Human Kinetics.

Videler, J. 1981. Swimming movements, body structure and propulsion. *Cod Gadusmorhua, Symposia of the Zoological Society of London* 48: 1–27.

CAPÍTULO 4

Adrian, M., M. Singh, and P. Karpovich. 1966. Energy cost of the leg kick, arm stroke and whole stroke. *Journal of Applied Physiology* 21: 1763–1766.

Allen, R.H. 1948. A study of the leg stroke in swimming the crawl stroke. Master's thesis, State University of Iowa, Iowa City.

Astrand, P. 1978. Aerobic power in swimming. In *International Series on Sport Sciences.* Vol. 6, *Swimming Medicine IV,* edited by B. Eriksson and B. Furberg, 127–131. Baltimore: University Park Press.

Boomer, W.L. 1996. *Competitive Swimming.* Lecture presented at the University of Texas-Austin, Austin.

Charbonnier, J.P., J.P. Lacour, J. Rigffal, and R. Flandrois. 1975. Experimental study of the performance of competitive swimmers. *Journal of Applied Physiology* 34: 157–167.

Clarys, J.P. 1979. Human morphology and hydrodynamics. In *International series on sport sciences*. Vol. 8, *Swimming III*, edited by J. Terauds and E.W. Bedingfield, 3–41. Baltimore: University Park Press.

Counsilman, J.E., and J. Wasilak. 1982. The importance of hand speed and hand acceleration. In *1981 ASCA World Clinic Yearbook*, edited by R.M. Ousley, 41–45. Fort Lauderdale, FL: American Swimming Coaches Association.

Deschodt, V.J., A.H. Rouard, and K.M. Monteil. 1996. Relationships between the three coordinates of the upper limb joints with swimming velocity. In *Biomechanics and Medicine in Swimming VII*, edited by J.P. Troup, A.P. Hollander, D. Strasse, S.W. Trappe, J.M. Cappaert, and T.A. Trappe, 52–58. New York: E & FN Spon.

Holmer, I. 1974. Energy cost of the arm stroke, leg kick and the whole stroke in competitive swimming style. *Journal of Applied Physiology* 33: 105–18.

Levinson, D.A. 1987. Internal stroke motions and the effective coaching of stroke mechanics. *Journal of Swimming Research* 3 (3): 21–28.

Maglischo, C.W., E.W. Maglischo, J. Higgins, R. Hinrichs, D. Luedtke, R.E. Schleihauf, and A. Thayer. 1986. A biomechanical analysis of the 1984 U.S. Olympic swimming team: The distance freestylers. *Journal of Swimming Research* 2 (3): 12–16.

Miyashita, M. 1977. Fluctuations of swimming speed in the crawl stroke. In *The Bio-Physics of Swimming*, 7–13. Tokyo: The University of Tokyo.

Pendergast, D.R., P.E. diPrampero, A.B. Craig, D.R. Wilson, and D.W. Rennie. 1977. Quantitative analysis of the front crawl in men and women. *Journal of Applied Physiology* 43: 475–79.

Persyn, U., J. De Maeyer, and H. Vervaecke. 1975. Investigation of hydrodynamic determinants of competitive swimming strokes. In *International Series on Sport Sciences*. Vol. 2, *Swimming II*, edited by L. Lewillie and J.P. Clarys, 214–222. Baltimore: University Park Press.

Schleihauf, R.E., J.R. Higgins, R. Hinrichs, D. Luedtke, C. Maglischo, E. Maglischo, and A. Thayer. 1984. Biomechanics of swimming propulsion. In *ASCA World Clinic Yearbook*, edited by T.F. Welsh, 19–24. Fort Lauderdale, Fla.: American Swimming Coaches Association.

Schleihauf, R.E., J.R. Higgins, R. Hinrichs, D. Luedtke, C. Maglischo, E. Maglischo, and A. Thayer. 1988. Propulsive techniques: Front crawl stroke, butterfly, backstroke, and breaststroke. In *International Series on Sport Sciences*. Vol. 18, *Swimming science V*, edited by B. Ungerechts, K. Wilkie, and K. Reischle, 53–60. Champaign, IL: Human Kinetics.

Watkins, J., and A.T. Gordon. 1983. The effects of leg action on performance in the sprint front crawl stroke. In *International Series on Sport Sciences*. Vol. 14, *Biomechanics and medicine in swimming*, edited by A.P. Hollander, P.A. Huijing, and G. de Groot, 310–314. Champaign, IL: Human Kinetics.

CAPÍTULO 5

Alves, F., P. Cunha, and J. Gomes-Pereira. 1998. Kinematic changes with inspiratory actions in butterfly swimming. In *Abstracts: VIII International Symposium on Biomechanics and Medicine in Swimming*, edited by K.L. Keskinen, P.V. Komi, and P.L. Pitkanen, 32. Helsinki, Finland: University of Jyvaskyla.

Barthels, K., and M.J. Adrian. 1971. Variability in the dolphin kick under four conditions. In *First International Symposium on Biomechanics in Swimming, Waterpolo and Diving Proceedings*, edited by L. Lewillie and J.P. Clarys, 105–8. Brussels: Universitie Libre de Bruxelles Laboratoire de L'effort.

Boomer, B. 1996. Conversation with author, October. Philadephia.

Cappaert, J. 1993. *Biomechanical Analysis of the Swimming Events In The 1992 Summer Olympic Games*. Report, published and distributed by U.S.A Swimming, Colorado Springs.

Hahn, A., and T. Krug. 1992. Application of knowledge gained from the coordination of partial movements in breaststroke and butterfly swimming for the development of technical training. In *Biomechanics and medicine in swimming: Swimming Science VI*, edited by D. Maclaren, T. Reilly, and A. Lees, 167–171. New York: E & FN Spon.

Lyttle, A., B. Blanksby, B. Elliott, and D. Lloyd. 1998. Optimal depth for streamlined gliding. In *Abstracts: VIII International Symposium On Biomechanics And Medicine In Swimming*, edited by K.L. Keskinen, P.V. Komi, and P.L. Pitkanen, 85. Helsinki, Finland: University of Jyvaskyla.

Maglischo, E.W. 1984. A 3-dimensional cinematographical analysis of competitive swimming strokes. In *1983 ASCA World Clinic Yearbook*, edited by R.M. Ousley, 1–14. Fort Lauderdale, Fla.: American Swimming Coaches Association.

Mason, B.R., Z. Tong, and R.J. Richards. 1992. Propulsion in the butterfly stroke. In *Biomechanics And Medicine In Swimming: Swimming Science VI*, edited by D. Maclaren, T. Reilly, and A. Lees, 81–86. New York: E & FN Spon.

Rutemiller, B. 1996. Tech tips: Misty Hyman. *Swimming World and Junior Swimmer* 37 (4): 22–23.

Sanders, R.H. 1996. Some aspects of butterfly technique of New Zealand Pan Pacific squad members. In *Biomechanics And Medicine in Swimming VII*, edited by J.P. Troup, A.P. Hollander, D. Strasse, S.W. Trappe, J.M. Cappaert, and T.A. Trappe, 23–28. New York: E & FN Spon.

Sanders, R.H., J.M. Cappaert, and R.K. Devlin. 1995. Wave characteristics of butterfly swimming. *Journal of Biomechanics* 28 (1): 9–16.

Schleihauf, R.E., J.R. Higgins, R. Hinrichs, D. Luedtke, C. Maglischo, E. Maglischo, and A. Thayer. 1988. Propulsive techniques: Front crawl stroke, butterfly, backstroke, and breaststroke. In *International Series on Sport*

Sciences. Vol. 18, *Swimming Science V*, edited by B. Ungerechts, K. Wilkie, and K. Reischle, 53–60. Champaign, IL: Human Kinetics.

CAPÍTULO 6

Arellano, R., A. Gavilan, and F. Garcia. 1996. La natación ondulatoria subacuatica, technica, aprendizaje y entrenamento. *NSW* 18 (4): 4–12.

Cappaert, J. 1993. Biomechanical analysis of the swimming events in the 1992 Summer Olympic Games. Report, published and distributed by USA Swimming, Colorado Springs.

Craig, A.B., P.L. Skehan, J.A. Pawelczyk, and W.L. Boomer. 1985. Velocity, stroke rate, and distance per stroke during elite swimming competition. *Medicine and Science in Sport and Exercise* 17 (6): 625–634.

Luedtke, D. 1986. Backstroke biomechanics. In *1985 ASCA World Clinic Yearbook*, edited by T. Johnston, J. Woolger, and D. Scheider, 95. Fort Lauderdale, FL: American Swimming Coaches Association.

Lyttle, A., B. Blanksby, B. Elliott, and D. Lloyd. 1998. The effect of depth and velocity on drag during the streamlined glide. *Journal of Swimming Research* 13: 15–22.

Maglischo, E.W. 1998 Unpublished observations of stroke rates during national and international competitions. Lecture presented at Maglischo coaching seminar, Arizona State University, Tempe.

Maglischo, C.W., E.W. Maglischo, D. Luedtke, R.E. Schleihauf, J. Higgins, A. Thayer, and R. Hinrichs. 1987. The swimmer: A study of propulsion and drag. *SOMA* 2 (2): 40–44.

Maglischo, C.W., E. W. Maglischo, and T.R. Santos. 1987. The relationship between the forward velocity of the center of gravity and the hip in the four competitive strokes. *Journal of Swimming Research* 3 (2): 11–17.

McArdle, W.D., F.I. Katch, and V.L. Katch. 1996. *Exercise Physiology: Energy, Nutrition, and Human Performance*. Baltimore: Williams & Wilkins.

Schleihauf, R.E., J. Higgins, R. Hinrichs, D. Luedtke, C. Maglischo, E. Maglischo, and A. Thayer. 1984. Biomechanics of swimming propulsion. In *1983 ASCA World Clinic Yearbook*, edited by T.F. Welsh, 19–24. Fort Lauderdale, FL: American Swimming Coaches Association.

Schleihauf, R.E., J.R. Higgins, R. Hinrichs, D. Luedtke, C. Maglischo, E. Maglischo, and A. Thayer. 1988. Propulsive techniques: Front crawl stroke, butterfly, backstroke, and breaststroke. In *International Series on Sport Sciences*. Vol. 18, *Swimming science V*, edited by B. Ungerechts, K. Wilkie, and K. Reischle, 53–60. Champaign, IL: Human Kinetics.

CAPÍTULO 7

Belokovsky, V., and E. Ivanchenko. 1975. A hydrokinetic apparatus for the study and improvement of leg movements in the breaststroke. In *International Series on Sport Sciences*. Vol. 2, *Swimming II*, edited by L. Lewillie and J.P. Clarys, 64–69. Baltimore: University Park Press.

Counsilman, J.E. 1968. *The Science of Swimming*. Englewood Cliffs, NJ: Prentice-Hall.

Craig, A.B., Jr., W.L. Boomer, and P.L. Skehan. 1988. Patterns of velocity in breaststroke swimming. In *International Series on Sport Sciences*. Vol. 18, *Swimming Science V*, edited by B. Ungerechts, K. Wilkie, and K. Reischle, 73–77. Champaign, IL: Human Kinetics.

Czabanski, B. 1975. Asymmetry of the lower limbs in breaststroke swimming. In *International Series on Sport Sciences*. Vol. 2, *Swimming II*, edited by L. Lewillie and J.P. Clarys, 207–213. Baltimore: University Park Press.

Czabanski, B., and T. Koszczyc. 1979. Relationship between stroke asymmetry and speed of breaststroke swimming. In *International Series on Sport Sciences*. Vol. 8, *Swimming III*, edited by J. Terauds and E.W. Bedingfield, 148–52. Baltimore: University Park Press.

Maglischo, E.W. 1999. Unpublished observations of the forward velocity of breaststroke swimmers based on both center of mass and velocity meter tracings. Lecture presented at Maglischo coaching seminar, June 25–26, Washington, D.C.

Mason, B.R., S.G. Patton, and A.P. Newton. 1989. Propulsion in breaststroke swimming. In *Proceedings of the VII International Symposium on Biomechanics in Sports*, edited by W.E. Morrision, 257–267. Melbourne, Australia: Footscray Institute of Technology.

Miyashita, M. 1997. Mechanical power in swimming the breaststroke. *The Bio-Physics of Swimming: Three Decades Of Research*, 10–13. Tokyo: Graduate School of Education, University of Tokyo, Tokyo, Japan.

Nimz, R., U. Rader, K. Wilkie, and W. Skipka. 1988. The relationship of anthropometric measures to different types of breaststroke kicks. In *International Series on Sport Sciences*. Vol. 18, *Swimming Science V*, edited by B. Ungerechts, K. Wilkie, and K. Reischle, 115–119. Champaign, IL: Human Kinetics.

Sanders, R.H. 1996. Breaststroke technique, variations among New Zealand Pan Pacific squad swimmers. In *Biomechanics and Medicine in Swimming VII*, edited by J.P. Troup, A.P. Hollander, D. Strasse, S.W. Trappe, J.M. Cappaert, and T.A. Trappe, 64–69. New York: E & FN Spon.

Sanders, R.H., J.M. Cappaert, and R.K. Devlin. 1995. Wave characteristics of butterfly swimming. *Journal of Biomechanics* 28 (1): 9–16.

Thayer, A., R.E. Schleihauf, J.R. Higgins, R. Hinrichs, D.L. Luedtke, C.W. Maglischo, and E.W. Maglischo. 1986. A hydrodynamic analysis of breaststroke swimmers. In *Starting, Stroking & Turning*, edited by J.G. Hay, 131–143. Iowa City: Biomechanics Laboratory, Department of Exercise Science, University of Iowa.

Vervaecke, H.U.B. and U.J.J. Persyn. 1979. Effectiveness of the breaststroke leg movement in relation to selected time-space, anthropometric, flexibility, and force data. In *International Series on Sport Sciences*. Vol. 8, *Swimming III*, edited by J. Terauds and E.W. Bedingfield, 320–328. Baltimore: University Park Press.

CAPÍTULO 8

Arellano, R., F.J. Moreno, M. Martinez, and A. Ona. 1996. A device for quantitative measurement of starting time in swimming. In *Biomechanics and Medicine In Swimming VII*, edited by J.P. Troup, A.P. Hollander, D. Strasse, S.W. Trappe, J.M. Cappaert, and T.A. Trappe, 195–200. New York: E & FN Spon.

Ayalon, A., B. Van Gheluwe, and M. Kanitz. 1975. A comparison of four styles of racing start in swimming. In *International Series on Sport Sciences*. Vol. 2, *Swimming II*, edited by. L. Lewillie and J.P. Clarys, 233–240. Baltimore: University Park Press.

Beritzhoff, S.T. 1974. *The relative effectiveness of two breaststroke starting techniques among selected intercollegiate swimmers*. Master's Thesis, California State University, Chico, CA.

Blanksby, B.A., D.G. Gathercole, and R.N. Marshall. 1996. Force plate and video analysis of the tumble turn by age-group swimmers. *Journal of Swimming Research* 11: 40–45.

Bloom, J.A., W.W. Hosler, and J.G. Disch. 1978. Differences in flight, reaction, and movement time for the grab and conventional starts. *Swimming Technique* 15(2): 34–36.

Bosco, C., and P.V. Komi. 1979. Mechanical characteristics and fiber composition of human leg extensor muscles. *European Journal of Applied Physiology*, 41: 275–284.

Bosco, C., and P.V. Komi. 1980. Influence of aging on the mechanical behavior of leg extensor muscles. *European Journal of Applied Physiology*, 45: 205–219.

Bowers, J.E. and P.R. Cavanaugh. 1975. A biomechanical comparison of the grab and conventional sprint starts in competitive swimming. In *International Series on Sport Sciences*. Vol. 2, *Swimming II*, edited by L. Lewillie and J.P. Clarys, 225–232. Baltimore: University Park Press.

Cavanaugh, P.R., J.V. Palmgren, and B.A. Kerr. 1975. A device to measure forces at the hand during the grab start in swimming. In *International Series on Sport Sciences*. Vol. 2, *Swimming II*, edited by L. Lewillie and J.P. Clarys, 43–50. Baltimore: University Park Press.

Chow, J.P., J.G. Hay, B.D. Wilson, and C. Imel. 1984. Turning techniques of elite swimmers. *Journal of Sports Sciences* 2: 241–255.

Counsilman, J.E., B.E. Counsilman, T. Nomura, and M. Endo. 1988. Three types of grab starts for competitive swimming. In *International Series on Sport Sciences*. Vol. 18, *Swimming Science V*, edited by B.E. Ungerechts, K. Wilkie, and K. Reischle, 81–91. Champaign, IL: Human Kinetics.

Enoka, R.M. 1971. The effect of different lengths of run-up on the height to which a spiker in volleyball can reach. *New Zealand Journal of Health, Physical Education, and Recreation* 4 (5): 15.

Guimares, A.C.S. and J.G. Hay. 1985. A mechanical analysis of the grab starting technique in swimming. *International Journal of Biomechanics* 1 (1): 25–35.

Hanauer, E. 1967. The grab start. *Swimming World and Junior Swimmer* 8: 5, 42.

Hanauer, E.S. 1972. Grab start. *Swimming World and Junior Swimmer* 13 (4): 8–9, 54–55.

Healy, J. 1977. *Effects of various approaches on the vertical jump in volleyball*. Master's Thesis, Western Illinois University, Macomb, IL.

Henry, F.M. and D.E. Rogers. 1960. Increased response latency for complicated movements and a "Memory-Drum" theory of neuromotor reaction. *Research Quarterly* 31: 448–458.

Jorgenson, L.W. 1971. *A cinematographical and descriptive comparison of three selected freestyle racing starts in competitive swimming*. Doctoral Dissertation, Louisiana State University, Baton Rouge, LA.

Kayambashi, K. 1977. *Effects of approaches and takeoffs on the vertical jump in volleyball*. Master's Thesis, Western Illinois University, Macomb, IL.

Lewis, S. 1980. Comparison of five swimming starting techniques. *Swimming Technique* 16 (4): 125–128.

Lyttle, A., B. Blanksby, B. Elliott, and D. Lloyd. 1998. The effect of depth and velocity on drag during the streamlined glide. *Journal of Swimming Research* 13: 15–22.

Maxwell, T. R.D. Bratton, and V. Fisher. 1980. Comparison of the vertical height achieved on the spike jump using no approach, a one-step approach, and a run approach. *Volleyball Technical Journal* 5 (2): 29–34.

McLean, S.P, P.F. Vint, K.D. Beckett, and M.J. Holthe. 1999. The addition of an approach to a swimming relay start. *Journal of Applied Biomechanics*.

Michaels, R.A. 1973. A time-distance comparison of the conventional and the grab start. *Swimming Technique* 10: 16–17.

Ransom, B. G. 1973. The no breather flip turn. *Swimming Technique*, 10, 70–82.

Roffer, B.J. and R.C. Nelson. 1972. The grab start is faster. *Swimming Technique* 8: 101–102.

Spina, M.S. 1995. *A Biomechanical Analysis and Comparison of Three Variations of the Grab Start*. Master's Thesis, California State University, Chico, CA.

Thayer, A.L. and J.G. Hay. 1984. Motivating start and turn improvement. *Swimming Technique* 20 (4): 17–20.

Thorsen, E.A. 1975. Comparison of the conventional and grab start in swimming. *Tidsofkroft fur Legenspuelset* 39: 130–138.

U.S.A. Swimming. 1999. *Rules and Regulations*. Colorado Springs: U.S.A. Swimming.

Van Slooten, P.H. 1973. An analysis of two forward swim starts using cinematography. *Swimming Technique* 10: 85–88.

Vilas-Boas, J.P., M.J. Cruz, F. Sousa, and F. Conceição. 2000. Integrated kinematical and dynamics analysis of 2 track-start techniques. *ISBS Swimming 2000 online*, edited by R.S. Sanders.

Ward, T.A. 1976. A cinematographical comparison of two turns. *Swimming Technique* 13 (1): 4–6.

Welcher, R.L. and T.R. George. 1998. A comparison of water velocities of three starts in competitive swimming" In *Abstracts, VIII International Symposium on Biomechanics and Medicine in Swimming*, edited by K.L. Keskinen, P.V. Komi, and P-L. Pitkanen, 151. Helsinki, Finland: University of Jyvaskyla.

Winters, C.N. 1968. *A comparison of the grip start in competitive swimming.* Master's Thesis, Southeast Missouri State College, Cape Girardeau, MO.

Zatsiorsky, V.M., N.Zh. Bulgakova, and N.M. Chaplinsky. 1979. Biomechanical analysis of starting techniques in swimming. In *International Series On Sport Sciences.* Vol. 8, *Swimming III*, edited by J. Terauds and E.W. Bedingfield, 199–206. Baltimore: University Park Press.

CAPÍTULO 9

Bangsbo, J., P.D. Gollnick, T.E. Graham, C. Juel, B. Kiens. 1990. Anaerobic energy production and O_2 deficit-debt relationship during exhaustive exercise in humans. *Journal Of Physiology* 422: 539–559.

Behnke, R., 2001. *Kinetic Anatomy*. Champaign, IL: Human Kinetics.

Bishop, D., D.G. Jenkins, and L.T. MacKinnon. 1998. The relationship between plasma lactate parameters, Wpeak and 1-h cycling performance in women. *Medicine and Science in Sports and Exercise* 30(8): 1270–1275.

Bottinelli, R., R. Betto, S. Schiaffino, and C. Reggiani. 1994. Unloaded shortening velocity and myosin heavy chain and alkali light chain isoform composition in rat-skeletal muscle fibers. *Journal of Physiology* (London) 478: 341–349.

Bouchard, C. 1990. Discussion: heredity, fitness and health. In *Exercise, Fitness and Health*, edited by C. Bouchard, R.J. Shephard, T. Stephens, J.R. Sutton, and B.D. McPherson, 147–153. Champaign, IL: Human Kinetics.

Campbell, C.J., A. Bonen, R.L. Kirby, and A.N. Belcastro. 1979. Muscle fiber composition and performance capacities of women. *Medicine and Science in Sports* 11(3): 260–265.

Carlile, F. 1963. *Forbes Carlile on swimming*. London: Pelham Books.

Carre, F., J. Dassonville, J. Beillot, J-Y. Prigent, and P. Rochcongar. 1994. Use of oxygen uptake recovery curve to predict peak oxygen uptake in upper body exercise. *European Journal of Applied Physiology* 69: 258–261.

Costill, D.L. 1967. The relationship between selected physiological variables and distance running performance. *Journal of Sports Medicine and Physical Fitness* 7: 61–66.

Costill, D.L. 1978. Adaptations in skeletal muscle during training for sprint and endurance swimming. In *Swimming Medicine IV: International Series on Sport Sciences,* vol. 6, edited by B. Eriksson and B. Furberg, 233–248. Baltimore: University Park Press.

Costill, D.L. 1986. *Inside Running: Basics of Sports Physiology*. Indianapolis: Benchmark Press.

Costill, D.L., J. Kovaleski, D. Porter, J. Kirwan, R. Fielding, and D. King. 1985. Energy expenditure during front crawl swimming: Predicting success in middle distance events. *International Journal of Sports Medicine* 6: 266–270.

Cureton, T.K. 1951. *Physical Fitness of Champion Athletes*. Urbana: University of Illinois Press.

Dudley, G.A., W.M. Abraham, and R.L. Terjung. 1982. Influence of exercise intensity and duration on biochemical adaptations in skeletal muscle. *Journal of Applied Physiology* 53(4): 844–850.

Faulkner, J.A., D.R. Claflin, and K.K. McCully. 1986. Power output of fast and slow fibers from human skeletal muscles. In *Human Muscle Power*, edited by N.L. Jones, N. McCartney, and A.J. McComas, 81–94. Champaign, IL: Human Kinetics.

Fitts, R.H., and J.J. Widrick. 1996. Muscle mechanics: Adaptations with exercise-training. In *Exercise and Sport Sciences Reviews*, vol. 24, edited by J.O. Holloszy, 427–473. Baltimore: Williams & Wilkins.

Fitts, R.H., D.L. Costill, and P.R. Gardetto. 1989. Effect of swim exercise training on human muscle fiber function. *Journal of Applied Physiology* 66(1): 465–475.

Fox, E.L., and D.K. Mathews. 1981. *The Physiological Basis of Physical Education and Athletics*. Philadelphia: Saunders College.

Harms, S.J., and R.C. Hickson. 1983. Skeletal muscle mitochondria and myoglobin, endurance, and intensity of training. *Journal of Applied Physiology* 54(3): 798–802.

Henriksson, J. 1992. Cellular metabolism and endurance. In *Endurance in Sport*, edited by R.J. Shephard and P.-O. Astrand, 46–60. Boston: Blackwell Scientific.

Hill, D.W., and A.L. Rowell. 1997. Responses to exercise at the velocity associated with $\dot{V}O_2$max. *Medicine and Science in Sports and Exercise* 29(1): 113–116.

Houston, M.E. 1978. Metabolic responses to exercise with special reference to training and competition in swimming. In *Swimming Medicine IV*, edited by B. Eriksson and B. Furberg, 207–232. Baltimore: University Park Press.

Hughson, R.L. 1984. Alterations in the oxygen deficit-oxygen debt relationship with beta-adrenergic receptor blockade in man. *Journal of Physiology* 349: 375–387.

Hurley, B.F., J.M. Hagberg, W.K. Allen, D.R. Seals, J.C. Young, R.W. Cuddihee, and J.O. Holloszy. 1984. Effect of training on blood lactate levels during submaximal exercise. *Journal of Applied Physiology: Respiratory, Environmental, and Exercise Physiology* 56(5): 1260–1264.

Jackson, A., J. Morrow Jr., D. Hill, and R. Dishman. 1999. *Physical Activity for Health and Fitness*. Champaign, IL: Human Kinetics.

Klissouras, V. 1971. Adaptability of genetic variation. *Journal of Applied Physiology* 31: 338–344.

Komi, P.V., and J. Karlsson. 1978. Skeletal muscle fibre types, enzyme activities and physical performance in young males and females. *Acta Physiologica Scandinavica* 103: 210–218.

MacDougall, J.D., G.C. Elder, D.G. Sale, J.R. Moroz, and J.R. Sutton. 1980. Effects of strength training and immobilization on human muscle fibers. *European Journal of Applied Physiology* 43: 25–34.

Mader, A., H. Heck, and W. Hollmann. 1976. Evaluation of lactic acid anaerobic energy contribution by determination of post-exercise lactic acid concentration or ear capillary blood in middle distance runners and swimming. In *Exercise Physiology*, edited by F. Landing and W. Orban, 187–199. Miami, FL: Symposia Specialists.

Montpetit, R.R., L.A. Leger, J.-M. Lavoie, and G. Cazorla. 1981. $\dot{V}O_2$ peak during free swimming using the backward extrapolation of the O_2 recovery curve. *European Journal of Applied Physiology* 47: 385–391.

Powers, S.K., R.E. Beadle, J. Lawley, and D. Thompson. 1987. Oxygen deficit-oxygen debt relationships in ponies during submaximal treadmill exercise. *Respiration Physiology* 57: 251–263.

Rose, R.J., D.R. Hodgson, T.B. Kelso, L.J. McCutcheon, T.A. Reid, 1988. Maximum O2 uptake, O2 debt and deficit, and muscle metabolites in thoroughbred horses. *Journal of Applied Physiology* 64: 781–788.

Saltin, B. 1973. Oxygen transport by the circulatory system during exercise in man. In *Limiting Factors of Physical Performance*, edited by J. Keul, 235–251. Stuttgart: Georg Thieme Verlag.

Saltin, B., J. Henriksson, E. Nygaard, P. Andersen, and E. Jansson. 1977. Fiber types and metabolic potentials of skeletal muscles in sedentary men and endurance runners. *Annals of New York Academy of Science* 301: 3–29.

Serresse, O., G. Lortie, C. Bouchard, and M.R. Boulay. 1988. Estimation of the contribution of the various energy systems during maximal work of short duration. *International Journal of Sports Medicine* 9(6): 456–460.

Sjodin, B. 1976. Lactate dehydrogenase in human skeletal muscle. *Acta Physiologica Scandinavica* (Supplement) 436: 9–32.

Sjodin, B. 1982. The relationships among running economy, aerobic power, muscle power, and onset of blood lactate accumulation in young body (11–15 years). In *Exercise and Sport Biology*, edited by P.V. Komi, 57–60. Baltimore: University Park Press.

Sjodin, B., and I. Jacobs. 1981. Onset of blood lactate accumulation and marathon running performance. *International Journal of Sports Medicine* 2: 23–26.

Tesch, P.A., and L. Larsson. 1982. Muscle hypertrophy in body builders. *European Journal of Applied Physiology* 49: 301–306

Vandewalle, H., G. Peres, and H. Monod. 1987. Standard Anaerobic Exercise Tests. *Sports Medicine* 4: 268–289.

Van Handel, P.J., A. Katz, J.R. Morrow, J.P. Troup, J.T. Daniels, and P.W. Bradley. 1988. Aerobic economy and competitive swimming performance of U.S. elite swimmers. In *Swimming Science V: International Series on Sport Sciences*, vol. 18, edited by B.E. Ungerechts, K. Wilke, and K. Reischle, 219–227. Champaign, IL: Human Kinetics.

Wasserman, K., B.J. Whipp, S.N. Koval, and W.L. Beaver. 1973. The anaerobic threshold and respiratory gas exchange during exercise. *Journal of Applied Physiology* 35: 236–243.

Wilmore, J.H., and D.L. Costill. 1988. *Training for Sport and Activity: The Physiological Basis of the Conditioning Process*. Dubuque, IA: Wm. C. Brown.

Wilmore, J.H., and D.L. Costill. 1999. *Physiology of Sport and Exercise*. Champaign, IL: Human Kinetics.

CAPÍTULO 10

Ahlborg, G., L. Hagenfeldt, and J. Wahren. 1974. Influence of lactate infusion on glucose during prolonged exercise in man. *Journal of Clinical Investigation* 53: 1080–1090.

Bangsbo, J., P.D. Gollnick, T.E. Grahan, C. Juel, B. Kiens, M. Mizuno, and B. Saltin. 1990. Anaerobic energy production and O2 deficit-debt relationship during exhaustive exercise in humans. *Journal of Physiology* 422: 539–559.

Beltz, J.D., D.L. Costill, R. Thomas, W.J. Fink, and J.P. Kirwan. 1988. Energy demands of interval training for competitive swimming. *Journal of Swimming Research* 4(3): 5–9.

Bonen, A., S.K. Baker, and H. Hatta. 1997. Lactate transport and lactate transporters in skeletal muscle. *Canadian Journal of Applied Physiology* 22(6): 531–552.

Bonen, A., K.J.A. McCullagh, C.T. Putman, E. Hultman, N.L. Jones, and G.J.F. Heigenhauser. 1998. Short-term training increases human muscle MCT1 and femoral venous lactate in relation to muscle lactate. *American Journal of Physiology* 274(37): E102–E107.

Brooks, G.A., and T.D. Fahey. 1984. *Exercise Physiology: Human Bioenergetics and Its Applications*. New York: John Wiley & Sons.

Brooks, G.A., T.D. Fahey, T.P. White, and K.M. Baldwin. 1996. *Exercise Physiology: Human Bioenergetics and its Applications*. Mountain View, CA: Mayfield.

Costill, D.L. 1978. Adaptations in skeletal muscle during training for sprint and endurance swimming. In *Swimming Medicine IV*, edited by B. Eriksson and B. Furberg, 233–248. Baltimore: University Park Press.

Costill, D.L., M.G. Flynn, J.P. Kirwin, J.A. Houmard, J.B. Mitchell, R. Thomas, and S.H. Park. 1988. Effects of repeated days of intensified training on muscle glycogen and swimming performance. *Medicine and Science in Sports and Exercise* 20(3): 249–254.

Danforth, W.H. 1965. Activation of glycolytic pathway in muscle. In *Control of Energy Metabolism*, edited by B. Chance and R.W. Estabrook, 287–297. New York: Academic Press.

di Prampero, P.E. 1971. Anaerobic capacity and power. In *Frontiers of Fitness*, edited by, R.J. Shephard, 155–173. Springfield, IL: Charles C Thomas.

Edington, D.W., and V.R. Edgerton. 1976. *The Biology of Physical Activity*. Boston: Houghton Mifflin.

Felig, P., and J. Wahren. 1971. Amino acid metabolism in exercising man. *Journal of Clinical Investigation* 50: 2703–2714.

Greenhaff, P.L., and J.A. Timmons. 1998. Interaction between aerobic and anaerobic metabolism during intense muscle contraction. In *Exercise and Sport Sciences Reviews*, vol. 26, edited by J.O. Holloszy, 1–30. Baltimore: Williams & Wilkins.

Gullstrand, L. 1985. Tapering. In *ASCA World Clinic Yearbook*, edited by T.F. Welsh, 15–19. Ft. Lauderdale, FL: American Swimming Coaches Association.

Hagerman, F.C., R.S. Hikida, R.S. Staron, W.M. Sherman, and D.L. Costill. 1984. Muscle damage in marathon runners. *Physician and Sportsmedicine* 12: 39–48.

Hasson, S.M., and W.S. Barnes. 1986. Peak power output and fatigue during brief bicycle ergometric exercise. Abstract. *Medicine and Science in Sports and Exercise* 18(2): S7.

Henriksson, J. 1992. Metabolism in the contracting skeletal muscle. In *Endurance in Sport*, edited by R.J. Shephard and P.-O. Astrand, 226–243. Boston: Blackwell Scientific.

Hermansen, L. 1971. Lactate production during exercise. In *Muscle Metabolism During Exercise*, edited by B. Pernow and B. Saltin, 401–407. New York: Plenum Books.

Hirche, H., V. Hombach, H.D. Langohr, U. Wacker, and J. Busse. 1975. Lactic acid permeation rate in working gastrocnemii of dogs during metabolic alkalosis and acidosis. *Pflugers Archives* 356: 209–222.

Houston, M.E. 1978. Metabolic responses to exercise with special reference to training and competition in swimming. In *Swimming Medicine IV*, edited by B. Eriksson and B. Furberg, 207–232. Baltimore: University Park Press.

Hultman, E., and H. Sjoholm. 1986. Biochemical causes of fatigue. In *Human Muscle Power*, edited by N.L. Jones, N. McCartney, and A.J. McComas, 215–238. Champaign, IL: Human Kinetics.

Hultman, E., M. Bergstrom, L.L. Spriet, and K. Soderlund. 1990. Energy metabolism and fatigue. In *Biochemistry of Exercise VII, International Series of Sport Sciences*, vol. 21, edited by A.W. Taylor, P.D. Gollnick, H.J. Green, C.D. Ianuzzo, E.G. Noble, G. Metivier, and J.R. Sutton, 73–92. Champaign, IL: Human Kinetics.

Lamb, D.R. 1978. *Physiology of Exercise Responses and Adaptations*. New York: MacMillan.

Lehmann, M., H. Mann, U. Gastmann, J. Keul, D. Vetter, J.M. Steinacker, and D. Haussinter. 1996. Unaccustomed high-mileage vs. intensity training-related changes in performance and serum amino acid levels. *International Journal of Sports Medicine* 187–192.

Lehninger, A.L. 1973. *Bioenergetics*. Menlo Park, CA: W.A. Benjamin.

Margaria, R., P. Cerretelli, and F. Mangill. 1964. Balance and kinetics of anaerobic energy release during strenuous exercise in man. *Journal of Applied Physiology* 19: 623–628.

McArdle, W.D., F.I. Katch, and V.L. Katch. 1996. *Exercise Physiology: Energy, Nutrition, and Human Performance*. Baltimore: Williams & Wilkins.

Nomura, T., K. Wakayoshi, M. Miyashita, and Y. Mutoh. Physiological evaluation of the 400 M freestyle race. 1996. In *Proceedings: Biomechanics and Medicine in Swimming*, edited by J.P. Troup, A.P. Hollander, D. Strasse, S.W. Trappe, J.M. Cappaert, and T.A. Trappe, 208–215. London: E & FN Spon.

Pendergast, D.R., P.E. diPrampero, A.B. Craig, Sr., and D.W. Rennie. 1978. The influence of selected biomechanical factors on the energy cost of swimming. *Swimming Medicine IV: International Series on Sport Sciences*, vol. 6, edited by B. Eriksson and B. Furberg, 367–378. Baltimore: University Park Press.

Portzehl, H., P. Zaoralek, and J. Gaudin. 1969. The activation by Ca2+ of the ATPase of extracted muscle fibrils with variation of ionic strength, pH, and concentration of MgATP. *Biochim. Biophys. Acta.* 189: 440–448.

Ring, S., A. Mader, W. Wirtz, and K. Wilkie. 1996. Energy metabolism during sprint swimming. In *Proceedings: Biomechanics and Medicine in Swimming*, edited by J.P. Troup, A.P. Hollander, D. Strasse, S.W. Trappe, J.M. Cappaert, and T.A. Trappe, 179–184. London: E & FN Spon.

Sapega, A. A., D.P. Sokolow, T.J. Grahm, and B. Chance. 1988. Phosphorus nuclear magnetic resonance: A noninvasive technique for the study of muscle bioenergetics during exercise. *Medicine and Science in Sports and Exercise*, 19(4), 410–420.

Serresse, O., G. Lortie, C. Bouchard, and M.R. Boulay. 1988. Estimation of the contribution of the various energy systems during maximal work of short duration. *International Journal of Sports Medicine* 9(6): 456–460.

Shephard, R.J. 1982. *Physiology and Biochemistry of Exercise*. New York: Praeger.

Trappe, S.W. 1996. Metabolic demands for swimming. In *Proceedings: Biomechanics and Medicine in Swimming*, edited by J.P. Troup, A.P. Hollander, D. Strasse, S.W. Trappe, J.M. Cappaert, and T.A. Trappe, 127–134. London: E & FN Spon.

Wilmore, J.H., and D.L. Costill. 1999. *Physiology of Sport and Exercise*. Champaign, IL: Human Kinetics.

Wilson, M.C., V.N. Jackson, C. Heddle, N.T. Price, H. Pilegaard, C. Juel, A. Bonen, I. Montgomery, O.F. Hutter, and A.P. Halestrap. 1998. Lactic acid efflux from white skeletal muscle is catalyzed by the monocarboxylate transporter isoform MCT3. *The Journal of Biological Chemistry* 273(26): 15920–15926.

CAPÍTULO 11

Ahlborg, G., L. Hagenfeld, and J. Wahren. 1975. Substrate utilization by the inactive leg during one-leg or arm exercise. *Journal of Applied Physiology* 39: 718–723.

Andersen, P. 1975. Capillary density in skeletal muscle of man. *Acta Physiologica Scandinavica* 95: 203–205.

Andersen, P., and G. Sjogaard. 1975. Selective glycogen depletion in the subgroups of type II muscle fibers during intense submaximal exercise in man. *Acta Physiologica Scandinavica* 96: 26.A

Astrand, P.-O., and K. Rodahl. 1977. *Textbook of Work Physiology*. New York: McGraw-Hill.

Baldwin, K.M., W.W. Winder, R.L. Terjung, and J.O. Holloszy. 1973. Glycolytic enzymes in red, white and intermediate skeletal muscle: adaptation to exercise. *American Journal of Physiology* 225(4): 962–966.

Balsom, P., K. Soderlund, and B. Ekblom. 1994. Creatine in humans with special reference to creatine supplementation. *Sports Medicine* 18(4): 268–280.

Bangsbo, J., P.D. Gollnick, T.E. Grahan, C. Jeul, B. Kie, M. Mizuno, and B. Saltin. 1990. Anaerobic energy production and deficit-debt relationship during exhaustive exercise in humans. *Journal of Physiology* 422: 539–559.

Beltz, J.D., D.L. Costill, R. Thomas, W.J. Fink, and J.P. Kirwan. 1988. Energy demands of interval training for competitive swimming. *Journal of Swimming Research* 4(3): 5–9.

Brodal, P., F. Ingjer, and L. Hermansen. 1976. Capillary supply of skeletal muscle fibres in untrained and endurance trained men. Abstract. *Acta Physiologica Scandinavica* (Suppl) 410: 178.

Brooks, G.A., and T.D. Fahey. 1984. *Exercise Physiology: Human Bioenergetics and Its Applications*. New York: John Wiley & Sons.

Brooks, G.A. and T.D. Fahey. 1987. *Fundamentals of Human Performance*. New York: Macmillan.

Brooks, G.A., T.D. Fahey, T.P. White, and K.M. Baldwin. 1996. *Exercise Physiology: Human Bioenergetics and Its Applications*. Mountain View, CA: Mayfield.

Carrow, R., R. Brown, and W. Van Huss. 1967. Fiber sizes and capillary to fiber ratios in skeletal muscles of exercised rats. *Anatomical Record* 159: 33–38.

Clausen, J.P., K. Klausen, B. Rasmussen, and J. Trap-Jensen. 1973. Central and peripheral circulatory changes after training of the arms and legs. *American Journal of Physiology* 225(3): 675–682.

Costill, D.L. 1978. Adaptations in skeletal muscle during training for sprint and endurance swimming. In *Swimming Medicine IV*, edited by B. Eriksson and B. Furberg, 233–248. Baltimore: University Park Press.

Costill, D.L., W.J. Fink, M. Pollock. 1976. Muscle fiber composition and enzyme activities of elite distance runners. *Medicine and Science in Sports and Exercise* 8: 96–100.

Cunningham, D.A., and J.A. Faulkner. 1969. The effect of training on aerobic and anaerobic metabolism during a short exhaustive run. *Medicine and Science in Sports* 1: 65–69.

Davies, K.J.A., L. Packer, and G.A. Brooks. 1981. Biochemical adaptations of mitochondria, muscle, and whole-animal respiration to endurance training. *Archives of Biochemistry and Biophysics* 209: 538–553.

Donovan, C.M., and G.A. Brooks. 1983. Endurance training affects lactate clearance, not lactate production. *American Journal of Physiology* 244 (Endocrinology and Metabolism 7): E83–E92.

Donovan, C.M. and M.J. Pagliassotti. 1990. Enhanced efficiency of lactate removal after endurance training. *Journal of Applied Physiology* 68: 1053–1058.

Eisele, R, J. Bremer, M. Hannig, E. Zimmerman, and G. Simon. 1997. Relation of the maximal lactate-steady state to the range of maximal fat oxidation rate during cycle ergometer work. Abstract. *International Journal of Sports Medicine* 19(Suppl. 1): S22.

Felig, P., and J. Wahren. 1971. Amino acid metabolism in exercising man. *Journal of Clinical Investigation* 50: 2703–2714.

Fukuba, Y., M.L. Walsh, R.H. Morton, B.J. Cameron, C.T.C. Kenny, and E.W. Banister. 1999. The effect of endurance training on blood lactate clearance after maximal exercise. *Journal of Sports Sciences* 17(3): 239–248.

Gibbins, J.A., D.A. Cunningham, D.B. Shaw, and R.B. Eynon. 1972. The effect of swimming training on selected aspects of the pulmonary function of young girls—A preliminary report. In *Training: Scientific Basis and Application*, edited by A.W. Taylor and M.L. Howell, 139–143. Springfield, IL: Charles C Thomas.

Gledhill, N., D. Cox, and R. Jamnik. 1994. Endurance athletes' stroke volume does not plateau: Major advantage is diastolic function. *Medicine and Science in Sports and Exercise* 26: 1116–1121.

Gollnick, P.D., and Hodgson. 1986. Enzymatic adaptation and its significance for metabolic response to exercise. In *Biochemistry of Exercise VI: International Series on Sport Sciences*, vol. 16, edited by B. Saltin, 191–200. Champaign, IL: Human Kinetics.

Gollnick, P.D., R.B. Armstrong, C.W. Saubert IV, K. Piehl, and B. Saltin. 1972. Enzyme activity and fiber composition in skeletal muscle of untrained and trained men. *Journal of Applied Physiology* 33: 312–319.

Green, H.J. 1996. What is the physiological significance of training-induced adaptations in muscle mitochondrial capacity? In *Biochemistry of Exercise*, vol. IX, edited by R.J. Maughan and S.M. Sherriffs, 345–359. Champaign, IL: Human Kinetics.

Green, H.J., J.R. Sutton, G. Coates, M. Ali, and S. Jones. 1991. Response of red cell and plasma volume to prolonged training in humans. *Journal of Applied Physiology* 70(4): 1810–1815.

Greenhaff, P.L. 1995. Creatine and its application as an ergogenic aid. *International Journal of Sports Nutrtion* 5: S100–S110.

Greenhaff, P.L,. and J.A. Timmons. 1998. Interaction between aerobic and anaerobic metabolism during intense muscle contraction. In *Exercise and Sport Sciences Reviews*, vol. 26, edited by J.O. Holloszy, 1–30. Baltimore: Williams & Wilkins.

Gullstrand, L. 1985. Tapering. In *ASCA World Clinic Yearbook*, edited by T.F. Welsh, 15–19. Ft. Lauderdale, FL: American Swimming Coaches Association.

Guyton, A.C. 1964. *Textbook of Medical Physiology*. Philadelphia: W.B. Saunders.

Hagberg, J.M., J.E. Yerg, II, and D.R. Seals. 1988. Pulmonary function in young and older athletes and untrained men. *Journal of Applied Physiology* 65: 101–105.

Hannon, J.P., J.L. Shields, and C.W. Harris. 1969. Effects of altitude acclimization on blood compositin of women. *Journal of Applied Physiology* 26(5): 540–547.

Hays, G.W., J.M. Davis, and D.R. Lamb. 1984. Increased pain tolerance in rats following strenuous exercise: effects of Nalonone. Abstract. *Medicine and Science in Sports and Exercise* 16(2): 156.

Henriksson, J. 1977. Training induced adaptation of skeletal muscle and metabolism during submaximal exercise. *Journal of Physiology* 270: 661–675.

Henriksson, J. 1992. Cellular metabolism and endurance. In *Endurance in Sport*, edited by R.J. Shephard and P.-O. Astrand, 46–60. Boston: Blackwell Scientific.

Henriksson, J. 1992b. Metabolism in the contracting skeletal muscle. In *Endurance in Sport*, edited by R.J. Shephard and P.-O. Astrand, 226–243. Boston: Blackwell Scientific.

Hermansen, L., and M. Wachtlova. 1971. Capillary density of skeletal muscle in well-trained and untrained men. *Journal of Applied Physiology* 30(6): 860–863.

Hickson, R.C. 1981. Skeletal muscle cytochrome c and myoglobin, endurance, and frequency of training. *Journal of Applied Physiology, Respiratory, Environmental and Exercise Physiology* 51(3): 746–749.

Holloszy, J.O. 1973. Biochemical adaptations to exercise: aerobic metabolism. In *Exercise and Sports Sciences Reviews*, vol. 1, edited by J. Wilmore, 45–71. New York: Academic Press.

Holloszy, J.O. 1975. Adaptation of skeletal muscle to endurance exercise. *Medicine and Science in Sports* 7(3): 155–164.

Holloszy, J.O., and F.W. Booth. 1976. Biochemical adaptations to endurance exercise in muscle. *Annual Review of Physiology* 38: 273–291.

Holloszy, J.O., G.P. Dalsky, P.M. Nemeth, B.F. Hurley, W.H. Martin III, and J.M. Hagberg. 1986. Utilization of fat as substrate during exercise: Effect of training. In *Biochemistry of Exercise*, vol. VI, edited by B. Saltin, 183–190. Champaign, IL: Human Kinetics.

Hultman, E., and K. Sahlin. 1981. Acid-base balance during exercise. In *Exercise and Sport Sciences Reviews*, vol. 8, 41–128. Philadelphia: Franklin Institute Press.

Hultman, E., and H. Sjoholm. 1986. Biochemical causes of fatigue. In *Human Muscle Power*, edited by N.L. Jones, N. McCartney, and A.J. McComas, 215–238. Champaign, IL: Human Kinetics.

Hultman, E., K. Soderlund, J.A. Timmons, G. Cederblad, and P.L. Greenhaff. 1996. Muscle creatine loading in men. *Journal of Applied Physiology* 81(1): 232–237.

Jacobs, I., M. Esbjornsson, C. Sylven, I. Holm, and E. Jansson. 1987. Sprint training effects on muscle myoglobin, enzymes, fiber types, and blood lactate. *Medicine and Science in Sports and Exercise* 19(4): 368–374.

Jansson, E., C. Sylven, and B. Sjodin. 1983. Myoglobin concentration and training in humans. In, *Biochemistry of Exercise, International Series on Sport Sciences*, vol. 13, edited by H.G. Knuttgen, J.A. Vogel, and J. Poortmans, 821–825. Champaign, IL: Human Kinetics.

Jensen, C.R. and A. G. Fisher. 1975. *Scientific Basis of Athletic Conditioning*. Philadelphia: Lea & Febiger.

Jeukendrup, A.E., W.H.M. Saris, and A.J.M. Wagenmakers. 1998. Fat metabolism during exercise: A review. Part II: Regulation of metabolism and the effects of training. *International Journal of Sports Medicine* 19: 293–302.

Jorfeldt, L., A. Juhlin-Dannfelt, and J. Karlsson. 1978. Lactate release in relation to tissue lactate in human skeletal muscle during exercise. *Journal of Applied Physiology: Respiration, Environmental and Exercise Physiology* 44(3): 350–352.

Juel, C. 1997. Lactate-proton cotransport in skeletal muscle. *Physiological Reviews* 77: 321–358.

Juel, C., J. Bangsbo, T. Graham, and B. Saltin. 1990. Lactate and potassium fluxes from human skeletal muscle during and after intense, dynamic, knee extensor exercise. *Acta Physiologica Scandinavica* 140: 147–159.

Karlsson, J., L-O. Nordesjo, L. Jorfeldt, and B. Saltin. 1972. Muscle lactate, ATP and CP levels during exercise after physical training in man. *Journal of Applied Physiology* 33: 199–203.

Karvonen, J., E. Peltola, and J. Saarela. 1986. The effect of sprint training performance in a hypoxic environment on specific performance capacity. *Journal of Sports Medicine* 26: 219–224.

Katz, A., S Broberg, K. Sahlin, and J. Wahren. 1986. Muscle ammonia and amino acid metabolism during dynamic exercise in man. *Clinical Physiology* 6: 365–379.

Keul, J., E. Doll, and D. Keppler. 1972. *Energy Metabolism of Human Muscle*. Baltimore: University Park Press.

Kiessling, K.H., K. Piehl, and C-G. Lundquist. 1971. Effect of physical training on ultrastructural features in human skeletal muscle. In *Muscle Metabolism During Exercise*, edited by B. Pernow and B. Saltin, 97–101. New York: Plenum Press.

Lawrie, R.A. 1953. Effect of enforced exercise on myoglobin in muscle. *Nature* 171: 1069–1070.

Lindinger, M.I., R.S. McKelvie, and J.F. Heigenhauser. 1995. K+ and Lac– distribution in humans during and after high-intensity exercise: Role in muscle fatigue attenuation? *Journal of Applied Physiology* 78(3): 765–777.

MacDougall, J.D., G.R. Ward, D.G. Sale, and J.R. Sutton. 1977. Biochemical adaptation of human skeletal muscle to heavy resistance training and immobilization. *Journal of Applied Physiology* 43: 700–703.

MacDougall, J.D., H.J. Green, J.R. Sutton, G. Coates, A. Cymerman, P. Young, and C.S. Houston. 1991. Operation Everest II: Structural adaptations in skeletal muscle in response to extreme simulated altitude. *Acta Physiologica Scandinavica* 142: 421–427.

MacRae, H.S.-H., S.C. Dennis, A.N. Bosch, and T.D. Noakes. 1992. Effects of training on lactate production and removal during progressive exercise in humans. *Journal of Applied Physiology* 72(5): 1649–1656.

MacRae, H.S.-H., T.D. Noakes, and S.C. Dennis. 1995. Effects of endurance training on lactate removal by oxidation and gluconeogenesis during exercise. *Pfluegers Archives* 430: 964–970.

Magel, J., and K. Andersen. 1969. Pulmonary diffusing capacity and cardiac output in young trained Norwegian swimmers and untrained subjects. *Medicine and Science in Sports* 1: 131–139.

Maglischo, E.W. 1984. Blood lactate concentrations of competitive swimmers following races of 50 and 100 yards. Unpublished data. Bakersfield: California State University, Bakersfield.

Mahler, D.A., E.D. Moritz, and J. Loke. 1982. Ventilatory responses at rest and during exercise in marathon runners. *Journal of Applied Physiology* 52(2): 388–392.

Mathews, D.K., and E.L. Fox. 1976. *The Physiological Basis of Physical Education and Athletics*. Philadelphia: W.B. Saunders.

Maughan, R.J. 1995. Creatine supplementation and exercise performance. *International Journal of Sports Nutrition* 5: 94–101.

Mazzeo, R.S., G.A. Brooks, D.A. Schoeller, and T.F. Budinger. 1986. Disposal of blood (1-13C) lactate in humans during rest and exercise. *Journal of Applied Physiology* 60(1): 232–241.

McArdle, W.D., F.I. Katch, and V.L. Katch. 1996. *Exercise Physiology: Energy, Nutrition, and Human Performance*. Baltimore: Williams & Wilkins.

McKenzie, D.C., W.S. Parkhouse, E.C. Rhodes, P.W. Hochochka, W.K. Ovalle, T.P. Mommsen, and S.L. Shinn. 1983. Skeletal muscle buffering capacity in elite athletes. In *Biochemistry of Exercise: International Series on Sport Sciences*, vol. 13, edited by H.G. Knuttgen, J.A. Vogel, and J. Poortmans, 584–589. Champaign, IL: Human Kinetics.

Messonnier, L., H. Freund, M. Bourdon, A. Belli, and J-R. Lacour. 1997. Lactate exchange and removal abilities in rowing performance. *Medicine and Science in Sports and Exercise* 29(3): 396–401.

Mole, P.A., K.M. Baldwin, R.L. Terjung, and J.O. Holloszy. 1973. Enzymatic pathways of pyruvate metabolism in skeletal muscle: adaptations to exercise. *American Journal of Physiology* 224: 50–54.

Morgan, T.E., L.A. Cobb, F.A. Short, R. Ross, and D.R. Gunn. 1971. Effect of long-term exercise on human muscle mitochondria. In *Muscle Metabolism During Exercise*, edited by B. Pernow and B. Saltin, 87–95. New York: Plenum Books.

Mujika, I., J. Chatard, L. LaCoste, F. Barale, and A. Geyssant. 1996. Creatine supplementation does not improve sprint performance in competitive swimmers. *Medicine and Science in Sports and Exercise* 28(11): 1435–1441.

Nemeth, P.M., M.M.-L. Chi, C.S. Hintz, and O.H. Lowry. 1983. Myoglobin content of normal and trained human muscle fibers. *Biochemistry of Exercise: International Series on Sport Sciences,* vol. 13, edited by H.G. Knuttgen, J.A. Vogel, and J. Poortmans, 826–831. Champaign, IL: Human Kinetics.

Newsholme, E.A., E. Blomstrand, N. McAndrew, and M. Parry-Billings. 1992. Biochemical causes of fatigue and overtraining. In *Endurance in Sport*, edited by R.J. Shephard and P.-O. Astrand, 351–364. Boston: Blackwell Scientific.

Nicklas, B.J. 1997. Effects of endurance exercise on adipose tissue metabolism. In *Exercise and Sport Sciences Reviews*, vol. 25, edited by J.O. Holloszy, 77–103. Baltimore: Williams & Wilkins.

Olbrecht, J. 2000. *Planning, Periodization, Training, Competing and Winning*. New York: Sports Resources Group.

Oyono-Enguelle, S., and H. Freund. 1992. Ability to remove lactate in endurance-trained and -untrained humans. *Journal of Applied Physiology* 72: 396–398.

Parkhouse, W.S., D.C. McKenzie, P.W. Hochochka, T.P. Mommsen, W.K. Ovalle, S.L. Shinn, and E.C. Rhodes. 1983. The relationship between carnosine levels, buffering capacity, fiber type and anaerobic capacity in elite athletes. In *Biochemistry of Exercise, International Series on Sport Sciences*, vol. 13, edited by H.G. Knuttgen, J.A. Vogel, and J. Poortmans, 590–594. Champaign, IL: Human Kinetics.

Pattengale, P.K., and J.O. Holloszy. 1967. Augmentation of skeletal muscle myoglobin by a program of treadmill running. *American Journal of Physiology* 213: 783–785.

Phillips, S.M., H.J. Green, M.A. Tarnopolsky, and S.M. Grant. 1995. Increased clearance of lactate after short-term training in men. *Journal of Applied Physiology* 79(6): 1862–1869.

Poortmans, J.R., J. Delescaille-Vanden Bossche, and R. Leclercq. 1978. Lactate uptake by inactive forearm during progressive leg exercise. *Journal of Applied Physiology* 45: 835–839.

Reynafarje, C. 1962. Myoglobin content and enzymatic activity of muscle and altitude adaptation. *Journal of Applied Physiology* 17(2): 301–305.

Robinson, S., and P.M. Harmon. 1941. The lactic acid mechanism and certain properties of the blood in relation to training. American Journal of Physiology 132: 757–769

Rosler, K., H. Hoppeler, K.E. Conley, H. Claassen, P. Gehr, and H. Howald. 1985. *European Journal of Applied Physiology* 54: 355–362.

Roth, D.A., and G.A. Brooks. 1990. Lactate transport is mediated by a membrane-bound carrier in rat skeletal muscle sarcolemmal vesicles. *Archives of Biochemistry and Biophysics* 279(2): 377–385.

Rowell, L.B. 1974. Human cardiovascular adjustments to exercise and thermal stress. *Physiological Reviews* 54: 75–159.

Sale, D.G. 1986. Neural adaptation in strength and power training. In *Human Muscle Power*, edited by N.L. Jones, N. McCartney, and A.J. McComas, 289–305. Champaign, IL: Human Kinetics.

Saltin, B. 1973. Oxygen transport by the circulatory system during exercise in man. In *Limiting Factors of Physical Performance*, edited by J. Keul, 235–252. Stuttgart: George Thieme.

Saltin, B. 1990. Anaerobic capacity: Past, present and prospective. In *Biochemistry of Exercise VII, International Series on Sport Sciences*, vol. 21, edited by A.W. Taylor, P.D. Gollnick, H.J. Green, C.D. Ianuzzo, E.G. Noble, G. Metivier, and J.R. Sutton, 387–412. Champaign, IL: Human Kinetics.

Saltin, B., K. Nazar, D.L. Costill, E. Stein, E. Jansson, B. Essen, and P. Gollnick. 1976. The nature of the training response: Peripheral and central adaptations to one-legged exercise. *Acta Physiologica. Scandinavica* 96: 289–305.

Saltin, B., J. Henriksson, E. Nygaard, and P. Andersen. 1977. Fiber types and metabolic potentials of skeletal muscles in sedentary men and endurance runners. *Annals of New York Academy of Science* 301: 3–29.

Serresse, O., G. Lortie, C. Bouchard, and M.R. Boulay. 1988. Estimation of the contribution of the various energy systems during maximal work of short duration. *International Journal of Sports Medicine* 9(6): 456–460.

Sharp, R.L., L.E. Armstrong, D.S. King, and D.L. Costill. 1983. Buffer capacity of blood in trained and untrained males. *Biochemistry of Exercise: International Series on Sport Sciences*, vol. 13, 595–599. Champaign, IL: Human Kinetics.

Sharp, R.L., D.L. Costill, W.J. Fink, and D.S. King. 1986. Effects of eight weeks of bicycle ergometer sprint training on human muscle buffer capacity. *International Journal of Sports Medicine* 7(1): 13–17.

Simmons, R., and R.J. Shephard. 1972. The influence of training over the distribution of cardiac output. In *Training: Scientific Basis and Application*, edited by A.W. Taylor, 131–138. Springfield, IL: Charles C Thomas.

Sjodin, B., and I. Jacobs. 1981. Onset of blood lactate accumulation and marathon running performance. *International Journal of Sports Medicine* 2: 23–26.

Spina, R.J., T. Ogawa, W.H. Martin III, A.R. Coggan, J.O. Holloszy, and A.A. Ehsani. 1992. Exercise training prevents decline in stroke volume during exercise in young healthy subjects. *Journal of Applied Physiology* 72(6): 2458–2462.

Svedenhag, J., J. Henriksson, and C. Sylven. 1983. Dissociation of training effects on skeletal muscle mitochondrial enzymes and myoglobin in man. *Acta Physiologica. Scandinavica* 117: 213–218.

Treffene, R.J., R. Dickson, C. Craven, C. Osborne, K. Woodhead, and K. Hobbs. 1980. Lactic acid accumulation during constant speed swimming at controlled relative intensities. *Journal of Sports Medicine* 20: 244–254.

Weicker, H., H. Bert, A. Rettenmeier, U. Oettinger, H. Hagele and U. Keilholz. 1983. Alanine formation during maximal short-term exercise. In *Biochemistry of Exercise: International Series on Sport Sciences*, vol. 13, edited by. H.G. Knuttgen, J.A. Vogel, and J. Poortmans, 385–394. Champaign, IL: Human Kinetics.

Williams, M.H. 1998. *The Ergogenics Edge*. Champaign, IL: Human Kinetics.

Wilmore, J.H., and D.L. Costill. 1999. *Physiology of Sport and Exercise*. Champaign, IL: Human Kinetics.

Wilson, M.C., V.N. Jackson, C. Heddle, N.T. Price, H. Pilegaard, C. Juel, A. Bonen, I. Montgomery, O.F. Hutter, and A.P. Halestrap. 1998. Lactic acid efflux from white skeletal muscle is catalyzed by the monocarboxylate transporter isoform MCT3. *The Journal of Biological Chemistry* 273(26): 15920–15926.

CAPÍTULO 12

Baldwin, K.M., G.H. Klinkerfuss, R.L. Terjung, P.A. Mole, and J.O. Holloszy. 1972. Respiratory capacity of white, red, and intermediate muscle: Adaptive response to exercise. *American Journal of Physiology* 222: 373–378.

Bouchard, C., F.T. Dionne, J.-A. Simoneau, and M.R. Boulay. 1992. Genetics of aerobic and anaerobic performances. *Exercise and Sports Sciences Reviews*, vol. 20, edited by J.O. Holloszy, 27–58. Baltimore: Williams & Wilkins.

Cadefau, J., J. Casademont, J.M. Gran, J. Fernandez, A. Balaguer, M. Vernet, R. Cusso, and A. Urbano-Marquez. 1990. Biochemical and histochemical adaptation to sprint training in young athletes. *Acta Physiologica Scandinavica* 140: 341–351.

Costill, D.L. 1986. *Inside Running: Basics of Sports Physiology*. Indianapolis: Benchmark Press.

Costill, D.L., D.S. King, R. Thomas, and M. Hargreaves. 1985. Effects of reduced training on muscular power in swimmers. *Physician and Sports Medicine* 13(2): 94–101.

Costill, D.L., R. Thomas, R.A. Roberts, D.D. Pascoe, C.P. Lambert, S.I. Barr, and W.J. Fink. 1991. Adaptations to swimming training: Influence of training volume. *Medicine and Science in Sports and Exercise* 23: 371–377.

Coyle, E.F., W.H. Martin III, D.R. Sinacore, M.J. Joyner, J.M. Hagberg, and J.O. Holloszy. 1984. Time course of loss of adaptations after stopping prolonged intense endurance training. *Journal of Applied Physiology* 57: 1857–1864.

Dopsaj, M., M. Milosevic, I. Matkovic, D. Arlov, and M. Blagojevic. 1998. The relation between sprint abilities in free-style swimming and force characteristics of different muscle groups. In *Abstracts, VIII International Symposium on Biomechanics and Medicine in Swimming*, edited by K.L. Keskinen, P.V. Komi, and P-L. Pitkanen, 58. Helsinki: University of Jyvaskyla.

Dudley, G.A., W.M. Abraham, and R.L. Terjung. 1982. Influence of exercise intensity and duration on biochemical adaptations in skeletal muscle. *Journal of Applied Physiology: Respiration, Environmental, and Exercise Physiology* 53(4): 844–850.

Fitts, R.H., F.W. Booth, W.W. Winder, and J.O. Holloszy. 1975. Skeletal muscle respiratory capacity, endurance, and glycogen utilization. *American Journal of Physiology* 228: 1029–1033.

Fox, E.L., R.L. Bartels, C.E. Billings, D.K. Mathews, R. Bason, and W.M. Webb. 1973. Intensity and distance of interval training programs and changes in aerobic power. *Medicine and Science in Sports* 5(1): 18–22.

Green, H. J. 1996. What is the physiological significance of training-induced adaptations in muscle mitochondrial capacity? In *Biochemistry of Exercise*, vol. IX, edited by R.J. Maughan and S.M. Shirreffs, 345–359. Champaign, IL: Human Kinetics.

Harms, S.J., and R.C. Hickson. 1983. Skeletal muscle mitochondria and myoglobin, endurance, and intensity of training. *Journal of Applied Physiology: Respiration, Environmental, and Exercise Physiology* 54(3): 798–802.

Hickson, R.C. 1981. Skeletal muscle cytochrome c and myoglobin, endurance and frequency of training. *Journal of Applied Physiology: Respiration, Environmental, and Exercise Physiology* 51: 746–749.

Hickson, R.C., and M.A. Rosenkoetter. 1981. Separate turnover of cytochrome c and myoglobin in the red types of skeletal muscle. *American Journal of Physiology 241 (Cell Physiology 10)*: C140–C144.

Holloszy, J.O. 1973. Biochemical adaptations to exercise: Aerobic metabolism. In *Exercise and Sport Sciences Reviews*, vol. 1, edited by J.H. Wilmore, 45–71. New York: Academic Press.

Hsu, K.M., and T.G. Hsu. 1999. The effects of detraining and retraining on swimming propulsive force and blood lactate. *Medicine and Science in Sports and Exercise* 31(Supplement 5): Abstract #1400.

LaFontaine, T.P., B.R. Londeree, and W.K. Spath. 1981. The maximal steady state versus selected running events. *Medicine and Science in Sports and Exercise* 13(3): 190–192.

McArdle, W.D., F.I. Katch, and V.L. Katch. 1996. *Exercise Physiology: Energy, Nutrition, and Human Performance*. Baltimore: Williams & Wilkins.

Medbo, J.I., and S. Burgers. 1990. Effects of training on the anaerobic capacity. *Medicine and Science in Sports and Exercise* 22: 501–507.

Mostardi, R., R. Gandee, and T. Campbell. 1975. Multiple daily training and improvement in aerobic power. *Medicine and Science in Sports* 7: 82.

Mujike, I., T. Busso, A. Geyssant, J.C. Chatard, L. LaCoste, and F. Barale. 1996. 1996. In,*Proceedings: Biomechanics and Medicine in Swimming*, edited by J.P. Troup, A.P. Hollander, D. Strasse, S.W. Trappe, J.M. Cappaert, and T.A. Trappe, 208–215. London: E & FN Spon.

Nevill, M.E., L.H. Boobis, S. Brooks, and C. Williams. 1989. Effect of training on muscle metabolism during treadmill sprinting. *Journal of Applied Physiology* 67(6): 2376–2382.

Nikitin, A. 1997. Personal communication.

Nummela, A., A. Mero, and H. Rusko. 1996. Effects of sprint training on anaerobic performance characteristics determined by the MART. *International Journal of Sports Medicine* 17 (Supplement #2): S114–S119.

Olbrecht, J. 2000. *The Science of Winning: Planning, Periodizing, and Optimizing Swim Training*. Kersenbomenlaan, Belgium: Published by the author.

Sharp, R.L. 1986. Muscle strength and power as related to competitive swimming. *Journal of Swimming Research* 2(2): 5–10.

Simoneau, J.A., G. Lortie, M.R. Boulay, M. Marcotte, M.C. Thibault, and C. Bouchard. 1986. Inheritance of human skeletal muscle and anaerobic capacity adaptation to high-intensity intermittent training. *International Journal of Sports Medicine* 7(3): 167–171.

Sjodin, B. 1982. The relationships among running economy, aerobic power, muscle power, and onset of blood lactate accumulation in young boys (11–15 years). In *Exercise and Sport Biology: International Series on Sport Sciences*, vol. 12, edited by P.V. Komi, 57–60. Baltimore: University Park Press.

Sjodin, B., and I. Jacobs. 1981. Onset of blood lactate accumulation and marathon running performance. *International Journal of Sports Medicine* 2: 23–26.

Sjodin, B., R. Schele, and J. Karlsson. 1982. The physiological background of onset of blood lactate accumulation (OBLA). In *Exercise and Sport Biology: International Series on Sport Sciences*, vol. 12, edited by P.V. Komi, 43–56. Baltimore: University Park Press.

Watt, E., E. Buskirk, and B. Plotnicki. 1973. A comparison of single versus multiple daily training regimens: Some physiological considerations. *Research Quarterly* 44: 119–123.

Wilmore, J.H., and D.L. Costill, 1999. *Physiology of Sport and Exercise*, 2nd edition. Champaign, IL: Human Kinetics.

Wilmore, J.H., and D.L. Costill. 1994. *Physiology of Sport and Exercise*, 1st edition. Champaign, IL: Human Kinetics.

CAPÍTULO 13

Bower, D. 1997. *Cruise Intervals*. Published by the author.

Costill, D.L., M.G. Flynn, J.P. Kirwan, J.A. Houmard, J.B. Mitchell, R. Thomas, and S.H. Park. 1988. Effects of repeated days of intensified training on muscle glycogen and swimming performance. *Medicine and Science in Sports and Exercise* 20(3): 249–254.

Craig, A.B., Jr. 1978. Fallacies of hypoxic training in swimming. In *Swimming III, International Series on Sport Sciences*, vol. 8, edited by J. Terauds and E.W. Bedingfield, 235–239. Baltimore: University Park Press.

Dicker, S.G., G.K. Lofthus, N.W. Thornton, and G.A. Brooks. 1980. Respiratory and heart rate responses to tethered controlled frequency swimming. *Medicine and Science in Sports and Exercise* 12: 20–23.

Dudley, G.A., W.M. Abraham, and R.L. Terjung. 1982. Influence of exercise intensity and duration on biochemical adaptations in skeletal muscle. *Journal of Applied Physiology, Respiratory, Environmental and Exercise Physiology* 53(4): 844–850.

Firman, R., and E.W. Maglischo. 1986. Verification of cruise intervals. Unpublished data, California State University, Bakersfield.

Gabriel, H.H.W., S. Urhausen, B. Schwarz, W. Weiler, and W. Kindermann. 1998. Cycle ergometric performance capacity, lactate and respiratory parameters during an intensive training period of endurance athletes. Abstract. *International Journal of Sports Medicine* 19 (Supplement 1): S24.

Gaesser, G.A., and L.A. Wilson. 1998. Effects of continuous and interval training on the parameters of the power-endurance time relationship for high-intensity exercise. *International Journal of Sports Medicine* 9(6): 417–421.

Harms, S.J., and R.C. Hickson. 1983. Skeletal muscle mitochondria and myoglobin, endurance, and intensity of training. *Journal of Applied Physiology* 54(3): 798–802.

Heck, H., A. Mader, G. Hess, S. Mucke, R. Miller, and W. Hollmann. 1985. Justification of the 4-mmol/l lactate threshold. *International Journal of Sports Medicine* 6(3): 117–130.

Hermansen, L., and J.B. Osnes. 1972. Blood and muscle pH after maximal exercise in man. *Journal of Applied Physiology* 32: 304–308.

Hewson, D.J., and W.G. Hopkins. 1996. Specificity of training and its relation to the performance of distance runners. *International Journal of Sports Medicine* 17(3): 199–204.

Hollman, W., R. Rost, H. Liesen, B. Dufaux, B. Heck, and A. Mader. 1981. Assessment of different forms of physical activity with respect to preventive and rehabilitative cardiology. *International Journal of Sports Medicine* 2: 67–80.

Holloszy, J.O., G.P. Dalsky, P.M. Nemeth, B.F. Hurley, W.H. Martin III, and J.M. Hagberg. 1986. Utilization of fat as substrate during exercise: effect of training. In *Biochemistry of Exercise: International Series on Sport Sciences*, vol. 16, edited by B. Saltin, 183–190. Champaign, IL: Human Kinetics.

Holmer, I. 1974. Physiology of swimming man. *Acta Physiological Scandinavica* (Supplement) 407: 1–55.

Hurley, B.F., P.M. Nemeth, W.H. Martin III, G.P. Dalsky, J.M. Hagberg, and J.O. Holloszy. 1985. The effects of endurance exercise training on intramuscular substrate use during prolonged submaximal exercise. Abstract. *Medicine and Science in Sports and Exercise* 17: 259–260.

Ivy, J.L., M.M.-Y. Chi, C.S. Hintz, W.M. Sherman, R.P. Hellendall, and O.H. Lowry. 1987. Muscle fiber recruitment during a lactate threshold test. Abstract. *Medicine and Science in Sports and Exercise* 19(2): S35.

Kindermann, W., G. Simon, and J. Keul. 1979. The significance of the aerobic-anaerobic transition for the determination of work load intensities during endurance training. *European Journal of Applied Physiology* 42: 25–34.

Mader, A., H. Heck, and W. Hollmann. 1976. Evaluation of lactic acid anaerobic energy contribution by determination of post-exercise lactic acid concentration of ear capillary blood in middle distance runners and swimmers. In *Exercise Physiology*, edited by F. Landing and W. Orban, 187–199. Fort Lauderdale, FL: Symposia Specialists.

Madsen, O., and M. Lohberg. 1987. The lowdown on lactates. *Swimming Technique* 24(1): 21–26.

Madsen, O., and J. Olbrecht. 1983. Specifics of aerobic training. In *World Clinic Yearbook*, edited by R.M. Ousley, 15–29. Fort Lauderdale, FL: American Swimming Coaches Association.

Magel, J.R., G.F. Foglia, W.D. McArdle, B. Gutin, G. Pechar, and F.I. Katch. 1975. Specificity of swim training on maximum oxygen uptake. *Journal of Applied Physiology* 38(1): 151–155.

McArdle, W.D., J.R. Magel, D.J. DeLuca, M. Toner, and J.M. Chase. 1978. Specificity of run training on $\dot{V}O_2$max and heart rate changes during running and swimming. *Medicine and Science in Sports and Exercise* 10(1): 16–20.

Mikesell, K.A., and G.A. Dudley. 1984. Influence of intense endurance training on aerobic power of competitive distance runners. *Medicine and Science in Sports and Exercise* 16(4): 371–375.

Pechar, G.S., W.D. McArdle, F.I. Katch, J.R. Magel, and J. DeLuca. 1974. Specificity of cardiorespiratory adaptation to bicycle and treadmill training. *Journal of Applied Physiology* 36(6): 753–756.

Stager, J.M., L. Cordain, J. Malley, and J. Stickler. 1985. Arterial desaturation during arm exercise with controlled frequency breathing. Abstract. *Medicine and Science in Sports and Exercise* 17(2): 227.

Stanford, P.D., D.J. Williams, R.L. Sharp, and L. Bevan. 1985. Effect of reduced breathing frequency during exercise on blood gases and acid-base balance. Abstract. *Medicine and Science in Sports and Exercise* 17(2): 228.

Stegmann, H., and W. Kindermann. 1982. Comparison of prolonged exercise tests at the individual anaerobic threshold and the fixed anaerobic threshold of 4 mmol.l-1 lactate. *International Journal of Sports Medicine* 3: 105–110.

Sundberg, C.J. 1994. Exercise and training during graded leg ischaemia in healthy man with special reference to effects on skeletal muscle. *Acta Physiologica Scandinavica* (Supplement) 615: 1–50.

Takarada, Y., H. Takazawa, Y. Sato, S. Takebayashi, Y. Tanaka, and N. Ishii. 1998. Immediate and long-term effects of resistance exercise combined with modest vascular occlusion on muscular function in humans. Unpublished report, University of Tokyo.

Takarada, Y., Y. Nakamura, S. Aruga, T. Onda, S. Miyazaki, and N. Ishii. 2000. Rapid increase in plasma growth hormone after low-intensity resistance exercise with vascular occlusion. *Journal of Applied Physiology* 88: 61–65.

Treffene, R.J., R. Dickson, C. Craven, C. Osborne, K. Woodhead, and K. Hobbs. 1980. Lactic acid accumulation during constant speed swimming at controlled relative intensities. *Journal of Sports Medicine* 20: 244–254.

Treffene, R.J. 1995. Glycogen replacement rate and its use in program design. *Australian Swim Coach* 11(10): 28–31.

Urhausen, A., H.H.W. Gabriel, F. Bruckner, and W. Kindermann. 1998. Effects of two training phases of different intensities on the exercise-induced hormonal response and psychological parameters in endurance athletes. Abstract. *International Journal of Sports Medicine* 19 (Supplement 1): S43–44.

Van Ness, J.M., and G.P. Town. 1989. Controlled frequency breathing does not alter blood lactate levels in competitive swimmers. Abstract. *Medicine and Science in Sports and Exercise* 21(2): S104.

Wells, C.L. 1985. *Women, Sport & Performance*. Champaign, IL: Human Kinetics.

Wilmore, J.H., and D.L. Costill. 1999. *Physiology of Sport and Exercise*, 2nd ed. Champaign, IL: Human Kinetics.

Yamamoto, Y., Mutoh, Y., H. Kobayashi, and M. Miyashita. 1985. The effects of controlled respiration rate on metabolic responses to submaximal intermittent exercise. Abstract. *Medicine and Science in Sports and Exercise* 17(2): 230.

CAPÍTULO 14

Belcastro, A.N., and A. Bonen. 1975. Lactic acid removal rates during controlled and uncontrolled recovery exercise. *Journal of Applied Physiology* 39: 932–937.

Berg, A., and J. Keul. 1985. Comparative performance diagnostics of anaerobic exertion in laboratory and field exercise of decathletes. *International Journal of Sports Medicine* 6: 244–253.

Bond, V., R. Adams, K. Gresham, R. Tearney, M. Capraroia, W. Ruff, H. Gregory, and A. Stoddard. 1987. Effects of active and passive recovery on lactic acid removal and subsequent muscle function. Abstract. *Medicine and Science in Sports and Exercise* 19(2): S35.

Cadefau, J., J. Casademont, J.M. Gran, J. Fernandez, A. Balaguer, M. Vernet, R. Cusso, and A. Urbano-Marquez. 1990. Biochemical and histochemical adaptation to sprint training in young athletes. *Acta Physiologica Scandinavica* 140: 341–351.

Cazorla, G., C. Dufort, R.R. Montpetit, and J.-P. Cevetti. 1983. The influence of active recovery on blood lactate disappearance after supramaximal swimming. *Biomechanics and Medicine in Swimming: International Series on Sports Sciences*, vol. 14, edited by A.P. Hollander, P.A. Huijing, and G. de Groot, 244–250. Champaign, IL: Human Kinetics.

Cheetham, M.E., and C. Williams. 1987. High intensity training and treadmill sprint preformance. *British Journal of Sports Medicine* 21: 14–17.

Davies, C.T.M., A.V. Knibbs, and J. Musgrove. 1970. The rate of lactic acid removal in relation to different baselines of recovery exercise. *Int. Z. Angew. Physiol.* 28: 155–161.

Dintiman, G.B. 1984. *How To Run Faster*. New York: Leisure Press, a division of Human Kinetics.

Dintiman, G.B., and R.D. Ward. 1988. *Sport Speed*. Champaign, IL: Leisure Press, a division of Human Kinetics.

Dopsaj, M., M. Milosevic, I. Matkovic, D. Arlov, and M. Blagojevic. 1998. The relation between sprint abilitites in free-style swimming and force characteristics of different muscle groups. In *Abstracts, VIII International Symposium on Biomechanics and Medicine in Swimming*, edited by K.L. Keskinen, P.V. Komi, and P-L. Pitkanen, 58. Helsinki: University of Jyvaskyla.

Galbo, H., and B. Stallknecht. 1996. Regulation of fat metabolism in exercise. In *Biochemistry of Exercise*, vol. IX, 63–71. Champaign, IL: Human Kinetics.

Gollnick, P.D., R.B. Armstrong, W.L. Sembrowich, W.L. Shepard, and B. Saltin. 1973. Glycogen depletion patterns in human skeletal muscle fibers after heavy exercise. *Journal of Applied Physiology* 34: 615–618.

Good, V. 1973. Effects of isokinetic exercise program on sprint swimming performance of college women. Master's thesis, California State University, Chico.

Greenhaff, P.L., and J.A. Timmons. 1998. Interaction between aerobic and anaerobic metabolism during intense muscle contraction. In *Exercise and Sport Science Reviews*, vol. 26, edited by J.O. Holloszy, 1–30. Baltimore: Williams & Wilkins.

Hellwig, T., H. Liesen, A. Mader, and W. Hollmann. 1988. Possible means of sprint-specific performance diagnostics and training support using blood lactate concentration. Abstract. *International Journal of Sports Medicine* 9(5): 87–388.

Hermansen, L. 1981. Effect of metabolic changes on force generation in skeletal muscle during maximal exercise. In *Human Muscle Fatigue: Physiological Mechanisms*, 75–88. London: Pitman Medical.

Hermansen, L., and I. Stensvold. 1972. Production and removal of lactate during exercise in man. *Acta Physiologica Scandinavica* 86: 191–201.

Hutinger, P. 1970. Comparison of isokinetic, isotonic, and isometric developed strength to speed in swimming the crawl stroke. Doctoral dissertation, Indiana University, Bloomington.

Jacobs, I., D. Sale, and J.D. MacDougall. 1987. Combined strength and endurance training effects on muscle enzymatic and histochemical characteristics. Abstract. *Medicine and Science in Sports and Exercise* 19(2): S88.

Jacobs, I., M. Esbjornsson, C. Sylven, I. Holm, and E. Jansson. 1987. Sprint training effects on muscle myoglobin, enzymes, fiber types, and blood lactate. *Medicine and Science in Sports and Exercise* 19(4): 368–374.

Johnson, R.E., R.L. Sharp, and C.E. Hedrick. 1993. Relationship of swimming power and dryland power to sprint freestyle performance: A multiple regression approach. *Journal of Swimming Research* 9: 10–14.

Krukau, M., K. Volker, and H. Leisen. 1987. The influence of sport-specific and sport-unspecific recovery on lactate behaviour after anaerobic swimming. Abstract. *International Journal of Sports Medicine* 8(2): 142.

Lacour, J.R., E. Bouvat, and J.C. Barthelemy. 1990. Post-competition blood lactate concentrations as indicators of anaerobic energy expenditure during 400m and 800m races. *European Journal of Applied Physiology* 61: 172–176.

Maglischo, C.W., E.W. Maglischo, R.L. Sharp, D.J. Zier, and A. Katz. 1984. Tethered and nontethered crawl swimming. In *Proceedings of ISBS: Sports Biomechanics*, edited by. J. Terauds, K. Barthels, E. Kreighbaum, R. Mann, and J. Crakes, 163–176. San Diego: Academic Publishers.

Medbo, J.I., and S. Burgers. 1990. Effects of training on the anaerobic capacity. *Medicine and Science in Sports and Exercise* 22: 501–507.

Moffroid, M.T., and R.H. Whipple. 1970. Specificity of speed to exercise. *Physical Therapy* 50: 1692–1700.

Nevill, M.E., L.H. Boobis, S. Brooks, and C. Williams. 1989. Effect of training on muscle metabolism during treadmill sprinting. *Journal of Applied Physiology* 67(6): 2376–2382.

Nevill, M.E., G.C. Bogdanis, L.H. Boobis, H.K.A. Lakomy, and C. Williams. 1996. Muscle metabolism and performance during sprinting. In *Biochemistry of Exercise*, vol. IX, edited by R.J. Maughan and S.M. Shirreffs, 243–259. Champaign, IL: Human Kinetics.

Nummela, A., A. Mero, and H. Rusko. 1996. Effects of sprint training on anaerobic performance characteristics determined by the MART. *International Journal of Sports Medicine* 17 (Supplement #2): S114–S119.

Nummela, A., A. Mero, J. Stray-Gunderson, and H. Rusko. 1996. Important determinants of anaerobic running performance in male athletes and non-athletes. *International Journal of Sports Medicine* 17 (Supplement #2): S91–S96.

Olbrecht, J. 2000. *Planning, Periodization, Training, Competing and Winning*. New York: Sports Resources Group.

Ross, D.T. 1973. *Selected training procedures for the development of arm extensor strength and swimming speed of the sprint crawl stroke*. Master's thesis, University of Oregon, Eugene.

Rowe, E., E.W. Maglischo, and D.E. Lytle. 1977. The use of swim fins for the development of sprint swimming speed. *Swimming Technique* 14: 73–76.

Sharp, R.L., D.L. Costill, W.J. Fink, and D.S. King. 1986. Effects of eight weeks of bicycle ergometer sprint training on human muscle buffer capacity. *International Journal of Sports Medicine* 7(1): 13–17.

Song, T.K., O. Serressee, P. Ama, J. Theriault, and M.R. Boulay. 1988. Effects of three anaerobic tests on venous blood values. Abstract. *Medicine and Science in Sports and Exercise* 20(2): S39.

Takahashi, S., M. Bone, S. Spry, S. Trappe, and J.P. Troup. 1992. Differences in the anaerobic power of age group swimmers. In *Biomechanics and Medicine in Swimming: Swimming Science VI*, edited by D. MacLaren, T. Reilly, and A. Lees, 289–294. London: E & FN Spon.

Troup, J.P., J.M. Metzger, and R.H. Fitts. 1985. Effect of high-intensity exercise training on functional capacity of limb skeletal muscle. *Journal of Applied Physiology* 60(5): 1743–1751.

Wootton, S.A., and C. Williams. 1983. The influence of recovery duration on repeated maximal sprints. In *Biochemistry of Exercise: International Series on Sport Sciences*, vol. 13, 269–273. Champaign, IL: Human Kinetics.

CAPÍTULO 15

Banks, P. 1995. Outline of Brooke Bennett's work 1994–1996. Presentation at the U.S. Swimming Elite Coaches Clinic, Colorado Springs, CO, May 4.

Banks, P. 1997. Going the distance: Training Brooke Bennett. *Swimming Technique* 34(1): 14–16.

Banks, P. 1998. Peter Banks, coach of Brooke Bennett Olympic gold medalist 800 meter freestyle. In *The World Swimming Coaches Association Gold Medal Clinic Series*, vol. 2, 67–70. Fort Lauderdale, FL: World Swimming Coaches Association.

Bidrman, J. 2000. Training a champion. *Swimming Technique* 37(1): 10–13.

Bidrman, J. 1997. Penny Heyns: The making of an Olympic champion. *Swimming Technique* 33(4): 18–21.

Bidrman, J. 1998. Coach Jan Bidrman: The training of Penny Heyns of South Africa—Olympic gold medalist 100 and 200 meter breaststroke. In *The World Swimming Coaches Association Gold Medal Clinic Series*, vol. 2, 110–121. Fort Lauderdale, FL: World Swimming Coaches Association.

Carew, J. 1994. Kieren Perkins—1,500 meter freestyle. In *The World Clinic Series*, vol. 25, 149–156. Fort Lauderdale, FL: American Swimming Coaches Association.

Carew, J. 1998. John Carew, coach of Kieren Perkins Olympic gold medalist 1,500 meter freestyle. In *The World Swimming Coaches Association Gold Medal Clinic Series*, vol. 2, 138–143. Fort Lauderdale, FL: World Swimming Coaches Association.

Darabos, B., R. Bulbulian, and A.R. Wilcox. 1984. Aerobic and anaerobic measures in distance running performance or trained athletes. Abstract. *Medicine and Science in Sports and Exercise* 16(2): 177.

Dudley, G.A., and R. Djamil. 1985. Incompatibility of endurance and strength training modes of exercise. Abstract. *Medicine and Science in Sports and Exercise* 17(2): 184.

Fitts, R.H., D.L. Costill, and P.R. Gardetto. 1989. Effect of swim exercise training on human muscle fiber function. *Journal of Applied Physiology* 66(1): 465–475.

Gollnick, P.D., R.B. Armstrong, C.W. Saubert, K. Piehl, and B. Saltin. 1972. Enzyme activity and fiber composition in skeletal muscle of untrained and trained men. *Journal of Applied Physiology* 33: 312–319.

Hickson, R.C., B.A. Dvorak, E.M. Corostiaga, T.T. Kurowski, and C. Foster. 1988. Strength training and performance in endurance trained subjects. Abstract. *Medicine and Science in Sports and Exercise* 20(2): S86.

Jacobs, I., D. Sale, and J.D. MacDougall. 1987. Combined strength and endurance training effects on muscle enzymatic and histochemical characteristics. Abstract. *Medicine and Science in Sports and Exercise* 19(2): S88.

Johnson, R. 1998. What the Australians are really doing. *Swimming Technique* 34(4): 9–12.

MacDougall, J.D., D. Sale, I. Jacobs, S. Garner, D. Moroz, and D. McMaster. 1987. Concurrent strength and endurance training do not impede gains in $\dot{V}O_2$max. Abstract. *Medicine and Science in Sports and Exercise* 19(2): S87.

Marsh, D. 1997. Building a powerhouse sprint program. *Swimming Technique* 34(1): 10–13.

Nagy, J. 1994. The training of Mike Barrowman, 200 meter breaststroke gold medalist. In *World Clinic Series*, vol. 25, 183–193. Fort Lauderdale, FL: American Swimming Coaches Association.

Nelson, A.G., R.K. Conlee, D.A. Arnall, S.F. Loy, and L.J. Sylvester. 1984. Adaptations to simultaneous training for strength and endurance. Abstract. *Medicine and Science in Sports and Exercise* 16(2): 184.

Olbrecht, J. 2000. *The Science of Winning: Planning, Periodizing, and Optimizing Swim Training*. Kersenbomenlaan, Belgium: Published by the author.

Quick, R. 1994. Summer Sanders—200 meter butterfly. In *World Clinic Series,* vol. 25, 194–200. Fort Lauderdale, FL: American Swimming Coaches Association.

Ring, S., A. Mader, W. Wirtz, and K. Wilkie. Energy metabolism during sprint swimming. 1996. In *Proceedings: Biomechanics and Medicine in Swimming*, edited by J.P. Troup, A.P. Hollander, D. Strasse, S.W. Trappe, J.M. Cappaert, and T.A. Trappe, 179–184. London: E & FN Spon.

Schubert, M. 1994. The training of Janet Evans, 800 meter gold medalist. In,*World Clinic Series*, vol. 25, 201–208. Fort Lauderdale, FL: American Swimming Coaches Association.

Sharp, R.L., D.L. Costill, W.J. Fink, and D.S. King. 1986. Effects of eight weeks of bicycle ergometer sprint training on human muscle buffer capacity. *International Journal of Sports Medicine* 7(1): 13–17.

Tesch, P.A., K. Hakkinen, and P.V. Komi. 1985. The effect of strength training and detraining on various enzyme activities. *Medicine and Science in Sports and Exercise* 2: 245.

Touretski, G. 1994. The preparation of Olympic freestyler Alexandre Popov, 50-100 meter freestyle gold medalist. In *World Clinic Series*, vol. 25, 209–219. Fort Lauderdale, FL: American Swimming Coaches Association.

Touretski, G. 1997. The Olympic preparation of Alexandre Popov. In *World Clinic Series,* vol. 28, 56–64. Fort Lauderdale, FL: American Swimming Coaches Association.

Touretski, G. 1998. Gennadi Touretski, coach of Alexandre Popov Olympic gold medalist 50 and 100 meter freestyle. In *The World Swimming Coaches Association Gold Medal Clinic Series*, vol. 2, 93–96. Fort Lauderdale, FL: World Swimming Coaches Association.

Trappe, S.W. 1996. Metabolic demands for swimming. In *Proceedings: Biomechanics and Medicine in Swimming,* edited by J.P. Troup, A.P. Hollander, D. Strasse, S.W. Trappe, J.M. Cappaert, and T.A. Trappe, 127–134. London: E & FN Spon.

Troup, J.P., J.M. Metzger, and R.H. Fitts. 1986. Effect of high-intensity exercise training on functional capacity of limb skeletal muscle. *Journal of Applied Physiology* 60(5): 1743–1751.

Urbancheck, J. 1985. The systematic training methods and structure used at the University of Michigan. Ann Arbor: Published by the author.

Urbanchek, J. 1998. Jon Urbanchek, coach of Tom Dolan Olympic gold medalist 400 individual medley. In *The World Swimming Coaches Association Gold Medal Clinic Series*, vol. 2, 97–104. Fort Lauderdale, FL: World Swimming Coaches Association.

Volkers, S. 1997. The training of Samantha Riley and Susan O'Neill. In *World Clinic Series*, vol. 28, 65–89. Fort Lauderdale, FL: American Swimming Coaches Association.

Volkers, S. 1998. Scott Volkers, coach of Susan O'Neill Olympic gold medalist 200 meter butterfly. In *The World Swimming Coaches Association Gold Medal Clinic Series*, vol. 2, 13–27. Fort Lauderdale, FL: World Swimming Coaches Association.

CAPÍTULO 16

Barber, J.W., T.L. Robinson, E.R. Smith, and D.A. Vitale. 1999. Anaerobic threshold determination for breaststroke and butterfly in competitive swimmers. *Medicine and Science in Sports and Exercise* 31(Supplement 5): Abstract #1398

Bellew, K.M., E.J. Burke, and B.E. Jensen. 1983. Ratings of perceived exertion at anaerobic threshold in males and females. Abstract. *Abstract of Research Papers* 10. Reston, VA: AAHPERD.

Berg, A., and J. Keul. 1985. Comparative performance diagnostics of anaerobic exertion in laboratory and field exercise of decathletes. *International Journal of Sports Medicine* 6: 244–253.

Bishop, D., D.G. Jenkins, and L.T. MacKinnon. 1998. The relationship between plasma lactate parameters, Wpeak, and 1-h cycling performance in women. *Medicine and Science in Sports and Exercise* 30(8): 1270–1275.

Cheetham, M.E., and C. Williams. 1987. High intensity training and treadmill sprint performance. *British Journal of Sports Medicine* 21: 14–17.

Cheetham, M.E., H. Boobis, S. Brooks, and C. Williams. 1986. Human muscle metabolism during sprinting. *Journal of Applied Physiology* 61: 54–60.

Craig, N.P., K.I. Norton, P.C. Bourdon, S.M. Woolford, T. Stanef, B. Squires, T.S. Olds, R.A.J. Conyers, and C.B.V. Walsh. 1993. Aerobic and anaerobic indices contributing to track endurance cycling performance. *European Journal of Applied Physiology and Occupational Physiology* 67: 150–158.

Cunningham, D.A., and J.A. Faulkner. 1969. The effect of training on aerobic and anaerobic metabolism during a short exhaustive run. *Medicine and Science in Sports* 1: 65–69.

DiCarlo, L.J., P.B. Sparling, M.L. Millard-Stafford, and J.C. Rupp. 1991. Peak heart rates during maximal running and swimming: implications for exercise prescription. *International Journal of Sports Medicine* 12: 309–312.

DiVico, P., J. Simon, S. Lichtman, and B. Gutin. 1989. Objectivity and reliability of the lactate breakpoint. [Abstract]. *Medicine and Science in Sports and Exercise* 21(2): S22.

Dopsaj, M., M. Milosevic, I. Matkovic, D. Arlov, and M. Blagojevic. 1999. The relation between sprint ability in free-style swimming and force characteristics of different muscle groups. In, *Biomechanics and Medicine in Swimming VIII*, edited by K.L. Keskinen, P.V. Komi, and A. Peter Hollander, 203–208. Jyvaskyla, Finland: University of Jyvaskyla.

Farrell, P.A., J.H. Wilmore, E.F. Coyle, J.E. Billings, and D.L. Costill. 1979. Plasma lactate accumulation and distance running performance. *Medicine and Science in Sports and Exercise* 11: 338–344.

Ferris, D., F. Piazza, J. Wygand, and R.M. Otto. 1989. Seasonal comparison of anaerobic and aerobic power outputs in United States Swimming class 2A swimmers. Abstract. *Medicine and Science in Sports and Exercise* 21(2): S104.

Fric, J., Jr., J. Fric, F. Boldt, H. Stoboy, W. Meller, F. Feldt, and W. Drygas. 1988. Reproduciblity of post-exercise lactate and anaerobic threshold. *International Journal of Sports Medicine* 9(5): 310–312.

Fujitsuka, N.T., T. Yamomoto, T. Ohkuwa, M. Saito, and M. Miyamura. 1982. Peak blood lactate after short periods of treadmill running. *European Journal of Applied Physiology* 48: 289–296.

Furian, J. B., F. Ritthaler, J. Bidermann. 1998. Comparison of different distances and methods of determination of the anaerobic threshold in swimming field step test. Abstract. *International Journal of Sports Medicine* 19 (Supplement 1): S23.

Ginn, E.M., and L.T. Mackinnon. 1989. The equivalence of onset of blood lactate accumulation, critical power, and maximal lactate steady state during kayak ergometry. In *Proceedings of the First 10C World Congress on Sports Sciences* 34. Colorado Springs: Colortek Printing.

Green, S., and B. Dawson. 1993. Measurement of anaerobic capacities in humans: definitions, limitations, and unsolved problems. *Sports Medicine* 15(5): 312–327.

Griess, M., U. Tegtbur, K-M. Braumann, M.W. Bosse, and N. Maassen. 1988. A new method to determine the "Maxlass" workload. Abstract. *International Journal of Sports Medicine* 9(5): 379.

Gullstrand, L. 1985. Tapering in *ASCA World Clinic Yearbook*, edited by T.F. Welsh, 15–19. Fort Lauderdale, FL: American Swimming Coaches Association.

Gullstrand, L., B. Sjodin, and J. Svedenhag. 1994. Blood sampling during continuous running and 30-second intervals on a treadmill. *Scandinavian Journal of Medicine and Science in Sports* 4(4): 239–242.

Hagberg, J.M., and E.R. Coyle. 1983. Physiological determinants of endurance performance as studied in competitive racewalkers. *Medicine and Science in Sports and Exercise* 15: 287–289.

Hawley, J.A., and M.M. Williams. 1991. Relationship between upper body anaerobic power and freestyle swimming performance. *International Journal of Sports Medicine* 12: 1–5.

Hermansen, L. 1969. Anaerobic energy release. *Medicine and Science in Sports* 1: 32–38.

Hughson, R.L., C.J. Orok, and L.E. Staudt. 1984. A high velocity treadmill running test to assess endurance running potential. *International Journal of Sports Medicine* 5: 23–25.

Ivy, J.L., R.T. Withers, P.J. VanHandel, D.H. Elger, and D.L. Costill. 1980. Muscle respiratory capacity and fiber type as determinants of the lactate threshold. *Journal of Applied Physiology* 48: 523–527.

Jacobs, I. 1986. Blood lactate, implications for training and sports performance. *Sports Medicine* 3: 10–25.

Jacobs, I., and P. Kaiser. 1982. Lactate in blood, mixed skeletal muscle, and FT or ST fibres during cycle exercise in man. *Acta Physiologica Scandinavica* 114: 461–466.

Jacobs, I., O. Bar-Or, R. Dotan, J. Karlsson, and P. Tesch. 1983. Changes in muscle ATP, CP, glycogen, and lactate after performance of the Wingate anaerobic test. In *Biochemistry of Exercise: International Series on Sports Sciences*, vol. 13, edited by H.G. Knuttgen, A. Vogel, and J. Poortmans, 234–238. Champaign, IL: Human Kinetics.

Jacobs, I., Esbjornsson, M., C. Sylven, I. Holm, and E. Jansson. 1987. Sprint training effects on muscle myoglobin, enzymes, fiber types, and blood lactate. *Medicine and Science in Sports and Exercise* 19(4): 368–374.

Jenkins, D.J., and B.M. Quigley. 1990. Blood lactate in trained cyclists during cycle ergometry at critical power. *European Journal of Applied Physiology* 61: 278–283.

Johnson, R. 1998. What the Australians are really doing. *Swimming Technique* 34(4): 9–12.

Johnson, R.E., R.L. Sharp, and C.E. Hedrick. 1993. Relationship of swimming power and dryland power to sprint freestyle performance: A multiple regression approach. *Journal of Swimming Research* 9: 10–14.

Jorfeldt, L., A. Juhlin-Dannfelt, and J. Karlsson. 1978. Lactate release in relation to tissue lactate in human skeletal muscle during exercise. *Journal of Applied Physiology* 44(3): 350–352.

Karvonen, M.J., E. Kentals, and O. Mutala. 1957. The effects of training heart rate: A longitudinal study. *Annales Medicinae Experimentalis et Biologiae Fenniae* 35: 307–315.

Kelly, M., G. Gibney, J. Mullins, T. Ward, B. Donne, and M. O'Brien. 1992. A study of blood lactate profiles across different swim strokes. In *Biomechanics and Medicine in Swimming: Swimming Science VI*, edited by D. MacLaren, T. Reilly, and A. Lees, 227–234. London: E&FN Spon.

Keskinen, K.L., P.V. Komi, and H. Rusko. 1989. A comparative study of blood lactate tests in swimming. *International Journal of Sports Medicine* 10(3): 197–201.

Komi, P.V., H. Rusko, V. Vos, and V. Vihko. 1977. Anaerobic performance capacity in athletes. *Acta Physiologica Scandinavica* 100: 107–114.

Koutedakis, Y., and C.C. Sharp. 1985. Lactic acid removal and heart rate frequencies during recovery after strenuous rowing exercise. *British Journal of Sports Medicine* 19(4): 199–202.

LaCour, J.R., E. Bouvat, and J.C. Barthelemy. 1990. Post-competition blood lactate concentrations as indicators of anaerobic energy expenditure during 400 m and 800 m races. *European Journal of Applied Physiology* 61: 172–176.

MacLaren, D.P.M., and M. Coulson. 1999. Critical swim speed can be used to determine changes in training status. In *Biomechanics and Medicine in Swimming VIII*, edited by K.L. Keskinen, P.V. Komi, and A. Peter Hollander, 227–231. Jyvaskyla, Finland: University of Jyvaskyla.

Mader, A., H. Heck, and W. Hollmann. 1976. Evaluation of lactic acid anaerobic energy contribution by determination of post-exercise lactic acid concentration or ear capillary blood in middle distance runners and swimmers. In *Exercise Physiology*, edited by F. Landing and W. Orban, 187–199. Miami, FL: Symposia Specialists.

Madsen, O., and M. Lohberg. 1987. The lowdown on lactates. *Swimming Technique* 24(1): 21–26.

Maglischo, E., C. Maglischo, and R. Bishop. 1982. Lactate testing for training pace. *Swimming Technique* 19: 31–37.

Matsunami, M., M. Taguchi, A. Taimura, M. Suga, and S. Taba. 1999a. Relationship among different performance tests to estimate maximal aerobic swimming speed. *Medicine and Science in Sports and Exercise* 31(Supplement 5): Abstract #376.

Matsunami, M., M. Taguchi, A. Taimura, M. Suyama, M. Suga, S. Shimonagata, M. Aoyagi, and T. Syoichiro. 1999b. Comparison of swimming speed and exercise intensity during non-invasive test and invasive test in competitive swimming. In *Biomechanics and Medicine in Swimming VIII*, edited by K.L. Keskinen, P.V. Komi, and A. Peter Hollander, 239–244. Jyvaskyla, Finland: University of Jyvaskyla.

McArdle, W.D., F.I. Katch, and V.L. Katch. 1996. *Exercise Physiology: Energy, Nutrition, and Human Performance*. Baltimore: Williams & Wilkins.

McArdle, W.D., J.R. Magel, D.J. Delio, M. Toner, and J.M. Chase. 1978. Specificity of run training on $\dot{V}O_2$max and heart rate changes during running and swimming. *Medicine and Science in Sports and Exercise* 10: 16–20.

McKenzie, D.C., and A. Mavrogiannis. 1986. Changes in the lactate inflection point with prolonged aerobic exercise. Abstract. *Medicine and Science in Sports and Exercise* 18(2): S22.

Medbo, J., and S. Burgers. 1990. Effect of training on the anaerobic capacity. *Medicine and Science in Sports and Exercise* 22(4): 501–507.

Monod, H., and J. Scherrer. 1965. The work capacity of a synergic muscular group. *Ergonomics* 8: 329–337.

Moritani, T., A. Nagata, H.A. DeVries, and M. Muro. 1981. Critical power as a measure of physical work capacity and anaerobic threshold. *Ergonomics* 24(5): 339–350.

Nevill, M.E., L.H. Boobis, S. Brooks, and C. Williams. 1989. Effect of training on muscle metabolism during treadmill sprinting. *Journal of Applied Physiology* 67(6): 2376–2382.

Ohkuwa, T., Y. Kats, K. Katsumata, T. Nakao, and M. Miyamura. 1984. Blood lactate and glycerol after 400m and 3000m runs in sprint and long distance runners. *European Journal of Applied Physiology* 53: 213–218.

Olbrecht, J., A. Mader, H. Heck, and W. Hollmann. 1988. Relation between lactate and swimming speed depending on the test conditions (pool length, before and after endurance training, AM versus PM, qualifications and finals, relay or individual races). Abstract. *International Journal of Sports Medicine* 9(5): 379.

Olbrecht, J., O. Madsen, A. Mader, H. Liesen, and W. Hollmann. 1985. Relationship between swimming velocity and lactic acid concentrations during continuous and intermittent training exercise. *International Journal of Sports Medicine* 6(2): 74–77.

Oyono-Enguelle, S., A. Heitz, J. Marbach, C. Ott, M. Gartner, A. Pape, J.C. Vollmer, and H. Freund. 1990. Blood lactate during constant-load exercise at aerobic and anaerobic thresholds. *European Journal of Applied Physiology and Occupational Physiology* 60: 321–330.

Pelayo, P., J. Delaporte, N. Gosse, and M. Sidney. 2000. Critical speed & critical stroke rate could be useful physiological and technical criteria for coaches to monitor endurance performance in competitive swimmers. *ISBS Swimming 2000 Online*, edited by R.H. Sanders.

Peyrebrune, M.C., and C.A. Hardy. 1992. Heart rate and lactate response to swimming. In *Biomechanics and Medicine in Swimming, Swimming Science VI*, edited by D. MacLaren, T. Reilly, and A. Lees, 235–241. London: E & FN Spon.

Pfitzinger, P., and P.S. Freedson. 1998. The reliability of lactate measurements during exercise. *International Journal of Sports Medicine* 19: 349–357.

Purvis, J.W., and K. Cureton. 1981. Ratings of perceived exertion at anaerobic threshold. *Ergonomics* 24: 295–300.

Reilly, T., and V. Woodbridge. 1999. Effects of moderate dietary manipulations on swim performance and on blood lactate-swimminmg velocity curves. *International Journal of Sports Medicine* 20: 93–97.

Robergs, R.A., J. Chwalbinska-Moneta, J., D.L. Costill, and W.J. Fink. 1989. Threshold for muscle lactate accumulation during progressive exercise. Abstract. *Medicine and Science in Sports and Exercise* 21(2): S24.

Roberts, A.D., R. Billeter, and H. Howald. 1982. Anaerobic muscle enzyme changes after interval training. *International Journal of Sports Medicine* 3: 18–21.

Roecker, K., O. Schotte, A. M. Niess, T. Horstmann, and H-H. Dickhuth. 1998. Predicting competition performance in long-distance running by means of a treadmill test. *Medicine and Science in Sports and Exercise* 30(10): 1552–1557.

Rutt, R., J. Weltman, R. Schurrer, D. Snead, T. Reilly, R. Seip, A. Rogol, and A. Weltman. 1987. Use of percentages of maximal heart rate, heart rate reserve and $\dot{V}O_2$max to determine training intensity in male runners. Abstract. *Medicine and Science in Sports and Exercise* 19(2): S14.

Sawka, M.N., R.G. Knowlton, D.S. Miles, and J.B. Critz. 1979. Post competition blood lactate concentrations in collegiate swimmers. *European Journal of Applied Physiology* 41: 93–99.

Sharp, R.L. 1984. Use of blood lactates in training. In *1984 World Clinic Yearbook,* edited by T.F. Welsh, 87–92. Fort Lauderdale, FL: American Swimming Coaches Association.

Sharp, R.L., J.P. Troup, and D.L. Costill. 1982. Relationship between power and sprint freestyle swimming. *Medicine and Science in Sports and Exercise* 14: 53–56.

Sharp, R.L., J.P. Troup, A.B. Richardson, and P.D. Stanford. 1984a. Blood lactate profiles of 1984 Olympic swimmers: Comparison with sub-elite collegiate swimmers. Abstract. *Medicine and Science in Sports and Exercise* 16(2): 193.

Sharp, R.L., C.A. Vitelli, D.L. Costill, and R. Thomas. 1984b. Comparison between blood lactate and heart rate profiles during a season of competitive swim training. *Journal of Swimmng Research* 1(1): 17–20.

Sharp, R.L., D.L. Costill, W.J. Fink, and D.S. King. 1986. Effects of eight weeks of bicycle ergometer sprint training on human muscle buffer capacity. *International Journal of Sports Medicine* 7: 13–17.

Simon, J., K.R. Segal, and L.A. Jaffe. 1987. Exercise prescription based on perceived exertion versus heart rate in middle-aged women. Abstract. *Medicine and Science in Sports and Exercise* 19(2): S14.

Sjodin, B., and I. Jacobs. 1981. Onset of blood lactate accumulation and marathon running performance. *International Journal of Sports Medicine* 2(1): 23–26.

Stegmann, H., and W. Kindermann. 1982. Comparison of prolonged exercise tests at the individual anaerobic threshold and the fixed anaerobic threshold of 4 mmol.l-l lactate. *International Journal of Sports Medicine* 3: 105–110.

Szogy, A. 1988. Assessment of anaerobic capacity in swimmers by a two-phase laboratory and field test. In *Swimming Science V: International Series on Sport Sciences,* vol. 18, edited by B.E. Ungerechts, K. Wilke, and K. Reischle, 305–310. Champaign, IL: Human Kinetics.

Takahashi, S., M. Bone, S. Spry, S. Trappe, and J.P. Troup. 1992a. Differences in the anaerobic power of age group swimmers. In *Biomechanics and Medicine in Swimming: Swimming Science VI,* edited by D. MacLaren, T. Reilly, and A. Lees, 289–294. London: E & FN Spon.

Takahashi, S., M. Bone, J.M. Cappaert, A. Barzdukas, L. D'Acquisto, A.P. Hollander, and J.P. Troup. 1992b. Validation of a dryland swimming specific measurement of anaerobic power. In *Biomechanics and Medicine in Swimming: Swimming Science VI,* edited by D. MacLaren, T. Reilly, and A. Lees, 301–305. London, England: E & FN Spon.

Tamayo, M., A. Sucec, W. Phillips, M. Buono, L. Laubach, and M. Frey. 1984. The Wingate anaerobic power test, peak blood lactate and maximal oxygen uptake in elite volleyball players: a validation study. Abstract. *Medicine and Science in Sports and Exercise* 16(2): 126.

Tegtbur, U., M.W. Busse, and K.M. Braumann. 1993. Estimation of an individual equilibrium between lactate production and catabolism during exercise. *Medicine and Science in Sports and Exercise* 25(5): 620–627.

Touretski, G. 1994. The preparation of Olympic freestyler Alexandre Popov 50-100 meter freestyle gold medalist. In *World Clinic Series,* vol. 25, 209–219. Fort Lauderdale, FL: American Swimming Coaches Association.

Trappe, S.W. 1996. Metabolic demands for swimming. In *Proceedings: Biomechanics and Medicine in Swimming,* edited by J.P. Troup, A.P. Hollander, D. Strasse, S.W. Trappe, J.M. Cappaert, and T.A. Trappe, 127–134. London: E & FN Spon.

Uusitalo, A.L.T., A.J. Uusitalo, and H.K. Rusko. 1998. Exhaustive edurance training for 6–9 weeks did not induce changes in intrinsic heart rate and cardiac autonomic modulation in female athletes. *International Journal of Sports Medicine* 19: 532–540.

Wakayoshi, K., T. Yoshida, M. Udo, T. Kasai, T. Moritani, Y. Mutoh, and M. Miyashita. 1992a. A simple method of determining critical speed as swimming fatigue threshold in competitive swimming. *International Journal of Sports Medicine* 13(5): 367–371.

Wakayoshi, K., K. Ikuta, T. Yoshida, M. Udo, T. Moritani, Y. Mutoh, and M. Miyashita. 1992b. Determination and validity of critical velocity as an index of swimming performance in the competitive swimmer. *European Journal of Applied Physiology* 64: 153–157.

Wilmore, J.H., and D.L. Costill. 1999. *Physiology of Sport and Exercise,* 2nd ed. Champaign, IL: Human Kinetics.

CAPÍTULO 17

Bergstrom, J., L. Hermansen, D. Hultman, and B. Saltin. 1967. Diet, muscle glycogen and physical performance. *Acta Physiologica Scandinavica* 71: 140–150.

Bompa, T.O. 1999. *Periodization: Theory and Methodology of Training.* Champaign, IL: Human Kinetics.

Boven, A.P.M., H.A. Keizer, and H. Kuipers. 1985. Muscle glycogen synthesis in dependence of liquid and solid meals, (Abstract). *Medicine and Science in Sports and Exercise* 17(2): 205.

688 Nadando o mais rápido possível

Cheetham, M.E., L.H. Boobis, S. Brooks, and C. Williams. 1986. Human muscle metabolism during sprint running. *Journal of Applied Physiology* 6(1): 54–60.

Costill, D.L., M.G. Flynn, J.P. Kirwan, J.A. Houmard. J.B. Mitchell, R. Thomas, and S.H. Park. 1988. Effects of repeated days of intensified training on muscle glycogen and swimming performance. *Medicine and Science in Sports and Exercise* 20(3): 249–254.

Costill, D.L. R. Bowers, G. Branam, and K. Sparks. 1971. Muscle glycogen utilization during prolonged exercise on successive days. *Journal of Applied Physiology* 31: 834–838.

Costill, D.L., P.D. Gollnick, E. Jansson, B. Saltin, and E. Stein. 1973. Glycogen depletion patterns in human muscle fibers during distance running. *Acta Physiologica Scandinavica* 89: 374–383.

Costill, D.L., D.S. King, R. Thomas, and M. Hargreaves. 1985. Effects of reduced training on muscular power in swimmers. *Physician and Sportsmedicine* 13: 94–101.

Costill, D.L., W.J. Fink, M. Hargreaves, D.S. King, R. Thomas, and R. Fielding. 1985. Metabolic characteristics of skeletal muscles during detraining from competitive swimming. *Medicine and Science in Sports and Exercise* 17(3): 339–343.

Coyle, E.F., M.K. Hemmert, and A.R. Coggan. 1986. Effects of detraining on cardiovascular responses to exercise: Role of blood volume. *Journal of Applied Physiology* 60: 95–99.

Coyle, E.F., W.H. Martin, and J.O. Holloszy. 1983. Cardiovascular and metabolic rates of detraining, (Abstract). *Medicine and Science in Sports and Exercise* 15: 158.

Coyle, E.F., W.H. Martin, S.A. Bloomfield, O.H. Lowry, and J.O. Holloszy. 1985. Effects of detraining on responses to submaximal exercise. *Journal of Applied Physiology* 59(3): 853–859.

Denis, C., R. Fouquet, P. Poty, A. Geyssant, and J.R. Lacour. 1982. Effect of 40 weeks of endurance training on the anaerobic threshold. *International Journal of Sports Medicine* 3(4): 208–214.

Drinkwater, B.L., and S.M. Horvath. 1972. Detraining in young women. *Medicine and Science in Sports and Exercise* 4: 91–95.

Glina, J.C., V.J. Caiozzo, R.J. Bielen, C.A. Prietto, and W.C. McMaster. 1984. Anaerobic threshold for leg cycling and arm cranking. Abstract. *Medicine and Science in Sports and Exercise* 16(2): 109.

Gollnick, P.D., R.B. Armstrong, W.L. Sembrowich, W.L. Shepard, and B. Saltin. 1973. Glycogen depletion patterns in human skeletal muscle fibers after heavy exercise. *Journal of Applied Physiology* 34: 615–618.

Hickson, R.C., C. Foster, M.L. Pollock, T.M. Galassi, and S. Rich. 1985. Reduced training intensities and loss of aerobic power, endurance and cardiac growth. *Journal of Applied Physiology* 58: 492–499.

Hickson, R.C., C. Kanakis, J.R. Davis, A.M. Moore, and S. Rich. 1982. Reduced training duration and effects on aerobic power, endurance, and cardiac growth. *Journal of Applied Physiology* 53(1): 225–229.

Houmard, J.A., J.P. Kirwan, M.G. Flynn, and J.B. Mitchell. 1989. Effect of recduced training on submaximal and maximal running responses. *International Journal of Sports Medicine* 10(1): 30–33.

Houston, M.E. 1978. Metabolic responses to exercise with special reference to training and competition in swimming. In, *Swimming Medicine IV, International Series on Sports Sciences*. Vol. 6, edited by B. Eriksson and B. Furberg, 207–232. Baltimore: University Park Press.

Kirwan, J.P., D.L. Costill, M.G. Flynn, J.B. Mitchell, W.J. Fink, P.D. Neufer, and J.A. Houmard. 1988. Physiological responses to successive days of intense training in competitive swimmers. *Medicine and Science in Sports and Exercise* 20(3): 255–259.

Klausen, K., L.A. Andersen, and I. Pelle. 1981. Adaptive changes in work capacity , skeletal muscle capillarization and enzyme levels during training and detraining. *Acta Physiologica, Scandinavica* 113: 9–16.

Koshkin, I. 1984. The training program that developed Salnikov. In *How to Develop Olympic Level Swimmers: Scientific and Practical Foundations*, edited by J.L. Cramer, 109–117. Helsinki: International Sports Media.

Maglischo, E.W. 1990. Flexibility losses during detraining from competitive swimming. Unpublished data. Bakersfield, CA.

Troup, J.P. 1989. Detraining. In *Research Updates*, edited by J.P. Troup, 10. Colorado Springs: United States Swimming.

Wilmore, J.H., and D.L. Costill. 1999. *Physiology of Sport and Exercise*, 2nd ed. Champaign, IL: Human Kinetics.

Yakolev, N. 1967. *Sports Biochemistry*. Leipzig: Deutche Hochschule fur Korpekultur.

CAPÍTULO 18

Anderson, R., J. Johns, J.A. Houmard, R.W. Kobe, T. Hortobagyi, N.J. Bruno, J.M. Wells, and M.H. Shinebarger. 1992. Effects of taper on swim power, stroke distance and performance. *Medicine and Science in Sports and Exercise* 24: 1141–1146.

Bergstrom, J., L. Hermansen, D. Hultman, and B. Saltin. 1967. Diet, muscle glycogen and physical performance. *Acta Physiologica Scandinavica* 71: 140–150.

Bompa, T.O. 1999. *Periodization: Theory and Methodology of Training*. Champaign, IL: Human Kinetics.

Bryntesson, P., and W.E. Sinning. 1973. The effects of training frequencies on the retention of cardiovascular fitness. *Medicine and Science in Sports and Exercise* 5: 29–33.

Burke, E.R., H.L. Falsetti, R.D. Feld, G.S. Patton, and C. Kennedy. 1982. Blood testing to determine overtraining in swimmers. *Swimming Technique* 18: 29–33.

Costill, D.L., D.S. King, R. Thomas, and R. Hargreaves. 1985. Effects of reduced training on muscular power in swimmers. *Physician and Sportsmedicine* 13: 94–101.

D'Acquisto, L.J., M. Bone, S. Takahashi, G. Langhans, A.P. Barzdukas, and J.P. Troup. 1992. Changes in aerobic power and swimming economy as a result of reduced training volume. In *Biomechanics and Medicine in Swimming, Swimming Science VI*, edited by D. MacLaren, T. Reilly, and A. Lees, 201–205. London: E & FN Spon.

Graves, J.E., M.L. Pollock, S.H. Legett, R.W. Braith, D.M. Carpenter, and L.E. Bishop. 1988. Effect of reduced training frequency on muscular strength. *International Journal of Sports Medicine* 9: 316–319.

Hickson, R.C., and M.A. Rosenkoetter. 1981. Reduced training frequencies and maintenance of increased aerobic power. *Medicine and Science in Sports and Exercise* 13(1): 13–16.

Hickson, R.C., C. Kanakis, J.R. Davis, A.M. Moore, and S. Rich. 1982. Reduced training duration effects on aerobic power, endurance, and cardiac growth. *Journal of Applied Physiology* 53(1): 225–229.

Hickson, R.C., C. Foster, M.L. Pollock, T.M. Galassi, and S. Rich. 1985. Reduced training intensities and loss of aerobic power, endurance, and cardiac growth. *Journal of Applied Physiology* 58(2): 492–499.

Houmard, J.A. 1991. Impact of reduced training on performance in endurance athletes. *Sports Medicine* 12: 380–393.

Houmard, J.A., B.K. Scott, C.L. Justice, and T.C. Chenier. 1994. The effects of taper on performance in distance runners. *Medicine and Science in Sports and Exercise* 26: 624–631.

Houmard, J.A., J.P. Kirwan, M.G. Flynn, and J.B. Mitchell. 1989. Effect of the reduced training on submaximal and maximal running responses. *International Journal of Sports Medicine* 10: 30–33.

Kenitzer, R.F. 1998. Optimal taper period in female swimmers based on blood lactate concentrations and performance. *Medicine and Science in Sports and Exercise* 30 (Supplement 5): Abstract 611.

Matveyev, L.P., V.K. Kalinin, and N. Ozolin. 1974. Characteristics of athletic shape and methods of rationalizing the structure of the competitive phase. Scientific Research Collection, Moscow, 4–23.

Millard, M., C. Zauner, R. Cade, and R. Reese. 1985. Serum CPK levels in male and female world class swimmers during a season of training. *Journal of Swimming Research* 1(2): 12–16.

Mujika, I., T. Busso, L. Lacoste, F. Barale, A. Geyssant, and J-C. Chatard. 1996. Modeled responses to training and taper in competitive swimmers. *Medicine and Science in Sports and Exercise* 28: 251–258.

Neary, J.P., T.P. Martin, D.C. Reid, R. Burnham, and H.A. Quinney. 1992. The effect of reduced exercise during taper programme on performance and muscle enzymes of endurance cyclists. *European Journal of Applied Physiology* 65: 30–36.

Neufer, P.D., D.L. Costill, R.A. Fielding, M.G. Flynn, and J.P. Kirwan. 1988. Changes during reduced training. *Swimming Technique* 24(4): 21–24.

Neufer, P.D., D.L. Costill, R.A. Fielding, M.G. Flynn, and J.P. Kirwan. 1987. Effect of reduced training on muscular strength and endurance in competitive swimmers. *Medicine and Science in Sports and Excercise* 19: 486–490.

Ozolin, N.G. 1971. Sovremennaia systema sportivnoi trenirovsky (Athlete's training system for competition). Moscow: Fizkultura i Sport. Cited in T.O. Bompa, 1999. *Periodization: Theory and Methodology of Training*. Champaign, IL: Human Kinetics.

Rushall, B.S., and J.D. Busch. 1980. Hematological responses to training in elite swimmers. *Canadian Journal of Sports Science* 5: 164–169.

Sheply, B., J.D. MacDougall, N. Cipriano, J.R. Sutton, M.A. Tarnopolsky, and G. Coates. 1992. Physiological effects of tapering in highly trained athletes. *Journal of Applied Physiology* 72: 706–711.

Trappe, S., D.L. Costill, G. Lee, and R. Thomas. 1998. Effect of swim taper on human single muscle fiber contractile properties. *Medicine and Science in Sports and Exercise* 30 (Supplement 5): Abstract #220.

Troup, J.P. 1989. Interim training periods. Research Updates, 9. Colorado Springs: United States Swimming.

Wilmore, J.H., and D.L. Costill. 1999. *Physiology of Sport and Exercise*, 2nd ed. Champaign, IL: Human Kinetics.

Van Handel, P.J., A. Katz, J.P. Troup, J.T. Daniels, and P.W. Bradley. 1988. Oyxgen consumption and blood lactic acid response to training and taper. In *Swimming Science V, International Series on Sport Sciences*, vol. 18, 269–275. Champaign, IL: Human Kinetics.

Yamamoto, Y., Y. Mutoh, and M. Miyashita. 1988. Hematological and biochemical indices during the tapering period of competitive swimmers. In *Swimming Science V, International Series on Sport Sciences*, vol. 18, 243–249. Champaign, IL: Human Kinetics.

Zarkadas, P.C., J.B. Carter, and E.W. Banister. 1994. Taper increases performance and aerobic power in triathletes. *Medicine and Science in Sports and Exercise* 26: 34.

CAPÍTULO 19

Alessio, H.M. 1993. Exercise-induced oxidative stress. *Medicine and Science in Sports and Exercise* 25: 218–224.

Bendich, A., and L.J. Machlin. 1988. Safety of oral intake of vitamin E. *American Journal of Clinical Nutrition* 48: 1088–1089.

Bompa, T.O. 1999. *Periodization: Theory and Methodology of Training*. Champaign, IL: Human Kinetics.

Booth, F.W., and J.O. Holloszy. 1977. Cytochrome c turnover in rat skeletal muscle. *Journal of Biological Chemistry* 252: 416–419.

Cohen, G., and R. Heikkila. 1974. The generation of hydrogen peroxide, superoxide and hydroxyl radical by 6-hydroxydopamine dialuric acid and related cytotoxic agents. *Journal of Biological Chemistry* 249: 2447–2450.

Costill, D.L. 1986. *Inside running: Basics of Sports Physiology.* Indianapolis: Benchmark Press.

Costill, D.L., M.G. Flynn, J.P. Kirwan, J.A. Houmard, J.B. Mitchell, R. Thomas, and S.H. Park. 1988. Effects of repeated days of intensified training on muscle glycogen and swimming performance. *Medicine and Science in Sports and Exercise* 20(3): 249–254.

Costill, D.L., D.S. King, R. Thomas, and M. Hargreaves. 1985. Effects of reduced training on muscular power in swimmers. *Physician and Sports Medicine* 13(2): 94–101.

Czajowski, W. 1982. A simple method to control fatigue in endurance training. In *Exercise and Sport Biology,* edited by P.V. Komi, 207–212. Champaign, IL: Human Kinetics.

Demopoulos, H.B., J.P. Santomier, M.L. Seligman, and D.D. Pietronigro. 1986. Free radical pathology: Rationale and toxicology of antioxidants and other supplements in sports medicine and exercise science. In *Sport, Health and Nutrition,* edited by F.I. Katch, 139–189. Champaign, IL: Human Kinetics.

Dressendorfer, R.H., C.E. Wade, and J.H. Schaff. 1985. Increased morning heart rates in runners: a valid sign of overtraining? *Physician and Sportsmedicine* 13: 77–86.

Frohlich, J., A. Urhausen, U. Seul, and W. Kindermann. 1988. Effect of low and high carbohydrate diet on lactate kinetics. Abstract. *International Journal of Sports Medicine* 9(5): 361.

Goldspink, D.F., P.J. Garlick, and M.A. McNurian. 1983. Protein turnover measured in vivo and in vitro in muscles undergoing compensatory growth and subsequent denervation atrophy. *Biochemical Journal* 210: 84–98.

Higuchi, M., L-J. Cartier, M. Chen, and J.O. Holloszy. 1985. Superoxide dismutase and catalase in skeletal muscle: Adaptive response to exercise. *Journal of Gerontology* 40: 281–286.

Ji, L.L. 1995. Exercise and oxidative stress: role of the cellular antioxidant system. In *Exercise and Sport Sciences Reviews,* vol. 23, edited by J.O. Holloszy, 135–166. Baltimore: Williams & Wilkins.

Kanter, M.M., L.A. Nolte, and J.O. Holloszy. 1993. Effects of an antioxidant vitamin mixture on lipid peroxidation at rest and postexercise. *Journal of Applied Physiology* 74: 965–969.

Kibler, W.B., T.J. Chandler, and E.S. Stracener. 1992. Musculoskeletal adaptations and injuries due to overtraining. In *Exercise and Sport Sciences Reviews,* vol. 20, edited by J.O. Holloszy, 99–126. Baltimore: Williams & Wilkins.

Kirwan, J.P., D.L. Costill, M.G. Flynn, J.B. Mitchell, W.J. Fink, P.D. Neufer, and J.A. Houmard. 1988. Physiological responses to successive days of intense training in competitive swimmers. *Medicine and Science in Sports and Exercise* 20(3): 255–259.

Kreider, R.B., V. Miriel, and E. Bertun. 1993. Amino acid supplementation and exercise performance: Proposed ergogenic value. *Sports Medicine* 16: 190–209.

Laurent, G.J., and D.J. Milward. 1980. Protein turnover during skeletal muscle hypertrophy. *Federation Proceedings* 39: 42–47.

McArdle, W.D., F.I. Katch, and V.I. Katch. 1996. *Exercise Physiology: Energy, Nutrition, and Human Performance.* Baltimore: Williams & Wilkins.

McNair, D.M., M. Lorr, and L.F. Droppleman. 1971. *Profile of Mood States Manual.* San Diego: Educational and Industrial Testing Service.

Miller, K., T. Telander, L. Heppes, and J.P. Troup. 1989. Alterations in swimming economy following intense training periods. In *Winning Spirit Instructional Series,* edited by J.P. Troup, Colorado Springs: United States Swimming.

Morgan, W.P. 1985. Affective beneficience of vigorous physical activity. *Medicine and Science in Sports and Exercise* 17: 94–100.

Morgan, W.P., D.R. Brown, J.S. Raglin, P.J. O'Connor, and K.A. Ellickson. 1987. Physiological monitoring of overtraining and staleness. *British Journal of Sports Medicine* 21(3): 107–114.

Morgan, W.P., D.L. Costill, M.G. Flynn, J.S. Raglin, and P.J. O'Connor. 1988. Mood disturbance following increased training in swimmers. *Medicine and Science in Sports and Exercise* 20(4): 408–414.

O'Connor, P.J., W.P. Morgan, J.S. Raglin, C.M. Barksdale, and N.H. Kalin. 1989. Selected psychoendocrine responses to overtraining. Abstract. *Medicine and Science in Sports and Exercise* 21(2): S50.

Pincemail, J. 1987. Pentane measurement in man as an index of lipoperioxidation. *Bioelectronchemistry and Bioenergetics* 18: 117.

Pyne, D.B., and M. Gleeson. 1998. Effects of intensive exercise training on immunity in athletes. *International Journal of Sports Medicine* 19 (Supplement 3): S183–S191.

Quintanilha, A.T. 1984. The effect of physical exercise and/or vitamin E on tissue oxidative metabolism. *Biochemical Society Translations* 12: 403–404.

Raglin, J.S., and W.P. Morgan. 1989. Development of a scale to measure training-induced distress. Abstract. *Medicine and Science in Sports and Exercise* 21(2): S50.

Selye, H. 1956. *The Stress of Life.* New York: McGraw-Hill.

Sharp, R.L., C.A. Vitelli, D.L. Costill, and R. Thomas. 1984. Comparison between blood lactate and heart rate profiles during a season of competitive swimming. *Journal of Swimming Research* 1(1): 17–20.

Sherman, W.M., and E.W. Maglischo. 1991. Minimizing chronic athletic fatigue among swimmers: special emphasis on nutrition. *Sports Science Exchange* 4: 35. Chicago: Gatorade Sports Science Institute.

Starnes, J.W., G. Cantu, R.P. Farrar, and J.P. Kehrer. 1989. Skeletal muscle lipid peroxidation in exercise and food-restricted rats during aging. *Journal of Applied Physiology* 67: 69–75.

Stray-Gunderson, J., T. Videman, and P.G. Snell. 1986. Changes in selected objective parameters during overtraining. Abstract. *Medicine and Science in Sports and Exercise* 18(2): S54–S55.

Tegtbur, U., M. Griess, K.M. Braumann,M.W. Busse, and W. Maasen. 1988. A method for determining the endurance capacity of runners. Abstract. *International Journal of Sports Medicine* 9(5): 387.

Urhausen, A., T. Kullmer, and W. Kindermann. 1987. The influence of an intense training and competition period upon the anabolic-catabolic hormonal relationship in rowers. Abstract. *International Journal of Sports Medicine* 8(2): 149.

VanHeest, J.L. 1997. Stress in athletes. *Coaches' Quarterly*, a publication of United States Swimming 4(2): 9.

Weiss, M., K. Reischle, N. Bouws, G. Simon, and H. Weicker. 1988. Relationship of blood lactate accumulation to stroke rate and distance per stroke in top female swimmers. In *Swimming Science V, International Series on Sport Sciences*, vol. 18, edited by B.E. Ungerechts, K. Wilkie, and K. Reischle, 295–303. Champaign, IL: Human Kinetics.

Wigermaes, I., A.T. Hostmark, P. Kierulf, and S.B. Stromme. 1998. The effect of active recovery upon leukocytes and myocellular enzymes after moderate and high intensity running in trained subjects. Abstract. *International Journal of Sports Medicine*, 19 (Supplement 3): S225.

Winder, W.W., R.C. Hickson, J.M. Hagberg, A.A. Ehsani, and J.A. McLane. 1979. Training induced changes in hormonal and metabolic responses to submaximal exercise. *Journal of Applied Physiology* 46(4): 766–771.

CAPÍTULO 20

Australian Institute of Sport, Biomechanics Department. 1998. Biomechanical analysis, 1998 World Swimming Championships, Perth, Australia.

Chollet, D., P. Moretto, P. Pelayo, and M. Sidney. 1996. Energetic effects of velocity and stroke rate control in non-expert swimmers. In *Biomechanics and Medicine in Swimming*, edited by J.P. Troup, A.P. Hollander, D. Strasse, S.W. Trappe, J.M. Cappaert, and T.A. Trappe, 172–176. London: E & FN Spon.

Craig, A.B., and D.R. Pendergast. 1979. Relationship of stroke rate, distance per stroke and velocity in competition swimming. *Medicine and Science in Sports and Exerecise* 17(6): 625–634.

Craig, A.B., P.L Skehan, J.A. Pawelczyk, and W.L. Boomer. 1985. Velocity, stroke rate, and distance per stroke during elite swimming competition. *Medicine and Science in Sports and Exercise* 17(6): 625–634.

International Olympic Committee, Subcommission on Biomechanics and Physiology of Sport. 1996. Competition analyses of swimming events, Olympic Games, Atlanta, GA, 1996.

Keskinen, K.L., O.P. Keskinen, and A. Mero. 1996. Effects of pool length on biomechanical performance in front crawl swimming. In *Biomechanics and Medicine in Swimming*, edited by J.P. Troup, A.P. Hollander, D. Strasse, S.W. Trappe, J.M. Cappaert, and T.A. Trappe, 216–220. London: E & FN Spon.

Letzelter, H., and W. Freitag. 1983. Stroke length and stroke frequency variations in men's and women's 100-m freestyle swimming. In *Biomechanics and Medicine in Swimming, International Series on Sport Sciences*, vol. 14, edited by A.P. Hollander, P.A. Huijing, and G. de Groot, 315–322. Champaign, IL: Human Kinetics.

McArdle, D., and T. Reilly. 1992. Consequences of altering stroke parameters in front crawl swimming and its simulation. In *Biomechanics and Medicine in Swimming, Swimming Science VI*, edited by D. MacLaren, T. Reilly, and A. Lees, 125–130. London: E & FN Spon.

Mason, B., and J. Cossor. 2000. What can we learn from competition analysis. ISBS Swimming online, edited by R. Sanders. Edinburgh, Scotland: University of Edinburgh.

Pai, Y., J.G. Hay, B.D. Wilson, and A.L. Thayer. 1984. Stroking techniques of elite swimmers. Abstract. *Medicine and Science in Sports and Exercise* 20(2): 159.

Wakayoshi, K., T. Yoshida, Y. Ikuta, Y. Mutoh, and M. Miyashita. 1993. Adaptations to six months of aerobic swim training. *International Journal of Sports Medicine* 14(7): 368–372.

Wirtz, W., K. Wilke, and F. Zimmerman. 1992. Velocity, distance per stroke and stroke frequency of highly skilled swimmers in 50 m freestyle sprint in a 50 and 25 m pool. In *Biomechanics and Medicine in Swimming, Swimming Science VI*, edited by D. MacLaren, T. Reilly, and A. Lees, 131–141. London: E & FN Spon.

CAPÍTULO 21

Chatard, J-C., D. Chollet, and G. Millet. 1998. Effects of draft swimming on performance and drag. In *Abstracts, VIII International Symposium on Biomechanics and Medicine in Swimming*, edited by K.L. Keskinen, P.V. Komi, and P-L. Pitkanen, 46. Helsinki: University of Jyvaskyla.

Jacobs, I., O. Bar-Or, R. Dotan, J. Karlsson, and P. Tesch. 1983. Changes in muscle ATP, CP, glycogen, and lactate after performance of the Wingate anaerobic test. In *Biochemistry of Exercise, International Series on Sport Sciences*, vol. 13, edited by H.G. Knuttgen, J.A. Vogel, and J. Poortmans, 234–238. Champaign, IL: Human Kinetics.

Keskinen, K.L., O.P. Keskinen, and A. Mero. 1996. Effects of pool length on biomechanical performance in front crawl swimming. In *Biomechanics and Medicine in Swimming*, edited by J.P. Troup, A.P. Hollander, D. Strasse, S.W. Trappe, J.M. Cappaert, and T.A. Trappe, 216–220. London: E & FN Spon.

Mathews, D.K., R. Bowers, E. Fox, and W. Wilgus. 1963. Aerobic and anaerobic work efficiency. *Research Quarterly* 27: 41–51.

Robinson, S., D.L. Robinson, R.I.J. Montoye, and R.W. Bullard. 1958. Fatigue and efficiency of men during exhausting runs. *Journal of Applied Physiology* 12: 197–201.

Song, T.K., O. Serresse, P. Ama, G.J. Theriault, and M.R. Boulay. 1988. Effects of three anaerobic tests on venous blood lactates. Abstract. *Medicine and Science in Sports and Exercise* 23(2): S39.

CAPÍTULO 22

Asmussen, E., and O. Boje. 1945. Body temperature and capacity for work. *Acta Physiologica Scandinavica* 10: 1–22.

Bond, V., R. Adams, K. Gresham, R. Tearney, M. Caprarola, W. Ruff, H. Gregory, and A. Stoddard. 1987. Effects of active and passive recovery on lactic acid removal and subsequent muscle function. Abstract. *Medicine and Science in Sports and Exercise* 19(2): S35.

Bonen, A., and A.N. Belcastro. 1976. Comparison of self-selected recovery methods on lactic acid removal rates. *Medicine and Science in Sports and Exercise* 8(3): 176–178.

Chwalbinska-Moneta, J., and O. Hanninen. 1989. Effect of active warming-up on thermoregulatory, circulatory, and metabolic responses to incremental exercise in endurance-trained athletes. *International Journal of Sports Medicine* 10(1): 25–29.

DeBruyn-Prevost, P., and F. Lefebvre. 1980. The effects of various warming-up intensities and durations during a short maximal anaerobic exercise. *European Journal of Applied Physiology* 43: 101–108.

deVries, H.A. 1974. Warm-up: Its values and efficient utilization. In *Proceedings: International Symposium on the Art and Science of Coaching*, vol. 2, edited by L. Percival, 207–213. Ontario, Canada: F.I.

Genovely, H., and B.A. Stanford. 1982. Effects of prolonged warm-up above and below the anaerobic threshold on maximal performance. *European Journal of Applied Physiology* 48: 323–330.

Gupta, S., A. Goswami, A.K. Sadhukhan, and D.N. Mathur. 1996. Comparative study of lactate removal in short term massage of extremities, active recovery and a passive recovery period after supramaximal exercise sessions. *International Journal of Sports Medicine* 17: 106–110.

Hermiston, R.T., and M.E. O'Brien. 1972. The effects of three types of warm-up on the total oxygen cost of a short treadmill run. In *Training: Scientific Basis and Application*, edited by A.W. Taylor, 70–75. Springfield, IL: Charles C Thomas.

Houmard, J.A., R.A. Johns, L.L. Smith, J.M. Wells, R.W. Kobe, and S.A. McGoogan. 1991. The effect of warm-up responses to intense exercise. *International Journal of Sports Medicine* 12: 480–483.

Ingjer, F., and S.B. Strommer. 1979. Effects of active, passive, or no warm-up on the physiological responses to heavy exercise. *European Journal of Applied Physiology* 40: 273–282.

Karpovich, P.V. 1965. Physiology of Muscular Activity. Philadelphia: W.B. Saunders.

Krukau, M., K. Volker, and H. Liesen. 1987. The influence of sport-specific and sport-unspecific recovery on lactate behaviour after anaerobic swimming. Abstract. *International Journal of Sports Medicine* 8(2): 142.

Martin, B.J., S. Robinson, D.L. Wiegman, and L.H. Aulick. 1975. Effect of warm-up on metabolic responses to strenuous exercise. *Medicine and Science in Sports and Exercise* 7: 146–149.

Strozberg, M.V., and A.B. Klar. 1998. Assisted cool down procedures in high performance swimmers. *Medicine and Science in Sports and Exercise* 30 (Supplement 5): Abstract 281.

Wilmore, J.H., and D.L. Costill. 1988. *Training for Sport and Activity*. Dubuque, IA: Brown.

Índice remissivo

Nota: As letras *f* e *t* depois dos números de página se referem a figuras e tabelas, respectivamente.

A

Abal, Pablo 164f-166f, 169f, 257-259f
absorção de oxigênio na recuperação 299-300
acetil-CoA sintetase 308-309
ácido aspártico 329-330, 336-337
ácido lático. *Ver* lactatos sanguíneos
ácido oxaloacético 309, 312-313f
ácido pirúvico 311-316, 329-330
ácidos graxos livres (AGLs) 308-309
acidose. *Ver também* lactatos sanguíneos
    efeitos da 318-319
    fadiga e 317-320
    nas provas 321-324, 322t
    no treinamento cotidiano 323-325
    processo de formação da 311-314
    treinamento de tolerância ao lactato 399-401
ACTH (hormônio adrenocorticotrópico) 302t
actina 277-278, 310, 318-319
açúcar no sangue (glicose sanguínea) 307-309
adenosina trifosfatase (ATPase) 305f, 310, 318-319, 326-327
adenosina, trifosfato de. *Ver* trifosfato de adenosina (ATP)
ADH (hormônio antidiurético) 302t
adrenalina 300-302t, 303, 595, 606-607
Adrian, M. 102
adução do braço 59-61, 131-132, 134-136. *Ver também* varredura para dentro
adução do ombro 59-61, 131-132, 134-136
aerodinâmica 9f, 14-15. *Ver também* arrasto de forma
    coeficientes de sustentação e arrasto 19-20
    espaço ocupado pelo corpo 40-45
    forma do corpo 44-46
    importância da 36-37f

propulsão ondulatória e 75-77, 76f
roupas de baixa fricção 51-52
tipos de nado 16-17, 45-46
agarre
    alinhamento do braço e da mão 65
    bolhas de ar em torno da mão e do braço 65-68, 66f
    braços fixos com rotação do quadril 68-69
    definição de 63-64
    importância no nado rápido 63-68, 64f
    nado Borboleta 63-65, 133f, 134-136, 135f
    nado Crawl 63-65, 64f, 81-85, 82f, 89-93
    nado de Costas 63-65, 163-164
    nado de Peito 63-65, 202, 217-219
    posições de agarre com cotovelo alto 63-67f, 79-80, 92f
agarre alto no nado de Peito 207-208
agarre com cotovelo alto 63-65, 67f, 79-80
alanina 329-330, 335-337f
aldosterona 302t
alinhamento corporal. *Ver* alinhamento horizontal; alinhamento lateral
alinhamento horizontal
    arrasto resistivo e 41-44, 42f, 78-79
    nado Borboleta 42-45, 43f, 78-79
    nado Crawl 42, 108-111, 109f, 118
    nado de Costas 42-44, 43f, 175f
    nado de Peito 43f, 44-45, 78-79
alinhamento lateral
    arrasto de forma 43-44f, 46
    nado Borboleta 42-45, 43f, 78-79
    nado Crawl 43-46, 44f, 78-79, 110f, 118
    nado de Costas 46, 78-79, 175f
    nado de Peito 43f, 44-45, 78-79
    rolamento do corpo e 98-99, 110-111
alongamento 661-662
alvéolos 286-287, 292-293f, 331
aminoácidos 309, 597
analisador portátil de lactato Accusport 474-475f
analogia com hidrofólio 4, 10-15
Andrews, Theresa 158-160f

anemia 288-289, 332
ângulos de ataque
    aspectos gerais dos 10-12f
    coeficientes de levantamento e arrasto 18-20, 19f
    durante braçadas submersas 35
    mantendo as palmas das mãos para trás 25-30, 27f, 28f, 79-80
    no nado Crawl 15-16f
ângulos de varredura para trás 11-12f, 18-19f
ansiedade 595
antioxidantes 597-598
aparelhos de sobrecarga de tração 413-414f, 416, 514-515
aquecimento 660-663t
armazenamento de água nos tecidos 577-578
Armbruster, David 124
arqueamento das costas 38-39, 42f, 109-110
arrasto de empuxo 47-50, 48f, 78-79, 96-97
arrasto de forma
    alinhamento horizontal 41-43, 42f, 78-79
    alinhamento lateral 43-44f, 46
    flutuabilidade 47
    forma do corpo 40-41, 44-46, 45f
    rolamento do corpo 45-47, 46f, 66-68
    tipos de nado 45-46
arrasto de interferência 48f, 49-50
arrasto friccional 49-53, 50f, 51f
arrasto passivo 39-40
arrasto propulsivo 4-8, 7f
arrasto resistivo 36-37. *Ver também* forças de arrasto
    arrasto de empuxo 47-50, 48f, 78-79, 96-97
    arrasto de forma 40-47, 42f, 43f, 44f
    arrasto de interferência 48f, 49-50
    arrasto friccional 49-53, 50f, 51f
    ativo *vs.* passivo 39-40
    definição 4-5
    durante a varredura para baixo 58
    estabelecimento de ritmo e 53
    fluxo laminar *vs.* turbulento 38f
    golfinhada submersa 34
    medição do 39-41

694 Nadando o mais rápido possível

ondas encurvadas 38-40
redução do 36-37f, 51-52, 78-80
arredondamento 17-18, 81-83
artérias 285-286f
arteríolas 285-286
aspartato transaminase 336-337
aspectos de segurança 230-231, 476-477
aspereza superficial 51

B
Bach, Mindi 227f
Baham, Sarah 135f
Barrowman, Mike 24-25, 27f, 462-464t,
644-646, 644t
batida de pernas para baixo, golfinhada com
71f-73, 100-101, 101f
batida de pernas para cima 71-74, 72f, 73f,
100-102, 101f, 171-173
bebidas esportivas 611
Beek, W.J. 12-13
Bennett, Brooke 436-437t, 438t, 618-619,
649-651, 650t
Bernoulli, Daniel 9-10
beta-caroteno 597-598
beta-oxidação 308-309
Bidrman, Jan 451-452
Biondi, Matt 86, 632-636, 634t
Bixler, B. 15, 15-17, 19-20, 26-30
Blanksby, B.A. 251-252
bolhas de ar em torno da mão e do braço,
65-68, 66f
bomba muscular 664-665
Boomer, W.L. 103-110
Bower, Dick 380-383
braçada de agarre 110-111, 117-119
braçadas curtas 114f, 115
break-out 229-230. *Ver* emersão
bronquíolos 292-293f
brônquios 292-293f
Brown, R.M. 7-10

C
cadeia de transporte de elétrons 312-314,
313f, 320f
cafeína, exames de sangue e 485-486
cálcio, durante acidose 318-319
calcitonina 302t
calorias 304-305
camadas limítrofes 10-13, 12f, 50f, 51f
capacidade anaeróbica 397-399, 398f,
426-427
capacidade de tamponamento 340-342,
391-392, 397-401, 606-607
capilares 286f, 288-291f, 330-333
capilares alveolares 288-289
capilares musculares 288-289, 332-333
capilares verdadeiros 289-291
Cappaert, J. 19-23, 29-30, 68-69, 213-214
carboidratos 306-307, 611
carga de creatina 326-327, 341-342
carnitina transferase (CT) 308-309
catabolismo 346-347, 594-595

catecolaminas 301-303
cavitação 38-39, 53
Chollet, D. 621
ciclo da glicose-alanina 335-337f
ciclo de Cori 335-336
ciclo de Krebs 308-309, 311-313f, 320f
ciclo do ácido cítrico (Krebs) 308-313f, 320f
ciclo do ácido tricarboxílico (TCA) (ciclo de
Krebs) 308-313f, 320f
ciclos de braçadas 614, 615t
cintos/roupas de arrasto 415
citocromos 312-313, 361-362
coenzima Q10 597
Colwin, Cecil 13-14, 33-34
compressão do T 109-110
comprimento e frequência de braçadas
cálculo 604t, 614-616, 615f
ensino de 621-623, 622t
estabelecimento de ritmo com 628-630,
629f, 630f
exercícios 623-627
fadiga e 625-628, 627t
medição 615-617, 616f
ótimos 621, 623, 624t
supertreinamento e 603-605
unidades de 614
velocidade e 616-621, 617f, 619t, 620t
consumo de oxigênio. *Ver também* respiração;
consumo máximo de oxigênio
débito de oxigênio 294-295f, 299-301
desempenho e 297
durante o exercício 294-295f
durante o supertreinamento 600-601
exercícios de respiração profunda
300-301, 332
intensidade de trabalho e 296
máximo 293-300, 295f, 296f, 311-312,
329-330, 578-579
medições de 295-296f
metabolismo aeróbico 311-315
metabolismo anaeróbico 293-294
percentual de utilização 297-300
redução da produção de ácido lático
329-337
segundo fôlego 300-301
taxa de difusão pulmonar 330-332
testes sanguíneos para 473-474
consumo máximo de oxigênio ($\dot{V}O_2$ máx)
aumentos com o treinamento 329-330
depois do polimento 578-579
desempenho e 296-297
medição do 295-296f
padrões típicos de 293-296, 295f
prevenção da acidose 311-312
utilização percentual do 297-300
vantagens do aumento do 298-299
contagem de braçadas 625-626
contrapesos 39-41
contravórtice 13-15, 13f
coração. *Ver também* frequências cardíacas
débito cardíaco 288-289t, 330, 332-333
estrutura e função 285-286f
volume sistólico 287-289, 332-333
corda elástica 187-188, 415-418

correntes turbilhonantes 38-39, 45f-46, 53
corrida 394-395
cortisol 301-302t, 595, 606-607
Costill, D.L. 51-52, 296, 359-360, 370-371,
495-497, 577-579, 594-595, 601-602
cotovelo caído 63-65, 64f, 114-115, 149-150
Counsilman, James E. 6-10, 15-16, 61-65,
206-207, 230-231
Crawl. *Ver* nado Crawl
creatina fosfoquinase (CPK) 588
creatina quinase (CK) 314-315, 326-327,
578-579
crianças que nadam 122
cronômetros 615-617f
Curl, Rick 469

D
D'Acquisto, L.J. 578-579
de Brujin, Inge 97-99, 636t-637
débito cardíaco 288-289t, 330-333
débito de oxigênio 294-295f, 299-301
dedo mínimo como bordo de ataque 19-20
déficits de oxigênio 294-295f, 396-397
DeLeon, Guillermo Diaz 177f, 233f,
235-237, 246f, 256f
depressão, supertreinamento e 599-600,
607-608
depressões ("covinhas") da bola de golfe 53
desadaptação 422, 516-517, 590. *Ver também*
supertreinamento
deslocamento dos braços em Borboleta
237-241f
destreinamento 357-358f, 556-559, 557t
determinações para ureia 309
Devlin, R.K. 213-214
dieta 485-486, 557-558, 561-562, 594-599,
611
diferença entre oxigênio arterial-venoso (dif.
a-v O_2) 289-291f
diferenças de idade no treinamento 356-357
diferenciais de pressão 10, 38-39, 44-45f
difosfato de adenosina (ADP) 305f-306f
dinâmica dos líquidos
arrasto 4-6f, 49-53, 50f, 51f
camadas limítrofes 10-13, 12f, 49-53, 50f
características laminares e de turbulência
36-39, 38f
computacional 12-13, 15-16
deslocamento da água para trás 26-28, 27f
fluxo de água irregular 20-21
força axial 12-13
forças de levantamento 4-6f
ondas 38-40
teorema de Bernoulli 9f-10
teoria do vórtice 13f-15
Dolan, Tom 436-437, 469t, 470-471t,
648-650t, 651-652t, 654t
Dudley, G.A. 361-362

E
efeito da gravidade na propulsão 77-78
efeito de rampa 283f, 284

efeitos do treinamento
atividade enzimática 334-336, 357
aumento das mitocôndrias 333-335
capacidade de tamponamento 341-342f
ciclo da glicose-alanina 336-337f
débito cardíaco e 288-289, 332-333
frequência cardíaca 286-287
hormônios 301-303
metabolismo anaeróbico 308-309,
327-329, 328f, 334-336, 396-398
metabolismo da energia 323-325, 324t
metabolismo das gorduras 344f
mioglobina 335-336
no ácido lático 316-318, 317f, 329-340
no sangue 332-334, 368-369
no tecido muscular 284-286, 332-333,
341-344, 343f
nos pulmões 298-299, 329-336
sistema ATP-CP 326-328, 327f
Egerzegi, Kristina 638-639
energia e armazenamento de energia
ADP 305f
ATP 304-309, 305f-306f
carboidratos 306-308
fatores que limitam o desempenho
321-325, 322t
fosfato de creatina 305-306f
gorduras 307-309, 344f, 594-595
proteínas 308-309
unidades de 304-305
entrada carpada 229-230
entrada e deslize 81-83, 88-89, 132-136,
149-152, 162-164
enzimas, metabolismo aeróbico das 330-331,
334-336, 357
eritrócitos 288-289, 330, 332, 578-579
eritropoetina (EPO) 332
escala de Borg 510-513, 512t
esforços percentuais 513t
estabelecimento de ritmo 631-656
arrasto resistivo e 53
com frequências de braçadas 628-630,
629f, 630f
ensino do 654-656
eventos de Medley individual 652-655,
653t, 654t
nado Borboleta 636t, 637, 640-643, 641t
nado Crawl 633-636, 639-640t, 646-650
nado de Costas 638t, 645t, 646
nado de Peito 637-638t, 642-646, 643t,
644t
por que funciona 631-632
tempos parciais *vs.* velocidades no 632-633
tipos de 631-634
estado de equilíbrio máximo do lactato
(MAXLASS) 474-475
estratégia de prova 656-659
estresses emocionais 595-596
estrogênio 302t
Evans, Janet 435-437, 648t, 650t
eventos de 100
metabolismo de energia 322t, 322-324t
padrões de repiração do nado Crawl
122-123

planos anuais para a temporada para
543-551, 544f, 547t
planos de ritmo 634-640, 635t, 636t, 638t
planos de treinamento semanal para
568-572, 569f, 571f
eventos de 200 jd/m
metabolismo de energia 322t, 322-324t
padrões de respiração para o nado Crawl
123
pernadas Borboleta 142
planos de ritmo
nado Borboleta 640-643, 641t, 642t
nado Crawl 639-641, 640t
nado de Costas 645-647, 645t
nado de Peito 642-646, 643t, 644t
sumário dos 645-647
planos de treinamento para 543-548, 544f,
568-570, 569f
treinamento para 457-460
eventos de 25 jd/m 121-122, 321-323, 322t,
324t
eventos de 50
metabolismo da energia em 321-323,
322t, 324t
padrões de respiração do Crawl 121-122
plano anual de treinamento para 546-551,
547f
plano de treinamento semanal para
568-572, 571f
planos de ritmo 633-635t
treinamento para 447-450
eventos de Medley individual
pernadas 469
planos de ritmo 652-655, 653t, 654t
treinamento para 467-472,m 468t
viradas de mudança de tipos de nado
264-271, 266f, 267f, 268f, 270f, 271f
exames de sangue 473-497
avaliação das mudanças nos resultados
485-490, 488f, 489f, 490f
base fisiológica 473-474
efeito das distâncias de repetições nos
limiares 484-485
fatores de correção 491-493, 492t
inclinação da curva de lactato-velocidade
483-484
lactatos sanguíneos de pico 481-483,
514-515
limiar aeróbico com 473-478
limiar anaeróbico com 473-475, 477-481,
478f, 479f, 480f, 481f
nado de 200 ritmado 495-497f
outros protocolos 494-497
perigos dos 476-477
potencial de desempenho 494
precisão dos 482-483, 485-487, 490-492
prescrição de velocidades de treinamento
com base nos 489-493, 491f, 492t,
493f
procedimento 474-477, 475f
protocolo de velocidade V4 494-496
verificação dos resultados dos 492-493
excesso de consumo de oxigênio pós-esforço
(ECOP) 299-300

exercícios
de braçadas
braçada Borboleta 153-155
braçada Borboleta com um braço
153-154
braçada com o punho cerrado
226-227
braçada de Peito exagerada 69-70f
braçada lateral 185-187, 186f
braçada de Peito com um braço
226-227
braçadas submersas 21-22
braçadas submersas duplas 228
braçadas submersas para distância 228
braçadas submersas para velocidade
228
exercício de alcance 118-119
meia braçada lateral 184-186, 185f
nado cachorrinho 119-120f
nado cachorrinho longo 119-120
nado com nadadeiras 154-155
nado com o punho cerrado 118-119,
185-187
nado com um braço 118-119,
184-185
nado com um punho 118-119
padrão de braçada 183-184f
para fora, lento; para dentro, rápido
226-227
uma braçada com parada 154
varredura para cima 70f, 185-186
frequência e comprimento das braçadas
623-627
cálculo 624-625
completar com pernadas 625
contagem de braçadas em velocidade
de tiro 625
contagem de braçadas em velocidade
de prova 625-626
nados mais lentos, mais rápidos
625-626
swolf 624-625
golfinhada submersa
emersão sem quebra de ritmo
187-188, 229-230
tiros de velocidade submersos de 25,
50, e 75 jd/m 187-188
tubo plástico 187-188
pernadas
distância por pernada 226-227
esponja 187-188
golfinhada 154-155, 187-188,
226-227
pernada com a perna estendida 121
pernada com as mãos para trás
226-227f
pernada com nadadeiras 121
pernada com prancha 154-155,
187-188
pernada de costas 154-155, 187
pernada e deslize 227-228
pernada lateral 119-120, 155, 187
pernada na parede 121
pernada na superfície 154-155

696 Nadando o mais rápido possível

pernada submersa 121, 154-155, 187-188
pernada, posição de costas 226-227
pernadas "três para baixo, duas para cima" 155
recuperação das pernas 227-228
uma das mãos para fora 187
posição do corpo
duas braçadas, uma pernada 228
golfinhada 228
pernada e extensão dos braços para frente 227-228
recuperação
arrasto com os dedos das mãos 119-120
dentro-fora 185-187
deslizamento do polegar 119-120
hesitação 185-187
hesitação do polegar na orelha 119-120
nado de Costas com dois braços 185-187
nado na raia 119-120, 187
respiração profunda 300-301, 332
saídas
mergulho através do bambolê 241-242
mergulho de costas 249f
mergulho sobre a barra 241-242
mergulho sobre a corda 248-249
mergulhos por cima e por baixo 240-242
saída do deck 249
sincronização 153-155, 227-228
velocidade submersa de 25, 50 e 75 187-188

F

fadiga
ácido lático e 314-318
durante provas 321-324, 322t
frequência e comprimento das braçadas 626-628, 627t
por acidose 311-312, 317-320
recrutamento durante 284-285
famílias de nadadores 536-538, 554-556, 595
Ferrell, M.D. 11-12
fibras glicolíticas oxidativas rápidas (GOR) 280-282, 362-363
fibras glicolíticas rápidas (GR) 280-282, 360-361
fibras musculares de contração lenta (CL)
ácido lático e 315-317, 337-339
capacidade atlética e 280-283, 282f
conversão para 284-286
efeitos do treinamento de resistência nas 279-280, 362-363, 366-369, 378-379, 428-429
metabolismo das gorduras pelas 308-309
propriedades das 279-281t
recrutamento das 282-285, 283f
fibras musculares de contração rápida (CR)
ácido lático e 315-317, 337-338
capacidade atlética e 280-283, 282f

conversão para fibras CL 284-286
efeitos do treinamento nas 279-280, 361-363
fosfato de creatina nas 279-280, 361-363
propriedades das 279-281t
recrutamento de 282-285, 283f
subgrupos de 280-282
treinamento no limiar anaeróbico 365-367
fibras musculares. *Ver também* fibras musculares de contração rápida (CR); fibras musculares de contração lenta (CL)
capacidade atlética e 280-283
capilares em torno das 290-291f, 330, 332-333
consumo de oxigênio 315-316
conversão de CR para CL 284-286
de contração lenta e contração rápida 279-286, 281t
estrutura e função das 278f, 278-279f
fosfato de creatina nas 306-307
glicolíticas rápidas 280-282, 360-361
oxidativas glicolíticas rápidas 280-282, 362-363
recrutamento de 282-285, 283f
treinamento de resistência 360-363, 378-379
finalizações 270-274, 272f, 273f, 274f
Firman, Richard 383
flavina adenina dinucleotídeo (FAD) 311-313f
flexão e extensão 54-57, 56f, 59-62
flexibilidade articular 358
flutuabilidade 47
fluxo laminar 36-38f, 44f, 45
força axial 12-13
forças de arrasto. *Ver também* arrasto resistivo
aceleração para frente 21-26
ângulos de ataque 10-11
arrasto de empuxo 47-50, 48f, 78-79, 96-97
arrasto de forma 40-47, 42f, 43f, 44f
arrasto de interferência 48f-50
arrasto friccional 49-53, 50f, 51f
arrasto resistivo *vs.* propulsivo 4-5
aspectos gerais 4-6f
ativas *vs.* passivas 39-40
contribuições dos antebraços 29-30f
medição 19-21f, 30-32, 31f
modelos de mãos de gesso 18-19f, 30f
movimentos das pernas 32f-34f
movimentos de braçadas laterais e verticais 16-19
propulsivas 4-8, 7f
forças de sustentação
ângulos de ataque 10-11
aspectos gerais 4-6f
camada limítrofe e 10
contribuições das pernas 30-31
contribuições dos antebraços 29-30f
importância das 4, 18-19, 35
medição dos valores absolutos para 19-21
medidas sob fluxo de água irregular 20-21f

modelos das mãos em gesso 19f, 30f
movimentos das pernas 32-34, 32f, 33-34f
teorema de Bernoulli 10-13
teoria do vórtice 13-15, 13f
voo de aeroplano 9-10
fórmula de reserva de frequência cardíaca de Karvonen 506-508t
fosfato de creatina (CP)
aspectos gerais 305-307, 306f
como tampão 341-342
degradação do ácido lático e 314-315
no treinamento de produção de lactato 405-407, 411-412
sistema ATP-CP 310-311f, 321, 326-329, 327f, 328f
fosfofrutoquinase (PFK) 405
fosforilase 311
frequências cardíacas
aparelhos para contagem 287, 504-505
consumo de oxigênio e 296
de recuperação 503-504, 507-509, 602-603
em repouso 286-287, 503-508, 602-603
fórmula de reserva de frequência cardíaca de Karvonen 506-508t
intensidade de treinamento prescrita com base nas 506t, 508t
localização do limiar anaeróbico com 508-509
máximas 287, 503-505, 507t
nadadores *vs.* atletas que praticam atividades terrestres 503-505
nas posições deitada e de pé 602f
para braçadas, pernadas e outros movimentos 509
perfis de 509-511f
problemas das 504-505
submáximas 504-508, 506f
supertreinamento e 601f, 602f, 603f, 604

G

Gaines, Rowdy 86
ganho de peso, durante polimentos 586-587
Gathercole, D.G. 251-252
glicogênio 283-284f, 306-310, 324-325. *Ver também* glicogênio muscular
glicogênio hepático 307-308
glicogênio muscular
aspectos gerais 306-307
aumento do armazenamento do 341-344, 343
depleção de glicogênio 283-284f, 308-309, 324-325
efeito nos exames de sangue 555-556
em eventos de curta distância 321
percentual de reposição 372, 559-560f
supercompensação durante o polimento 577-578
supertreinamento 593-595
treinamento de oclusão 393-394
uso e reposição de 558-564, 559t, 560f, 561f, 562f
glicólise 306-307, 311-317

glicólise aeróbica 306-307, 311-315, 313f, 319-322t, 485-490
glicólise anaeróbica. *Ver* metabolismo anaeróbico
glicose 306-307, 309
glucagon 301-302t, 303
golfinhada
    batida de pernas para baixo 71-73, 71f, 138-141, 152
    batidas de pernas para cima 72f-74, 138-139, 152
    com o corpo de lado 147-148
    erros 151f-152
    exercícios 154-155, 187-188, 226-227
    maior e menor 140-142
    mecanismo de anéis concorrentes 33-34f
    nado Borboleta 71-73, 128-129, 138-141, 146-149, 151-152
    nado de Costas 176-179, 177f, 187-188
    nado de Peito 213-215, 214f
    propulsão com 31-32f, 33f, 35, 141-142
    saídas e viradas 146-148, 235
    sequência de fotografias da 140f, 148f
    sincronização 140-142
    submersa 34, 146-148f, 176-179, 177f, 187-188
Gordon, A.T. 30-31
gordura, arrasto de forma e 47
gorduras 307-309, 344f, 368-369, 594-595
gráficos de velocidade frontal
    agarre 63-65, 64f
    construção de 81-83
    flexão e extensão dos braços 56f-57
    nado Crawl 23f, 24f, 64f, 83f, 87f
    nado de Costas 26f
    nado de Peito 75f, 197-198f, 199f, 206f, 212f, 213f
    propulsão ondulatória 75f, 76f
    varredura para fora 57-58

H

Hackett, Grant 649t, 650-651f
Hanauer, Eric 229-230
Harms, S.J. 361-363
Hay, J.G. 50-51f
Heard, Kennon 413-414f
Heckl, Frank 632-633
hemoglobina 288-291, 331-332, 340
Henry, F.M. 240
hereditariedade, treinamento e 356-357
Hermiston, R.T. 660-661
Heyns, Penny 450-454, 453t, 454t, 637-638t
Hickman, James 642t
Hickson, R.C. 361-363, 580-581
hidroplanagem 3-39, 42f, 109-110
Hill, A.V. 299-300
hipercapnia 391-392
hiperventilação 663-664
Hollander, A. P., 31-32
Holt, J.B. 12-13
Holt, L.E. 12-13
homens. *Ver* nadadores homens

hormônio do crescimento humano 301-302t, 303, 393-394
hormônio estimulante da tireoide 302t
hormônio luteinizante (LH) 302t
hormônios 301-303, 378-379, 606-607. *Ver também nomes de hormônios individuais*
Horner, Silke 198-199f
Houmard, J.A. 660-661
Hutchison, Craig 97f, 112f, 232-233f, 233-235, 249-250f, 252-253

I

inércia 17-18, 81-83
infecções do trato respiratório superior 596f, 597
início do acúmulo do lactato sanguíneo (IALS) 474-475
insulina 301-302t, 303
interrupções do treinamento 357-358f, 556-559, 557t
interval training 348-349t, 379-381
intervalos de cruzeiro 380-384f, 382t

J

Jager, Tom 61-62f, 81-82f, 83
Jastremski, Chet 206-207

K

Kenitzer, R.F. 588
Keul, J. 366-367
Kiefer, Adolph 156
Kindermann, W. 366-367
Kirwan, J.P. 606-607
Klim, Michael 97-99
Klochkova, Yana 652-654t
Kovacs, Agnes 643t-644
Kowalski, Daniel 618-619
Krazelburg, Lenny 645-646t

L

lactato
    curvas de velocidade do 476-493, 478f, 479f, 480f, 481f, 490f
    ponto de mudança do 474-475
    teste mínimo de 480-481f
    treinamento de produção de 405-410, 405-406t, 408t, 409, 443-445
    treinamento de tolerância ao 399-405, 399t, 401f, 402-403t, 403t, 405t
lactato desidrogenase (LDH) 311, 392-393
lactatos sanguíneos de pico 481-483, 514-515
Le, Jingyi 618-619
lei do tudo ou nada 278-279
lesões 347-348, 395
leucócitos 288-289, 596
levar a prova 632-633
ligamento colateral medial 209-210f
ligamentos do ombro 67f
limiar respiratório 298-300, 474-475
limiares aeróbicos 366-368, 473-478, 484-485

limiares anaeróbicos
    como percentual de utilização de $\dot{V}O_2$ máx 297-300
    definição de 365-366
    localização com base em exames de sangue 473-475, 477-481, 484-485
    localização com base nas frequências cardíacas 508-509
    velocidade em limiar anaeróbico 365-366
lipólise 308-309
Lopez-Zubero, Martin 24, 26f, 160f, 159, 161, 168
Lytle, Don 416-417

M

macrociclos 525-533, 525t, 526t, 528t, 529t, 531t
Mader, A. 298-299, 365-366, 473, 494-496
Magel, J.R. 395
Maglischo, E.W. 4, 59-62, 416-417
maior velocidade na última repetição 383-384
malato desidrogenase 336-337
Mants, Riley 214f
Marsh, David 453-455t, 456t
Marshall, R.N. 251-252
massagem 662-664
Matsunami, M. 498-499
McKenzie, D.C. 341-342
McLean, S.P. 242-245
Meagher, Mary T. 124-129, 125f, 641-642, 642t
meniscos mediais 209-210f
mergulhos por cima e por baixo 240-242
Mertz, Bob 414f
mesociclos 525t, 532-538, 533f, 534f, 535f, 536f, 537f
metabolismo aeróbico 311-315, 313f, 319-322t, 485-490
metabolismo anaeróbico
    consumo de oxigênio máximo e 293-294
    durante uma prova 319-322t
    efeitos do treinamento no 308-309f, 327-329, 328f, 396-398
    glicogênio muscular e 306-307, 559t
    medida do 396-397
    mudanças no 485-490
    processo de 311-312, 312f
metabolismo de energia 304-325
    ácido lático 293-294, 298
    aeróbico 311-315, 313f, 319-321, 327-329, 485-490
    anaeróbico 293-294, 311-312f, 319-321, 327-329, 485-490
    cadeia de transporte de elétrons 312-314, 313f, 320f
    ciclo de Krebs 308-313f, 320f
    de carboidratos 307-308
    de gorduras 307-309, 368-369, 594-595
    durante provas e no treinamento 319-325
    fase do ATP-CP 310-311f
    sumário do 319-320f
metabolismo. *Ver* metabolismo de energia

microciclos 525t, 564f
Mills, Glenn D. 198f
miofibrilas 277-278f
mioglobina 278-280, 284-285, 308-309,
    313-314, 330, 335-336
mioquinase 305-306
miosina 277-278, 310, 318-319
mitocôndrias
    aumento do tamanho e número de
        279-280, 284-285, 330, 333-335
    depois do término do treinamento 357
    metabolismo aeróbico em 313-316, 314f
    proteína em 308-309
    treinamento de resistência 368-369
monitoração 473-519. *Ver também* exames de
    sangue
    administração de séries de teste 518-519
    avaliação do progresso 554-557
    bancos de Natação biocinéticos 408-410,
        514-515
    capacidade aeróbica 515-517, 516t
    esforço percebido 510-515t
    esforços percentuais 513t
    frequências cardíacas 503-511
    potência anaeróbica 517-518
    resistência muscular aeróbica e anaeróbica
        516-519
    séries de repetições padronizadas 502-503
    step test para nadadores 500-502t
    teste de lactato sanguíneo 473-497
    teste do T-1.000 498-499
    teste do T-2.000 498-499
    teste do T-3.000 496-499, 497f
    velocidade crítica de nado 498-500f
monitores de vídeo para desempenho 615f,
    616
Morales, Pablo 23, 25f, 128-130f, 132, 134
Morgan, W.P. 607f
Mostardi, R. 359-360
movimento de palmateio 4, 17-30, 59-61,
    115-116
movimento relativo 1-2
movimentos das mãos
    ângulos de ataque 10-12f, 15-17, 16f
    diagonais 26-29, 28f
    modelos de gesso 1-2, 11-13, 18-19, 30f,
        31f
    nado Borboleta 136-137, 149-150f,
        153-154
    nado Crawl 19-21, 88-89, 95-97, 114-116
    nado de Costas 8f, 167-170, 178-179
    nado de Peito 203-206, 217-219,
        220-221f
    palmas orientadas para trás 25-30, 27f, 28f,
        35, 79-80
    papel da aceleração na propulsão 61-64,
        79-80
    para trás 21-26, 22f
    utilizados como remos 35
movimentos das pernas 30-35, 32f, 33-34f,
        70-75, 78-79, 102-103. *Ver também*
        golfinhada; pernada de adejamento;
        pernada
movimentos de palmateio *vs.* remada

arrasto e sustentação 17-22
    definições 17-18
    movimentos dos braços para trás 21-26
    palmas das mãos direcionadas para trás
        25-30, 27f, 28f
movimentos de remada 17-30
movimentos dos braços. *Ver também de tipos de*
    nado individuais; varreduras de braços
    aceleração 21-26
    circulares 15-18
    dor de ombro crônica 67f, 89-93, 416
    varreduras de braços básicas 56-62,
        57-58f, 59f, 60f
diagonais 26-29, 28f
    arrasto de empuxo, 47-49, 78-79, 96-97
    cotovelo caído 63-65, 64f, 114-115,
        149-150
    dominância lateral 85-86
    ensino de 99-101
    entrada e deslize 15-16, 81-83, 82f, 88-89,
        132-136, 149-150
    flexão e extensão 54-57, 55-56f, 59-62
    látero-lateral 16-18
    propulsão 21-26, 29-30f, 61-64
movimentos látero-laterais do corpo 43-45,
    44f, 48-49, 113-114
Muika, I. 579-580
mulheres. *Ver* nadadoras
músculo solear 279-280
músculo tríceps 279-280
músculos deltoides frontais 60-61
músculos deltoides posteriores 60-61
músculos peitorais maiores 60-61
músculos. *Ver também* fibras musculares
    acúmulo de ácido lático 311-318, 317f
    catabolismo das proteínas 309
    estrutura e função 277-279, 278f
    pH 317-320, 340-342, 401f
    unidades motoras 278-279f

N

Naber, John 267-269
nadadoras
    consumo máximo de oxigênio 294-296
    estilos de varredura para dentro 94-95f
    flutuabilidade 47
    frequências e comprimentos das braçadas
        618-621, 619t, 620t, 627
    lesões de treinamento 395
    padrões de pernadas de adejamento
        87-88, 104-105
    polimentos 588
    tamanho *vs.* força no arrasto de forma 41
nadadores adolescentes 122, 257-258
nadadores fundistas 426-440
    composição física 426-428
    metabolismo da energia em 308-309,
        322t, 322-324t
    monitoração 518-519
    nadadores batalhadores *vs.* de elite 431-433
    planejamento da temporada 528
    planos anuais de treinamento 539-543,
        540f, 549-550f, 551-553f

planos de ritmo 649-652, 649t, 650t, 651t,
    652t
planos de treinamento semanal 566-568,
    567f
polimentos 583-585
séries de repetições 430-431
treinamento 427-431t, 433, 434-440
treinamento de mesociclos 537f
treinamento de resistência no solo
    433-434
nadadores homens
    consumo máximo de oxigênio 294-296
    flutuabilidade 47
    frequências e comprimentos das braçadas
        618-621, 619t, 620t, 627
    polimentos 588
    porte *vs.* força no arrasto de forma 41
nadadores meio-fundistas
    constituição física 456-457
    definição de 455
    metabolismo de energia em 322t,
        322-324t
    monitoração de 518-519
    planos anuais de treinamento 539-543,
        540f, 549-551, 550f, 551, 553f
    planos de ritmo 646-650, 647t, 648-649t,
        649-650t
    planos de treinamento semanal 566-567f
    polimentos 583-585
    programas específicos 459-462
    sugestões de treinamento 456-460, 458t,
        460t
    treinamento em ciclo 528
nadadores pré-adolescentes 122
nadadores seniores 122, 257-258, 497-498
Nadando ainda mais rápido (Maglischo) 4,
    59-62
Nadando mais rápido (Maglischo), 4, 59-62
nadar no vácuo 38-39, 657-658
nado Borboleta 124-155
    alinhamento horizontal e lateral 42-45,
        43f, 78-79
    aplicação do teorema de Bernoulli 9f
    arrasto de empuxo 47-49, 48f, 132-135,
        138
    bolhas em torno da mão e do braço
        66f-68,
    braçada do
        descrição 131-139
        erros 149-151, 150f
        flexão e extensão 54-56
        frequências e comprimentos das
         braçadas 620t, 628-629f
        padrões de braçadas 23, 25f, 124-127,
         125f, 126f, 127f
        propulsão 61-62
        trajeto com padrão em S 6-8, 7f
        varredura para cima 60-62, 61f,
         127-128, 137, 138f, 150-151
        varredura para dentro 59-61, 60f,
         130-132, 134-137, 136f, 149-150
        varredura para fora 56-58, 57f, 65,
         134-136, 133f, 135f, 149-150
    durante as provas 145-147

Índice remissivo

entrada, deslize e batida de pernas para baixo 132-136, 152
erro de palmateio 150
exercícios 69-70, 153-155
finalização e recuperação 98-99, 128-129, 137-139, 151-152
finalizações 272-273f, 274
golfinhada
    batida de pernas para baixo 71f-73, 128-129, 138-141, 152
    batida de pernas para cima 71-74, 72f, 138-141, 152
    erros 151f-152
    primeira e segunda 140-141
    propulsão com 31-33, 32f, 33f
    submersa 146-149, 148f
movimentos da cabeça 135f, 145
no Medley individual 468-469t, 652-655, 653t, 654t
onda corporal reversa 32-33, 77-78f, 132, 134, 143-144f
ondulações do corpo 143-144f, 152-153f
padrões de mãos 8f, 17-21, 126f-128
planos de ritmo 636t-637, 640-643, 641t
posição das mãos 136-137, 149-150f, 153-154
posição de agarre 63-65, 134-136, 133f, 135f
propulsão 76-79, 77f, 143f
propulsão ondulatória 74-76, 75f, 138-139
puxões 152-154
respiração
    de lado 145f-146,
    descrição 138f, 144-147, 145f
    durante finalizações 274
    durante viradas 262-264
    erros 152-154
saídas 146-148, 235
saídas de revezamento 242-244
sequência de fotografias 132-134f, 135f, 140f, 148f
sincronização 129-132, 130f, 131f, 136, 140-142, 152
treinamento 382-383, 422-423, 459-461t, 462-465
velocidade frontal 126-129, 127f, 128f
viradas
    abertas 257-264, 260f, 261f
    golfinhada 146-148
    para nado de Costas 264-265f
nado a favor da correnteza 417-418
nado com nadadeiras 416-417, 464-466
nado Crawl 81-123
alinhamento horizontal 42, 108-111, 109f, 118
alinhamento lateral 43-46, 44f, 78-79, 110f, 118
ângulo de ataque 15-16f
braçada
    agarre 63-65, 81-83, 82f, 89-93f
    benefícios da braçada circular 6-8, 7f, 16-18
    descrição da 88-101, 89f, 90-91f

dominância de braço 85-86
erros 63-64f, 113-116, 114f
exercícios 69-70, 118-121
flexão e extensão 54-56f, 61-62
frequências e comprimentos das braçadas 619-621, 620t, 629, 630f
padrões de velocidade das mãos e dos pés 2-3f, 8f
posição das mãos 19-21, 114-116
recuperação com o braço estendido 97-99
sincronização 98-100, 110-111, 116-118
varredura para baixo 57-59, 58f, 59f, 81-83, 89-92, 114-116
varredura para cima 27f, 60-62, 61f, 81-83, 95-97, 96f
varredura para dentro 59-61, 60f, 81-85, 93-95, 94f
varredura para fora 56-57f
vista lateral e frontal 2f, 22f, 82f
entrada e deslize 81-82f, 88-89
erros 63-65, 113-116
finalizações 270-273, 272f
gráficos de velocidade frontal 23f, 24f, 82-83f, 87f
nadadores meio-fundistas 457-458
Natação no quadrante frontal 111
no Medley individual 468t
ondas encurvadas 38-39
padrão de um pico 83-84, 86-88, 87f
padrões de velocidade das mãos e do corpo 83-86, 85f
pernada de adejamento
    amplitude da pernada 102
    batida para baixo 71-73, 71f, 100-101f
    batida para cima 71-74, 73f, 100-102, 162-163f
    erros 116-118
propulsão
    ângulo de varredura para trás 10-12f
    arrasto de empuxo 47-48f, 96-97
    com as pernas 30-34, 32f, 33-34f
    com os braços 14f, 19f, 22f, 94f
    condições de fluxo de água irregular 20-22
    ensino 99-101
    erros de sincronização 116-118
    estilo *stretch-out* 110-111
    finalização e recuperação 96-97f, 113-116
    padrão de dois picos 83f, 85f, 86
    propulsão ondulatória 75-76
    saídas 235, 242-244
    viradas 249-256, 250-251f, 252f, 271f
propulsão de anéis concorrentes 14f, 34f
respiração
    durante finalizações 274
    durante viradas 253-255
    erros 118-119
    padrões 121-123
    posição 85-86, 96-99, 97f, 112-113
ritmo
    50 Crawl 633t

100 Crawl 634-636, 635t, 636t
200 Crawl 639-641, 640t
400 e 500 Crawl 646-650, 647t, 648-649t, 650t
800 m e 1000 jd Crawl 649-651, 650t
1.500 m e 1.650 jd Crawl 650-652, 651t, 652t
rolamento do corpo 45-47, 46f, 66-70, 85-86, 98-99, 110-111
nado Crawl de costas. *Ver* Nado de Costas
nado de 200 ritmado 495-497f
nado de Costas 156-188
arrasto de empuxo 47-49
braçadas
    agarre 63-65
    benefícios da braçada circular 16-17
    de três picos 162-172
    erros de 178-183
    flexão e extensão 54-55
    frequências e comprimentos das 620t
    gráficos de velocidade da mão e frontal 158-162, 160f, 161f
    posição das mãos 8f, 167-170, 178-179
    varredura para baixo 57f-59f, 163-164, 167-168, 179-182
    varredura para cima 60-61, 158-159, 164-170, 167f, 168f, 180-182f
    varredura para dentro 59-61, 60f
    varredura para fora 56-58f
entrada e deslize 162-164
exercícios 183-188
finalização e recuperação 168-170, 169f, 181-183, 185-187
finalizações 273-274f
força propulsiva 31-33, 73, 167-170, 167f, 170-173
golfinhada submersa 176-179, 177f, 187-188
nadadores meio-fundistas 457-458
no Medley individual 264-271, 468t, 652-655, 653t, 654t
ondas encurvadas 38-39
pernada de adejamento
    batidas para baixo 172-173
    batidas para cima 73f-74, 171-173
    de seis batidas 173-175, 174f
    erros da 183
    exercícios de 183-188
    papel estabilizador da 173
    propulsão da 31-33, 32f, 33-34f, 73, 173
    sequência de fotografias de 172f
planos de ritmo 638t, 645-646, 645f
posição do corpo
    alinhamento horizontal 42-44, 43f, 175f
    alinhamento lateral 46, 78-79, 175f
    erros de 183-184f
propulsão ondulatória 75-76
respiração 176, 266-267
rolamento do corpo e arrasto de forma 45-47, 66-68, 168-170, 175-176
saídas 242-249, 246f

700 Nadando o mais rápido possível

sequência de fotografias 164-165f, 166f, 169f, 172f, 177f
sincronização 168-171, 173-174f
sugestões de treinamento do 422-423, 462-465
técnicas de ensino 163-164, 168, 178-179
viradas 255-259, 256f, 257-259f, 264-271, 265-267f, 270f
nado de Peito 189-228
alinhamento horizontal e lateral 43f, 44-45, 78-79
ângulos de ataque 18-19
arrasto de empuxo 47-48, 189-191, 205-206
bote 205-206
braçadas
agarre 63-65, 202, 217-219
arrasto resistivo 190-192, 191f, 223f
braçada alternativa 205-207f
flexão e extensão dos braços 54-55
padrões 191-194, 193f
propulsão ondulatória, 66-76, 75f, 76f, 198-200
recuperação 200, 203-206, 205f, 218-224, 222f
submersa 216-221, 218-219f, 225-226, 228
variações 193-195, 194f
varredura para dentro 59-61, 60f, 195-197, 202-205, 204f, 220-222, 221f
varredura para fora 52-58, 57f, 65, 201-202, 220-221
dores nos joelhos 209-211, 210f
estilos plano *vs.* ondulatório 189-192, 190f, 191f
erros 220-226
exercícios 69-70, 226-228
finalizações 272-274, 273f
frequências e comprimentos das braçadas 620-621, 620t
gráficos de velocidade frontal 197-200, 198f, 199f, 206f, 212f, 213f
história de 189
medidas de arrasto ativo 40-41
nadadores meio-fundistas 457-458
no Medley individual 468t, 652-655, 653t, 654t
ondulação corporal 213-215, 214f
pernadas
agarre, 207-208
assimetria das pernas, 195-197
até a superfície 218-221, 226
estilo de pernada em chicotada 206-207
flexibilidade 209-210
levantamento e deslize das pernas 208-210, 224-225, 224f
padrões 73-75, 74f, 194-197, 196f, 197f
recuperação 206-208, 215-217f, 223-224
varredura para dentro 208-209f, 224-225

varredura para fora 208-209, 223-225
planos de ritmo 637-638t, 642-646, 643t, 644t
posição das mãos 8f, 20-21, 203-206, 217-219, 220-222, 221f
propulsão 194f, 195-197
respiração, 215-217, 216f, 225, 266-267
saídas 236-237, 242-244
sequências de fotografias 201-202f, 203-204f, 206-207f, 218-219f
sincronização dos braços e pernas 211-214, 212f, 213f, 224-228
treinamento 385t, 466-468
viradas
abertas 257-264, 260f, 261f
mudança do nado de Costas 264-271, 266f, 267f, 270f
mudança para nado Crawl 269-271f
nado Livre. *Ver* nado Crawl
nados experimentais 113
nados mais lentos, mais rápidos 625-626
nados quebrados 420-421t, 655-656
Nagy, Jozscf 462, 463-464t
Nall, Anita 202-204f, 210-211, 216f, 217-219f, 173f, 261f, 259-262
Natação travada 52, 415
necessidade de oxigênio 102, 122, 289-291f, 294-295f
Neufer, P.D. 581
Nevill, M.E. 398-399
nicotinamida adenina dinucleotídeo (NAD+) 312f, 313
noradrenalina 300-301t, 303, 595, 606-607
nutrição 485-486, 557-562, 594-599, 611

O
O'Brien, M.E. 660-661
O'Neill, Susan 459-461, 460-461t, 628-629f, 641-643, 641t, 642t
Olbrecht, J. 496-498
ombro de nadador 67f
onda corporal 76-79, 77f, 143f, 213-215, 214f
onda corporal reversa 78f, 132, 134, 143-144f, 213-214
ondas encurvadas 38-40
ondulação corporal
arrasto de forma, 42
erros na 152-153f
no nado Borboleta 143-144f, 152-153f
no nado de Costas, 213-215, 214f
ondas encurvadas 38-39
propulsão 76-79, 77f
sequenciamento da 143f, 144f
ondulação. *Ver* ondulação do corpo
overreaching ("tentar um pouco mais") 114f, 387, 591-594

P
padrão de respiração 1-e-1 145-146
padrão em buraco de fechadura no nado Borboleta 125-126

padrões de braçada circular 8f, 15-18, 16f, 26-29, 28f
padrões de braçadas. *Ver também nomes de tipos de nado individuais*
braços se deslocando para trás 21-26, 22f, 23f, 24f, 25f, 26f
circulares 15-18
construção de 81-83
exercícios 183-185, 184f
palmas das mãos direcionadas para trás 25-30, 27f, 28f
padrões de treinamento em escadaria 522-524f, 532-533f
padrões de velocidade das mãos
construção de 81-83
padrões de braçadas circulares 7-8f
teorema de Bernoulli 9f-10
padrões de velocidade. *Ver gráficos de velocidade frontal; padrões de velocidade das mãos*
palmares 415-416
paratormônio 302t
parciais negativas 631-632
perda de peso, por supertreinamento 598-599
perfil de estados de humor (POMS) 606-608f
Perkins, Kieren 22-23f, 63-64f, 434-436, 435t, 618-619
pernada cruzada com duas batidas 104-106f
pernada cruzada com quatro batidas 106-108f
pernada de adejamento
amplitude 102
arrasto de interferência 49-50
batida de pernas para baixo 71-72f, 73, 100-101f
batida de pernas para cima 71-74, 73f, 78-79, 100-102, 101f
erros 116, 183
exercícios 119-121
extensão do tornozelo 172-173
flexão da perna 101-102f
mecanismo de anéis concorrentes 33-34f
nado Crawl 71-73f, 100-102, 101f, 116-118
nado de Costas 31-33, 73-74, 171-175, 183
papel estabilizador 173
pernada cruzada com quatro batidas 106-108f
pernada diagonal 102
propulsão de 30-32f, 33f, 35, 102-103, 173
ritmo 87-88, 103-109, 104f, 105f, 106f, 107f
pernada de seis batidas 103-104f
pernada reta com duas batidas 104-105f
pernada reta com quatro batidas 105-107f
pernadas de chicotada 202f, 204f, 206-207
pernadas. *Ver também golfinhada; pernada de adejamento*
arrasto de empuxo, 47-49, 48f
arrasto de forma e 42f
exercícios 119-121, 154-155, 187-188, 226-228

flutuabilidade e 47
frequências cardíacas durante 509
joelhos doloridos 209-211f
ritmo 103-109, 104f, 105f, 106f, 107f, 108f
treinamento de velocistas 447-448
piruvato quinase 311
piscinas 39-40, 486-487, 587
planejamento 520-575. *Ver também* planejamento de temporada; planos anuais de treinamento
diário 570-575, 574f
semanal 558-572
temporadas muito curtas 552-556f
uso e reposição do glicogênio muscular 558-564, 559t, 560f, 561f, 562f
planejamento da temporada 522-538. *Ver também* planejamento; planos anuais de treinamento
avaliação do progresso 554-557
componentes treináveis 524-526t
fase de polimento 529-530
folgas 556-559, 557t
nadadores de Medley individual 527
nadadores meio-fundistas 539-543, 540f
padrão em escadaria 522-524f, 532-533f
para nadadores de Borboleta 527
para nadadores fundistas 429-431t, 539-543, 540f
personalização de 536-538, 553-556
plano típico 522-525, 523t, 524t
seleção do plano 531-533
semestrais e trimestrais 520-522
superposição de temporadas 529-530
temporadas muito curtas 552-555, 556f
treinamento de recuperação 422
treinamento de resistência 369-376
treinamento de velocidade 399-401, 405-407, 443-447, 526
treinamento em ciclos 525-538
treinamento em ritmo de prova 418-420
planejamento diário 570-575, 574f, 581
planos anuais de treinamento 536-556
com duas temporadas 539-540
com três temporadas 549-552, 550f, 551f, 552f
estruturação 538-539
macrociclos mistos 550-554, 553f, 554f, 555f
planos de ritmo em eventos de 400 646-650, 647t, 648-649t
planos de ritmo para 500 jardas 648-650f
planos de treinamento semanal 558-572
durante o polimento 580-581
esquemas de dois picos e três picos 563-564f
exceções aos 570-572
para nadadores fundistas 566-568, 567f
para velocistas 568-572, 569f, 571f
reparo dos tecidos 564-565
sugestões para 565-568
uma sessão por dia 570-572f
uso e reposição do glicogênio muscular 558-564, 559t, 560f, 561f, 562f

planos de treinamento. *Ver* planejamento; planejamento da temporada; planos anuais de treinamento
plasma 288-289
polegar à frente 19-20
polimento 576-589
duração 578-580, 585-586, 589
excesso de velocidade 585-586
ganho de peso 586-587
gradual *vs.* queda abrupta 581-582
individualização do 586-588
melhoras com 576-579, 587
período de pré-polimento 582-583
pesquisas sobre 582t, 585-586
raspagem do corpo 586-587
repolimento 588-589
tipos de 576-577
treinamento durante 579-581, 583585, 583t
polo aquático 558-559
pontada no lado do corpo 300-301
pontuação do esforço percebido (PEP) 510-513, 512t
Popov, Alexander 23-24f, 99-100, 110-111, 449t, 450t, 451t, 452-453t, 618-619
posições do cotovelo
alto 63-65, 67f, 79-80, 92-93f
caído 63-65, 64f, 114-115, 149-150
potência 357-358, 514-515f, 517-518, 577-578, 606-607
potência anaeróbica 514-515f, 517-518
potência crítica 498-500
Power Rack 410f, 413-414, 416, 514-515
pranchas de Natação biocinéticas 408-410, 514-515
pranchas para pernadas 102, 467-468
pressão arterial 291-292, 606-607
Prichard, B. 68-69
primeira lei do movimento de Newton 17-18
princípio da adaptação 304-305, 346-347, 350
princípio da especificidade 352-356, 533-534
princípio da individualidade 355-357
princípio da progressão do treinamento 347-353
princípio da reversibilidade 356-359
princípio da sobrecarga 347-353t
problemas no joelho 209-210f, 466-468
procedimento D-max 479-480f, 490, 492-493
progesterona 302t
propriedades da água 4-6. *Ver também* dinâmica dos fluidos
propulsão
agarre 63-68, 64f
arrasto 4-5, 6f, 7f
aumento da 79-80
braços se deslocando para trás 21-26, 34
dominância lateral 85-86
golfinhada 31-32f, 35, 141-142
mão e braço 29-30f, 61-64
modelos de gesso 1-2, 11-13, 18-19f, 30f
newtoniana 34-35

onda corporal 76-79, 77f
onda corporal reversa 32-33, 78f
padrões de braçadas e velocidade 2-3, 2f, 3f
palmas das mãos direcionadas para trás 25-30, 27f, 28f, 79-80
pernadas 30-34, 32f, 33-34f, 70-75, 78-79, 102-103
propulsão ondulatória 74-75f, 76f, 198-200
questão de palmateio *vs.* remada 17-30, 35
rolamento do corpo e 66-70, 85-86
rotação do quadril e 68-70
sustentação 4-6f, 7-22
teorema de Bernoulli 9f-13
teoria da roda de pá 5f-7
teoria do vórtice 13f-15
varredura para cima 60-61f
varredura para dentro 59-61, 60f
propulsão do nado. *Ver* propulsão
propulsão ondulatória 74-76, 75f, 76f, 198-200
propulsão por anéis concorrentes 14f-15, 33-34f
propulsão por fólio 14-15
proteínas 308-309, 594-595
protocolo de velocidade V4 494-496
provas. *Ver também nomes de eventos individuais*
especificidade do treinamento para 355-356
estratégia para 656-659
fatores psicológicos nas 587
metabolismo da energia em 321-325, 322t
preparação para 529-530
respiração no nado Borboleta 429-431
respiração no nado Crawl 121-123
saídas de revezamento 241-246, 243f, 244f, 251f
sumário dos efeitos do treinamento 345
pulmões 286f, 331-332
punhos 65
puxada horizontal para trás 6-7f
puxão nas braçadas 152-154, 178-179

Q

quebra ondas de Natação 295-296f
quilocalorias 304-305
quilometragem, treinamento de 363-364

R

radicais livres 597
raspagem do corpo 51-52, 586-587
reação de lutar ou fugir 301, 378-379
reações alérgicas, excesso de treinamento e 599-600
reações imunes e supertreinamento 596f-597
reboque 416-418
recuperação
ativa *vs.* passiva 403-405, 664f, 665
erros 151
exercícios 119-120, 185-187

702 Nadando o mais rápido possível

frequências cardíacas 507-509, 602-603
inadequada 593-595, 611
níveis de lactato sanguíneo 664f, 665
treinamento de 422-424t
recuperação ativa 403-405, 664f
recuperação com o braço estendido 97-99
recuperação passiva 403-405, 664f, 665
relaxamento na Natação 663-665
reparo dos tecidos 564-565, 597
repolimentos 576-577, 588-589
reserva alcalina 340
reserva de frequência cardíaca (RFC) 506-508t
resistência 278-283, 397-399, 398f, 516-518
resistência muscular anaeróbica 397-399, 398f, 426-427, 516-518
respiração alternada 112-113
respiração. *Ver também* consumo de oxigênio
alternada 112-113
exercícios de 119-120
exercícios de respiração profunda 300-301, 332
finalizações 273-274
frequência respiratória 292-294
nado Borboleta 138-139, 138f, 144-147, 145f, 262-263, 274
nado Crawl 85-86, 96-99, 112-113, 121-123, 274
nado de Costas 176, 266-267
nado de Peito 215-216, 216f, 225, 266-267
segundo fôlego 300-301
treinamento hipóxico 390-392t
viradas 253-255, 262-267, 272-273
respostas antecipatórias 302
Robinson, Derek 414f
Rogers, D.E. 240
rolamento do corpo
alinhamento lateral 98-99, 128110-111
arrasto de forma 45-47, 46f
dominância lateral 85-86, 95
nado Crawl, 45-47, 66-68, 85-86, 95, 98-99, 110-111
no nado de Costas 45-47, 66-68, 168-170, 175-176
propulsão a partir do 66-70, 85-86
rotação do quadril 68-70. *Ver também* rolamento do corpo
rotação medial 67
roupas de nado de baixa fricção 51-52
Rouse, Jeff 638-639t
Rowe, Eleanor 416-417

S

saída circular para trás 229-230, 237-242, 243f
saída com movimento reto dos braços para trás 229-230, 236-240f
saída com os pés desnivelados 230-233, 236-240, 238f
saída de agarre 229-234f, 233-240
saída picada 229-230, 253-254
saídas 229-249

agarre 229-237
aquecimento 662-663
com os pés desnivelados 230-233, 236-240, 238f
de revezamento 241-246, 244f, 251f
entrada carpada *vs.* rasa 229-231, 230f, 233-235
estabelecimento do ritmo e 631-633
exercícios 240-242, 248-249f
golfinhada 146-148
importância das 229-230
movimento circular dos braços para trás 229-230, 237-239, 241-243f
movimento dos braços 236-240
movimento reto dos braços para trás 2239-230, 236-240f
movimentos da cabeça 236-237f
nado Borboleta 146-148, 235, 242-244
segurança das 230-231
tempo de reação 240-241
saídas de revezamento com um passo 242-245f
saídas de revezamento com utilização de passos 242-245, 244f
saídas em prova de revezamento com dois passos 242-244
Salnikow, Vladimir 529-532
Sanchez, Francisco 54-56f, 82-84f, 85-86, 89f, 132-134f, 136
Sanders, R.H. 76-78, 143-144, 207-208, 213-215
Sanders, Summer 471-472t, 653-654t
sangue
capacidade de tamponamento 340-342, 391-392, 397-399, 400-401, 606-607
capilares 286f, 288-291f, 332-333
células do 288-289, 330, 333-334, 368-369
derivação 290-291, 330, 332, 578-579
dif. a-v O_2 289-291f
pressão arterial 291-292
volume 288-289, 330, 332, 578-579
lactatos sanguíneos. *Ver também* acidose
atraso da formação 313-316
capacidade de tamponamento 340-342
de pico 481-483, 514-515
débito de oxigênio e 300-301
depois do polimento 578-579
efeito nas células musculares 311-312
efeitos da recuperação nos 664f
exames de sangue 473-475f, 477-481
fadiga e 314-320
intensidade do exercício e 316-318, 317f, 475f
massagem e 662-664
melhora do consumo de oxigênio, 329-336
metabolismo aeróbico e anaeróbico 293-294, 298, 311, 477-481, 485-486, 485t
no supertreinamento 600-602
perfis de frequência cardíaca e 510-511f
velocidades de remoção 298-299, 315-317, 336-340, 339f

Schleihauf, R.E. 18-19, 29-30, 61-62
segundo fôlego 300-301
Selye, Hans 590-593, 591f
sensação de dor
nos joelhos 209-210f, 466-468
supertreinamento e 598-600
tendinite do ombro e 67f, 89-93
séries de repetições 348-349
australianas com contagem de frequência cardíaca 384-386, 384t
de frequência cardíaca 384t-386
descansos decrescentes 387
em distâncias mistas 387-389
em ritmo de prova 419t, 420
intervalos de cruzeiro 380-384, 382t
nados mistos 388-391, 389t
padronizadas 502-503, 515-516, 604-606t
para nadadores fundistas 430-431
para treinamento de Medley individual 468-469
para velocistas 443-450
produção de lactato 406-408t, 409t
recuperação ativa *vs.* passiva 403-405
resistência básica 369-372
resistência com sobrecarga 375-377t
resistência no limiar 373-374t
tempos mais curtos até a saída 387-388
tolerância ao lactato 400-404, 401f, 402t, 403t, 405t
treinamento de potência 411-412t
treinamento hipóxico 419t
velocidade decrescente 386-387
velocidades mistas 388-389
séries de testes de capacidade aeróbica 515-517, 516t
Sharp, R.L. 51-52, 341-342, 494, 509-511
Sheply, B. 580-581
Sieg, Jack 124
Silvia, Charles 6-7, 59-60
Simon, G. 366-367
sincronização por deslizamento 211-212f
sincronização por superposição 212-213f, 227-228
síndrome de estresse 590-593, 591f. *Ver também* supertreinamento
sistema alactácido (ATP-CP) 310-311f, 321, 326-329, 327f, 328f).
sistema ATP-CP 310-311f, 321, 326-329, 327f, 328f
sistema circulatório 285-292, 286f. *Ver também* sangue; coração
sistema lactácido. *Ver* metabolismo anaeróbico
sistema MAD (mensuração de arrasto ativo 30-32, 31f
sistema muscular 277-286
sistema não aeróbico (ATP-CP 310-311f, 321, 326-329, 327f, 328f
sistema nervoso 301, 307-308
sistema respiratório 291-301. *Ver também* respiração; consumo de oxigênio
Smith, Graeme 618-619
somatório de forças, no rolamento do corpo 66-68
somatostatina 302t

Sprint Master 416-417
Steinseifer, Carrie 83-86, 85f
step test 500-502t
step test 5 × 200 494-495
step test 6 × 400 494-495
step test 8 × 100 494-495
sucção caudal 38
Sundberg, C.J. 391-393
supertreinamento 590-611
    alívio do 608-610t
    antioxidantes 597-598
    desadaptação 346-347, 422, 516-517, 590
    descrição 590-594, 591f, 592t
    diagnóstico 599-609f
    estados de espírito 606-607f
    frequência cardíaca máxima 503-504
    frequências cardíacas 601-604, 601f, 602f, 603f
    lactatos sanguíneos 600-602
    nadadores fundistas 429-430
    overreaching ("tentar um pouco mais") e 591-594
    polimento e 579-580
    por acúmulo de estressores 595-596
    por recuperação inadequada 593-595
    prevenção de 691-692, 692610-611t
    reações imunes e 596f-597
    séries de repetições padronizadas 604-605t
    sintomas 592t, 598t-600, 607-608
    testes de consumo de oxigênio 600-601
    testes de flexibilidade 605-607
suplementos de selênio 597-598
suplementos vitamínicos 597-598

T

Takarada, Y. 393-394
tampão de bicarbonato de sódio 340
tampões 318-320
táticas defensivas 657-659
táticas ofensivas 656-658
Tegtbur, U. 600-601
tempo de reação 240-241
tendinite 67f, 92-93, 416
tendinite do ombro 67f, 89-93, 416
teorema de Bernoulli 9-13, 9f, 11-12f
teoria da supercompensação 533-534f, 565, 577-578
teoria do limiar anaeróbico 365-367
teoria do vórtice 13f, 14-15
teorias de sustentação da propulsão 7-15, 8f, 9f, 13f
terceira lei do movimento de Newton 4, 6-7, 15-18, 31-32, 34-35
Terffene, Bob 384
terminologia de tracionar/empurrar 56-57
teste T-3.000 496-499, 497t
testes de flexibilidade, supertreinamento e 605-607
testes de resistência muscular516-518
testes. *Ver* exames de sangue; monitoração
testosterona 302t
Thayer, A. M. 20-22, 21f, 50-51f
The Science of Swimming (Counsilman) 63-65

Thompson, Chris 436-437
Thorpe, Ian 629-630f, 646-648, 647t
tiros de velocidade de desgarramento 656-659
tiroxina 302t
tolerância à dor 317-319, 341-342
tornozelos 71-73, 151-152, 208-209
toucas de Natação 52
Touretski, Gennadi 449-452, 450t
Toussaint, H.M. 12-13
trajetória em padrão de "S" 6-8, 7f, 15-16
transportadores de monocarboxilato 337-338
transporte de malato-aspartato 336-337
Trappe, S. 577-578
Trees, Tori 161-163, 162f
treinamento com pesos 285-286, 433-434, 453-454, 486-487
treinamento da maratona 379-381
treinamento de flexibilidade 527
treinamento de força 285-286, 433-434, 453-454, 486-487
treinamento de frequência de braçadas em ritmo de prova 421-422
treinamento de limiar anaeróbico 371-375, 372t, 375t, 428-430, 445
treinamento de potência 409-418, 411t, 412t, 414t, 443-445
treinamento de recuperação 422-424t
treinamento de resistência 365-395
    armazenamento do glicogênio muscular 341-344, 343f
    básico 368-372, 369t, 371t, 428-429
    com sobrecarga 375-378, 375t, 377t, 429-431, 445
    corrida 394-395
    descontinuações no 357-358t
    durante a competição 378-380
    efeitos do metabolismo anaeróbico 328-329
    efeitos fisiológicos 287-289, 301-303, 312-313, 332-336
    esquemas de treinamento para temporada 369-370, 372-373
    fibras musculares de contração rápida 285-286, 360-361
    frequências cardíacas 287
    intervalos de cruzeiro 380-384, 382t
    lesão em alta velocidade 334-335, 362-363, 377-379
    limiar anaeróbico 365-367, 371-375, 372t, 375t, 428-430, 445
    maratona e *fartlek* 379-381t
    metabolismo das gorduras 344f
    nade como quiser 332-334
    níveis de 367-369
    para nadadores meio-fundistas 456-457
    para velocistas 442-445
    princípio da adaptação 346-347, 350
    séries de repetições 369-374t, 384t-391, 387-389t
    treinamento de oclusão 391-394
    treinamento de velocidade e 423-425f
    treinamento hipóxico 390-392t
    velocidades de remoção do ácido lático 340, 492-493

treinamento de sobrecarga 375-378, 375t, 377t, 429-431, 445
treinamento em altitude 334-336
treinamento em ciclos
    macrociclos 525-533, 525t, 526t, 528t, 529t, 531f
    mesociclos 525t, 532-538, 533f, 534f, 536f, 537f
    microciclos 525t
    planos anuais de macrociclos mistos 550-553f, 554f, 555f
treinamento em ritmo de prova
    descrição 417-422, 418t, 419t, 420t, 421t
    mesociclos 535-537f
    nadadores fundistas 429-431
    nadadores meio-fundistas 458-459
    velocistas 444-445
treinamento *fartek* 379-381t
treinamento hipóxico 390-392t, 447-449
treinamento para tiros de velocidade 396-418
    capacidade de tamponamento do sangue 341-342f, 397-399
    com ajuda 416-418
    contra resistência 413-415
    descontinuidades no 357
    efeitos do sistema ATP-CP 326-327
    fibras musculares de contração rápida 285-286
    finalidades do 396-399, 398f
    lactato sanguíneo 492-493
    metabolismo anaeróbico no 311f, 328-329
    nadadores fundistas 430-431
    palmares 415-416
    para nadadores meio-fundistas 457-458
    planejamento da temporada 399-401, 405-407, 411-412, 418-420
    princípio de progressão 347-349
    recuperação ativa *vs.* passiva 403-405
    roupas 416-417
    treinamento de potência 409-418, 411t, 412t, 414t
    treinamento de produção de lactato 405-410, 406t, 408t, 409t, 443-445
    treinamento de resistência e 423-425f
    treinamento de tolerância ao lactato 399-405, 399t, 401f, 402t, 403t, 405t, 444-445
    treinamento terrestre 404-405, 408-410, 413-414t
treinamento terrestre
    no esquema diário 573-575
    no planejamento da temporada 527-529
    para nadadores fundistas 433-434
    para nadadores meio-fundistas 457-458, 460-461
    para velocistas 404-405, 408-410, 413-414t, 447-448
treinamento. *Ver também* treinamento de resistência; treinamento de velocidade
    altitude 334-336
    em ciclos 525-538
    em ritmo de prova 417-422, 418t, 419t, 420t, 421t
    especificidade do 352-356, 533-534

fartlek, 379-381t
flexibilidade 527
folgas do 357-358f, 556-559, 557t
hipóxico 390-392t, 447-449
intensidade 361-363, 366-368
interval training 348-349t, 379-381
melhoras no desempenho 345
oclusão 391-394
potência 357-358f
prescrição de 420t, 421t
princípio da adaptação 304-305, 346-347, 350
princípio da individualidade 355-357
princípio da progressão 347-353
princípio da reversibilidade 356-359
produção de lactato 405-410, 406t, 408t, 409t
qualidade vs. quantidade 362-364
quilometragem 363-364
sobrecarga 375-378, 375t, 377t, 429-431, 445
supertreinamento 590-611
teoria da supercompensação 533-534f, 565, 577-578
teoria do limiar anaeróbico 365-367
tolerância ao lactato 399-405, 399t, 401f, 402t, 403t, 405t
volume e densidade 351t, 352t, 353t
trepidação (chime) do corpo 148-149, 177-178, 235
trifosfato de adenosina (ATP)
cadeia de transporte de elétrons 312-314, 313f, 320f
energia das gorduras 307-308
energia das proteínas 309
metabolismo aeróbico 312-315
metabolismo anaeróbico 311-312
no treinamento de produção de lactato 405-406
sistema ATP-CP 310-311f, 321, 326-329, 327f, 328f
triglicerídeos 308-309
trombócitos 288-289
turbulência
arrasto friccional 49-53, 50f, 51f
aspectos gerais da 36-39, 38f
baixa pressão na 38-39
bolhas 66-68, 66f
forma do corpo e 44-46, 45f
teorema de Bernoulli 10-13

U

unidades motoras 278-279f
Urbanchek, Jon 436-440, 439t, 440-441t, 469

V

vacinas contra gripe 596
vácuo de outros nadadores 38-39, 657-659
van den Berg, C. 12-13
van den Hoogenband, Pieter 634-636, 635t, 639-641, 640t
Van Dyken, Amy 633t

varredura para baixo
erros 114-116
minimização do arrasto empuxo 78-79
movimento básico 57f-59f
no nado Crawl 81-82f, 89f-92
padrão de velocidade do centro de massa 36-37f
varredura para cima
erros 115-116, 150-151
exercícios 70f, 185-187
extensão do braço 55-57, 56f
nado Borboleta 60-62, 61f, 127-128, 137-138f
nado Crawl 27f, 60-62, 61f, 81-83, 95-97, 96f
nado de Costas 164-167
padrão de velocidade do centro de massa 36-37f
varredura para dentro
erros 115-116, 149-150
exercícios 69-70f
movimentos das pernas 73-74f
mulheres vs. homens 94-95f
padrão de velocidade do centro de massa 36-37f
polegar como bordo de ataque na 19-20
varredura para fora
arrasto de empuxo 78-79
erros 149-150
movimento das pernas 73-74f, 208-209, 223-225
movimento dos braços 56-58f, 201-202, 220-221
varreduras com as pernas. Ver também nomes de tipos de nado individuais
quatro básicas 70-72
varredura para baixo 71f, 72-73, 100-102, 101f
varredura para cima 71-74, 72f, 73f, 100-102, 101f, 171-173
varredura para dentro 73-75, 74f
varredura para fora 73-74f, 208-209, 223-225
varreduras com os braços. Ver também nomes de tipos de nado individuais
erros de sincronização 116-118
exercícios para 69-70
posição de agarre com o cotovelo 63-65, 64f, 67f, 79-80
quatro básicas 70-72
varredura para baixo 71f, 72-73, 100-102, 101f
varredura para cima 71-74, 72f, 73f, 100-102, 101f, 171-173
varredura para dentro 73-75, 74f
varredura para fora 73-74f, 208-209, 223-225
veias 286f, 287
velocidade 53, 109-110
velocidade crítica 498-499
velocidade crítica de nado (VCN) 498-500f
velocidade de difusão pulmonar 330-332
velocidade de nado
cálculo da 615f, 616

fadiga e 626-628, 627t
frequência de braçadas e comprimento das braçadas 616-621, 617f, 619t, 620t, 622t
protocolo V4 494-496
velocistas 439-455
bem-sucedidos 449-455
constituição física dos 439-443
lactatos sanguíneos de pico 482
monitoração 517-519
planejamento da temporada 528
polimento para 583-586
quilometragem para 445-447
sugestões de treinamento para 443-448, 447t, 526
treinamento de mesociclos 537f
treinamento para eventos de 100 e 200 543-548, 544f, 549-554, 551f, 554f
treinamento para eventos de 50 447-450
treinamento para eventos de 50 e 100 546-551, 547f, 550-554, 552f, 555f
velocistas da Auburn University 453-455t, 456t
velocistas de provas curtíssimas 439-443
vênulas 286-287
virada com cambalhota 266-269, 267f
virada com rolamento modificada 268-271f
virada modificada de Naber 267-268f
viradas 249-271
abertas 257-267, 260f, 261f, 266f
aquecimento e 662-663
com cambalhota 266-269, 267f
golfinhadas durante as 235, 248-249, 252-253, 257-259
importância das 229-230
Naber modificada 267-269, 268f
respiração 253-255, 262-267, 274
ritmo e 631-632
rolamento modificado 268-271f
virada olímpica 249-256, 250-252f
virada rolada no nado de Costas 255-259, 256f, 257-259f
viradas do nado Medley 264-271, 265f, 266f, 268f, 271f
viradas olímpicas 249-256, 250-251f, 252f
$\dot{V}O_2$ máx. Ver consumo máximo de oxigênio
Volkers, Scott 459-461t
volume corrente 292-293
volume minuto 292-293
volume sistólico 287-289, 332-333
vórtices de bolhas 52

W

Wakayoshi, K. 498-500
Wasilak, J. 61-63
Watkins, J. 30-31
Wigermaes, I. 596
Wilmore, J.H. 359

Y

Yakolev, N. 533-534f, 565
Yamamoto, Y. 578-579